Paul-Ludwig Weinacht (Hrsg.)

Die badischen Regionen am Rhein

50 Jahre Baden in Baden-Württemberg – Eine Bilanz

Nomos Verlagsgesellschaft
Baden-Baden

Die Deutsche Bibliothek – CIP-Einheitsaufnahme

Ein Titeldatensatz für diese Publikation ist bei
Der Deutschen Bibliothek erhältlich. (http://www.ddb.de)

ISBN 3-7890-7712-7

1. Auflage 2002

Geleitwort

Von Frau Regierungspräsidentin Gerlinde Hämmerle und Herrn Regierungspräsidenten Dr. Sven von Ungern-Sternberg

Die vorliegende Publikation „Badische Regionen am Rhein" erscheint zum Jubiläum unseres Bundeslandes Baden-Württemberg im Jahr 2002. 50 Jahre Baden-Württemberg ist ein Grund zum Feiern und zugleich ein Grund, einen Blick in die vergangenen Jahre und in die Zukunft zu werfen. Diese Publikation zeigt die Entwicklung der Regionen in den vergangenen Jahrzehnten im ehemals selbständigen Land Baden und den Landesteilen, die in der Gebietsreform von 1973 hinzugekommen sind. Dabei werden exemplarisch viele Bereiche der Gesellschaft dargestellt.

Wir freuen uns, daß zum Jubiläum unseres Bundeslandes Baden-Württemberg mit der Aufarbeitung einige Aspekte besprochen werden, die für die hiesigen Regionen von Bedeutung waren und sind. Zu nennen wären beispielsweise die Entwicklung der Industrie- und Handelskammern, der Gemeinden und Kreise, der Kirchen, Verbände, aber auch – was unsere Häuser betrifft – der Regierungspräsidien in Karlsruhe und Freiburg sowie die Fortschritte bei der grenzüberschreitenden Zusammenarbeit.

Die „Badischen Regionen am Rhein" zu betrachten bedeutet, auf beide Seiten des Rheins zu schauen – also grenzüberschreitend zu beschreiben, zu analysieren und vielleicht auch zu beurteilen. Baden-Württemberg ist aufgrund seiner historischen Entwicklung durch viele eher kleinräumige Landschaften und deren landsmannschaftlich teilweise unterschiedliche Bevölkerung geprägt. Der Rhein bildete über Jahrhunderte die Grenze nach Westen hin. Die Pfalz, das Elsaß und die nördlichen Schweizer Kantone grenzen jenseits des Rheins an die „badischen Regionen" an. Die Zusammenarbeit zwischen staatlichen und sonstigen Einrichtungen dies- und jenseits des Rheines spielten deshalb schon immer eine bedeutende Rolle. Heute, im Rahmen der europäischen Einheit, sind die Grenzen durchlässig und die Zusammenarbeit deutlich verstärkt zum Wohle aller Menschen, die in diesen Regionen wohnen. Die grenzüberschreitende Zusammenarbeit bildet einen Schwerpunkt, der insbesondere im Regierungspräsidium Freiburg angesiedelt ist. Und: Der Regierungsbezirk Karlsruhe hat im Rahmen seiner Aufgaben in der PAMINA (Pfalz/Mittlerer Oberrhein/Nordelsaß) eine wichtige Funktion im tagtäglichen Leben.

Erhebliche Anstrengungen richten wir aber auch auf den Ost-West-Zusammenhalt. Der Bodenseeraum, der obere Donau- und der Neckarraum haben viele Beziehungen, auch historische, zu den badischen Kernlanden. Baden hört nicht an der B 500 auf, auch wenn fehlende leistungsfähige Ost-West-Verbindungen die Entwicklung einer gemeinsamen Identität über die Schwarzwaldgipfel hinaus erschweren.

Auch im vereinten Europa ist es wichtig, den Charakter der einzelnen Regionen zu erhalten. Die Traditionen, die in den einzelnen Stadt- und Landkreisen der Regierungsbezirke Karlsruhe und Freiburg vielfach unterschiedlich sind, spiegeln Eigenständigkeiten in Geschichte, Kultur und Brauchtum wider und sprechen für die Vielfalt, die in unserem gesamten Bundesland Baden-Württemberg zu finden ist.

Die Regierungspräsidien haben als die „mittlere Verwaltungsebene", als Bündelungsbehörden im Flächenland Baden-Württemberg und als die Anwälte der Region ihre besondere Bedeutung in der Aufgaben- und Rollenverteilung zwischen den Stadt- und Landkreisen einerseits und den Ministerien andererseits. Sie nehmen die Wünsche, Probleme und Besonderheiten der einzelnen Gebiete wahr, versuchen spezielle Lösungen zu finden, die den Bedürfnissen der unterschiedlichen Bereiche gerecht werden und vertreten dies auch gegenüber den Ministerien. Dieses außerordentlich interessante und spannende Tätigkeitsgebiet der Regierungspräsidien hat sich seit Bestehen des Bundeslandes Baden-Württemberg bewährt und immer wieder den aktuellen Gegebenheiten angepaßt. So wurden viele Aufgaben den Regierungspräsidien neu zugewiesen, andere Aufgaben konnten aber auch abgegeben werden.

Ein wichtiger Schritt in der Entwicklung der Regionen war die Gebietsreform in den siebziger Jahren. Aus dem ehemaligen Regierungspräsidium Nordbaden wurde der Regierungsbezirk Karlsruhe, aus Südbaden der Regierungsbezirk Freiburg. Verbunden damit waren Arrondierungen zwischen den beiden badischen Regierungsbezirken (z.B. Baden-Baden und Rastatt, die zu Karlsruhe „wanderten“), aber auch hin zu den württembergischen Nachbarn. In Überlingen oder in den Landkreisen Tuttlingen und Rottweil spürt man dies heute noch und kann die Entwicklung nachvollziehen, ebenso wie etwa bei den Landkreisen Calw und Freudenstadt.

Wir glauben aber, daß sich – trotz allen Traditionsbewußtseins in dieser oder jener Richtung – die traditionell württembergischen Gebiete in den badischen Landesteilen und die ehemals badischen Gebiete in den württembergischen Regierungsbezirken in den nun mehr als 25 zurückliegenden Jahren seit der Gebietsreform durch das gute Zusammenspiel aller Beteiligten sehr gut integriert haben.

Die Entwicklung am Rhein in den vergangenen 50 Jahren war und ist spannend. Die Diskussionen um eine zeitgemäße Verwaltung, die Zusammenarbeit mit der Landeshauptstadt Stuttgart und mit Rheinland-Pfalz, die grenzüberschreitenden Beziehungen zu Frankreich und der Schweiz – all dies war nicht nur in den vergangenen 50 Jahren eine Herausforderung, sondern wird dies auch künftig sein und damit einen guten Teil der Weiterentwicklung in unserem Bundesland Baden-Württemberg bestimmen.

Unser Dank gilt allen Verfassern der Aufsätze, ohne deren persönlichen Einsatz und Aufarbeitung des vielen Materials dieses Buch nicht hätte zustande kommen können. Gedankt sei der Heidelberger Klaus Tschira Stiftung und den weiteren Förderern des Verlagprojekts. Nicht zuletzt verdient der Herausgeber Professor Weinacht für die Idee zur Initiative des Buches „Die Badischen Regionen am Rhein – 50 Jahre Zugehörigkeit zu Baden-Württemberg“ unseren Dank.

Allen Leserinnen und Lesern der Publikation „Badische Regionen am Rhein“ wünschen wir eine spannende und interessante Lektüre. Vielleicht gibt der eine oder andere Beitrag auch eine Anregung, sich mit einzelnen Themen dieses Buches weiter und intensiver zu befassen.

Gerlinde Hämmerle
Regierungspräsidentin
Regierungsbezirk Karlsruhe

Dr. Sven von Ungern-Sternberg
Regierungspräsident
Regierungsbezirk Freiburg

Inhaltsverzeichnis

Vorwort des Herausgebers

Dieses Buch erscheint zum 50. Geburtstag Baden-Württembergs und gilt dem badischen Teil des Landes. Eine der Thesen des Herausgebers lautet: das Land hat eine doppelte Identität; sie ist badisch-württembergisch. Die alte Frage, ob es möglich sei, daß die Badener im vereinten Land gut fahren, wird in diesem Buch unter vielen Aspekten aufgenommen. Was dabei sichtbar wird, ist zum wenigsten die selbstlose Wohltat der Schwaben, es ist eher das Verdienst der Badener (die sich keineswegs aufs „symbadisch Sein“ und aufs „Leben“ zurückziehen), die Gunst der Umstände und auch das Wählerinteresse der politischen Parteien. Ohne die Mitwirkung derjenigen, die wegen ihrer Option für ein vereintes und selbständiges Baden zu Unrecht abschätzig „Altbadener“ genannt wurden, stünde Baden-Württemberg jedenfalls nicht in seinem heutigen Flor. Die Beiträge in diesem Buch sprechen darüber in fachlicher Nüchternheit.

Ein Gemeinschaftswerk von über 50 Autoren verlangt vom Herausgeber ein Maß an Arbeitskraft, die er auf sich allein gestellt nicht besitzt. Ich habe für vielerlei Hilfe zu danken. Zunächst den Amtschefs der Regierungspräsidien beider badischer Bezirke, Frau Gerlinde Hämmerle und Herrn Dr. v. Ungern-Sternberg, für die unmittelbare und mittelbare Unterstützung, die sie mir auch durch Beamte ihrer Präsidien, durch Herrn Dr. Menzel (Karlsruhe) und Eisele, Förster und Schelb (Freiburg) gewährt haben. An meinem Lehrstuhl konnte ich mich auf eine eingespielte Mannschaft verlassen und danke insbesondere meinen Mitarbeitern, Frau Sibylle Greiser, die mit großer Zuverlässigkeit die Korrespondenz erledigt und die Bearbeitung der Manuskripte übernommen hat sowie Herrn Arne von Neubeck, der die mühevolle Herstellung in langen, dem Studium abgerungenen Tagewerken zu Ende brachte, und – für mancherlei technischen Rat – Herrn Dr. Thomas Goll. Die Zusammenarbeit mit dem Nomos-Verlag verlief angesichts der badischen liberalitas seines Leiters, Herrn Dr. Schwarz, allzeit erfreulich.

Die Beiträge hätten teilweise nicht erarbeitet und das Buch in der vorliegenden Ausstattung nicht erscheinen können, wenn es nicht großzügige Förderer gäbe. Ich bedanke mich sehr herzlich bei der Klaus Tschira Stiftung GmbH in Heidelberg, die eine namhafte Summe beigetragen hat, sowie dem Gründer und Ehrenvorsitzenden der Landesvereinigung Baden in Europa, Herrn Reinhold Grund, den der Tod gehindert hat, die so leidenschaftlich gewünschte Würdigung Badens im Südweststaat in diesem Buch zu erleben. Nicht zuletzt danke ich für Spenden zur Förderung der Wissenschaft den Herren des Vorstands von EnBW AG (Karlsruhe), Südweststahl GmbH (Kehl), Badische Beamtenbank (Karlsruhe), Karlsruher Lebensversicherung (Karlsruhe), Sparkasse Freiburg-Nördlicher Breisgau (Freiburg), Papierfabrik August Köhler AG (Oberkirch), Peguform GmbH (Bötzingen), Badischer Genossenschaftsverband (Karlsruhe) und dem OB der Stadt Freiburg, Herrn Dr. Böhme. Dem Landesmedienzentrum Baden-Württemberg in Karlsruhe (LMZ) sei für großzügige Überlassung von Bildmaterial gedankt.

Prof. Dr. Paul-Ludwig Weinacht
Würzburg, den 1. Januar 2002

Erster Teil

50 Jahre Baden in Baden-Württemberg

Einleitung

Der badische Charakter des südwestdeutschen Bundeslandes

Paul-Ludwig Weinacht

Badener und Württemberger leben heute, 50 Jahre nach dem Kampf um den Südweststaat, in einem konsolidierten Bundesland zusammen. Diese Tatsache ist nach der vom Heimatbund Badenerland gewonnenen Klage vor dem Bundesverfassungsgericht vom Sommer 1956 alles andere als selbstverständlich. Die Badenfrage mußte nämlich im badischen Landesteil dem Volk noch einmal vorgelegt werden. Das damit verbundene Risiko für den Südweststaat konnte nur durch Verschleppung des fälligen Volksentscheids minimiert werden. Seitdem 1970 auch die Badener ihren Frieden mit dem Land gemacht haben, schreiten sie mit den Württembergern nunmehr ohne Verselbständigungsabsicht oder Trennungsangst gemeinsam voran, was bis heute keinem von beiden schlecht bekommen ist.[1]

Inzwischen ist auch ein gemeinsames politisches Landesbewußtsein entstanden, dessen Träger die politischen Parteien und dessen Ausdruck die breit akzeptierte Landesverfassung sowie das Wappen mit den drei Löwen sind;[2] die Herzenssache und Heimat der Badener und der Württemberger ist der Südweststaat bis heute nicht geworden. In Regierung und Landtag hoffte man vergebens, daß die Auflösung der alten Verwaltungsgrenzen[3] diesen psychologischen Akt begünstigen würde; indem jedoch wenigstens die vier Mittelbehörden am alten Ort erhalten blieben, konnte sich das Bedürfnis nach historischer Identität der Landschaften weiterhin an sie anschließen – wenn auch nicht überall gleich stark. So bekennt sich der Freiburger Regierungspräsident in diesem Buch – Tuttlinger und Oberstdorfer mögen derweil ihre schwäbische Herkunft in Ehren halten – zur „südbadischen Eigenart" seines in Mittelbaden und vor allem am Bodensee kräftig verschobenen Amtsbereichs. Auch Karlsruhe versteht sich nach wie vor aus der Tradition der großherzoglichen Residenzstadt – mag das ganze badische Frankenland mitsamt Teilen des Kraichgaus ausgegliedert und zu „Stuttgart" geschlagen worden sein, mögen die verbliebenen Gebiete an Neckar und Bergstraße verstärkt kurpfälzischen Traditionen zuneigen!

Ende der 80er Jahre erschien in der landeskundlichen Schriftenreihe der Landeszentrale für Politische Bildung – Bezirksreform hin oder her – ein Band mit dem Titel *Südbaden*. Im Vorwort heißt es: „Daß wir mit einem Band über Südbaden beginnen, stellt eine Referenz gegenüber jenem selbstbewußten und gegenüber der Südweststaatsgründung vor 40 Jahren zurückhaltenden Landesteil dar."[4] Das stachelige Kompliment weist darauf hin, daß es im Land drei Regierungsbezirke „und Südbaden" gibt. Was folgt daraus für Nordbaden? Soweit auch die Karlsruher mehr im Auge haben als Residenz und „TechnologieRegion", läßt sich die Charakteristik „selbstbewußt" und gegenüber Stuttgart „zurückhaltend" auch auf sie ausweiten. Die jüngste Stuttgarter Imagekampagne traut ihnen nicht viel Badisches zu.[5] Wir jedoch wollen den Regierungsbezirk Karlsruhe in den Kreis der „badischen Regionen am Rhein" auf gleichem Fuß einbeziehen und hoffen, daß das badische Profil des Landes dadurch gewinnt. Niemand braucht zu fürchten, Baden-Württemberg werde Schaden davontragen.[6] Die Zeit, in der zwischen dem badischen und dem württembergischen Landesteil ein „Null-Summen-Spiel" gespielt wurde, bei dem ein Bevölkerungs- oder Landesteil verlieren mußte, was der andere hinzugewann, ist ausgespielt. Sieht man von der Frage der Landeshauptstadt und der „Landeseinrichtungen“ in ihr ab, die gesonderte und kritische Betrachtung verdienen, so darf gelten: badische und württembergische Regionen verlieren und gewinnen miteinander, sie konkurrieren in Partnerschaft.

Um besser zu sehen, in welcher Weise mit diesem Buch das badische Profil im Land geschärft wird und wie der Gedanke des Wettbewerbs in Partnerschaft sich ergeben hat, werden in dieser Einleitung einige Vorüberlegungen angestellt: zu *Föderalismus und Regionalismus* als Politikprinzipien, zum badisch-württembergischen Fundament *(Baden-Württemberg)*, zu Land und Leuten zwischen Schwarzwald und Rhein, Bodensee und Main (*Die badische Landsmannschaft*). Alsdann nehmen wir uns das geographische Merkmal der *„Regionen am Rhein“* vor und werfen die Frage der Landesidentität auf, die Gegenstand einer regierungsamtlichen *Identitätspolitik* geworden ist. Man durfte erwarten, daß bei einer Bilanzierung badischer Gewichte und Interessen die sog. Badenfrage und diejenigen, die in besonderer Weise mit ihr in Verbindung gebracht werden, ins Blickfeld geraten (*Das Gespenst der Badenfrage und die Landesvereinigung Baden*). Unter der Überschrift *Gesichtspunkt für die Lektüre* erläutern wir zuletzt die Abfolge der Beiträge dieses Buches und einige ihrer Fragestellungen.

Föderalismus und Regionalismus

Das föderale Prinzip wirkt zentraler Machtballung entgegen und erlaubt, Demokratie in überschaubaren Räumen zu organisieren. Es zeigt auf der Ebene der Gliedstaaten eine nach außen zum Zentralstaat (Bund) und eine nach innen zu den Landesteilen (Regionen) und Kommunen gerichtete Seite. Es realisiert sich in der Aufgliederung und Zusammenfassung politischer Räume. In Deutschland glaubten wir uns dieser Effekte lange Zeit sicher. Tatsächlich haben wir nicht so sehr die Besonderheiten der Länder gepflegt, als vielmehr einen Wohlfahrtsstaat entwickelt, der einen „unitarischen Bundesstaat“ erzwang (K. Hesse).[7] Politiker stimmen in ihren öffentlichen Äußerungen darin überein, daß es die überschaubaren Räume sind, in denen Verantwortung sich bilde und Verantwortungsgefühl entstehe.[8] Es fragt sich jedoch, welche Zuständigkeiten mit dem Verantwortungsgefühl einhergehen können, wenn funktionale Erfordernisse des Wohlfahrtsstaats erfüllt werden sollen. Zum Problem Raum und Funktion liegen in der Schweiz und in Deutschland Beispiele vor, die nachdenklich stimmen.

Die eidgenössische Kantons-Ordnung mag ihrer reichen politisch-kulturellen Tradition wegen politisch stabil erscheinen, wirtschaftlich bietet sie keinen befriedigenden Boden und auch strukturplanerisch bleiben Wünsche offen. Man hat bemerkt, daß die politische Schweiz und die wirtschaftliche Schweiz auseinanderdriften und der „Sonntagsschritt“ der Politik die vorauseilenden Financiers nicht einzuholen vermag, eine Klasse von Personen also, „die unseren Staat zur Gangsterbank gemacht haben“.[9] Auf wissenschaftlicher Grundlage äußern jene Autoren ihre Kritik, die die kantonale Strukturförderung zum Thema machen: Durch Bundesförderung ließen sich kantonale Strukturen kaum beeinflussen, obgleich doch aufgrund der territorialen Grundausrichtung des Föderalismus und der Regionalpolitik Zielharmonie zwischen beiden politischen Ebenen besteht.[10] Im Lebens- und Entscheidungsraum „Region“ kreuzen sich so viele verschiedene Funktionen und Entscheidungen über Politik, Wirtschaft, Kultur, Ökologie, daß sie sich von hier aus nicht sämtlich steuern und kontrollieren ließen. Das Ergebnis lautet sodann: Je funktionaler das Handeln der Beteiligten, desto schwächer die ursprünglich günstigen Voraussetzungen des Föderalismus für die Regionalpolitik und desto geringer der Beitrag der Regionalpolitik zugunsten des Föderalismus![11] Zuständigkeitsverteilung mehrstufigen Föderalismus muß also politisiert werden, und: die politische Mitwirkung verschiedener Ebenen bedarf funktionaler Rechtfertigung.

Die Spannung zwischen Raum und Funktion wird in Deutschland seit jeher durch Funktional- und Gebietsreformen und inzwischen auch durch die Einrichtung von Planungsregionen abzumildern versucht. Die Verwaltungsstrukturen in den Ländern geben hierfür unterschiedliche Bedingungen vor und passen sich auf verschiedene Weise an den Bedarf an. Der Freistaat Bayern, ein Vorkämpfer des Föderalismus und eines „Europa der Regionen", hält für sich selbst am Verwaltungszentralismus fest, dessen Wurzeln (wie die südwestdeutschen Ländergrenzen) in die Napoleonische Zeit zurückreichen.

Wer wünscht, daß dieser fremde Geist,
den längst sein eignes Volk verwarf,
bei uns noch heute herrisch-dreist
die Ländergrenzen ziehen darf?

Ihr wißt, wie's in der Bibel heißt:
Ein jedes Ding hat seine Zeit.
Jagt ihn zum Teufel und beweist,
daß ihr jetzt selbst die Herren seid!

(Quelle: Stuttgarter Zeitung 1950; Zeichnung: Peter Squenz)

Selbst die höheren kommunalen Körperschaften der fünf bayerischen „Bezirke" haben so geringe Zuständigkeiten, daß nach der kürzlich erfolgten Abschaffung des Verfassungsorgans „Senat" auch die „Bezirke" auf den Prüfstand geraten sind. Die in Altbayern gelegene Landeshauptstadt gibt sich derweil als ein Klein-Paris, vor dem alte Reichs- und Bischofstädte wie neubayerische Provinzstädte erscheinen, die – wie Nürnberg – vergebens um Parität bemüht sind. Autoaufkleber versprechen trotzig Trost: „Franken, die Elite Bayerns"!

Im Vergleich zu Bayern haben es das von den Amerikanern besetzte Land Württemberg-Baden, aber auch das spätere Baden-Württemberg, zunächst besser verstanden, die aus der Verbindung der Traditionsländer zugewachsene innere Pluralität als Impuls für Ausgleich und Wettbewerb zu nutzen. Noch Gebhard Müller wußte: Die Liebe der Badener und der Württemberger zu ihrer engeren Heimat ist ein immaterielles politisches Pfund, mit dem sich auch materiell wuchern läßt. Die Stuttgarter Politik hat landsmannschaftliche Profile bis in die 60er Jahre hinein wegen „viele(r) Imponderabilien traditioneller und psychologischer Natur" und wegen „der geschichtlichen, kulturellen und volkstumsmäßigen Tradition“ zu berücksichtigen versucht. Daß man hierbei nicht stehen blieb, war richtig; eine übergreifende Landesentwicklungsplanung ist unverzichtbar, zumal wenn die kommunale Ebene daran angemessen mitwirkt. Indes fragt man sich, warum nicht auch der funktionale Vorteil altgeprägter Landesteile stärker gesehen worden ist: Ein Blick auf die Landschaftsverbände Nordrhein-Westfalens, der 1952 in der Verfassunggebenden Landesversammlung u.a. vom Heidelberger Oberbürgermeister angeregt wurde, aber nicht mehrheitsfähig war, könnte zeigen, wie sich in ihnen subregionale oder lokale Sonderinteressen ganz leidlich ausgleichen lassen.[12]

Baden-Württemberg[13]

Der Südweststaat war vor 50 Jahren eine von zwei Optionen zur Neugliederung des Südwestens. Für beide sprachen gute Gründe. Die Wiederherstellung Badens und die von Leo Wohleb verfochtene politische Eigenständigkeit des Landes fanden Anklang in der badischen Bevölkerung und hatten 1950 und bei der Abstimmung im Dezember 1951 diesseits Württemberg eine Mehrheit. Man hat diese Option außerhalb Badens nicht immer verstehen wollen, hat ihr wenig respektable Motive unterlegt und oft karikaturesk verzerrt.[14]

Als Zwergland verspottet wird von der Südweststaat-Propaganda das alte Land Baden. „Durch die Lupe betrachtet“, so lautet der zugehörige Kommentar, „wird er (Wohleb) mit seinen Argumenten immer kleiner.“ (Quelle: Vom See zum Main (Südwestdeutsches Echo) 3. 10. 1951; Zeichnung: ERES)

Das Neugliederungsgesetz des Bundes hat die badische Sache, wie sie zur Volksabstimmung stand, von vornherein zur verlorenen Sache gemacht: Ein in den Wahlkabinen errungener Sieg ist durch das Verfahren der Stimmenauszählung in eine Niederlage umgefälscht worden. Die Stimmen, so liest man es heute auch, seien gewogen und nicht gezählt worden.[15] Heute relativiert man die Nachtseite dieses Kampfes. Rechtsstandpunkte behalten ja nur dann ihren Stachel, wenn sie erneuert werden. Seit der zweiten Baden-Abstimmung geschieht das nicht mehr. Die badische Position im Streit um die Neugliederung gilt heute als der „unterlegene Standpunkt“.[16]

Abstimmung zur Neugliederung des Südwestdeutschen Raumes am 9. 12. 1951[17]

	Wahlbeteiligung	*Südweststaat*	*Baden*
Land Baden (Südbaden)	70,5%	37,8%	62,2%
Landesbezirk Baden (Nordbaden)	67,4%	57,1%	42,9%
Zusammen	68,8%	47,8%	*52,2%*

Der rechtliche Makel, der dem gemeinsamen Land in Baden anhaftete, wurde zum Anlaß einer zweiten Abstimmung. Doch zu dem Zeitpunkt, als diese angesetzt wurde, hatte sich die Bevölkerung in ihrer großen Mehrheit an die Verhältnisse gewöhnt, die schon in den 60er Jahren Normalität geworden waren. (Die Geschichte des Heimatbundes im südwestdeutschen Neugliederungsgeschehen bis zu seiner Selbstauflösung ist vierzig Jahre nach der Gründung des Südweststaats in der Dokumentation „Der überspielte Volkswille“ ausführlich dargestellt worden.[18])

Abstimmung vom 7. Juni 1970 im badischen Landesteil Baden-Württembergs[19]

Ich will,

daß das frühere Land Baden als selbständiges Land wiederhergestellt wird	*daß das Gebiet des früheren Landes Baden Beim Land Baden-Württemberg verbleibt*
18,07%	*81,93%*

Das Land war also längst auf breiter Grundlage akzeptiert. Es war eine politische Realität geworden und keine schlechte. 50 Jahre nach seiner Gründung gehört es unter die 20 größten Volkswirtschaften der Welt und liegt damit vor der Schweiz und vor Rußland,[20] in Europa und im Bund hat es Gewicht. Es steht nach Hessen an zweiter Stelle der Geberländer im Finanzausgleich, noch vor Bayern und Nordrhein-Westfalen.[21] Der Zuwachs des Bruttosozialprodukts während der letzten 20 Jahre, die Beschäftigtenzahlen, die Schlüsselzahlen für innere Sicherheit, Bildungsbeteiligung seiner Jugendlichen, die Staatsverschuldung pro Kopf der Bevölkerung weisen ihm einen Spitzenrang zu. Unter den Regionen Europas können nur die am stärksten industrialisierten und die dynamischsten mit Baden-Württemberg mithalten – etwa die anderen drei süd- und westeuropäischen „Motoren“ in Frankreich, Spanien und Italien. Ein Wermutstropfen im Glas stellt nur das „Image-Problem“ dar, das schwabenverursacht ist. Eine Berliner Werbeagentur diagnostizierte die Außenwirkung der größten Bevölkerungsgruppe: „Man respektiert sie, aber man mag sie nicht.“ Neben den Schwaben würden Badener oder Kurpfälzer von außen kaum wahrgenommen.[22]

Die Erfolge des Landes nehmen fast alle im Landtag vertretenen politischen Parteien für sich in Anspruch; den größten politischen Anteil an ihnen hat zweifellos die CDU, die – bis auf Reinhold Maier – bislang die Ministerpräsidenten gestellt hat. Wenn man auch Landsmannschaften unter die Erfolgsbeteiligten einbeziehen will, darf man keine auslassen, so fraglos der industrielle und folglich finanzielle Hauptanteil Nordwürttembergs ist. Aber die Regionen an Bodensee und Rhein haben Naturreichtum und alle alten Länder – Hohenzollern eingeschlossen – haben achtbaren Kulturboden in das „südwestdeutsche Projekt“ eingebracht, und das hat von Anfang an dazu beigetragen, den Mangel an natürlichen Ressourcen auszugleichen.[23]

Die Landsmannschaft der Badener

Badener sind kein Stamm. Ihre Identität ist ursprünglich die eines dynastisch und politisch geeinten Verbandes. Er verdankt sich einer als fortschrittlich empfundenen Rechtsordnung, dem badischen Landrecht nach dem Muster des Code Napoléon, und einer Verfassung, die in der Lage war, „die anfänglich auseinanderstrebenden Bestandteile dieses Staates zu einer auch gefühlsmäßig empfundenen Einheit zusammenzuschließen“ (K.S. Bader)[24]. Als großherzoglicher Untertan und Landeskind war man zunächst also „Staatsbadener“; als ein solcher wurde man, nicht durchweg ohne Krampf[25], als Gelbfüßler eingekleidet. Die Landsmannschaftlichkeit festigte sich im Verlauf des 19. Jahrhunderts durch ergänzende infrastrukturelle und kulturelle Bindungen, wobei die anfängliche Distanz zu den Preußen sich mehr und mehr in eine Rivalität mit den Schwaben umbog. Trotz Modernisierung, Krieg und Besatzung blieb die badische Landsmannschaft auch in den 50er Jahren ein starkes politisches Band.

Es war nicht gänzlich unbegründet, wenn Sebastian Haffner in seinem britischer dismemberment-Politik vorgreifenden Teilungsplan für Deutschland aus dem Jahr 1940 („Germany: Jekyll and Hyde“[26]) auch an das einstige „Herzogtum“ und damalige Land Baden gedacht hat. Er schrieb ihm tiefes historisches Profil, Urbanität und Verwestlichung und Fähigkeit zu Eigenständigkeit zu. Der Wahl-Engländer hat seine Rechnung allerdings ohne die im liberalen Musterländle nicht erloschene Reichstreue gemacht. Leo Wohleb hat als Parteiführer im Februar 1946 die Besatzungsmacht am patriotischen Portepee gepackt: „der Franzose ... hätte am wenigsten Verständnis dafür, wenn wir in der Notzeit an unserem Vaterland verzweifelten“.[27] Mit staatsföderalem Pathos sprach dieser letzte badische Staatspräsident noch ebenso vom „badischen Volk“[28] wie J. Bader im Titel seiner „Badenia“ von 1839[29]. Wohleb hat das heimatliche Brauchtum[30] und den Stolz der Leute auf eigenes altes Stadtrecht[31] mit Bedacht gepflegt. (Das erste deutsche Denkmalschutzgesetz wurde im Freiburger Landtag beschlossen (1949)[32]). Und ein Reichskanzler Wirth konnte in der Atmosphäre des Abstimmungskampfes um den Südweststaat ausrufen: „Lernt dieses Volk der Badener kennen! 150 Jahre badischer Geschichte haben ein Staatsgefühl hervorgebracht, einen badischen Staatssinn erzeugt, den man nur aus bodenloser Dummheit oder Überheblichkeit übersehen kann.“[33]

In einem kleinen Garten (= Baden) sei Unkraut leichter zu jäten, meint der Karikaturist der „Badischen Post“.
(Quelle: Badische Post 5.8.1950; Zeichnung: E. Landwehr)

Was heute in der Diaspora und im Land selbst von badischer Landsmannschaft wahrzunehmen ist, rechtfertigt so kräftige Worte nicht mehr.[34] Badener-Vereine existieren in München, Berlin und Hamburg und pflegen landsmannschaftliche Geselligkeit. Weil 70% ihrer Mitglieder laut Satzung aus Baden kommen sollen, schob eine Karlsruher Zeitung die Information nach: „Als kürzlich einige Schwabenvereine – auch so etwas gibt es – wegen Auszehrung aufgelöst wurden, schlossen sich viele Württemberger den Badenern an und trällern auch munter das Badnerlied mit.“[35] Auch im Land zwischen See und Main ist „das Badische“ fast gänzlich unpolitisch geworden. Es konkurriert mit anderen kulturellen (subregionalen) Besonderheiten – in Nordbaden etwa mit dem Kurpfalz-Gedanken. Mangels effektiver Institutionen entlang des Rheins verhallen Appelle an Solidarität, so wie dies der Karlsruher Oberbürgermeister Seiler ernüchtert festgestellt hat.[36]

Einige sagen, die Eigenschaften der Landsmannschaften in Baden-Württemberg, also auch von Badenern und Schwaben, näherten sich einander an[37]. Für das (süd-)badische Lebensgefühl stimmt das nicht, das Hans Maier einmal mit „Flucht ins Behagen" übersetzt hat. Und es stimmt auch nicht für die Gegenbilder: Man wird den Badenern ihr Reiz-Verhältnis zu den Schwaben schwer ausreden, denn die Abgrenzung steigert ihr Selbstbild ins Großzügige, Sympathische, Lebenslustige. Das fabulierende Talent des vormaligen Stuttgarter Oberbürgermeisters Manfred Rommel hat das so ausgedrückt: „Da die Badener über ihre übrigen Nachbarn wie Schweizer, Franzosen, Pfälzer und Hessen nichts Schlechtes zu sagen wissen, richtet sich ihre Kritik gegen die Württemberger. Diese leisten kaum Widerstand, weil sie ihre ganze Kraft und ihren ganzen Witz brauchen, um sich gegen die offensive und zupackende bayerische Art zu behaupten." Danach wären die Landsmannschaften im Selbstbehauptungskampf also auf ihre östlichen Nachbarn fixiert. Daß dies nicht ganz falsch ist, sieht man daran, daß das Badische auch für Schwaben erlernbar ist, wenn sie sich erst einmal darauf einlassen. Selbst der Ur-Schwabe Rommel deutet die Bereitschaft an: „Unter dem Einfluß unserer badischen Landsleute holen wir Württemberger auf. Wir bringen unsere kleinen Kinder nicht mehr an die Grenze zu den badischen Regierungsbezirken und sagen ihnen: „Guck da num, Büble, da mußt du einmal dein Brot verdienen!" Auch verspern wir in badischen Gastwirtschaften nicht mehr mitgebrachte Würste und erwidern nicht mehr der Bedienung auf deren Hinweis, hier müßte man etwas bestellen: „Bestellen Sie dem Wirt einen schönen Gruß!" Wir wollen auch so sympathisch sein wie die Badener. Wir haben so viel gemeinsam."[38] (Den letzten Satz hören Württemberger wohl mit anderen Ohren als Badener.)

Das badisch-elsässische Verhältnis ist in das deutsch-französische Verhältnis eingebunden und nicht so unmittelbar landsmannschaftlich, wie es in den deutsch-elsässisch-schweizerischen Bürgerinitiativen gegen KKWe am Oberrhein und gegen das Bleiwerk in Marckolsheim vorübergehend schien („Alemannische Internationale"). Angesichts des französischen Jakobinertums, das den Elsässern weniger Raum läßt als den Bretonen oder Korsen, übt sich der „Hans im Schnokeloch" in Ironie und Selbstironie. Den wenigen, die „die elsässische Wurzel" nicht aufgeben wollen, fällt es immer schwerer, sich geistig und muttersprachlich zu behaupten. Wenn in diesem Zusammenhang ein Satz fällt wie „Und das geht uns alle an hier am Oberrhein"[39], macht das zwar auf beiden Seiten des Rheins betroffen, eröffnet aber keinen Ausweg – denn das schulpolitische Projekt „Sprache des Nachbarn" meint ja nicht das „Alemannische", sondern deutschen bzw. französischen Fremdsprachenunterricht an Grundschulen.

Sehen wir abschließend noch einmal auf die geschichtlichen Vorgaben, das christliche Erbe, den Beziehungsreichtum, der sich auch durch Zuwanderung vermehrt.[40] Das Heimatgefühl der Badener kann dies alles in sich aufnehmen: Sichtbares und Unsichtbares, vergangene, gegenwärtige und zukünftige Zeit, Irdisches und Geistiges in ihrer Einheit. Der Dichter Reinhold Schneider hat von einem solchen umfassenden Heimatverständnis aus die staatlich eingefaßte badische Heimat so gedeutet: „Baden ist das Land der Übergänge, der Brücken und Brechungen, es empfängt, gestaltet, gibt weiter... Es ist eine offene, strom- und lichtdurchflutete Halle, in der sich die Völker treffen können...

Das Erbe der Heimat ist tief gegründet: es reicht in das wahre, heute weithin verschüttete Fundament des Abendlandes.“[41]

„Regionen am Rhein“

Wir beziehen die Titelworte unseres Buches auf die beiden Regierungsbezirke am Rhein. Nach EU-Statistik sind sie Regionen des zweiten Niveaus (NUTS 2).[42] Im Ober-

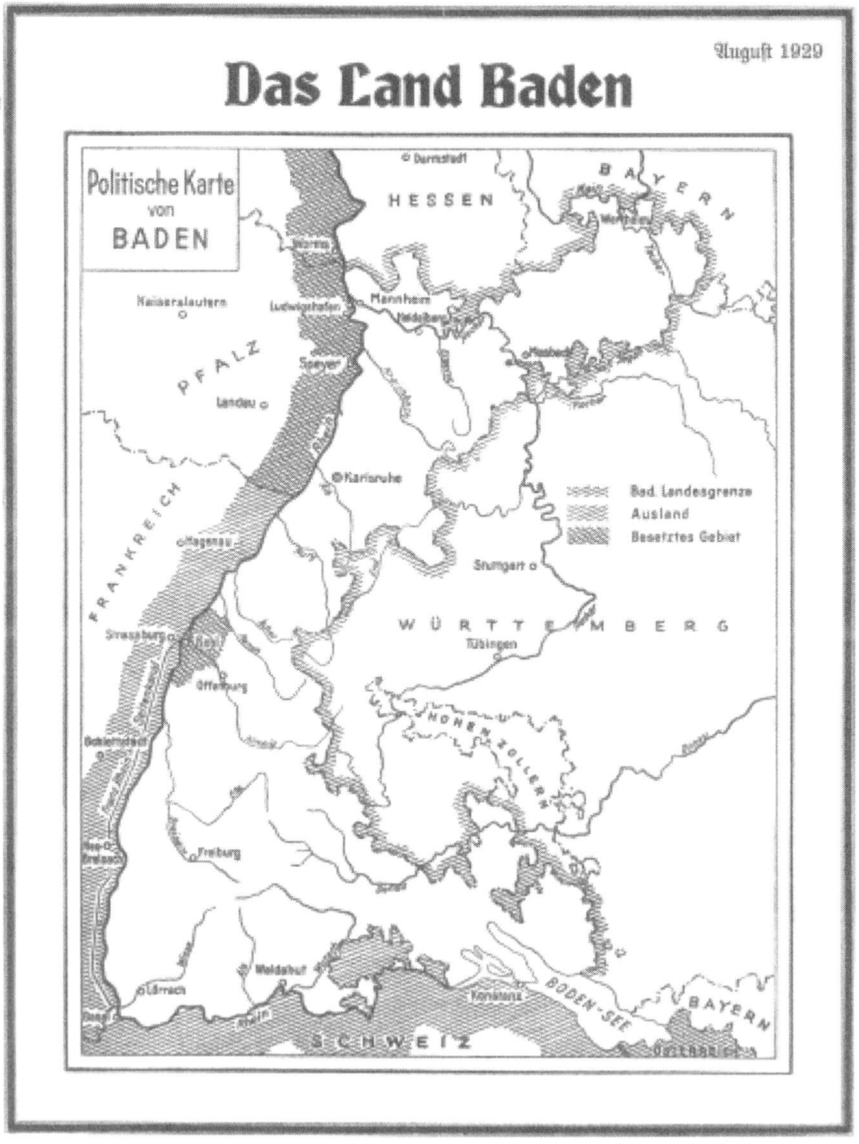

Quelle: Titelblatt der Reichszentrale für Heimatdienst, August 1929

rheinrat sprechen die Abgeordneten von den badischen Regionen ihres Mandatsgebiets hin und wieder auch in der Einzahl; unser Buch könnte insoweit auch heißen: „Die badische Region am Rhein“.[43]

In alten Landeskunden liest man, das Großherzogtum liege an der südwestlichen Grenze Deutschlands „und wird im Süden und Westen vom Rhein umschlungen, in dessen Gebiet das Land auch größtenteils gehört. Nur ein kleiner Theil liegt im Gebiet der Donau.“[44] Drei von vier großherzoglichen Regierungskreisen waren nach dem Fluß benannt, an den sie grenzten: der „Unter-Rhein-Kreis“ mit Mannheim, der „Mittel-Rhein-Kreis“ mit Karlsruhe, der „Ober-Rhein-Kreis“ mit Freiburg; der vierte war der See-Kreis mit Konstanz.[45] Auch von außen wurde Baden stets vom Rhein her beschrieben: „In seiner langen Ausdehnung auf dem rechten Ufer des oberen Rheins schließt der gegenwärtige Territorialbestand dieses deutschen Staates sehr verschiedenartige Landestheile in sich“[46] oder: „Schmal und eng schmiegt sich das badische Land den Windungen des Rheines an, nur im Norden und Süden starke Fühler nach Osten sendend.“[47] Als „Rheinregionen“ unterscheiden sich also die Bezirke des badischen Landesteils von den württembergischen, und als „badische“ Rheinregionen von der Rheinregion Pfalz und Elsaß („Région d‘Alsace“). Ihre ökonomischen Schwerpunkte heißen heute: „Biotechnologieregion Mannheim/Heidelberg“, „TechnologieRegion Karlsruhe“, „Medienregion Mittelbaden“, „Solarregion Freiburg“.

Die „Städtelandschaft am Oberrhein“ besitzt eine andere Wahrnehmung des Lebens und des Raumes als die „Metropolregion Stuttgart“. Das Königreich und danach das Land Württemberg hatten, vom Bodensee abgesehen, nie Berührung mit einer deutschen Außengrenze. Das Grenzschicksal Badens lastete seit den Reunionskriegen des französischen Sonnenkönigs auf den Städten am Rhein und den Beziehungen über den Fluß. Als in Südbaden nach 1945 eine provisorische Landesstaatlichkeit zugelassen war, hat man auf diesem dünnen Eis sehr früh eine Politik der guten Nachbarschaft zur Eidgenossenschaft und zu Frankreich proklamiert: als „badische Außenpolitik“[48] – mit europäischer Perspektive. Mit der deutsch-französischen Aussöhnung und dem Integrationsgeschehen wuchsen den badischen Städten[49] und den badischen Regionen am Rhein Aufgaben zu, auf deren Bearbeitung sie lange warten mußten. Im Mandatsgebiet der Oberrheinkonferenz ist manches vorangekommen.[50]

Identitätspolitik

In einem quellenreichen Büchlein hat der Heidelberger Historiker Uffelmann sich mit Identitätsstiftung in den vormaligen südwestdeutschen Besatzungsländern befaßt. Er hat darin die Identitäten der beiden Länder der französischen Zone unter Ideologieverdacht gesetzt, weil hier geschichtliche Begründungen in Anspruch genommen wurden. Reinhold Maier (im zweiten Anlauf) und Heinrich Köhler in Nordwürttemberg-Nordbaden hätten darauf verzichtet.[51]

Tatsächlich gab es in der unmittelbaren Nachkriegszeit viel Bereitschaft, an regionale Sondertraditionen anzuknüpfen, man denke nur an das gelehrte antipreußische Pamphlet des Konstanzer Stadtarchivars Otto Feger („Schwäbisch-Alemannische Demokratie“[52]). Heinz Pfefferle[53] hat die Renaissance eines oberschwäbischen Regionalbewußtseins unter Lorenz Bock und Gebhard Müller ebenso schön beschrieben wie andere die Renaissance des badischen Heimatgedankens bei Leo Wohleb und Staatssinnes bei Paul Zürcher.[54] Von Heinrich Köhler wird gesagt, sein Beitrag zur südwestdeutschen Identitätsstiftung habe auf „die Idee der zu verändernden Größenordnung im Hinblick auf die politische und ökonomische Sinnhaftigkeit" gezielt.[55] Es ist in der Tat ein faszinierender Gedanke, daß Köhler es war, der dem Südweststaat eine Identität jenseits von Historie und Emotion angetragen habe. Das Produktive an einer aufs Räumliche beschränkten Identitätsstiftung für Baden-Württemberg scheint zu sein, daß damit den geschichtsgesättigten und emotionsgeladenen teilräumlichen Identitäten des Landes nichts benommen wird. Es war jedenfalls ein glücklicher Entschluß der Verfassunggebenden Versammlung, den Südweststaat nicht „Rheinschwaben" zu taufen, sondern ihm einen additiven Namen zu geben. Niemand sollte sich genötigt sehen, unfreiwillig eine schwarzgelbe Identität anzunehmen. Wenn der Landesverband der CDU sich seit den 70er Jahren als „Baden-Württemberg-Partei" begreift, dann war dies zunächst weiter nichts als eine nachgeholte Einigung[56].

Identitätspolitik[57] im Land verband sich seit den 70er Jahren mit der Gebietsreform, durch die die historischen Grenzen zwischen Baden und Württemberg verwischt und die Regierungspräsidien zur Berücksichtigung von nicht-badischen bzw. nicht-württembergischen Kreisen gezwungen wurden. Das bis dahin proportional verstandene Verhältnis zwischen der alten württembergischen und neuen Landeshauptstadt Stuttgart und der alten badischen Residenzstadt Karlsruhe wurde jetzt uminterpretiert: Stuttgart wurde zum alleinigen Zentrum. Man begann von Stuttgart und der Region mittlerer Neckar als der „Landesmitte" zu reden – so jüngst im Entwurf eines Landesentwicklungsplans[58] – was in Karlsruhe, aber nicht nur dort, auf Unverständnis stößt. Im alten Baden hatte auch Karlsruhe nicht das Prädikat „Landesmitte" beansprucht, da Ober-, Unterland und – sit venia verbo – Hinterland unterschieden wurden. Auch im Land Baden-Württemberg, obgleich es die badische Wespentaille überspannt und ein runderes Stück Land darstellt als es der Stiefel längs des Rheines war, drängt sich – außer vielleicht für den vom Hochrhein zum Neckar sich erstreckenden Mittelgebirgszug des Schwarzwaldes – eine „Landesmitte" nicht auf, vom Rhein her gesehen schon gar nicht. Im Rheintal bildet nämlich der Fluß selbst die natürliche Mitte zwischen den rechts- und linksrheinischen Talseiten, die dort vom Schwarzwald, hier von den Vogesen eingerahmt werden. Wie soll man in den Regionen am Rhein von einer „Landesmitte" denken, die exzentrisch, nämlich hinter den begrenzenden Schwarzwaldbergen, liege?

Zur Identitätspolitik in der Folge der Verwaltungsreform gehört, daß sie nicht nur die hier kritisierten, völlig überflüssige Konstruktionen vornimmt, sondern auch fragwürdige landesgeschichtliche Einfälle zum besten gibt. Nach dem Vorlauf großer und zum Teil bedeutender historischer Ausstellungen – man denke nur an die Stauferausstellung, die Ministerpräsident Filbinger in Stuttgart arrangieren ließ – wird Landesgeschichte nach dem Willen der Regierung und mit sehr viel Geld künftig ja im „Haus der Geschichte Baden-Württembergs" institutionalisiert sein.[59] Das kann nur dann gut gehen, wenn die Gefahr der Geschichtsklitterung vermieden wird; Verfasser hat vor einem Vierteljahrhundert in diesem Zusammenhang eine sich bildende „südwestdeutsche Geschichtslegende"[60] zu kritisieren gehabt. Sie beruht darauf, daß aktuelle politische Grenzen oder Nicht-Grenzen in vergangene Jahrhunderte zurückprojeziert werden oder daß von einem „Doppelland" im Südwesten gesprochen wird, wo der badische Großherzog und der König von Württemberg noch alles andere im Sinn hatten, als ein dynastisches „Doppel" zu bilden.

Nicht die geringste unter den identitätspolitischen Anstrengungen der Landesregierung stellen Fusionen dar. „Fusionen" – so Ministerpräsident Erwin Teufel – „führen das Land zusammen" und machten „die Landesidentität" stark. Er hält es für ausgemacht: „Die Stärke des Landes wird auch durch unsere Identität als Baden-Württemberger bestimmt."[61] Die Akzeptanz dieser Idee ist auf württembergischer Seite besser ausgeprägt als auf badischer, zumal der Hauptnutzen von sog. Landeseinrichtungen auf Stuttgart fällt. In Karlsruhe erhalten Vorbehalte Nahrung, es gehe darum, „Stuttgart durch Fusionen zum Nachteil anderer Regionen des Landes zu stärken"[62]. Warum in aller Welt sollte der SDR ein „Landessender" werden? Warum heißt die Stuttgarter Messe „Landesmesse"? Fehlt ein „Landesstadion" für den VfB, ein „Landesflughafen" auf den Fildern. Sogar die badische Landeskirche sah sich von der württembergischen Landessynode herausgefordert, ihr fast 200jähriges Eigenleben zu beenden – wo man es diesseits und jenseits des Schwarzwaldes – anders als mit der Schweiz, dem Elsaß und der Pfalz noch nicht einmal geschafft hatte, „ein gemeinsames Gesangbuch zusammenzukriegen".[63] Die Landtagsopposition greift derlei regionale Sensibilitäten neuerdings gerne auf und unterstellte dem fusionsfreudigen Ministerpräsidenten die Absicht, sich ein „Denkmal" schaffen zu wollen ohne Rücksicht darauf, daß der sich erhebende Widerstand dem Ziel einer Stärkung der Landesidentität mehr schade als nütze.

Bei Gelegenheit der von der Regierung in Aussicht genommenen Fusion der Landeswohlfahrtsverbände und der Landesversicherungsanstalt (LVA) etwa hörte man am 29. April 1999 im Stuttgarter Landtag, es sei die „gestiegene sogenannte badische Sensibilität" zu beachten (Dr. W. Müller/SPD). Eine gegen die Betroffenen durchgesetzte Fusion sei „kein Beitrag zur Stärkung der Landesidentität" (Bender/Bündnis90/Die Grünen). Es sei fraglich, ob der Abbau bürokratischer Doppel- und Parallelstrukturen überhaupt das Bewußtsein der Bürger erreiche und „für die Herzen der Bürger zwingend mehr Identität schafft" (Dr. Noll/FDP/DVP). Kein Wunder, daß in solchem Zusammenhang auch die Fraktion des Ministerpräsidenten nicht länger nur auf Identitätsverstärkung setzen wollte: „Wir sollten auf der einen Seite davon wegkommen, daß wir die Badenfrage hochhalten – es ist nämlich keine Badenfrage, sondern eine Frage des badischen Verbandes und deswegen nicht auf Baden beschränkt (sic![64]) –, und auf der anderen Seite sollten wir nicht so diskutieren, wie wenn es hier nur um eine Idee von Fusionitis eines Ministerpräsidenten ginge." (Sozialminister Dr. Repnik)[65]

Eine Baden-Württemberg-Identität ist für Mandatsträger in Stuttgart und für alle Landesbeamte von Amts und Eides wegen naheliegend. Gefühlsmäßig ist die Bindestrich-Identität zumindest für jüngere Bürger, die mit dem Land groß geworden sind, selten ein Problem („Ihre erste Liebe war ein Baden-Württemberger"). Der Vorteil des Bindestrichs im Landesnamen ist es, daß er die Möglichkeit zu gestuften Identifizierungen offenhält: als Badener (als Kurpfälzer, Franke, Alemanne usw.) und als Württemberger (als Hohenzoller, (Ober-)Schwabe, Altwürttemberger usw.), und er sollte den ein oder anderen Politiker, der ihn „wegkriegen" will, an seine verfassungspolitische Klugheit erinnern, die darin besteht, unterschiedliche landsmannschaftliche Verbundenheiten im Landesvolk zu dulden und zu pflegen.[66]

Indessen drängen Stuttgarter Stimmen auf mehr Gemeinsamkeit. Thomas Breining von der Stuttgarter Zeitung klagt, daß sich das Land „kaum verändert" hätte und man „lieber die Unterschiede betont als das Einigende. Die Bayern bekennen sich zu ‚Laptop und Lederhosen'. In Baden-Württemberg findet sich kein solch gemeinsamer positiver Nenner"[67]. Was soll das aber auch für ein „Nenner" sein? Eine auf Außenwirkung angelegte kommerzielle „Image-Kampagne" verkündet: „Weltoffenheit und Erfindergeist statt badischer Gemütlichkeit".[68] Es mag sein, daß mit diesen Ideen dem Marketing für Baden-Württemberg Rechnung getragen wird; ob sie aber auch den Platz besetzen können, den heimatliche Identität vor der Austreibung der „Gemütlichkeit" innehatte, ist fraglich. Bis auf weiteres sollte es also dabei bleiben, daß Baden-Württemberg ein Land ist, das seinen Menschen die Heimat beläßt, nach der sie selbst verlangen: Baden den Badenern und Württemberg den Schwaben.

Das Land hat eine Doppelidentität, und das ist gut so.

Das Gespenst der Badenfrage und die „Landesvereinigung Baden"

Am Morgen nach der Volksabstimmung vom 7. Juni 1970 hatte die in Freiburg erscheinende Badische Zeitung die Anhänger der unterlegenen Option ermuntert, sie sollten „jenes badische Element überall bleiben, das darüber wacht, daß ihre so geliebte badische Heimat im neuen Bundesland auch in Zukunft nicht zu kurz kommt."[69] Sollte damit „die Badenfrage" verewigt werden? Ist sie nicht längst erledigt? Wer hätte ein Interesse, sie wachzuhalten?

„Meine Tochter mit ihrem Sohn? – Nie!" ließ der Karikaturist den Badener sagen. Daraufhin der Schwabe: „Mein Sohn mit ihrer Tochter? – Nie!" (Quelle: Rhein-Neckar-Zeitung 15.8.1950, Zeichnung: Schaad)

Die Badenfrage ist heute ein Zitat geworden, mit dem man an heroische Zeiten erinnert, eine Art von Zauberformel, mit der man den „Knüppel aus dem Sack" beschwört, wenn man im Streit um einen günstigen Regionalproporz keine Fairness erwartet. Als die Oberfinanzdirektion Freiburg die Neuordnung der Zuständigkeiten der Mittelbehörden zwischen Freiburg, Karlsruhe und Stuttgart erörterte, konnte man die folgende Warnung hören: Wenn höheren Ortes daran gedacht werde, „beide badischen OFDen zugunsten der OFD Stuttgart aufzulösen und sich mit der Finanzverwaltung in der Mittelinstanz dann ganz aus Baden zurückzuziehen", werde dies „die ‚Badenfrage' vermutlich mit großer Schärfe – leider wieder aufwerfen." Einen umgekehrten Effekt haben Abgeordnete im Stuttgarter Landtag im Auge, wenn sie landsmannschaftlich getönte Ansprüche als ein Zündeln an der Badenfrage verstehen und als Illoyalität gegen das Land geißeln.[70] Anlässe bietet ihnen gelegentlich die Karlsruher Lobby, wenn sie Zentralitätsfunktionen mit dem Argument der „Residenzstadt" begründet.[71]

Wenn in den Lagerstreit zwischen Regierung und Opposition zusätzlich fraktionssprengende regionale Streitpunkte getragen werden, wenn also z.B. Landsmannschaft gegen Regierungs- oder Oppositionspolitik, Teilraum gegen Gesamtprogramm gestellt werden, dann ist sofort die Rede von „Irrationalität", Rückschritt, „Spaltung". Man höre Zitate aus Fusionsdebatten im Landtag:

- „Daß es letzten Endes in der Schlußphase irrational wurde, hat zum Teil seine Begründung in einer hochgespielten Badenfrage, was ich überhaupt nicht nachvollziehen kann, und das, obwohl ich gebürtiger und reinrassiger Badener bin, dort aufgewachsen bin und in meiner Jugendzeit vielleicht auch altbadisch gedacht habe. Aber wenn wir heute, nach 40 Jahren, solche Fragen wieder nach vorne rücken, zeigt das, daß der gemeinschaftliche Gedanke und das Voranbewegen dieses Landes noch nicht im Bewußtsein aller vorhanden ist. Es ließen sich Leistungsbilanzen für Baden darstellen, speziell für Karlsruhe, die klar beweisen, daß das nicht das richtige Thema ist, um zu vernünftigen Entscheidungen zu kommen."[72]
- „Der zu erwartende Aufstand gerade in Baden (würde) dazu führen, daß erst recht an dieser Frage wieder einmal eine Spaltung entsteht und die Badenfrage wieder ganz neuen Auftrieb erhält. Also, wer das erreichen will, soll nur so weitermachen."[73]

Indes: die alte Badenfrage ist nicht nur scheintot, sondern tot. (Gleiches darf man wohl von der „Baden-Partei" sagen, die in Karlsruher Kreisen im Vorwahljahr 2000 diskutiert worden war.) Anders verhält es sich mit der Debatte über eine Schieflage in der Regionalförderung, die in Karlsruhe gepflegt wird und die von hier auf südbadische und württembergische Regionen überspringt, wenn es gegen die Privilegien der Landeshauptstadt geht. Hierzu meldet sich neuerdings eine „Landesvereinigung Baden in Europa" zu Wort, deren Gründung auf den letzten Vorsitzenden des Heimatbundes Badenerland, den Architekten und Karlsruher Stadtrat Reinhold Grund zurückgeht. Zunächst kulturell und grenzlandorientiert tätig, gewann sie unter dem Vorsitz von Prof. Robert Mürb nicht nur mit einer Anti-Zentralismus-Aktion auf Unterschriftenbasis[74], sondern durch eine von Arbeitskreisen fachlich untermauerte Themenpolitik landesweite Aufmerksamkeit. Im Internet findet man die gut sortierte Waffenkammer dieses ursprünglich nordbadischen Lobbyismus: eine „Mängelliste", die im Herbst 2000 an die Landesregierung geschickt wurde, Wahlprüfsteine, die an die badischen Landtagskandidaten gingen samt deren Antworten, einen Pressespiegel und Versammlungsberichte. Zu den gelegentlich drastischen Formulierungen des Vorsitzenden gehört: „Baden wird oft wie eine Kolonie behandelt, aus der man abschöpft."[75]

Verfasser selbst hat 1998 in einem Vortrag vor der Landesvereinigung die alte Badenfrage für erledigt erklärt, die Gefahr einer „neuen Badenfrage" aber nicht ausschließen wollen, die eine Frage der gegenüber Stuttgart benachteiligten und keineswegs nur „badischen" Regionen wäre[76]:

Die alte Badenfrage war eine Frage der ausstehenden Baugenehmigung für das südwestdeutsche Haus. Wenn eine „neue Badische Frage" aufkommt, dann wegen der „Hausordnung" und ihrer Handhabung. Um ihr Aufkommen zu vermeiden, möge die Landesvereinigung, wo immer sie dies kann, darauf hinwirken, daß
- der Stuttgart-Zentralismus nicht weiter ins Kraut schießt,
- alle Regionen bei der Landesentwicklung ihre besondere Chance erhalten,
- die Regionen am Rhein ihre Belange auch grenzüberschreitend zunehmend selbst koordinieren können.

Gesichtspunkte für die Lektüre

Die Aufsätze dieses Buches sind fachlich und im Blick auf politische Urteile von den Autoren zu verantworten, die keineswegs nur aus Badenern bestehen und denen das Anliegen Leo Wohlebs zum Teil fremd war und geblieben ist. Auf diese Weise sind viele interessante und diskussionswürdige Gesichtspunkte zusammengetragen worden, die in liberaler badischer Tradition ihren jeweiligen Platz im Ganzen haben. Streckenweise wird die Chronik der Institutionen geboten, streckenweise wird analysiert und Bilanz gemacht.

Die Gliederung folgt den Regierungsbezirken: Im ersten Teil wird Nordbaden bzw. der Bezirk des Regierungspräsidiums Karlsruhe verhandelt, im zweiten Teil der entsprechende südliche Bezirk, im dritten Teil werden bezirksübergreifende Themen dargestellt.

Im Vordergrund stehen jene beiden Institutionen am mittleren und oberen Oberrhein, die diese Regionen repräsentieren, verwalten und gegenüber Stuttgart vertreten: die Regierungspräsidien in Karlsruhe und in Freiburg. Auch wenn sie bislang konkurrierend existiert haben und wenn von ihnen kein Vorschlag für eine Zusammenführung badischer Mittel- oder Sonderbehörden in Karlsruhe oder Freiburg zu erwarten war, stellen sie in ihrer jeweiligen Amts- und Aufgabengeschichte doch maßgebliche Aspekte badischer Identität vor. Dafür spricht schon das Amtsverständnis zahlreicher Hauschefs. Nach den Bündelungsbehörden „Regierungspräsidium“ werden wichtige Sonderbehörden und Verwaltungszweige sowie behördliche und gesellschaftliche Aufgaben- und Kulturbereiche dargestellt, sodann die sechs kommunalen Planungsregionen und die fünf badischen Universitätsstädte. Auf der gesellschaftlichen Ebene wurden insbesondere Einrichtungen berücksichtigt, die eine ältere oder jüngere badische Tradition verkörpern, wozu auch der Südwestfunk in Baden-Baden zählt, in gewisser Weise auch die Kammern, und Organisationen, die das badische Profil satzungsmäßig noch nicht abgestreift haben: insbesondere die beiden großen Kirchen, aber auch Vereine, von denen wenige für viele stehen müssen. Dadurch ist leider auch der Kreis der religiösen Gemeinschaften enger gezogen worden als wünschenswert wäre,[77] was auch für nichtchristliche Religionsgemeinschaften in Baden gilt, etwa die islamischen Gemeinden oder für die traditionsreichen jüdischen Gemeinden, deren Geschichte von 1933 bis zum Wiederaufbau nach 1945 von Paul Sauer an anderem Ort dargestellt wurde.[78]

Den ihrem jeweiligen Thema eng verbundenen Autoren war es aufgegeben, dessen Entwicklung über ein halbes Jahrhundert unter solchen Gesichtspunkten einzugrenzen, die es für die Absicht aussagekräftig machen, abzuwägen, was die 50jährige Zugehörigkeit zu Baden-Württemberg nun gebracht habe. Welche der Fragen ein Autor für belangvoll hielt, war ihm überlassen; erst recht das Urteil, zu dem er dabei gelangt:

- Welche Auswirkung hatte die besatzungspolitisch bedingte Aufteilung des badischen Stiefels in zwei Regierungsbezirke? Wurde das badische Potential geschwächt? Haben sich Nord/Süd-Rivalitäten verschärft?
- Was bedeutet die Steuerung der Landespolitik aus der nicht grenznahen Position Stuttgarts für den grenzüberschreitenden Verkehr am Rhein?
- Wie hat sich die Einbeziehung der badischen Regionen im Verlauf von 50 Jahren entwickelt, und wie hat sie die württembergischen Verhältnisse befruchtet? (Es sollte bedacht werden, daß bestimmte Effekte nicht dem Zusammenschluß der Nachkriegsländer, sondern dem „Deutschen Wirtschaftswunder“ bzw. der Entwicklung zur heu-

tigen Europäischen Union gutgeschrieben werden müssen. Insoweit wären sie womöglich auch unter der Bedingung der alten Länder eingetreten.) Wie ist – unter dem Aspekt des zu bearbeitenden Sachbereichs – den badischen Regionen die Einbeziehung in den Südweststaat bekommen?

Im Maße, als derartige historische und fachliche Analysen angestellt werden, wird der Ball an die Politiker weitergegeben: Sie mögen sich dadurch anregen lassen, Baden-Württemberg – um ein Wort von Theodor Heuss zu variieren – als „Modell deutscher Möglichkeiten" fortzuentwickeln:

- in Wettbewerb und Partnerschaft der Städte und Regionen,
- im Stolz auf landsmannschaftliche Prägungen und
- zum Wohl unseres Vaterlandes und des europäischen Staatenverbands.

Anmerkungen

1 Ähnlich Alfred Behr, Das Musterländle, FAZ v. 7.8.1998, S. 1

2 H. Schneider, 30 Jahre Baden-Württemberg – Ein Landesbewußtsein entsteht, in: R. Rinker/ W. Setzler (Hg.), Die Geschichte Baden-Württembergs, Stuttgart 1986, S. 302 ff.

3 Dokumentation über die Verwaltungsreform in Baden-Württemberg, hg. v. Staatsministerium BW, 2 Bde., Stuttgart 1976

4 Südbaden, hg. v. A. Schweickert (= Schriften z. pol. Lk Bd. 19, Hg. v.d. LpB BW) Stuttgart u.a. 1992, S. 5

5 Die TechnologieRegion Karlsruhe werde „ab Spätsommer einen Auftritt in der preisgekrönten Baden-Württemberg-Kampagne" erhalten, so erfuhr man im Juni 2001. Die BNN fragte nach badischen Elementen: „Waschechte Badener? Die werden nicht zu sehen sein. ‚Wir wollen Forscher vorstellen'", erklärte daraufhin Michael Hörrmann, Chef der Öffentlichkeitsarbeit im Stuttgarter Staatsministerium, und nannte als Beispiele „Menschen aus Indien, Thailand, Afrika." BNN vom 27.6.2001 (Seite „Südwestecho")

6 In der Intention, das Badische in südweststaatlicher Fundamentierung zu profilieren, unterscheiden wir uns von jenem „badischen Profil", das der seinerzeitige Karlsruher Landesbezirkspräsident und vormalige Reichsfinanzminister Dr. Köhler erhalten wissen wollte, der damit einen teilautonomen badischen Landesbezirk in einer Art von Doppelstaatlichkeit mit Württemberg angestrebt hatte, vgl. U. Uffelmann, Badisches Profil und Südweststaat, Der Beitrag Heinrich Köhlers zur föderalen Struktur der Bundesrepublik Deutschland, in ZGO Bd. 138 (NF Bd. 99) 1990, S. 418 ff.

7 Verwaltungsreformer lassen nicht locker in: Stuttgarter Zeitung v. 25.8.2001 („Südwestdeutsche Zeitung"), S. 6 und E. Teufel, Schlußstatement in: Starke Regionen für ein starkes Europa. Enti locali forti per un Europa forte, hg. v. E. Teufel/E. Perlot (= Schriftenreihe des Europäischen Zentrums für Föderalismus-Forschung Bd.20) Baden-Baden 2000, S. 106 („Das Europa der Regionen ist europäische Wirklichkeit und politisches Programm der Verantwortlichen, nicht nur innerhalb der Regionen und Kommunen der Europäischen Union, sondern auch in einem größeren Europa."); F.-L. Knemeyer, Hg., Die Europäische Charta der kommunalen Selbstverwaltung. Entstehung und Bedeutung. Länderberichte und Analysen, Baden-Baden 1989.

8 E. Teufel in: Starke Regionen, hg. v. E. Teufel/E. Perlot (2000), S. 12; Die Innenseite der Länder wird in dem zitierten Tagungsband nicht diskutiert.

9 Thomas Hürlimann, Das Firmament ohne Schweizer Kreuz, in: FAZ v. 26.10.2001, S. 49

10 E.A. Brugger, Föderalismus als Ziel und Voraussetzung für die Regionalpolitik – Eine regionalwissenschaftliche Analyse, in: R.E. Germann u.a., Hg., Handbuch Politisches System der Schweiz, Bd. 3, Bern/Stuttgart 1986, S. 299 ff.

11 E.A. Brugger, Föderalismus ebd., S. 303

12 Zum Landessozialverband Baden vgl. den Beitrag in diesem Buch. Herausgeber hat einmal – auch im Anschluß an ein Gutachten für den LV Rheinland in Köln, zu dem er 1999 aufgefordert war – die Errichtung eines gesamtbadischen kommunalen Landschaftsverbands vorgeschlagen. Territorial

könnte er den beiden badischen Regierungsbezirken bzw. dem baden-württembergischen Bereich des Mandatsgebiets des Oberrheinrats entsprechen.

13 Paul Feuchte, Verfassungsgeschichte 1. Bd. (1983); Baden-Württemberg und der Föderalismus in der Bundesrepublik Deutschland (1949-1989), hg. v. M. Schaab und G. Richter (= Veröffentlichungen zur Verfassungsgeschichte von Baden-Württemberg seit 1945, hg. v. Kommission für Geschichtliche Landeskunde in B.-W. 11. Bd.) Stuttgart 1991; 40 Jahre Baden-Württemberg, Aufbau und Gestaltung 1952-1992. Im Auftrag der Kommission für geschichtliche Landeskunde in Baden-Württemberg und in Verbindung mit der amtlichen Landesbeschreibung hg. v. M. Schaab, Mitredaktion H. Schaab, Stuttgart 1992

14 Eine Karikaturen-Auswahl findet man in: Das Ringen um den Südweststaat. Karikaturen zum Entstehen des Landes Baden-Württemberg, hg. v. K. R. Lindemann, Karlsruhe 1992. Durch ihre humane Heiterkeit und graphische Kunstfertigkeit fallen die Arbeiten F. Meinhards in der Stuttgarter Zeitung positiv auf. Zur karikaturesken Darstellung des badischen Staatspräsidenten aus der Feder Eschenburgs vgl. dessen Beitrag: Verfassung, Staat, Parteien in: Baden-Württemberg, Staat – Wirtschaft – Kultur, hg. v. Th. Pfizer, Stuttgart 1963, S. 93 ff. (101)

15 So jüngst zu Recht wieder A. Behr in FAZ v. 24.3.2001, S. 6

16 Vgl. die Tagung in der Landesvertretung von B.-W., die die Kommission für geschichtliche Landeskunde aus Anlaß des 40jährigen Bestehens des Grundgesetzes abhielt, dort vom Verf., Der unterlegene Standpunkt. Ein alternatives Föderalismus-Konzept, samt Diskussion in: Baden-Württemberg und der Föderalismus in der Bundesrepublik Deutschland (1949-1989), hg. v. M. Schaab und G. Richter (= Kommission für geschichtliche Landeskunde in B.-W.), Stuttgart 1991, S. 45 ff.

17 Zahlenangaben nach: Statistische Monatshefte Baden-Württemberg 9.5.1963, S.106 (E. Gawatz, Zur kommenden Baden-Abstimmung)

18 Vgl. dazu die Beiträge von R. Albiez, K. H. Neumayer, C. Bury, und P.-L. Weinacht in: R. Albiez, K. Glunk, R. Grund, Der überspielte Volkswille, Die Badener im südwestdeutschen Neugliederungsgeschehen (1945-1970) – Fakten und Dokumente, Baden-Baden 2. Aufl. 1992

19 P. Feuchte, Verfassungsgeschichte von Baden-Württemberg (1963), S. 310 f.

20 Die Vergleichsdaten bei D. Mohr, Viele Tüftler doch wenig Gründer, in: FAZ Verlagsbeilage Nr. 257 v. 5.11.2001, S.1

21 Zum Länderfinanzausgleich steuerte Baden-Württemberg im Jahr 2000 3,9 Mrd. DM bei (Hessen 5,4 Mrd., Bayern 3,7 Mrd., NRW 2,2 Mrd., HH 1,1 Mrd.), vgl. Der Länderfinanzausgleich und Transfers in seinem Umfeld, Vorläufige Jahresrechnung für das Jahr 2000, in: FAZ v. 17.4.2001, S. 4.

22 Schwaben sollen ihr Streber-Image ablegen, in: Stuttgarter Zeitung v. 3.9.1999

23 Der Stuttgarter Regierungspräsident, U. Andriof, urteilte 1997: „Baden-Württemberg ist ein ‚armes' Land – jedenfalls arm an Rohstoffen – und deshalb stellen sich manche Probleme anders dar als in Nordrhein-Westfalen. Es gibt deshalb auch weniger Möglichkeiten der Förderung durch die europäische Gemeinschaft." In: Regionalisierte Strukturpolitik in den Ländern – das Beispiel Baden-Württemberg, in: Europäische Regionalpolitik, hg. v. H. Siedentopf u.a., Baden-Baden 1997, S. 75

24 K.S. Bader in: K.S. Bader/H. Heinrich/J. Federer, Baden im 19. und 20. Jahrhundert, Verfassungs- und verwaltungsgeschichtliche Studien, Karlsruhe 1950 S. 29; H. Fenske, 175 Jahre badische Verfassung, hg. v.d. Stadt Karlsruhe/Stadtarchiv, Karlsruhe 1993

25 So lehnte etwa das badische Landsturmedikt v. 12.2.1814 eine Zerreißung des Landsturms nach territorialen Gesichtspunkten, die nicht mit den Grenzen des Landes zusammenstimmten, ab und widersprach damit auch dem v. Steinschen Konzept des (in seinen Stämmen einigen deutschen) „Volkes in Waffen". Der Landsturm war „eine von oben herab gebotene Veranstaltung", statt Uniformen hatte man gelb-rot-gelbe Binden und Schärpen vorgesehen, vgl. Haebler, Ein Staat wird aufgebaut (1948), S. 173 ff.

26 Erstmals auf deutsch abgedruckt in: FAZ v. 8.9.2001, vgl. dazu den Leserbrief v. R. Beck (Zwickau) in FAZ v. 17.9.2001: „Haffners Distanz zu seinen Frühwerken", wo er mitteilt, daß Haffner schon kurze Zeit später seinen Partikularismus als überholt betrachtet habe.

27 Rede vor den Delegierten der Landestagung der BCSV am 24.2.1946 in: Humanist und Politiker, Leo Wohleb – der letzte Staatspräsident des Landes Baden, hg. v. H. Maier und P.-L. Weinacht, Heidelberg 1969, S. 171

28 „Ich scheide in Treue zu Baden und dem badischen Volk, das unser Herrgott segnen möge. Es lebe das badische Volk! Es lebe unsere badische Heimat!“, Abschiedsansprache des Badischen Staatspräsidenten im SWF (7.5.1952), abgedruckt in: Humanist und Politiker, Leo Wohleb, Der letzte Staatspräsident des Landes Baden, hg. v. H. Maier und P.-L. Weinacht, Heidelberg 1969, S. 201. Auf Parteiebene war das bis in die 70er Jahre hinein anders – etwa bei den badischen Landesverbänden der CDU, vgl. „Vier Landesverbände – ein Landtag und eine Regierung (1952-1971/72)“, in: P.-L. Weinacht, Hg., Die CDU in Baden-Württemberg und ihre Geschichte (= Schriften zur politischen Landeskunde B.-W., Bd.2, hg. v. Landeszentrale für politische Bildung) Stuttgart u.a. 1978, S. 193 ff.

29 Badenia oder das badische Land und Volk, eine Zeitschrift für vaterländische Geschichte und Landeskunde, 1. Jg, Karlsruhe u. Freiburg 1839

30 An der Neugründung des Landesvereins Badische Heimat im Oktober 1949 beteiligten sich die politischen Vorkämpfer Gesamtbadens, vgl. Bad. Zeitung vom 25.10.1949, wiederabgedruckt in Badische Heimat 1/2001, S. 178 f.

31 Karl Kurrus, Vor fünfundzwanzig Jahren, als Endingen wieder Stadt wurde; Hubert Baum, Das Sulzburger Stadtrecht, in: Leo Wohleb – der andere politische Kurs, hg. v. P.-L. Weinacht, Freiburg 1975, S. 130ff.

32 Zur Geschichte der Denkmalpflege und zum Gesetz vom 12.7.1949 Karl Stiefel, Baden 1648-1952 Bd. II Karlsruhe 1977, S. 1900

33 Abstimmungsaufruf (1951) von Reichskanzler a.D. Dr. Josef Wirth, abgedruckt bei U. Uffelmann, Identitätsstiftung in Südwestdeutschland, Antworten auf politische Grenzziehungen nach dem Zweiten Weltkrieg (= Histor. Seminar, hg. v. A. Reese/U. Uffelmann, NF 8), S. 137-139 (139)

34 So vielfach in Äußerungen von Autoren der Zeitschrift Badische Heimat, besonders versöhnlich und schön H. Englers Festansprache zum 90jährigen Bestehen der Vereinigung, abgedruckt in Badische Heimat, 79. Jg., S. 714 ff. (719),

35 BNN v. 23.12.1995

36 Prof. Dr. Seiler erklärte laut Karlsruher Stadtzeitung v. 20.3.1998: „Wir sind keine Partner“ (Stuttgarts und der Landesregierung). Jedes Gegenkonzept scheitere daran, „daß es keine badische Solidarität“ mehr gebe. (Abgedruckt in Badische Heimat 4/2000, S. 798) Erinnerungsposten an gesamtbadische Landesstaatlichkeit bilden die beiden Volkskirchen, auch an manche Vereine und Verbände, die die vor- und nachkriegs-badischen Grenzen abdecken. Auch das Badenerlied steht in Nord- und Südbaden hoch im Kurs. Fragt man, was Lied und gelb-rot-gelbe Fahnen wohl für die Fans in den Stadien des SC Freiburg und des KSC bedeuten, dann wird man klüger, wenn Derbies mit dem VfB anstehen. Die fast kriegerischen Emotionen in Freiburg oder in Karlsruhe verraten, daß derlei Vereinssymbole auf landsmannschaftlichem Vulkan-Boden stehen können.

37 Vgl. die demoskopischen Ergebnisse im Beitrag von T. Mayer/P.-L. Weinacht in diesem Buch. H.-G. Wehling spricht von „Angleichungstendenzen“ in: Ders. u.a., Baden-Württemberg, Eine politische Landeskunde Teil II, hg. v.d. Landeszentrale für politische Bildung (= Schriften Bd. 18), Stuttgart u.a. 1991, S. 25

38 Stuttgarter Zeitung Nr. 249/2000 v. 27.10.2000, S.VIII

39 Adrien Finck in: Badische Heimat, 1/2001, S. 68

40 Zu den heute hier lebenden und künftig zu erwartenden Immigranten. Sie bilden vielfach ihre eigenen „Ethnien“ und „Nationalitäten“. Gelingende kulturelle Integration verlangt zuvor Individualisierung. Über sie eröffnen sich landsmannschaftliche Wege ins Badische: für die einen vom Hochdeutschen zur Mundart bzw. zum Soziolekt, für die andern in umgekehrter Richtung je nach Kontaktkreis und nach dem Maß ihrer sprachlichen Fähigkeiten und Vertrautheit. Im Rheintal haben schon vielerlei Durchzügler Wurzeln geschlagen und konnten sich – einzeln und familienweise freilich nur – den Landsmannschaften am Oberrhein eingliedern.

41 Zitiert von K. Glunk in: Der überspielte Volkswille, Die Badener im südwestdeutschen Neugliederungsgeschehen (1945-1970), Baden-Baden 1992, S. 297

42 Die EU schematisiert Gebietseinheiten nach den Vorgaben der Statistik in NUTS 1 (in Deutschland die Bundesländer), NUTS 2 (in Deutschland die Regierungsbezirke), NUTS 3 (in Deutschland die Landkreise; vgl. P.M. Schmidhuber in: E.-L. Knemeyer, Europa der Regionen – Europa der Kommunen (= Kommunalrecht – Kommunalverwaltung, Bd.13), Baden-Baden 1994, S. 125 ff.). Struk-

turwandel wird in NUTS 3, also auf Landkreisebene gefördert, vgl. Regionalförderung in Deutschland, in: EU-Nachrichten Nr. 31 v. 6.9.2001, S. 7

43 Baden als „Region" in der Einzahl wird im Oberrheinrat vermutlich als eine Parallelbildung zu „Région Alsace" verwendet. Man spricht dort von „alle(n) Regionen entlang des Oberrheins" und meint damit „Das Elsaß, die Südpfalz, die Nordwestschweiz und Baden, also vier Regionen in drei Nationalstaaten." (Rede v. P. Straub am 23.4.1999 in Straßburg (masch.Ms.))

44 Das Großherzogthum Baden. Land und Volk, beschrieben ... zur Unterstützung des Unterrichts in der Vaterlandskunde, Villingen 1860, S. 1

45 Baden, Großherzogthum (Marquardsen), in: J. C. Bluntschli/K. Brater, Hg., Deutsches Staatswörterbuch, Stuttgart/Leipzig 1857 Bd. 1, S. 637

46 Baden, Großherzogthum, in: J.C. Bluntschli/K. Brater (1857) Bd. 1, S. 631

47 Das Land Baden (Reichszentrale für Heimatdienst) 1929, S.1

48 L. Wohleb, Rede vor den Delegierten der Landestagung der BCSV (24.2.1948) in: Humanist und Politiker (1969), S. 173, vgl. den Beitrag von Tilman Mayer in: Gelb-rot-gelbe Regierungsjahre (1988), S. 360 ff.

49 Zur festen Beziehung zwischen Freiburg und Mulhouse vgl. den Beitrag von Oberbürgermeister Böhme in diesem Band.

50 Vgl. den Beitrag von C. Schroeder in diesem Band sowie G. Hämmerle, Die grenzüberschreitende Zusammenarbeit am Oberrhein, in: Badische Heimat1/2001, S. 46 ff.

51 U. Uffelmann, Identitätsstiftung im deutschen Südwesten (= Historisches Seminar N.F., hg. v. A. Rees/U. Uffelmann) Idstein 1996, Vorwort, S. 9

52 Der Untertitel des Buches lautet: Aufruf und Programm, Konstanz 1946

53 H. Pfefferle, Politische Identitätsbildung in Württemberg-Hohenzollern (1945-1952), Die Renaissance oberschwäbischen Regionalbewußtseins (= Schriften zur Geschichtsdidaktik hg. v. U. Uffelmann u.a., Bd. 5) Weinheim 1997

54 In einer Kritik der anonymen Schrift über Südbaden 1945-1952 weist Paul Zürcher die darin enthaltene Behauptung zurück, Wohleb und er hätten den Gedanken eines aus Südwürttemberg und Südbaden gebildeten Südstaats lanciert: „In Wahrheit wurde die Idee eines Südstaates um Pfingsten 1949 in Tübingen geboren, als der damalige Staatspräsident von (Süd-)Württemberg-Hohenzollern geheimnisvoll unter vier Augen dem Schreiber dieser Zeilen statt der Bildung des Südwesstaates die Vereinigung seines Ländchens mit (Süd-)Baden vorschlug" (es folgen Motivationen und nähere Angaben), handschriftl. Ms. im Besitz des Verf.

55 U. Uffelmann, Identitätsstiftung (1996), S.44

56 Vor der Gründung des Landesverbandes bestanden noch zwei badische Landesverbände der CDU, vgl. „Vier Landesverbände – ein Landtag und eine Regierung (1952-1971/72)", in: Paul-Ludwig Weinacht, Hg., Die CDU in Baden-Württemberg und ihre Geschichte (= Schriften zur politischen Landeskunde B.-W., Bd.2, hg. v. Landeszentrale für pol. Bildung) Stuttgart u.a. 1978, S. 193 ff.

57 Wilfried von Bredow, Souveränität und Identitätspolitik. Zum Wandel eines Modells staatlicher Ordnung am Beispiel Kanadas, in Zeitschrift für Politik, 46. Jg., 4/99, S. 389 ff.

58 Landesentwicklungsplan BW, Entwurf (Stand 3.7.2000), Beschluß der Landesregierung vom 18. Juli 2000

59 Fast alle Ministerpräsidenten, am wenigsten wohl Lothar Späth, haben versucht, die historische und emotionale Blöße des mixtum compositum Baden-Württemberg zu bedecken. Man erinnere sich der mediävistischen Hinweise zum schwäbischen Reichskreis, mit denen Gebhard Müller sein Südweststaats-Konzept gegen die satte historische Bilanz des Badeners Wohleb ausschmückte, oder das Projekt der Staufer-Ausstellung, mit dem Hans Filbinger dem vom Südweststaat belegten Territorium geschichtliche Tiefe geben wollte, die mit der Napoleon-Ausstellung unter Lothar Späth auf die beiden Rheinbundstaaten zurückgenommen wurden.

60 Zur „Südwestdeutschen Geschichtslegende" vgl. vom Verfasser: Leo Wohleb – der andere politische Kurs, Hg. P.-L. Weinacht, Freiburg 1975, S. 152 ff

61 Baden-Württemberg: Starkes Land voller Ideen und Chancen, Regierungserklärung von Ministerpräsident E. Teufel am 9. 12. 1998 vor dem Landtag v. B.-W., in: Staats-Anzeiger für B.-W., Beilage zu Nr. 49 v. 14.12.1998, S. 7

62 Stuttgarter Zeitung vom 12.12.1998, S. 6: „Zentralismus-Kritiker sammeln Mitstreiter"

63 Vgl. BNN v. 24.2.2001, S. 5: Auf einer Pressekonferenz gab Landesbischof Ulrich Fischer zu erkennen: „Kirchenfusion kommt für den badischen Bischof nicht in Frage.“ Er bezeichnete die Verfassungsstrukturen der beiden evangelischen Landskirchen als „zu unterschiedlich“.

64 Diese Argumentationsfigur war zum Zeitpunkt der Einrichtung des LWV 1964 noch nicht richtig, sondern wurde es erst mit der Gebietsreform 1973, woraus man die erhoffte Abschwächung der (historischen) Landesidentität sehen kann.

65 Landtag von B.-W., 13. Wahlperiode, 66. Sitzung v. 20.4.1999

66 Dazu jetzt auch, allerdings ohne Bezug zur Stuttgarter Identitätspolitik, H.-G. Wehling, Historische Wurzeln von Identität in Baden-Württemberg, in: Zeitschrift für Württembergische Landesgeschichte, Jg. 60, 2001, 353 ff.

67 Stuttgarter Zeitung v. 11.12.2000, S. 1

68 BNN v. 27.6.2001 (Seite „Südwestecho“)

69 BZ v. 8.6.1970

70 In diesem Sinne hält der Karlsruher Grünen-Abg. im 12. Landtag, Gerhard Stolz, die „Badenfrage“ für eine „schwäbische Erfindung“, vgl. in diesem Buch meinen Beitrag zum „Oberrheinrat“.

71 Am wichtigsten die Schrift: Zentralisation oder Dezentralisation – das ist die Frage. Standortdiskussion Baden-Württemberg, Herausforderung an die Landes- und Regionalpolitik, bearbeitet v. J. Schmidt-Trenz/S. Schäfer (= IHK-Studien) Karlsruhe 1993. Der Kommentar zum Nein des Aufsichtsrats des Badenwerks zur Energiefusion in der in Freiburg erscheinenden Bad. Zeitung lautete: „Waren es wirklich nur altbadische Motive, die zur Abfuhr führten? Zuletzt von der emotionalen Debatte völlig verdrängt, lassen sich handfeste ökonomische Gründe ins Feld führen, weshalb sich der Energieversorgung im Südwesten auch und gerade ohne Fusion neue Chancen eröffnen – vor allem dem Badenwerk.“ (26.11.1993)

72 Finanzminister Mayer-Vorfelder in einer Debatte über die EnBW-Fusion: Landtag v. B.-W., 11. Wahlperiode, 36. Sitzung v. 15.12.1993

73 Die Grünen-Abgeordnete Bender in einer Debatte über die Absicht der Landesregierung, den badischen und den württembergischen Landeswohlfahrtsverband gegen deren erklärten Willen zu fusionieren, Landtag v. B.-W., 12. Wahlperiode, 66. Sitzung v. 29.4.1999

74 „Mit den bereits in kurzer Zeit gesammelten 20.000 Stimmen sowie weiteren bis zum Jahresende zwischen Mannheim und dem Bodensee geplanten Unterschriftenaktionen will man gegenüber der Landesregierung die Forderung nach mehr Regionalisierung Nachdruck verleihen.“ in: Kampfansage an den Moloch „Stuttgart“, Badener machen mit Unterschriftenaktionen gegen die Landeshauptstadt mobil, in: Der Morgen Nr. 122 v. 29.5.1998

75 „Badener fordern vom Land bessere Förderung der Neuen Messe“, BNN v. 18.3.2001, S. 5

76 Der Vortrag fand auf einer Mitgliederversammlung der Landesvereinigung Baden statt und wurde in der Landespresse beachtet: „Es geht um die Hausordnung im Südweststaat“, BNN v. 11.12.98, S. 17; „Zentralismus-Kritiker sammeln Mitstreiter“, Stuttgarter Zeitung v. 12.12.98, S. 6

77 Vgl. den informativen Auftritt im Internet www.kirchen.de/ack/ackbw/, den die Arbeitsgemeinschaft Christlicher Kirchen in B.-W. schaltet; auch das Behördenverzeichnis B.-W. 2000

78 1979 wurde in Heidelberg die Hochschule für jüdische Studien gegründet, ein bedeutendes geistiges Zentrum des Judentums im Land. Dem „Oberrat der Israeliten Badens“ in Karlsruhe gehörten im Juni 1983 1317 Mitglieder an. Vgl. dazu P. Sauer, Die jüdischen Gemeinden in Baden und Württemberg von 1933 bis zum Wiederaufbau nach 1945, in: H. Sproll u. J. Thierfelder (Hg.), Die Religionsgemeinschaften in Baden-Württemberg (= Schriften zur politischen Landeskunde B.-W., Bd.9, hg. v.d. Landeszentrale für politische Bildung B.-W.) Stuttgart u.a. 1984, S. 189 ff. (206)

ZWEITER TEIL

Nordbaden

Das Regierungspräsidium

Kammern

Planungsregionen

Universitätsstädte

Landkreise

Ausgegliederte Kreise und Gemeinden

Das Regierungspräsidium: die Institution, ihre Amtschefs, ihre Leistungen

Vom Bezirk Nordbaden zum Bezirk Karlsruhe

A: Das Regierungspräsidium Nordbaden (1952-1972)

Hans Kühn

1. Zur Entstehungsgeschichte

Die Entstehung der Regierungspräsidien in Baden-Württemberg ist mit der Bildung des südwestdeutschen Bundeslandes politisch, organisatorisch und zeitlich eng verknüpft. Nach dem Zusammenschluß der Länder Württemberg-Baden, Baden und Württemberg-Hohenzollern zum Land Baden-Württemberg sind noch im gleichen Jahr die vier Regierungspräsidien als staatliche Mittelinstanzen im Wege der Überleitung aus den bestehenden Ministerien in Stuttgart, Freiburg und Tübingen sowie der Landesbezirksverwaltung Baden in Karlsruhe errichtet worden.

Das frühere Land Baden hatte ebenso wenig wie das frühere Land Württemberg in neuerer Zeit vergleichbare staatliche Behörden der Mittelinstanz. Die seit der Verwaltungsreform von 1863 amtierenden Landeskommissäre in Mannheim, Karlsruhe, Freiburg und Konstanz bildeten keine eigenständige Verwaltungsebene, sondern nahmen als Außenstellen des Badischen Ministeriums des Innern neben Repräsentationspflichten im wesentlichen Aufsichts- und Rechtsmittelfunktionen wahr.

Die Errichtung regionaler staatlicher Mittelbehörden lag zunächst von der Größe des neuen Bundeslandes her gesehen nahe und folgte insoweit dem Beispiel fast aller anderen Flächenstaaten der Bundesrepublik. Aber nicht allein die Größe des Landes, sondern auch seine jahrelang politisch heiß umkämpfte Entstehung aus bis dahin staatlich und verwaltungsorganisatorisch getrennten Einheiten, in denen zudem unterschiedliches Recht galt, ließen es angezeigt erscheinen, eine dezentrale Verwaltungsorganisation in Anlehnung an die historischen Grenzen zu schaffen. Damit wurde nicht zuletzt auch der Tatsache Rechnung getragen, daß die unterschiedlichen Traditionen und landsmannschaftlichen Eigenheiten in den verschiedenen Landesteilen fortwirkten und als regional gewachsene Elemente des Volkstums und seiner Kultur einer besonderen Pflege in ihrem Raum bedurften.

Die Frage der Verwaltungsgliederung hatte schon in den Auseinandersetzungen um den Südweststaat eine maßgebliche Rolle gespielt, so vor allem im Ringen um den sog. Karlsruher Vertrag[1], der Bestandteil der Verfassung des neuen Landes werden sollte und der die Gliederung des Staatsgebiets in vier staatliche Landesbezirke entsprechend den historischen Grenzen mit weitgehender Selbstverwaltung vorsah. Zwar kam dieser Vertrag nicht zustande; trotzdem – und darin wird man Feuchte, einem der besten Kenner der Verfassungsentwicklung des Landes, folgen dürfen – hatten „die ausgleichenden und konstruktiven Aussagen des Vertragsentwurfs, auf den führende Südweststaatanhänger im Abstimmungskampf sich immer berufen hatten, und die historischen Prämissen für die innere Gliederung des Landes eine nachhaltige Wirkung. Daran konnte man weder in der Phase der Überleitung noch in der späteren Gesetzgebung vorübergehen."[2] Diese Einschätzung ist durch die Entwicklung der folgenden 20 Jahre voll bestätigt worden.

Gleichwohl blieb, wie sich in den Beratungen der verfassunggebenden Landesversammlung zeigte, die Frage, welche Bezirke gebildet werden und über welche Kompetenzen sie verfügen sollten, bis zuletzt heiß umstritten. Das schließlich mit breiter Mehrheit zustande gekommene Gesetz über die vorläufige Ausübung der Staatsgewalt im südwestdeutschen Bundesland (Überleitungsgesetz vom 15. Mai 1952), das der Verfassung um eineinhalb Jahre vorausging, bestimmte, allerdings nur „vorläufig", die Errichtung von vier Mittelinstanzen, deren Gebiet sich an den historischen Grenzen der alten Länder und an der durch die Besatzung bedingten Teilung nach dem 2. Weltkrieg ausrichtete. Der Leiter der Mittelinstanz mit der Dienstbezeichnung „Regierungspräsident", als solcher Beamter auf Widerruf, sollte von der vorläufigen Regierung unverzüglich ernannt und die Zuständigkeiten der Mittelinstanzen durch Verordnung der vorläufigen Regierung bestimmt werden.[3]

Die Landesverfassung vom 11. November 1953 überließ in Artikel 70 die Regelung des Aufbaus, der räumlichen Gliederung und der Zuständigkeit der Landesverwaltung einem besonderen Gesetz. Sie verzichtete damit auf eine verfassungsrechtliche Bindung des Gesetzgebers an eine bestimmte organisatorische oder funktionelle Gliederung des Landes und seiner Verwaltung. Weder war die CDU mit dem Vorschlag in ihrem Verfassungsentwurf durchgedrungen, Selbstverwaltungskörperschaften höherer Ordnung (Landschaftsverbände) durch Vereinigung von Stadt- und Landkreisen innerhalb der ehemaligen Länder einschl. Hohenzollerns zu schaffen, noch hätten Bestrebungen, etwa in Anlehnung an Grundgedanken des Karlsruher Vertrags den Mittelinstanzen eine gewisse Selbständigkeit einzuräumen, Aussicht auf eine parlamentarische Mehrheit gehabt. Denn offenbar setzten die Parteien, worauf Feuchte[4] im Blick auf die Debatten um den Verwaltungsaufbau hinweist, von Anfang an die Akzente unterschiedlich. Während die Parteien der damaligen Regierungskoalition unter Reinhold Maier (FDP/DVP, SPD und BHE) eine zügige Angleichung der Verhältnisse im ganzen Land anstrebten und die alten Grenzen möglichst rasch in Vergessenheit geraten lassen wollten, trat die CDU dafür ein, das Ganze mit Rücksicht auf die geschichtlichen, kulturellen und landsmannschaftlichen Traditionen langsam organisch zusammenwachsen zu lassen.

Das zur Ausführung des Artikels 70 der Landesverfassung erlassene Landesverwaltungsgesetz vom 7. November 1955[5] behielt die räumliche Gliederung der Regierungsbezirke bei; sie sollte aber nach wie vor nur vorläufigen Charakter haben. Die Zuständigkeiten der Regierungspräsidien wurden nicht inhaltlich, sondern nur ganz formal umschrieben derart, daß sie zuständig sind für Aufgaben, die ihnen, den höheren Verwaltungsbehörden oder entsprechenden Behörden durch Gesetz, Rechtsverordnung oder ministerielle Anordnung zugewiesen sind (§§ 12 Abs.1, 5 Abs.3 LVG). Soweit dies nicht geschieht, sind die Ministerien zuständig (§ 5 Abs.2 LVG). Als notwendiges Gegengewicht gegenüber dieser Zuständigkeitsvermutung zugunsten der Ministerialebene ist allerdings der Grundsatz der Dezentralisation und Dekonzentration in Artikel 70 Abs. 1 der Landesverfassung von besonderer Bedeutung, wonach die Aufgaben, die von nachgeordneten Verwaltungsbehörden zuverlässig und zweckmäßig erfüllt werden können, diesen zuzuweisen sind.

Das Regierungspräsidium Nordbaden hat am 1. Oktober 1952 die Nachfolge der in Abwicklung befindlichen Landesbezirksverwaltung Baden angetreten. Diese war im

September 1945 mit Sitz in Karlsruhe errichtet worden und hatte im Lande Württemberg-Baden unter ihrem ersten Präsidenten, dem damaligen stellvertretenden Ministerpräsidenten, früheren badischen Staatspräsidenten und Reichsfinanzminister Dr. Heinrich Köhler (1878-1949) und seinen Nachfolgern „die grundsätzliche Aufgabe übernommen, die Verbindung zwischen der nordbadischen Bevölkerung und der Landesregierung in Stuttgart herzustellen und ein großes Maß von Verwaltungsaufgaben in eigener volksnaher Zuständigkeit zu lösen“[6]. Wenn diese Institution es sich auch in ihrer rechtlichen Sonderstellung und in ihren Zuständigkeiten von den Regierungspräsidien unterschied, so hatte sie doch wesentliche Elemente einer allgemeinen Mittelbehörde in sich vereinigt, so daß auf deren Erfahrungen aufgebaut und auf deren Personal und Ressourcen unmittelbar zurückgegriffen werden konnte.

Regierungspräsidium Karlsruhe
(Quelle: Regierungspräsidium Karlsruhe)

2. Organisation, Aufgaben und Funktionen des Regierungspräsidiums

Mit der Anordnung des Ministerrats über die Organisation der Regierungspräsidien vom 20.10.1952[7], die die Behörde landeseinheitlich in fünf Abteilungen gliederte, war deren Aufbau zunächst abgeschlossen, wenn auch die Entscheidung darüber, welche Aufgaben bzw. Zuständigkeiten die Ministerien sich selbst vorbehalten wollten, und welche dem Regierungspräsidium zufallen sollten, noch einige Zeit in Anspruch nahm. Im übrigen war die innere Struktur und Gliederung der Regierungspräsidien und auch ihr Aufgabenbestand in den Folgejahren immer wieder Veränderungen unterworfen. Sie fanden ihren vorläufigen Abschluß durch den seit 01.01.1969 geltenden einheitlichen Organisationsplan.[8]

In dem dreistufigen Verwaltungsaufbau nimmt das Regierungspräsidium als regionale Mittelbehörde der allgemeinen Verwaltung eine „Brückenfunktion“ zwischen den Ministerien und den unteren Behörden auf der Kreis- und Gemeindeebene ein. Während den unteren Verwaltungsbehörden grundsätzlich die erstinstanzliche und damit die eigentliche und unmittelbare Verwaltungsführung anvertraut ist, sollen die Behörden der Mittelstufe für die Einheitlichkeit der Verwaltungsführung sorgen, die Aufsicht ausüben sowie für die regionalen Aufgaben in ihrem Bezirk zuständig sein. Die Ministerien als Führungsorgane sollen, kurz gesagt, regieren, nicht verwalten![9] Leider wurde und wird diese Funktionsteilung zwischen den Verwaltungsebenen in der Praxis nicht selten durchkreuzt, sei es daß Ressortministerien die Neigung haben, durch Berichtspflichten und Zustimmungsvorbehalte Kompetenzen an sich zu ziehen oder daß umgekehrt Mitarbeiter der Mittelinstanz oder unterer Behörden die ihnen obliegende Entscheidungsverantwortung scheuen und sich lieber „oben“ rückversichern möchten.

Kennzeichen und entscheidender Vorzug der Mittelinstanz ist, daß auf ihrer Ebene im Gegensatz zum Ressortprinzip der Ministerien nach dem Grundsatz der Einheit und Einräumigkeit der Verwaltung alle wesentlichen öffentlichen Aufgaben in ihrem Bezirk zusammengefaßt, d.h. „gebündelt“ sind. Ein Blick in den Organisationsplan läßt die Fülle und Bandbreite der Zuständigkeiten erkennen, die mit Ausnahme des Justizministeriums alle Ressorts der Landesregierung umfassen; so beispielsweise Kommunal- und Sparkassenangelegenheiten, Polizeiwesen, Landesplanung, Verkehrswesen, Kultur-, Jugend- und Sportpflege, Straßenbau, Wasserwirtschaft. Hinzu kamen seinerzeit noch Nachkriegsaufgaben zugunsten der Vertriebenen, Flüchtlinge, Kriegsgeschädigten und Kriegsgefangenen, mit denen das Regierungspräsidium noch viele Jahre in Anspruch genommen war. Diese fachlich unterschiedlichen, aber sich vielfach berührenden und miteinander verflochtenen Aufgabenbereiche sollen innerhalb der Behörde in enger Zusammenarbeit und unter Nutzung des verfügbaren Sachverstands koordiniert, aufgearbeitet und in einem Prozeß der Abwägung aller öffentlichen Belange entschieden werden. Wie wichtig diese Bündelungsfunktion des Regierungspräsidiums vor allem für die Bewältigung komplexer und großräumiger Verwaltungs- und Entwicklungsprojekte ist, wird anhand von Beispielen noch deutlich zu machen sein.

Das vielberufene Prinzip der Einheit der Verwaltung ist in Baden-Württemberg allerdings nur lückenhaft verwirklicht, insofern als auf der Ebene der staatlichen Mittelinstanz für die Schulverwaltung und für die Forstverwaltung das Oberschulamt und die Forstdirektion als obere Sonderbehörden eingerichtet worden sind. Den Gründen dafür soll hier nicht nachgegangen werden. Dem praktischen Bedürfnis nach Kooperation und Koordinierung mit diesen Verwaltungen konnte in aller Regel Rechnung getragen werden.

Neben die Bündelungsfunktion tritt die staatliche Aufsichtsfunktion des Regierungspräsidiums, die als Fach-, Rechts- und Dienstaufsicht ausgeübt und durch die Zuständigkeit als Rechtsmittel- und Beschwerdeinstanz ergänzt wird. Die Aufsicht über Stadtkreise, Landkreise und Große Kreisstädte ist bei deren eigenen, weisungsfreien Aufgaben auf die Rechtsaufsicht beschränkt, bei den Weisungsaufgaben ist sie auch Fachaufsicht. Das Regierungspräsidium ist wohl die Stelle, von der aus das staatliche und kommunale Leben in seiner Entfaltung und Wechselwirkung tatsächlich noch überblickt werden kann. Deshalb ist es als Aufsichtsorgan mit weitreichenden Zuständigkeiten besonders geeignet, die Rechtmäßigkeit und Einheitlichkeit des Verwaltungsvollzugs in seinem Bezirk sicherzustellen. In der Praxis wird man allerdings im Streitfalle zunächst nach Mitteln und Wegen suchen, um im Gespräch, mit rechts- und sachverständigem Rat zu einer Lösung zu kommen oder zwischen örtlichen und regionalen Interessengegensätzen zu vermitteln und einen Ausgleich zu finden. In diesem Zusammenhang pflegt man von der Vermittlungs- und Ausgleichsfunktion des Regierungspräsidiums zu sprechen.

Den Ausgleich von Interessengegensätzen wird man als eine besonders auf den Regierungspräsidenten persönlich zugeschnittene Funktion ansehen dürfen, da ein solcher Ausgleich nicht nur eine rein administrative, sondern auch eine politisch akzentuierte Aufgabe ist[10]. Dabei kommt dem Regierungspräsidenten seine herausgehobene Stellung als Repräsentant des Staates im Regierungsbezirk zugute, seine Repräsentationsfunktion, nach der er andererseits auch als Repräsentant und Fürsprecher seines Bezirks berufen ist, sich dessen Anliegen und Bedürfnissen anzunehmen und bei der Landesregierung dafür einzutreten. Als Chef der Behörde vereint er ohnehin in seiner Hand auch alle anderen, schon genannten Funktionen, die er wirksam einsetzen kann, um zu koordinieren, zu vermitteln, auszugleichen, Entscheidungen zu treffen und sie nötigenfalls auch gegen Widerstände durchzusetzen. Dies alles wird er umso erfolgreicher tun können, je mehr er eine allgemein anerkannte geachtete Persönlichkeit ist, die innerlich unabhängig und unparteiisch sachdienliche Lösungen präsentieren und mit ihrer Autorität überzeugen kann.

Die Behördenchefs

Dr. Hans Huber, der erste Regierungspräsident des Regierungspräsidiums Nordbaden (1952-1963)

(Quelle: Regierungspräsidium Karlsruhe)

Am 24. März 1953 führte der damalige stellvertretende Ministerpräsident und Wirtschaftsminister Dr. Hermann Veit im Auftrag der vorläufigen Landesregierung Dr. Hans Huber, der am 21. Juli 1952 zum Regierungspräsidenten ernannt worden war, also schon einige Monate im Amt war, offiziell in sein Amt ein.[11]

Dr. Veit erinnerte in seiner Ansprache an die leidenschaftlichen Auseinandersetzungen um die Bildung des Südweststaates, die sich als eine psychologische Belastung für den Aufbau des neuen Staates erwiesen hätten. Der Landesregierung lägen alle vier Landesteile gleichermaßen am Herzen und sie sei deshalb sorgsam darauf bedacht, auch nicht den geringsten Schein aufkommen zu lassen, daß sie einen Landesteil bevorzugen oder benachteiligen wolle. Die Frage der Verwaltungsorganisation habe viel Kopfzerbrechen bereitet. Die schließlich gefundene Lösung habe nur ein Kompromiß zwischen den verschiedenen schwer miteinander zu vereinbarenden Vorschlägen sein können; denn die neue Verwaltung solle möglichst sparsam sein und dabei ein Höchstmaß an Leistungsfähigkeit besitzen. Sie solle volksnah sein, jeden übersteigerten Zentralismus vermeiden und doch eine übersichtliche, einheitliche Verwaltungsführung ermöglichen, die die einzelnen Landesteile nicht auseinander-, sondern zusammenwachsen lasse.

Dr. Huber erinnerte ebenso wie Dr. Veit an das Erbe der Landesbezirksverwaltung Baden, dessen letzter Präsident Dr. Veit selbst gewesen war. Als Regierungspräsident wolle er Mittler zwischen Regierung und Bevölkerung sein und ausgleichend wirken, indem er vorhandene Spannungen abbaue, seien es solche zwischen Alt- und Neubürgern, zwischen Kriegsgeschädigten und vom Kriege verschont Gebliebenen und zwischen denjenigen, die am alten Land Baden hängen und denen, die für den Südweststaat eingetreten sind.

Regierungspräsident Dr. Hans Huber, am 15.03.1897 in Bergheim/Elsaß-Lothringen geboren, verheiratet, drei Kinder, hatte seine Gymnasialzeit in Straßburg verbracht, danach Rechtswissenschaft in Heidelberg studiert und dort zum Dr. jur. promoviert. Zunächst war er als Syndikus und Rechtsanwalt, danach als Staatsanwalt und Richter tätig. Nach dem Krieg wurde er Oberamtsrichter und Landgerichtsdirektor in Mannheim. 1947 war er für die SPD in den Stadtrat von Heidelberg gewählt worden, wo er sich mit den kommunalen Problemen und kulturellen Fragen vertraut gemacht hatte.

Es entsprach wohl der feinsinnigen, persönlich zurückhaltenden, durch die Richtertätigkeit geformten Persönlichkeit Dr. Hubers, daß er seine neue Aufgabe nicht so sehr als eine politisch geprägte mit entsprechender Wirkungsmacht verstanden hat. Er habe – so schloß er seine Ansprache – dieses Amt als einen Dienst am Ganzen übernommen und so wolle er es führen.

Als Dr. Huber nach Erreichen der Altersgrenze Ende 1963 in den Ruhestand trat, wurde ihm vom Bundespräsidenten das Große Bundesverdienstkreuz verliehen. Ministerpräsident Kurt Georg Kiesinger würdigte Dr. Huber als redlichen Vermittler, der stets ausgleichend gewirkt und den Dienst am Ganzen nie aus den Augen verloren habe. Die Sprecher der Oberbürgermeister und Landräte hoben hervor, daß Dr. Huber das Amt ganz im Sinne badischer Tradition in liberaler Weise und mit leichter Hand geführt habe. Die menschliche Art seiner Tätigkeit im Sachlichen wie auch sein Verständnis für die musischen Dinge – z.B. die Förderung der Schloßkonzerte in Bruchsal – verdienten besonderen Dank.[12]

Am 01.04.1970 ist Dr. Huber in Heidelberg verstorben.

Regierungspräsident Dr. Werner Munzinger (1963-1974)

(Quelle: Regierungspräsidium Karlsruhe)

Dr. Werner Munzinger, geb. am 09.08.1909 in Landau/Pfalz, war verheiratet und hatte zwei Kinder. Nach dem Studium der Rechtswissenschaften in Bonn, Berlin und München promovierte er 1934 zum Dr. jur. und trat 1935 in den badischen Justizdienst ein. Von 1939 an war er als Richter beim Amtsgericht und Landgericht in Mannheim tätig. 1950 wurde er Oberlandesgerichtsrat und für ein Jahr zum Bundesjustizministerium abgeordnet, wo er an der Strafrechtsreform mitarbeitete. Weitere Stationen seiner Richtertätigkeit waren Amtsgerichtsdirektor in Mannheim, Landgerichtsdirektor in Heidelberg und 1961 Senatspräsident beim Oberlandesgericht Karlsruhe. Von 1953 an war Dr. Munzinger, wie sein Vorgänger, Mitglied des Heidelberger Stadtrats, in den er für die FPD gewählt war, aus der er aber später wegen des außenpolitischen Kurswechsels der Partei ausgetreten ist.

Als Dr. Munzinger am 4. Dezember 1963 von Ministerpräsident Dr. Kurt Georg Kiesinger in sein Amt eingeführt wurde, wollte er – wie er sagte – daran mitwirken, daß Nordbaden gesunder Lebensraum für seine Bürger sein werde. In diesem Zusammenhang nannte er als Hauptaufgaben: Landesplanung, Agrarreform, Wohnungsbau, Straßenbau, Wasserwirtschaft und Reinhaltung der Luft. Er wolle sein neues Amt, für das er aus seiner kommunalpolitischen Arbeit vieles mitbringe, unparteiisch und nur am Wohl der Allgemeinheit orientiert führen.[13]

Dr. Munzinger, wie sein Vorgänger aus langjähriger Richtertätigkeit kommend, zeichnete sich durch eine liberale Grundhaltung und Gerechtigkeitssinn aus. Seine ausgeprägte Kontaktfähigkeit, gepaart mit Humor und Schlagfertigkeit, und seine juristische Erfahrung und Entscheidungsfreude befähigten ihn, auch schwierige Probleme anzugehen und sie zu bewältigen. Besonders am Herzen lag ihm die deutsch-französische Freundschaft, die er in der Partnerschaft mit dem Departement Marne fand und pflegte.

Dr. Munzinger trat mit Erreichen der Altersgrenze am 31.08.1974 in den Ruhestand. Bei seiner Verabschiedung, die zugleich mit der Amtseinführung des Nachfolgers Dr. Trudpert Müller am 07.12.1974 stattfand, würdigte Innenminister Schiess die im Geiste des südwestdeutschen Liberalismus geleistete Amtsführung Dr. Munzingers, seine wertvolle Mitarbeit bei der Kreis- und Verwaltungsreform sowie sein Engagement bei der Landesplanung, im Umweltschutz und bei der Förderung von Kunst und Denkmalpflege. In Anerkennung seiner besonderen Verdienste erhielt Dr. Munzinger das Große Bundesverdienstkreuz.[14]

Dr. Munzinger verstarb am 08.04.1989 in Heidelberg.

3. *Aus der Arbeit der ersten zwei Jahrzehnte*

Das 20-jährige Bestehen der Regierungspräsidien in Baden-Württemberg hatten die vier Regierungspräsidenten des Landes zum Anlaß genommen, in einer Schrift vom Oktober 1972 einen Eindruck von dem Beitrag zu vermitteln, den die Regierungspräsidien seit ihrem Bestehen im Rahmen der Landesverwaltung geleistet haben.[15]

Die Schrift berichtete nach einer Einführung über Funktionen und Arbeitsweise der Regierungspräsidien beispielhaft für alle Regierungsbezirke u.a. über die vielfältige Förderung der Infrastruktur des Landes, über die Erhaltung der Kulturlandschaft sowie über die planende und beratende Tätigkeit der Regierungspräsidien. Die Darstellung, welche auch heute noch lesenswert ist, trifft in allen wesentlichen Aussagen auch auf den Regierungsbezirk Nordbaden zu.

Im Rahmen dieser Abhandlung soll ergänzend anhand einiger Beispiele dargestellt werden, in welcher Weise das Regierungspräsidium Nordbaden in jenen Jahren an der Erfüllung wichtiger, die Lebensverhältnisse der Bürger beeinflußender Verwaltungsaufgaben mitgewirkt hat.[16]

Der Regierungsbezirk Nordbaden, an räumlicher Ausdehnung der kleinste, an Bevölkerungszahl aber mit rund 1,815 Millionen Einwohnern der zweitgrößte Bezirk in Baden-Württemberg, hat sehr unterschiedliche wirtschaftsgeographische Strukturen aufzuweisen: Einerseits die dicht besiedelte Rheinebene zwischen den industrialisierten Großstadtregionen Mannheim-Heidelberg und Karlsruhe sowie im nördlichen Schwarzwald die gewerbeintensive Schmuck- und Goldstadt Pforzheim, andererseits die überwiegend ländlichen Gebiete des Kraichgaus, des Odenwalds und des Baulands, die in ihrer Entwicklung vielfach hinter den städtischen Regionen zurückgeblieben waren. Während es in den Stadtregionen vordringlich um die Beseitigung der schweren Kriegsschäden und um den Wiederaufbau von Wohnungen, Industrie und Gewerbe ging, mußte in den strukturschwachen Räumen des Regierungsbezirks eine ausreichende Infrastruktur aufgebaut werden, um diese Gebiete allmählich näher an die Entwicklung der übrigen Landesanteile heranführen zu können.

Finanzielle Förderungsprogramme

Die mit der Währungsreform eingeleitete wirtschaftliche Aufwärtsentwicklung hatte günstige Voraussetzungen für einen Aufbau und Ausbau der Infrastruktur geschaffen. Im Rahmen der auf ganzheitliche Aufgabenerfüllung ausgerichteten finanziellen Förderungsmaßnahmen konnten durch gezielte Lenkung und Zusammenfassung der aus den verschiedenen Ressorts stammenden Fördermittel Prioritäten gesetzt, Schwerpunkte gebildet und damit in wenigen Jahren auf wichtigen Gebieten der Landesentwicklung bedeutende Fortschritte erreicht werden.

Wohnungsbau und Gewerbeförderung

Angesichts der schweren Kriegszerstörungen, vor allem in den Städten Mannheim, Karlsruhe, Pforzheim und Bruchsal sowie wegen der Aufnahme einer überdurchschnittlich großen Zahl von Vertriebenen und Flüchtlingen[17] hatte die Versorgung der Bevölkerung mit Wohnungen einen hohen Stellenwert. Die auf den Regierungsbezirk entfallenden staatlichen Fördermittel wurden den Stadt- und Landkreisen dem Bedarf entsprechend zugeteilt. Diese Mittel, die von einigen Städten aus eigener Kraft noch aufgestockt werden konnten, wirkten als entscheidende Impulse für die großen Erfolge im Wohnungsbau der 50er und 60er Jahre.

Hand in Hand mit der staatlichen Gewerbeförderung durch Darlehen, Zuschüsse und Übernahme von Landesbürgschaften, mit deren Hilfe zerstörte oder beschädigte Betriebe wieder in Gang gesetzt und neue Betriebe angesiedelt werden konnten, mußte für die dort beschäftigten Arbeitskräfte der erforderliche Wohnraum geschaffen werden.

Nach Beseitigung der drückendsten Wohnungsnot und mit dem Abbau des Wohnungsfehlbestandes wurde die Förderung der Eigentumsbildung durch den Bau von Familienheimen und Eigentumswohnungen zu einem weiteren wichtigen Ziel der Wohnungsbauförderung. Als Ende der 60er Jahre die Wohnraumbewirtschaftung aufgehoben wurde, richtete sich die staatliche Wohnungsbauförderung zunehmend nach regionalen Schwerpunkten mit Entwicklungs-, Sanierungs- und Modernisierungsbedarf. Diese Maßnahmen verlangten von 1970 an den zentralen Einsatz der verfügbaren Mittel durch das Regierungspräsidium selbst.

Ende der 50er Jahre verlagerte sich die Gewerbeförderung vermehrt auf Maßnahmen zur Verbesserung der Wirtschaftsstruktur von strukturschwachen Räumen, d.h. auf die Fördergebiete des Kraichgaus, des Odenwalds, des Baulands und des Taubergebiets. In diesen Gebieten, wo noch die Landwirtschaft dominierte, gewerbliche und industrielle Arbeitsplätze aber weithin fehlten, ging es darum, solche Arbeitsplätze zu schaffen, damit die infolge des Strukturwandels in der Landwirtschaft freigesetzten Arbeitskräfte nicht abwandern mußten, sondern auch in ihrer Heimat Arbeit und Brot finden konnten.

Umstrukturierung der Landwirtschaft

Die 50er und 60er Jahre standen ganz im Zeichen der Umstrukturierung der Landwirtschaft. Die Wettbewerbslage erforderte gebieterisch die Technisierung der Landbewirtschaftung und damit den Übergang zu größeren Betriebseinheiten. Die einschneidende, aber zwangsläufige Entwicklung konnte durch intensive Beratung und gezielte finanzielle Unterstützung durch die Abteilung Landwirtschaft des Regierungspräsidiums nachhaltig gefördert werden. Die agrarische Infrastruktur wurde außerdem durch die Mitwirkung des Regierungspräsidiums in den Flurbereinigungs- und Aussiedlungsverfahren sowie durch die Unterstützung bei der Errichtung und dem Ausbau von Lagerungs-, Verarbeitungs- und Vermarktungseinrichtungen gestärkt. Diese Maßnahmen dienten zugleich der Erhaltung der Kulturlandschaft und der Dorferneuerung.

Grundlage dieser Maßnahmen war u.a. eine agrarstrukturelle Rahmenplanung, die erstmals vom Regierungspräsidium Nordbaden aus der Praxis heraus aufgestellt worden ist, mit dem Ziel, konkrete Unterlagen über den Stand der Agrarstruktur zu schaffen und Zielvorstellungen für die Verbesserung der Bewirtschaftungsgrundlage der landwirtschaftlichen Betriebe zu entwickeln, ein Verfahren, das 1962 auf das ganze Land ausgedehnt worden ist.[18]

Kommunaler Ausgleichstock

Als ein besonders wirksames und vielseitig einsetzbares Instrument der Förderpolitik hat sich der kommunale Ausgleichstock erwiesen. Er wurde jährlich nach einem bestimmten Prozentsatz aus der kommunalen Finanzausgleichsmasse gespeist und nach einem aus dem Verhältnis der Einwohnerzahlen und der sog. mangelnden Steuerkraft aller Gemeinden gebildeten Schlüssel auf die Regierungsbezirke verteilt. Der Anteil des Regierungsbezirks Nordbaden lag im Jahre 1954 bei knapp 25 %, das waren damals 8,7 Mio. DM, und stieg dank der wachsenden kommunalen Finanzausgleichsmasse auf rd. 21,5 Mio. DM im Jahr 1972 an.

Diese jährlich verfügbaren Mittel wurden von dem zuständigen Verteilungsausschuß, dem Vertreter des Regierungspräsidiums und der kommunalen Gebietskörperschaften angehörten, zur Finanzierung kommunaler Investitionen bewilligt, soweit sie nicht zum Ausgleich des örtlichen Haushalts finanzschwacher Gemeinden benötigt wurden, was aber mit wachsender Finanzkraft der Gemeinden immer weniger notwendig war. Schwerpunkte der geförderten Maßnahmen lagen bei der Wasserversorgung und Abwasserbeseitigung, beim Schulhausbau und bei Verkehrsanlagen. Aber auch zahlreiche gemeindliche Kindergärten, Rathäuser und Friedhöfe hätten ohne die Zuschüsse aus dem Ausgleichstock nicht ausreichend finanziert werden können.

Diesen Beispielen für vom Regierungspräsidium umgesetzte Fördermaßnahmen könnten weitere hinzugefügt werden, wie beispielsweise die Förderung des Sportstättenbaus und des Fremdenverkehrs oder das Förderprogramm zugunsten sozialer Einrichtungen für Jugend- und Erziehungsheime und zugunsten von Heimen für geistig und körperlich Behinderte, die in enger Zusammenarbeit mit den Verbänden und Trägern der freien Wohlfahrtspflege gestaltet wurden.

Bei allen diesen Maßnahmen trug das Regierungspräsidium die Verantwortung bzw. Mitverantwortung für die Auswahl der zu fördernden Objekte und für die Festsetzung des finanziellen Beitrags bis hin zur Kontrolle darüber, ob die Mittel bestimmungsgemäß verwendet und die mit der Förderung verfolgten Ziele auch erreicht worden sind.

Planung und Planungsberatung

Zu den wichtigen Aufgaben des Regierungspräsidiums gehörte schon immer auch die Planung und Planungsberatung auf den Gebieten der Landesplanung, der schon erwähnten landwirtschaftlichen Planung, des Straßenbaus, der Wasserwirtschaft und der Bauleitplanung. Auch in diesen Bereichen bietet die in der Struktur des Regierungspräsidiums angelegte Fähigkeit zur Bündelung beste Voraussetzungen für die Bewältigung der hier auftretenden Probleme. Das läßt sich besonders instruktiv wie folgt am Beispiel des Straßenbaus zeigen.

Bei der Planung der Straßen, für die das Regierungspräsidium im Rahmen des Ausbauplans für die Bundesstraßen und des Generalverkehrsplans für die Landstraßen zuständig ist, geht es zumeist nicht nur um die günstigste Streckenführung zwischen zwei Zielpunkten. Oft sind geologische oder wasserwirtschaftliche Gegebenheiten zu berücksichtigen, stehen land- und forstwirtschaftliche Interessen auf dem Spiel, ist auf eine schonende Einbindung der Verkehrsbauwerke in die Landschaft zu achten, dürfen naturgeschützte Räume nicht verletzt werden u.a.m. Diese unterschiedlichen Gesichtspunkte müssen schließlich zusammengefaßt und in der Entscheidung – häufig im Wege eines Kompromisses – gewissermaßen „unter einen Hut gebracht" werden.

Es ginge weit über den Rahmen dieses Beitrags hinaus, die großen Leistungen des Straßenbaus in den Jahren des Wiederaufbaus und danach im einzelnen darzustellen. Das Gleiche gilt für die Wasserwirtschaft, eine Aufgabe, die mit wachsendem Umweltbewußtsein an Bedeutung noch gewonnen hat, gleichgültig ob man an den Ausbau und die Unterhaltung der Gewässer, an den Hochwasserschutz, an die Planungen zur Sicherung der Wasserversorgung oder an die Abwasser- und Müllbeseitigung denkt.

Aufsichts- und Rechtsmittelinstanz

Während bei der Durchführung der Förderungsprogramme und der eigenen Planungstätigkeit weitreichende Mitwirkungs- und Gestaltungsmöglichkeiten gegeben sind, ist das Regierungspräsidium, wenn es als Aufsichts- oder Rechtsmittelinstanz über Genehmigungsanträge, Widersprüche oder im Planfeststellungsverfahren zu entscheiden hat, an Recht und Gesetz gebunden. Unter der großen Zahl solcher Entscheidungen, die das Regierungspräsidium im Laufe der Jahre zu treffen hatte oder an denen es zumindest beteiligt war, gibt es einige, die über den Einzelfall hinaus Bedeutung erlangten oder für die weitere Entwicklung richtungsweisend geworden sind. Dies soll an dem einen oder anderen Beispiel deutlich gemacht werden.

Im Zuge der wirtschaftlichen Integration des Oberrheingebiets als Teil des zentralen europäischen Raums sowie mit dem Wegfall der Beschränkungen, die mit der nahen Grenzlage zu Frankreich verbunden waren, ergaben sich u.a. neue Standortvorteile für Zukunftsindustrien und Forschungseinrichtungen. So entstanden zwischen 1950 und 1960 z.B. im Raum Karlsruhe am Schnittpunkt der sich hier kreuzenden westeuropäischen Fernölleitungen zwei Erdölraffinerien, die größten Zentren der Mineralölverarbeitung und des Ölumschlags in Süddeutschland. Hinzu kamen, um zwei weitere Beispiele zu nennen, ein großes thermisches Kraftwerk der Badenwerk AG beim Karlsruher

Rheinhafen sowie die Ansiedlung des Kernforschungszentrums im Raum Leopoldshafen.

Die Errichtung solcher teils ganz neuartiger Forschungs- und Produktionsstätten konfrontierte die damit befaßten Behörden mit neuen technischen und rechtlichen Problemstellungen. Die Genehmigung solcher komplexer Vorhaben mußte – abgesehen vom atomrechtlichen Verfahren, für das das Wirtschaftsministerium zuständig war – u.a. unter baurechtlichen, gesundheitspolizeilichen, wasserrechtlichen, emissions- und luftverkehrsrechtlichen Gesichtspunkten geprüft und entschieden werden. Hier war ein breites Feld, auf dem die Bündelungsfunktion des Regierungspräsidiums sich wiederum bewähren konnte.

Die stürmische Aufwärtsentwicklung, die von großen technischen und wirtschaftlichen Fortschritten getragen und von einem starken Bevölkerungszuwachs begleitet war, setzte sich ungebrochen bis in die Mitte der 60er Jahre fort. Infolge der anhaltend starken Bautätigkeit im Wohnungs- und Siedlungsbau, im Gewerbe- und Industriesektor sowie im Straßenbau trat im Laufe der Jahre ein Landschaftsverbrauch ein, der zum Nachdenken darüber veranlassen mußte, ob die bisherige Entwicklung ungehemmt fortgesetzt werden könne oder vielleicht in der oder jener Hinsicht die „Grenzen des Wachstums" erreicht seien.

Der Anteil der unbebauten Flächen war ständig und drastisch zurückgegangen. Die Folgeerscheinungen dieses Entwicklungsprozesses waren in der vom Aufbauwillen und Fortschrittsgläubigkeit beherrschten Zeit des sog. Wirtschaftswunders in den Hintergrund getreten. So mußten beispielsweise in den Aufbaujahren aus der Not der Zeit heraus manche schmerzlichen Einbußen an Naherholungsgebieten im Umland der Städte hingenommen werden. Allmählich gingen aber z.B. die Eingriffe in den stadtnahen Erholungswald an die Substanz; dem mußte Einhalt geboten werden.

Wie weit der Landschaftsverbrauch in der nordbadischen Rheinebene insgesamt durch die Ausdehnung der Siedlungs- und Industriegebiete, durch das engmaschige Straßen- und Wegenetz und nicht zuletzt durch den verbreiteten Kiesabbau gediehen war, konnte man besonders eindrucksvoll beim Überfliegen des Raumes zwischen Mannheim, Heidelberg und Karlsruhe wahrnehmen. Die Grenzen der Bebauung zwischen Nachbarorten waren vielfach kaum mehr auszumachen. Die zahlreichen in der Oberrheinebene entstandenen Baggerseen, aus denen der für das Bauen so begehrte Kies gewonnen wurde, ließen zwar da und dort neue Erholungseinrichtungen entstehen, setzten aber auch künftigen Entwicklungsmöglichkeiten definitive Grenzen.[19] Die zunehmende Inanspruchnahme der Landschaft ging mit einer wachsenden „Bodenversiegelung" einher, die auch in den ländlichen Raum hineinreichte (z.B. betonierte Feldwege). Sie schränkte die Grundwasserneubildung ein und erhöhte zugleich die Hochwassergefahr.[20]

Im Zuge dieser Entwicklungen traten im Verwaltungsverfahren zunehmend Umweltverträglichkeitsprobleme als wichtige Teilaspekte auf, die nach geltendem Recht im Entscheidungsfalle zu berücksichtigen waren. So hat das Regierungspräsidium als höhere Baurechtsbehörde z.B. bei der Genehmigung von Flächennutzungs- und Bebauungsplänen verstärkt auf die Beachtung der Grundsätze der Bauleitplanung (§ 1 Bundesbaugesetz) hingewirkt.

Besonders problematisch erwiesen sich in diesem Zusammenhang Bauvorhaben im Außenbereich, für die die zuständige Baurechtsbehörde grundsätzlich die Zustimmung des Regierungspräsidiums einzuholen hatte. Hier galt es gegen einen mitunter massiven

Druck von Bauinteressenten und unbeeindruckt von sonstigen Beeinflussungsversuchen, die gesetzlichen Maßstäbe anzulegen, die ein Vorhaben im Außenbereich grundsätzlich ausschließen, wenn öffentliche Belange entgegenstehen, z.B. die natürliche Eigenschaft der Landschaft oder ihre Aufgabe als Erholungsgebiet beeinträchtigt werden (§§ 35, 36 Bundesbaugesetz).

Die Sorge um den Schutz der Landschaft und der Umwelt fand gegen Ende der 60er Jahre zunehmend Unterstützung auch aus der Bevölkerung. Offenbar hatte sich mit der Zeit ein Bewußtseinswandel vollzogen, was die Verantwortung für die Erhaltung einer gesunden Umwelt auch für nachfolgende Generationen angeht. Regierungspräsident Dr. Huber hatte noch bei seinem Abschied im Jahre 1963 seinem Nachfolger den Schutz der Landschaft besonders ans Herz gelegt, weil die Landschaft sonst niemand habe, der energisch für sie eintrete. In der Tat hatten beispielsweise wiederholte Erweiterungen der Ölraffinerien kaum öffentliche Aufmerksamkeit gefunden oder zu Widersprüchen geführt. Als aber Ende der 60er Jahre erneut ein solches Verfahren in Gang gekommen war, gingen – initiiert von einer Umweltschutzvereinigung – mehrere tausend Einsprüche ein, über die das Regierungspräsidium mit den Einsprechern zu verhandeln und zu entscheiden hatte.

Mehr als bisher konnte die Verwaltung nun mit öffentlicher Unterstützung rechnen, wenn es darum ging, lästige Immissionen oder unvertretbare Eingriffe in die Naturlandschaft abzuwehren. Andererseits wurden aber auch durch das erwachte und wachsende Umweltbewußtsein notwendige Investitionen nachhaltig erschwert. Davon betroffen waren nicht zuletzt Vorhaben der öffentlichen Hand, der Straßenbau z.B. oder Abwasser- und Müllbeseitigungsanlagen, deren Ausführung durch z.T. extensive Ausschöpfung aller Rechtsmittel, wenn nicht verhindert, so doch häufig um Jahre verzögert worden ist. Angesichts dieser Situation konnte auf längere Sicht nur von einem Interessenausgleich zwischen Ökologie und Ökonomie eine vernünftige Lösung erwartet werden.

4. *Die Verwaltungsreform in den Jahren 1968-1972*

Frühere Anläufe, die zur Rationalisierung und Modernisierung der Verwaltung unternommen worden waren, hatten allenfalls Teilerfolge verbuchen können, die Strukturen der öffentlichen Verwaltung aber im großen und ganzen unverändert gelassen. Das galt im Ergebnis auch für die Regierungspräsidien, die seit ihrem Bestehen wiederholt Gegenstand der Überprüfung waren. So 1957 im sog. Walzgutachten, das die Mittelbehörden grundsätzlich für erforderlich, aber zwei Regierungspräsidien in den Grenzen der alten Länder für ausreichend gehalten hatte, sowie 1965 durch die Denkschrift des Rechnungshofes, in der aus Ersparnisgründen die Verringerung der Zahl der Regierungspräsidien von vier auf zwei vorgeschlagen worden war. Landtag und Landesregierung konnten sich aber nicht entschließen, die Vorschläge zu verwirklichen. Es kam lediglich zur Bildung von zwei kommunalen Landeswohlfahrtsverbänden, deren Aufgaben (Sozialhilfe, Jugendhilfe und Kriegsopferfürsorge) bisher in den badischen Landesteilen von den Regierungspräsidien erfüllt worden waren.[21]

Den Auftakt zu einer umfassenden, auf die Zukunft gerichteten Verwaltungsreform gaben die Regierungserklärungen des Ministerpräsidenten Dr. Hans Filbinger vom 19. Januar 1967 und vom 27. Juni 1968.[22] Nach dieser programmatischen Erklärung berief die Landesregierung zwei unabhängige Sachverständigenkommissionen und zwar die Kommission für Fragen der kommunalen Verwaltungsreform und die Kommission für die Reform der staatlichen Verwaltung.[23]

Erste konkrete Vorstellungen zu den Reformvorhaben lieferte das vom Innenministerium ausgearbeitete „Denkmodell der Landesregierung zur Kreisreform" vom Dezember 1969. Wie der Ministerrat dazu einleitend erklärte, werde die Reform alle Verwaltungsbereiche umfassen: Die Gemeindereform, die Landkreisreform, die Reform der Mittelinstanz und der Ministerien sowie die Funktionalreform.[24]

Zweifellos hat sodann die Abstimmung in der Badenfrage am 07. Juni 1970, die eine deutliche Mehrheit für Baden-Württemberg erbracht und damit den Bestand des Landes endgültig gesichert hatte, den Reformvorhaben weitere Schubkraft verliehen. Bisherige Rücksichtnahmen auf historisch gewachsene politische, kulturelle und landsmannschaftliche Strukturen, die man in den zurückliegenden Jahren für geboten gehalten hatte, um die kontinuierliche Entwicklung und Konsolidierung des jungen Landes nicht zu stören, sind mehr und mehr zurückgetreten.

Mitarbeit an der Gemeindegebietsreform

Der am tiefsten in gewachsene Verhältnisse und Bindungen eingreifende und deshalb politisch schwierigste Teil der Reform war die Gemeindegebietsreform. Sie ist mit dem Gesetz zur Stärkung der Verwaltungskraft kleinerer Gemeinden vom 26. März 1968[25] eingeleitet worden. Das Gesetz vereinfachte die Zusammenlegung von Gemeinden, führte die Verwaltungsgemeinschaft zwischen mehreren Gemeinden neu ein und sah finanzielle Förderung für solche Zusammenschlüsse vor. Das zweite Gesetz zur Stärkung der Verwaltungskraft der Gemeinden vom 28. Juli 1970[26] führte die Ortschaftsverfassung ein, um Gemeindezusammenschlüsse noch weiter zu erleichtern.

In der folgenden sog. Freiwilligkeitsphase, die sich bis zum 01. Juli 1974 erstreckte und zu zahlreichen freiwilligen Gemeindezusammenschlüssen führte, hat das Regierungspräsidium Nordbaden zum Erreichen der Reformziele maßgeblich beigetragen. Im Rahmen einer laufend fortgeschriebenen Zielplanung des Innenministeriums erarbeitete das Regierungspräsidium, indem es die Stellungnahmen der Gemeinden und Landratsämter auswertete, eigene Vorschläge für die Bildung homogener Verwaltungsräume. In vielen Besprechungen mit Bürgermeistern und Gemeinderäten und in Bürgerversammlungen war das Regierungspräsidium bestrebt, Vorbehalte und Widerstände gegen die Reformkonzeption abzubauen und für ausgewogene Lösungen zu werben. Neben dem „goldenen Zügel" des § 34a FAG, der mit Mitteln des kommunalen Finanzausgleichs Gemeindezusammenschlüsse begünstigte, kamen dem RP in besonderem Maße die detaillierte Kenntnis der örtlichen Verhältnisse und das Vertrauen zugute, das es sich aufgrund der langjährigen Zusammenarbeit mit den Gemeinden hatte erwerben können. Auf diesem Weg konnte schließlich die Zahl der vom Innenministerium genehmigten freiwilligen Gemeindezusammenschlüsse soweit erhöht werden, daß für die gesetzlich verfügten Zusammenschlüsse im Jahr 1974 nur noch verhältnismäßig wenige Gemeinden verblieben.

Die Kreisreform und der Gesetzesbeschluß zur Aufhebung der Regierungspräsidien

Während die Gemeindegebietsreform noch im Gange war, wurde die Kreisreform als erster großer Teilbereich der Verwaltungsreform verwirklicht. Die Kreisreform hatte sich zum Ziel gesetzt, nach Größe und Leistungskraft ausgewogenere und leistungsfähigere Landkreise zu schaffen, die in ihrer räumlichen Gliederung an die wirtschaftlichen und sozialen Verflechtungen angepaßt und damit für die Anforderungen gerüstet sein würden, die der Wandel der öffentlichen Aufgaben an die Verwaltung künftig stellen wird. Demzufolge wurden durch das Erste Gesetz zur Verwaltungsreform (Kreisreformgesetz) vom 26. Juli 1971[27] die Landkreise neu zugeschnitten und ihre Zahl von 63 auf 35 verringert. Das Gesetz trat am 1. Januar 1973 in Kraft, gleichzeitig mit dem Zweiten Gesetz zur Verwaltungsreform (Regionalverbandsgesetz) vom 26. Juli 1971[28], das für das ganze Land 12 Regionalverbände ins Leben rief. Abgegrenzt nach dem Verflechtungsbereich von Oberzentren sollten sie als Körperschaften des öffentlichen Rechts zwischen der Landesplanung einerseits und der örtlichen Flächennutzungsplanung andererseits eine neue Planungsebene für die Raumordnung bilden und die bisherigen regionalen Planungsgemeinschaften ablösen.

Mit der Kreisreform, die an den Grenzräumen ehemals badische und württembergische Gebietsteile in neuen Landkreisen zusammenführte, war zwangsläufig auch eine neue Einteilung der Regierungsbezirke verbunden; sie mußte an die neue Kreiseinteilung und an die Regionalverbandsgliederung angepaßt werden. Die historische Grenzziehung, die der bisherigen Einteilung zugrunde gelegen und die landschaftsbezogene Namensgebung bestimmt hatte, war damit aufgehoben; aus dem „Regierungsbezirk Nordbaden" ist so der „Regierungsbezirk Karlsruhe" geworden.

Dabei verblieb es jedoch nicht. Die Einigung der damaligen Koalitionspartner CDU und SPD über die Kreisreform führte auf Verlangen der SPD, auf das die CDU „überraschend schnell" einging,[29] auch zu einer Verständigung über die Aufhebung der Regierungspräsidien. So bestimmte dann auch § 25 des Kreisreformgesetzes: „Die Regierungspräsidien sind mit Wirkung vom 01. Januar 1977 aufgehoben. Das Nähere regelt ein Gesetz".

Die Regierung begründete ihren Standpunkt damit, daß die infolge der Verwaltungsreform wesentlich geänderte Verwaltungsstruktur die Regierungspräsidien in Baden-Württemberg entbehrlich machen werde. Neben einer möglichst weitgehenden Übertragung von Aufgaben auf die neuen leistungsstärkeren Landkreise und der Errichtung von Landesoberbehörden für Spezialaufgaben kämen als Nachfolgeinstitutionen Behörden auf der Ebene der Regionen, verselbständigte Ministerialabteilungen oder ein zentrales Landesverwaltungsamt in Frage. Welche dieser Möglichkeiten der Vorzug zu geben sei und wie die Aufgaben der Regierungspräsidien sachlich verteilt werden sollen, könne erst im Laufe der kommenden Jahre entschieden werden.[30]

Gewiß konnte niemand erwarten, daß die Regierungspräsidien von den Überlegungen und Auswirkungen der Gebiets- und Funktionalreform unberührt bleiben würden. Überraschung hervorrufen mußte aber, daß durch einen in seinen Konsequenzen offenbar nicht zu Ende gedachten Gesetzgebungsakt die Aufhebung der Regierungspräsidien verfügt worden war, ohne daß eine klare, allgemein überzeugende Vorstellung darüber bestand, wer künftig deren Aufgaben übernehmen sollte. Waren doch erst jüngst das schon erwähnte Denkmodell der Landesregierung zur Kreisreform als auch die Sachverständigenkommission für die staatliche Verwaltung in ihren Gutachten zur Kreisreform nach gründlicher Prüfung der Problematik zum Ergebnis gekommen, daß auf die Regierungspräsidien als allgemeine staatliche Mittelinstanzen nicht verzichtet werden könne.[31] Dieselbe Sachverständigenkommission hatte nach Untersuchung sämtlicher Zuständigkeiten der Regierungspräsidien außerdem festgestellt, daß auch nach Durchführung der Funktionalreform der Geschäftsanfall bei den Regierungspräsidien sich voraussichtlich um nicht mehr als 10 v.H. verringern würde.[32]

Im politischen Willensbildungsprozeß um die Aufhebung der Regierungspräsidien hatten allerdings auch Motive eine gewisse Rolle gespielt, die nicht unerwähnt bleiben dürfen. So hat man den Regierungspräsidien Orts- und Bürgerferne nachgesagt und ihre angeblich mangelnde demokratische Legitimierung und Kontrolle beanstandet. Außerdem hätten sich die Regierungspräsidien unbeliebt gemacht, weil sie als Aufsichts- und Widerspruchsinstanz häufig mit lästigen Entscheidungen nach außen in Erscheinung träten.[33]

Mag in solchen Mißfallensäußerungen auch das allgemeine Unbehagen an der staatlichen Verwaltung insgesamt zum Ausdruck gekommen sein, so mußten doch die Vorwürfe, wie auch die Art und Weise des Zustandekommens des Aufhebungsbeschlusses bei den Bediensteten des Regierungspräsidiums Befremden und Unsicherheit hervorrufen. Hatte man nicht stets besonderen Wert darauf gelegt, Anträgen, Forderungen und Anliegen wo immer es rechtlich vertretbar schien, gerecht zu werden, sich in Wahrnehmung des Auftrags als Rechtsaufsichts- und Rechtsmittelbehörde aber auch verpflichtet gesehen, Entscheidungen ohne Ansehen der Person nach Recht und Gesetz im allgemeinen öffentlichen Interesse zu treffen? Durfte man denn erwarten, daß solche vielfach „undankbaren“ Entscheidungen bei den Betroffenen Gefallen finden oder z.B. bei Standortentscheidungen für Müllbeseitigung gar populär sein könnten? War das Regierungspräsidium unter der Aufsicht der Ministerien, der mehrstufigen gerichtlichen Kontrolle und der demokratisch parlamentarischen Überwachung durch den Landtag etwa nicht ausreichend legitimiert und kontrolliert?[34]

In der grundsätzlichen, aber schließlich offen gebliebenen Frage, wer den Regierungspräsidien am 01.01.1977 nachfolgen sollte, hatte sich immerhin schon bald die Erkenntnis Bahn gebrochen, daß weder eine Aufgabenkonzentration bei zentralen Mammutbehörden, noch der völlige Rückzug des Staates aus der Fläche in Frage kommen könnten, sondern daß „die Funktionen der Mittelinstanzen auch künftig bei Behörden, die ihren Sitz in der Landschaft haben, in starkem Umfang gebündelt werden“ sollten.[35]

5. Versuch einer Zwischenbilanz

1. Es war aus mehreren Gründen (Größe des Landes, Verschiedenheit des Rechts, Einheitlichkeit der Verwaltungsgliederung der Bundesländer) richtig, vor allem aber im Interesse eines organischen Zusammenwachsens der verschiedenen Landesteile mit ihren unterschiedlichen Traditionen ein Gebot der Staatsklugheit, nach Bildung des neuen Bundeslandes Regierungspräsidien als regionale staatliche Mittelinstanzen zu errichten. Ein zentralistisches Verwaltungssystem wäre dem Land und seinen Teilen schlecht bekommen.

2. Die Regierungspräsidien haben die Funktion, in ihrem Bezirk Mittler zwischen Staat und Selbstverwaltung und Bindeglied zwischen den Verwaltungen auf der Kreis- und Gemeindeebene und den Ministerien zu sein, wirksam erfüllt. In ihrer Schlüsselstellung für das Verhältnis von Staat und Selbstverwaltung, in der sie nicht nur eine administrative, sondern auch eine politische ausgleichende Funktion wahrnahmen, konnten sie einen wesentlichen Beitrag zum Aufbau des Landes und zur Integration seiner Teile leisten. Dies ist von der Landesregierung auch ausdrücklich anerkannt worden.

3. In der Zeit des Wiederaufbaus nach dem 2. Weltkrieg und in den Jahren des wirtschaftlichen Aufschwungs wie auch in der schwierigen Phase der kommunalen Gebietsreform hätten die landespolitischen Initiativen, Zielsetzungen und Infrastrukturprogramme in Nordbaden ohne die Mitwirkung des Regierungspräsidiums nicht so realistisch entwickelt und effektiv umgesetzt werden können. Die Fähigkeit des Regierungspräsidiums, an die Lösung einer Aufgabe ganzheitlich, sachlich und zeitlich koordiniert heranzugehen, d.h. seine Bündelungs- und Koordinierungsfunktion einzusetzen, hat sich dabei als wirksamstes Instrument erwiesen.

4. In vielen Konfliktsituationen konnte sich das Regierungspräsidium als ein auf Ausgleich bedachter Vermittler einsetzen und bewähren. Wo es im übergeordneten öffentlichen Interesse erforderlich war, mußte es aber seiner Verantwortung als staatliche Aufsichts- und Rechtsmittelinstanz gerecht werden, indem es nach Recht und Gesetz entschied und diese Entscheidung gegen Sonderinteressen auch durchsetzte. In Wahrnehmung dieser mitunter „undankbaren" Aufgabe hat es im politischen Kräftefeld stehend auch Kritik auf sich gezogen, sich zugleich aber als Element staatlicher Stabilität erwiesen.

5. Nach der Konzeption der Landesregierung für die Verwaltungsreform stand die staats- und verwaltungspolitisch zweckmäßigste Organisation im Bereich zwischen den Kreisen und der Ministerialverwaltung in der nächsten, im Juni 1972 beginnenden Legislaturperiode zur Prüfung und Entscheidung an. Danach mußte sich zeigen, ob eine der in Erwägung gezogenen Nachfolgeeinrichtungen, wie etwa das Regionalamtsmodell, eine bessere Alternative gegenüber den bisher im ganzen bewährten Regierungspräsidien darstellt.

B: Regierungspräsidium Karlsruhe (1972-2000)

Hans Scheurer

1. Verwaltungsreform als Daueraufgabe

Beibehaltung der Regierungspräsidien

Auf den Paukenschlag des Gesetzgebers im Kreisreformgesetz von 1971 folgte eine Phase des Nachdenkens und der Diskussion darüber, wer denn künftig die bisherigen Aufgaben der Regierungspräsidien wahrnehmen sollte – sicherlich kein nachahmenswertes Beispiel eines politischen Entscheidungsprozesses!

Bemerkenswerterweise befaßte sich auch die Ständige Konferenz der Innenminister mit der Thematik. Hierin manifestiert sich ein allgemeines politisches Interesse daran, wenigstens in den größeren Flächenländern der Bundesrepublik Deutschland vergleichbare Verwaltungsstrukturen zu haben. Die damaligen westdeutschen Innenminister legten eine eigene Untersuchung zur Neuordnung der staatlichen Mittelinstanz vor (Mittelinstanzenbericht).[36] Sie empfahlen die Beibehaltung der Regierungspräsidien. Dies war auch der Vorschlag der baden-württembergischen Hochschullehrer des öffentlichen Rechts.[37]

Auch sonst setzte sich bald die Einsicht durch, daß es für die Erfüllung staatlicher Verwaltungsaufgaben auf der mittleren Ebene zwischen Landesregierung und dem kommunalen Bereich keine vorteilhaftere Alternative zu dem bisherigen Behördentypus „Regierungspräsidium" gibt. So deutete Ministerpräsident Dr. Filbinger schon ein Jahr nach dem Kreisreformgesetz die Möglichkeit an, die Regierungspräsidien doch beizubehalten. Er stellte in seiner Regierungserklärung vom 22. Juni 1972 fest, es scheide als Alternative jede Lösung aus, die zu einer Anhäufung von Landeszuständigkeiten in zentralen Landesämtern führe. Die künftigen Behörden der Mittelinstanz müßten dezentrale Verwaltungsbehörden mit starker Aufgabenbündelung sein. Außer Regierungspräsidien (!) mit veränderter Struktur und veränderten Aufgaben könnten dieser Anforderung auch regionale staatliche Behörden entsprechen, die jeweils für das Gebiet eines oder mehrerer Regionalverbände zuständig wären.

Am Ende der Diskussion stand die Schlußkonzeption der Landesregierung für die Verwaltungsreform vom 5. Juli 1973.[38] Darin gab die Landesregierung ihren Beschluß bekannt, nun doch an den Regierungspräsidien festhalten zu wollen. Die Einsicht in die Notwendigkeit einer dezentralen staatlichen Mittelbehörde mit starker Aufgabenbündelung habe sich im Verlauf einer langen und engagiert geführten Diskussion allgemein durchgesetzt. Gegen die Zusammenfassung der vier Regierungspräsidien zu einem einzigen zentralen Landesverwaltungsamt habe gesprochen, daß dies zu einer zentralistischen Mammutbehörde geführt hätte, die außerordentlich bürger- und ortsfern gewesen wäre und die den Behördenbesatz in Stuttgart unnötig erhöht und die Repräsentanz des Landes in der Fläche in unzuträglicher Weise vermindert hätte.[38] Die Aufteilung Baden-Württembergs in vier Regierungsbezirke entspreche dabei ziemlich genau den wissenschaftlich ermittelten optimalen Einwohnergrößen für die spezifisch mittelinstanzlichen Aufgaben der Kontrolle, Koordinierung und Planung.[39] Der Landtag folgte diesem Vorschlag, indem er mit Gesetz vom 16.12.1975 § 25 des Kreisreformgesetzes, der die Aufhebung der Regierungspräsidien bestimmt hatte, ersatzlos strich.

Die fortbestehenden Regierungspräsidien wurden jedoch beachtlichen Veränderungen unterzogen: Die Delegation zahlreicher Aufgaben auf nachgeordnete Behörden machte eine Reduzierung des Personals um 20 % möglich. Im Zuge eines einheitlichen Organisationsplans[40] wurden die einzelnen Referate so auf die Abteilungen verteilt, daß grundsätzlich jede Abteilung einem konkreten Fachministerium zugeordnet werden konnte. Neu geschaffen wurde eine Abteilung „Soziales und Gesundheitswesen" sowie ein neues Referat für die Querschnittsaufgaben des Umweltschutzes in der Präsidialabteilung und für die Abfallbeseitigung in der Abteilung Wasserwirtschaft. Dies signalisiert, wo damals für die bevorstehenden Jahre neue Arbeitsschwerpunkte gesehen wurden.

Neue Führungsstrukturen für die Landesverwaltung

Es verging dann gut ein Jahrzehnt, ehe das Regierungspräsidium Karlsruhe – ebenso wie die drei anderen Regierungspräsidien – wieder in einen größeren organisatorischen Veränderungsprozeß einbezogen wurden. Am Beginn steht hier die Regierungserklärung, die Ministerpräsident Lothar Späth nach der Landtagswahl von 1984 abgegeben hatte. Darin hieß es, die Landesregierung sehe die „grundsätzliche Notwendigkeit über

Strukturen politischer Führung und Organisationsformen der Verwaltungsführung neu nachzudenken"[41]. Mit der konzeptionellen Grundlagenarbeit betraute der Ministerrat eine vierköpfige Kommission „Neue Führungsstruktur Baden-Württemberg" mit Experten aus Wirtschaft und Verwaltung. Ihr Vorsitz lag bei dem späteren Stuttgarter Regierungspräsidenten Dr. Manfred Bulling sowie dem damaligen Ettlinger Oberbürgermeister Dr. Erwin Vetter.

Praktisches Ergebnis für die Regierungspräsidien war seinerzeit die Einrichtung einer neuen Abteilung Umwelt. Dies entsprach dem neuen politischen Rang der Staatsaufgabe Umweltschutz und stärkte die Koordinierungs- und Bündelungsfunktion der Präsidien auch auf diesem Sektor. In der neuen Abteilung wurden zum einen – mit Ausnahme der Wasserwirtschaft – bisherige umweltrelevante Kompetenzen der Präsidien, etwa im Naturschutz, zusammengefaßt. Als neue Aufgaben kamen die Gewerbeaufsicht einschließlich der Dienst- und Fachaufsicht über die Gewerbeaufsichtsämter sowie Aufgaben im Bereich des Bodenschutzes hinzu.[42]

Verschlankung

Das Dauerthema Verwaltungsreform führte dann erst wieder nach der Landtagswahl von 1996 zu neuen Zielvorgaben für die Regierungspräsidien. Zwar ging die Koalitionsvereinbarung von CDU und FDP vom Fortbestand der Regierungspräsidien aus, es wurde jedoch beschlossen, durch ein externes Gutachten den Aufgabenbestand und die Organisation der Regierungspräsidien überprüfen zu lassen. Zielvorgabe an den Gutachter war es dabei, ein Drittel des Stellenbestandes auf der Basis des Jahres 1993 bis zum Ende der Legislaturperiode im Jahr 2001 bei den Regierungspräsidien einzusparen. Dieses Gutachten wurde in der Folgezeit in enger Zusammenarbeit mit den Regierungspräsidien erstellt.[43] Auf seiner Basis erhielt das Regierungspräsidium Karlsruhe, ebenfalls wie die drei anderen Regierungspräsidien, zum 1. Juli 1998 eine neue Aufbauorganisation.[44] Ihr Grundgerüst waren fünf Abteilungen (zuvor sieben) mit insgesamt 28 Referaten (zuvor 40). Darüber hinaus machte modernste Bürokommunikationstechnik ebenfalls Personaleinsparungen möglich. Dagegen erwies sich die Umsetzung der Vorschläge, Aufgaben auf nachgeordnete Behörden oder auf Dritte, etwa die Kammern der Wirtschaft, des Handwerks oder der freien Berufe, zu übertragen oder auch zu privatisieren, als recht mühsam; zum Teil erwiesen sich die Vorschläge auch aus unterschiedlichsten Gründen als nicht machbar. Gleichwohl wurde und wird das Stelleneinsparungsprogramm konsequent vollzogen. Unter diesen Umständen wird es aktuell für die Regierungspräsidien immer schwieriger, ihr bisheriges Leistungsangebot an Bürger, Kommunen und Wirtschaft aufrecht zu erhalten.

Stärkung der Bündelungsfunktion

Nicht verwirklicht wurden bis jetzt die Vorschläge des Gutachters, die Bündelungsfunktion der Regierungspräsidien durch den Verzicht auf Sonderbehörden und -zuständigkeiten mit entsprechender Aufgabenübertragung zu stärken. Die Gutachter zogen zu diesem Zweck folgende Einrichtungen in ihre Betrachtung ein: die Bezirksstellen für Naturschutz und Landschaftspflege, die Forstdirektionen, die Gebietskonservatoren des Landesdenkmalamts und das Landesamt für Straßenwesen. Dieser Ansatz war durchaus folgerichtig. Hatte das Land doch erst wenige Jahre zuvor auf der örtlichen Verwaltungsebene bestimmte Sonderbehörden aufgelöst und deren Aufgaben in mehr oder weniger großem Umfang in die Verwaltung der Stadt- und Landkreise überführt. Ziel dieser politischen Aktion war die Stärkung der Einheit der Verwaltung; sie sollte insbesondere dazu beitragen, Verwaltungsverfahren zu beschleunigen. So lag es für die Gutachter nahe, diesen schlüssigen Grundgedanken auch für die mittlere staatliche Verwaltungsebene zu empfehlen. Herausgekommen ist dabei jedoch nichts. Es ist offenkundig, daß der Widerstand der Fachressorts, die auf ihre nachgeordneten Spezialverwaltungen nicht verzichten wollen, einfach zu groß ist.

Ständiger Wandel

Neben diesen besonders markanten Reformeinschnitten gibt es ständig einen kontinuierlichen Veränderungsprozeß. So sind dem Regierungspräsidium Karlsruhe z.B. landesweit Aufgaben für die Erstaufnahme und Verteilung von Asylbewerbern und Spätaussiedlern zugewachsen. Dabei waren Unterkunfts- und Personalkapazitäten immer wieder der Entwicklung der Zugangszahlen anzupassen.

Als Beitrag zur Erhöhung der Verkehrssicherheit wurde das Regierungspräsidium Mitte der neunziger Jahre für die Ahndung von Verstößen auf allen Autobahnen in Baden-Württemberg zuständig; dann wurde die Zentrale Bußgeldstelle in Bretten geschaffen.

2. Die Behördenchefs

Regierungspräsident Dr. Trudpert Müller (1975-1985)

(Quelle: Regierungspräsidium Karlsruhe)

Dr. Trudpert Müller, geboren am 16.12.1920 in Karlsruhe, war Kriegsteilnehmer während der ganzen Dauer des Zweiten Weltkriegs. Er studierte Rechtswissenschaft in Freiburg und trat am Ende seiner juristischen Ausbildung in die Innenverwaltung des Landes Baden-Württemberg ein. Von 1953 bis 1959 arbeitete Dr. Müller als Referent im Innenministerium Baden-Württemberg. Als im Jahr 1958 der Bürgermeister der Stadt Kehl von seinem Amt suspendiert werden mußte, berief die Landesregierung den in Fragen des Kommunalrechts besonders ausgewiesenen Oberregierungsrat Dr. Müller zum Staatsbeauftragten für die Stadt Kehl. Im Jahr 1960 wählte ihn die Bevölkerung der Stadt Kehl, die nach 1945 längere Zeit von Frankreich aus verwaltet worden war, zu ihrem neuen Bürgermeister. Im Jahr 1972 wurde Dr. Müller Oberbürgermeister, nachdem die Stadt Kehl zur Großen Kreisstadt aufgestiegen war. Die Landesregierung ernannte Dr. Müller mit Wirkung vom

01.01.1975 zum nordbadischen Regierungspräsidenten; er hatte dieses Amt bis Ende 1985 inne. Der Regierungspräsident Dr. Müller wurde mit dem Großen Bundesverdienstkreuz und mit der Verdienstmedaille des Landes Baden-Württemberg ausgezeichnet. Er verstarb am 1. August 1991.

Geprägt durch die Kehler Jahre mit ihrer unmittelbaren Nachbarschaft zu Straßburg lag Regierungspräsident Dr. Trudpert Müller die Vertiefung der politischen, administrativen und menschlichen Beziehungen zum benachbarten Elsaß besonders am Herzen. Im Umweltschutz waren Verträge mit den Karlsruher Raffinerien und den großen Energieversorgern im Bezirk wegweisend, in denen sich die Unternehmen verpflichteten, bestimmte Emissionen über das damals gesetzlich geforderte Maß hinaus zu verringern. Ein weiterer Arbeitsschwerpunkt war die Bewältigung der Verfahren für den Bau der Bundesbahnschnellstrecke Mannheim-Stuttgart. Gegen Ende seiner Amtszeit gelang es Dr. Müller noch, das gesamte Regierungspräsidium mit allen seinen Abteilungen räumlich am Karlsruher Schloßplatz unterzubringen; dazu konnte das Nachbargebäude Schloßplatz 4-6 bezogen werden. Dr. Trudpert Müller war nach dem Abschied aus dem Amt des Regierungspräsidenten der Gründungspräsident der Führungsakademie des Landes Baden-Württemberg.

Regierungspräsident Dr. Adolf Bieringer (1986-1988)

(Quelle: Regierungspräsidium Karlsruhe)

Dr. Bieringer wurde am 29.08.1928 in Mörsch, jetzt Gemeinde Rheinstetten, im Landkreis Karlsruhe geboren. Nach seiner juristischen Ausbildung, die er mit dem Studium in Heidelberg begonnen hatte, war Dr. Bieringer zunächst als Rechtsanwalt tätig. Im Jahr 1959 trat er in die Innenverwaltung des Landes Baden-Württemberg ein und arbeitete zunächst beim Landratsamt Heilbronn und beim Verwaltungsgericht Karlsruhe.

Schon früh engagierte sich Dr. Adolf Bieringer für die CDU zunächst im Gemeinderat der Stadt Bruchsal (1956-1964) sowie im Kreistag erst des Landkreises Bruchsal und ab 1973 dann des Landkreises Karlsruhe (insgesamt von 1959 bis 1985). Von 1961 bis 1964 war er Mitglied des Deutschen Bundestags. Im Jahr 1964 wurde Dr. Bieringer zum Oberbürgermeister der Stadt Bruchsal gewählt. Er führte dieses Amt über 20 Jahre, bis er von der Landesregierung im Jahr 1986 zum Regierungspräsidenten von Karlsruhe ernannt wurde. Im Jahr 1987 verlieh ihm die Stadt Bruchsal die Ehrenbürgerwürde.

Regierungspräsident Dr. Adolf Bieringer engagierte sich persönlich bei Straßenplanungen und im Umweltschutz. Nach nur zweijähriger Amtszeit erkrankte er schwer. Dr. Bieringer verstarb am 12.02.1988.[45]

Regierungspräsident Dr. Karl Miltner (1988-1994)

(Quelle: Regierungspräsidium Karlsruhe)

Dr. Karl Miltner, geboren am 16.07.1929 in Engen im Hegau, studierte Rechtswissenschaft in Freiburg, Heidelberg und an der Hochschule für Verwaltungswissenschaften in Speyer. Dr. Miltner begann seine berufliche Laufbahn bei der Justiz des Landes Baden-Württemberg. Er wandte sich aber bald der öffentlichen Verwaltung zu, wobei das Bundesministerium des Innern sowie das Landratsamt Konstanz erste Stationen waren. Im Jahr 1964 wurde Dr. Miltner Erster Landesbeamter im Main-Tauber-Kreis. Bei der Bundestagswahl 1969 konnte Dr. Miltner für die CDU ein Bundestagsmandat erringen; sein Wahlkreis umfaßte dabei die beiden Landkreise Main-Tauber und Neckar-Odenwald. Er gehörte dem Deutschen Bundestag ununterbrochen bis 1988 an, wobei er unter anderem innenpolitischer Sprecher und stellvertretender Fraktionsvorsitzender von CDU/CSU war.

Mit Wirkung vom 20.05.1988 ernannte die Landesregierung Dr. Karl Miltner zum Regierungspräsidenten von Karlsruhe; er hatte dieses Amt bis zum Erreichen der gesetzlichen Altersgrenze im Jahr 1994 inne. Anschließend war Dr. Miltner Präsident der Führungsakademie des Landes Baden-Württemberg. Dr. Karl Miltner ist Träger des Großen Bundesverdienstkreuzes mit Stern sowie der Verdienstmedaille des Landes Baden-Württemberg.

Als engagierter Europäer widmete sich Regierungspräsident Dr. Miltner dem Ausbau der grenzüberschreitenden Zusammenarbeit am Oberrhein. In seine Amtszeit fällt die organisatorische Verfestigung der Zusammenarbeit im Raum Südpfalz, Mittlerer Oberrhein und Nordelsaß (Pamina-Raum) mit der Schaffung einer grenzüberschreitenden Beratungsstelle in Lauterbourg. In diesen Zusammenhang gehört auch der internationale Kongreß „Wirtschaft am Oberrhein", den das Regierungspräsidium Karlsruhe im Jahr 1992 im Auftrag der Landesregierung ausrichtete. In die Amtszeit von Dr. Karl Miltner fielen die Ansiedlung eines Pkw-Montagewerks der Firma Daimler-Chrysler in Rastatt, die Bewältigung gravierender Umweltprobleme – Sanierung der Sondermülldeponie Malsch, Rhein-Neckar-Kreis, sowie Rückbau der Metallhütte Fahlbusch in Rastatt – sowie erste Weichenstellungen für die Umwandlung des NATO-Militärflugplatzes Söllingen bei Baden-Baden in den jetzigen zivilen Regionalflughafen Baden-Airport.

Regierungspräsidentin Gerlinde Hämmerle (ab 01.08.1994)

Gerlinde Hämmerle wurde am 05.06.1940 in Wolfach im Schwarzwald geboren. In ihrem Beruf als Berufsschullehrerin im Fach Hauswirtschaft war die Studiendirektorin Hämmerle bis zu ihrem Einzug in den Deutschen Bundestag im Jahr 1987 tätig – zuletzt als stellvertretende Schulleiterin der Helene-Lange-Schule in Karlsruhe. Von 1971 bis

(Quelle: Regierungspräsidium Karlsruhe)

1987 war Frau Hämmerle für die SPD Mitglied des Gemeinderats der Stadt Karlsruhe, davon die letzten fünf Jahre Vorsitzende der SPD-Gemeinderatsfraktion. Im Jahr 1987 wurde Frau Hämmerle erstmals in den Deutschen Bundestag gewählt. Nach ihrer Wiederwahl im Jahr 1990 war Frau Hämmerle Parlamentarische Geschäftsführerin der SPD-Bundestagsfraktion. Das Amt als Regierungspräsidentin von Karlsruhe wurde Frau Hämmerle von der Landesregierung Baden-Württemberg mit Wirkung vom 1. August 1994 übertragen. Sie ist in Baden-Württemberg die erste Frau in diesem Amt. Der Bundespräsident hat Frau Hämmerle mit dem Bundesverdienstkreuz 1. Klasse ausgezeichnet.

Regierungspräsidentin Hämmerle will die Zusammenarbeit mit dem Elsaß vor allem durch konkrete grenzüberschreitende Projekte voranbringen und dazu die neuen Finanzierungsmöglichkeiten der europäischen Interreg-Programme nutzen. Sie war im Jahr 2000 Präsidentin der Deutsch-Französisch-Schweizerischen Oberrheinkonferenz. Innerhalb ihres Regierungsbezirks bemüht sich Regierungspräsidentin Hämmerle vor allem um ein gutes und konstruktives Verhältnis des Landes zu den Städten, Gemeinden und Landkreisen. Sie fördert darüber hinaus die zwischengemeindliche Zusammenarbeit – etwa zur gemeinsamen Herbeiführung eines besseren Hochwasserschutzes oder zur Schaffung interkommunaler Gewerbegebiete. Ihr besonderes Interesse gilt dem Ausbau des öffentlichen Personennahverkehrs auf der Schiene.

3. Der Regierungsbezirk – Versuch eines Kurzportraits

An späterer Stelle dieses Aufsatzes sollen einige Entwicklungen herausgearbeitet werden, die den Regierungsbezirk Karlsruhe in den letzten Jahrzehnten geprägt haben. Der Schwerpunkt wird dabei auf solchen Entwicklungen liegen, die das Regierungspräsidium mit seinen Steuerungsmöglichkeiten über Investitionen, Förderungen oder Genehmigungsentscheidungen beeinflussen kann. Dabei gibt es selbstverständlich eine Wechselwirkung zwischen dem politischen und administrativen Auftrag der Mittelinstanz und den räumlichen, siedlungsstrukturellen und historischen Besonderheiten des ihr zugeordneten Arbeitsfeldes. Deshalb sollen zunächst einige Schlaglichter auf diese Aspekte des Regierungsbezirks Karlsruhe geworfen werden:

Im Regierungsbezirk Karlsruhe leben rund 2,7 Mio Menschen auf einer Fläche von 6.919 km^2 . Unter den vier Regierungsbezirken in Baden-Württemberg ist der Bezirk Karlsruhe damit der zweitgrößte nach der Einwohnerzahl und der kleinste nach der Fläche. Mit über 350 Einwohnern/km^2 hat er die höchste Bevölkerungsdichte in diesem Vergleich. Landschaftsräumlich gesehen weist der Regierungsbezirk Karlsruhe eine klare Gliederung und zugleich beachtliche Vielgestaltigkeit auf: Im Westen ist es der Rhein, der von Mannheim bis auf die Höhe von Bühl die westliche Grenze zu Rheinland-Pfalz und dem Elsaß bildet. Östlich der Rheinebene gehören zum Regierungsbezirk der südliche Odenwald und das Bauland um die Stadt Buchen, die Hügellandschaft des Kraichgaus und der Nordschwarzwald, wobei der Regierungsbezirk im Südosten bis in den Raum um die Städte Nagold und Horb hineinreicht.

Auf kommunaler Ebene setzt sich der Regierungsbezirk aus 5 Stadtkreisen, 206 kreisangehörigen Gemeinden und 7 Landkreisen zusammen. Unter den kreisangehörigen Gemeinden gibt es 18 Große Kreisstädte mit mehr als 20.000 Einwohnern; sie unterstehen – ebenso wie die Stadt- und Landkreise – der Rechtsaufsicht des Regierungspräsidiums. Die Regionalplanung im Regierungsbezirk ist Aufgabe der drei Regionalverbände.

Zu den Besonderheiten des Regierungsbezirks Karlsruhe gehört gewiß sein Reichtum an großen Städten mit ihren Universitäten, Fachhochschulen, Berufsakademien und anderen Bildungseinrichtungen sowie einem ausgezeichneten Angebot an Theatern, Museen, Krankenhäusern und anderen Infrastruktureinrichtungen. Von den neun baden-württembergischen Stadtkreisen liegen, wie bereits erwähnt, allein fünf im Regierungsbezirk Karlsruhe: Mannheim (310.000 EW), Karlsruhe (277.000 EW), Heidelberg (139.000 EW), Pforzheim (118.000 EW) und Baden-Baden (53.000 EW). Kleinere und vor allem auch finanzschwache Gemeinden liegen vor allem in ländlichen Räumen des Odenwalds, Kraichgaus und Nordschwarzwalds.

Historisch gesehen gehören zum Regierungsbezirk Städte und Landschaften mit sehr unterschiedlichen Wurzeln und Traditionen. Für geschichtsbewußte Bürger ergeben sich daraus unterschiedliche Sichtweisen und auch Befindlichkeiten – etwa in den fortwährenden Diskussionen im Spannungsfeld von regionalen Wünschen und Forderungen einerseits und einem – sei es vorhandenen, sei es auch nur befürchteten – „Stuttgarter Zentralismus“.

Die Gebietsreform anfangs der siebziger Jahre hatte zum Ergebnis, daß die Einteilung des Landes in vier Regierungsbezirke nicht mehr mit den früheren landsmannschaftlichen Grenzlinien von Badenern und Württembergern übereinstimmt: So mußte der frühere Bezirk Nordbaden den einst badischen Raum um Tauberbischofsheim an den Regierungsbezirk Stuttgart abgeben. Dafür wurde der neue Regierungsbezirk Karlsruhe jedoch in den Räumen Pforzheim-Calw-Nagold-Freudenstadt um einstige württembergische Gebiete erweitert. Seither ist es eine Aufgabe der Karlsruher Regierungspräsidenten identitätsstiftend zu wirken und gerade auch dem – landsmannschaftlich gesehen – württembergischen Teil ihres Regierungsbezirks die Gewißheit zu verschaffen, daß seine Interessen von Karlsruhe aus gut wahrgenommen werden. Sie haben sich dieser – anfänglich zweifellos delikaten – Aufgabe sehr bewußt und mit erheblichem Einsatz gestellt. In der Verwaltungspraxis des Regierungsbezirks Karlsruhe ist dieser Integrationsprozeß erfolgreich bewältigt worden.

Werfen wir aber auch einen Blick auf die Teile des Regierungsbezirks Karlsruhe, die seit der Napoleonischen Flurbereinigung Anfangs des 19. Jahrhunderts bis zur Abschaffung bundesstaatlicher Strukturen im Dritten Reich lange Zeit im badischen Staat vereint waren. Hier gibt es im Bewußtsein vieler Menschen noch eine „badische Identität“ mit emotionalen Bindungen an das frühere Baden, die zum Beispiel mit dem Singen des Badnerlieds bei festlichen oder sportlichen Ereignissen liebevoll gepflegt werden.

Im politischen und administrativen Alltag geht es allerdings nüchterner und auch differenzierter zu. Bei näherem Hinhören ist nämlich unverkennbar, daß aus den Räumen Mannheim-Heidelberg, Karlsruhe und Pforzheim mit jeweils unterschiedlichen und eigenständigen Argumenten gearbeitet wird, wenn es darum geht, mit der Landesregierung um die Verteilung von Finanzmitteln sowie von Sitzen staatlicher Einrichtungen mit ihren Arbeitsplätzen zu ringen. Am stärksten setzt Karlsruhe auf die „badische Karte“. Dies ist gut verständlich, wenn man bedenkt, daß Karlsruhe im früheren Baden selbst einmal Landeshauptstadt war und nach dem Zweiten Weltkrieg die damit verbundene Zentralität in Richtung Stuttgart abgeben mußte. Dagegen schlägt der Raum Mannheim-Heidelberg gegenüber der Stuttgarter Landesregierung ganz andere Töne an: Die Kommunalpolitiker besonders in Mannheim weisen immer wieder auf die Randlage der Stadt innerhalb von Baden-Württemberg und darauf hin, daß der umgebende große Verdichtungsraum Rhein-Neckar durch die Grenzen dreier Bundesländer zerstückelt ist, so daß die Stadt ihre lagebedingte zentralörtliche Funktion nur eingeschränkt wahrnehmen kann. Dies erfordere ein entsprechendes Entgegenkommen seitens der Landesregierung und des Landtags. Im historischen Bewußtsein interessierter Mannheimer und Heidelberger spielt die Erinnerung an die ehemalige Kurpfalz – von deren Bedeutung insbesondere die Schlösser in Mannheim, Heidelberg und Schwetzingen zeugen – eine zumindest gleich große Rolle wie die Erinnerung an das frühere Land Baden. Und Zentralität hat Mannheim eben nicht an Stuttgart abgeben müssen, sondern an München, und zwar im Jahr 1778, als der glanzvolle Hof von Kurfürst Karl-Theodor dorthin verlegt wurde! Was schließlich den Raum Pforzheim angeht, so kommt es dort darauf an, sich zwischen den beiden großen Wirtschaftsräumen Stuttgart und Karlsruhe überhaupt zur Geltung zu bringen und zu behaupten. Und weil im Raum Pforzheim ohnedies alte badische und württembergische Landesteile eng miteinander verzahnt sind, läßt sich dort mit rein landsmannschaftlichen Argumenten in der landesinternen Verteilungsdiskussion ohnedies nichts anfangen!

4. Aus der Arbeit der letzten drei Jahrzehnte

Ausbau der Verkehrsinfrastruktur[46]

Eisenbahnstrecken

Im europäischen Eisenbahnnetz nimmt der Regierungsbezirk Karlsruhe eine zentrale Stelle ein. Deshalb war das Regierungspräsidium ab den siebziger Jahren schon früh mit der Modernisierung und dem Ausbau von Schienenwegen – früher der Deutschen Bundesbahn, jetzt der Deutschen Bahn AG – befasst. Aufgabe der Regierungspräsidien ist es in diesem Zusammenhang, das eisenbahnrechtliche Anhörungsverfahren durchzuführen, das heißt, die von der Bahn eingereichten Pläne öffentlich auszulegen, Einwendungen zu erörtern und das Ergebnis in einen entscheidungsreifen Vorschlag zusammenzufassen. Auf dieser Basis ist es dann Sache der Bundesverwaltung, das notwendige Baurecht in Form eines Planfeststellungsbeschlusses zu erteilen.

Am wichtigsten war die Neubaustrecke von Mannheim nach Stuttgart, die für ICE-Züge eine Halbierung der zuvor üblichen Fahrzeit auf nur noch 35 Minuten mit sich brachte. Von dieser Neubaustrecke profitiert auch die TechnologieRegion Karlsruhe; sie ist über die sog. „Bruchsaler Kurve“ in Richtung Stuttgart an die Neubaustrecke angeschlossen. Kürzere Fahrzeiten konnten auch mit der westlichen Riedbahneinführung erzielt werden, die den Mannheimer Hauptbahnhof auch für Züge in Richtung Frankfurt zu einem direkten Durchgangsbahnhof machte. Das Regierungspräsidium Karlsruhe hat darüber hinaus Verfahren für den vierspurigen Ausbau der Rheintalstrecke zwischen Karlsruhe und Basel durchgeführt.

Schienengebundener Personennahverkehr

Der öffentliche Personennahverkehr auf der Schiene ist in den letzten Jahren immer stärker von der Deutschen Bahn AG auf das Land und die kommunalen Verkehrsträger übergegangen. Der Aufgabenerfüllung hat dies gut getan: Im Regierungsbezirk Karlsruhe haben sich um Mannheim-Heidelberg, um Karlsruhe und um Pforzheim Verkehrsverbünde mit einheitlichen Tarifen gebildet. Sie verbessern laufend ihr Angebot und investieren zu diesem Zweck in die Modernisierung alter Bahnanlagen ebenso wie sie auch neue Bahnstrecken und Haltestellen bauen. Damit hat sich für das Regierungspräsidium als der nach dem Personenbeförderungsgesetz und dem allgemeinen Eisenbahngesetz verantwortlichen Planfeststellungsbehörde ein weites Aufgabenfeld eröffnet. In sehr vielen Verfahren müssen für die Projekte der Verkehrsunternehmen faire Interessenausgleiche gefunden werden. Bei Schienenstrecken in freier Landschaft stehen ökologische Aspekte und das Gebot eines möglichst geringen Flächenverbrauchs im Vordergrund. Bei innerörtlichen Projekten geht es dagegen mehr um die Sorgen von Anwohnern und Gewerbetreibenden vor Geräuschimmissionen oder vor dem Verlust von Parkierungsflächen.

Besonders expansiv ist der Karlsruher Verkehrsverbund. Hier wurden Stadtbahnwagen entwickelt, die sowohl auf innerstädtischen Strecken als auch auf den Strecken der Deutschen Bahn AG – mit ihren jeweils unterschiedlichen Stromspannungen – fahren können. Diese Stadtbahnen fahren heute bis nach Heilbronn, Bietigheim-Bissingen, Baden-Baden und über die Rheingrenze hinweg in die Südpfalz. In naher Zukunft wird aber auch der Verkehrsverbund Rhein-Neckar mit seiner S-Bahn Städte und Gemeinden beiderseits des Rheins besser miteinander verbinden. Eine Grundvoraussetzung hierfür war der Bau einer zusätzlichen Eisenbahnbrücke zwischen Mannheim und Ludwigshafen, für die das Regierungspräsidium Karlsruhe, gemeinsam mit der Mittelinstanz in Neustadt an der Weinstraße, das notwendige eisenbahnrechtliche Anhörungsverfahren durchgeführt hat.

Straßen

Rückgrat des Straßenverkehrs im Regierungsbezirk Karlsruhe sind die Rheintalautobahn (A 5) und die beiden von ihr abzweigenden West-Ost-Autobahnen nach Nürnberg (A 6) und nach Stuttgart/München (A 8). Typisch sind ferner die täglichen Pendlerströme zwischen den Wohngemeinden im Odenwald, im Kraichgau und im Schwarzwald zu den Arbeitsplätzen in der Rheinebene sowie aus Rheinland-Pfalz und dem Elsaß nach Baden-Württemberg. Die Gemeinden in den Ausgangstälern der genannten Gebirge haben damit eine enorme Verkehrsbelastung, was zur Forderung von Straßentunneln führt.

Das Regierungspräsidium hat erheblichen Einfluß auf die Entwicklung des Straßennetzes. Seine Verantwortung ist am umfassendsten bei den Bundesstraßen und Landesstraßen. Denn insoweit obliegt dem Regierungspräsidium und den ihm nachgeordneten Straßenbauämtern sowohl die Planung als auch der Bau und Betrieb. Daneben gibt es eine ganz andere Aufgabe, nämlich in Planfeststellungsverfahren zu prüfen, ob für eine geplante Straße das Baurecht geschaffen werden kann. Diese Aufgabe als Planfeststellungsbehörde hat das Regierungspräsidium, über die Bundes- und Landesstraßen hinaus, auch für die Bundesautobahnen und für Kreis und Gemeindestraßen, soweit Kreise und Gemeinden dies beantragen.

Wichtigste Veränderungen waren in den letzten Jahren die zunehmende Verbreiterung der Bundesautobahnen auf sechs Fahrspuren, der Bau zahlreicher Ortsumfahrungen zum Schutze innerörtlicher Wohngebiete und historischer Ortskerne, aber auch zur Beschleunigung und Sicherheit des Verkehrs, sowie Straßentunnel in Weinheim, Neckargemünd (im Bau), Karlsruhe-Grötzingen, Ettlingen, Gernsbach, Baden-Baden und in Bad Wildbad.

Als weitere wichtige Aufgaben des Regierungspräsidiums seien hier ferner noch die finanzielle Förderung wichtiger kommunaler Straßenbauprojekte sowie die technische Aufsicht über rund 1.800 Straßenbrücken im Regierungsbezirk genannt.

Insgesamt gibt es im Regierungsbezirk 422 km Autobahnen, 1.200 km Bundesstraßen, 2.100 km Landesstraßen und 2.050 km Kreisstraßen.

Luftverkehr

Aus dem Regierungsbezirk Karlsruhe sind es nur kurze Wege zu den großen Flughäfen in Frankfurt und Stuttgart. Der Bedarf der Wirtschaft an weiträumigen Linienverbindungen ist damit gut abgedeckt. Im Zuge der Globalisierung braucht es daneben aber auch regionale Verkehrslandeplätze. Sie sind mittlerweile sowohl im Werkverkehr als auch im gewerblichen Geschäftsreiseverkehr zu einem unschätzbaren Standortfaktor für die Unternehmen geworden.

Für den Wirtschaftsraum Rhein-Neckar ist der Verkehrslandeplatz „Mannheim-City" von großer Bedeutung. Er ist in den letzten Jahren Zug um Zug ausgebaut worden. Zuletzt konnte das Regierungspräsidium ihn als Verkehrsanlage genehmigen, an dem die Durchführung von Flügen nach Instrumentenflugregeln möglich ist.

Als ausgesprochener Glücksfall für die TechnologieRegion Karlsruhe erwies sich zu Beginn der 90er Jahre die Möglichkeit zur Konversion des vormaligen Nato-Militärflughafen Söllingen im Landkreis Rastatt zum Verkehrsflughafen Baden-Airport Karlsruhe/Baden-Baden.[47] Dadurch wurde es auch möglich, die bisherigen Verkehrslandeplätze Baden-Oos und Karlsruhe-Forchheim zu schließen, die neuen Nutzungen weichen konnten und mußten (z.B. Neue Messe Karlsruhe). Der Baden-Airport ist vor allem im Touristik-Charterverkehr in Passagierzahlen hineingewachsen, die die anfänglichen Erwartungen auch der Gutachter übertreffen. Daneben gibt es regelmäßige Linienflüge nach Berlin und anderswohin.

Zur Abrundung sei erwähnt, daß das Regierungspräsidium Karlsruhe die Luftaufsicht über mehr als dreißig Flugplätze und über 120 sonstige Gelände führt (z.B. Hubschrauberlandeplätze bei Krankenhäusern).

Förderung der Wirtschaftsentwicklung

Als Wirtschaftsraum bietet der Regierungsbezirk Karlsruhe ein vielfältiges und buntes Bild: Da gibt es einmal traditionsreiche Industriestandorte wie Mannheim, Pforzheim oder Bretten. Dabei wurde die Industrie- und Hafenstadt Mannheim am stärksten vom wirtschaftlichen Strukturwandel getroffen. Dies kommt vor allem in einer hohen Arbeitslosenquote zum Ausdruck, die seit längerem weit über dem Landesdurchschnitt liegt. Gegenstrategien der Stadt, die teilweise auch vom Land finanziell unterstützt werden, sind vor allem: die Ansiedlung von Dienstleistungsunternehmen unter Nutzung der ausgezeichneten Verkehrsgunst Mannheims, Existenzgründerzentren, die mit den Universitäten und Fachhochschulen zusammenarbeiten, sowie die Aufbereitung brachliegender oder minder genutzter Flächen für neue gewerbliche Nutzungen. Wichtig für ein gemeinsames Standortmarketing ist der Arbeitskreis Rhein-Neckar-Dreieck e.V., in dem die größeren Städte, Wirtschaftsunternehmen, Kammern und Forschungseinrichtungen – auch aus dem hessischen und rheinland-pfälzischen Teil dieses Verdichtungsraums – zusammenarbeiten. Ein besonders erfreuliches Ergebnis dieser Zusammenarbeit war vor wenigen Jahren die Anerkennung einer „BioRegion Rhein-Neckar-Dreieck“, was Bundesfinanzhilfen für einschlägige Forschungs- und Entwicklungsprojekte bedeutet.

Eine hervorragende Wirtschaftsentwicklung ist im Raum Heidelberg zu verzeichnen. Dort sind Unternehmen des Maschinenbaus, der Baustoffproduktion, der Software und Finanzdienstleistungen so in eine Größenordnung hineingewachsen, daß sie heute, teils auch unter globalen Gesichtspunkten, zur Spitzengruppe ihrer Branche gehören.

Weiter südlich gibt es in der TechnologieRegion Karlsruhe eine vorbildliche interkommunale Zusammenarbeit, die auch die Wirtschaft und Forschungseinrichtungen einbezieht.

Wie in ganz Baden-Württemberg, so führt auch im Regierungsbezirk Karlsruhe die dezentrale Siedlungsstruktur dazu, daß auch der ländliche Raum mit bedeutenden Standorten für Industrie und Gewerbe durchsetzt ist. Dazu gehören z.B. Buchen, Sinsheim, Nagold oder kleinere Orte im Landkreis Freudenstadt, um nur einige Beispiele zu nennen.

Wichtige Branchen im Regierungsbezirk wurden bereits genannt. Ergänzend ist auf die beiden Kernkraftwerke in Obrigheim und in Philippsburg hinzuweisen.

Auch der Tourismus hat im Regierungsbezirk Karlsruhe sein Gewicht. Heidelberg und Baden-Baden haben eine weltweite Anziehungskraft. Im Schwarzwald ragen besonders die Bäder- und Kurorte sowie einige gastronomische Höhepunkte heraus. Die Klosteranlage Maulbronn gehört zu dem von der UNESCO anerkannten Kulturerbe der Menschheit.

Die Rolle des Regierungspräsidiums

Das Regierungspräsidium ist an der Entwicklung der Wirtschaft insoweit beteiligt, als es infrastrukturelle und rechtliche Rahmenbedingungen setzt. Sein Einfluß auf die Verkehrsinfrastruktur wurde oben bereits geschildert. Weitere Instrumente sind Raumordnungs- und Genehmigungsverfahren, bestimmte Kontrollbefugnisse sowie einige finanzielle Förderprogramme.

Generell läßt sich sagen, daß das Regierungspräsidium gute Dienste leisten kann, wenn es bei großen Bauvorhaben darum geht, die unterschiedlichsten privaten und öffentlichen Belange sowie die Interessen mehrerer Verwaltungsebenen zu koordinieren. Als Beispiele seien dazu die Ansiedlung eines Pkw-Montagewerks der Daimler-Benz AG (heute: Daimler-Chrysler AG) in Rastatt zu Beginn der neunziger Jahre oder neuerdings die Neue Messe Karlsruhe oder die Modernisierung des Hockenheimrings genannt. In förmlichen Raumordnungsverfahren, die heute eine Umweltverträglichkeitsprüfung einschließen, werden vor allem geplante Standorte für Einkaufszentren, Verbrauchermärkte und Factory-Outlet-Center geprüft. Dasselbe gilt für größere Abbaustätten für Kies und Sand, ein in der Rheinebene wichtiges Thema! Einfluß auf die Flächennutzung hat das Regierungspräsidium auch insoweit, als ihm die Entscheidung über die Genehmigung von Flächennutzungsplänen der Stadtkreise und Großen Kreisstädte obliegt. Die Genehmigungspflicht für städtebauliche Bebauungspläne ist im Laufe der Jahre deutlich verringert worden, besteht aber noch in Sonderfällen.

Zu den „Dauerkunden" des Regierungspräsidiums Karlsruhe gehören die Betreiber von etwa fünfzig industriellen Großanlagen, die immer wieder einmal einer Genehmigung nach dem Bundes-Immissionsschutzgesetz bedürfen, z.B. Anlagen der chemischen Industrie, Kraftwerke, Zementhersteller usw. Genehmigungsbehörde ist das Regierungspräsidium aber auch für die Herstellung von Arzneimitteln sowie für Tierversuche. Daß diese Aufgabe mengenmäßig durchaus ins Gewicht fällt, mag der Hinweis beleuchten, daß es allein im Regierungsbezirk Karlsruhe über 120 Hersteller von Arzneimitteln sowie rund 100 pharmazeutische Vertriebsunternehmen und neun Labore gibt. Hier sind die Unternehmen vor allem für ihre Exporte und für ihre Forschungsarbeiten auf rasche Verwaltungsentscheidungen angewiesen.

In der Diskussion um den Wirtschaftsstandort Deutschland hat es in den letzten Jahren auch eine rege Diskussion um die Dauer von Genehmigungsverfahren gegeben. Es handelt sich dabei um eine komplexe Problematik, zu deren Lösung alle Beteiligten ihre „Hausaufgaben" machen müssen. Gesetzliche Erleichterungen und die verstärkte Nutzung der modernen Bürokommunikation haben inzwischen gute Fortschritte gebracht. Um auch seinen eigenen Beitrag zur Problemlösung zu leisten, hat das Regierungspräsidium Karlsruhe nach einer Reihe vorbereitender Gespräche gemeinsam mit den Industrie- und Handelskammern, den Handwerkskammern sowie den Stadt- und Landkreisen im Regierungsbezirk die „Gemeinsame Erklärung von Wirtschaft und Verwaltung zur Beschleunigung von Genehmigungsverfahren im Regierungsbezirk Karlsruhe" vom 7. Februar 1997 verabschiedet. Darin wurde zusammengetragen, was beide Seiten – Genehmigungsbehörde und antragstellendes Unternehmen – mit dem Ziel der Verfahrensbeschleunigung unternehmen können. Entscheidend dafür ist vor allem ein frühzeitiger Kontakt und die Beratung der Unternehmen schon vor der förmlichen Antragstellung. Denn: je besser die Vorbereitung, desto kürzer das Verwaltungsverfahren! Um den Geist dieser „Gemeinsamen Erklärung" zu verstetigen, wurde eine Clearing-Stelle geschaffen, in der unter Federführung des Regierungspräsidiums an weiteren Verbesserungen gearbeitet wird. Es kann als erfreulicher Erfolg dieser Bemühungen angesehen werden, daß der Präsident einer im Regierungsbezirk Karlsruhe ansässigen Industrie- und Handelskammer öffentlich erklärte, daß die Dauer von Genehmigungsverfahren grundsätzlich kein Problem mehr darstelle.

Was die finanzielle Förderung angeht, so wickelt das Regierungspräsidium einige Landesprogramme ab, die sich unmittelbar zwar nur an Städte und Gemeinden richten, jedoch mittelbar für die Wirtschaft von Bedeutung sind. Hierher gehört die Förderung gewerblich orientierter städtebaulicher Erneuerungsmaßnahmen, die Förderung interkommunaler Gewerbegebiete sowie – wichtig vor allem für die Bäder- und Kurorte – die Förderung von Einrichtungen des Fremdenverkehrs.

Städte- und Wohnungsbau

Die Regierungspräsidien sind insoweit für die städtebauliche Entwicklung mit in der Verantwortung, als ihnen, wie bereits erwähnt, die Genehmigung der Flächennutzungspläne der Stadtkreise und Großen Kreisstädte vorbehalten ist. Sie sind darüber hinaus auch heute noch für die Genehmigung solcher Bebauungspläne der Städte zuständig, die nicht aus einem genehmigten Flächennutzungsplan heraus entwickelt sind.

Weitere Instrumente in der Hand der Regierungspräsidien sind finanzielle Förderprogramme, deren inhaltlich-thematische Schwerpunkte sich im Laufe der Zeit verändern.

Soweit es um den Wohnungsbau geht, spielten die Regierungspräsidien vor allem in der Förderung des Mietwohnungsbaus eine erhebliche Rolle. Dies galt gerade für das Regierungspräsidium Karlsruhe, in dessen Bezirk sich die großen Städte des Landes – und damit die Bedarfsschwerpunkte des Mietwohnungsbaus – konzentrieren. Das Volumen der Mietwohnungsförderung wurde jedoch in den letzten 15 Jahren zugunsten anderer wohnungs- und städtebaulicher Ziele deutlich heruntergefahren.

Das Städtebauförderungsgesetz markierte Anfang der siebziger Jahre eine Trendwende in der Wohnungs- und Städtebaupolitik, die mit der Zeit immer mehr praktische Bedeutung erlangt hat. Dieses Bundesgesetz stellte den Städten und Gemeinden ein besonderes bodenrechtliches Instrumentarium zur Verfügung, mit dessen Hilfe sie städtebauliche Mißstände in von ihnen abzugrenzenden innerörtlichen Gebieten angehen konnten. Hinzu traten Finanzhilfen des Bundes und insbesondere des Landes Baden-Württemberg, das in diesem Politikbereich konzeptionelle Schrittmacherdienste leistete und die finanzielle Förderung der städtebaulichen Erneuerung zu einem landespolitischen Schwerpunkt ausbaute. Im Regierungsbezirk Karlsruhe gibt es zur Zeit 362 Stadterneuerungsgebiete in 141 Städten und Gemeinden. Für sie sind bisher knapp über 2 Mrd. DM Finanzhilfen des Landes (82 %) und des Bundes (18 %) bewilligt worden. Den Städten und Gemeinden obliegt die Abgrenzung der Erneuerungsgebiete ebenso wie die Definition der städtebaulichen Ziele, die dort erreicht werden sollen. Auch im Regierungsbezirk Karlsruhe sind bisher sehr verschiedenartige Aufgaben angegangen worden – die Aufwertung alter Wohnquartiere, die Stärkung der Einkaufszentralität der Stadt- und Ortskerne, die Erhaltung und Umnutzung denkmalgeschützter Gebäude, die Attraktivitätssteigerung von Fremdenverkehrsorten oder die Wiederaufbereitung baulich vorgenutzter Brachflächen für neue gewerbliche und sonstige Nutzungen. Nach dem Ende des Kalten Krieges wurden insbesondere in Mannheim, Rastatt und Baden-Baden größere Konversionsvorhaben ehemals militärisch genutzter Gelände durchgeführt.

Die Förderangebote der städtebaulichen Erneuerung richten sich zwar auch an kleinere Gemeinden des ländlichen Raums, sofern es dort städtebauliche Mängel oder Mißstände gibt. Um den besonderen Bedürfnissen dieser Gemeinden gerecht zu werden, gibt es daneben seit 1977 aber auch die Förderung spezieller Dorfentwicklungsmaßnahmen. Verschiedene Vorläuferprogramme sind 1994 von der Landesregierung zum Entwicklungsprogramm Ländlicher Raum zusammengefaßt worden. Seine Förderangebote beziehen sich auf das Wohnen, das Arbeiten, auf die Grundversorgung sowie auf Gemeindeeinrichtungen.

Im Zusammenhang mit dem hier genannten Programm ist es Aufgabe des Regierungspräsidiums Karlsruhe, die interessierten Städte und Gemeinden zu beraten, gegenüber den zuständigen Ministerien in Stuttgart jährlich einen Programmvorschlag zu machen und die konkreten Finanzhilfen zu bewilligen.

Umweltschutz

Zu den klassischen Aufgaben der Regierungspräsidien gehört die rechtsverbindliche Ausweisung von Naturschutzgebieten. Dies sind Gebiete, in denen Natur und Landschaft in besonderem Maße schutzbedürftig sind. Im Regierungsbezirk Karlsruhe hat es zum Jahresende 1999 213 Naturschutzgebiete mit einer Fläche von rd. 18.700 ha gegeben. Ihr Flächenanteil von 2,7 % der Gesamtfläche des Regierungsbezirks liegt deutlich über dem Landesdurchschnitt von 2,11 %. Die wissenschaftliche Grundlagenarbeit für die Ausweisung von Naturschutzgebieten wird von der Bezirksstelle für Naturschutz und Landschaftspflege Karlsruhe geleistet – einer vom Regierungspräsidium unabhängigen und unmittelbar dem Ministerium Ländlicher Raum unterstellten Einrichtung.

Wegen des engen Sachzusammenhangs sei an dieser Stelle auch auf die 291 Landschaftsschutzgebiete (rd. 173.000 ha) sowie auf die 1.827 Naturdenkmale (472 ha) hingewiesen, die von den unteren Naturschutzbehörden im Regierungsbezirk Karlsruhe ausgewiesen worden sind. Insgesamt stehen damit knapp 28 % der Fläche des Regierungsbezirks unter besonderem Schutz nach dem baden-württembergischen Naturschutzgesetz. Im Zuge der Umsetzung europäischer Richtlinien wird sich ihre Zahl in den kommenden Jahren wohl noch kräftig erhöhen.

Zu einem Rückblick auf besondere umweltpolitische Ereignisse im Regierungsbezirk Karlsruhe gehört auch der Hinweis auf eine beispielgebende vertragliche Lösung, die in den achtziger Jahren erzielt worden ist: Verhandlungen mit den Raffinerien und den großen Elektrizitätsunternehmen im Bezirk führten zu dem Ergebnis, daß diese sich vertraglich zu einer Reduzierung des Schadstoffausstoßes weit unter die gesetzlich vorgeschriebenen Grenzwerte freiwillig verpflichteten. Diese Konsenslösungen fanden weit über Baden-Württemberg hinaus große Beachtung.

Ein in der Industriegeschichte wohl ganz Deutschlands herausragender Vorgang war die ökologische Flankierung für die Ansiedlung eines Pkw-Montagewerks der Daimler Benz AG (heute Daimler-Chrysler AG) in Rastatt. Der vorgesehene – und später dann auch tatsächlich genutzte – Standort liegt in der Rastatter Rheinniederung und damit in einem ökologisch besonders wertvollen Bereich. Dies führte zu heftigem Widerstand der Umweltverbände. Auf der anderen Seite war die Ansiedlungsbereitschaft der Daimler-Benz AG in einem – jedenfalls damals – strukturschwachen Gebiet eine Chance, die seitens der Landesregierung genutzt werden mußte. In dieser Situation kam zwischen der Landesregierung und den Umweltverbänden eine als „Rastatter Erklärung" bezeichnete Vereinbarung zustande, in der sich das Land verpflichtete, einen ganzen Katalog ökologischer Maßnahmen zu verwirklichen oder finanziell zu fördern. Vorrangig ging es dabei um die Ausweisung von Natur- und Landschaftsschutzgebieten in der Umgebung des Werkes, um die Renaturierung eines öffentlichen Gewässers, um den Rückbau von Straßen u.a. Diese vom Land zu finanzierenden Maßnahmen sollten selbstverständlich nicht die ökologischen Ausgleichsmaßnahmen ersetzen, zu denen das Unternehmen als Bauherr verpflichtet war, sondern diese noch ergänzen. Zur Umsetzung der „Rastatter Erklärung" wurde eine Arbeitsgruppe unter Federführung des Regierungspräsidiums Karlsruhe gebildet, in der in der Folgezeit das Land, Stadt- und Landkreis Rastatt sowie die Umweltverbände zusammengearbeitet haben.

Gefordert war die Bündelungs- und Koordinierungsfunktion des Regierungspräsidiums auch bei der Lösung von zwei spektakulären Umweltproblemen:

Hier ging es einmal um die Sanierung einer Sondermülldeponie in Malsch, Rhein-Neckar-Kreis. Dort hatte ein privates Entsorgungsunternehmen in den sechziger und siebziger Jahren mit behördlicher Billigung rd. 700.000 t Sonderabfälle in einer ehemaligen Tongrube deponiert. Die Insolvenz dieses Unternehmens hatte zunächst zur Folge, daß ein landeseigenes Unternehmen die Verantwortung für die sichere Unterhaltung der inzwischen stillgelegten Deponie übernehmen mußte. Untersuchungen ergaben, daß verschmutztes Grundwasser in Richtung kommunaler Wasserwerke vorzudringen drohte. Dies führte zu der Entscheidung der Landesregierung, die Deponie absichern zu lassen und mit dem Management dieses Projekts das Regierungspräsidium Karlsruhe zu beauftragen. Ein Lenkungsausschuß unter Vorsitz des Regierungspräsidiums koordinierte während der gesamten Sanierungsdauer in der ersten Hälfte der neunziger Jahre die wissenschaftlichen Vorbereitungsarbeiten, die Öffentlichkeitsarbeit, die Entscheidungen über technische Lösungsvarianten, die notwendigen Verwaltungsverfahren, den Baufortschritt und schließlich das Programm zur Überwachung der sanierten Deponie. Kernstück der rund 100 Mio DM teuren Sanierung war der Bau einer bis zu 50 m tiefen Dichtungswand, die die gesamte Deponie umschließt. Insgesamt dürfte dies bisher eine der größten Deponiesanierungen in Deutschland gewesen sein.

Der zweite Fall betrifft die ehemaligen Metallhütten Fahlbusch und Frasa in Rastatt, die 1986 stillgelegt worden waren. Sie hatten bei der Aufbereitung von kunststoffhaltigem Metallschrott in erheblichem Umfang Dioxine und Furane freigesetzt, die ein benachbartes Wohngebiet belasteten und auf den Werksgeländen selbst das Grundwasser gefährdeten. Auch hier entzogen sich private Unternehmen weitgehend ihrer Verantwortung, so daß wiederum das Land gefordert war. Über den Fall Malsch hinausgehend übertrug die Landesregierung dem Regierungspräsidium Karlsruhe die Aufgabe, in eigener Regie die ehemaligen Betriebsgebäude abzubauen und den notwendigen Bodenaustausch vorzunehmen. Darüber hinaus wurden im benachbarten Wohngebiet die Dachstöcke zahlreicher Häuser gereinigt oder notfalls erneuert sowie die Böden der Gärten ausgetauscht. Die gesamte Aktion wird Ende 2000 abgeschlossen sein und das Land über siebzig Mio DM gekostet haben.

Unter dem Aspekt der Umweltvorsorge ist vor allem der Hochwasserschutz ein brisantes Thema im Regierungsbezirk Karlsruhe. Der „kanalmäßige" Ausbau des Oberrheins von Südbaden bis zur Staustufe Iffezheim im Landkreis Rastatt hatte zur Folge, daß natürliche Retentionsflächen verloren gingen und die Fließgeschwindigkeit des Rheins, gerade auch im Hochwasserfall, sich erhöhte. Als Gegenstrategie zum Schutze der Unterlieger hat die Landesregierung das Integrierte Rheinprogramm aufgestellt. Es verfolgt gleichermaßen wasserwirtschaftliche und ökologische Ziele, nämlich die Schaffung künstlicher Retentionsräume und eine ausreichende Durchflutung der wertvollen Rheinauewälder. Unter Federführung der Regierungspräsidien Freiburg und Karlsruhe wurden in interdisziplinären Gremien und mit großem wissenschaftlichem Aufwand längs der gesamten Rheinstrecke von Basel bis Mannheim 14 geeignete Retentionsräume ermittelt. Davon befindet sich der Polder Söllingen/Greffern im Landkreis Karlsruhe mit einem vorgesehenen max. Retentionsvolumen von 12,0 Mio cbm im Bau; die Verantwortung für diese Baumaßnahme liegt bei der Gewässerdirektion Nördlicher Oberrhein.

Darüber hinaus hat es in den letzten Jahren auch an kleineren Gewässern, die zumeist in der Ausbau- und Unterhaltungslast von Gemeinden stehen, außergewöhnliche Hochwasserereignisse gegeben, die enorme Schäden bei Bürgern und Unternehmen hervorriefen. Das Land und die Kommunen stellten sich den damit erkennbar gewordenen Aufgaben des Hochwasserschutzes. Unter Federführung des Regierungspräsidiums Karlsruhe kam es in allen drei Fällen zur Bildung staatlich-kommunaler Arbeitsgruppen, die Flußgebietsuntersuchungen in Auftrag gaben und begleiteten sowie zur Bildung von kommunalen Hochwasserschutzzweckverbänden führten. Diese haben inzwischen entsprechende Bauprogramme aufgestellt und verwirklichen sie mit finanzieller Hilfe des Landes.

Um abschließend Umweltschutz und Umweltvorsorge nochmals unter dem Blickwinkel des Regierungspräsidiums zu sehen: Es handelt sich um Querschnittsaufgaben, die heute alle in Betracht kommenden Aufgabenbereiche der Mittelinstanz durchziehen – die Wasserwirtschaft ebenso wie die Landwirtschaft und den Straßenbau. Instrumente des Regierungspräsidiums zur praktischen Durchsetzung sind vor allem Genehmigungs- und Planfeststellungsverfahren sowie die Abwicklung von Förderprogrammen, z.B. auch für den Bau oder die Modernisierung von Kläranlagen oder zur Renaturierung von Gewässern.

Grenzüberschreitende Zusammenarbeit[48]

In der nördlichen Ecke des deutsch-französischen Kooperationsraums am Oberrhein nimmt das Regierungspräsidium Karlsruhe eine Scharnierfunktion zu Rheinland-Pfalz und dem Elsaß wahr. Dabei beträgt die gemeinsame Grenzlänge mit dem Elsaß rund 38 km. Das Regierungspräsidium wirkt mit in der Deutsch-Französisch-Schweizerischen Oberrheinkonferenz sowie in deren Arbeitsgruppen und Expertenausschüssen. Es ist – ebenso wie die Präfektur Bas-Rhin in Straßburg – die zuständige Anlaufstelle nach zwei internationalen Vereinbarungen zur gegenseitigen Unterrichtung bei Planungs- und Umweltschutzvorhaben sowie im Katastrophenschutz. Darüber hinaus vertritt das Regierungspräsidium Karlsruhe das Land Baden-Württemberg in den Gremien des INTERREG-Programmgebiets PAMINA.

5. Ausblick

Die Landtagswahl vom 25. März 2001 hat erneut zu einer Koalition von CDU und FDP geführt. In den Koalitionsverhandlungen war der dreistufige Verwaltungsaufbau mit Regierungspräsidien kein Thema. Besonders Ministerpräsident Erwin Teufel hatte vor der Wahl stets erklärt, an den Regierungspräsidien festhalten zu wollen.

Die Regierungspräsidien haben sich in den letzten fünfzig Jahren bewährt und können vor allem folgendes leisten:

- Sie sind die Voraussetzung dafür, daß die Landesregierung mit ausschließlich eigenem Personal auf wichtigen staatlichen Aufgabenfeldern in der Fläche präsent ist. Eine solche Präsenz erscheint für die Durchsetzbarkeit politischer Ziele des Landtags und der Landesregierung unverzichtbar. Zwar könnte sich das Land im Falle einer Aufgabenübertragung auf kommunal verfaßte Verwaltungseinheiten Weisungsrechte vorbehalten. Deren Repräsentanten werden sich im Konfliktfall jedoch primär denen gegenüber in der Loyalität sehen, von denen sie gewählt worden sind.

- Die Regierungspräsidien bilden heute eine gute organisatorische Voraussetzung für ganzheitliches und vernetztes Denken. Fachleute aus den Geschäftsbereichen mehrerer Ministerien arbeiten hier unter einer Leitung zusammen. Dies schützt vor Spezialistentum, das nicht über den Tellerrand seines eigenen Fachbereichs hinausschaut. Deshalb wären auch regionale Sonderbehörden eine schlechte Alternative zu den Regierungspräsidien.
- Die Regierungspräsidien sind eine sparsame Lösung. Denn sie bedeuten, daß zentrale Staatsaufgaben der mittleren Ebene an nur vier Standorten wahrgenommen werden; nur dort werden die entsprechenden Experten benötigt. Käme es dagegen zu einer Aufteilung dieser Staatsaufgaben auf etwa sechs bis acht große kommunal verfaßte Einheiten, würde zusätzlicher Personalbedarf ausgelöst.
- Regierungspräsidien an den heutigen Standorten spiegeln ganz gut die dezentrale Struktur und regionale Vielfalt von Baden-Württemberg wider. Sie sind ein Teil der Identität ihrer Landschaft; dies kann jedenfalls für die hier im Vordergrund stehenden Landesteile am Rhein gesagt werden. Sie bringen die Landesregierung in die Nähe von Bürgern, Unternehmen und den verschiedensten gesellschaftlichen Gruppierungen. All dies könnte eine zentrale Mammutbehörde, wo immer sie ihren Sitz hätte, mit Sicherheit nicht leisten!

Anmerkungen

1 Karlsruher Entwurf eines Staatsvertrages zum Zusammenschluß der Länder Baden, Württemberg-Baden und Württemberg-Hohenzollern vom 24.8.1948, abgedruckt in: Der Kampf um den Südweststaat, Mainz 1952, S. 8

2 Paul Feuchte in „Initiative und Partnerschaft“, Manfred Bulling zum 60. Geburtstag, 1990, S. 440/441; ders. Verfassungsgeschichte von Baden-Württemberg, Stuttgart 1983, S. 319/320

3 Art. 21-24, GesBl., S. 3 ff. Im Zusammenhang damit die Verordnungen der vorläufigen Regierung über die staatlichen Mittelinstanzen vom 22. u. 30.9.1952, GesBl., S. 35 und 37

4 P. Feuchte in „Initiative und Partnerschaft“ (FN 2), S. 444

5 Ges.Bl., S. 225

6 Stellv. Ministerpräsident Dr. Veit bei der Amtseinführung des ersten Regierungspräsidenten in Nordbaden, Staatsanzeiger Nr. 24 vom 28.03.1953, S. 2. Zur Landesbezirksverwaltung Baden: Paul Sauer, Badische Geschichte (Nordbaden) 1979, S. 232-241; Feuchte, Verfassungsgeschichte (FN 2), S. 20 ff.

7 Ges.Bl. 1952, S. 43

8 GABl. 1968, S. 711

9 Erwin Teufel „Zur Funktion der Mittelinstanz“ in „Initiative und Partnerschaft“ (FN 2) S. 59 ff., 68

10 Ministerpräsident Dr. Gebhard Müller bei der Amtseinführung des Regierungspräsidenten Birn in Tübingen, Staatsanzeiger Nr. 27 vom 09.04.1958, S. 1

11 Staatsanzeiger vom 28.03.1953

12 Staatsanzeiger vom 18.01.1964

13 Zu den Personalien Dr. Huber und Dr. Munzinger s. P. Feuchte in „Initiative und Partnerschaft“ (FN 2), S. 449/450, 458

14 Badische Neueste Nachrichten vom 07.12.1974

15 Birn, Munzinger, Person, Roemer: 20 Jahre Regierungspräsidien in Baden-Württemberg, 1972, S. 28

16 Der Zeitabstand zum Geschehen von vor 30 bis 50 Jahren erschwerte den Zugriff auf Fakten, Daten und Zahlen. Nur wenige Zeitzeugen leben noch, so daß der Verfasser vielfach auf sein Gedächtnis angewiesen war.

17 Am 30.12.1957 hatte der Regierungsbezirk Nordbaden mit einer Gesamtbevölkerung von 1.608 Mio Einwohnern 272.825 Vertriebene und Flüchtlinge (= 17 v.H.)

18 s. FN 15, S. 21

19 Die früher mit der Genehmigung zur Kiesentnahme regelmäßig verbundene Auflage, die Grube wieder aufzufüllen und damit den ursprünglichen Zustand wiederherzustellen, ließ sich nicht mehr durchsetzen, weil bei einer Abbautiefe von oft 20 und mehr Metern das erforderliche Auffüllmaterial nicht mehr zu beschaffen war.

20 Der im Juli 1971 von einem interministeriellen Ausschuß unter Federführung des Innenministeriums erstattete Umweltschutzbericht für Baden-Württemberg (Sonderbeilage Staatsanzeiger) bezifferte den Verlust an freier Landschaft in Baden-Württemberg auf täglich (!) 17 ha.

21 Frido Wagener, Neubau der Verwaltung, 1969, S. 127 ff., 157 ff., 207ff.

22 Dokumentation über die Verwaltungsreform in Baden-Württemberg (Dokumentation) herausgegeben vom Staatsministerium BW, 1972, S. 11

23 Dokumentation (FN 22), S. 12, 13

24 Dokumentation (FN 22), S. 18 ff.

25 Ges.Bl., S. 116

26 Ges.Bl., S. 419

27 Ges.Bl., S. 314

28 Ges.Bl., S. 336

29 Manfred Bulling, Die Verwaltungsreform in Baden-Württemberg DÖV 1975, S. 329 ff., 337

30 Dokumentation (FN 22), S. 167/8

31 Dokumentation (FN 22), S. 94 ff.

32 Dokumentation (FN 22), S. 661; Hans Kühn, Funktionalreform und Mittelinstanz, BWVerwBl. 1971, S. 81 ff.

33 Bericht des Interministeriellen Arbeitskreises „Staatliche Verwaltungsbehörden“ Baden-Württemberg (Behördenreformbericht) 1972, S. 6

34 Auf diese Problematik eingehend: Max Gögler „Demokratieprinzip und Regierungspräsidium – ein Anachronismus?“ in „Initiative und Partnerschaft“ (FN 2), S. 71 ff.; sowie Hans-Georg Wehling, Geschichte, Aufgaben und Bedeutung der Regierungspräsidien in „Begegnungen – Entscheidungen“, Festschrift für Regierungspräsident Dr. Max Gögler, 1996, S. 28 ff., S. 55 ff.

35 Regierungserklärung Ministerpräsident Dr. H. Filbinger bei der Dritten Beratung der Verwaltungsreformgesetze am 22./23.07.1971, Dokumentation (FN 22), S. 423

36 Vorgelegt vom Sonderarbeitskreis der Ständigen Konferenz der Innenminister der Länder, April 1973, Anmerkungen dazu s. Baron: Welche Zukunft hat die staatliche Mittelinstanz?, DVBl. 1973, S. 813 ff.

37 Stellungnahme der baden-württembergischen Hochschullehrer des öffentlichen Rechts, abgedr. in: BBWVBl. 1973, S. 72 ff.

38 LT-DS 6/2900, abgedr. in: Dokumentation über die Verwaltungsreform in Baden-Württemberg, Band II, hrsg. Staatsministerium Baden-Württemberg, 1972

39 Dokumentation II, S. 25, s. auch Matthias Burkard: Zur Organisationsentwicklung und Reform der Regierungspräsidien in Baden-Württemberg, VBlBW 1994, S. 257 ff.

40 Organisationsplan für die Regierungspräsidien vom 22.01.1974, GABl. 1974, S. 90 f.

41 Plenarprotokoll 9/4 vom 19.06.1994, Landtag BW, S. 1

42 Fabricius: Die Stellung der Regierungspräsidien in der Landesverwaltung Baden-Württemberg und ihre Bedeutung im Rahmen der neuen Führungsstruktur, BWVPr 1987, S. 78 ff. (Teil 1) und S. 104 ff. (Teil 2)

43 Untersuchung der Regierungspräsidien des Landes Baden-Württemberg, 1997, BSL Management Beratung, GmbH, Hamburg

44 Bekanntmachung des Innenministeriums Baden-Württemberg über die Organisation der Regierungspräsidien vom 06.05.1998, GABl., S. 368.

45 Profile der Region – In memoriam Dr. Adolf Bieringer, Karlsruhe, 1988.

46 Vgl. hierzu den Beitrag von Leutzbach/Morlock in diesem Band.

47 Manfred Koch, Jürgen Morlock (Hg): Von Graspisten zum Baden-Airport, Luftfahrt in Mittelbaden, Karlsruhe 1999

48 Vgl. hierzu den Beitrag von Striebel-Hechenblaikner in diesem Band.

Kulturförderung

Udo Theobald

Was gemeinhin unter Kultur verstanden wird, gehört zu den essentiellen Merkmalen für die Identifizierung bzw. Identifizierungsmöglichkeit einer Region und der in ihr lebenden Menschen. Kultur macht schlechthin Wesen und Identität einer solchen Gruppe, einer solchen Region aus. In der Zeit nach dem Zweiten Weltkrieg und nach der Bildung des Landes Württemberg-Baden und später des Südweststaates führte noch lange alles, was man unter Kultur zu begreifen hat, entweder ein Schattendasein oder wurde allenfalls in Teilaspekten unter ganz anderen Zielsetzungen nebenbei mit verfolgt. Auch in den Regierungspräsidien spiegelte sich das wieder.

So gab es im Regierungspräsidium Nordbaden nur ein kleines Kulturreferat, das sich mit der Förderung von bildender Kunst, Musik, Jugendarbeit, Erwachsenenbildung und dergleichen befaßte. Schließlich kam auch noch der Denkmalschutz hinzu. Letzterer wurde anfangs allerdings fast nur unter dem Gesichtspunkt einzelner erhaltenswerter Gebäude gesehen. Die Bedeutung beispielsweise regionaltypischer Bauweisen oder gar ganzer Stadt- und Ortsbilder, wie sie sich historisch entwickelt haben, als Teil der Identität einer Stadt und einer Region, spielten so gut wie keine Rolle.

In Südbaden sah dies anders aus. Dort wurde auch im Regierungspräsidium schon früh die regionale Kultur viel stärker ins Auge gefaßt und gefördert. Dies geschah nicht zuletzt unter dem Gesichtspunkt des Erhaltes der alten badischen Identität im Land Baden (Südbaden), vor allem aber nachher im sogenannten Südweststaat. Man sah darin das wichtigste identitätsstiftende Kriterium für Badener über den alemannischen Dialekt hinaus. Später kamen ganz folgerichtig auch die grenzüberschreitende Arbeit als „Regio“ und eine Gesamtbetrachtung gemeinsamer Geschichte und Gegenwartskultur auf beiden Seiten des Oberrheines hinzu.

Immerhin wurde auch in Nordbaden z.B. die bildende Kunst mehr und mehr in ihren regionalen Ausprägungen gefördert. Damit wurden Ausstellungen und Veranstaltungen ermöglicht. Man förderte hier ansässige Künstler durch Ankäufe des Regierungspräsidiums für das Land. Musikalische Veranstaltungen wurden durch Zuschüsse des Regierungspräsidiums ermöglicht und auch als ganze Reihen dauerhaft am Leben erhalten.

Infolge der wenigen Möglichkeiten gab es seitens des Regierungspräsidiums Nordbaden kaum eine gezielte Förderung regionaler Identitäten, sondern eher eine bescheidene „Gießkannen“-Förderung für jedwede Form solcher Aktivitäten durch örtliche Gruppierung. Diese mußten nicht unbedingt einen örtlichen Bezug haben und man hatte kaum die historischen und/oder auch neuzeitlichen Besonderheiten der Region, der jeweiligen Gemeinde, des Kreises oder gar des Bezirkes im Auge.

Nach dem seit 1973 der Regierungsbezirk Karlsruhe nicht mehr mit den alten badischen Grenzen übereinstimmte, gab es zunächst eine Umorientierung, die eher wegführen mußte von den historisch gewachsenen Zugehörigkeiten, Gruppierungen und Identitäten. In Teilen der Bevölkerung sah man diese Entwicklung als Gefahr für die Identität, es gab vehemente Gegenbewegungen. Auch in den Verwaltungseinheiten erkannte man die Probleme. So wurde denn auch im Regierungspräsidium Karlsruhe mehr auf örtliche Gegebenheiten und Besonderheiten geachtet. Dies geschah in unterschiedlichen fachlichen Bereichen, bei der Förderung von Landwirtschaft und Dorfentwicklung z.B. ebenso wie im Kulturreferat.

So entwickelten sich in den klassischen Bereichen der Kulturförderung neue Aktivitäten. Neue Schwerpunkte wurden gesetzt. Wichtig wurden auch übergreifende Koordinierung und Förderung.

Die Förderung der Kunst konnte kontinuierlich ausgebaut werden, da die ständig steigenden Einnahmen aus Lotto und Toto in Baden-Württemberg zu einem Teil für diesen Bereich gebunden waren. Ähnliches galt für die Förderung von Jugendarbeit und Erwachsenenbildung.

Von Stuttgart und vom Ministerium aus wurden zentrale Einrichtungen in Karlsruhe, Heidelberg, Mannheim, Pforzheim und Baden-Baden gefördert. So gab und gibt es in Baden-Baden eine staatliche Kunsthalle, der Badische Kunstverein mit Sitz in Karlsruhe erhält beachtliche Fördermittel. Auch hier gibt es eine staatliche Kunsthalle. Die großen professionellen Theater sind entweder in Trägerschaft des Landes, wie das Badische Staatstheater, oder werden zentral gefördert, wie das Mannheimer, das Heidelberger, das Baden-Badener oder das Pforzheimer Theater.

Schwetzingen – Schloß, Gartenseite
(Quelle: LMZ/Hauswirth, 1995)

Alles andere war Angelegenheit der Selbstverwaltung, d.h. entweder engagierten sich Städte und Gemeinden oder es bildeten sich Vereine oder andere bürgerschaftliche Bewegungen. Staatliche Hilfe für diese konnte das Regierungspräsidium Karlsruhe in seinem Bezirk gewähren. In der Folgezeit bildeten sich hier zwei Grundsätze für die Arbeit und insbesondere die Förderpolitik heraus: Zum einen sollten die regionalen Gesichtspunkte und insbesondere die identitätsstiftenden Merkmale für die einzelnen gewachsenen Gebiete innerhalb des Bezirkes betont werden. Zum anderen sollte die Kulturarbeit außerhalb der Zentren gefördert werden.

Durch Zuschüsse wurden Kunstvereine und Galerien wie auch Künstlervereinigungen oder engagierte Private in die Lage versetzt, Ausstellungen zu organisieren. Anfänglich gab es diese Aktivitäten auch im wesentlichen noch in den Zentren, also insbesondere in Heidelberg, Mannheim oder Pforzheim, wo Kunstvereine mit Tradition am Werke waren. Aber auch in Karlsruhe, Baden-Baden, Heidelberg, im Odenwald oder in Rastatt und Schwetzingen bildeten sich Kunstvereine und Künstlervereinigungen, die in ihrer Arbeit in der und für die Region gefördert wurden. Besonders erfreulich war und ist auch das Engagement kleiner, aber sehr rühriger und z.T. über örtliche Grenzen hinaus strahlender Vereine, wie die Künstlergilde Bußlat in Bauschlott zwischen Karlsruhe und Pforzheim oder eine sehr rührige Initiative in Horb, das mittlerweile ja auch zum Regierungsbezirk gehörte.

Ähnliches tat sich auf dem Gebiet der Musik. Neben traditionellen Trägern hochwertiger und künstlerisch äußerst anspruchsvoller Aufführungen, wie z.B. dem Oratorienchor oder Bachchor in Karlsruhe, dem Oratorienchor in Pforzheim oder mehrerer Heidelberger und Mannheimer Vereinigungen, bildeten sich hochinteressante Initiativen, wie z.B. die Alpirsbacher Kreuzgangkonzerte oder die Maulbronner Klosterkonzerte. Auch die Musikhochschulen strahlten immer mehr aus den Zentren hinaus, als Beispiel seien die Weingartener Tage junger Musiker genannt.

Hier wird der zweite Schwerpunkt der Kultur- und insbesondere Kunstförderung des Regierungspräsidiums Karlsruhe deutlich. Die erfreulichen Entwicklungen nicht nur in Mittelstädten, sondern auch auf dem „flachen Lande“ führten bis zu den Parolen „Kunst auf dem Land“ und „Kunst auf das Land“. Das Kulturreferat des Regierungspräsidiums beschränkte sich nicht mehr auf passive Forderung, sondern spielte zunehmend eine aktive Rolle. Die Kunst sollte zu den Menschen kommen, nicht die Menschen sollten gezwungen sein, zur Kunst zu gehen respektive zu fahren.

In der Zwischenzeit hatte sich in der neuen Landeshauptstadt und von da aus kontinuierlich über Jahrzehnte hinweg im Großraum Stuttgart eine unglaubliche Dichte von Angeboten stationärer Art wie auch von Veranstaltungen und Reihen herausgebildet: Staatstheater, Museen, Kunsthalle, Kunstverein, musikalische Veranstaltungen und dergleichen auf höchstem Niveau. Auch im Regierungsbezirk Karlsruhe tauchte unabhängig von etwaigen badischen Animositäten die Forderung nach einem Gegengewicht gegen dieses hauptstädtische Übergewicht auf. Den traditionellen Bezügen entsprechend wollte man aber auch eine „schwäbisch-badische Kulturbalance“. Anfänglich wurden Versäumnisse der Regierung angemahnt und ein Überborden des schwäbischen Selbstbewußtseins beklagt. Doch wich dies allmählich der Erkenntnis, daß man selbst gefordert sei und selbst die Initiative ergreifen müsse, um ein solches Gleichgewicht herzustellen und auf der badischen Seite, aber auch in den Randgebieten ehemaliger württembergischer bzw. schwäbischer Herrschaften das kulturelle Angebot wie auch die eigene Identität wieder zu stärken.

Fester Bestandteil der Förderung der bildenden Kunst war und ist der Erwerb von Werken hier lebender oder tätiger bildender Künstler. Durch die Kaufpreise werden sie unterstützt, es wurde aber auch die Möglichkeit genutzt, diese Werke wenigstens einer beschränkten Öffentlichkeit zugänglich zu machen, indem sie in Büroräumen, Foyers, Sitzungsräumen usw. aufgestellt und gehängt und damit sowohl Mitarbeitern als auch dem dort verkehrenden Publikum zugänglich gemacht wurden. Teilweise erfolgten diese Ankäufe in Kunstvereinen und Galerien, so daß sowohl durch die Tatsache des Ankaufs als auch durch die Anteile an den Verkaufserlösen auch diese gefördert wurden. Schließlich bedeutet es auch eine „Empfehlung“, wenn ein Künstler auf Ankäufe durch das Land verweisen kann. Gefördert wird ebenso die Herausgabe von Katalogen im Zusammenhang mit Erstlingsausstellungen oder einem Überblick über eine Schaffensperiode oder das Lebenswerk von Künstlern, aber auch von Katalogen anläßlich von Ausstellungen mit Überblicken über die regionale Kunstszene.

Ab Ende der 70er Jahre veranstaltete das Regierungspräsidium auch selbst in eigenen Räumen Ausstellungen, in denen es angekaufte Werke zeigte. Im Laufe der Zeit entstand daraus eine Veranstaltungsreihe, die mehr und mehr mit thematischen Schwerpunkten und spartenübergreifend arbeitete. So wurden z.B. junge Künstler und ihre

Werke vorgestellt, ein Plastiker und seine Werke zur Eröffnung mit einer Performance begleitet. Zum Thema Faust in Literatur und bildender Kunst wurden angekaufte Werke zum Thema ebenso wie einige interessante Leihgaben ausgestellt, zur Eröffnung gab es einen Vortrag des Karlsruher Ordinarius für Literaturwissenschaften „Vom historischen zum literarischen Faust", Rezitationen und musikalische Beiträge zum Thema. Landschaft in Malerei und Grafik wurde gezeigt. Es gab Mundartlesungen. Eine ganze Malklasse mit ihrem Lehrer von der Akademie wurde vorgestellt. Zum Thema Varieté, Zirkus und Jahrmarkt gab es nicht nur interessante Werke der bildenden Kunst, sondern zur Eröffnung auch ein regelrechtes Varieté-Programm mit Künstlern aus der Region.

Schließlich wurde auch im Regierungsbezirk Karlsruhe immer mehr eine grenzüberschreitende Zusammenarbeit mit Pfalz, Hessen und Elsaß gepflegt. Es wurde ein Austausch initiiert mit den Mitgliedern des „Rire et sourire"-Salon des Elsaß und deren Karikaturen. Das Kulturreferat gab eine Museumskarte für den Regierungsbezirk und die angrenzenden Regionen heraus.

Allmählich wurden auch anderenorts wie in Krankenhäusern oder gar dem Landgericht Karlsruhe („Kunst im Landgericht") diese Ideen aufgegriffen und Kunst und Kultur den Bürgern auch an ungewohnten Orten nahegebracht, an die diese mit ganz anderen Vorstellungen kamen. Vor allem Rathäuser öffneten mehr und mehr ihre Türen für solche Aktivitäten. Auch „Kunstscheunen" entstanden oder andere Orte, an denen Geschichte zum Anfassen und zeitgenössische bildende Kunst, Musik und Literatur zueinander fanden.

Auch die darstellende Kunst kam nicht zu kurz. Neben den vom Ministerium geförderten großen Profitheatern entstanden immer mehr Laienbühnen, die z.T. beachtliche Qualitäten entwickelten. Auch hier half das Regierungspräsidium mit Fördermitteln. Erwähnt sei das im Laufe der Zeit zumindest semiprofessionell gewordene Karlsruher Sandkorn-Theater. Auch Mundart-Bühnen wurden gefördert.

Die Kleinkunst war ein weiteres erklärtes Förderobjekt. Das Regierungspräsidium schuf mit den Städten und Landkreisen des Regierungsbezirkes einen eigenen Kleinkunstpreis „TERPSI", der alle zwei Jahre vergeben wurde und wesentlich zur Förderung der Kleinkunst im Bezirk beigetragen hat, zumal von der Endausscheidung regelmäßig Rundfunkübertragungen und z.T. auch Fernsehberichte gesendet wurden. Die Preisträger machten, soweit sie nicht bereits gute Ansätze vorher dazu hatten, in der Folgezeit immer ihren erfolgreichen Weg.

Gemeinsam mit der Staatlichen Fachstelle für das öffentliche Bibliothekswesen, deren qualifizierte Mitarbeiter mit großem Engagement das Ziel verfolgten, wurde im Regierungsbezirk ein erheblicher Ausbau der Bibliotheken bewirkt. Viele neue Bibliotheken auch im ländlichen Bereich entstanden, die Bibliotheksbestände wurden kontinuierlich vergrößert und verbessert, neue Medien kamen hinzu.

Mundart wurde sowohl als identitätsstiftender Faktor wie auch als Kunstform gefördert und gepflegt.

Auf der Landesgartenschau in Baden-Baden veranstaltete das Kulturreferat des Regierungspräsidiums gemeinsam mit Künstlerorganisationen, Laienspielvereinigungen und anderen Gruppen zwei sogenannte „Kunstwochenenden". Dabei wurde dem Publikum, das mit ganz anderen Vorstellungen zum Ort des Geschehens gekommen war, die Palette der Kunst spartenübergreifend „vernetzt" nahe gebracht. Kinder wie Erwachsene konnten sich selbst einbringen in Angebote an bildender Kunst, Tanz usw. Ähnliches gilt für Veranstaltungen auf Heimattagen und für die Teilnahme des Regierungspräsidiums bei der Verbrauchermesse „Offerta“ in Karlsruhe, bei der auch das Kulturreferat in seiner ganzen Breite in Erscheinung trat.

Auf letzterer gab es neben vielfältigen künstlerischen Aktivitäten eine multimediale Darstellung verkäuflicher Kulturdenkmale. Auch auf diesem Gebiet war das Regierungspräsidium gemeinsam mit der Außenstelle Karlsruhe des Landesdenkmalamtes mehr und mehr aktiv geworden für den Erhalt einzelner Denkmale wie auch ortsbild- und landschaftsprägender Ensembles. Dazu brachte es einen Katalog über verkäufliche Kulturdenkmale heraus, veranstaltete Vorträge und Diskussionen und warb vor Ort oder bei Rundfunkdiskussionen und dergleichen für das Verständnis in der Bevölkerung und vor allem bei örtlichen Politikern, daß all dies letztlich Gesicht und „Seele“ einer Stadt oder einer Region bildet.

Nicht vergessen werden soll in diesem Zusammenhang, was gemeinsam mit dem Oberrat der Israeliten Badens für die Erhaltung der vielen, z.T. sehr großen und sehr alten Jüdischen Friedhöfe im Regierungsbezirk getan wurde. Wir haben uns aber auch bemüht, diese der Bevölkerung nahe zu bringen über Ausstellungen, Führungen oder auch ein Buch, das dankenswerterweise im Badenia-Verlag herausgebracht werden konnte.

Daß auf dem Gebiet der Heimatpflege so viel erreicht werden konnte, war z.T. dem Vorbild der schon seit den 50er Jahren bestehenden Aktivitäten im südbadischen Raum zu verdanken. Allerdings war im nordbadischen Bereich, aber auch in den „neuen“ Teilen des Regierungsbezirks Karlsruhe alles eher in Agonie begriffen und wurde allenfalls noch schriftlich dokumentiert. Deshalb war es ein besonderes Anliegen, hier wieder Anschub zu leisten und die zunächst im restlichen Lande nur zentral über die Landesarbeitsgemeinschaften betriebene Heimatpflege zu regionalisieren. Der darauf gebildete Arbeitskreis wurde zum Vorbild für die Neuorganisation der Heimatpflege im ganzen Land Baden-Württemberg.

Im Regierungsbezirk Karlsruhe wurde schließlich nicht „badische“ Traditionspflege betrieben, vielmehr haben wir es als Aufgabe gesehen, Tradition und Fortentwicklung im ganzen Spektrum der Kunst und Kultur in all ihren regionalen und örtlichen Ausprägungen wieder zu erwecken und weiter zu fördern. Dabei haben alle an den genannten Aktivitäten Beteiligten als Vorteil und Chance empfunden, daß dieser Regierungsbezirk aus Teilen aller ehemaligen Landesteilen besteht: im Süden der alemannische, nördlich davon am Rhein entlang das reinfränkische Gebiet und die Kurpfalz, im Nordosten das badische Frankenland, das Bauland, südlich anschließend Teile Württembergs und schließlich Südwürttemberg bis hin zu einigen ehemals hohenzollerischen Gemeinden. Kultur und all ihre Erscheinungsformen, wie wir sie gefördert haben, gaben hier sowohl die Möglichkeit, die eigene Identität zu pflegen, wie auch ein gutnachbarschaftliches Miteinander innerhalb dieses Regierungsbezirks und damit auch des Landes Baden-Württemberg zu entwickeln.

Grenzüberschreitende Zusammenarbeit (seit 1974)

Ursula Striebel-Hechenblaikner

1. Die Anfänge der grenzüberschreitenden Zusammenarbeit im Regierungsbezirk Nordbaden

Der alte Regierungsbezirk Nordbaden hatte bis 1973 keine gemeinsame Grenze zu Frankreich. Die südliche Grenze des Landkreises Karlsruhe war zugleich die südliche Grenze des Regierungsbezirks und endete rechts des Rheins bei Neuburgweier – heute ein Ortsteil von Rheinstetten – links des Rheins auf Höhe der Gemeinde Neuburg in Rheinland-Pfalz. Die „grenzüberschreitende Zusammenarbeit" beschränkte sich folglich auf die deutschen Binnengrenzen zu den Nachbarländern Rheinland-Pfalz und Hessen.

Erst mit dem Kreisreformgesetz von 1971[1] änderte sich dies. Die Verwaltungsgrenzen – auch der Regierungsbezirke – wurden neu festgelegt. Der Landkreis Rastatt und Teile des Landkreises Bühl, die zum Landkreis Rastatt vereint wurden, sowie der selbständig verbliebene Stadtkreis Baden-Baden, kamen zum Regierungsbezirk Karlsruhe. Somit erhielt dieser auf einer Länge von ca. 38 km eine Außengrenze zu Frankreich und wurde „Grenzregierungsbezirk", was so manchen Alt-Südbadener aus dem Freiburger Raum, aber auch manchen Stadt- und Kreisbewohner von Baden-Baden, Rastatt oder Bühl noch heute schmerzt.

Immerhin hatte diese Grenzveränderung zwischen den Regierungsbezirken Karlsruhe und Freiburg nicht mehr so viele Proteste hervorgerufen, wie die ersten Pläne hierzu 1954[2]. Damals sprachen sich nicht nur sämtliche Bürgermeister und Landräte – mit Ausnahme von Gaggenau und Kuppenheim – sondern auch die Vertreter der Wirtschaft für den Verbleib bei Freiburg aus. Dies wurde u.a. mit den Grenzlandinteressen, welche die Industrie- und Handelskammern von Konstanz bis Baden-Baden miteinander verbänden, begründet und angeführt, daß in Karlsruhe diesbezüglich keine Erfahrungen vorhanden seien. Eine Flut von Eingaben der betroffenen Gemeinden bei der Landesregierung und dem Regierungspräsidium Freiburg führte damals schließlich zu einer Entscheidung für Freiburg. Diese vehemente Ablehnung war 1971 nicht mehr in diesem Ausmaße vorhanden, so daß sich die hinzugekommenen Gemeinden, Stadt- und Landkreise relativ reibungslos in den neuen Regierungsbezirk integrieren ließen.

1974 erhielt der Regierungsbezirk Karlsruhe mit der „grenzüberschreitenden Zusammenarbeit" eine neue Aufgabe. Diese wurde mit der *Regierungsvereinbarung vom 22.10.1975* zwischen den Regierungen Frankreichs, Deutschlands und der Schweiz über die *„Bildung einer Kommission zur Prüfung und Lösung nachbarschaftlicher Fragen im Oberrheingebiet"*[3] auf ein rechtliches Fundament gestellt und institutionalisiert. *Die konstituierende Sitzung* der Regierungskommission fand *am 03.11.1975 in Basel* statt. Zur Vorbereitung der Sitzungen der Regierungskommission sollten *zwei Regionalausschüsse* vor Ort dienen, der *Regionalausschuß Nord*[4] *(Comité bipartite)* und der *Regionalausschuß Süd*[5] *(Comité tripartite)*. Während der Regionalausschuß Süd sich auf ein Vorgängergremium die „Conférence tripartite permanente de coordination regionale" berufen konnte, hatte der nördliche Regionalausschuß, mit Ausnahme inoffizieller und informeller Regionalplanergremien wie die „Konferenz Oberrheinischer Regionalplaner", die den Oberrhein von Basel bis Frankfurt umfaßte

PAMINA-Raum
(Quelle: Raumordnungsverband Rhein-Neckar)

Regionalplaner", die den Oberrhein von Basel bis Frankfurt umfaßte und seit 1972 bestand oder die „Konferenz Kleiner Oberrhein", die sich auf das eigentliche Grenzgebiet beschränkte, keine regional initiierte Vorgängerorganisation. Er verdankte seine Existenz vor allem der Regierungsvereinbarung und der Regierungskommission.

Die Entwicklung der grenzüberschreitenden Zusammenarbeit am Oberrhein in den letzten 25 Jahren ist gekennzeichnet – im Regierungsbezirk Karlsruhe ebenso wie im Regierungsbezirk Freiburg – durch drei Phasen, wie diese im Anlagenband[6] zur Kabinettsvorlage des Staatsministeriums über „Bilanz und Perspektiven der grenzüberschreitenden Zusammenarbeit des Landes" vom November 1999 dargestellt wurde. Die Schilderung der folgenden Entwicklungen beruhen daher zum Teil auf dem damaligen Beitrag des Regierungspräsidiums Karlsruhe zur Kabinettsvorlage bzw. auf dem Anlagenband selbst. Drei Begriffe markieren diese Entwicklungsphasen, die sich sowohl auf der staatlichen, als auch auf der regionalen Ebene vollzogen:

- Die Institutionalisierung von 1975-1985
- Die Intensivierung von 1985-1995
- Die Vertiefung und Konsolidierung ab 1995

2. *Die Entwicklung der grenzüberschreitenden Zusammenarbeit im Regierungsbezirk Karlsruhe ab 1975*

2.1 Die staatliche, institutionelle Zusammenarbeit

1. Phase – die Institutionalisierung von 1975 bis 1985

Die *Institutionalisierung der staatlichen Zusammenarbeit* stand zunächst im Vordergrund. Die *konstituierende Sitzung des Regionalausschusses Nord* fand am *18. Dezember 1975* in der Stadthalle Kehl unter dem Vorsitz des damaligen Regierungspräsidenten von Karlsruhe, Dr. Trudpert Müller, statt. Als früherer Kehler Oberbürgermeister verfügte er über exzellente Kontakte und Beziehungen zu staatlichen und kommunalen Stellen in Straßburg, so daß von Anfang an eine Vertrauensbasis existierte, die er als deutscher Delegationsleiter im Regionalausschuß Nord in der nunmehr offiziellen staatlichen Zusammenarbeit zu nutzen wußte. Damaliger französischer Delegationsleiter war Regionalpräfekt Sicurani.

Die deutsche Delegation bestand aus 12 baden-württembergischen und rheinland-pfälzischen Vertretern. Von baden-württembergischer Seite gehörten der deutschen Delegation, je ein Vertreter des Innenministeriums, des Ministeriums für Ernährung, Landwirtschaft und Umwelt, des Ministeriums für Wirtschaft, Mittelstand und Verkehr, die Regierungspräsidenten von Karlsruhe und Freiburg, sowie je ein Vertreter der Regionalverbände Mittlerer Oberrhein und Südlicher Oberrhein an. Von rheinland-pfälzischer Seite nahmen teil: je ein Vertreter der Staatskanzlei, des Ministeriums für Wirtschaft und Verkehr, des Ministeriums für Landwirtschaft, Weinbau und Umwelt, der Bezirksregierung Rheinhessen-Pfalz und der Planungsgemeinschaft Südpfalz. Deutscher Delegationsleiter war stets der Regierungspräsident von Karlsruhe.

Die französische Delegation bestand ebenfalls aus 12 Vertretern, der französische Delegationsleiter war der Präfekt der Region Elsaß. Jede Delegation konnte Sachverständige hinzuziehen. Die Sitzungen sollten i.d.R. im halbjährlichen Abstand stattfinden, der Vorsitz wechselte jährlich.

Aufgabe des Regionalausschusses Nord war, alle lokalen und regionalen Probleme zu behandeln, die grundsätzlich nur Frankreich und die Bundesrepublik Deutschland interessierten[7]. Der Regionalausschuß hatte somit eine funktionale Zuständigkeit[8], keine geographische, wie die Bezeichnung („Nord") vermuten ließe. Daher waren auch der Freiburger Regierungspräsident und der Vorsitzende des Regionalverbands Südlicher Oberrhein Mitglieder des Ausschusses. Die behandelten Themen waren zunächst überwiegend raumordnerischer Art, was sich aus der Aktualität der damals in Gründung befindlichen Regionalverbände und deren neuer Aufgaben erklärte.

Einen wesentlichen Beitrag lieferte hierzu die erwähnte „Konferenz Oberrheinischer Regionalplaner" (KOR). In diesem Gremium standen Planer des gesamten Oberrheingebiets von Frankfurt bis Basel bereits seit 1972 in einem regen Gedankenaustausch über großräumige Probleme der Raumordnung. Die hieraus hervorgegangene inoffizielle Arbeitsgruppe „Konferenz Kleiner Oberrhein", die sich aus Regionalplanern und Verwaltungsbeamten zusammensetzte, befaßte sich vor allem mit raumordnerischen Problemen im deutsch-französischen Grenzraum. Bereits zur ersten konstituierenden Sitzung des Regionalausschusses Nord legten diese eine Karte über Planungsvorstellungen in den Räumen Straßburg, Mittelbaden, Karlsruhe und Südpfalz aus dem Jahre

1974 vor, die die Grundlage für Themen des Regionalausschusses Nord bildete. Weitere Tagesordnungspunkte waren neben der Mandatierung von Arbeitsgruppen (AGs), vor allem Themen aus dem Verkehrs- und Umweltbereich.[9]

Viele der damaligen Themen finden sich immer noch – oder schon wieder – auf den Tagesordnungen der heutigen Konferenzen: z.B. der Bau von Rheinbrücken, der Schienenverkehr, großräumige Straßenverkehrsverbindungen, Grundwasserschutz und Luftreinhaltung, Raumordnung. Zu der bereits von der Regierungskommission eingesetzte Arbeitsgruppe „Umwelt“ kamen später weitere Arbeitsgruppen, wie „Regionale Wirtschaftspolitik“, „Regionale Verkehrspolitik“, „Raumordnung“, „Neue Medien“ und „Kultur“ hinzu, in denen sich Verwaltungsbeamte aus den jeweiligen Fachbereichen trafen, um die ihnen von den Regionalausschüssen erteilten Mandate abzuarbeiten.

Als besondere Arbeitsergebnisse der AG Umwelt sind die Empfehlungen zur gegenseitigen Unterrichtung und Zusammenarbeit im Zuständigkeitsbereich der deutsch-französisch-schweizerischen Regierungskommission[10] hervorzuheben. Danach sollen die für die Genehmigung zuständigen Behörden die Antragsunterlagen für Anlagen und Vorhaben, die in unmittelbarer Grenznähe errichtet oder geändert werden, den Behörden der anderen Seite über Verbindungsstellen übermittelt werden. Die Verbindungsstellen sind auf deutscher Seite die zuständigen Regierungspräsidien, auf französischer Seite ist für den Regierungsbezirk Karlsruhe die Präfektur des Unterelsasses (Préfécture du Bas-Rhin) zuständig. Bei besonderen Vorkommnissen sind die in der Vereinbarung genannten Meldestellen zu informieren.

Alle drei Vereinbarungen führten im Rahmen der Konsultation zu einer vermehrten Befassung der Fachreferate der Regierungspräsidien und der nachgeordneten Stellen, je nach Art und Umfang der Anträge. Im Regierungsbezirk Karlsruhe waren u.a. größere Erweiterungen oder Ansiedlungen von rheinnahe gelegenen Industrieanlagen (z.B. Dow Elanco in Drusenheim), aber auch Kiesabbauvorhaben im Rheinvorland oder Wasserbauvorhaben, wie Maßnahmen zum Hochwasserschutz entlang des Rheins (z.B. Rheinstaustufe Iffezheim, Polder Söllingen/Greffern) von Bedeutung. Die Einflußnahmen und Einspruchsmöglichkeiten auf deutscher wie auf französischer Seite waren und sind jedoch begrenzt und beruhen auf den Grundsätzen der Gegenseitigkeit und Gleichwertigkeit. Die Kontakte auf Arbeitsebene z.B. zwischen dem Gewerbeaufsichtsamt Karlsruhe und der DRIRE (Direction Régionale de l'Industrie, de la Recherche et de l'Environnement) haben jedoch davon profitiert und führten zu regelmäßigen Kontakten und zum Informationsaustausch über die jeweiligen nationalen Anforderungen im Rahmen des Umweltschutzes.

Die Regionalausschüsse waren als Gremien der Exekutive auf regionaler Ebene zunächst lediglich Informations- und Abstimmungsgremien. Mit der Zeit nahmen die praktischen Erfordernisse zu. Dies führte zur Bildung einer trinationalen Arbeitsgruppe „Bilanz und Perspektiven“[11], der die sog. Sekretäre der beiden Regionalausschüsse angehörten und die den Auftrag erhielt, die Erfahrungen der grenzüberschreitenden Zusammenarbeit zu evaluieren und Vorschläge für eine Effizienzsteigerung auszuarbeiten. Auf der Basis einer 1985 fertiggestellten *„Kabinettsvorlage über die Intensivierung der deutsch-französisch-schweizerischen Zusammenarbeit“*[12] beschloß der Ministerrat am 26.06.1986 u.a. die Schaffung eines koordinierenden „Grenzlandreferats“ beim Regierungspräsidium Freiburg.

Die damit einhergehende Neuabgrenzung von Zuständigkeiten führte dazu, daß die in den Anfängen vom Referats- bzw. vom Sachgebietsleiter für Raumordnung wahrgenommenen Grenzfragen im Regierungspräsidium Karlsruhe einem Koordinierungsbeauftragten zugewiesen wurden.

2. Phase – die Intensivierung von 1985 bis 1995

Auch von kommunaler Seite war der Wunsch nach einer Rechtsgrundlage für eine grenzüberschreitende Zusammenarbeit der Gebietskörperschaften laut geworden, um staatsrechtlich einen größeren Handlungsspielraum für eine eigene Grenzlandpolitik zu bekommen. Dies führte dazu, daß sich auf Vorschlag der Regionalausschüsse die Regierungskommission in ihrer 12. Sitzung am 15.09.1993 in Bonn für den Abschluß eines dreiseitigen Abkommens über die grenznachbarschaftliche Zusammenarbeit von Gebietskörperschaften und anderen öffentlichen Stellen aussprach, das am 23. Januar 1996 in Karlsruhe unterzeichnet werden konnte *(Karlsruher Übereinkommen)*[13]. Im Abkommen ist die Möglichkeit vorgesehen, Kooperationsvereinbarungen und grenzüberschreitende Zweckverbände zwischen kommunalen Körperschaften und entsprechenden ausländischen Partnern im Vertragsgebiet abzuschließen, was gegenwärtig im Regierungsbezirk Karlsruhe im Rahmen der regionalen grenzüberschreitenden Zusammenarbeit von besondere Aktualität ist, wie noch an anderer Stelle berichtet wird.

Die Kabinettsvorlage von 1985 hatte schließlich auch für die Zusammenarbeit der Regionalausschüsse Konsequenzen. Die Empfehlung, u.a. wegen der Doppelarbeit und aus Gründen der Zeitökonomie, die beiden Regionalausschüsse[14] zusammenzulegen, wurde auf der 2. gemeinsamen Sitzung in Baden-Baden im November 1990 umgesetzt. Dort wurde beschlossen, nur noch gemeinsam und unter dem Namen Oberrheinkonferenz zu tagen.

Die Politik für die Intensivierung der grenzüberschreitenden Zusammenarbeit fiel zusammen mit den Bemühungen der *Europäischen Union* für eine *eigene Regionalpolitik*[15] ab 1985. Mit der Förderung von Untersuchungen und Pilotprojekten zur Regionalentwicklung in Grenzregionen wurde auch dem Oberrhein die Möglichkeit eröffnet, obwohl er nicht in der Förderkulisse des EFRE lag, EG-Subventionsmittel zu beantragen. Die *EU-Gemeinschaftsinitiative INTERREG*, die grenzüberschreitende Projekte bis zu 50 % förderte, brachte damit ab 1990 außerordentlich Bewegung in die grenzüberschreitende Zusammenarbeit am Oberrhein.

Von den staatlichen und regionalen Repräsentanten des Nordelsaß[16], der Südpfalz und des Mittleren Oberrheins, die sich später den Namen PAMINA (*PA*latina für die Pfalz, *MI* für *M*ittlerer *O*berrhein, *NA* für *N*ord *A*lsace) gaben, wurde mit der Unterzeichnung der *„Gemeinsamen Willenserklärung für eine grenzüberschreitende Entwicklungs-konzeption“* am 12.12.1988 in Weißenburg/Frankreich[17] ein Gutachten zur Erstellung einer solchen für den Grenzraum Südpfalz/Mittlerer Oberrhein/Nordelsaß an eine deutsch-französische Gutachtergemeinschaft vergeben.[18]

Auf der Grundlage dieser Entwicklungskonzeption wurden acht Pilotprojekte entwickelt und umgesetzt. Eines der wichtigsten und innovativsten Projekte war die *Informations- und Beratungsstelle für grenzüberschreitende Fragen* im alten Zollhaus in Lauterbourg, die am 10.01.1991 als erstes Projekt dieser Art am Oberrhein eröffnet wurde. Die *Inf*ormations- und *B*eratungss*t*elle[19] wurde für die Jahre 1990/1991 gemeinsam in französischer Trägerschaft mit anteiliger Finanzierung durch die EU und die Länder Baden-Württemberg, Rheinland-Pfalz und das Elsaß aufgebaut und betrieben. Dazu wurde von jedem Träger ein Mitarbeiter entsandt, die Personalkosten vom entsendenden Träger übernommen. Die Vereinbarungen für die Weiterführung der Einrichtung wurden nach Auslaufen der INTERREG-Förderung regelmäßig verlängert und von den Partnern weiter finanziert. Seit 1994/95 sind auch der Regionalverband Mittlerer Oberrhein und die Planungsgemeinschaft Südpfalz Kofinanziers des PAMINA-Büros. Die Finanzierung der Stelle des derzeit dort abgeordneten Landesbeamten ist gemäß der Kabinettsvorlage vom Oktober 1999 und dem Beschluß des Ministerrats vom 8.11.1999 auch für die Laufzeit des INTERREG III-Programms von 2000-2006 vorgesehen.

Von den insgesamt acht Pilotprojekten wurden 6 Projekte vom Land Baden-Württemberg mitfinanziert. Im Anschluß an die Pilotphase wurde die sehr erfolgreiche EU-Förderung unter dem Namen *INTERREG I (1991-1995)* fortgesetzt. In dieser Zeit konnten insgesamt 27 Projekte im PAMINA-Raum gefördert werden, darunter der PAMINA-Rheinpark mit einem Naturschutzzentrum und der Einrichtung eines Rheinauemuseums, die Planung und Realisierung von Radwanderwegen, touristische Projekte und Publikationen und Schülerbegegnungen.

3. Phase der Vertiefung und Konsolidierung ab 1995

Während die Bedeutung der Regierungskommission aufgrund der Normalität grenzüberschreitender Beziehungen abnimmt und diese nur noch zusammentritt, wenn die regionalen Probleme national gelöst werden müssen, wächst das Gewicht der Oberrheinkonferenz als regionalem Gremium der Exekutive am Oberrhein.

Ihre Arbeit wurde neu organisiert und weiterentwickelt. Mit der Einrichtung des *Gemeinsamen Sekretariats der Oberrheinkonferenz* in der Villa Rehfus in Kehl – ein INTERREG-Projekt der beiden Programmgebiete PAMINA und Oberrhein Mitte-Süd (ORMS) – das 1996 seine Arbeit aufnahm und mit drei ständigen Vertretern aus Deutschland, Frankreich und der Schweiz sowie einer Assistentin besetzt ist, kam die Oberrheinkonferenz und deren Arbeitsgruppen und Expertenausschüsse richtig in Fahrt.

Statt der früheren Sekretärsrunde, an der die für die grenzüberschreitende Zusammenarbeit zuständigen Mitarbeiter der Partnerländer teilnahmen, wurde ein Koordinationsausschuß für das Gemeinsame Sekretariat[20] unter dem Vorsitz des Regierungspräsidiums Freiburg, das die Projektverantwortung trägt, gebildet.

Ein nach wie vor ungelöstes Problem besteht darin, die verschiedenen Kommissionen und Ausschüsse nach Zuständigkeit und Rechtsgrundlagen aufeinander abzustimmen. Fortschritte konnten hingegen bei der Neuorganisation der Oberrheinkonferenz und deren Plänen erzielt werden. Es wird nun ein jährliches Arbeitsprogramm mit aktuellen Schwerpunktthemen erstellt. Seit dem Jahr 2000 gilt – wie übrigens beim früheren Regionalausschuß Nord – die Präsidentschaft für ein Jahr. Erste Oberrheinkonferenzpräsidentin für ein Jahr war die Karlsruher Regierungspräsidentin Gerlinde Hämmerle.

Auch in den beiden *INTERREG-Programmgebieten PAMINA und Oberrhein Mitte-Süd* konnten, begünstigt durch die Fortsetzung der EU-Förderung, immer mehr Projekte umgesetzt werden. Nach Ablauf der erfolgreichen INTERREG I-Förderung von 1991-1994 wurde mit der Vorlage eines zweiten Operationellen Programms (OP) für den PAMINA-Raum der Antrag für eine Fortsetzung der Förderung im Rahmen von *INTERREG IIA*[21] *von 1994-1999* in Brüssel gestellt. Hauptziel des neuen OPs war, die notwendigen Grundlagen für die Verwirklichung einer grenzüberschreitenden Entwicklungsstrategie für die PAMINA-Region zu schaffen. Das Kooperationsgebiet wurde um das Arrondissement Saverne im Nordelsaß erweitert. Projektvorbereitung, -prüfung und

-genehmigung für die Einzelprojekte liefen wie bisher ab. Arbeits- und Begleitgremien unter den bisherigen Vorsitzenden blieben bestehen. Das Département du Bas-Rhin verwaltete weiterhin die Mittel.

Insgesamt wurden für dieses Programm 11 Mio ECU bewilligt. Zum überwiegenden Teil konnten damit regionalbezogene Projekte gefördert werden, wie die grenzüberschreitende Volkshochschule PAMINA mit Sitz in Wissembourg, Jugend- und Kulturprojekte, die vor allem die Begegnung der Bürger fördern sollten, ein Raumnutzungskonzept für den PAMINA-Raum etc. Aber auch großräumige gemeinsame Projekte mit dem INTERREG-Gebiet Oberrhein Mitte-Süd wurden durchgeführt, wie das Gemeinsame Sekretariat der Oberrheinkonferenz, der Raumordnerische Orientierungsrahmen, das deutsch-französischsprachige Oberrheinschulbuch oder der Oberrheinische Museumspaß. Insgesamt erhielt PAMINA seit Beginn der INTERREG-Initiative 15,53 Mio Euro für insgesamt 88 Projekte. Deutlich wurde am Ende der INTERREG IIA Förderperiode, daß gegenüber den ersten beiden Förderperioden, die Bereitschaft des Landes sich finanziell zu beteiligen mit Ausnahme großer Forschungs- und Umweltschutzprojekte und Projekten von grundsätzlicher Bedeutung, vor allem bei kleineren bürgernahen Projekten immer mehr abnimmt. Zugenommen hat hingegen die Beteiligung der regionalen und vor allem der kommunalen Ebene, was offenbar im Interesse der Landespolitik liegt.

In der Förderperiode III von 2000-2006 soll es nur noch ein Programm pro Grenze geben, die kleinräumigen Gebiete sollten in größeren Einheiten zusammengefaßt werden. Dies führte im PAMINA-Raum zu Diskussionen, da besonders die regionalen Akteure, aber auch das Land Rheinland-Pfalz um die regionale Selbstständigkeit und um einen Verlust an Einflußnahme bei der Förderung von kleinräumigen, lokal verankerten Projekten fürchtete. Aus der Sicht des Landes Baden-Württemberg, vertreten durch das Staatsministerium, hätte ein gemeinsames Programmgebiet Vorteile, da dann nur noch ein Begleitausschuß, eine Arbeitsgruppe und ein Sekretariat für die Programm- und Finanzabwicklung zuständig gewesen wäre. Da sich mit dieser Lösung jedoch weder die regionalen Akteure der PAMINA-Kooperation, noch das Land Rheinland-Pfalz anfreunden konnten, dank der Geschäftsstelle PAMINA-Büro die Zusammenarbeit in den Gremien und mit dem Département du Bas-Rhin sowie die Finanzabwicklung durch das Département sehr viel reibungsloser funktionierte als im Programmgebiet Mitte-Süd, verständigte man sich schließlich darauf, doch zwei Operationelle Programme auszuarbeiten.[22]

Das Operationelle Programm PAMINA wurde bereits vor Veröffentlichung der Leitlinien der EU zum INTERREG IIIA Programm am 28. April 2000 vorgelegt und sollte, nachdem es im November 2000 mit dem Programm Oberrhein Mitte-Süd auf deutscher Seite abgesegnet wurde, über das Bundeswirtschaftsministerium auf den Weg nach Brüssel zur Genehmigung durch die EU-Kommission gebracht werden. Bei der Erarbeitung des Programms hat es sich als vorteilhaft herausgestellt, daß im INTERREG-Sekretariat Lauterbourg (PAMINA-Büro), die Vertreter der 3 Partner gemeinsam arbeiten und sich rasch abstimmen können.

2.2 Die regionale grenzüberschreitende Zusammenarbeit im Regierungsbezirk Karlsruhe

Die Geschichte der grenzüberschreitenden Zusammenarbeit im Regierungsbezirk Karlsruhe wäre ohne eine kurze Darstellung der Entwicklung der regionalen grenzüberschreitenden Zusammenarbeit im Regierungsbezirk unvollständig. Die Bestrebungen der regionalen Kräfte, seit einigen Jahren einen grenzüberschreitenden Zweckverband nach Karlsruher Übereinkommen zu gründen, berührt auch Aufgaben der grenzüberschreitenden Zusammenarbeit des Regierungspräsidiums, weniger auf der staatlichen Ebene der Oberrheinkonferenz als im Rahmen der Zuständigkeiten für das INTERREG-Programmgebiet PAMINA.

1. Phase von 1975 bis 1985

Während in der grenzüberschreitenden staatlichen Zusammenarbeit das Regierungspräsidium Karlsruhe am Oberrhein ähnliche Aufgaben wie das Regierungspräsidium Freiburg – wenn auch in geringerem Umfang, unterschiedlichen Arbeitsschwerpunkten und damit weniger Personal – wahrnimmt, verlief die Entwicklung der grenzüberschreitenden Zusammenarbeit auf der regionalen Ebene im nördlichen Mandatsgebiet der Regierungskommission im Vergleich zum südlichen Teil unterschiedlich ab, was sich im Verlauf der Jahre auch im Selbstverständnis der regionalen Kooperationsgremien niederschlug.

Die Regierungspräsidien hatten beratende und aufsichtsrechtliche Funktion bei der Zusammenarbeit in der Raumordnung, die in einem Staatsvertrag zwischen Baden-Württemberg und Rheinland-Pfalz am 8. März 1974 verabredet worden war.

Mit der Erarbeitung gemeinsamer Planungsgrundlagen und mit der Abstimmung der Regionalpläne wurde eine aus den beiden Trägern der Regionalplanung gebildete Arbeitsgemeinschaft (ARGE) beauftragt.

2. Phase von 1985 bis 1995

In den Jahren 1986 und 1987 wurden die Kontakte zu den französischen Nachbarn verstärkt mit dem Ziel zu konkreteren Formen der Zusammenarbeit zu gelangen. Die enge Zusammenarbeit bei der Erstellung der „grenzüberschreitenden Entwicklungskonzeption“ 1988 führte vor allem auf regionaler Ebene zu Überlegungen, die regionale Arbeitsgemeinschaft Mittlerer Oberrhein/Südpfalz (ARGE) auf das Nordelsaß auszudehnen. Im Jahre 1990 wurde dazu – ohne Vertragsgrundlage – zwischen den badischen und pfälzischen Repräsentanten der Arbeitsgemeinschaft Mittlerer Oberrhein/Südpfalz und dem Vertreter des Generalrats des Unterelsaß (Département du Bas-Rhin) beschlossen, die Arbeitsgemeinschaft um 8 Mitglieder des Generalrates du Bas-Rhin als Vertreter der Arrondissements Haguenau und Wissembourg zu erweitern.

In der 42. Sitzung der ARGE Mittlerer Oberrhein/Südpfalz/Nordelsaß am 21.11.1995 beschlossen die Mitglieder, die Verbandsgemeinde Dahner Felsenland und Hauenstein des Landkreises Südwestpfalz und die Arrondissements Haguenau, Wissembourg und Saverne in die Arbeitsgemeinschaft mit einzubeziehen, damit die Abgrenzung der Arbeitsgemeinschaft und des INTERREG-Programmgebietes PAMINA deckungsgleich sind. Sie nannten sich fortan *ARGE PAMINA*, was freilich die Unübersichtlichkeit der

Gremienvielfalt aufgrund der Namensähnlichkeit mit den bereits bestehenden Gremien verstärkte.

3. Phase ab 1995

Die Intention der ARGE war und ist – neben der Erörterung allgemeiner grenzüberschreitender Fragen – vor allem die Förderung und Entwicklung des grenzüberschreitenden PAMINA-Raumes. Ein Ziel sollte des weiteren sein, die verschiedenen PAMINA-Gremien unter dem Dach einer REGIO PAMINA zusammenzuführen, wobei immer öfter auch die staatlichen Kompetenzen bei der INTERREG-Förderung eingefordert und Überlegungen angestellt werden, wie die INTERREG-Geschäftsstelle PAMINA im ehemaligen Zollhaus in Lauterbourg in die Geschäftsstelle eines zukünftigen grenzüberschreitenden Zweckverbands integriert werden könne.

Die Absicht, einen grenzüberschreitenden Zweckverband nach Karlsruher Übereinkommen zu gründen, wurde nach Rechtskraft des Übereinkommens – auch nach dem Wechsel im Amt des Generalratspräsidenten des Départements du Bas-Rhin von Senator Daniel Hoeffel, einem engagierten Förderer der grenzüberschreitenden Zusammenarbeit auf französischer Seite, zu Senator Philippe Richert – weiter verfolgt. Ein erster Satzungsentwurf wurde im Frühsommer 1999 vorgelegt, der mit den staatlichen Rechtsaufsichtsbehörden jedoch nicht abgestimmt war und daher zunächst zu Komplikationen führte.

Der Anwendungsbereich des Karlsruher Übereinkommens (KaÜ) erstreckt sich nicht auf baden-württembergische Regionalverbände und bedarf erst eines sog. „Erstreckungsverfahrens“. Des weiteren kann der Regionalverband weitergehende Aufgaben als nach dem derzeit verbindlichen Landesplanungsgesetz[23] nur wahrnehmen, wenn es entsprechend geändert wird. Da der Zweckverband neben der Zuständigkeit für grenzüberschreitende Aufgaben auch Aufgaben der Gebietskörperschaften – der Landkreise Karlsruhe und Rastatt und der Stadtkreise Karlsruhe und Baden-Baden – übernehmen will, mußten diese erst als Vertragspartner gewonnen werden. Die rechtlichen Hinderungsgründe sollen durch eine Änderung des Landesplanungsgesetzes und die Durchführung des Erstreckungsverfahrens nach dem KaÜ beseitigt werden.

Hinsichtlich der bisher staatlichen Zuständigkeiten für die grenzüberschreitende Zusammenarbeit ist im Entwurf des Landesplanungsgesetzes eine Öffnung vorgesehen.

3. Schlußbemerkungen

Die Entwicklung im Regierungsbezirk Karlsruhe kann nicht ohne Blick auf die Gesamtentwicklung der grenzüberschreitenden Zusammenarbeit am Oberrhein dargestellt werden. Daher lassen sich Überschneidungen in der Geschichte mit dem Regierungspräsidium Freiburg nicht vermeiden, soweit die staatliche grenzüberschreitende Arbeit betroffen ist.

Mit der Einrichtung des Grenzlandreferates 1986 wurde dem Regierungspräsidium Freiburg zwar eine herausgehobene Funktion mit wichtigen Koordinierungsaufgaben gegenüber den Regierungspräsidien Karlsruhe und Tübingen zugewiesen und mit dem Kabinettsbeschluß des Ministerrates vom November 1999 nochmals betont. Die im Grenzbereich anfallenden Aufgaben im Zuständigkeitsbereich des Regierungspräsidiums Karlsruhe müssen jedoch von diesem selbst wahrgenommen werden. Hierzu zählt neben der Teilnahme an Sitzungen der gesamtoberrheinischen Gremien, auch die Teilnahme an solchen der regionalen Ebene und im Rahmen der INTERREG-Förderung. Die Schwerpunkte der Tätigkeit haben sich durch die inflationsartige Zunahme von Gremien daher immer mehr auf eine partizipative Gremienarbeit verlagert. Dies ist aber bei der derzeitigen Personalsituation nicht mehr zu leisten, so daß – wie in der Kabinettsvorlage vom Oktober 1999 dargelegt – sich die Mitwirkung der Landesvertreter auf Sitzungen und Gremien beschränken müssen, die für das Land von besonderem Interesse sind.

War es in den ersten beiden Phasen vor allem die staatliche Ebene der Ministerien und Regierungspräsidien, die den Grundstein für ein vertrauensvolles Miteinander in der grenzüberschreitenden, institutionellen Zusammenarbeit legte, so entstanden in der zweiten Phase und vor allem in der dritten Phase, immer mehr auch kommunal und regional geprägte Gremien wie der Oberrheinrat[24], der 1997 aus der informellen Arbeitsgruppe der Gewählten hervorging oder die schon erwähnten Arbeitsgemeinschaften PAMINA, CENTRE und REGIO TriRhena. Durch die Förderpolitik der Europäischen Union kamen schließlich Anfang der neunziger Jahre die beiden INTERREG-Programmgebiete mit ihren beiden Begleitausschüssen und Arbeitsgruppen, sowie einer Vielzahl kleiner Projektgruppen, die alle Bereiche der kommunalen und staatlichen Ebene, der Wirtschaftsverbände und Forschungseinrichtungen umfaßten, hinzu. Die vielfältigen Aufgaben der grenzüberschreitenden Zusammenarbeit aber auch die Politik der Europäischen Union bestimmen immer mehr das Verwaltungshandeln von Behörden, öffentlichen und privaten Stellen. Grenzüberschreitende Zusammenarbeit ist daher schon seit längerem kein Privileg der staatlichen Ebene mehr. Dies hat auch die Landesregierung in der Kabinettsvorlage zur Bilanz und Neuordnung der grenzüberschreitenden Zusammenarbeit erkennen lassen und die Mitwirkung der regionalen und kommunalen Ebene ausdrücklich begrüßt.

Damit verweist das Land bisher von den Ministerien wahrgenommene Aufgaben vermehrt auf die regionale Ebene und verlagert damit Kompetenzen nach unten. Dies trägt zwar dem Subsidiaritätsprinzip Rechnung und es ist sicher richtig, daß sich das Land nur noch dort engagieren will, wo Landesinteressen berührt sind. Es sollte jedoch nicht soweit kommen, daß grenzüberschreitende Landespolitik nur noch auf der Ebene der Mittelinstanzen stattfindet und die Ministerien ihre Richtlinienkompetenz in wichtigen grenzüberschreitenden Fragen, wie zum Beispiel im Zusammenhang mit der INTERREG-Förderung, nicht mehr wahrnehmen wollen. Ein zu starker Rückzug der Landesministerien – insbesondere des Staatsministeriums – aus der grenzüberschreitenden Zusammenarbeit und eine Konzentration der Mitwirkung alleine auf Sitzungen und Gremien von Landesinteresse birgt m.E. die Gefahr in sich, vom aktuellen Geschehen abgehängt zu werden und an Wissen und Einfluß auf die regionalen und kommunalen Entwicklungen einzubüßen. Umgekehrt besteht die Gefahr, daß wegen der räumlichen Ferne und Abgehobenheit der Ministerien wichtige Entscheidungen für die Grenzräume, die nur auf der landespolitischen Ebene getroffen werden können, nicht oder spät umgesetzt werden, weil deren Bedeutung und Erforderlichkeit nicht erkannt wird.

Die Kommunalisierung der grenzüberschreitenden Zusammenarbeit ist sicher ein wünschenswertes Ziel. Sie benötigt dazu aber nach wie vor staatliche Unterstützung, insbesondere wenn es notwendig wird, nationalstaatliche Hürden zu überwinden. Daher ist es wichtig, diese Zusammenarbeit weiterhin zu erhalten und zu pflegen, ohne die Regionalisierung und Kommunalisierung der Zusammenarbeit zu behindern. Dabei kommt es sehr darauf an, keine Konkurrenzsituationen entstehen zu lassen, sondern die jeweiligen Kompetenzen deutlich zu definieren und gegenseitig zu achten.

Anmerkungen

1 Gesetzblatt für Baden-Württemberg vom 26.07.1971, S.314
2 Vgl. Häußermann „Geschichte des Regierungspräsidiums Freiburg", Ausstellung vom Juni 1998 im Regierungspräsidium Freiburg
3 Bekanntmachung der Vereinbarung zwischen den Regierungen der Bundesrepublik Deutschland, der Französischen Republik und der Schweizerischen Eidgenossenschaft über die Bildung einer Kommission zur Prüfung und Lösung von nachbarschaftlichen Fragen (BGBl. II.1976, S.194-197), sog. „Bonner Abkommen"
4 sog. Zweiseitiger Regionalausschuß
5 sog. Dreiseitiger Regionalausschuß
6 Anlagenband zur Kabinettsvorlage „Die Politik der grenzüberschreitenden Zusammenarbeit des Landes Baden-Württemberg – Entwicklung, Bilanz und Ausblick" vom Oktober 1999, Kabinettsbeschluß am 8. November 1999 (KV)
7 Der Regionalausschuß Süd – später Dreiseitiger Regionalausschuß – war zuständig für Fragen, die die drei Partner Deutschland, Frankreich und die Schweiz interessierten. Deutscher Delegationsleiter war der Regierungspräsident von Freiburg.
8 Siehe Bericht über die vorläufigen Arbeitsergebnisse der Arbeitsgruppe „Bilanz und Perspektiven" vom 11.01.1984
9 Die konstituierende Sitzung für den Regionalausschuß Süd oder auch Dreiseitigen Regionalausschuß fand erst am 10.05.1976 in Lörrach statt. Wegen der bereits existierenden grenzüberschreitenden Gremien wurden dort schwerpunktmäßig trinationale Umwelt- und Verkehrsthemen behandelt.
10 „Empfehlung zur gegenseitigen Unterrichtung über neue Projekte im Zuständigkeitsbereich der deutsch-französisch-schweizerischen Regierungskommission" von 15.10.1982, am 13.03.1996 abgelöst durch die überarbeitete „Empfehlung über die Zusammenarbeit bei umweltrelevanten Vorhaben", „Empfehlung zur gegenseitigen Unterrichtung über Planungs- und Umweltvorhaben" vom 20.06.1984, die derzeit aktualisiert wird, sowie die zunächst befristete „Empfehlung zur gegenseitigen Unterrichtung über besondere Vorkommnisse" vom 16.09.1992, die von der Regierungskommission am 21.09.2000 dauerhaft in Kraft gesetzt wurde.
11 Siehe Fußnote 8
12 „Kabinettsvorlage über die Intensivierung der deutsch-französisch-schweizerischen Zusammenarbeit" vom 11.03.1985, vom Ministerrat beschlossen am 26.06.1986.
13 Übereinkommen zwischen der Regierung der Bundesrepublik Deutschland, der Regierung der Französischen Republik, der Regierung des Großherzogtums Luxemburg und dem Schweizerischen Bundesrat, handelnd im Namen der Kantone Solothurn, Basel-Stadt, Basel-Landschaft, Aargau und Jura, über die grenzüberschreitende Zusammenarbeit zwischen Gebietskörperschaften und örtlichen öffentlichen Stellen vom 23.01.1996, verkündet am 23.06.1997 (BGBl 1997, Teil II Nr. 27 vom 2.07.1997 S.1158)
14 Eine erste gemeinsame Sitzung fand im Mai 1989 in Colmar statt.
15 1985 durch die EG als Instrument für die Regionalentwicklung der „Europäische Fond für Regionalentwicklung" (EFRE) gegründet.
16 der Arrondissements Wissembourg und Haguenau
17 sog. Weißenburger Willenserklärung
18 Unterzeichnet wurde diese Erklärung von Vertretern des Landes Rheinland-Pfalz (Ministerium für Wirtschaft und Verkehr) und Baden-Württemberg (Innenministerium), vom Regionalpräfekten, den Präsidenten des Regionalrates der Region Alsace und des Generalrates des Départemente du Bas-Rhin sowie den Verbandsvorsitzenden des Regionalverbands Mittlerer Oberrhein und der Planungsgemeinschaft Rheinpfalz, zugleich als Vorsitzender der Arbeitsgemeinschaft Mittlerer Oberrhein/Südpfalz.
19 auch Infobest oder PAMINA-Büro genannt
20 Mitglieder sind die ehemaligen „Sekretäre" der früheren Sekretärsrunde.

21 Leitlinien für die aufzustellenden Operationellen Programme im Rahmen einer Gemeinschaftsinitiative für die Entwicklung von Grenzregionen, grenzübergreifende Zusammenarbeit und ausgewählte Energienetze vom 1.7.1994, Amtsblatt der Europäischen Gemeinschaften Nr. C 180/60

22 Die Rolle des Regierungspräsidiums Karlsruhe war in dieser Diskussion – ob nur ein oder doch zwei Programmgebiete – eher die des Moderators zwischen den Interessen der Regionalverbände und des Landes Rheinland-Pfalz einerseits und denen des Landes Baden-Württemberg andererseits. Die regionalen Interessen für zwei getrennte Programmgebiete setzten sich schließlich durch, jedoch mit gewissen Zugeständnissen an die künftige Abwicklung gemeinsamer Projekte.

23 Landesplanungsgesetz von Baden-Württemberg i.d.F. vom 08.04.1992, GBl. Nr. 11 vom 02.05.1992, S.229 ff.

24 Wurde 1997 von regionalen und kommunalen Politiker aus den grenznahen Gebietskörperschaften sowie Politikern der Region Alsace und der Landtage von Baden-Württemberg und Rheinland-Pfalz gegründet.

Die Industrie- und Handelskammer Karlsruhe

Udo Götschel

Vorbemerkung und historischer Exkurs

Die Geschichte der Wirtschaft am mittleren Oberrhein und die Geschichte der Industrie- und Handelskammer Karlsruhe sind Teil der Wirtschafts-, Sozial- und politischen Geschichte Badens und ein Spiegel gesamtbadischer Entwicklungsstränge und Ereignisse. Die IHK Karlsruhe zählt nicht nur zu den ältesten deutschen Industrie- und Handelskammern[1], sondern entstand auch nur wenige Jahre nach der Schaffung des ehemaligen Großherzogtums, welches das Gebiet des „modernen" Badens absteckte. Als „Vorort-Kammer" der badischen Residenz war sie noch stärker als andere badische Industrie- und Handelskammern mit der politischen Geschichte des Landes und seiner Hauptstadt verwoben – auch nach 1945, als Karlsruhe den Status einer Landeshauptstadt verloren hatte, und nach der Gründung des Südweststaats 1952. Seitdem schreiben die Unternehmen am mittleren Oberrhein und die IHK Karlsruhe an der baden-württembergischen Wirtschafts- und Landesgeschichte mit. Umgekehrt spiegelt sich in ihnen die sozio-ökonomische Entwicklung des vereinten Südweststaats wider. Im Mittelpunkt dieses Beitrags stehen weniger eine Chronologie von Ereignissen oder das Wirken von Persönlichkeiten[2] als eine funktionalistisch orientierte Gesamtschau. Zunächst seien in gebotener Kürze Herkunft und Werdegang der Institution IHK Karlsruhe in Erinnerung gerufen:[3]

Mit der Einführung der Gewerbefreiheit in Baden – als erstem deutschen Land (1862), was auch zum Titel „Musterländle" beitrug – bildete sich die Karlsruher „Handelsstube" bzw. „Handelskammer" zu einer „Handelsgenossenschaft" um. Auch in Baden-Baden, Bruchsal, Bühl, Gernsbach und Rastatt wurden in den Folgejahren „Handelsgenossenschaften" gegründet.

Das Badische Handelskammergesetz vom 11.12.1878 schuf die Grundlage dafür, diese Handelsgenossenschaften in Handelskammern neuer Prägung zu überführen, um „die Gesamtinteressen des Handels und der Industrie ihres Bezirkes wahrzunehmen (...)"[4]! Als 1880 erstmals von der „Handelskammer für den Kreis Karlsruhe" ein „besoldeter" Syndicus bestellt wurde, war der Weg zur Etablierung des sog. „Hauptamtes", d.h. des „Verwaltungsapparates" der angestellten Kammermitarbeiter, geebnet. 1889 fusionierten die Handelskammern für die Kreise Karlsruhe und Baden (Sitz: Baden-Baden) auf Antrag der letzteren zur „Handelskammer für die Kreise Karlsruhe und Baden-Baden" mit Sitz in Karlsruhe; der heutige Kammerbezirk der IHK Karlsruhe war damit im wesentlichen abgesteckt.

Unter nationalsozialistischer Herrschaft wurde die Selbstverwaltung der Wirtschaft nach und nach ausgehöhlt, bis die Gauwirtschaftskammer-Verordnung des Reichswirtschaftsministeriums vom 20.04.1942 im März 1943 dem traditionellen Kammerwesen ein Ende setzte und für Baden und das Elsaß eine „Gauwirtschaftskammer Oberrhein Karlsruhe-Straßburg" eingerichtet wurde.

Nach dem Zusammenbruch des Dritten Reichs und der Aufteilung des einstigen Kammerbezirks Karlsruhe auf die amerikanische und französische Besatzungszone kam es in Karlsruhe und Baden-Baden unter US-amerikanischen bzw. französischen Vorzeichen zur Bildung von Industrie- und Handelskammern. Für die IHK Karlsruhe bedeutete dies zunächst den Neuaufbau in der Rechtsform eines Vereins[5] mit freiwilliger Mitgliedschaft. Noch unter diesen Bedingungen konnte der Neubau des Kammergebäudes am Friedrichsplatz verwirklicht werden, ehe 1958 die Industrie- und Handelskammern vom baden-württembergischen Wirtschaftsministerium wieder den Status einer Körperschaft des öffentlichen Rechts – mit Pflichtmitgliedschaft – erhielten.

Die Verwaltungs- und Gebietsreform in Baden-Württemberg führte zur „Wiedervereinigung" der Kammern Baden-Baden und Karlsruhe (in Kraft seit dem 01.01.1973); seither deckt sich der Kammerbezirk mit dem Gebiet des Regionalverbandes Mittlerer Oberrhein. Die fusionierte Kammer hieß zunächst „Industrie- und Handelskammer Mittlerer Oberrhein" mit Sitz in Karlsruhe, am 07.12.1987 stimmte die Landesregierung dem Antrag der IHK-Vollversammlung zu, den alten Kammernamen „IHK Karlsruhe" wieder einzuführen. Die Integration des „französischen" Kammerbezirks war zu diesem Zeitpunkt längst weitgehend reibungslos abgeschlossen.

Der Neubau der IHK Karlsruhe
(Quelle: IHK Karlsruhe)

Gemeinhin wird den IHKn eine Aufgaben-Trias[6] zugeschrieben: Hoheitliche, d.h. vom Staat übertragene Aufgaben der Wirtschaftsverwaltung, die in Selbstverwaltung von der bezirklichen Wirtschaft wahrgenommen werden, Interessenvertretung der regionalen Wirtschaft – und somit häufig auch der jeweiligen Region insgesamt – sowie spezifische Dienstleistungsfunktionen für die Mitgliedsbetriebe.[7] Eine selbstbewußte[8] und umfassend verstandene Selbstverwaltung der regionalen Wirtschaft verändert diesen Aufgabenrahmen und erweitert den herkömmlichen Bereich der Interessenvertretung, indem sie eine Art Meta-Funktion der regional gebundenen Industrie- und Handelskammern hervorbringt, nämlich Regionalentwicklung durch die regionale Wirtschaft – und zu ihrem Nutzen.

Die auf diese Funktion ausgerichtete Betrachtungsweise soll den Rahmen bilden, innerhalb dessen die Entwicklung der Industrie- und Handelskammer Karlsruhe in den vergangenen 50 Jahren sowie Eigenheiten des Werdeganges der badischen Kernregion am Rhein unter schwarz-gelber Fahne untersucht werden sollen.

1. Wirtschaftsstrukturelle Umbrüche[9] und Aufgabenwandel der IHK

Karlsruhes Bild wird noch immer weithin von der „Residenz des Rechts“ bestimmt.[10] Lange Zeit wurde Karlsruhe auch mit dem Status – zuletzt sogar vorrangig mit den Negativattributen – der „Beamtenstadt“ aus großherzoglichen Tagen in Verbindung gebracht.[11] Dieses Bild traf zwar tatsächlich für die Anfangszeit der relativ jungen Planstadt[12] zu, doch mit dem Aufkommen der Eisenbahn als wichtigstem überregionalem Transportmittel brach auch in Karlsruhe das Zeitalter der Industrialisierung an.[13] 1842 verließ hier die erste in Süddeutschland gebaute Lokomotive die Werkshallen. Und auch auf einer vermeintlich schwäbischen Domäne setzte die Region am mittleren Oberrhein früh Akzente: So war es der gebürtige Karlsruher Carl Benz, der in Mannheim einen Urahn der heutigen A-Klasse von Daimler-Chrysler schuf – die im übrigen in Rastatt gefertigt wird.[14]

Noch heute ist die Wirtschaftsstruktur der TechnologieRegion Karlsruhe von der Automobilindustrie, insbesondere von der Zulieferindustrie, geprägt. Die Verflechtung der Automobilzulieferer in der TechnologieRegion Karlsruhe mit der Automobilindustrie im mittleren Neckarraum ist ein markantes Beispiel der dichten ökonomischen Bande zwischen Zentralbaden und Zentralwürttemberg, die weder an landsmannschaftlichen, noch an administrativen Grenzen Halt machen. Deshalb nimmt es auch nicht wunder, daß sich die südwestdeutschen Kammern bereits 1919 für einen Zusammenschluß von Baden und Württemberg ausgesprochen haben, um zu einer „einheitlichen, starken, wirtschaftlichen Gesamtleistung“[15] zu kommen.

Über den Rhein hinweg sind derartige Verflechtungen (noch) wesentlich loser. In diese Richtung stellen Sprachbarrieren (Elsaß) oder wirtschaftsstrukturelle Disparitäten (Südpfalz) Hindernisse dar, die dazu führen, daß sich die Wirtschaft am mittleren Oberrhein noch immer eher zu den Ballungsräumen am unteren und mittleren Neckar hin orientiert, sofern nicht die Globalisierung der Wirtschaft ohnehin ein Denken in ganz anderen Raumkategorien erfordert.

Ungeachtet bestimmter Schwerpunkte[16] kennzeichnen Branchenvielfalt, ein starker Mittelstand und ein im baden-württembergischen Vergleich überdurchschnittlich hoher Dienstleistungsanteil die Wirtschaftsstruktur der TechnologieRegion Karlsruhe. Daneben haben nicht zuletzt aufgrund der vorteilhaften Verkehrslage und der guten Verkehrsanbindungen internationale Konzerne zwischen Bruchsal und Bühl ihre Europa- oder Deutschlandzentrale, Kompetenz- und Logistikzentren oder Produktionsstätten angesiedelt. Auch finden sich unter den mittlerweile über 50 000 IHK-Mitgliedsbetrieben[17] zahlreiche mittelständische Marktführer. Zusammen sind sie die Garanten für die überdurchschnittlich hohe Innovations- und Leistungskraft der Wirtschaft in der TechnologieRegion Karlsruhe, die zahlreiche Vergleichsstudien bis hin zu Erhebungen des Statistischen Amts der Europäischen Union[18] belegen. Zwei Kennziffern als Beispiele: Die Bruttowertschöpfung in der TechnologieRegion Karlsruhe stieg in der aktuellsten vorliegenden Datenreihe (1980-1996) um 155% – zum Vergleich: in Baden-Württemberg um 115%, in den alten Bundesländern sogar nur um 105%.[19] Und auch die Kaufkraft in der TechnologieRegion (aktuelle Kennziffer: 108,1) liegt seit vielen Jahren über dem Bundesdurchschnitt (100).[20]

Genauso wie die Wirtschaft in der TechnologieRegion Karlsruhe am deutschen „Wirtschaftswunder“ teilhatte,[21] war sie auch den Umbrüchen und Strukturkrisen der deutschen Wirtschaft nach 1945, vor allem aber seit Ende der 60er Jahre unterworfen.

So sank die Zahl der Industriebeschäftigten von 135.000 1970 bis Mitte der 90er Jahre unter die von der IHK bezifferte „kritische Masse“ von 100.000 Arbeitnehmern, ab der die IHK den industriellen Kern der Region gefährdet und „gravierende Wirtschaftsprobleme vorprogrammiert“ sah.[22] Mittlerweile hat sich diese Zahl wieder über 100.000 stabilisiert,[23] was einerseits für einen erfolgreichen Strukturwandel innerhalb der Industrie am mittleren Oberrhein selbst spricht, andererseits auch auf eine allgemeine Modernisierung und Innovationsleistung der Wirtschaft in der TechnologieRegion Karlsruhe hinweist, die eng mit diesem „Produktionskern“ verknüpft ist, ihn trägt und von ihm profitiert.

Derartige Umbrüche fordern stets auch die IHK zu neuen Akzenten in ihrem Tätigkeitsspektrum heraus. Mehr und mehr wurde es zum „Tagesgeschäft“, durch „Gutachten und Stellungnahmen, durch ihre schon zur Tradition gewordenen Strukturstudien und Konjunkturberichte, durch Eingaben und Vorschläge, durch zunächst ganz kammerfern scheinende Aktivitäten wie Management der Technologiefabrik und Geschäftsführung der TechnologieRegion eine Rolle als Vordenker und Vorarbeiter regionaler Strukturpolitik“ zu übernehmen.[24]

Die beispielhaft genannten Instrumente einer umfassenderen regionalen Strukturpolitik finden nach wie vor Anwendung. Auch ist die IHK kraft Gesetzes in wichtige Infrastrukturvorhaben direkt eingebunden. So wirkt sie als Träger öffentlicher Belange an der Aufstellung und Fortschreibung des Regionalplans mit und ist zur Stellungnahme bei wichtigen Planungsvorhaben aufgerufen. Dazu rechneten der Baden-Airport in Rheinmünster-Söllingen ebenso wie die Neue Messe Karlsruhe; dazu gehören auch Vorhaben wie die geplante Ansiedlung von Factory-Outlet-Centern im südlichen Teil der TechnologieRegion.[25] Gerade letztere führen nicht nur zu Interessenkonflikten unter Kammermitgliedern, in denen sich die Pflicht der IHK zu Neutralität und Interessenausgleich behaupten muß, sondern lassen auch Auseinandersetzungen zwischen den badischen Regionen am Rhein erwarten.[26]

Eine besondere Form, regionale Infrastrukturprojekte zu unterstützen, stellt die direkte Beteiligung der IHK an Einrichtungen dar. Dies tat sie beispielsweise im Fall der International University in Germany (IU, Bruchsal) des Europäischen Studien- und Forschungszentrums der University of Southern Queensland (USQ, Bretten), dem International Department der Universität Karlsruhe, der Europäischen Medien- und Event-Akademie (Euraka, Baden-Baden) oder bei der Neuen Messe Karlsruhe.

Die Beispiele IU, USQ und Euraka können zugleich als Beleg dienen, welchen Stellenwert die IHK dem Bereich der Aus- und Weiterbildung beimißt – schließlich stellt ein hinreichendes Reservoir qualifizierter Arbeitskräfte einen nicht zu vernachlässigenden Standortfaktor dar. Entsprechend ist es der IHK ein besonderes Anliegen, für die TechnologieRegion neue Bildungsangebote zu erschließen. Berufliche Aus- und Weiterbildung sind ohnehin seit langem wichtige Handlungsfelder der IHK Karlsruhe. So lagerte sie bereits 1978 als eine Vorreiterin unter den deutschen Kammern ihre Bildungsaktivitäten in das IHK-Bildungszentrum Karlsruhe GmbH (BIZ) aus.[27] Sowohl hinsichtlich der Ausbildungsorganisation (z.B. Ausbildungsverbünde mehrerer Unternehmen), als auch hinsichtlich der Inhalte von Aus- und Weiterbildung (z.B. neue IT- und Medien-Berufe) mangelte es nicht an Kreativität. Ebenso wenig an Engagement, was die Einwerbung von Lehrstellen bei den regionalen Unternehmen anlangt – zugleich ein wichtiger Beitrag zur Entwicklung des Wirtschaftsstandorts. Auch gingen

BIZ und IHK zahlreiche Kooperationen mit regionalen Hochschulen und Bildungseinrichtungen ein.[28]

Neben der Aus- und Weiterbildung von Arbeitskräften erwuchs der IHK mit der betrieblichen (Innovations-)Beratung noch ein weiteres Feld, auf dem ihre Qualifizierungs- und Beratungsangebote zunehmend gefragt waren. In einem regionalen Umfeld mit weit überdurchschnittlichen Forschungs- und Entwicklungspotentialen[29] lag eine aktive Technologie- und Innovationsberatung nahe – auch um den Herausforderungen des wirtschaftlichen Strukturwandels offensiv begegnen zu können. Um die immer umfangreicheren Aktivitäten besser bündeln und koordinieren zu können, wurde 1983 die IHK-Unternehmens- und Technologie-Beratung Karlsruhe GmbH (UTB) gegründet. Ein Meilenstein in der Entwicklung der UTB und der strategischen Neuakzentuierung der IHK-Tätigkeiten stellte die Übernahme der Betriebsleitung der „Technologiefabrik Karlsruhe" (Tefak) durch die UTB 1984 dar. Im ältesten Gründerzentrum Baden-Württembergs nahmen bislang ca. 200 technologieorientierte Unternehmensgründungen ihren Anfang; diese schufen mittlerweile ca. 3000 Arbeitsplätze.[30]

Eine Kernfunktion der UTB für die Wirtschaft der TechnologieRegion liegt in der Förderung und Moderation des Technologietransfers. Zu diesem Zweck schlossen sich beispielsweise in der „Karlsruher Informatik Kooperation" (KIK) und in der „Karlsruher Produktionstechnik Kooperation" (KTK) regionale Hochschulen und Forschungseinrichtungen mit der UTB zusammen, um über gemeinsame Veranstaltungen und Aktivitäten die Forschungsleistungen dieser Einrichtungen für die Unternehmen in der TechnologieRegion besser zugänglich zu machen und andererseits auch Forschung und Entwicklung stärker auf die spezifischen Belange der regionalen Wirtschaft ausrichten zu können. So bildeten sich in zehn Jahren KIK ein Netzwerk in der Informationstechnologie und eine Innovationskultur zwischen Wirtschaft und Wissenschaft heraus, die in Fachkreisen[31] mit derjenigen des „Silicon Valley" verglichen werden. Die jüngste IT-Studie[32] der Industrie- und Handelskammer Karlsruhe unterstreicht die Bedeutung dieses Wirtschaftssektors für die TechnologieRegion Karlsruhe.[33]

Auch auf anderen Feldern nahmen die Dienstleistungs- und Beratungsfunktionen der IHK kontinuierlich zu. Beispiele liefern die Bereiche Außenwirtschaft, Gewerbeförderung, allgemeine betriebswirtschaftliche Beratung sowie Ausbildungs- oder Existenzgründungsberatung.[34] Um diese Aktivitäten besser bündeln und transparenter darstellen zu können, eröffnete die IHK 1999 zusammen mit dem „IHK Haus der Wirtschaft" (Kammerneu- bzw. -anbau[35]) auch ein fachbereichsübergreifendes Service-Center.

Die Herausbildung und Ausbreitung unternehmensnaher und konsumorientierter Dienstleistungen sind die wesentlichen Ursachen des kräftigen Anstiegs der Unternehmenszahlen im Kammerbezirk Karlsruhe. Seit 1990 wuchs die Zahl der Gewerbebetriebe (ohne Handwerk) bis 2000 um 12.900 bzw. 40% auf 45.400.[36] Dabei hat die Zahl der Dienstleistungsbetriebe (ohne Gastgewerbe) von 8.500 1990 auf 15.800 2000 sogar noch stärker zugenommen. Zwar ging parallel zu dieser Entwicklung der Anteil des produzierenden Gewerbes an der Gesamtzahl der Unternehmen[37] und an den im Handelsregister eingetragenen Firmen[38] zurück, doch blieb in absoluter und qualitativer Hinsicht die Bedeutung des industriellen Kerns der TechnologieRegion Karlsruhe erhalten; im Gegenteil, vielfach bildet er erst die Existenzgrundlage für die neuen und alten Dienstleistungsunternehmen.

Dieser wirtschaftsstrukturelle Wandel wirkte sich auch auf die interne Organisation der Kammerarbeit aus. Die Zusammensetzung der Vollversammlung, des sog. „Parlaments der Wirtschaft“, veränderte sich. Neue Ausschüsse (z.B. „Technologieorientierte Unternehmen“ (TOU)) und neue Arbeitskreise („Qualitätssicherung“, „Neue Medien“) wurden gebildet. Die Kammerwahlen 2000/2001 brachten im Kammerbezirk erstmals eine Abkehr vom Prinzip der sog. „Friedenswahl“ und eine tatsächliche Auswahl unter alternativen Kandidatenvorschlägen.[39] Diese Öffnung zeigt, daß sich neben wirtschaftsstrukturellen Veränderungen auch gesellschaftliche Wandlungsprozesse sowohl organisatorisch als auch „binnenkulturell“ auf die Industrie- und Handelskammern auswirken können.[40]

Vor dem Hintergrund ihrer gesellschaftlichen Einbettung soll noch ein letzter Aspekt thematisiert werden, in dem der Wandel von Aufgaben und Erscheinungsbild der IHK Karlsruhe in den letzten 50 Jahren zum Ausdruck kommt: ihre Öffentlichkeitsarbeit.

Der „Strukturwandel der Öffentlichkeit“[41], die Veränderungen v.a. des politischen und gesellschaftlichen Umfelds der Wirtschaft und der Wandel von Struktur und Rahmenbedingungen des Wirtschaftssystems selbst ließen die Bedeutung der Unternehmenskommunikation für die einzelnen Gewerbebetriebe in den vergangenen Jahrzehnten anwachsen. Dabei strukturierte sie sich häufig neu. Gleiches gilt für die Öffentlichkeitsarbeit der IHK – sowohl hinsichtlich der Kommunikation mit ihren Mitgliedsunternehmen als auch in Bezug auf ihre Mitgestaltung öffentlicher Meinungsbildungsprozesse.

Im Binnenverhältnis erfüllt die (interne) „Kammer-Öffentlichkeits-“Arbeit im Zusammenspiel mit den Kammergremien grundlegende Funktionen wie Informationsvermittlung, Darstellung von Kammerpositionen, Aggregation und Selektion von Meinungen und Interessen, Rückkoppelungsprozesse – insbesondere zwischen Haupt- und Ehrenamt –, Anregung kammer- und wirtschaftspolitischen Engagements sowie Verfestigung und Verstetigung der Bindungen zwischen den regionalen Betrieben und ihrer Selbstverwaltungsorganisation. Zu diesem Zweck kann die IHK auf vielfältige Kommunikationsformen und -mittel zurückgreifen, wobei das Mitgliedermagazin[42] auch im Zeitalter der Neuen Medien nicht an Bedeutung verloren hat. Andererseits kann und will sich die IHK diesen Medien nicht verschließen: So hat die IHK Karlsruhe als eine der ersten Kammern Deutschlands das Internet als Kommunikationsmittel genutzt.[43]

Die nach außen gerichtete Öffentlichkeitsarbeit der Kammer dient nicht zuletzt der Vertretung der Interessen der regionalen Wirtschaft, wobei die Kommunikationsformen vielfältig und zuweilen äußerst subtil sind. Eine intensive Kontaktpflege ist umso wichtiger, je stärker in einem komplexen politischen Umfeld informelle Netzwerke für Regionalentwicklung und Politikgestaltung an Bedeutung gewinnen. Die Einbettung in die überregionale Kammerorganisation[44] ist dafür unerläßlich. So soll das künftige „Wissensmanagement“-System im Rahmen des Deutschen Industrie- und Handelskammertags nicht nur die Kosten des einzelnen Kammerbetriebs bei Vorhaltung umfangreicher Dienstleistungen durch eine entsprechende Aufteilung unter den IHKn verringern, es dürfte auch die Profilbildung der einzelnen Kammern anstoßen. Für die IHK Karlsruhe könnte sich dies insbesondere im Geschäftsfeld Technologie konkretisieren.[45] Dagegen müssen regionales Profil und regionalpolitische Stellung auch künftig von jeder Kammer individuell gepflegt werden, so etwa das Verhältnis der badischen Kernregion zum Land Baden-Württemberg.

2. *Zentralisation oder Dezentralisation – das ist die Frage*

Für die Zufriedenheit der badischen Bevölkerung nach 50 Jahren im gemeinsamen Südweststaat stellt die Zentralitätsdiskussion im Lande einen wichtigen Gradmesser dar.[46] In Karlsruhe und in seiner Region fragt man sich etwa, was vom institutionellen Glanz der einstigen Landeshauptstadt gewahrt und welche Bedeutung ihr auch unter struktur- und verteilungspolitischen Aspekten im neuen Bundesland zugewiesen wurde. Zugespitzt formuliert: Wie weit haben baden-württembergische Regierungen Wort gehalten, die Zentralität Karlsruhes zu erhalten, wie es bei Gründung des Landes zugesagt wurde. Die anhaltende, seit ca. einem Jahrzehnt sogar verschärfte Virulenz der Debatte könnte als Indikator dafür dienen, daß die Zusagen der frühen 50er Jahre zumindest nach Einschätzung badischer Kreise zunehmend in Vergessenheit gerieten.

Die Kritik an einer zentralistischen Landespolitik hat verschiedene Ursprünge und wurde stets von unterschiedlichen Institutionen vorgetragen.[47] So ist sich Karlsruhe noch immer seines ehemaligen Status als Landeshauptstadt sehr wohl bewußt. Auch die TechnologieRegion Karlsruhe GdbR – unter Führung der Stadt Karlsruhe – nahm sich dieses Themas zugunsten ihres Oberzentrums engagiert an. In den letzten Jahren stellte die Landesvereinigung Baden in Europa e.V.[48] diese Kritik auf eine noch breitere gesellschaftliche Grundlage, thematisierte sie unter gesamtbadischen[49] Vorzeichen und fand auch in württembergischen Gegenden Zustimmung und Unterstützung. Die IHK Karlsruhe wirkte auf diesem Feld als Initiator und eine der treibenden Kräfte in einem offenen Netzwerk zur strukturpolitischen Interessenvertretung.

Widerpart des Karlsruher Zentralitätsinteresses ist eine Gemengelage aus Stuttgarter Eigeninteresse und verbreiteten konvergenten entwicklungspolitischen Ansätzen innerhalb der politischen Parteien, der Landesregierung und nicht zuletzt der Ministerialbürokratie. Diese beruhen auf der Vorstellung, daß in einem schärfer werdenden „Wettbewerb der Regionen“ das „Kraftzentrum“ des Landes gestärkt werden müsse, damit die Hauptstadt ihre „Lokomotiv-Funktion“ für das gesamte Land ausüben könne[50]. Zugleich wurde mit der Gründung des Verbandes Region Stuttgart (VRS) 1994 eine Struktur geschaffen, mit welcher der mittlere Neckarraum eine beachtliche politische Dynamik und über die Binnendimension hinaus großen Einfluß auf die Landespolitik entfaltete. Hatte es anfangs einer landesgesetzgeberischen Regelung bedurft, um die noch heute spürbare Konkurrenz zwischen den kommunalen Gebietskörperschaften in der Region Stuttgart zu mildern, verfügt der mittlere Neckarraum nun auch über eine Organisationsform, auf deren Basis sich regionale Interessen nachhaltig bündeln, vertreten und durchsetzen lassen – nicht zuletzt gegenüber dem Land und somit nicht selten – besonders in Verteilungskonflikten – auch indirekt gegenüber den übrigen elf Regionen Baden-Württembergs.[51]

Hinzu kommt eine gewisse München-Faszination. Das Streben, sich an Bayern und dessen Landeshauptstadt zu messen und gleichermaßen Anerkennung und Wertschätzung – auch Sympathie – zu finden,[52] hat politische, wirtschaftliche und gesellschaftliche Kreise weit über die Region Stuttgart hinaus erfaßt.[53] Dies führt aber nicht selten dazu, bayerische Verhältnisse recht oberflächlich oder nur nach Interessenlage wahrzunehmen und strukturellen Besonderheiten Bayerns nur unzureichend Rechnung zu tragen.[54]

Auf der Grundlage dieser komplexen Gemengelage von Motiven, Interessen und Strategien zur Landesentwicklung entwickelte sich eine Debatte, in der sich die IHK

Karlsruhe in besonderem Maße gefordert sah, Stellung zu beziehen. „Zentralisation oder Dezentralisation“ lautete die Frage, auf welche die IHK Karlsruhe ihre Betrachtung und Beurteilung zuspitzte. Die gleichnamige Studie von 1993[55] schlug im Land hohe Wellen.[56] Insbesondere die perspektivischen Schlußfolgerungen für Baden und die Region am mittleren Oberrhein – polarisierend knapp – zeigten Wirkung, wie man es von diesem mindestens ebenso politisch wie analytisch ausgerichteten Abschnitt erwarten durfte. Im wesentlichen thematisierte die Studie den abnehmenden Grenznutzen anhaltender Konzentrationsprozesse im mittleren Neckarraum und arbeitete die negativen Effekte einer übermäßigen Verdichtung in Ballungsräumen heraus. Gegen eine Fortdauer dieser Tendenzen stellten sich für Baden mehrere Optionen: Wegen ihrer ausgesprochenen politischen Schärfe erfuhren dabei die Gedankenspiele (Wiederer-)Schaffung eines Bundeslandes Baden bzw. Bildung einer – mehr oder minder autonomen – „Europäischen Region (Euregio) Baden-Elsaß“ in einem Europa der Regionen gesteigerte Aufmerksamkeit. Ausführlich zu Ende gedacht waren diese Modelle indes nicht. Dies mußten sie auch nicht sein, schließlich sollten sie vorrangig als politische Spitzen dienen, um die Thematik auf die landespolitische Agenda zu setzten. Die realistische Perspektive, die auch die eindeutige Wunschoption der IHK Karlsruhe darstellte, war indes ein (dezentral) „reformiertes Bundesland Baden/Württemberg“ (sic!). Was blieb, waren weniger konkrete Reformschritte als eine erneute Sensibilisierung für die Landesentwicklungspolitik im allgemeinen und die Zentralitätsthematik im besonderen – und zwar sowohl im badischen Landesteil, nicht zuletzt in der TechnologieRegion Karlsruhe, aber auch im Umfeld der Landesregierung.[57]

Die Zentralismusdebatte in Baden-Württemberg hat nicht nur staatliche und halbstaatliche Institutionen zum Gegenstand,[58] sondern auch ökonomische Strukturen. Der wirtschaftliche Ballungsgrad spielt nämlich ebenso eine Rolle wie die Entwicklung in bestimmten Branchen mit besonderer Ausstrahlung auf andere Wirtschaftsbereiche.

So war es der Zentralität Karlsruhes abträglich, daß sich zahlreiche Banken und Versicherungen ganz oder teilweise vom mittleren Oberrhein zurückgezogen haben.[59] Die Fusion der L-Bank mit Hauptsitz Karlsruhe, der Südwest-LB in Mannheim und der Landesgirokasse in Stuttgart zur Landesbank Baden-Württemberg (LBBW) mit Hauptsitz in Stuttgart markiert zusammen mit der Fusion der Sparkassenverbände, der Sparkassenversicherungen und der Landesbausparkassen einen vorläufigen Höhepunkt eines Konzentrationsprozesses, bei dem der Sitz der Landesregierung nicht nur ein wichtiges strategisches Kalkül abgab (angeblich notwendige „Regierungsnähe“), sondern auch nachhaltig profitierte.[60] Die wirtschaftlich durchaus begründbaren Fusionen im Bankenwesen zeigten zugleich beispielhaft, daß badische Solidarität allenfalls ansatzweise anzutreffen ist und im Konfliktfall kommunale Eigeninteressen überwiegen.[61]

Auch der Bereich der (öffentlich-rechtlichen) Medien war in den 90er Jahren Fusionsprozessen unterworfen. Nach der von Landesregierung forcierten Fusion[62] von Südwestfunk (SWF, Baden-Baden) und Süddeutschem Rundfunk (SDR, Stuttgart) zum Südwestrundfunk (SWR, Stuttgart) werden künftig die Veränderungen des wirtschaftlichen[63] und technologischen[64] Umfelds von ausschlaggebender Bedeutung sein, inwieweit der Sender- und Produktionsstandort Baden-Baden erhalten werden kann. Baden-Baden aber ist essentieller Bestandteil des Medienstandorts TechnologieRegion Karlsruhe. Seine Ausstrahlung auf die regionale Wirtschaft veranlaßte die IHK, sich regelmäßig und intensiv dieser Thematik anzunehmen.

Die IHK Karlsruhe will die Landesentwicklungspolitik konstruktiv mitgestalten. Eine solche Strategie gewinnt an Bedeutung, wenn die Verteilung von Ressourcen künftig noch stärker als der Besatz an Institutionen in den Mittelpunkt der Zentralitätsdiskussion rücken sollte.

Ohnehin werden wichtige wirtschaftliche Rahmenbedingungen und infrastrukturelle Zentralitätsdeterminanten von außerhalb der Landesgrenzen bestimmt[65] – etwa die der Verkehrsinfrastruktur.[66] Erhalt, Ausbau und Neubau von Bundesautobahnen und Fernstraßen sowie der Schienenfernverbindungen begründen politische Problemstellungen, welche die Regionen Stuttgart und Karlsruhe, den württembergischen und den badischen Landesteil sowie die jeweiligen Kammern zusammenführen.[67] So decken sich grundsätzliche Positionen im Bundesfernstraßenbau und stehen im Einklang mit der Haltung der Landesregierung. Auch haben sich Stadt und IHK Karlsruhe zugunsten von „Stuttgart 21"[68] und der ICE-Neubaustrecke Stuttgart-Ulm[69] ausgesprochen – allerdings nicht als eigenständige „Landes"-Projekte, sondern als Bestandteile einer „Magistrale für Europa"[70]. Auch beim „Baden-Airport", dem Regionalflughafen Karlsruhe/Baden-Baden in Rheinmünster-Söllingen, stellt sich gegenwärtig ein neues Miteinander zwischen den Regionen Stuttgart und Karlsruhe ein. Nachdem der frühere private Eigentümer des Airports Konkurs anmelden mußte, stieg der allmählich an Kapazitätsgrenzen stoßende „Landesflughafen" Stuttgart als Hauptgesellschafter in die neue Betreibergesellschaft des Regionalflughafens ein, der sich vom Start weg weitaus besser als erwartet entwickelt hatte.[71] Auch die Landesregierung hatte sehr für diesen Einstieg geworben.[72] In diesem Fall könnten sogar eher Unstimmigkeiten zwischen den badischen Regionen um Karlsruhe und um Freiburg/Offenburg entstehen, strebt doch der Flughafen Lahr[73] eine Erweiterung seiner Betriebsgenehmigungen[74] an, was die Konkurrenz zum Baden-Airport verschärfen könnte.

Als Interessenvertretung der Wirtschaft in der TechnologieRegion Karlsruhe geht es der IHK Karlsruhe um möglichst optimale Bedingungen für das Gewerbe ihres Kammerbezirks. Aus diesem Grund wandt und wendet sie sich nachdrücklich gegen übermäßige, vor allem aber ungerechtfertigte Konzentrationen öffentlicher Ressourcen in der sog. „Landesmitte". Demgegenüber versteht sie sich traditionell als eine „Fürsprecherin eines Baden-Württembergs der Regionen" und als Sachwalterin einer dezentralen Landesentwicklungspolitik, die auf die Stärkung der Teilräume zum Nutzen des ganzen Landes setzt. Die IHK Karlsruhe steht aber auch an der Seite der Region Stuttgart und der anderen württembergischen Landesteile, wenn es um die Wahrung gesamt-baden-württembergischer Interessen innerhalb Deutschlands und auf europäischer Ebene geht. Sie versteht sich nicht als Kritikerin Baden-Württembergs, sondern allenfalls zentralistischer Tendenzen innerhalb des Landes. Die wirtschaftliche Erfolgsgeschichte des Landes fortzuschreiben ist ihr ein Grundanliegen. Dabei wird die IHK Karlsruhe vor dem Hintergrund wirtschaftspolitischer und wirtschaftswissenschaftlicher Überlegungen zur Bedeutung wirtschaftlicher „Cluster" künftig zunehmend gefordert sein, diese wirtschaftlichen Ballungen um Kompetenzschwerpunkte der TechnologieRegion Karlsruhe herum zu fördern und somit die Entwicklung jener Zentralitätsfaktoren neuer Art und Wirksamkeit zu unterstützen. Dafür bietet der geeinte Südweststaat weiterhin enorme Potentiale. Wirtschaftspolitisch hat die „Schwarzwaldgrenze" ihren trennenden Charakter zugunsten eines profitablen Miteinanders längst verloren – im Gegensatz zur „Rheingrenze"; doch auch hier werden (natürliche) Verkehrsbarrieren nach und nach überwunden und nimmt der Grad wirtschaftlicher Verflechtungen zu.

3. Die TechnologieRegion Karlsruhe

Infolge kontinuierlich zunehmender weltwirtschaftlicher Verflechtungen und der sie begleitenden Internationalisierung von Volkswirtschaften sahen sich Mitte der 80er Jahre nicht nur Unternehmen mit einem immer schärfer werdenden Wettbewerb konfrontiert,[75] sondern auch die Unternehmensstandorte, deren Qualität sich auf die Wettbewerbschancen der ansässigen Unternehmen auswirkt. Mit der Einheitlichen Europäischen Akte wurde zugleich eine neue Dynamik in Gang gesetzt, die Schritt für Schritt zur Vollendung des europäischen Binnenmarktes führt. Für den einzelnen Standort „Region" bedeutet dies, daß sich seine Konkurrenz nicht mehr nur im eigenen Bundesland oder Nationalstaat, sondern mindestens innerhalb der Europäischen Union wiederfindet.

Mittelbadische Politiker und Wirtschaftsvertreter nahmen diese Entwicklung schon relativ früh wahr und ernst. Zwar sollten nach wie vor einzelne Kommunen innerhalb einer Region im gesunden Wettbewerb miteinander stehen, z.B. bei Unternehmensansiedlungen, doch bildete sich in der Region um Karlsruhe immer stärker die Überzeugung aus, daß die Region zunehmend zu einer zentralen Standortkategorie werden würde. Die Schlußfolgerung mußte demnach lauten, in gemeinsamen Anliegen[76] verstärkt die interkommunale Zusammenarbeit zu suchen. In der Stadt Karlsruhe selbst wuchs zudem die Einsicht, daß es eine Stadt der Größenordnung Karlsruhes allein künftig immer schwerer haben würde, hinsichtlich ihrer Attraktivität für Arbeitskräfte und Unternehmen mit Millionen-Metropolen vom Rang Münchens, Hamburgs oder Berlins mitzuhalten. Der Ballungs- und Verflechtungsraum am mittleren Oberrhein bot hier Abhilfe.[77]

Daneben setzte sich die Erkenntnis durch, daß eine einzelne Kommune häufig nicht leistungsfähig genug sein würde, um für bestimmte Aufgaben, insbesondere wichtige Infrastrukturvorhaben angemessene Lösungen zu finden. Außerdem sei daran erinnert, daß Mitte der 80er Jahre allen globalen Entwicklungen zum Trotz in Deutschland eine gewisse Technikskepsis verbreitet war, wie sie heute kaum mehr vorstellbar erscheint – erst recht nicht in Karlsruhe als Stadt der Natur- und Ingenieurswissenschaften. Aus der Kulmination dieser Motive heraus wurde schließlich die Idee geboren, die angestrebte vertiefte regionale Zusammenarbeit[78] in eine feste Form zu gießen und die technologischen „Highlights" der Region in besonderer Weise zu bewerben. Auf dieser Basis wurde 1987 die Aktionsgemeinschaft TechnologieRegion Karlsruhe GdbR gegründet.[79]

Darüber hinaus bestanden einige recht erfolgreiche Ansätze einer intensiven Zusammenarbeit zwischen Wirtschaft und Wissenschaft (z.B. Technologietransfereinrichtungen oder die o.g. Tefak), die es auszubauen, zu „vermarkten" und infrastrukturell zu unterfüttern galt. Der Name der regionalen Aktionsgemeinschaft war also zugleich Programm und im Sinne des gleichlautenden Fachbegriffs aus der Innovationsforschung Spiegel der bereits gewandelten Struktur der Region.

Gesellschafter der TechnologieRegion Karlsruhe GdbR sind die beiden Stadtkreise Karlsruhe und Baden-Baden, die sieben Großen Kreisstädte Bretten, Bruchsal, Bühl, Ettlingen, Gaggenau, Rastatt und Stutensee, die beiden Landkreise Karlsruhe und Rastatt, sowie seit September 2001 noch der Regionalverband Mittlerer Oberrhein.[80] In jüngster Zeit haben auch südpfälzische Gebietskörperschaften Interesse an einer verstärkten Zusammenarbeit bekundet.

Wichtigstes Gremium der TechnologieRegion Karlsruhe GdbR ist die Gesellschafterversammlung, in der jeder Gesellschafter unabhängig von Einwohnerzahl und Beitrag[81] eine Stimme besitzt. Beschlüsse werden in der Regel mit einfacher Mehrheit gefaßt, wobei kein Gesellschafter zur Zusammenarbeit gezwungen werden kann. Denn in kommunale Hoheitsrechte greift die Gesellschaft nicht ein, kommunale Zuständigkeiten wurden nicht übertragen. Die Zusammenarbeit erfolgt vielmehr auf freiwilliger Basis.

Vorrangiger Zweck der TechnologieRegion Karlsruhe GdbR war nach ihrem Gesellschaftsvertrag aus dem Jahr 1987[82] die Darstellung des Wirtschaftsraumes Karlsruhe nach außen („Regionalmarketing") sowie die Förderung der regionalen Zusammenarbeit unter Einbeziehung von Wirtschaft und Wissenschaft. Beides blieb auch nach der jüngsten Vertragsrevision erhalten.[83]

Aufgrund des ursprünglichen Tätigkeitsschwerpunktes der Gesellschaft auf dem Feld des Marketings lag es nahe, daß zunächst die IHK Karlsruhe, die auch eine treibende Kraft bei der Gründung der Gesellschaft war, die Geschäftsführung übernahm. Aus dem Provisorium ihrer quasi treuhänderischen bzw. kommissarischen Wahrnehmung der Geschäftsführungsaufgaben wurde ein Dauerzustand. Gleichzeitig gestaltete sich das Verhältnis zwischen Geschäftsführung und Gesellschafterversammlung anders, als es nach dem Gesellschaftsvertrag angelegt war; so wäre es weder mit dem Selbstverständnis, noch dem gesetzlichen Auftrag, noch dem Renommee einer IHK vereinbar, als eine von kommunalen Gebietskörperschaften abhängige, weisungsgebundene Exekutivinstanz zu fungieren. Das Engagement der IHK kann auch als eine besondere Form Verantwortung für den Wirtschaftsstandort und den Kammerbezirk wahrzunehmen gedeutet werden. Die relative Unabhängigkeit der IHK in der Ausübung der Geschäftsführung, die sich letztlich auf Inhalt und Form des Regionalmarketings auswirkt, begründet auch zu einem Teil den Erfolg der „Marke" TechnologieRegion Karlsruhe.

Mit dem regionalen Schulterschluß gegen den erstarkenden Hauptstadt-Zentralismus und der Inangriffnahme bedeutender regionaler Infrastrukturvorhaben (z.B. Konversion des Militärflughafens Söllingen in den Baden-Airport und -Airpark, Thermoselect[84], Neue Messe Karlsruhe) wandelte sich der Charakter der TechnologieRegion Karlsruhe GdbR von einer reinen Marketinggesellschaft hin zu einer Plattform zur politischen Abstimmung zwischen den größeren kommunalen Gebietskörperschaften am mittleren Oberrhein. Der IHK bot sich dabei eine neue Aktionsebene, auf der sie infrastrukturpolitische Interessen der bezirklichen Wirtschaft relativ schnell auf die regionale Agenda setzen und mit den politisch-administrativen Spitzen der Region behandeln konnte. Umgekehrt profitierte die kommunale Seite von der inhaltlichen Vorarbeit und den spezifischen Kompetenzen der IHK.[85]

Die positiven Erfahrungen mit der regionalen Zusammenarbeit unter dem Dach der TechnologieRegion Karlsruhe GdbR veranlaßten die Beteiligten vor dem Hintergrund neuer Herausforderungen für die regionale Ebene, „die regionalen Kräfte stärker zu bündeln", d.h. wichtige Einrichtungen und Körperschaften in der Region enger miteinander zu verbinden, spezifische Kompetenzen zusammenzuführen und relevante regionale Akteure in die Abstimmungsprozesse einzubeziehen. Zu diesem Zweck trat der Regionalverband Mittlerer Oberrhein der TechnologieRegion Karlsruhe GdbR bei und wurde neben einem eigenen Geschäftsführungsbereich in der Verwaltung des Vorsitzenden ebenfalls mit Geschäftsführungsaufgaben betraut[86]. Die IHK Karlsruhe wird sich entsprechend ihren Kernkompetenzen auf wirtschaftsnahe Geschäftsfelder und

Gremien konzentrieren, wie z.B. die regionale Wirtschaftsförderung und das Regionalmarketing sowie auf die Zusammenarbeit von Wirtschaft, Wissenschaft und Politik im Rahmen einer Regionalkonferenz. Um diese institutionellen Reformen umsetzen zu können, bedurfte es einer entsprechenden Novellierung des Landesplanungsgesetzes, die erst die rechtlichen Voraussetzungen für ein verstärktes regionalpolitisches Engagement der Regionalverbände schaffen würde.[87] Die IHK hat sich ebenfalls in diese landespolitische Diskussion zur Weiterentwicklung der Regionen eingebracht.[88] Gegenwärtig wird eine neue, tiefgreifende Verwaltungs-, Kommunal- und Regionalreform wieder intensiver diskutiert.[89] Diese Reformen würden die TechnologieRegion Karlsruhe – u.U. auch den Status der Kammern[90] – in erheblich stärkerem Maße berühren, als es die endogenen Ansätze zur Weiterentwicklung der regionalen Zusammenarbeit tun.[91]

4. *Zukunft und Entwicklung der Region – Perspektiven für die IHK*

Die Bedeutung der Produktionsfaktoren Wissen und Information steigt kontinuierlich. Synergetische Verflechtungen (z.B. regionale Netzwerke und Cluster), die häufig informell strukturiert sind,[92] können sog. „innovative Milieus" ausbilden, die nicht nur die Innovationsfähigkeit einer Region bestimmen, sondern sie auch in der Außenwahrnehmung mit einem bestimmten, positiven „Image" ausstatten.[93] Ein solches Image kann wiederum „geschäftsfördernd" auf die regionalen Unternehmen, auch solche am Rande oder außerhalb der eigentlichen Cluster zurückwirken.[94] Räumliche Nähe erhöht auch im Zeitalter modernster Kommunikationstechnologie, die Entfernungen eigentlich zunehmend relativiert, noch immer die Wirkung innovativer Milieus,[95] – erst recht, solange (informelle) persönliche Beziehungen zwischen den relevanten Akteuren eine wichtige Bedingung für die Ausbildung innovativer Netzwerke darstellen.

Technologietransfer findet nicht zuletzt „auf kurzen Wegen", d.h. in regionalen (Nah-)Dimensionen, statt. Im engmaschigen Verflechtungsraum des Kammerbezirks Karlsruhe besteht deshalb eine wichtige Aufgabe der IHK zur Regionalentwicklung im Dienst der Wirtschaft darin, solche Netzwerkstrukturen zu fördern. Auf die besondere Funktion der Kammertochter UTB in diesem Zusammenhang wurde bereits eingegangen (vgl. Abschnitt I). Die vielfältigen Aktivitäten der IHK auf dieser Ebene der Regionalentwicklung erschöpfen sich aber nicht in der Einrichtung von Gesprächskreisen, der Organisation von (Transfer-)Veranstaltungen oder der Publikation von Informationsmaterialien. Genauso muß ihr an einem möglichst optimalen regionalen Forschungs- und Entwicklungsumfeld gelegen sein. FuE-Infrastrukturpolitik bildet ein immer bedeutenderes Element regionaler Standortpolitik. Entsprechend muß es eine IHK bei ihrem regional- und landespolitischen Engagement berücksichtigen.

Als ein Moderator regionaler Entwicklungsprozesse sieht sich eine IHK mit neuen Innovationsgeschwindigkeiten konfrontiert. Die Ausbildung eines regionalen „Netzes der Netze" kann dazu dienen, regionale Innovationspotentiale noch besser miteinander zu verknüpfen und in ihrer Leistungsfähigkeit zu steigern. Die IHK Karlsruhe entwickelte dazu ein eigenes Strukturmodell, das die Entfaltung eines solchen eigendynamischen „Netzes der Netze" unterstützen soll: Im „Forum Wirtschaft und Wissenschaft in der TechnologieRegion Karlsruhe" versammeln sich unter Moderation durch die IHK Karlsruhe Vertreter wichtige Unternehmen, Hochschulen und Forschungseinrichtungen der Region. Ihr Ziel ist es, regionale Netzwerke zu bilden, zu festigen und zusammenzuführen, regionalbedeutsame Vorhaben und Entwicklungen zu thematisieren und regionale Initiativen[96] zu entwickeln. Über den Gedankenaustausch und Projektpartnerschaften hinaus möchte die IHK mit dem Forum eine Plattform eröffnen, um gemeinsame Interessen von Wirtschaft und Wissenschaft aus der TechnologieRegion Karlsruhe zu bündeln, zu artikulieren und zu vertreten. Auf diese Weise will das Forum zur Regionalentwicklung beitragen.

Darüber hinaus soll das Forum der Regional- und Landespolitik Impulse geben und in diesem Zusammenhang auch die Arbeit der Regionalkonferenz der TechnologieRegion Karlsruhe GdbR von einer breiten interdisziplinären Ebene her unterstützen. Das „Forum Wirtschaft und Wissenschaft in der TechnologieRegion Karlsruhe" ermöglicht zugleich der IHK Karlsruhe, regionalwirtschaftlich wichtige Themen aufzugreifen, auf breiter Basis aufzuarbeiten und ihnen eine zusätzliche Öffentlichkeit zu verschaffen.

Ebenso wie die Komplexität der Meta-Aufgabe Regionalentwicklung weiter zunimmt, muß ihr die IHK Karlsruhe in Zukunft immer vielfältiger begegnen. Regionale Netzwerke spielen dabei eine wichtige Rolle. Daneben bleibt es jedoch unerläßlich, daß die IHK Karlsruhe als (wirtschaftspolitischer) Akteur und Gesprächspartner sowohl in der TechnologieRegion Karlsruhe als auch im Land Baden-Württemberg fest verankert ist.

Anmerkungen

1 Die Gründung erfolgte am 13.01.1813 auf freien Entschluß von 28 Karlsruher Kaufleuten, unter ihnen der Tabakfabrikant Wilhelm Christian Griesbach, von 1809 bis 1816 zugleich Bürgermeister der Stadt und von 1819 bis 1829 Erstunterzeichner im „Leitenden Dreierausschuß" der „Handelsstube" (seit 1820 auch „Handelskammer") – heute würde man vom „IHK-Präsidenten" sprechen.

2 Über wichtige „Persönlichkeiten der Kammergeschichte" Karlsruhe informiert einführend und in aller Kürze der gleichnamige Prospekt der IHK Karlsruhe von 1988.

3 Für eine vertiefte Darstellung der Entwicklung von Wirtschaft und IHK Karlsruhe ab dem frühen 19. Jahrhundert vgl. u.a. IHK Karlsruhe (Hrsg.): Wirtschaftszentrum am Oberrhein. In 140 Jahren von der Karlsruher Handelsstube zur Industrie- und Handelskammer Karlsruhe; red. v. Walter Gerrads, Karlsruhe 1953 (vergriffen).

4 Vgl. IHK Karlsruhe (Hrsg.): Zeittafel zur Kammergeschichte; Karlsruhe 1999.

5 Erst am 09.02.1949 erfolgte die Eintragung in das Vereinsregister.

6 Vgl. Gesetz zur vorläufigen Regelung des Rechts der Industrie- und Handelskammern (IHKG) vom 18.12.1956 (zuletzt geändert durch Gesetz und Berichtigung vom 01.10.1998).

7 In der Realität sind mehrdimensionale Querschnittsaufgaben „an der Tagesordnung", z.B. in der Aus- und Weiterbildung.

8 Über ein solches Selbstbewußtsein verfügte die IHK Karlsruhe schon in Zeiten schwierigerer Rahmenbedingungen: „Die IHK ist ein selbstbewusster Partner. Sie ist das immer gewesen. Die Unternehmer hatten sogar den Mut, sich mit den Besatzungsbehörden anzulegen. Die Vollversammlung bestätigte 1946 den Kammerpräsidenten und späteren Oberbürgermeister Friedrich Töpper in seinem Amte entgegen der ausdrücklichen Verfügung der Militärregierung, diesen zu entlassen" (Appenzeller, Hans-Georg: 175 Jahre Selbstverwaltung, Dienstleistung, Partnerschaft; Karlsruhe (Reihe IHK-Vorträge) 1988, S. 15.

9 Für eine umfassende Darstellung der Entwicklung der Wirtschaft in der TechnologieRegion Karlsruhe vgl. u.a. „TechnologieRegion Karlsruhe. Die Wirtschaft am Mittleren Oberrhein im Wandel", red. v. Winfried Nowak und Peter Weber, Oldenburg (Reihe „Monographien deutscher Wirtschaftsgebiete") 1988, oder Rhein, Hugo: Von der Beamtenstadt zum Wirtschaftszentrum. Karlsruhes ökonomische Entwicklung in den letzten 40 Jahren; Karlsruhe (Wirtschaftshistorische Schriftenreihe der IHK Karlsruhe, Bd. 3) 1990.

10 Eine Studie des Instituts für Demoskopie Allensbach aus dem Jahr 1999 im Auftrag der Stadt Karlsruhe ermittelte damals neben den Bundesgerichten noch den Karlsruher Sport-Club als wesentlichen Imageträger der Stadt.

11 Die Karlsruher und Badener selbst kolportieren noch heute dieses Bild, wenn sie folgende Strophe des Badner-Lieds intonieren: „In Karlsruhe steht die Residenz (...)."

12 „Carlsruhe" wurde erst 1715 als „neue Residenz" der Markgrafschaft Baden-Durlach gegründet und im Stil der Zeit streng geometrisch („Karlsruher Fächer") angelegt.

13 Vgl. u.a. Borchardt-Wenzel, Annette: Karlsruher Industrie und Industriearbeiterschaft an der Schwelle zum 20. Jahrhundert; Karlsruhe (Wirtschaftshistorische Schriftenreihe der IHK Karlsruhe, Bd. 5) 1996, oder Koch, Manfred: Nahverkehr und Stadtentwicklung in Karlsruhe im Überblick, in: Asche, Susanne/ Bräunche, Ernst Otto/ Koch, Manfred (Hrsg. i. A. des Stadtarchivs Karlsruhe und der Verkehrsbetriebe Karlsruhe): Unter Strom. Geschichte des öffentlichen Nahverkehrs in Karlsruhe; Karlsruhe (Veröffentlichungen des Karlsruher Stadtarchivs, Bd. 20) 2000, S. 13-30.

14 1905 warb sogar der schon 1894 gestartete Automobilbau in Gaggenau – später Produktionsstätte des Daimler-Chrysler-Unimogs – mit dem Inserat „Liliput-Volks-Automobil" – lange bevor der VW Käfer tatsächlich vom Band rollen sollte.

15 Zit. nach Appenzeller, a.a.O., S. 15.

16 Auf die Bedeutung der Automobilzulieferindustrie wurde bereits hingewiesen. Generell nehmen unter den „klassischen" Industrien in der TechnologieRegion Karlsruhe Investitionsgüterindustrien aus den Bereichen Maschinen- und Fahrzeugbau sowie Elektrotechnik einen führenden Rang ein. Ebenso wie die Bevölkerung sind sie in Stadt- und Landkreis Karlsruhe stärker geballt als im Süden der Region. Dort spielt zudem die Holz- und Papierindustrie noch immer eine wichtige Rolle, ebenso der Tourismus (Baden-Baden; Naturpark Schwarzwald).

17 Mitte 2001 war die 50 000er Schwelle überschritten worden. Stand zum 01.01.2000: 45.378. Von diesen waren 13.253 im Handels- oder Genossenschaftsregister eingetragen; Quelle: IHK-Angaben.

18 Laafia, Ibrahim: Beschäftigung im Hochtechnologiebereich; in: EUROSTAT (Hrsg.): Statistik kurzgefasst. Forschung und Entwicklung; Thema 9-1/1999

19 Quellen: Statistisches Bundesamt, Statistisches Landesamt Baden-Württemberg, IHK Karlsruhe.

20 Ebd.

21 Das neu gegründete Bundesland Baden-Württemberg und seine jeweiligen Landesregierungen profitierten ebenfalls von dieser wirtschaftlichen „Erfolgsgeschichte", was sich nicht zuletzt im deutlichen Votum für den Fortbestand des Bundeslandes auch in Karlsruhe und Umgebung ausgedrückt haben dürfte.

22 Vgl. IHK Karlsruhe (Hrsg.): Memorandum zu den wirtschaftlichen Perspektiven der TechnologieRegion Karlsruhe 1995, S. 4. Freilich war die TechnologieRegion Karlsruhe nie in gleichem Maße industriell geprägt wie beispielsweise die Wirtschaftsräume Stuttgart oder Mannheim.

23 1998: 102.740; vgl. IHK Karlsruhe (Hrsg.) Der Kammerbezirk in Zahlen ′99, Karlsruhe 1999.

24 Appenzeller, Hans-Georg: a.a.O., S.13. Natürlich waren nicht alle derartigen Initiativen erfolgreich. So scheiterte u.a. in den 70er Jahren das gemeinsam mit der IHK Straßburg betriebene Vorhaben, einen deutsch-französischen Flughafen im Elsaß zu bauen, am Widerstand der Bevölkerung, insbesondere der Landwirte (ebd.).

25 So auf dem Baden-Airpark und in Baden-Baden – in beiden Fällen handelt es sich um Konversionsflächen.

26 Verschiedene südbadische Stimmen haben bereits ihre ablehnende Haltung zum Ausdruck gebracht.

27 Der Grundstein des heutigen Bildungszentrums der IHK Karlsruhe wurde mit dem 1964 eingeweihten Bildungszentrum „Haus Ottilienberg" bei Eppingen – also außerhalb des heutigen Kammerbezirks – gelegt, das später wieder verkauft wurde.

28 Z.B. Hochschulkolleg mit der FH Karlsruhe zur berufsbegleitenden Weiterbildung.

29 Aus dem reichen FuE-Besatz der Region ragen schon quantitativ die Universität Karlsruhe und das Forschungszentrum Karlsruhe Technik und Umwelt heraus.

30 Untersuchungen der Tefak-Leitung belegen die regionale Bedeutung dieser Einrichtungen: So verblieben nur etwas mehr als 50% der Tefak-Unternehmen nach ihrem Auszug im Stadtkreis Karlsruhe; der Rest siedelte sich vorwiegend im Umland an.

31 Z.B. Prof. Dr. Peter Lockemann, Universität Karlsruhe und Forschungszentrum Informatik.

32 „Die IT-Wirtschaft in der TechnologieRegion Karlsruhe. Bestandsaufnahme und Handlungsempfehlungen"; Karlsruhe (Reihe IHK-Studien) 2000.

33 So trat die IHK Karlsruhe über die UTB zusammen mit ihrem Landauer Pendant IHK-ZETIS als Träger der Initiative ELCO-südwest auf, die sich in einem Bundeswettbewerb zur Förderung des elektronischen Geschäftsverkehrs erfolgreich durchsetzen konnte.

34 Auf allen diesen Feldern ist die IHK aktiv im Kammerbezirk präsent, zum Teil in enger Zusammenarbeit mit kommunalen Wirtschaftsförderern, den Arbeitsämtern oder den Schulen und nicht zuletzt

mit Zusammenschlüssen von Unternehmen außerhalb des Kammerwesens (z.B. Untergliederungen von Wirtschaftsverbänden).

35 Um die nicht alltäglichen Baumaßnahmen besser abwickeln zu können, gründete die IHK Karlsruhe eine weitere Tochter aus: die „IHK Gebäude- und Grundstücksbetreuung GmbH“ (GBG).

36 IHK-Angaben (vgl. FN 17). Anfang 2000 waren im Kammerbezirk Karlsruhe ca. 13.200 (1990: 9.700) Unternehmen im Handels- oder Genossenschaftsregister eingetragen, 1.200 stellten Betriebsstätten von Unternehmen dar, die ihren Hauptsitz außerhalb der TechnologieRegion haben, und ca. 31.000 (1990: 22.800) Betriebe fielen unter die Rubrik „Kleingewerbetreibende“.

37 Von 10,8% auf 9,8%.

38 Von 25% auf 21%.

39 Dabei beteiligte sich auch die Initiative „IHK-Reform“, deren Mitglieder im Gegensatz zu den sog. „Kammergegnern“ in anderen IHK-Bezirken ausdrücklich nicht gegen das System der Pflichtmitgliedschaft (in den Worten dieser Gegner: „Zwangsmitgliedschaft“) Front machten.

40 Ein weiteres Beispiel dieser Offenheit für gesellschaftliche Prozesse: Im Rahmen einer Initiative des baden-württembergischen Wirtschaftsministeriums zur Förderung der Berufstätigkeit von Frauen ist die IHK Karlsruhe die einzige IHK in Baden-Württemberg, die eine der acht „Kontaktstellen Frau und Beruf“ bei sich (über das BIZ) ansiedelte. In den anderen Fällen fungieren zumeist Kommunen oder Arbeitsämter als Ko-Träger.

41 Dieser Strukturwandel vollzog sich in den vergangenen Jahrzehnten noch viel komplexer und umfassender, als er sich Jürgen Habermas Anfang der 60er Jahre darstellte. Gerade auch wirtschaftliches Handeln interagiert auf subtile Weise mit seiner „Systemumwelt“.

42 Seit kurzem unter dem die regionale Identifikation betonenden Titel „Wirtschaft in der TechnologieRegion Karlsruhe“.

43 Erst vor kurzem ging die jüngste grundlegende Überarbeitung des Internetauftritts der IHK Karlsruhe „online“.

44 Z.B. Deutscher Industrie- und Handelskammertag (DIHK), Baden-Württembergischer Industrie- und Handelskammertag, „Rheinkammern“ – Union, Arbeitsgemeinschaft der Industrie- und Handelskammern am (Südlichen) Oberrhein etc.

45 Schon jetzt nimmt die IHK Karlsruhe innerhalb des Baden-Württembergischen Industrie- und Handelskammertages die Federführung (künftig: Aufgabenbereich) Technologie wahr. Und auch im Rahmen der „Betriebsvergleiche“ des DIHK stellte sie ihr Know-how auf diesem Geschäftsfeld zur Verfügung.

46 Auch andere Bundesländer kennen ähnliche Debatten, insbesondere polyzentrisch strukturierte und die sog. „Bindestrich“-Länder. Beweggründe sind in Zeiten knapper öffentlicher Kassen nicht zuletzt konkrete Verteilungsfragen. Eine umfassende Analyse bzw. Bewertung der Politik der (De-) Zentralisierung in Baden-Württemberg muß einer eigenen Studie vorbehalten bleiben.

47 Nicht selten wird diese Kritik – ob begründet oder nicht – zum Verdruß badischer, v.a. Karlsruher Kreise recht schnell mit der Gegenkritik („Totschlagargument“) der „Badenfrage“ gekontert. Dabei steht im Gegensatz zur (alten bzw. klassischen) „Badenfrage“ eine Separation des badischen Landesteils nicht ernsthaft zur Diskussion. Sie fände auch heute wahrscheinlich keine größere Zustimmung als 1970.

48 Nach eigenen Angaben zählt die Landesvereinigung ca. 500 natürliche Personen als Einzelmitglieder und ca. 11.000 korporativ getragene Mitgliedschaften.

49 In ihren Stellungnahmen anläßlich der jüngsten Fortschreibung des Landesentwicklungsplans Baden-Württemberg dehnte die Landesvereinigung ihren Blickwinkel sogar auf eine gesamt-badenwürttembergische Perspektive aus.

50 Die angeführten Schlagworte finden als Bestandteile einiger Quasi-Standard-„Textbausteine“ rege Verwendung in einschlägigen Reden – häufig übrigens auch der sportbezogene Vergleich zwischen dem VfB Stuttgart und dem FC Bayern München (zur Bayern- bzw. München-Fixierung gleich mehr).

51 So wurde die Region Stuttgart von der Ministerkonferenz für Raumordnung 1995 als „Europäische Metropolregion“ klassifiziert. Dieser Terminus fand sich sogleich im jüngsten Fortschreibungsentwurf zum Landesentwicklungsplan Baden-Württemberg wieder – verbunden mit der Maßgabe, dort „Institutionen und Infrastrukturen mit internationaler Bedeutung zu erhalten, auszubauen und anzusiedeln“. Zwar wurde diese Konzeption räumlich grundsätzlich offen gedacht, doch wurde nicht sofort die Chance ergriffen, durch eine gleichgewichtige Einbeziehung der Räume Mannheim/Heidelberg und Karlsruhe/Pforzheim und somit eine polyzentrische Anlage dieser „Europäi-

schen Metropolregion“ in eine neue Dimension vorzustoßen, die keinen europäischen oder internationalen Vergleich scheuen müßte.

52 Ein Beispiel – wenngleich aus dem (humoristischen) Feuilleton – liefert der ehemalige Stuttgarter Oberbürgermeister Manfred Rommel unter der Überschrift „Wir wollen auch so sympathisch sein wie die Badener“ (in: Stuttgarter Zeitung, Sonderbeilage „Wirtschaftsraum Baden-Württemberg“ vom 27.10.2000).

53 Für die baden-württembergische CDU stellt die bayerische Schwester CSU zudem ein Vorbild der besonderen Art dar. Zu gerne würde sie in ähnlichem Maße wie diese mit dem Land identifiziert werden.

54 So werden die topographische Andersartigkeit und die daraus resultierenden Verdichtungsbeschränkungen der Großräume München und Stuttgart kaum beachtet. Des weiteren findet die raumschaftliche Komponente in der Außen- und Selbstdarstellung Baden-Württembergs nicht die Berücksichtigung wie in Bayern.

55 „Zentralisation oder Dezentralisation – das ist die Frage. Standortdiskussion Baden-Württemberg, Herausforderung an die Landes- und Regionalpolitik“; Karlsruhe (Reihe IHK-Studien) 1993.

56 Vgl. „Pressereaktionen zur IHK-Studie 1/93“, hrsg. v. der IHK Karlsruhe, 2 Teile, Karlsruhe 1993.

57 So zählt es mittlerweile zum Standardrepertoire baden-württembergischer Ministerien, mittels geeigneter Zahlenspiele die Gleich- oder Besserbehandlung des badischen Landesteils zu belegen. Nicht selten wirken diese jedoch zweifelhaft konstruiert („Vergleiche von Äpfel und Birnen“). So wurde beispielsweise eine vermeintliche Besserstellung der fünf badischen Universitäten damit zu „beweisen“ versucht, daß auf sie im Verhältnis zur Einwohnerzahl (!) des Landesteils mehr Infrastrukturmittel entfallen als auf die vier württembergischen Universitäten.

58 So standen u.a. folgende öffentliche Einrichtungen im Mittelpunkt von Zentralitätsdiskussionen, in denen es nicht nur um Fusionen (auch ökonomisch durchaus begründbare), sondern auch um die Sicherung von Fortbestand und Funktionsfähigkeit ging: Oberfinanzdirektion Karlsruhe, Südwestfunk Baden-Baden, Landesversicherungsanstalt Baden, Landeswohlfahrtsverband Baden, Landesbildstelle Baden, Direktion Karlsruhe des Landesgewerbeamtes, Staatliches Naturkundemuseum Karlsruhe sowie – im Kontext der Einrichtung des Hauses der Geschichte Baden-Württemberg (mit zeitlichem Ausgriff ins frühe 19. Jahrhundert!) – Generallandesarchiv Karlsruhe und Badisches Landesmuseum. Auch kleinere Einrichtungen dienen dem Land gelegentlich als institutionelle „Manövriermasse“, so die Landesanstalt für Schweinezucht in Rheinstetten.

59 Ausnahmen wie die Badische Beamten-Bank, die DBS Badenia (Bausparkasse) oder die Karlsruher Versicherungen (als Teil der Münchener-Rück-Gruppe) bestätigen nur die Regel.

60 So ist immer noch nicht klar, in welchem Maße die Stadt Karlsruhe für die ausfallenden Gewerbesteuern der L-Bank während einer Übergangszeit vom Land und der Stadt Stuttgart entschädigt werden könnte.

61 So lag im konkreten Fall vielen badischen Kommunen wesentlich mehr an einer starken landesweiten Sparkassenorganisation als an einer Unterstützung der Position Karlsruhes. Doch auch umgekehrt wird Karlsruhe vorgeworfen, unter gesamtbadischem Deckmantel eigene Interessen selbst gegen andere badische Zentren durchsetzen zu wollen (z.B. bei der Zusammenlegung der Oberfinanzdirektionen Karlsruhe und Freiburg).

62 Neben ökonomischen Gesichtspunkten spielte bei der Senderfusion auch wieder das Argument eine wichtige Rolle, über einen einzigen „Landessender“ (der freilich noch Rheinland-Pfalz zu seinem Sendegebiet zählt) die „Landesidentität zu stärken“.

63 Z.B. Produktionsauslagerungen.

64 Z.B. Entwicklung der digitalen Medien.

65 Das alte Land Baden verliert vor diesem Hintergrund als Handlungsrahmen und -ebene erst recht fortwährend an Bedeutung. Hingegen wächst die der Regionen als je nach Funktionszusammenhang räumlich hybrider Bezugsrahmen zwischen Land – in europäischer Perspektive selbst „Region“ – und kommunaler Ebene. Die Abgrenzung von Regionalverbandsgebieten und Kammerbezirken in Baden-Württemberg stellt eine bislang recht bewährte Annäherung an die tatsächlichen Verflechtungsstrukturen dar. Nicht zuletzt neue Mobilitäts- und Kommunikationsmöglichkeiten, andere verflechtungsrelevante Veränderungen und verwaltungsökonomische Aspekte fordern jedoch zu einer regelmäßigen Überprüfung dieses „offiziellen“ Regionenzuschnittes heraus.

66 Nach der Privatisierung der Bundesbahn ist das Politikfeld Verkehr wesentlich komplexer geworden. Wirtschaftsrelevante Sektoren wie Logistik oder (Fern-) Reiseverkehr werden in hohem Maße von einem Akteur (Deutsche Bahn AG) mitbestimmt, der politische Opportunitätskosten immer weniger ins Kalkül ziehen muß.

67 Ungeachtet der Besonderheiten und räumlichen Gliederung der Kammerorganisationen wirken die jeweiligen Unternehmen auch in anderen Aufgabenstellungen und Interessenlagen regionenübergreifend in Wirtschaftsorganisationen zusammen.

68 Projekttitel für die Unter-die-Erde-Verlegung und teilweise Neutrassierung des überregionalen Schienenverkehrs durch Stuttgart; gleichzeitig würde der Hauptbahnhof Stuttgart von einem Kopf- zu einem Durchgangsbahnhof umgebaut.

69 Diese Strecke soll den mühsamen und zeitraubenden Weg über die Schwäbische Alb auf der „Geislinger Steige" ersetzen.

70 Die „Magistrale für Europa" soll einmal als Hochgeschwindigkeits-Schienenfernverkehrsverbindung Paris mit Budapest verbinden. Die Stadt Karlsruhe sitzt einer entsprechenden internationalen Arbeitsgemeinschaft vor, die IHK Karlsruhe ist daran beteiligt. Neben der Finanzierung und dem Baubeginn einzelner Streckenstücke ist gegenwärtig auch der Verlauf der Strecke innerhalb Deutschlands strittig.

71 So wurde für Ende 2000 bereits mit fast 200.000 Passagieren gerechnet nach 20.000 im Startjahr 1997 (1999: 120.000; zum Vergleich: Flughafen Stuttgart: 7,7 Millionen). Seinen Aufschwung verdankt der Baden-Airport u.a. dem boomenden Urlaubs-Charterflugverkehr.

72 Die überfällige Modernisierung der Landebahn und andere Investitionen erfordern ein Engagement im dreistelligen Millionenbereich. Da hier das Land gefordert sein wird, lag seine Fürsprache für die Flughafen Stuttgart GmbH (FSG) nahe, an der es selbst zu 50% beteiligt ist.

73 Wie beim Baden-Airport handelt es sich um ein Konversionsprojekt aus einer ehemaligen kanadischen Airbase.

74 Vor allem im Frachtbereich.

75 Dabei spielen Branchen und Betriebsgrößen eine eher geringere Rolle – Internationalisierungs- und Globalisierungsprozesse betreffen zunehmend nicht nur die sog. „Global-Players", sondern auch das vielbeschworene „Rückgrat" der deutschen Wirtschaft und insbesondere der TechnologieRegion Karlsruhe, den Mittelstand.

76 Im Sinne interdependenter Problemlagen, nicht nur vielverbreiteter gleicher Aufgabenstellungen.

77 Heute leben zwischen Bruchsal und Bühl in der flächenmäßig kleinsten baden-württembergischen Region (ca. 2.100 km^2) in je zwei Stadt- und Landkreisen ca. 965.000 Einwohner (ca. 450 Einwohner/km^2).

78 Mit dem Karlsruher Verkehrs-Verbund (KVV) entwickelte sich zeitgleich eines der erfolgreichsten öffentlichen Nahverkehrssysteme Deutschlands. Besonders die Zwei-System-Technik der Schienenfahrzeuge – geeignet für die unterschiedlichen Stromspannungen auf Straßenbahn- und DB-Strecken – fand internationale Beachtung. Auf diese Weise konnte der schienengebundene ÖPNV weit in die TechnologieRegion Karlsruhe und darüber hinaus ausgreifen. So fahren Karlsruher Stadtbahnen auf der längsten Straßenbahnlinie Deutschlands von Baden-Baden bis Heilbronn; auch das südpfälzische Wörth und demnächst noch Germersheim sind an das Karlsruher Stadtbahnnetz angeschlossen.

79 Schon der Name der „Aktionsgemeinschaft" – so das Selbstverständnis der Mitglieder von der Gesellschaft – zeigt an, daß man jener Technikskepsis offensiv entgegentreten wollte.

80 Die Interessen der kreisangehörigen Gemeinden, die nicht Große Kreisstädte sind, nimmt gegenwärtig in den Gremien der TechnologieRegion Karlsruhe der jeweilige Landkreis wahr.

81 Seit Gründung zahlt jede Mitgliedsstadt eine DM pro Einwohner, die beiden Landkreise und der Regionalverband entrichten jeweils einen Gesamtbetrag von mindestens 20.000 DM.

82 Vgl. v.a. § 3 des Gesellschaftsvertrages vom 06.11.1987.

83 Vgl. § 3 des am 01.09.2001 in Kraft getretenen fortgeschriebenen Gesellschaftsvertrags der Technologieregion Karlsruhe GdbR vom 26.07.2001

84 Erste großtechnische Anlage zur thermischen Restmüllbehandlung nach dem gleichnamigen Verfahren; Betreiber ist eine Tochter der Energie Baden-Württemberg (EnBW). Die Entsorgungsträger Stadt- und Landkreise verpflichteten sich zur Ablieferung bestimmter Müllkontingente, um einen wirtschaftlichen Betrieb zu gewährleisten.

85 Entsprechende Leistungen könnte allenfalls noch die Großstadt Karlsruhe mit ihrem Verwaltungsapparat dauerhaft bereitstellen.

86 Für sich selbst reklamiert der Regionalverband, seine Tätigkeit zu einem „Regionalmanagement der Zukunft" (vgl. Badische Neueste Nachrichten vom 17.09.1999) fortzuentwickeln. Dies würde sich mit der Neuausrichtung der Bundesraumordnungspolitik decken, wonach den regionalen Planungsträgern verstärkt Funktionen zur Planungsumsetzung zugewiesen werden sollen. Zur Neugliederung

und Verbreiterung der Geschäftsführung der TechnologieRegion Karlsruhe vgl. deren Geschäftsordnung i.d.F. vom 25.07.2001, in Kraft getreten zum 01.09.2001.

87 Am 20.02.2001 im Landtag beschlossen.

88 So schlug sie als erste eine sog. „Öffnungsklausel" vor, um den Regionalverbänden die Mitgliedschaft in Einrichtungen zur Förderung der regionalen Zusammenarbeit zu ermöglichen, die sich dann auch in der Kabinettsvorlage zur Novellierung des Landesplanungsgesetzes wiederfand.

89 Angesichts der schon jetzt vernehmlichen Widerstände ist allerdings fraglich, ob und wann das entsprechende Gesetzgebungsverfahren in Angriff genommen, mit welcher Intensität es vorangetrieben und wann es abgeschlossen würde.

90 Es kann nicht ausgeschlossen werden, daß in einem solchen Fall auch Stellung, Struktur und (gesetzliche) Aufgaben der Kammern grundsätzlich hinterfragt würden.

91 Schon die Studie der Münchener Unternehmensberatung Roland Berger zum Stadtmarketing der Stadt Karlsruhe (2000) wirft (indirekt) die Frage auf, ob nicht auch das Regionalmarketing der TechnologieRegion – Ausgangspunkt der institutionalisierten regionalen Zusammenarbeit am mittleren Oberrhein – grundlegend reorganisiert werden müsste (z.B. ein Denkmodell: regionale Wirtschaftsförderungsgesellschaft mbH in privater und öffentlicher Trägerschaft).

92 Zur allg. Einführung vgl. u.a. Fraunhofer-Institut für Systemtechnik und Innovationsforschung (Hrsg.): Innovationsnetzwerke – Modelle und Handlungsfelder in europäischer Perspektive; Dokumentation einer gleichnamigen Konferenz am 18. und 19.11.1999 in Karlsruhe, Fritsch, Michael/Koschatzky, Knut/Schätzl, Ludwig/Sternberg, Rolf: Regionale Innovationspotentiale und innovative Netzwerke; in Raumforschung und Raumordnung, 56. Jg (1998), H. 4, S. 243-252, hier S. 245, sowie Dohse, Dirk: Regionen als Innovationsmotoren: Zur Neuorientierung in der deutschen Technologiepolitik, Kiel (Reihe Kieler Diskussionsbeiträge, Nr. 366, hrsg. v. Institut für Weltwirtschaft Kiel) 2000.

93 Fritsch et al., a.a.O., S. 246.

94 Vgl. Abschnitt bzgl. des Erfolgs der „Marke" TechnologieRegion Karlsruhe.

95 Fritsch et al., a.a.O., S. 246.

96 Als erstes konkretes Projekt unternahm das Forum im Dezember 2000 eine Initiative zur konzeptionellen Detaillierung und nachfolgenden Implementierung eines umfassenden Mobilitätmanagementsystems in der TechnologieRegion Karlsruhe.

Die drei nordbadischen Regionen

Gottfried Schmitz

1. Region und Regionalverband Unterer Neckar

Auffällige naturräumliche und siedlungsräumliche Gegensätze

Der Raum und seine Strukturprobleme sind es, die die Planungs- und Entwicklungsaufgaben bestimmen. Im Falle der Region Unterer Neckar kommt hinzu, daß es die starken Gegensätze sind, die in vielfältiger Weise für Spannung sorgen. Dies gilt zunächst in naturräumlicher Hinsicht, denn im westlichen Teil erstreckt sich ihr Gebiet auf die Rheinebene und wird begrenzt durch die Rheinauenlandschaft und den Rheinstrom, eine der bedeutendsten europäischen Wasserstraßen; parallel dazu verläuft der Grabenbruchrand mit der Bergstraße, dem sich in West-Ost-Richtung die Hügellandschaft des Kraichgaues, des „kleinen Odenwaldes" und des Baulandes sowie die Mittelgebirgslandschaft des Odenwaldes anschließen, dem das Neckartal mit seinen Burgen und Schlössern die besondere und berühmte romantische Note gibt.

Gegensätze prägen auch die Region als Siedlungsraum. Im Westen durchziehen die Fernverkehrswege parallel zum Rhein die Region und wo der Neckar das Mittelgebirge verläßt und schließlich in den Rhein mündet, hat die Standortgunst die Entwicklung eines hochverdichteten Ballungsraumes im Industriezeitalter um die Zentren Mannheim und Heidelberg entstehen lassen. Hier konzentrieren sich auf etwa einem Drittel der Fläche der Region drei Viertel ihrer Bevölkerung und vier Fünftel ihrer Arbeitsplätze. Häfen und Containerumschlag, Verkehrsknoten im Personen- und Güterverkehr verbinden sich zu einem der bedeutendsten Verkehrszentren im Südwesten Deutschlands. Dagegen ist der Osten der Region nur mittelbar an das großräumige Verkehrsnetz angeschlossen. Und im Gegensatz zu der mit Ausnahme der Wälder um Schwetzingen und der Rheinauen fast unbewaldeten Oberrheinebene liegen die großen Waldgebiete, die rd. 37 % der gesamten Fläche ausmachen, im Osten der Region, im Bereich des Naturparks Neckartal-Odenwald.

Besiedlung seit den Zeiten der Kelten und Römer

Herausragende Zeugnisse der Vergangenheit entfalten ihre Anziehungskraft bis in die Gegenwart: die Ausgrabungen in dem römischen Vorort Lobodonum, dem heutigen Ladenburg am Unterlauf des Neckar oder die Reste des römischen Limes im Osten der Region, die Schloßruine in Heidelberg, die Schlösser in Mannheim und Schwetzingen, ehemals die Zentren der Kurpfalz in deren Kernland. Aber auch die Rolle Mannheims in der Rheinschiffahrt und die Pioniere in der industriegeschichtlichen Entwicklung, die alten und neuen Universitäten und Hochschulen, die weltbekannten Forschungseinrichtungen, das reiche Kultur- und Veranstaltungsleben, die Spitzenleistungen im Sport (Tennis und Hockenheimring) haben eine interessante Mischung, ein vielfältiges Kultur- und Wirtschaftszentrum im nördlichen badischen Landesteil hervorgebracht.

Wirtschaftlicher Strukturwandel

Die negativen Auswirkungen des wirtschaftlichen Strukturwandels der letzten drei Jahrzehnte trafen vor allem den hochindustrialisierten, von großen Unternehmen dominierten Westteil der Region, und am stärksten Mannheim, die größte Stadt der Region. In mehreren Konjunkturzyklen wurde in der Aufschwungphase nicht mehr der Beschäftigungsstand vor der Abschwungphase erreicht. Die chemische und die pharmazeutische Industrie, die vornehmlich auch im Ausland investiert, konnte ihr hohes Niveau halten. Stark expandierte der Maschinenbau (Druckindustrie), die Unternehmen der Computertechnologie, der Medizintechnik und der Biotechnologie. Relativ gut entwickelte sich der Dienstleistungsbereich, dessen Anteil 1993 schon 62,1% aller Erwerbstätigen betrug. Dies schlägt sich auch deutlich sichtbar im Erscheinungsbild der Städte und Gemeinden nieder.

Umweltbelastungen

Mit der wirtschaftlichen Entwicklung ging jahrzehntelang einher eine zunehmende Belastung der Umwelt durch den Schadstoffeintrag in Boden, Wasser und Luft aus den Industriekomplexen der Großindustrie, den Kraftwerken und des Verkehrs. Seit Mitte der achtziger Jahre konnten aber die Immissionen durch technische Maßnahmen und die Verwendung schwefelarmer Brennstoffe deutlich reduziert werden. Heute wird die Luftqualität im hochverdichteten Bereich nur noch als „mäßig belastet“ gewertet. Dagegen fällt die Bewertung der Wasserqualität der Flüsse, wenn auch unterschiedlich, so doch durchweg schlechter aus.[1] Der Anteil der linksrheinischen, vorderpfälzischen Verursacher an der Immissionslage darf dabei angemessen in Rechnung gestellt werden.

Zerschneidung der Landschaft, Belastungen durch ein dichtes Verkehrsnetz und der unaufhaltsam steigende Siedlungsflächenbedarf verstärkten den Ruf nach Abhilfe durch koordinierende Planung über Stadt-, Gemeinde-, Kreis- und Ländergrenzen hinweg.

Überwindung der Grenzen durch kooperative Planung

Die besonderen Bedingungen im Gebiet der Agglomeration Rhein-Neckar, insbesondere die Zerschneidung durch Ländergrenzen, hatten schon in den zwanziger Jahren zu Diskussionen und Vorschlägen für eine grenzüberschreitende Zusammenarbeit geführt. Im Jahre 1951 kam es zur Gründung der „Kommunalen Arbeitsgemeinschaft Rhein-Neckar“, die später im Zuge der Bildung der schon erwähnten Regionalen Planungsgemeinschaften von der Landesplanung in Baden-Württemberg anerkannt wurde. Neben wertvollen Grundlagenarbeiten für eine großräumige regionale Planung hatte sie maßgeblichen Anteil an der Vorbereitung des Staatsvertrages zwischen den Ländern Baden-Württemberg, Hessen und Rheinland-Pfalz „über die Zusammenarbeit bei der Raumordnung im Rhein-Neckar-Gebiet“ vom 25. Juli 1969 und an der damit ermöglichten Gründung des Raumordnungsverbandes Rhein-Neckar, die im Mai 1970 erfolgte.[2] Die Beschlüsse dazu wurden von den damaligen Trägern der Regionalplanung, der Planungsgemeinschaft Vorderpfalz (Rheinland-Pfalz), dem Landkreis Bergstraße (Hessen) und der Planungsgemeinschaft Unterer Neckar[3] gefaßt. An deren Stelle trat nach dem Inkrafttreten des Regionalverbandsgesetzes in Baden-Württemberg der neue Regionalverband Unterer Neckar, der seine Arbeit im Jahre 1974 aufnahm. Dieser einzigartige grenzüberschreitende Planungsverbund bedeutet für die Region Unterer Neckar eine zusätzliche Dimension ihres regionalen Planungs- und Entwicklungsauftrages: sie hat ihre Vertreter aus ihrer Verbandsversammlung in die Gremien des Raumordnungsverbandes Rhein-Neckar zu entsenden; zu ihrer Verantwortung für den größeren Planungsraum gehört auch die Mitfinanzierung der gemeinsamen Planungsorganisation, sie verzichtet auf eine eigene Planungsstelle und bedient sich des Personals der Verwaltung des Raumordnungsverbandes (der Verbandsdirektor des Raumordnungsverbandes ist in Personalunion Verbandsdirektor des Regionalverbandes) und der aufzustellende Regionalplan muß sich im Rahmen des grenzübergreifenden Raumordnungsplanes halten. Dafür profitiert der Regionalverband aber auch von der weitergehenden Aufgabenstellung des Raumordnungsverbandes, der sich nach seiner von den drei Ländern genehmigten Satzung auch ausdrücklich um die Verwirklichung seiner Planungen und um die Vertretung der Interessen der Region kümmern soll.[4]

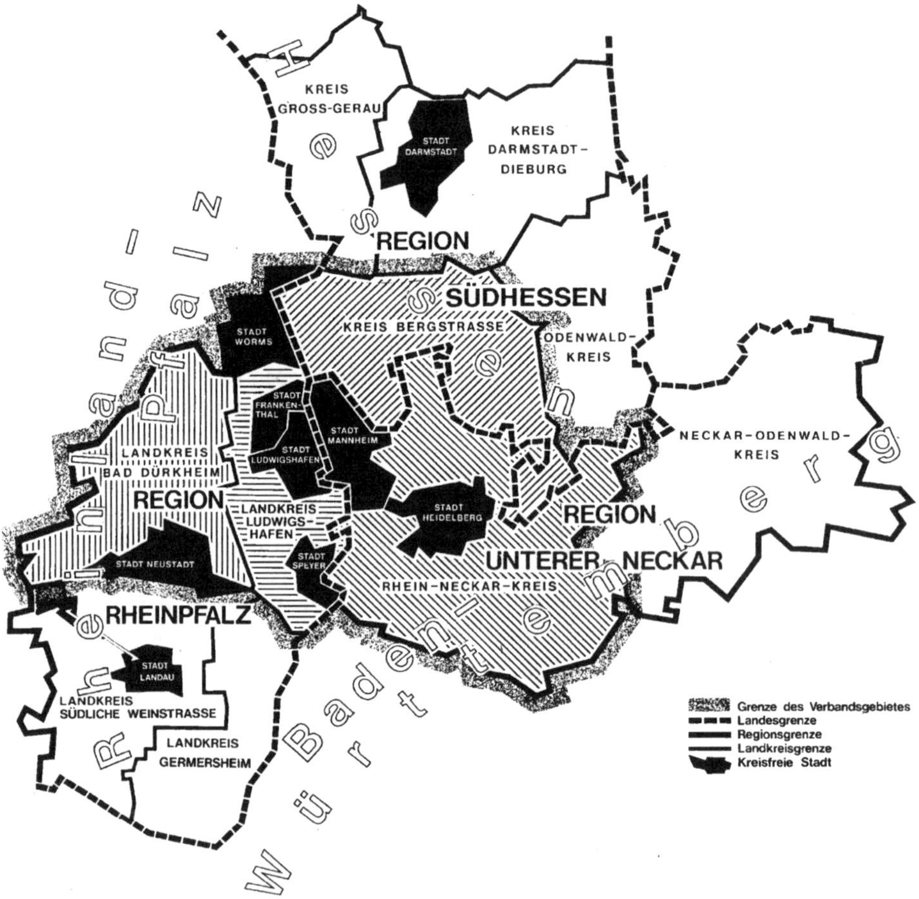

Region Unterer Neckar
(Quelle: Raumordnungsverband Rhein-Neckar)

Planungsorganisation unter komplizierten Bedingungen

Im Ergebnis bewirkt die Einordnung der Region Unterer Neckar in die grenzüberschreitende Region Rhein-Neckar-Dreieck formal eine zweistufige Regionalplanung und eine Verstärkung ihrer regionalpolitischen Position. Der Raumordnungsplan des Raumordnungsverbandes soll die Gewähr dafür bieten, daß sich die Regionalpläne der beteiligten Regionen in die planerische Gesamtkonzeption einpassen und so eine nach einem einheitlichen Entwicklungsleitbild und nach gleichen Planungsprinzipien geordnete räumliche Entwicklung erfolgt. Die Art der personellen Besetzung der Beratungs- und Beschlußgremien und die verbandsübergreifende Zusammenarbeit von Fraktionen und Gruppen erleichtern die politische Willensbildung. Dieser Integrationsprozeß wurde auch durch die Einrichtung einer gemeinsamen Geschäftsstelle (mit einem im Zeitablauf schwankenden Personalbestand zwischen 25 und 35 Bediensteten) des Raumordnungsverbandes Rhein-Neckar, des Regionalverbandes Unterer Neckar und der Planungsgemeinschaft Rheinpfalz gefördert.

Der Neckar-Odenwald-Kreis, der zwar zur Region Unterer Neckar, nicht aber zum Gebiet des Raumordnungsverbandes gehört, ist durch beratende Mitglieder in den Gremien des Raumordnungsverbandes vertreten. Außerdem ist er Mitglied im Verein Rhein-Neckar-Dreieck e.V. und im Verkehrsverbund Rhein-Neckar. Für eine formale volle Einbeziehung dieses gebietsmäßig sehr großen Kreises in den Raumordnungsverband konnte bisher trotz mehrmaliger Versuche kein Einvernehmen unter den drei Ländern erzielt werden.

Übersicht 1: Regionen im Rhein-Neckar-Dreieck: Gebiet, Fläche und Bevölkerung

Gebiet	Zahl der Gemeinden	Fläche / qkm 31.12.99	Bevölkerung 1987	Bevölkerung 1999	Bevölkerungsdichte
Region Unterer Neckar	83	2.441,86	1.018.957	1.116.151	457
Heidelberg	1	108,83	127.768	139.672	1.283
Mannheim	1	144,95	295.191	307.730	2.123
Rhein-Neckar-Kreis	54	1.061,76	465.342	521.954	492
Neckar-Odenwald-Kreis	27	1.126,32	130.656	148.938	132
Kreis Bergstraße	.	719,55	240.111	262.613	365
Region Rheinpfalz	.	2.475,63	855.730	948.919	383
Raumordnungsverband	.	3.324,64	1.747.443	1.908.047	574
Region Rhein-Neckar-Dreieck	.	5.637,04	2.114.798	2.329.826	413

(Zum Gebiet des Raumordnungsverbandes gehören nicht der Neckar-Odenwald-Kreis der Region Unterer Neckar und der Raum Südpfalz der Region Rheinpfalz.)

Planung und Verwirklichung

Drei Ziele sind es, die mit dem von der Verbandsversammlung 1979 beschlossenen ersten und 1992 fortgeschriebenen zweiten Regionalplan für die Region Unterer Neckar verfolgt werden[5]:

- der Prozeß der Abwanderung aus den Kernbereichen der größeren Städte, der Hauptgrund für die sog. Suburbanisierung, und aus den peripheren ländlichen Gebieten soll

gebremst und der damit verbundene Siedlungsdruck auf die Randzonen des Verdichtungsraumes gemildert werden;
- das Entwicklungsgefälle zwischen dem wirtschaftlich stärkeren Westteil und dem Ostteil der Region soll durch die Förderung standortgünstiger und entwicklungsfähiger Siedlungsschwerpunkte und durch den Ausbau des regionalen Verkehrssystems abgebaut werden;
- weil ökonomische Tragfähigkeit und ökologische Belastbarkeit Maß und Tempo der Regionalentwicklung bestimmen, soll der Schutz der natürlichen Faktoren Wasser, Boden, Luft, Vegetation, Tierwelt und die Erhaltung der landschaftlichen Eigenheiten und damit das Erscheinungsbild der Region ein starkes Gewicht in der Planungspolitik haben.

Die wichtigsten Planelemente des Regionalplanes sind dementsprechend die regionalen Verkehrsachsen mit den zugeordneten Siedlungsbereichen, das Netz zentraler Orte, die regional bedeutsamen Industrie- und Gewerbeschwerpunkte, die regionalen Grünzüge und die sonstigen Vorrangbereiche für Freiraumfunktionen, z.B. für die Wasserwirtschaft, die Abfallentsorgung, für die Naherholung, für den Biotopschutz, für die Gewinnung oberflächennaher Rohstoffe (Kies, Ton, Kalk, Porphyr).

Eine inhaltliche Ergänzung erfuhr der Regionalplan in einer ersten Teil-Fortschreibung zum Komplex „Vorbeugender Hochwasserschutz 1999/2000“. Auslöser dafür waren die katastrophenartigen Niederschläge und Überschwemmungen 1993/94 in den Einzugsgebieten von Nebenflüssen des Neckars. Mit neuentwickelten Methoden wurde ein raumplanerisches Konzept zur planerischen Ausweisung überschwemmungsgefährdeter Gebiete erarbeitet und zusammen mit Grundsätzen für die Raumnutzung in Siedlungsbereichen und Freiräumen in den Regionalplan eingefügt. Das Beispiel zeigt, daß auch die „klassische“ Regionalplanung durchaus in der Lage ist, auf neue Anforderungen flexibel zu reagieren.

Der Regionalverband Unterer Neckar hat aber nicht nur seine raumplanerische Konzeption fortentwickelt, sondern auch durch seine Beratungstätigkeit und durch weitere Initiativen auf die Realisierung besonderer regionaler Projekte hingewirkt. Dazu gehören etwa die mehrgemeindlichen Gewerbeparks im Osten der Region oder das Odenwälder Freilandmuseum in Walldürn-Gottersdorf oder das gemeinsam mit dem Raumordnungsverband erarbeitete Konzept für eine regionale Abfallentsorgung.[6]

Kombination von regionalen Planungs- und Kooperationsaufgaben

Die positiven Erfahrungen im grenzüberschreitenden Planungsverbund hatten aber auch eine erfreuliche Vorbild- und Anreizfunktion. Teils durch eigene Initiativen, teils durch Mitwirkung und Beteiligung bei Aktionen anderer regionaler Akteure konnten auf der Ebene des Raumordnungsverbandes, wofür der Regionalverband Unterer Neckar als größte Teilregion eine erhebliche Mitverantwortung trägt, für die regionale Infrastruktur und die Regionalentwicklung insgesamt bedeutende Projekte voran gebracht werden. Für die meisten dieser regionalen Kooperationsaufgaben waren erst geeignete Trägerstrukturen zu konzipieren und zu organisieren. Herausragende Beispiele dafür sind der Verein für die Erholungsgebiete in den Rheinauen, die Aktionsgemeinschaft zur Bekämpfung der Schnakenplage, der Verkehrsverbund Rhein-Neckar, der Zweckverband Abfallwirtschaft Rhein-Neckar.

Waren es bis dahin vor allem Aufgaben kommunaler Selbstverwaltung, die in größeren regionalen Dimensionen neu zu ordnen waren, so sollte durch die Gründung des Arbeitskreises Rhein-Neckar e.V. vor zehn Jahren die regionale Kooperation durch die Mitwirkung privater und öffentlicher Unternehmen, Kammern und Verbänden der Wirtschaft, Universitäten und Hochschulen, eine wesentliche Verstärkung erfahren. Aufsehen erregende Ausstellungen wie „Kunst und Kultur der zwanziger Jahre“, der Spitzenplatz der Region bei einem Bundeswettbewerb Bioregion, die Entwicklung eines „Gesundheitsnetz Rhein-Neckar“ oder die Gründung einer Regionalmarketing GmbH sind Beispiele dafür, wie sich die Kräfte der Region bündeln lassen und die Außenwahrnehmung im Wettbewerb der Regionen erhöht werden kann.

2. Region und Regionalverband Mittlerer Oberrhein

Zentrale Lage im Oberrheingebiet

Die Region liegt zum größten Teil in der Oberrheinischen Tiefebene, sie erstreckt sich aber auch auf den im Osten angrenzenden Schwarzwald mit seinen Vorbergen und im Nordosten auf die Hügellandschaft des Kraichgaus. Im Westen wird die Region vom Rhein begrenzt. Der Rhein bestimmt über viele geschichtliche Epochen Leben und Wirtschaften der Menschen im Oberrheingebiet und in besonderer Wiese auch in diesem mittleren Abschnitt. Katastrophale Überschwemmungen im 19. Jh., die Verwirklichung der (damals) genialen Idee der Rheinkorrektion und schließlich die durch den Rheinausbau in den Jahrzehnten nach dem Ersten Weltkrieg notwendig gewordenen und noch nicht abgeschlossenen Hochwasser-Schutzmaßnahmen führten immer wieder zu Konfliktsituationen zwischen den Rhein-Anliegerstaaten, in den ufernahen Gemeinden, in der Bevölkerung und bei der Landnutzung. Internationale Hochwasserschutzkommissionen, zwischenstaatliche Verträge u.a. über Retentionsmaßnahmen sowie das Integrierte Rheinprogramm lieferten dafür über Jahrzehnte hin den Stoff. Ein Schicksal, das die Region Mittlerer Oberrhein aber mit den benachbarten Regionen im Süden, Westen und Norden teilt.

Rheinaue Altrhein
(Quelle: Regionalverband Mittlerer Oberrhein)

Initiativen zur regionalen Zusammenarbeit

Schon Ende der fünfziger Jahre nahmen Ideen über ein gemeinsames Planen über die Grenzen der Städte und Gemeinden hinaus konkrete Formen an. In wissenschaftlichen

Gutachten, von der Stadt Karlsruhe gemeinsam mit dem Landkreis Karlsruhe und von der Industrie- und Handelskammer Karlsruhe in Auftrag gegeben, wurden die wirtschaftlichen Entwicklungschancen, die sozioökonomischen Verflechtungen, sowie die Bevölkerungsentwicklung untersucht und damit Grundlagen für eine gemeinsame, überörtliche, regionale Planung geschaffen. Ein 1964 beauftragtes privates Planungsbüro legte 1971 einen Entwurf für einen Raumordnungsplan für das Gebiet der Stadt Karlsruhe und der Landkreise Bruchsal, Karlsruhe und Rastatt vor. Auf der Basis der Vorarbeiten hierfür konstituierte sich im Jahre 1969 die regionale Planungsgemeinschaft „Zentrales Oberrheingebiet". Dieser Name stieß zunächst auf starke Vorbehalte, vor allem in Stuttgart und bei den Nachbarn wegen des vermeintlich damit verbundenen allzu hohen Anspruchs. Doch es blieb dabei bis zum Ende der Planungsgemeinschaft im Jahre 1973.

Wenn ihre Tätigkeit auch nur auf wenige Jahre beschränkt blieb, so war diese Planungsgemeinschaft doch eine wirkliche Vorläuferin und Wegbereiterin des danach gegründeten Regionalverbandes Mittlerer Oberrhein. Dieser neue Regionalverband konnte nicht nur das bisher gewonnene Verständnis unter den kommunalen Partnern nutzen, sondern auch die planerische Grundlagenarbeit und – nicht minder wichtig – das Personal übernehmen.

Kontinuität im Regionszuschnitt – neue kommunale Strukturen

Ein besonderer Start-Vorteil gegenüber anderen Regionen ist darin zu sehen, daß das Gebiet der Planungsgemeinschaft „Zentrales Oberrheingebiet" flächengleich war mit der durch das Regionalverbandsgesetz festgelegten Region Mittlerer Oberrhein. Dagegen hatten die in der Kommunalreform neu gebildeten Kommunen ihre Integrationsprobleme zu bewältigen und sich bei ihrer Entwicklungsplanung im neuen räumlichen Zuschnitt und in ihrer neuen Rolle im größeren regionalen Zusammenhang neu einzurichten.

Bei der kommunalen Gebietsreform kam es nämlich zu zahlreichen Veränderungen. Durch „Umkreisungen" erhöhte sich zunächst die Zahl der Gemeinden im Landkreis Bruchsal von 38 auf 41, im Landkreis Karlsruhe von 58 auf 63 und im Landkreis Rastatt von 47 auf 73. Am Ende wurden daraus je zwei Stadt- und Landkreise, nämlich Karlsruhe (zuzüglich sieben Eingemeindungen), Baden-Baden (zuzüglich sechs Eingemeindungen) und die Landkreise Karlsruhe mit 32 und Rastatt mit 23 kreisangehörigen Gemeinden. Auf diese neue Gemeinde- und Kreisstruktur sind auch die Grenzen der Region „Mittlerer Oberrhein" zugeschnitten.

Übersicht 2: Region Mittlerer Oberrhein: Gebiet, Fläche und Bevölkerung

Gebiet	Fläche/qkm 1997	Zahl der Gemeinden	Bevölkerung 1987	Bevölkerung 1997	Bevölkerungsdichte Ew./qkm1997
Stkr. Baden-Baden	140,19	1	50.127	52.672	377
Stkr. Karlsruhe	173,48	1	260.591	276.571	1.594
Lkr. Karlsruhe	1.084,90	32	364.798	410.448	378
Lkr. Rastatt	738,78	23	194.603	221.142	299
Region	2.137,33	57	870.119	960.833	450

Brücken über den Rhein

Zwischen der regionalen Planungsgemeinschaft „Zentrales Oberrheingebiet“ und der linksrheinischen Planungsgemeinschaft „Südpfalz“ entwickelte sich eine enge Beziehung. Schon in den erwähnten Studien in den fünfziger und sechziger Jahren wurden die rechts- und linksrheinischen Verflechtungen als wichtig für die wirtschaftlichen Entfaltungsmöglichkeiten dieses Grenzraumes herausgestellt. Grenzüberschreitende Planungs- und Entwicklungsprobleme im Bereich des Verkehrs, der Wasserwirtschaft, des Rheinausbaus und des Hochwasserschutzes waren mit der Siedlungsentwicklung untereinander und mit den französischen Nachbarn abzustimmen. Diese Kontakte führten schließlich zur Gründung der Arbeitsgemeinschaft Mittlerer Oberrhein/Südpfalz auf der Grundlage eines Staatsvertrages zwischen den Ländern Baden-Württemberg und Rheinland-Pfalz im Jahre 1974.[7] Deren Hauptaufgabe ist die Abstimmung von Planungsgrundlagen und Planungskonzepten. Die zunächst informelle und später formalisierte Zusammenarbeit mit den französischen Nachbarn im Elsaß ließ die grenzüberschreitende Region PAMINA Gestalt annehmen. Nach der Einbeziehung von Vertretern der Arrondissements Wissembourg und Hagenau erfolgte 1990 die Umbenennung in „Arbeitsgemeinschaft Mittlerer Oberrhein/Südpfalz/Nordelsaß“. Durch die Ausdehnung auf die Verbandsgemeinden Dahner Felsenland und Hauenstein konnte eine Deckungsgleichheit mit dem dortigen Fördergebiet der INTERREG-Programme der EU erreicht werden.[8]

Schwerpunkte der Regionalplanung

Der erstmals 1979 aufgestellte und für verbindlich erklärte, ebenso wie der 1992 fortgeschriebene Regionalplan und auch die dritte Fassung vom Jahre 2000 sind durch einige regionalspezifische Aufgabenstellungen gekennzeichnet: der Schutz der Rheinauenlandschaft, die Abstimmung von Verkehrs- und Siedlungsentwicklung, die Eindämmung und Ordnung des Kies- und Sandabbaus und schließlich die mit der Konversion großer, ehemals militärisch genutzter Areale verbundenen Flächenumnutzungen machen die besonderen Elemente des Regionalplanes aus. Gründliche Voruntersuchungen kennzeichnen wie schon zuvor bei der Planungsgemeinschaft die Arbeitsweise des Regionalverbandes. Über die Regionsgrenzen hinaus wurden das Regionale Verkehrskonzept, die Siedlungsstudie für die Region, und vor allem die Kieskonzeptionen 2000 und 2015 bekannt. Nicht minder wichtig für die Gesamtkonzeption des Regionalplanes waren die Studien über Einzelhandelszentren, über die Abfallbeseitigung, zum Güterverkehr oder zur Klärschlammentsorgung.

Bei diesen brisanten Themen ist ein stufenweises Vorgehen über die Diskussion fachlicher Teilkonzepte, die Erörterung von Planentwürfen und schließlich die Abstimmung in den förmlichen Plan-Aufstellungsverfahren mit den zahlreichen Betroffenen und Beteiligten (in der Regel mehrere Hundert) die beste Wahl der Methode. Kein geringerer als der Ministerpräsident Erwin Teufel konnte deshalb zur Feier des 25-jährigen Bestehens des Regionalverbandes Mittlerer Oberrhein feststellen: „...Die Hauptaufgabe der Regionalverbände besteht also im Ausgleich der Interessen, der Interessen der einzelnen der Region angehörigen Gemeinden, Städte, Kreise... Dem Regionalverband Mittlerer Oberrhein ist der Ausgleich dieser Interessen gelungen“.[9]

Integration durch regionale Entwicklungsprojekte

Die Integration der Region zu fördern, ist letztlich das Ziel einer Reihe von Projekten, die vom Regionalverband teils angeregt oder mitinitiiert, und teils aktiv gefördert und betreut werden. Diese Bandbreite in der Form der Zusammenarbeit mit anderen „regionalen Akteuren und Akteursgruppen“, spricht für ein verständnisvolles, sensibles Handlungskonzept, das bei Aktivitäten auf dieser regionalen Zwischenebene, zwischen Kommunen und Land, angezeigt ist. Dabei ist auch für die Region Mittlerer Oberrhein typisch, daß diese regionalen Projekte überwiegend aus den regionalen Problemanalysen im Zusammenhang mit der Regionalplanung erwachsen sind. Dazu gehören etwa die Gründung eines Regionalen Rechenzentrums schon in der Zeit der Planungsgemeinschaft, das von Karlsruhe in die Region hinaus erweiterte Schienennetz für den regionalen ÖPNV, die Touristikgemeinschaft Baden-Elsaß-Pfalz, die Technologie Region Karlsruhe, oder die Entwicklungsgesellschaft Sölling, deren Geschäftsstelle im Hause des Regionalverbandes untergebracht ist.

Gezielte Öffentlichkeitsarbeit

Die planerische Kärnerarbeit, der Ausgleich der Interessen in den verschiedenen Planungsphasen, macht es den Regionalverbänden im allgemeinen schwer, ein geeignetes permanentes Planungsmarketing zu betreiben und damit in der Öffentlichkeit präsent zu sein. Die Planungsgemeinschaft und der Regionalverband Mittlerer Oberrhein haben aber immerhin von 1970 bis 1973 schon 17 und ab 1974 über 115 Titel zur Regionalplanung und Regionalentwicklung vorgelegt. Als besonders publikumswirksam haben sich eine Reihe von Fachausstellungen zu einer Vielzahl von Planungsfragen und die seit 1993 im „Haus der Region“ in Karlsruhe veranstalteten Kunstausstellungen mit Künstlern aus dem Elsaß, der Pfalz und aus Nordbaden erwiesen.

3. Region und Regionalverband Nordschwarzwald

Extreme Bedingungen

Pforzheim, vom Wartberg aus
(Quelle: Foto Günther Beck, Pforzheim)

Die Region Nordschwarzwald ist eine der kleinsten im Lande. Unter den zwölf Regionen steht sie, gemessen an der Gesamtfläche an zehnter, und gemessen an der Bevölkerungszahl an neunter Stelle. Sie hat aber mit die reizvollsten Landschaften aufzuweisen und ist mit 56% Waldanteil die waldreichste. Direkt hinter dem Südschwarzwald ist sie nach den üblichen Kennziffern das zweitgrößte Fremdenverkehrsgebiet des Landes. In naturräumlicher Hinsicht ist die Region stark gegliedert und hat Anteil am Schwarzwald, an den Enzhöhen im Südwesten und an den Heckengäuen im Osten, und im Norden und Nordosten am Kraichgau und am Neckarbecken. Dem geologischen Aufbau, den Klimaverhältnissen und der Oberflächengestalt entsprechen die sehr unterschiedlichen Raumnutzungen in den Teilräumen. Gebiete mit kühlen Höhenlagen, neben solchen mit höheren Temperaturen im Jahresmittel, Landschaftsräume in Höhen von 156m bis 1000 m über NN mit reichlichen und solche mit geringen Niederschlägen sorgen für eine abwechslungsreiche Fauna und Flora.

Wie kaum bei einer anderen Region bestehen gemeinsame Grenzen mit nicht weniger als sechs baden-württembergischen Nachbar-Regionen und der Nordschwarzwald zählt zu den vier „Kern-Regionen“ des Landes, die nicht an andere Staaten oder Bundesländer angrenzen.

Territoriale Neuordnung

Nach 1945 gehörte das Gebiet fast vollständig zur französischen Besatzungszone und ab 1946 bis zur Bildung des neuen Landes Baden-Württemberg im Jahre 1952 zu den damaligen Ländern Württemberg-Baden, Württemberg-Hohenzollern und zu einem geringeren Teil zum Lande Baden. Keine andere Region ist territorial so heterogen zusammengesetzt, aus ehemaligen badischen, württembergischen, preußischen und vorderösterreichischen Gebieten.

Mit der Kreisreform (1973) erhielt auch die Region Nordschwarzwald ihren heutigen Gebietszuschnitt und mit ihrer Zugehörigkeit zum Regierungsbezirk Karlsruhe wurde sie zu einer „badischen“ Region, auch wenn etwa zwei Drittel altes Südwürttemberg sind. Zuvor gehörten Teilgebiete administrativ zu den Regierungsbezirken Nordbaden, Südbaden, Nord-Württemberg und Württemberg-Hohenzollern. Das Regionalverbandsgesetz bildete die Region aus den Kreisen Pforzheim Stadt und Pforzheim Land (ohne Ittersbach) und den württembergischen Landkreisen Freudenstadt (ohne Fünfbronn) sowie aus Gebietsteilen der früheren Landkreise Calw, Horb, Hechingen, Leonberg, Rottweil, Vaihingen/Enz und Wolfach.[10] Eine Modellregion also für das neue Baden-Württemberg, das hier in besonderer Weise durch die Neuordnung der Kreise und Gemeinden dadurch verzahnt wurde, daß die alten badischen und württembergischen Gebietskulissen aufgelöst wurden.[11]

Einschneidend waren auch die Folgen der Gemeindereform (1975). Nicht weniger als 178 Gemeinden verloren ihre Selbständigkeit, nur 71 blieben übrig. So konnte es nicht ausbleiben, daß in den neuen kommunalen Einheiten große interne Integrationsprobleme bewältigt werden mußten, was auch für die Arbeit im Regionalverband im Ringen um einen regionalen Konsens bei so unterschiedlichen Interessenlagen Auswirkungen hatte.

Übersicht 3: Region Nordschwarzwald: Gebiet, Fläche und Bevölkerung

Gebiet	Fläche/ qkm 1997	Zahl der Gemeinden	Bevölkerung 1987	Bevölkerung 1997	Bevölkerungsdichte/ Ew. je qkm
Stkr.Pforzheim	97,84	1	106.530	118.079	1.207
Lkr. Calw	797,54	25	133.321	157.273	197
Lkr. Enzkreis	573,00	28	164.639	188.601	329
Lkr. Freudenstadt	870,71	17	101.957	119.528	137
Region	2.339,99	71	506.447	583.481	249

Die Bevölkerungszahl ist seit dem Ersten Weltkrieg und bis zu den Jahren nach dem Zweiten Weltkrieg nur leicht angestiegen. Erst Mitte der 50er Jahre wächst die Bevölkerungszahl der Region wieder stärker, wohl eine Folge der günstigeren wirtschaftlichen Entwicklung in der Region selbst und in den Nachbarräumen.

Bodenständiges Gewerbe, Zukunftstechnologie, Tourismus

Der Waldreichtum war schon immer ein bedeutender Wirtschaftsfaktor, auch für den Bergbau, der früher eine große Rolle spielte. Zahlreiche Eisenerzgänge wurden schon seit den Zeiten der Kelten und Römer und bis ins 19. Jahrhundert abgebaut. Noch 1924 wurde nach Kupfer geschürft, während der Silberabbau schon Anfang des 17. Jahrhunderts eingestellt worden war. Typische traditionelle Wirtschaftszweige sind in der stark vertretenen Verbrauchsgüterindustrie zu finden. Jeder verbindet mit Pforzheim „das" Zentrum der deutschen Schmuck- und Uhrenindustrie. Rd. 70% der deutschen Schmuckwaren werden in Betrieben der Schmuck- und Uhrenbranche in Pforzheim und im angrenzenden Enzkreis produziert. Pforzheim, das Oberzentrum der Region, hat aber auch die Spitzenstellung im Versandhandel unter den Städten des Landes inne. Eine renommierte Fachhochschule (mit 4.300 Studenten) und die Initiativen im Rahmen der „Wirtschaftsregion Nordschwarzwald" sorgen für eine überdurchschnittlich hohe Zahl von Existenzgründungen im Bereich der Spitzentechnologie und der technologieintensiven Dienstleistungsbranchen.

Die überaus attraktiven „weichen" Standortfaktoren der Region nützen natürlich auch dem Tourismus (in 96 prädikatisierten Orten), dem Kurbetrieb und dem Hotel- und Gaststättengewerbe. Überregional bekannt und geschätzt sind vor allem drei Tourismusstraßen, nämlich die Schwarzwaldbäderstraße, die Schwarzwaldhochstraße und die Schwarzwaldtälerstraße.

Sensibilität bei Planung und Entwicklung

Die Zielsetzungen der Regionalplanung für die Ordnung und Entwicklung der Region setzen am typischen landschaftlichen und wirtschaftlichen Potential an. Deren Sicherung und Weiterentwicklung verlangen einen behutsamen Umgang mit den natürlichen Faktoren, ein sorgfältiges Abwägen bei der baulichen Inanspruchnahme von Grund und Boden für Verkehrswege, für Siedlungszwecke und Gewerbeflächen. Ein besonderes Anliegen ist es, der Zersiedelung der Landschaft wirksam Einhalt zu gebieten. Der Regionalplan, der erstmals 1980 genehmigt wurde und als „Regionalplan 2000" im Jahre 1990 neu aufgestellt wurde, legt dazu mit seinen Planelementen einen verbindlichen Rahmen fest. Die Sorge um die Erhaltung einer attraktiven Erholungslandschaft durch die Abwehr landschaftsfremder und landschaftszerstörender Vorhaben einerseits und ein sorgfältiges Einfügen notwendiger Ergänzungen des Verkehrssystems und verträglicher moderner Gewerbezentren in die Landschaft andererseits, durchziehen wie ein roter Faden das regionalplanerische Konzept. So wurden z.B. mit dem Regionalplan der Verkehrsverbund Pforzheim/Enzkreis initiiert, wie auch regionsübergreifende Kooperationen für Gewerbeansiedlungen angestoßen.

Vorsorgefunktion der Regionalplanung

Der nicht immer und nicht von allen wohlgelittene „Langfristcharakter" der Regionalplanung hat aber seine anerkannte Stärke gerade wegen ihrer vorsorglichen Sicherung von elementaren Faktoren und Bedingungen im Sinne einer nachhaltigen Raumentwicklung. Geradezu „klassische" Planelemente sind die Regionalen Grünzüge, die vornehmlich auch größere zusammenhängende Bereiche vor Be- und Zersiedelung bewahren sollen, und die sog. schutzbedürftigen Bereiche in Freiräumen, u.a. für den Arten- und Biotopschutz (Biotopvernetzung), für die Landschaftspflege, für den Wasserhaushalt, für die freiraumbezogene Erholung und nicht zuletzt für die Waldentwicklung und Forstwirtschaft.

Besondere Probleme stellen sich in der Region im Bereich der Wasserwirtschaft, was Anlaß zu kontinuierlichen Untersuchungen, zu einer Wasserbilanz für die Region sowie zu vier in zeitlichen Abständen vorgelegten Hochwasserberichten war.[12] Ein Schwerpunkt der planerischen Arbeit war deshalb die Ermittlung und Abgrenzung von Bereichen zum Schutz der Trinkwasser-Vorkommen auf der Basis eines vom Regionalverband gemeinsam mit dem Geologischen Landesamt und dem zuständigen Wasserwirtschaftsamt 1989 herausgegebenen „Wasseratlas". In der Folge wurde die Verordnung von Wasserschutzgebieten stark forciert.

Der zweite Schwerpunkt gilt dem Hochwasserschutz. Durch das Hochwasserereignis im März 1988 wurde auch der Regionalverband „auf den Plan gerufen". Die Gesamtproblematik wurde aus der Sicht der Region aufgearbeitet und in einer Broschüre dargestellt. Die Verkettungen in den Wirkungszusammenhängen, die konkreten Konfliktsituationen in den einzelnen Flußgebieten und begründete Vorschläge zur Vermeidung von künftigen Hochwasserkatastrophen an Gemeinden, Fachverwaltungen und Politik wurden zu einem Gesamtkonzept zusammengefügt und Zug um Zug umgesetzt.

Beratung und Partnerschaft bei der Regionalentwicklung

Die typischen regionalen Strukturprobleme i.w.S. machen in der Region Nordschwarzwald ein jeweils angepaßtes Vorgehen ratsam. Bei den langfristig wichtigen Leitvorstellungen für die Entwicklung der Region kommt es auf einen maximalen Konsens an. Im Spannungsfeld wirtschaftsstarker Regionen in der östlichen und in der westlichen Nachbarschaft gilt es, eine gemeinsame Position zu gewinnen und Eigenart und Eigendynamik zu bewahren und zu entwickeln. So hat der Regionalverband und schon seine Vorgängerorganisation über 31 Jahre hin das Anliegen eines Naturparks Schwarzwald bearbeitet. Im Jahre 2000 soll die Naturparkverordnung endlich erlassen werden.

Der überzeugenden Einflußnahme auf die Planungspartner dienen auch die Beratungstätigkeit des Regionalverbandes bei vielen Einzelplanungen, die Aufbereitung von regionalen Problemfeldern durch etwa zwei Dutzend Ausstellungen in der Region oder auf der Landesgartenschau. Daneben werden wasserwirtschaftliche Fragen bearbeitet und die Zusammenarbeit mit potenten Partnern bei wichtigen regionalen Zukunftsaufgaben gesucht. So ist auch die Mitwirkung bei der Gründung einer regionalen Wirtschaftsförderungsgesellschaft und bei deren Aktivitäten als ein Versuch zu sehen, regionale Raumentwicklung durch eine abgestimmte räumliche Planung und Förderung wirtschaftlicher Aktivitäten voran zu bringen.

Anmerkungen

1 Vgl. Die Region Unterer Neckar und ihre Stadt- und Landkreise, Materialien und Berichte Heft 7, Hrsg. Statistisches Landesamt Baden-Württemberg, Stuttgart 1996, S. 58 ff.

2 Vgl. Kurt Becker-Marx, Gottfried Schmitz, Klaus Fischer, Aufbau einer Region – Raumordnung an Rhein und Neckar, Schwetzingen 1999

3 Die regionale Planungsgemeinschaft Unterer Neckar war im Vorfeld des Abschlusses des o.g. Staatsvertrages von den Städten Mannheim und Heidelberg und den Landkreisen Heidelberg und Mannheim beschlossen worden, um vergleichbare organisatorische Grundlagen für die im Staatsvertrag zugrundegelegte zweistufige Raumplanung, die landesinterne Regionalplanung und die grenzüberschreitende Rahmenplanung zu schaffen.

4 Durch eine Ergänzung der Satzung des Raumordnungsverbandes wurde nach jahrelangen Bemühungen, der geübten Praxis Rechnung tragend, eine Erweiterung seiner Koordinierungsaufgaben im Bereich des Verkehrs, der regionalen Wirtschaftsförderung, der Öffentlichkeitsarbeit, des Sozial- und Gesundheitswesens, des Tourismus u.ä. sanktioniert.

5 Vgl. Schmitz, Gottfried, Aufgabe und Stellung des Regionalverbandes Unterer Neckar, in: Das Land zwischen Rhein und Odenwald, Hrsg. Uwe Uffelmann, Villingen-Schwenningen 1987, S. 197 ff.

6 Vgl. 25 Jahre Regionalverband Unterer Neckar, Schlaglichter auf 25 Jahre, Hrsg. Regionalverband Unterer Neckar, Mannheim 1998

7 Vgl. Gesetz zu dem Staatsvertrag zwischen den Ländern Baden-Württemberg und Rheinland-Pfalz über die Zusammenarbeit bei der Raumordnung in den Räumen Mittlerer Oberrhein und Südpfalz. Vom 17. Dezember 1974, GBl. 1975, S. 1

8 Vgl. Grenzüberschreitende Zusammenarbeit im PAMINA-Raum, Hrsg. Pamina, l`Ancienne Douane Lauterbourg, 1998; Vgl. hierzu auch den Beitrag von U. Striebel-Hechenblaikner in diesem Band.

9 Teufel, Erwin, Erfolgreich zum Wohle der Bürger, Auszüge aus seiner Rede zur 25-Jahr-Feier, in: 25 Jahre Regionalverband, INFO 2/98, S. 2; Vgl. Ditteney, Bernhard, Für Ausgleich und Integration. Ein Rückblick als langjähriger Vorsitzender der Verbandsversammlung, Regionalverband Mittlerer Oberrhein, INFO 2/99

10 Vgl. Statistisches Landesamt Baden-Württemberg, Materialien und Berichte, Heft 9, Die Region Nordschwarzwald mit Stadtkreis und Landkreisen, Stuttgart 1997

11 So Günther H. Oettinger (MdL) bei der Festveranstaltung zum 25-jährigen Bestehen des Regionalverbandes Nordschwarzwald am 11. Dezember 1998 in Pforzheim.

12 Regionalverband Nordschwarzwald, Wasserbilanz für die Region 1983-1990-2000-2005

Karlsruhe

Manfred Koch

„In der Tat kann nur eine gewissenhaft durchgeführte echte Parität [...] auf die Dauer die Zusammenfassung in einem Land sichern. [...] Es darf nicht der preußische Fehler einer Überzentralisation in kleinem Maßstab in Stuttgart wiederholt werden.“[1] Dies ist nicht etwa ein Zitat aus der in unseren Tagen geführten Auseinandersetzung über die Behördenverlagerung in die Landeshauptstadt. Die Feststellung stammt aus einem Schreiben vom 15. Juli 1946 an den Ministerpräsidenten in Stuttgart. Der dies schrieb, war der Oberbürgermeister der Stadt Karlsruhe und spätere langjährige Wirtschaftsminister des Landes Baden-Württemberg, Hermann Veit. Damals ging es um die Verteilung der Behörden in dem von der US-Militärregierung im September 1945 geschaffenen Land (Nord)Württemberg-(Nord)Baden. Konkreter Anlaß für Veits Demarche an den Ministerpräsidenten war die Ansiedlung des Landesrechnungshofes. Veit war äußerst besorgt darüber, daß durch den Verlust der Hauptstadtfunktion und dem damit verbundenen Abzug der zentralen Landesbehörden, Karlsruhe „auf eine dritte oder vierte Städtestufe heruntergedrückt werde.“[2] Die Landesregierung gab im Falle des Rechnungshofes nach und machte Karlsruhe zu dessen Sitz, beließ jedoch eine Außenstelle in Stuttgart. Kurz bevor Veit Anfang 1947 in das Stuttgarter Wirtschaftsministerium wechselte, resümierte er die Verteilungskämpfe dahin, daß „die Staatsregierung den Grundgedanken des Ausgleichs nicht angenommen hat. [...] Es ist vorauszusehen, daß die Regelung, den badischen Belangen dadurch Rechnung zu tragen, daß man die Behörden jeweils doppelt errichtet, eines Tages an der notwendigen Sparsamkeit und Verwaltungsvereinfachungen scheitern kann.“[3]

Verlust der Hauptstadtfunktion

Mit diesem Blick auf einen Vorgang im Jahre 1946 ist das zentrale Problem der Karlsruher Stadtentwicklung seit dem Kriegsende erfaßt. Ziel aller Verantwortlichen der Stadtverwaltung war es, der als Residenz und Regierungssitz gegründeten Stadt nach 230 Jahren eine neue Identität zu geben und ihr zugleich weitgehende zentralörtliche Funktionen zu erhalten. Es ging bei dem Bemühen, den Absturz in provinzielle Bedeutungslosigkeit zu verhindern, damals sowenig wie heute um die sogenannte „Badenfrage“. Die Debatten drehten sich vielmehr im Kern um die Frage, wieviel Zentralität verträgt bzw. wieviel Dezentralität benötigt das mit einem „verfassungsrechtlichen Geburtsmakel“[4] neugeschaffene Bindestrichland, um den inneren Zusammenhalt zu gewährleisten.[5]

Erste Konturen einer Planung für Karlsruhe ohne Regierungssitz stammen aus der Zeit des Dritten Reichs. Die Stadtverwaltung sah sich mit dem Problem konfrontiert, als nach der Annexion Elsaß-Lothringens Gauleiter Wagner plante, die Gauhauptstadt nach Straßburg zu verlegen. Es blieb zwar bei den Absichten, die Stadtverwaltung plante aber dennoch für den Ernstfall. Oberbürgermeister Hüssy rechnete dem Gauleiter vor, daß für jeden abziehenden Beamten vier bis fünf Arbeiter angesiedelt werden müßten, um die Wirtschaftskraftverluste auszugleichen. Zudem sei die Entwicklung Karlsruhes als

Verkehrskreuz der Ost-West und Nord-Süd-Verbindungen durch Ausbau des Karlsruher Flughafens, des Rheinhafens und des Autobahnnetzes zu fördern. Die Stadt müsse als Industrie- und Handelsplatz etabliert werden. Zugleich solle es aber kulturelles Zentrum bleiben durch Förderung der Technischen Hochschule und der bestehenden Kultureinrichtungen des Landes. Nach 1945 knüpften die Verantwortlichen an die Konzepte und Entwürfe an und planten den Ausbau der Industrie und des Handels bei gleichzeitiger Erhaltung möglichst zahlreicher Behörden. Für unverzichtbar hielten sie den Charakter der Stadt als Zentrum von Kunst und Bildung.

Karlsruhe – Pyramide am Marktplatz
(Quelle: LMZ/Hauswirth, 1996)

Die Berechtigung der Karlsruher Ansprüche auf einen Ausgleich für die Verluste durch den Abzug der Regierungsbehörden erkannten Bundes- wie Landesregierung an. Durch die Lage Karlsruhes im toten Winkel der von den alliierten Mächten quer zu den Verwaltungsgrenzen vorgenommenen Einteilung der Besatzungszonen waren einer solchen Entwicklung jedoch wegen des fehlenden Hinterlandes als Einzugs- und Absatzgebiet zunächst enge Grenzen gezogen. Dementsprechend handelte die Stadt in zwei getrennten Aktionsfeldern. Zum einen stand sie werbend und abwehrend mit dem Land und dem Bund in Kontakt, um Landes- und Bundesinstitutionen nach Karlsruhe zu holen oder zu erhalten. Diese Bemühungen setzten fast unmittelbar nach Kriegsende ein. Zum anderen galt es, die Stadt als Standort für Wirtschaftsbetriebe attraktiv zu machen und Betriebsniederlassungen aktiv zu fördern.

Behördensitz Karlsruhe

Die Verteilungskämpfe um die Ansiedlung von Landesbehörden setzten sehr früh ein und dauerten bis in die 1950er Jahre. Im Hinblick auf die Auseinandersetzungen zwischen den badischen Städten Karlsruhe und Mannheim, die das gute und respektvolle Verhältnis der beiden Städte zu trüben drohte, verlangte Karlsruhes Oberbürgermeister Klotz 1954, den „kalten Krieg um die Behördensitze" zu beenden und eine schnelle Entscheidung aller offenen Fragen herbeizuführen. In der Bilanz der Bemühungen schnitt dabei Karlsruhe deutlich besser ab als Mannheim. Die Stadt war Mitte der 1950er Jahre Sitz von 20 Bundesbehörden, darunter die beiden höchsten deutschen Gerichte, die Oberfinanzdirektion, das Hauptzollamt sowie die Bundesanstalten für

Wasserbau und Lebensmittelfrischhaltung, mit etwa 12.000 Beschäftigten, darunter 90% bei der Bundesbahn und -post. Die Statistik verzeichnet ferner 94 Landesbehörden, darunter die Staatliche Münze, den Rechnungshof, die Staatsschuldenverwaltung, das Versorgungsamt und Außenstellen des Vermessungs- und des Gewerbeamtes, mit zusammen etwa 6.700 Mitarbeitern. 105 Körperschaften, Anstalten und Stiftungen des öffentlichen Rechts, darunter die Versorgungsanstalt des Bundes und der Länder, das Landesversorgungsamt Baden, die Badische Landeskreditanstalt und den Badischen Gebäudeversicherungs-Verband, mit etwa 2.900 Beschäftigten vervollständigen das Bild des Behördensitzes Karlsruhe mit zentralörtlicher Bedeutung. An dieser Stelle ist auch der badische Energieversorger Badenwerk zu nennen. Tatsächlich hatte Karlsruhe zu dieser Zeit einschließlich der Kommunalbeamten nur etwa 800 Beamtenstellen weniger als im Jahre 1939.

Teilansicht des 1969 nach Plänen von Prof. Paul Baumgarten fertiggestellten Neubaus für das Bundesverfassungsgericht am Schloßplatz an der Stelle der Ruine des ehemaligen Hoftheaters (Quelle: StadtAK 8/BA Verkehrsverein 417)

Die Ansiedlung des Bundesgerichtshofs und des Bundesverfassungsgerichts 1950 und 1951 waren sicher die wichtigsten Erfolge bei den Bemühungen um ein neues Selbstverständnis, bezeichnete sich die Stadt seitdem doch als „Residenz des Rechts". Ihrer Bewerbung von 1949 reichte die Stadt 1950 eine Denkschrift „Karlsruhe als Sitz des Obersten Bundesgerichts" nach. Darin betont sie die Berechtigung, den Gerichtssitz zu erhalten, da sie bisher für den Verlust der Hauptstadtfunktion nicht entschädigt worden sei. Starke Unterstützung für ihre Bewerbung fand Karlsruhe bei Ministerpräsident Maier, Wirtschaftsminister Veit und Bundesjustizminister Dehler. Gegen zwölf Mitbewerber und den Willen des Bundeskanzlers Adenauer setzte sich schließlich die Karlsruher Bewerbung im Bundestag durch. Als wenig später über den Sitz des Bundesverfassungsgerichts entschieden wurde, erhielt Karlsruhe auch Dank des erneuten Einsatzes von Minister Dehler den Zuschlag. Allerdings sollte dies nur vorläufig bis zur Wiedervereinigung des geteilten Deutschland gelten. Die Stadt unternahm große Anstrengungen, das Verfassungsgericht 1960/61 zu halten, als sein Domizil zu klein geworden war und München ein attraktives Angebot unterbreitet hatte. Oberbürgermeister Klotz bot das Gelände des Theaters am Schloß, für dessen Neubau bereits ein Architektenwettbewerb erfolgt war, für ein neues Gerichtsgebäude an und wich mit dem Theaterbau auf das ehemalige Hauptbahnhofgelände am Ettlinger Tor aus.

Die Entwicklung des städtischen Rheinhafens spiegelt die Probleme und die Erfolge der Entwicklung Karlsruhes zum Industriestandort wie auch die Förderpolitik des Landes und die Verstrickung mit dem Streit um den Südweststaat wider.[6] Investitionen von 6 Mio. DM, davon 2,5 Mio. Landesmittel und 2 Mio. DM Marshallplan-Kredite, waren erforderlich, um die Kriegszerstörungen zu beheben und den Hafen wieder leistungsfähig zu machen. Als die Stadt 1951 das 50jährige Bestehen ihres Hafens feierte, war der Wiederaufbau fast vollendet. Die Hoffnungen auf einen Aufschwung des Hafens im Zeichen des beginnenden Wirtschaftswunders erhielten allerdings zunächst einen Dämpfer. Nach fast 2 Mio. t Umschlag 1951 ging dieser in den beiden folgenden Jahren auf 1,6 Mio. t zurück. Als Ursache dafür galt der Rhein-Neckar-Kanal. Gegen dessen Weiterbau ab 1949 nach Stuttgart und die Kapazitätssteigerung durch den zweikammerigen Schleusenausbau wehrten sich die oberrheinischen Häfen Mannheim, Karlsruhe und Kehl gemeinsam, da er für sie einen Tonnageverlust von 3 bis 4 Mio. erwarten ließ. Diese Versuche zur Wahrnehmung wirtschaftlicher Interessen gerieten unausweichlich in den Sog der damaligen Auseinandersetzungen um die Bildung des Südweststaats. Dazu trug auch Ministerpräsident Maier bei, als er 1950 den Widerstand gegen den Kanalbau als unbefugte altbadische Agitation zurückwies. Da der Kanalbau im Konzept des bundesweiten Ausbaus der Wasserstraßen gefördert wurde, war er nicht zu verhindern. Enttäuschung bewirkte in Karlsruhe auch der 1956 vom Landtag verabschiedete Generalverkehrsplan, der nach Ansicht des Karlsruher Hafendirektors Industrieballungen im Wirtschaftsraum Heilbronn-Göppingen-Reutlingen-Stuttgart begünstige. Dem wurde die Mahnung zu einer „weitgehenden Dezentralisierung der industriellen Besiedelung" und damit eine stärkere Förderung des Karlsruher Wirtschaftsraumes entgegengestellt.[7]

Mitte der 1950er Jahre gestalteten sich die politischen und wirtschaftlichen Rahmenbedingungen für die Stadt so unerwartet günstig wie seit fast 40 Jahren nicht mehr. Der Wandel in den Beziehungen zu Frankreich im Rahmen der europäischen Bewegung gab dem Standort Karlsruhe eine völlig neue Qualität im Schnittpunkt des Nord-Süd- und des Ost-West-Verkehrs an den Verkehrswegen auf dem Wasser, der Straße und der Schiene. Im Hinblick auf die von Marseille nach Straßburg führende Ölpipeline bauten die Esso AG und die DEA Raffinerien in Karlsruhe und machten die Stadt nach Köln und Hamburg zur drittgrößten Basis für die Verarbeitung von Erdöl in Deutschland. Die Hoffnungen auf große Gewerbesteuereinnahmen erfüllten sich jedoch nicht, es kamen aber die Probleme der Umweltbelastung.

Die Kosten für die Erschließung des Geländes und den Bau eines neuen etwa 8 km nördlich des Rheinhafens gelegenen Ölhafens betrugen etwa 30 Mio. DM, an denen sich das Land mit Krediten von 7 Mio. DM beteiligte.[8] Der erste Öl-Zug verließ die Esso-Anlage am 19. Dezember 1962. Die DEA nahm ihren Betrieb am 10. Mai 1963 auf. Die Ansiedlung der Raffinerien gaben dem bereits erkennbaren Strukturwandel des Karlsruher Rheinhafens schlagartig eine neue Dimension. Nach der Inbetriebnahme der Raffinerien stieg der Karlsruher Rheinhafen schnell zu einem der größten Binnenhafen der Bundesrepublik und zum größten Ölhafen Europas im Binnenland auf.

Bau des Kernforschungszentrums

Die Raffinerien und der Ölhafen entstanden auf einem Gelände, das kurz zuvor noch als Baugrund für den ersten deutschen Versuchsreaktor vorgesehen war, der dann aber im Hardtwald bei Eggenstein errichtet wurde. Für den Bau des Kernforschungszentrums in Karlsruhe setzte sich das Land mit großem Nachdruck von Anfang an ein. 1953 reichte Karlsruhe bei der Bundesregierung die Bewerbung offiziell ein. In Konkurrenz standen Stadt und Land mit Bayern und München, wobei diese den Vorteil hatten, daß sich der führende deutsche Atomforscher, der Nobelpreisträger Werner Heisenberg, sehr für München stark machte. Die baden-württembergische Regierung beschloß deshalb, die bayerischen Zuschußversprechungen in jedem Fall um mehrere Mio. zu überbieten. Die Entscheidung für Karlsruhe fällte dann 1955 Kanzler Adenauer, nachdem die NATO wegen der Nähe zur tschechischen Grenze den Standort München aus militärischen Gründen ausgeschlossen hatte. Als der Forschungsreaktor 1963 mit voller Leistung arbeitete, war die Industrie aus der anfänglichen Mitfinanzierung ausgestiegen und Bund/Land teilten sich Anteile an der Gesellschaft für Kernforschung im Verhältnis 75:25. Die überragende Bedeutung der Standortentscheidung für die Region belegen die Investitions- und Betriebskosten, die 1960-1966 ca. eine dreiviertel Milliarde DM betrugen, ein Mehrfaches der gesamten Fördermittel des Landes von 1952-1968, sowie der Jahresetat der größten von 13 deutschen Großforschungseinrichtungen – im Jahr 1985 z.B. etwa 500 Mio. bei 3.800 Mitarbeitern.[9] Im Kernforschungszentrum entstanden u.a. das Institut für Transurane der EURATOM, das die internationale Kooperation gewährleistete und ein Institut der TH Karlsruhe.

Zentrum für Kultur und Forschung

„Zu allen ökonomischen Fakten muß sich [...] eine geistige Aktivität und Anziehungskraft hinzugesellen. Nur dann kann man wirklich Mittelpunkt einer Landschaft sein und bleiben“, erklärte 1960 Oberbürgermeister Günter Klotz.[10] Zu diesem Zeitpunkt waren die kulturellen Traditionen der Stadt gewahrt, da keine der zentralen badischen Kulturinstitutionen in der Stadt der Zusammenlegung der beiden Länder Baden und Württemberg zum Opfer gefallen war. Das kulturelle Profil der Stadt und ihr Selbstverständnis prägte zuerst das Theater als Mittelpunkt des repräsentativen kulturellen Gemeinschaftslebens. Das Theater wurde nun wie auch in Stuttgart künftig zu 50% von der Stadt mitfinanziert. Kunsthalle, Landesmuseum und Naturkundemuseum bildeten den musealen Dreiklang mit großer Anziehungskraft für die Re-

Karlsruhe –Technische Hochschule
(Quelle: LMZ/unbek., 1985)

gion und darüber hinaus. Technische Hochschule (seit 1967 Universität), Akademie der Bildenden Künste, Staatstechnikum (heute Hochschule für Technik – FH), Pädagogisches Institut (heute PH) und die bis 1971 allein von der Stadt und seitdem vom Land mitfinanzierte Staatliche Musikhochschule mit dem Badischen Konservatorium sowie die Badische Landesbibliothek machen Karlsruhe zu einem überregionalen Bildungszentrum. Sie alle wurden, soweit kriegszerstört, wieder aufgebaut bzw. den wachsenden Besucherzahlen entsprechend ausgebaut. Für die bedeutendste Karlsruher Hochschule, die TH, war dies 1946 allerdings kurzfristig in Frage gestellt, da erwogen wurde, sie wegen der 80%igen Zerstörung der Hochschulgebäude mit der Stuttgarter TH zusammenzulegen. Bis 1957 waren die Zerstörungen dann weitgehend behoben, bis 1962 erste Neubauten fertiggestellt und 1972 verfügte die Universität über das dreifache Raumangebot im Vergleich zu 1939. Es gab hier nun aber auch etwa die 4,5fache Anzahl Studierender. Für den Erhalt eines einheitlichen Universitätsviertels überließ die Stadt dem Land Gelände aus dem ansonsten sorgsam gehüteten Bestand des Hardtwaldes.

Zwischenbilanz 1970

Bis zum Jahre 1970 war die ehemalige Landeshauptstadt Badens im Rhythmus der nachkriegsdeutschen Wirtschaftsentwicklung beständig gewachsen. Dies galt auch für die Bevölkerung, die von etwa 185.000 vor Kriegsausbruch auf knapp 260.000 gewachsen war. Die Zahl der Beschäftigten stieg von 100.000 im Jahr 1950 auf etwa 165.000 bei einem Pendleranteil von 30% im Jahr 1970. Karlsruhe hatte seinen schon vor dem Ersten Weltkrieg erreichten Status als Dienstleistungs- und Handelsstadt gefestigt, war jedoch kein erstrangiger Industriestandort geworden. In ihrem Selbstverständnis war die Stadt die deutsche „Residenz des Rechts“ und das wirtschaftliche und kulturelle Zentrum am mittleren Oberrhein. Das Erreichen dieses Ziels begünstigten die ökonomischen Rahmenbedingungen des deutschen Wirtschaftswunders und die tatkräftige Unterstützung durch Bund und Land. Gegenüber der Landesregierung bedurfte es zur Förderung der Karlsruher Interessen jedoch immer wieder des gelegentlich auch energischen Einsatzes von Landespolitikern aus Karlsruhe, deren Wort Gewicht hatte.[11]

Möglicherweise liegt in diesen offensichtlichen Erfolgen, Karlsruhe neues Profil und Selbstverständnis zu schaffen, das Ergebnis der Volksabstimmung von 1970 begründet. Es hatte seit dem Urteil des Bundesverfassungsgerichts von 1956 vierzehn quälend lange Jahre gedauert, ehe der 1951 „überspielte Wille der badischen Bevölkerung“ erneut durch eine Volksabstimmung über den Südweststaat erkundet werden sollte. In der ehemaligen Landeshauptstadt war erwartungsgemäß auch nach so langer Zeit der Anteil derer, die für das alte Land Baden votierten mit 36% (1951: 68,4%) am höchsten. Damit hatte sich aber auch hier eine deutliche Mehrheit für Baden-Württemberg ausgesprochen. Ob aber die volle innere Aussöhnung der Karlsruher und Karlsruherinnen mit dem neuen Bundesland gelingen würde, sah der Kommentator in den Karlsruher Badischen Neuesten Nachrichten zu Recht davon abhängen, ob sich „die Regierenden in Stuttgart neben anderem auch von jenen Tugenden leiten lassen, die im Badischen so hoch geschätzt werden: Fairness und Gerechtigkeit.“[12]

Zentralitätsverluste

Die erste Nagelprobe für die Beachtung der Karlsruher Interessen und die Einhaltung des Konsenses über die paritätische Verteilung zentraler Behörden stand unmittelbar bevor. Vor der endgültigen Bestätigung des Südweststaates durch die Volksabstimmung 1970 stand das Regieren in Baden-Württemberg im Zeichen des Provisoriums, es herrschte der „baden-württembergische Belagerungszustand". Überlegungen für die Schaffung zentraler Landesbehörden hatte es schon vor diesem Stichtag gegeben, nun begann deren Umsetzung. Aus den Landeskreditanstalten der beiden Landesteile sollte eine leistungsfähige Landeskreditbank geschaffen werden. Im Hinblick auf den Gesetzentwurf zeigte der Karlsruher Oberbürgermeister Dullenkopf Verständnis für die Schaffung solcher Zentralbehörden und dem damit zu leistenden Rationalisierungsbeitrag für die staatliche Verwaltung, er bat jedoch nachdrücklich darum, Karlsruhe als Sitz der Bank zu bestimmen und nicht nur als Zweigstelle mit der Perspektive der späteren sukzessiven Aufgabe. Ministerpräsident Filbinger stimmte darin mit ihm überein, daß er keinen landesinternen Zentralismus wolle. In der Landeshauptstadt sollten nur die Einrichtungen angesiedelt sein, die unter allen Umständen dort sein müßten.[13] Im Landtag, der in der zweiten Lesung des Gesetzentwurfs Stuttgart trotzdem zum Sitz der Bank bestimmte, bedurfte es eines harten Ringens, um in der dritten Lesung doch noch mit knapper Mehrheit den Sitz nach Karlsruhe zu bekommen. Dabei forderte der ehemalige Wirtschaftsminister Veit (SPD) das Recht des Widerstandes gegen einen übertriebenen Zentralismus Stuttgarts. Er mahnte die Abgeordneten: „Strafen Sie uns, die wir immer erklärten, das größere Land sei die bessere Lösung, nicht Lügen."[14]

Dieser Zentralitätsgewinn hielt jedoch nicht lange vor. Bereits Ende der 1970er Jahre wurde die Badische Bank mit der Heilbronner Handelsbank und der Württembergischen Bank zur Baden-Württembergischen Bank vereint, wobei der juristische Sitz nach Stuttgart ging und Karlsruhe drei Vorstandssitze behielt, von denen einer geblieben ist. 27 Jahre später ging auch der Sitz der Landeszentralbank und damit zentralörtliche Funktion verloren. Nach einem vergeblichen Versuch von Ministerpräsident Späth 1985/86 eine baden-württembergische Großbank zu schaffen, erreichte sein Nachfolger Teufel 1999 dieses Ziel. Das in Geheimgesprächen vorbereitete Institut knüpfte an die von Späth bevorzugte Zusammenfassung aller öffentlich-rechtlichen Banken des Landes an. SüdwestLB (Mannheim, 1988 aus Bakola und Wükola entstanden), L-Bank (Karlsruhe) und Landesgirokasse (Stuttgart) fusionierten mit dem Hauptsitz in Stuttgart und je einem Sitz in Karlsruhe und Mannheim. Die Förderbank wurde aus der Großbank ausgegliedert und mit Sitz in Karlsruhe belassen. Oberbürgermeister Seiler charakterisierte die wenig konkreten Zusagen für Karlsruhe als „ungewissen Scheck auf die Zukunft" und sah den Finanzplatz Karlsruhe dadurch nicht gesichert.[15] Die Förderbank erhalte zwar etwa 800 Arbeitsplätze in der Stadt, bringe aber keinen Pfennig Gewerbesteuer. Insbesondere habe die Stadt nur das Wort des Ministerpräsidenten bis 2001 für einen Ausgleich der Gewerbesteuerausfälle – der Nettoertrag aus dieser Steuer betrug 5,5 Mio. DM – zusammen mit der Stadt Stuttgart zu sorgen.[16]

Zweifellos ist damit ein weiterer Schritt in der sich seit 1952 abzeichnenden ungleichen Verteilung der Landesbehörden unterhalb der Ministerien vollzogen. So gab es vor 1952 in Stuttgart 106 Ämter und Behörden und danach kamen 37 hinzu. In Karlsruhe waren es 90 mit einem Zuwachs von 20. Diese Verteilung hielt die Landesregierung in der Beantwortung einer Anfrage aus dem Landtag von 1975 für sachgerecht. Die Landesregierung bemühe sich, Einrichtungen, die ihren Sitz nicht in der Landeshauptstadt haben müsse, nach funktionalen und strukturpolitischen Gesichtspunkten auf andere Städte des Landes zu verteilen und lehne einen „Zentralismus" in Stuttgart ab. „Neben Stuttgart ist Karlsruhe in besonderem Maße geeignet für Einrichtungen, deren Zuständigkeitsbereich sich auf das ganze Land erstreckt. [...] Dies ergibt sich aus der wirtschaftlichen und kulturellen Leistungsfähigkeit dieses Raumes sowie aus der Tatsache, daß Karlsruhe früher die Landeshauptstadt des Landes Baden war."[17] Tatsächlich folgte die Regierung in den folgenden 15 Jahren dieser Einstellung und änderte praktisch nichts an der Behördenorganisation.

Erst in den 1990er Jahren trat hier eine spürbare Veränderung ein. Das Regierungshandeln Späths war, wie sich beim 1985/86 unternommenen Versuch zur Gründung der Landesbank zeigte, geprägt von der Planung in großen Zusammenhängen, ohne dabei in den Landesgrenzen zentrale Strukturen anzustreben. Er sah eine besondere Stärke des Landes in seiner Vielfalt. Die wollte er dort fördern, wo dies bei betriebswirtschaftlich „kritischen" Größen auch Effizienz erwarten ließ, wie etwa im Fall des Technologiezentrums Ulm und der Daimler-Benz Ansiedlung in Rastatt. Unter seinem Nachfolger machten sich dagegen verstärkte Tendenzen einer Zentralisierung bemerkbar. Diese neue Akzentsetzung in der Landespolitik vollzog sich unter den veränderten Rahmenbedingungen einer zunehmenden Globalisierung mit dem Zwang zu einem verstärkten Wettbewerb der europäischen Regionen und zur Verwaltungsreform aus Effizienz- und Sparsamkeitsgründen. Anfang 1997 trat die Landesregierung mit dem Plan der Schließung von 100 Ämtern und Behörden bei gleichzeitiger Einsparung von 1.400 Stellen an die Öffentlichkeit. Schon bei der ersten Durchsicht zeigte sich, daß Karlsruhe davon mit der Schließung von fünf Ämtern und dem Verlust von 295 Arbeitsplätzen stärker noch als Stuttgart betroffen war.[18] Da kurz zuvor mit der Landesregierung in schwierigen Verhandlungen über den Sitz der Oberfinanzdirektion (OFD) ein innerbadischer Ausgleich mit Freiburg erzielt worden war, der Karlsruhe den Sitz der OFD unter Abgabe von 200 Arbeitsplätzen an die Außenstelle Freiburg beließ, protestierte Oberbürgermeister Seiler energisch beim Ministerpräsidenten. Im Jahr 2000 informierte die Stadtverwaltung den Gemeinderat über Arbeitsplatzverluste durch Behördenverlagerungen. Danach betrug der Verlust bei den Beschäftigten im öffentlichen Dienst bzw. bei Unternehmen, an denen Bund oder Land beteiligt sind, seit 1995 im Bundesbereich um 775 Mitarbeiter im Landesbereich knapp 500 Mitarbeiter.[19] Der Gemeinderat hatte sich bereits im März 1998 in einer gemeinsamen Entschließung gegen weitere Zentralisierungen von Arbeitskräften und Finanzkraft in Stuttgart gewandt. In der Debatte dämpfte OB Seiler die kämpferische Euphorie der Gemeinderäte, durch den Verweis darauf, daß seit 1952 die Sogwirkung der Landeshauptstadt zugenommen habe und die Möglichkeiten dagegen vorzugehen sich zunehmend verschlechtern würden. Zudem sei Karlsruhe kein gleichberechtigter Partner in den Verhandlungen mit der Regierung und man könne auch nicht auf eine badische Solidarität bauen. In Mannheim, merkte er auf territoriale Traditionen des Landes Baden anspielend an, fühle man kurpfälzisch und in Freiburg gehöre man zu Vorderösterreich. Karlsruhe könne seine Interessen nur im Vorfeld der Entscheidungen von Parlament und Regierung darlegen.[20]

Die Behördenverlagerungen in den 1990er Jahren, die die Arbeitsplatzverluste in Karlsruhe verursachten, betrafen neben der Landesbank u.a. den Sitz der Bundesbahndirektion, der Oberpostdirektion und der Staatlichen Münze, die sämtlich nach Stuttgart verlagert wurden.[21] Das gleiche gilt für den Sitz der erst mit dem württembergischen

Pendant fusionierten und dann privatisierten badischen Gebäudeversicherung. Den ebenfalls fusionierten, mit Doppelsitz in Stuttgart und Karlsruhe ausgestatteten Landesversicherungsanstalt (mit juristischem Sitz in Karlsruhe) und Landesbausparkasse droht nach ersten Einschätzungen das von Veit 1946 skizzierte Schicksal einer schleichenden Aushöhlung. Das Beispiel des Landesgewerbeamtes, das praktisch nur noch einer Stuttgarter Dependance gleicht, gibt dafür Anschauungsunterricht. Die Bedeutung dieser Zentralitätsverluste liegen in nachlassender Bindung der ansässigen Firmen an ihren Standort und geringerer Anziehungskraft für Neuansiedlungen. Neben den genannten Verlusten gibt es aber auch Erfolge zu verzeichnen. Der Sitz der zusammengeführten Energieversorger des Landes (EnBW) wurde nach Karlsruhe gelegt. Allerdings zog das Unternehmen nach der Fusion entgegen der Vereinbarung die operative Tätigkeit der Regionalgesellschaft für Baden nach Stuttgart ab. Das Naturkundemuseum blieb selbständig, die Führungsakademie des Landes kam nach Karlsruhe. Der Sitz der beiden obersten Bundesgerichte konnte im Anschluß an die deutsche Einheit nach Verhandlungen in der Föderalismuskommission des Bundestages gesichert werden. Es wird jedoch künftig für jeden neuen Zivilsenat ein Strafsenat nach Leipzig umziehen müssen. Diese „Rutschklausel" bedeutet mittelfristig, daß auch Teile der Bundesanwaltschaft nach dort folgen werden.[22]

Bei der Ausstattung mit kulturellen Institutionen hat die Stadt in den vergangenen Jahren hinzugewonnen. Stadtverwaltung und Land erkannten, daß „die Ausstrahlungskraft der Stadt nach außen in wachsendem Maße von ihrer kulturellen Attraktivität geprägt" wird und reagierten mit einem Ausbau der kulturellen Einrichtungen.[23] Nach dem Wiederaufbau der Häuser investierten beide nun erhebliche Summen in deren Erweiterung bzw. den Neubau. Staatstheater (1975) und Landesbibliothek (1992) erhielten Neubauten, die Kunsthalle (1990) einen Erweiterungsbau und das Landesmuseum (1993) zusätzliche Ausstellungsräume im Museum am Markt und Mittel für die Renovierung des Schlosses. Für die Staatliche Musikhochschule wurde das ehemalige Schloß Gottesaue in einer Synthese von Rekonstruktion und Neubau 1989 wiedererrichtet. Zu diesen aufgewerteten traditionellen Kulturinstitutionen, die Karlsruhe aus der Gruppe vergleichbarer Großstädte deutlich herausragen lassen, kamen weitere hinzu, die der Stadt auch internationale Aufmerksamkeit sichern, u.a. das Zentrum für Kunst und Medientechnologie (ZKM) mit dem Museum für Neue Kunst (MNK) und die Hochschule für Gestaltung (HfG). Für die laufenden Kosten der Institutionen bringt das Land jährlich etwa 21 Mio. DM auf, die Stadt steuert für das ZKM 8 Mio. DM bei.[24]

Bevorzugung Stuttgarts

Zu dem sich verstärkenden Eindruck der Ausbildung zentralistischer Strukturen trägt die bevorzugte Behandlung Stuttgarts durch die Landesregierung in vielen Bereichen bei. Sie liegt nach dem Dafürhalten vieler z.T. seit langem weit über dem, was als Hauptstadtbonus zu akzeptieren wäre. Die Vorteile für die Landeshauptstadt zeigen nicht nur die vergleichsweise höheren Zuschüsse bei den staatlichen Kultureinrichtungen, sondern auch eine Auswertung der Landeshaushaltspläne für 1979-1988, wonach das Land in Stuttgart etwa 1,4 Milliarden DM gegenüber 365 Mio. DM in Karlsruhe investiert hat.[25] Hier waren die Listen der erst nach langer Wartezeit ausgeführten Baumaßnahmen bis hin zu dem immer noch ausstehenden Neubau für das Generallandesarchiv lang, während in Stuttgart für weit über 100 Mio. DM die Staatsgalerie erweitert und weitere Kulturbauten geplant bzw. in Angriff genommen wurden. Die Karlsruher Universität verzeichnet bei annähernd gleichen Studentenzahlen eine deutlich geringere personelle und räumliche Ausstattung als Stuttgart.[26] Unbestritten ist allerdings, daß Karlsruhe in der Forschungsförderung besser bedacht wird. Das Land ist heute mit 10% am Forschungszentrum Karlsruhe beteiligt und finanziert in diesem Umfang auch die Forschungsprojekte, 1993 z.B. 52 Mio. DM. Für die Errichtung der vom Bund finanzierten Synchrotron-Strahlenquelle in Karlsruhe hat sich insbesondere Ministerpräsident Teufel eingesetzt, da der Bund diese für die Karlsruher Mikrostrukturen-Forschung existentiell notwendige Investition von 45 Mio. DM im Osten tätigen wollte.

Daß in Karlsruhe nicht nur im Rathaus und in der Industrie- und Handelskammer mit wachsamem Blick Zentralitätsverluste beobachtet werden,[27] legt nach ersten Einschätzungen auch der Verlust der beiden CDU-Direktmandate in Karlsruhe bei der jüngsten Landtagswahl nahe. Dieser wird auch als Resultat der anhaltenden und in den vergangenen Jahren besonders deutlichen Zentralitätsverluste interpretiert.[28] Die aus der Karlsruher Perspektive erkennbare Bevorzugung Stuttgarts und deren Herunterspielen durch die Landespolitiker führte offensichtlich zu einer gewissen Reserviertheit gegenüber der Landesregierung, die sich in manchen badischen Landesteilen und besonders in Karlsruhe noch immer bzw. erneut verstärkt findet.

Zentrum der Technologie-Region

Die Karlsruher Lokalpolitik hat in der Vergangenheit bei der Weiterentwicklung der Stadt immer zuerst auf eigene Kraftanstrengungen gesetzt, für deren Verstärkung sie, wo nötig, die Hilfe der Landesregierung erbat. So reagierte sie auch auf den wirtschaftlichen Strukturwandel, der sich in den 1960er Jahren mit stagnierenden Beschäftigtenzahlen im produzierenden Gewerbe angekündigt und danach verstärkt fortgesetzt hatte. Trotz dieser Rückschläge verzeichnete Karlsruhe durch die vielfältige Branchenstruktur und die mittelständische Prägung der Wirtschaft in der ersten Hälfte der 1990er Jahre erstmals in einer Abschwächungsphase der Wirtschaft günstigere Werte als die klassischen Industriestandorte des Landes. Dem Verlust von 7.000 Arbeitsplätzen im verarbeitenden Gewerbe stand seit 1975 bis 1998 ein Gewinn von 19.000 im Bereich der modernen, unternehmensnahen Dienstleistungen gegenüber. Zudem verfügte das Wirtschaftszentrum der Region nicht zuletzt wegen seiner zentralen Lage im europäischen Verkehrsnetz über Entwicklungspotentiale. Es konnten Gewerbeflächen erschlossen werden, es gab ein qualifiziertes Arbeitskräftereservoir, das aus den ausdifferenzierten Ausbildungsstätten hervorging. Das Know-how von Wissenschaft und Technik vor Ort führte zu einem beachtlichen Standortvorteil. Vor diesem Hintergrund entstand 1984 auf Betreiben der Stadt die Karlsruher Technologiefabrik, die vom Land finanziert und von der IHK geführt wird.[29] Mit diesem Zentrum für Existenzgründungen konnte Karlsruhes Ruf als bedeutender Forschungs- und Technologiestandort gefestigt werden. Als Modellregion für Existenzgründer erhält Karlsruhe seit 1999 Fördermittel des Bundes und wurde von der EU ausgezeichnet.

Die Karlsruher Kommunalpolitik ging aber noch einen Schritt weiter. In der schwierigen ökonomischen Situation nach 1985 griff der gerade als OB gewählte Prof. Gerhard Seiler eine Idee von Erwin Vetter auf und regte an, die Kirchturmpolitik zu überwinden und das Konkurrenzdenken gegenüber dem nächsten Nachbarn durch eine Partnerschaft in der Region zu ersetzen. Erstmals in Europa schlossen sich 1987 Städte und

Landkreise auf freiwilliger Basis zusammen, um ihre Innovationskraft zu bündeln, gemeinsam regionalpolitische Interessen zu vertreten und eine gemeinsame Marketingstrategie zu verfolgen. Mit dem Zusammenschluß können z.B. die Reserveflächen für Gewerbeansiedlung in einer zentralen Lage im Schnittpunkt europäischer Verkehrsachsen gemeinsam vermarktet werden.[30] In dem Begriff Technologie-Region, der für den Zusammenschluß gewählt wurde, ist die besondere Struktur und Kompetenz der Region ausgedrückt, die auf einer hohen Konzentration technologischen Wissens beruht.[31] Die Karlsruher Universität mit der größten und erfolgreichsten Informatik-Fakultät in der Bundesrepublik, die Hochschule für Technik (FH), das Kernforschungszentrum (heute Forschungszentrum) mit den neuen Schwerpunkten Umweltforschung und Mikrosystemtechnik, das Forschungszentrum Informatik sowie drei Fraunhofer-Institute versammeln ein Forschungspotential, das im Bundesvergleich zu einer außergewöhnlich hohen Forscherdichte in der Region Karlsruhe führte.

Innerhalb der Technologie-Region nimmt Karlsruhe zweifellos eine Sonderstellung ein. Die Stadt bildet durch ihre Herkunft als ehemalige Landeshauptstadt und ihre Tradition als Kultur- und Bildungszentrum sowie durch ihre in der Nachkriegszeit erworbene Wirtschaftskraft das natürliche Zentrum der Region. Die Technologie-Region gewann in Verbindung mit ihrem hochwertigen kulturellen Angebot und den Freizeitqualitäten gegenüber anderen Verdichtungsräumen Vorteile, die sich in den letzten Jahren immer wieder in top-ten-Platzierungen bei diversen europa- und deutschlandweiten Rankings von Städten und Regionen niederschlugen.[32]

Perspektiven

Wie alle Ministerpräsidenten des Landes beharrt auch Erwin Teufel darauf, daß es wie in den zurückliegenden Jahren auch in Zukunft im Lande gerecht zugehen werde. Allerdings macht er im Unterschied zu seinen Vorgängern deutlich, daß die Förderung von Stuttgart lebensnotwendig für eine gute Entwicklung des ganzen Landes sei.[33] Die Region Stuttgart ist in der Tat die Landesregion mit der höchsten Einwohnerdichte und der mit Abstand höchsten Wirtschaftskraft. Teufel beschwört so einerseits den Gründungskonsens der gerechten Behördenverteilung im Land und insbesondere zwischen Stuttgart und Karlsruhe. Der zweite Teil von Teufels Aussage dokumentiert hingegen, daß über diesen Konsens „die Zeit weitgehend hinweggegangen ist“, wie OB Seiler 1997 beklagte[34]. Er vermerkte, daß jede sachliche Argumentation zugunsten Karlsruhes als Stilisierung der „Badenfrage“ gesehen würde. Das Stichwort „Badenfrage“ mutiere so zum „Totschlagargument“, um alle Wünsche, Forderungen und Anregungen aus Karlsruhe zu blockieren. Es ist im Hinblick auf bevorstehende Fusionen badischer und württembergischer Institutionen abzusehen, daß noch mancher Protest vorzutragen sein wird, in dem Bemühen, weitere Zentralitätsverluste abzuwehren. Dies gilt vor allem auch deswegen, weil der Entwurf des neuen Landesentwicklungsplans (LEP) den „Ausbau der Landesmitte [...] als Europäische Metropolregion“ als Leitziel angibt. Wenn in diesem Sinne zur Stärkung der Leistungs- und Konkurrenzfähigkeit des Landes in Stuttgart Institutionen und Infrastrukturen mit internationaler Bedeutung anzusiedeln sind, so kann dies nur zu Lasten der anderen Regionen des Landes und damit auch Karlsruhes gehen.[35] Es ist unschwer vorherzusehen, daß die Durchsetzung dieses Ziels auf heftigen Widerstand außerhalb Stuttgarts stoßen wird. Denn anders als Bayern verfügt das Land aufgrund der historischen Traditionen über keine im Bewußtsein der Bewohner verankerte und akzeptierte Landesmitte.

Wenn man als Konstante des Karlsruher Geschicks in Baden-Württemberg das fortwährende Ringen um eine möglichst dezentrale staatliche Organisation betrachtet, das bereits mit Veits eingangs zitierter Forderung einsetzte, dann muß man zugleich die neue Qualität unterstreichen, die im Vergleich zu 1946 heute hinter diesem Streben steht. Die Frage der Zentralisation oder Dezentralisation ist nicht mehr nur eine Frage der historischen Tradition und des Zusammenwachsens der Landesteile als vielmehr auch eine der ökonomischen Effizienz und der ökologischen Nachhaltigkeit. Der Verdichtung in der Agglomeration Stuttgart, die bereits zu im innerdeutschen Vergleich besonders hohen Infrastrukturkosten geführt hat, setzt man aus der Sicht der Regionen am Oberrhein das Modell der „anderen Metropole" entgegen, die auf die Hierarchisierung des LEP verzichtet.[36] Die polyzentrische Siedlungsstruktur am Oberrhein liegt im Zentrum der sogenannten Eurobanane, der Achse von England über Benelux, das Rheinland, den Oberrhein und Norditalien mit ihrer besonderen Entwicklungsdynamik. Daraus wird im übrigen gelegentlich auch ein Ansatz zu einer von Stuttgart unabhängigen Entwicklungsperspektive des Oberrheins zwischen Basel und Frankfurt abgeleitet. Aufgrund der europäischen Traditionen dieses Raumes und seiner seit Jahrzehnten gepflegten europaweiten wissenschaftlichen Kooperationen kommt dem Oberrhein für die internationale Verflechtung des Landes aber in jedem Fall eine weit bedeutendere Rolle zu als sie der LEP beschreibt.[37] So würde denn aus der Karlsruher Sicht die Stärkung des Landes nicht durch eine Stärkung der Mitte erreicht. Es gelte vielmehr die Entwicklungspotenziale und -ressourcen der Region Stuttgart mit denen des Oberrheins zu verknüpfen, um dem Anspruch einer europäischen Metropolregion gerecht werden zu können. Die damit verbundene Alternative zur städtischen Agglomeration, die vernetzte Städtelandschaft mit effektiven dezentralen Strukturen, böte zudem bessere Möglichkeiten einer am Prinzip der Nachhaltigkeit orientierten Landesentwicklung. In diesem Sinne wird wohl die Auseinandersetzung um das rechte Maß von Zentralität und Dezentralität zwischen der Landesregierung, den Städten Stuttgart und Karlsruhe sowie anderen badischen wie württembergischen Landesteilen zum Wohle des Landes in Zukunft verstärkt weitergeführt werden.

Anmerkungen

1 S. Schreiben OB Hermann Veit an den Ministerpräsidenten vom 15. Juli 1946, Stadtarchiv Karlsruhe (StadtAK) 1/HReg 756. Die folgenden Ausführungen stützen sich auf die ausführliche, quellenbelegte Darstellung der Nachkriegsentwicklung Karlsruhes: Manfred Koch, Trümmerstadt, Residenz des Rechts, Zentrum der TechnologieRegion – Wechselvoller Weg in die Gegenwart, in: Karlsruhe. Die Stadtgeschichte, hrsg. von der Stadt Karlsruhe – Stadtarchiv, Karlsruhe 1998, S. 519-675. Im Folgenden werden nur Zitate und in der Stadtgeschichte nicht benutzte Quellen nachgewiesen. Für aufschlußreiche Gespräche und/oder kritische Lektüre des Textes danke ich Otto Dullenkopf, OB a.D., Dr. Jürgen Morlock, Prof. Robert Mürb, Prof. Dr. Gerhard Seiler, OB a.D., Dipl. Ing. Martin Stieghorst und Dr. Erwin Vetter, MdL.

2 S. StadtAK, Gemeinderatsprotokolle1945-1988, Sitzung vom 23. Dezember 1946.

3 S. Schreiben Veit an Ministerpräsidenten (wie Anm. 1).

4 S. Dieter Langewiesche, Liberale Traditionen im deutschen Südwesten, in: Hans-Georg Wehling, Dieter Langewiesche u.a., Baden Württemberg. Eine politische Landeskunde Teil II (Schriften zur politischen Landeskunde Baden-Württembergs, Band 18, hrsg. von der Landeszentrale für politische Bildung Baden-Württemberg), Stuttgart, Berlin, Köln 1991, S. 27.

5 Vgl. dazu Uwe Uffelmann, Identitätsstiftung in Südwestdeutschland. Antworten auf politische Grenzziehungen nach dem Zweiten Weltkrieg, Idstein 1996. Unter den zahlreichen Quellen in diesem Band s.a. S. 157-167 die beiden Regierungserklärungen Gebhard Müllers vom 28. Oktober und 9. Dezember 1953, in der der „Gründungskonsens" der gerechten und gleichen Behandlung der Landesteile am Ende der Verfassungsberatungen noch einmal formuliert wurde.

6 Vgl. auch zum Folgenden Jürgen Schuhladen-Krämer, Aus Ruinen in die Spitzengruppe der Rheinhäfen, in: Ernst Otto Bräunche (Hrsg.) Rheinhafen Karlsruhe 1901-2001 (Veröffentlichungen des Karlsruher Stadtarchivs, Band 22), Karlsruhe 2001, S. 163-236.

7 Zitiert nach ebda., S. 199.

8 Vgl. Willi A. Boelcke, Die gewerbliche Wirtschaft, Förderpolitik und Leistungen, in: 40 Jahre Baden-Württemberg. Aufbau und Gestaltung 1952-1992. (Im Auftrag der Kommission für geschichtliche Landeskunde in Baden-Württemberg und in Verbindung mit der amtlichen Landesbeschreibung hrsg. von Meinrad Schaab), Stuttgart 1992, S. 381 ff.

9 Vgl. ebenda, S. 393-396.

10 S. Geleitwort zum Kulturbericht der Stadt Karlsruhe 1961/62.

11 Ohne Anspruch auf Vollständigkeit sind hier zu nennen: Hermann Veit, Franz Gurk, Otto Dullenkopf, Alex Möller, Traugott Bender, Gerhard Seiler.

12 S. Badische Neueste Nachrichten (BNN) vom 8. Juni 1970.

13 Vgl. die beiden Schreiben von OB Otto Dullenkopf an den Ministerpräsidenten vom 25. Mai 1971 und 24. Januar 1972 sowie die Pressemitteilung Nr. 101/72 von Ministerpräsident Hans Filbinger vom 23. Februar 1972 in StadtAK 8/ZGS 73.

14 S. Landtag von Baden Württemberg, 5. Wahlperiode, Sitzung vom 23. März 1972.

15 S. BNN vom16. Juli 1998; vgl. zu den Bankenfusionen auch StadtAK 8/ZGS 73.

16 Eine abschließende Beurteilung dieser artikulierten Sorgen ist derzeit noch nicht möglich, da die Umstrukturierung der Bank nicht abgeschlossen ist und über die Gewerbesteuerausfälle noch der Schleier des Steuergeheimnisses liegt. Vgl. ebenda und Landtag von Baden-Württemberg, 12. Wahlperiode, Drucksache 12/5046 vom 4. April 2000.

17 S. Landtag von Baden-Württemberg, 6. Wahlperiode, Drucksache 6/7256 vom 5. März 1975.

18 Vgl. Pressemitteilung des Staatsministeriums Baden-Württemberg vom 14. Januar 1997 Nr. 07/97 und die Stellungnahme des Oberbürgermeisters zur Anfrage der CDU in der 39. Sitzung der Plenarsitzung des Karlsruher Gemeinderats vom 17. Juni 1997.

19 Vgl. Stellungnahme des Oberbürgermeisters zur Anfrage der SPD im Karlsruher Gemeinderat, Ratsschreiberei der Stadt Karlsruhe, Gemeinderatsprotokolle, Sitzung vom 14. November 2000.

20 Vgl. Ratsschreiberei der Stadt Karlsruhe, Gemeinderatsprotokolle, Sitzung vom 17. März 1998.

21 Vgl. dazu auch Landtag von Baden-Württemberg, 12. Legislaturperiode, Drucksache 12/1985 vom 1. Oktober 1997.

22 Vgl. Kay Nehm, Eine oberste Justizbehörde zieht um. Geschichte und Neubau der Bundesanwaltschaft, in: Jenseits der Brauerstraße. Der Hallenbau A krönt eine neue Stadtlandschaft, Hrsg. Stadt Karlsruhe, Karlsruhe, 1997, S. 137-151, S 146 ff.

23 S. Stadtentwicklungsbericht '89. Analysen, Prognosen, Strategien zur Stadtentwicklung, Hrsg. Stadt Karlsruhe, Karlsruhe 1989, S. 86.

24 Vgl. Hauptregistratur der Stadt Karlsruhe, Akten Nr. 797.5275, Heft 1.

25 Vgl. ebd. auch zum Folgenden.

26 Pro Student wandte das Land nach einer Berechnung des Wissenschaftsministeriums in Stuttgart 18.860 DM und in Karlsruhe 8.620 DM auf, vgl. BNN vom 18. April 2000.

27 Zur Analyse der Stuttgarter Zentralitätsgewinne vgl. die fundierte IHK-Studie: Hans-Jörg Schmidt-Trenz/Stefan Schäfer, Zentralisation oder Dezentralisation – das ist die Frage. Standortdiskussion Baden-Württemberg, Herausforderung an die Landes- und Regionalpolitik (Industrie- und Handelskammer Karlsruhe, IHK Studien), Karlsruhe 1993.

28 Zum Wahlergebnis und der Kommentierung in Karlsruhe, in der auch die 1993 gegründete Landesvereinigung Baden in Europa e.V. eine Rolle spielte, vgl. die Berichterstattung der BNN und die darin abgedruckten Leserbriefe vom 25. März-7./8. April 2001.

29 Zur Technologieförderung durch das Land vgl. Boelcke (wie Anm. 8), S. 404 ff.

30 Zum Anschluß an den Luftverkehr vgl. Manfred Koch/Jürgen Morlock, (Hrsg.), Von Graspisten zum Baden-Airpark. Luftfahrt in Mittelbaden, Karlsruhe 1999 und zum weltweit beachteten Karlsruher Nahverkehrsmodell vgl. Manfred Koch (Hrsg.), Unter Strom. Geschichte des öffentlichen Nahverkehrs in Karlsruhe (Veröffentlichungen des Karlsruher Stadtarchivs, Band 20), Karlsruhe 2000.

31 Vgl. TechnologieRegion Karlsruhe. Die Wirtschaft am Mittleren Oberrhein im Wandel (Monographien Deutscher Wirtschaftsgebiete), Oldenburg 1988.

32 Vgl. z.B. Stadtzeitung. Amtsblatt der Stadt Karlsruhe vom 30. März 2001.

33 Vgl. BNN vom 26. Januar 1993.

34 Vgl. auch zum Folgenden BNN vom 29. August 1997.

35 Vgl. Landesentwicklungsplan Baden-Württemberg. Entwurf (Stand 3. Juli 2000), Beschluß der Landesregierung vom 18. Juli 2000.

36 Vgl. Martin Einsele (Hrsg.), Der Oberrhein – Die andere Metropole, Beitrag des Landes zur 17. Trienale in Mailand 1988; Lebensraum Oberrhein ... eine gemeinsame Zukunft. Raumordnung für eine nachhaltige Entwicklung ohne Grenzen (Studie zu einem Orientierungsrahmen für das Oberrheingebiet, Deutsch-französisch-schweizerische Oberrheinkonferenz 1999), Karlsruhe 2000; vgl. ferner die in öffentlicher Sitzung der Verbandsversammlung Mittlerer Oberrhein am 13. Dezember 2000 verhandelte Stellungnahme des Regionalverbandes Mittlerer Oberrhein zum Entwurf des Landesentwicklungsplans, Registratur des Regionalverbandes Mittlerer Oberrhein, Karlsruhe.

37 Zur internationalen Wissenschaftskooperation der Universität Karlsruhe vgl. Heinz Kunle/Stefan Fuchs (Hrsg.), Die Technische Universität an der Schwelle zum 21. Jahrhundert. Festschrift zum 175jährigen Jubiläum der Universität Karlsruhe (TH), Berlin, Heidelberg 2000, passim.

Heidelberg

Herbert Schneider

Städte stellen heute mehr denn je lebendige Organismen dar: Sie verändern ihr Gesicht, ihre Gestalt und ihre Stellung. Diese Veränderungen werden u.a. von Faktoren wie tätiger Bürgersinn, unternehmerische Standortentscheidungen, kommunale Strategien und politische Rahmenbedingungen in unterschiedlicher, im einzelnen oft schwer meßbarer Weise beeinflußt. Das gilt auch für ihre Zugehörigkeit zu einem Bundesland und dessen Politikauswirkung. Städte kennen aber auch Konstanten. Eine solche beschrieb Max Weber als „Konsumentenstadt", worunter er einen Ort verstand, dessen Einwohner in ihren Erwerbschancen vorwiegend direkt oder indirekt von der Kaufkraft der fürstlichen und anderer Großhaushalte abhängen.[1] Er hatte dabei die kurfürstliche Residenz Heidelberg mit ihrem vielköpfigen Hofstaat, dem schon weniger zahlreichen Verwaltungspersonal und den adeligen Großhaushalten im Auge. Sie alle lebten von Transfereinkommen, d.h. von andernorts geleisteten Abgaben und erwirtschafteten Einnahmen. Stärker als westdeutsche Städte vergleichbarer Größe ist Heidelberg auch heute noch von Transfereinkommen im Sinne des Zuflusses öffentlicher Mittel abhängig. Diese bringt im wesentlichen das Land Baden-Württemberg für die 1805 zur Abwendung des städtischen Ruins wiederbegründete Universität und deren später ins Leben gerufene Kliniken auf; es sichert damit einen ständigen Zustrom von Gehältern, Sachausgaben und Investitionsmitteln nach Heidelberg. Dieses war jedoch in seiner Geschichte nie allein auf den Charakter einer „Konsumentenstadt" beschränkt, sondern stellte in einem geringeren Umfang auch einen Ort des Fremdenverkehrs, des Handels und der Produktion dar. Als 1741 Karl Theodor Kurfürst wurde, förderte er die Gründung neuer Gewerbezweige in der einstigen, durch den Wegzug des Hofes nach Mannheim verarmten Residenz. Hundert Jahre später wurden in ihren Mauern schon über 400 Industriebearbeiter gezählt. Das war viel, wenn man bedenkt, daß damals das Großherzogtum Baden mit seinen rd. 1,4 Mill. Einwohnern nur 4000 Industriebeschäftigte vorweisen konnte. Und heute künden von der durch die städtische Politik nicht immer verwöhnten unternehmerischen Initiativen u.a. die Hauptverwaltungen des „Heidelberger Zements" und der „Heidelberger Druckmaschinen". Der 1966 ins Amt gekommene Oberbürgermeister Reinhold Zundel verwirklichte hier als einer der ersten in Baden-Württemberg die Idee eines dem Forschungstransfer dienenden Technologieparks. Dieser bildet seit den 90er Jahren auch den Ausgangspunkt für eine der wichtigsten biotechnischen Regionen in Deutschland.[2] So stellt sich die Frage, wie sich die Zugehörigkeit Heidelbergs zu dem 1952 entstandenen Bundesland Baden-Württemberg auf seinen Charakter als „Konsumentenstadt" bzw. Wirtschaftsstandort und überdies auch auf sein kommunales Leben ausgewirkt hat.

Ausgangsposition und Oberbürgermeister

Obwohl Heidelberg weitgehend von Kriegszerstörungen verschont geblieben war, konzentrierten sich auch hier nach 1945 zunächst die kommunalen Bemühungen auf die Folgen des Krieges: Die gesprengten Neckarbrücken waren wieder herzustellen, Flüchtlinge und Vertriebene mußten untergebracht werden, neue Wohnsiedlungen wie der Boxberg sollten errichtet und Weichen für die künftige Entwicklung gestellt werden. Dabei erwarben sich die einander folgenden Oberbürgermeister Hugo Swart (1946-1952), Carl Neinhaus (1952-1958) und Robert Weber (1958-1966) jeder auf seine Weise Verdienste. Eine Zäsur trat jedoch 1966 mit der Wahl Reinhold Zundels zum Stadtoberhaupt ein. Wie in anderen Bundesländern hinterlassen auch in Baden-Württemberg Gemeinderäte, Politiker, Unternehmer oder Mäzene ihre Spuren in der Lokalpolitik; aufgrund ihrer durch die Gemeindeordnung herausgehobenen Stellung schreiben sich aber vor allem die volksgewählten, eine „exekutive Führerschaft" verkörpernden Bürgermeister in die Stadtgeschichte ein. So hat Zundel seiner von 1966-1990 währenden Amtszeit den Namen gegeben. Während dieses Zeitraumes galten die erfolgreichen Bemühungen des Oberbürgermeisters nicht nur der Ansiedlung von neuen Forschungseinrichtungen wie dem Deutschen Krebsforschungszentrum oder dem Europäischen Zentrum für Molekularbiologie, sondern vor allem auch der mit der Erweiterung der Universität einhergehenden Stadterneuerung. Dafür waren zunächst einmal die aus den Fugen geratenen städtischen Finanzen ins Lot zu bringen. Der Oberbürgermeister übernahm daher selbst das Finanzressort und formulierte als sein Stadtentwicklungsziel: „Ich kann mir kein Heidelberg vorstellen, über das die Glasglocke absoluter Schonung gestülpt wäre. Ich stelle mir ein Heidelberg mit zukunftsorientierten Arbeitsplätzen und optimalen Ausbildungsmöglichkeiten für alle vor – und dazu gehört auch der Bereich der gewerblichen Ausbildungsmöglichkeiten."[3] Dazu bedurfte es aber einer Diversifizierung der Wirtschaft, wozu auch der Ausbau Heidelbergs zu einem leistungsfähigen Oberzentrum gehörte. Diesem Stadtentwicklungsziel diente ebenfalls die von ihm in Angriff genommene Altstadterneuerung.

Altstadterneuerung: Eine Jahrhundertaufgabe

Die Attraktivität Heidelbergs besteht nicht nur in seiner malerischen Lage, sondern auch in der Ensemblewirkung seiner den 2. Weltkrieg unbeschadet überstandenen Altstadt. Diese zwängt sich auf einen knappen Raum zwischen Schloßberg und Neckar; ihren östlichen Eingang bildet das etwas vereinsamt liegende Karlstor, die westliche Begrenzung stellt die Verkehrsscheibe Bismarckplatz dar. Auf ihrer Fläche von 84 Hektar lebten 1950 noch 23218 Personen (19,9% der Gesamtbevölkerung); 1996 war die Einwohnerzahl auf 10688 (7%) gesunken. Die Langachse der Altstadt bildet die Hauptstraße, auf die die Quergassen gleich Gräten zustoßen. Wie in anderen mittelalterlichen Städten konzentrierte sich auch hier das öffentliche, geschäftliche und soziale Leben auf den Marktplatz und dessen Umgebung. Mit dem 1844 an der Westseite der Stadt errichteten Hauptbahnhof verlagerte sich jedoch das Geschäftszentrum in dessen Nähe. Dieser die Entwicklung der Stadt und das Zusammenwachsen seiner Teile Weststadt und Bergheim behindernde Kopfbahnhof wurde 1955 durch einen weiter westlich gelegenen Durchgangsbahnhof ersetzt. Damit bot sich die Chance, zwischen diesem und der Altstadt auf den ehemaligen Bahngeleisen eine Einkaufsmeile anzulegen. Die Geschäftswelt hat jedoch anders reagiert. Heute wird die „Kurfürstenanlage" vor allem von durch das Land genutzten Behördenbauten eingesäumt, die zu einem Entlastungseffekt für die Universität in der Altstadt geführt haben. Zu einer City-Verdichtung kam es hingegen zwischen der am Eingang der Altstadt liegenden Vordere Hauptstraße und dem Bismarck- und Adenauerplatz: Hier siedelten sich auch die Kaufhäuser an. Der Eingang zur

Altstadt rief aber noch andere Interessenten auf den Plan, die in dem leerstehenden ehemaligen Hotel „Darmstädter Hof“ ein geeignetes Objekt für die Ergänzung des Kaufhausangebotes durch Fachgeschäfte sahen. Dort setzte die Altstadterneuerung auch an, obwohl sich die stärksten baulichen Mängel in der Kernaltstadt zwischen Karlstor und Universitätsplatz abzeichneten. 1957 schon war die Bausubstanz in einem Probeblock der Kernaltstadt mit dem Ergebnis untersucht worden, daß sich dort 55% der Gebäude in einem irreparablen Zustand befanden.[4] Wie kam es in Heidelberg zu einer Schwerpunktverlagerung von der zunächst angestrebten Bausubstanzsanierung in der Kernaltstadt zu einer Funktionsschwächesanierung in der Vorderaltstadt? Dafür waren vor allem finanzielle Erwägungen und stadtentwicklungspolitische Argumente maßgebend. Obwohl Zundel bemüht war, die Altstadtregenerierung als ein „bundesweites Problem der Region“ zu definieren und deshalb nicht ohne Erfolg um finanzielle Unterstützung durch Land und Bund warb, kam es ihm auch darauf an, privates Kapital zu mobilisieren. So zeichnete sich an dieser Stelle eine Interessenharmonie zwischen Stadt und Investoren ab: Beide wollten durch eine Cityerweiterung Kaufkraft an Heidelberg binden und damit dieses Oberzentrum gegenüber dem nur 20 km entfernten Mannheim aufwerten. Deshalb war die Stadt auch bereit, beim Bauprojekt „Darmstädter Hof“ den Investoren durch eine Gebäudehöherzonung entgegenzukommen. An dieser Einstellung schieden sich die Geister, und es entzündete sich in der Bürgerschaft eine kontroverse Diskussion. Unter Berufung auf das am 1.11.1972 in Kraft getretene Denkmalschutzgesetz des Landes Baden-Württemberg forderte die Gruppierung „Bürger für Heidelberg“ die Erhaltung des stadtbildprägenden „Darmstädter Hofes“. Dieser wurde zum Ausdruck symbolischer Politik. Als im Zuge dieser Auseinandersetzung das an Heidelberger Belangen besonders interessierte Karlsruher Regierungspräsidium den „Darmstädter Hof“ unter Denkmalschutz stellen wollte, zeigte die Stadt Zeichen des Einlenkens. Das machte den Weg frei für einen Kompromiß. Noch vor Jahresende 1973 wurde eine Einigung darüber erreicht, die zwar den Abriß des „Darmstädter Hofes“ erlaubte, aber die Wiederherstellung seiner ursprünglichen Fassade vorschrieb und seine Höhenlinie begrenzte. In der Folge schob sich die Altstadterneuerung von der Vorderaltstadt in die Kernaltstadt vor, u.a. mit dem Ergebnis, daß aus der Verkehrsachse Hauptstraße der fließende Verkehr herausgenommen werden

Heidelberg – Schloß und Altstadt vom Philosophenweg
(Quelle: LMZ/Weischer, 1992)

konnte. Um die Altstadt vom Blech zu befreien, wurde ein Kreis von Parkhäusern um sie gelegt. So mühevoll die bauliche und soziale Erneuerung der Altstadt in ihren einzelnen Sanierungsgebieten voranging, so sehr erregte die Diskussion um das zwischen Marktplatz und Kornmarkt gelegene ehemalige Hotel und spätere Technische Rathaus „Prinz Carl" die Öffentlichkeit; selbst die deutsche UNESCO-Kommission schaltete sich ein. Nachdem das Areal des abgerissenen Baues wieder überbaut wurde, stellte sich der zwischenzeitlich brüchig gewordene lokalpolitische Konsens bei dem Ausbau der kulturellen Einrichtungen in der Altstadt wieder ein. In dieser Zeit zeichnete sich bereits ab, daß es Heidelberg gelungen war, grundsätzliche Ziele der Altstadterneuerung zu erreichen: Zum einen den Ausbau der City in der Vorderaltstadt, wenn auch um den Preis von Flächensanierung und sozialen Verlagerungsprozessen, und zum anderen einen demographischen Wechsel, d.h. der Verjüngung der Wohnbevölkerung und den Zuzug von Familien, allerdings gekoppelt mit Verdrängungsprozessen mittlerer und unterer Einkommensschichten. An den Kosten der Altstadterneuerung war das Land nicht unbeteiligt: Durch die Sanierung der alten und neu hinzugekommenen Universitätsgebäude trug es mit 160 Mill. DM mehr als ein Viertel zu den von 1982-1986 entstandenen Kosten bei.[5]

Erweiterung der Universität

Die Raumansprüche der Universität waren schon im vergangenen Jahrhundert in der Altstadt nicht mehr zu befriedigen, so daß es zum Bau von Kliniken und Instituten an ihrem westlichen Rand, dem Vorort Bergheim, kam. Nach dem Zweiten Weltkrieg sollte es sich zeigen, daß auch eine Behördenverlagerung aus der Altstadt in die Kurfürstenanlage und ein um Bergheim erweiterter Altstadtstandort für die aus allen Nähten platzende Universität nicht mehr ausreichte. Dem funktionalistischen Stadtentwicklungsverständnis jener Tage folgend, wurde daher damals erwogen, die gesamte Universität in das jenseits des Neckars gelegene „Neuenheimer Feld" auszusiedeln. Dagegen erhoben sich jedoch erhebliche Bedenken. Würde damit nicht die jahrhundertealte Symbiose zwischen Stadt und Universität aufgehoben? Nach einem längeren Meinungsstreit setzten sich schließlich im Großen Senat der Universität diejenigen durch, die für ein Verbleiben der Geisteswissenschaften in der Altstadt plädierten. Von dem Raumbedarf und dem Innenleben der Universität abgesehen, hatte der vom Land Baden-Württemberg abgesegnete Bleibebeschluß weitreichende Konsequenzen für die Heidelberger Stadtgestalt, genauer gesagt für das „Neuenheimer Feld" und die Altstadt. Das „Neuenheimer Feld" ist heute noch weit davon entfernt, einer Campus-Universität zu gleichen; es stellt eine monotone Ansammlung einfallsloser Zweckbauten dar. Seit 1957 hat hier das Universitätsbauamt über eine Mrd. DM investiert. Heidelberger Architekten haben sich daher Gedanken über die wenig einladende Monostruktur von Kliniken und Instituten gemacht. Sie schlugen in einem Szenario deren Verzahnung mit einem hochverdichteten Wohnungsbau vor. Ihnen schloß sich eine Arbeitsgruppe des von 1991-1993 tagenden Verkehrsforums mit der Forderung an: „Im Bereich des Neuenheimer Feldes wird durch neue Wohnheime und Wohnbebauung Wohnraum für zusätzliche 1500, wünschenswert 5000 Personen geschaffen."[6] Doch die Universität sperrte sich gegen diese Vorstellungen, weil sie ihren weiterhin wachsenden Raumbedarf langfristig gesehen im „Neuenheimer Feld" absichern wollte. Nicht nur an diesem Beispiel zeigt es sich, wie sehr die Heidelberger Stadtentwicklung von den Interessen der Universität und den Vorgaben des Landes Baden-Württemberg abhängig ist.[7]

Heidelberg – Universitätsviertel Neuenheimer Feld
(Quelle: LMZ/Weischer, 1993)

Um dem Raumbedarf der Geisteswissenschaften in der Altstadt zu genügen, waren umfangreiche Ausbaumaßnahmen der Universität angesagt. Dazu gehörten vor allem der Neubau des Hörsaalgebäudes der Philosophischen Fakultät im Marstall und das Kollegiengebäude Triplex am Universitätsplatz. Beide Gebäude beeinträchtigten allein von ihrem massiven Volumen her die für Heidelberg typische Kleinteiligkeit und Ensemblewirkung des Altstadtbildes. Obwohl aufgrund der damals gültigen gesetzlichen Bestimmungen eine Beteiligung der Gemeinde am Baugenehmigungsverfahren nicht vorgesehen war, lag dem Land als Bauherrn daran, die Meinung des gemeinderätlichen Bauausschusses einzuholen. Dieser konnte sich jedoch nicht mit den ihm vorgelegten Plänen anfreunden. Dabei wußte er sich in Übereinstimmung mit weiten Teilen der Bürgerschaft. Deren Protest gipfelte in einem vom Verein Alt-Heidelberg, von der Gesellschaft zur Wahrung der Grundrechte und der Bürgergemeinschaft Heidelberg am 10.4.1959 veranstalteten Forum. Als Antwort darauf kam es zu einigen Korrekturen. Es blieb aber bei dem die Proportionen der Altstadt sprengenden Riegelbau von fünf Stockwerken. Der Leiter des staatlichen Universitätsbauamtes verteidigte dies mit dem Argument: „Sie (die Stadt) sei ‚die Welt des Bürgers' und es sei deshalb falsch, altstädtische (oder auch bürgerliche) Maßstäbe auf Gebäude der Universität zu übertragen."[8] Danach hat die Hochbauverwaltung des Landes nicht nur im badischen Heidelberg, sondern auch an anderen Orten gehandelt. In Stuttgart wurde z.B. der Talkessel mit unmaßstäblichen, Blickbeziehungen unterbrechenden Universitätsbauten ausgefüllt.[9] Von Heidelbergs „Naturbalkon", dem Philosophenweg, aus gesehen, fällt der staatliche Sündenfall des Marstalls heute mehr auf als das stärker gegliederte, Triplex genannte Kollegiengebäude. Dessen Planung und Verwirklichung zwischen 1975 und 1978 wurde auch von größeren öffentlichen Auseinandersetzungen verschont. Das lag u.a. daran, daß im Unterschied zum Marstall in diesem Fall von der Stadt ein Bebauungsplan aufgestellt und vom Gemeinderat genehmigt werden mußte. Universitätsbauamt, Universität und Land sahen sich daher genötigt, eine Verhandlungslösung mit der Stadt anzustreben. Diese verschloß sich nicht der Einsicht, daß es zu ihrem Vorteil wäre, wenn an zentraler Stelle der Altstadt ein ganzes Geviert auf Kosten des Landes saniert und damit aufgewertet würde. Diese Hoffnung sollte nicht trügen: Dennoch kann das sogenannte „Triplex-Projekt", das offiziell Seminargebäude mit Mensa am Universitätsplatz genannt wird, städtebaulich nicht überzeugen. Im Gegenteil, es wird ihm die Verschandelung der Sandgasse zugeschrieben.[10]

Bürgerbeteiligung: Tourismus und Verkehr auf neuen Wegen ?

Die Romantik hat Heidelberg entdeckt: Die Stadt am Neckar wurde bereits in der ersten Hälfte des 19. Jahrhunderts zu einem beliebten Ziel von Bildungsreisenden. Dieser Städtetourismus ist seit jener Zeit ein bedeutender Wirtschaftsfaktor, wenngleich schon damals Klagen über den „gewaltigen Zufluß an Fremden“ laut wurden.[11] Dessen Zahlen von jährlich rund 50000 Tagesgästen nehmen sich aber recht bescheiden aus gegenüber etwa 3,5 Mill. Tagesgästen und 815000 Übernachtungen im Jahre 1999. Deren Verweildauer war jedoch mit 1,6 Tagen pro Gast im Unterschied zum vergangenen Jahrhundert verhältnismäßig kurz. Damals entschlossen sich gutbetuchte Bürger auch dazu, längere Zeit in der einladenden Neckarstadt zu verweilen oder hier sogar ganz ihren Wohnsitz zu nehmen. Da damals die badischen Gemeinden ihre Aufgaben mit einem Zuschlag zur Einkommensteuer finanzierten, waren sie daran interessiert, sich als Wohnort für kapitalkräftige Rentiers zu präsentieren. So stellte Heidelberg im Jahre 1913 die steuerstärkste Stadt Badens dar. Das hörte mit der Geldentwertung in den 20er Jahren auf. Um so mehr mußte man wieder auf den Fremdenverkehr setzen, der dank zunehmender Motorisierung und der wachsenden Freizeit in den 60er Jahren zum Massentourismus mutierte. Er wird von den Heidelbergern mit einem weinenden und einem lachenden Auge gesehen. Für einen Teil der Geschäftsleute bringt er einen höheren Umsatz mit sich; viele Altstadtbewohner leiden aber unter dem dadurch verursachten Lärm und den vom Individualverkehr erzeugten Abgasen. So setzten schon vor dem 1990 erfolgten Amtsantritt von Oberbürgermeisterin Beate Weber Überlegungen ein, wie die Stadt mit diesem Phänomen umgehen sollte. Zu diesem Zwecke wurde der Öffentlichkeit der Entwurf eines Fremdenverkehrsleitbildes vorgelegt. Da Heidelberg nicht irgendein „Provinznest“ ist, richtete sich darauf auch das Interesse der überlokalen Medien. Vor allem die „Massenblätter“ erweckten dabei den (falschen) Eindruck, als ob das Heidelberger Rathaus zu einem Kreuzzug gegen die Tagestouristen angetreten sei. Sie übersahen dabei, daß der auf einem hohen Zahlenniveau stehende Tagestourismus nicht gänzlich verdrängt, sondern durch den das kulturelle Erlebnis suchenden Bildungsurlauber und den Kongreßtourismus mit einer längeren Aufenthaltsdauer eingeschränkt werden sollte. Das dann am 11.2.1993 vom Gemeinderat verabschiedete Tourismusleitbild fordert in seiner Präambel „Heidelberg will eine Umorientierung hin zu einem sozialverträglichen Tourismus. Dabei ist die Integration in übergeordnete stadtentwicklungspolitische Zielsetzungen zu gewährleisten. Bei allen notwendigen Maßnahmen hat der qualitative Aspekt Vorrang vor dem quantitativen.“[12] Seitdem ist eine größere Anzahl von Schritten in dieser Richtung hin unternommen worden, ohne daß es gelungen wäre, den qualitativen Tourismussektor wesentlich auszuweiten. Ein wichtiger Impuls hierfür wird jedoch von dem jetzt anstehenden Bau eines Kongreßzentrums erwartet.

Zu den eben genannten übergeordneten stadtentwicklungspolitischen Zielsetzungen gehört auch die Zurückdrängung des Individualverkehrs. Heidelberg steht hier nicht allein. Wie Befragungen ergeben, konzentriert sich in den meisten deutschen Städten der Bürgerunmut auf kommunalpolitische Problemkreise wie Verkehrsplanung und öffentlichen Nahverkehr. Das gilt auch für Heidelberg: Bei einer im Jahr 2000 durchgeführten Bürgerbefragung nannten 69% als größtes lokales Problem den Verkehr. Womit ist dessen Vorrang in der Prioritätenliste vor Mieten (4%), Umweltschutz (3%) und Kriminalität (2%) zu erklären?:

- *Topographie:* Die vielbewunderte und besungene Lage der Stadt an dem Ort, wo der Neckar den Odenwald verläßt und in die Rheinebene tritt, ist auch ein Grund für seine Verkehrsbelastung. Die Verbindung Heidelbergs mit seinem östlichen Hinterland wird durch die die Stadt entlang des Neckars querende B 37 mit einem starken Durchgangsverkehr hergestellt.
- *Stadtkernlage:* Heidelberg zählte 1999 146000 Wohnberechtigte.[13] Im Unterschied zu anderen Städten liegt sein Kern nicht in der Mitte, sondern am Rande des östlichen Stadtgebiets, d.h. man kann nicht von allen Seiten zu Fuß in seinen verkehrsberuhigten Bereich mit seinen 204 von 669 Gaststätten gelangen. Hinzu kommt, daß der Stadtkern nach der Herausnahme der Straßenbahn nur unzureichend an den ÖPNV angeschlossen ist;
- *Pendlerzahl:* Die Zahl der Berufseinpendler betrug 1998 bei 93500 Beschäftigten 51300. Davon benutzen über 70% den PKW auf dem Weg nach Heidelberg. Hinzu kommen noch rund 13800 Auspendler.
- *KFZ-Zulassungen und Bewegungen:* 1999 wurden in der Stadt 68310 Fahrzeuge gezählt. Ungefähr die Hälfte des Verkehrsaufkommens macht der Binnenverkehr aus.

Entsprechend dem bei ihrem Wahlkampf gegebenen Versprechen lag Oberbürgermeisterin Beate Weber sehr daran, die Bürgerschaft an der Verkehrspolitik zu beteiligen. Dazu diente vor allem das in Deutschland zum ersten Male praktizierte Verkehrsforum (VF), ein Arbeitskreis von 128 Vertretern und Vertreterinnen von Behörden, Körperschaften, Instituten, Initiativen, Behörden und Stadtteilvertretungen. In diesem wurden im vierwöchentlichen Abstand Verkehrsthemen vorgestellt und diskutiert. Ferner erarbeitete das VF Empfehlungen für Gemeinderat, Verwaltung und Bürger. Dazu gehört auch das am 17.6.1993 vom Gemeinderat verabschiedete Verkehrsleitbild. Obwohl nach eigener Einschätzung seiner Mitglieder das VF durch die intensive Gremienarbeit ein größeres fachliches Wissen über Verkehrszusammenhänge geschaffen hat, blieb dessen Wirkung auf das Meinungsbild des Gemeinderates und der Bevölkerung zwiespältig. Auf der einen Seite standen die Bürger, die einer raschen Eindämmung des Individualverkehrs das Wort redeten, auf der anderen diejenigen, die zuvor einen Ausbau des ÖPNV wollten. Die Stadtpolitik versuchte beides zu tun: Der ÖPNV wurde ausgebaut und der Individualverkehr gezügelt. Das spiegelt sich auch in den Ergebnissen der Bürgerbefragung wider: Haben 1994 nur 41% der Befragten den ÖPNV für ausreichend gehalten, so waren es im Jahr 2000 schon 58%. Daß für Autofahrer mehr getan werden sollte, meinten aber im gleichen Jahr 46%. (1997 43%). Dennoch bezeichneten 69% der Befragten den Verkehr als das zentrale Heidelberger Problem (1997 53%, 1994 55%). Für die Oberbürgermeisterin stellt dies einen Anlaß dar, um zu versuchen, „möglichst in Konsens mit allen Gemeinderatsfraktionen ein großes Paket in Sachen Verkehr zu schnüren, das dann von einer satten Mehrheit getragen wird."[14]

Tourismusleitbild und Verkehrsplanung sollten nicht nur langfristige Problemlösungen ermöglichen, sondern nach Meinung von OB Beate Weber auch die Bürger stärker als es bislang üblich war an Entscheidungsverfahren beteiligen. Sie selbst sah sich dabei als Moderatorin einer konsenssuchenden Streitkultur. Die Bedingungen für Bürgerbeteiligung schienen in Heidelberg besonders günstig zu sein. Die Stadt besitzt einen vergleichsweise großen Akademikeranteil. Von diesem ist ein hoher Prozentsatz dem an der Hochkultur ausgerichteten, in der Tradition des Bildungsbürgertums stehenden „Niveaumilieu", ein anderer dem zur Selbstdarstellung oder zum sozialen Engagement neigenden „Selbstverwirklichungsmilieu" zuzurechnen.[15] Die Angehörigen beider Milieus eint der Wunsch, vor kommunalen Entscheidungen gehört und ernst genommen zu werden. Das mag erklären, warum die Bereitschaft zu kommunalen Diskussionen in Heidelberg besonders ausgebildet ist. Es sei nur an die an die Auseinandersetzungen um die bauliche Gestaltung des Marstalls und des „Darmstädter Hofes" erinnert; auch blieb die politische Kultur der Heidelberger nicht unbeeinflußt von den Folgen der sich Ende der 60er, Anfang der 70er Jahre radikalisierenden Studentenbewegung. So gelangte das Bonner Städtebauinstitut empirica zu der nicht unbegründeten und auch heute noch gültigen Auffassung: „Heidelberg ist eine Stadt der außergewöhnlich scharfen und zum Teil unversöhnlich ausgetragenen politischen Debatten."[16] Dazu trägt auch die eine vergleichsweise große Bandbreite von unterschiedlich ausgerichteten Gruppierungen im Gemeinderat bei. In diesem sind nach den Kommunalwahlen vom 24.10.1999 sieben Parteien und Gruppierungen vertreten: CDU (14), SPD (10), GAL (6), „Heidelberger" (5), FWV (2), FDP (2), Linke Liste/PDS (1). Doch selbst unter diesen Voraussetzungen landete bei der Frage nach den wichtigsten Lebensbereichen die politische Beteiligung mit 10% (sehr wichtig) und 33% (wichtig) nach Gesundheit, Ehe/Partnerschaft, Freizeit und Arbeit auf dem letzten Platz.[17]

Abschließende Betrachtung

Heidelberg hat sich bei der Volksabstimmung am 9.12.1951 mehrheitlich für den Südweststaat entschieden: Bei einer Wahlbeteiligung von 62,2% stimmten 35160 Bürger (70,4%) für diesen, 16798 (29,6%) sprachen sich für die Wiederherstellung Badens aus. An diesem Ergebnis war OB Hugo Swart nicht ganz unschuldig. Er galt als einer der lebhaftesten Befürworter des Zusammenschlusses der Länder Baden und Württemberg. So hat er noch kurz vor der Volksabstimmung in einer letzten Kundgebung der „Vereinigung Südwest" mit dem Argument für den Südweststaat geworben, daß die Struktur Heidelbergs als Universitäts- und Fremdenverkehrsstadt im Schoße eines finanzstarken, großen Landes liegen müsse.[18] Sein Amtsnachfolger Carl Neinhaus begleitete in der herausgehobenen Stellung eines Präsidenten des baden-württembergischen Landtags die ersten Integrationsschritte, auch konnte Heidelberg in den folgenden Jahren mit dem hier ansässigen Kultusminister (1964-1978) Wilhelm Hahn als Fürsprecher für seine Anliegen in der Landesregierung rechnen. Dennoch verstummen bis in die Gegenwart hinein nicht die Klagen darüber, daß die Neckarstadt gegenüber Mannheim oder Stuttgart benachteiligt würde. Dafür gibt es hin und wieder auch Belege: So wurde Heidelberg im Gegensatz zu diesen beiden Städten weder 1999 noch 2000 vom Land in das Bund-Länder-Programm „Soziale Stadt" aufgenommen. Im ganzen gesehen hat aber „Stuttgart" beim Ausbau der Universität, bei der Altstadterneuerung und beim Wohnungsbau Heidelberg nicht gegenüber den schwäbischen Universitätsstädten Ulm oder Tübingen benachteiligt. Dies zeigt ein Vergleich der staatlichen Bauausgaben für die Universitäten zwischen 1952 und 1999: In diesem Zeitraum flossen nach Heidelberg 2,59 Mrd. DM und nach Tübingen 2,18 Mrd. DM.[19] Davon abgesehen, liegt den Heidelberger Kommunalpolitikern die Selbstbemitleidung wenig, sie vertrauen in einem starken Maße auch auf Eigeninitiative. Deshalb war die Stadt, vor allem unter OB Zundel, erfolgreich darum bemüht, nicht nur ihre Transferabhängigkeit stärker zu streuen, sondern auch durch Wirtschaftsförderung von dieser unabhängiger zu werden. Das ist durch den Ausbau des Dienstleistungssektors und auch durch Ansiedlung verschiedener deutscher und europäischer Forschungseinrichtungen gelungen. So stellt sich Heidelberg als die Großstadt mit dem stärksten Forschungsbesatz in Deutschland dar. Während Tübingen auch heute noch den Charakter einer Landesuniversität aufweist, hat die Heidelberger Universität ihre spezifische regionale Prägung schon bald nach ihrer Wiederbelebung verloren.[20] So gehört zur Individualität Heidelbergs seit dem frühen 19. Jahrhundert eine über die Landesgrenzen hinausreichende Orientierung. Diese entspricht auch der Vorstellungs- und Erfahrungswelt seiner Bürger. Sie fühlen sich in aller Welt zu Hause; umgekehrt zieht Heidelberg aber auch Besucher und Studenten aus aller Welt an. Von den 504 609 Gästemeldungen im Jahre 1999 entfielen 244 403 auf Ausländer. Der studentische Ausländeranteil ist mit 18% (1999) am höchsten in Baden-Württemberg (Tübingen 13%). Nicht vergessen werden sollte, daß Heidelberg einen der Hauptstützpunkte der US-Armee in Europa bildet. Lokale Geschehnisse und Personen erwecken, mehr als dies bei Großstädten ähnlicher Größe der Fall ist, das bundesdeutsche Medieninteresse. So wurden die Erweiterung der Universität in den 50er und 60er, die Stadterneuerung in den 70er und 80er oder die linksradikalen „Studentenunruhen" in den 70er, genauso wie das Tourismusleitbild und das Verkehrsforum in den 90er Jahren aufmerksam registriert und kommentiert. Gleiches galt für die weiteren, von Beate Weber in den 90er Jahren initiierten Schritte der Bürgerbeteiligung wie Stadtteilrahmenpläne und Stadtentwicklungsplanung Heidelberg 2010, sowie die Kür der Stadt am Fluß zur „Bundeshauptstadt für Natur- und Umweltschutz" im Jahre 1997. Im Unterschied zu den mit dem Ökonomismus modisch gewordenen Marketingkonzepten zeichnet sich die 1991 einsetzende Heidelberger Stadtentwicklungsplanung durch Facettenreichtum und Systematisierung aus: Von einer Stärken-Schwächen-Analyse führte sie über Szenarios zu Leitlinien und Zielen. Zwar konnte sie sich nicht für das Szenario „Innenentwicklung und lokale Umverteilungspolitik" mit seiner Binnenorientierung entscheiden, doch auch das Szenario „Regionales Wachstumsmanagement" fand nicht die ungeteilte Zustimmung des Gemeinderates. Darauf fußend kam es zur Entwicklung einer konsensorientierten Optimalstrategie. Während das Szenario Innenentwicklung nur teilweise – so beim reduzierten Flächenverbrauch – berücksichtigt wurde, befreundete sich der Gemeinderat mit wesentlichen Elementen des „Regionalen Wachstumsmanagements". Diese Strategie geht davon aus, daß die Probleme, so die wachsende, im Stadtgebiet auf ihre Grenzen stoßende Wohn- und Gewerbeflächennachfrage oder der Ausbau des ÖPNV, gemeinsam mit den Kommunen des Umlandes angegangen werden sollen. Das setzt nicht nur die Entwicklung geeigneter, vom Land zur Verfügung gestellter oder ermöglichter Instrumente der regionalen Kooperation, sondern auch eine mentale Öffnung der Heidelberger gegenüber einem mit ihrer Stadt wirtschaftlich eng verbundenen, suburbanisierten Umland voraus.

Anmerkungen

1 Max Weber: Wirtschaft und Gesellschaft, Köln/Berlin 1964, S. 925.
2 Rhein-Neckar-Zeitung, 26.8.2000, S. 19: „Das gibt es sonst nirgends".
3 zit. von Dieter Haas: Heidelberg 1918-1995, in E. Mittler (Hrsg.): Heidelberg. Geschichte und Gestalt, Heidelberg 1996, S. 510.

4 Das Porträt der Heidelberger Altstadt – Ergebnisse einer soziologischen Arbeitsgruppe der Universität, Heidelberg 1959, S. 241.
5 Werner Fricke: Stadt im Raum – Raum in der Stadt, in E. Mittler (Hrsg.): Heidelberg. Geschichte und Gestalt, Heidelberg 1996, S. 541.
6 Verkehrsforum Heidelberg: Empfehlungen des Verkehrsforums zum Verkehrsentwicklungsplan Heidelberg, Heidelberg, 1993, S. 49.
7 Herbert Schneider: Stadtentwicklung als politischer Prozeß, Opladen 1997, S. 102.
8 Protokoll des Universitätsbauamtes über eine Besprechung im Rektorat der Universität am 5.3.1959, S. 9.
9 Martin Eisele u.a.: Vierzig Jahre Städtebau in Baden-Württemberg. Entwicklung, Aufgaben, Perspektiven, Stuttgart 1992, S. 161.
10 Günter Heinemann: Heidelberg, 3. Auflage, Heidelberg 1996, S. 363.
11 Karl Baedeker: Rheinreise von Basel bis Düsseldorf, Koblenz 1849, S. 78.
12 Stadt Heidelberg: Tourismusleitbild Heidelberg 1993, S. 11.
13 Entwicklung der Einwohnerzahlen (wohnberechtigte Bevölkerung): 1970: 134000; 1987: 139000; 1999: 146000.
14 RNZ, 13.11.2000, S. 8: „OB will ‚großes Verkehrs-Paket‘ schnüren."
15 Gerhard Schulze: Die Erlebnisgesellschaft, Frankfurt/Main 1992, S. 277-333.
16 empirica: Stadtentwicklung. Stärke-Schwächen-Analyse, Bonn 1995, S. 108.
17 Stadt Heidelberg, Schriften zu Stadtentwicklung: Heidelberg-Studie 2000, S. 9.
18 Heidelberger Tagblatt, 8.12.1951, S. 11: „Heidelberg braucht Zuschüsse. Deshalb Südweststaat".
19 Nach Angaben des Universitätsbauamtes Heidelberg v. 12.10.2000 und des Staatl. Hochbauamtes Tübingen v. 21.8.2000.
20 Andreas Cser: Heidelberg, in A. Schweickert (Hrsg.): Kurpfalz, Stuttgart 1997, S. 283.

Mannheim

Andreas Cser

1. Von der kurpfälzischen Residenz zum badischen Industriezentrum

Mannheim ist eine Stadt mit ausgeprägter historischer Identität. In letzter Zeit wurde dies an der Durchführung von zwei Jubiläen deutlich. Sowohl die Erinnerung an den zweihundertsten Todestag des Kurfürsten Carl Theodors (1724-1799) als auch an die Revolution von 1848/1849 sind auf große Resonanz in der Öffentlichkeit gestoßen, haben zahlreiche Diskussionen angeregt und eine reichhaltige stadtgeschichtliche Publizistik mit sich gebracht. Zudem wurde das Jahr 2007, in dem Mannheim seiner vierhundertjährigen Stadterhebung gedenken wird, zur Orientierungsmarke für zahlreiche kulturelle und stadtplanerische Aktivitäten bestimmt. Bis dahin soll das Schloß für repräsentative Aufgaben der Universität und zur Verbesserung der Studienbedingungen ausgebaut sein und Räumlichkeiten für ein Museum bieten. Zugleich ist eine städtebauliche Aufwertung und bessere Verkehrsanschließung der Innenstadt geplant. Angekündigt ist auch das Erscheinen eines umfangreichen Sammelwerkes zur Mannheimer Stadtgeschichte.

Wenn auch die Erinnerung an die alte Kurpfalz im Bewußtsein der Mannheimer stark verankert ist, wehrt sich wohl heute niemand mehr gegen die Einsicht, daß der Weg der Stadt in die politische und soziale Moderne erst mit dem Reichsdeputationshauptschluß von 1803 begonnen hat. Damals geriet die ehemalige, zentral gelegene Residenzstadt an die nördliche Peripherie des neuen, mit Napoléons Hilfe vergrößerten badischen Territoriums. Trotz des damit verbundenen Zentralitätsverlustes verlief die Integration in den neuen Staat ohne größere Reibungen. Ein kurpfälzischer Revisionismus fand in den nächsten Jahrzehnten beim meinungsführenden liberalen Mannheimer Bürgertum, das sich im Rahmen der Verfassung von 1818 einen wachsenden Freiheitsraum erkämpfen konnte, keinen Anklang. Noch weniger wurde Zugehörigkeit zum Großherzogtum in der zweiten Jahrhunderthälfte diskutiert. Die kommunale Elite stand vor anderen Problemen. So stieg die Bevölkerung zwischen 1871 und 1913 von 39 600 auf 226 000 Einwohner. Der Ausbau der Hafenanlagen, der Bau von Brücken, die Errichtung von Fabriken und die Anlage von Arbeitersiedlungen jenseits des Neckars, im Norden und in der Schwetzinger Vorstadt veränderten nicht nur das Erscheinungsbild der barocken Residenzstadt, sondern führten zu einer beträchtlichen Ausweitung des Stadtareals. Dennoch wurde das Mannheim des Kaiserreichs nicht nur durch Industrieanlagen und Arbeitersiedlungen bestimmt. Großbürgerliche Wohnviertel in der Oststadt, das Jugendstilareal um den Wasserturm mit Rosengarten und Augustaanlage, zahlreiche Schul-, Kirchen-, Bank- und Behördenbauten prägten gleichermaßen das Bild Mannheims, das im 19. Jahrhundert zu einer der wichtigsten deutschen Handelsstädte geworden war.[1] Schon um 1900 hatte sich im großen und ganzen das heutige Gesicht der Stadt mit ihrer Wirtschaftskraft, Verwaltung, Infrastruktur, mit ihrem Straßensystem und mit ihren vielen kulturellen Einrichtungen ausgebildet.[2]

Der städtebaulichen Expansion im Kaiserreich folgte in der ersten Hälfte des 20. Jahrhunderts eine Phase langsamerer Entwicklung. Mannheims Rang als Banken- und

Handelsplatz ging zurück.[3] Einige größere Firmen verlegten ihren Hauptsitz nach Berlin. Zudem mußte die Stadt gemäß den Bestimmungen des Versailler Vertrags den Sitz der Internationalen Rheinschiffahrts-Komission an Straßburg abgeben. Auf politischer Ebene wurde Mannheim zu einem Vorort für wichtige Diskussionen um den Stellenwert der Kommunen in der neuen Demokratie. So wandte sich der parteilose Oberbürgermeister Theodor Kutzer als Vorsitzender des Deutschen Städtetags gegen Versuche, die kommunale Selbstverwaltung einzuschränken und beklagte im allgemeinen die „Mediatisierung der Städte“ durch den Staat und im besonderen die „Bevormundung“ der badischen Städte durch Karlsruhe. Prononciert äußerte er sich zur Lage seiner eigenen Stadt. Für Mannheim gelte, „daß der alte badische Staatskatechismus der Entwicklung der Stadt nicht gerecht“ werde. Auch Kutzers Nachfolger Hermann Heimerich befürchtete, daß die „gefeierte Selbstverwaltung zu Grabe getragen werde“. Der 1928 zum ersten sozialdemokratischen Oberbürgermeister gewählte Heimerich trat ferner offensiv für eine Neugliederung des Rhein-Neckar-Raums ein, der sonst zum Anhängsel des Rhein-Main-Gebiets werde. Seit 1905 gab es dank der Kooperation zwischen Kommune (Oberbürgermeister Otto Beck), Handelskammer, Universität Heidelberg und Landesregierung eine von der Stadt getragene Handelshochschule. Die neue akademische Institution wurde von einem Kuratorium geführt, an deren Spitze jeweils das Mannheimer Stadtoberhaupt stehen sollte. Ein vom Stadtrat ernannter Direktor leitete die Verwaltung der Hochschule, die über ökonomische, sozialpolitische und finanzwissenschaftliche Veranstaltungen hinaus auch bald geisteswissenschaftliche Vorlesungen anbot. 1921 wurde die Lehranstalt zur „Hochschule für Wirtschaftswissenschaften“ umbenannt und bald darauf mit dem Promotions- und Habilitationsrecht ausgestattet. 1930 erhielt sie ein Institut für die sprach- und wirtschaftswissenschaftliche Dolmetscherausbildung. Damals hatte sich bereits gezeigt, daß der badische Staat immer weniger bereit war, Zuschüsse für die kommunale Hochschule zu zahlen, so daß über deren Auflösung und Integration in die Heidelberger Universität offen diskutiert wurde.[4] Nach der Gleichschaltung von Kommune und Staat zögerten die Nationalsozialisten nicht lange, solche Pläne unter geänderten wissenschafts- und personalpolitischen Voraussetzungen in die Wirklichkeit umzusetzen. Von den neun hauptamtlichen Dozenten der Mannheimer Wirtschaftshochschule wurden nur zwei Professoren an die Universität versetzt.[5]

Mannheim – Friedrichsplatz mit Wasserturm
(Quelle: LMZ/Weischer, 1993)

Obwohl Mannheim nicht zu den Vororten der nationalsozialistischen Bewegung gehörte, erfolgten auch hier seit Beginn der Dreißiger Jahre massive Einbrüche in das traditionelle Wählerverhalten. Unter schmachvoll-entwürdigenden Bedingungen wurde Heimerich im März 1933 zum Rücktritt gezwungen. Die während seiner Amtszeit entstandene lebendige kommunalpolitische Kultur, die sich im Unterschied zu vielen anderen deutschen Großstädten von überlieferten autoritären Verwaltungsstrukturen befreit hatte, wurde binnen weniger Tage gleichgeschaltet.

2. Kommunalpolitische Entwicklungslinien von 1945 bis in die achtziger Jahre

Der Krieg hatte Mannheim schwer getroffen. 2000 Menschen waren bei den zahlreichen Bombenangriffen ums Leben gekommen. 51 % des Wohnraums und 76 % der gesamten Bausubstanz wurden zerstört. Besonders schwer wurde das Zentrum zertrümmert. Hier blieben nur 10 % der Häuser stehen. Vom Schloß blieben nur einige Fassaden übrig.[6]

Mannheim war die erste Stadt auf dem Gebiet des späteren Baden-Württemberg, in der die amerikanische Besatzungsmacht einen deutschen Verwaltungschef einsetzte. Dabei griff sie schon im März 1945 auf ein unbelastetes Mitglied der alten Stadtverwaltung, auf den Oberbaurat Josef Braun zurück. Dieser hatte dem Mannheimer Gemeinderat bereits vor 1933 als Mitglied des Zentrums angehört. Braun blieb jedoch nicht lange an der Spitze der Mannheimer Stadtverwaltung. Bei der ersten Oberbürgermeisterwahl durch die Bevölkerung im Jahre 1948 wurde er knapp von dem Sozialdemokraten Fritz Cahn-Garnier geschlagen. Der neue Amtsinhaber hatte sich bereits 1945 mit einem Thema profilieren können, das die Mannheimer Kommunalpolitik bis in die siebziger Jahre hinein immer wieder durchziehen sollte. Es handelt sich um die Frage der Neugliederung des Oberrheingebiets. Cahn-Garnier war für eine Vereinigung des nordbadischen Raums mit der linksrheinischen Pfalz und dem Saargebiet eingetreten.[7]

Daß auch Cahn-Garniers Nachfolger Hermann Heimerich, der bei seiner Wahl 1949 von einem Bündnis der SPD, CDU und DVP gegen den von der KPD vorgeschlagenen protestantischen Pfarrer Heinrich Eckert unterstützt worden war, für eine Neubestimmung der Ländergrenzen eintreten würde, kann angesichts dessen Aktivitäten in der Weimarer Republik nicht überraschen. Heimerich, der schon im Mai 1945 zum Präsidenten einer provisorischen Provinzialregierung für Rheinhessen, die Pfalz und das Saarland ernannt worden war, trat mit dem von ihm mitbegründeten Verein Kurpfalz ebenfalls für eine den Rhein übergreifende Lösung ein, die er aber im Unterschied zu Cahn-Garnier in einen Südweststaat eingebunden wissen wollte. Für eine badische Lösung hatte Heimerich keine Sympathien. Es ist auch seinem Wirken zuzuschreiben, daß in Mannheim bei der Volksabstimmung vom Dezember 1951 63 % der Stimmen für den Südweststaat abgegeben wurden. Dennoch ist es Heimerich in den nächsten Jahren nicht gelungen, zentrale Institutionen des Landes in seine Stadt zu holen. Noch heutige kommunalpolitische Diskussionen gehen in Mannheim davon aus, daß damals ein Defizit entstanden sei, das auch durch die spätere Ansiedlung des Verwaltungsgerichtshofes und durch die Einrichtung des Landesmuseums für Technik und Arbeit nicht ausgeglichen worden sei.

In Heimerichs Amtszeit (1949-1955) erfolgte der Wiederaufbau von „Wohnungen, Werkstätten und Fabriken, Häfen und Brücken, Krankenhäusern und Schulen“. Ein Aufstieg aus Ruinen, den sein Nachfolger Hans Reschke, der bei seiner ersten Wahl 1956 als Kandidat einer bürgerlichen Koalition aufgetreten war, zügig fortsetzen konnte. Reschke gelang es, die politischen Kräfte der Stadt zu entpolarisieren und wurde 1964 als Kandidat aller Parteien wiedergewählt. Die Bilanz seiner bis 1972 dauernden Amtszeit kann sich sehen lassen. 1971 hatte Mannheim mit über 330 000 Einwohner den höchsten Stand seiner Geschichte erreicht. 45 000 Wohnungen waren errichtet worden. Der Straßen- und Brückenbau konnte den Notwendigkeiten des modernen Verkehrs angepaßt werden.[8]

Besondere Akzente setzte Reschke mit vielen Außenkontakten. Er war u.a. Vorsitzender der Kommission für die Baden-Württembergische Verwaltungsreform und gehörte dem Senat der Max-Planck-Gesellschaft an. Seine Mitgliedschaft in der Kommission für die Neugliederung der Länder verschärfte bei ihm die Einsicht, daß die Grenzen des Südweststaates nicht zu verändern waren. Nicht nur deshalb, weil bei der Abstimmung von 1970 84,9 % der Mannheimer für den Verbleib bei Baden-Württemberg eingetreten waren, sondern auch deshalb, weil schon in der Schlußphase der Amtszeit von Reschke deutlich wurde, daß Ländergrenzen durch eine „pragmatische und sachorientierte Zusammenarbeit unterer Gebietskörperschaften, öffentlicher Institutionen und privater Initiativen überwunden und in ihrer praktischen Bedeutung gemindert werden“ können.[9] Eine Entwicklung, die im Dreiländereck Baden, Hessen und Pfalz mit der Gründung des Raumordnungsverbandes Rhein-Neckar, der seinen Sitz in Mannheim hat, eingeleitet wurde.

Mit Ludwig Ratzel kam 1972 nach 17 Jahren wieder ein Sozialdemokrat auf den Sessel des Mannheimer Oberbürgermeisters.[10] Im Unterschied zu seinem Vorgänger konnte Ratzel als SPD-Bundestagsabgeordneter, als Kreisvorsitzender seiner Partei, als Abgeordneter im Europaparlament und als Erster Bürgermeister auf eine reichhaltige politische Erfahrung zurückblicken. Nach seiner Wahl legte Ratzel den Vorsitz der Mannheimer SPD nieder. Eine Entscheidung, die er später bereuen sollte. Wie eine ganze Reihe sozialdemokratischer Bürgermeister geriet er in den siebziger Jahren in harte Auseinandersetzungen mit dem linken Flügel seiner Partei. Im Stadtrat kam es zu schwierigen Entscheidungssituationen, insbesondere dann, wenn es um Personalpolitik ging. Hinzu kam, daß Ratzels Verhältnis zu einer anderen einflußreichen Persönlichkeit der Mannheimer Sozialdemokratie, zu Walter Krause, dem damaligen Innenminister der Großen Koalition in Stuttgart, gespannt war.

Als Ingenieur hatte Ratzel großes Interesse an technologischen Innovationen. In seiner Amtszeit erfolgte die Modernisierung des Großkraftwerks, der Bau des Doppelheizwerks auf der Friesenheimer Insel, der Anschluß der Stadt an das Fernwärmenetz und die Errichtung des Fernmeldeturms. Nicht durchsetzen konnte er sich mit seinen Plänen, auf der Mannheimer Gemarkung ein Atomkraftwerk zu errichten. Entscheidende Fortschritte wurden in den siebziger Jahren beim Wohnungsbau erzielt. Die Anlage der Wohnviertel im Herzogenried und die Neckarufer-Nord-Bebauung, der Bau des Collini-Center können in diesem Zusammenhang genannt werden. Mit der Erweiterung der Kunsthalle, mit der Einrichtung der Fußgängerzonen in der Innenstadt und mit der Gestaltung der Bundesgartenschau im Jahre 1975, deren Freizeiteinrichtungen aus dem Alltag der Mannheimer Bevölkerung nicht mehr wegzudenken sind, wurden weitere Schwerpunke gesetzt.

Nach der kurzen Amtszeit des überraschend verstorbenen Wilhelm Varnholt wurde der aus der sozialdemokratischen Gemeinderatsfraktion kommende Gerhard Widder, Absolvent der inzwischen zur Fachhochschule erhobenen Mannheimer Ingenieurschule, 1983 bei einer Wahlbeteiligung von 61 % mit 21 000 Stimmen Vorsprung auf seinen CDU-Konkurrenten zum Oberbürgermeister gewählt.[11] 1991 und 1999 wurde Widder bestätigt. Während er 1991 mit einem komfortablen Vorsprung von 21 % gewählt worden war, geriet der Wahlkampf 1999 zu einer spannenden Auseinandersetzung mit dem bedeutend jüngeren Sven Otto, dem Fraktionsvorsitzenden der CDU. Erst im zweiten Wahlgang konnte sich Widder, allerdings bei einer immer noch geringen Wahlbeteiligung von 41,2 % mit etwas mehr als 3000 Stimmen gegen den Herausforderer durchsetzen. Widder erhielt 52 %, Otto 48 % der abgegebenen Stimmen. Unter den Bedingungen knapper Finanzmittel wurde die Mannheimer Kommunalpolitik kompliziert und ihre Gestaltungsräume wurden eng; der Strukturwandel von der Industrie- zur Dienstleistungsgesellschaft geht noch immer mit vielen Schwierigkeiten einher.

Während der Amtszeit Widders hat sich die Zusammensetzung des Stadtrats mehrfach gewandelt. Nachdem der neue Oberbürgermeister seine Arbeit mit einem Gremium begonnen hatte, das mit jeweils 22 Sitzen für die SPD und die CDU stabile Mehrheiten aufwies, änderte sich dies bereits bei den Wahlen von 1984. Die Position der „Großen" wurde zugunsten der Grünen und der bürgerlichen Mannheimer Liste schwächer, eine Tendenz, die sich bei den Wahlen 1989 verstärkte.[12] Das Regieren für den OB wurde schwieriger, weil im Übergang zu den neunziger Jahren sich die Haushaltsprobleme der Stadt, die sich bereits zu Beginn der Amtsperiode Widders abgezeichnet hatten, verschärften. So wies der Etat von 1993 einen Fehlbetrag von 43,8 Millionen DM auf. Der Grund für dieses hohe Defizit lag unter anderem im starken Rückgang der Gewerbesteuer- und Einkommensteueranteile um 22 Millionen DM und im gleichzeitigen Anstieg der durch die Arbeitslosigkeit auf die Kommune zugekommenen höheren Ausgaben. „Wir sind das unterste Netz, während alle anderen Netze immer löchriger werden", so hatte Widder in seiner damaligen Haushaltsrede hervorgehoben und betont, daß Mannheim mit 66 Sozialhilfeempfängern von 1000 Einwohnern an der Spitze Baden-Württembergs liege. Zudem habe sich die Zuführung vom Vermögenshaushalt in den Verwaltungshaushalt von 15,7 auf 13,2 Millionen verringert. Das bedeutete, daß der finanzielle Transfer aus den laufenden Einnahmen aus Steuern, Zuweisungen vom Land und aus Gebühren in die Ausgabenseite für Sportstätten, Schulen, Kindergärten, Verkehrsverbesserungen usw. gesenkt werden mußte. Die Investitionstätigkeit der Stadt mußte stark eingeschränkt werden. Ein Trend, der sich in den nächsten Jahren verstärkte. 1998 lag Mannheim mit 1,6 Milliarden Schulden an zwölfter Stelle in der Bundesrepublik. In Baden-Württemberg lag Mannheims Prokopfverschuldung mit 5300 DM nur noch hinter Heilbronn. Zum Vergleich seien die anderen Städte angeführt: Freiburg 4235, Stuttgart 3660, Karlsruhe 2108 und Heidelberg 1435.

Budgetfragen spielten auch im letzten Kommunalwahlkampf (1999) eine wesentliche Rolle, bei dem folgende Mandatsverhältnisse entstanden: CDU 23, SPD 17, Grüne 3, Mannheimer Liste 3, FDP 1 und Republikaner 1. Diese für das „rote" Mannheim ungewöhnliche Zusammensetzung haben zu einem schärferen Ton zwischen den beiden großen Parteien geführt und zugleich verwickelte Konstellationen hervorgerufen. Die CDU erhob den Anspruch, daß sich die neuen Mehrheitsverhältnisse auch im Gemeindebudget niederschlagen müßten. So konnte der Doppelhaushalt 2000/2001 nur nach einer Reihe von Veränderungen durch die Gemeinderatsmehrheit von CDU, Mannheimer Liste und FDP gebilligt werden. Die SPD lehnte das Budget mit der Begründung ab, daß es nach 1945 noch niemals einen Mannheimer Haushalt mit solch scharfen sozialen Einschnitten gegeben habe. Der Oberbürgermeister hingegen betonte, daß er trotz seiner SPD-Mitgliedschaft für den Haushalt stimmen werde, zumal der überwiegende Teil seines Entwurfs unverändert geblieben sei.

Die prekäre Lage Mannheims wird im Vergleich mit anderen Städten deutlich. Während Mannheim für das Jahr 2000 nur einen Transfer von 5,6 Mill. DM vom Verwaltungs- in den Vermögenshaushalt einplanen kann, beträgt die analoge Summe für Karlsruhe 146 Mill. und für Stuttgart 557 Mill. Im Jahre 2001 wird der Mannheimer Vermögenshaushalt sogar ein Defizit von 21 Millionen aufweisen. Die Stadt wird diese „negative Zuführung" u.a. durch Verkauf städtischen Vermögens ausgleichen müssen. Die Situation ist umso kritischer, als von der Kommune noch 80 Millionen DM als Ausgleichssumme für die Sanierung der in den Strudel geratenen Stadtsparkasse aufzubringen sind. Daß angesichts dieser Lage zwischen den Gemeinderatsfraktionen ein Haushaltskonsolidierungspakt erörtert wird, kann nicht überraschen.

Mit Rücksicht auf die intensiven Sparzwänge, aber auch aufgrund von Einsichten in die Notwendigkeiten einer effektiven Kommunalverwaltung kam es in Mannheim bereits in den achtziger Jahren zu Rationalisierungsmaßnahmen. Dem Mannheimer Umbau der öffentlichen Verwaltung kommt eine Art Pilotfunktion für Baden-Württemberg zu. Die Einführung unternehmerischer Kriterien in die Verwaltungsabläufe, die Eigenverantwortung einzelner Ämter und die monatliche Überprüfung der Budgetentwicklung sind solche innovativen Schritte. Als sinnvoll hat sich auch die Auslagerung von Arbeitsbereichen aus der kommunalen Direktverwaltung auf sogenannte Beteiligungsgesellschaften erwiesen. Dazu gehören die Gründung einer Hafengesellschaft, der Mannheimer Touristik GmbH, die insbesondere für die Verwaltung des Rosengartens zuständig ist, einer Friedhofsgesellschaft, Stadtparkgesellschaft, einer Abfallbeteilungsgesellschaft, Altenpflege und Friedhofsgesellschaft. Damit verbunden war die Vermeidung langer administrativer Instanzenwege und die Lösung von starren haushaltsrechtlichen Vorschriften. Die Einspar- und Rationalisierungseffekte sind offensichtlich, wenn es auch durchaus unterschiedliche Erfolgsbilanzen gibt. [13]

Auf Zustimmung aller politischen Kräfte in der Stadt ist die Miteinbeziehung bürgerschaftlicher Aktivitäten in die Vorbereitung des Stadtjubiläums gestoßen. Gleichermaßen unumstritten ist die Einrichtung von Bezirksräten, die mindestens zweimal im Jahr tagen, um Gemeinderat und Verwaltung in Angelegenheiten der jeweiligen Stadtteile zu beraten. Auch wenn diese nicht direkt von der Bevölkerung gewählt, sondern vom Gemeinderat bestimmt werden, ist durch die neue Einrichtung eine intensivere Artikulation von Bürgerwünschen möglich. Auf eine weitere Demokratisierung durch die Direktwahl der Bezirksräte, wie sie für Städte über 100 000 Einwohner nach der baden-württembergischen Gemeindeordnung denkbar ist, hat Mannheim wie alle anderen Großstädte im Südweststaat bis jetzt verzichtet.[14] Tendenzen, den auch die Beteiligung unterschiedlicher Bürgergruppen im Rahmen der Agenda 21 und bei der Vorbereitung des Stadtjubiläums von 2007 sichtbar sind.

Marksteine der Stadtentwicklung in der Ära Widder sind bis jetzt der Ausbau des Flughafens, die Errichtung des Fahrlachtunnels, der Neubau des Reiss-Museums, die Verlegung des Maimarktes auf das Mühlefeld und die damit verbundene Aufwertung als Messestadt, die Vorsorgemaßnahmen für ein modernes Hochwasser-Überflutungsmodell, die Erschließung eines neuen Industriegebiets auf der Friesenheimer Insel, die Schaffung einer zweiten Zufahrt zum Rheinauer Hafen, der Bau des Carl-Benz-Stadions und der Beginn der Arbeiten an der Euro-City am Bahnhof. Leider hat die Deutsche Bahn frühere Zusagen für den Ausbau des Bahnhofs als Dienstleistungsstandort und als Kristallisationspunkt für die städtebauliche Entwicklung des Areals zwischen Schloß und Lindenhof in wesentlichen Punkte zurückgezogen. Das ehrgeizige Projekt Mannheim 21 wurde somit stark beschnitten. Die Bahn will lediglich noch nicht benutztes Bahngelände zur städtebaulichen Nutzung zur Verfügung stellen. Kritiker sehen in diesem Zurückweichen einen Zusammenhang mit den Plänen, Mannheim durch eine neue direkte ICE-Trasse zwischen Frankfurt und Stuttgart links liegen zu lassen.

Andererseits darf jedoch nicht übersehen werden, daß die Deutsche Bahn AG nach wie vor bereit ist, 80 Millionen DM für den Ausbau des Bahnhofsgebäudes zu investieren.

Zur Wirtschaftsentwicklung

Bis in die Mitte der sechziger Jahre nahm Mannheim am allgemeinen Wirtschaftsaufschwung teil. Schon zehn Jahre später zeichnete sich jedoch ab, daß in Mannheim der Wandel von industriebestimmten Wirtschaftsstrukturen zur Dienstleistungsgesellschaft mit beträchtlichen Schwierigkeiten verbunden sein würde.[15] Hier ist der Anteil der industriellen Produktion an der Bruttowertschöpfung zugunsten des tertiären Sektors langsamer als in anderen Städten zurückgegangen. So arbeiteten 1970 in Mannheim 54,4 % der Beschäftigten im produzierenden Gewerbe, während der Dienstleistungssektor 45,3 % umfaßte. 1987 war zwar die Prozentzahl der im Dienstleistungsbereich Beschäftigten in Mannheim auf 59,4 % angestiegen, lag aber beträchtlich hinter Stuttgart mit 65,1 % und hinter Karlsruhe mit 71,8 % zurück. Wie in vielen industriellen Zentren verlief der Modernitätsumbruch der letzten drei Jahrzehnte in Mannheim verzögert und wurde von krisenhaften Entwicklungserscheinungen begleitet. Dennoch hat es sich im Rückblick als vollkommen übertrieben erwiesen, von Mannheim als von einem deutschen Liverpool zu sprechen. Der produzierende Sektor ist in Mannheim zwar geschrumpft, hat aber keine Industrieruinen mit verheerenden sozialen Konsequenzen hinterlassen; er ist für die Stadt bedeutend geblieben, weil es am Zusammenfluß von Rhein und Neckar weiterhin leistungsfähige mittelständische Betriebe und weltweit operierende Unternehmen der Großindustrie gibt, die Mannheim zu einem wettbewerbsfähigen Standort der High-Tech-Industrie gemacht haben.

Erste spürbare Arbeitsplatzverluste und Produktionseinbrüche hatte es bei mittleren Maschinenbetrieben zu Beginn der siebziger Jahre gegeben. Bald folgten auch bei größeren Firmen durch Rationalisierungen bedingte Entlassungen, die durch neue Arbeitsplätze im Dienstleistungssektor nicht wettgemacht werden konnten. Hinzu kam, daß der Eintritt der geburtenstarken Jahrgänge in das Berufsleben, die Zuwanderung von Aus- und Umsiedlern und die Veränderungen im Erwerbsverhalten der Frauen zu einer weiteren Nachfrage nach Arbeitsplätzen führte. Auch stellte der hohe Ausländeranteil an den gemeldeten Arbeitslosen, der in manchen Jahren über 20 % betrug, ein besonderes Strukturproblem des Mannheimer Arbeitsmarktes dar. Zudem wanderten gerade solche Bevölkerungsgruppen, die über ein gutes Einkommen und über sichere Arbeitsplätze verfügten, in den benachbarten Rhein-Neckar-Kreis ab. Dementsprechend wuchs der

Anteil derjenigen, die zu den Risikogruppen in einer sich rapide wandelnden Arbeitswelt gehören. Dies wirkte sich nachteilig auf die Zahl der Arbeitslosen aus. So stieg die Arbeitslosigkeit zwischen 1975 und 1990 von 4,8 auf 8,2 %. Ein Trend, der sich bis zum Ende der neunziger Jahre fortsetzte. Mit 13,3 % lag Mannheim 1997 an letzter Stelle von allen Arbeitsamtsbezirken des Landes. In der Regel betrug der Mannheimer Abstand zu dem baden-württembergischen Durchschnittswert während der beiden vergangenen Jahrzehnte circa 5 %.

Die hohe Quote von 1997 bedeutete zugleich eine Wende. In den folgenden Jahren gingen die Zahlen zurück. 1999 betrug die Arbeitslosigkeit 11,7 %. Zugleich wurden 25 000 offene Stellen angeboten. Dies war die höchste Zahl der neunziger Jahre. Vor allem aber ein Indikator scheint zukunftsträchtigere Perspektiven zu eröffnen. Schon 1998 stand fest, daß der Dienstleistungssektor mit 102 536 Beschäftigten inzwischen 62,4 % der Beschäftigten umfaßte, während das produzierende Gewerbe auf einen Anteil von 29,9 % abgefallen war. Ein weiterer positiver Faktor war, daß 1999 das Volumen der öffentlich geförderten Investitionen im Vergleich zum Vorjahr um 21 % angestiegen ist. Dabei handelte es sich um eine Summe von 186 Millionen DM, die in erster Linie mittelständischen Betrieben zugute gekommen ist. Da auch eine ganze Reihe von Großbetrieben beträchtliche Investitionen getätigt haben, gab es günstige Prognosen zur Wirtschaftsentwicklung, die sich zum großen Teil erfüllt haben. So ist die Arbeitslosigkeit zu Beginn des Jahres 2001 auf 8 % gesunken. Der Trend zum verstärkten Engagement führender Industrieunternehmen in Mannheim hält weiter an. So haben nach einer Bestandsaufnahme zu Beginn des Jahres 2001 Unternehmen wie die SCA Hygenie Paper GmbH, Roche Diagnostics GmbH, EvoBus GMBH (DaimlerChrysler), Deutz AG, Vegla Vereinigte Glaswerke GmbH, Rütgers Organics GmbH, Lever Fabergé Deutschland GmbH, die Eichbaum Brauereien AG und die Fuchs DEA Schmierstoffe GmbH & Co. KG mehr als 900 Millionen DM investiert.[16] Dabei ist bemerkenswert, daß ein Schwerpunkt auf der Schaffung von Logistikzentren liegt. Ein Indikator für die verkehrsgünstige Lage Mannheims, für die der Schnittpunkt von sieben Autobahnen, der bedeutendste Fernverkehrsknotenpunkt für den Schienenverkehr in Süddeutschland und ein zentraler Schiffsgüter- und Containerumschlagshafen charakteristisch ist. Hinzu kommt die Nähe zum Frankfurter Flughafen und der Ausbau des eigenen Flughafens. Natürlich hat man in Mannheim hellhörig auf Pläne der Bundesbahn reagiert, eine neue Hochgeschwindigkeitstraße zwischen Frankfurt, Stuttgart und München um die Stadt herumzuführen. Selten hat ein Thema die Mannheimer Öffentlichkeit, Gemeinderat und Verwaltung, Wirtschaft, Industrie und Hochschulen so solidarisiert wie dieses mögliche Vorhaben. Die Unterstützung des Raumordnungsverbandes, des Rhein-Neckar-Kreises und der Umlandgemeinden kommt zu einem Zeitpunkt hinzu, zu dem die Einrichtung einer längst überfälligen S-Bahn für die Region Rhein-Neckar in Angriff genommen wird.

Der Mannheimer Kampf um den Erhalt des ICE-Knotens wird auch in Stuttgart unterstützt, zumal die Vertreter der Regierung Mannheim immer wieder als Sorgenkind bezeichnen, z.B. Wirtschaftsminister Döring bei einem seiner Besuche in der Stadt im Frühjahr 2000. Dabei sprach er von einem Förderungszuschuß von 300 Mill. DM zu einem umfangreichen Impulsprogramm. Unter dem Titel „Beschäftigung und Innovation für Mannheim“ hatten die Stadt, die Hochschulen, die Berufsakademie, die Kammern, der Regionalverband und das Arbeitsamt 41 förderungswürdige Projekte entworfen, von denen inzwischen auch einige wie die Gründung des Softwarezentrums und der

Ausbau der Medientechnik an der Fachhochschule umgesetzt werden konnten. Nüchternen Beobachtern war jedoch klar, daß die angegebene Summe zu hoch gegriffen war, zumal deren Bewilligung sicher zu kritischen Nachfragen aus anderen Städten und Regionen geführt hätte. So war die Empörung in Mannheim auch nicht allzu groß, als sich herausstellte, daß die Fördersumme auf 30 Millionen zusammenschmelzen würde und daß die Gelder nur als Komplementärmittel zu Zuschüssen aus einem EU-Förderprogramm abgerufen werden können. Die Kritik an Stuttgart scheint in Mannheim überhaupt in dem Maße geringer zu werden, als man sich auf eigene, kommunale Möglichkeiten der Wirtschaftsförderung besinnt, ein Aktivitätsbereich, der in Mannheim zunehmend vom kommunalen „Amt für Wirtschaftsförderung" mitgestaltet wird. Es ist mit seiner Beratungs- und Koordinationsarbeit, seinen Arbeitsmarktanalysen und seiner Öffentlichkeitsarbeit zu einer unverzichtbaren Clearingstelle für die Mannheimer Wirtschaftsentwicklung geworden.

Die Mannheimer Universität

Es war vor allem der treibenden Kraft des 1887 in Mannheim geborenen Historikers Franz Schnabel zu danken, der nach Kriegende kurzfristig als „Landesdirektor für Kultus und Unterricht" fungierte, daß schon am 30.9.1946 die 1933 aufgehobene „Staatliche Wirtschaftshochschule" in Mannheim wieder gegründet werden konnte. Angesichts der „Hypertrophie von Bildungsanstalten" in Heidelberg, trat er dafür ein, in der Nachbarstadt eine Hochschule zu etablieren, die im Bewußtsein der Bevölkerung verankert werden sollte.[17] Obwohl deren staatlicher Charakter von Anfang an nicht in Rede stand, kämpfte man in Mannheim unter Berufung auf die Tradition um eine kommunale Mitsprache bei der Gestaltung der Hochschule. Oberbürgermeister Cahn-Garnier verband seine Kritik am angeblich geringen Niveau der Hochschule mit dem Hinweis, daß er als Demokrat „auf die Art der Selbstverwaltung, die die Wirtschaftshochschule für sich in Anspruch nimmt, pfeife". Zwar gingen der Kultusverwaltung die Mannheimer Begehrlichkeiten zu weit, sie erklärte sich aber 1951 mit der Einrichtung eines Beratenden Ausschusses einverstanden, der bis in die Gegenwart hinein existiert. Damit wurde ein Gremium geschaffen, das freilich nicht über die Entscheidungskompetenz des jüngst geschaffenen Hochschulrates verfügt, das aber als wichtiges Bindeglied zwischen Universität, Stadt und Region fungiert.[18] Heute hat der Beirat 27 Mitglieder, die sich aus Vertretern der Universität, des Stadtrats, der Wirt-

Mannheim – Schloß aus der Luft
(Quelle: LMZ/Weischer, 1993)

schaft, des DGB, des Landes und unabhängiger Persönlichkeiten des öffentlichen Lebens zusammensetzt.

Erwartungsgemäß begann die Hochschule mit einer Ausrichtung auf die betriebs- und wirtschaftswissenschaftliche Lehre und Forschung. Schon bald erhob sich jedoch die Forderung nach einem Ausbau zur Universität. 1961 stellte der Mannheimer Landtagsabgeordnete Walter Krause im Stuttgarter Landtag den Antrag, daß die Regierung die in Mannheim inzwischen offensiv diskutierte Erweiterung prüfen möge. Eine Denkschrift aus dem Jahre 1963 legte die Kapazität der Mannheimer Universität, die auch zur Entlastung der bestehenden Hochschulen dienen sollte, auf 2500 Studenten fest. Als schließlich 1967 die Umbenennung der Wirtschaftshochschule in „Universität Mannheim" erfolgte, studierten dort bereits 3444 Studenten an der wirtschafts- und sozialwissenschaftlichen, an der philosophischen und an der juristischen Fakultät. Seit dieser Zeit hat sich die Universität durch die Einführung zahlreicher neuer Studiengänge stark verändert. 1973 gab es dann bereits 6500 Studenten, die sich auf acht Fakultäten neuer Art verteilten: Rechtswissenschaften, Betriebswirtschaftslehre, Volkswirtschaftslehre, Sozialwissenschaften, Philosophie, Mathematik und Informatik. Der Höhepunkt wurde Mitte der achtziger Jahre mit rund 13000 Studierenden erreicht. Im Wintersemester 2000/2001 betrug deren Zahl 10540. Damit wurde die von der Universität geplante Grenze erreicht. Die Zahl der Fakultäten wurde dabei im Zuge von Einsparungen auf sechs folgende Fakultäten reduziert: Die Fakultät für Betriebswirtschaftslehre mit ihren insgesamt 22 Lehrstühlen bildet dabei mit 3685 Studenten die größte Einheit. Es folgen die Philosophische Fakultät mit 1967, die Sozialwissenschaftliche Fakultät mit 1452, die Juristische Fakultät mit 1378, die Volkswirtschaftliche Fakultät mit 1035 und die Fakultät für Mathematik und Informatik mit 1015 Studierenden. Insbesondere auch die letztere hat sich schnell eine hohe Wertschätzung bei den Unternehmen erobert. Sie kooperiert eng mit der Fakultät für Betriebswirtschaftslehre im Bereich Wirtschaftsinformatik und mit der Fachhochschule für Technik und Gestaltung. Zudem wird eine sowohl von der Stadt als auch von der IHK gewünschte eigene Fakultät für Technische Informatik geplant. Dabei wird unter Bezugnahme auf analoge Karlsruher und Stuttgarter Einrichtungen an Auswirkungen auf das gesamte Rhein-Neckar-Dreieck gedacht. Überhaupt gibt es intensive Kontakte der Mannheimer Universität zur städtischen und der regionalen Wirtschaft. So ist es kein Zufall, daß der derzeitige Rektor der Universität, der Geograph Prof. Dr. Peter Frankenberg, zugleich Vorsitzender des Arbeitskreises Rhein-Neckar ist, der sich zum Ziel die Förderung der länderübergreifenden wirtschaftlichen Zusammenarbeit gesetzt hat. In diesem Rahmen wurde auch eine Technologie-Wissenstransferstelle gegründet – eine regionale Einbindung, die auch an der Arbeit des „Instituts für Mittelstandsforschung" oder des „Instituts für Regionalkunde und Regionalforschung" festzustellen ist.

Von den mit der Universität verbundenen, internationales Ansehen genießenden Einrichtungen seien nur das „Institut für Empirische Wirtschaftsforschung", das „Zentrum für Europäische Umfrageanalysen", das „Institut für Binnenschiffahrt", das „Zentrum für Europäische Sozialforschung" und das 1998 gegründete „Institut für Medizinrecht, Gesundheitsrecht und Bioethik", das universitätsübergreifend von den Mannheimer und Heidelberger juristischen Fakultäten getragen wird, erwähnt. Die letztgenannte Einrichtung ist ein weiteres Zeichen für die seit dem Kooperationsvertrag von 1995 gut funktionierende Zusammenarbeit zwischen den beiden Nachbaruniversitäten.[19] Ein weiteres Spezifikum der Universität Mannheim ist das Tempo und die Effektivität, mit der in den letzten Jahren Reformen durchgesetzt wurden. Dabei wurden nicht nur innere Entscheidungsstrukturen rationalisiert und dezentralisiert, sondern die Hochschule stellte sich auch dem Wettbewerb und öffnete sich gegenüber der Gesellschaft. Nicht nur das Stuttgarter Wissenschaftsministerium und die VW-Stiftung haben dies bestätigt, sondern auch der Stifterverband der Deutschen Wirtschaft, der Mannheim zu den sechs besten deutschen Reformuniversitäten zählt. Insofern ist es sinnvoll, daß die im Frühjahr 2001 neu eingerichtete Evaluationsagentur für die regelmäßige und vergleichende Bewertung von Lehre und Forschung an den baden-württembergischen Hochschulen an der Schloß-Universität in Mannheim eingerichtet wurde.

Der tertiäre Bildungssektor besteht in Mannheim jedoch nicht nur aus der Universität. In der Stadt ist noch eine ganze Reihe anderer Hochschulen angesiedelt. Die größte und bekannteste von ihnen ist die Fachhochschule für Technik und Gestaltung mit ihren 3041 Studierenden (WS 2000/2001), die in neun Fachbereichen ausgebildet werden. Hinzu kommen noch die Hochschule für Musik und Darstellende Kunst, die Hochschule für Sozialwesen, die Fachhochschule des Bundes für Bundeswehrverwaltung und eine Berufsakademie. Somit kann nicht überraschen, daß die Stadt Mannheim mit ihren 220 000 Einwohnern rund 24000 Studenten einen Studienplatz bietet. Neben dieser beachtlichen Reihe von Bildungs-Institutionen existieren mit dem Landesmuseum für Technik und Arbeit, mit dem Planetarium, dem Reiss-Museum, der Städtischen Kunsthalle und mit dem Nationaltheater bedeutende kulturelle Einrichtungen – eine Kombination, die sich für die künftige Entwicklung des Wirtschaftsstandorts Mannheim günstig auswirken kann.

Anmerkungen

1 Hansjörg Probst: Mannheim, in: Alexander Schweikert (Hrsg.): Kurpfalz. (Schriften zur politischen Landeskunde Baden-Württembergs, Band 25), Stuttgart 1977, S. 315
2 Hans Jürgen Matz: Der Rhein-Neckar-Raum in der deutschen Neugliederungsdiskussion seit 1919, in: a.a.O., S. 252
3 Zum Folgenden siehe Friedrich Walter. Schicksal einer deutschen Stadt. Geschichte Mannheims 1907-1945, bearbeitet im Auftrag der Stadt Mannheim. Frankfurt 1950, Bd.II, S. 9 ff.
4 Reiner Bollmus: Handelshochschule und Nationalsozialismus. Das Ende der Handelshochschule Mannheim und die Errichtung einer Staats- und Wirtschaftswissenschaftlichen Fakultät an der Universität Heidelberg 1933/34. Meisenheim am Glan. 1973.
5 Klaus-Rainer Brintzinger: Die nationalsozialistische Gleichschaltung des InSoSta und die Staats- und Wirtschaftswissenschaftliche Fakultät 1934-1945, in: Reinhard Blomert/Hans Ulrich Eßlinger/Norbert Giovanni (Hrsg.), Heidelberger Sozial-und Staatswissenschaften zwischen 1918 und 1958. Marburg 1997, S. 60 ff.
6 Zum Kriegsende vergl. Christian Peters: Der Anfang nach dem Ende. Redaktion Michael Caroli (= Sonderveröffentlichungen des Stadtarchivs Mannheim, Nr. 12 hrsg, von Jörg Schadt) Mannheim 1985
7 Inzwischen gibt es eine umfangreiche Literatur zur Neugliederungsdiskussion nach 1945. Nur einige Titel seien genannt: Gerd Hepp: Wiederherstellung der alten Kurpfalz? Der Verein Kurpfalz in der Neuregelung der Ländegrenzen im deutschen Südwesten, in: Uwe Uffelmann (Hrsg.): Das Land zwischen Rhein und Odenwald. Eine Ringvorlesung zur Region, (= Forschen-Lehren-Lernen. Beiträge aus dem Fachbereich IV (Sozialwissenschaften) der Pädagogischen Hochschule Heidelberg, Band 2). Villingen-Schwennigen, S. 172-184; Joachim Stephan: Der Aufbau der Verwaltung nach 1945, in Schweikert a.a.O., S. 99-119; Jürgen Zieher: „Der Rhein darf keine Grenze sein“ – Die Kurpfalz-Frage 1945-1976, in: Mannheimer Geschichtsblätter N.F. 3, 1996.
8 Probst, a.a.O., S. 32 ff.
9 Matz, a.a.O., S. 253

10 Zum Folgenden: Ludwig Ratzel: Erinnerungen, (= Quellen und Darstellungen zur Mannheimer Stadtgeschichte, hrsg. vom Stadtarchiv) Mannheim 1993.

11 Die folgende Darstellung beruht auf einer Auswertung des Mannheimer Morgens und auf Unterlagen des Mannheimer Stadtarchivs zur Kommunalpolitik.

12 Angesichts eines Gemeinderats, mit einer Sitzverteilung v. SPD 17, CDU 13, Mannheimer Liste 6, Grüne 5, Republikaner 4, FDP 2, und DKP 2

13 Zur Bewertung der allgemeinen Tendenz in den Kommunen, durch Beteilungsgesellschaften die Leistungen der Gemeinden zu rationalisieren und damit auch zu Einsparungen zu gelangen vgl. Willi Weiblen: Kommunale Finanzpolitik, in Theodor Pfizer/Hans-Georg Wehling (Hrsg.): Kommunalpolitik in Baden-Württemberg (Schriften zur politischen Landeskunde Baden-Württembergs, Band 11. Herausgegeben von der Landeszentrale für politische Politische Bildung Baden-Württemberg), Dritte, völlig überarbeitete und erweiterte Auflage. Stuttgart 2000, S. 76-108.

14 Vergleiche Richard Kunze/Albrecht Quecke: Das Kommunalrecht in Baden-Württemberg, in: Wehling a.a.O., S. 66 f.

15 Vergleiche zu den folgenden Ausführungen vor allem die vom Mannheimer Amt für Wirtschaftsförderung herausgegebenen Analysen „Beiträge zur Wirtschaftsentwicklung"; Dr. Wolfgang Miodeck/Elisabeth Müller-Neumann unter Mitarbeit von Dr. Renate Breithecker-Amend und Marlies Stoffels: Entwicklung von Wirtschaftsstruktur und Arbeitsmarkt in Mannheim 1970-1990. Oktober 1992; Jahressbericht 1999.

16 Christian Deutsch: Großinvestitionen treiben Strukturwandel voran, in: Mannheim. Stadt im Quadrat. Heft 31, Jahrgang 2001, S. 8 ff.

17 Heinrich Chantraine, in den von der „Gesellschaft der Freunde der Universität" herausgegebenen Mannheimer Heften vom April 1988, S. 17

18 Zur Geschichte des Beratenden Ausschusses vgl. Manfred David. a.a.O., S. 8 ff.

19 Pressestelle der Universität Mannheim. Pressebericht vom 16.7.98

Abfallwirtschaft im Landkreis Karlsruhe

„Der Rest vom Fest“[1]

Bernhard Böser

Der Versuch, auf die Entwicklung der Abfallwirtschaft in den vergangenen 50 Jahren zurückzublicken, ist gleichzeitig die Betrachtung eines Themenkreises, der ein Stück weit Aussagen zur Denkweise der Bevölkerung und zum Handeln staatlicher Institutionen treffen kann.

Über die gesamte Geschichte der Menschheit war die Entsorgung von unbrauchbar gewordenen Gütern gleichbedeutend mit Vergraben, Verbrennen und Vergessen. Tierische und menschliche Fäkalien versickerten in Gruben, Speisereste wurden verfüttert, kompostiert und damit nutzbar gemacht, höherwertige Gebrauchsgegenstände wurden solange es zu ermöglichen war, eingesetzt. Historisch betrachtet war die Entsorgung von Abfällen deshalb noch bis vor recht kurzer Zeit kein Problem im eigentlichen Sinn.

Die 50er Jahre – Ein Problem entsteht

In den Jahren des zweiten Weltkriegs regelten staatliche Vorgaben – begründet in der Rohstoffknappheit und dem Zwang zur wirtschaftlichen Autarkie – das gezielte Wiederaufbereiten und Wiederverwenden der verschiedensten Materialien: Lumpen, Metalle, Papier. Hintergrund der „Rohstoffsparbüchsen“ waren deshalb keineswegs ökologische Überlegungen, sondern militärische und damit letztlich wirtschaftliche Gedanken. Primär der Kampf ums tägliche Überleben war nach den Kriegsjahren der Anlaß einer intensiven Nutzung aller noch vorhandenen Güter im privaten wie auch im öffentlichen Bereich. Ein grundlegender Wandel setzte in dieser Situation schließlich ein, als in den 50er Jahren das Wirtschaftswunder weite Kreise der Bevölkerung erreichte und einen bis dahin kaum gekannten Wohlstand ermöglichte. Zwar war die Herstellung vieler Kunststoffe selbst keine Neuerung; neu war allerdings die massenhafte Herstellung und Verbreitung, der Schritt zu Einwegprodukten und namentlich das umfassende und durchaus erschwingliche Angebot dieser modernen Waren. Unweigerlich folgte ein sprunghafter Anstieg der häuslichen Abfälle, die sich einer Verbrennung im Ofen oder einer Verwendung in Hof und Garten entzogen.

In diese Zeit fällt die Entstehung vieler heute noch tätigen Entsorgungsunternehmen. In den 50er Jahren stand für diese gewerblichen Sammler die Fäkalienabfuhr oder das Lumpen-, Papier- und Alteisengeschäft am Beginn einer ungeahnten Entwicklung, die in einem enormen Tempo strukturell und technisch über Jahrzehnte andauern sollte.

In einigen Landkreis-Städten, in denen sich schon vor den Kriegsjahren eine freiwillige Abfuhr durch Landwirte etabliert hatte, wurden noch vor Beginn der 60er Jahre erste kommunale Abfuhrverträge vereinbart. Anstatt der bis dahin eingesetzten offenen Kipper fuhren auch geschlossene Spezialfahrzeuge im Zweiwochen-Rhythmus. Sammelgefäße wurden nach Wunsch gestellt. Sie waren im wesentlichen mit Asche, pflanzlichen Resten, Scherben und Bauschutt gefüllt. Entsorgungsstelle war das gemeindliche „Schuttloch“ oder: der „Müllplatz“ außerhalb des Ortsetters. Deutliche Unterschiede in der Standortfrage innerhalb des Kreisgebiets gab es dabei zwischen Gemeinden in der flachen Hardt und den Dörfern im Hügelland: das Platzangebot im Oberrheingraben war ungleich größer. Der Umweltgedanke spielte bei der Verfüllung von Altrheinarmen, Panzergräben oder – im Hügelland – Hohlwegen keine wesentliche Rolle. Auf diesen Müllkippen wurde noch bis nach 1970 in regelmäßigen Abständen Müll verbrannt.

Die 60er Jahre – Erste kommunale Maßnahmen

Bis Ende der 60er Jahre spielte die Müllentsorgung in der Politik der damaligen Landkreise Bruchsal und Karlsruhe kaum eine Rolle. Sie war ausschließlich Sache der Städte und Gemeinden. Umweltpolitische Aktivitäten und die damit verbundenen öffentlichen Ausgaben zielten fast ausschließlich auf den Ausbau der Ortskanalisation, überall mit großem finanziellen Aufwand vorangetrieben. Die Landratsämter und Gesundheitsämter unterzogen die Leerung der Klärgruben und die Fäkalienabfuhr regelmäßigen Kontrollen. Grundwasserverunreinigungen durch bedenkenloses Ablassen der Grubeninhalte hatten damals wiederholt zu Typhusepidemien und Bandwurmbefall in größerem Ausmaß geführt. Gerade diese Angst vor gesundheitlichen Risiken, Geruchs- und Staubbelästigungen durch eine noch in den Kinderschuhen steckende Müllabfuhr und die immer noch in weiten Teilen unkontrollierten Müllkippen mit häufigen (beabsichtigten oder unbeabsichtigten) Bränden veranlaßten die Verwaltungen erstmals zu entschlossenem Handeln. Zwar unausgesprochen, aber doch ein deutliches Zeichen dafür, daß sich die Entsorgungsfrage etwa ab Mitte der 60er Jahre zu einem handfesten Müllproblem ausgeweitet hatte, war die Tatsache, daß wiederholt neue Müllplätze auch in Wasserschutzgebieten und anderen ökologisch äußerst problematischen Zonen angelegt werden mußten und daß sich viele Gemeinden durch die steigenden Ausgaben und die wachsenden Müllberge überfordert sahen.

Landrat Dr. Friedrich Müller sah sich deshalb auf der Jahrespressekonferenz 1965 des damaligen Landkreises Bruchsal zur Aussage veranlaßt, daß „zum Problem einer einheitlichen Müllbeseitigung der Landkreis zwingend initiativ werden“ müsse. Müller sagte weiter: „Das rapide Anwachsen des Wohlstandsmülls stellt eine der unangenehmen negativen Folgeerscheinungen der modernen, technischen und wirtschaftlichen Entwicklung dar. So ist die Müllbeseitigung und Müllverwertung auch im Landkreis Bruchsal innerhalb weniger Jahre zu einem vordringlichen Problem geworden.“ Der Bruchsaler Kreis durfte sich seinerzeit durchaus in einer Vorreiterrolle sehen: 1965 stand erstmals eine Rate von 10.000 Mark für vorbereitende Untersuchungen zur Errichtung einer zentralen Müllbeseitigung zur Verfügung. Die Kosten für eine geordnete Deponie wurden nach einem Gutachten aus dem Jahr 1967 mit 1 Million Mark angegeben. Vorgesehener Standort war der 1964 von der Stadt Bruchsal angelegte Müllabladeplatz, der in seinen ersten drei Betriebsjahren bereits 100.000 m^3 Abfälle aufgenommen hatte. Das Planfeststellungsverfahren für die Kreismülldeponie Bruchsal wurde nach fünf weiteren Jahren im September 1972 abgeschlossen. Der Kreis konnte nun über eine Ablagerungsfläche von 50 Hektar verfügen.

In vielen Kreisgemeinden hielt sich die freiwillige Müllabfuhr noch bis Ende der 60er Jahre. Gemeindesatzungen etablierten erst aufgrund des Landesabfallgesetzes von 1972 das Instrument des Anschluss- und Benutzungszwangs und damit auch ein vertraglich ausgestaltetes Abfuhrsystem mit vereinheitlichten Sammelgefäßen. Erstmals war der Bürger verpflichtet, sich der gemeindlichen Abfuhr zu bedienen; gleichzeitig mußte die Gemeinde dazu ein regelmäßiges Entsorgungssystem anbieten. Zuvor hatten sich die Kommunalverwaltungen vor allem in den kleineren Ortschaften nicht um Abfallfragen gekümmert. Die Anmeldung zur Abfuhr, das quartalsweise Kassieren und andere administrative Aufgaben erledigten Zeitungsausträger, Friseure und Stromableser. Sie arbeiteten direkt im Auftrag der Sammelunternehmen. In dieser Zeit (etwa bis 1972) vollzog sich die vollständige Umstellung auf Systemgefäße. In der Folge entstand auch eine separate Sperrmüllabfuhr, an deren enormer Mengenentwicklung im Laufe der Jahre der steigende Wohlstand ablesbar wurde. Die Brandstellen im Haus, die Haustiere und die Miststellen verschwanden mehr und mehr auch auf den Dörfern.

Die wöchentliche oder auch zweiwöchentliche Abfuhr wurde nun vertraglich zwischen Gemeinde und Entsorger vereinbart. Jetzt erhoben die Gemeinden Benutzungsgebühren von ihren Einwohnern. Abgerechnet wurde zwischen Gemeinde und Unternehmer nach Gefäßgröße (zumeist 25, 35 oder 50 Liter Rundtonnen), aber auch nach Abfuhrhäufigkeit oder nach einer Einwohnerpauschale. Unerwartet hohe Sperrmüllmengen – offenbar begründet in dem verbreiteten Wunsch nach Modernität und dem Bestreben, das Alte hinter sich zu lassen – führten oft zu unkontrollierten Anhäufungen auf den Straßen, mancherorts gar monatlich wiederkehrend. Dieser Entwicklung hielten die Kommunen Gewichtsbeschränkungen beim Sperrmüll oder Gebührenabrechnungen auf Stundenbasis entgegen.

Die 70er Jahre – Die Entsorgung als Umwelt- und Strukturaufgabe

Das am 1. März 1972 in Kraft getretene Landesgesetz über die Beseitigung von Abfällen übertrug definitiv die Zuständigkeit für die Abfallbeseitigung auf die Städte und Landkreise. Die Müllsammlung und der Transport zur Entsorgungsanlage selbst aber verblieben in der Zuständigkeit der Gemeinden. Gerade dieser Umstand der Aufgabentrennung ist bis heute ein markantes, viel diskutiertes Moment in der Entsorgungsstruktur des Landkreises Karlsruhe.

Durch die langjährige Praxis der Abfuhr auf Gemeindeebene ist das Festhalten an dieser Aufgabe aus traditionellen Gründen in den Städten und Gemeinden des Kreisgebiets stark ausgeprägt.

Im Vorfeld der Kreisreform, in der der neue „Großkreis“ Karlsruhe schließlich 1973 aus den alten Kreisen Bruchsal und Karlsruhe entstand, wurde offenbar, daß aus dem rein administrativen Problem der Abfallbeseitigung eines der drängendsten Umweltthemen der kommenden Zeit geworden war: Amtsverweser Dr. Bernhard Ditteney eröffnete schließlich auch eine offensive Müllpolitik. Er stellte in den Haushalt 1972 für diese neue Aufgabe 100.000 Mark ein. In seiner Haushaltsrede sagte er dazu: „Im Moment bleibt uns daher wohl nichts anderes übrig, als zur Regelung der Müllbeseitigung für die nächste Zeit eine oder mehrere Deponien ins Auge zu fassen. Die meisten bisher bestehenden Müllkippen müßten nämlich nach Auffassung des Wasserwirtschaftsamts wegen Grundwassergefährdung oder aus anderen Gründen sofort geschlossen werden.“

Verständlicherweise versagten die Gemeinden dem Kreis zumeist ihre Mitwirkung bei der Suche nach zentralen Entsorgungsstandorten. Das Landratsamt schloß daher nicht aus, auch einen gesetzlich ermöglichten Druck auf die Gemeinden auszuüben. Auf mehreren Gemarkungen wurden Lösungsmöglichkeiten geprüft. Als einigermaßen geordnet stellte sich die Deponie der Stadt Ettlingen mit einer Restlaufzeit von drei Jahren dar. Eine weitere Option war ein ehemaliger Steinbruch auf Grötzinger Gemarkung. Der

Grötzinger Gemeinderat kam der Kreisverwaltung mit großem Verständnis entgegen. Die daraus entstandene Kreis-Deponie nahm in den Jahre 1973 bis 1997 schließlich rund 1,5 Million Kubikmeter Abfälle aus weiten Teilen des Kreisgebiets auf. Durch die spätere Eingemeindung der ehemaligen Kreisgemeinde Grötzingen in den Stadtkreis Karlsruhe ergab sich dann eine durchaus bemerkenswerte Situation: Eine der zentralen Entsorgungsanlagen des Landkreises Karlsruhe sollte von da an außerhalb des Kreisgebietes liegen.

Mit den neuen abfallrechtlichen Bestimmungen trat erstmals der Umweltschutz als vorrangiges Ziel zu Tage. Im Gesetzgebungsverfahren des Bundes wie auch in der öffentlichen Diskussion wurden Begriffe wie Vermeidung, Verringerung und Verwertung deutlicher als zuvor beim Namen genannt. Die Abfallbeseitigung als öffentliche Umweltschutzaufgabe wurde nicht mehr nur als Teil der staatlichen Daseinsvorsorge oder der (Gesundheits-)Gefahrenabwehr betrachtet; vielmehr tauchten Worte wie Verursacherprinzip und Ressourcenerhaltung auf. Zweifellos prägten hier die Wirtschafts- und die Ölkrise mit ihrem Höhepunkt im Jahre 1973 diese entscheidende Bewußtseinsänderung mit.

Trotzdem war wesentlicher Inhalt der staatlichen und kommunalen Abfallpolitik noch allein die Sicherung einer ordnungsgemäßen Beseitigung, weniger die Steuerung der Abfallmengen. Dieser Gesichtspunkt sollte im Laufe der späten 70er Jahre und stärker in den 80ern an Gewicht gewinnen. Im Landkreis waren konsequenterweise nach und nach die wilden Müllkippen geschlossen oder zunächst in Bauschutt- und Erdaushubdeponien umgewandelt worden. Daß daraus jedoch erhebliche Altlastenprobleme entstehen würden, wurde vielen Verantwortlichen erst rund ein Jahrzehnt später bewußt.

Die 80er Jahre – Die technischen Anforderungen steigen

Die Müllabfuhr im Landkreis verfeinerte sich in technischer Hinsicht. Der Deponiebetrieb etablierte sich auf zeitgemäßem Niveau, gesichert durch die fortgeschriebenen Planfeststellungsbeschlüsse des Regierungspräsidiums. Die ökologischen Anforderungen stiegen, in deren Folge auch die Kosten, die auf den Landkreis, die Gemeinden und den Gebührenzahler zukamen. Anfang der 80er Jahre wurde dieser Kostendruck zunehmend akzeptiert und später auch bewußt eingesetzt, um damit auf eine Steuerung der Abfallströme und der Mengenentwicklung hinzuwirken.

In dieser Zeit entwickelte sich die Deponie Bruchsal, die größte der drei Kreisentsorgungsanlagen, zu einer in technischer wie auch äußerlicher Hinsicht außergewöhnlichen Besonderheit: Die Schnellbahnstrecke Mannheim-Stuttgart, ein Projekt, das die Deutsche Bundesbahn in den Jahren 1983 bis 1990 realisierte, kreuzte die Deponiefläche und zerschnitt zusammen mit Verbindungskurven und Nebengleisen den Deponiekörper in insgesamt sechs Teile. Langwierige Verhandlungen zwischen Landkreis und Bundesbahn gingen den Baumaßnahmen voraus. Schließlich galt das Interesse des Landkreises der Erhaltung von 6,8 Millionen Kubikmeter Deponievolumen und einer gerechten Kostenteilung.

Die Kostenfrage rückte auch generell nun mehr und mehr in den Mittelpunkt der abfallwirtschaftlichen Planungen. Die technischen Anforderungen an den Deponiebetrieb stiegen immer weiter. Zeichen des neuen Bewußtseins zu Gunsten eines verstärkten Umweltschutzes und einer fortentwickelten Deponietechnik war eine vertikale Dichtwand um die Deponie zum Schutz des Grundwassers. Die Planungen hierzu begannen

Anfang der 80er Jahre. Abgeschlossen wurde die seinerzeit bundesweit beachtete Maßnahme von Landkreis und Bundesbahn 1990.

Das Konsumverhalten der Kreiseinwohner bescherte dem entsorgungspflichtigen Landkreis auch in den 80er Jahren ungebremst steigende Müllmengen. In der Überzeugung, durch ausreichende Deponieflächen auch für zukünftige Zeiten Entsorgungssicherheit garantieren zu können, betrieb der Kreis seine Deponien. Noch Ende der 80er Jahre erkannte die Kreisverwaltung jedoch, daß durch Massenabfälle wie Bodenaushub, Bauschutt und Klärschlämme die großen Ablagerungsreserven bedenklich in Anspruch genommen wurden. Jetzt brach deshalb für die öffentlichen Entsorgungsträger eine neue Zeit an: Die Zeit der Differenzierung, der näheren Betrachtung und Behandlung verschiedener Abfallarten. Damit verkomplizierte sich das Entsorgungssystem ungemein; aus heutiger Sicht möglicherweise viel zu weitgehend. Abfallberater – ein neues Berufsbild in einer Gesellschaft mit wachsendem Umweltbewußtsein – wurden eingestellt. Zunächst ein Berater, schließlich vier, dazu Deponiekontrolleure, die vor Ort die abzulagernden Müllmengen überprüften, eine weitgehende Trennung vorgaben oder gar Anlieferungen zurückwiesen.

Die 90er Jahre – Aus Entsorgung wird Kreislaufwirtschaft

Wie kam es zu dieser Differenzierung, die aus den überschaubaren Abfallarten, Hausmüll, Sperrmüll, Bauabfall, Klärschlamm schließlich 23 verschiedene, per Satzung definierte Abfalltypen machte? Aus den Kreisdeponien wurden eine Vielzahl unterschiedlicher Entsorgungseinrichtungen mit exakt festgelegten Annahme- und Trennkriterien. Grund für diese Entwicklung war zum einen eine technische Evolution, die das Wiederverwerten, das Wiederaufarbeiten verschiedener Abfallstoffe ermöglichte; zum anderen aber auch die ökologische Notwendigkeit, wertvolle Ressourcen zu schonen, die ausufernden Müllmengen zu reduzieren und umweltgefährdende Abfallbestandteile unschädlich zu entsorgen. Der wirtschaftliche Zwang, Kosten zu minimieren, stand dabei erkennbar nicht im Vordergrund. Im Gegenteil: Die Separierung der Abfallarten, die sich verkomplizierende Logistik und viele unterschiedliche Aufarbeitungs- und Entsorgungsverfahren verteuerten die Abfallgebühren erheblich. Die Verwaltung und weite Teile der Bevölkerung akzeptierten die höhere Belastung als Preis eines fortschreitenden, ökologisch begründeten Handelns.

1990 fiel im Kreistag die Entscheidung für eine Wertstoffsortieranlage. Mit einher ging dazu die Einführung eines zweiten Sammelgefäßes bei den Haushalten, die „grüne Tonne" im Form eines sogenannten Vier-Fraktionen-Gefäßes: Glas, Papier, Metalle und Kunststoffe. Realisiert wurde die Anlage in Bruchsal durch eine privatrechtliche Gesellschaft regionaler Entsorgungsunternehmen unter Beteiligung des Landkreises.

Parallel dazu fand seit 1986 eine mobile Schadstoffsammlung statt, die mehrmals pro Jahr in allen Gemeinde- und Ortsteilen Farben, Lösemittel, Autobatterien, Chemikalien und andere umweltgefährliche Produkte erfaßte. In den ersten Jahren der 90er baute das damals entstandene Amt für Abfallwirtschaft im Landratsamt separate Entsorgungsschienen für Kühlgeräte, Leuchtstoffröhren, Batterien, Styropor, Elektro- und Elektronikschrott, Altholz, Klär- und Industrie-Schlämme, Bauschutt und Grünabfälle auf, schloß zahlreiche Entsorgungsverträge ab und errichtete somit ein Maximum an Mülltrennung im Kreisgebiet. In dieser komplexen Situation – Bürger wie Kreisräte prägten den ironisch-resignierten Begriff vom „Müllabitur" – erschien das Duale System

Deutschland, DSD. Entsprechend dem überall von privatwirtschaftlichen Unternehmen forcierten, unerhörten abfallwirtschaftlichen Boom traten auch hier Industrie und Wirtschaft mit immensem organisatorischen Aufwand in die bis dahin öffentlich geregelten Entsorgungssysteme ein und verursachten damit zunächst eine bundespolitisch gewollte, auf kommunaler Ebene jedoch eher skeptisch betrachtete Parallelstruktur in der Erfassung und Verwertung von Verpackungsabfällen mit dem „Grünen Punkt“. Das Tauziehen um eine angepaßte Wertstoffentsorgung im Landkreis Karlsruhe führte in den Jahren 1992 bis 1994 zu mehreren Systemänderungen in der Wertstofferfassung. Der „Gelbe Sack“ ersetzte die Tonne im Kreisgebiet allerdings nie.

Dem Bürger gegenüber erklärte die Kreisverwaltung diese Schritte mit einem Druck, dem man sich nicht entziehen könne. Zunächst waren Einsparungen für den Gebührenzahler erwartet worden und auch tatsächlich eingetreten; nicht lange nach dem DSD-Start sah sich allerdings der Vertragsnehmer der DSD GmbH, eine Arbeitsgemeinschaft regionaler Entsorger, mit Nachtragsverträgen konfrontiert: die Kostenanteile der DSD an der Wertstoffentsorgung wurden reduziert und „Stützzahlungen“ mußten dem System über die finanziellen Schwierigkeiten helfen. Insgesamt wurde die Wertstoffabfuhr dreimal umgestellt. Dies hatte Konsequenzen für die Mülltrennung zu Hause. Den höheren Sortierresten auf der Sortieranlage begegnete man mit einer ausgefeilteren Technik. Die Sortierrestanteile sanken auf etwa 14 Prozent, ein bemerkenswert gutes Ergebnis, das den technischen Anspruch der Abfallwirtschaft in der Mitte der 90er Jahre deutlich zeigt, gleichzeitig aber auch den immensen technischen, organisatorischen und finanziellen Aufwand in der gesamten Entsorgungswirtschaft darstellt.

Der Gebührenumfang stieg. Jährlich waren bis zu zweistellige Millionenbeträge für Rückstellungen zur Deponienachsorge anzusammeln. Bis heute sind die Gebühren zu einem Anteil von fast einem Viertel damit belastet. Zu dieser Zeit mußte zwangsläufig umgedacht werden. Kostenminimierung war die immer häufiger genannte Maxime. Der scharfe Wettbewerb auf dem Entsorgungsmarkt kam dem Kreis dabei entgegen. Die generelle Fusions- und Übernahmewelle ließ größere, internationale Entsorgungskonzerne in die bis dahin von lokalen Unternehmen dominierte kommunale Entsorgungslandschaft vordringen. Ein gewisser Preisverfall und durchaus radikale „Kampfangebote“ halfen, die reinen Entsorgungskosten zu senken. Die kalkulatorischen Gebührenanteile, vor allem aber die Nachsorgerücklagen ließen jedoch die Gebühren insgesamt nicht sinken.

Den Schritt, nicht nur die Kosten, sondern auch die Entsorgungsstandards in Frage zu stellen, tat der Landkreis Karlsruhe 1996. Als einer der wenigen baden-württembergischen Entsorgungskörperschaften hatte er bis dahin noch keine separate Biomüllverwertung eingerichtet. Die Verwertung von Garten- und Grünabfällen geschah bereits auf hohem Niveau mit landesweiten Spitzenwerten über die gemeindlichen Häcksel- und Kompostplätze. Der sogenannte „nativ-organische“ Bioabfall, also Küchen- und Speisereste, gelangte nach wie vor entweder in die Restmülltonne oder auf den häuslichen Kompost. Abfallanalysen belegten eine hohe Quote von Eigenkompostierern vor allem in den ländlich geprägten Kreisgemeinden. Diese Eigenkompostierung galt es zu fördern; über Gebührenanreize, verbilligte Komposttonnenausgaben, Öffentlichkeitsarbeit, Veranstaltungen und Kompostaktionen konnte der Verwertungsgrad der Bioabfälle bis Ende der 90er Jahre auf rund 75 Prozent angehoben werden. Ein sehr guter Wert. Allerdings hatte eine landesrechtliche Regelung die Kreise zu einer „zumutbaren“ Biomüllverwertung verpflichtet. Die Argumentation, mit der der Landkreis hier dem Land entgegen trat, wurde von dort zwar nie mitgetragen, faktisch aber akzeptiert: Die Abfallwirtschaftler des Kreises hatten die Unwirtschaftlichkeit einer separaten Biomüllkompostierung errechnet. Sie hätte weder mit vertretbarem logistischen Aufwand noch mit ausreichenden Mengen betrieben werden können.

Auch deponietechnische Standards der Technischen Anleitung Siedlungsabfall wurden verstärkt aus Landkreissicht hinterfragt. In zahlreichen Gesprächen mit dem Regierungspräsidium, der Genehmigungsbehörde, konnten sinnvolle technische und kostengünstige Alternativen zum Beispiel für Deponieabdichtungssysteme gefunden werden. Erhebliche Kostenminimierung konnte der Kreis erfolgreich durch eine eher zurückhaltende Planung in der Deponiesickerwasserbehandlung erreichen. Gerade diese Beispiele zeigen, daß in einer Zeit der höchsten technischen Anforderungen die zwangsläufig streng ökonomisch gewordene Denkweise des Landkreises der Rechtslage um Jahre voraus war.

Als der bis dahin als Erster Landesbeamte tätige Claus Kretz im Juli 1997 zum Landrat gewählt wurde, nahm er konsequent Kurs auf eine völlig neue Zielrichtung der Entsorgungsstruktur in der Region um Karlsruhe. Seinem Einsatz ist es maßgeblich zu verdanken, daß in der Region Mittlerer Oberrhein eine freiwillige Kooperationslösung in der Restmüllbehandlung zustande kam. Für rund eine Million Menschen in den Landkreisen Karlsruhe und Rastatt und den Städten Baden-Baden und Karlsruhe konnte ein gemeinsamer Vertrag für die thermische Behandlung von 225.000 Jahrestonnen Haus- und Gewerbemüll über die im Karlsruher Rheinhafen entstehende Thermoselect-Anlage geschlossen werden. Die Investition tätigte der regionale Energieversorger, die Badenwerk AG. Dem Vertragsabschluß gingen lange Verhandlungen und die Erörterung verschiedenster Entsorgungstechniken voraus. Die Entscheidung der vier regionalen Partner für die Thermoselect-Technologie war – aus heutiger Sicht betrachtet – durchaus ein Risiko, wenn auch nicht finanzieller, so doch aber grundsätzlicher und politischer Art. Innovativ und vorteilhaft war die Grundidee der Thermoselect-Entsorgung gegenüber den herkömmlichen Müllverbrennungen zweifellos. Kostengünstiger und ökologischer war sie auch.

Der Vertrag wurde im Grundsatz 1994 und in seiner detaillierten Version 1997 vereinbart. Der zugesagte Betriebsbeginn am 1. Januar 1999 konnte aus technischen Gründen nicht eingehalten werden. Noch Ende 2000 war ein länger andauernder Vollbetrieb nicht möglich. Der Eindruck vieler Skeptiker, die Anlage sei technisch noch nicht ausgereift, schien an Gewicht zu gewinnen. In der Tat ist die Thermoselect-Anlage in Karlsruhe die erste großtechnische Anlage dieser Art überhaupt. In einer solchen Situation ist es für den Landkreis nicht leicht darzustellen, daß dem Kreishaushalt und den Gebührenzahlern hierdurch keine finanziellen Nachteile entstehen. Die Überschüsse in der Gebührenkalkulation führen seit zwei Jahren zu merkbaren Gebührensenkungen, nachdem zunächst durch die Thermoselect-Entsorgung deutliche Gebührensprünge unumgänglich geworden waren. Auch ist die Entsorgungssicherheit im Kreis durch ausreichende Deponiekapazität und durch die vertraglich vereinbarte thermische Alternativ-Entsorgung noch auf Jahre hinaus garantiert.

Die aktuelle Situation – Ökologie vs. Ökonomie?

Trotz dieser ungünstigen Verzögerung in der rapiden abfallwirtschaftlichen Entwicklung ist die Neustrukturierung der Entsorgungswirtschaft im Landkreis am Beginn des dritten Jahrtausends auf einem hohen Qualitätsniveau weitgehend abgerundet. Eine der letzten großen organisatorischen Notwendigkeiten war die Vereinheitlichung der gesamten Sammellogistik im Kreisgebiet 1999. Auch unter der erschwerenden Bedingung der traditionell im Landkreis stark verwurzelten Gemeindezuständigkeit beim Einsammeln und Befördern war dies möglich und wirtschaftlich äußerst erfolgreich. Das landkreisweit einheitliche Sammeln von Abfällen verursacht jetzt rund 6 Millionen Mark weniger Ausgaben im Jahr.

Ein weiteres, aktuelles Problem gibt gleichzeitig den Blick frei auf die Tätigkeitsfelder der Abfallwirtschaft in der Zukunft: Durch die kommunalerseits stets als unglücklich empfundene Regelung des Abfallwirtschafts- und Kreislaufgesetzes von 1996, wonach keine handhabbare Unterscheidung zwischen verwertbaren und nicht verwertbaren Abfällen möglich ist, entstehen seit Jahren immer wieder Streitfragen mit der privatwirtschaftlichen Entsorgungswirtschaft. Sie nimmt für sich in Anspruch, verwertbare Abfälle eigenverantwortlich zu behandeln. Der Landkreis betont dagegen sein gesetzliches Anrecht auf diese Abfälle, da nur eine kalkulierbare Müllmenge einen wirtschaftlichen Betrieb und eine sinnvolle Anlagendimensionierung und Auslastung sichert. Die Diskussion verliert sich in Definitionsstreitigkeiten: Was ist verwertbar und was ist nicht verwertbar und damit dem Kreis zu überlassen? – Wer hätte noch vor wenigen Jahrzehnten erwartet, daß Abfälle zu einem so wichtigen, ja begehrten Wirtschaftsprodukt werden würden, einem Gut, um das sich die öffentliche und private Abfallwirtschaft förmlich streiten? Eines hat sich dabei sicherlich gezeigt: der politische und gesetzliche Rahmen der Abfallwirtschaft als bestimmender Faktor ist zwischenzeitlich bei den Praktikern von einer betriebswirtschaftlichen Betrachtungsweise abgelöst worden.

Bei vielen der dabei auftretenden Probleme sind gesetzliche Regelungen und auch die neuere Rechtsprechung für die Praxis wenig hilfreich, da sie die enge Verflechtung von Abfallwirtschaftsrecht, Kostenverantwortung und Gebührenauswirkung nicht ausreichend berücksichtigen.

In dieser Frage blickt der Landkreis bewußt in eine zukunftsorientierte Richtung. Dem großen Zug der Zeit entsprechend denkt er über eine echte, vollständige Privatisierung der Gewerbemüllentsorgung nach, also die umfassende Ausgliederung dieser Aufgabe aus dem kommunalen Bereich völlig in den Bereich der Privatwirtschaft. Ob sich damit zumindest in Teilen nahezu ein Kreis schließt, bleibt abzuwarten. Auch in den Anfängen der Entsorgungstätigkeit vor 50 Jahren waren die Kreise und die Gemeinden im abfallwirtschaftlichen Handeln weitgehend außen vor. Was heute allerdings zu einer rein operativen Übernahme dieser Aufgaben hinzukommt, ist eine umfangreiche, vor allem in unserem Land sehr hochentwickelte Verantwortlichkeit der Umwelt und dem Menschen gegenüber. Eine Entsorgungstätigkeit ohne diese umfassende Verantwortung ist heute nicht mehr denkbar, unabhängig davon, wie sich in Zukunft die Abfallwirtschaft auch immer entwickeln wird.

Anmerkung

1 Für die wertvolle Unterstützung bei der Recherche zu diesem Beitrag danke ich von Herzen Herrn Walter Pfitzenmeier, Kreisarchivar Bernd Breitkopf und den früheren Kollegen vom Abfallwirtschaftsbetrieb des Landkreises Karlsruhe

Badisches Frankenland

Karl Heinz Neser

Im Zuge der Gebietsreform 1973 kam es im Nordosten unseres Bundeslandes zu erheblichen Korrekturen. Zahlreiche ehem. badische Gemeinden und ein ganzer Landkreis wurden dem Regierungsbezirk Stuttgart zugeordnet, wurden also „schwäbisch": Dies war zunächst einmal der ehem. badische Landkreis Tauberbischofsheim, der mit dem ehem. württembergischen Landkreis Mergentheim zum Main-Tauber-Kreis vereinigt wurde. Damit wechselten die ehem. 84 selbständigen Gemeinden, die in der Gemeindereform zu 12 Gemeinden zusammengeschlossen worden waren, ins „Württembergische". Hinzu kamen 5 Gemeinden aus dem ehem. Landkreis Buchen (der im badischen Landesteil blieb), die die neue Gemeinde Ahorn bildeten. Insgesamt ca. 83 000 Einwohner waren davon betroffen. Weiter wurden ehem. 7 badische Gemeinden aus dem Landkreis Buchen dem Hohenlohekreis und ehem. 27 badische Gemeinden aus den Landkreisen Buchen, Mosbach und Sinsheim dem Landkreis Heilbronn zugeordnet. Sie wechselten gleichfalls ins „Württembergische"; betroffen waren davon ca. 42 000 Einwohner.

Bemerkenswert bei der Bildung neuer Gemeinden ist, daß im Hohenlohekreis und im Landkreis Heilbronn vielfach ehem. badische und württembergische Gemeinden eine neue Gemeinde bildeten; anders im Main-Tauber-Kreis, wo mit einer Ausnahme nur ehem. badische Gemeinden zusammen kamen. Diese drei Landkreise gehören zur Region Franken und damit zum Regierungsbezirk Stuttgart. Im Folgenden soll die Entwicklung im badischen Frankenland untersucht werden.

Fast 170 Jahre „badisch"[1]

Das Gebiet des badischen Frankenlandes hatte seit 1806 zu Baden gehört. Das Kreiswappen des früheren Landkreises Tauberbischofsheim dokumentiert die einzelnen Herrschaftsgebiete, die in dem besitzmäßig und konfessionell stark zersplitterten Gebiet bis zum Ende des Hl. Römischen Reiches Deutscher Nation (1803) bestimmend waren: Kurpfalz, Erzstift Mainz, Hochstift Würzburg, die Grafschaft Wertheim und die ritterschaftlichen Gebiete. Nach kurzer Zugehörigkeit zum Fürstentum Leiningen war das Gebiet fast 170 Jahre badisch, zunächst im Großherzogtum, dann in der Republik und dem Gau Baden, dann im Landesbezirk Baden des Bundeslandes Württemberg-Baden und schließlich im Regierungsbezirk Nordbaden des Landes Baden-Württemberg.

Wappen des Landkreises TBB

Die Erinnerungen an die badische Zeit sind allerdings nicht ausnahmslos positiv, denn in der Zeit des Großherzogtums ging die wirtschaftliche Entwicklung an diesem Raum vorbei; er war im 19. Jahrhundert ein ausgesprochenes Notstandsgebiet, so daß es in großer Zahl zu Auswanderungen nach Amerika und zu Abwanderungen in die Industriegebiete kam. Man war „Hinterland“, bedingt auch durch die Grenzlage, und fühlte sich von den Beamten in der Karlsruher Residenz oft stiefmütterlich behandelt. Dort dürfte auch der Begriff „Badisch Sibirien“ entstanden sein, wo sich gewissermaßen Füchse und Hasen Gutnacht sagen und wo Beamte vor allem nicht hinversetzt werden wollten.

Kampf um den Südweststaat

Dennoch fühlte man sich als „Badener“, was insbesondere beim Kampf um den Südweststaat in den Jahren 1950/51 zu spüren war, obwohl sich durch den starken Zuzug der Heimatvertriebenen die landsmannschaftliche Vorrangstellung in diesem Raum etwas verändert hatte. Die Meinungen der Altbadener und der Befürworter des Südweststaates prallten hart aufeinander. Die im badischen Frankenland dominierende CDU war gespalten: So trat z.B. der Tauberbischofsheimer Landrat und CDU-Landtagsabgeordnete Anton Schwan für den Südweststaat, der CDU-Bundestagsabgeordnete Oskar Wacker (Buchen) aber für die Wiederherstellung des alten Landes Baden ein. Um die Südweststaatsfrage nicht zur Zerreißprobe für die nordbadische CDU werden zu lassen, einigte man sich auf eine neutrale Haltung und überließ es den Mitgliedern, auf der einen oder anderen Seite tätig zu werden. Die Auseinandersetzung war auch stark konfessionell bestimmt, da viele katholische Pfarrer aktiv für Altbaden waren. Sie folgten damit dem Freiburger Erzbischof, der trotz verkündeter kirchlicher Neutralität persönlich für die Wiederherstellung des alten Landes Baden war. In einem ganzseitigen Inserat vor der Volksabstimmung am 9.12.1951 riefen über 200 namentlich genannte Personen aus den Altkreisen Buchen, Tauberbischofsheim und Mergentheim, vornehmlich katholische Geistliche, Vorsitzende katholischer Frauenvereine, auch Bürgermeister, Landwirte, Lehrer, Handwerker und Fabrikanten die Bevölkerung dazu auf, für Baden zu stimmen, da sie die christlichen und kulturellen Belange in einem Südweststaat gefährdet sahen. Bei einer Wahlbeteiligung von 75% gab es im Landkreis Tauberbischofsheim folgendes Ergebnis: 44% stimmten für Altbaden, 56% für den Südweststaat. Was damals so umstritten war und tiefe Wunden geschlagen hatte, war eine Generation später kein Thema mehr. Bei der erneuten Volksabstimmung am 7.6.1970 stimmten bei einer Wahlbeteiligung von 64% lediglich noch 6% für die Wiederherstellung des alten Landes Baden.

Kreisreform 1973

Mit der Kreisreform 1973 kam es dann zur Zusammenlegung des ehem. badischen Landkreises Tauberbischofsheim und des württembergischen Landkreises Mergentheim zum späteren Main-Tauber-Kreis. Darüber bestand im Landkreis Tauberbischofsheim Konsens, weil man auch davon ausgehen konnte, daß Tauberbischofsheim Kreissitz werden sollte. Sowohl das Denkmodell der Landesregierung vom Dezember 1969, als auch das CDU-Reform-Modell vom Februar 1970 und das Gutachten der Reschke-Kommission vom Juli 1970 sahen dies vor. Überlegungen, die es zeitweise im Kreis Buchen gab, die Kreise Mosbach, Buchen und Tauberbischofsheim mit Buchen als Kreissitz zusammenzulegen, hatten keine Chance, weil Tauberbischofsheim davon keinen Nutzen gehabt und es dann auch Streit um die Position des Landrats gegeben hätte. So gab es auch gegen die Reformkonzeption keine Einwände, zumal es Berührungspunkte zum Kreis Mergentheim gab; die Gemeinde Assamstadt aus dem früheren Kreis Tauberbischofsheim hatte z.B. schon in den 50er Jahren per Bürgerentscheid ergebnislos den Anschluß an den Kreis Mergentheim gefordert. Wie bei den meisten Reformen war die Zusammenlegung der beiden Landkreise eine „Vernunftehe“ und keine „Liebesheirat“. Sachargumente waren stärker als die emotionale Bindung an eine geschichtliche Tradition, zumal im neuen Landkreis das landsmannschaftliche Element, die Zugehörigkeit zu den Franken, gegeben war. Und mit dem landschaftsbezogenen Kreisnamen, zunächst „Tauberkreis“, später „Main-Tauber-Kreis“, sowie der Erhebung Mergentheims zur Großen Kreisstadt kam man den Mergentheimern entgegen. Als erster Landrat des neugebildeten Landkreises wurde der frühere Tauberbischofsheimer Landrat Bruno Rühl mit 35 von 45 Stimmen, also einer hohen Zustimmungsquote auch der Mergentheimer Kreisräte, gewählt.

Buchen: Belzsches Haus
(Quelle: LMZ/Hecker, 1984)

Kurzfristig bestand auch die Chance auf das Zusammenbleiben der ehem. badischen Landkreise in einer gemeinsamen Region. Das CDU-Reformmodell hatte nämlich eine ländliche „Region Odenwald“ mit den neuen Landkreisen Mosbach-Buchen und Tauberbischofsheim (einschl. Mergentheim) vorgesehen, wofür der Buchener und Tauberbischofsheimer Kreistag plädierten. Das Gutachten der Reschke-Kommission ordnete dann allerdings den neuen Kreis Mosbach wegen seiner stärkeren „traditionellen und wirtschaftsräumlichen Verflechtungen nach Mannheim-Heidelberg“ der Region Unterer Neckar und den neuen Kreis Tauberbischofsheim der Region Franken zu, was dann auch vom Landtag beschlossen wurde. Nachdem dann die Regierungspräsidien später nicht wie vorgesehen zum 1.1.1977 aufgelöst wurden, gehörte der Main-Tauber-Kreis auf Grund der regionalen Zuordnung damit zum Regierungsbezirk Stuttgart.

Wie auch anderswo schlugen die Emotionen in der Bevölkerung erst dann hoch, als Tauberbischofsheim Kreissitz wurde und dann das Autokennzeichnen „TBB“ (für Tauberbischofsheim) für den ganzen Landkreis eingeführt wurde. Da gab es Protest-Hupkonzerte und Autoaufkleber „I like MGH“ (für Mergentheim) im alten Landkreis Mergentheim.

Integration des neugebildeten Landkreises

Nach über 25 Jahren Main-Tauber-Kreis hat ausgleichendes Verwaltungshandeln und Rücksichtnahme auf die Befindlichkeiten des aufgelösten Kreises unter den Landräten Bruno Rühl (1973-1981) und Georg Denzer (seit 1981) die beiden ehem. badischen und württembergischen Landkreise zusammenwachsen lassen, „auch wenn im Denken der

Bürger vielleicht erst in der nächsten Generation emotional kein Unterschied mehr zwischen Nord und Süd gemacht werden wird", wie die Tauber-Zeitung zum 20-jährigen Kreisjubiläum 1993 schrieb. Dabei ist aber weniger die ehem. Kreiszugehörigkeit zum badischen Landesteil, sondern das „Altkreis-Denken" gemeint; und dieses gab und gibt es auch in anderen neu entstandenen Landkreisen.

Zur Integration haben aber nicht nur Kreisverwaltung und Landrat, sondern auch die politischen Kräfte und gesellschaftlichen Gruppen beigetragen, weil sie in der Bevölkerung verwurzelt sind, vor Ort agieren und an der öffentlichen Meinungsbildung beteiligt sind. Da sind zunächst die Kreistagsfraktionen und Parteien zu nennen, da sich in ihren Beratungen der Interessenausgleich vollzog und auch auf persönliche Befindlichkeiten Rücksicht zu nehmen war. Förderlich waren auch die Zusammenschlüsse von Organisationen und Institutionen auf Kreisebene, wie der Volkshochschulen, der Kreishandwerkerschaft, des Kreisbauernverbandes, des Roten Kreuzes und der Feuerwehrverbände; manche Zusammenschlüsse waren leicht und erfolgten schnell, bei anderen dauerte es fast 20 und mehr Jahre. In der Zuständigkeit der Gerichte, im Sport und bei den Kirchen ist der Kreis noch immer getrennt; hier gilt noch die alte badische bzw. württembergische Gebietsgrenze. Und im Grundbuchwesen gilt im ehem. Landkreis Tauberbischofsheim noch immer das badische System, wonach das Grundbuch bei den Bürgermeisterämtern geführt wird; im Württembergischen ist es bei den Notariaten.

Der Bundestagswahlkreis 181 vereinigt seit den 80er Jahren auch die Gemeinden des Altkreises Mergentheim regierungsbezirksüberschreitend die neuen Landkreise Neckar-Odenwald- und Main-Tauber-Kreis; bei der Nominierung hat dies schon zu innerparteilichen Konflikten geführt, wenn es darum geht, ob ein Vertreter aus dem einen oder anderen Landkreis nominiert wird. Über die Kreisgrenzen hinweg bestehen vielfach noch informelle Kontakte z.B. auf Bürgermeisterebene bzw. über Zweckverbände und Zusammenschlüsse (z.B. fränkischer Narrenring).

Entwicklung der Gemeinden

Der Main-Tauber-Kreis ist ausgesprochen ländlich strukturiert. Dies bedeutet, daß noch immer ein hoher Anteil der Erwerbstätigen in der Landwirtschaft beschäftigt ist, die sich in einem rapiden Strukturwandel befindet; deren Einkommen hält nicht mit der allgemeinen Entwicklung Schritt. Lange Zeit hatte das geringe Angebot industrieller Arbeitsplätze zur Folge, daß zahlreiche Erwerbstätige, die hier keinen Arbeitsplatz fanden, in die Ballungsräume pendelten oder gar abwanderten. Dies hatte eine Abnahme der Einwohnerzahlen zur Folge. Die Strukturpolitik des Landes, die sich für die ehem. Fördergebiete noch vor Gründung des Südweststaates 1950 eingesetzt hatte[2], sowie Städtebausanierungsprogramme des Bundes und des Landes haben allerdings eine Änderung, verbunden mit einer allgemeinen Bevölkerungszunahme bewirkt; diese wurde ab 1989 durch Zuwanderungen aus der früheren DDR und Osteuropa noch verstärkt. In den letzten 20 Jahren haben daher die meisten Gemeinden sowohl bei der Zahl der Einwohner als auch der versicherungspflichtig Beschäftigten eine Zunahme zu verzeichnen. Der tertiäre Sektor ist dagegen noch schwach ausgebildet. Dennoch ist die Bruttowertschöpfung im Landkreis mit 83% am niedrigsten in der Region (Landeswert 100%)[3].

Vergleicht man die Entwicklung getrennt nach ehem. badischen und württembergischen Gemeinden im Main-Tauber-Kreis, so kommt man zu folgenden Ergebnissen: Die Bevölkerung nahm in den badischen Gemeinden im Zeitraum 1970-1996 um 8,2%, in den württembergischen um 6,6% zu. Für die Zahl der versicherungspflichtig Beschäftigten konnte im Zeitraum 1977-1996 eine Zunahme von 28,6 bzw. 25% festgestellt werden. Die Steuerkraftsumme der Gemeinden stieg im selben Zeitraum um 117 bzw. 132%[4]. Eine auffällig andere Entwicklung läßt sich daraus aber nicht ableiten.

Anmerkungen

1 Vgl. Karl Heinz Neser, Unser Landkreis. Beiträge zur politischen Geschichte und Kultur des Neckar-Odenwald-Kreises. Buchen 1996, S. 4; hier sind auch weitere Belegstellen genannt.

2 Vgl. Karl Heinz Neser, Strukturwandel nach dem 2. Weltkrieg, in: Unser Land 1987 (Heimatkalender), Buchen 1986, S. 118 ff. sowie: Der Neckar-Odenwald-Kreis als ehemaliges Notstandsgebiet, in: Unser Land 1994. Buchen 1993, S. 85 ff.

3 Vgl. Dr. Troje, Beratung für Wirtschaftsförderung. Standortanalyse und Entwicklungskonzeption für die Wirtschaftsregion Heilbronn vom Januar 1998, S. 18.

4 Eigene Berechnungen nach Angaben des statistischen Landesamtes. Strukturdaten der Gemeinden Baden-Württembergs, veröffentlicht in: Landeszentrale für politische Bildung Baden-Württemberg (Hrsg.). Taschenbuch Baden-Württemberg, Ausgaben 1979 und 1999.

Stadt Tauberbischofsheim

Wolfgang Vockel

Im Zuge der Reform von 1973 wurde die Stadt Tauberbischofsheim aus dem badischen Landesteil ausgegliedert und Teil des Regierungsbezirks Stuttgart. Im folgenden soll anhand der Entwicklung der vergangenen 50 Jahre und einer summarischen Betrachtung der heutigen Situation beurteilt werden, ob und gegebenenfalls welche Folgen der Ausgliederung auf Tauberbischofsheim festzustellen sind.

Die Betrachtung eines Zeitraumes von 50 Jahren nimmt in der langen Geschichte dieser Stadt eine sehr kurze Zeitspanne ein. Wir erinnern uns der Gründung des ersten deutschen Frauenklosters durch Bonifatius um 735, unserer Zugehörigkeit zu Kurmainz vom frühen 13. Jahrhundert bis 1803 und von 1806 an zum Großherzogtum Baden.

Entwicklung ab 1950 bis 1972

Die Stadt in ihrer badischen Zeit und bis um das Jahr 1950 zu kennzeichnen, dürfte mit dem wenig respektvollen, aber damals weit verbreiteten, eher abwertend gemeinten Begriff für die Region als „Badisch Sibirien" durchaus zutreffend gelingen. Die Stadt hatte sich zwar über mehrere Jahrhunderte als ein regionales politisches und kirchliches Verwaltungszentrum entwickelt, galt aber als ländliche Beamtenstadt mit Nachholbedarf in der öffentlichen Infrastruktur.

Die Stadt zählte 1950 rund 5.800 Einwohner. Der seit 1938 bestehende Landkreis Tauberbischofsheim, der nördliche Teil des heutigen Main-Tauber-Kreises, hatte rund 80.000 Einwohner in damals noch 84 Gemeinden. In den Jahren nach dem Zweiten Weltkrieg zogen rund 25.000 Menschen zu, und ab 1950 setzte bis 1958 ein Wanderungsverlust ein. Zurückzuführen ist dieser auf die ungenügenden Arbeits- und Verdienstmöglichkeiten. Der Kreis Tauberbischofsheim war ländlich strukturiert mit 4375 hauptberuflich und 3577 nebenberuflich geführten land- und forstwirtschaftlichen Betrieben. Die Zahl der Erwerbspersonen in der Landwirtschaft entsprach der des verarbeitenden Gewerbes. In den 50er Jahren brachte die industrielle Entwicklung auch in Tauberbischofsheim den Menschen Arbeitsplätze, vornehmlich in der Holzverarbeitung und dem Maschinenbau.

Zur baulichen Stadtentwicklung von 1950 bis 1972 gehören öffentliche Investitionen, wie der Bau des Berufsschulzentrums, des Landratsamtes, des Kreiskrankenhauses, der Neubau des Matthias-Grünewald-Gymnasiums und des Schulzentrums mit Real-, Haupt- und Förderschule, von Sport- und Festhallen sowie Freibad. Eine bedeutende Strukturentscheidung wurde mit der Ansiedlung der Bundeswehr – in der Spitze rund 2000 Soldaten – auf dem Laurentiusberg getroffen.

Eine weitere Entscheidung erwies sich im Verlauf der nächsten Jahrzehnte als wichtig: Es war der Entschluß des jungen Emil Beck Ende der 50er Jahre, sich mit dem Fechtsport zu befassen.

Entwicklung 70er Jahre bis heute

Das Jahr 1973 bringt die Bildung des Landkreises Main-Tauber-Kreis durch Vereinigung des badischen Kreises Tauberbischofsheim und des württembergischen Kreises Mergentheim. Tauberbischofsheim wird – obwohl nicht die größte Kommune an der Tauber – planmäßig Kreisstadt des nördlichsten Kreises im nordwürttembergischen Regierungsbezirk Stuttgart. Der Main-Tauber-Kreis ist ca. 1304 km^2 groß, und mit heute rund 137.000 Einwohnern in 18 Städten und Gemeinden weist er eine unterdurchschnittliche Bevölkerungsdichte von 105 EW/km^2 (Land Baden-Württemberg 292 EW/km^2) auf.

Tauberbischofsheim – Schloß
(Quelle: Bürgermeisteramt TBB)

Die Ausgliederung bedeutet erneut eine andere Zuordnung der Stadt, auch wenn sich die vergleichsweise große Entfernung zum Regierungspräsidium kaum veränderte und die Randlage im Bezirk auch durch den Wechsel von Karlsruhe nach Stuttgart bestehen bleibt. Die Ausgliederung bewegt die Bevölkerung weniger als die Eingemeindungen 1971 (Hochhausen, Impfingen), 1972 (Dienstadt) und 1975 (Distelhausen, Dittigheim und Dittwar).

Aber immerhin wurden in wenigen Jahren drei Integrationsprozesse möglichst zeitnah bewältigt: die lokalen Eingemeindungen, die Kreisreform und die Zuordnung zum Stuttgarter Regierungspräsidium. Aus städtischer Sicht sind alle drei Prozesse ohne größere Friktionen oder Probleme verlaufen. Das gesamtstädtische Denken ist in Tauberbischofsheim selbstverständlich, der Zuschnitt des Kreises wird ernsthaft nicht angezweifelt und das im Tagesgeschäft anfangs unbekannte Regierungspräsidium Stuttgart ist der Stadt ein kompetenter und fairer Partner auf den verschiedensten kommunalen Handlungsfeldern.

Kennzeichnend für die städtische Entwicklung ab den 70er Jahren bis heute sind die zügig entwickelten Industrie-, Gewerbe- und Wohnbauflächen, ohne daß die Bevölkerung sich stark vermehrte. Auf den rund 70 km^2 des heutigen Stadtgebietes lebten 1970 ungefähr 11.900, heute rund 13.500 Menschen.

Seit Mitte der 70er Jahre laufen Sanierungsprogramme jeweils für Teilabschnitte des Altstadtkerns. Der Einsatz staatlicher Mittel führt zu guten Ergebnissen insbesondere bei der erhaltenden Sanierung, der Modernisierung von Wohn- und Geschäftsräumen, der Wohnumfeldgestaltung und der Lösung von Verkehrsproblemen.

Die heutigen Aufgaben und Funktionen

Tauberbischofsheim hat einen anerkannt guten Stand als interessanter Wirtschaftsstandort mit modernen, auch weltweit tätigen Industriebetrieben (Maschinenbau, Möbelproduktion, Spezialfahrzeugbau), als zwar kleine, aber dennoch attraktive Einkaufsstadt mit vielfältigem Angebot und als gut nachgefragter Wohnstandort im Kern und in den Stadtteilen. Die Stadt verfügt über einen weit überdurchschnittlichen nationalen und internationalen Bekanntheitsgrad, der ganz maßgeblich auf den Fechtsport zurückzuführen ist. In jahrzehntelanger Arbeit ist es dem Tauberbischofsheimer Emil Beck gelungen, eines der erfolgreichsten Sportzentren Deutschlands aufzubauen. Er entwickelte das Fechtzentrum zum renommierten und erfolgreichen Olympiastützpunkt, zur innovativen Mustereinrichtung für den deutschen Leistungssport mit dem Ruf einer Medaillenschmiede. Für die Stadt ist der Fechtsport ein sehr maßgeblicher Image- und Sympathieträger.

Das Angebot an öffentlicher Infrastruktur ist umfassend. Die Stadt ist durch die Bundesautobahn A 81, aber auch über die Bundesstraßen B 27 und B 290 sowie durch weitere klassifizierte Verkehrswege exzellent an das überörtliche Straßennetz angebunden. Sie bietet ihren Einwohnern ein zeitgemäßes Bildungs- und Kulturangebot und umfassende Freizeiteinrichtungen und nimmt vielfältige Funktionen für die umgebenden Gemeinden wahr (Gymnasium, Realschule, Musikschule, u.a.). Das heutige Bild der Stadt prägen verschiedene Gesichter: Gewerbe und Industrie, Handel und Tourismus, aber auch Kultur und Freizeit. Von den sozialversicherungspflichtig Beschäftigten in der Stadt sind rund zwei Drittel Einpendler, dies belegt die beachtliche Bedeutung des lokalen Arbeitsmarktes für die Region. Aber auch 40% der Beschäftigten pendeln aus.

Die Stadt ist als Mittelzentrum und Kreisstadt funktionsgerechter Standort für vielfältige öffentliche Dienstleistungen. Der Dienstleistungsbereich (tertiärer Sektor) nimmt etwa die Hälfte des heutigen Arbeitsmarktes ein. Als erfüllende Gemeinde für eine Vereinbarte Verwaltungsgemeinschaft (rund 24.000 EW) und über zahlreiche Organisationen und Institutionen ist sie mit ihren Nachbarn verbunden.

Öffentliche Dienstleistungen

Eine notwendige Voraussetzung für die zeitgemäße Wahrnehmung der mittelzentralen Funktion ist ein umfassendes Angebot an öffentlichen Dienstleistungen. Neben dem Landratsamt, der Verwaltung des Main-Tauber-Kreises, beherbergt die Stadt verschiedene Behörden des Landes, deren örtliche Zuständigkeit sich zum Teil auf den gesamten Main-Tauber-Kreis oder aber auf Teile davon erstreckt (Polizeidirektion, Finanzamt, Vermessungsamt, Amtsgericht, Notariat, Amt für Flurneuordnung und Landentwicklung, Forstamt, u.a.). Kreisübergreifend ist als Einrichtung des Bundes das Arbeitsamt Tauberbischofsheim für den Main-Tauber-Kreis und den Neckar-Odenwald-Kreis tätig, während das jüngste Kind der örtlichen Behörden, das Zollamt, sich auf das Kreisgebiet beschränkt. Daneben existieren fachbezogene Teileinrichtungen (z.B. für die Autobahn: Straßenmeisterei, Polizei).

Viele positive Entwicklungen der letzten Jahrzehnte dürfen nicht darüber hinwegtäuschen, daß die Strukturveränderungen der 90er Jahre schmerzhafte Verluste gebracht haben (Landwirtschaftsamt, Bundeswehr-Standortverwaltung, Kath. Fachschule für Sozialpädagogik, u.a.). Ungeachtet der allgemeinen Erkenntnis, daß das Zeitalter der

Informations- und Kommunikationstechnik es ermöglicht, elektronisch gestützte Dienstleistungen von nahezu jedem Ort zu erledigen, erfährt der ländliche Raum erhebliche unliebsame Einschnitte.

Die regionale Zuordnung der öffentlichen Stellen zeigen eine eindeutige Ausrichtung nach Stuttgart. Allerdings gehört das Amtsgericht zum Landgerichtssprengel Mosbach und das Notariats- und Grundbuchwesen gründet sich nach wie vor auf badisches Recht. Somit führt die Stadt ihr Grundbuchamt. Eine Regelung, die hinsichtlich der unterschiedlichen Kostenträgerschaft in den beiden Landesteilen von den Städten und Gemeinden des badischen Rechtsgebietes nicht als gerecht empfunden wird.

Verflechtungsbeziehungen zum badischen Landesteil

Nach der Ausgliederung ist die neue Zuordnung allerdings nicht in allen, insbesondere in den außerstaatlichen Bereichen konsequent vollzogen. Die Umstrukturierung ist bis heute zum Teil nicht abgeschlossen oder noch gar nicht angegangen worden. Daraus resultieren noch heute alltägliche, übergreifende Verflechtungsbeziehungen in den badischen Landesteil. Aber auch der Bundestagswahlkreis 181 wird durch den Neckar-Odenwald-Kreis und den Main-Tauber-Kreis gebildet.

Der Umfang der kirchlich wahrgenommenen Aufgaben ist insbesondere im sozialen Bereich traditionell vielfältig und ausgeprägt. Dieser Raum gehört nach wie vor zur Erzdiözese Freiburg und zur Badischen Landeskirche. Während der genossenschaftliche Bankensektor – zumindest gegenwärtig – noch die Trennung in die beiden Landesteile aufrecht erhält und das hiesige Institut zum badischen Verband gehört, entsteht ab 2001 der Sparkassenverband Baden-Württemberg, in dem der Badische Sparkassen- und Giroverband von seinem größeren württembergischen Schwesterverband aufgenommen wird. Die unterschiedlichen Systeme (württembergische Kreissparkasse mit den Kreisen und badische Bezirkssparkasse mit den Städten und Gemeinden als Gewährträger) bleiben jedoch erhalten, und so besteht im Main-Tauber-Kreis neben der Kreissparkasse Mergentheim im Altkreis Mergentheim im übrigen Gebiet die Sparkasse Tauberfranken, deren Gewährträger die hiesigen ausgegliederten Städte und Gemeinden sowie Hardheim und Höpfingen (Neckar-Odenwald-Kreis) sind.

Die weiteren Verbandsverflechtungen, die insoweit die Zugehörigkeit dieses Raumes zum badischen Landesteil dokumentieren, erstrecken sich beispielhaft vom Badischen Sängerbund über die Automobilclubs bis in das mitgliederstarke Sportverbandswesen. Strukturen, die für die Orientierung der Bevölkerung in der Freizeit erheblich sind. Auf dem kulturellen Sektor ist Tauberbischofsheim langjähriges Mitglied und Bespielungsort der Badischen Landesbühne.

Die touristische Bedeutung des tauberfränkischen Raumes steigt, aber der ehemalige, landesteilübergreifende Interessenvertreter, der Tourismusverband Neckarland-Schwaben, überlebte dennoch nicht. Entscheidend dafür war nicht fehlende Kooperationsbereitschaft der öffentlichen Partner und privaten Leistungsträger, sondern entscheidend ist die Erkenntnis gewesen, daß es bei der großflächigen touristischen Abgrenzung keine marktfähigen Produktgemeinsamkeiten, also zu große regionale Unterschiedlichkeit und Zielgruppen gibt, mithin die gemeinsame Vermarktungsfähigkeit fehlte. Touristisch konsequent ist die zwischenzeitliche Angliederung der öffentlichen Leistungsträger dieses Raumes an den bayerischen Tourismusverband Franken. Langjährig und außerordentlich erfolgreich ist das badisch-bayerisch-württembergische Angebot der

Touristikgemeinschaft Liebliches Taubertal, die wesentlich vom Main-Tauber-Kreis und seinen Städten und Gemeinden getragen wird.

Im weiteren wirtschaftlichen Bereich besteht ein heterogenes Bild sozio-ökonomischer Verflechtungsbeziehungen. Der überwiegend genossenschaftlich organisierte Weinbau dieser Region vermarktet als Anbaugebiet Baden mit dem Zusatz Tauberfranken und ist berechtigt, seine qualitativ anerkannten Produkte, wie die prämierten Weine des städtischen Edelberges, im fränkischen Bocksbeutel abzufüllen. Die mit weitem Abstand in dieser Stadt meistgelesene Tageszeitung wird mit dem Mantel aus Mannheim gedruckt, das Einzugsgebiet umfaßt sowohl den Main-Tauber-Kreis als auch Teile des Neckar-Odenwald-Kreises, allerdings mit unterschiedlichen Lokalteilen. Die beiden weiteren Tageszeitungen entstehen bei gleichzeitig anderen redaktionellen Schwerpunkten mit dem Mantel der Südwest-Presse oder in Würzburg. Radio-Marktführer im Umland sind private und öffentlich Angebote aus Heilbronn, Stuttgart und Bayern.

Für unternehmerische Strukturentscheidungen sind die gezogenen Verwaltungsgrenzen vermutlich weitestgehend unerheblich und unterliegen anderen Kriterien. So sind im Ergebnis bei den großen Einzelhandelsfilialisten, den Anbietern von Produkten und Dienstleistungen unterschiedlichste Gliederungen und Zuordnungen festzustellen: der Handelsbereich ist zum Teil nach Heilbronn, zum Teil dem Raum Nordbayern zugeordnet, bei der Bahn je nach Geschäftsfeld und Gesellschaft zur Zeit Nürnberg/Würzburg (Strecke) und Heilbronn (Bahnhof), bei der Telekommunikation dem zentralen Ort Heidelberg, beim Postwesen nach Mosbach und Crailsheim nun Würzburg, bei der Energieversorgung Karlsruhe und Öhringen/Ellwangen. Einheitliche oder sogar das Prinzip der Einräumigkeit widerspiegelnde Trends sind daraus nicht ablesbar. Den Entscheidungen liegen andere Kriterien zu Grunde als die verwaltungsmäßige Zuordnung zu Landesteilen.

Ein Indiz für die Intensität der Verflechtungsbeziehungen ist das Kundenverhalten. So geben 33,6% der Bad Mergentheimer an, auch in Tauberbischofsheim zu kaufen, aus dem Raum Buchen/Walldürn immerhin noch 18%. Die Entscheidung mit den Füßen treffen die Bürgerinnen und Bürger altkreis- und landesteilübergreifend.

Raumordnung – Region und Oberzentrum

Die Stadt ist der Region Heilbronn-Franken (vormals Franken) zugeordnet. Den neuen Namen übernahm neben dem Regionalverband auch die Industrie- und Handwerkskammer. Die Region umfasst vier Landkreise (Main-Tauber, Hohenlohe, Schwäbisch-Hall, Heilbronn) und den Stadtkreis Heilbronn. Sie erstreckt sich von Crailsheim im Osten bis Eppingen im Westen sowie in der Süd-Nord-Ausrichtung von Gaildorf bis Wertheim (rund 4.800 km² / 860.000 Einwohner), Oberzentrum ist Heilbronn. Die Region ist einer der dynamischsten und prosperierendsten Wirtschaftsräume des Landes mit voller Konzentration auf Heilbronn und auf die Achse der Bundesautobahn A 6. Von einem gewachsenen oder einheitlichen Wirtschaftsraum kann bei diesem Zuschnitt nicht gesprochen werden. Dies zeigen auch die Bemühungen auf verschiedenen Ebenen, die Teilräume des gemeinsamen Planungsraumes zusammenzuführen, zumindest ein Gefühl der Zusammengehörigkeit zu entwickeln und zu fördern. Daran arbeiten u.a. die Bürgerinitiative pro Region Heilbronn-Franken e.V. und die Wirtschaftsförderungsgesellschaft Heilbronn-Franken.

Während die historischen Handelswege durch Tauberbischofsheim vorrangig in Ost-West-Richtung ausgerichtet waren, sollen in der heutigen Regionalplanung die Entwicklungsachsen in der Region das Grundgerüst für die angestrebte räumliche Schwerpunktbildung und die auf die Achsen bezogene Konzentration bilden. Tauberbischofsheim liegt in West-Ost-Richtung auf der Achse Buchen-Walldürn-Tauberbischofsheim-Würzburg und Süd-Nord-Richtung Bad Mergentheim-Tauberbischofsheim-Wertheim. Diese Achsen entsprechen den heutigen Hauptverkehrsverbindungen unterhalb der Bundesautobahn A 81.

Der Regionalverband und das Land nehmen die Haltung ein, trotz lokal abgeschlossener Bauleitplanung den Planungsraum des Zweckverbandes Industriepark A 81 nicht als überregional bedeutsamen Schwerpunkt für Industrie und Dienstleistungen auszuweisen. Diese entwicklungshemmende Haltung ist gerade im Hinblick auf die langjährige Entwicklung und die Funktion der Stadt inkonsequent und nachteilig.

Die Orientierung der Bevölkerung zeigt sich an ihrem Einkaufsverhalten. So gaben im Rahmen von Befragungen Bewohner des Raumes Tauberbischofsheim/Lauda-Königshofen an, daß zwar 74,5% auch in Würzburg Einkäufe tätigen, jedoch lediglich 14,6% in Heilbronn. Zumindest in diesem Bereich nimmt Würzburg oberzentrale Funktionen für Tauberbischofsheim wahr.

Entsprechendes gilt übrigens auch für den Bereich Universität und Fachhochschulen. Tauberbischofsheim und der Main-Tauber-Kreis sind hochschulfrei. Die nächsten baden-württembergischen Hochschulen sind die Fachhochschule Heilbronn mit Außenstellen in Hohenlohe und die Universitäten in Stuttgart, Karlsruhe und Mannheim. Es liegt auf der Hand, daß die unmittelbar benachbarte Universität Würzburg und die Fachhochschule Würzburg-Schweinfurt-Aschaffenburg für die jungen Menschen dieses Raumes attraktive Studieneinrichtungen sind. Die auch auf dem Kultursektor merkbare Ausrichtung nach Würzburg wird durch die Nähe und die gute Anbindung (Straße, Bahn) bestärkt. Anders als im Bereich der öffentlichen Verwaltung besteht die Landesgrenze für die Bevölkerung somit nicht.

DRITTER TEIL

Südbaden

Das Regierungspräsidium

Kammern

Planungsregionen

Universitätsstädte

Aus- und eingegliederte Kreise und Gemeinden

Südbadische Wegmarkierungen – Rückblick und Vorausschau

Sven von Ungern-Sternberg

Erinnerungen – Baden auf dem Weg in den Südweststaat

Als mich vor über 35 Jahren mein Studium nach Freiburg verschlug – zuvor hatte ich in Nord- und Westdeutschland gelebt – war das neue Bundesland bereits zu einer routinemäßigen Normalität seiner politischen Geschäfte übergegangen. Die Emotionen gingen zwar nochmals hoch, als 1970 eine vom Heimatbund erkämpfte Volksabstimmung die Badener erneut zur Urne rief, um über den Verbleib Badens im neuen Bundesland abzustimmen. Aber 18 Jahre nach der Einheirat war selbst für die skeptischen Badener aus der Mußehe eine sinnvolle, verläßliche Vernunftehe geworden. In dieser Zeit war ich Stadtrat (seit 1971) und später (seit 1978) hauptamtlicher Bürgermeister.

In dieser Eigenschaft konnte ich die administrativen Gepflogenheiten des Landes und die vielfältigen Verfahrensabläufe zwischen der Stadt und dem Regierungspräsidium erstmals näher kennenlernen.

Als ich 1998 zum inzwischen sechsten Regierungspräsidenten von Freiburg berufen wurde, mußte ich mich allerdings viel eingehender mit Gedanken über Geschichte, Land und Leute des Regierungsbezirks Südbadens (1.) und den Gedanken zum Regierungspräsidium und zur Amtsführung (2.) befassen, wie ich sie nachfolgend darstelle.

1. Geschichte, Land und Leute

Südbadens eigener Weg in der Nachkriegszeit – Wegbereiter der deutsch-französischen Aussöhnung und Vorkämpfer Europas

Südbadens heutiges Selbstbewußtsein und Eigenwertgefühl geht teils auf die Zeit zurück, in der das Großherzogtum sich zum liberalen Musterländle entwickelt hat, teils auf die Zeit nach dem 2. Weltkrieg. 1945 mußte von Freiburg aus unter französischer Besatzungshoheit eine eigene Administration für Südbaden aufgebaut werden.

Das „Land Baden (franz. Besatzungszone)" blieb auf lange Zeit von Außenkontakten zu den übrigen deutschen Gebieten abgeschieden und abgekapselt. Es hatte an deren langsamer wirtschaftlicher Erholung und Entwicklung zur anglo-amerikanischen Bi-Zone keinen Anteil. Auf sich gestellt verfügte das Land weder über Kohle noch über sonstige industrielle Rohstoffe. Der Badener verstand, daß er in der französischen Zone um einiges schlechter dran war als die Landsleute in den beiden anderen westlichen Besatzungszonen. Er wußte auch, daß seine Zukunft auf überblickbare Zeit hier im isolierten Südbaden und im Auskommen mit den Franzosen lag. Gerade in dieser Situation wuchs auch so etwas wie eine Notgemeinschaft, eine neue Schicksalsverbundenheit, ein südbadischer Gemeinsinn.

Das Bild, das man sich allgemein außerhalb der französischen Zone von den hiesigen Zuständen machte, war jedenfalls von einem eklatanten „Negativ-Image" geprägt. Frankreichs Deutschlandpolitik der ersten Nachkriegsjahre mußte bei Alliierten wie Deutschen Mißtrauen erregen, Vorbehalte schüren. Frankreich bestand jahrelang auf dem Diktum, daß für Frankreich nur ein loser Staatenbund, kein deutscher Bundesstaat oder gar neuer Einheitsstaat hinnehmbar sein werde. Frankreichs Deutschlandpolitik war erneut bis in die 50er Jahre – einer langen Traditionslinie aus der Zeit der Politik Richelieus bzw. der Rheinbundidee Napoléons folgend – von dem unverrückten Postulat auf einseitige, tiefgreifende, zumeist territorial einschneidende Sicherheitsbürgschaften und Friedensgarantien bestimmt.

Die so wahrgenommene Rolle Frankreichs weckte Unruhe und Furcht. Man war erregt wegen einer vermuteten Tendenz einer zweiten „Saar-Assimilierung" Südbadens – vor allem aber rüstete man in Nordbaden gegen eine mögliche Nord-Ausdehnung des „französischen Protektorats", was im Kalkül der französischen Korridor-Absichten lag.

Eine solche angstgeborene Urteilshypothese wurde, wie wir heute wissen, der komplexen, facettenreichen französischen Deutschlandpolitik nicht voll gerecht. Wie Joseph Rovan auch jüngst wieder belegt, befassen sich unzählige französische Initiativen, Publikationen und Institutionen sogleich nach Kriegsende mit der Zielsetzung und mit handfesten Schritten in Richtung Verständigung und Versöhnung mit Deutschland und Aufbau eines gemeinsamen Europa.

Als südbadischer Beitrag zum Versöhnungswerk können dabei die Jahre der schrittweisen Annäherung, der praktischen Erprobung von Glaubwürdigkeit, Belastbarkeit und gegenseitigen Verläßlichkeit der Beziehungen gelten, müssen die vielfältigen vertrauens-bildenden Aktivitäten der Regierung Leo Wohleb und Bevölkerung Südbadens angesehen werden.

Die Neusichtung der französischen Besatzungszeit korrigiert somit deutlich das bisher allzu vordergründige Südbaden-Bild.

Offenheit über die Grenzen

Eine zielgerichtete europaorientierte Grenzlandpolitik war und ist für Südbaden stets eminent wichtig. Die Grenzsituation von insgesamt rund 500 km Länge, die das südbadische Land auf seiner Südseite gegenüber der Schweiz und auf seiner Westseite gegenüber Frankreich zum Grenzland stempelt, ist das Ergebnis einer langen geschichtlichen Entwicklung. Gerade erst hat eine sehr verdienstvolle Ausstellung im Lörracher Museum am Burghof mit dem Titel „HALT ! Landesgrenze" die Geschichte der Grenzen im Dreiländereck nachgezeichnet. Mit tiefer Bestürzung konnte man dort nachempfinden, wie die beiden Weltkriege, wie vor allem aber die nationalsozialistische Entartung Deutschlands eine nicht mehr steigerungsfähige Eskalation der geistigen Distanzierung – und mit ihr eine völlige Vereisung der Grenzbeziehungen verursachten.

„Wir maßen uns nicht an, die Geschichte zu verändern, aber wir wollen den Grenzen ihre Starre, ihre unversöhnliche Feindschaft nehmen. Aus trennenden Schranken müssen sie zu Berührungslinien werden!" – diesen Satz setzte der „homme de la frontière", der „Grenzmensch" Robert Schuman der bisherigen Grenzexistenz entgegen. Am 9. Mai 1950 verkündete er als Außenminister der französischen Regierung den sog. „Schuman-Plan", mit dem – wenn auch in vielfacher Staffelung – ein erfolgreicher Weg in die Europäische Union eingeschlagen wurde. Seit 1995 besteht als weitere Integrationsstufe die „Schengener Passunion". Der lange Traum von einem Idealzustand frei passierbarer Grenzen hat sich verwirklicht.

Offenheit der Grenzen bedeutet aber für Südbaden entschieden mehr als freie Passierbarkeit der alten Kontrollstellen. Der Freiburger Dichterphilosoph und feinsinnige

Interpret der Geschichte, Reinhold Schneider, charakterisiert diese spezifische Offenheit so: „Baden ist das Land der Übergänge, der Brücken und Brechungen, es empfängt, gestaltet, gibt weiter ..." Das beliebteste Beispiel hierfür sind die Münster am Oberrhein, ist der Freiburger Münsterturm. Offene Grenzen werden es der südbadischen Landschaft und ihren Nachbarregionen wieder ermöglichen, eine Durchdringungs- und Befruchtungssphäre im Herzen Europas zu sein – wie es der französische Literaturkritiker Robert Minder schon 1971 als Zukunftsvision andeutete – anstelle der uns jahrhundertelang auferlegten leidvollen Rolle einer Krisenzone Europas. Deswegen sehe ich heute in der grenzüberschreitenden Zusammenarbeit eine unausweichliche Notwendigkeit und das recht verstandene Zukunftspotential der regionalen Eigenentwicklung Südbadens.

Die grenzüberschreitende Zusammenarbeit, anfänglich als „Husarenritt" des Freiburger Regierungspräsidenten mißtrauisch beäugt und mitunter auch wirsch kritisiert, ist heute als Freiburger Domäne anerkannt und als Vorort-Aufgabe des südbadischen Regierungspräsidenten und einer eigenen Büroeinheit „Stabsstelle für grenzüberschreitende Zusammenarbeit" definiert. In mehreren Kabinettsbeschlüssen hat die Regierung des Landes Baden-Württemberg auch die jahrelange Freiburger Vorarbeit gewürdigt und die Kompetenzliste des Regierungspräsidiums um den offiziellen landespolitischen Auftrag zur Gestaltung der baden-württembergischen Nachbarschaftspolitik erweitert. Dies ist eine Genugtuung.[1]

Offenheit über die Grenzen hat aber auch die Bedeutung, gegenüber dem von außen kommenden Fremden und den Fremden, gegenüber den aus allen Teilen Deutschlands, Europas und darüber hinaus aus aller Welt nach Südbaden findenden Besuchern, Gästen, Durchreisenden aufgeschlossen zu sein. In dieser freimütigen, großzügigen Lebenseinstellung liegt das Ansehen des ungemein renommierten südbadischen Tourismus begründet.

Das alemannische Land

Südbaden ist ein eigenwilliger, gewiß aber ein sehr eigenständiger und selbstbewußter Landesteil von Baden-Württemberg. Das hat mit vielerlei Eigenheiten von „Land und Leuten" zu tun, mit einer unverwechselbaren Vergangenheit und mit den landschaftsspezifischen Potentialen für eine nachhaltige und zukunftsorientierte Entwicklung.

Der Südbadener ist charakterisiert durch seinen alemannischen Dialekt und das Stammes- und Zusammengehörigkeitsgefühl als Alemanne unter Alemannen. Alemannisch sind immer noch weitgehend die volkstümlichen Traditionen, das Jahres- und Festtagsbrauchtum, die Alltagsgewohnheiten des Südbadeners, seine Lebensart, Charakterprägung, Psyche – und vor allem seine sprachliche Ausdrucksform. Und dafür, daß trotz schlüssiger wissenschaftlicher Gegenargumente das Alemannische keineswegs mit dem Schwäbischen einfach zusammengebracht werden darf, hat 1800 der größte heimatliche Dichter des badischen Oberlands, Johann Peter Hebel, gesorgt; mit seinen „Alemannischen Gedichten" von 1803 hat er die sprachliche Eigenständigkeit des Alemannischen gefestigt und damit vor allem den hiesigen Alemannen ein autarkes Selbstbewußtsein, ein vertieftes Wertgefühl vermittelt. Das typisch Alemannische ist – bei beachtlicher Variationsbreite in der Dialektfärbung zwischen Basel und Achern, zwischen Konstanz und Donaueschingen – eine feste Klammer um die südbadischen Volksgruppen und um das südbadische Land.

Alemannisch ist aber auch der Dialekt, die gemeinsame Stammeswurzel, die den Südbadener über die Grenze mit den Nachbarn verbindet. Die alemannische Verwandtschaft lebt heute in fünf verschiedenen Nationalstaaten – in Deutschland, Frankreich, in der Schweiz, Liechtenstein und Österreich. Offenheit über die Grenze macht einen wesentlichen Aspekt der alemannischen Lebensart aus.

Erlebnis der Landschaft

Das südbadische Duo: heimelige Städte und liebenswerter ländlicher Raum

Eines der auffallendsten Merkmale der Eigenheit und Unverwechselbarkeit Südbadens liegt in der Einzigartigkeit seiner Landschaft. Südbaden ist landschaftlich besonders bevorzugt – Dichter und Sänger, Liedermacher, Reiseschriftsteller, Landschaftsmaler haben der Schönheit des Landes schon in „höchsten Tönen" gehuldigt; „das schönste Land in Deutschlands Gauen ..." – „das gesegnetste Land der Welt" und viele andere Lobeshymnen haben die Schönheit der Natur gepriesen – und vieltausend Besucher und Freunde, Touristen, Kurgäste, Genießer, Erholungssuchende, Heilungsbedürftige, Sporttreibende, Wanderer pflichten alljährlich diesem Urteil „Landschaft mit drei Sternen" begeistert bei. Südbaden besitzt mit der Spannweite vom lieblichen Bodensee über die „Toskana" im deutschen Süden am Oberrhein bis hinauf zu den an alpine Verhältnisse heranreichenden Gipfeln des Hochschwarzwalds eine der vielfältigsten und attraktivsten Landschaften – und damit ein ganz besonderes Maß dessen, was man heute als „Lebensqualität" bezeichnet.

Daß die Landschaft den Menschen, der mit ihr verbunden ist, prägt, ist unbestritten. Die Lebensbedingungen des Alltags wirken unmittelbar auf den Charakter ein. Der ursprüngliche Wälder ist etwas kantiger, eigenbrötlerischer als der Kaiserstühler mit seiner etwas genießerischen Ader. Der „närrisch angehauchte" Bewohner der Baar geht mehr aus sich heraus als der zurückhaltende, etwas sprödere Markgräfler. Der Hegauer unterscheidet sich in mancher Art vom Ortenauer. Der Breisgauer ist betuchter als der Hotzenwälder, er hat – dem schönen Hebelgedicht zufolge – alles, „was me gährt, Tanz un Wii un Lustbarkeit, was eim numme s'Herz erfreut". Schon die Vielfalt der althergebrachten Trachten, die Nuancen von Abweichungen in den authentischen Dialektfärbungen verweisen auf unterschiedliche Lebensbedingungen, sind nicht einfach als Variationsspielerei zu verstehen. Für mich ist aber auch die Erfahrung von Bedeutung, daß das heutige Landschaftsbild das Zeugnis einer Kulturlandschaft ist, das Produkt einer langen, intensiven gestalterischen Arbeit, einer permanenten „Beackerung" – was zweifellos Mensch und Boden auf das Engste verbindet.

Südbaden ist natürlich nicht nur ländlicher Raum. Das moderne Image Südbadens wird ebenso von zumeist kleineren bis mittelgroßen, liebenswert-heimeligen Städten bestimmt. Selbst Freiburg als größte Stadt hat nach den Zerstörungen der Kriegszeit sehr darauf geachtet, sich durch städtebauliches Maßhalten und historisierende Anklänge (Arkaden) ein freundliches Gesicht und traditionsgeprägtes urbanes Klima zu bewahren. Der tägliche Markt und das Münster sind nicht einfach Kontrapunkte im Stadtkörper, sondern Synthese des Stadtlebens in einer intensiven Harmonie. Im Übrigen hat Freiburg neben der behüteten Innenstadt auch viele architektonisch wie städtebaulich moderne Züge, verfügt über ganze neuzeitlich vorbildlich gestaltete Stadtteile. Der Freiburger, der Südbadener ist kein rückwärts gewandter Zeitflüchter, auch wenn er sein

Traditionsstadtbild zwischen Münster, Schwabentor, Martinstor und Siegesdenkmal als zeitloses Stadtensemble besonders liebt.

Das typische südbadische Stadtbild vermitteln ohnehin die kleineren und mittelgroßen Stadtgemeinden, unter denen Waldshut, Gengenbach, Engen, Staufen, Endingen und noch so mancher andere Stadtkern als besonders malerische Beispiele südbadischer Stadtarchitektur gelten können. Aber nicht allein das „Lebkuchenhaus“ und der größte Adventskalender oder die größte Kuckucksuhr, die Harmonie von Alt und Neu verdienen in einer solchen Beachtung Erwähnung – Städte wie Offenburg, Lörrach, Konstanz, Villingen, Donaueschingen, Achern, Lahr, Emmendingen verbinden beide Eckpunkte, das Heimelige und das Moderne, zu einer lebenswerten Stadtkultur. Die südbadische Stadt hat in ihrem Stadtcharakter, dem baulichen Ausdruck des lebenden sozialen Stadtgefüges, einen besonders harmonischen Grundton, eine anheimelnde Atmosphäre, etwas Beispielhaftes – und damit sogar Modellcharakter für andere Länder, Kulturen und Kontinente. Ich habe dieses Thema der Vorbildfunktion des modernen südbadischen Städtebaus und der Südbaden-typischen Stadtarchitektur schon sehr früh aufgegriffen, als ich als Freiburger Baubürgermeister der amerikanisch-deutschen Bewegung „Making Cities livable“ beigetreten bin. Meine „Demonstration für die südbadische Stadt“ hat in vielen internationalen Konferenzen überzeugt.

Auf der Suche nach der südbadischen „Eige“

Daß es eine ausgeprägte, in vielen Besonderheiten von „Land und Leuten“ erkennbare südbadische Eigenart gibt, scheint mir in den vorangegangenen Ausführungen genügend deutlich dargetan. Gewiss ließen sich in einer noch etwas breiteren Betrachtung zahlreiche weitere und nicht weniger markante Eigenheiten aufzeigen, das südbadische „Eige“ hat viele Facetten. Aber vielleicht genügen für unsere Betrachtung auch schon die wahrgenommenen Konturen, die angedeuteten Tendenzen und unverkennbaren Akzente, um daraus eine kleine südbadische Charakterstudie zu entwerfen, ein überschlägig zutreffendes Bild der Eigenheiten des typischen Südbadeners zu formulieren.

Ein solches Resümee könnte sein: Der Südbadener erscheint mir außerordentlich heimatverwurzelt, zeigt eine große Heimatliebe und Landschaftsverbundenheit; sein Heimatempfinden geht aber über den engeren Horizont hinaus und ist nicht auf ein staatsrechtlich eingegrenztes Hoheitsgebiet beschränkt. Das heimatliche Gefühl hat eine landschaftlich-großräumigere Dimension. Die strikte Eingrenzung ist dem Südbadener fremd, das könnte die Brücke sein zu seiner geschichtlich begründeten freiheitlichen Gesinnung. Ich habe die Erfahrung gemacht, daß der Südbadener nicht nur verläßlich demokratisch und republikanisch gesinnt ist, ich traue ihm auch ein deutliches Mehr an Toleranz zu, religiös wie grundsätzlich weltanschaulich. Er ist vielleicht kein ausgesprochener Weltenbummler, aber auch kein ausgesprochener „Stubenhocker“, sondern weltoffen – weltoffen mit Vorliebe, wenn die Welt zu ihm kommt. Er empfängt gerne mit offenem Herzen Menschen aus Nah und Fern im seinem südbadischen „Gästehaus“, freut sich über die ungezählten Besucher aus aller Herren Länder – und integriert auch Dagebliebene und Zugereiste willig und manchmal sogar mit gewissem Aufschauen und Stolz. Europäisch gesinnt ist der Südbadener ganz und gar, er sieht seine Zukunftserwartungen in einer europaweit anerkannten Stellung der Region als zentraleuropäischem Begegnungsraum, als Modellandschaft des unkomplizierten Miteinanders und der europäischen Freundschaft.

Der vielen Feste und Festchen des Jahreskreises, die Hocks, die Narrenumzüge und Heimattage, die Trachtenfeste und Sängertreffen beweisen es: Der Südbadener hängt mit Leib und Seele an seinen überkommenen Traditionen, er pflegt religiöse Gebräuche und das wichtige alemannische Drumherum um seinen sonst nüchternen Lebensalltag – oder steht als „zugezogener Neubadener" zumindest positiv zum „Alemannenkult"; die alemannische Ader bestimmt die lebensbejahende Seite seines Tuns und prägt in weiten Teilen des Landes noch seine Umgangssprache, den alemannischen Dialekt.

Südbadisch ist derzeit eine gewisse Vorliebe für ökologisches Denken, aber ganz generell eine kräftige Hinwendung zu aktiver Politik. Dem Südbadener ist überhaupt eine tiefere Neigung zur politischen Geschichte eigen. Er sieht sich gerne in die ihm wichtige ansehnliche badische Überlieferung und Tradition gestellt – und er identifiziert sich mit einem selbstbewußten eigenständigen Südbaden – was wiederum nichts mit der staatsrechtlichen Anerkennung (oder Nicht-Anerkennung) eines einheitlichen Staatsvolks zu tun hat. Wer hier noch tiefere Einsichten zur (süd)badischen Identität erfahren möchte, sollte es vielleicht mit der Lektüre der amüsant geschriebenen, aber nicht immer ganz ernst gehaltenen Darstellung im Buch „Deutschland, Deine Badener" von Amadeus Siebenpunkt versuchen.

Im Übrigen empfinde ich es ganz und gar nicht als dramatisch, wenn sich hie und da badisches Gelb-Rot-Gelb in die offizielle Schwarz-Gold-Landesbeflaggung mischt – oder wenn vor Beginn der Freiburger Fußball-Bundesligaspiele vielstimmig das „... frisch auf, frisch auf mein Badnerland!..." erschallt. Für die heutige junge Generation der Südbadener ist das Singen des Badnerlieds längst kein politischer Kampfaufruf mehr, kein Protestsong *gegen* Baden-Württemberg, sondern – gruppendynamisch zu verstehen – Ausdruck eines verbindenden Gemeinschaftserlebnisses, das die aus ganz Südbaden angereiste SC-Anhängerschaft zu einer wie ein Mann hinter der Mannschaft stehenden Fan-Gemeinde formiert. In Südbaden hat sich in den letzten Jahren ein ähnliches, spezifisches Gemeinschaftsempfinden aufgebaut, ein lebhaftes landschaftliches Zusammengehörigkeitsgefühl entwickelt – keine Anti-Südweststaat-Demonstration, sondern das Bekenntnis zu einem südbadischen „way of life" *in* Baden-Württemberg.

Diese eher wieder gewachsene südbadische Identität muß auch vermehrt politisch in Rechnung gestellt werden. Die im Gang befindliche baden-württembergische Globalisierung in Wirtschaft, Bankengeschäft, privater und öffentlicher Verwaltung, Funk und Fernsehen stößt nicht unbedingt auf Gegenliebe. Eine Kleinräumigkeit, die deutlich auf die regionalen Eigenheiten achtet und sie unterstützt, ist ein wichtiges, vielleicht sogar entscheidendes Element des sog. Wohlfühlfaktors und damit der Bindung des Menschen an die größere Gemeinschaft.

Man sollte dabei gelegentliche emotionale Unterschiede, Gegensätzlichkeiten zwischen Badenern und Württembergern jedenfalls nicht zu hoch bewerten. Ein Aufbrechen des gemeinsamen Bundeslands, eine ernsthafte Trennung von Bett und Tisch stehen auch südbadischerseits überhaupt nicht in Rede. Ich sehe keine ernsthafte „neue Badenfrage". Lassen wir uns doch von dem früheren Konstanzer Historiker Otto Feger belehren, der in einer Anmerkung seines Entwurfs einer „schwäbisch-alemannischen Demokratie" von 1946 konsequent darauf abhebt, daß die Unterschiede der süddeutschen Badener und Schwaben zu den Nord- und Ostdeutschen doch noch viel gravierender sind als die untereinander. Darin liegt doch auch ein versöhnlicher Schluß der endlos diskutierfähigen Verwandtschaftsbeziehung – fast sogar schon eine Liebeserklärung.

2. Gedanken zum Regierungspräsidium und zur Amtsführung

Der Regierungspräsident als Impulsgeber und Antriebsmotor der Region

Das Regierungspräsidium ist eine Einrichtung, die 1952 bei der Landesgründung von Baden-Württemberg geschaffen wurde. Die vier Regierungspräsidien in Freiburg, Karlsruhe, Stuttgart und Tübingen haben also ebenso Anlaß, feierlich auf ihre 50jährige Tätigkeit zurückzublicken. Die Regierungspräsidien sind damit eine ganz wesentliche positive Errungenschaft des internen Verwaltungsgefüges in Baden-Württemberg. Sie sind aber auch – gerade aus südbadischer Sicht – ein substantieller Kern der Neuordnung und ein unwiderruflicher, integraler Bestandteil der gesamthaft zu verstehenden staatlichen Umstrukturierung von 1952. Der Regierungspräsident soll nicht nur als Vorsteher eines verwaltungstechnisch gut gerüsteten Verwaltungsamtes fungieren, sondern zugleich und pointiert Landschaftsvertreter, Interessenwahrer der Region gegenüber der Staatszentrale sein. Nach diesem dem Amt mit in die Wiege gelegten spezifischen Mandat steht der Regierungspräsident nicht über der Landschaft, schon gar nicht gegen die Landschaft, sondern an der Spitze der Landschaft. Sein Tagesgeschäft ist geprägt von der kniffligen, aber auch wirkungsvollen Verknüpfung zweier politischer Kräfte im Gegenstrom.

Dieser bedeutsame Grundsatz hat seine Verankerung in der Landeshistorie und in der gelebten Verfassungswirklichkeit. Er ist auch politisch – zumindest mehrheitlich – nicht umstritten. Bei meiner Amtseinführung am 1. Dezember 1998 wie bei dem gleichen Anlaß der Amtseinführung meines Vorgängers Dr. Schroeder hat sich der Ministerpräsident des Landes Erwin Teufel ganz eindrücklich zu dieser gegenläufigen Doppelfunktion bekannt und sie als die wesentliche, auch landespolitisch entscheidende Dimension der Stellung eines Regierungspräsidenten herausgestellt. Wörtlich führte er aus: „Der Regierungspräsident in Freiburg soll kein Stadthalter für Stuttgart, sondern Anwalt der Region sein".

In einer solchen Definition meines Amtes sehe ich große Vorteile für die südbadische Landschaft und ihren Regierungsbezirk.

Die Tätigkeit des Regierungspräsidenten umfaßt also neben dem staatlichen Verwaltungsgeschäft die zusätzliche Aufgabe der Interessenwahrung der Region. In Freiburg ist man dagegen geneigt, sehr viel mehr die politische Aufgabe des unverzichtbaren Impulsgebers und Motors, des verantwortlichen „Managers" der südbadischen Region zu betonen. Die selbstbewußte südbadische Eigenständigkeit macht es nötig, auch auf diesem eigenen geographischen Level eine deutliche südbadische Aktivität zu entfalten, eine unverwechselbare südbadische Regionalpolitik zu entwickeln und dauerhaft zu gewährleisten. Ich sehe ebenso wie meine Vorgänger gerade hierin die besondere Akzentuierung, aber auch den eigentlichen Reiz des südbadischen Amts.

Ich glaube, ich bin es bei der Verdeutlichung der Rolle südbadischer Regierungspräsidenten vor allem meinen großen Vorgängern im Amt schuldig, zunächst einmal deren große Verdienste um das südbadische Land aufzuzeigen. Dabei stelle ich sie bewußt in die Tradition der vorausgegangenen badischen Landesregierung unter Leo Wohleb, die das Land aus den Nöten und Drangsalen der ersten Nachkriegszeit herausgeführt und als rechtsstaatliche Demokratie, als treuen Gliedstaat der Bundesrepublik begründet hat. Staatspräsident Leo Wohleb und sein Kabinett haben der Freiburger Nachfolgeadministration ein gutes Erbe mitgegeben.

(Quelle: Regierungspräsidium Freiburg)

Regierungspräsident Dr. Paul Waeldin (1952-1957), Industrieller von Herkunft, Südweststaatanhänger, zeitweilig Finanzstaatssekretär (FDP) im Nachkriegskabinett Wohleb, hatte die schwere Aufgabe, dem südbadischen Landesteil im neuen Bindestrich-Bundesland Geltung und Akzeptanz zu verschaffen als auch umgekehrt im Südbadischen einen die noch offenen Wunden rasch vernarbenden Heilungsprozeß einzuleiten. Sein presseöffentlicher Kernsatz „Der Regierungspräsident ist kein Briefträger" wurde in Stuttgart nicht gerade mit Akklamation aufgenommen, erbrachte aber sogleich Klarheit in Bezug auf das regionalpolitische Amtsverständnis des neuen Landschaftssachwalters Waeldin. Von ihm wurden in vielerlei Hinsicht die grundlegenden Fakten für die spätere regierungspräsidiale Arbeit geschaffen.

Regierungspräsident Anton Dichtel (1957-1967), aus gewerkschaftlicher Vergangenheit ohne beamtete Berufsvorprägung kommend, erwies sich nach Erfahrung von Kennern des Basler Hofs als Naturtalent im Verwaltungsgeschehen. Dichtel steht für eine erste wirtschaftspolitische und infrastrukturpolitische Akzentuierung, nachdem die Unsicherheiten des staatlichen Übergangs deutlich zurückgetreten waren.

(Quelle: Regierungspräsidium Freiburg)

Dichtel verband sein positives Stuttgart-Verhältnis (er war schon zuvor förmlich „Staatsrat" und damit beratendes Kabinettsmitglied in der Landesregierung) mit einer ganz starken Öffnung Südbadens zur Schweiz und zum Elsaß.[2] Von Dichtel stammt das südbadische-elsässische Brückenkonzept, das wenigstens alle 25 km den Bau eines festen Rheinübergangs vorsah. Dichtel setzte sich auch an der Schweizer Grenze mit gleicher Energie für die völkerrechtliche Regelung des Sonderstatus der Gemeinde Büsingen (Kreis Konstanz) ein, die als deutsche Exklave vom Schweizer Territorium eingeschlossen ist und dadurch die Unzuträglichkeiten der Grenzsituation schon existenzbedrohend zu spüren bekommt.

Anton Dichtel, dem wegen seiner Südweststaatoffenheit heftige Angriffe und bis ins Persönliche gehende Anfeindungen entgegen gebracht wurden – was ihm sehr zu schaffen machte –, durfte später enorme Zustimmung zu seiner Amtsführung ernten. Mit Spannung erwarteten die Südbadener jeweils die Neujahrsansprache, wahrlich eine kleine Regierungserklärung, ihres populären Verwaltungschefs. Dichtel durfte in dieser Zeit der Hochachtung seiner Person sogar die Ernennung zum Ehrenbürger von Freiburg erfahren.

Regierungspräsident Dr. Hermann Person (1967-1979), ursprünglich zutiefst überzeugter Altbadener, war Realpolitiker genug, um sich alsbald mit den veränderten Bedingungen abzufinden. Er gab – persönlich außerordentlich geschichtsbewußt, aber zugleich auch auf ableitbare Nutzanwendungen ausgerichtet – dem Amt des Freiburger Regierungspräsidenten neue Richtungsimpulse. Dr. Person war ab 1952 zunächst Mitglied der verfassungsgebenden Landesversammlung und anschließend Landtagsabgeordneter bis zu seiner Ernennung zum Freiburger Regierungspräsidenten 1967. Zwar blieb ihm die Aufhebung zur Mittelbehörde erspart (01.01.1977), doch mußte er mit einer Bezirksreform vorliebnehmen, in der urbadische Gebiete bei Rastatt/Baden-Baden und am Bodensee abgeschlagen wurden und altwürttembergische Landkreise (Tuttlingen, Rottweil) hinzukamen. Traditionen waren gebrochen und Kontinuitäten in Frage gestellt. Dr. Person blieb auch da unverdrossener Vorkämpfer für die südbadische – jetzt schwäbisch-randgefärbte – Heimat, er tat viel für den alemannischen Dialekt (Türschild: „Do kansch au alemannisch schwätze"), wobei er den „alemannisch Schwätzenden" ins Gehege kam, für die der Dialekt so etwas wie das Ausdrucksmittel der grenzüberschreitenden „Protestbewegung" war.

(Quelle: Regierungspräsidium Freiburg)

Grenzüberschreitend knüpfte Dr. Person mit zuvor nicht gekannter systematischer Konsequenz direkte Bande zu den Nachbarn, bis Bonn und Stuttgart in diese „kleine Außenpolitik" einstiegen und Freiburg „an die Kandare" zu nahmen. Dr. Person hat aber z.B. mit dem Runderlaß an die Gemeinden, die kommunale Bauleitplanung über die Grenze hinweg mit den Nachbargemeinden abzustimmen, zweifelsfrei eigenständig südbadische Pionierarbeit geleistet.

Er blieb als Regierungspräsident auch ein entschiedener Verfechter südbadischer Entwicklungsinteressen. Aber er zog auch genauso entschieden gegen Projekte zu Felde, die nach seiner Überzeugung nicht – oder so nicht in die Landschaft paßten. Mit besonderem „drive" ging er gegen die Modeerscheinung des Hochhauswettstreits unter den Gemeinden vor und initiierte Schwarzwalderlaß und Bodenseerlaß, mit denen die übermäßige Bodennutzung beschränkt werden konnte. Er war – wie er selbst einmal von sich sagte – „grün", noch bevor die „grüne Bewegung" politisch Fuß faßte.

Regierungspräsident Dr. Norbert Nothhelfer (1979-1991) war der erste klassisch vorgebildete Verwaltungsfachmann (Verwaltungsjurist und langjähriger Landrat des Landkreises Waldshut) unter den Freiburger Regierungspräsidenten. Auch unter Dr. Nothhelfer sorgten ständig neue Reformvorgaben für weitere permanente Unruhe in der Administration. Im Umweltbereich gelangen wichtige grenzüberschreitende Informations- und Kooperations-Absprachen betr. umweltrelevanter Planungen und Projekte mit den Grenznachbarn, dabei ein spezielles, auf oberrheinische Maßstäbe ausgerichtetes Verfahren zur grenzüberschreitenden Umweltverträglichkeitsprüfung. Umweltfragen warfen auch die gleich mehrfachen Planungen für Sondermüllverbrennungsanlagen auf, Stellungnahmen in Richtung Basel zeigten die Risiken auf, das Verfahren für einen Standort Kehl geriet zum Mammutverfahren mit ungeheuerlich vielen Einsprüchen, davon erstmals zigtausende aus dem benachbarten französischen Ausland. Die Zusicherungen einer völlig rechtsgleichen Behandlung wie Einwendungen von Inländern hatten in diesem Moment schon einen weithin wirkenden Pioniercharakter.

(Quelle: Regierungspräsidium Freiburg)

Ein zäher Kampf mit Stuttgart begann mit der Forderung nach mehr Französisch-Unterricht entlang der Rheinschiene bzw. mit der Unterstützung des Europarats-Programms „Lerne die Sprache des Nachbarn“. Dr. Nothhelfer forderte weitsichtig eine „deutliche Europäisierung aller Schulen“.

Auch mußte der Konnex zur Wirtschaft verstärkt werden, die Rezession und die Arbeitslosigkeit, zuletzt auch die Verschiebung der politischen Gewichte durch die deutsche Einheit zwangen zu einer neuartigen Organisation der Verwaltungsaufgaben bei großvolumigen wirtschaftlichen Investitionsvorhaben.

Die Verbesserung der Verkehrsinfrastruktur erwies sich weiterhin als wichtigster Aspekt der „Nothhelfer-Zeit“. Der Baubeginn des 4-spurigen ICE-Schienenwegs zwischen Baden-Baden und Offenburg markierte den südbadischen Ausbaubeitrag zum europäischen Hochgeschwindigkeitsschienennetz, der Kampf um die Fortsetzung weiterer Etappen nach Süden und nach Norden bewegt bereits mehr als ein Jahrzehnt südbadischer Eisenbahngeschichte. Straßenbauliche Akzente wurden allerdings wegen der zunehmenden Geldknappheit in den öffentlichen Haushalten immer spärlicher.

Dr. Nothhelfer wurde in seiner Zeit auch zum entschiedenen Förderer verschiedener wichtiger Entwicklungen im universitären Bereich. Die oberrheinischen Universitäten schlossen sich zu einem „EUCOR-Verbund“ zusammen und begannen, eine Gemeinschaftsstrategie (gemeinsame Studiengänge, Studenten- und Dozentenaustausch, erleichterter Zugang zu den Einrichtungen der Nachbaruniversitäten, Vernetzung der Universitäten usf.) aufzubauen. Die Gründung der 15. Fakultät für angewandte Wissenschaften wurde zum großen Hoffnungsträger für Freiburg, die Schaffung eines Frankreichzentrums an der Universität hob Freiburgs Bedeutung als deutsch-französischer Begegnungsort.

Zunehmend beschäftigten dann bereits die ersten realisierten Projekte des EU-Interregprogramms den Regierungspräsidenten. Es ging um Verknüpfungen der Hochschuleinrichtungen (Berufsakademie Lörrach) im Regio-Raum, um die Neugründung einer Forschungsstätte für umweltgerechten Landbau, um ein Management-Institut, um ein Institut für europäische und grenzüberschreitende Fortbildung in Kehl und viele weitere Initiativen, die nunmehr zu greifen begannen. Zur Bewältigung der riesigen Arbeitsfülle erreichte Regierungspräsident Dr. Nothhelfer in Stuttgart die Unterstützung durch Einrichtung eines eigenen personell und sachlich entsprechend ausgestatteten Grenzlandrefe-rats. Der Neubau für das auf mehr als 10 Häuser zerstückelte Regierungspräsidium blieb jedoch versagt.

Regierungspräsident Dr. Conrad Schroeder (1991-1998) kam aus einer langen politischen Tätigkeit, die er als Stadtrat begonnen, als Landtagsabgeordneter ausgebaut und schließlich über mehrere Legislaturperioden als Bundestagsabgeordneter in Bonn erbracht hatte. Er war noch am Beschluß des Deutsches Bundestags über die Erhebung Berlins zur neuen deutschen Hauptstadt beteiligt. Begonnen hatte er als Verwaltungsjurist in der speziellen Finanzlaufbahn und war zeitweilig Behördenchef des großen Finanzamts in Freiburg gewesen.

(Quelle: Regierungspräsidium Freiburg)

Dr. Schroeder, der von den ausländischen Partnern oft gerne „Monsieur Oberrhein" tituliert wurde, erreichte mit zähem persönlichem Einsatz, daß der dreistaatlichen Oberrheinkonferenz ein gemeinsames, dreiseitig besetztes Einheitssekretariat beigegeben wurden, das sich alsbald zur zentralen Drehscheibe des Oberrheingeschehens entwickelte. Er griff mächtig zugunsten des Französischen in die schulpolitisch wie regionalpolitisch wichtige Sprachenfrage ein. Der oberrheinische Museumspaß wurde aus der Taufe gehoben, der Tag des Denkmals organisiert. Die Vergabe neuartiger Regio-Zertifikate wurde eingerichtet, um den Jugendlichen die Ausbildung diesseits und jenseits der Grenze schmackhaft zu machen. Jugendliche sollten durch eine Art dreiseitiges Jugendparlament, das zunächst in kleinerem Rahmen als regelmäßiges „Forum junior" zusammenkam, für die Zusammenarbeit gewonnen werden.

Dem persönlichen Einsatz von Dr. Schroeder und dem Colmarer Präfekten Cyrill Schott ist es zu verdanken, daß auf dem Flughafen Basel-Mulhouse, der sich zum EuroAirport Basel-Mulhouse-Freiburg wandelte, entscheidende Nutzungserleichterungen für die deutschen Fluggäste erreicht wurden. Die Freiburger Initiative für regelmäßige deutsch-französische Kulturgespräche „Korrespondenzen" fand die Unterstützung und Mitträgerschaft des Landes, das durch den Regierungspräsidenten vertreten wurde.

Unter Schroeder entwickelte sich dann am Hochrhein eine weitere Intensivierung und Institutionalisierung der Zusammenarbeit in Form einer Hochrheinkommission. Dr. Schroeder hinterließ auch in der Internationalen Bodenseekonferenz deutliche Spuren der Zusammenarbeit. Fragen der divergierenden Submissionsverfahren und wirtschaftlicher Wettbewerbsverzerrungen beanspruchten vermehrte Aufmerksamkeit, das Regierungspräsidium war offizielle Anlaufstelle für grenzüberschreitende Wettbewerbsfragen des Landes. Förmliche Gegenrechtserklärungen mit den Schweizer Grenzkantonen halfen, die Lage zu entschärfen. Eine erstmals erfolgversprechende Krankenhauskooperation wurde speziell in der Raumschaft der Ortenau angestoßen, dort entwickelten sich Projekte wie das der gemeinsamen Landesgartenschau Straßburg-Kehl. Die Vorgänger-Gartenschau in Weil am Rhein hatte bereits deutliche grenzüberschreitende Akzente ins Programm übernommen.

Seitdem Kommunalstaatsvertrag, den Dr. Schroeder mit angestoßen hat, ist gemeindliche Zusammenarbeit über die Grenze nicht mehr Ausnahme, sondern soll zum selbstverständlichen Regelfall werden.

Wichtige Vorwärtsschritte erreichte Regierungspräsident Dr. Schroeder bei der B 31 Freiburg-Ost, mit deren Bau endlich begonnen werden konnte. Zugleich wurde ein weiterer Abschnitt des südbadischen „Hauptquerwegs Freiburg-Bodensee“ mit dem Dögginger Tunnel und der an ihn anschließenden Talquerung zu Wege gebracht. Schwierige Probleme stellten die Konversionsaufgaben der beim Weggang der verbündeten Streitkräfte aufgelassenen Flughäfen und Militäranlagen.

Dr. Schroeder mußte in seiner Amtszeit eine vollständige Umgliederung seiner Behörde, eine Kompetenzneuordnung und politisch auferlegte Personalauszehrung hinnehmen. Zum Hoffnungsschimmer wurde die positive Entscheidung über den zentralen Neubau für das „Gros“ der Fachabteilungen.

Die fünf bisherigen Regierungspräsidenten – ein Glücksfall für Südbaden

Diese Beispiele und noch viele andere durchaus ebenso zitierfähige Zeugnisse können meines Erachtens mit absoluter Schlüssigkeit belegen, welche Bedeutung dem Freiburger Regierungspräsidenten für das Alltagsgeschehen und die Entwicklung des südbadischen Raums zukommt. Es ist sicherlich auch für Außenstehende bemerkenswert, was ein engagierter Regierungspräsident in seiner Region alles bewegen kann, aber auch welche Führungsrolle ihm zufällt und welche Verantwortung damit verbunden ist. Die Regierungspräsidenten werden zwar mit Blick auf ihre staatliche Funktion von der Landesregierung berufen und legitimiert, aber sein politisches Gewicht liegt in seiner Rolle als Impulsgeber und Antriebsmotor der Region. Alle bisherigen Freiburger Präsidenten waren ausnahmslos in der südbadischen Landschaft und Bevölkerung verankert. Ihre Volksverbundenheit hatte in zahlreichen Ehrenämtern in Gesellschaft, Kirche, Wirtschaft eine bestärkende Basis, Freiburgs Amtschefs waren – je nach persönlicher Ausrichtung – zugleich Vorsitzende des Badischen Sportbundes, des Freiburger Münsterbauvereins, des Schwarzwaldvereins, des Blasmusikerverbandes, der Freiburger Turnerschaft, sie waren stets engagiert in den Verwaltungsgremien der südbadischen Heilbäder, in zahlreichen Beiräten der Universitäten und Hochschulen, der Pädagogischen Hochschule, der Verwaltungsfachhochschule – und sie waren mit den hauseigenen Veranstaltungen des Neujahrsempfang, des Narrenempfangs, des Empfangs der südbadischen Sportler und Olympiateilnehmer und ähnlichen Großereignissen so etwas wie die „Aushängeschilder“ des volkstümlichen Brauchtums in Südbaden. Sie zeigten sich allesamt auf das klare Ziel „Arbeit für Südbaden“ eingeschworen, das sie bereits durch ihre vorangegangene politische Abgeordnetentätigkeit auf Stadt-, Landes- und Bundesebene volksnah vertreten hatten.

Der Ausblick nach vorne – südbadische Wegemarkierungen

Es könnte durchaus verlockend sein, eine Art südbadischer Regierungserklärung für die nächsten fünf bis sieben Jahre zu entwerfen. Doch wäre dies angesichts der sich schnell wandelnden Probleme risikoreich und angesichts von „Dauerbrennern“ auch fragwürdig und insgesamt auch politisch provokant. Eine südbadische Politik scheint mir jedoch durchaus gewisse kontinuierliche Züge zu besitzen, die sich zukunftsgerichtet als Ziellinien formulieren lassen.

Dr. Sven von Ungern-Sternberg –
Regierungspräsident seit 1998
(Quelle: Regierungspräsidium Freiburg)

Es geht mir zuvorderst um das südbadische „Eige“. „’s Eige zeige!“ ist ein Leitmotiv des verstorbenen Kaiserstühler Heimatdichters Karl Kurrus, dem ich schon vor Jahren im Namen des Bundespräsidenten das Bundesverdienstkreuz überreichen durfte. Südbaden hat viele prägende Eigenheiten, die auch eine entsprechende Eigenständigkeit begründen, das südbadische „Eige“ darf auch in Zukunft nicht gemindert, sondern muß gepflegt, erhalten, gestärkt und entwickelt werden. Das ist bereits ein ganzes Programm. Der Leitsatz „’s Eige zeige!“ – ergänzt durch die sonst kaum zitierte vorangehende Zeile: „...Nit allem sich neige; ’s Eige zeige!“ ist offenkundig mehr als eine schöne dichterische Wendung, ist in Richtung Südbaden gesprochen Aufforderung, Aufruf, Akzent und politisches Manifest. Ich werde mich in den nächsten Jahren sehr um die typisch südbadischen Belange kümmern und dort meine Arbeitsschwerpunkte setzen in der Infrastrukturpolitik, in der Regionalpolitik, in den grenzüberschreitenden Aktivitäten, in der Wirtschaftsförderung, in Bildungsfragen, wo positive Auswirkungen auf die Erhaltung und die Entwicklung des „Eige“ abzusehen sind. „’s Eige zeige!“ gilt aber auch als Anruf gegenüber dem Landesganzen, das südbadische „Eige“ als Wert und Maßstab zu würdigen, zu respektieren. Lippenbekenntnisse der föderalistischen Gesinnung reichen nicht, Dezentralisierung heißt auch Regionalisierung. Ich habe in meiner relativ kurzen Amtstätigkeit bereits erfahren, daß in mancher kitzligen Situation ein sog. „südbadischer Sonderweg“ (Umsetzung der FFH-Richtlinie, Bewältigung der Sturmfolgen des Orkans Lothar) die besten Chancen der Umsetzung eröffnet. Und nicht jede differenzierende Anwendung ist als Totalangriff auf die Gleichwertigkeit der baden-württembergischen Lebensverhältnisse zu werten. Ich habe die Zuversicht, daß man mir auch in Stuttgart in den für Südbaden wichtigen Entscheidungen genügend Eigenspielraum überlassen wird, daß man vor der Vollstreckung landespolitischer Einheitsdirektiven die Beratungsfunktion des Regierungspräsidenten genügend in Anspruch nehmen wird, daß man den Vorschlägen argumentativ folgen wird, in denen südbadische Traditionen, südbadisches Eigenleben, südbadische Sonderinteressen tangiert sind, kurz südbadisches „Eige“ berührt ist.

Natürlich zeichnen sich auch sehr konkrete Arbeitsschwerpunkte für meine nächsten fünf bis sieben Jahre ab, zeitbedingte Akzentuierungen, die vielfach plötzlich neue Grundsatzprobleme aufwerfen. Eine Aufzählung des breiten Spektrums aller Prioritäten ist hier nicht möglich.

Ich bin aber der festen Überzeugung, daß es gelingen wird, auch weiterhin Südbaden als die eigenständige, lebensfähige, attraktive, vorbildliche Musterregion Baden-Württembergs – in der Tradition des badischen „Musterländles“ – zu erhalten, die sie bislang war. Für dieses Ziel habe ich mich selbst in Pflicht genommen.

Anmerkungen

1 Vgl. den Beitrag von C. Schroeder in diesem Band.
2 ebd.

Das Regierungspräsidium Freiburg – Die Geschichte einer staatlichen Mittelinstanz im deutschen Südwesen

Martin Carl Häußermann

Die vier Regierungspräsidien des Landes Baden-Württemberg – Freiburg, Karlsruhe, Stuttgart und Tübingen – bilden heute innerhalb des dreistufigen Verwaltungsaufbaus unseres Bundeslandes die Mittelinstanz; sie bestehen seit dem Jahr 1952. Ihre Gründung und ihre territoriale Begrenzung hängt ursächlich zusammen mit der Bildung des Landes Baden-Württemberg im Zuge der Neugliederung des Bundesgebietes. Weder im ehemaligen Land Baden noch im ehemaligen Land Württemberg hatte es in den vergangenen Jahrzehnten diese Mittelinstanzen gegeben. Historisch hingegen haben sie ihre Vorläufer in dem bis 1945 bestehenden preußischen Regierungsbezirk Sigmaringen und den bereits 1924 bzw. 1863 aufgelösten württembergischen und badischen Kreisregierungen[1].

1. Die Verwaltungsmittelstufe im Zentrum des „Kampfes um den Südweststaat" – Vom Karlsruher Vertrag zur Verfassungsgebenden Landesversammlung

Nach der Besetzung des deutschen Südwestens durch amerikanische und französische Truppen zerschnitt die endgültig im Herbst 1945 festgelegte Zonengrenze entlang der Autobahn Stuttgart-Karlsruhe sowohl Baden als auch Württemberg in zwei Teile. Diese Trennung wurde im Zuge der Rückgabe von Verwaltungskompetenzen an deutsche Behörden mit der Gründung der drei Länder (Süd-)Baden und (Süd-)Württemberg-Hohenzollern im französischen Besatzungsgebiet und (Nord-)Württemberg-(Nord-)Baden – ein Doppelstaat mit zwei Landesbezirken – in der amerikanischen Zone weiter vertieft. Der allseitige Wunsch, diese Trennung wieder zu überwinden, konnte erst mit der Änderung der Besatzungspolitik in den Westzonen konkret verfolgt werden. Das am 1. Juli 1948 den deutschen Ministerpräsidenten überreichte Dokument Nr. 2 eröffnete die Aussicht, die bestehenden Ländergrenzen – auch über Zonengrenzen hinweg – verändern zu können. Die Tübinger und die Stuttgarter Regierung drängten daraufhin zum sofortigen Zusammenschluß der drei Nachkriegsländer; (Süd-)Baden war jedoch in dieser Frage gespalten. Zwar wurden gemeinsame Verhandlungen aufgenommen, die schließlich auch im August 1948 in einen Vertrag, den *Karlsruher Vertrag* mündeten. Die Verhandlungen dazu machten jedoch deutlich, daß das zukünftige gemeinsame Staatsgebilde keinesfalls ein zentralistisches Regierungssystem verkraften würde. Vor allem (Süd-)Baden war hier die treibende Kraft, indem es die verwaltungstechnische Einteilung des Landes in vier Landesbezirke forderte[2], wobei der südbadische Bezirk mit weitestgehenden Kompetenzen ausgestattet werden sollte. An der Spitze dieses südbadischen Landesbezirks – formal gesehen hätte es sich um eine staatliche Mittelinstanz gehandelt – wäre nach diesem von Leo Wohleb in Zusammenarbeit mit Paul Zürcher und Theodor Maunz erarbeiteten Vorschlag ein fünfköpfiges Kollegium mit einem Präsidenten und vier Landesdirektoren gestanden. Die Ernennung des Präsidenten wäre durch die Zentralregierung erfolgt, seine Absetzung hingegen hätte ausschließlich durch das Votum des Landtages herbeigeführt werden können. Da sich die Aufsicht der Zentralregierung im südbadischen Landesbezirk allein auf die Rechtsaufsicht beschränkt hätte – sogar die Kulturhoheit mit der Aufsicht über die Universität Freiburg war dem Landesbezirk zugedacht –, wäre Südbaden de facto selbständig gewesen. Diese von (Süd-)Baden geforderte verfassungsrechtliche Sonderstellung wurde zwar letztendlich nicht in den Karlsruher Vertrag aufgenommen – man beschränkte sich auf die Feststellung, das künftige gemeinsame Land in vier Landesbezirke aufteilen zu wollen – von nun an wurden jedoch auf dieser Basis von Politik und Gesellschaft Vorschläge zum Aufbau der künftigen staatlichen Mittelinstanzen vorgelegt.

Nach der umstrittenen Abstimmung vom 9. Dezember 1951 war die Abneigung gegen das kommende Staatsgebilde vor allem in (Süd-)Baden groß. Indes nahmen Leo Wohleb und der Landesverband seiner christlich-demokratischen Partei (CDU [Süd-] Baden) im Wahlkampf zur Bildung der Verfassungsgebenden Landesversammlung den Südweststaat als „*eine existente Tatsache*" hin. Allerdings trat man im Blick auf die mögliche Majorisierung Badens durch Württemberg – auf der Grundlage des Karlsruher Vertrages[3] für einen extrem dezentralen Staatsaufbau ein. „*Man gebe den Badenern die Möglichkeit, das traditionelle Eigenleben ihres Landes in weitgehender Autonomie weiterzuführen; es ist anzunehmen, daß auch weite Kreise traditionsbewußter Württemberger eine solche Lösung für ihr Land begrüßen würden*", so Leo Wohleb im Januar 1952 in einer Stellungnahme zum Verwaltungsaufbau des werdenden Südweststaates. Dessen Gründung galt – entsprechend dem Zweiten Neugliederungsgesetz[4]– nicht mit dem Zusammentritt der am 9. März 1952 gewählten Verfassungsgebenden Landesversammlung, sondern erst mit der Bildung der vorläufigen Regierung als vollzogen.

„*Einheit in der Vielfalt*" – diese einst von Gottfried Keller geprägte Charakterisierung der Eidgenossenschaft sollte nach allgemeiner Auffassung auch zum Wesen des künftigen Südweststaates werden. Dies vermochte jedoch nur eine weitgehend dezentrale Verwaltung zu leisten, die nur die wichtigsten, grundsätzlichen Aufgaben der Zentralregierung überträgt und den Regionen wichtige Entscheidungsbefugnisse überläßt. Auch die Presse – sowohl die badische als auch die württembergische – forderte fast einstimmig eine dezentrale Verwaltungsorganisation. Zwei Kommentatoren sollen hier Erwähnung finden. Für den Freiburger Geographen Friedrich Metz war eine dezentrale Verwaltung die Grundlage für die Wahrung der landsmannschaftlichen Besonderheiten. In einem Gastkommentar in der Stuttgarter Zeitung[5] erhob er deshalb die Forderung nach einer Aufteilung des neuen Bundeslandes in Regierungsbezirke, die „*Menschen gleicher oder ähnlicher Stammesart und sozialer Struktur vereinigen*". Jede Nivellierung dieser Unterschiede würde sich rächen. Das Land vertrage keinen Zentralismus, weder einen Stuttgarter, noch einen Karlsruher. Hannes Funk, der Kommentator des Stuttgarter Zeitung[6], vertrat dieselbe Auffassung und forderte – unter württembergischem Vorzeichen – dasselbe.

Doch welche Bezirke gebildet werden und über welche Zuständigkeiten diese verfügen sollten, war heftig umstritten[7]. Im Vorfeld der Verfassungsgebenden Landesversammlung wurden vor allem die Entwürfe des Heidelberger Oberbürgermeisters Swart und des Heidelberger Universitätsprofessors Gönnenwein – einem Mitglied der späteren Verfassungsgebenden Landesversammlung – heftig diskutiert, da sich in ihnen die gegensätzlichen Auffassungen in Bezug auf die staatliche Mittelstufe widerspiegelten. Für Swart war das neue Staatsgebiet ein Zusammenschluß ehemaliger souveräner Länder. Ein zentral regierter Staat „*müßte zu einem vollkommenen Mißerfolg führen*".[8] Zwar sollten keine Nebenministerien mit Sonderrechten gegenüber dem Kabinett geschaffen werden, jedoch in den *„landsmannschaftlich gegebenen Landesteilen demokratische Selbstverwaltungsorganisationen in Gestalt von Landeskommunalverbänden“*[9]. Diese Landeskommunalverbände – Swart dachte an zwei Verbände in den Grenzen des alten Baden und des alten Württemberg mit Hohenzollern – sollten jedoch nicht von der Bevölkerung, sondern von den Vertretern der Landkreise und der großen Kreisstädte gewählt werden. Auf diese Weise hätte der Charakter des neuen Bundeslandes dem des alten Württemberg-Baden entsprochen, das ja staatsrechtlich in die Landesbezirke Baden und Württemberg mit im Grund je eigener Regierung aufgeteilt war. Genau dies lehnte später die Verfassungsgebende Landesversammlung bewußt ab.

Der Vorschlag Gönnenweins zielte genau in die gegensätzliche Richtung. Er forderte ebenfalls – schon aufgrund der Bevölkerungszahl – die Errichtung von vier staatlichen Mittelinstanzen. Ihre territoriale Begrenzung sollte allerdings allein und ausschließlich verwaltungstechnischen Forderungen gehorchen. Um die Einheitsstaatlichkeit zu gewährleisten, sollten die Mittelinstanzen den ehemaligen badischen Landeskommissären entsprechen, die ja weniger eine eigenständige staatliche Mittelinstanz als vielmehr den verlängerten Arm des Innenministeriums darstellten. Ganz auf die Mittelinstanz verzichten wollte hingegen der Ulmer Oberbürgermeister Scholl, der das Land – getreu dem Schweizer Vorbild – in 15 Großkreise oder Kantone einteilen wollte[10].

Als die Verfassungsgebende Landesversammlung am 25. März 1952 ihre Arbeit in Stuttgart aufnahm, bestand ihre erste und vorerst wichtigste Aufgabe in der Ausarbeitung eines *„Gesetzes über die vorläufige Ausübung der Staatsgewalt im südwestdeutschen Bundesland“*, kurz *„Überleitungsgesetz“* genannt. Die Ausarbeitung des Gesetzentwurfs oblag dem Verfassungsausschuß, der am 2. April unter der Leitung von Dr. Gebhard Müller seine Arbeit aufnahm. Zu diesem Zeitpunkt lagen dem aus 25 Personen bestehenden Ausschuß sechs Entwürfe[11] des künftigen Überleitungsgesetzes vor: Jeweils ein Entwurf der bisherigen drei Landesregierungen sowie die Vorschläge der drei Parteien CDU, SPD und FDP/DVP.

Die einzelnen Entwürfe stimmten – bis auf den jeweiligen Artikel über die Gestaltung der künftigen Verwaltung – teilweise wörtlich überein. Um zügig vorwärtszukommen, wurden zunächst die konsensfähigen Artikel bearbeitet und für die Ausarbeitung der strittigen Artikel – hierzu zählte der Verwaltungsaufbau – ein Unterausschuß gebildet. Erst in seiner 5. Sitzung nahm der Verwaltungsausschuß die Verhandlungen hierzu auf, klammerte aber – aufgrund heftiger Meinungsverschiedenheiten – die Verhandlungen über die Gestaltung der künftigen Verwaltungsmittelinstanzen aus, die erst in der 6. Arbeitssitzung ihren Abschluß finden konnten[12].

Die Vorschläge der drei Landesregierungen und der Parteien hierzu waren – mit kleinen, jedoch wichtigen Nuancen – nahezu deckungsgleich. Gefordert wurde eine Verwaltungsmittelstufe, die sich aus den ehemaligen Landesregierungen und dem Bezirkspräsidenten Baden rekrutieren sollte; mit anderen Worten: das Land sollte verwaltungsmäßig in vier Landesbezirke aufgeteilt werden.

Die endgültige Legitimation der staatlichen Mittelinstanzen beruhte jedoch nicht auf verwaltungstechnischem, sondern auf psychologischen – nämlich landsmannschaftlichem – Gebiet. Ministerpräsident Reinhold Maier brachte dies Anfang 1952 auf den Punkt[13]:

> „Die Regelung im alten Land Baden und im alten Land Württemberg legt klar, daß es einer Regierungsmittelinstanz objektiv nicht bedarf (...) Aus zwingenden politischen Grün-

den, nämlich aus der psychologischen Rücksichtnahme auf alle Landesteile, welche jetzt zusammenkommen, muß ein anderer Weg gegangen werden."

Das *„Gesetz über die vorläufige Ausübung der Staatsgewalt im südwestdeutschen Bundesland"* (Überleitungsgesetz) vom 17. Mai 1952[14] bestimmte schließlich die Errichtung von vier Regierungsbezirken in den Grenzen der ehemaligen Abstimmungsgebiete, wobei die Vorläufigkeit dieser Mittelinstanzen betont wurde[15]. Auf eine – vor allem von der CDU und der DVP/FDP geforderten – Mitwirkung der Bevölkerung an der Arbeit der Mittelinstanz, ohne ihr jedoch den Charakter eines Regierungsinstruments zu nehmen, wurde verzichtet[16] .

Im Zuge der Abwicklung – so bestimmte es das Überleitungsgesetz – „sind die Ministerien der bisherigen Länder und die Landesbezirksverwaltung Baden zu vorläufigen staatlichen Mittelinstanzen umzubilden. (...) Der Leiter der Mittelinstanz wird von der vorläufigen Regierung unverzüglich ernannt. Er führt die Dienstbezeichnung „Regierungspräsident" und ist als solcher Beamter auf Widerruf (...). Er untersteht der Dienstaufsicht der vorläufigen Regierung und der Fachaufsicht der Ministerien"[17]. Die ehemaligen Landesministerien, Staatskanzleien und Landtage bzw. die Landesdirektion Baden hatten also zunächst in Abwicklung zu treten[18]. Ab sofort war deshalb unter die jeweilige Behördenfirma der Zusatz „Abwicklungsstelle" zu setzen;[19] für die Abwicklungsstellen Südbadens galt diese Verfügung ab dem 19. Mai 1952[20]. Von diesem Zeitpunkt an war der Leiter der jeweiligen Abwicklungsstelle der zuständige Ressortminister in Stuttgart, unter dessen Leitung die Dienstgeschäfte zu führen waren.

Die durch die Mittelinstanzen – sie führten noch nicht die Bezeichnung Regierungspräsidium – zu erfüllenden Kompetenzen waren im Überleitungsgesetz noch nicht festgelegt. Vielmehr zog sich diese Aufgabe über Jahre hin[21]. Zunächst bestimmte die vorläufige baden-württembergische Landesregierung, welche Aufgaben sie selbst von den Abwicklungsstellen zu übernehmen gedachte[22], jedoch noch nicht, welche Aufgaben den Mittelinstanzen zuzufallen hatten. Diese ungeklärten Kompetenzen führten in Freiburg zur Unruhe in der Beamtenschaft. Als der erste Regierungspräsident Südbadens, Paul Waeldin (1952-1957), sein Amt – übrigens entgegen der klaren Verordnung des Überleitungsgesetzes[23] erst zum 1. August 1952 – in der Abwicklungsstelle des Innenministeriums im Basler Hof aufnahm[24] und dies den einzelnen Abwicklungsstellen – den künftigen Abteilungen seiner Behörde – mitteilte, weigerten sich diese – namentlich die Abwicklungsstelle des Ministeriums für Wirtschaft und Arbeit –, seinen Anordnungen Folge zu leisten, da die Kompetenzenab-

Freiburg – Basler Hof
(Quelle: Regierungspräsidium Freiburg)

grenzung noch nicht endgültig feststand. In einem Schreiben an die Stuttgarter Landesregierung ersuchten sie eine Abklärung der Kompetenzen[25]. Vertreter aller Abwicklungsstellen des neuen Bundeslandes wurden deshalb nach Stuttgart in die jeweiligen Ministerien bestellt, um Fragen des Behördenaufbaus und der Aufgabenzuteilung zu klären.

Durch die „*Erste Verordnung der vorläufigen Regierung*“ vom 22. September 1952[26] wurden zum 1. Oktober 1952 vorläufige Mittelinstanzen gebildet, deren Sprengeleinteilung mit denen der bereits bestehenden vier Landesbezirke identisch war. Ergebnis dieser Besprechungen war eine Verordnung der vorläufigen Landesregierung, die am 1. Oktober 1952 in Kraft trat[27]. Sie bestimmte als staatliche Mittelinstanzen die vier Mittelbehörden Nordwürttemberg, Nordbaden, Südbaden und Südwürttemberg-Hohenzollern und legte – mit Ausnahme des noch zu klärenden Dienstsitzes in Nordwürttemberg – die Dienstsitze Karlsruhe, Freiburg i.Br. und Tübingen fest[28]. Sie übertrug den Mittelinstanzen – ihre Bezeichnung als Regierungspräsidien wurde erst in der Ministerratssitzung vom 29. September 1952 beschlossen[29] – nun klare Kompetenzen. In Südbaden waren dies zunächst die Zuständigkeiten der Abwicklungsstellen der badischen Staatskanzlei, des badischen Ministeriums des Innern sowie des badischen Ministeriums der Wirtschaft und Arbeit[30], ab dem 15. November 1952 die Zuständigkeiten der Abwicklungsstelle des badischen Ministeriums der Landwirtschaft und Ernährung[31]. Ab 1. Oktober 1952 waren die Abwicklungsstellen – die nunmehrigen Regierungspräsidien – nicht mehr befugt, Aufgaben in eigener Zuständigkeit zu erfüllen, sondern sie waren fortan Abteilungen des Regierungspräsidiums und hatten bei allen Schreiben und Verfügungen, die im Zuständigkeitsbereich des Regierungspräsidiums lagen, als *„Regierungspräsidium, Abteilung...“* zu firmieren.

Der organisatorische Zustand der Abwicklungsstellen blieb zunächst unberührt. Die nunmehrigen Regierungspräsidien verfügten zunächst noch über keinen eigenen Haushalt und kein eigenes Personal, sondern griffen auf die personellen Ressourcen und die Sachmittel der Abwicklungsstellen zurück, wobei das Personal nur als abgeordnet galt; die endgültige Entscheidung lag im Zuständigkeitsbereich der einzelnen Stuttgarter Ministerien. Ziel der Landesregierung war jedoch – gemäß dem Nothaushaltsplan von 1952 – die Einsparung von Personal in der Verwaltung, ein Ziel, gegen das die Regierungspräsidenten Sturm liefen[32]. Im Frühjahr 1953 konnte schließlich die Haushaltsfrage gelöst werden: Die Abteilungen I wurden haushaltsmäßig beim Innenministerium, die übrigen Abteilungen bei den jeweiligen Fachministerien eingegliedert[33]. Die Dienstaufsicht über die Regierungspräsidien liegt bis zum heutigen Tag beim Innenministerium, die Fachaufsicht bei den jeweiligen Fachministerien.

2. *Die Verwaltungsreformen der Regierungspräsidien im neuen Bundesland Baden-Württemberg*

Über die Anzahl, die territoriale Begrenzung und die Aufgaben dieser staatlichen Mittelinstanzen kam es von Anfang an zu Auseinandersetzungen. Zu keiner Zeit war ihre Zahl oder gar ihr Bestand an sich gesichert. Immer haftete an ihnen der Status der Vorläufigkeit.

2.1 Das Landesverwaltungsgesetz

Die im November 1953 verkündete Landesverfassung von Baden-Württemberg bestimmte in Artikel 70, daß die räumliche Gliederung und die Zuständigkeiten der Landesverwaltung durch ein formelles Gesetz zu regeln seien; die Einrichtung der staatlichen Behörden im einzelnen blieb hingegen der Regierung vorbehalten. Damit war das Überleitungsgesetz, das bisher den Verwaltungsaufbau und die Zuständigkeiten gesetzlich geregelt hatte, außer Kraft gesetzt.

Bei der Ausarbeitung des neuen Landesverwaltungsgesetzes kristallisierte sich gleich zu Beginn heraus, daß die künftige Gestaltung der Mittelinstanzen, der bislang vier Regierungspräsidien, das größte Problem sein würde. Wieviele Regierungspräsidien sollte es in Zukunft in Baden-Württemberg geben und wie sollte ihre territoriale Einteilung aussehen?[34] Alle Parteien – bis auf den BHE[35] – sprachen sich grundsätzlich für die Beibehaltung von Mittelinstanzen aus. Zur Debatte standen zwei, drei, vier oder fünf Verwaltungsbezirke. Schnell stand fest, daß eine Zweierlösung dem Land nicht förderlich sein könne. Die verwaltungsmäßige Aufteilung entsprechend den alten Ländern Baden und Württemberg hätte gerade den „badischen Schlauch" verkehrsmäßig benachteiligt und zudem das Zusammenwachsen der Landesteile erschwert; die Angliederung von badischen Kreisen an württembergisches Gebiet wurde von Innenminister Ulrich als nicht praktikabel betrachtet. Die Errichtung eines nördlichen und eines südlichen Verwaltungsbezirks wäre wirtschaftlich nicht sinnvoll gewesen, da in diesem Fall dem wirtschaftlich gut strukturierten Norden der landwirtschaftlich geprägte Süden gegenüber gestanden hätte.

Die von dem Heidelberger Staatsrechtler und FDP-Abgeordneten Gönnenwein eingebrachte Dreierlösung sollte vor allem die alten, von den Besatzungsmächten gezogenen Verwaltungsgrenzen beseitigen und die ehemaligen Landesteile nach wirtschaftlichen und verkehrsmäßigen Gesichtspunkten ineinander verzahnen. Die Errichtung von nur drei Regierungspräsidien hätte jedoch zum einen bedeutet, daß badisches mit württembergischem Gebiet zusammengelegt worden wäre. Dies jedoch wollte die Landesregierung zu diesem Zeitpunkt noch nicht riskieren, da sie befürchtete, in der Bevölkerung würden diese *„revolutionären Änderungen (...) Entrüstung und Verdrossenheit"*[36] hervorrufen. Der andere Grund, der schließlich mit zu einer Verwerfung dieses Modells führte, war der mangelnde Spareffekt. Da in den einzelnen Landesteilen unterschiedliches Recht galt, wären die Verwaltungskosten nicht wesentlich reduziert worden.

Bei der Fünferlösung standen mehrere Modelle zur Debatte. Das eine Modell sah eine völlige Neueinteilung des Landes mit Regierungspräsidien in Heilbronn, Künzelsau, Schwäbisch Hall, Crailsheim und Bad Mergentheim vor. Da bei dieser Lösung die Baukosten für – bislang noch nicht vorhandene – Verwaltungsbauten sehr hoch gewesen wären, wurde das Modell schnell verworfen. Eine bessere Chance hatte zunächst der Vorschlag des Oberbürgermeisters von Mannheim und der SPD Fraktion – hier war vor allem der Landtagsabgeordnete Renner Wortführer – zusätzlich zu den bisherigen ein Regierungspräsidium in Mannheim oder Heidelberg für den nordbadischen Raum zu errichten.[37] Auf diese Weise sollte die seit 1945 von Bayern getrennte Pfalz dazu bewogen werden, sich dem Land Baden-Württemberg anzuschließen. Als aber deutlich wurde, daß seitens der Pfälzer dieser – anfänglich tatsächlich vorhandene – Anschlußwille abnahm, wurde auch dieser Plan verworfen.

Während sich die CDU für den Status Quo – vier Regierungspräsidien in den bestehenden Grenzen – aussprach und die innere Organisation des Landes in Ruhe wachsen lassen wollte, forderten die SPD, die FDP und der BHE Grenzänderungen der Verwaltungsbezirke. Freiburgs Regierungspräsident Dr. Waeldin ergriff im September 1954 – als der Streit um die Sprengeleinteilung auf seinem Höhepunkt stand, zugunsten der bisherigen Sprengeleinteilung das Wort.[38] Waeldin hob zuerst die Leistungen des Regierungspräsidiums Südbaden für die Bürger des Landesbezirks hervor und umriß kurz die rund 1700 Aufgaben, die dem Regierungspräsidium gesetzlich übertragen waren. Dann stellte er klar, daß das Land Baden-Württemberg aus zwei Ländern zusammengefügt worden sei, deren Bevölkerung über ein betontes Staatsgefühl und eine ausgeprägte landsmannschaftliche Struktur verfügen. Der „Kampf um den Südweststaat" sei deshalb nicht leicht gewesen. Wenn er letztendlich erfolgreich geführt werden konnte, so deshalb, weil der Großteil der Bevölkerung seine Eigenarten und Sonderheiten durch eine entsprechende Verwaltungsgliederung und Zuständigkeitsgliederung ausleben konnte. Es wäre verhängnisvoll, so fuhr Dr. Waeldin fort, wenn man nun versuche, das Land gewaltsam zu unifizieren und zu zentralisieren, um es auf diese Weise zu einer Einheit zu machen. Der südbadische Regierungspräsident lag hier auf der gleichen Linie wie Ministerpräsident Gebhard Müller, der bei einer Änderung der Grenzen der Regierungsbezirke die Unruhe der Bevölkerung fürchtete. Deshalb sprachen er und die Regierung sich letztendlich für die bisherigen vier Regierungsbezirke in den bestehenden Grenzen aus; allerdings mit einer kleinen Änderung: Die nördlichen Kreise des Regierungsbezirks Freiburg – Bühl, Rastatt und der Stadtkreis Baden-Baden – sollten dem Regierungsbezirk Nordbaden angegliedert werden. Die Landesregierung ging intern davon aus, daß bei diesem Modell *„am wenigsten Widerstand zu erwarten sei"*[39].

Doch genau das Gegenteil trat ein. Als diese Pläne der Landesregierung in den betroffenen Gebieten bekannt wurden, brach ein Sturm der Entrüstung los[40]. Nicht nur sämtliche Bürgermeister und Landräte, sondern auch die Wirtschaft sprachen sich – mit Ausnahme von Gaggenau und Kuppenheim – einhellig für den Verbleib bei Freiburg aus[41]. Die Vertreter der Wirtschaftsgruppen verwiesen darauf, daß es gerade die Grenzlandinteressen seien, welche die Industrie- und Handelskammern von Baden-Baden bis Konstanz miteinander verbänden. Deshalb sei ein Verbleib bei Freiburg unbedingt erforderlich, da in Karlsruhe diesbezüglich keine Erfahrungen vorhanden seien. Auch wolle man nicht aus dem einheitlichen Tarifgebiet Südbadens in das anders strukturierte Nordbaden wechseln. Zudem würde die Wirtschaftsförderung in Freiburg in einer solch vorbildlichen Weise durchgeführt, daß man darauf nicht mehr verzichten wolle; die Stadt Baden-Baden verwies dabei vor allem auf die hervorragende Förderung des Fremdenverkehrs. Durch die enge Zusammenarbeit der im Norden des Regierungsbezirks gelegenen Kreise mit den Freiburger Regierungsstellen habe sich eine enge Zusammenarbeit entwickelt, die dazu geführt habe, daß das Regierungspräsidium in Freiburg mit der gesamtwirtschaftlichen Situation in den nördlichen Kreisen Südbadens bestens vertraut sei. Dies dürfe nicht aufs Spiel gesetzt werden. Bei einer von der IHK Baden-Baden durchgeführten Befragung seiner Mitglieder sprach sich die überwältigende Mehrheit für Freiburg aus.

Das Innenministerium, durch diese nicht erwartete heftige Kritik verunsichert, forderte deshalb kurzfristig die Kreistage der betroffenen Land- und Stadtkreise zu einer Stellungnahme auf[42]. In Rastatt sprachen sich bei einer Enthaltung 16 Kreisräte für den Verbleib bei Freiburg und 15 für den Wechsel zu Karlsruhe aus. In Bühl und Baden-

Baden war die Abstimmung zugunsten Freiburgs einstimmig. Dieses Quorum sollte jedoch nur das Stimmungsbild testen und war rechtlich nicht verbindlich; die endgültige Entscheidung war damit noch nicht gefallen. In dieser Situation versuchte der Stadtrat von Karlsruhe die Entscheidung zugunsten von Nordbaden zu beeinflussen, indem er unter Führung von Oberbürgermeister Klotz eine landesweit Aufsehen erregende Werbefahrt in die besagten südbadischen Gebiete unternahm[43]. Schon zuvor war es zu einem in der Presse ausgetragenen Streit[44] zwischen Klotz und den Wortführern der „Freiburger Fraktion", den beiden Oberbürgermeistern Jäger (Rastatt) und Schlapper (Baden-Baden) gekommen, der seinem Baden-Badener Kollegen vorwarf „*die Stadt Baden-Baden verdanke viele, wenn nicht die meisten ihrer Einrichtungen ausschließlich dem ehemaligen badischen Staat*". Zudem seien bei Ausschreibungen der Stadt Karlsruhe in den vergangenen Jahren grundsätzlich die Kreise Baden-Baden, Rastatt und Bühl bedacht worden. Dieser Streit und die Tatsache, daß „Südbadener" sich weigerten, verwaltungsmäßig zu Nordbaden zu gehören, führte bei der Landesregierung zu der Feststellung, „*Nordbaden und Südbaden hätten sich soweit auseinandergelebt, daß sie die Gelegenheit, wenigstens teilweise zusammenzukommen, nicht mehr benützten*"[45].

Die Fronten verhärteten sich auch im Landtag. Am 11. November 1954 fand eine äußerst lebhafte Sitzung zu diesem Thema statt. Einige Wochen später, am 25. November, mußte der Verfassungsausschuß die Frage nach der Gestaltung der künftigen Mittelinstanz aus den Verhandlungen vorläufig ausgliedern[46].

Als Ministerpräsident Dr. Gebhard Müller Anfang August 1955 in Freiburg weilte, trugen ihm die Vertreter der südbadischen Industrie ihre Gründe für den Verbleib der nördlichen Kreise des Regierungsbezirks vor. Müller mußte zugeben, daß „*ihm die Gründe sehr präzise vorgetragen worden seien und er ihr Gewicht nicht verkenne*"[47]. Nachdem eine wahre Flut von Eingaben der betroffenen Gemeinden – die Bürgermeisterversammlung des Landkreises Bühl sprach gar von einer „*Vergewaltigung des demokratischen Gewissens*" die sich „*auf die Dauer gesehen, schwer rächen*" werde[48] – sowohl bei der Landesregierung[49] als auch beim Regierungspräsidium Freiburg[50] eingegangen waren, fiel die Entscheidung zugunsten von Freiburg.

Mit dem Erlaß des Landesverwaltungsgesetzes von 1955[51] wurde die Stellung und der territoriale Umfang der Regierungspräsidien genau festgelegt, wobei – wie schon im Überleitungsgesetz – auf die Vorläufigkeit dieser Einteilung hingewiesen wurde[52]. Dem Regierungsbezirk Südbaden waren die damaligen Stadtkreise Baden-Baden und Freiburg sowie die Landkreise Bühl, Donaueschingen, Emmendingen, Freiburg, Kehl, Konstanz, Lahr, Lörrach, Müllheim, Neustadt, Offenburg, Rastatt, Säckingen, Stockach, Überlingen, Villingen, Waldshut und Wolfach zugeteilt.

2.2 Der Sachverständigenausschuß zur Vereinfachung, Verbesserung und Verbilligung der Verwaltung

Die im Landesverwaltungsgesetz bestätigte Sprengeleinteilung der Regierungsbezirke nach landsmannschaftlichen Rücksichtnahmen führte dazu, daß die Verwaltungskosten des neu geschaffenen Bundeslandes im Durchschnitt um 40 % über denen der drei ehemaligen Länder im deutschen Südwesten lagen[53]. In Zahlen ausgedrückt bedeutete dies, daß zum 1. Januar 1954 bei den vier Regierungspräsidien insgesamt 3048 Bedienstete beschäftigt waren[54]; auf das Regierungspräsidium Südbaden fielen davon 752 Bedienstete, auf Nordbaden 710 und auf Nord-Württemberg 968. Vergleicht man diese Zahlen etwa mit denen des ehemaligen Landes (Süd)Baden, das 1951 insgesamt 1131 Landesbedienstete in Brot und Lohn stehen hatte, so zeigt dies die Dimensionen. Aus diesem Grund setzte die Landesregierung im Juli 1956 unter dem Vorsitz des Heidelberger Senatspräsidenten Walz eine Kommission ein[55], deren Aufgabe es war, Vorschläge zur Vereinfachung, Verbesserung und Verbilligung der Verwaltung in Baden-Württemberg vorzulegen.

Die Aufgabenstellung der Landesregierung an die Kommission war im Prinzip einfach: Kann bei einem entsprechenden Ausbau der unteren Verwaltungsstufe die Mittelstufe entfallen? Wenn nicht, wie muß dann deren Aufgabe, Umfang und Funktion gestaltet werden, daß eine rationelle Arbeit gewährleistet werden kann? Nach langen Debatten[56] kamen die Sachverständigen schließlich einstimmig zu dem Schluß, auf Verwaltungsmittelstufen grundsätzlich nicht verzichten zu können, da oberhalb der unteren Verwaltungsebene Aufgaben anfielen, die, um die Ministerien von Verwaltungsaufgaben freizuhalten, nur durch die Mittelstufe gelöst werden könnten. Der Ausschuß dachte dabei in erster Linie an die Aufsicht über die staatlichen Behörden der Kreisebene und der Selbstverwaltung, an die Funktion als Beschwerdeinstanz und als Ausgleichsinstanz von Interessengegensätzen sowohl in fachlicher als auch in lokaler Hinsicht. Weder durch eine Organisationsänderung der Kreise noch durch die Schaffung von „Großkreisen“, wie sie das alte Baden bis 1864 besaß, könne dies gewährleistet werden. Die grundsätzliche Bejahung der Mittelinstanz in Baden-Württemberg bedeute jedoch nicht, daß die Kommission die bestehenden vier Regierungspräsidien in der jetzigen Form beibehalten wissen wollte. Vielmehr wurden wieder – wie seinerzeit bei der Ausarbeitung des Landesverwaltungsgesetzes – sämtliche Varianten diskutiert. Die Errichtung einer einzigen Mittelinstanz wurde als zu zentralistisch abgelehnt, die Beibehaltung von regionalen Mittelbehörden hingegen begrüßt. Die Dreier- oder Fünferlösung hätte bedeutet, daß württembergisches mit badischem Gebiet vermengt worden wäre; dies lehnte die Kommission ab. Es sei nicht möglich, sich über historische Gegebenheiten hinwegzusetzen. Man könne bei der Begrenzung der Regierungsbezirke nicht an *„Imponderabilien traditioneller und psychologischer Natur“* vorbeigehen. Auch der erste Entwurf des Innenministeriums[57] ging von künftig nur noch drei Regierungspräsidien in Karlsruhe, Stuttgart und Sigmaringen aus. Das südbadische Gebiet wäre in diesem Fall zwischen Karlsruhe und Sigmaringen aufgeteilt worden. Deshalb schlug die Kommission die Reduzierung der bislang vier auf zwei Mittelbehörden in den Grenzen des alten Landes Baden und des alten Landes Württemberg mit Hohenzollern vor. Diese Zweiteilung wurde auch für die übrigen Mittelbehörden – Oberfinanzdirektionen und Oberschulämter – empfohlen.

Die Kommission zur Vereinfachung, Verbesserung und Verbilligung der Verwaltung legte dieses Gutachten im Dezember 1957[58] der Landesregierung vor. Am 7. Juni 1958 wurde das Gutachten im Kabinett – ihm gehörten an diesem Tag die Regierungspräsidenten mit beratender Stimme an – beraten. Die Problematik, vor der sich die Landesregierung gestellt sah, war dabei nicht leicht. Die Errichtung von zwei Mittelinstanzen in den Grenzen der alten Länder Baden und Württemberg hätte das Zusammenwachsen der vier Landesteile erschwert. Gleichzeitig mußte der aufwendige Verwaltungsaufbau zurückgeführt werden. Daß sich vor allem die Altbadener die Wiederherstellung des alten Landes Baden – wenn auch nur in Form einer einheitlichen Mittelinstanz wünschten war klar; auch die CDU unterstützte diesen Plan[59]. Vor allem von badischer Seite wurde immer wieder betont, daß sich das Versprechen der „Südweststaat Propaganda“

hinsichtlich einer einfachen Verwaltung nicht erfüllt habe. Der Rastätter Oberbürgermeister Dr. Kunze – Mitglied der im Januar 1958 eingerichteten „Kommission für Wirtschaftlichkeit" – brachte dies mit dem Einfluß der – seiner Meinung nach – peniblen württembergischen Verwaltungstradition auf die traditionell großzügige badische Verwaltung in Verbindung: *„In Baden hatten wir eine großzügige Verwaltung, dagegen wird in Württemberg, weil nun einmal die Württemberger nicht nur das Volk der Dichter und Denker, sondern auch der Feinmechaniker sind, zu penibel verwaltet"*. Nach langen Debatten im Landtag und im Kabinett konnten Ende 1959 die Tageszeitungen vermelden: *„Alles bleibt beim alten"*[60]. Die Landesregierung hatte sich nicht entschließen können, die Zahl der Regierungspräsidien zu reduzieren[61].

2.3 Das Gutachten des Rechnungshofes von Baden-Württemberg

Am 16. Dezember 1965 legte der Rechnungshof eine Denkschrift[62] vor, in der er – wie bereits die Kommission zur Vereinfachung, Verbesserung und Verbilligung der Verwaltung im Jahr 1957 vorgeschlagen – aus finanziellen Gründen die Verringerung der Regierungspräsidien auf insgesamt zwei forderte[63]. Aus diesem Grund sollten die Regierungspräsidien in Karlsruhe und in Freiburg zu einem einzigen „Regierungsbezirk Baden" mit Sitz in Karlsruhe, die Regierungspräsidien in Stuttgart und Tübingen zu einem „Regierungspräsidium Württemberg-Hohenzollern mit Sitz in Stuttgart zusammengezogen werden. Politische Gesichtspunkte und die *„vielen Imponderabilien traditioneller und psychologischer Natur sowie die zahlreichen verwaltungstechnischen Grundfragen*" wurden vom Rechnungshof bewußt außer Acht gelassen.

Durch die Zusammenlegung der Regierungspräsidien erhoffte sich der Rechnungshof Einsparungen in Höhe von 8,2 Mio. DM jährlich. Das Staatsministerium erstellte die Gegenrechnung und kam zu dem Schluß, daß durch die Zusammenlegung keine finanziellen Einsparungen möglich seinen, da die Umgliederungskosten und die Baukosten (79 Mio. DM für Neubauten, 43 Mio. DM bei Erweiterung der vorhandenen Bausubstanz) die erhoffte Einsparsumme bei weitem überstiegen. Deshalb konnte die Schwäbische Zeitung am 11. Oktober 1966 melden: *„Es bleibt wie es ist*".

Diese Entscheidung der Landesregierung ist in engem Zusammenhang mit der damals wieder akut gewordenen „Badenfrage" zu sehen. Nachdem durch das Urteil des Bundesverfassungsgerichtes vom 30. Mai 1956 ein Volksbegehren auf die Wiederherstellung des alten Landes Baden zugelassen worden war, sollte alles vermieden werden, was die Bevölkerung verunsichern konnte:

> „Die Regierung betrachtet es als ihre vornehmste Aufgabe, eine Ordnung zu schaffen, die der Bevölkerung aller Landesteile das Gefühl der Zufriedenheit gibt. Durch gebührende Berücksichtigung der geschichtlichen, kulturellen und volkstumsmäßigen Tradition soll das Vertrauen gerechtfertigt werden, das der überwiegende Teil der Bevölkerung (...) dem neuen Lande entgegengebracht hat. (...) Zugleich richtet die Regierung ihre ganze Sorge darauf, das Land Baden-Württemberg gegen Angriffe auf seinen Bestand zu schützen und das Land zu erhalten".

Deshalb könne zum gegenwärtigen Zeitpunkt keine Verwaltungsreform bei den Regierungspräsidien durchgeführt werden. Wichtig im Zusammenhang mit der weiteren Entwicklung ist der Hinweis „zum gegenwärtigen Zeitpunkt". Denn – und das kündigte die Erklärung der Landeregierung zugleich an – spätere weitere Erörterungen zu diesem Problem seien nicht ausgeschlossen.

2.4 *Das Kreisreformgesetz*

Bereits Ende 1968 beschloß der baden-württembergische Ministerrat die Durchführung einer umfassenden Verwaltungsreform. Auf der Ebene der Verwaltungsmittelinstanzen stand zum wiederholten Mal sowohl die Anzahl als auch die Gebietsabgrenzung der Regierungspräsidien zur Disposition[64]. Diesmal war vor allem die SPD die treibende Kraft. Sie forderte die Verlagerung von Zuständigkeiten aus der Ebene der Mittelinstanzen nach unten zur Vorbereitung der Reduzierung der Zahl der Regierungspräsidien[65]. Sie sah die Arbeit der Mittelinstanzen – vor allem bei Widerspruchsangelegenheiten – der parlamentarischen Kontrolle weitgehend entzogen. Deshalb müßten zahlreiche Aufgaben der Regierungspräsidien auf die Regierung übergehen, die unter einer intensiveren Kontrolle durch das Parlament stehe[66].

Im April 1969 setzte die Landesregierung eine Kommission für die Reform der staatlichen Verwaltung ein. Die Arbeit dieser Kommission zeigte erneut, daß die Regierungspräsidien in Baden-Württemberg – ganz im Gegensatz zu Bayern – keinen sicheren Stand haben.[67] Während der Verhandlungen der eingesetzten Kommission wurden die Stimmen derer, die eine komplette Auflösung der Regierungspräsidien forderten immer lauter. Da aber zwischenzeitlich der Zeitpunkt für die Volksabstimmung in den badischen Landesteilen feststand, wollte die Landesregierung vor diesem Termin keine Entscheidung treffen. Erst nachdem die Volksabstimmung im badischen Landesteil am 7. Juni 1970 Klarheit über die Zukunft Baden-Württembergs gebracht hatte – 81,93 % der abgegebenen Wählerstimmen sprachen sich für die Beibehaltung des Bundeslandes aus –, war der Weg frei für die Neubegrenzung der Regierungsbezirke[68]. Das 1971 erlassene Kreisreformgesetz[69], das zum 1.1.1973 in Kraft trat, tilgte verwaltungssprachlich die bisher nach den ehemaligen Ländern Südwürttemberg-Hohenzollern, Nordwürttemberg und Südbaden bzw. dem Landesteil Nordbaden benannten Regierungsbezirke und ersetzte diese durch die Städtenamen, in denen die Regierungspräsidien ihren Sitz hatten; gleichzeitig wurden die Verwaltungsgrenzen neu festgelegt. Der neu geschaffene Regierungsbezirk Freiburg gab vom ehemals südbadischen Territorium den Landkreis Rastatt, den Stadtkreis Baden-Baden und Teile des ehemaligen Landkreises Bühl an Karlsruhe sowie im Bodenseegebiet den Landkreis Überlingen und Teile des Landkreises Stockach an Tübingen ab. Aus dem ehemaligen Südwürttemberg-Hohenzollern kamen dafür die Landkreise Tuttlingen und Rottweil hinzu.

Diese Verwaltungsreform der Regierungspräsidien sollte jedoch nur von kurzer Dauer sein, denn das erlassene Kreisreformgesetz bestimmte gleichzeitig ihre endgültige Auflösung zum 1.1.1977, wobei die Aufgaben der Regierungspräsidien auf die größeren Landkreise und die projektierten Regionalverbände übertragen werden sollten[70]. Die Auflösung der Regierungspräsidien ließ sich jedoch – zum wiederholten Mal – politisch nicht durchsetzen, was 1975 schließlich zu einer erneuten Bestätigung ihrer Existenz führte[71]. Die Gründe für diesen Schritt lagen zum einen in der Tatsache, daß die Regierungspräsidien im Gegensatz zu den Kreisen und Kommunen schwerer zu politisieren waren und daß immer mehr Verwaltungsaufgaben Querschnittsaufgaben sind, die nur in ständiger Koordinierung und Integration der beteiligten Ressorts erfüllt werden können[72]. Aber ein genauso wichtiger Grund – wenn nicht sogar der entscheidende – für die Beibehaltung der Regierungspräsidien war aber nicht zuletzt die „badische Frage“[73] und damit die Rücksichtnahme auf die landsmannschaftliche Ausgewogenheit, der die Regierungspräsidien ja vor allem ihre Entstehung und Existenz verdanken.

3. *Aufgaben der Regierungspräsidien*

In dem neu entstandenen Flächenstaat Baden-Württemberg übernahmen die Regierungspräsidien die Vertretung der Regierung in den Landesteilen und sind Bindeglied zwischen der Selbstverwaltung der Kommunen und Kreise und der Staatsverwaltung. Sie sind gekennzeichnet durch ihren Bündelungseffekt, indem die Aufgaben, die auf der oberen Ebene auf die verschiedenen Fachministerien verteilt sind, in der Mittelstufe bei einer Behörde – soweit sie nicht Landesoberbehörden oder höheren Sonderbehörden zugewiesen sind[74] – zusammengefaßt werden. Aber genau diese höheren Sonderbehörden – Oberschulamt, Forst- und Körperschaftsdirektion, Oberfinanzdirektion – führen zusammen mit einer Anzahl von Sonderverwaltungen – der gesamte Forst- und Schulbereich, die Flurbereinigung, die Vermessungs-, Versorgungs-, Eich- und Hochbauverwaltung und die Gewerbeaufsichtsämter – zu einer Einbuße dieser Bündelungsfunktion[75]. Im Ergebnis sind an einem eigenen Instanzenzug am Regierungspräsidium vorbei mehr untere Sonderbehörden organisiert als diesem nachgeordnet sind (Wasserwirtschafts-, Landwirtschafts-, Veterinär-, Gesundheits-, Straßenbau- sowie verschiedene Landesuntersuchungsämter)[76]. Die auf der Mittelstufe angesiedelten 5 Landespolizeidirektionen stehen zwar außerhalb der Regierungspräsidien, sind aber eng mit dem jeweiligen Referat 14 verbunden, dessen Leiter gleichzeitig Polizeipräsident ist.

Der Regierungspräsident ist in einer Person Repräsentant und Berater der Landesregierung und zugleich Sachverwalter der regionalen Belange gegenüber der Zentralinstanz, den Bundesbehörden sowie den politischen und gesellschaftlichen Kräften seines Bezirks; er wird von der Landesregierung ebenso ernannt wie der Regierungsvizepräsident. Letzterer führt seine Bezeichnung erst ab dem Jahr 1954. Obwohl sich 1952 alle vier Regierungspräsidenten für ihre Stellvertreter die Einführung des Titels „Regierungsvizepräsident" wünschten, wurde dies von der Landesregierung strikt abgelehnt, da der Bevölkerung der sparsame Aufbau der Mittelinstanzen demonstriert werden sollte[77]. Darüber hinaus üben die Regierungspräsidien die Dienst- und Fachaufsicht über die ihnen nachgeordneten unteren Verwaltungsbehörden sowie die Rechtsaufsicht über die Kreise und Kommunen aus. Sie erfüllen zugleich die fachübergreifende Bündelungs- und Ausgleichsfunktion, indem sie die Aufgaben der Fachministerien in der Mittelstufe zusammenfassen. Für die Bürger ist das Regierungspräsidium als Widerspruchsbehörde von besonderer Bedeutung, da es die Rechtmäßigkeit und die Zweckmäßigkeit der Verwaltungsakte der unteren Verwaltungsbehörden überprüft.

Bei der Ausübung dieser Aufgaben litt das Regierungspräsidium Freiburg von Anfang an durch seinen akuten Platzmangel. Das Dienstgebäude „Basler Hof", in dem der Regierungspräsident schon damals seinen repräsentativen Sitz hatte, war bei weitem zu klein, um alle Abteilungen unter seinem Dach vereinigen zu können. Das Anmieten von Büroraum war jedoch in der noch nicht wieder vollständig aufgebauten Stadt, die zudem den Zustrom der Heimatvertriebenen zu verkraften hatte, schwierig. Die Unterbringung in „*sehr schlechten Baracken und Wohngebäuden*"[78] im gesamten Stadtgebiet hatte zur Folge, daß die Kommunikation unter den Referaten und Abteilungen erheblich gestört war. Ein auch vom Staatsministerium anfänglich geplanter Neubau für insgesamt 260 Büroräume scheiterte jedoch – wie in der gesamten späteren Zeit – an der Finanzierung; seinerzeit belief sich der Kostenvoranschlag auf 3,3, Millionen DM[79]. Ein Bild von der Unterbringung des Regierungspräsidiums in Freiburg konnte sich der Verwaltungsausschuß der verfassungsgebenden Landesversammlung im Juli 1953 machen, als er sich auf einer Erkundungsfahrt durch das noch junge Bundesland befand, um nach geeigneten Städten für die künftigen Dienstsitze der staatlichen Mittelinstanzen zu suchen; vom 14. bis 17. Juli 1953 waren die Mitglieder dieses Ausschusses in Freiburg. Die Frage eines Neubaus konnte bis zum Jahr 2000 jedoch noch nicht endgültig gelöst werden

4. Organisation des Regierungspräsidiums Freiburg

Das Überleitungsgesetz von 1952 bestimmte ebensowenig wie nachfolgende einschlägige Verordnungen die Organisationsform der Regierungspräsidien, vielmehr blieb zunächst die der ehemaligen Ministerien bzw. deren Abwicklungsstellen erhalten. Dies änderte sich erst mit der „*Anordnung der vorläufigen Regierung über die Organisation der Regierungspräsidien*" vom 20. Oktober 1952[80]. Danach waren die Regierungspräsidien landeseinheitlich in fünf Abteilungen zu gliedern:

Abteilung I:	Allgemeine und innere Verwaltung
Abteilung II:	Finanzwesen
Abteilung III:	Wirtschaft, Landwirtschaft, Arbeit
Abteilung IV:	Heimatvertriebene und Kriegsgeschädigte
Abteilung V:	Straßen- und Wasserbau

Diese Organisationsform blieb jedoch nicht konstant, sondern war ständigen Veränderungen ausgesetzt. Wichtig für das Regierungspräsidium Südbaden in diesem Zusammenhang war zunächst die Einrichtung einer „*Abteilung VI*" im Dezember 1952[81]. Sie sollte – bis zur geplanten Errichtung einer bundeseigenen Wasser- und Schiffahrtsverwaltung am Oberrhein – die Aufgaben der früheren „*Abteilung Wasserstraßen*" des (süd-)badischen Ministeriums der Finanzen übernehmen, die zwischenzeitlich auf das Innenministerium übergegangen waren. Aus der anfänglich lediglich vorübergehend gegründeten Abteilung VI wurde jedoch ein Dauerzustand, da von dieser Stelle Bundesaufgaben wahrgenommen wurden.

Bis zum Jahr 1956 waren den Regierungspräsidien zusätzlich die Oberschulämter angegliedert. Sie unterstanden zwar der allgemeinen Dienstaufsicht des Regierungspräsidiums, wickelten ihren Dienstverkehr mit dem Kultusministerium, das die Fachaufsicht ausübte, jedoch unmittelbar ab[82].

Im Jahr 1961 übernahm eine neu geschaffene Präsidialabteilung die Aufgaben der Organisation, der Personalverwaltung, der Rechtsangelegenheiten, der Landesplanung, des Haushalts- und Kassenwesens sowie der Vorprüfstelle (ab 1966 zusätzlich zivile Verteidigung, ab 1970 Regierungsoberkasse), die aus der ehemaligen Abteilung I ausgegliedert wurden. Neben der Präsidialabteilung gab es weiterhin 6 Abteilungen mit den ursprünglichen Hauptaufgaben. 1963 wurde die Abteilung IV aufgeteilt: Abteilung IVa übernahm weiterhin die Aufgaben für Vertriebene, Flüchtlinge und Kriegsgeschädigte, während Abteilung IVb als Außenstelle des Landesausgleichsamtes fungierte. Diese Außenstelle wurde 1969 wieder aufgelöst. 1970 fand eine umfassende Umstrukturierung der Abteilungen statt: Die Präsidialstelle behielt ihre Aufgaben bei, ihr wurde jedoch noch die Regierungsoberkasse angegliedert. Die Aufgabenzuweisung von Abteilung I blieb weitgehend erhalten. Als Abteilung II wurde jetzt – nach Auflösung der alten Abteilung IV – die Abteilung für Wirtschaft, Arbeit und Angelegenheiten der Vertriebenen, Flüchtlinge und Soziales gegründet. Abteilung II war fortan nur noch für die Landwirtschaft zuständig, während Abteilung IV den Straßenbau und Abteilung V die Wasserwirtschaft übernahm. Abteilung VI blieb in ihrer alten Zuständigkeit erhalten. Im Jahr 1974 erfolgte eine erneute Umstrukturierung der Abteilungen; ab diesem Zeitpunkt sollte die interne Abteilungsgliederung grundsätzlich ein Spiegelbild der Ressorteinteilung darstellen.[83] Während sich die Präsidialabteilung und Abteilung I nicht veränderten, war fortan jedoch Abteilung II die Hauptaufgabe Wirtschaft und Verkehr, Abteilung III Ernährung und Veterinärwesen zugeordnet. Abteilung IV und V behielten ihr Aufgabengebiet unverändert bei, während Abteilung VI das Gebiet Soziales und Gesundheitswesen zugewiesen wurde. Wasserstraßen – ursprünglich Abteilung VI wurde nun zur Abteilung VII. 1988 wurde die Präsidialabteilung wieder aufgelöst und mit der Abteilung I zur Abteilung I – Allgemeine Verwaltung zusammengefaßt. Abteilung II wurde – zusätzlich zu Wirtschaft und Verkehr – das vormals bei der Abteilung I ressortierende Bauwesen und die Raumordnung übertragen. Abteilung III firmierte nun als „Landwirtschaft und Veterinärwesen", Abteilung IV, V und VI behielten ihre Aufgaben bei, während das vormals bei der Präsidialabteilung ressortierende Referat Umweltschutz die eigene Abteilung VII bildete. Abteilung VIII war nun für die Wasserstraßen zuständig. Diese im folgenden dargestellte Organisationsform blieb bis zum Jahr 1998 erhalten.

Abteilung I:	Allgemeine Verwaltung (8 Referate)
Abteilung II:	Raumordnung, Bauwesen, Wirtschaft und Verkehr (8 Referate)
Abteilung III:	Landwirtschaft und Veterinärwesen (7 Referate)
Abteilung IV:	Straßenwesen (5 Referate)
Abteilung V:	Wasserwirtschaft (4 Referate)
Abteilung VI:	Soziales und Gesundheitswesen (4 Referate)
Abteilung VII:	Umwelt (5 Referate, angegliedert ist zusätzlich die Bezirksstelle für Naturschutz und Landschaftspflege)
Abteilung VIII:	Wasserstraßen (2 Referate)

Aufgrund einer von der Firma BSL-Managementberatung GmbH durchgeführten Organisationsuntersuchung aller Regierungspräsidien in Baden-Württemberg beschloß die Landesregierung am 30. März 1998[84], die Abteilungen der Regierungspräsidien ab dem 1. Juli desselben Jahres wieder auf fünf Abteilungen zu reduzieren. Gegenwärtig gliedert sich das Regierungspräsidium Freiburg in folgende Abteilungen:

Abteilung I:	Steuerung und Verwaltung
Abteilung II:	Wirtschaft, Raumordnung, Bau-, Gesundheits- und Sozialwesen
Abteilung III:	Landwirtschaft, Ländlicher Raum, Veterinär- und Lebensmittelwesen
Abteilung IV:	Straßenwesen und Verkehr
Abteilung V:	Umweltschutz und Wasserwirtschaft

Die grenzüberschreitende Zusammenarbeit ist in Freiburg in einer eigenen Stabsstelle zusammengefaßt; die ehemalige Abteilung Wasserstraßen bildet nun innerhalb der Abteilung V das Referat 57.

Anmerkungen

1 vgl. F. Endemann: Der Aufbau der Verwaltung in Baden-Württemberg, in: H. Bausinger/T. Eschenburg: Baden-Württemberg – eine politische Landeskunde, Stuttgart 2. Aufl. 1981, S. 125 f. In der Bundesrepublik Deutschland verfügen bis auf die Kleinstaaten sämtliche Bundesländer über eine

staatliche Mittelinstanz, vgl. K.G.A. Jeserich/H. Pohl/Ch. von Unruh (Hrsg.): Deutsche Verwaltungsgeschichte, Bd. V: Bundesrepublik Deutschland, Stuttgart 1987, S. 240-311

2 HStASt D 12 (Nachlaß Gebhard Müller), vgl. E. Konstanzer: Die Entstehung des Landes Baden-Württemberg. Stuttgart 1969, S. 117 ff.

3 Konstanzer, Entstehung , S. 116-127

4 § 11

5 Stuttgarter Zeitung vom 12. Juli 1952

6 Stuttgarter Zeitung vom 27. Aug. 1952

7 vgl. Deutsche Verfassungsgeschichte, Bd. V, S. 240, dort weitere Hinweise in Fußnote 123

8 HStASt EA 1/920 Bü 634 und D 12 (Nachlaß Gebhard Müller)

9 HStASt EA 1/920 Bü 634

10 HStASt D 12 (Nachlaß Gebhard Müller)

11 StAF F 30/1 Nr. 4469

12 ebd.

13 Stuttgarter Zeitung vom 9. Feb. 1952

14 Gesetzblatt für Baden Württemberg (GB), 17. Mai 1952, S. 3-6

15 Art. 23, Abs. 1: *„Im Zuge der Abwicklung sind die Ministerien der bisherigen Länder und die Landesbezirksverwaltung des Landesbezirks Baden zu vorläufigen staatlichen Mittelinstanzen umzubilden... “*; GB 17.5.1952, S. 5

16 StAF F 30/1 Nr. 4469

17 ebd., Artikel 23, S. 5

18 ebd., Artikel 22, S. 5

19 StAF F 20/3

20 ebd.

21 Die einzelnen Übertragungen von Zuständigkeiten auf die Regierungspräsidien in HStASt EA 2/101 Az.: 2350 Bd. 1; der endgültige Aufgabenkatalog (mit den jeweiligen Rechtsgrundlagen) wurde erst Mitte 1954 vorgelegt.

22 Gesetzblatt von Baden-Württemberg, 28. Juli 1952, S. 23-25

23 vgl. hierzu P. Feuchte: Verfassungsgeschichte von Baden-Württemberg, S. 169, FN 11

24 Die feierliche Amtseinführung durch Ministerpräsident Reinhold Maier fand jedoch erst am 28. Okt. 1952 im Freiburger Stadttheater statt; StAF 23/5, Rundschreiben vom 22. Okt. 1952.

25 StAF F 20/3, Schreiben vom 13. Aug. 1952

26 Gesetzblatt von Baden-Württemberg, 22. Sept. 1952, S. 35

27 ebd.

28 ebd. § 1. Die von den vier Regierungsbezirken Tübingen, Karlsruhe, Stuttgart und Freiburg 1972 anläßlich des 20-jährigen Jubiläums dieser Mittelinstanzen herausgegebene Broschüre „20 Jahre Regierungspräsidien in Baden-Württemberg“ bezeichnet deshalb den 1. Oktober 1952 als die Geburtsstunde der Regierungspräsidien.

29 HStASt EA 1/921 fol. 1

30 ebd. § 2, dort auch die Zuständigkeiten der anderen Regierungspräsidien

31 StAF F 20/3, Erlaß vom 15. Nov. 1952

32 vgl. Auszug aus dem Kurzprotokoll der Besprechung der Regierungspräsidenten vom 27. März 1953, in: StAF F 20/3

33 ebd.

34 sämtliche Vorschläge in HStASt EA 1/920 Bd. 8

35 Der Bund der Heimatvertriebenen und Entrechteten (BHE) war im Prinzip gegen eine staatliche Mittelinstanz, wollte jedoch als Kompromißlösung allenfalls die später noch zu beschreibende Fünferlösung akzeptieren

36 HStASt EA 1/920 Bd. 8

37 HStASt EA 1/920 Bü 6

38 Denkschrift „Die Mittelstufe der Verwaltung in Baden-Württemberg“; HStASt EA 1/920 Bü 5

39 HStASt EA 1/920 Bü 6

40 F 30/1 Nr. 4477

41 HStASt EA 1/920 Bü 7; StAF F 30/1 Nr. 4477; Badische Allgemeine Zeitung vom 23. April 1954

42 StAF F 30/1 Nr. 4477

43 ebd.; vgl auch Badische Neueste Nachrichten vom 27. Nov. 1954, Badisches Tagblatt vom 29. Nov. 1954, Rastatter Zeitung vom 29. Nov. 1954; Stuttgarter Zeitung vom 27. Nov. 1954

44 Stuttgarter Zeitung vom 28. Okt. 1954

45 HStASt EA 1/920 Bü 6
46 ebd.
47 HStASt EA 1/920 Bd. 8
48 ebd.
49 ebd.
50 StAF F 30/1 Nr. 4477
51 Gesetzblatt von Baden-Württemberg, 23. Nov. 1955, S. 225-230
52 § 7: „Das Landesgebiet ist vorläufig in die Regierungsbezirke Nordwürttemberg, Nordbaden, Südbaden und Südwürttemberg-Hohenzollern eingeteilt". GB 23. Nov. 1955, S. 226
53 H. Köser: Politik und Verwaltung, in: A. Schweickert (Hrsg.): Südbaden, Stuttgart 1992 (= Schriften zur politischen Landeskunde Baden-Württembergs, 19), S. 106
54 Die Personalausgaben für alle vier Präsidien beliefen sich 1954 auf 5 970 700 DM; HStASt EA 2/101 Az. 2300
55 Beilage 218 des 2. Landtages von Baden-Württemberg vom 18. Juli 1956; HStASt EA 2/101 Az.: 2311, Bund 6
56 HStASt EA 2/101 Az.: 2311
57 HStASt EA 2/101 Az.: 2300
58 StAF F 30/1 Nr. 3665; Landtagsbeilage 1450 vom 22. Jan. 1958; Staatsanzeiger vom 15. Jan. 1958
59 StAF F 30/1 Nr. 3665; Badisches Tagblatt Baden-Baden vom 20. Okt. 1958
60 hier: Schwarzwälder Bote vom 3. Dez.1959
61 Landtagsbeilage 3080 vom 9. Dez. 1959
62 Landtagsdrucksache Beilage IV 3455
63 HStASt EA 2/101 Az.: 2311 Bund IX
64 StAF F 30/1 Nr. 3665; Staatsanzeiger Nr. 97 vom 4. Dez. 1968
65 Landtag von Baden-Württemberg, 5. Wahlperiode, Drucksache V-265
66 Offenburger Tagblatt vom 6. Aug. 1969
67 vgl. Jeserich/Unruh/Pohl, Bd. V, S. 227; Verwaltungsreform in Baden-Württemberg, Anlagenband zum Ersten Bericht der Regierungskommission Verwaltungsreform, Stuttgart 1993, Punkt 11
68 vgl. ebd.
69 Gesetzblatt von Baden-Württemberg, 26. Juli 1971, S. 314; D. Schimanke: Verwaltungsreform in Baden-Württemberg. Berlin 1978, S. 161
70 Köser, S. 107
71 vgl. Bericht der Landesregierung über die Neuorganisation der Regierungspräsidien – Landtagsdrucksache 7/1545 vom 3. Mai 1977; F. Endemann, S. 126
72 vgl. Köser, S. 107
73 vgl. ebd., S. 106, Jeserich/Pohl/Unruh: Deutsche Verwaltungsgeschichte, Bd. V, S. 240
74 vgl. Landesverwaltungsgesetz GB 23. Nov. 1955, § 12, S. 226
75 vgl. Jeserich/Pohl/Unruh, Bd. 5, S. 244
76 ebd.
77 HStASt EA 1/920 Bü 293
78 HStASt EA 1/920 Bü 289 Nr. 91
79 ebd.
80 HStASt EA 1/921; Staatsanzeiger vom 25. Okt. 1952
81 StAF F 20/3; Verordnung des Innenministeriums Baden-Württemberg vom 23. Dez. 1952
82 HStASt EA 1/921
83 Jeserich/Pohl/Unruh, Bd. V, S. 242
84 Gemeinsames Amtsblatt (...) des Landes Baden-Württemberg, 46. Jg. 1998, S. 368

Entwicklung der Verkehrsinfrastruktur in Baden

Wilhelm Leutzbach/Gero Morlock

Geographisch unterteilt man den Rhein in den Hochrhein (vom Bodensee bis Basel) und den Oberrhein (von Basel bis Bingen). Baden verlässt der Rhein aber bereits im Raum Mannheim. Durch den Oberrheingraben verläuft über Straße, Schiene und Schiffahrt nicht erst heute, sondern auch schon in der länger zurückliegenden Vergangenheit eine der wichtigsten Verkehrsachsen, die den europäischen Norden mit dem europäischen Süden verbindet. Dieser Raum ist zugleich Kreuzungspunkt mit der Ost-West-Achse Südwesteuropa-Süddeutschland-Frankreich.

Nationale Grenzen und die Auswirkungen zweier Weltkriege haben die natürliche Entwicklung der Oberrheinregion lange Zeit erheblich behindert. Die Folgen waren gerade auch im Verkehrsbereich besonders spürbar. Unterschiedliche nationale Verkehrspolitiken, technische Normen, Gebührensysteme, Zoll- und Grenzformalitäten haben in der Drei-Länder-Region hohe Hürden für den grenzüberschreitenden Verkehr errichtet.

Erst mit dem Zusammenwachsen Europas haben sich am Oberrhein Chancen für eine gemeinsame Zukunft eröffnet. Deutschland und Frankreich sind Partner in der EU und im Europäischen Binnenmarkt. Die Schweiz ist zwar noch nicht EU-Mitglied, wird aber mit Inkrafttreten des 7-Sektoren-Abkommens mit der EU in wesentlichen Bereichen – auch im Verkehrsbereich – am EU-Binnenmarkt teilnehmen.

So bedeutend der Verkehr in der Oberrheinregion und für sie ist, so wenig direkten Einfluß haben die beiden badischen Regierungspräsidien, aber auch das Land BW auf Planung und Bau der verschiedenen Verkehrswege, weil die Zuständigkeit für sie überwiegend nicht beim Land liegt, sondern bei der Bundesrepublik Deutschland, mit zunehmendem Einfluß auch der EU. Weil zur Oberrheinregion das deutsche Baden, das französische Elsaß und der schweizerische Raum um Basel gehören, werden zwangsläufig die grenzüberschreitenden Probleme der verschiedenen Verkehrsträger einen Schwerpunkt dieses Kapitels bilden.

Straße

Auch in Baden sind Straßen das Rückgrat des gesamten Verkehrsnetzes. Auf Grund ihrer Lage ist vor allem die Verkehrsachse Mannheim/Heidelberg-Karlsruhe-Offenburg-Basel seit jeher eine sehr bedeutende, wenn nicht die wichtigste im Land Baden-Württemberg. In der Nachkriegszeit hat jedoch auch der Ost-West-Verkehr zunehmend an Bedeutung gewonnen. Die Einflußmöglichkeiten des Landcs Baden-Württemberg auf die Gestaltung des Straßennetzes sind aber durch unterschiedliche Zuständigkeiten begrenzt.

Die Verwaltung des gesamten überörtlichen Straßennetzes obliegt der Straßenbauverwaltung des Landes Baden-Württemberg. Sie umfaßt im wesentlichen Planung, Bau, Betrieb und Unterhaltung von Straßen. Finanziert werden Bau, Betrieb und Unterhaltung jedoch von den jeweiligen Baulastträgern.

Bau, Betrieb und Unterhaltung der Autobahnen sind Angelegenheit des Bundes, der sie durch die Autobahnbetriebsämter (Karlsruhe, Freiburg, Singen) und durch Autobahnmeistereien wahrnimmt. (Das frühere Autobahnamt wurde 1987 aufgelöst und statt dessen das Landesamt für Straßenwesen als Landesoberbehörde errichtet).

Für Bundesstraßen ist ebenfalls der Bund zuständig. Das Land ist Auftragsverwaltung des Bundes und nimmt sie durch Straßenbauämter wahr, die durch die Regierungspräsidien als Mittelbehörden gebündelt werden. Im RP Karlsruhe sind das die Straßenbauämter Calw (mit der Außenstelle Freudenstadt), Heidelberg (mit der Außenstelle Buchen) und Karlsruhe, und im RP Freiburg die Straßenbauämter Donaueschingen, Freiburg, Konstanz, Offenburg und Bad Säckingen. In Gemeinden mit mehr als 80 000 Einwohnern sind diese Gemeinden Träger der Baulast.

Verkehrswege in der Oberrheinebene
(Quelle: K.F. Schimper Verlag, Schwetzingen)

Für die Bundesfernstraßen (Autobahnen und Bundesstraßen) werden Wünsche des Landtags daher meist so formuliert: „Die Landesregierung wird ersucht, beim Bund auf die Berücksichtigung folgender Wünsche hinzuwirken: ...“

Die Vorstellungen des Landes zur Weiterentwicklung des Netzes der Bundesautobahnen und Bundesstraßen sind in der Vergangenheit vom Baulastträger Bund im wesentlichen berücksichtigt worden. Hierbei wurde den Bedürfnissen der einzelnen Regionen des Landes insgesamt angemessen Rechnung getragen. Inwieweit das auch noch bei der derzeit vorhandenen und auch mittelfristig sich noch abzeichnenden Finanzknappheit der Fall sein wird, muß abgewartet werden und wird den nachdrücklichen Einsatz der Vertreter der Region Baden erfordern.

Für Kreisstraßen sind die Land- und Stadtkreise zuständig[1]. Ihre Aufgaben werden ebenfalls durch die Straßenbauämter wahrgenommen.

So ist das Land eigentlich nur für die Landesstraßen zuständig. Wahrgenommen werden die daraus resultierenden Aufgaben ebenfalls durch die Straßenbauämter. Hier tragen Gemeinden mit mehr als 30 000 Einwohnern die Baulast. Für Baden denkbare Konflikte mit dem württembergischen Landesteil dürften dabei weit kleiner sein als die Probleme des grenzüberschreitenden Verkehrs mit der Schweiz und mit Frankreich (Elsaß).

In den 30er Jahren dieses Jahrhunderts waren lediglich die Autobahn von Viernheim-Mannheim über Heidelberg bis zum Autobahndreieck Karlsruhe sowie die Strecke Karlsruhe-Stuttgart fertiggestellt worden.

Im ersten Ausbauplan des Bundesministers für Verkehr nach dem Krieg war die Strecke Karlsruhe-Offenburg und Neuenburg-Basel mit einer Gesamtlänge von 97 km in der ersten Baustufe, die Strecke Offenburg-Freiburg-Neuenburg mit 86 km in der zweiten Baustufe und die Strecke Heidelberg-Heilbronn mit 60 km in der dritten Baustufe vorgesehen.

Der Neubau der Strecken erfolgte zügig. Bereits Ende 1959 waren der Abschnitt Karlsruhe-Achern mit einer Länge von 46 km sowie die Strecke Neuenburg-Basel mit einer Länge von 25 km fertiggestellt.

Am 20. Juli 1962 konnte der damalige Bundesminister für Verkehr Seebohm mit einem Teilabschnitt in der Freiburger Bucht das letzte Stück der HAFRABA (der schon seit 1926 propagierten Autobahnverbindung Hansestädte-Frankfurt-Basel) einweihen.

Auch in Ost-West-Richtung wurde der Neubau der Autobahnen in den 60er Jahren zügig vorangetrieben und die A 6 von Mannheim nach Heilbronn gebaut. Ein letztes Teilstück wurde 1968 für den Verkehr freigegeben. 1970 schließlich wurde der sog. Main-Neckar-Schnellweg (A 5) zwischen der Landesgrenze und dem Autobahnkreuz Heidelberg für den Verkehr freigegeben.

Längerfristig wird es kaum möglich sein, den wachsenden Nord/Süd-Verkehr überwiegend auf deutscher Seite zu bewältigen. Die Landesregierung begrüßt daher die Anstrengungen der französischen Seite zum durchgehenden Ausbau einer linksrheinischen Autobahn zwischen Basel und der rheinland-pfälzischen Grenze bei Lauterburg. Diese linksrheinische Trasse muß so bald wie möglich mit dem deutschen Autobahnnetz verbunden werden. Dazu hat das Land dem Bund einen vierspurigen Ausbau der B 500 von der A 5 bis zum Rhein zur Fortschreibung des Bundesverkehrswegeplans angemeldet. Ziel muß es sein, den weiträumigen Verkehr unabhängig von der Grenzlage auf der jeweils günstigsten Route zu führen. Das setzt jedoch den weiteren Ausbau einer nördlichen Querverbindung (z.B. einen zweiten Rheinübergang bei Karlsruhe) voraus. Mit dem Bau einer zweiten Rheinbrücke bei Altenheim-Eschau südlich der häufig stark überlasteten Europa-Brücke Kehl-Straßburg wurde bereits begonnen.

Auch der Ausbau weiterer Ost-West-Verbindungen muß vorangetrieben werden, auf deutscher Seite mit dem Ausbau der B 31, die im Abschnitt Freiburg-Breisach durch eine neue Trasse den Bedürfnissen des wachsenden Ost-West-Verkehrs angepaßt werden muß, und mit dem Ausbau der B 33 zwischen der Rheintalautobahn und der A 98, der Hochrhein-Autobahn. Deren Fertigstellung geht in der landschaftlich höchst sensiblen Umgebung aber nur mühsam voran.

Auf regionaler Ebene ist wegen der starken Verkehrszunahme auch auf Landesstraßen der Bedarf an weiteren Verbesserungen gestiegen. Wichtige Projekte sind der Aus- und Neubau der L 113 zwischen Sasbach und Riegel zur besseren Verbindung an die französische RN 59 in Richtung Vogesen, die geplante neue Zufahrt auf der L 100 zum Rheinübergang Ottenheim-Gerstheim, oder der Erhalt des Rheinüberganges im Zuge der L 78 A bei Wintersdorf.

Am Hochrhein plant das Land zusammen mit dem Kanton Aargau den Neubau einer Brücke zwischen den beiden Gemeinden Laufenburg.

Bahn

Die Rheintalstrecke ist die wichtigste Schienenzulaufstrecke aus Deutschland zu den Schweizer Alpenübergängen am Gotthard und am Lötschberg, wo z.Zt. von der Schweiz neue Alpentunnel (NEAT = Neue Eisenbahn Alpen Transversale) gebaut werden. Sie kann ihre Funktion aber nur dann beibehalten, wenn ihre Kapazität in Anpassung an die größeren Kapazitäten dieser Tunnel durch den Bau zweier zusätzlicher Gleise erweitert wird.

Bis heute ist die Rheintalstrecke jedoch erst zur Hälfte des Abschnitts Rastatt Süd-Offenburg viergleisig ausgebaut. Der ganze Abschnitt soll voraussichtlich bis 2003/2004 in Betrieb genommen werden. Die Ausrüstung des Abschnitts Offenburg-Basel mit dem neuen Leit- und Sicherheitssystem CIR-elke (CIR: Computer Integrated Railroading; elke: Erhöhung der Leistungsfähigkeit im Kernnetz) mag mit seinem prognostizierten Kapazitätszuwachs von 30% stellenweise Hoffnung auf den Verzicht oder die zeitliche Verschiebung des weiteren viergleisigen Ausbaus erweckt haben.

Das Bundesministerium für Verkehr, Bau und Wohnungswesen rechnet nunmehr damit, daß die Rheintalstrecke erst im Jahre 2012 auf ganzer Länge viergleisig in Betrieb genommen werden kann. Das ist der Zeitpunkt, zu dem in der Schweiz der Gotthardbasistunnel in Betrieb gehen soll. Für den anderen der beiden neuen Alpentunnel, den Lötschbergtunnel, den die Schweizer bereits bis 2006 fertiggestellt haben wollen, ist das aber eindeutig zu spät. Die Schweiz befürchtet, daß das verbleibende zweigleisige Teilstück zwischen Offenburg und Basel zu einem Kapazitätsengpaß wird, der die schweizerische Politik, den Güterverkehr von der Straße auf die Schiene zu verlagern, gefährden könne.

Die Rheintalstrecke Karlsruhe-Basel kreuzt sich in der Oberrheinregion mit der Achse Paris-Ostfrankreich-Südwestdeutschland (POS) (und weiter nach Südost-Europa), der sog. Ost-West-Magistrale (für diese POS sind die Vereinbarungen zu Stuttgart 21 ein großer Fortschritt). Für den Westabschnitt dieser Magistrale haben 1992 die Verkehrsminister Deutschlands und Frankreichs eine Vereinbarung über den Neu- und Ausbau dieser Strecke für den Hochgeschwindigkeitsverkehr unterzeichnet. Das deutsche und das französische Hochgeschwindigkeitsnetz werden danach über Straßburg-Kehl-Appenweier und über die Strecke Saarbrücken-Mannheim miteinander verbunden.

Die französischen Finanzierungspartner haben sich 1999 darauf verständigt, einen ersten 300 km langen Hochgeschwindigkeitsabschnitt von Vaires bei Paris bis Baudrécourt in Lothringen zu bauen. Die Strecke soll im Jahr 2006/2007 in Dienst gestellt werden. Dann fehlt beim Südast für den durchgehend angestrebten Hochgeschwindigkeitsverkehr nur noch der Abschnitt Baudrécourt-Vendenheim (durch die Vogesen) und der Abschnitt bis zur deutschen Grenze.

Die nach Straßburg führende TGV-Linie soll über die zweigleisig auszubauende Rheinbrücke zwischen Straßburg und Kehl nach Deutschland weitergeführt werden. Dazu soll aber auch der Streckenabschnitt Kehl-Appenweier für den Hochgeschwindigkeitsverkehr ertüchtigt werden. Obwohl die Strecke als hochprioritäre Maßnahme in das Investitionsprogramm 1999-2002 des Bundes aufgenommen wurde, hat der Bundesminister für Verkehr, Bau- und Wohnungswesen im Herbst 1999 erklärt, daß der Ausbau der 17 km langen Verbindungsstrecke – bei Gesamtkosten in Höhe von 300 Mio. DM und einem Fahrzeitgewinn von lediglich 3 Minuten – erst nach 2010 vorgesehen sei. Von elsässischer Seite und aus dem Raum Karlsruhe wird aber die Forderung erhoben, die zweite Rheinbrücke sofort zu bauen, damit sie bereits 2006 zeitgleich mit der Fertigstellung der Strecke Paris-Baudrécourt in Betrieb gehen kann. Es ist jedoch nicht abzusehen, bis wann der Bund die Baukosten für die zweite Rheinbrücke zur Verfügung stellen wird, obwohl eine vertragliche Vereinbarung zwischen Deutschland und Frankreich aus dem Jahre 1953 besteht, nach der die Bundesrepublik Deutschland sich verpflichtet hat, im Bedarfsfall die Brücke zu bauen.

Bereits 1988 hat die damalige Deutsche Bundesbahn aber die Finanzierungsvereinbarung für eine erste Stufe zur Verbindung des deutschen und des französischen Hochgeschwindigkeitsnetzes über die Strecke Mannheim-Saarbrücken abgeschlossen. Es ist davon auszugehen, daß die Strecke bis 2006 für den Hochgeschwindigkeitsverkehr ausgebaut sein wird. Damit hat für den Bund de facto die Strecke über Saarbrücken-Mannheim-Stuttgart beim Ausbau Priorität. Ministerpräsident Erwin Teufel und der Präsident der Region Elsaß, Adrien Zeller, haben aber kürzlich gefordert, daß es mit der TGV-Südstrecke Straßburg über Kehl nach Karlsruhe nicht langsamer vorangehen dürfe als mit der Nordstrecke nach Mannheim. Eine erste Baustufe ab Baudrécourt bis Appenweier müsse bereits ab dem Jahr 2006 Geschwindigkeiten bis 160 Stundenkilometer ermöglichen.

Das dritte große Schienenvorhaben in der Oberrheinregion ist das Projekt TGV Rhein-Rhône. Mit seinem Bau würde der südliche Teil der Oberrheinregion eine schnelle Verbindung über Basel und Mulhouse in den Wirtschaftsraum Lyon, aber auch in die Räume Marseille und Barcelona erhalten. Z.Zt. werden in Frankreich die planungsrechtlichen Verfahren für einen ersten Bauabschnitt auf der Strecke Dijon-Mulhouse eingeleitet. Aus baden-württembergischer Sicht wäre dabei auch ein Anschluß in Straßburg wünschenswert. Dieser Wunsch gibt der Forderung nach einer baldigen Realisierung der oben erwähnten Rheinbrücke zusätzliches Gewicht.

Auf europäischer Ebene wird zur Verbesserung der europäischen Schienentransporte und als Bestandteil der TransEuropäischen Verkehrsnetze (TEN) mit Unterstützung der Europäischen Kommission versucht, sog. „Trans European Freight Freeways" zu entwickeln. Das sind Strecken, auf denen Güterverkehr unter Verbesserung der betrieblichen und technischen Übergangsprobleme beim Übergang von einem Land in ein anderes beschleunigt und damit für die Kunden attraktiver gemacht werden sollen.

Auf deutscher Seite ist das Eisenbahnnetz in Baden sowohl bei den geplanten Nord-Süd-Achsen als auch bei den Ost-West-Achsen berührt:

Bei den Nord-Süd-Achsen ist es der Korridor Rotterdam-Emmerich-Basel-Chiasso/Domodossola-Mailand-Genua-Gioia Tauro und bei den Ost-West-Achsen die Korridore Glasgow-London-Lille-Saarbrücken-Würzburg-Passau-Wien-Sopron und Le Havre-Metz-Saarbrücken-Würzburg-Passau-Wien.

Luftverkehr

Der Luftverkehr ist der z.Zt. am stärksten wachsende Verkehrszweig. Das bringt vor allem für die großen internationalen Flughäfen zunehmende Kapazitätsprobleme mit all ihren negativen Auswirkungen.

Baden ist verkehrsgünstig von vier solcher internationalen Flughäfen umgeben: Frankfurt a.M., Stuttgart, Basel/Mulhouse und Straßburg/Entzheim (Airoport Straßburg International). In der Region selbst gibt es eine Reihe kleinerer Flugplätze und Verkehrslandeplätze, von denen einige ehemalige Militärflugplätze der alliierten Besatzungsmächte waren.

Söllingen diente den Kanadiern und Lahr den Franzosen als Basis; der alte Flugplatz in Karlsruhe wurde von den Amerikanern benutzt. Das zwang die Stadt Karlsruhe, einen neuen Flugplatz in Forchheim einzurichten, der aber inzwischen auch schon wieder aufgegeben worden ist, weil der Regionalflughafen Baden Airport Karlsruhe/Baden-Baden in Söllingen seine Aufgaben mit übernimmt. Nachdem nach den Turbulenzen durch die Flowtex-Affäre die Stuttgarter Flughafen AG den Baden Airport übernommen hat, dürften nun die Weichen für eine erfolgreiche Entwicklung gestellt sein.

Regionalflughäfen haben zwei Funktionen: zum einen geht von ihnen Zubringerverkehr zu den internationalen Flughäfen aus. Immer mehr gewinnt aber auch Direktverkehr zu anderen Regionalflughäfen unter Umgehung der überlasteten großen Flughäfen an Bedeutung (sog. City Lines).

Der Verkehrslandeplatz Lahr strebte auch den Status eines Regionalflughafens an. Die Betreiber des Flughafens Straßburg-Entzheim sähen eine solche Konkurrenz nicht gern, liegen die beiden Orte doch nur ungefähr 60 km auseinander. Das hinderte sie aber nicht, den Flugplatz Lahr während der kürzlichen Restaurierungsarbeiten als Ausweichplatz zu nutzen.

Lahr hat als Regionalflughafen z.Zt. – wohl auch wegen seiner Nähe zu den Flughäfen Basel/Mulhouse und Straßburg – wenig Chancen, weil das Land Baden-Württemberg nur einen Regionalflughafen in Nord- und Mittelbaden für notwendig hält und dafür nach Ansicht des Ministerpräsidenten Teufel Söllingen die besseren Voraussetzungen habe als andere Standorte. Unterdessen soll Lahr seinen Antrag auf Status eines für den öffentlichen Verkehr gewidmeten Verkehrsflughafens (mit Betriebspflicht) zurückgezogen haben und statt dessen in Ergänzung zum Verkehrslandeplatz den Status eines „Sonderflughafens Fracht" für Flugzeuge über 20 Tonnen anstreben.

Binnenwasserstraßen

Der Hochrhein reicht von Konstanz bis Basel. Er ist Landeswasserstraße. Der Versuch, diesen Abschnitt zur Großschiffahrtsstraße auszubauen, reicht lange zurück. In einem Vertrag aus dem Jahre 1929 vereinbarten Deutschland und die Schweiz im Zusammenhang mit der Rheinregulierung zwischen Straßburg, Kehl und Istein, an der die Schweiz zur Erschließung des Hafens Basel besonders interessiert war, den Ausbau eines Großschiffahrtsweges von Basel bis zum Bodensee anzustreben. Der Landtag von BW griff 1963 den Plan auf und ersuchte die Landesregierung, sich nachdrücklich dafür einzusetzen, daß die Hochrheinstrecke zwischen Basel und dem Raum Waldshut gemeinsam mit der Schweiz ausgebaut werde. Die Schiffbarmachung des Hochrheins über den Raum Waldshut hinaus bis zum Bodensee sah er jedoch zurückhaltend. Obwohl es starke Kräfte gab (auf deutscher Seite die Industrie am Bodensee, auf schweizerischer Seite die Industrie im Raum Zürich/Winterthur), die nach wie vor auf den Ausbau drängten, wurde bald deutlich, daß beide Länder auf die Verwirklichung dieses Vertragsziels vorwiegend aus Gründen der Landschaftsentwicklung und des Gewässerschutzes verzichten wollten.

In der Schweiz hatte der Nationalrat 1973 den Bundesrat ersucht, im Hinblick auf eine Gesamtkonzeption und im Rahmen der für den Umweltschutz notwendige Maßnahmen den Entwurf eines Bundesgesetzes über die Freihaltung der Wasserstraßen des Hochrheins bis in den Raum Aaremündung vorzulegen sowie die mit Deutschland aufgenommenen Gespräche über die Schiffbarmachung des Hochrheins bis zur Einmündung der Aare ohne Verzug weiterzuführen. Die Schweiz hielt jedoch den Ausbau des Hochrheins bis zur Aaremündung noch nicht für geboten, wohl aber solle die Strecke für den Ausbau freigehalten werden.

Als sich jedoch in der auch vom Landtag BW geforderten Untersuchung zeigte, daß die Grundvoraussetzungen für eine Schiffbarmachung – Reinhaltung des Bodensees,

Schutz der Bodensee- und Hochrheinlandschaft als Erholungsgebiet sowie eine angemessene Begrenzung der Industrialisierung der Uferzone des Bodensees – nicht gewährleistet werden konnten, setzte sich auf beiden Seiten die Erkenntnis durch, daß wirtschaftliche Gesichtspunkte hinter den Belangen des Umweltschutzes und der Landschaftspflege sowie den Erfordernissen der Raumordnung am Hochrhein und am Bodensee zurückzustehen haben. Daraufhin haben die deutsche und die schweizerische Seite übereinstimmend erklärt, den Ausbau des Hochrheins über den Raum von Waldshut hinaus nicht mehr weiterzuverfolgen.

Im Generalverkehrsplan 1986 wurde dazu aber ausdrücklich vermerkt, daß ein Ausbau des Hochrheins zwar derzeit nicht vorgesehen sei, die Möglichkeit eines Ausbaus zwischen Basel und der Aaremündung jedoch offengehalten wird.

Der Rhein ist von Basel bis zur Mündung eine internationale Wasserstraße; sein Abschnitt von Basel bis Bingen heißt Oberrhein. Durch die Mannheimer Rheinschifffahrtsakte von 1868 ist die Schiffahrt auf dem Rhein von Basel bis ins offene Meer Fahrzeugen aller Nationen gestattet.

Er ist der bedeutendste zentral-europäische Transportweg für Massengüter, obwohl deren Bedeutung strukturbedingt zurückgeht. Die Binnenschiffahrt insgesamt hatte 1999 einen Marktanteil von nur noch 6%; der Rheinverkehr war dabei überproportional rückläufig. Dennoch werden immer noch rd. 2/3 der Verkehrsleistungen der Binnenschiffahrt auf dem Rhein abgewickelt. Die Bedeutung des Oberrheins für den Güterverkehr wird auch dadurch deutlich, daß von allen großen Binnenhäfen in Deutschland zwei der umschlagsstärksten am Oberrhein liegen: Mannheim und Karlsruhe. Die beiden Häfen Strasbourg und Basel auf französischer bzw. schweizer Oberrhein-Seite stehen diesen badischen Häfen um nichts nach und erwirtschaften ebenfalls einen Güterumschlag in derselben Größenordnung.

Die Politik (auch der EU) möchte den Anteil der Binnenschiffahrt am Güterverkehr steigern, um damit vor allem den LKW-Verkehr zu reduzieren. Deshalb fördert sie den kombinierten Güterverkehr. Mehrere trimodale (Wasser, Schiene und Straße) und bimodale (Wasser, Schiene oder Straße) Umschlaganlagen werden z.Zt. zum Beispiel in Mannheim, Germersheim und Wörth gebaut.

Für den kombinierten Güterverkehr besonders geeignet ist der Containerverkehr. Ein Gutachten erwartet, daß sich der Containerverkehr der Binnenschiffahrt bis 2010 verdoppeln kann. 1999 wurden bereits über 1 Mio. TEU (Twenty feet Equivalent Unit; ein internationales Normmaß für Container) in der Binnenschiffahrt befördert, davon der weit überwiegende Teil auf der Rheinachse.

Das im Zusammenhang mit den Eisenbahnen schon erwähnte Transeuropäische Verkehrsnetz (TEN) umfaßt alle Verkehrsträger, also auch Binnenwasserstraßen. In Baden-Württemberg gehören dazu der Rhein bis Basel und der schiffbare Neckar. Die Umsetzung der Ertüchtigung von im TEN enthaltenen Strecken steht aber unter dem Vorbehalt der planerischen und finanziellen Realisierbarkeit.

Schienenpersonennahverkehr

Mit der Privatisierung der Deutschen Bundesbahn am 1.1.1994, die seitdem Deutsche Bahn AG heißt, wurden der Schienenpersonennahverkehr (SPNV) und der straßengebundene Öffentliche Personennahverkehr (ÖPNV) regionalisiert, d.h. in die Zuständigkeit der Länder und Kommunen überführt. Der Bund gewährt dafür den Ländern zur

Sicherstellung ihrer Aufgabenerfüllung auf diesem Sektor jährliche Finanzmittel. Die Länder verwenden diese Mittel zur Verbesserung des Verkehrsangebots: der Fahrzeugpark wurde sichtbar modernisiert und der Fahrplan teilweise erheblich verdichtet. Vielfach wurde ein aufeinander abgestimmter Fahrplantakt – meist ein Einstundentakt – entwickelt.

Als Folge dieser Regionalisierung sind eine Reihe von Verkehrsverbünden entstanden. Innerhalb dieser Verbünde, zu denen nicht nur die bisherigen Nahverkehrsunternehmen, sondern auch der Nahverkehr der Deutschen Bahn gehören, gibt es für alle Partner des Verbundes ein einheitliches Tarifangebot.

Von den zahlreichen Verbünden sollen für den badischen Bereich beispielhaft nur drei erwähnt werden:

- Der Rhein-Neckar-Verkehrsverbund (VRN). Er überschreitet die Landesgrenzen sowohl nach Rheinland-Pfalz als auch nach Hessen. Da drei Bundesländer am VRN beteiligt sind, war die Neuordnung der Organisationsstruktur nicht einfach.
- Der Karlsruher Verkehrsverbund (KVV). Er reicht bis in die Südpfalz und neuerdings auch bis Heilbronn in Nordwürttemberg. Eine Ausdehnung auch ins nördliche Elsaß wird angestrebt, ist z.Zt. aber noch schwierig, weil die dortigen Kommunen teilweise sehr zurückhaltend sind. Immerhin wurde die Strecke Winden-Weissenburg 1997 reaktiviert. Schwierig sind aber auch manchmal den Verkehrsverbund übergreifende Tarifabsprachen mit kleineren benachbarten Verbünden innerhalb des Landes.
- Der Regio-Verkehrsverbund Freiburg. Sein wesentliches Charakteristikum ist die betriebliche und finanzielle Vereinheitlichung des Busverkehrs im südlichen Schwarzwald.

Der schienengebundene Nahverkehr benutzt weit überwiegend das Netz der Deutschen Bahn und muß dafür bezahlen. Die Trassenpreise sind so kalkuliert, daß sie die vollen Kosten der Bahn für diese Strecken decken. Diese Vollkostendeckung – die es nur in Deutschland gibt; in anderen Ländern übernimmt der Staat einen Teil dieser Kosten – wird von nicht bahneigenen Unternehmen des SPNV als schwere Benachteiligung empfunden, weil sie diese hindert, im Wettbewerb mit der Straße stärker auch über den Preis zu konkurrieren.

Auf regionaler Ebene verfolgt das Land BW das Ziel, gemeinsam mit den Partnern im Elsaß und in Rheinland-Pfalz den sog. Euro-Rhin einzuführen. Die Grundkonzeption besteht in einer „Grossen Acht" für eine Oberrhein-Schnellbahn zwischen Basel, Straßburg und Ludwigshafen/Karlsruhe. In einer ersten Etappe soll auf dem Streckenabschnitt Straßburg-Offenburg der heutige 2-Stunden-Takt des Metro-Rhin zu einem 1-Stunden-Takt verdichtet werden.

Zu den regionalen Projekten gehört auch die Regio-S-Bahn Basel. Sie soll Schienenstrecken in Südbaden mit dem Raum Basel verbinden. Das Projekt befindet sich aber noch im Diskussionsstadium.

Ausblick

Bleibt die Frage, wie sich die skizzierte Entwicklung des Verkehrs auf die badischen Regionen am Rhein ausgewirkt hat.

Zweifellos hat der stürmische Zuwachs des Nord-Süd-Verkehrs für die Wirtschaft dieses Raumes Vorteile gehabt: gute Verkehrsanbindungen waren immer und sind auch heute mehr denn je ein wesentlicher Standortfaktor für Industrieansiedlungen, und damit für Arbeitsplätze. Gleichzeitig wachsen aber auch die Belastungen der Bürger durch den zunehmenden Nord-Süd-Durchgangsverkehr, vor allem auf der Straße, für den es in Deutschland aus topographischen Gründen kaum eine Alternative gibt. Insofern sind die Bewohner der Regionen am Rhein gleichzeitig Gewinner und Leidtragende einer Entwicklung, die, weil sie so schnell ablief, kaum vorher zu sehen war.

Binationale oder gar trinationale Verkehrsplanung über die Grenzen hinweg hat es – von Einzelmaßnahmen abgesehen – bisher nicht gegeben. Weder in die Generalverkehrspläne des Landes Baden-Württemberg noch in die Bundesverkehrswegepläne sind die benachbarten Länder Frankreich und/oder Schweiz systematisch einbezogen gewesen. Grenzüberschreitende Verkehrsplanung findet, wenn man so will, in rudimentären Ansätzen erst statt, seit die EU die TEN, also ihr Transeuropäisches Netz definiert hat. Aber auch das ist eine mehr oder weniger auf den guten Willen der jeweils beteiligten Länder angewiesene Absichtserklärung, weil die Finanzierung weitgehend eine nationale Aufgabe bleibt. Zudem darf man nicht vergessen, daß sich die damalige Europäische Gemeinschaft (EG) sehr spät des Verkehrs annahm. Erst 1978 wurde ein Verkehrsinfrastrukturausschuß ins Leben gerufen, der sich in erster Linie mit Förderungsprogrammen für Verkehrswege und einem homogenen transnationalen Netz von Hochgeschwindigkeitslinien im Schienenverkehr beschäftigte.

Natürlich wäre es reizvoll, der in den vorangegangenen Abschnitten dargestellten Analyse der Verkehrsentwicklung in der Oberrheinregion in den vergangenen 50 Jahren einen Blick in die Zukunft folgen zu lassen und sich vorzustellen, wie es denn mit dem Verkehr etwa im Jahre 2050 beschaffen sein werde. Daß das nur Vermutungen mit großer Unsicherheit sein können, bedarf keiner näheren Begründung. Sie anzustellen, setzt immer Annahmen über Änderungen der zugrunde liegenden Randbedingungen voraus. Solche Annahmen zu treffen, grenzt bei so langen Zeiträumen aber schon an Spekulation. Deshalb sollen hier nur einige von vielen der denkbaren Entwicklungen als Beispiel dieser Problematik skizziert werden.

Vor einigen Jahren hat der verstorbene Professor Bayer für die Landverkehrsmittel Schiene und Straße die Schaffung eines grenzüberschreitenden Verkehrsnetzes in Form einer Leiter vorgeschlagen, deren Sprossen drei den Rhein überquerende Verbindungen der linksrheinischen und der rechtsrheinischen Nord-Süd-Strecken (den Holmen der Leiter) bilden. Für die rechtsrheinische Seite existieren diese Holme bei Schiene und Straße bereits. Für die linksrheinische Seite wäre eine solche Netzkonzeption relativ leicht zu realisieren, wenn ihr im Bereich der Südpfalz nicht die Schonung von Landschaft und Natur entgegenstünde. Selbst bei der Bahn, für die eine durchgehende Schienenverbindung bereits existiert, deren Strecken aber teilweise noch nicht wieder aktiviert sind, ist eine Realisierung z.Zt. noch schwierig. Es darf vermutet werden, daß diese Leiterkonzeption auch in den nächsten Jahrzehnten Grundlage aller Überlegungen für ein abgestimmtes Netz beiderseits des Rheins bleibt. Ob sie aber in 50 Jahren realisiert sein wird, hängt zumindest bei der Schiene von einer heute noch nicht vorhandenen grenzübergreifenden Kooperationsbereitschaft ab, aber auch davon, ob die gesellschaftliche Werteskala dem Schutz von Natur und Landschaft dieselbe Bedeutung beimißt wie heute.

Im Bereich der Binnenwasserstraßen wird der Wunsch nach einem Kanal zwischen Rhein und Rhône immer obenan stehen. Ob er in den nächsten 50 Jahren gebaut werden wird, wird aber weniger von der Wunschvorstellung von Freizeitkapitänen abhängen, für die eine kurze Verbindung zum Mittelmeer natürlich ideal wäre, sondern davon, ob im Süden Frankreichs Produktionszentren existieren, für die eine Wasserstraßen-Verbindung zum Rhein sich rechnet, oder ob andere grenzüberschreitende Transport-Verbindungen sich im Kosten-Nutzen-Verhältnis günstiger darstellen.

Der Luftverkehr wird vermutlich trotz seiner Umweltproblematik im Bereich der Flugplätze weiter wachsen. Dafür ist Baden durch seine große Zahl von Flugplätzen kapazitätsmäßig gut gerüstet. Wirtschaftliche Gründe lassen aber vermuten, daß die in 50 Jahren nicht mehr untereinander konkurrieren, sondern im Verbund kooperieren werden.

Die in stürmischer Entwicklung befindliche Telematik wird vermutlich Verkehr nicht reduzieren; sie wird aber helfen, den Betrieb der Fahrzeuge innerhalb eines Teil-Verkehrssystems und mit anderen besser zu organisieren. Das kann sich auch in einer Erhöhung der Streckenkapazitäten niederschlagen.

Grundsätzlich neue Verkehrsmittel wird es mit großer Wahrscheinlichkeit auch in 50 Jahren nicht geben. Diese Vermutung schließt ein, daß dann auch keine Magnet-Schwebebahn durch das Rheintal brausen wird. Denn eines dürfte sicher sein: auch im Jahre 2050 werden die Kosten von Verkehrssystemen im Vergleich zu ihrem volkswirtschaftlichen Nutzen für die Regierungen das entscheidende Kriterium für ihre Verkehrswegeinvestitionen sein. Dieses in einer liberalisierten Wirtschaft selbstverständliche Grundprinzip hält möglicherweise aber auch für schon bestehende Verkehrssysteme noch Überraschungen bereit. Ob es aber in 50 Jahren noch solche Liberalität geben wird, ist hier nicht zu diskutieren.

Anmerkung

1 Über die Entwicklung des Straßenbaus in Baden-Württemberg von 1945 bis 1995 hat der seinerzeitige Leiter der Straßenbauverwaltung, Min. Dirigent Konrad v. Kirchbach, kürzlich ein umfassendes und detailliertes Buch veröffentlicht. Wer sich für die Straßengeschichte des Landes BW in dieser Zeit interessiert, findet darin alle wesentlichen Informationen. Statistische Daten beziehen sich aber grundsätzlich auf das ganze Land.

Literaturverzeichnis

Finkenbeiner, Otto: Verkehrsinfrastruktur am Oberrhein. Bedeutung für Baden-Württemberg und die europäischen Nachbarn. (In: Seminarbericht Sommerseminar 2000, Raum- und Verkehrsentwicklung am Oberrhein, S.7ff. Hrsg.: Institut für Städtebau- und Landesplanung, Universität Karlsruhe (TH))

Hahn, Ronald: Perspektiven der Raumentwicklung am Oberrhein (In: Seminarbericht Sommerseminar 2000, Raum- und Verkehrsentwicklung am Oberrhein, S.19ff. Hrsg.: Institut für Städtebau- und Landesplanung, Universität Karlsruhe (TH))

Karel, Tomas: Die Bedeutung der Rheinschiene aus Sicht der schweizerischen Verkehrspolitik (In: Seminarbericht Sommerseminar 2000, Raum- und Verkehrsentwicklung am Oberrhein, S.37ff. Hrsg.: Institut für Städtebau- und Landesplanung, Universität Karlsruhe (TH))

v. Kirchbach, Konrad: Die Entwicklung des Straßenbaus in Baden-Württemberg von 1945 bis 1995 (Archiv für die Geschichte des Straßen- und Verkehrswesens, Heft 13/1998. Kirschbaum Verlag Bonn)

Klenke, Dietmar: „Freier Stau für freie Bürger“ (Wissenschaftliche Buchgesellschaft Darmstadt 1995)

Koch, Manfred; Morlock, Jürgen (Hrsg.): Von Graspisten zum Baden-Airport: Luftfahrt in Mittelbaden (G. Braun, Karlsruhe 1999)

Leutzbach, Wilhelm: Verkehr auf Binnenwasserstrassen (Schriftenreihe des Instituts für Verkehrswesen der Universität Karlsruhe; Heft 24/1982)

Leutzbach, Wilhelm: Das Problem mit der Zukunft (Alba Fachverlag Düsseldorf 2000)
Münch, Werner: Die Eisenbahnen in Europa. (In: Vorträge Jahrestagung, 99, S.63. Hrsg.: Verband Deutscher Verkehrsunternehmen. Alba Fachverlag Düsseldorf 2000)
Scheffold Klaus; Neher, Alois: 50 Jahre Autobahnen in Baden-Württemberg (Walter Druck GmbH Stuttgart-Feuerbach 1986)
Stenglein, Jens: Möglichkeiten und Grenzen des Ausbaus der Wasserstrasse Rhein (In: Seminarbericht Sommerseminar 2000, Raum- und Verkehrsentwicklung am Oberrhein, S.93ff. Hrsg.: Institut für Städtebau- und Landesplanung, Universität Karlsruhe (TH))
Thoma, Alfons: Zur Sicherheit von Schiene und Strasse. (In: GRV Nachrichten, Folge 44/2000, S.5)
Verkehrsministerium BW: Schienenkonzept Baden-Württemberg (1991)
Wüscht, Josef: Die verkehrspolitische Rolle der Rhein- und Binnenschifffahrt (In: Seminarbericht Sommerseminar 2000, Raum- und Verkehrsentwicklung am Oberrhein, S.75ff. Hrsg.: Institut für Städtebau- und Landesplanung, Universität Karlsruhe (TH))
---: Rheintalbahn soll bis 2012 ausgebaut werden (BNN/dpa/lsw 30.3.00)
---: Teufel und Zeller für TGV nach Karlsruhe (BNN/dpa/lsw 22.9.00)
---: Söllingen zentraler badischer Airport (BNN/(hok) 11.10.00)

Der Rheinseitenkanal – ein Grenzlandproblem

Herbert Moser

Als die 1. Kammer des Badischen Landtages vor mehr als 100 Jahren, am 13.05.1898, über die „Denkschrift über den Entwurf für einen Bewässerungs- und Gewerbekanal in der Rheinebene unterhalb Basel bis zum Kaiserstuhl“ debattierte, dachte wohl kaum einer der Teilnehmer, daß diese Idee zu einem ernsthaften Problem zwischen Frankreich und Deutschland werden sollte.

Die Studie sah vor, einen Kanal von der Schusterinsel unterhalb Basel bis Steinenstadt zu bauen und unterhalb von Steinenstadt die landwirtschaftlichen Flächen oberhalb dem Hochgestade zu bewässern. Der Kanal sollte sich in der Gegend von Munzingen in einem Seitenarm Wasenweiler Ried/Bötzingen mit Dreisameinmündung sowie in einem Kaiserstuhl/Burkheim-Arm mit Mündung in den Rhein gabeln. Der Kanal sollte gleichzeitig der Energiegewinnung dienen. Die Ausbeute war jedoch mit „5.000 Pferdestärken“ sehr gering, wenn man bedenkt, daß die heutigen Rheinkraftwerke jeweils etwa 100.000 PS (75.000 KW) erzeugen.

Diese Konzeption, die sicherlich für die Trockengebiete, die oberhalb des Hochgestades (Niederterrasse) liegen, von erheblichem Vorteil gewesen wäre, wurde bereits vier Jahre später durch eine Planung ersetzt, die vorsah, auf dem elsässischen Ufer einen 15 km langen Kanal mit zwei Staustufen zu bauen.

Jetzt war nicht mehr die Bewässerung, sondern die Energiegewinnung im Vordergrund. Die Planung wurde 1906 der „Zentralkommission für die Rheinschiffahrt“ vorgelegt und von ihr 1909 die Zustimmung erteilt. Der Erste Weltkrieg verhinderte jedoch die Realisierung des Vorhabens.

In dem Versailler Friedensvertrag von 1919 (Artikel 358) sicherte sich Frankreich das ausschließliche Recht zur Wasserkraftnutzung des Oberrheines von Basel bis Straßburg mittels eines Rheinseitenkanales auf französischem Hoheitsgebiet. In dem Kanal sollten acht Kraftwerke errichtet werden (siehe Abbildung).

Mit dem Bau der ersten Stufe Kembs mit Wehr bei Märkt wurde 1928 begonnen; die Inbetriebnahme der gesamten Anlage (Kraftwerk und Schiffahrt) erfolgte 1933. Die Wasserentnahme war auf 850 cbm/s begrenzt. Im Restrhein verblieben, wenn der Wasserzufluß im Rhein unter 850 cbm/s sank, nur noch 20 bis 30 cbm/s.

Wegen den damit verbundenen Schäden wurde seit 1923 mit Frankreich verhandelt, ohne zu einem endgültigen Abschluß zu kommen. Vor allen Dingen ging es um die Inanspruchnahme von Grundstücken, die für den Bau der Anlage auf deutschem Hoheitsgebiet benötigt wurden. Die Nutzung des Geländes durch das Kraftwerk war nur durch Grunddienstbarkeiten beabsichtigt. Von 1930 bis 1936 erfolgten dementsprechende Abschlagszahlungen an die Eigentümer. Wegen der indirekten Schäden (Ausfall der Wasserversorgung, Vertiefung der Brunnen) waren 1926 Verhandlungen aufgenommen worden.

Letztmalig wurde 1932 in Genf darüber diskutiert. Frankreich lehnte Verhandlungen mit der Begründung ab, „daß es mit diesen untergeordneten Fragen mit Rücksicht auf den großzügigen Reparationsnachlaß nicht mehr behelligt werde“. Ebenso erfolgte keine Regelung über „die Hälfte des Wertes der tatsächlich gewonnenen Energie, die

Frankreich an Deutschland vergüten muß" (Artikel 358 des Versailler Vertrages). Die Spannungen zwischen Deutschland und Frankreich und der Zweite Weltkrieg ließen weder eine Klärung der alten Entschädigungsfragen noch einen Weiterbau des Rheinseitenkanales zu.

Der steigende Energiebedarf und die durch die starke Sohlenerosion hervorgerufenen Schiffahrtsprobleme veranlaßte die französische Seite dazu, nach Beheben der Kriegsschäden an dem Wehr Märkt und dem Kraftwerk bereits 1948 mit dem Bau der zweiten Staustufe Ottmarsheim zu beginnen. Die Aktivitäten wurden noch dadurch unterstützt, daß die französische Nationalversammlung am 19.02.1950 die Fortführung des elsässischen Rheinseitenkanales (RSK) beschloß und gleichzeitig der Electricité de France (EdF) das Recht verlieh, die Wasserkraftanlagen zu bauen und zu nutzen. Damit war klar, daß Frankreich an dem alten Plan mit all seinen Nachteilen für Deutschland festhalten wollte. Der zügige Weiterbau der Stufe Ottmarsheim, deren Fertigstellung bereits 1952 erfolgte, und der Beginn der Bauarbeiten für Fessenheim bestätigte diese Aussage.

Sollte nach den Kriegszerstörungen, wovon die rheinnahen Städte und Dörfer besonders betroffen waren, den Flüchtlingsproblemen, den Versorgungsschwierigkeiten mit Nahrungsmitteln und Rohstoffen bei darniederliegender Infrastruktur, den Besatzungslasten, auch noch die Rheinebene in seiner Grundstruktur gestört oder gar zerstört werden? Viele Menschen hatten damals solche Gedanken. Nicht umsonst war in der Presse von der „Versteppung der Oberrheinebene" die Rede und bewegte die Gemüter. Auch wenn die Formulierung „Versteppung der Oberrheinebene" mehr als Schlagwort als eine Argumentationshilfe zu sehen war, so war doch dem damaligen armen und ausgebluteten Land „Südbaden" klar, daß es allein das Problem mit Frankreich nicht lösen kann. Ebenso war es aber allen in Verantwortung stehenden bewußt, daß Aussagen über die Folgen des beabsichtigen Rheinseitenkanales und der erforderlichen Gegenvorschläge von dem Land zu erarbeiten waren. Nur so konnte die Bundesrepublik gegenüber Frankreich aktiv werden.

Im Auftrag der Abteilung Baudirektion des badischen Finanzministeriums in Freiburg i.Br. wurde ein für damalige Verhältnisse äußerst umfangreiche und sorgfältige „Untersuchung über den Einfluß der Senkung der Rheinwasserstände auf die wasserwirtschaftlichen Verhältnisse im Abschnitt Märkt – Kehl der badischen Rheinebene" in Auftrag gegeben und von Prof. Dr. Ing. Jäger durchgeführt. Die Arbeit konnte im März 1952 fertiggestellt werden und zeigt die Vielzahl der Probleme auf, die durch den Bau des Rheinseitenkanales verursacht werden würden.

Gleichzeitig hatte die Wasserstraßenverwaltung des Bundes an die Technische Hochschule Karlsruhe bei Prof. Dr. Ing. Wittmann Untersuchungen in Auftrag gegeben, mit dem Ziel, den Ausbau und die Energienutzung im Rhein direkt und nicht mittels eines Rheinseitenkanales vorzunehmen.

Mit der Realisierung des elsässischen Rheinseitenkanales bis Straßburg wären folgende Veränderungen und die damit verbundenen Schäden am deutschen Ufer und in der Oberrheinebene aufgetreten:

1. Absinken der Rheinwasserstände
2. Absinken der Grundwasserstände in dem gesamten Gebiet
3. Verlust eines möglichen Güterumschlages von Kehl bis Weil
4. Verlust einer leistungsfähigen Vorflut für die Abwässer
5. Trockenfallen der Mühlbäche, die vom Rhein gespeist werden

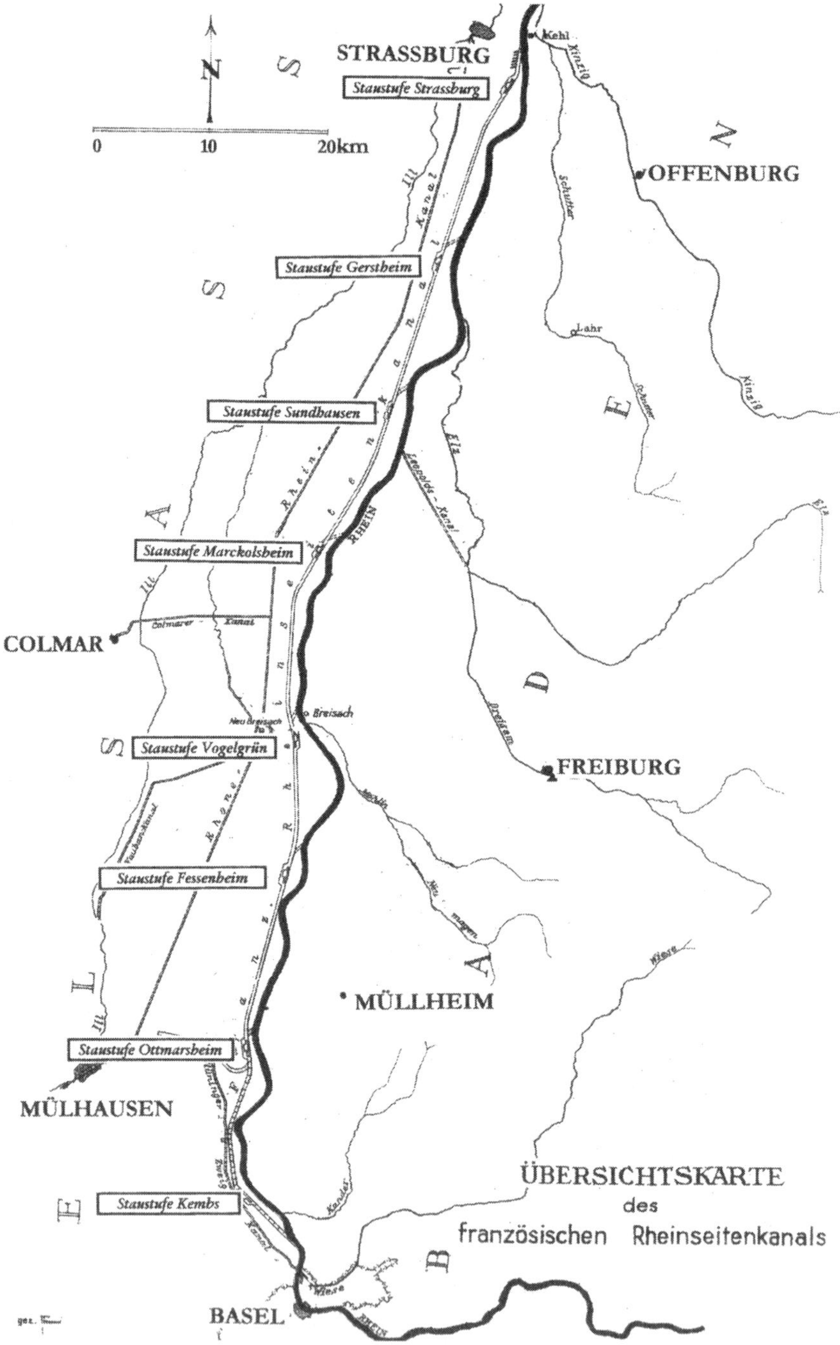

(Quelle: Regierungspräsidium Freiburg)

6. fischereirechtliche Nutzungsausfälle
7. Verlust von Überschwemmungsflächen
8. Verschärfung der Hochwassergefahr
9. Veränderung des Auewaldcharakters
10. Verlust der Vorflut für Wasserentnahmen zu Kühlzwecken und zur Wärmeeinleitung

Die Ziff. 7 bis 10 sind erst später in die Betrachtungen einbezogen worden.

Bei der Betrachtung der Schäden, vor allen Dingen der Ziff. 2 muß man eine deutliche Zweigliederung vornehmen:
- den Bereich südlich des Kaiserstuhls bis nach Märkt
- den Bereich nördlich des Kaiserstuhls bis nach Kehl

Ein Blick auf eine topographische Karte zeigt deutlich die Unterschiede. Das südliche Gebiet umfaßt nur einen schmalen Streifen von 2 bis 3 km bis zur Vorbergzone. Das Gebiet ist in Querrichtung stark profiliert. Die Ebene ist durch das sog. Hochgestade gleichsam dreigeteilt: Im Osten, anschließend an die Vorbergzone, die Niederterrasse; im Westen die Rheinniederung bis zum Rhein. Das Hochgestade weist am Isteiner Klotz eine Höhendifferenz von 22 m, in Steinenstadt noch 14 m und bei Grezhausen nur noch 3 m auf. Die Grundwasserstände (GWST) sind infolge der natürlichen Erosion seit der Eiszeit so tief abgesunken, so daß sie für die Vegetation nur noch im Raum Breisach von Bedeutung sind. Die Flurabstände (Oberkante Gelände bis zum Grundwasserstand) liegen zwischen 20 m und 16 m.

Im nördlichen Abschnitt sind die Verhältnisse ganz anders. Die Ebene hat hier eine Breite von über 10 km, sie wird nicht durch ein Hochgestade gegliedert, der maßgebende Flurabstand beträgt 1,5 bis 2,5 m. Es besteht eine sehr gute Anbindung an das Grundwasser, was zur Folge hatte, daß dieses Gebiet optimal land- und forstwirtschaftlich genutzt werden konnte.

Hier hätte die alte französische Lösung mit dem Rheinseitenkanal für die badische Rheinebene verheerende Folgen gehabt. Das Schlagwort von der „Versteppung der Oberrheinebene“ hätte hier Wirklichkeit werden können: Denn wenn der Rheinwasserstand, wie beabsichtigt, um ca. 3,50 m abgesunken wäre, wäre der Grundwasserspiegel in der gesamten Rheinebene im Mittel um ca. 2,50 m abgesunken und hätte dann einen Flurabstand von 4 bis 6 m erreicht. Eine Tiefe, bei der die Vegetation weder mit den Wurzeln das Grundwasser nutzen noch der Kapillaraufstieg in dem kiesigen Boden die oberen Schichten erreichen könnte.

Daß all diese Überlegungen über die Veränderung des Grundwasserspiegels keine theoretischen Spekulationen waren, konnte bereits in der Studie nachgewiesen werden. Als Testfall dienten die Untersuchungen über die Folgen der Rheinerosion in der Zeit von 1870 bis 1950 auf das Grundwasser im südlichen Bereich zwischen Steinenstadt und Sasbach bzw. auf die Grundwasserentnahmen für Trinkwasserversorgungen. Die Untersuchung von Prof. Dr. Ing. Jäger schließt mit dem Satz:

> „Die infolge der Rheinwasserumleitung zu erwartende Grundwasserabsenkung wirkt sich bei den im Abschnitt südlich des Kaiserstuhls hinter schon tiefen Grundwasserständen weniger auf die Landwirtschaft als auf die kommunale Trinkwasserversorgung aus, während bei den im allgemeinen hohen Grundwasserständen des weiträumigen Abschnittes nördlich des Kaiserstuhls sowohl die Landwirtschaft als auch die Trinkwasserversorgung

durch die Grundwasserabsenkung erheblich in Mitleidenschaft gezogen werden und zwar in einer Weise, daß beim Unterlassen von Gegenmaßnahmen die Existenzgrundlage der Bevölkerung gefährdet erscheint."

Im Teil 2 der gleichen Studie vom September 1952 wurden Lösungsvorschläge erarbeitet, die „im Interesse der landwirtschaftlichen Bewässerung, der Erhaltung der kommunalen Trinkwasserversorgung und weiterer Belange erforderlich erscheinen". Dabei ergaben sich folgende Lösungsansätze:

1. Rheinwasserspiegelanhebung durch feste Wehre; Aufstau des Wassers um ca. 2,50 m bis auf die Niederwasserhöhe; Wehrabstand: ca. 3 km; Zahl der Wehre: 34. Da der Rheinwasserspiegel im Mittel ca. 1,0 m unter der Niederwasserlinie bleibt, keine wirksame Verbesserung.
2. bewegliche Wehre wie die heutigen Kulturwehre Breisach oder Kehl; Stauhöhe: 4,5 bis 6,5 m im nördlichen Bereich, im Süden noch größere Stauhöhen (8 bis 9 m); Wehrabstand: ca. 6 km; Grundwasser konnte dann auf dem Niveau von 1950 gehalten werden.
3. Bau von Beregnungsanlagen; Speisung aus:
   - dem Rhein ab Märkt
   - Grundwasser
   - Rheinwasserentnahme in Ufernähe

   Für die Wasserentnahme bei Märkt wäre ein 125 km langer Kanal und drei Seitenarme (Länge: 30 km) notwendig gewesen. Für die Beregnung wäre ein Wasserbedarf von 24 bis 36 cbm/s bei einem spezifischen Wert von 0,7 l/s und ha erforderlich gewesen; Kostenpunkt: 100 Mio. DM.
4. Weitere Kombinationen wie z. B. zwei Entnahmestellen in Märkt und Breisach oder Beregnungen aus dem Grundwasser mit insgesamt 135 südlichen und 500 nördlichen Brunnen; Kosten: ca. 85 bis 73 Mio. DM.

Die Kosten für die Sanierung der öffentlichen Trinkwasserentnahmen wurden mit 18 Mio. DM geschätzt.

Für diese gesamten Vorarbeiten war das 1952 neu gebildete Regierungspräsidium Südbaden zuständig. Erst aufgrund dieser Unterlagen hat dann ein interministerieller Ausschuß für Fragen des Rheinseitenkanales Ende Oktober 1952 seine Arbeit aufgenommen und im Februar 1954 seinen „Bericht über den Rheinseitenkanal" fertiggestellt. Dieser Bericht beinhaltete auch den Lösungsansatz „den Kraftausbau im Rhein selber vorzunehmen. Die reinen Baukosten wären für die gleiche Energieausbeute wohl etwas höher, aber infolge des Wegfalls der enormen Schäden nach Abschnitt Ziff. 2. und 3. ist diese Lösung zweifellos die wirklich wirtschaftlichere."

Das Land Baden-Württemberg vertrat in seinem Bericht die Auffassung, daß aufgrund der vorgenommenen Untersuchungen die Frage des Ausbaues des Oberrheins gegenüber Frankreich erneut aufgerollt werden müsse. Es kann nicht das Ziel sein,

> „eine mehr oder weniger ausreichende Entschädigung für die sog. indirekten Schäden geltend zu machen, denn diese würden nördlich des Kaiserstuhls so umfangreich, daß eine Entschädigung praktisch nicht mehr möglich ist. Vielmehr muß von deutscher Seite gefordert werden, daß die zur Nutzbarmachung der Wasserkraft notwendigen Anlagen so errichtet werden, daß außer der verhältnismäßig geringen Inanspruchnahme einiger Grundstücke für die Bauten, kein Eingriff auf die deutsche Seite entsteht. Von Frankreich

den Verzicht auf den Kraftausbau zu fordern, wird aussichtslos sein und wäre auch angesichts des steigenden Energiebedarfes in Westeuropa unklug, da letzten Endes für die fehlende Wasserkraft die deutsche Ruhr- und Saarkohle einspringen muß."

Da die Verwirklichung des Rheinseitenkanales bis Fessenheim – das Werk ging 1956 in Betrieb – bereits ein Faktum war, war die Forderung begrenzt auf den Abschnitt nördlich des Kaiserstuhls bis Straßburg. Gleichzeitig war man bereit, eine größere Ausbauwassermenge gegenüber von 850 cbm/s für Kembs auf 1.080 cbm/s für die unterliegenden Staustufen zu akzeptieren. Voraussetzung war jedoch eine ausreichende Mindestwasserführung im Restrhein sowie das Entnahmerecht von Beregnungswasser im Abschnitt südlich des Kaiserstuhls (6 cbm/s). Ebenso war man bereit, die problematische „Vergütung der Hälfte des Wertes der Wasserkraft" (siehe Artikel 358) als Verhandlungsmasse ins Gespräch zu bringen.

Die Verhandlungen mit Frankreich wurden im Dezember 1954 aufgenommen, nachdem der deutsche Bundestag am 15.07.1954 die Bundesregierung entsprechend ersucht hatte. Dabei waren sich alle Beteiligten auf der deutschen Seite im klaren, daß Frankreich im Hinblick auf Artikel 358 des Versailler Vertrages nur schwer von seiner Zielsetzung des durchgehenden Rheinseitenkanales von Märkt bis Straßburg abgehen würde. Auf ständiges deutsches Drängen wurde im November 1955 eine deutsch-französische Studienkommission eingesetzt. Diese sollte nicht nur die Möglichkeit einer befriedigenden Lösung des Kraftausbaues über Breisach hinaus, sondern auch die noch immer nicht geregelten Fragen der Grenzverhältnisse und der Erstattung des Betriebsgewinnes der bereits gebauten Anlagen zu einer Lösung bringen. Wie die Verhandlungen standen, kann aus der Begründung des Vertrages vom 27.10.1956 gelesen werden.[1]

Die deutsche Delegation strebte, um den technischen und finanziellen Einwänden Frankreichs gegen einen Ausbau des Rheins im Strombett ohne jeden Seitenkanal zu begegnen, eine Lösung an, die die Vorteile der Lösung ohne Seitenkanal mit denen des Seitenkanals verbindet (Teilkanallösung oder auch Schlingenlösung). Die französische Seite hielt demgegenüber an dem Plan des Rheinseitenkanales fest und wollte ihn lediglich durch Einrichtungen zur Wasserstandshebung im Rheinbett ergänzen.

Die Regierungschefs der beiden Länder haben dann am 04.06.1956 in Luxemburg im Zusammenhang mit Fragen der Rückgliederung des Saarlandes und der Kanalisierung der Mosel die Teilkanallösung des Rheins von Breisach bis Straßburg unter bestimmten Modalitäten vereinbart. In ihre endgültige Vertragsform konnten diese Festlegungen erst gebracht werden, nachdem sich die beiden Regierungschefs am 29.09.1956 durch eine weitere Vereinbarung auch noch über den Ausgleich deutscher Mehrkosten- und französischer Betriebsgewinnerstattungen im Zusammenhang mit den Saar- und Moselfragen geeinigt hatten.

Zwei wesentliche Punkte müssen hierbei herausgehoben werden:

Der neue Vertrag über den Oberrheinausbau war nur möglich, weil beide Vertragspartner neben den regionalen Zielen am Oberrhein und an der Mosel ein gemeinsames großes Ziel hatten, das sie in der Präambel des Vertrages über die Eingliederung des Saarlandes in die Bundesrepublik zum Ausdruck brachten:

„...entschlossen die Saarfrage als Gegenstand zukünftiger Meinungsverschiedenheiten der beiden Staaten auszuschließen, in dem Bestreben, diese Frage unter Achtung der beiderseitigen Gefühle und Interessen zu regeln und damit zu einer allgemeinen und endgültigen Befriedung beizutragen, sind übereingekommen, zu diesem Zweck einen Vertrag zu schließen, ..."

Dieser Geist beflügelte auch alle weiteren Verhandlungen, die den Ausbau bis Straßburg, den Bau der beiden Kulturwehre, die festen Schwellen, den Schwellbetrieb oder gar den Sonderbetrieb der Rheinkraftwerke, die Inanspruchnahme von Grundstücken oder die Seitenentnahmen von Kies betrafen. Nicht ein einziges Mal mußte von dem Artikel 26 betreffend eines Schiedsgerichts Gebrauch gemacht werden.

Mit der künftigen Änderung des Ausbaues, mit der Festlegung der Mindestwassermenge und dem Recht zur Wasserentnahme wurden die drei Grundforderungen des Landes aber auch der Region erfüllt. Die Kosten des gesamten Oberrheinausbaues einschließlich der durch die Teilkanallösung verursachten Mehrkosten, die von Frankreich mit einem erheblichen Betrage veranschlagt werden, trägt wie bisher Frankreich. Deutschland fällt nur der Bau eines oder zweier Landeskulturwehre bei Breisach zur Last, womit Kosten in der Größenordnung von etwa 5 Mio. DM verbunden sind. Deutschland verzichtet dafür auf den auf Artikel 358 des Versailler Vertrages fußenden Anspruch auf die Erstattung des halben Wertes (abzüglich Produktionskosten) der am Rhein zwischen Straßburg und Basel erzeugten Energie. Ein Festhalten an der alten Klausel bezüglich der Erstattung des halben Wertes der Energie (Artikel 358) hätte nur zu neuen Auseinandersetzungen geführt, zumal eine solche kaufmännische Bewertung verschiedenen Faktoren ausgesetzt wäre (Kapitaldienst, Abschreibung, Strompreis usw.).

Für diesen Ausgleich sprach aber auch, daß es dem Sinne des Vertrages, eine endgültige Entspannung der grenznachbarlichen Verhältnisse am Oberrhein zu begründen, besser entspricht, wenn Fragen vertraglich endgültig geregelt werden. Eine unklare, offene Regelung würde später nur zu unerquicklichen Auseinandersetzungen führen.

In der Zusammenfassung der Begründung des Vertrages heißt es:

> Zusammenfassend läßt sich feststellen, daß der Vertrag Landwirtschaft und Industrie der badischen Rheinebene von einer drückenden Sorge um die wirtschaftliche Zukunft ihres Landes befreit. Mit den nach Untersuchungen des Landes sehr hoch anzusetzenden Schäden braucht nicht mehr gerechnet werden. Die Industrie behält den Zutritt zu der Großschiffahrtsstraße Rhein. Die seit Jahrzehnten das deutsch-französische Verhältnis an der Grenzstrecke des Rheins belastende Rheinseitenkanalfrage ist damit gelöst.

Bei jeder der vier Staustufen wird der Rhein in seinem alten Flußbett mittels eines Stauwehres aufgestaut; längs des alten Uferbaues werden die dazu erforderlichen Staudämme mit Dammhöhen von 4 bis 6 m erstellt und ein parallel dazu verlaufender Seitengraben nimmt das Sickerwasser auf.

Vor dem Hauptwehr wird der Abfluß auf die französische Seite in einen künstlich geschaffenen Seitenarm (Schlinge) umgeleitet und das Wasser zu dem Kraftwerk und den Schleusenanlagen geleitet. Nach der Kraftnutzung erfolgt die Rückleitung auf kurzem Weg zum Rhein, wobei die Bedingungen für eine geordnete Schiffahrt zu beachten sind. Die aufgestaute Rheinstrecke umfaßt ca. 2/3 der gesamten Staulänge; 1/3 der Ausbaustrecke ist der Schlinge auf der elsässischen Seite zuzuordnen. Im Bereich der Umleitungsstrecken werden feste Schwellen angeordnet, die den Wasserspiegel im Mittel auf den mittleren Niedrigwasserspiegel anheben. Die Zahl der Schwellen ist nicht im Vertrag festgelegt, es war dies die Aufgabe des Technischen Ausschusses „nach sorgfältiger Auswahl der Örtlichkeit“, hier einvernehmliche Lösungen zu finden. Bei den Staustufen Marckolsheim und Gerstheim wurden zwei feste Schwellen erstellt; bei der etwas längeren Staustufe Rhinau waren es dagegen drei Schwellen. Im Bereich der Staustufe

Straßburg wurden die zwei vorgesehenen Schwellen durch das Kulturwehr Kehl, das neben der Grundwasserregulierung auch dem Hochwasserschutz dienen sollte, ersetzt.

Um all die technischen Fragen zu regeln, die mit dem Bau der vier Staustufen verbunden sind, und die in einem Vertrag im Detail gar nicht geregelt werden konnten, wurde ein paritätischer Technischer Ausschuß (Ausschuß A) aus Vertretern jeder Regierung gebildet, dem zur Unterstützung auch Sachverständige zur Verfügung standen (Artikel 5). Dieser Ausschuß hatte ohne Zweifel die Hauptlast wegen der zukünftigen Ausgestaltung des Vertrages bei der Realisierung des Vorhabens, das sich von 1956 bis 1972 erstreckte, zu tragen. Daß dies auch gelungen ist, kann der Verfasser dieses Aufsatzes, der mehr als 25 Jahre dem Ausschuß A als Sachverständiger angehörte, aus vollem Herzen bestätigen. Es gab viele, lange Sitzungen, die manchmal bis spät in die Nacht gingen – einmal streikte sogar der Dolmetscher und die elsässischen Kollegen mußten dafür einspringen –, aber am Ende stand dann doch eine Lösung, die von beiden Seiten verantwortet werden konnte.

Interessant ist zweifellos die Zusammensetzung des Ausschusses A und der für Entschädigungen und Grundstücksfragen zuständige Ausschuß B (Artikel 24). Da im Vertrag formuliert war, daß sie als Vertreter der Regierung tätig werden, war zunächst zu erwarten, daß aus den Bonner Ministerien und evtl. noch ein Landesvertreter aus Stuttgart in die Ausschüsse als Delegierte bestellt werden. Aber bereits im Frühjahr 1957 waren sich Bonn und Stuttgart einig, daß er Bund zwei und das Land einen Vertreter in den Ausschuß A entsenden werden, da man sich in der Zwischenzeit mit Frankreich auf je drei Delegierte geeinigt hatte.

Überraschend hatten sich die beiden Vertragsstaaten geeinigt, keinen Vertreter der Ministerien, sondern Vertreter der Mittelbehörden als Delegierte zu entsenden. Der Bund entsandte zwei Vertreter der Wasser- und Schiffahrtsdirektion Freiburg – die auch den Vorsitz hatte –, das Land einen Vertreter des Regierungspräsidiums Südbaden in den Ausschuß A. Ferner war vorgesehen, den Referatsleiter für Rechtsangelegenheiten als Leiter des Ausschusses B zu bestellen. Somit schloß sich wieder der Kreis. Das kleine Land Südbaden hatte nach dem Krieg die Initiative ergriffen und das Problem in mühevoller Arbeit untersucht und dokumentiert, und somit die Grundlagen für erfolgversprechende Verhandlungen mit Frankreich geschaffen. Die Einsicht, aber auch die Weitsicht der beiden Vertragsstaaten, ermöglichte eine grundsätzliche Regelung über regionale Interessen hinaus. Die Ausgestaltung des Vertrages im Geiste und Sinne der Vertragspartner wurde jedoch wieder in die Region delegiert. Diejenigen, die unmittelbar von dem Vorhaben betroffen sind und auch am ehesten die Vor- und Nachteile gegeneinander abwägen können, sollten das Vertragswerk mit Leben erfüllen und ausgestalten.

In diesem Zusammenhang ist es interessant, in den Akten zurückzublättern, und nachzulesen, was damals wegen der Besetzung der Ausschüsse durch die Mittelinstanzen gedacht und formuliert wurde:

> „Bonn wollte, daß die Vertreter in den Ausschüssen nicht von den Ministerien, sondern von den Mittelbehörden gestellt werden. Um möglichst selten das Schiedsgericht anrufen zu müssen, sollte, wenn die Ausschüsse sich in den Verhandlungen verkrampft haben, die Möglichkeit offen sein, auf der Ebene der Zentralbehörden nochmals Fühlung aufnehmen und ... zu können."

Dem Geist der regionalen Nachbarschaft ist es gelungen, die oben angedeuteten Klippen rechtzeitig zu umfahren. Vielleicht ist auch die alte Erkenntnis der Verwaltung zum Tragen gekommen, daß Probleme leichter auf unterer Ebene gelöst werden.

Ein wichtiger Punkt bedarf jedoch noch der Erörterung: Im Vertrag war in Artikel 4 festgeschrieben, „daß jeder Vertragsstaat auf seinem Hoheitsgebiet zu seinen Lasten die Maßnahmen, die notwendig sind, um auf seinem Ufer alle Schäden zu verhüten, die von der Veränderung des Grundwasserstandes herrühren", durchführt.

Und in Artikel 23 wurde geregelt, daß Deutschland keine Entschädigung für Schäden auf dem deutscher Ufer gegenüber Frankreich geltend machen wird. Diese beiden Regelungen bedeuten, daß die Schadensvermeidung bzw. Schadensregelung als eine rein deutsche Angelegenheit betrachtet wurde. Hierbei ging es in erster Linie um schadensverhütende Maßnahmen bezüglich des Grundwassers, der Speisung der Mühlbäche, der Wiederaktivierung der Altrheine und der Rheinaue. Ferner um den Schadensausgleich für die fehlende Vorflut zur Ableitung von Abwasser.

Da im Vertragswerk keine Angaben über eine Wasserentnahme zu Landeskulturzwecken nördlich Breisach formuliert und auch die vom Rhein gespeisten Mühlbäche (Weisweiler Mühlbach und Ottenheimer Mühlbach) nicht erwähnt worden waren, galt es zunächst, die französische Seite zu überzeugen, daß begrenzte Wasserentnahmen aus dem Rhein notwendig sind, um das bestehende Gewässersystem aus Altrheinarmen und Mühlbächen zu erhalten bzw. dort, wo sie infolge der Sohlenerosion ganz oder teilweise ausgefallen sind zu reaktivieren. Ebenso sollten die Altrheinarme, die im Zuge des Westwallbaues von dem Rhein abgeschnitten worden sind, wieder in das Gewässersystem einbezogen werden. Daß diese Vorstellung von der französischen Seite nicht positiv gesehen wurde, ist verständlich, bedeutet doch jeder Wasserentzug im Rhein eine Minderung der Energieausbeute in den Rheinkraftwerken.

Doch es gelang schrittweise, eine Lösung für die gesamte Strecke von Breisach bis Straßburg zu finden und eine ganzjährige Versorgung der Altrheine sicherzustellen. Die nachstehende Übersicht gibt einen Überblick, welche Wassermengen in den einzelnen Stauhaltungen für die verschiedenen Fälle entnommen werden dürfen.

Wasserentnahmen

Stauhaltung	Landeskultur	Mühlbach	Altrheinüberflutungen Sonderfälle
Marckolsheim	0,5 cbm/s bei Q_R < 800 cbm/s 1,0 cbm/s bei Q_R > 800 cbm/s	0,9 cbm/s bei Q_R > 390 cbm/s 2,24 cbm/s bei Q_R > 1.290 cbm/s	2,0 cbm/s bei Q_R > 1.400 cbm/s 10,0 cbm/s bei Q_R > 1.500 cbm/s
Rhinau	0,5 cbm/s bei Q_R < 800 cbm/s 1,0 cbm/s bei Q_R > 800 cbm/s 6,0 cbm/s an 25 Tagen	--	analog Marckolsheim
Gerstheim	0,5 cbm/s bei Q_R < 800 cbm/s ⇐ Q_{max} = 2,74 cbm/s ⇒	0,9 cbm/s bei Q_R > 390 cbm/s 1,5 cbm/s bei Q_R > 1.060 cbm/s	analog Marckolsheim zuzüglich Speisung von zwei Altrheinarmen mit Rücklauf oberhalb der Staustufe Straßburg
Straßburg	0,5 cbm/s bei Q_R < 800 cbm/s 1,0 cbm/s bei Q_R > 800 cbm/s	--	20 bis 60 cbm/s für ökologische Flutungen

Im Laufe der Jahre wurde ab Breisach ein durchgehender Althreinzug zur Speisung des Grundwassers und Überflutung des Waldes, zur Grundwasseranreicherung, aber auch zur Verbesserung der forstwirtschaftlichen Situation geschaffen. Durch Querriegel ist es möglich, in entsprechenden Zeitabständen großflächige Überflutungen vorzunehmen, um die oben beschriebenen Ziele zu erreichen. Um der Verschlammung des Altheines vorzubeugen, können bei Wasserfüllungen > 1.500 cbm/s im Rhein zu 10 cbm/s zur Spülung entnommen werden; desgleichen sind im Bereich des Kulturwehres Kehl/Straßburg ökologische Flutungen zulässig. Diese sollen dazu beitragen, den bestehenden Waldbestand mit seiner Ökologie besser auf die Einstau der Polder im Rahmen des Hochwasserschutzes vorzubereiten.

Die zahlreichen Bauwerke, Durchlässe und Stauvorrichtungen wurden von der Wasser- und Schiffahrtsverwaltung als Auftragsverwaltung des Landes gebaut und später in die Unterhaltungslast des Landes überführt. Lange bestand jedoch Unklarheit über die Kostentragung dieser Maßnahmen. Der Bund war als Vertragspartner gegenüber Frankreich pflichtig, die schadensverhütenden Maßnahmen auf deutschem Hoheitsgebiet durchzuführen und Frankreich von den Kosten freizustellen, jedoch war diesbezüglich zwischen dem Bund und dem Land noch keine vertragliche Regelung getroffen. Es bestanden zwar vorläufige Modalitäten über eine Kostenteilung, jedoch eine endgültige Regelung konnte erst in den Verwaltungsabkommen vom Dezember 1971 zwischen dem Bund und dem Land geschaffen werden, nachdem auf der Strecke zwischen Breisach und Kehl die meisten Anlagen am Rhein – mit Ausnahme der Staustufe Straßburg – geschaffen oder im Bau waren. In dem Abkommen wurden folgende Kostenschlüssel festgelegt:

Maßnahme	**Kostenanteile**	
	Bund	**Land**
Grundwasserstützende Maßnahmen	2/3	1/3
Abwassermaßnahmen ohne Breisgauer Bucht	2/3	1/3
Abwassermaßnahmen Breisgauer Bucht	7/12	5/12
Hochwasserschutzmaßnahmen	41,5 %	58,5 %
Staustufen Gambsheim und Iffezheim	70 %	30 %

Um auch die Unterhaltung und den Betrieb des durchgehenden Altrheinzuges, der in Breisach beginnt und in Kehl endet, mit den zahlreichen Regelungsbauwerken sicherzustellen, hat das Land Baden-Württemberg im Jahre 1978 den durchgehenden Altrheinzug zum Gewässer I. Ordnung erklärt und somit auch gegenüber den Gemarkungsgemeinden zum Ausdruck gebracht, daß es Aufgabe des Landes ist, die wasserwirtschaftlichen landeskulturellen und ökologischen Gesichtspunkte der Oberrheinebene und der Auwälder als ein zusammenhängendes Geflecht zu sehen und den Betrieb und die Unterhaltung in eigener Verantwortung zu übernehmen.

Und wenn nach dem Ausbau des Rheins zwischen Basel und Straßburg, der Ende 1973 abgeschlossen werden konnte, in dem neuen Vertrag von 1970, der den Ausbau des Rheins zwischen Kehl/Straßburg und Neuburgweier/Lauterburg regelt, in der Präambel der Satz steht:

In der Erkenntnis, daß es im Interesse beider Staaten liegt, den Rhein zwischen Kehl/Straßburg und Neuburgweier und Lauterburg gemeinsam auszubauen und zu diesem Zweck einen Vertrag schließen, hat sich der mühevolle, dornenreiche, ja auch manchmal fast aussichtslose Weg gelohnt, um zum Ziel zu kommen: *„Ein Rhein – zwei Ufer – und eine gemeinsame Lösung."*

Anmerkung

1 BGBl. 1956, Teil II, S. 1864 ff.
2 Aktenvermerke des Regierungspräsidiums Südbaden über die Zusammensetzung der Ausschüsse A und B vom 01.04. und 02.04.1957

Literaturverzeichnis

Protokoll über die 16. öffentliche Sitzung der 1. Kammer des Badischen Landtages vom 13.05.1898

Auszug aus dem Friedensvertrag von Versailles vom 28.06.1919

Vertrag über die Eingliederung des Saarlandes in die Bundesrepublik Deutschland vom 27.10.1956 (BGBl. 1956, Teil II, S. 1593)

Vertrag über den Ausbau des Oberrheins zwischen Basel und Straßburg vom 27.10.1956 (BGBl. 1956, Teil II, S. 1864)

Vertrag über den Ausbau des Rheins zwischen Kehl/Straßburg und Neuburgweier/Lauterburg (BGBl. 1970, Teil II, S. 727)

Begründung des unter Nr. 4 aufgeführten Vertrages zur Beschlußfassung durch den deutschen Bundestag am 22.12.1956, S. 13 bis 16

Wasserwirtschaftliche Maßnahmen längs des Rheins von Märkt bis Kehl von Prof. Dr. Ing. Jäger Teil I – Untersuchung März 1952; Teil II – Vorschläge September 1952

Bericht über den Rheinseitenkanal vom 15.02.1954 des interministeriellen Ausschusses für Fragen des Rheinseitenkanals

Von der „badischen Außenpolitik" zur grenzüberschreitenden Zusammenarbeit des Landes Baden-Württemberg

Conrad Schroeder

Die besondere Grenzlage des badischen Landesteils

Baden-Württemberg hat insgesamt einen Grenzraum von rund 1.651 km. Die Binnengrenzen zu Bayern, Hessen und Rheinland-Pfalz betragen 1.134 km. Demgegenüber sind rund ein Drittel der Landesgrenzen mit 517 km Länge unmittelbare Auslandsgrenzen, einmal zur Schweiz und zum andern zu Frankreich. Gegenüber der Schweiz hat die Grenze zugleich das Merkmal einer Außengrenze der Europäischen Gemeinschaft zu einem „Drittstaat". Zwischen Frankreich und Baden-Württemberg besteht eine EU-Binnengrenze mit dem zusätzlichen gemeinsamen Kriterium als „Schengenland". Geographisch konzentriert sich die Auslandsgrenze auf den Süden und Südwesten des Landes. Sie reicht vom Bodensee bei Konstanz über den Hochrhein nach Basel und von dort entlang des Oberrheins bis Lauterbourg unterhalb von Straßburg. Diese Auslandsgrenzen ziehen sich somit allein entlang des Gebietes des ehemaligen Landes Baden.

Regional konzentrierte sich die landespolitisch markante Situation der Auslandsgrenzen mit Frankreich und der Schweiz bis zur Gebietsreform der staatlichen Mittelinstanzen in Baden-Württemberg im Jahr 1973 ausschließlich auf den Regierungsbezirk Südbaden, der bis dahin gebietsmäßig deckungsgleich war mit dem Bundesland Baden, wie es auf Grund der französischen Besatzungszone nach 1945 mit der Landeshauptstadt Freiburg entstanden war. Württemberg war demgegenüber „reines Binnenland" ohne „Auslandsberührung". Nordbaden erlangte erst nach der Gebietsreform von 1973 mit 37,8 km einen unmittelbaren Anstoß an die französische Grenze. Der Regierungsbezirk Südwürttemberg ist nach der Gebietsreform von 1973 mit 52 km im Bereich des ehemaligen Landkreises Überlingen mit einem Bodenseeanstoß an den Auslandsgrenzen beteiligt. Mit 93 % der gesamten Länge an den Auslandsgrenzen zu Frankreich und der Schweiz hat der heutige Regierungsbezirk Freiburg immer noch den „Löwenanteil" an den Auslandsgrenzen des Landes Baden-Württemberg. Damit ist dieser Regierungsbezirk nach wie vor von der grenzüberschreitenden Situation zu Frankreich und der Schweiz in einer besonderen Weise bestimmt.

Die Grenzsituation wird im Bereich des heutigen Regierungsbezirks Freiburg zusätzlich zur Grenzlänge noch besonders geprägt durch die grenzübergreifend ausgelegten und zunehmend zusammenwachsenden Agglomerationsräume Konstanz/Kreuzlingen, die trinationale Agglomeration Basel/Lörrach/Weil/Huningue/St. Louis und die deutsch-französische Agglomeration Straßburg/Kehl.

Hinzu kommen drei Grenzübergänge im Bereich des Regierungsbezirks Freiburg, die nach den Verkehrsstatistiken zu den meistbefahrenen Grenzübergangsstellen der Bundesrepublik Deutschland zählen: die Europabrücke Straßburg/Kehl, der Autobahnübergang Weil-Otterbach bei Basel und Konstanz-Kreuzlingen.

Die historischen Vorgaben und Entwicklungen der grenzüberschreitenden Zusammenarbeit

Die geographische Lage des badischen Landesteils entlang des Oberrheins, des Hochrheins und Teilen des Bodensees hat über Jahrhunderte die geschichtliche und politische Entwicklung maßgeblich bestimmt. Die engen geschichtlich gewachsenen grenzüberschreitenden Kontakte ins benachbarte Elsaß und in die Schweiz waren infolge der Nazidiktatur, durch den zweiten Weltkrieg und die Besatzungszeit nach 1945 politisch, wirtschaftlich und kulturell auf den absoluten „Nullpunkt" abgesunken. Dieser Tiefpunkt der Beziehungen in den ersten Nachkriegsjahren saß überall, insbesondere aber im badischen „Grenzland" wie ein Schock.

Die menschlichen Beziehungen und kulturellen Bindungen am Oberrhein, Hochrhein und am Bodensee waren jedoch nicht erloschen und weiterhin vorhanden. Sie lebten alsbald nach Kriegsende wieder auf. Trotz ideologischen Missbrauchs durch die Nazis war ein „alemannisches Heimatgefühl" weiterhin vorhanden. Der Schweizer Nobelpreisträger für Literatur Hermann Hesse drückte es in seinem „Alemannischen Bekenntnis" so aus: „Für mich war Heimat zu beiden Seiten des Oberrheins."

Alemannisches Heimatgefühl und kulturelle Zusammengehörigkeit, die nicht nach nationalen Landesgrenzen fragen, waren Empfinden, die am ehesten zunächst humanitäre Aspekte eröffneten. Da war das Verhältnis der neutralen Schweiz zur badischen Nachbarschaft natürlich einfacher und unbelasteter als zum benachbarten Elsaß. Ältere Bürgerinnen und Bürger im Markgräflerland bis nach Freiburg erinnern sich noch heute lebhaft an die Schweizer Kinder- und Schülerspeisung in den schlimmen Hungermonaten nach Ende des zweiten Weltkriegs, die unschätzbare menschliche Hilfe leistete. Die organisierten karitativen und individuellen „Liebespakete" und die unvergessenen ersten Grenzöffnungen 1947 beim Hebelfest in Lörrach oder beim Fridolinsfest in Bad Säckingen brachten nicht nur ein Wiedersehen von Familien, sondern Zehntausende von Schweizer Bürgern strömten in die deutschen Nachbarorte und brachten nötige kostbare Lebensmittel zu den notleidenden Nachbarn auf der badischen Seite.

Ein besonderes Symbol einer jahrhundertelangen freundschaftlichen Nachbarschaft und Solidarität waren auch umfassende Ziegelspenden aus Basel für das beim Luftangriff auf Freiburg am 27. November 1944 schwer beschädigte Münsterdach.

Aber auch aus Frankreich kamen erste Zeichen einer „geistig humanitären Hilfe". Es waren gerade ehemalige französische Kriegsgefangene, die selbst erfahren konnten, daß die Verbrechen der Nazis gegen die Menschlichkeit nicht gleichermaßen pauschal den Deutschen angelastet werden durften. Teilweise selbst in deutschen Lagern schwer mißhandelt, hatten sie auch Einblick in die innere Situation des nazistischen Gewaltregimes gewonnen. Beispielhaft soll hier der angesehene heutige Publizist Professor Rovan, der Verfasser einer „Geschichte der Deutschen", angeführt werden.

Zu den am Oberrhein unvergessenen Hoffnungsträgern und Pionieren einer frühen Verständigung zählt insbesondere auch der spätere Bürgermeister von Colmar Joseph Rey. Diese eindrucksvolle Persönlichkeit war ein echter Zeitzeuge der wechselhaften und dramatischen Geschichte der deutsch-französischen Beziehungen. Er saß zusammen mit dem späteren Freiburger Regierungspräsidenten Anton Dichtel, der als Gewerkschaftssekretär bei den Nazis mißliebig geworden war, in einem Freiburger Gefängnis. Nach Kriegsende und Befreiung reichte Joseph Rey als einer der ersten aus Frankreich die versöhnende Hand über die Grenze und knüpfte beispielgebende Beziehungen, noch in einer Zeit, in der Zusammenarbeit mit den Deutschen in Frankreich geächtet und offiziell unterdrückt war. Rey setzte sich mutig darüber hinweg. Anton Dichtel und die nachfolgenden Freiburger Regierungspräsidenten Hermann Person, Norbert Nothhelfer, wie auch der Autor dieses Beitrags, ebenso wie der langjährige Freiburger Oberbürgermeister Eugen Keidel, Landrat Emil Schill und zahlreiche andere deutsche Mandatsträger pflegten zeitlebens mit Joseph Rey enge freundschaftliche Beziehungen. Aus dieser persönlichen und politischen Freundschaft erwuchsen bereits Mitte der 50er Jahre erste offizielle Kontakte. 1956 rief Joseph Rey regelmäßige Zusammenkünfte deutscher und französischer Bürgermeister aus dem Raum Freiburg und Colmar ins Leben und begründete 1964 auf der Basis des elsässischen Vereinsrechts eine institutionalisierte Form der kommunalen Zusammenarbeit, die sogenannte Interessengemeinschaft Mittleres Elsaß-Breisgau (CIMAB – Communauté d'Interêts moyen Alsace-Brisgau).

Neue Wege der grenzüberschreitenden Zusammenarbeit im Zeichen der deutsch-französischen Aussöhnung und auf dem Weg nach Europa: Politische Signale für eine Neuorientierung der Politik

Als markanter politischer Wendepunkt der Nachkriegszeit wird von Zeitzeugen immer wieder die historische Rede zitiert, die Winston S. Churchill am 19. September 1946 in Zürich gehalten hat und in der er die Vision der „Vereinten Staaten von Europa" verkündete.

General de Gaulle im besetzten Freiburg 1945
(Vorlage: Stadtarchiv Freiburg i.Br., Sign. M731/51/8A-9)

Auf französischer Seite war ein großer Hoffnungsträger auf diesem schwierigen und steinigen Weg kein geringerer als General de Gaulle, der in seinen Ansprachen vor dem französischen Militär aber auch vor Deutschen bereits unmittelbar nach der Besetzung Deutschlands seinen Respekt und seine Aufgeschlossenheit ausdrückte. Diese Signale der Verständigungsbereitschaft von Siegerseite waren in dieser Weise nicht erwartet worden. Wenige Jahre später rissen junge Badener am Rhein Grenzanlagen ein und bauten Schlagbäume an den Zollübergängen ab, um ihrer ungestümen europäischen Gesinnung sichtbar Nachdruck zu verleihen. In Breisach, einer Stadt die durch das Kriegsgeschehen der letzten Kriegstage des Zweiten Weltkriegs völlig zerstört und fast ausgelöscht wurde, votierten bei einer von der Europa-Union durchgeführten Abstimmung am 9. Juli 1950 95,6 % der Wähler bei einer Wahlbeteiligung von 87,5 % für eine Aussöhnung mit Frankreich und einen europäischen Bundesstaat.

Kulturelle Begegnungen als Vorstufe für politische Zusammenarbeit im kommunalen und staatlichen Bereich

Kulturelle Begegnungen der unterschiedlichsten Art und gesellschaftliche Kontakte bereiteten den Boden für zunächst inoffizielle Kooperationen kommunaler Stellen und später auch staatlicher Institutionen. So entwickelte als eines von vielen Beispielen der „Hebelpreis", der von badischer Seite an Dichter und Schriftsteller aus dem alemannischen Raum des südlichen Baden und Oberschwaben, aus dem Elsaß, der Schweiz, dem bayerischen Regierungsbezirk Schwaben und aus Voralberg vergeben werden sollte, sich zu einem ganz wesentlichen Element von gemeinsamen grenzüberschreitenden Aktivitäten. Dieser seit 1936 bestehende badische Staatspreis, der nach Kriegsende vom Land Baden und später vom Land Baden-Württemberg fortgeführt wurde, hat hochkarätige und über die alemannische Landschaft hinaus angesehene Preisträger wie Albert Schweitzer, Carl Jakob Burckhardt, Robert Minder und André Weckmann.

Nach zunächst behutsamer Öffnung der Grenzen entwickelten die Deutschen einen regelrechten „Kulturhunger". In Freiburg wird durch den französischen Staat bereits 1946 das erste Institut Francais auf deutschem Boden gegründet. Dieses und andere kulturelle Einrichtungen erlebten mit Vorträgen, Kunstausstellungen, Theatern und Sprachkursen einen außerordentlichen Zulauf. Sobald mit einem „Tagesvisum" wieder Besuche in der Schweiz und im Elsaß möglich wurden, erfuhren die Museen in Basel und andere kulturelle Einrichtungen in den benachbarten Schweizer Städten einen starken deutschen Besucherstrom. Der weltberühmte „Isenheimer Altar" in Colmar, das Straßburger Münster, folkloristische Schönheiten im Elsaß wie Riquewihr, die Hohkönigsburg, Eguisheim oder der Wallfahrtsort Kloster Mont St. Odile in den Vogesen zogen Besucher aus der badischen Nachbarschaft an und bauten damit gleichzeitig auch die „Hemmschwelle" für eine administrative und politische Zusammenarbeit zunehmend ab. So ist die kulturelle Begegnung mit den Nachbarn auch zu einem wertvollen Wegbereiter für offizielle Kontakte geworden.

Der Beginn kommunaler Partnerschaften

Aus den persönlichen Begegnungen der Menschen entstand zunehmend der Wunsch nach einer verstetigten und verfestigten Form der grenzüberschreitenden Zusammenarbeit. Es begann die Zeit der kommunalen Partnerschaften. Als eine der ersten Partnerschaften wurde bereits 1957 zwischen den beiden Kurorten und Heilbädern Badenweiler und Vittel eine Partnerschaft begründet. Die Städtepartnerschaft zwischen Freiburg und Besançon in der Franche Comté entstand 1957. Zahlreiche andere Städte und Gemeinden folgten. Zwischen deutschen, französischen, schweizerischen, aber auch Gemeinden in anderen europäischen Staaten entstanden partnerschaftliche Verbindungen als Zeichen des Aufbruchs, der Aussöhnung und Freundschaft. Erwähnenswert ist in diesem Zusammenhang auch, daß in der ersten Phase der kommunalen Partnerschaften zwischen badischen und elsässischen Städten noch eine gewisse „Berührungsangst" erkennbar war, die mit der historischen Hypothek erklärt werden kann. Deshalb gibt es eine Reihe von Partnerschaften zwischen badischen und räumlich sehr entfernten französischen Gemeinden am Mittelmeer und am Atlantik. In jüngster Zeit sind neue zusätzliche Partnerschaften in unmittelbarer Nachbarschaft über den Rhein entstanden, wie z.B. Breisach-Neuf Brisach oder Hartheim-Fessenheim. Die neue „unbelastete"

Qualität der politischen Zusammenarbeit im direkten Gegenüber wird immer mehr erkennbar.

Heute gibt es geradezu ein „Netzwerk" von kommunalen Partnerschaften. Baden-Württemberg verzeichnet über 400 kommunale Partnerschaften zwischen deutschen, französischen und schweizer Gemeinden. Der Regierungsbezirk Freiburg bildet dabei einen Schwerpunkt. Neben den Kommunalpartnerschaften erhalten zunehmend auch Kooperationen und partnerschaftliche Beziehungen zwischen Wirtschafts- und Berufsverbänden, Kammern, Kultureinrichtungen wie Theatern und Museen, Medien u.a. Bedeutung. Diese gesamte Breite der Zusammenarbeit war der Boden für die spätere staatliche grenzüberschreitende Zusammenarbeit.

Projektbezogene grenzüberschreitende Zusammenarbeit

Bis zur Gründung der Bundesrepublik Deutschland wurden die mit der Grenzsituation zusammenhängenden Probleme und Aufgaben in der französischen Besatzungszone zunächst von der französischen Militärverwaltung und nach der Gründung des selbständigen Landes Baden von der Badischen Landesregierung im Einvernehmen mit den französischen Behörden wahrgenommen.

Ab 1949 gab es für die nationalen grenzüberschreitenden Belange eine Kompetenz der Bundesrepublik Deutschland. Die zuständigen Bundesorgane, insbesondere das Auswärtige Amt, die Bundesministerien für Finanzen, Inneres und für Verkehr wurden in grenzüberschreitenden Problemen initiativ. Die in Freiburg eingerichtete Oberfinanzdirektion übernahm als „Doppelbehörde" für Bund und Land die Erledigung zahlreicher „Grenzlandfragen". Der 1. Deutsche Bundestag richtete einen eigenen „Grenzlandausschuß" ein.

Die vordringlichsten ersten Aufgaben der Nachkriegsjahre im nationalen und regionalen staatlichen Bereich des Landes Baden waren die Wiederherstellung der durch die Kriegshandlungen zerstörten grenzüberschreitenden Infrastruktur wie unterbrochene Eisenbahn- und Straßenbrücken über den Rhein. Ebenso waren die Rheinanliegerstaaten lebhaft daran interessiert, daß die unterbrochene Rheinschiffahrt so schnell wie möglich wieder in Gang kam.

Es ist hier durchaus erwähnenswert, daß Ergebnisse der grenzüberschreitenden Aktivitäten der badischen Staatsregierung unter Leo Wohleb in schwieriger Nachkriegszeit teilweise noch heute in Kraft sind wie z.B. das „Kehler Hafenabkommen". Dieses war für das heutige Land Baden-Württemberg die rechtliche Grundlage um in jüngster Zeit den politisch und wirtschaftlich zukunftsweisenden Kooperationsvertrag mit dem Hafen Straßburg abzuschließen zu können.

Die grenzüberschreitende Zusammenarbeit nach Entstehen des Landes Baden-Württemberg

Nach Bildung des Landes Baden-Württemberg sind nicht nur die geographischen Gewichte vom Rhein nach Osten verlagert worden, sondern auch die politischen Schwerpunkte. Auch der Blick für die Grenzsituation am Rhein ist, jedenfalls zunächst, ins Hintertreffen geraten. Der erste Ministerpräsident des Landes Baden-Württemberg Reinhold Maier hat bei der ersten Regierungsbildung im Jahr 1952 offen zugegeben, daß er als aus Württemberg kommender „Binnenländer" keinen Blick für die daraus entspringenden „neuartigen" Staatsaufgaben gehabt habe.

Für die grenzüberschreitende Zusammenarbeit mit Frankreich und der Schweiz war die Bildung von Regierungspräsidien ein Glücksfall. Das südbadische Regierungspräsidium konnte dabei auf Grund der dargestellten Vorgaben und Entwicklungen die zuvor von der Badischen Landesregierung unter Leo Wohleb begonnenen grenzüberschreitenden Kontakte fortführen und politisch gleichsam in die „Fußstapfen der badischen Außenpolitik" treten. Der Rechtsstatus der Regierungspräsidien war dabei natürlich ein geringerer. Auf der anderen Rheinseite standen mächtige und selbstbewußte Präfekten in Straßburg und Colmar, auf Schweizer Seite gab es als unmittelbare Nachbarn sechs Kantone, die als eigenständige Staaten mit Kantonsparlamenten und Regierungen auftreten konnten. Im Regierungspräsidium in Freiburg waren vielfach frühere Beamte aus den badischen Ministerien weiterhin mit grenzüberschreitenden Aufgaben betraut, auch konnten die südbadischen Regierungspräsidenten von Anfang an mit dem politischen Rückhalt aus der Landschaft rechnen, wenn sie sich weiterhin um gute politische, administrative und vor allem persönliche Kontakte zu den französischen und schweizer Nachbarn bemühten. Die Regierungspräsidenten Anton Dichtel, Hermann Person und Norbert Nothhelfer scheuten dabei auch nicht ein gewisses eigenständiges Handeln, das nicht immer mit Stuttgart abgestimmt war und deshalb auch zu gelegentlichen internen Konflikten mit der Landesregierung führen mußte.

Außer der bereits erwähnten CIMAB war in den 50er und 60er Jahren die Zeit noch nicht reif für eine allgemeine regionale institutionalisierte grenzüberschreitende Zusammenarbeit am Oberrhein und auch am Hochrhein. Der Bedarf an einer kontinuierlichen Zusammenarbeit am Oberrhein wurde jedoch spätestens 1952 mit dem Ausbau des Rheinseitenkanals (Grand Canal d'Alsace) erkennbar. Mit besonderer Sorge wurde von deutscher Seite auch die zunehmende Ansiedlung chemischer Industrie bei Chalampé-Ottmarsheim betrachtet. Der Bau eines französischen Kernkraftwerkes bei Fessenheim unmittelbar am Rhein gelegen führte auf deutscher Seite zu besonders massiver Kritik. Gegen den damaligen Regierungspräsidenten Hermann Person richteten sich sogar heftige Demonstrationen vor dem „Basler Hof", dem Dienstsitz des Freiburger Regierungspräsidenten, weil er im Zusammenhang mit dem Kernkraftwerk Fessenheim für die deutsche Bevölkerung eine vorsorgliche Katastrophenplanung auf den Weg brachte.

Hermann Person berichtet, daß er als Repräsentant der südbadischen Landschaft eine kontinuierliche grenzüberschreitende Nachbarschaftspolitik aufbauen wollte. Im Sommer 1968 startete er einen Anlauf und lud die elsässischen Präfekten und Souspräfekten mit den südbadischen Landräten zu einem Treffen nach Schloß Bürgeln ins Markgräflerland ein. Es gab auch, so wird berichtet, einen guten Meinungsaustausch der anstehenden Probleme. Regierungspräsident Hermann Person war dadurch so ermutigt, daß er das Zusammentreffen gleichsam einen neuen „Conseil Rhénan" nannte. Dies führte auf französischer Seite offenbar zu Mißverständnissen. Nach dem Treffen in Bürgeln herrschte für 2 Jahre „Funkstille" über den Rhein.

Deutsch-französische „Sternstunden" für die grenzüberschreitende Zusammenarbeit

Am 14. September 1958 traf sich der deutsche Bundeskanzler Konrad Adenauer mit dem Präsidenten der Republik Frankreich General de Gaulle in Colombey-les-deux-Eglises. Von den beiden Staatsmännern wurden weitgehende Zukunftsvorstellungen für die deutsch-französische Zusammenarbeit entwickelt. Hierzu gehörte ein deutsch-französischer Freundschaftsvertrag, die Einrichtung eines deutsch-französischen Jugendwerkes, die Absprache regelmäßiger Regierungstreffen und eine gemeinsame Sicherheits- und Verteidigungspolitik. Der deutsch-französische Freundschaftsvertrag trat am 22. Januar 1963 in Kraft. Die neue Dimension des deutsch-französischen Verhältnisses wurde durch die historische Begegnung von Adenauer und De Gaulle in der Kathedrale von Reims unterstrichen. Hiervon ging eine große Signal- und Symbolkraft aus. Der Freundschaftsvertrag förderte die Zusammenarbeit auf allen Ebenen, insbesondere auch im regionalen Bereich am Oberrhein.

Einen weiteren beachtlichen regionalen Impuls für die grenzüberschreitende bi- und trinationale Zusammenarbeit am Oberrhein brachte das Treffen des französischen Präsidenten Mitterand mit Bundeskanzler Helmut Kohl und dem schweizer Bundespräsidenten Delamuraz am 15. Dezember 1989 beim „Basler Gipfel". Diese Begegnung zählt ebenfalls zu den „großen Stunden" auf den Wegen zu einer koordinierten Verzahnung der Zusammenarbeit in der Dreiländerecke und am Oberrhein. Die dort unterschriebene spezifische „Déclaration tripartite" war eine starke Ermunterung und wegweisende Aufforderung, die trinationale grenzüberschreitende Zusammenarbeit intensiv fortzusetzen. Dabei wurde von den führenden Staatsmännern eine Unterstützung durch die jeweilige nationale Regierung zugesichert.

Mit der Legitimation und Ermunterung dieser Basler Deklaration verstärkten alle regionalen Partner insbesondere im Dreiländereck, aber auch entlang des gesamten Oberrheins und Hochrheins die Realisierung von gemeinsamen Projekten der grenzüberschreitenden Infrastruktur.

Die Institutionalisierung der grenzüberschreitenden Zusammenarbeit:
Die Conférence tripartite

Von 1971 bis 1975 gab es im Süden des Oberrheingebietes zweimal jährlich ein Treffen der Chefs der Verwaltungen zur „Conférence tripartite permanente de coordination régionale". Auf der Arbeitsebene wurden diese Konferenzen durch die sogenannte „PIK-Runde" (Periodische Internationale Koordinierungsrunde) vorbereitet und organisiert. In erster Linie ging es hierbei um den gegenseitigen Austausch von Informationen.

Das Bonner Abkommen vom 22. Oktober 1975

Der Notwendigkeit, durch zwischenstaatliche Vereinbarungen die grenzüberschreitende Zusammenarbeit kontinuierlich zu verbessern und das räumliche Einzugsgebiet für gegenseitige Abstimmungen festzulegen, wurde durch das Bonner Abkommen vom 22. Oktober 1975 Rechnung getragen. Das Abkommen wurde zwischen den Regierungen Deutschlands, Frankreichs und der Schweiz geschlossen und institutionalisierte bereits eingespielte Verfahren. Es schuf einen stabilen Kooperationsrahmen für die grenzüberschreitende Zusammenarbeit. Im einzelnen führte das Abkommen zur Festlegung des Mandatsgebiets. Dieses umfaßt:

- die Kantone Basel-Stadt und Basel-Landschaft,
- vom Land Baden-Württemberg das Gebiet Mittlerer Oberrhein und den Landkreis Lörrach, vom Land Rheinland-Pfalz die Region Südpfalz,
- die Région Alsace (Departements Bas-Rhin und Haut-Rhin).

Außerdem wurde eine dreiseitige Regierungskommission zur Prüfung und Lösung nachbarschaftlicher Fragen beschlossen und zwei Regionalausschüsse für den Süden und den Norden des Mandatsgebiets gebildet. Das Mandatsgebiet umfaßt immerhin eine Region mit rund 5 Millionen Einwohnern.

Die Regierungskommission hat sich im Rahmen ihres Aufgabengebietes vor allem mit den Themenbereichen Raumordnung, Verkehr, Umwelt, Gesundheit und Jugend befaßt. Die Regionalausschüsse wurden nach dem Bonner Abkommen für den Süden als dreiseitiger und für den Norden als zweiseitiger Ausschuß gebildet. Der dreiseitige Regionalausschuß bestand dabei aus einer deutschen, französischen und schweizerischen Delegation, die je 8 Mitglieder zählten, der zweiseitige Regionalausschuß bestand aus einer deutschen und einer französischen Delegation von jeweils 12 Mitgliedern. Zur Bearbeitung von Fachfragen wurden binationale und trinationale Arbeitsgruppen gebildet. Die behandelten Themen gehörten überwiegend den Bereichen Verkehr, Umwelt, Wirtschaftsförderung und Tourismus an.

Ab 1989 fanden gemeinsame Sitzungen der Regionalausschüsse statt.

Die Oberrheinkonferenz

Bei der dritten gemeinsamen Sitzung der Regionalausschüsse im Jahre 1991 in Liestal (Kanton Basel-Landschaft) wurde beschlossen, künftig nur noch gemeinsam und zwar unter der Bezeichnung „Deutsch-französisch-schweizerische Oberrheinkonferenz" zu tagen. Der Sitzung in Liestal kam für die weitere gemeinsame trinationale Zusammenarbeit in der Dreiländerecke und am Oberrhein historische Bedeutung zu. Es war die erste, an der der Verfasser als Regierungspräsident teilnahm.

Die Delegationsleitung für die Regionalausschüsse und später die Oberrheinkonferenz wechselte auf deutscher Seite zwischen den Regierungspräsidenten in Freiburg und Karlsruhe, die Sitzungsleitung für die Ausschüsse und Konferenzen selbst nahmen abwechselnd die deutsche, französische und schweizerische Seite wahr.

Die Oberrheinkonferenz hat sich zum zentralen grenzüberschreitenden Informations- und Koordinationsgremium am Oberrhein entwickelt. Im Rahmen des Bonner Abkommens von 1975 kann sie sich mit Fragen aller Art befassen, die von regionaler Bedeutung und grenzüberschreitendem Interesse sind. Als ein Gremium der Exekutive hat sie das Recht, von sich aus Probleme aufzugreifen, Lösungsvorschläge auszuarbeiten und so auch regionalpolitische Aspekte überregionaler Probleme zu behandeln. Von der Regierungskommission kann die Oberrheinkonferenz mit der Ausarbeitung von Vorschlägen und Entwürfen von Übereinkünften beauftragt werden. Das Plenum der Oberrheinkonferenz tagt zweimal jährlich.Die Oberrheinkonferenz setzt Arbeitsgruppen ein, deren Auftrag festgelegt wird. Danach gibt es Arbeitsgruppen für Wirtschaft, Verkehr, Umwelt, Kultur, Raumordnung, Erziehung und Bildung, Gesundheit, Drogen, Jugend, Katastrophenhilfe. Jede Arbeitsgruppe steht unter dem Vorsitz eines der drei beteiligten Länder. Die Vorsitzenden der Arbeitsgruppen erstatten dem Plenum der Oberrheinkonferenz jährlich mindestens einmal Bericht.

Die Attraktivität und Effizienz der Arbeit der Oberrheinkonferenz wird unter anderem daraus deutlich, daß der Kanton Aargau und der Landkreis Waldshut beantragt haben, in das Mandatsgebiet einbezogen zu werden. Am 14. Juni 1996 hat die Oberrheinkonferenz der Assoziierung des Kantons Aargau und des Landkreises Waldshut zugestimmt.

Mandatsgebiet der Oberrheinkonferenz
(Quelle: SESGARE, J.P. Jouhaud, 1999)

4. Das Gemeinsame Sekretariat der Oberrheinkonferenz

Zur weiteren Intensivierung und einer Kontinuität der Zusammenarbeit wurde am 6. März 1996 das Gemeinsame Sekretariat der Oberrheinkonferenz mit Sitz in Kehl am Rhein eingerichtet. Damit gaben die an der Oberrheinkonferenz beteiligten Partner sichtbar zum Ausdruck, daß die Zusammenarbeit künftig noch enger gestaltet und wichtige Fragen schneller gelöst werden sollten. Insbesondere sollen die Beschlüsse der Oberrheinkonferenz auch zwischen den Plenarsitzungen bearbeitet und umgesetzt werden. Jede Delegation hat einen ständigen Vertreter in das Gemeinsame Sekretariat entsandt.

Das Gemeinsame Sekretariat ist mit der Koordination und Unterstützung der über 40 Arbeitsgruppen und Expertenausschüsse betraut. Es erfolgt eine laufende Öffentlichkeitsarbeit. Das Gemeinsame Sekretariat ist ein weiterer Meilenstein in der nachbarschaftlichen Zusammenarbeit am Oberrhein. Durch die Unterbringung in der traditionsreichen „Villa Rehfus" in Kehl zusammen mit der deutsch-französischen Bürgerberatungsstelle INFOBEST und dem EURO-Institut, einer deutsch-französischen Bildungseinrichtung und einem „Kompetenzzentrum" für grenzüberschreitende Fragen ist dort ein beachtliches regionales „europäisches Haus" entstanden. Das Gemeinsame Sekretariat war zunächst als INTERREG-Projekt mit einer Laufzeit von 1995 bis 2001 konzipiert. Die Kofinanzierung erfolgt durch die Länder Baden-Württemberg und Rheinland-Pfalz, durch die Republik Frankreich, die Région Alsace, die Departements Bas-Rhin und Haut-Rhin, die Kantone Basel-Stadt, Basel-Landschaft und Aargau und die REGIO BASILIENSIS.

Zusammen mit der Einrichtung eines Gemeinsamen Sekretariates wurde auch eine Präsidentschaft für die Oberrheinkonferenz mit der Dauer eines halben Jahres entsprechend dem Kommissionsmodell der Europäischen Gemeinschaft beschlossen. Die jeweiligen Präsidenten der Oberrheinkonferenz, die im Wechsel aus dem Kreis der Delegationsleiter aus Deutschland, Frankreich und der Schweiz gewählt werden, überwachen die Arbeit des Gemeinsamen Sekretariats in fachlicher Hinsicht während ihrer jeweiligen Amtszeit.

Konkrete Erfolge der grenzüberschreitenden Zusammenarbeit: Die Rolle der Freiburger Regierungspräsidenten als „Außenminister"

Es gibt beachtliche staats-, verfassungsrechtliche und administrative Unterschiede zwischen den Partnern und Trägern der grenzüberschreitenden Zusammenarbeit am Oberrhein: auf der einen Seite das zentralistische Frankreich mit dem zunehmenden Selbstbewußtsein der Region Alsace, die föderative Schweiz mit ihren oftmals kleinen Kantonen, aber mit Staatscharakter und eigenen Parlamenten, und auf der anderen Seite die Regierungspräsidenten des Landes Baden-Württemberg als Vertreter der Landesregierung in Stuttgart. Aus der unterschiedlichen „Kleiderordnung" ist dem Freiburger Regierungspräsidenten nie ein Nachteil oder ein Problem entstanden. Über den gesamten Zeitraum von fast 50 Jahren hingen die Erfolge, Mißerfolge oder zeitweilige „Funkstille" entscheidend von Personen ab.

Das von Hermann Person eingerichtete Grenzlandreferat wurde unter Regierungspräsident Norbert Nothhelfer und dem Verfasser personell noch verstärkt und als „Stabsstelle für die grenzüberschreitende Zusammenarbeit" quasi eine eigene Koordinierungsabteilung innerhalb des Regierungspräsidiums und nach außen zu den deutschen und den ausländischen Verwaltungen.

Die Ministerpräsidenten des Landes Baden-Württemberg lernten die „Vorortarbeit“ in Freiburg zu schätzen und auch zu nutzen.

So war Ministerpräsident Hans Filbinger, langjähriger Landtagsabgeordneter für Freiburg, als „Badener in Stuttgart“ und als Koordinator für die deutsch-französischen Beziehungen ein starker Motor für „gutnachbarliche Beziehungen“. Ebenso hat Ministerpräsident Lothar Späth zusammen mit Regierungspräsident Norbert Nothhelfer in starkem Umfang grenzüberschreitende Aktivitäten entwickelt, Dreiländerkongresse initiiert, und grenzüberschreitende Projekte wie das CENTRE in Colmar, als Managementzentrum für die Wirtschaft am Oberrhein, mitgegründet. Ministerpräsident Erwin Teufel weist immer wieder darauf hin, wie hoch Baden-Württemberg die Bedeutung der grenzüberschreitenden Zusammenarbeit einschätze. So ist 1995 in der Landesverfassung festgeschrieben worden, Baden-Württemberg als „lebendiges Glied der Bundesrepublik Deutschland in einem vereinten Europa, dessen Aufbau föderativen Prinzipien entspricht, zu gestalten und an der Schaffung eines Europa der Regionen sowie der Förderung der grenzüberschreitenden Zusammenarbeit aktiv mitzuwirken“. Erwin Teufel engagiert sich demgemäß auch in besonderem Maß im Ausschuß der Regionen Europas an führender Stelle. In der grenzüberschreitenden Zusammenarbeit am Oberrhein, Hochrhein und am Bodensee hat sich Erwin Teufel stets auf die besondere Kenntnis und die Leistungsfähigkeit des Freiburger Regierungspräsidiums in der grenzüberschreitenden, nachbarfreundlichen und effektiven Arbeit verlassen und auch verlassen können. Er hat dabei auch die Freiburger Regierungspräsidenten in seine eigenen grenzüberschreitenden politischen Aktivitäten nach Frankreich und der Schweiz eingebunden und damit auch deren Ansehen in der französischen und schweizerischen Nachbarschaft wertvoll gestärkt.

Ergebnisse aus der Arbeit der Oberrheinkonferenz

Aus der großen Zahl von wichtigen Themen, die durch die Oberrheinkonferenz in den letzten 25 Jahren behandelt, und Ergebnissen, die auf den Weg gebracht werden konnten, sollen hier nur beispielhaft einige wenige genannt werden:

- Die Erstellung eines gemeinsamen oberrheinischen Orientierungsrahmens, der als Grundlage für grenzüberschreitende raumordnerische Maßnahmen dienen soll,
- die gegenseitige Unterrichtung über Planungs- und Umweltschutzvorhaben,
- der Kooperationsverbund der lehrerbildenden Hochschulen und Seminare am Oberrhein, der erstmals die Ausbildung zweisprachiger Lehrerinnen und Lehrer (Euregio-Europalehrer) ermöglicht,
- der Zusammenschluß der 7 Universitäten am Oberrhein zu einem Verbund zur Förderung des Wissenschafts-, Forschungs- und Studentenaustauschs (EUCOR),
- die trinationale Ingenieurausbildung, die seit 1997 Studenten aus dem Oberelsaß, dem Raum Basel und Lörrach zusammenführt,
- die Einführung eines Euregio-Zertifikates, mit dem junge Lehrlinge einen Teil ihrer Ausbildung im Nachbarland absolvieren und sich somit über die nationalen Grenzen hinaus qualifizieren können,
- die Einführung eines deutsch-französischen Oberrhein-Schulbuches,

- ein „Oberrheinischer Museumspaß“ für über 100 Museen in Deutschland, Frankreich und der Schweiz am Oberrhein,
- Herausgabe eines „Deutsch-französisch-schweizerischen Kulturhandbuches“ und Verstärkung des „Oberrheinischen Theateraustausches“,
- erfolgreiche Initiativen für grenzüberschreitende Projekte des Schienen-, Strassen-, Güter- und Luftverkehrs wie z.B. den „Métro-Rhin“ zwischen Straßburg, Kehl und Offenburg, die Regio-S-Bahn Mulhouse-Basel-Laufenburg-Fricktal (Schweiz), durchgehende Nahverkehrszüge Offenburg-Freiburg-Basel, Badischer Bahnhof bis Basel SBB und die Wiedereröffnung der stillgelegten Schienenstrecken zwischen Wissembourg bzw. Lauterbourg und Wörth für den Personennahverkehr mit Einbindung in den Karlsruher Verkehrsverbund,
- die Öffnung des Grenzübergangs zwischen dem französischen und schweizer Sektor des EURO-AIRPORTS Basel-Mulhouse-Freiburg.

Die Rolle der europäischen Gemeinschaftsinitiative INTERREG

Der europäische Integrationsprozeß hat die Arbeit der Oberrheinkonferenz und alle weiteren grenzüberschreitenden Aktivitäten am Oberrhein, Hochrhein und am Bodensee in einer besonderen Weise gefördert und beschleunigt. Die Gemeinschaftsinitiative INTERREG spielt hierbei seit 1990 eine zentrale Rolle. Mit Hilfe der INTERREG-Programme I (1990-1993) und INTERREG II (1994-1999) konnten allein am Oberrhein binational und trinational über 200 Projekte verwirklicht werden. Ein großer Teil davon sind Projekte der Oberrheinkonferenz. Ungeachtet des Status der Schweiz als Nichtmitglied der Europäischen Union konnten zahlreiche INTERREG-Projekte am Oberrhein, insbesondere in der Dreiländerecke zusammen mit der Schweiz auf den Weg gebracht werden. Dies gilt auch für den Bereich des Hochrheins und des Bodensees. Die Bundesregierung in Bern stellt für INTERREG-Projekte, an denen sich Schweizer Grenzkantone beteiligen, erhebliche Mittel zur Verfügung.

Für die Umsetzung der europäischen Gemeinschaftsinitiative INTERREG bestehen drei Programmgebiete: neben PAMINA im Norden der Bereich „Oberrhein Mitte-Süd“ bis zur Dreiländerecke und von dort nach Osten das Programmgebiet „Alpenrhein-Bodensee-Hochrhein“. Seit dem Beitritt von Österreich zur Europäischen Union ist auch die Alpenrepublik Partner des zuletzt genannten Programmgebiets. Die Wiener Bundesregierung beteiligt sich dabei unmittelbar aktiv in diesem Bereich, so daß gelegentlich durchaus Erinnerungen an historische „vorderösterreichische“ Beziehungen aufkommen mögen. Das INTERREG-Projekt „Auf den Spuren der Habsburger“ war demnach mehr als nur eine „touristische oder kulturelle Reiseroute“.

Für alle drei Programmbereiche wurden INTERREG-Begleitausschüsse und Arbeitsgruppen geschaffen. Die Freiburger Regierungspräsidenten haben seit Beginn der INTERREG-Initiative als Vorsitzende für den Begleitausschuß des Programmgebiets Oberrhein Mitte-Süd eine führende Rolle eingenommen und auch in den anderen Programmgebieten die Arbeit an den INTERREG-Programmen gestaltend begleitet. Die Stabsstelle des Regierungspräsidiums Freiburg war mit den erfahrenen Referenten und Sachbearbeitern auch in diesem Bereich für die grenzüberschreitende Arbeit unverzichtbar. Mit Hans Konrad Schneider stand dort ein Stabsstellenleiter zur Verfügung, der seit den Zeiten des Regierungspräsidenten Hermann Person jahrzehntelang kontinuierlich bis zum Jahr 2000 die grenzüberschreitende Arbeit mit Leidenschaft begleitet hat, alle „Fußangeln“ und „Fallstricke“ dieser Arbeit ebenso wie die jeweils handelnden Akteure kannte, aber auch in der Lage war, weitere Visionen zu entwickeln und Vorschläge zu machen.

Der Oberrheinrat

Das jüngste Gremium am Oberrhein ist der Oberrheinrat. Seit langer Zeit bestand der politische Wunsch, zusätzlich zur administrativen staatlichen Ebene der Oberrheinkonferenz eine „parlamentarische Ebene“ ins Leben zu rufen. Die gewählten Parlamentarier waren zwar von Anfang an als Gäste zur Oberrheinkonferenz eingeladen, als gewählte Volksvertreter konnte ihnen aber nach ihrem Selbstverständnis dieser Status nicht genügen. Dem häufig vor allem auf deutscher Seite geäußerten Wunsch nach einem trinationalen „Oberrheinparlament“ begegnete vor allem Paris mit Mißtrauen. Dem Autor ist noch in guter Erinnerung, als beim deutsch-französischen Gipfeltreffen im Jahr 1994 in Mulhouse der französische Präsident Francois Mitterand äußerte, es gäbe in Frankreich nur ein Parlament und das sei die Assemblée Nationale in Paris. Sein deutscher Gesprächspartner Bundeskanzler Helmut Kohl entgegnete: „Recht hat er.“ Aber die Zeiten gehen weiter, auch in Frankreich. Das „Regionalbewußtsein“ wächst, auch über ehemalige Grenzen hinweg.

Der Oberrheinrat ist das grenzüberschreitende „Gremium der Gewählten“ am Oberrhein. Insgesamt gehören dem Oberrheinrat, der die gleiche Gebietskulisse umfaßt wie die Oberrheinkonferenz, 71 Mitglieder an. Die Delegation aus Baden-Württemberg umfaßt 26 Mitglieder. Davon sind 16 Mitglieder des Landtags von Baden-Württemberg, die in der Regel aus Wahlkreisen der Grenzregionen stammen. Eine stärkere politische Verflechtung zwischen Oberrheinkonferenz und Oberrheinrat könnte die Schlagkraft der grenzüberschreitenden Zusammenarbeit am Oberrhein noch erhöhen.

Das Karlsruher Übereinkommen

Die vorläufige „Krönung“ der politischen Bemühungen um eine Stärkung der rechtlichen Kompetenzen der grenzüberschreitenden Zusammenarbeit ist das „Karlsruher Übereinkommen vom 23. Januar 1996 über die grenzüberschreitende Zusammenarbeit zwischen den Gebietskörperschaften und örtlichen öffentlichen Stellen“. Vertragsparteien sind die Bundesrepublik Deutschland, die Französische Republik, das Großherzogtum Luxemburg und der Schweizer Bundesrat. Adressaten des Übereinkommens sind in Baden-Württemberg die Gemeinden und Landkreise, in Frankreich sind die Regionen Elsaß und Lothringen mit den Departements und Gemeinden angesprochen, in der Schweiz erstreckt sich das Übereinkommen auf die Kantone Basel-Stadt, Basel-Landschaft, Aargau, Solothurn und Jura mit ihren Gemeinden.

Zielrichtung des Karlsruher Übereinkommens ist es, die unmittelbare grenzüberschreitender Zusammenarbeit der einzelnen Gebietskörperschaften und örtlichen öffentlichen Stellen im Rahmen ihrer Befugnisse zu erleichtern und zu fördern. Es gibt hohe Erwartungen an dieses Übereinkommen und auch erste konkrete Projekte der grenzüberschreitenden Infrastruktur wie das Brückenprojekt Hartheim-Fessenheim am südlichen Oberrhein oder das deutsch-französische EURO-INSTITUT für regionale Zusammenarbeit und europäische Verwaltung in Kehl.

Die „badischen Regierungspräsidien“ nehmen auch hier bei der Umsetzung des Karlsruher Übereinkommens eine Schlüsselfunktion wahr. Daneben ist aber auch erkennbar, daß gerade das Karlsruher Übereinkommen in Ergänzung zu den Interreg-Programmen die Eigeninitiativen der kommunalen Seite zu unmittelbarer grenzüberschreitende Zusammenarbeit mit den Nachbarn enorm gestärkt hat. Es ist zu hoffen, daß insbesondere der nach dem Karlsruher Übereinkommen vorgesehene „grenzüberschreitende Zweckverband“ eine besondere Schlüsselfunktion für grenzüberschreitende Vorhaben in allen Bereichen der regionalen Infrastruktur bekommen wird.

Die grenzüberschreitende Zusammenarbeit am Bodensee und am Hochrhein: Die Internationale Bodenseekonferenz

Am Bodensee und am Hochrhein verlief die Entwicklung der grenzüberschreitenden Zusammenarbeit im staatlichen Bereich zwischen Südbaden und der Schweiz durchweg in ruhigerem Rahmen und kontinuierlich. Zwar galt es auch hier nach dem Ende des Zweiten Weltkriegs den „absoluten Nullpunkt“ der Beziehungen zu überwinden. Am Bodensee hatte die Abschottung der einzelnen Nationalstaaten einen Höhepunkt erreicht und stand völlig im Gegensatz zur jahrhundertlangen selbstverständlichen harmonischen Zusammenarbeit einer „offenen Region“. Über bedeutende geschichtliche Epochen hat der Bodenseeraum mit den wichtigen Zentren St. Gallen, Konstanz und Reichenau kulturell das geistige europäische Geschehen geprägt.

In den letzten Jahrzehnten hat sich nach und nach im Bodenseeraum wieder eine Kooperation der Anrainerstaaten entwickelt. Am 14. Januar 1972 haben die Regierungschefs der Anrainerstaaten (Baden-Württemberg, Bayern, Vorarlberg, St. Gallen, Schaffhausen und Thurgau) die Internationale Bodenseekonferenz ins Leben gerufen. Der damalige Ministerpräsident Hans Filbinger war auf deutscher Seite ein starker Initiator dieser Internationalen Bodenseekonferenz (IBK) und auch heute sieht Ministerpräsident Erwin Teufel in dieser Konferenz den entscheidenden Hebel, um im Bodenseeraum durch eine gemeinsame Politik grenzüberschreitende Probleme zu lösen, das Bodensee-Trinkwasser zu verbessern, Kooperationsprojekte zu erarbeiten und damit einen regionalen Beitrag zur Überwindung der Grenzen zu leisten. Im Jahr 1993 sind die Kantone Appenzell-Innerrhoden und Appenzell-Außerrhoden der IBK beigetreten. Im November 1998 kam das Fürstentum Liechtenstein und der Kanton Zürich hinzu. Damit umfaßt die IBK heute 10 Mitglieder aus 4 Nationalstaaten.

Hinsichtlich des Beitritts des wirtschaftlich und kulturell bedeutenden Kantons Zürich bestanden bei den Kantonen Schaffhausen und Thurgau zunächst gewisse Bedenken, da sie einerseits den Kanton Zürich als reinen „Binnenkanton“ betrachteten, andererseits eine zu große Dominanz dieses Kantons auf die grenzüberschreitende Arbeit im Bodenseeraum befürchteten. Der Kanton Zürich seinerseits entdeckte die zunehmende Bedeutung der grenzüberschreitenden Zusammenarbeit mit Deutschland und Österreich, insbesondere nach dem Beitritt der Alpenrepublik zur Europäischen Union. Der zunehmende Stellenwert der Interreg-Projekte verstärkte aber auch das Interesse der ursprünglichen schweizer Gründungskantone der IBK an einem weiteren finanziell potenten Partner wie dem Kanton Zürich. Mit Basel am Oberrhein und Zürich am Bodensee sind die wirtschaftlich bedeutendsten Kantone der Schweiz in grenzüberschreitende Aktivitäten integriert.

Organe der IBK sind die Konferenz der Regierungschefs, der Ständige Ausschuß, 7 Fachkommissionen und Projektgruppen. Der Vorsitz in der Konferenz wechselt alle zwei Jahre. Die IBK verfügt über ein eigenes Budget in Höhe von 480.000 DM. Damit können kleinere grenzüberschreitende Vorhaben und das Regio-Büro Bodensee in Konstanz unmittelbar finanziert werden. Größere Projekte in der Region Bodensee werden von den Mitgliedsländern, den Gebietskörperschaften, Verbänden und von privaten Trägern kofinanziert. Soweit möglich werden auch hier die Möglichkeiten der Interreg-Mittel in hohem Maße in Anspruch genommen.

Ergebnisse der grenzüberschreitenden Zusammenarbeit in der Bodenseeregion

Aus der großen Zahl der Ergebnisse der grenzüberschreitenden Zusammenarbeit sollen nur einige wichtige angeführt werden:

- Errichtung eines Informations- und Beratungsbüros für grenzüberschreitende Fragen (Regio-Büro) in Konstanz,
- Erstellung eines Bodensee-Leitbildes für eine längerfristige Entwicklungsperspektive,
- Inbetriebnahme einer dritten Fähre zwischen Romanshorn und Friedrichshafen (MS Euregia),
- Vernetzung der grenzüberschreitenden Bahnen und Ausbau des ÖPNV,
- Aufbau der Internationalen Bodenseehochschule und Einrichtung von gemeinsamen Studiengängen,
- Kooperationsprojekte im Kulturbereich mit gemeinsamen Ausstellungen, Publikationen und Künstlerbegegnungen,
- Institutionelle Zusammenarbeit bei der Wirtschaftsförderung.

Im Unterschied zum Oberrhein schalten sich der Ministerpräsident und Landesminister in viel stärkerem Maß unmittelbar in die Arbeit der IBK ein. Vorbereitende „Kamingespräche" der Spitzenpolitiker sind sprichwörtlich. Bis zum Jahr 1997 war im Bereich der IBK auf der Ebene der Mittelinstanz allein das Regierungspräsidium Tübingen zuständig. Ab 1998 wurde durch das Staatsministerium eine jährlich wechselnde Zuständigkeit zur „Betreuung" der IBK zwischen dem Regierungspräsidium Freiburg und Tübingen begonnen. Auf der Ebene der zuständigen Landratsämter am See (Bodenseekreis in Friedrichshafen und Konstanz) wurde ebenfalls ein Rotationsprinzip eingeführt und zwar stets nach dem „Kooperationsprinzip": ein Jahr ein badisches Regierungspräsidium mit einem württembergischen Landrat und im darauffolgenden Jahr das württembergische Tübingen mit dem badischen Konstanz. Im Ergebnis kam es damit immer mehr zu einer „Verzahnung" der grenzüberschreitenden Zusammenarbeit in der IBK. Das Freiburger Regierungspräsidium hatte am Bodensee aber nicht nur mit der Entfernung zum See und den Folgen der Gebietsreform von 1973 mit der „Abtrennung badischer Stammlande" (Überlingen, Meersburg) zu kämpfen, ein „edler Wettstreit" entwickelte sich auch in der stets starken und effektiven grenzüberschreitenden Präsenz des Landrats von Konstanz.

Die Regionen am Oberrhein und Bodensee als Musterregionen für Europa

Das Land Baden-Württemberg hat die geschichtliche Entwicklung und gewachsenen Beziehungen der badischen Regionen am Oberrhein und am Bodensee in der grenzüberschreitenden Arbeit zu Frankreich und zur Schweiz insgesamt vorteilhaft zu nutzen verstanden. Das Regierungspräsidium Freiburg hat dabei am Oberrhein über jetzt fast 50 Jahre in Abstimmung mit dem Regierungspräsidium Karlsruhe, teilweise auch in einem konstruktiven Wettbewerb, eine zentrale Stellung eingenommen. Als „Vorort-Präsidium" für grenzüberschreitende Aufgaben kam der Freiburger Mittelinstanz unter allen Regierungspräsidenten eine „Pilotfunktion" zu. Es ist gelungen, in vertrauensvoller Kooperation mit den Partnern in Frankreich und der Schweiz und in zielstrebiger Realisierung des europäischen Integrationsprozesses eine Art gemeinsame „oberrheinische Identität" zu entwickeln. Damit ist die geschichtsträchtige Landschaft am Oberrhein dabei, ihre Rolle als einstige europäische „Krisenzone" abzulegen und zu einer Musterregion zukunftsträchtiger Zusammenarbeit für Europa zu werden.

Auch am Bodensee hat sich unter anderen Vorzeichen und anderen Bedingungen ein Beispiel musterhafter grenzüberschreitender Zusammenarbeit entwickelt. Der „Brükkenschlag" führt auch hier immer mehr zu einem Identitätsbewußtsein einer „Euregio Bodensee". Ein „Regionalparlament" ist zwar auch hier noch Zukunftsmusik, aber das Netzwerk grenzüberschreitender Gremien zeigt immer stärkere Dynamik für neue föderalistische, demokratische Strukturen in einem zusammenwachsenden Europa.

Industrie- und Handelskammer Südlicher Oberrhein

Grenzüberschreitende Zusammenarbeit als Strategie

Monika Dürrer/Bernd de Wall/Amalia Stuhldreher

Die Chance der gesamten Oberrheinregion liegt darin, ihre drei nationalen Randlagen zu überwinden und als *eine* räumliche Einheit im Zentrum Europas wahrgenommen zu werden: als ein Wirtschaftsraum, der sich aus drei sich ergänzenden Teilräumen zusammensetzt. Hemmnisse auf dem Weg dorthin sind nach wie vor die Sprache, die landsmannschaftliche Mentalität und die unterschiedliche staatliche Ordnung. Vorteile sind die geographische Lage, die lange Tradition grenzüberschreitender Zusammenarbeit und die bestehenden, vielfältigen Verflechtungen wirtschaftlicher, institutioneller sowie gesellschaftlicher und kultureller Art.

1. Neuordnung der Kammerlandschaft nach dem Zweiten Weltkrieg

Die letzten drei Jahrhunderte brachten der Region am Oberrhein und ihrer Bevölkerung aufgrund von Kriegen und politischen Entscheidungen eine Reihe von „Grenzerfahrungen" und damit einhergehend enorme wirtschaftliche Benachteiligungen. Bereits nach dem Ersten Weltkrieg war die Region Südlicher Oberrhein noch stärker als das übrige Baden in eine Randlage geraten, denn in der sogenannten „blauen Zone" galt für wichtige Industrien aus militärischen Gründen Investitionsverbot, was die Ansiedlung neuer moderner Industrien hier unmöglich machte.[1] Nach dem Zweiten Weltkrieg konnten 1945 die schmerzhaften Spuren dreier Kriege, die zwischen den beiden Nachbarländern Deutschland und Frankreich innerhalb eines Dreivierteljahrhunderts am Oberrhein wüteten, nicht übersehen werden.

Nach dem Sieg der Alliierten besetzten die Franzosen die Region und übernahmen damit auch die Kontrolle über die gesamte Wirtschaft. Am 21. April 1945 wurde Freiburg zur Hauptstadt Badens erklärt und blieb damit ein wichtiges Verwaltungszentrum, wie es bereits vor dem Krieg der Fall gewesen war. Vor diesem Hintergrund fing das Kammerwesen in Südbaden allmählich an, sich wieder zu organisieren, nachdem die Kammern im Krieg zu sogenannten Gaukammern umfunktioniert worden waren und den Zielen des Naziregimes dienten. Am 20. Februar 1945 erfolgte die Gründung der Zweigstelle Mittelbaden für die Kreise Lahr, Offenburg, Kehl und Wolfach in Zell am Harmersbach. Kurze Zeit später wurden die Industrie- und Handelskammern (IHK) in der französischen Zone wieder zugelassen. Die Wirtschaftskammer Freiburg löste sich im Jahre 1945 auf und die Kammern in Baden konstituierten sich auf Grund des Badischen Handelsgesetzes von 1878 in der Fassung von 1937 neu[2] als Körperschaften öffentlichen Rechts mit Pflichtmitgliedschaft für alle Gewerbetreibenden. Bis Sommer 1946 erfolgte die Neueinteilung der Kammerbezirke: So umfaßte die Freiburger IHK die Kreise Freiburg-Stadt, Freiburg-Land, Emmendingen, Neustadt und Mühlheim (ohne Kandern). In Lahr wurde die Beibehaltung der örtlichen IHK Mittelbaden gebilligt, deren Zusammensetzung erst 1953 mit der Wiedereingliederung Kehls unter deutscher

Verwaltung komplett war. Im Jahre 1950 entstand die „Arbeitsgemeinschaft der badischen Industrie- und Handelskammern“ mit der Vorortkammer IHK Freiburg.[3]

Die verheerenden Folgen des Krieges prägten die Situation in den Bezirken der fünf südbadischen Kammern (Freiburg, Konstanz, Schopfheim, Lahr, Baden-Baden). In einem schwierigen Umfeld, das durch die Knappheit von Lebensmitteln, den Mangel an

IHK Freiburg
(Quelle: IHK Karlsruhe)

IHK Lahr
(Quelle: IHK Lahr)

Arbeitskräften und die Probleme des Wiederaufbaus gekennzeichnet war, übernahmen die Kammern eine bedeutsame Rolle. Sie versuchten unter anderem, den Umfang der Demontagelisten zu reduzieren. Während im Freiburger Kammerbezirk 143 Firmen teilweise und sieben Firmen vollständig demontiert wurden, waren im Lahrer Kammerbezirk nur 85 von insgesamt 466 Firmen betroffen. Darüber hinaus hatten die Kammern eine wichtige Funktion inne, indem sie als Informations- und Tauschbörse für die Unternehmen agierten.[4] Nach und nach ermöglichte der Marschallplan schließlich die Modernisierung der Produktionsanlagen, eine wichtige Grundlage für den wirtschaftlichen Aufschwung.[5]

Die Systemfrage der baden-württembergischen Regionalpolitik war schon immer die Entscheidung zwischen Zentralismus, also einer starken Orientierung nach Stuttgart, und Föderalismus, also einer großen Selbständigkeit der Regionen im Land. Die Geschichte der Arbeitsgemeinschaften der Baden-Württembergischen Industrie- und Handelskammern dokumentiert diesen Konflikt anschaulich.[6] Mit der Gründung des Südweststaates 1952 konnte die Vernetzung der Kammern im neuen Bundesland in Angriff genommen werden. Am 4. Dezember 1947 war in der vereinigten britischen und amerikanischen Zone die „Arbeitsgemeinschaft der Industrie- und Handelskammern des Vereinigten Wirtschaftsgebiets“ offiziell gegründet worden. Die dreizehn Kammern aus der französische Zone konnten erst mit der Gründung der Bundesrepublik Mitglied werden. Eine einheitliche Arbeitsgemeinschaft für Baden-Württemberg gab es damit aber noch lange nicht. Die Südbadener plagte vor allem eine Furcht vor Stuttgarter Zentralismustendenzen, denen sie sich hätten unterwerfen müssen. In Stuttgart waren eine Reihe von Wirtschaftsinteressen anders gelagert, angefangen von Gütertarifen der Bahn über die Industrieansiedlung, die Verteilung der Flüchtlinge und die Erteilung von öffentlichen Aufträgen bis hin zur Kreditlenkung. Im Juni 1948 war die Währungsreform durchgeführt worden. Angesichts des Interesses der badischen Kammern an einem Zusammenschluß, wurde die Freiburger IHK von den anderen Kammern in Südbaden beauftragt, mit den Franzosen Verhandlungen in diesem Sinne zu führen. Schließlich wurde die französische Zone am 1. April 1949 in die Bizone eingegliedert. Erst am 27. Januar 1953 konnte in Baden-Baden die Ausdehnung der Arbeitsgemeinschaft auf das gesamte Land beschlossen werden, die am 1. Januar 1954 in Kraft trat.[7] Mit der allmählichen Wiederherstellung des Staatsapparats ab 1948 waren die Kammern zu ihren ursprünglichen Funktionen zurückgekehrt: als Organe der Selbstverwaltung der Wirtschaft, die ihre staatliche Lenkungs- und Ordnungsfunktion aufgeben mußten. 1951 wurden auch die Rechtsverhältnisse der badischen Handelskammern auf Landesebene neu geregelt. 1954 billigte Bundeswirtschaftsminister Ludwig Erhard dem Kammerwesen in der Bundesrepublik den öffentlichen rechtlichen Status zu.[8]

2. Die Position der Kammer im neuen Südweststaat

Die Währungsreform hatte viele Umstellungsschwierigkeiten für die Region Baden mit sich gebracht. Dennoch nahm die Zahl der Firmen im Freiburger Kammerbezirk kontinuierlich zu: Während im Juli 1948 insgesamt 4.211 Betriebe und Unternehmen gezählt wurden, waren es ein Jahr später bereits 4.992.[9] Vor allem der Dienstleistungssektor wuchs stark an. Auf ihn entfiel das größte Beschäftigungspotential.

In dieser konjunkturellen Wachstumsphase wurde die Debatte um die durch die Besatzungsmächte bestimmte Teilung Badens und Württembergs neu aufgegriffen. Die damalige Landesregierung unter Staatspräsident Leo Wohleb und Wirtschaftsminister Eduard Lais sprachen sich für die Wiederherstellung Badens aus. Die IHK Freiburg unterstützte teilweise diese „altbadische“ Position. Hingegen hatten sich schon 1949 die nordbadischen und nordwürttembergerischen Kammern mit einem größeren Wirtschaftsraum einverstanden erklärt. Die südbadischen Kammern nahmen zunächst keine Stellung zu dem Reformvorhaben, denn sie wollten nicht der offiziellen Position der Regierung widersprechen. Bei der Diskussion um Wirtschaftspläne wies die IHK Freiburg auf die Notwendigkeit hin, auf den gesamten wirtschaftlichen Zusammenhang mit den anderen Ländern des französischen Besatzungsgebietes und ganz Westdeutschlands zu achten.[10]

Nach der Gründung des Landes Baden-Württemberg und dem Überleitungsgesetz vom 15. Mai 1952 gingen die Befugnisse der alten Länder auf die neue Regierung über.[11] Nach Ansicht der IHK Freiburg bedeutete diese Vereinigung für die Wirtschaft Südbadens die Anlehnung an einen finanziell und wirtschaftlich leistungsfähigeren Partner, was wiederum die Stärkung der eigenen Leistungsmöglichkeiten in Aussicht stellte.[12]

Das Landesgesetz vom 17. Oktober 1951 übernahm das alte, vor 1933 geltende Kammerrecht. Dem folgte im Sommer 1952 das Betriebsverfassungsgesetz. Im Jahre 1956 wurde das Gesetz zur vorläufigen Regelung des Rechtes der IHK verabschiedet, hinzu kam schließlich 1958 das neue Kammergesetz auf Landesebene. Als Resultat beschränkten sich die Kompetenzen der Gewerkschaften innerhalb der Kammern auf die Mitarbeit bei den Ausschüssen für die berufliche Bildung.[13] Am 26. Oktober 1949 entstand der Dachverband „Deutscher Industrie- und Handelstag“ (DIHT), der die Zusammenarbeit der Kammern auf Bundesebene fördern und koordinieren sollte.

Nach der rasanten Expansion der Wirtschaft in Westdeutschland Mitte der 50er Jahre, traten 1966 die ersten Krisenerscheinungen auf, die ein Jahr später in eine Rezession mündeten. Dennoch konnten diese Rückschläge bis 1968 vollständig wettgemacht werden. Die günstige Entwicklung der Gesamtwirtschaft bundesweit wirkte sich auch auf die Ergebnisse der Industrie im Kammerbezirk positiv aus. Hier expandierte vor allem der industrielle Sektor noch stärker als im gesamten Land Baden-Württemberg. 1969 nahm der Industrieumsatz im Kammerbezirk um 19,5 Prozent zu, der Außenhandelsumsatz sogar um 35,3 Prozent. Die Vergleichswerte im Land lagen nur bei 17 bzw. 19 Prozent. Diese Zuwachsrate war um so bemerkenswerter, als die Investitionsgüterindustrie im Kammerbezirk unterdurchschnittlich vertreten war.[14] Als Engpaß für die Wirtschaft erwies sich in dieser Zeit die deutliche Zunahme des Straßenverkehrs, vor allem in den Städten. Die Kammern in der Region erhoben daher die Forderung nach infrastrukturellen Verbesserungen, wie zum Beispiel dem Bau der Schwarzwaldautobahn.[15] Vor allem die IHK Freiburg schenkte diesem Projekt große Bedeutung, so etwa bei ihrer Mitwirkung am Landesentwicklungsplan.

3. *Erste Ansätze zur grenzüberschreitenden Zusammenarbeit*

Die europäische Einigung erhielt seit ihren Anfängen in der unmittelbaren Nachkriegszeit entscheidende Anstöße von den Grenzregionen, denn vor allem in diesen Gebieten wurde das Trennende in Europa als besonders schmerzlich empfunden.[16] Dies gilt in besonderem Maße für die Region am Oberrhein. Die Erinnerung an die kriegerischen Auseinandersetzungen mit dem Nachbarland Frankreich sowie die Überzeugung, daß sich diese extremen Erfahrungen nur durch die Überwindung bestehender Konflikte vermeiden ließen, bedingten im „Dreiländereck“ Oberrhein eine Reihe kooperativer Ansätze. Die gemeinsame Kultur und Geschichte des oberrheinischen Wirtschaftsraumes hat aber stets dazu beigetragen, daß grenzüberschreitende Freundschaften und Kooperationen auf vielen Ebenen erhalten, gepflegt und ausgebaut wurden. Dies wird heute an der Fülle der grenzüberschreitenden Vorhaben auf politischem, kulturellem, wirtschaftlichem und gesellschaftlichem Gebiet deutlich. Hinzu kommt der Willen zu einem stärkeren Föderalismus in Südbaden, der insbesondere die intensive Kooperation mit Frankreich und mit der Nordschweiz bekräftigte. Am 4. November 1959 schloß die Industrie- und Handelskammer Freiburg ein Partnerschaftsabkommen mit der Industrie- und Handelskammer Colmar. Als zentrales Ziel dieses Abkommens vereinbarten beide Kammern einen gezielten und langfristig geplanten Ausbau ihrer grenzüberschreitenden Beziehungen zur Förderung des gesamten Wirtschaftsraumes.[17] Im offiziellen Vertragstext heißt es dazu:

> „Die Handelskammer Colmar und die IHK Freiburg i.Br. haben beschlossen, eine „Partnerschaft“ zwischen den beiden Kammern zu vereinbaren.
> Sie wurden zu diesem Entschluß veranlaßt durch die Erkenntnis, daß eine der wichtigsten Erfordernisse der Gegenwart die Schaffung einer Vertrauensatmosphäre zwischen Deutschland und Frankreich ist, daß im Hinblick auf die Einigungsbestrebungen in Europa eine freundschaftliche Zusammenarbeit wichtiger denn je für ein gedeihliches Nebeneinanderleben unserer Völker ist, daß sich die Wirtschaftsräume der Grenzgebiete beider-

> seits des Rheins lebenswichtige Fragen stellen, die im Rahmen der beiden Kammerbezirke Gegenstand von Besprechungen und gemeinsamen Anstrengungen bilden sollen, um eine für beide Teile günstige Lösung durchzusetzen, daß die stufenweise Verwirklichung des Gemeinsamen Marktes, die zu erheblichen Veränderungen der Wirtschaftsstruktur beiderseits des Rheins führen kann, eine enge Fühlungnahme der zuständigen Berufsvertretungen geboten erscheinen läßt.
> Die Kammern erklären, daß sie sich nach Kräften bemühen werden, in ihren Kammerbezirken im Sinne dieser Erkenntnisse zu wirken."[18]

Nach regelmäßigen Treffen deutscher und französischer Bürgermeister aus dem Raum Freiburg-Colmar wurde fünf Jahre später, am 16. November 1964 die Communauté d'intérêts Moyenne Alsace-Breisgau – „Interessengemeinschaft Mittleres Elsaß-Breisgau (CIMAB) ins Leben gerufen, in der beide Kammern vertreten waren und deren Aufgabe die Koordinierung der landesplanerischen Arbeit in der Region war.[19] Während in den ersten Jahren der Freiburg-Colmar Partnerschaft die Verkehrsfragen und die Wirtschaftsbeziehungen in der Europäischen Gemeinschaft (EG) Vorrang hatten, erweiterte sich das Spektrum der Zusammenarbeit ab Mitte der 60 Jahre um ein neues Thema, nämlich die Koordinierung der Raumordnungspolitik. Hinzu kamen in den 80er Jahren neue Kooperationsfelder wie Energieversorgung und Umweltschutz, Technologie- und Innovationsbereich, Industrieansiedlung, Arbeitsmarkt sowie grenzüberschreitende Planungen.[20]

Einen weiteren Schritt in der grenzüberschreitenden Zusammenarbeit taten die Kammern am Oberrhein bei einem Treffen am Titisee im November 1981, als offiziell die Partnerschaft zwischen der IHK Südlicher Oberrhein einerseits und den Kammern Colmar, Strasbourg und Mulhouse andererseits beschlossen wurde.[21] Im Laufe der Zeit wurde diese Partnerschaft zu einer festen, bewährten Institution: So treffen sich die Vollversammlungen seitdem einmal im Jahr zum Austausch und zur Besprechung aktueller wirtschaftlicher Fragen. Darüber hinaus sind die Geschäftsführungen im ständigen Kontakt.[22] Bei einer Ansprache zum vierzigjährigen Bestehen der Partnerschaft mit Colmar zog der Präsident der IHK Südlicher Oberrhein, Georg Fröhner, eine positive Bilanz von 40 Jahren grenzüberschreitender Zusammenarbeit. Im Hinblick auf aktuelle globalen Entwicklungen wies er auf die Chancen der grenzüberschreitenden Zusammenarbeit auf Kammerebene hin:

Aber auch von schweizerischer Seite aus gab es bereits in den 60er Jahren entscheidende Impulse für die Entwicklung des Oberrhein zu einem einheitlichen Wirtschaftsraum. So wurde 1963 der Verein „Regio Basiliensis" mit Sitz in Basel gegründet, eine der ersten sogenannten Regiogesellschaften in den Grenzgebieten der Europäischen Gemeinschaft. Sie fand ihre Entsprechung in der 1965 auf französischer Seite gegründeten „Regio du Haut-Rhin". Ihr Hauptanliegen ist die Förderung kontaktfördernder Maßnahmen zwischen den Bevölkerungen des Dreiländereckes unter besonderer Berücksichtigung der Bereiche Wirtschaft, Kultur und Raumplanung sowie die Vorantreibung der grenzüberschreitenden Zusammenarbeit im weitesten Sinne.[23] Auf deutscher Seite nimmt sich die Freiburger Regiogesellschaft dieser Fragen an. Alle drei Regiogesellschaften bilden zusammen die RegioTrirhena.

4. Die Verwaltungsreform 1972/1973 und ihre Folgen für die Kammern der Region

Nachdem im Dezember 1969 das baden-württembergische Innenministerium mit einem „Denkmodell“ zur Kreisreform die Diskussion um die Neugestaltung der Verwaltung eröffnet hatte, folgten 1970 eine Reihe von Gutachten und Stellungnahmen aber auch Protesten. In Südbaden wurden die Pläne der Landesregierung in diesem Bereich zum zentralen Diskussionsthema. Im November 1970 wurde der Entwurf eines „Regionalverbandsgesetzes“ der Öffentlichkeit übergeben. Aufgrund der Vermutung, daß der südliche Oberrhein zu einer Region zusammengefaßt werden würde, unterstützte die Freiburger IHK die Initiative. Von ihr erwartete die IHK eine Reduzierung des Verwaltungsapparats sowie mehr Bürgernähe. In ihrer ersten Stellungnahme warnte sie jedoch davor, eine Kreisneueinteilung durchzuführen, ohne konkrete Vorstellungen über die zukünftige Funktionalverteilung in der Verwaltung zu haben.[24] Die Erwartungen der IHK gingen jedoch nur teilweise in Erfüllung. Denn die Verwaltungsreform stand unter dem Vorzeichen des Grundsatzes der Maßstabsvergrößerung. Aus diesem Grund wurden die Gebietszuschnitte der Gemeinden und Landkreise wie auch der meisten Sonderbehörden vergrößert. Insgesamt gesehen bedingte die Verwaltungsreform eine Veränderung und Erweiterung des räumlichen Grundgerüstes der Verwaltung.[25] Außerdem bedeutete die von der Landesregierung 1971 bevorzugte Lösung für die Region Südlicher Oberrhein die Fusion von Süd- und Mittelbaden. Der Hochrhein wurde hingegen mit Konstanz verbunden.

Die Reform hatte auch Konsequenzen für die ganze Kammerlandschaft in Baden-Württemberg, denn sie implizierte eine Reduzierung der bislang neunzehn Kammern im Land auf zwölf. In Baden brachte die Neuordnung der Verwaltung unter anderem den Verlust der Selbständigkeit der Lahrer IHK mit sich.[26]

Am Fallbeispiel des Zusammenschlusses der IHK Freiburg mit der Lahrer IHK wurden einige der mit der Verwaltungsreform verbundenen Herausforderungen für das Kammerwesen in der Region deutlich. Der Fusion selbst gingen ab Januar 1971 langwierige Verhandlungen voran. Während Freiburg durch eine Bestimmung des Ministerrates vom 19. Oktober zum Hauptsitz der neuen Kammer erklärt wurde, erhielt Lahr eine Hauptgeschäftsstelle. Mit der Fusion der beiden bisherigen Industrie- und Handelskammern Lahr und Freiburg am 1. Januar 1973 begann ein neues Zeitalter. Gleich zwei Herausforderungen hatte die neue Kammer und die Wirtschaft der Region zu bewältigen.[27] Zum einen war die Wirtschaftssituation im Land angeschlagen: Die Ölkrise läutete die schwerste Rezession der Nachkriegszeit ein, Inflationsraten bis zu 8 Prozent und Arbeitslosenzahlen von über einer Million stürzten auch die Wirtschaft am Oberrhein in eine schwere Krise. Zum anderen galt es, zwei grundsätzlich unterschiedliche Wirtschaftsbezirke mit einer gemeinsamen Interessenvertretung auszustatten. Die Ortenau mußte sich jetzt ein weiteres Mal zu behaupten suchen, nachdem die Kammer in Lahr vor dem Zweiten Weltkrieg schon einmal in einen Wettstreit um die führende Rolle im Kammerbezirk gezwungen worden war – damals gegen Offenburg. Seither war Lahr Dienstleister für die gesamte Region Ortenau. Nun der Wettstreit mit Freiburg![28] Eine Chance bot sich der fusionierten Kammer in der Strategie, neue Politikfelder zu besetzen, für die zunehmend ein gesellschaftliches Interesse aufkam: Umweltpolitik, Bildungspolitik und auch die grenzüberschreitende Zusammenarbeit als Kernstück eines zusammenwachsenden Europas. Insgesamt bildeten der Stadtkreis Freiburg und die Landkreise Breisgau-Hochschwarzwald, Emmendingen und Ortenau den Kammerbezirk der neuen IHK Südlicher Oberrhein. Trotz der höheren Repräsentanz des Gewerbesteueraufkommens im ehemaligen Freiburger Kammerbezirk stimmte Freiburg einer paritätischen Besetzung der 50 Sitze der Vollversammlung zu. Diese sollte zwei Präsidenten wählen, je einen aus dem Bezirk Freiburg und der Ortenau, von denen jeder für zwei Jahre das Amt des vorsitzenden Präsidenten inne hatte und sich dann mit seinem Kolleg abwechselte.[29] Nach Fertigstellung des Geschäftsverteilungsplans fand am 3. April 1973 die Wahl der ersten gemeinsamen Vollversammlung statt. Im Jahre 1985 wurde die Satzung erneut reformiert: Sie sah nun die Wahl nur eines Präsidenten und eines Hauptgeschäftsführers vor, dazu jeweils eines Stellvertreter aus dem anderem Bezirk.[30]

5. *Die Entwicklung des „Dreiländereckes" hin zur Euro-Region*

Im Laufe der 80er und 90er Jahre verfestigten sich einige der spezifischen Eigenschaften, die das charakteristische Profil der Region am Südlichen Oberrhein ausmachen. 1992 erreichte der Anteil des Dienstleistungssektors an der Bruttowertschöpfung in der Region Südlicher Oberrhein 61,3 Prozent und stellte damit den Spitzenwert unter den Regionen in Baden-Württemberg dar.[31] 1996 betrug dieser Anteil sogar schon 66 Prozent.[32] Nur die Ortenau und der Landkreis Emmendingen zeichnen sich durch einen hohen Industriebesatz aus.

Was die wirtschaftlichen Verflechtungen zwischen den drei nachbarschaftlichen Teilräumen Nordwestschweiz, Oberelsaß und Südbaden angeht, stellt die Verbindung über den Arbeitsmarkt nach wie vor die wichtigste Beziehung dar. Obwohl der Pendlerstrom von Arbeitskräften aus dem Elsaß in Richtung Deutschland und Schweiz seit jeher eine lange Tradition im Oberrheingebiet hat, ist seit den 80er Jahren ein deutlicher Zuwachs der Pendlerbewegungen zu verzeichnen. Von den etwa 55.000 Grenzpendlern in der Region haben allein 48.000 zur Zeit die Nordwestschweiz zum Ziel. Davon kommen rund 18.000 aus Südbaden und mehr als 30.000 aus dem Oberelsaß, welches außerdem Quellgebiet für 5.400 zwischenstaatliche Pendler nach Baden ist.[33] Ein entscheidender Bestimmungsgrund für die große Zahl elsässischer Grenzpendler sind die Lohn- und Gehaltsunterschiede, die zwischen Frankreich und Deutschland sowie zwischen Frankreich und der Schweiz bestehen. Hinzu kommen auch gute Arbeitsbedingungen und Verkehrswege, die die Arbeit im Ausland begünstigen. Der Vergleich der Bruttolöhne zeigt, daß in der Nordwestschweiz deutlich mehr als in Südbaden und Oberelsaß verdient wird. Angesichts der unterschiedlichen Belastungen durch Steuern und Abgaben fällt dieses Gefälle bei den Nettoeinkommen noch stärker aus.[34] Aufschlußreich ist in diesem Zusammenhang die Grenzpendlerentwicklung in Basel-Stadt: In der Nachkriegszeit dominierten hier zunächst die deutschen Pendler. Mit dem Boom der Chemieindustrie in der Schweiz erhöhte sich von 1965 bis 1975 auch die Anzahl der elsässischen Arbeitnehmer schlagartig – gleiches geschah zwischen 1986 und 1991.[35] Bezüglich der gegenwärtigen Trends läßt sich allerdings konstatieren, daß seit 1995 die elsässischen Grenzpendler Deutschland der Schweiz allmählich vorziehen.[36]

Als zweites Element grenzüberschreitender Verbindungen gilt der grenzüberschreitende Einkauf. Aber auch die unternehmerischen Verflechtungen gewinnen an Bedeutung: So sehen viele deutsche und schweizerische Unternehmen das Elsaß als erstes Bewährungsfeld für den Vorstoß in den französischen Markt. Umgekehrt ist der badische Teil Baden-Württembergs für französische Unternehmen häufig das Versuchsfeld für den Eintritt in den deutschen Markt. Insgesamt gesehen war Mitte der 90er Jahre die Nordwestschweizerische Wirtschaft die aktivste Seite, gefolgt von der südbadischen.[37] In beiden Regionen hat der Dienstleistungssektor eine große Bedeutung, wohingegen das Elsaß stark industriell geprägt ist. Allgemein läßt sich feststellen, daß die Unternehmen als eine Art Bindeglied für den Wirtschaftsraum über die Grenzen hinweg fungieren.[38] Auch wenn die Entwicklung der ökonomischen Variablen hier immer noch sehr stark von den jeweiligen nationalen Verläufen bestimmt wird,[39] bildet der Oberrhein einen einheitlichen Wirtschaftsraum, dessen Grenzen von seiner geographischen und wirtschaftlichen Wirklichkeit geprägt werden. Für das Europa der Regionen nimmt der Oberrheinraum daher eine wichtige Vorreiterrolle ein. Für seine zukünftige Entwicklung wird es maßgeblich darauf ankommen, ob die Politik – regional, national und auf EU-Ebene – diesen Modellcharakter der Region für Europa anerkennt und entsprechend stärkt.

6. Trinationaler Wirtschaftsraum – ein Modell für Europa?

Der Wirtschaft und den Kammern am Oberrhein kommt in der grenzüberschreitenden Zusammenarbeit eine wichtige Rolle zu, die auf eine lange Tradition zurückblicken kann. Stets ist die grenzüberschreitende Zusammenarbeit auch verknüpft mit Fragen des Zusammenspiels zwischen den unmittelbar benachbarten Kammern sowie der Kammergemeinschaft auf Landes- und, bedingt auch, auf Bundesebene. Die Grenzen der Kammerbezirke aber auch der anderen Verwaltungseinheiten sind mehr oder weniger willkürliche Grenzen, die aus politischen und planerischen Aspekten gezogen wurden. Sie spiegeln nur selten die tatsächlichen wirtschaftlichen und geographischen Zusammenhänge des Raumes wider. Verständlich also, daß es hier immer wieder zu Fragen der Neugliederung der Kammerbezirke, aber auch der Regionen oder anderer administrativer und wirtschaftlicher Raumeinheiten kommt. Viele unterschiedliche Parteien und Institutionen unterbreiten daher eigene Lösungen zur Organisation der grenzüberschreitenden Zusammenarbeit. Nicht selten ist dabei die eigene Profilierung wichtiger als der Nutzen für die Region. Letztlich muß sich aber auch die regionale Gliederung an den wirtschaftlichen Rahmenbedingungen orientieren. Knappe Ressourcen, die das Ausnutzen von Synergien erforderlich machen, und der Markt werden daher auch für die regionale Gliederung zu entscheidenden Größen werden. In diesem Zusammenhang stellt sich daher auch für die Kammern die Frage nach ihrem Selbstverständnis und ihrer wirtschaftlichen Position neu. Sie müssen sich stärker als bisher als Sprachrohr für die regionale Wirtschaft – auch im grenzüberschreitenden Sinne – positionieren. Im weltweiten Wirtschaftsgeschehen und im vereinten Europa, das mit dem Euro zu einem homogenen Wirtschaftsraum wird, wird die Identifikation mit der Region wachsen. Im Interesse der Wirtschaft müssen die Kammern regionalpolitische Ziele und Aufgaben definieren und die daraus ableitbaren Forderungen gegenüber der Politik vertreten. Die Themenfelder sind dabei vielfältiger Art. Von der gemeinsamen Raumordnungspolitik reichen sie über die Verkehrsinfrastruktur, die Umwelt- und Energiepolitik, die Bildungs- und Arbeitsmarktpolitik bis hin zur direkten Unternehmenspolitik, die sich z.B. mit Existenzgründungs-, Finanzierungs- oder Rechtsfragen befaßt. Der Nutzen für den Unternehmer in seinem regionalen Aktionsfeld muß bei allen Überlegungen zu diesen Fragen im Vordergrund stehen. Andernfalls müssen sich die Kammern irgendwann die

Frage nach ihrer Existenzberechtigung gefallen lassen, falls diese eines Tages nicht mehr durch die Zwangsmitgliedschaft gesichert sein sollte.

Daß dieser Wandel vollzogen wird, zeigt die Entwicklung in den 90er Jahren. Die strukturellen Veränderungen in dieser Zeit bedeuten neue Herausforderungen für die Region und machen eine Vertiefung der Zusammenarbeit mit Institutionen erforderlich, die sich dieser Aufgabe mit jeweils differierenden Bezugsräumen widmen. So engagiert sich die IHK Freiburg in der „Freiburger RegioGesellschaft" (u.a. Europa-Airport Basel-Mulhouse-Freiburg, Regio-Bahn) in Expertenausschüssen der Oberrheinkonferenz (Grenzgängerfragen, Wirtschaftsförderung, Statistik). Bei den Dreiländerkongressen dieser Konferenz äußern sich die Kammern zu den wirtschaftlichen Themen immer häufiger als eine gemeinsame Stimme der oberrheinischen Wirtschaft. Auch die Wirtschaftsfördereinrichtungen der gesamten Oberrheinregion arbeiten in einigen Fragen zusammen, um Doppelarbeit zu minimieren und größere Synergieeffekte zu erzielen. Wirtschaftsfördereinrichtungen existieren in allen drei Ländern jeweils für die Gebietszuschnitte der Wirtschaftsregionen. In Frankreich werden sie überwiegend staatlich gefördert und gelenkt, in die Schweiz sind sie häufig an die Kammern angegliedert und damit privatwirtschaftlich organisiert und auf deutscher Seite sind zumeist in kommunaler Trägerschaft, jedoch in Form einer Gesellschaft mit beschränkter Haftung (GmbH) oder eines Vereins. Ein Expertenausschuß der Wirtschaftsförderer am Oberrhein hat zum Beispiel die gemeinsame Werbung für die Region in Übersee als gemeinsames Projekt definiert.

Die Arbeitsgemeinschaft der IHKn am Oberrhein[40] versteht sich als Sprachrohr der Wirtschaft der Region. Sie stellt die sachorientierte Zusammenarbeit an konkreten Projekten und Fragen in den Mittelpunkt ihrer Arbeit, wofür die erwähnten Stellungnahmen zu den Dreiländerkongressen ein Beispiel sind. Die Tatsache, daß die Wirtschaft in der Grenzregion auf diese Weise bei der Politik Gehör findet, bestätigt die Arbeit dieses Gremiums.

Ein weiteres Beispiel der erfolgreichen regionalen Kooperation stellt die Organisation des ersten Wirtschaftsforums Südbaden 1999 dar.[41] Verhandelt wurden die Verkehrsinfrastruktur, Tourismus, Medien und das Biovalley. Bevor diese Themen in einen grenzüberschreitenden Kontext gestellt werden sollten, wollte man die eigene Position definieren. Die Initiative erhielt die Zustimmung der Landesregierung in Stuttgart. Sie anerkannte damit die besondere Position der Region im Dreiländereck an und hält die vorhandenen Potentiale und Initiativen für förderungswürdig. Das Konzept des ersten Wirtschaftsforums hat sich bewährt und wird im zweiten Wirtschaftsforum fortgesetzt. Es gilt die Aus- und Weiterbildungssituation in der Region im Bereich der neuen Medien. Das erste grenzüberschreitende Wirtschaftsforum ist unter dem Motto „Gemeinsam aus eigner Kraft voran" für 2001 geplant. Der Themenkatalog greift die Themen der beiden Wirtschaftsforen auf deutscher Seite auf und überträgt sie auf den gesamten Grenzraum. Träger des grenzüberschreitendcn Wirtschaftsforums ist die Arbeitsgemeinschaft der IHKn am Oberrhein.

Der Wirtschaftsraum Oberrhein ist ein komplexes und kompliziert strukturiertes Gebilde: Er leidet an den politischen Grenzen zur Schweiz und zu Frankreich, welche zu administrativem Mehraufwand führen, und an einer Vielzahl von staatlichen Ebenen und grenzüberschreitenden Gremien und Institutionen. Aus Sicht der Wirtschaft geht es darum, in Zukunft die Strukturen zu vereinfachen, zu reduzieren oder durch bessere Zusammenarbeit effizienter zu machen. Auf keinen Fall sollten zusätzliche Strukturen,

Institutionen oder Koordinationsgremien aufgebaut werden. Zentrale Themen sind die Verkehrsinfrastruktur, deren bedarfsgerechter Ausbau und deren Unterhaltung den gemeinsamen Wirtschaftsraum weiter zusammenwachsen läßt; sodann die Sicherung ausreichender und entwicklungsfähiger Gewerbeflächen an zweckmäßigen Orten, schließlich Tourismus, Stadtentwicklung und Naturschutz, die ebenfalls grenzüberschreitend angepackt werden müssen.[42] In der Vision eines Europas der Regionen liegt die besondere Chance für eine zukunftsorientierte Strategie für das Dreiländereck.[43]

7. Bilanz

Die Gründung des Südweststaates liegt nun fünfzig Jahre zurück. Zusammenfassend bleibt festzuhalten, daß innerhalb dieses Zeitraumes die institutionelle Entwicklung der Kammern in Freiburg und Lahr, sowie später die der IHK Südlicher Oberrhein, keineswegs ein geradliniger Prozess war. Vielmehr war diese Entwicklung dieses Raumes stets von den geographischen Gegebenheiten sowie andererseits von sich im Wandel befindenden geopolitischen, wirtschaftlichen und kulturellen Faktoren bestimmt. Auch in Zukunft wird ein Großteil der Bemühungen der IHK Südlicher Oberrhein der Förderung des regionalen Standorts und der regionalen Identität gelten.

Anmerkungen

1 Statistisches Landesamt Baden-Württemberg, Materialien und Berichte. Die Region Südlicher Oberrhein mit Stadtkreis und Landkreisen, Heft 12/1998. S. 29.

2 Jahresbericht der IHK Freiburg i.Br. 1950. S. 7.

3 ebd.

4 Boll, Bernd/Huggle, Ursula, Die Industrie- und Handelskammer Südlicher Oberrhein. Geschichte und Wirkungsfeld der Kammern Freiburg und Lahr (Hrsg. im Auftrag der IHK Südlicher Oberrhein). Freiburg 1998. S. 193, 214.

5 Die effektive Auszahlung der Beträge des Marshall-Plans erfolgte allerdings erst im Mai 1950. Vgl. Jahresbericht der IHK Freiburg i.Br. 1950. S. 34.

6 Boll, Bernd, Von der Notstandsgesellschaft zur Wohlstandsgesellschaft – Die IHK Freiburg 1952-1972, S. 243, in: Die Industrie- und Handelskammer Südlicher Oberrhein – Geschichte und Wirkungsfeld der Kammern Freiburg und Lahr, Freiburg 1998.

7 ebd., S. 244f.

8 Vgl. Anm. 4, S. 203.

9 Vgl. Anm. 4, S. 205.

10 Vgl. Anm. 4, S. 206.

11 Jahresbericht der IHK Freiburg i.Br. 1952. S. 25.

12 ebd., S. 28. Durch den Zusammenschluß wurde das neue Bundesland nach Nordrhein-Westfalen das zweitstärkste Industrie- und Exportland.

13 Vgl. Anm. 4, S. 222-232. Schon 1956 hatte der Staat die Industrie- und Handelskammern mit der Aufsicht über den Bildungsbereich und über das Prüfungswesen beauftragt.

14 Jahresbericht der IHK Freiburg i.Br. 1969. S. 5, 12; sowie Jahresbericht der IHK Freiburg i.Br. 1968. S. 9-10.

15 Vgl. u.a. Jahresbericht der IHK Freiburg i.Br. 1968. S. 36; sowie Jahresbericht der IHK Freiburg i.Br. 1969. S. 40.

16 Schäuble, Wolfgang, Europapolitik im Großen und Kleinen – Deutschland, Frankreich und die Schweiz: Nachbarn im zusammenwachsenden Europa, S. 5, in: Europa in seiner konkreten Dimension. Grenzüberwindung durch direkte nachbarliche Zusammenarbeit. Regierungspräsidium Freiburg. 1998. S. 5-8.

17 Jahresbericht der IHK Freiburg i.Br. 1959. S. 32.

18 Grußworte Präsident Georg Fröhner zum 40jährigen Bestehen der Partnerschaft IHK Südlicher Oberrhein mit der CCI Colmar (Chambre de Commerce et d'Industrie de Colmar) am 2. Dezember 1999.

19 Person, Hermann, Wie es anfing! Erinnerungen an die ersten Schritte der institutionalisierten Zusammenarbeit über Grenzen am Oberrhein, S. 69, in: Europa in seiner konkreten Dimension. Grenzüberwindung durch direkte nachbarliche Zusammenarbeit. Regierungspräsidium Freiburg. 1998. S. 67-74.

20 Vgl. Anm. 4, S. 296-297.

21 Jahresbericht der IHK Südlicher Oberrhein. 1981. S. 12. Die Kammern zielten hier auf die Schaffung eines Instrumentes, das sowohl zur Erleichterung des Wirtschaftsverkehrs in der Region, als auch zur Verbesserung der Zusammenarbeit zwischen Deutschland und Frankreich beitragen sollte.

22 Jahresbericht der IHK Südlicher Oberrhein. 1984. S. 12-13.

23 Speise, Béatrice, Europa am Oberrhein. Der grenzüberschreitende Regionalismus am Beispiel der oberrheinischen Kooperation (Schriften der Regio 13. Regio Basiliensis). Basel/Frankfurt 1993. S. 37-43.

24 Jahresbericht der IHK Freiburg i.Br. 1970. S. 15-16.

25 Wahl, Rainer, Die Verwaltung, S. 75, in: Schaab, Meinrad, 40 Jahre Baden-Württemberg. Aufbau und Gestaltung 1952-1992. Stuttgart 1992, S. 73-89.

26 Vgl. Anm. 4, S. 251.

27 Boll, Bernd/Huggle, Ursula, Jubiläum: 25 Jahre IHK Südlicher Oberrhein, S.6f., in: Südlicher Oberrhein, Kultur- und Wirtschaftsporträt. München 1997.

28 Boll, Bernd, Die südbadischen Kammern zwischen paritätischer Mitbestimmung und Interessenvertretung der Wirtschaft zwischen 1946-1958, S. 238ff., in: Die Industrie- und Handelskammer Südlicher Oberrhein – Geschichte und Wirkungsfeld der Kammern Freiburg und Lahr. Freiburg 1998.

29 Vgl. IHK Südlicher Oberrhein. Ordner Fusion. Satzung der künftigen IHK Südlicher Oberrhein, 15.12.1971.

30 Jahresbericht der IHK Südlicher Oberrhein. 1985. S. 17; Anm. 28, S. 254-258.

31 Boelcke, Willi, Ein Jahrtausend unternehmerische Kreativität, S. 61, in: Südlicher Oberrhein. Kultur- und Wirtschaftsporträt (Hrsg. von IHK Südlicher Oberrhein). 1997. S. 53-61.

32 IHK Südlicher Oberrhein. Zahlenspiegel 2000. Stand 1999. S. 11.

33 Mohr, Bernhard, Grenzgängerverflechtungen in der Regio TriRhena. Entwicklungen und Strukturen, S. 28, in: Basler Zeitschrift für Geographie. Regio Basiliensis. Wirtschaftsraum – Regio TriRhena, 41. Jg. Heft 1, April 2000. S. 27-37.

34 Eder, Susanne/Sandtner, Martin, Staatsgrenzen in der TriRhena – Barriere oder Stimulus?, S. 18., in: Basler Zeitschrift für Geographie. Regio Basiliensis. Wirtschaftsraum – Regio TriRhena, 41. Jg. Heft 1, April 2000. S. 15-26.

35 Vgl. Anm. 33, S. 32.

36 Struktur und Entwicklung des Oberrheingrabens als europäischer Wirtschaftsstandort. Kurzfassung. 1998. S. 14; sowie Anm. 34, S. 17.

37 Füeg, Rainer, Situation und Entwicklung der Wirtschaft am Südlichen Oberrhein am Anfang der neunziger Jahre. RegioWirtschaftsStudie. Sissach 1995. S. 91-92.

38 Euba, Norbert, Die Region im trinationalen oberrheinischen Umfeld, S. 75, in: Südlicher Oberrhein. Kultur- und Wirtschaftsporträt (Hrsg. von der IHK Südlicher Oberrhein). 1997. S. 73-79.

39 Vgl. Struktur und Entwicklung des Oberrheingrabens als europäischer Wirtschaftsstandort. Kurzfassung. 1998. S. 7.

40 zu ihr gehören die Chambre Régionale de Commerce et d`Industrie d`Alsace, die Chambre de Commerce et d`Industrie Sud Alsace, die Chambre et d`Industrie de Strasbourg et du Bas-Rhin, die IHK Südlicher Oberrhein, die IHK Hochrhein-Bodensee, die IHK Karlsruhe, die Aargauische IHK, die Handelskammer beider Basel sowie die Chambre de Commerce et d`Industrie du Jura.

41 Neben der IHK Südlicher Oberrhein zählen zu den Trägern dieses Forums die Wirtschaftsregion Freiburg, die Wirtschaftsregion Offenburg/Ortenau, die Wirtschaftsregion Dreiländereck, die IHK Hochrhein-Bodensee und die Handwerkskammer Freiburg.

42 Arbeitsgemeinschaft der Industrie- und Handelskammern am Südlichen Oberrhein, Stellungnahme der Kammern zum 7. Dreiländerkongress „Raumordnung am Oberrhein – Perspektiven ohne Grenzen“, 1999.

43 Vergleiche weitere Literatur zu diesem Beitrag: Leitbild, hg. vom Rat der RegioTriRhena, 1998; Jahresbericht der IHK Südlicher Oberrhein 1990; Lezzi, Maria, Porträts von Schweizer EuroRegionen. Schriften der Regio 17. Regio Basiliensis. Basel/Frankfurt 2000; Schneider, Hans Konrad, Das besondere Interview, in: Europa in seiner konkreten Dimension. Grenzüberwindung durch direkte nachbarliche Zusammenarbeit. Regierungspräsidium Freiburg. 1998. S. 29-48.

Die drei südbadischen Regionen

Gottfried Schmitz

1. Region und Regionalverband Schwarzwald-Baar-Heuberg

Zwischen den Höhen des Schwarzwaldes und der Schwäbischen Alb

An den Süden der Region Nordschwarzwald schließt sich die Region Schwarzwald-Baar-Heuberg an. Wie schon im Namen zum Ausdruck kommt, umfaßt ihr Gebiet Grenzbereiche der Mittelgebirge Schwarzwald und Schwäbische Alb mit Bergen und Höhen zwischen 900 und 1200 m. In der Mitte des Gebietes liegt die Baar, die wie das nördlich davon gelegene obere Gäu von den Ausläufern der beiden Mittelgebirge von Westen bzw. von Osten begrenzt wird. Die Region gehört nach den Kriterien der Raumordnung zum Ländlichen Raum, die Einwohnerdichte liegt mit 190 Ew/qkm weit unter dem Landesdurchschnitt von 290 und ihr Entwicklungsstand war vor dem Bau der Autobahn A 81, die die Region heute in Nord-Südrichtung durchzieht, vor allem vom Mangel an guten großräumigen Verkehrsverbindungen geprägt.

Territoriale Veränderungen

Von 1945 bis 1952 war das Gebiet der Region eingegliedert in die französische Besatzungszone und ab 1946 gehörten Teilgebiete der Region zu den Ländern Baden und Württemberg-Hohenzollern. Von den früheren herrschaftlichen Verhältnissen her gesehen setzt sich die Region aus ehemals badischen, württembergischen, vorderösterreichischen, preußischen, fürstenbergischen sowie einer Reihe von kleineren Territorien, von denen vor allem die Freie Reichsstadt Rottweil, erwähnenswert ist, zusammen.[1] Als das Land Baden-Württemberg 1952 gegründet wird, kommen die Teilgebiete der heutigen Region zu den beiden Regierungsbezirken Südbaden und Württemberg-Hohenzollern. Diese Mischung aus verschiedenen politisch, religiös, städtisch und ländlich geprägten Traditionen erklärt auch die kulturelle Vielfalt der Region.

Im Zuge der Kreisreform wurden aus den ehemaligen Landkreisen Donaueschingen, Villingen, aus den überwiegenden Teilen von Rottweil und Tuttlingen, aus dem südlichen Teil (Exklave) des Kreises Horb und aus einigen Gemeinden der Kreise Hechingen, Wolfach, Hochschwarzwald, Stockach und Sigmaringen die neuen Landkreise Rottweil, Schwarzwald-Baar und Tuttlingen gebildet. Aus diesen Landkreisen besteht seitdem die Region Schwarzwald-Baar-Heuberg, eine von drei Regionen im Regierungsbezirk Freiburg.

Durch die Gemeindereform ging bis 1975 die Zahl der Gemeinden von 208 um 131 auf 77 zurück. Bei der Integration der neugebildeten Gemeinden, bei ihren Zusammenschlüssen zu Verwaltungsgemeinschaften und bei ihrer Einordnung in die neuen Kreise gab es wie überall im Lande nicht geringe Probleme. Typisch dafür ist folgende Aussage, etwa zehn Jahre nach der Kreisreform: „... darf nicht übersehen werden, daß langjährige Beziehungen und Bindungen durch eine Reform nicht von heute auf morgen unterbrochen werden können. Behörden, Kirchen, Sparkassen, Vereine und Verbände haben ihre Zuständigkeitsbereiche noch nicht an die neuen Kreisgrenzen angeglichen..."[2]

Übersicht 1: Region Schwarzwald-Baar-Heuberg: Gebiet, Fläche und Bevölkerung

Gebiet	Fläche/ qkm 1997	Zahl der Gemeinden	Bevölkerung 1987	Bevölkerung 1997	Bevölkerungs-dichte Ew/qkm
Lkr. Rottweil	769,43	22	126.796	139.945	182
Schwarzwald-Baar-Kreis	1.025,24	20	192.620	209.106	204
Lkr. Tuttlingen	734,35	35	112.885	130.793	178
Region	*2.529,02*	*77*	*432.301*	*479.844*	*190*

Im Vorstadium verbindlicher Regionalplanung

Die Region ist weitgehend deckungsgleich mit dem Gebiet der nach Jahren der Vorverhandlungen schließlich 1960 gegründeten regionalen Planungsgemeinschaft, die schon den gleichen Namen führte. Ihre Besonderheit war, daß ihre Landkreise aus dem Regierungsbezirk Südbaden, nämlich Villingen, Neustadt und Donaueschingen sowie die Landkreise Rottweil und Tuttlingen aus dem Regierungsbezirk Südwürttemberg-Hohenzollern angehörten.[3] In dieser Planungsgemeinschaft waren in den dreizehn Jahren ihres Bestehens wichtige planerische Vorarbeiten, Bestandsaufnahmen und Planungskonzepte, z.B. für einen Regionalplan, für einen forstlichen Fachplan und für einen Krankenhausplan entstanden und sie bezog erfolgreich Stellung zu Landes- und Bundesplanungen, vor allem im Verkehrsbereich. Darauf konnte der Regionalverband aufbauen, als er mit seiner Planungsarbeit in der neuen Organisationsform begann.

Donaueschingen – Schloß und Schloßpark
(Quelle: LMZ/Hecker, 1990)

Entwicklungsziele der Landes- und Regionalplanung

Eine Region verdankt ihre Entwicklung nicht nur internen, eigenen Anstrengungen sondern auch Entwicklungsbedingungen und -voraussetzungen, die von außen, etwa vom Bund, vom Land oder von sich ansiedelnden Unternehmen verursacht werden. In der Raumplanung kommt es deshalb auch auf das Zusammenspiel von Land, Region und Kommunen an. Von Anfang an war es das Hauptanliegen gemeinsamer Planung in der Region, die strukturbedingte Entwicklungsschwäche zu bekämpfen, die Anbindung an das großräumige Verkehrsnetz entscheidend zu verbessern und dem Abwanderungstrend der siebziger und achtziger Jahre zu begegnen. Durch die Festlegung von Villingen-Schwenningen als auszubauendes Oberzentrum der Region im Landesentwicklungsplan und mit dem darin ebenfalls dokumentierten Willen, wie auch in anderen abwanderungsgefährdeten Regionen die Entwicklung so zu fördern, daß sie an der allgemeinen Entwicklung des Landes teilnehmen kann, war die generelle Zielrichtung vorgegeben. Zwar ist in der zweiten Hälfte der achtziger Jahre eine gewisse Trendwende in der Bevölkerungsentwicklung durch deutliche Zuwanderungen vor allem aus östlichen Ländern erreicht worden, aber die Defizite bei der Entwicklung der Arbeitsplätze, in der Ausstattung mit oberzentralen Versorgungseinrichtungen und in der Verkehrserschließung machen weiterhin große Anstrengungen erforderlich.

Der Regionalplan als Instrument regionaler Entwicklungspolitik

Größter Wert wird auf die Konzentration der auch im ländlichen Raum notwendigen Versorgungseinrichtungen in den zentralen Orten gelegt. Dementsprechend erfolgt dort eine gezielte Ausweisung von Wohn- und Gewerbegebieten. Wegen der ökonomisch notwendigen Mindestauslastung benötigen sie aber bei relativ geringer Siedlungsdichte auch größere Einzugsbereiche. Das auf Konzentration setzende Siedlungskonzept hat sich auf längere Sicht betrachtet schon bewährt. Umso erfreulicher ist auch die Tatsache, daß darunter die Eigenentwicklung der kleineren Orte nicht gelitten hat.[4] Konsequenterweise wird das Siedlungskonzept durch ein modernes regionales ÖPNV-Konzept gestützt und ergänzt.

Eine Verbesserung der regionalen Standortqualitäten wird von der Beseitigung der Verkehrsengpässe erwartet. Hier versteht sich der Regionalverband als Anwalt der Region gegenüber Bund und Land und drängt nach der Realisierung der Autobahn A 81 Stuttgart-Singen (westlicher Bodensee) vor allem auf eine Verbesserung der West-Ost-Verbindung durch einen mehrspurigen Ausbau der B31/B311 Freiburg-Donaueschingen-Tuttlingen-Ulm.

Konzentration auf das Wesentliche

Auffallend ist in der Regionalplanung die straffe Konzeption und Konzentration auf die für die Regionalentwicklung wesentlichen Bereiche: Zentrale Orte, Verkehrsverbindungen, Siedlungskonzentration, Tourismus und Ferienerholung. Der Regionalplan von 1999 – der erste wurde 1979 verbindlich – ist bewußt als „schlanker" Regionalplan konzipiert und kann als vorbildlicher Versuch gelten, das Instrumentarium der Regionalplanung modernen Anforderungen anzupassen. Gleichwohl kann dies, wie geschehen, auch einmal zu Auseinandersetzungen mit der Obersten Landesplanungsbehörde führen.[5]

Für diese handlungsorientierte Vorgehensweise des Regionalverbandes ist auch die Schwerpunktsetzung im Bereich Öffentlicher Nahverkehr bezeichnend. Durch den anhaltenden Rückzug der Deutschen Bahn AG aus dem ländlichen Raum ergab sich vor allem auch eine drastische Reduzierung des Angebots im Nahverkehr. Mit den Kreisen und mit Unterstützung des Landes hat der Regionalverband ein Nahverkehrskonzept entwickelt, nach dem die größeren Städte durch ein modernes „Ringzugsystem" miteinander verbunden werden sollen. Der Omnibus behält seine Funktion in der Fläche. Durch eine Fahrplanabstimmung (Taktfahrplan) von Schiene und Bus soll eine optimale Verkehrserschließung in der Region erreicht werden.

2. Region und Regionalverband Südlicher Oberrhein

Ein Spitzenplatz unter südlicher Sonne

Nach baden-württembergischen und mehr noch nach bundesdeutschen Maßstäben nimmt die Region, was auch schon in ihrem Namen anklingt, einen Spitzenplatz ein. Die abwechslungsreiche Landschaft, mit das wärmste Klima in Deutschland, und die traditionell auf den Erholungsuchenden ausgerichtete Infrastruktur sichern der Region einen der vordersten Plätze im interregionalen Wettbewerb der Regionen mit hoher Lebensqualität. In der Rheinebene herrscht ein warmes, trockenes Klima, die Vorbergzone ist ebenfalls noch sehr warm, hat aber auch reichlich Niederschläge und bis zu den kühlen Schwarzwaldhöhen nehmen die mittleren Jahrestemperaturen kontinuierlich ab.

Landschaft am Kaiserstuhl
(Quelle: Regionalverband Südlicher Oberrhein)

Die nach Franken flächenmäßig zweitgrößte Region des Landes ist nach der Region Nordschwarzwald die waldreichste mit 46% ihrer Gesamtfläche. Bis ins neunzehnte Jahrhundert waren große Gebiete zugunsten des Bergbaus und der Glashütten entwaldet worden. In jüngster Zeit beeinträchtigen Waldschäden durch die Schadstoffbelastung der Luft, aber auch wiederholte katastrophale Sturmschäden die Forstwirtschaft. Die Klimaverhältnisse und die guten Böden am Rande der Vorbergzone sorgen für eine vielfältige und ertragreiche Landwirtschaft mit den Schwerpunkten Wein, Obst und Gemüse. Bei einer durchschnittlich nur halb so großen Betriebsfläche haben die Betriebe aber einen doppelt so hohen Arbeitskräftebedarf wie im Landesdurchschnitt. Insgesamt hat die Region, bis auf die verdichteten Gebiete Freiburg/Breisach und Lahr/Offenburg/Kehl, ihren Charakter als Ländlicher Raum behalten können.

Natürliche Bedingungen für die Siedlungsentwicklung

Erst nach der Tulla'schen Rheinkorrektur war eine anhaltend stetige und ohne periodische Überschwemmungen verläßliche Landnutzung in den Rheinniederungsgebieten möglich geworden. Angelehnt an historische Siedlungen ziehen sich entlang der Verkehrswege in der Vorbergzone, am Rande des Schwarzwaldes gleichsam wie auf eine

Perlschnur aufgereiht, die Städte mit ihren alten Kernen.[6] Besonders typisch für die Kulturlandschaft sind die kleinen Städte in den Schwarzwaldtälern und die hochgelegenen Einzelhöfe und Streusiedlungen.

Die naturräumlichen Begrenzungen, die aus militärischen Gründen im Grenzland lange Zeit geltenden Beschränkungen und das Fehlen sonst üblicher, mit der industriewirtschaftlichen Entwicklung einhergehenden Wachstumsschübe, schlagen sich in einem langfristigen vergleichsweise stetigen Bevölkerungswachstum im Gebiet der heutigen Region nieder. Von 1871 bis 1996 ist eine Verdoppelung der Einwohnerzahl, in der Stadt Freiburg aber eine fast fünfmal höhere Einwohnerzahl als zu Beginn dieser Periode zu verzeichnen.[7] Ursachen sind die relativ hohen Geburtenüberschüsse und die starke Zuwanderung.

Entwicklung der Gebiets- und Verwaltungsstruktur

Die Region grenzt im Westen entlang des Rheines an die Region Alsace, d.h. an die französischen Departements Haut Rhin und Bas Rhin. Die früher zu den badischen Häusern Baden-Baden und Durlach sowie zu den fürstenbergischen, vorderösterreichischen und zu noch einigen kleineren Territorien in der Ortenau gehörenden Gebiete der Region – von 1945 bis 1952 Teil der französischen Besatzungszone – kamen bei der Gründung Baden-Württembergs, der man in Südbaden sehr skeptisch gegenüber stand, zum Regierungsbezirk Südbaden. Schließlich wurde die heutige Region Südlicher Oberrhein im Zuge der Kreisreform aus dem Stadtkreis Freiburg und den neuen Landkreisen Breisgau-Hochschwarzwald und Emmendingen und aus dem Ortenaukreis gebildet. Diese neuen Stadt- und Landkreise wurden aus der Stadt Freiburg, den früheren Landkreisen Emmendingen, Freiburg, Lahr, Offenburg und aus Teilen der Landkreise Bühl, Kehl, Müllheim, Hochschwarzwald und Wolfach zusammengefügt. Aus der Gemeindereform gingen nach großen Auseinandersetzungen, wie auch in anderen Landesteilen, bis 1975 insgesamt 126 gegenüber vorher 355 Gemeinden hervor.

Übersicht 2: Region Südlicher Oberrhein: Gebiet, Fläche und Bevölkerung

Gebiet	Fläche/qkm 1997	Zahl der Gemeinden	Bevölkerung 1987	Bevölkerung 1997	Bevölkerungsdichte Ew/qkm
Freiburg i.Br.	153,06	1	178.672	200.519	1.310
Lkr. Breisgau-Hochschwarzwald	1.378,36	50	203.111	235.350	171
Lkr. Emmendingen	679,93	24	132.508	148.304	218
Ortenaukreis	1.880,73	51	354.655	402.190	216
Region	*4.072,08*	*126*	*868.946*	*986.363*	*242*

Zum 1973 gebildeten Regionalverband Südlicher Oberrhein gehören im wesentlichen das Gebiet der 1958 entstandenen Planungsgemeinschaft Breisgau und Teilgebiete der 1957 gegründeten Planungsgemeinschaft Hochrhein (Kreis Müllheim) und der 1962 gegründeten Planungsgemeinschaft Mittelbaden. Die Zusammenfassung zu einer größeren regionalen Planungsorganisation war nicht zuletzt auch mit der Erarbeitung eines Gebietsentwicklungsplanes für das südliche Oberrhein-Gebiet durch das Regierungspräsidium und das Innenministerium vorbereitet worden.

Frühe Kontakte über den Rhein

Das mit der regionalplanerischen Arbeit wesensnotwendig verbundene Denken in überörtlichen Zusammenhängen und die damit auch zuwachsenden Kenntnisse über die regionalen Planungsgrenzen übergreifenden Verflechtungen führte schon in den sechziger Jahren zur Entwicklung und Pflege guter Kontakte zwischen den Planungsgemeinschaften Breisgau und Mittelbaden mit den für die Raumordnung zuständigen Institutionen im Elsaß. Im Jahre 1964 wurde die „Interessengemeinschaft Moyenne Alsace-Breisgau" (CIMAB) gebildet. Sie entwarf z.B. das interessante Modell „Internationaler Ausbauort Breisach a.Rh.-Neuf Brisach". In Mittelbaden entwickelte sich eine enge Zusammenarbeit mit der „Agence d'Urbanisme pour l'Agglomération Strasbourgoise", was u.a. zu Studien über raumordnerische Koordinierungsinstrumente in Grenzregionen führte. Durch Gründung des Regionalverbandes Südlicher Oberrhein und die damit verbundene Vergrößerung des Planungsraumes konnte die Zusammenarbeit über die Landes- und Bundesgrenze noch forciert werden. Sie wurde auch begleitend unterstützt durch die Konferenz Oberrheinischer Regionalplaner (s.u.) und durch die Mitwirkung in der Arbeitsgemeinschaft europäischer Grenzregionen.

Für die nachbarschaftliche Abstimmung regionalplanerischer Konzepte brachten die mehr oder weniger informellen Kontakte einen großen praktischen Nutzen. So werden die grenzüberschreitend wirksamen Festlegungen schon vom ersten Regionalplanentwurf an zwischen den Vertretern des Regionalverbandes und den französischen Raumordnungsbehörden in zahlreichen Einzelgesprächen besprochen und deren Stellungnahmen im Planaufstellungsverfahren so behandelt wie die Anregungen und Bedenken deutscher Planungsträger. Die Planungsgemeinschaften und die Regionalverbände haben insgesamt mit den Weg für eine gute Entwicklung der grenzüberschreitenden Zusammenarbeit bereitet, die inzwischen auf der zwischenstaatlichen Ebene für den südlichen und mittleren Teil des Oberrheingebietes institutionalisiert ist.[8]

Ökologische Orientierung der Regionalplanung

Die feingliedrige Struktur der Landschaft, die Verletzlichkeit der Grundwasserreserven in der Rheinebene, aber auch die häufigen Inversionswetterlagen im Rheintal zwischen Vogesen, Schwarzwald und den Ausläufern des Schweizer Jura stellen der Regionalplanung ganz spezifische Aufgaben. Damit ist in dieser Situation vor allem die Lösung zahlreicher Zielkonflikte bei der Raumnutzung diesseits und jenseits der Regionsgrenzen verbunden. Deshalb wurde auch großer Wert auf die Erarbeitung eines Landschaftsrahmenplanes und auf dessen Integration in den Regionalplan gelegt.[9]

Für die regionalplanerische Konzeption und für die Abgrenzung der räumlichen Funktionsbereiche gilt als oberstes Ziel die Sicherung von nicht wiederherstellbaren natürlichen Lebensgrundlagen und der besonders wertvollen, nicht wiederbringlichen landschaftlichen Substanz. Daraus ergeben sich für die Regionalplanung über längere Zeit schon folgende drei Hauptaufgaben:[10]

- die Schwerpunktbildung bei der Siedlungs- und Gewerbeflächenentwicklung auf die zentralen und auf sonstige verkehrsgünstig gelegene Orte und flankierend dazu die Festlegung regionaler Grünzüge und Grünzäsuren, die u.a. auch der Frischluftzufuhr aus den Tälern des Schwarzwaldes in die Rheinebene dienen sollen,

- die planerische Sicherung von sog. Grundwasserschonbereichen, insgesamt fünf Zonen in der Rheinebene, wo die grundwasserschützenden Deckschichten erhalten und vor allem der Kiesabbau eingeschränkt bzw. verhindert werden soll[11] und
- die landschaftsschonende Trassierung der in der Rheinschiene zwangsläufig auszubauenden Verkehrswege, die dem großräumigen Verkehr, aber auch der Verkehrsanbindung der Region und damit der Verbesserung der regionalen Standortqualität dienen soll.

Eine Ergänzung des erstmals 1980 aufgestellten Regionalplanes erfolgte durch dessen Fortschreibung im Jahre 1994. Sie brachte fortentwickelte Planelemente im Bereich der Freiraumsicherung (Vorrang- und Vorbehaltsbereiche) und die Festlegung von „Interkommunalen Gewerbegebieten" auf den freigewordenen Geländen der ehemaligen Nato-Flugplätze in Lahr und Bremgarten.

Langfristplanung – problemorientierte Aktualisierung

Für alle Ebenen der Raumordnung gilt die verbindliche Aufgabenstellung des Bundesraumordnungsgesetzes. Sie ist in der Weise definiert, daß die unterschiedlichen Anforderungen an den Raum aufeinander abzustimmen, die dabei auftretenden Konflikte auszugleichen sind und Vorsorge für die einzelnen Raumfunktionen und Raumnutzungen zu treffen ist. Daraus folgt, daß die Arbeit eines Regionalverbandes nicht mit der einmaligen Aufstellung eines Raumordnungsplanes für die Region, eines Regionalplanes also, erschöpft ist. Regionalplanung ist vielmehr eine Daueraufgabe. Sie besteht darin, die Raumentwicklung zu beobachten und zu analysieren, aufkommende Probleme und Konfliktsituationen möglichst frühzeitig zu erkennen, raumplanerische Lösungen zu erarbeiten, ggf. die regionale Planungskonzeption zu korrigieren und den verbindlichen Regionalplan regelmäßig fortzuschreiben und sich bei der Klärung von Raumnutzungskonflikten zu engagieren. Von diesem Planungsverständnis ist auch das aktuelle Aktionsprogramm des Regionalverbandes durchzogen, dessen Funktion neben seiner regionalplanerischen Kernaufgabe als Berater der Kommunen und als Sprachrohr der Region gegenüber Bund und Land und in den staatlichen grenzüberschreitenden Gremien beschrieben wird.[12]

Danach waren Schwerpunktthemen nach Genehmigung des fortgeschriebenen Regionalplanes von 1995 zunächst die Erarbeitung eines Rohstoffsicherungskonzeptes und die entsprechende Ergänzung des Regionalplanes, eine Untersuchung grundsätzlicher Möglichkeiten der regionalen Steuerung von Standorten für Windkraftanlagen und die Erarbeitung von Ausschluß- und Abwägungskriterien für die Windkraftnutzung in einer Restriktionskarte. Um den Vorschlag im Regionalplan, Offenburg als Oberzentrum im Landesentwicklungsplan auszuweisen, der Realisierung näher zu bringen, sollen konkrete Vorschläge zur Stärkung der oberzentralen Funktionen im Bereich Offenburg/Ortenau erarbeitet werden. Zur Verwirklichung des Transregionalen Schienenverkehrskonzeptes machte sich der Regionalverband bereits seit 1978 in einer konzertierten Aktion mit den Abgeordneten der Region für die Forcierung der Planung und des Ausbaus der Rheintalstrecke stark. Ebenso meldete sich der Verband im Rahmen des Messekonzeptes der Landesregierung zu Wort und forderte eine stärkere Förderung der Messeplätze in Freiburg und Offenburg durch das Land. Und schließlich stehen auf der Agenda des Regionalverbandes dauerhaft begleitende regionalpolitische und fachlich zuarbeitende Funktionen bei den Projekten im Rahmen der Gremienarbeit der Oberrheinkonferenz und des Interreg II-Programms Oberrhein-Mitte-Süd.

3. *Region und Regionalverband Hochrhein-Bodensee*

Ungewöhnliche Bedingungen durch Gebietszuschnitt und Grenzlage

Ganz im Süden des badischen Landesteiles erstreckt sich die Region Hochrhein-Bodensee in Ost-West-Richtung entlang der Grenze zur Schweiz – einer EU-Außengrenze – bis zur Grenze mit Frankreich im Westen. In ihr Gebiet ragt aus rein geographischer Sicht wie ein „Keil" der rechtsrheinisch gelegene schweizer Kanton Schaffhausen hinein, der mit dem Nachbarkanton Zürich im Norden eine gemeinsame Grenze von nur zehn Kilometern hat, aber eine zehnmal so lange mit der Region Hochrhein-Bodensee. Dies bringt eine territoriale Trennung in einen Ostteil mit seinem Anteil am Bodensee-Raum mit dem Oberzentrum Konstanz und in einen Westteil mit sich, der in der Stadt Lörrach ein starkes Mittelzentrum besitzt und der auch teilweise auf Basel und Zürich und auch auf Freiburg als regionsübergreifende Zentren orientiert ist. Die Mittelgebirgslagen des Schwarzwaldes und die Tallandschaften des Oberrheins und des Hochrheins prägen die markante Vielfalt der Landschaft im Westen. Die Gäu- und Beckenlandschaften sowie der Bodensee machen den reizvollen Charakter des östlichen Teils der Region aus. Kaum eine andere Region vereint so viele unterschiedliche Teilräume mit so verschiedenartigen Strukturproblemen und Entwicklungsaufgaben: strukturschwache ländliche Gebiete, interessante Tourismus- und Erholungsgebiete im Naturpark Südschwarzwald und am westlichen Bodensee, eine attraktive Universitätsstadt Konstanz mit ihrem Umfeld und das von der Agglomeration Basel profitierende Gebiet an Hochrhein und Oberrhein.

Gemeinsame Interessen formen die Region

Vor der Errichtung des Regionalverbandes im Jahre 1973 existierten zwei regionale Planungsgemeinschaften. Im Westen war schon 1957 die vom Säckinger Landrat angeregte Planungsgemeinschaft Hochrhein für das Gebiet der damaligen Landkreise Säckingen, Lörrach und Waldshut gegründet worden. Im Jahre 1961 kam der Landkreis Müllheim hinzu.[13] Nur wenig später zog man im Ostteil nach, griff eine entsprechende Anregung des Landrates von Konstanz auf und gründete ebenfalls noch 1957 die Planungsgemeinschaft Westlicher Bodensee-Linzgau-Hegau im Gebiet der damaligen badischen Landkreise Konstanz, Stockach und Überlingen. Eigenverantwortlicher Gestaltungswille im Bodensee-Hochrhein-Raum, die Verfolgung gemeinsamer Interessen bei der Entwicklung einer zukunftsfähigen Erschließung des gemeinsamen Planungsraumes sowie die partnerschaftliche Zusammenarbeit mit den gemeinsamen schweizer Nachbarn waren Grundlagen für die Bildung der Region. Sie umfaßt das Gebiet der durch die Kreisreform neugebildeten Landkreise Konstanz, Lörrach und Waldshut.

Übersicht 3: Region Hochrhein-Bodensee: Gebiet, Fläche und Bevölkerung

Gebiet	Fläche/qkm 1997	Zahl der Gemeinden	Bevölkerung 1987	Bevölkerung 1997	Bevölkerungs-dichte Ew./qkm
Lkr. Konstanz	817,81	25	231.898	261.936	320
Lkr. Lörrach	806,83	42	191.004	214.175	266
Lkr. Waldshut	1.131,19	32	144.883	164.297	145
Region	*2.755,83*	*99*	*567.785*	*640.408*	*232*

Dynamik der Entwicklung – Prozeß der Planung

Die Hauptaufgabe regionaler Planung, längerfristige räumliche Ordnungs- und Entwicklungskonzepte mit der Abgrenzung und gegenseitig optimale Zuordnung von Raumfunktionen und Standorten festzulegen, steht in einem gewissen Spannungsverhältnis zu konkreten raumbeeinflussenden Projekten. Dabei geht auch gelegentlich die Zeit über die Diskussions- und Projektionsphasen hinweg, Einstellungen und Bedürfnisse ändern sich, Realisierungen werden in weite Fernen verschoben, bleiben in den Anfangsphasen stecken oder werden gar aufgegeben. Zwei besondere Fälle in diesem Spektrum der Möglichkeiten sind die Schiffbarmachung des Hochrheins bis zum Bodensee, die im Laufe der Jahre, genau genommen erst mit Regionalplan 2000 aufgegeben wurde. Ein anderes Schicksal erleidet die Region mit dem Projekt der Hochrheinautobahn (A 98). Sie soll über die Jahrzehnte hin und auch nach dem aktuellen Bundesverkehrswegeplan (BVWP) noch bis zum Jahre 2012 in kleineren Abschnitten gebaut werden. Ihr vollständiger funktionsgerechter Ausbau wird wohl erst danach zu erwarten sein. Immerhin wird nach dem BVWP von 1992 ihre Fortführung nach Osten mit einer leistungsfähigen Anbindung an das schweizerische Nationalstraßennetz und an die A 81 Stuttgart-Singen „angestrebt". So ist es verständlich, daß der Regionalverband seine Forderungen immer wieder mit Nachdruck vertreten mußte.[14]

Gesamtplanung – räumliche und fachliche Teilregionalpläne

So sehr das Bemühen der Regionalplanung im Vordergrund steht, in räumlichen Zusammenhängen zu denken und sozioökonomische Verflechtungen, auch über die Regionsgrenzen hinweg, in gesamträumliche Konzeptionen zusammenzufassen, bedarf es jedoch auch in speziellen Fällen der Konkretisierung und Vertiefung des Regionalplanes. In der Region Hochrhein-Bodensee geschah dies durch die Aufstellung eines besonderen Teilplanes zur Klärung der vielfältigen und nur schwer in Übereinstimmung zu bringenden Nutzungsansprüche für den Bodenseeuferbereich.[15] Darin wurden die generellen Aussagen des 1979 beschlossenen Regionalplanes und die Ziele des Landesentwicklungsplanes 1983 für den Bodenseeuferbereich konkretisiert und umsetzungsfähig gemacht. Vorangegangen war die Abstimmung eines gemeinsamen planerischen Vorgehens mit der Nachbarregion Bodensee-Oberschwaben. Dazu hatten auch die „Grundsätze zum Schutz der Flachwasserzone des Bodensees" der Landesregierung von 1981 den Anstoß gegeben.

Ein weiterer Teilregionalplan ist zur Ergänzung des 1995 beschlossenen „Regionalplan 2000" vorgesehen. Er beinhaltet das Rohstoffsicherungskonzept für die Region, das in Zusammenarbeit mit dem „Geologischen Landesamt" erstellt wird. Ziel ist die

Festlegung raum- und umweltverträglicher Sicherungsbereiche für die Rohstoffvorkommen (vor allem Kies und Sand) und von Vorrangbereichen für den Rohstoffabbau.

Grenzlage als Chance für die Regionalentwicklung

In den letzten zweihundert Jahren haben in den Teilräumen beiderseits des Rheines, der seitdem auch Staatsgrenze ist, in einem früher politisch einheitlichen Territorium des Hochrheinraumes, recht unterschiedliche Entwicklungen stattgefunden. Nach dem zweiten Weltkrieg, in den Zeiten der Planungsgemeinschaften, wurden die nie ganz abgerissenen örtlichen und fachlichen Kontakte aus vielen Veranlassungen heraus weiter gepflegt. Insbesondere mit dem Kanton Schaffhausen sind die Richtpläne und Regionalpläne bis ins Detail aufeinander abgestimmt. Im Verständnis des Regionalverbandes sind Grenzen, Grenzräume keine Barrieren sondern Kontaktzonen, die es zu beiderseitigem Vorteil zu nutzen gilt.[16]

Auf regionaler Ebene, bei der Abstimmung im Rahmen der Richtplanung der sieben nordschweizer Kantone und der deutschen Regionalplanung machen natürlich die Unterschiede in den Raumplanungssystemen zu schaffen. Die Nutzung moderner Kommunikationsmittel und die Einrichtung grenzüberschreitender Informationssysteme erleichtern jedoch zunehmend die Zusammenarbeit.
In den Neunziger Jahren erhielt die grenzüberschreitende Zusammenarbeit zusätzliche Impulse durch die Interreg-Programme der Europäischen Union zur Förderung gemeinsamer Projekte an den Binnengrenzen und an den Außengrenzen der EU.

Hochrheintal bei Laufenburg
(Quelle: Regionalverband Hochrhein-Bodensee)

Erstes wichtiges Pilotprojekt war das „Strukturmodell Hochrhein" für einen überschaubaren Ausschnitt des Hochrheinraumes (vgl. Abbildung). Dabei ging es vorrangig um eine grenzübergreifende Konzeption zur künftigen Flächeninanspruchnahme durch Wohnsiedlungen, Industrie- und Gewerbegebiete und Verkehrsanlagen[17].

Auch für den Hochrhein brachte Art. 9 des sog. Karlsruher Übereinkommens Fortschritte in der organisatorischen Verfestigung der grenzüberschreitenden Zusammenarbeit. Am 17. September 1997 konnte die Hochrheinkommission gegründet werden. Ihr gehören außer dem Kanton Aargau das Land Baden-Württemberg, die Landkreise Waldshut und Lörrach, der Regionalverband Hochrhein-Bodensee sowie eine Reihe von Gemeinden auf schweizer und deutscher Seite an.

Aber auch die dreiseitige raumplanerische Zusammenarbeit im Westen der Region, am südlichen Oberrhein, zwischen dem Elsaß, den beiden Basler Kantonen, den Regionalverbänden Südlicher Oberrhein und Hochrhein-Bodensee führte trotz unterschiedlicher Planungsmethoden in den drei Ländern zu praktischen Ergebnissen. Ein herausragender Beleg dafür ist die Erarbeitung eines gemeinsamen Freiraumkonzeptes, mit dessen Hilfe auf eine gleichartige Entwicklung westlich, östlich und südlich des Rheines hingearbeitet werden soll.[18]

Schon bei den früheren Interreg I Programmen „Alpenrhein-Bodensee-Hochrhein" und „Oberrhein-Mitte-Süd" war der Regionalverband in unterschiedlicher Form, in der Projektträgerschaft, in der Projektleitung, in den projektbegleitenden Arbeitsgruppen tätig, so daß eine Aussage durchaus glaubhaft erscheint, nach der etwa ein Drittel der Arbeit des Regionalverbandes dieser Zukunftsaufgabe „Grenzüberschreitende Zusammenarbeit" gewidmet wird. Sie ist zudem eingebettet in die großräumige Raumentwicklungskonzeption des deutsch-österreichisch-schweizerischen Grenzraumes[19] – ebenfalls ein Interreg II Projekt –, als deren Grundlage und erster Baustein ein System der Raumbeobachtung entwickelt wurde.

4. *Zusammenfassung: Rückblick und Ausblick*

In der Struktur und Aufgabenstellung der Regionalverbände findet eine Landespolitik ihren Ausdruck, die die Notwendigkeit der Integration des 1952 im Rahmen der vom Grundgesetz aufgegebenen Länderneugliederung gegründeten Landes Baden-Württemberg auszubalancieren versucht mit der Dezentralisierung von Aufgaben der Landesentwicklung durch regionale Selbstverwaltungskörperschaften in den landschaftlich, historisch und wirtschaftlich so unterschiedlichen Landesteilen.

Wie alle zwölf Regionalverbände im Lande hatten die ganz überwiegend im ehemals badischen Territorium liegenden neuen regionalen Körperschaften die Grundlagen für ihre Planungsarbeit aufzuarbeiten, die Interessenlagen in den neuen Gebiets- und Verwaltungsstrukturen auszutarieren und akzeptable Konzepte für eine regionale Planungs- und Entwicklungspolitik zu entwerfen. Dabei hatten die sechs Regionalverbände im westlichen Landesteil teils gleiche, teils unterschiedliche Ausgangsbedingungen. Von Anfang an war allen gemeinsam, ihr Selbstverständnis von ihrer Rolle in der neugeordneten Verwaltungslandschaft zu finden und das durch die Arbeit der Vorläufer-Organisationen entstandene Vertrauen bei den Planungspartnern innerhalb und außerhalb der Region in einer seriös fundierten, die Region zusammenbindenden und entwicklungsorientierten regionalen Planung fortzuentwickeln. Dies bedeutete die Pflege eines kooperativen Planungsstils, der die Zusammenarbeit und die Abstimmung mit allen regionalen Kräften sucht, sei es aus Gründen des formellen Verfahrensrechts oder kraft Einsicht in die Natur der speziellen Aufgaben und Interessen dieser Partner für die Entwicklung der Region.

Die Funktion der Regionalplanung als Mittler zwischen staatlicher Raumordnung und Landesplanung einerseits sowie der kommunalen Planung und der standortbezogenen Interessen der Wirtschaft i.w.S. andererseits läßt es aber auch geboten erscheinen, im Sinne einer „helfenden Planung" zu operieren und so eine optimale Einordnung zahlreicher raumwirksamer Planungen, Maßnahmen und Entscheidungen in eine regionale Gesamtkonzeption zu erreichen.

Vier der sechs „badischen" Regionen sind durch ihre Lage im Oberrhein- und Hoch-Rhein-Gebiet geprägt. Der Oberrheingraben als Teil des bedeutendsten westeuropäischen Verkehrskorridors – ein Durchgangsland seit den Zeiten der Römer – bedeutet vor allem für die Standortqualitäten eine besondere Verkehrslagegunst. So entstand eine

Kette von Handels-, Gewerbe- und Industriezentren mit hohen Wachstumsraten in der Vergangenheit und großen Entwicklungschancen in der Zukunft.

Unübersehbar sind aber auch die Auswirkungen auf den Zustand von Natur, Landschaft und Umwelt. Siedlungsdruck auf die Freiräume, die Ausbreitung auch nicht gerade umweltfreundlicher Industriekomplexe, die Flächeninanspruchnahme für die Wasserversorgung, die Kies- und Sandgewinnung, die Verkehrswege und nicht zuletzt für den vorbeugenden Hochwasserschutz durch Dämme und Retentionsräume, waren und sind die gemeinsamen Probleme der Oberrhein-Regionen. So wurde schon seit den Anfängen der Regionalplanung in diesem Raum die Zusammenarbeit über die eigenen Planungsgrenzen hinaus mit den Nachbarn gesucht. „Planung über die Grenzen" ist das besondere Markenzeichen der oberrheinischen Regionalplaner. Sie haben sich seit 1972 in einer besonderen Organisation „ohne Statut" zusammengefunden, die schweizer, französische und deutsche Regionalplaner vom Schweizer Jura bis zum Taunus zum Erfahrungsaustausch und zur Entwicklung von grenzübergreifenden Planungskonzepten vereint.[20] Angesichts der noch ungelösten Probleme wird die raumplanerische Zusammenarbeit am Oberrhein und gleichfalls am Hochrhein eine Zukunftsaufgabe bleiben.

Die sechs Kurzporträts der „badischen" Regionen lassen aber auch die wechselseitige Verkettung von Raumbeobachtung, regionaler Problemanalyse, planerischen Gesamtkonzepten und regionalen Projekten oder Entwicklungsmaßnahmen erkennen. Dabei hat sich im Laufe der Zeit der Planungsbegriff von der verbindlichen Rahmensetzung für Raumfunktionen und Raumnutzungen bis zur Hilfe für die Umsetzung der Planziele und durch Mitwirkung bei konkreten regionalen Projekten erweitert.

Aus den Erfordernissen der Praxis heraus werden in Zukunft sicher die Ansätze für ein problemorientiertes Planungsmanagement und ein entwicklungsorientiertes regionales Projektmanagement weiterentwickelt werden müssen. Dies sollte auch durch eine entsprechende Ausgestaltung des rechtlichen Instrumentariums der Regionalverbände, etwa durch eine Novellierung des Landesplanungsgesetzes in Anpassung an das fortentwickelte Recht der Raumordnung auf Bundesebene unterstützt werden.[21]

Anmerkungen

1 Vgl. Statistisches Landesamt Baden-Württemberg, Materialien und Berichte Heft 10, Die Region Schwarzwald-Baar-Heuberg und ihre Landkreise, Stuttgart 1997

2 Hans Volle und Volker Kauder, Tuttlingen – ein lebendiger Landkreis, in: Daheim im Landkreis Tuttlingen, Konstanz 1983, S. 15

3 Vgl. Sonnenberg, a.a.O., S. 48

4 Quelle: Regionalverband, Manuskript: Die Region Schwarzwald-Baar-Heuberg, Regionalplanung-Weichenstellung für die Zukunft

5 So hat der Regionalverband gegen den Genehmigungsbescheid vom 3. Februar 2000 Klage beim Verwaltungsgericht Freiburg erhoben, weil er bestimmte Ausnahmen von der Verbindlicherklärung nicht hinzunehmen bereit war.

6 Vgl. Wiederhold, Ludwig, Umweltvorsorge in der Regionalplanung am südlichen Oberrhein, in: Raum- und Umweltplanung im Wandel, Festschrift für Hans Kistenmacher, Hrsg. Hans-Jörg Domhardt und Christian Jakoby, Kaiserslautern 1994, S. 463 ff.

7 Vgl. Statistisches Landesamt Baden-Württemberg, Materialien und Berichte Heft 12, Die Region Südlicher Oberrhein mit Stadtkreis und Landkreisen, Stuttgart 1998, S. 12 ff.

8 Vgl. den Beitrag von Striebel-Hechenblaikner und C. Schröder in diesem Band

9 Vgl. Wiederhold, Ludwig, Das Verhältnis von Regionalplanung und Landschaftsrahmenplanung, Fallbeispiel Baden-Württemberg, in: Integration der Landschaftsplanung in die Raumplanung, Aka-

demie für Raumforschung und Landesplanung, Forschungs- und Sitzungsberichte Bd. 180, Hannover 1988, 41 ff.

10 Vgl. Fuchs, Wolfgang, Regionalplanung in der Region Südlicher Oberrhein, in: Daten zur Raumplanung Teil B, Kap.IV, Hrsg. Akademie für Raumforschung und Landesplanung, Hannover 1983, S. 11 ff.

11 Vgl. den Beitrag von Füsslin in diesem Band

12 Regionalverband Südlicher Oberrhein, Regionales Aktionsprogramm, mit einem gemeinsamen Vorwort des Verbandsvorsitzenden Dr. Sven von Ungern-Sternberg und des Verbandsdirektors Dr. Roland Hahn, Freiburg 1997

13 Vgl. Sonnenberg, Gerhard, a.a.O., S. 37 ff.

14 Vgl. Veröffentlichungsreihe des Regionalverbandes Hochrhein-Bodensee, Region Aktuell Nr. 1 (1975) Stellungnahme zum Generalverkehrsplan 1974; Nr. 5 (1976): Die Hochrheinautobahn A 98 (Westteil) – eine Dokumentation; Nr. 11 (1984): Stellungnahme zum Generalverkehrsplan 1983; Nr. 17 (1994): Generalverkehrsplan 1994 – Zusammenfassung und Stellungnahme

15 Vgl. Regionalverband Hochrhein-Bodensee, Bodenseeuferplan 1984, Waldshut-Tiengen 1984

16 Vgl. Hoffmann-Bohner, Karl Heinz: Über Grenzen denken ..., in: Region Aktuell Nr. 19, 25 Jahre Regionalverband Hochrhein-Bodensee, Bilanz und Perspektiven, Waldshut-Tiengen 1998, S. 35 ff.

17 Strukturmodell Hochrhein, Hrsg. Regionalverband Hochrhein-Bodensee und Baudepartement Kanton Aargau, Aarau und Waldshut-Tiengen 1996

18 Regionales grenzüberschreitendes Freiraumkonzept Oberrhein, Veröffentlichung des Regionalverbandes Südlicher Oberrhein Nr. 20 und Region Aktuell des Regionalverbandes Hochrhein-Bodensee Nr. 18

19 Vgl. Raumkonzeption D-A-CH Grenzraum, Entwurf I 2000

20 Vgl. Konferenz Oberrheinischer Regionalplaner, Planung über die Grenzen, Bonn 1979 und Becker-Marx, Kurt, Modelle grenzüberschreitender Kooperation am Oberrhein, Hrsg. Akademie für Raumforschung und Landesplanung, Beiträge Nr. 120, Hannover 1992

21 Nach Abschluß des Manuskriptes inzwischen durch Gesetzesbeschluß des Landtages vom 20. Februar 2001 erfolgt.

Trinkwasservorsorge in der Region Südlicher Oberrhein

Klaus Füsslin

Unsere Kulturlandschaft, der Raum, in dem wir leben, wird durch unsere Ansprüche an den Raum sowie durch natürliche Einflüsse permanent verändert. Die zunehmende Dichte der unterschiedlichen Nutzungen im Raum, das Aufkommen neuer Nutzungen und Bedürfnisse engen den Spielraum für künftige wie für überkommene Nutzungen, insbesondere des Freiraums, immer mehr ein.

Die Politik kann über die Regionalplanung verbindliche Festlegungen darüber treffen, wie Land und Region auch langfristig so erhalten und gestaltet werden können, daß die vielfältigen Aktivitäten und Belange im Raum untereinander und nebeneinander möglichst reibungslos stattfinden können.

Ein öffentlicher Belang von herausragender Bedeutung ist im Oberrheingraben die Versorgung der Bevölkerung mit gutem Trinkwasser und die langfristige Sicherung der natürlichen Voraussetzungen hierzu.

Der Oberrheingraben hat neben anderen natürlichen Vorzügen, wie z.B. seiner Attraktivität als Verkehrskorridor im europäischen Nordsüd-Transit, den besonderen Vorzug aufzuweisen, über einen naturgegebenen, gewaltigen Grundwasserstrom zu verfügen. Dieser bewegt sich, sehr langsam in spitzem Winkel bis parallel zum Rhein strömend, von Süden nach Norden durch die bis zu 100 m mächtigen Kies- und Sandlager der Oberrheinebene. Er wird vom Rhein und seinen Nebenflüssen gespeist.

Der Gütezustand dieses Grundwassers ist im allgemeinen noch immer ausgezeichnet. Das Wasser kann für die örtliche Trinkwassernutzung meist ohne besonderen technischen Aufwand aufbereitet werden. Dennoch besteht bei den Fachleuten der Wasserwirtschaft die ernste Sorge, daß bei der heute rasch fortschreitenden Veränderung der räumlichen Nutzungen hin zu weiterer Versiegelung der Landschaft (vor allem durch Industrie), Intensivierung der Landwirtschaft (mit in den Boden und von dort ins Grundwasser eindringenden Agrochemikalien) und Öffnung der Deckschichten über dem Grundwasser (beispielsweise durch die Kiesgewinnung) die Qualität und Quantität dieses Grundwasserstromes abnehmen. Über 80% der Bevölkerung des Oberrheingrabens beziehen aus dem Grundwasser ihr Trinkwasser, mehr als 50% der landwirtschaftlichen Nutzflächen in der Rheinebene südlich von Breisach werden mit Grundwasser künstlich beregnet. Es könnte auch der Fall eintreten, daß aus dem Oberrheingraben Trinkwasser für andere Räume gewonnen werden muß.

Schon im Gebietsentwicklungsplan für das südliche Oberrheingebiet vom 22. Juni 1971 wurde deshalb postuliert, daß „die für die Versorgung von Teilräumen nutzbaren Wasservorkommen in der Rheinebene auszuweisen und sicherzustellen sind", eine Forderung, die mit den anderen Entwicklungszielen für dieses Gebiet am Oberrhein – Industrialisierung, Energiegewinnung, verkehrliche Belange u.a.m. – vereinbar sein sollte.

Die 1973 aus der Gebiets- und Verwaltungsreform hervorgegangenen Regionalverbände hatten in den durch sie aufzustellenden Regionalplänen u.a. diese Forderung umzusetzen. Doch wie sollte diese Forderung räumlich konkret gefaßt werden?

Hierfür leisteten die Fachabteilungen des Regierungspräsidiums Freiburg eine sehr gute Vorarbeit. Grundlage dafür bildeten die vom Land über das Geologische Landesamt seit Anfang der 70er Jahre in Gang gesetzten hydrogeologischen Untersuchungen über Mächtigkeit und Durchlässigkeit der grundwasserführenden Kies- und Sandschichten sowie über die Güte des Grundwassers[3]. In zähen Abstimmungen zwi-

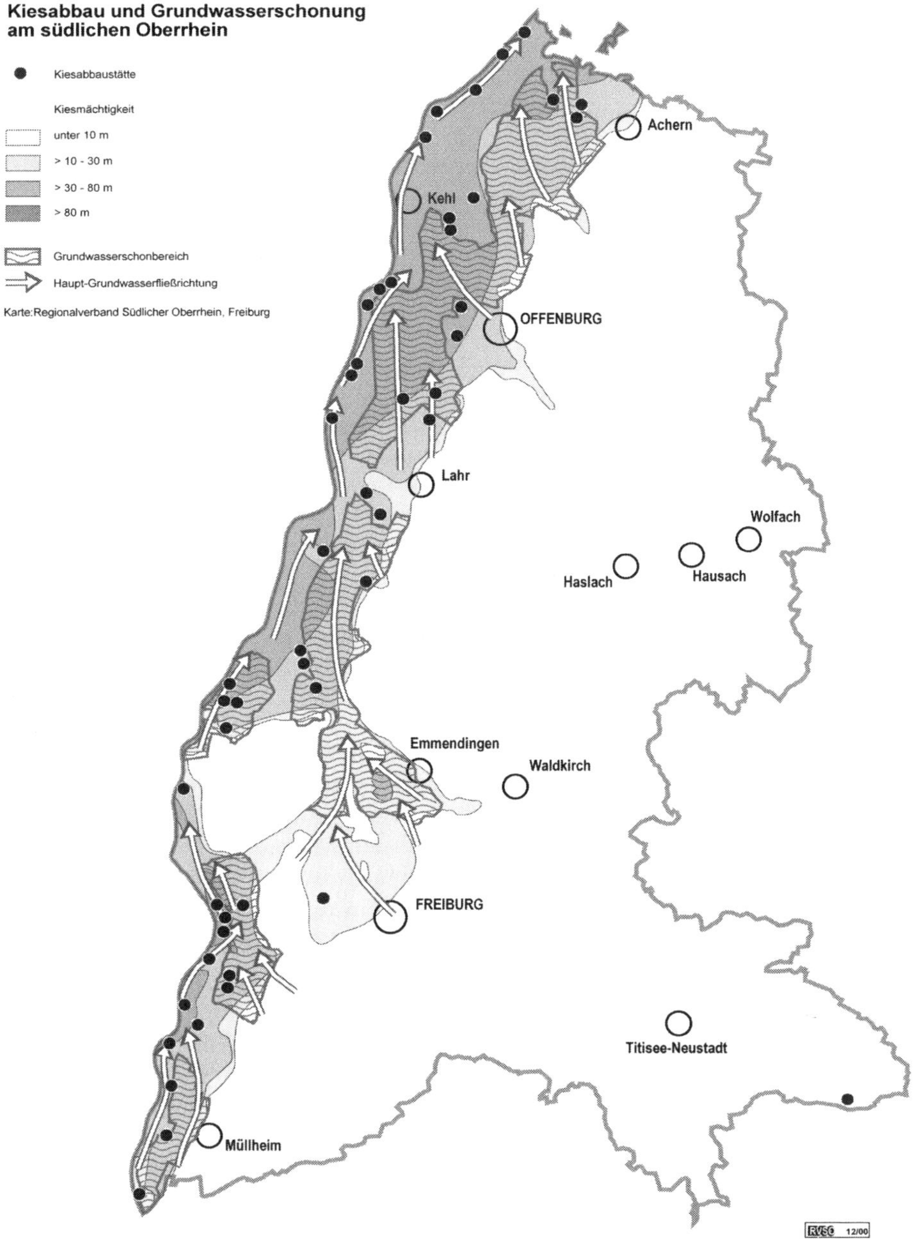

(Quelle: Regionalverband Südlicher Oberrhein)

schen Geologie, Wasserwirtschaft, Landwirtschaft, Forstwirtschaft, aber ohne Beteiligung des Regionalverbandes wurden darauf aufbauend in der Mitte der 70er Jahre durch das Regierungspräsidium Freiburg sog. „wasserwirtschaftliche Vorrangflächen" abgegrenzt und ohne weitere regionalplanerische Abklärungen wurde deren Aufnahme in den ersten Regionalplan verlangt. Innerhalb dieser Flächen sollte neben allgemeinen Festlegungen vor allem das Öffnen der Bodendeckschichten über dem Grundwasser vermieden werden.

Die Verbandsversammlung des Regionalverbandes Südlicher Oberrhein erkannte in diesem wasserwirtschaftlichen Antrag einen Eingriff in regionalplanerische Kompetenzen und in die Souveränität der Gemeinden; sie befürchtete eine erhebliche Verzögerung für die Fertigstellung des ersten Regionalplans, wenn bei dem komplizierten Aufstellungsverfahren dieses Planungselement noch berücksichtigt würde.

Man hat deshalb dieses wichtige und zukunftsweisende regionale Anliegen, in bestimmten Bereichen der Rheinebene das Grundwasser nach Qualität und Quantität langfristig zu sichern, in einem Nachtrag zum ersten Regionalplan ab 1981 für sich allein bearbeitet.

Die dafür zu formulierenden Planziele waren schwieriges Neuland. Um den fachlichen und politischen Inhalt wurde hart gerungen. In den sog. Regionalen Grundwasserschonbereichen „sollen keine Maßnahmen ergriffen werden, die das Grundwasser in seiner Qualität und Quantität entscheidend mindern. Die natürlichen Deckschichten (über dem Grundwasser) sollen erhalten bleiben. Demzufolge sind die Grundwasserschonbereiche freizuhalten von *neuen* Abbauflächen für Kies, Sand und sonstige Bodenschätze. Flächenmäßig begrenzte Erweiterungen *bestehender* Abbauflächen sind" nur noch unter engen Bedingungen „möglich".

Diese Planzielformulierung richtete sich damit vornehmlich gegen die sich in den 60er und 70er Jahren am Oberrhein bezüglich der Standorte recht zufällig ausbreitende Kieswirtschaft. Wenigstens innerhalb der Grundwasserschonbereiche wollte man auf diese Weise die mit dem Kiesabbau im Oberrheingraben verbundene unvermeidliche Öffnung der Bodendeckschichten über dem Grundwasser klein halten, um bei künftig evtl. nötig werdenden zusätzlichen Standorten für Trinkwasserbrunnen den dafür nötigen Spielraum zu behalten. Es gelang dabei, die Abgrenzung der Grundwasserschonbereiche gegenüber dem Fachbeitrag zu vergröbern und zu vergrößern (vgl. Abbildung).

Sechzehn in Betrieb befindliche Kiesgruben wurden von dieser regionalplanerischen Einschränkung betroffen, 47 Gemeinden und Städte dadurch in ihrer diesbezüglichen Handlungsfreiheit eingeengt. Verständlich, daß solche Restriktionen vor allem bei den Gemeinden auf wenig Gegenliebe stießen, die aus dem Kiesabbau durch zusätzliche Steuereinnahmen Nutzen ziehen.

Nach Inkrafttreten dieses Regionalplan-Nachtrages 1983 gab es daher wiederholt Schwierigkeiten bei der rechtlichen Umsetzung des Planinhaltes und erhebliche Reibungen zwischen Wasserwirtschaft einerseits und Kiesabbauunternehmen und Gemeinden andererseits. Die „flächenmäßig begrenzte" Erweiterung bei den vorhandenen Kiesabbaubetrieben wurde von den Genehmigungsbehörden restriktiv gehandhabt, auslegungsfähige fachliche Gesichtspunkte für eine Erweiterung mit Hilfe der formalrechtlichen Kriterien aus der Planzielformulierung des Regionalplans nicht zugelassen.

Die Kieswirtschaft ging ihrerseits in die Offensive und suchte mit Forschungsarbeiten zu belegen, daß die Öffnung der Deckschichten nicht per se einen Verlust an Qualität des Grundwassers bedeuten muß, daß sich vielmehr durch den Abbaubetrieb auch günstige chemische Einflüsse, insbesondere über den sich dadurch vergrößernden Sauerstoffeintrag in das Tiefengrundwasser, ergeben können.

Inzwischen hatte die Landesregierung im Jahre 1982 ein sog. „Rohstoffsicherungskonzept“ verabschiedet. Die Regionalverbände erhielten damit die verpflichtende Aufgabe, für die Versorgung mit Kies und Sand in ihren Regionalplänen *mittelfristig Vorrangbereiche und langfristig Sicherungsbereiche* für den Kiesabbau auszuweisen.

Für die fachliche Seite dieser Aufgabe wurde das Landesamt für Geologie, Rohstoffe und Bergbau beauftragt, Qualität und Verfügbarkeit oberflächennaher Rohstoffe im ganzen Land und insbesondere in der Rheinebene genauer zu erheben. Mangels Personal konnten diese Arbeiten für das Oberrheingebiet erst 1995 abgeschlossen werden.

Auf der Basis zweier detaillierter Karten, der Prognostischen Rohstoffkarte 1994 (Verfügbarkeit) und einer Lagerstättenpotentialkarte 1995 (Mächtigkeit und qualitative Zusammensetzung) konnte der Regionalverband Südlicher Oberrhein in der Folgezeit einen Nachtrag zum zweiten Regionalplan (1995) entwickeln, der die langfristige Rohstoffgewinnung (zweimal 15 Jahre) und die Grundwasserschonung in eine erneute Abwägung zueinander brachte.

Aufgrund der neuen Erkenntnisse ließ sich das bisherige Planziel zu den Grundwasserschonbereichen in seiner sehr strengen Auslegung nicht mehr halten. Wieder wurde in mühsamer Arbeit in unzähligen bilateralen und multilateralen Sitzungen mit den unterschiedlichsten Interessengruppierungen sowie unter ständiger Rückkoppelung mit den Gemeinden nach einem Kompromiß gesucht und schließlich dafür eine Formulierung gefunden, welche die Kieswirtschaft und die Wasserwirtschaft akzeptieren konnten: Die räumlich sehr engen Beschränkungskriterien im Falle einer Erweiterung in Grundwasserschonbereiche wurden etwas gelockert. Dafür muß jetzt im Genehmigungsverfahren für die Erweiterung/Vertiefung einer Kiesgrube der Unternehmer schlüssig nachweisen, daß bei einer Auskiesung keine wesentliche Minderung des Grundwassers in seiner Qualität und Quantität zu besorgen ist. Ein völliger Neuaufschluß einer Kiesgrube bleibt nach wie vor untersagt[7].

Was die Abgrenzungen der Bereiche anbetrifft, wurden diese nicht verändert. Hierfür war entscheidend, daß dieses äußere Element der Planung nicht schon nach wenigen Jahren ohne zwingende Notwendigkeit korrigiert werden sollte; es sollte Verlaß auf eine derartige räumliche Festlegung sein. Inwieweit diese Abgrenzungen durch den inzwischen fortgeschrittenen Wissensstand weiterhin bestehen bleiben können, wird in der Fortschreibung des Regionalplans (voraussichtlich nach 2005) zu prüfen sein.

Seit dem Eintritt der Rechtskraft dieses neuen Planzieles im Regionalplan 1995-Nachtrag (September 1999) ist es in der Diskussion um diese Belange ruhiger geworden. Die Kiesindustrie hat sich mit den Aussagen im Regionalplan arrangiert, die Genehmigungsbehörden genehmigen nach den neuen regionalplanerischen Zielsetzungen und Grundsätzen und berücksichtigen bei ihren Entscheidungen die Grundwasserschonbereiche als die Räume, die langfristig in besonderer Weise vor Eingriffen bewahrt werden sollen. Bei Erweiterung bestehender Kiesgruben erweist sich die Beweislast für den Unternehmer als ein wichtiges Hemmnis: Nicht ein verbindliches regionales Planziel mit detailliert fixierten äußeren Randbedingungen und Festlegungen schränkt eine Erweiterung ein, sondern ein Planziel, das die Hürde eines Nachweises durch den Unternehmer für die Einhaltung der Unversehrtheit des Grundwassers nach Qualität und Quantität fordert. Die ersten derzeit angelaufenen Verfahren lassen hoffen.

Die Grundwasserschonbereiche im Regionalplan sind damit ein wichtiger Baustein, zu einer nachhaltigen Raumordnung über eine verbindliche, langfristige regionalplanerische Zielsetzung zu kommen.

Anmerkungen

1 Die Bedeutung des Grundwassers im Oberrheingraben kommt auch darin zum Ausdruck, daß der 3. Dreiländerkongreß der Deutsch-Französisch-Schweizerischen Oberrheinkonferenz im Jahr 1991 einen Expertenausschuß „Wasserqualität und Hydrobiologie" mit der Durchführung von Maßnahmen zur Bewirtschaftung und zum Schutz des Grundwassers beauftragt hat. Das Projekt „Bestandsaufnahme der Grundwasserqualität im Oberrheingraben" im Zuge des europäischen LIFE-Programms wurde 2000 abgeschlossen und enthält zur Situation des Grundwassers ein aktualisiertes Kartenwerk. Vgl.: Deutsch-Französisch-Schweizerische Oberrheinkonferenz, Gemeinsames Sekretariat (Hrsg): 1975-2000 – 25 Jahre D-F-CH Regierungskommission und Oberrheinkonferenz, Kehl 2000, S. 14.

2 Gebietsentwicklungsplan für das südliche Oberrheingebiet vom 22.06.1971. Hrsg.: Innenministerium Baden-Württemberg 10.02.1972, Ziffer IV, 19.

3 Geologisches Landesamt Baden-Württemberg, Landesanstalt für Umweltschutz Baden-Württemberg: Hydrogeologische Karte von Baden-Württemberg, Oberrheingebiet, Bereich Kaiserstuhl-Markgräflerland (1977), Bereich Freiburger Bucht (1979), Bereich Lahr (1980), Bereich Bühl-Offenburg (1979).

4 Boos, Klaus-Jürgen; Strohm, Franz: Ab- und Umbauprozesse in Baggerseen und deren Einfluß auf das Grundwasser – Literaturauswertung, Baden-Baden 1998. Projekt: Konfliktarme Baggerseen in Zusammenarbeit mit dem Landesamt für Geologie, Rohstoffe und Bergbau (Abschluß 2001)

5 Konzept zur Sicherung oberflächennaher Rohstoffe und zur Ordnung des Rohstoffabbaus in Baden-Württemberg vom 24.11.1982.

6 Landesamt für Geologie, Rohstoffe und Bergbau Baden-Württemberg: Prognostische Rohstoffkarte 1:50.000, Region Südlicher Oberrhein, 1993. Lagerstättenpotentialkarte der Kiesvorkommen in der Region Südlicher Oberrhein 1:50.000, Mai 1995/Januar 1996

7 Regionalplan 1995 – Nachtrag: Sicherung oberflächennaher Rohstoffe Kies und Sand sowie Änderung „Regionale Grundwasserschonbereiche" des Regionalplans 1995. Satzung des Regionalverbands vom 30.09.1998, durch das Wirtschaftsministerium Baden-Württemberg genehmigt 10.06.1999, rechtskräftig seit 10.09.1999.

Freiburg i.Br.

Gerd F. Hepp

Städte leben heute denn mehr von ihrer Fähigkeit, ihre historische Substanz und gewachsene Eigenart zu bewahren und gleichzeitig die Herausforderungen der Modernität und des Wandels zukunftsweisend aufzugreifen. Beides in offener Balance zu halten, Tradition und Fortschritt miteinander in Einklang zu bringen, gilt als Ausweis gelungener moderner städtischer Individualität.

Die alte Universitätsstadt Freiburg ist in der glücklichen Lage, für eine solche Synthese über besonders günstige Voraussetzungen zu verfügen. Für die Traditionskomponente steht eine sonst selten anzutreffende Harmonie von Landschaft, Geschichte und Kultur, die der Lage der Stadt im äußersten Südwesten ihren besonderen Reiz verleiht. Ihre Bewohner schätzen die bevorzugte landschaftliche Lage am Fuße des Schwarzwaldes, das milde Klima des Breisgaus und die offene Lage zum Rheintal, die das Elsaß und die Schweiz in greifbare Nähe rückt. Hinzu kommt das kulturelle Flair der heimeligen Universitätsstadt mit gotischem Münster und historischen Bauten in einem Stadtkern, der in den Zeiten der Zähringerdynastie und Vorderösterreichs seine bleibende Prägung erhielt. All diese Vorzüge haben Freiburg schon früh den Ruf einer außerordentlich beliebten und zugleich beschaulichen Studenten- und Touristenstadt eingebracht, einer Stadt mit hohem Kultur- und Freizeitwert. Nicht zuletzt auch deshalb war sie als Pensionopolis von Rentnern als Wohnsitz begehrt und von den badischen Beamten ist die Redensart überliefert: „Die einen sind in Freiburg und die anderen wollen nach Freiburg".[1]

Ebenso bedeutsam ist jedoch eine zweite Komponente, die Rolle als Oberzentrum, als politischer und wirtschaftlicher Mittelpunkt am südlichen Oberrhein, der den Raum zwischen Straßburg, Basel und Schwarzwald umgreift.[2] Ein Oberzentrum also im Dreiländereck, dessen Entwicklungspotentiale zwangsläufig durch seine Rand- und Grenzlage und die damit zusammenhängende Abschottung von den großen Verkehrsachsen entscheidend bestimmt wird. Solange die Grenzen zu den Nachbarn in der Schweiz und im Elsaß als solche stärker wahrnehmbar waren, ergab sich daraus ein gewichtiger strukturpolitischer Nachteil. Entsprechend war das Erscheinungsbild der Stadt. Sie galt als ein eher beschauliches Behörden- und Dienstleistungszentrum, als ein fast heimelig anmutendes Handels- und Gewerbezentrum in badischen Oberland. In keinem Falle aber als Industriestadt, sondern als eine Stadt, die Industrie nur in dem Maße aufnahm, wie dies für die Bürger und ihre Civitas eben als unbedingt notwendig erschien.

Diese Ausgangssituation hat sich in den letzten Jahrzehnten gründlich verändert. Der dynamisch fortschreitende Prozeß der europäischen Integration und die Auswirkungen der Globalisierung haben gerade auch für Freiburg neue Standortbedingungen geschaffen. Seit 1993 die Grenze zu Frankreich gefallen ist, der Rhein von einer nationalen Trennungslinie wieder zur europäischen Brücke geworden ist, beginnen Städte und Region im Dreiländereck wieder näher zusammenzurücken. Kern einer Vision ist ein Oberzentrum Freiburg, das über die alte Rheingrenze hinweg neue Zentralität gewinnt, in einem europäisch geprägten Kultur- und Wirtschaftsraum, der über Jahrhunderte als Einheit galt und nur durch nationale Grenzen künstlich getrennt war. Die städtischen

Akteure setzen seit längerem auf dieses strategische Chancenpotential und waren vor dem Hintergrund der sich ändernden politischen und ökonomischen Großwetterlage vor allem in den letzten eineinhalb Jahrzehnten bemüht, durch einige infrastrukturelle Großprojekte die Weichen für eine den gewandelten Standortbedingungen angemessene Modernisierung zu stellen. In diesem dynamischen Wandlungs- und Anpassungsprozeß galt es jedoch auch die Traditionskomponente nicht zu vernachlässigen, vielmehr lokale traditionelle Eigenart und weltoffene Urbanität in identitätsstiftender Weise gleichermaßen im Blick zu behalten. Auf dieser wohlaustarierten Grundlage hat Freiburg die Schwelle zum 21. Jahrhundert mit Zuversicht und neuem europäischen Elan überschritten. Zu diesem optimistischen Zukunftsszenario paßt denn auch das Image, das die Bewohner mit dieser Stadt verbinden. Nach einer im Jahre 1999 durchgeführten Bürgerumfrage leben immerhin 90,6 % aller Bürgerinnen und Bürger gerne in ihrer Stadt, zu der sie eine gefühlsmäßig enge Bindung haben. Die Stadt Freiburg gilt in ihren Augen als reizvoll, liebenswert und gastlich, ist eine „überschaubare, gemütliche Großstadt, eher traditionsverbunden als modern, dabei aber nicht abgeschlossen, sondern offen und lebendig.“[3]

Freiburg – Münster vom Schloßberg
(Quelle: LMZ/Hecker/Hofbauer, 1989)

Städtebauliche Entwicklung und Siedlungsstruktur

Die bauliche Entwicklung Freiburgs und seiner Siedlungsstruktur läßt sich entlang der vergangenen Dekaden in mehrere Phasen gliedern.[4] In einer ersten Phase bis Ende der 50er Jahre konzentrierten sich die Anstrengungen vor allem auf den Wiederaufbau, zumal nach der schweren Bombardierung von 1944 nur noch ein Fünftel der Altstadt intakt geblieben war. Weitsichtig ließ man sich seinerzeit von einer eher traditionellen Architekturauffassung leiten, die den historischen Zähringer Stadtgrundriß respektierte, die zerstörten Baudenkmäler sicherte und so die identitätsstiftende Wirkung der Altstadt der Nachwelt erhielt. Nachdem die Kriegsschäden beseitigt waren, setzte in den 60er Jahren, bedingt durch eine prekäre Wohnungssituation, eine expansive Siedlungsphase ein. So hatte sich zwischen 1952 und 1961 die Einwohnerzahl Freiburgs von 118 000 geradezu sprunghaft auf 145 000 erhöht. Die Oberbürgermeisterwahl von 1962 wurde nicht zuletzt deshalb erstmals zugunsten eines Sozialdemokraten entschieden, weil der neue Amtsinhaber Eugen Keidel großzügige Trabantensiedlungen im Westen der Stadt in Aussicht stellte. In den Folgejahren entstanden so die neuen Stadtteile Weingarten und Landwasser, beides Großsiedlungen mit insgesamt 22 000 Einwohnern mit hohen Anteilen für den sozialen Wohnungsbau.

Auf der anderen Seite hat die Konzeption dieser Stadtteile mit familienfeindlichen Hochhäusern in den Folgejahren auch zu erheblichen sozialen Konflikten geführt. Die Planungspolitik der Stadt vollzog deshalb einen Kurswechsel. In den 70er und 80er Jahren verzichtete sie auf neue Siedlungen und setzte stattdessen auf konsolidierende Stadterneuerung im bereits bebauten Bereich sowie auf Nachverdichtung in den Freiräumen bebauter Quartiere. Qualitatives an Stelle von quantitativem Wachstum lautete nun die Devise, galt es doch der seit Mitte der 70er Jahre einsetzenden „Stadtflucht“ entgegenzuwirken, indem man die Attraktivität des urbanen Wohnens zu erhöhen suchte. Initialzündung dieser Entwicklung bildete die Sperrung der Innenstadt für den Individualverkehr im Jahre 1973. Die nun einsetzende Stadterneuerungswelle kam einer Vielzahl von Objekten in der Innenstadt und der Innenstadt-Randzone zugute, wobei das Land großzügige Hilfe leistete. Zur Behebung der Wohnungsnot, die trotz der Großsiedlungen fortdauerte, reichten diese Maßnahmen aber nicht aus. In dieser Situation erwies sich die Gemeindereform für die Stadt, die nur über eine knappe Gemarkungsfläche verfügt, als Glücksfall. Mit Erfolg wurde bei einer Reihe von Nachbargemeinden um Eingemeindung geworben. Mitte der 70er Jahre kamen so Lehen und Hochdorf, die Tuniberggemeinden Opfingen, Waltershofen, Tiengen und Munzingen, sowie im Osten Ebnet und Kappel zum Stadtgebiet hinzu. Für Gewerbe und Wohnungsbau standen somit in großem Umfang neue Bauflächen bereit. So vergrößerte sich nicht nur die Einwohnerzahl, es verdoppelte sich auch die Gemarkungsfläche von 8000 auf 15 304 Hektar.

Mit den Eingemeindungen hatte die Stadt 1975 rund 180 000 Einwohner erreicht, eine Zahl, die bis Ende der 80er Jahre stagnierte. Erst in den 90er Jahren setzte – eher überraschend – ein neuerlicher Aufschwung ein, so daß Freiburg im Jahr 1996 die magische Zahl von 200 000 Einwohnern überschritt. Im Vergleich mit den anderen baden-württembergischen Stadtkreisen, die zumeist stagnierende oder rückläufige Zahlen beklagen, weist so Freiburg im Zeitraum von 1994-1999 bei weitem die größten Wachstumsraten auf.[5] Kehrseite dieser Entwicklung war, daß das Wohnproblem der Stadt sich erneut geradezu dramatisch zuspitzte, nicht zuletzt auch infolge individuell gewachsener Wohnansprüche. Unter Oberbürgermeister Rolf Böhme, seit seiner Wahl im Jahre 1982 zweimal im Amt bestätigt, wurden daher in der letzten Dekade eine Reihe von städtebaulichen Großprojekten in Angriff genommen.[6] Durch zwei zukunftsweisende Planungen konnte hier für Entlastung gesorgt werden, wenngleich der Entwurf des Flächennutzungsplans 2010 weiteren umfänglichen Wohnflächenbedarf signalisiert. In einem ersten Schritt wurde 1991 nach harten Auseinandersetzungen im Gemeinderat gegen den Widerstand der Grünen die Bebauung des Rieselfeldes beschlossen. Seitdem ist im Westen ein modellhaft konzipierter neuer Stadtteil für insgesamt 12 000 Einwohner im Entstehen begriffen. Er gilt als eines der größten Stadterweiterungsprojekte in Deutschland seit den 70er Jahren. Mit einer gesunden Mixtur von Wohnen, Arbeiten, Freizeit und Kultur versucht man hier die Monotonie und soziale Konfliktträchtigkeit früherer Planungen zu vermeiden. Ein zweites Vorzeigeprojekt hat die Stadt mit der auf

5000 Einwohner angelegten Siedlung auf dem ehemaligen Kasernengelände Vauban in Angriff genommen, das 1992 nach dem Abzug der französischen Streitkräfte an die Stadt übergegangen war. Es wurde 1996 als Beispiel einer zukunftsweisenden Wohnsiedlung mit einer internationalen Auszeichnung bedacht. Dieser in Fortführung traditioneller Gartenstädte mit mehreren Grünspangen ausgestattete Stadtteil verfolgt das Konzept eines weitgehend autofreien Wohnens, wobei mit einer angegliederten Solarsiedlung bewußt auch ökologische Akzente gesetzt werden.

Bevölkerungswachstum erzeugt naturgemäß einen Druck auf den Arbeitsmarkt, gleichzeitig aber auch auf die gesamte Infrastruktur mit ihren diversen Einrichtungen und Angeboten. Das Oberzentrum Freiburg, das sich in der Standortkonkurrenz als attraktive Größe behaupten will, hat deshalb eine Reihe von städtebaulichen Großprojekten in Angriff genommen. Wichtigstes Ereignis im letzten Jahrzehnt ist hier ohne Zweifel die Erweiterung des Innenstadtkerns, der sich in Richtung Westen zur völlig neu gestalteten Bahnhofsachse hin ausgedehnt hat. Die hierfür erforderliche Funktion des Eisbrechers übernahm das 1996 eröffnete Konzerthaus, in der Planung ursprünglich Kultur- und Tagungsstätte genannt. Dieses für 150 Millionen DM realisierte Bauprojekt, das auch höchsten architektonischen und funktionalen Ansprüchen genügt, war zugleich auch das umstrittenste Vorhaben der jüngeren Planungsphase. 1988 scheiterte an ihm der erste Bürgerentscheid in der Geschichte der Stadt, doch hat der Erfolg seinen Initiatoren recht gegeben. In Kürze hat es sich zu einem regelrechten Investitionsmagneten entwickelt, der mit einem Volumen von 600 Millionen DM nicht nur den gesamten Bahnhofsbereich veränderte, sondern als kulturell belebender Faktor auch auf die Innenstadt ausstrahlt.[7]

Freiburg erhielt außerdem mit dem 1999 neu eingeweihten Hauptbahnhof, der als eine Art transparentes Bahnhofslabor für die Zukunft konzipiert ist, die längst überfällige urbane Eingangspforte. Zwischen den Bahngeleisen und dem Innenstadtring ist eine neue City im Entstehen begriffen, wobei die Planer an eine künftige Dreiteilung des Stadtkerns zwischen Kaiser-Joseph-Straße, Rotteckring und Bahnhofsachse denken. Diese Dreiteilung verschafft dem inneren Stadtring eine völlig neue Zentralität. Das dort angesiedelte und neu umgebaute Theater und der Platz der Alten Synagoge nähren stadtplanerische Visionen für eine neue kulturelle Mitte Freiburgs, zu der auch die Schaffung einer Kulturmeile zwischen Theater und Konzerthaus gehört. Ergänzt werden diese Projektionen durch zwei wichtige verkehrsplanerische Entwicklungen. Zum einen durch die Weiterführung der Stadtbahn Haslach über eine noch heftig umstrittene Trasse in die Innenstadt, wodurch sich die Anbindung an die Siedlungsgebiete im Westen entscheidend verbessert. Zum andern durch den gegen vielerlei Widerstände durchgesetzten Bau des vierstreifigen Stadttunnels zwischen Ganterknoten und Schnewlinbrükke. Mit der Verlagerung des Durchgangsverkehrs eröffnet er die einmalige Chance, nicht nur die Innenstadt in einer fußgängerfreundlichen Grünzone wieder an die Dreisam heranzuführen, sondern auch das Quartier in der Oberwiehre zwischen Schwabentor und altem Meßplatz städtebaulich umzugestalten und dadurch aufzuwerten.

Wirtschaftsstruktur und Beschäftigung

In einer 1967 veröffentlichten Bestandsaufnahme zur Industrieansiedlung in der Stadt meinte ein kritischer Beobachter, Freiburg habe zu lange versucht, eine Pensionärs- und Fremdenstadt zu bleiben. Entsprechend habe man ein Image gepflegt, in das Industriegebäude, Arbeitslärm und Schornsteine nicht hineinpaßten. Die Stadt sei daher im Grad der Industrialisierung und damit in der Steuer- und Wirtschaftkraft weit hinter anderen Großstädten in Baden-Württemberg zurückgeblieben.[8] Ein grundlegender Strukturwandel wurde also angemahnt, der jedoch, wie man heute rückblickend bilanzieren muß, auch in der Folgezeit weitgehend ausgeblieben ist. Zwar ist es gelungen, eine Reihe namhafter auswärtiger Unternehmungen, unter anderem einige amerikanische Tochterunternehmungen, nach Freiburg anzuwerben, doch fehlte es bei der örtlichen Wirtschaft und den Stadtpolitikern häufig auch an dem durchschlagenden Willen, sich zu einer industriefreundlichen Kurskorrektur durchzuringen. Sie wurde lange Zeit zudem auch durch den Nachteil der nationalen Randlage und die ungenügende verkehrspolitische Anbindung an die großen Zentren erschwert. Auch der Ruf als Schwarzwaldhauptstadt mit hohem Kultur- und Freizeitwert, der mit dem bekannten Freiburger Werbeslogan „Dort arbeiten, wo andere Urlaub machen" Gewerbe und Arbeitskräfte an die Dreisam locken sollte, konnte keine Trendwende bewirken. Schließlich sorgten auch die gewaltsamen Auseinandersetzungen in der Häuserbesetzungsszene, die Freiburg Ende der 70er und Anfang der 80er Jahre den unrühmlichen Titel einer „Chaoten-Hochburg" eintrugen, für wenig investitionsfreundliche Schlagzeilen. So stellte denn auch ein Wirtschaftschronist im Jahre 1998 nüchtern fest, Freiburg sei nach wie vor keine Industriestadt. Eine Feststellung, die sich auch darin widerspiegelt, daß von der gesamten Gemarkungsfläche Freiburgs gegenwärtig 93% für Wohnen, Freizeit und Natur, aber nur ganze 7% als Industrie-Gewerbe- und Mischgebiete genutzt werden.

Von daher kann es auch kaum verwundern, daß das produzierende Gewerbe der Stadt im Jahr 1990 lediglich ein Viertel (26,1 %) des eigenen Bruttosozialprodukts erwirtschaftete. Damit rangierte Freiburg unter allen Stadtkreisen Baden-Württembergs am Ende der Leistungsskala. Aber auch andere Zahlen sprechen eine deutliche Sprache. So lag die Industriedichte Freiburgs 1956 bei mäßigen 9,1 %, womit man etwa halb so viel wie im Landesdurchschnitt erreichte. Bis 1978 stieg sie unwesentlich auf 10,3 % an, bevor sie schließlich 1993 auf einen neuerlichen Tiefstand von 7,1 % zurückfiel. Dem entsprach, daß auch die Zahl der im produzierenden Gewerbe tätigen Erwerbspersonen in den letzten Jahrzehnten kontinuierlich rückläufig war. Betrug der entsprechende Beschäftigungsanteil 1961 immerhin noch 38,1 %, so waren in diesem sekundären Bereich der Wirtschaft 1970 zwar noch 33,6 %, 1987 aber nur noch 22,2 % und 1998 gar nur noch 20,1 % aller Erwerbspersonen tätig.[9]

Diese Situation hat natürlich gravierende Auswirkungen auf die Einnahmen bei der Gewerbesteuer, von der auch die kommunalpolitischen Handlungsspielräume abhängen. Sie betrug 1998 nur 691 DM pro Einwohner, für eine Großstadt ein sehr mäßiges Ergebnis, womit Freiburg unter allen Stadtkreisen Baden-Württembergs nach wie vor das Schlußlicht bildet. Anlaß zur Dramatik bietet diese Entwicklung aus mehreren Gründen dennoch nicht. Zum einen gibt es gerade in jüngster Zeit kräftige Signale für eine zugleich innovative wie entwicklungsstarke junge Freiburger Industrie, die im Zeichen des boomenden Technologiewandels dem High-Tech-Sektor sowie dem Bereich alternativer Technologien zugeordnet werden kann. Begünstigt wird dieser hoffnungsvolle Trend durch die sich zunehmend vernetzende Kooperation junger Unternehmen mit den zahlreich in der Stadt ansässigen universitären und außeruniversitären Forschungsinstituten. Erwähnt sei hier etwa das neue Technologiezentrum oder der von der Stiftung Biomed vorangetriebene Biotech-Park. Als Freiburger Wachstumspotentiale gelten ferner die Bereiche Chemiefasern, Elektrotechnik, Mikroelektronik, physikalische Technik, nicht zuletzt aber auch die Umwelt- und Energietechnologie mit einem besonderen Akzent bei der Solarenergie. Vor allem für ihr beispielhaftes Engagement bei der Förderung alternativer Energiekonzepte wurde die Stadt mit Auszeichnungen bedacht, was sich die Grünen, die seit den Kommunalwahlen von 1994 und 1999 im Gemeinderat nach der CDU die zweitstärkste Fraktion stellen, gerne auf ihre Fahnen schreiben. 1992 wurde Freiburg so der Preis „Bundeshauptstadt für Natur- und Umweltschutz", sowie im Jahre 2000, in der sich die Stadt auf der Expo in Hannover erfolgreich als Solar-Region präsentieren konnte, als erster Großstadt der Preis „Solar-Kommune" zugesprochen.

Industrielle Standortsicherung durch eine Modernisierungspolitik, die dem ökonomischen Strukturwandel Rechnung trägt und primär auf qualitatives Wachstum setzt, so läßt sich die Maxime der kommunalen Politik am ehesten umschreiben. Dabei gilt es, ökonomische und ökologische Zielsetzungen in einer schwierigen Gratwanderung auszubalancieren, um so auch die in der Vergangenheit mitunter virulenten sozialen Konflikte in der Ökostadt zu neutralisieren. Durchsetzbar war diese Politik im Gemeinderat häufig nur mit wechselnden Mehrheiten, wobei der amtierende Oberbürgermeister bei wichtigen Weichenstellungen seine Ziele erfolgreich durchzusetzen verstand. Im Blick auf das gesamtwirtschaftliche Profil liegt das Schwergewicht der künftigen Entwicklung der Freiburger Wirtschaft und Branchenstruktur allerdings nach wie vor nicht im industriellen, sondern primär im tertiären Dienstleistungssektor. Dieser hat in Freiburg als Behördenzentrum, Universitätsstadt, Freizeit- und Touristenstadt eine lange Tradition, die sich im landesweiten Wettbewerb um Beschäftigung in der Vergangenheit jedoch eher nachteilig auswirkte. Vor dem Hintergrund des bundesweit sich vollziehenden allgemeinen Strukturwandels in Richtung Dienstleistungsgesellschaft ist aus dem Standortnachteil jedoch inzwischen ein beschäftigungspolitischer Wachstumsfaktor geworden. In Freiburg, das im Vergleich zu den traditionellen Industriestandorten des Landes bislang schlechtere Karten hatte, sieht man deshalb vergleichsweise optimistisch in die Zukunft. Durch die Realisation einiger infrastruktureller Großprojekte in den 90er Jahren hat man diese Wachstumspotentiale mit einem zusätzlichen Polster versehen. Der Bau des neuen Hauptbahnhofs und des neuen Tagungs- und Kongreßzentrums wurden bereits genannt. Zu verweisen ist ferner auf den begonnenen Neubau der B 31-Ost, die im Jahre 1999 mit einem Finanzvolumen von 150 Millionen DM auf dem Flughafengelände eröffnete neue Messe, den weiteren Ausbau des ÖPNV-Systems sowie die verbesserten Fluganbindungen an den EuroAirport Basel-Mulhouse-Freiburg.

Den beschriebenen Trend mögen wiederum einige Zahlen belegen. Faßt man unter dem Dienstleistungssektor die Bereiche Non-Profit-Organisationen, Gebietskörperschaften, Handel, Verkehr und private Dienstleistungen zusammen, so lag der entsprechende Anteil der Beschäftigten bereits 1961 bei 61,9 %. Bis 1970 stieg er nur leicht an auf 66,2 %, erreichte 1987 aber schon 77,8 %, schließlich im Jahr 2000 sogar 80 %. Dabei dominieren gegenwärtig drei Bereiche: An erster Stelle rangiert das Gesundheits- und Veterinärwesen, gefolgt von dem größeren Komplex Bildung, Wissenschaft, Kultur, Sport und Unterhaltung, während der Bereich Rechts- und Steuerberatung die dritte Position belegt. Diese Veränderungen haben vor dem Hintergrund des beschriebenen Gesamttrends mehrere positive Effekte. Unter anderem erhöhte sich der Anteil des öffentlichen und privaten Dienstleistungssektors an der Bruttowertschöpfung bis 1990 auf knapp drei Viertel (73,5 %), ein Anteil, der sonst in keinem anderen Stadtkreis des Landes erreicht wurde. Besonders günstig jedoch waren die Auswirkungen auf den Arbeitsmarkt. Hier hatte sich seit Mitte der 70er Jahre durch die Arbeitsplatzverluste im sekundären Wirtschaftssektor die Situation für Freiburg erheblich verschlechtert, weshalb man unter den Großstädten des Landes bei der Arbeitslosenquote lange Zeit das Schlußlicht bildete. Durch die hohen Zugewinne im Dienstleistungsbereich konnte hier im letzten Jahrzehnt jedoch eine spürbare Entlastung erzielt werden. Freiburg hat sogar zwischen 1990 und 1999 von allen Stadtkreisen in Baden-Württemberg mit Abstand die höchsten Zuwachsraten bei der Beschäftigung aufzubieten. Damit profiliert sich die Stadt im Vergleich mit den alten Industriestädten eindeutig als wachstumsträchtiger und dynamischer Wirtschaftsstandort, wenngleich dieses erfreuliche Bild dadurch getrübt bleibt, daß Freiburg mit einer nach wie vor recht hohen Arbeitslosenquote von 8,5 % (Dezember 2000) weiterhin im oberen Feld verbleibt.

Stadt und Universität

Zwischen der Stadt Freiburg und ihrer altehrwürdigen, im Jahre 1457 von Erzherzog Albrecht gegründeten Universität besteht seit ihren Anfängen bis heute eine enge Interessen- um nicht zu sagen Schicksalsgemeinschaft.[10] Schon die Gründung selbst war auf Anstoß der städtischen Bürgerschaft erfolgt. Als dann nach 1806 im neugegründeten Großherzogtum lange die Frage diskutiert wurde, ob man sich neben der bisherigen kurpfälzischen Universität Heidelberg mit Freiburg noch eine zweite leisten könne, war es die Stadt, die dem schwankenden Großherzog Ludwig die Bestätigung des Existenzrechtes abrang. Ein stadtpolitisch wichtiges Ereignis, das durch die Ergänzung des alten Stifternamens Albertina durch Ludoviciana sinnfällig dokumentiert ist.[11]

Freiburg – Alte Universität
(Quelle: LMZ/unbek., 1980)

Gefordert war die Stadt dann wiederum in den schwierigen Jahren der Nachkriegszeit, als etwa 80 % der Universität und der zugehörigen Kliniken in Schutt und Asche lagen. Gemeinsam mit dem Land, zunächst Baden und dann Baden-Württemberg, hat die Stadt zur gewaltigen Wiederaufbauleistung enorm viel beigetragen.[12] Diese Wiederaufbauphase umfaßte im wesentlichen die Zeitspanne von 1947 bis Anfang der 60er Jahre. Da die Restbestände der einzelnen Einrichtungen über mehrere Einzelgebiete in der Stadt verstreut lagen, stellte sich die konzeptionelle Frage, ob man nicht am Rande der Stadt nach dem Muster des angelsächsischen Campus eine gänzlich neue, in sich geschlossene Anlage bauen solle.[13] Die Entscheidung fiel jedoch rasch und eindeutig zugunsten der „Stadtuniversität als Lebensgemeinschaft mit gegenseitiger sozialer Durchmischung und Befruchtung."[14] Universität und Bürgerschaft, so wurde argumentiert, gehörten zusammen, Universitätsstadt sei die „ganze Stadt", beide dürfe man nicht voneinander isolieren. Man entschied sich daher, trotz der räumlichen Trennung, die Bezirke als Einheit aufzufassen und diese in Form von Gruppen durch Verknüpfungen zu integrieren. Dieser Zielsetzung entsprechend, wurden die alten Haupt- und Nebengebiete wieder neu errichtet: Als Hauptgebiet das alte Universitätszentrum im Herzen der heutigen Stadt, zugleich traditionell Zentrum der Geisteswissenschaften. Das am Ring der ehemaligen Altstadt angesiedelte sogenannte Institutsviertel mit den Naturwissenschaften sowie ferner das an der Hugstetter Straße gelegene Gebiet des Universitätsklinikums. Schließlich die etwas weiter vom Zentrum entfernten Nebengebiete, darunter die in Herdern angelegten Botanischen Institute mit zwei Außenkliniken sowie das in einem Außenbereich, im Freizeitgebiet der Dreisam, errichtete Sportzentrum.

Auf die Phase der Neuordnung und des umfassenden Wiederaufbaus folgte von den frühen 60er Jahren bis 1990 eine längere Phase der Verdichtung, aber auch der Stagnation. Freiburg mußte nun gegenüber den anderen Landesuniversitäten beim Ausbau und den immer dringlicher werdenden Sanierungen zurückstehen. Dies war auch ein Reflex auf die eindeutige Privilegierung, die Freiburg aufgrund seiner besonders massiven Kriegsschäden in der Aufbauphase erfahren hatte. Nach den vielen Großprojekten, die in dieser Zeit förmlich aus dem Boden gestampft wurden, folgte eine Flaute, in der außer dem 1978 neben dem Stadttheater errichteten Neubau der Universitätsbibliothek und dem in den 80er Jahren fertiggestellten Erweiterungsbau der Chirurgie wenig Erwähnenswertes geschah.

Dies konnte auf Dauer aber nicht gutgehen, da seit den 60er Jahren wie in allen anderen Universitätsstädten auch in Freiburg die Studentenzahlen geradezu lawinenartig nach oben schnellten. Hatte die Zahl der an der Universität Studierenden 1960 noch 8414 betragen, so erhöhte sich diese bis 1980 auf 23 427, um dann schließlich im Jahre 1996 mit 30 511 einen Rekordstand zu erreichen. Mit dieser Entwicklung ist Freiburg nach Stuttgart und Heidelberg nach der Anzahl der Studierenden heute die drittgrößte Universität des Landes. Allerdings nach wie vor keine typische Landesuniversität wie Tübingen, sondern eher eine gesamtdeutsche, die ihres reizvollen Ambientes wegen seit eh und je nicht nur auf ausländische, sondern vor allem auf west- und norddeutsche Studenten eine besondere Anziehungskraft ausübt.

Eine extrem hohe Überlast, die den Lehrbetrieb lähmte, ein enorm gewachsener Sanierungsbedarf, aber auch die Expansion der Wissensgebiete und Fächer, die dazu führten, daß neben den bisherigen 4 Fakultäten 1970 allein 9 neue Fakultäten eingerichtet wurden, machten weitere bauliche Investitionen unausweichlich. Trotz der Finanznöte der Öffentlichen Hände entstanden so in den 90er Jahren eine ganze Reihe neuer Instituts- und Forschungsgebäude vor allem im naturwissenschaftlichen Bereich, wurden umfassende und aufwendige Sanierungsprojekte in den bereits bestehenden Einrichtungen durchgeführt.[15] Zusätzliche Entwicklungsperspektiven eröffneten sich 1992 durch den Abzug der Franzosen, als auf dem freigewordenen Flughafengelände die Universität von der Stadt eine Erweiterungsfläche von 40 ha für ein viertes Hauptgebiet zugewiesen bekam. Dadurch konnte nicht nur das seit langem angestaute Raum- und Flächendefizit auf längere Sicht mit einem Schlag gelöst werden. Vielmehr konnte nun auch das Standortproblem für die seit längerem geplante Einrichtung einer 15. Fakultät für angewandte Wissenschaften mit den Schwerpunkten Informatik und Mikrosystemtechnik gelöst werden.[16] Mit dieser Entscheidung vollzog die traditionell eher geisteswissenschaftlich orientierte Universität zugleich eine technologisch-wirtschaftlich orientierte Öffnung und Neuausrichtung von großer Tragweite, die auch quantitativ mit einer in der Endphase eingeplanten Zahl von 1200 Studierenden zu Buche schlägt.

Die insgesamt recht positive Entwicklungsperspektive ist nicht zuletzt aber auch der traditionell vertrauensvollen Kooperation von Stadt und Universität geschuldet. Nicht von ungefähr wies der Rektor 1995 anläßlich der 875-Jahrfeier der Stadt darauf hin, daß es in anderen Universitätsstädten häufig großes Staunen auslöse, wenn man berichte, „daß sich in Freiburg Rektorat und Klinikvorstand einerseits und Oberbürgermeister und Bürgermeister andrerseits alle halbe Jahre vollzählig treffen, um die gemeinsame Linie zu verabreden“[17]. Meist laufen die Interessen parallel, was beiden Seiten gleichermaßen nutzt. Nicht nur als Kultur- und Kongreßstadt oder auch bei der Krankenversorgung durch das Klinikum profitiert die Stadt wie auch die umliegende Region ganz erheblich von der Ausstrahlung und den Leistungen der Universität. Diese stellt für das typische Dienstleistungszentrum Freiburg und seine Umgebung einen lebenswichtigen Wirtschaftsfaktor dar. Eine von Freiburger Wirtschaftswissenschaftlern in regelmäßigen Abständen durchgeführte Untersuchung hat zuletzt auf der Basis der Daten von 1997 eindrucksvolle Fakten präsentiert.[18] Die Universität einschließlich Klinikum stellt danach insgesamt immerhin rund 13 000 Arbeitsplätze zur Verfügung, ist damit vor der Stadt mit ihren Einrichtungen und zahlreichen Beteiligungen an privatwirtschaftlich geführten Betrieben der größte Arbeitgeber. Sie sorgt so durch primäre und sekundäre Einkommenswirkungen für Ausgabeneffekte in Höhe 2-2,5 Milliarden DM pro Jahr und ihr Anteil an der Bruttowertschöpfung in einem 15-km-Umkreis beläuft sich auf 12,4-15,6 % des entsprechenden Gesamteinkommens.

Darüber hinaus hat die Universität vor allem seit den 90er Jahren eine gezielte Strategie der Öffnung nach außen verfolgt, um den Dialog und die Kooperation mit der örtlichen und regionalen Wirtschaft weiter auszubauen. 1991 wurde zur Förderung der wechselseitigen Kontakte mit der regionalen Wirtschaft von der Universität erstmals ein gemeinsamer „Wirtschaftstag“ ausgerichtet, der seitdem Tradition hat. Ferner wurde 1995 der Universität von der regionalen Wirtschaft ein zweiter Stiftungslehrstuhl für Steuerlehre gespendet, nachdem sie bereits 1993 einen solchen für Mikrosystemtechnik erhalten hatte. Seitdem konnten weitere Kooperationsverträge und Einzelprojekte mit verschiedenen Partnern aus der Wirtschaft vereinbart werden. Motor dieser Entwicklung der Universität war zweifelsohne die Realisierung der 15. Fakultät, für die sich neben Universität und Stadt vor allem die Wirtschaft vehement eingesetzt hatte. Dahinter stand die gemeinsam verfochtene Zielsetzung, im technischen Bereich der Region bisher fehlende Ausbildungsplätze zu schaffen und in enger Zusammenarbeit mit außeruniversitären Forschungseinrichtungen, Stadt und Wirtschaft den Technologietransfer anzukurbeln. Ferner wollte man auch Gründungsimpulse geben für wirtschaftliche Unternehmungen im Bereich der technischen Informatik und der Hochtechnologie, insbesondere der Mikrosystemtechnik. Diese Kooperation ist jedoch nicht auf die badische Region beschränkt, sie hat auch eine grenzüberschreitende, auf die Region am südlichen Oberrhein ausstrahlende Komponente[19]. Dabei konnte man anknüpfen an die traditionell engen Kontakte zwischen den Regio-Universitäten Freiburg, Basel und Straßburg. Diese waren schon bald nach dem Zweiten Weltkrieg, besonders intensiv mit der Schweiz, wieder neu belebt worden. 1983 wurde schließlich unter Hinzuziehung der neuen Universitäten Mülhausen und Karlsruhe ein Modell grenzüberschreitender wissenschaftlicher Zusammenarbeit entwickelt, das sich in der Folgezeit zu einem kontinuierlich dichteren Netz konkreter Kooperation verdichtete. 1989 entstand so die Europäische Konföderation der Oberrheinischen Universitäten (EUCOR). Zu deren Markenzeichen gehört neben einer sich regelmäßig treffenden gemeinsamen Rektorenkonferenz eine wachsende Zusammenarbeit in Forschung und Lehre sowie eine weitreichende gegenseitige Anerkennung von Studienleistungen. Zur Erfolgsbilanz der Zusammenarbeit gehört nicht zuletzt auch die Einrichtung gemeinsamer trinationaler Studiengänge, wobei die Biotechnologie am weitesten gediehen ist. Speziell in dieser Zukunftswissenschaft findet diese grenzüberschreitende Wissenschaftskooperation auch eine Anbindung an unternehmerische Initiative. Die Vision der Schaffung eines Standorts „Bio Valley" am Oberrhein, ein Projekt, das sich inzwischen zum wachstumsträchtigen Vorzeigeobjekt für den ganzen Wirtschaftsraum entwickelt hat, hat hier ihre Grundlage.

Stadt und Region

Die kommunale Entwicklung ist heute von der Notwendigkeit bestimmt, daß Gemeinden und Gebietskörperschaften stärker kooperieren müssen, weil viele Probleme sich nur noch gemeinsam lösen lassen. Dieser Trend prägt auch die Entwicklung des Oberzentrums Freiburg, wo Stadt und Umland immer mehr zu einem sich weiter verflechtenden Netzwerk zusammenwachsen. Diese Manifestation einer neuen Urbanität, die eine Entwicklung zur Stadtregion erkennen läßt, mit der sich auf lange Sicht auch die inhaltlichen Konturen städtischer Identität verändern dürften, hat natürlich unterschiedliche Ursachen. Die drei Faktoren, die das Gesetz des Handelns vor allem bestimmen, lassen sich mit der Trias von Suburbanisierung, Standortkonkurrenz und Finanznot beschreiben.

Im Verhältnis zum näheren Umland sind es vor allem die sozialen und wirtschaftlichen Folgen des unaufhaltsam voranschreitenden Suburbanisierungsprozesses, die im beiderseitigen Interesse gemeinsame Problemlösungen immer dringlicher machen.[20] Wie anderorts findet auch hier seit längerem eine Wanderungsbewegung statt, vor allem von jüngeren Familien, die aus der Kernstadt in die Umland-Region umziehen, weil dort für Bodenpreise, Bauen und Wohnqualität deutlich bessere Konditionen gelten. Die Stadt verliert durch diese Entwicklung an den prosperierenden Speckgürtel nicht nur Einwohner und Einkommenssteuereinnahmen, vielmehr droht aufgrund günstigerer Flächenangebote im Umland auch ein Exodus von Arbeitsplätzen in Handel und Gewerbe.[21] Für die zentralörtliche Infrastruktur kann dies einen gefährlichen Auszehrungsprozeß in Gang setzen, daneben aber auch die verkehrlichen und ökologischen Probleme weiter verschärfen, zumal sich in den letzten Jahren die Zahl der Berufspendler nach Freiburg auf fast 54 % im Jahre 1999 erhöht hat.

Die Stadt setzt deshalb, vor allem seit Mitte der 80er Jahre, konsequent auf den Ausbau kooperativer Verflechtung. Die Bilanz ist beachtlich, wenngleich die Versuche mit den Umlandgemeinden eine gemeinsame Flächennutzungsplanung abzustimmen, bislang am Automiestreben und der Befürchtung der Gemeinden, es gehe der Großstadt nur um finanzielle Lastenverschiebung, gescheitert sind. Erfolgreich war man dagegen bei der Gründung einer ganzen Reihe von Zweckverbänden. Vor allem beim regionalen Nahverkehr, in der Abfallwirtschaft und Energiepolitik, im Natur- und Umweltschutz sowie in der Wirtschaftsförderung. Vor allem 1994 war ein regelrechtes Gründungsjahr, in dem wichtige institutionelle Weichenstellungen erfolgten. Für die Kooperation mit den benachbarten Landkreisen Breisgau-Hochschwarzwald und Emmendingen wurde unter anderem der Verein „Wirtschaftsregion Freiburg e.V." gegründet, der für eine gemeinsam getragene Wirtschaftförderung und Standortentwicklung die Plattform abgeben soll. Es entstand der Zweckverband Regio-Nahverkehr Freiburg, aus dem das Konzept der „Breisgau-S-Bahn 2005" hervorging. Es ist mit 800 Millionen Mark zugleich das größte Investitionsprojekt der Region, das zu 80 % aus Landes- und Bundesmitteln finanziert wird. Ebenfalls 1994 wurde ein Kooperationsvertrag der Gebietskörperschaften im Raum Freiburg abgeschlossen, dem inzwischen neben der Stadt und den beiden Landkreisen 66 Gemeinden aus dem regionalen Umfeld angehören. In ihm verpflichten sich die Vertragspartner zu einer engen kommunalpolitischen Zusammenarbeit und frühzeitiger Abstimmung ihrer Entwicklungsvorhaben. Vertragsziel ist eine wirtschaftlich, sozial und städtebaulich ausgewogene, umwelt- und landschaftsverträgliche Kommunal- und Regionalentwicklung im Raum Freiburg. Seitdem haben sich aus diesem institutionellen Kontext weitere Einzelprojekte entwickelt, wodurch es aber auch zu einer nicht unproblematischen, wachsenden Zersplitterung regionaler Aktivitäten gekommen ist. Die Anstrengungen konzentrieren sich deshalb darauf, überörtliche kommunale Aufgaben und Projekte in einem neu zu schaffenden, dezentral organisierten Regional-Mehrzweckverband zu bündeln und diesem umfassendere Tätigkeitsfelder, Instrumente und Kompetenzen zuzuweisen. Dieses Vorhaben wird erwartungsgemäß von den Regionalverbänden bislang abgelehnt, der langfristige Trend, der auch landespolitisch zunehmend Gehör findet, dürfte den Freiburger Initiatoren auf lange Sicht dennoch recht geben. Bestärkt wird man im übrigen auch durch die recht erfolgreiche Bilanz, die die Vertragsgemeinschaft schon nach wenigen Jahren vorweisen kann. Ein regionalpolitisch besonders herausragendes Ereignis war zweifellos die im Jahr 2000 erfolgte Fusion von einer ganzen Reihe bisher selbständiger kommunaler Energieversorgungsunternehmen zu einem großen regionalen Energiekonzern mit der Bezeichnung Badenova. In ihrer Genese ist diese Gründung eine regionale Antwort auf die Preisfolgen des liberalisierten Energiemarktes, wobei ein in seiner räumlichen Dimension bislang einmaliges Versorgungsgebiet von Offenburg bis Lörrach entstanden ist. Verwaltungssitz wurde Freiburg, dessen Bedeutung als Oberzentrum dadurch eine neuerliche Bestätigung erfuhr.

Diese Einzelfälle machen zugleich deutlich, daß die regionale Kooperation, die von Freiburg aus angetrieben wird, ihren Radius über das eigentliche Umland immer weiter in die Nord- und Südachse des Oberrheins hineinschiebt. Allerdings sind es nicht nur die Städte auf der deutschen Seite des Rheins, die aufeinander zuwachsen. Eine analoge Entwicklung hat auch das Pendant auf der linken Seite des Rheins erfaßt, wo die elsässische Schiene von Straßburg über Mulhouse nach Basel in die Schweiz verläuft. Seitdem die nationalen Grenzen im Prozeß der europäischen Einigung an Bedeutung verlieren, gewinnt die Ost-West Achse eine völlig neue Dimension, zeichnet sich ein immer dichter werdendes grenzüberschreitendes Netzwerk trinationaler Kooperation ab. Für das Oberzentrum Freiburg ein historischer Glücksfall, denn die neu gewonnene europäische Mittellage eröffnet der Stadt vielversprechende Entwicklungspotentiale. Die Stadtpolitik hat die Gunst der Stunde erkannt und pflegt neben der regionalen deshalb zunehmend auch die europäische Dimension der Kooperation. Motor dieser Entwicklung ist die 1985 auf Initiative des Freiburger Oberbürgermeisters gegründete Freiburger Regio-Gesellschaft. Als politische Vorhut der regionalen Interessen hat dieser Verein, in dem sich von der Ortenau bis an den Hochrhein Gemeinden, Städte, Landkreise, Wirtschaftsverbände und die Universität Freiburg zusammengeschlossen haben, inzwischen zahlreiche und auch regionalpolitisch erfolgreiche Anstöße und Aktivitäten auf den Weg gebracht.[22] Erwähnt seien hier lediglich der intensive Ausbau grenzüberschreitender Hochschul- und Forschungskontakte, die Einrichtung eines sich trinational entwikkelnden Gesprächskreises zum Technologietransfer, das Projekt der Verbindung einer Regio S-Bahn in den Basler Raum wie auch die Bemühungen um eine auch rechtliche Einbindung Freiburgs in die bislang binationale Leitung des EuroAirports im Dreiländereck. In Zusammenarbeit mit den Pendants der regio basiliensis und der Regio du Haut Rhin kam es darüber hinaus 1995 zur Bildung einer gemeinsamen trinationalen Institution, der RegioTriRhena, die eine kommunal geprägte Plattform unter Einschluß von Wirtschafts- und Universitätskreisen darstellt. An der Spitze des gemeinsamen Regio-Rats, der zwar über keine eigenen Kompetenzen verfügt, dennoch aber ein bedeutsames Kooperationsorgan darstellt, steht ein Präsident, der als gemeinsamer Sprecher alle drei Seiten im Dreiländereck vertritt. Ziel dieses Gremiums ist es, zwischen den Stadtregionen Colmar/Mulhouse, Freiburg und Basel auf allen Feldern der Regionalpolitik grenzüberschreitende Synergien im Interesse einer gemeinsamen Standortsicherung zu mobilisieren. Ein Vorhaben, das durch den deutsch-französischen Karlsruher Staatsvertrag von 1996, der die Möglichkeit eröffnet, zwischen den Kommunen grenzüberschreitende Zweckverbände zu bilden, nun auch ein rechtliches Fundament erhalten hat.[23] In Freiburg, wo man hofft, daß auch die Schweiz dem Vertragswerk noch beitreten wird, hat man den neuen Spielraum bereits zu nutzen begonnen und erste Schritte in Angriff genommen. Am Ende des Jahres 2000 wurde gemeinsam mit den Städten Colmar und Breisach, sowie dem Landkreis Breisgau-Hochschwarzwald der Kooperationsvertrag Centre Alsace/Breisgau unterzeichnet, der nicht nur den Hoffnungen auf Wiederherstellung der kriegszerstörten Bahnlinie Colmar-Freiburg Auftrieb gibt. Vielmehr könnte, so hoffen seine Initiatoren, aus diesem Nukleus sich später ein EU-regionaler Mehr-Zweckverband entwickeln, mit dem eine gemeinsame trinationale Struktur- und Standortentwicklung in den Horizont des Möglichen rückt. Die Koordinationsstelle wurde im Freiburger Rathaus untergebracht, auch dies sicher mehr als ein nur symbolisches Omen.

Die badische Frage

Das Zukunftsszenario von Freiburg als einer europäischen Stadtregion darf jedoch nicht mit der kühnen Vision einer oberrheinischen Republik verwechselt werden. Freiburgs künftige Entwicklung bleibt nach wie vor bestimmt durch seine Zugehörigkeit zum staatlichen Verband des Landes Baden-Württemberg. Diese staatliche Einbindung war jedoch vor 5 Jahrzehnten heftig umstritten. So gab es in Freiburg eine tief verwurzelte badische Identität und zudem war die Stadt nach Kriegsende zunächst zur Landeshauptstadt und dann zum Regierungssitz des „Pays Bade“ geworden. Dennoch konnten bei der Volksabstimmung von 1951 die Vereinigungsbefürworter für Freiburg fast 10 % mehr Stimmen als im Landesdurchschnitt verbuchen: 47,3 % stimmten hier für den Südweststaat, 52,7 % für das alte Land Baden.

Auch in den kommunalpolitischen Auseinandersetzungen der Stadt blieb die „badische Frage“ bis Ende der 50er Jahre ein prägendes Thema. Die Fronten liefen quer durch den Gemeinderat und sorgten vor allem innerhalb der CDU für Irritationen. So stand etwa die Oberbürgermeisterwahl von 1956 noch ganz im Zeichen der Südweststaatsgründung. Der Sieg des von einer überparteilichen Wählergruppe unterstützten Josef Brandel, Mitglied der CDU, wurde auch als Sieg der Altbadener gewertet. Anfang der 60er Jahre verlor die badische Frage kommunalpolitisch jedoch rasch an Bedeutung. Symptomatisch hierfür war der Aufstieg Hans Filbingers zum Landespolitiker. Der vormalige Freiburger Stadtrat, seit 1958 Nachfolger Dichtels im Kabinett als Staatsrat, wurde 1960 mit Zweidrittelmehrheit gegenüber dem altbadischen Kandidaten Fleig zum Landtagskandidaten der CDU im Wahlkreis Freiburg gewählt.

Aus der Perspektive der Stadt Freiburg ist die badische Frage seitdem ein Instrument, das eher selten und symbolisch genutzt wird, um die Zentrale in Stuttgart an ihre besondere finanzielle Verantwortung für das in der Südwestecke gelegene Oberzentrum zu erinnern. Dazu gehört der vor allem in den 80er Jahren immer wieder auch aus Wirtschaftskreisen lautstark erhobene Vorwurf, Freiburg und die Region werde bei der Strukturförderung zugunsten anderer Städte oder des mittleren Neckarraums vernachlässigt. Dabei lebten auch alte unsichtbare Trennungslinien zu Karlsruhe auf, als man etwa wegen der Schließung der Oberfinanzdirektion oder der Zuweisung des europäischen Zentrums für Umweltforschung an die dortige Universität, in einen harten badischen Bruderkampf geriet. In Richtung Stuttgart dagegen sind die kritischen Töne aus Freiburg im Aufbruchsjahrzehnt der 90er aus guten Gründen deutlich leiser geworden. Das Engagement des Landes bei einer ganzen Reihe infrastruktureller Projekte wurde in Freiburg ausdrücklich gelobt.[24] Der Aufschwung beflügelt die Hoffnung, Freiburg und seine südbadische Region könne sich neben den Ballungszentren um Stuttgart und Mannheim/Karlsruhe als dritte Kraft im landesinternen Standortwettbewerb etablieren.[25] Zugleich verbindet sich damit die Erwartung, das Potential der Eu-Regio und die neu gewonnene Zentralität könne die Abhängigkeit von der Zentrale in Stuttgart mindern, wodurch umgekehrt Baden-Württemberg die Chance erhielte, europäischer zu werden. Dies schätzt wohl auch Stuttgart so ein, wie der Entwurf für den neuen Landesentwicklungsplan in Ansehung des europäischen Potentials am Oberrhein zeigt.

Diese Feststellung zeigt, daß im Gegensatz zu Karlsruhe, die badische Frage in Freiburg seit geraumer Zeit als weitgehend abgehakt gelten kann. Sie ist durch die Erfolgsgeschichte des Landes weitgehend obsolet geworden. Zudem kann man sich für die effiziente Berücksichtigung Freiburger Interessen auf gut eingespielte Mechanismen verlassen. Auf die Freiburger Regio-Gesellschaft als bewährte Lobby ebenso wie auf die traditionell einflußreichen Kanäle aus dem Freiburger Rathaus in die Villa Reitzenstein. Hinzu kommt, daß die Stadt auch im Landeskabinett regelmäßig mit einem potentiellen Anwalt ihrer Interessen vertreten war. Der Freiburger Filbinger war 12 Jahre lang Ministerpräsident und bis zu der Kabinettsbildung im Jahre 1996 gehörte jeder Landesregierung zumindest ein aus Freiburg stammender Minister an.[26] Insgesamt kann so von einer Benachteiligung Freiburgs gegenüber württembergischen Standorten keine Rede sein kann. Der direkte Vergleich der staatlichen Baukosten beim Universitätsbau in Freiburg und Tübingen illustriert dies an einem wichtigen Beispiel.[27] Von 1952 bis zum Jahr 2000 beliefen sich die gesamten Bauzuschüsse für Freiburg auf insgesamt 2,34 Mrd. DM, für Tübingen auf 2,18 Mrd. DM.[28] Die nachstehende Graphik zeigt, daß nach einer annähernd ausgeglichenen Entwicklung bis etwa 1970, Tübingen in den 70er und vor allem in den 80er Jahren vorne liegt, Freiburg dann aber in den 90er Jahren diese „Benachteiligungen“ deutlich überkompensiert. Darin spiegelt sich die großzügige Förderung der 15. Fakultät durch das Land wider, die auch in der Entwicklung der Gesamtausgaben für beide Universitäten zum Ausdruck kommt. Während beide Universitäten

1994 mit 327,6 Mio. DM in Tübingen und 311,7 Mio. DM in Freiburg noch Kopf an Kopf lagen, flossen im Jahr 2001 nach Tübingen nur 261,0 Mio. DM, nach Freiburg dagegen stattliche 502,9 Mio. DM.[29] Nicht von ungefähr wurde am 5. Juli 1995 dem aus dem Schwäbischen stammenden Ministerpräsidenten Teufel in Anerkennung der Leistungen des Landes für die Universität der Titel eines Ehrensenators verliehen.[30] Auch der Freiburger Oberbürgermeister, in der Vergangenheit mitunter ein Kritiker des „schwäbischen Zentralismus", hat in einem 1999 für die „Badische Heimat" verfaßten Beitrag zum Thema „badische Frage" eine unmißverständlich versöhnliche Bilanz gezogen: „Rückblickend", so meinte er, „war der Zusammenschluß zu einem neuen Bundesland Baden-Württemberg für das alte Land Baden kein Nachteil. Freiburg hat jedenfalls in den vergangenen 20 Jahren niemals die oft beschworene Baden-Frage aufgeworfen".[31]

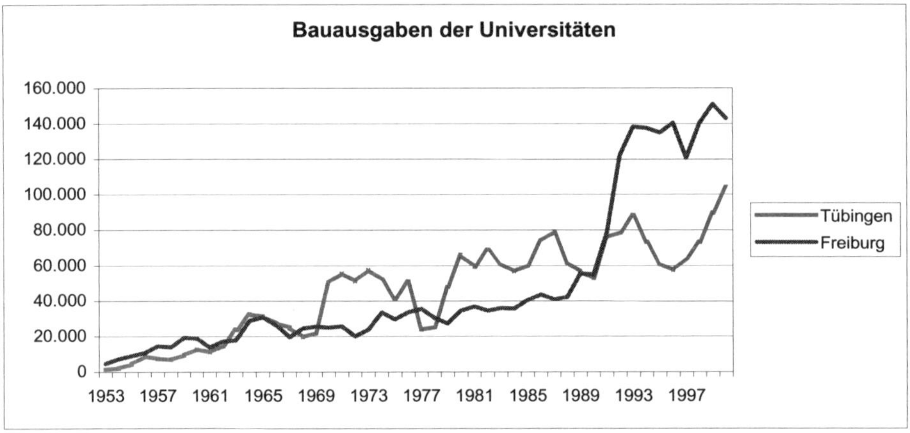

(Quelle: Daten der Universitätsbauämter Tübingen und Freiburg)

Anmerkungen

1 Herbert Auhofer: Unterm Münsterturm. Traditionen und Leistungen der Jubiläumsstadt Freiburg i.Br., in: Rheinischer Merkur, Nr. 27 vom 5. Juli 1957.

2 Einen instruktiven Gesamtüberblick bieten Baldo Blinkert/Heiko Haumann/Helmut Köser: Wachstum ohne Grenzen? Freiburg in den letzten Jahrzehnten (1952-1990), in: Heiko Hausmann/Hans Schadeck (Hrsg): Geschichte der Stadt Freiburg im Breisgau, Band 3, Freiburg 1992, S. 448-468.

3 Amt für Statistik und Einwohnerwesen der Stadt Freiburg Br. (Hrsg): Bürgerumfrage 1999 in Freiburg, Freiburg 2000, S. 28.

4 Die Phaseneinteilung folgt im wesentlichen dem Vorschlag von Paul Bert: 1950-2000. Ein halbes Jahrhundert Bauen in Freiburg, in: Badische Heimat, 3, 1999, S. 531-540.

5 Amt für Statistik und Einwohnerwesen. Freiburg im Jahre 2000. Wirtschaftliche und gesellschaftliche Entwicklungstrends, Freiburg 2000, S. 12.

6 Zu den konzeptionellen Vorstellungen des Oberbürgermeisters vgl. insbesondere: Rolf Böhme: Je mehr wir haben, desto mehr haben wir zu wenig, Bonn 1993. Ders.: Freiburgs Weg ins Jahr 2000. Standort und Perspektive, in: Freiburger Almanach, Sonderdruck, Freiburg 1997. Ders.: „...die zukünftige Stadt suchen wir". Freiburg im Jahre 2000, in: Freiburger Almanach, Sonderdruck, Freiburg 2000, S. 1-9.

7 Vgl. hierzu: Karlheinz Scherfling, Freiburg auf dem Weg nach Westen, in: Freiburger Almanach, Freiburg 1998, S. 61-68.

8 Helmut Müller-Schilling: Die Stadt ändert ihre Struktur, in: Freiburger Almanach, Freiburg 1976, S. 116f. Ähnlich der Tenor bereits fast zwei Jahrzehnte davor bei Albert Maria Lehr: Von der Industrieansiedlung zur Wirtschaftsförderung, in: Freiburger Almanach, Freiburg 1958, S. 65-83.

9 Zur neueren Entwicklung vgl. die Broschüre: Freiburg – Wirtschaft und Touristik (Hrsg): Wirtschaftsförderung in Freiburg. Analysen, Ziele, Maßnahmen, Freiburg 1997.

10 In diesem Beitrag kann nur auf die Universität als mit Abstand größter Wissenschaftseinrichtung eingegangen werden. Darüber hinaus verfügt Freiburg über eine Pädagogische Hochschule, die Staatliche Hochschule für Musik, die Fachhochschule für Sozialwesen, Religionspädagogik und Gemeindediakonie (ev.), sowie die Fachhochschule für Sozialwesen und Religionspädagogik (rk).

11 Vgl. Bernhard Welte, 500 Jahre Freiburger Universität, in: Freiburger Almanach, Freiburg 1957, S. 15 f.

12 Die Badische Zeitung vermerkte in ihrer Ausgabe vom 21. Juni 1957, daß die Stadt in den Jahren von 1945 bis 1957 allein fast 15 Millionen Mark für den Wiederaufbau der Universitätskliniken aufgebracht habe und daß fast ein Drittel aller Schulden in dieser Zeit hierauf zurückzuführen seien.

13 Vgl. Horst Linde: Aus dem Wiederaufbau der Albert-Ludwigs-Universität, in: Freiburger Almanach, Freiburg 1951, S. 117-128. Zu den Aufbauleistungen im einzelnen vgl. Ortwin Müller: Wiederaufbau, bauliche Neuordnung und Erweiterung der Universität Freiburg, in: Oberfinanzdirektion Freiburg i.Br. (Hrsg): Chronik der Oberfinanzdirektion Freiburg, Freiburg 1971, S. 84-96.

14 Eckhart Buhl: Entstehung der Stadtuniversität Freiburg, in: Stadt Freiburg im Breisgau (Hrsg): 100 Jahre Freiburger Architektenbuch. Bauen am Ende des Jahrhunderts 1898-1998, S. 98.

15 Ebenda, S. 100f.

16 Volker Krieger: Informatik und Mikrosystemtechnik. Die neue Fakultät für Angewandte Wissenschaften der Universität Freiburg. In: Freiburger Almanach, Freiburg 1997, S. 55-59.

17 Abgedruckt im Rechenschaftsbericht des Rektors Manfred Löwisch vom 1. Juli 1995 bis 30. Juni 1996, Universität Freiburg, 1996.

18 Vgl. dazu den Artikel von Dorothee Menhardt „Ohne die Uni wäre die Region ärmer dran" in der Badischen Zeitung vom 28. Mai 1998. Über ältere Untersuchungen berichtet Wolfgang Faßnacht: Die Universität Freiburg als Wirtschaftsfaktor – zeitgenössische Urteile 1945 und 1995, in: Alemannisches Institut (Hrsg): Alemannisches Jahrbuch 1997/1998, Freiburg/Bühl, 1999, S. 563-568.

19 Vgl. Hermann Frese: Wirtschaftstandort Südlicher Oberrhein, in: Badische Heimat, Heft 3/1999, S. 662.

20 Vgl. hierzu den Beitrag von Rolf Böhme: Wenn die Stadt hinaus aufs Land zieht, in: Badische Zeitung vom 25. Oktober 2000.

21 Bevölkerungsstatistisch wird der Abwanderungsprozeß dadurch teilweise kompensiert, daß die Stadt auf potentielle Sozialhilfeempfänger wie ein Magnet wirkt. Die Stadt ist dadurch also in einem doppelten Sinne Verlierer, da die Kosten der Sozial- und Jugendhilfe den städtischen Verwaltungsetat nach wie vor mit etwa 25 % belasten. Vgl. hierzu die Notiz in der Badischen Zeitung vom 11. Oktober 2000.

22 Vgl. hierzu: Adolf Schmid: Die REGIO am Oberrhein, in: Badische Heimat, Heft 3, 1996, S. 31-55.

23 Zu den Chancenpotentialen des Staatsvertrags vgl.: Paul-Ludwig Weinacht: Baden und Elsaß. Überlegungen zum Staatsvertrag vom 3. Mai 1995, in: Badische Heimat, Heft 1, 1996, S. 7-15.

24 Vgl. Rolf Böhme: Der Oberrhein-Modellregion Europas, in: Badische Heimat, Heft 1, 1996, S. 30. Dennoch hätte man sich im Freiburger Rathaus von der Landesregierung mehr Engagement bei der Finanzierung mancher Projekte gewünscht. Beispiele sind die neue Messe, der vierspurige Ausbau der Rheintalautobahn bis Basel, der viergleisige Ausbau der Rheintalbahn wie auch die Beteiligung des Landes am Ausbau des EuroAirport.

25 Ebenda: S. 28.

26 „Muß man die Badenfrage neu stellen". So die Reaktion des Freiburger CDU-Vorsitzenden Peter Weiß, der nach der Kabinettsbildung von 1996 mit "außerordentlichem Unverständnis" feststellte, daß erstmals in der Geschichte des Landes die Stadt nicht mehr im Kabinett vertreten sei. Vgl. hierzu den Beitrag von Gunther Noack, „Die Badnerfrage neu stellen" im Südkurier vom 13. Mai 1996.

27 Darunter fallen die Kosten für Neubauten, Um- und Erweiterungsbauten sowie Instandhaltung. Als grobe Richtschnur kann gelten, daß davon 35% vom Bund und 65% vom Land getragen werden.

28 Eine aufschlußreiche Quelle für die Bewertung der Förderungswilligkeit des Landes stellen die jährlichen Rechenschaftsberichte der Universitätsrektoren dar. Auffallend ist, daß im Verlauf der

vergangenen fünf Jahrzehnte, sieht man von den allerorts üblichen Klagen einmal ab, Kooperation und Förderung der Landesregierung im allgemeinen recht positiv bis sehr positiv eingeschätzt wurden. Eine Ausnahme bildet der Bericht von Volker Schupp im Jahre 1987, der dem Land den auch öffentlich beachteten Vorwurf machte, Freiburg sei gegenüber Heidelberg bei den baulichen Zuwendungen massiv benachteiligt worden. Der aus Freiburg stammende Wissenschaftsminister Engler konterte diese Feststellungen jedoch mit dem sachlich zutreffenden Hinweis, daß von der Freiburger Universität in der Vergangenheit weit weniger Initiativen ausgegangen seien als von anderen Hochschulen. Vgl. hierzu den zusammenfassenden Bericht in der Badischen Zeitung vom 3./4. Oktober 1987.

29 Ministerium für Wissenschaft und Kunst. Strukturdatenvermerke für die Universitäten Freiburg und Tübingen. Stand 15. August 2000 (unveröffentlichtes Manuskript).

30 Erwin Teufel: Rede anläßlich der Ernennung zum Ehrensenator der Albert-Ludwigs-Universität Freiburg am 5. Juli 1995, in: Freiburger Universitätsblätter, Heft 131, 1996, S. 15-23.

31 Rolf Böhme: Baden und Europa, in: Badische Heimat, Heft 3, 1999, S. 451.

Nachbarn am Oberrhein: Mulhouse und Freiburg

Rolf Böhme

Zu den großen politischen Leistungen der Nachkriegszeit gehört die Aussöhnung zwischen Frankreich und Deutschland. Die deutsch-französische Freundschaft ist heute Grundlage und Motor der Europäischen Einigung. Ohne die Integration Deutschlands in der westlichen Allianz wäre auch die Deutsche Einheit 1990 nicht möglich gewesen.

Dies war nicht immer so. Über Jahrhunderte haben Krieg und Konflikte das Verhältnis zwischen beiden Ländern geprägt. Die Stadt und die Region Freiburg waren immer wieder Schauplatz blutiger Schlachten und Aufmarschfeld feindlicher Heere. Die Grenzlage am Oberrhein hat lange eine gemeinsame Entwicklung der Region verhindert.

Heute verstehen wir uns am Oberrhein als die Avantgarde der deutsch-französischen Freundschaft. Gerade die Städte und Gemeinden an der alten Grenze haben die gemeinsame Verantwortung, diese Versöhnung und Freundschaft der nachfolgenden Generation bewußt zu machen und als Verpflichtung für eine gemeinsame europäische Zukunft wach zu halten.

Der Wille zu Freundschaft und guter Nachbarschaft ist am Oberrhein kein Lippenbekenntnis. In den Jahrzehnten der Nachkriegszeit, vor allem aber in der heutigen Generation ist ein dichtes Netz an Kooperationen und gemeinsamen Vorhaben entstanden, die auf unterschiedlichen Ebenen organisiert sind. Neben den staatlichen Gremien wie der Oberrheinkonferenz und dem Oberrheinrat sind es vor allem die Regio-Gesellschaften, die zu Motoren der Zusammenarbeit geworden sind. Als Zusammenschluß der drei Regio-Gesellschaften in Mulhouse, Freiburg und Basel entstand 1995 die Regio TriRhena – eine trinationale Kooperationsplattform für Kommunen, Gebietskörperschaften, Verbände sowie Wirtschafts- und Wissenschaftskreise.

Deutsch-französischer Gipfel in Freiburg 2000
(OB Böhme, Staatspräsident Chirac, Bundeskanzler Schröder)
(Quelle: Photo Loeffler Freiburg)

Es waren zuerst die Städte und Gemeinden, die den Anstoß zu einem besseren Miteinander mit den Nachbarn gegeben haben – zunächst mit Städtepartnerschaften, heute mit Kooperationsabkommen oder Zweckverbänden über die Grenzen hinweg. Daraus sind, abseits der normierten staatlichen Gremien, unterschiedliche Formen der Zusammenarbeit entstanden.

Beispielhaft für viele andere Projekte in Wirtschaft, Verkehr, Umwelt und Kultur sei hier die Zusammenarbeit der Städte Freiburg und Mulhouse genannt, die 1990 mit jährlichen gemeinsamen Gemeinderatssitzungen beider Städte begann und inzwischen viele Felder der gemeinsamen kommunalen Entwicklung umfaßt. Was anfangs noch – weit über die Grenzen des Oberrhein hinaus – eine vielbeachtete Besonderheit war, nämlich gemeinsame Sitzungen der Gemeinderäte einer deutschen und französischen Stadt, hat längst Züge der Normalität angenommen. In der Regel einmal jährlich kommen die gewählten Vertretungen mit den Bürgermeistern und Beigeordneten zusammen.

Die gemeinsamen Gemeinderatssitzungen waren die Grundlage für eine interkommunale Zusammenarbeit über den Rhein hinweg, die von Jahr zu Jahr neue Vorhaben einschließt. Längst sind es nicht mehr nur die „klassischen" Themen wie Verkehrsvorhaben, Tourismus oder Messewesen, die in den ersten Sitzungen auf der Agenda standen. Mulhouse und Freiburg arbeiten auf dem Gebiet der Kultur ebenso zusammen wie in sozialen Fragen, haben einen gemeinsamen Umweltpreis ins Leben gerufen und inzwischen eine gemeinsame Energieagentur. Aktuelle Themen sind heute zum Beispiel Bilingualität an Grundschulen, Stadtteilsozialarbeit und Kultur in den Stadtvierteln, wo die Fachleute in den Rathäusern voneinander lernen und Erfahrungen austauschen können.

Wie ein roter Faden zieht sich die Diskussion um eine Trinationalisierung des Euro-Airport durch die Beratungen. Bis vor einigen Jahren trug der auf der Basis eines schweizerisch-französischen Staatsvertrages von 1949 gegründete Flughafen den Namen „Basel Mulhouse". Inzwischen ist Freiburg ein Namensbestandteil des Flugplatzes, der sich mehr und mehr zu einem wichtigen Verkehrsknotenpunkt für Südbaden entwickelt. Über ein Viertel der Fluggäste kommt aus Deutschland, und die Zahl der deutschen Zielflughäfen nimmt von Jahr zu Jahr zu. Deshalb war es ein Erfolg der ganzen Regio TriRhena, daß beim Gipfel der Regierungen von Frankreich und Deutschland am 12. Juni 2001 in Freiburg der französische Staatspräsident und der deutsche Bundeskanzler zugesagt haben, das Anliegen positiv aufzunehmen und zu unterstützen.

Die Landesregierung von Baden-Württemberg hat bisher eine Beteiligung des Landes nicht befürwortet, will aber die Verbindungen im öffentlichen Nahverkehr von der deutschen Seite zum Euro-Airport unterstützen – auch über den Rhein hinweg. Dieser Schritt wäre ein großer Erfolg für die trinationale Region am Oberrhein und ein konkretes Zeichen der Zusammenarbeit in einer Modellregion Europas.

Von ähnlicher grundsätzlicher Bedeutung ist der Vorschlag einer grenzüberschreitenden Bahnverbindung Freiburg-Müllheim-Mulhouse, wie sie zum II. Weltkrieg über die – heute noch existierende – Bahnbrücke bei Chalampé bestanden hatte. Dazu liegen inzwischen erste Pläne vor, die neben der prioritären „Drehscheibe" Basel eine weitere Verknüpfung der französischen TGV-Hochgeschwindigkeitszüge des TGV Rhin-Rhône mit dem deutschen ICE-Netz möglich machen, indem die in Mulhouse endenden Züge bis Freiburg weitergeführt werden. Eine Machbarkeitsstudie in Frankreich, so hat es die französische Regierung ebenfalls bei den Regierungskonsultationen am 12. Juni 2001 in Freiburg zugesagt, soll Auskunft über die technische Realisierbarkeit und die Wirtschaftlichkeit einer solchen Verknüpfung erbringen.

Die Kontakte zwischen Freiburg und Mulhouse sind nicht nur auf die Ebene der Gemeinderäte und der Stadtverwaltungen beschränkt. Seit Anfang der 90er Jahre besteht eine von beiden Städten gemeinsam geplante Radwegeverbindung, die in das Netz der südbadischen und elsässischen Radwanderwege integriert ist. Die „Tour de France" im Jahr 2000 mit Freiburg als Etappenziel und dem Zeitfahren von Freiburg nach Mulhouse war Anlaß zu einem deutsch-französischen Volksfest. Zur Einstimmung auf das weltweit beachtete sportliche Großereignis luden Freiburg und Mulhouse im Mai 2000 zu einem Volksradfahren von Freiburg nach Mulhouse; über 2000 Bürgerinnen und Bürger aus beiden Städten nahmen daran teil.

Das Volksradfahren im Mai 2000 und die Tour-Etappe Freiburg-Mulhouse gaben den Anstoß zu einer neuen Form der Begegnung. Aus den beiden erfolgreichen Veranstaltungen erwuchs die Idee eines „Freiburg-Mulhouse-Tages" bzw. „Mulhouse-Freiburg-Tages", der jeweils jährlich wechselnd ausgerichtet wird. Auf einem Markt regionaler Spezialitäten, mit Musik, Wein, Kunstgewerbe und touristischen Informationen sollen sich die Bürgerinnen und Bürger als Nachbarn am Oberrhein näher kennenlernen und gegenseitige Vorbehalte abbauen.

Ein besonderes Anliegen ist ein Thema, welches die Bürgerschaft beider Städte gemeinsam berührt: Die Auseinandersetzung mit rechter Gewalt, Fremdenfeindlichkeit und Rassenwahn. Der Gemeinderat der Stadt Freiburg hat im September 2000 einstimmig eine Resolution „Für eine offene Stadt" verabschiedet und die Bürgerschaft zum aktiven Engagement gegen Intoleranz, Ausgrenzung und rechte Gewalt aufgefordert. Ebenso steuert auch Mulhouse einen deutlichen Kurs gegen rechte Gefahr und für ein gutes Miteinander der Kulturen und Nationalitäten als ein wichtiges Ziel der Stadtpolitik. Im Rahmen der deutsch-französischen Regierungskonsultationen am 12. Juni 2001 wurden beide Städte eingeladen, in einer Konferenz der „Nationalen Runden Tische gegen Rassismus" die eigenen Initiativen als Beispiele kommunalen Handels vorzustellen. Mit einer gemeinsam gestalteten Ausstellung haben Freiburg und Mulhouse auf das Anliegen aufmerksam gemacht, das beidseits des Rheins von den gewählten Vertretungen und der Bürgerschaft mit demselben Ernst und als gemeinsames Ziel verfolgt wird.

Konstanz

Lothar Burchardt

1. *Der Kampf um den Südweststaat*

Als 1948/49 die Diskussion um Südwestdeutschlands künftige politische Struktur in ihre akute Phase eintrat, bildeten sich in Konstanz recht klare Fronten heraus: Für den „Südweststaat" erwärmten sich die wirtschaftliche Prominenz, die Freien Demokraten und die ganz große Mehrheit der Sozialdemokraten sowie die Protestanten. Die Wiederherstellung Altbadens forderten Handwerk und Landwirtschaft, ferner die Katholiken und der katholische Klerus[1]. Auch die französische Militärregierung warb unaufdringlich für Altbaden. Nur die Konstanzer CDU fand sich in der Südweststaatsfrage gespalten: Mehrheitlich trat sie für Altbaden ein, doch verfocht eine aktive Gruppe um den protestantischen Bürgermeister und Landtagsabgeordneten Hermann Schneider den Südweststaat.[2]

Dementsprechend brachten die beiden Abstimmungen von 1950 und 1951 in Konstanz mit 65 bzw. 62 Prozent deutliche Mehrheiten für den Südweststaat. In den neuen Stuttgarter Landtag wählten die Konstanzer Hermann Schneider.[3] Angesichts der habituellen Konstanzer CDU-Mehrheiten überrascht das auf den ersten Blick nicht weiter, doch täuscht dieser Eindruck: Tatsächlich war die Konstanzer CDU tief zerstritten aus dem Abstimmungskampf hervorgegangen, und einige Jahre sollten vergehen, ehe die Wunden von 1950/51 wenigstens oberflächlich vernarbt waren. Es war kein Zufall, daß die vom Prälaten Föhr unter dem Eindruck der Abstimmungskämpfe wieder gegründete Zentrumspartei beim nächsten Landtagswahlkampf in Konstanz auf Anhieb fast 10 Prozent der Stimmen erkämpfen konnte.[4]

2. *Politische Folgen*

In politischer Hinsicht zeitigte die Gründung des Südweststaates für Konstanz einschneidende Folgen. Seit langem mußte die Stadt mit einem schleichenden Zentralitätsverlust fertig werden. 1946 hatte er einen ersten Höhepunkt mit der Aufhebung der sogenannten Landeskommissiariate erreicht, einer Mittelinstanz, die in Wohlebs badischem Rumpfstaat nicht mehr benötigt wurde. Damals hatte Konstanz dafür einen sehr direkten Zugang zur Landesregierung im kleinen Rest-Baden eingetauscht: Als dessen zweitgrößte Stadt genoß Konstanz damals eine Nähe zu Landesregierung und Landtag, wie es sie vorher nie besessen hatte. Als dann das Land Baden-Württemberg gegründet worden war, entstand zwar eine neue Mittelinstanz in Gestalt der vier Regierungspräsidien, aber sie wurden in den Städten errichtet, die vorher die südwestdeutschen Länderregierungen beherbergt hatten. Fortan gehörte Konstanz zum Regierungsbezirk Freiburg (oder Südbaden, wie er vorerst noch genannt wurde, um die Gefühle der Altbadener zu schonen). Einen bescheidenen Ausgleich für diesen Verlust hatte für Konstanz zunächst noch der Fortbestand der Kreisfreiheit bedeutet, doch drängte das neue Land schon bald darauf, die Zahl der Kreise deutlich zu verringern. Schließlich fügte sich die Stadt diesem Drängen und ließ sich in den Landkreis gleichen Namens eingliedern.

Fortan lagen also zwei Verwaltungsebenen zwischen der Stadt und ihrer Landesregierung, und nur deren untere war in der Stadt selbst angesiedelt. Obendrein war Konstanz nun keineswegs mehr die zweitgrößte Stadt im Land und genoß entsprechende (wenn auch nirgends formal verankerte) Privilegien, sondern rangierte lediglich im Mittelfeld, wie sie es noch heute tut.[5] Auch die spätere Universitätsgründung veränderte diese Situation nicht: Zwar löste sie demographisches Wachstum aus, doch blieb die administrative Gesamtkonstellation unverändert.

Obendrein brachte die Zugehörigkeit zum neuen Land finanzielle Einbußen: Die Kreisumlagen waren regelmäßig höher als die Gelder, die Konstanz von dort zurückerhielt.[6] Ferner führte Stuttgart alsbald wieder einen Finanzausgleich ein, der in Baden seit Kriegsende jahrelang geruht hatte.[7] Auch entfielen nun die Schulgeldzahlungen der Oberschüler an die Stadt, denn im neuen Baden-Württemberg herrschte Schulgeldfreiheit. Außerdem mußte sich Konstanz stärker als bisher an der Aufbringung der Lehrergehälter beteiligen und verlor die Rückvergütung der Körperschaftssteuer an die städtischen Verkehrsbetriebe. Für sich allein genommen war keiner dieser Posten erheblich, doch gemeinsam summierten sie sich immerhin zu einem Abwachs von etwa sechs Prozent.[8]

3. Strukturelle Veränderungen seit 1952

Die wirtschaftliche und soziale Struktur von Konstanz wandelte sich in den fünf Jahrzehnten seiner Zugehörigkeit zu Baden-Württemberg geradezu dramatisch. Bis zum Vorabend des Zweiten Weltkriegs war jahrelang diskutiert worden, ob Konstanz langfristig in erster Linie Industrie- oder aber Fremdenverkehrsstadt sein wolle. Eine klare Entscheidung war nie gefallen. Dann hatten Kriegs- und Nachkriegszeit vorübergehend andere Probleme aufgeworfen. Seit den fünfziger Jahren begann sich nun abzuzeichnen, daß der Fremdenverkehr eine grundlegende Wandlung durchlief und längerfristig kaum noch als wirtschaftliches Standbein in Frage kommen würde. Andererseits war es auch nicht gelungen, im gewünschten Umfang „saubere" und krisenfeste Industrie mit hohem Lohnniveau anzulocken. Stattdessen tauchte seit den späten fünfziger Jahren die Möglichkeit einer Universitätsgründung am planerischen Horizont auf. Deshalb zielte die Stadt nun stärker als bisher darauf ab, geistiges und kulturelles Zentrum der westlichen Bodenseeregion zu werden, daneben weiterhin um Industrie des gewünschten Typs zu werben und den Fremdenverkehr auf den dritten Platz zu verweisen.[9] Als in den folgenden Jahrzehnten die Universität tatsächlich gegründet und ausgebaut und die Ingenieurschule zur Fachhochschule aufgewertet sowie ebenfalls vergrößert wurde, bestätigte sich die Richtigkeit dieses Kurses.

Seit den späten sechziger Jahren gewann ein Gesichtspunkt an Boden, der so etwas wie eine ökologische Wende am Bodensee einleitete: Man begann hier und da zu begreifen, daß der See und die ihn umgebende Landschaft nicht nur touristisch reizvoll, sondern ökologisch empfindlich und schützenswert waren. Konstanz gehörte keineswegs zu den Vorreitern dieser Bewegung, doch leistete das Land wertvolle Entscheidungshilfen, die ein solches Umdenken in Konstanz geradezu erzwangen. 1963 leitete Baden-Württemberg seinen Rückzug aus dem seit Jahrzehnten betriebenen (aber ökologisch höchst bedenklichen) Projekt ein, den Hochrhein zu kanalisieren und dadurch ihn und den See für die Binnenschiffahrt zu erschließen. Erst daraufhin gab auch die Stadt auf.[10] Wenig später vereitelte das Regierungspräsidium mehrere Konstanzer Versuche, große Teile des seit langem unter Naturschutz stehenden Wollmatinger Riedes in die städtischen Bebauungspläne einzubeziehen.[11] 1971 ersparte der sogenannte Schieß-Erlaß des damaligen Innenministers, der eine Bebauung des baden-württembergischen Seeufers mit Hochhäusern verbot, der Stadt ein architektonisches Monstrum, das bereits vom Gemeinderat grünes Licht erhalten hatte: eine für 1500 Bewohner ausgelegte Trabantenstadt am Seeufer östlich von Konstanz, die als gigantischer Rundbau konzipiert war und bis zu 70 Meter hoch aufragen sollte.[12] Man übertreibt schwerlich, wenn man behauptet, daß in allen diesen Fällen das Land Konstanz gleichsam vor sich selbst bewahrte.

Langfristig noch bedeutender wurde die Aktivität des Landes im Bereich der Abwasserentsorgung. Seit Jahrzehnten leitete Konstanz seine sämtlichen Abwässer ungeklärt in den See, wie es alle anderen Bodenseegemeinden auch taten.[13] Andererseits trank seit den späten fünfziger Jahren fast ganz Mittelwürttemberg einschließlich der Landeshauptstadt das Wasser, das bei Sipplingen aus dem See entnommen wurde. Sollte längerfristig eine hygienische Krise vermieden werden, so mußten zumindest im westlichen Teil der Seeregion Kläranlagen entstehen, die sämtliche Abwässer vor Einleitung in den See reinigten.

Konstanz – Konzilsgebäude
(Quelle: LMZ/unbek., 1982)

Nachdem sich die Landesregierung diese Erkenntnis einmal zu eigen gemacht hatte, begann sie Konstanz (das weitaus die größten Abwassermengen in den See leitete) entsprechend zu drängen. Andererseits sah sich die Stadt angesichts zahlreicher anderer Großprojekte außerstande, kurz- oder selbst mittelfristig eine Kläranlage zu finanzieren. Schließlich ergriff das Land die Initiative: Es leistete den ungewöhnlich hohen Zuschuß von 45 Prozent zu den Baukosten der Hauptsammler und sogar 65 Prozent für die eigentliche Kläranlage und setzte die Stadt dadurch erst in den Stand, selbst aktiv zu werden. 1981 waren alle drei Stufen der Anlage fertiggestellt. Jedoch sollten nochmals rund eineinhalb Jahrzehnte vergehen, bis in Konstanz und im benachbarten Kreuzlingen wirklich alle Haushalte und Firmen angeschlossen waren.[14] Ohne die Stuttgarter Initiative wäre zweifellos noch sehr viel mehr Zeit vergangen.

Wie oben schon bemerkt wurde, veränderte sich die Konstanzer Wirtschaftsstruktur während der seit Gründung von Baden-Württemberg vergangenen Jahrzehnte erheblich. Während dieser Zeit traten moderne High-Tech-Betriebe an die Stelle der früher in Konstanz dominierenden Textilindustrie[15], verschwanden die Landwirte, aber auch die Soldaten und ihre Familien aus dem Stadtbild, etablierten sich eine Fülle moderner

Dienstleistungsunternehmen. Vor allem aber trat in Gestalt der Universität ein Arbeitgeber und Wirtschaftsfaktor auf den Plan, der gewaltige Veränderungen induzierte; davon wird unten noch genauer die Rede sein. Ein erheblicher Anstieg der städtischen Bevölkerung war die auffallendste Folge.

Dieses Wachstum löste seinerseits eine ausgeprägte Nord- und vor allem Westverschiebung aus:[16] Während 1950 noch deutlich über 80 Prozent der Konstanzer in den traditionellen Stadtteilen gelebt hatten, waren es vier Jahrzehnte später kaum noch sechzig Prozent – und die Tendenz war weiter rückläufig. Umgekehrt stieg gleichzeitig der Anteil der im Westen der Stadt lebenden Konstanzer an der Gesamteinwohnerschaft von unter zehn auf über dreißig Prozent an.

4. *Wirtschaftliche Standortprobleme*

Als Wirtschaftsstandort war Konstanz wenig begünstigt. Die Stadt besaß kein Hinterland, war ringsum entweder vom See oder von der Landesgrenze eingezwängt und verkehrsmäßig entsprechend schlecht mit den Zentren verbunden. Während des Zweiten Weltkriegs hatte diese Randlage nicht nur Konstanz vor Bombenangriffen bewahrt, sondern außerdem verschiedene moderne Unternehmen in die Stadt gezogen, die genau solche abgelegenen Standorte suchten.[17] Als nach Kriegsende allmählich wieder normalere Zeiten eingekehrt waren, hatten freilich die Standortfaktoren wieder ihre traditionelle Wertigkeit erlangt.

Obendrein fehlte es Konstanz an Gelände. 1934 war das nordwestlich vorgelagerte Dorf Wollmatingen (zwangsweise) eingemeindet worden. Das hatte einige Erleichterung gebracht, doch konnte das angesichts des seit den fünfziger Jahren allmählich einsetzenden Wachstums auf die Dauer nicht genügen. Schon einige Jahre später prägte ein Baudezernent das Wort von Konstanz, der „Stadt ohne Raum“.[18] Das mochte übertrieben sein, doch enthielt die Übertreibung mehr als nur ein Körnchen Wahrheit. Die Lösung des Problems konnte im Grund nur in weiteren Eingemeindungen bestehen, und so meldete Konstanz dann seit etwa 1960 ganz offiziell seine Eingemeindungswünsche an. Speziell zielten sie auf die Dörfer Litzelstetten, Dingelsdorf und Dettingen-Wallhausen,[19] die allerdings keinerlei Eingemeindungswünsche hegten. Im Fall von Litzelstetten kam Anfangs der siebziger Jahre schließlich eine bilaterale Einigung zustande, doch dabei blieb es dann vorerst: Weitere Eingemeindungen wurden erst möglich, als das Land im Zuge der Gebietsreformen von 1973/74 die nötigen Druckmittel geliefert hatte.[20]

Damit waren die Konstanzer Raumprobleme auf absehbare Zeit gelöst, soweit sie unter den nun einmal gegebenen geographischen und politischen Umständen überhaupt lösbar waren. Jedoch blieben die Verkehrsprobleme. Im „Dritten Reich“ war eine nördlich am See vorbeiführende Autobahn konzipiert worden, an die sich Konstanz hatte anschließen wollen, doch diese Planung war längst überholt. Stattdessen drängten nun seit den mittleren fünfziger Jahren die örtlichen Wirtschaftskammern sowie verschiedene andere Verbände darauf, eine Autobahn von Stuttgart zum westlichen Bodensee zu bekommen. Schließlich erlangte die Stadt eine entsprechende Stuttgarter Zusage. Dagegen konnte sich das Land glücklicherweise nicht für ein Projekt erwärmen, das der damalige Hauptgeschäftsführer der IHK favorisierte: Er warb jahrzehntelang dafür, den Bodensee bei Konstanz mit einer festen Brücke zu überspannen und dadurch die Verkehrsanbindung von Konstanz nach Norden nachhaltig zu verbessern.

Als Konstanz 1962 einen neuen Baudezernenten in Gestalt von Werner Dierks erhielt, sah dieser seine wichtigste Aufgabe darin, die Stadt aus dem „Verkehrsschatten“ herauszuführen. In den folgenden Jahren propagierte er immer neue Fernstraßen und Rheinbrücken, um die Stadt diesem Ziel näherzubringen.[21] Speziell drängte er darauf, die mittlerweile geplante Bodensee-Autobahn möglichst schnell zu verwirklichen, sie westlich an Konstanz vorbeizuführen und dann an das Schweizer Autobahnnetz anzubinden. Gelegentliche Rückschläge nahm er in Kauf.

Wenn Dierks trotzdem sein Ziel nicht erreichte, so lag das weniger am Land, als daran, daß sich mittlerweile in Konstanz sowie in seinem Umland Widerstand gegen das Projekt formiert hatte. Dieselbe ökologische Wende, die ein Umdenken in Fragen wie der Abwasser-Entsorgung und der Kanalisierung von See und Hochrhein erzwang, ließ es immer zweifelhafter erscheinen, ob der Bau ständig neuer und größerer Straßen wirklich die einzig mögliche Lösung darstellte, oder ob nicht vielmehr bewußte Zurückhaltung beim Straßenbau einerseits und ein verstärktes Ausweichen auf die Schiene andererseits der bessere Weg seien. Hinzu kamen Kontroversen hinsichtlich der schonendsten Trassenführung. Diese Diskussion dauert bis heute an.

So ist die Querverbindung von der Autobahn A 81 bei Singen nach Konstanz und zur schweizerischen N 7 noch immer nicht fertiggestellt, doch hat sich die Konstanzer Verkehrsanbindung seit den fünfziger Jahren gleichwohl verbessert. Sorgen bereitet allerdings seit einigen Jahren die Anbindung von Konstanz an das Netz der Deutschen Bahn. Während die Stadt ihre Bemühungen verstärkt, einen möglichst großen Teil der Pendler, Touristen und Waren auf die Schienen zu bringen, baut die Bahn ihre Versorgung der Fläche eher zurück. Und während der Knotenpunkt Singen weiterhin ausreichend versorgt wird, sieht sich das marginal gelegene Konstanz mehr und mehr auf bloße Zubringerzüge minderer Qualität angewiesen. Das Land bringt erhebliche Mittel auf, um die Bahn von einem noch weitergehenden Rückbau abzuhalten, doch halten Kritiker der Landesregierung vor, daß sie einen allzu großen Teil dieser Gelder für Bahnbauten in der Landeshauptstadt selbst oder für Fernverbindungen einsetze, die primär der Landeshauptstadt zugute kommen.[22]

5. *Grenzüberschreitende Beziehungen*

Am Vorabend des Zweiten Weltkriegs errichteten deutsche und schweizerische Grenzer gemeinsam einen über drei Meter hohen Grenzzaun, der fortan Konstanz von seiner schweizerischen Nachbarstadt trennte. Er überdauerte den Krieg, das „Dritte Reich“, die Besatzungszeit sowie die an sie anschließenden Jahrzehnte, weil Deutschland wie die Schweiz meinten, „der beiderseitigen Zollbelange wegen“ auf den Zaun nicht verzichten zu können.[23] Erst am Vorabend der Jahrtausendwende wurde er schließlich abgebaut, nachdem Konstanz wie Kreuzlingen seit vielen Jahren darauf gedrängt hatten. Während der sechs Jahrzehnte seines Bestehens symbolisierte der Zaun nicht nur die stets etwas prekäre Grenzlage von Konstanz, sondern außerdem die Tatsache, daß die Zeiten unwiederbringlich dahin waren, da Konstanz und die Nordostschweiz in unbehindertem Austausch miteinander gestanden hatten.

Stattdessen spiegelt die Situation an der Konstanzer Grenze seit vielen Jahrzehnten die Höhen und Tiefen der jeweiligen politischen Großwetterlage wider; der Handlungsspielraum der Nachbarstädte Konstanz und Kreuzlingen selbst ist dagegen im Zeitablauf keineswegs größer geworden. Gelegentlich verschärften allerdings hausgemachte nachbarschaftliche Konflikte die Lage noch zusätzlich. Als sich Konstanz nach der Währungsreform darum bemühte, eine Spielbank zu erhalten, weckte das in der benachbarten Schweiz Verstimmung, ja Empörung: Dort lehnte man Glücksspiele aus moralischen Gründen ab, man mißtraute der Widerstandskraft der eigenen Bevölkerung gegenüber der in Konstanz heranwachsenden Versuchung – und nicht zuletzt befürchtete man das Abfließen schweizerischen Geldes in das deutsche Konstanz.[24] Trotzdem kam das Spielcasino, und sein Betrieb sorgte jahrelang für Spannungen zwischen Konstanz und Kreuzlingen. Sie erreichten einen Höhepunkt, als sich 1957 der Kreuzlinger Gemeinderat weigerte, einen Gaslieferungsvertrag mit Konstanz abzuschließen – da er dann „mit der gleichen Behörde (sc. verhandeln müsse), die bisher nichts gegen die Spielbank unternommen hat".[25]

Einige Jahre später hatten sich die Wogen wieder geglättet. Seit 1962 bedienten die Konstanzer Stadtbusse wieder (wie vor 1933) auch Kreuzlingen; ein Jahr später begann die Planung für ein gemeinsames Großprojekt – eine Eissporthalle, die auf der Grenze zwischen Konstanz und Kreuzlingen erbaut und betrieben wurde. In späteren Jahren schloß sich Kreuzlingen an die Konstanzer Kläranlage an, während umgekehrt derzeit Planungen laufen, den Konstanzer Restmüll in der Thurgauer Müllverbrennungsanlage zu verbrennen. Außerdem ist die Anbindung der deutschen B 33 an die schweizerische N 7 wenn nicht vollzogen, so doch in greifbare Nähe gerückt. Auch bestreitet seit rund einem Jahrzehnt die schweizerische Mittelthurgaubahn große Teile des schienengebundenen Nahverkehrs im Raum Konstanz.

Dagegen muß ein Gedanke als gescheitert gelten, den die Väter der Universität Konstanz mit dem Bau dieser Hochschule verbunden hatten: Sie hatten davon geträumt, daß die neue Universität starke österreichische und vor allem schweizerische Studentengruppen anlocken und dadurch eine ganz spezielle grenzüberwindende Wirksamkeit entfalten würde.[26] Diese Prognosen haben sich nicht bestätigt. Österreichische wie schweizerische Studenten wollen entweder zu Hause studieren oder aber wirklich ins Ausland gehen. Konstanz ist weder das eine, noch das andere und wird von beiden Studentenpopulationen nicht als genuines Ausland wahrgenommen. Deshalb ist es bis heute die Regel geblieben, daß an der Konstanzer Universität mehr koreanische als schweizerische oder österreichische Studierende anzutreffen sind.[27]

Gelegentlich ist die Vorstellung anzutreffen, die Rheingrenze hätte sich unter dem Einfluß der allgemeinen Annäherung gleichsam in Brücken über den Rhein verwandelt. Zumindest für den Konstanzer Raum trifft dies nicht zu. Gewiß gibt es eine Fülle deutsch-schweizerischer Aktivitäten; einige wurden oben aufgezählt. Grenzüberschreitendes Handeln ist also heute nicht mehr exotisch, schwierig oder mit speziellen Risiken behaftet. Auch haben wir die mißlichen Zustände der dreißiger oder vierziger Jahre weit hinter uns gelassen. Trotzdem ist die Grenze noch vorhanden – und zwar in der Gesetzgebung, in der alltäglichen Praxis und nicht zuletzt auch in den Köpfen. Seit sich die Schweiz aus dem Europa der EU heraus optiert hat, sind die Grenzen zwischen ihr und dem EU-Gebiet neuerdings sogar eher wieder höher als niedriger geworden.

Im übrigen fehlt es auch heute nicht an lokalem Zündstoff beiderseits der Grenze. Krisensituationen wie beispielsweise seinerzeit die Ölkrise lösen unweigerlich Ressentiments aus. Ähnliches gilt, wenn deutsche öffentliche Aufträge nach VOB an schweizerische Firmen vergeben werden, weil diese billiger geboten haben. Selbst die oben erwähnte Eissporthalle, lange das Vorzeigebeispiel für grenzüberschreitende Zusammenarbeit, hat neuerdings zu Verstimmungen zwischen den Nachbarstädten Anlaß gegeben:

Offenbar sind Unregelmäßigkeiten in der (überwiegend schweizerisch besetzten) Geschäftsführung vorgefallen, die der (binational zusammengesetzte) Aufsichtsrat nicht verhindern konnte.

6. *Die Universität Konstanz*

Die Universität Konstanz wurde 1966 als eine der ersten deutschen Reformuniversitäten gegründet. Neben dem Konstanzer Oberbürgermeister war ihr aktivster Vorkämpfer wohl der damalige baden-württembergische Ministerpräsident Kurt Georg Kiesinger. Er verband mit diesem Projekt außer hochschulpolitischen Überlegungen vor allem zwei in einem allgemeineren Sinne politische Ziele[28]: Erstens war die Seeregion allmählich deutlich hinter die strukturstärkeren Gebiete Baden-Württembergs zurückgefallen; eine Hochschulgründung mochte hier neue Impulse geben. Zweitens war in Südbaden zunehmend Kritik an einem angeblichen Ausverkauf südbadischer Interessen durch das Land laut geworden; da sie vorwiegend aus CDU-Kreisen kam, konnte Kiesinger sie nicht ohne weiteres ignorieren. Speziell für einen Standort Konstanz sprach außer dessen landschaftlichen Reizen, daß die dortige CDU ganz besonders unter den Gründungswehen des Südweststaates gelitten hatte; sie brauchte dringend eine Aufmunterung aus Stuttgart.

Konstanz – Universität
(Quelle: LMZ/unbek., 1980)

Nachdem die Grundsatzentscheidung für Konstanz einmal gefallen war, liefen die eigentlichen Gründungsarbeiten zügig ab. Vorübergehend drohte die Frage des Baugeländes Probleme aufzuwerfen, als sich nämlich zeigte, daß einige Ministerialbeamte von der Stadt verlangten, den Baugrund kostenlos herzugeben. Zu guter letzt wurde jedoch anders entschieden, so daß die Stadt sogar einen handfesten Verkaufsgewinn erzielen konnte.[29] Im übrigen verliefen Gründung und Bau planmäßig, zumal sie noch in eine Zeit voller Kassen fielen.

Über den Ausbau der neuen Universität soll hier nicht im einzelnen berichtet werden.[30] Spätestens ab etwa 1980 war ihre Gründungsphase endgültig abgeschlossen, wenn auch in den folgenden Jahren die Studentenzahlen weiter stiegen und mehrfach neue Gebäude, Fachbereiche und Studiengänge hinzukamen. Heute kann die Universität als hervorragend ausgestattet gelten. Insbesondere gibt es keine Anzeichen dafür, daß sie gegenüber anderen Landesuniversitäten in der Vergangenheit benachteiligt worden wäre oder in der Gegenwart würde. Nicht zuletzt dieser Förderung ist es zu verdanken, daß die Universität Konstanz seit Jahren regelmäßig Spitzenplätze in den Hochschul-Rankings einnimmt und den Vergleich mit keiner anderen deutschen Universität scheuen muß.

Lange Zeit hatte die Stadt sich in der Pose einer Kommune gefallen, die für ihre Universität aus ideellen Gründen enorme finanzielle Opfer auf sich nehme. Für die ersten Jahre mochte dies durchaus zutreffen, als die Neubauten verschiedene aufwendige Erschließungs- und Infrastrukturmaßnahmen erzwangen. Dann jedoch begann sich das Blatt zu wenden. Aus einer 1995 erstellten wirtschaftswissenschaftlichen Studie wissen wir, daß der Stadt und ihrer Umgebung im Jahresdurchschnitt rund 250 Millionen Mark teils als direkte Ausgaben der Universität und ihrer Angehörigen zufließen, teils in der Form von Schlüssel- und ähnlichen Zuweisungen vom Land gezahlt werden.

Obendrein hat sich die Universität zum größten Konstanzer Arbeitgeber außer der Stadt selbst entwickelt und hat ein Wachstum der städtischen Bevölkerung um rund zehn- bis zwölftausend Personen ausgelöst. Ein Teil dieser Personen lebt in zwei deutlich universitär geprägten Baugebieten im Norden der Stadt; die übrigen haben sich über die Stadt und ihr näheres Umland verteilt, ohne daß dabei jedoch irgendwo eine spezifisch universitär geprägte Siedlungskultur entstanden wäre. Ähnliches gilt für den innerstädtischen Personenverkehr: Zwei Buslinien leben überwiegend vom studentischen Publikum; die übrigen spüren die Universität in Form leicht erhöhter Beförderungszahlen.

Besondere Bedeutung für die Stadt erlangte die Universität im immateriellen Bereich. Die Universität ist heute die bei weitem größte Konstanzer Anbieterin von Vorträgen, Konzerten, Diskussionsveranstaltungen und Sportereignissen. Eine wachsende Zahl älterer Personen nutzt den Ruhestand, um an der Universität Vorlesungen gastweise zu hören oder ein reguläres Studium aufzunehmen. Auch Weiterbildungsveranstaltungen für Berufstätige gewinnen von Jahr zu Jahr steigende Bedeutung. Die meisten Konstanzer Vereine zählen heute Universitätsangehörige zu ihren Mitgliedern, und außerdem leisten viele Universitätsmitglieder wertvolle ehrenamtliche Arbeit in den unterschiedlichsten Funktionen. Man übertreibt schwerlich, wenn man sagt, daß fast alle Lebensbereiche der Stadt heute mehr oder minder stark von der Universität oder einzelnen ihrer Angehörigen mitgestaltet werden.

7. Bilanz nach 50 Jahren

Ist Altbaden im heutigen Konstanz noch ein Thema? Im ersten Landtagswahlkampf nach der Gründung von Baden-Württemberg verlor die Konstanzer CDU handfest an Föhrs Zentrumspartei mit ihren altbadisch-katholischen Wahlparolen. Als vier Jahre später der nächste Wahlkampf anstand, spielte das Zentrum keine politische Rolle mehr, und die Altbadener strömten zur CDU zurück. Und als 1971 die Badener ein drittes und letztes Mal über die Fusion abstimmten, votierten in Konstanz fast 83 Prozent für den Südweststaat. Wer dagegen stimmte, der wünschte sich nicht Wohlebs Rumpfstaat zurück, sondern eine badische Wiedervereinigung „vom See bis an des Maines Strand“ – aber auch das waren nur noch Wenige.

Seitdem hat Baden in der Konstanzer Politik zumindest explizit keine Rolle mehr gespielt. Geblieben sind jedoch eine (überwiegend verbale) Abneigung gegen die „Schwaben“ und (mindestens bei manchen Älteren) eine nostalgische Verklärung Altbadens. Sie äußert sich vorzugsweise, indem zur Fasnachtszeit Gelb-Rot-Gelb getragen wird oder indem man auf dörflichen Festveranstaltungen zu später Stunde das Badnerlied anstimmt. Im übrigen bildet „Baden“ gewissermaßen ein latentes Protestpotential – ein geistiges Refugium, das der überzeugte Badener aufsucht, wenn er sich von „Stuttgart“ übervorteilt oder mißachtet fühlt. Die tagespolitische Realität ist jedoch unbestritten das Land Baden-Württemberg, was gelegentliche regional akzentuierte Kritik keineswegs ausschließt. Hier hat sich offensichtlich die normative Kraft des Faktischen ausgewirkt. Zu diesen Fakten gehören die oben genannten Leistungen des Landes seit 1952, darunter in erster Linie die Universitätsgründung und die Gebietsreform.

Ob die Gefühle der Konstanzer Bevölkerung für die nordbadischen Landesteile erkennbar inniger sind als für Nordwürttemberg, darf eher bezweifelt werden. Nicht zu bestreiten ist hingegen wohl die Tatsache, daß die Konstanzer zu Hegau, Baar und Südschwarzwald engere Bindungen empfinden als beispielsweise zur Schwäbischen Alb oder zur Region Oberschwaben: Zu ersteren bestehen alte Affinitäten der Sprache, der Religion und des Brauchtums, die auch heute noch keineswegs verschwunden sind. Wie weit man sie als Reste einer spezifisch badischen Identität wird interpretieren dürfen, ist freilich eine andere Frage. Dabei wird man nach Altersstufen differenzieren müssen. Nur die etwa Sechzigjährigen haben Baden überhaupt noch als politische und administrative Realität erlebt – und auch sie nur dann, wenn sie zu jener Zeit schon in Konstanz ansässig waren. Die Masse der durch Universität und High-Tech-Industrie nach Konstanz Gekommenen stammte jedoch aus anderen Teilen der Bundesrepublik und ist außerdem jünger. Für die Mehrzahl der unter Vierzigjährigen dürfte Baden heute allenfalls noch ein weit zurückliegendes historisches Phänomen sein, mit dem man wenig Konkretes verbindet.

Nach 1952 ist seitens der Landesregierung sehr bewußt versucht worden, die historischen Grenzen zwischen Baden und Württemberg unscharf zu machen, dem Zusammenwachsen im Wege stehende historische Verbindungen aufzubrechen. Bedauerlicherweise haben diese Bemühungen im Raum Konstanz durchaus Erfolg gehabt: Nur ältere Mitbürger und versierte Kenner der historischen Verhältnisse werden heute noch die einstige badisch-württembergische Grenze zwischen Meersburg und Friedrichshafen als solche in Erinnerung haben oder gar empfinden. Die Neuregelung der Kreisgrenzen im Zuge der Gebietsreform tat ein Übriges, indem sie beispielsweise das seit Jahrhunderten vielfältig mit Konstanz verbundene Meersburg einem anderen, württembergischen Landkreis zuordnete und generell am westlichen Bodensee völlig neue Kreisgrenzen schuf. Historische Bezüge haben sie in der Regel nicht mehr.

Hinsichtlich der Konstanzer Außengrenze ist zunächst einmal zu wiederholen, daß sie sich keineswegs in eine „Brücke über den Rhein“ verwandelt hat. Die Landesregierung trifft hieran gewiß nicht die eigentliche Schuld. Gleichwohl fällt auf, daß das Land aber auch umgekehrt keine Initiativen ergreift die Grenze durchlässiger zu machen. Die Internationale Bodenseekonferenz, die gelegentlich solche Initiativen an die Regierungen rund um den See heranträgt, stößt immer wieder auf taube Ohren oder auf freundlich-nichtssagende Reaktionen. Kaum anders hatte sich freilich schon Wohlebs Regierung verhalten, als die Konstanzer nach Kriegsende um ihr Tägermoos kämpften.

Zweifellos hat Konstanz seit 1952 einen beträchtlichen wirtschaftlichen Aufschwung genommen. Wie weit er als Verdienst des neuen Landes Baden-Württemberg bewertet werden darf, ist eine andere Frage: Dieser Aufschwung vollzog sich mutatis mutandis in der gesamten Bundesrepublik. Seine Ursachen lagen teils im zähen Wiederaufbauwillen der Flüchtlinge und der Einheimischen „vor Ort“, teils in Entscheidungen, die von den Alliierten getroffen worden waren; Das neue Bundesland hatte mit beidem relativ wenig zu tun. Die im Raum Konstanz diesen Aufschwung wesentlich prägenden Firmen Pintsch Electro bzw. Telefunken, Byk Gulden, Degussa und (anfänglich) Stromeyer existierten längst, als der Südweststaat gegründet wurde und hatten zu diesem Zeitpunkt die Durststrecke der frühen Nachkriegsjahre hinter sich gelassen. Anders ausgedrückt: Es steht zu vermuten, daß ein vergleichbarer Aufschwung auch in einem Lande Baden stattgefunden hätte.

Ein ganz anderes Bild bietet sich, wenn wir das wichtigste Einzelereignis in der Konstanzer Nachkriegsgeschichte betrachten, die Universitätsgründung. Wohlebs kleiner Rumpfstaat besaß eine leistungsfähige Universität in Freiburg; ein „wiedervereinigtes" Baden hätte deren zwei sowie die beiden kaum weniger renommierten Hochschulen in Mannheim und Karlsruhe besessen. Beide ließen sich bei Bedarf leicht zu Universitäten ausbauen, wie sich in späteren Jahren eindrucksvoll erweisen sollte. Es ist höchst unwahrscheinlich, daß Baden überhaupt eine weitere Hochschule gegründet und daß es dies ausgerechnet im abgelegenen Konstanz getan hätte; die Kiesinger motivierenden Faktoren hätten in einem Bundesland Baden nicht gegriffen. Man wird also festhalten müssen, daß diese Gründung einer spezifisch baden-württembergischen Initiative entsprang, ja viel von einem Alleingang Kiesingers an sich hatte. Kurioserweise wurde sie in gewissem Sinne gleichwohl eine „badische" Universität: Die Masse der Konstanzer Studenten kam und kommt aus badischen Landesteilen, während die württembergischen Abiturienten den traditionellen Weg nach Tübingen oder Stuttgart bevorzugen oder überhaupt außerhalb des eigenen Bundeslandes studieren.

Hat also Konstanz insgesamt vom Südweststaat profitiert? Eine objektive Antwort läßt sich auf diese Frage nicht geben, denn sie involviert subjektive Abwägungen. Konstanz hat einen Teil seiner historischen Identität verloren bzw. gegen eine neue eingetauscht. Es hat Kleinräumigkeit und Überschaubarkeit verloren und dafür größere und vielleicht auch etwas großzügigere Verhältnisse gewonnen. Es hat politische Zentralität verloren und ist dafür ein wissenschaftliches Zentrum geworden. Die Entwicklung im Grenzraum läßt keine spezifischen Leistungen des neuen Bundeslandes erkennen, liefert freilich auch keinen Grund zu der Annahme, daß ein Bundesland Baden hier mehr geleistet hätte. Selbst der wirtschaftliche Aufschwung von Konstanz in den letzten Jahrzehnten liefert keine Antwort, denn er vollzog sich gleichsam bundesland-indifferent; ähnliches gilt für den sozialen Wandel, den er auslöste. So sind letztlich auf die obige Frage wohl nur subjektive Antworten möglich.

Anmerkungen

1 Lothar Burchardt, Konstanz zwischen Kriegsende und Universitätsgründung. Konstanz 1996 (= Geschichte der Stadt Konstanz, Bd.6), S.249f
2 Landrat Belzer an Ministerpräsident Reinhold Maier, 7.8.1948 (Hauptstaatsarchiv Stuttgart, EA 1/920)
3 Heute nimmt Konstanz in Baden-Württemberg nach der Einwohnerzahl den 14.Rang ein.
4 Burchardt (wie Anm.1), S.256 u. 347
5 Regierungspräsidium Südbaden (Hg.), Die Reinhaltung des Bodensees. Stuttgart 1962, S.10; Rede Ministerpräsident Kiesingers v. 24.10.1963 (Verhandlungen des Landtags von Baden-Württemberg, 3.Wahlperiode, S.6428)
6 Der damalige Finanzausgleich lief im Endeffekt auf eine Refinanzierung des Landes durch die Gemeinden hinaus.
7 Burchardt (wie Anm.1), S.346f.
8 Burchardt (wie Anm.1), S.495, 503 u. 553

9 Burchardt (wie Anm.1), S.521

10 ebd., S.525

11 Vgl. dazu ausführlich Lothar Burchardt, Wie die High-Tech-Industrie nach Konstanz kam. Konstanz 1995 (= Konstanzer Universitätsreden, Bd.193), S.9-55

12 Ausführliches Zahlenmaterial enthalten die einzelnen Jahrgänge der Konstanzer Einwohner- bzw. Adressbücher. Eine Zusammenfassung gibt Burchardt (wie Anm.1), S.485

13 Burchardt (wie Anm.15), S.10f., 16f., 36f. u. 58f.

14 Konstanzer Almanach 1967, S.5-11 u. 1973, S.15

15 Konstanzer Almanach 1965, S.6 u. 1973, S.13-15

16 Die Gebietsreform wird unter anderem zusammenfassend abgehandelt in: Handwerkskammer Konstanz (Hg.), Tage eines Jahrhunderts. 100 Jahre Handwerkskammer Konstanz. Konstanz 2000, S.199-206

17 Konstanzer Almanach 1967, S.39-41; „Südkurier" v.24.4.1968

18 Burchardt (wie Anm.1), S.508-513

19 Vgl. hierzu vor allem die Diskussion um das Projekt, die Bahngleise unterirdisch durch Stuttgart verlaufen zu lassen und das dadurch frei werdende Gelände zu überbauen.

20 Das Zitat findet sich bei Burchardt (wie Anm.1), S.364. Ausführlich erörtert dieses Problem Arnulf Moser, Der Zaun im Kopf. Zur Geschichte der deutsch-schweizerischen Grenze um Konstanz. Konstanz 1992.

21 „Thurgauer Volksfreund" v. 24.5.1957. Vgl. auch Burchardt (wie Anm.1), S.368 u. 536

22 Protokoll der Sitzung des Gemeinderats der Stadt Konstanz v. 22.2.1967 (Stadtverwaltung Konstanz, Hauptamt)

23 Burchardt (wie Anm.1), S.565

24 Vgl. dazu die verschiedenen Ausgaben der Statistik über die Studierenden der Universität Konstanz, die jährlich vom Rektorat herausgegeben werden. Im Studienjahr 1999/2000 studierten beispielsweise fast genauso viele asiatische Studierende an der Universität wie aus der Schweiz und Österreich zusammen.

25 Hierzu sind im Sommer 2000 zahlreiche Beiträge im Konstanzer „Südkurier" erschienen, zuletzt am 28.10.2000.

26 Protokoll der Sitzung des Gemeinderats der Stadt Konstanz v.17.12.1964 u. 9.2.1965 (Stadtverwaltung Konstanz, Hauptamt)

27 Eine knappe Zusammenfassung gibt Burchardt (wie Anm.1), S.555-567.

28 Ursula Oser u. Esther Schröder, Die Universität Konstanz als Wirtschaftsfaktor für die Region. Konstanz 1995, S.13

29 Die Ergebnisse finden sich genauer im „Südkurier" v. 8.6.1970.

30 Vgl. dazu ausführlich Burchardt (wie Anm.1), S.213-215

Überlingen

Wandlungen badischer Staatlichkeit am Bodensee

Guntram Brummer

Schaut man am einst badischen Bodensee 50 Jahre nach dem Ende des Landes Baden auf dieses Ereignis zurück, sollte eingangs von einem historischen Paradox die Rede sein. Einigermaßen paradox dünkt es ja, daß Baden, zunächst ein „Haus“, erst danach ein Staat oder Land, überhaupt einmal bis in den Linzgau vorgedrungen ist. Die badische Markgrafschaft des „ancien régime“ wirkte zwar für eine Ausbreitung in der Rheinebene wie prädestiniert, schon gar nach der Vereinigung von Baden-Baden und Baden-Durlach 1771. Kaum zu erwarten gewesen war aber ein Überspringen der Barriere des Schwarzwalds, vollends nicht ein Ausgreifen nach Südosten, an den Bodensee und nach Oberschwaben. Dort besaßen andere Herrschaften bereits auf den ersten Blick bessere und ältere Chancen für eine Vergrößerung ihres Territoriums, etwa Fürstenberg mit seinen Gebieten um Heiligenberg und Messkirch, jene 1534, diese 1626 erworben. An Heiligenberg hingen zudem die Grafenrechte, also die Hochgerichtsbarkeit im gesamten, nicht „reichsunmittelbaren“ Linzgau.

Mindestens einen Fuß in der Tür hatte im Westen des Bodensees ferner Württemberg, seit 1521 Herr der Festung Hohentwiel, von wo aus damals kein geringerer als Herzog Ulrich selbst, im 30jährigen Krieg der württembergische Kommandant Konrad Widerholt, Verbündeter der Krone Frankreich, operierten, letzterer zum großen Schaden von Land und Leuten. Seit der Einteilung des „Heiligen Römischen Reichs deutscher Nation“ in „Reichskreise“ war der Herzog von Württemberg ohnehin im ganzen „Schwäbischen Kreis“, mit und neben dem Bischof von Konstanz, „Kondirektor“ und „kreisausschreibender Fürst“, nicht zu reden von kleineren und kleinsten Rechts- und Besitztiteln Württembergs in der Region, etwa seinen Anteilen an der Burg Hohenfels oder, in der Nachfolge des Klosters Königsbronn, seinen Rechten an der Pfarrei Pfullendorf.

Als dann der große Länderschacher, eine Auswirkung der Französischen Revolution, anhob, kam wiederum erst einmal Württemberg gut weg, sehr im Unterschied zu dem stets „kaisernahen“ und schon deshalb hintangesetzten Fürstenberg: 1806 fiel die bisher österreichische Landgrafschaft Nellenburg, also das ganze Gebiet um Stockach mit einem Uferanteil von Bodman bis Sipplingen, Württemberg anheim, und zeitweilig – einFund Max Binders! – schien es gar, als werde Meersburg württembergische Sommerresidenz am Bodensee, nicht Friedrichshafen, die aus der Reichsstadt Buchhorn und dem Benediktinerpriorat Hofen zusammengestückte und auf den Namen des neuen Landesherrn getaufte Kommune. Erst als Baden die ihm mittlerweile überantwortete Reichsstadt Biberach und Württemberg das Nellenburgische Territorium wieder herausgerückt hatten, verlief die Grenze zwischen den beiden „frischgebackenen“ deutschen Mittelstaaten so, wie man sie bis zum Anbruch des Besatzungsregimes 1945 kennt.

Die Baden zwischen 1802 und 1810 geglückten Landgewinne am Bodensee übertrafen die Erwerbungen Württembergs zwar an Umfang und Wert, aber zusammengewachsen sind sie, wie kaum anders zu erwarten, langsam. Dieses „Erbe“ war nun einmal in sich grundverschieden: Geistliche Herrschaften wie das Fürstbistum Konstanz mit den Städten Meersburg und Markdorf, die Fürstabtei Salem oder die Deutsch-Ordens-Kommende Mainau, Reichsstädte wie Überlingen und Pfullendorf, Fürstenbergische Lande, nicht zuletzt Trümmer „Vorderösterreichs“ wie Konstanz, Radolfzell oder eben Nellenburg. Seit 1803 jagte sodann in der Markgrafschaft Baden, die sich rasch zu einem Kurfürstentum und schließlich zum Großherzogtum mauserte, eine Verwaltungsreform die nächste. Derlei Atemlosigkeit begünstigte eine Konsolidierung erst recht nicht. Unzweifelhaft war hier, neben allen Erfordernissen des Tags, die Organisationswut einer fast allmächtigen Bürokratie am Werk. Solche Unrast gab übrigens dem Streben nach einer badischen Verfassung kräftigen Auftrieb: Eine Konstitution sollte die Bürger vor Behördenlaunen schützen.

Auch die revolutionären Vorkommnisse der Jahre 1848/49 waren gerade am Bodensee, unter anderem, Anzeichen für mangelnde Integration in den badischen Staatsverband: Man fühlte sich noch immer nicht recht zugehörig, und man konnte dies mit dem Beifall für Hecker und Struve zum Ausdruck bringen. Bevor die „Neu-Badener“ am „Schwäbischen Meer“ Demokraten waren, waren sie, schlicht und einfach, unzufrieden. Anders wurde es in der zweiten Hälfte des 19. Jahrhunderts. Nun ist auch am Bodensee eine Art von ungeheucheltem badischen Patriotismus anzutreffen, sozusagen ein spezifisches „Wir-Gefühl“. Forscht man nach den Ursachen und Gründen, wird man einen Faktor nicht gering veranschlagen dürfen, so banal er sich zunächst ausnimmt: Die stetige Präsenz der Dynastie.

Seit 1853 war die Insel Mainau Eigentum des badischen Fürstenhauses, seit 1856 alljährliche Sommerresidenz des Staatsoberhaupts. Friedrich I, der Großherzog, der nach dem Staatsgründer Karl Friedrich die Dynastie wie kein anderer populär machte, hat der bis dahin vorwiegend landwirtschaftlich genutzten Insel nicht nur die Züge eines herrschaftlichen Gartens aufgeprägt, er legte sich hier am 28.9.1907 auch zum Sterben nieder. Noch die feierliche Überführung des Leichnams von der Mainau nach der Landeshauptstadt Karlsruhe, zunächst per Schiff nach Konstanz, veranschaulichte mit ihrer schlichten „pompe funèbre“ eindrucksvoll die Zugehörigkeit des badischen Seegebiets zum größeren Ganzen.

Insel Mainau – Schloßpark
(Quelle: LMZ/unbek., 1982)

Der Großherzog hat während seiner jeweils drei- bis viermonatigen „Sommerferien" auf der Mainau indessen nicht nur „regiert", Amtsgeschäfte wahrgenommen, etwa den Kontakt mit den Behörden in Karlsruhe gepflegt, wofür die täglich eintreffende und wieder abgehende Blechkassette mit den Staatspapieren als Symbol dienen konnte. Vielmehr wurden hier neben „hohen" und „höchsten Persönlichkeiten", darunter Zelebritäten wie der Zionistenführer Theodor Herzl, in freilich wohlerwogener Dosierung immerzu Leute „aus dem Volk" empfangen, etwa ganze Schulklassen, die man derart zu treuen Untertanen erziehen wollte, mindestens ebenso sehr von Paternalismus wie von „massenpsychologischem" Kalkül beflügelt.

Fürstliche Präsenz hielt den badischen Patriotismus auch nach dem Untergang der Monarchie am Leben, jedenfalls im Linzgau. Das hohe Ansehen des in Salem ansässigen Prinzen Max, letzter Reichskanzler des kaiserlichen Deutschlands, und nicht weniger seines Sohns, des Prinzen Berthold, kam, eben indem es die Erinnerung an ein „anderes" Baden geradezu verkörperte, auch noch der Republik zugute, deren Farben die Farben der Dynastie geblieben waren. Mancher hierzulande hat, bis in jüngstvergangene Tage, dem Urteil des Schweizer Publizisten Karl von Schumacher, Gründer der Zürcher „Weltwoche", zugestimmt, müsste er einen Deutschen nennen, der das ausgemachte Gegenstück eines Nazis sei, so wäre das Berthold von Baden.

Nach dem II. Weltkrieg zählte der Landkreis Überlingen, 1857 um die Amtsbezirke Meersburg und Salem, 1936 um den Amtsbezirk Pfullendorf vergrößert, zum badischen Anteil der französischen Besatzungszone. Hieraus erwuchs das kurzlebige Land (Süd-) Baden mit der Hauptstadt Freiburg im Breisgau und mit Leo Wohleb als erstem und einzigem Staats- und Regierungschef. Wohleb und sein „Ländchen" wurden im Linzgau rasch beliebt. Dazu verhalfen Maßnahmen wie die Wiederverleihung des von den Nazis aberkannten Stadtrechts an Meersburg (1949) und Markdorf (1950), aber auch diverse Auftritte des Staatspräsidenten, der unermüdlich das Land bereiste, so bei der 200-Jahr-Feier der Birnau (1950) oder bei der Heimkehr des berühmten Hochaltars Jörg Zürns und seiner Gesippen ins Überlinger Münster (1950). Wohleb, überraschend kleinwüchsig, jedoch ein Redner großen Stils, nahm meist auch das Wort, und diese Ansprachen blieben vielen unvergeßlich.

Gleichwohl fand der Zusammenschluß der drei Länder, die nach 1945 anstelle von Baden und Württemberg, sozusagen als „Besatzungskinder", entstanden waren, eben (Süd-)Badens, Württemberg-Hohenzollerns und Württemberg-Badens, zum „Südweststaat", d.h. zu einem einzigen Land namens Baden-Württemberg, bei der Volksabstimmung 1951 auch im Kreis Überlingen eine Mehrheit, allen gegenläufigen Anstrengungen etwa des damaligen Überlinger Bürgermeisters Anton Wilhelm Schelle († 1999) zum Trotz. Schelle sagte man nicht ganz grundlos nach, er pflege täglich einen Württemberger zum Frühstück zu verspeisen. Daß es bei jener Abstimmung keineswegs nur mit rechten Dingen zugegangen war, haben Unbeirrbare auch im Landkreis Überlingen alsbald ausgesprochen. Sie beklagten ferner, wider vielerlei Indolenz oder Schönrederei, die schmählichen Winkelzüge nachher, die eine Heilung jenes schweren Geburtsfehlers verhinderten.

Einschneidend für ein breiteres Bewußtsein wirkte freilich weniger die Bildung des „Südweststaats" 1951 als vielmehr die Verwaltungsreform des Jahres 1972. Bisher hatten ja innerhalb der neuen Grenzen die meisten alten Verwaltungsstrukturen wohltätig fortgedauert. Erst jetzt begann das allgemeine Umkrempeln, und es wurde auch als solches wahrgenommen, weil der „Mann auf der Straße" die Folgen tragen mußte. Am

Nordufer des Bodensees verschmolzen die bisherigen Landkreise Überlingen und Tettnang zum „Bodenseekreis“. Dabei erzeugte es viel böses Blut, daß auf den neuen Kennzeichen der Automobile nicht eine Kürzel des Namens vom Landkreis, sondern von der „Kreishauptstadt“, nämlich Friedrichshafen, erschien, „FN“. Im ehemaligen Landkreis Überlingen fuhren etliche Fahrzeughalter hiernach so lange wie irgend möglich mit dem bisherigen Kennzeichen, „ÜB“, umher. Als dieses endlich weichen mußte, prangte am Heck so manchen Fahrzeugs unübersehbar das badische Wappen.

Der „Bodenseekreis“ selbst, eine reichlich vollmundige Bezeichnung für insgesamt bloß ca. 60 km Uferanteil, aber wurde dem Regierungspräsidium Tübingen zugeschlagen. Beim Regierungspräsidium Freiburg/Breisgau verblieb im ehemals badischen Seegebiet nur der Landkreis Konstanz, dem man kurzerhand den bisherigen Landkreis Stockach angegliedert hatte. Hiermit war die in rund 150 Jahren gewachsene Einheit des einstigen badischen „Seekreises“ brutal zerstört. Analog verfuhr man etwa im Schulwesen oder im Denkmalschutz, bei der Industrie- und Handels- sowie bei der Handwerkskammer. Dagegen wurden die alten Landgerichtsbezirke verschont, so daß die Polizeidirektion Friedrichshafen heute mit zwei Staatsanwaltschaften zu schaffen hat. Einzig die römisch-katholischen Bistümer und die evangelischen Landeskirchen „verewigen“ bis dato die Grenzen Badens und Württembergs.

Bei der Neuordnung der Landkreise, ferner der Gemeinden, blieb es, wie wenig verwunderlich, nicht. Vielmehr sah man sich in Überlingen und noch an etlichen anderen Orten mit einer bis heute anhaltenden Serie des Abzugs von Ämtern und Dienststellen konfrontiert, die einer Serie von „Zentralitätsverlusten“ gleichkommt, überdies – Einsparungen hin oder her! – einer merklichen Minderung von „Bürgernähe“. Daß just dieses Wort akkurat jetzt aus dem Munde so vieler Politiker zu hören war, konnte man verschieden deuten: Als Ablenkungsmanöver; als blanken Zynismus; allemal als Paradefall einer „semantischen Lüge“.

Die Kreis- und Verwaltungsreformen begleitete im neuen „Bodenseekreis“ eine zum Teil von Amts wegen geförderte, vermutlich gar gesteuerte Publizistik, die einen höheren oder tieferen Sinn jener Vorgänge herausgefunden haben wollte: die Wiederherstellung verschütteter historischer Zusammenhänge. Gegen diese Art von Instrumentalisierung der Geschichte – naiv oder dreist oder beides auf einmal? – erhob sich im „Bodenseekreis“ eine einzige Stimme, der Historiker, Gemeinde- und Kreisrat Dr. Hermann Schmid aus Überlingen. Er war für dergleichen durch seine Studien zur Säkularisation und Mediatisation im deutschen Südwesten sensibilisiert, konnte als „Freiberufler“ auch das Maul weit auftun.

Schmid sprach ferner beharrlich von einer Schlüsselfigur der Verwaltungs- und Gebietsreform, um nicht zu sagen: von einem Haupttäter. Eine denkwürdige Koinzidenz wäre allerdings wohl auch ohne Schmids Hinweise geradezu ins Auge gefallen: Die Gleichzeitigkeit jener Reformen und der weiteren Karriere eines ihrer „Macher“, des Überlinger Landrats und langjährigen CDU-Abgeordneten zum Stuttgarter Landtag, Karl Schiess († 1999). Schiess, vor und hinter den Kulissen einflußreich wie wenige, war der „Vater“ des „Bodenseekreises“. Bei ganz verändertem Zuschnitt seines Wahlkreises konnte Schiess Landtagsabgeordneter bleiben und schließlich vom Posten des Landrats auf den Posten des Innenministers überwechseln. So wird man den Verdacht nicht los, daß ein alter Landkreis gegen einen neuen Wahlkreis eingetauscht worden sei. Ein Nekrolog in der „Heimatzeitung“ bescheinigte Schiess dann gleichwohl, wie selbstlos dieser damals gehandelt habe.

Aber hiermit treiben wir schon allerneueste Geschichte, und wir brechen besser ab. Nur noch eine Anmerkung: Niemand kann sagen, wie Verwaltungsreformen, die nun einmal nach Menschen zu riechen pflegen, ein Land Baden zugerichtet hätten, existierte dieses bis heute. Angesichts solcher Unwägbarkeiten erscheinen gewisse Epiphänomene badischer Staatlichkeit am Bodensee vielleicht doch in milderem Licht.

Die Städtefusion Villingen-Schwenningen

Karl Heinz Neser

Schon zum 1.1.1972 – also vor dem Vollzug der Kreis- und Gemeindereform – hatten sich die benachbarten, 5 km voneinander liegenden Städte Villingen im Schwarzwald und Schwenningen am Neckar zur neuen Stadt Villingen-Schwenningen zusammengeschlossen. Diese Städtefusion, die von der Landesregierung zum Musterbeispiel und Aushängeschild der gerade laufenden Gemeindereform erhoben wurde, war schon deshalb bemerkenswert, weil damals – 20 Jahre nach der Gründung des Bundeslandes Baden-Württemberg – erstmals die alte badische und württembergische Gebietsgrenze überwunden wurde. Und die Fusion war auch nicht von den Planern im Innenministerium konzipiert worden, sondern wurde vor Ort entworfen, vorangetrieben und schließlich von der Bevölkerung beider Städte in einer Bürgeranhörung mehrheitlich befürwortet.

Überwindung der nachteiligen Grenz- und Randlage der Städte

Dabei hatte eine wichtige Rolle gespielt, daß beide Städte – trotz beiderseits reicher Tradition und mancher Rivalitäten in der Vergangenheit – ihre Randlage als nachteilig empfunden hatten. So stimmte auch die Bevölkerung im Landkreis und der Stadt Villingen 1951 bei der Volksabstimmung mit 57 bzw. 58% für den Südweststaat und lag damit an der Spitze aller Kreise in Südbaden; in Schwenningen waren es gar 96%. Bei der nochmaligen Abstimmung 1970 war das Abstimmungsergebnis noch beeindruckender, denn der Landkreis Villingen erzielte mit 87% für den Erhalt von Baden-Württemberg das mit Abstand beste Abstimmungsergebnis in Südbaden. Wenige Jahre davor war auch die Entscheidung der Landesregierung über eine weitere Pädagogische Hochschule in Südbaden gefallen. Dafür hatte sich auch die Stadt Villingen beworben und zur Bekräftigung ihrer Argumente auch die Schwenninger Schulen miteinbezogen; dies wurde vom Oberschulamt Freiburg aber abgelehnt, und die PH kam schließlich nach Lörrach. Für die Raumschaft war dies eine Enttäuschung und ein weiterer Beleg, daß man aus der Rand- und „Grenz"-lage zweier Regierungsbezirke (Freiburg und Tübingen) nur Nachteile hatte.

Zur selben Zeit vollzog sich ein Wandel in der Landesplanung; es wurde allgemein die Notwendigkeit erkannt, daß Gemeinden und Landkreise überörtlich auf regionaler Ebene zusammenarbeiten müssen. So war auch zu Beginn der 60er Jahre über die alte Landesgrenze hinweg die Planungsgemeinschaft Schwarzwald-Baar-Heuberg mit den Landkreisen Rottweil, Tuttlingen, Donaueschingen und Hochschwarzwald/Neustadt entstanden. Mitte der 60er Jahre entstand die Zentrale Orteplanung des Landes, wo den Ober-, Mittel- und Unterzentren unterschiedliche Aufgaben zugewiesen wurden. In dem zum Jahresende 1967 von der Landesregierung veröffentlichten Landesentwicklungsplan war das Städtepaar Villingen/Schwenningen als zu entwickelndes Oberzentrum für die Region ausgewiesen. Von Städtefusion war nicht die Rede; denn es hätte – wie in anderen Fällen auch – lediglich eine Kooperation der beiden selbständigen Städte vereinbart werden können. Aber er war die Initialzündung für das weitere Vorgehen vor Ort.

Städtefusion als Basis für ein neues Oberzentrum

Im Januar 1968 traf sich der Schwenninger OB Dr. Gebauer mit dem Villinger OB Kern und schlug „einen gemeinsamen Ausschuß der Gemeinderäte der beiden Städte" vor, der sich „mit allen Angelegenheiten befassen" sollte, „die die beiden Städte gemeinsam berühren". Sie waren sich einig, daß man Gemeinderat und Bürgerschaft der beiden

Villingen/Villingen-Schwenningen
(Quelle: Marketing und Tourismus GmbH Villingen-Schwenningen)

Städte nicht überfordern sollte; deshalb beschritt man den Weg der langsamen Annäherung. In der Folgezeit kam es zu öffentlichen Forumsveranstaltungen, in denen der Gedanke des gemeinsamen Oberzentrums vertieft wurde. Auf Drängen von OB Gebauer, zweifellos dem Motor der Fusion, wurde im Januar 1969 der „Gemeinsame Ausschuß" (GA) gebildet. Die FDP schlug sofort einen „Stadtkreis Schwenningen-Villingen" vor, da „die Funktionsfähigkeit des Oberzentrums eine verwaltungsmäßige Einheit" und die Überwindung von Kreis- und Regierungsbezirksgrenzen voraussetze. Von da verlief die Entwicklung rasant, denn schon zwei Monate später legte der GA eine gemeinsame Resolution über den Zusammenschluß der beiden Städte vor; sie kam nochmals kurz ins Stocken, weil die CDU in Villingen die eigene Gemeinderatsfraktion bremste, indem sie zunächst nur „alle Möglichkeiten zu einem Zusammenschluß der beiden Städte" überprüft haben sollte. Zwei Monate später stimmte auch der Gemeinderat in Villingen zu. Zugleich beauftragten die Gemeinderäte ihre Verwaltungen einstimmig, „die notwendigen Vorbereitungen für einen Zusammenschluß der beiden Städte zu treffen". Die Arbeit des GA wurde ab 1970 weiter intensiviert, denn er tagte nun einmal im Monat; ebenso trafen sich die Dienststellenleiter beider Städte regelmäßig, um die Sitzungen vorzubereiten. Dabei sprach man über ein gemeinsames Amtsblatt, Jahrbuch, Prospekt, Stadtplan, über gemeinsame Stadtwerbung und wurde die Beförsterung des Schwenninger Stadtwaldes durch das Städtische Forstamt Villingen vereinbart. Ebenfalls wurde beschlossen, die beiden Krankenhäuser in einen Zweckverband zusammenzuführen, wurde eine Arbeitsgemeinschaft „Hochschulen im Oberzentrum" gegründet und Strukturuntersuchungen zur Zukunft der Stadt in Auftrag gegeben. Die Zeichen waren innerhalb der beiden Gemeinderatsgremien und des GA also auf Fusion gestellt.

Positives Ergebnis der Bürgeranhörung

Der Weg zur Städtefusion war bisher weitgehendst ohne Widerstand in nichtöffentlichen Sitzungen des Gemeinderats und des GA beschritten worden, um nicht Gegner vorzeitig auf den Plan zu rufen. Im Sommer 1970 wurde von beiden Gemeinderäten die Bürgeranhörung beschlossen, die am 28.3.1971 stattfand. Nunmehr wurde öffentlich für den Zusammenschluß geworben und eine Informationsbroschüre an alle Haushaltungen verteilt; die Lokalzeitungen begleiteten die Städtefusion positiv. Vorrangiges Ziel war, durch Überwindung der alten Landesgrenze und den Zusammenschluß unter miteinander konkurrierenden Mittelzentren das anerkannte Oberzentrum der Region zu werden. Man erhoffte sich dabei mit Unterstützung des Landes Einrichtungen, die einem Oberzentrum zustanden: Aufbau einer Universität oder Fachhochschule, Ausbau der beiden Krankenhäuser zu einem Hauptschwerpunktkrankenhaus, den Sitz der Regionalverwaltung und Ausbau zum Behördenzentrum, die Vergrößerung des Landkreises, eine Zunahme von Fläche und Einwohnerzahl durch Eingemeindungen, den Aufbau eines oberzentralen Einkaufszentrums, Verbesserungen der überregionalen Verkehrsanbindung, Ausbau der schulischen und kulturellen Einrichtungen etc. Bis 1985 wollte man eine Großstadt von 100 000 Einwohnern (bis dato 75 000) werden. Diese Vision glaubte man nicht auf dem Wege guter nachbarschaftlicher Zusammenarbeit und Kooperation der selbständig bleibenden Städte erreichen zu können. „Das Nebeneinander verzettelt nicht nur die Kräfte, es beinhaltet auch die dauernde Gefahr einer unwirtschaftlichen, die Entwicklung hemmenden Zweigleisigkeit... Scheitert der Zusammenschluß, so wird das alte Konkurrenzdenken verstärkt aufbrechen. Die trennenden Grenzen bleiben bestehen... Die beiden Städte werden ihre Kräfte in Konkurrenz zueinander verbrauchen und nach außen nicht wirksam handeln können", hieß es in der Informationsschrift für die Bürgerschaft.

Die Gegner der Fusion, die sich vor allem in einem Teil der Villinger CDU und Freien Wähler befanden, organisierten sich erst kurz vor der Bürgeranhörung im Februar 1971; sie wandten sich gegen „die Fusion aus der Schnellpresse" (Südkurier vom 10.3.1971) und befürchteten Nachteile für Villingen. Sie konnten aber keine entscheidende Wirkung mehr entfalten, da die Weichen längst für die Fusion gestellt waren; in Schwenningen gab es keine organisierte Gegnerschaft. So war das Abstimmungsergebnis auch eindeutig:

	Villingen	Schwenningen
Wahlbeteiligung in %	60,7	58,7
Für die Fusion	64,2	77,8
Gegen die Fusion	35,8	22,2

Auch wenn letztlich für die Städtefusion die Entscheidung der beiden Gemeinderäte – in Villingen 24:4, in Schwenningen einstimmig – maßgeblich war, ist festzuhalten, daß die Fusion von den Kommunalpolitikern vor Ort vorangetrieben und von einer deutlichen Mehrheit der Bevölkerung befürwortet wurde. Die niedrige Wahlbeteiligung kann m.E. nicht als Gegenargument benutzt werden. Sie gab es auch bei anderen Abstimmungen (z.B. in Villingen 64,7% beim Volksentscheid 1951); dies kann auch so interpretiert werden, daß die Abstimmung nicht von allen Teilen der Bevölkerung als wichtig angesehen wurde. Im Juli 1971 stimmte der Landtag in einem Sondergesetz der Städtefusion vor den eigentlichen Gesetzen zur Gemeinde- und Kreisreform zu.

Leitbild „Die gemeinsame Stadt" und Widerstände

Vor der Fusion am 1.1.1972 waren noch der Gemeinderat und der Oberbürgermeister für die neue Stadt zu wählen. Im Fusionsvertrag war die unechte Teilortswahl – je 18 Sitze für Villingen und Schwenningen einschließlich eines Sitzes für einen schon eingemeindeten Schwenninger Stadtteil – vorgesehen. Noch vor dem Landtagsbeschluß gab es große Aufregung in Villingen, weil man offenbar erst jetzt gemerkt hatte, daß damit die Schwenninger auch die Villinger Gemeinderäte (dies gilt auch umgekehrt) mitwählten. Zu einer eigenständigen Villinger Liste kam es aber nicht: Dies unterstreicht, daß es den Ortsparteien gelang, die Opponenten, die sich vor allem in den Reihen der Villinger CDU und Freien Wähler befanden, zu integrieren. In kurzer Folge fanden dann im Oktober und November 1971 die Gemeinderatswahl und OB-Wahl statt. Stärkste Fraktion wurde die SPD mit 16 vor der CDU mit 14 bei insgesamt 36 Sitzen. Erster Oberbürgermeister der neuen Stadt wurde der vormalige Schwenninger OB Dr. Gebauer (SPD) mit 94%; ihm hätte die Villinger CDU gerne einen Kandidaten dagegengestellt, nachdem der Villinger OB Kern (CDU) aus Altersgründen nicht mehr kandidieren konnte; doch ihr Kandidat hatte nach Prüfung der Chancen wenige Wochen vor der Wahl zurückgezogen.

Am 1.1.1972 öffneten Grenadiere in historischen Uniformen einen symbolisch aufgestellten Schlagbaum an der einstigen Landesgrenze; Feiern war angesagt, und die Kirchenglocken sollten den Neubeginn der Doppelstadt einläuten. Doch in Villingen „versagten" die elektrischen Läuteanlagen, und es läutete „nur die Totenglocke des Münsters die Eigenständigkeit der 1000-jährigen Stadt zu Grabe" (Rheinischer Merkur vom 28.1.1972). Und auch in der Folgezeit dokumentierten die „Alt-Villinger" ihre Gegnerschaft zur Fusion. An Neujahr 1973 war Mist vor die Tür des Villinger Rathauses gekippt worden; ein Plakat mit der Aufschrift „Mist-Jahr" zeugte vom vorhandenen Unmut, der erst nach und nach abklang.

„Die gemeinsame Stadt" war das offizielle Leitbild. 1972 wurden die beiden Feuerwehren und Sparkassen vereinigt. Es gibt inzwischen zahlreiche Organisationen, die sich auf der Ebene der Gesamtstadt zusammengeschlossen haben, wie z.B. Stadtjugendring, Innungen, Ärzteschaft, Mieterbund, Polizeisportverein, Sozialstationen etc.; sie leisteten und leisten damit sicher einen Beitrag zur Integration der Gesamtstadt. Es gibt aber auch Vereine, die in jeder der beiden Städte organisiert sind, wie z.B. die Gewerbe-, Hotel- und Gaststätten- und Wirtevereine oder die Sportvereine; von ihnen geht sicher weniger ein Beitrag zur Integration aus. Bedeutsamer ist schon, daß die Gesangs-, Musik- und vor allem die Brauchtumsvereine noch getrennt sind, weil die alte Landesgrenze noch in den Verbandsorganisationen fortbesteht; vor allem bei letzteren ist die

Gefahr gegeben, daß Gegensätzliches bewußt weitergepflegt wird (z.B. Faschingsvereine). Auch kirchlich gehört man unterschiedlichen Diözesen bzw. Landeskirchen an, und auch die Telefonvorwahl ist noch nicht einheitlich. Die Integrationsbemühungen wurden und werden dadurch sicherlich erschwert.

Ausbau zum Oberzentrum

Wichtig war in den ersten Jahren für die neue Stadt, einen Nutzen aus der Kreis- und Gemeindereform zu ziehen, um den Anspruch als Oberzentrum begründen zu können. Der Großkreis mit über 400 000 Einwohnern wurde zwar nicht realisiert; aber Villingen-Schwenningen wurde Kreissitz des Schwarzwald-Baar-Kreises. Auch bei der Gemeindereform wurden nicht alle Wünsche erreicht, aber Villingen-Schwenningen erhielt durch insgesamt neun Eingemeindungen einen Gebiets- und Einwohnerzuwachs. Der Ausbau zum Oberzentrum wurde durch die Städtefusion ermöglicht; aber man hatte größere Erwartungen und wohl auch Illusionen. Man wollte Universitätsstadt werden und ein neues Zentralklinikum zwischen den beiden Städten. Doch dafür sah man im Land keinen Bedarf oder hatte kein Geld, so daß man schon 1974 von „enttäuschten Erwartungen" sprach und es kritische Stimmen in Gemeinderat und Lokalpresse gab. Die CDU konnte daher schon zur Gemeinderatswahl 1975 davon sprechen, daß sie „von Anfang an die Entwicklung der gemeinsamen Stadt frei von Illusionen beurteilt hat"; sie war von da an auch als Folge weiterer Eingemeindungen die mit Abstand stärkste Partei. Dennoch haben der Ausbau zum drittgrößten Klinikum im Land sowie die Gründung der Berufsakademie (1975), der Kammersitz der IHK Schwarzwald-Baar-Heuberg (1976), der Umzug der Polizeifachhochschule (1985), die Errichtung einer Außenstelle der Fachhochschule Furtwangen (1988), des Instituts für Mikro- und Informationstechnik (1990), des Studienzentrums der Fernuniversität Hagen und des Gewerbeaufsichtsamts für fünf Landkreise (1992), des Uhrenindustriemuseums (1994) sowie die Sanierungsmaßnahmen in Villingen und Schwenningen die oberzentrale Funktion gestärkt; die Unterstützung des Landes sowie Landeszuschüsse von ca. 1,1 Milliarde DM wären wohl ohne die Städtefusion nicht denkbar.

Die Vorstellung von der Großstadt mit über 100 000 Einwohnern ließ sich nicht erreichen. Entgegen dem Bevölkerungswachstum im Land hat Villingen-Schwenningen mit 81 000 (1999) Einwohnern kaum mehr Einwohner als damals; Ursache für die Einwohnerverluste waren die Krisen in der Uhrenindustrie und der Unterhaltungselektronik, wodurch mehrere tausend Arbeitsplätze weggefallen waren, und es zu Abwanderungen gekommen war. Dies hat man allerdings nicht selbst zu verantworten. Die Krise hat man heute überwunden.

Entwicklungs- und Integrationsprobleme

Neben den externen Erschwernissen gibt es aber auch Problembereiche, die in den Zuständigkeitsbereich der Kommunalpolitik fallen. Da ist einmal die Stadtentwicklung, die ein Zusammenwachsen in den vergangenen drei Jahrzehnten nicht zuließ: Nach dem Zusammenschluß entwickelten sich auf Grund bestehender Flächennutzungs- und Bebauungspläne Villingen nach Westen und Schwenningen nach Osten, also auseinander. Die große zentrale Fläche zwischen den beiden Städten ist daher noch immer eine grüne Wiese; nur ein kleines Gewerbe- und Wohngebiet, das Mikro-Institut und eine Pflegeeinrichtung gibt es dort. Ein Wohngebiet, das einmal 8000 Einwohner umfassen soll, ist erst im Entstehen. Das neue Landratsamt wäre auch hier denkbar, ist aber in Villingen; und erst vor wenigen Jahren wurde bei Stimmengleichheit im Gemeinderat der Bau eines Einkaufszentrums dort abgelehnt. Schwerpunkt war in der Vergangenheit die Sanierung der Innenstadt von Villingen und Schwenningen; da waren die Mittel für den Zentralbereich, zumal in Zeiten der Strukturkrise, nicht da. So waren die Villinger und die Schwenninger zufriedengestellt, sicher auch ein kommunalpolitisches Erfordernis; aber es wurde planerisch wenig Gesamtstädtisches entwickelt. Auf Grund der Eingemeindungsverträge waren zudem die neun neuen Stadtteile zufrieden zu stellen; zu Lasten der beiden Stadtbezirke und der Bebauung des Zentralbereichs wurden hier neue Baugebiete ausgewiesen und fand das Bevölkerungswachstum statt. Die günstigen Baulandpreise in den angrenzenden Gemeinden, die ein großes Wachstum hatten, zogen zudem viele Einwohner von Villingen-Schwenningen ab. Der auf den Hinweisschildern getilgte Trennungsstrich bei Villingen-Schwenningen verdeckt, daß die Bürger von Villingen und Schwenningen emotional noch keine Einheit sind. Schon die geringe Wahlbeteiligung von 38% bei der ersten OB-Wahl 1971 für die neue Stadt ist ein Hinweis, daß der ehem. Schwenninger OB Dr. Gebauer nicht von allen Villingern akzeptiert wurde. 1979 wurde Dr. Gebauer mit 71% bestätigt, aber der CDU-Fraktionsvorsitzende aus Villingen war sein Gegenkandidat. Und 1987 zwang ihn der dann 1994 zum OB gewählte Prof. Dr. Matusza in einen zweiten Wahlgang (56% für Dr. Gebauer); in Villingen war der auswärtige von der CDU unterstützte Kandidat allerdings vor dem Amtsinhaber gelegen – ein Hinweis, daß die Integration der beiden Städte noch immer Probleme machte. Dies setzte sich auch bei der OB-Wahl 1994 fort, als der SPD-Kandidat, ein Schwenninger, in Schwenningen vorne lag. Mit dem „neuen OB von außen“ ist nun die Chance für die Doppelstadt gegeben, sich stärker als eine Stadt zu begreifen. Doch auch der neue OB empfand beim 25-jährigen Bestehen der Städtefusion, daß „zuviel Kraft zur Pflege des Gegensätzlichen vergeudet“ wird. „Ein Wandel in den Köpfen“, sei daher notwendig, „ohne die Identität Villingens, Schwenningens und der Stadtbezirke zu vernachlässigen“. Damit liegt er sicher richtig, denn viele Schwenninger wollen Schwenninger und viele Villinger Villinger bleiben; das schließt aber gesamtstädtisches Denken und Wirken nicht aus[1]. So feierte dann 1999 die Doppelstadt „1000 Jahre Marktrecht Villingen“ in Villingen, auch wenn der frühere OB fand, daß man „mit dem starren Blick“ auf dieses Jubiläum über das 25-jährige Bestehen der Stadt Villingen-Schwenningen 1997 „geradezu hinweggegangen ist“.

Die Aufhebung der unechten Teilortswahl 1996 – 25 Jahre nach der ersten Gemeinderatswahl zur neuen Stadt – ist daher ein bedeutsamer Schritt. Ihr war eine Bürgerbefragung vorausgegangen, wo sich 60% nach Abwägung der Vor- und Nachteile für die Abschaffung der unechten Teilortswahl ausgesprochen hatten; die Zustimmung war dabei in Villingen höher als in Schwenningen und bei den älteren Jahrgängen besonders hoch; dies kann man auch als Indiz dafür sehen, daß der frühere Widerstand gegen die Fusion zurückgegangen ist. Und es gibt auch keine ernstzunehmende Person, die für ein Auseinandergehen eintritt. Die emotionale Integration wird noch weiter Zeit brauchen; und sie war sicher schwieriger, als man in der Anfangseuphorie dachte. Aber Spannungen wären auch bei einer anderen Form der Zusammenarbeit im kommunalpolitisch gewünschten Oberzentrum nicht ausgeblieben.

Anmerkung

1 Bei der in der Bürgerumfrage von 1996 gestellten Frage „Was sollte Ihrer Meinung nach bis in das Jahr 2000 von der Stadtverwaltung Villingen-Schwenningen erreicht worden sein und welche Anregungen und Visionen haben Sie für den Beginn des nächsten Jahrtausends?" hielten eine „Verbesserung der bürgerschaftlichen Beziehungen zwischen den Stadtbezirken" nur 7,8% für sehr wichtig und 8,8% für wichtig. Weiter waren nur 24% in Villingen gegen die Aufhebung der unechten Teilortswahl, in Schwenningen waren es 32%. Eine Antistimmung gegen die Fusion läßt sich daraus nicht ableiten. Nachdem mit dem Bürgermeisterwechsel nun kein „Schwenninger" mehr OB ist, ist m.E. das größte Hemmnis für die Integration beseitigt. Ich denke, dies kommt bei der Betrachtung der OB-Wahlen deutlich zum Ausdruck.

VIERTER TEIL

Der badische Zusammenhang am Rhein

Die großen Volkskirchen

Badische Verbände

Handwerkskammern

Behörden und Verwaltungsbereiche

Volkskultur und Rundfunk

Politik

Die Evangelische Landeskirche in Baden

Bernhard Maurer

Eine historische Skizze

Die Evangelischen im Großherzogtum – ein gutes Drittel der Bevölkerung – gehörten zwei Konfessionen an: Die frühere (Baden-Durlacher) Markgrafschaft Baden war lutherisch, und in dem badisch gewordenen Teil der ehemaligen Kurpfalz überwog das reformierte Bekenntnis. Aus dem Übergang der Hoheitsrechte des alten Reiches auf die Länder des Deutschen Bundes ergab sich auch die Umwandlung des früheren Territorialkirchentums in das Landeskirchentum. Im Jahre 1807 wurden die beiden Kirchen in einer Verwaltungsunion vereinigt; 1821 beschloß eine Generalsynode, an deren Spitze Prälat Johann Peter Hebel stand, die Bekenntnisunion.[1] Für die badische Unionskirche ist auch die Gemeinschaft verschiedener Gruppierungen kennzeichnend; dazu gehören Lutheraner und Reformierte traditionell hochkirchlicher, im Sinne J.P. Hebels liberaler und auf den Erweckungsprediger Alois Henhöfer und den Pietismus zurückgehender evangelikaler Prägung. Kommunikation statt Konfrontation, Miteinander statt Gegeneinander ist ein Merkmal der badischen Tradition. Nach Helmut Engler ist die badische Identität eine Folge der Verfassung von 1818.[2] Die mit dieser badischen Identität verbundene Einheit der Evangelischen Landeskirche in Baden, wie sie seit 1953 heißt, ist eine bemerkenswerte Tatsache, die auch nach dem Ende des Zweiten Weltkrieges nicht ernsthaft diskutiert wurde.[3] Vielmehr dürften diese Nachkriegsjahre für die ganze Landeskirche von größerer Bedeutung sein als etwa die Gründung des Südweststaates im Jahre 1952, in dem das Territorium der Landeskirche im wesentlichen unverändert blieb.

Neuanfang und die erste Nachkriegssynode von Bretten

Vom 27. bis zum 29. November 1945 versammelte sich in Bretten eine vorläufige Landessynode. Eine ordentliche Wahl war damals freilich noch nicht möglich. Die Synode umfaßte insgesamt 40 Personen und setzte sich aus Synodalen der letzten frei gewählten Synode von 1932 zusammen, „soweit sie die bekenntnismäßigen Voraussetzungen besaßen“[4], und aus Persönlichkeiten, die vom Landesbischof und von den Kirchenbezirken nach den Grundsätzen der Bekennenden Kirche und der Barmer Erklärung von 1934 berufen worden waren.[5] Unter ihnen waren auch zwei Freiburger Professoren, der Nationalökonom Constantin von Dietze und der Historiker Gerhard Ritter[6], beide dem sog. Freiburger Kreis angehörend. Um einen Neuanfang zu machen, wünschte die Synode, einen neuen Bischof zu wählen. Landesbischof Julius Kühlewein stellte sein Amt zur Verfügung, und Julius Bender, ein konservativer, von Pietismus und der lutherischen Theologie geprägter Diakonissen-Mutterhauspfarrer, der der Bekennenden Kirche angehörte, wurde zum neuen Landesbischof gewählt. In der Wahl Benders zum Bischof könnte ein Ausdruck der damals in der Synode verbreiteten Neigung gesehen werden, in Abkehr von einer liberalen Theologie neue Orientierung in der Restauration einer protestantischen Bekenntnis-Orthodoxie zu suchen. Die Synode setzte einen Verfassungsausschuß zur Erarbeitung einer neuen Grundordnung ein, die schließlich 1958 verabschiedet und seither verschiedentlich ergänzt wurde, und fügte den Bekenntnisschriften der Evangelischen Landeskirche in Baden die Barmer Theologische Erklärung von 1934 hinzu.[7]

In einem von der Landessynode erbetenen Gutachten zum Bekenntnis der Landeskirche stellte die Theologische Fakultät der Universität Heidelberg im Jahre 1953 fest, daß die Bekenntnisschriften der Landeskirche im Verständnis des Evangeliums in allen wesentlichen Stücken übereinstimmten, und daß die Unterschiede im Sakramentsverständnis des Kleinen Lutherischen und des Heidelberger Katechismus – beide Katechismen gehören neben den drei altkirchlichen Bekenntnissen, der Confessio Augustana von 1530 und der bereits erwähnten Barmer Erklärung von 1934 zu den Bekenntnisschriften der Landeskirche[8] – durch die Unionsurkunde überwunden seien oder als unwesentlich und nicht kirchentrennend stehen bleiben könnten.[9] In der Grundordnung vom 23. April 1958 bestätigte die Synode diesen Bekenntnisstand. Ein neuer badischer Katechismus kam jedoch bisher nicht zustande.

Volkskirche: Kirche des Volkes oder Kirche für das Volk?

Im Vordergrund des Neuanfangs standen die Bemühungen um die Erhaltung der Volkskirche.[10] Der Freiburger Kirchenrechtler Professor Erik Wolf vertrat die These, daß nach den Erkenntnissen des Kirchenkampfes eine kirchliche Verfassung auf dem Bekenntnis der Kirche beruhen und aus diesem entfaltet werden müsse.[11] Das presbyteriale und das synodale Prinzip wurden als Ausdruck einer sich von der Basis her aufbauenden Landeskirche betont. Um die Ortsgemeinde zu stärken, wurden darüber hinaus Beiräte für Sonderdienste und das Instrument der Gemeindeversammlung eingerichtet.

Karlsruhe – Marktplatz mit Stadtkirche
(Quelle: LMZ/Hofbauer, 1984)

Die Leitung der Landeskirche sollte „geistlich und rechtlich in unaufgebbarer Einheit" von Landessynode, Landesbischof, Landeskirchenrat und evangelischem Oberkirchenrat geschehen.[12] Gegenüber einem konsequenten Parlamentarismus in der Kirche und der Trennung pastoraler, rechtlicher und verwaltungstechnischer Leitungsorgane bestanden Vorbehalte. Das „badische Kirchenleitungsdogma" konserviert gewissermaßen „die antiparlamentarischen und antidemokratischen Vorbehalte, die das Verhältnis der Protestantischen Kirche zur Weimarer Verfassung insgesamt bestimmt hatten."[13] In einer Zeit der Mündigkeit der Gemeinden und eines die gesamtkirchliche Verantwortung mittragenden Konziliarismus der Kirchen besteht heute im Blick auf die praktische Tätigkeit der Kirchenleitungsorgane Regelungsbedarf. Dies hat Landesbischof Dr. Engelhardt in seinen Ausführungen vor der Frühjahrssynode 1996 bestätigt.[14]

Die Zahl der Evangelischen vergrößerte sich in den ersten zwanzig Jahren nach dem Krieg um 50 Prozent auf über 1,4 Millionen Menschen. Beim Bau oder Wiederaufbau von Kirchen machte sich die Bemühung bemerkbar, die Kirchen als Gemeindezentren mit Versammlungs- und Gruppenräumen zu verbinden. Kleinere Kirchen wurden so gebaut, daß sie auch als Gemeindesäle benutzbar waren. Im Blick auf die Zeit nach dem Ende der größten Raumnöte ist aber auch die für den Protestantismus bemerkenswerte Wiederentdeckung der Kirche als sakraler Raum zu beobachten. Sakrale Kunst und Orgelbau erhielten starken Auftrieb. Ein Bildband über den Kirchenband in Baden zeigt, daß während zweier Jahrzehnte nach der Währungsreform 1948 in Baden 170 evangelische Kirchen, Gemeindezentren und Kapellen neu gebaut und 30 kirchliche Gebäude wiederaufgebaut wurden.[15] Dazu gehören die Auferstehungskirche, eine Musternotkirche des Architekten O. Barting, die Matthäuskirche von E. Eiermann in Pforzheim, die Ludwigskirche in Freiburg i.Br. von H. Linde und die Trinitatiskirche in Mannheim von Architekt H. Striffler.

Landeskirchliche Werke wie Frauenwerk, Männerwerk, Arbeitnehmer-Werk, Jugendwerk[16], Gustaf Adolf Werk (zur Unterstützung evangelischer Diaspora-Gemeinden in aller Welt), Südwestdeutsches Missionswerk (zusammen mit der Württembergischen Landeskirche), Hilfswerk und Innere Mission, später zum Diakonischen Werk vereinigt, wurden flächendeckend aufgebaut, regionale Strukturen gestärkt, neue Pfarreien und Kirchengemeinden gebildet, Pfarrstellen errichtet, Kirchenchöre gefördert, die Aus- und Fortbildung der Kirchenmusiker geregelt, der Religionsunterricht an den Schulen organisiert und ehrenamtliche Jugendleiter für ihre Tätigkeit geschult. Ein neues Arbeitsgebiet war die offene kirchliche Erwachsenenbildung. Bereits 1947 wurde im württembergischen (Bad) Herrenalb in der Nähe von Karlsruhe die Evangelische Akademie Baden als „Ort des Gesprächs zwischen Kirche und Welt“ gegründet. Angesichts der Gefahr, daß aus hohen spezialwissenschaftlichen Kompetenzen allgemeingültige Urteile und Handlungsziele in der Gesellschaft abgeleitet werden, kommt den kirchlichen Akademien als Podium für den Diskurs zwischen den Vertretern der Natur-, der Geistes- und der Handlungswissenschaften einerseits und der Öffentlichkeit und der Politik andererseits inzwischen wachsende Bedeutung zu. Gemeinsam muß nach der Wahrung der Würde des Menschen und der die Gesellschaft integrierenden und tragenden Kraft des Evangeliums gefragt werden.[17]

Am Reformationsfest 1951 wurde ein neues Evangelisches Kirchengesangbuch eingeführt, in das verstärkt Choräle mit kirchlichem und bekenntnishaftem Wortcharakter aufgenommen wurden, und in dem das romantische Liedgut durch das neue, an der Reformationszeit sowie an Schütz und Bach orientierte musikalische Ideal ersetzt wurde.[18] Neue geistliche Lieder wurden ergänzend in einem Anhang 1971 und in zweiter Auflage 1977 hinzugefügt.

Kirche und Staat

Eine erste Bewährungszeit der neuen politischen Kultur und des partnerschaftlichen Verhältnisses der Landeskirche zu den demokratischen Parteien und zum Staat brachten die Auseinandersetzungen um die staatliche Neugliederung und die Bildung des Südweststaates mit sich. Die Leitung der evangelischen Kirche verhielt sich zurückhaltend, während dem Freiburger Erzbischöflichen Ordinariat nahestehende Kreise sich für das alte Land Baden einsetzten und zugunsten eines Wiederaufbaus des Zentrums den konfessionsübergreifenden Charakter der jungen Badischen Christlich-Sozialen Volkspartei und späteren CDU angriffen. In Südbaden waren damals noch drei Viertel der Bevölkerung römisch-katholisch, und es galt: „Katholisch – gut badisch!". In einem Flugblatt war zu lesen: „Die Erzdiözese kann nicht das Land aufgeben wollen, in dem sie eine Mehrheit hat und in dem sie zu einem ausgeglichenen Verhältnis zur evangelischen Kirche steht. Im Südweststaat würde es Mehrheiten für nichtchristliche Parteien geben."[19] So setzten sich die Katholiken, die sich im Badischen Kulturkampf gegen den protestantisch-liberalen Geist in der Kirchenpolitik, die Einführung der Simultanschule und die großherzoglich-protestantische Landesregierung und Administration zur Wehr gesetzt hatten,[20] für die Wiederherstellung des Landes Baden ein, während sich die evangelische Bevölkerung mehrheitlich für den Südweststaat entschied. Das bewährte badische Modell der Christlichen Simultanschule wurde aber im neuen Bundesland Baden-Württemberg 1952 beibehalten.

Die Zusammenarbeit mit dem Staat entwickelte sich auf der Grundlage vertraglicher Regelung im beiderseitigen Interesse partnerschaftlich. Die Kirchen und der Religionsunterricht wurden als staatstragende Kräfte angesehen. Die Zusammenarbeit bezog sich besonders auf den Schulbereich und die Sicherung des Religionsunterrichts an den öffentlichen Schulen, auf die Theologischen Fakultäten der Universitäten des Landes, auf den Ausbau der Theologie und der Religionspädagogik an den Pädagogischen Hochschulen (PHn), die 1962 den Status wissenschaftlicher Hochschulen erhielten, sowie die Teilnahme eines Kirchenvertreters an den Theologieprüfungen im Rahmen der staatlichen Prüfungen für das Lehramt, sowie auf die kirchliche Erwachsenenbildung und schließlich auch auf das Dienstrecht. In diesem Zusammenhang sei schließlich auch noch der Ausbau des Kirchenmusikalischen Instituts in Heidelberg zur Hochschule für Kirchenmusik erwähnt. Natürlich ist auch die Bereitstellung ausreichender Mittel für die Personalstellen und Sachkosten der Theologischen Fakultäten der Universitäten und für die Fachbereiche Theologie an den Pädagogischen Hochschulen sowie die staatliche Förderung der kirchlichen Fachhochschulen auch für die Kirchen vorteilhaft. Dabei ging es freilich nicht nur um die Sicherung kirchlicher „Reservate"; das zeigt die Tatsache, daß Dr. Hans-Wolfgang Heidland, seit 1964 Landesbischof, davor Professor für Praktische Theologie in Heidelberg, in der Zeit der starken Hochschulunruhen 1968 bei der Regierung die Umwandlung der vom Land Baden-Württemberg als evangelische Hochschule eingerichteten PH Heidelberg in eine simultane Hochschule beantragte.

Hilfswerk und Innere Mission waren inzwischen im Diakonischen Werk miteinander verbunden worden, und die Diakonie wurde nicht nur als Wohltätigkeitsverein im Sinne der christlichen Nächstenliebe, sondern als Wesensäußerung der Kirche verstanden. Dem Diakonischen Werk wuchsen in den sechziger Jahren neue und große Aufgaben zu, als der Staat mit dem Bundessozialhilfegesetz (BSHG) und dem Jugendwohlfahrtsgesetz (JWG) 1964 den Wohlfahrtsverbänden die Verantwortung für die soziale Arbeit in der pluralen Gesellschaft übertrug und deren Finanzierung im Sinne des Subsidiaritätsprinzips regelte. Wollte die Kirche ihrem Selbstverständnis in der modernen Gesellschaft nachkommen, so mußte sie die Herausforderung durch diese Gesetzgebung annehmen. Daraus ergab sich nicht nur die Erweiterung der Gemeindediakonie, der sozialen und mentalen Einzelfallhilfe, der sozialen Gruppenarbeit der Diakonischen Einrichtungen und der Pflege eines sozialen Klimas in den Kommunen und Stadtteilen, sondern auch eine Fülle von Aufgaben und Problemen für die Aus- und Fortbildung und das Selbstverständnis der Mitarbeiterinnen und Mitarbeiter sowie für das Verständnis der sozialen Arbeit und der Einrichtungen der Diakonie als christlicher „Tendenzbetriebe". Das Evangelische Seminar für Wohlfahrtspflege und Gemeindedienst in Freiburg wurde mit staatlicher Anerkennung 1969 zur Evangelischen Fachhochschule für Soziale Arbeit, Diakonie und Religionspädagogik ausgebaut und erhielt einen stattlichen Neubau. Kindergärtnerinnenseminare wurden zu Fachschulen für Sozialpädagogik erhoben. Das Freiwillige Soziale Jahr (FSJ) zum Dienst an Hilfsbedürftigen und zur Förderung der Berufsfindung war bereits 1957 als Diakonisches Jahr eingeführt worden.[21]

Die baden-württembergische Gebietsreform hat Anfang der siebziger Jahre dazu geführt, daß die Grenzen der Landeskirche nicht mehr mit den politischen Grenzen des ehemaligen Landes Baden übereinstimmten; so wurde etwa der ehemals badische Landkreis Überlingen in die zum Regierungsbezirk Tübingen gehörenden Landkreise Friedrichshafen und Sigmaringen eingefügt, in denen nun ein Teil der evangelischen Bevölkerung zur badischen Evangelischen Landeskirche, ein anderer zur württembergischen gehört. Soweit es erforderlich war, sind für die Zusammenarbeit der Diakonie als Wohlfahrtsorganisation mit den staatlichen Stellen entsprechende Dienststellen eingerichtet worden. Einige Dekanate wurden aufgeteilt, andere neu errichtet. Manche politischen Kommunen sind so zusammengelegt worden, daß ehemals selbständige kirchliche Rechtskörperschaften in einer kommunalen Gemeinde zusammenkamen. Nach der Vereinigung von Villingen und Schwenningen zu einer Stadt sind sogar die evangelischen Kirchengemeinden im Stadtteil Villingen und im Stadtteil Schwenningen jeweils bei ihren Landeskirchen geblieben. In den folgenden Jahren wurden in wenigen Fällen, in denen es aus funktionalen Gründen nahelag, kleinere Kirchengemeinden durch Vereinbarungen zwischen den beiden Landeskirchen kirchlich „umgegliedert". Das war zuletzt 1999 bei dem Dörflein Unterkessach der Fall, das zur württembergischen Gemeinde Widdern gekommen war.

Solidarität mit Bürgerbewegungen

Als die Landesregierung 1973 den Bau eines Kernkraftwerkes in Wyhl beschlossen hatte, kam es zu ernsthaften Konflikten. Ein Oberrheinisches Aktionskomitee gegen Umweltgefährdung durch Kernkraftwerke entstand. Menschen aus unterschiedlichen gesellschaftlichen Gruppierungen – Winzer, Bauern, Studenten, Bürger aus den Städten der Region und Pfarrer umliegender Kirchengemeinden – bildeten Bürgerinitiativen gegen Kernkraftwerke. Gruppen aus dem Elsaß und der Nordwestschweiz schlossen sich an. Es kam zu gewaltfreien Demonstrationen gegen die „Verfilzung von Großindustrie und Staat" und zu Besetzungen des Bauplatzes. Auch über das AKW im benachbarten Fessenheim (Frankreich) und die Planungen in nahen Kaiseraugst (Schweiz) wurde diskutiert. Am 23. Februar 1975 versammelten sich über 20000 Menschen zu einer Protestkundgebung, an der sich auch Pfarrer umliegender Gemeinden beteiligten, die sich mit den „Protestanten" solidarisierten und den Widerstand billigten. Landesbischof Dr. Heidland verhandelte zwischen den Demonstranten und der Polizeileitung und konnte eine erneute, mit Gewalt und Blutvergießen verbundene Platzräumung verhindern. Damit wurde kirchlicherseits der gewaltfreie Widerstand gegen die Staatsmacht bei der Verteidigung vitaler Interessen anerkannt. Auch bei anderen Konflikten wie etwa Hausbesetzungen oder Sitzstreiks vermittelten Kirchenvertreter und setzten sich gegen den Gewaltmißbrauch ein.

Das Umweltbewußtsein und die Auseinandersetzung mit der übertriebenen Wachstumsideologie und dem Mißbrauch der Atomkraft waren kirchliche Themen geworden.[22] Auch zahlreiche andere politische Themen vom Antirassismus-Programm des Weltkirchenrates bis zu Zukunftsperspektiven der Weltgesellschaft, von der Atomenergie bis zur Wiederbewaffnung reichten die Gegenstände der Tagungen der Landessynode. 1973 wurde über den Schwangerschaftsabbruch und die Stellung zur Reform des Paragraphen 218 gesprochen. Die Frühjahrssynode 1974 diskutierte die Denkschrift der EKD „Aufgaben und Grenzen kirchlicher Äußerungen zu gesellschaftlichen Fragen." Bundesrichter Helmut Simon ermutigte zu politischen Äußerungen der Kirche. Der Bonner Theologe Professor Martin Honecker warnte als Gastredner vor undifferenzierten Erklärungen und wollte Predigt und Denkschriften unterschieden wissen.[23] Immer wieder ging es um die Frage, wie sich die lokale Kirche im Welthorizont verstehen und zugleich Heimat sein und Geborgenheit vermitteln könne. Auch die Ausländer- und Asylantenfrage beschäftigte die Kirche. Vereinzelt wurde Kirchenasyl gewährt und dabei der Ermessungsspielraum der staatlichen Behörden ausgeschöpft.

Restauration oder Reform der Kirche

Das Ende der sechziger Jahre aufgekommene politische und geistige Klima provozierte unter der heranwachsenden jungen Generation eine starke außerparlamentarische Opposition. Radikale Gruppen ließen sich auch zu Aktionen hinreißen, die grundgesetzwidrig waren. Besonders hart waren die Auseinandersetzungen in den Universitätsstädten Heidelberg und Freiburg. „Schlagt die Kirchenmäuse tot, macht die Pädagogik rot!" und „Der Liebe Gott ist überall" war an einem Kollegiengebäude der Freiburger Pädagogischen Hochschule zu lesen. Eine schon ältere und in der Aufklärungszeit wurzelnde Kritik am Christentum und an der Kirche trug ihre Früchte.[24] „Es gibt Fromme, die trotz einer Jahrtausende währenden Geschichte größter christlicher Verbrechen noch immer Mitglied einer Kirche sind", schrieb ein engagierter Kritiker.[25] Dazu kam der Vorwurf autoritärer, repressiver und sexualfeindlicher Machtstrukturen.

Eine Welle der Kirchenaustritte kam in Gang. Zu den Austrittsgründen zählte neben dem Desinteresse und der Entfremdung von der Kirche auch der Ärger über kirchliche Entscheidungen und Verlautbarungen oder über Kirchenvertreter. Eine zweite Welle ist in den achtziger und neunziger Jahre zu beobachten. Die meisten Austritte werden jeweils nach der Zustellung der Lohnsteuerkarten im November erklärt. Das läßt darauf schließen, daß die Kirche den Austretenden so fremd geworden ist, daß sie auch die Kirchensteuer ablehnen oder einsparen wollen.[26] Auch die Bibel, die Jahrhunderte hindurch im Abendland das Buch der Bücher war, geriet in das Feuer der Kritik; einer Kritik, die ahistorisches Denken verriet und in ihrer geistigen Struktur der des Fundamentalismus glich, aber auch ein wenig positives Licht auf das Ergebnis des Religionsunterrichts und den Stand der religiösen Bildung warf.[27]

Für manche konservativen Kirchenkreise war neu und besonders ärgerlich, daß es auch eine innerkirchliche Kritik an der Kirche gab und vom „Leiden an der Kirche"[28] gesprochen wurde. Auf diese Auseinandersetzungen waren traditionelle Kirchenleute kaum vorbereitet.[29] Zu den älteren Auseinandersetzungen zwischen den Vertretern der historisch-kritischen Schultheologie und konservativen und evangelikalen Kreisen, die sich in der „Bekenntnisbewegung Kein anderes Evangelium“ sammelten, kamen nun auch noch die Vorwürfe gegen politisch und sozialethisch engagierte Gruppierungen, die aus den Fehlern der Kirche im Dritten Reich folgerten, daß sich Christen rechtzeitig in die Politik einmischen müßten. Eine offene Frage ist, wie weit die Synodalerklärungen, EKD-Denkschriften und Weltkirchenrats-Verlautbarungen an der Basis der Landeskirche rezipiert und in Taten umgesetzt wurden und werden.

Ökumene

Die Landeskirche ist Mitglied des Ökumenischen Rates der Kirchen, dessen Sitz in Genf ist. Mit der Altkatholischen Kirche wurde eucharistische Gastfreundschaft vereinbart. Für die innerprotestantische Ökumene in Deutschland war die Arnoldshainer Konferenz wichtig; es handelt sich um einen Zusammenschluß von 12 reformierten und unierten Gliedkirchen der EKD, für die die Bekenntnisse der Reformation heute keine kirchentrennende Bedeutung mehr haben.[30] Biblische und historische Theologen sind zu der Erkenntnis gekommen, daß das Mysterium des Glaubens an die Gegenwart des erhöhten Christus im Sakrament des Heiligen Mahls vom ontologischen Denken und von der traditionellen Lokalisationsdiskussion nicht erfaßt werden kann.[31] Damit haben auch die Bemühungen um Präzisierung des Bekenntnisstandes der badischen Unionskirche an Bedeutung verloren. Ein weiteres wichtiges Ereignis ist die Leuenberger Konkordie der europäischen reformatorischen Kirchen von 1973, in der die beteiligten Kirchen die gegenseitige Anerkennung der Ämter und die Kanzel- und Abendmahlsgemeinschaft erklären.[32] In diesem Zusammenhang sei auch noch erwähnt, daß Professor Dr. Klaus Engelhardt, der von 1980 bis 1998 badischer Landesbischof war, von 1991 bis 1997 auch Vorsitzender des Rates der Evangelischen Kirche in Deutschland war.

Einen wesentlichen Beitrag zur Deutschen Einheit leistete die Evangelische Kirche in Deutschland dadurch, daß nach der Teilung Deutschlands in zwei Staaten als Patenschaften bezeichnete, dann als Partnerschaften verstandene Beziehungen zwischen den westlichen Landeskirchen und den östlichen aufgebaut wurden. Der Ostteil der Berlin-Brandenburgischen Kirche und die badische waren und sind Partnerkirchen. Jahrzehntelang gingen zahllose Päckchen, Briefe und Besuche zwischen Gemeinden und einzelnen Personen hinüber und herüber, und es entwickelten sich innerdeutsche, ost-westliche Freundschaften. Hier hat wohl auch der Ausdruck „Brüder und Schwestern der DDR“ seine Wurzeln.

Nach den ersten ökumenischen Annäherungen evangelischer und römisch-katholischer Christen während der Not der Kriegs- und der Nachkriegszeit bildeten sich da und dort ökumenische Arbeitskreise. Ein Ergebnis des II. Vatikanischen Konzils war, daß auch die offizielle Zurückhaltung der römisch-katholischen Kirche überwunden wurde und die ökumenische Bewegung einen neuen und entscheidenden Impuls erhielt. 1971 fand im Freiburger Münster der erste ökumenische Gottesdienst mit Landesbischof Dr. Heidland, Erzbischof Dr. Schäufele und Vertretern der anderen, kleineren Konfessionen statt, an dem etwa 1500 Gläubige aus verschiedenen Kirchen teilnahmen. Ergebnisse der Zusammenarbeit in den folgenden Jahren waren ein liturgisches Formular für die ökumenische Trauung („Formular C“) und 1980 die „Gemeinsame Erklärung der Erzdiözese Freiburg und der Evangelischen Landeskirche in Baden zu Gottesdienst und Amtshandlungen als Ort der Begegnung“, die mit einer Dokumentation wichtiger Texte der Kirchen zu Taufe, Ehe, Krankensalbung und Bestattung 1999 von Erzbischof Dr. Oskar Saier und Landesbischof Dr. Ulrich Fischer erneut herausgegeben wurde.[33]

Ein großer Schritt zur sichtbaren Ökumene wurde 1973 mit der Gründung der Arbeitsgemeinschaft Christlicher Kirchen in Baden-Württemberg (ACK) gemacht; das Engagement der Freiburger Prälaten Dr. Hans Bornhäuser von der evangelischen und Dr. Herbert Gabel von der römisch-katholischen Kirche trug wesentlich zu dieser Gründung bei. In dieser baden-württembergischen ACK arbeiten Repräsentanten der beiden römisch-katholischen Diözesen Freiburg und Rottenburg-Stuttgart sowie der badischen und der württembergischen evangelischen Landeskirchen mit Vertretern von mehr als zehn kleineren Kirchen und Gemeinschaften zusammen (Altkatholiken, Anglikaner, Herrnhuter Brüdergemeine, Bund Evangelisch-Freikirchlicher Gemeinden (Baptisten), Christlicher Gemeinschaftsverband Mülheim/Ruhr, Heilsarmee, Lutheraner, Methodisten, sowie die Gemeinden der griechisch-, serbisch- und syrisch-orthodoxen Kirchen in Baden-Württemberg). Glieder der rumänisch- und der russisch-orthodoxen Kirchen gehören da und dort örtlichen Arbeitsgemeinschaften Christlicher Kirchen an.

Die Evangelische Landeskirche in Baden pflegt auch zu den reformatorischen Kirchen westlich des Rheins Kontakte durch Begegnungen der Kirchenleitungen, gemeinsam veranstaltete Akademietagungen[34], theologische Konsultationen, Pfarrkonferenzen, Fortbildungstagungen, Gemeindefreizeiten und durch Austausch von Kirchenchören. Vor einigen Jahren fand ein von den evangelischen Kirchen in Straßburg und in Kehl gemeinsam veranstalteter kleiner Kirchentag statt, und an Pfingsten 2000 versammelte sich eine große Gemeinde zu einem Ökumenischen Pfingsttreffen in Straßburg. Die Evangelischen Landeskirchen in Baden und in der Pfalz, sowie l'Eglise de la Confession d'Augsbourg d'Alsace et de Lorraine und l'Eglise Reformée d'Alsace et de Lorraine haben 1995 für diese Region das neue Evangelische Gesangbuch (EG) herausgegeben, das neben dem „Stammteil" für alle Gliedkirchen der EKD einen gemeinsamen Regionalteil mit 151 – zum Teil französischen oder zweisprachigen – Chorälen und Liedern enthält, und in dem die Gemeinsamkeit einen greifbaren Ausdruck gefunden hat. Die Evangelische Landeskirche in Württemberg beteiligte sich übrigens an diesem Regionalteil wegen „sehr unterschiedlicher Frömmigkeits- und Gesangbuchtradition" nicht. Der Stuttgarter Oberkirchenrat sah „keinen Anhaltspunkt", der ihn „dazu bewegen könnte".[35]

Auch als der „Aufbruch", die evangelische Kirchenzeitung für Baden, 1995 sein Erscheinen einstellen mußte und durch das Monatsheft „Standpunkte" abgelöst wurde, kam es nicht zu einer Zusammenarbeit im kirchlichen Pressewesen mit Württemberg, weil das in Stuttgart erscheinende Evangelische Gemeindeblatt stark auf die besondere kirchliche Situation seiner Leserschaft ausgerichtet ist. Dagegen geben die beiden Landeskirchen und die Fachverbände für evangelische Religionslehrerinnen und Religionslehrer in Baden und in Württemberg gemeinsam die Zeitschrift „Entwurf. Religionspädagogische Mitteilungen" heraus. Gute Kontakte bestehen traditionell zwischen den Kirchenleitungen, besonders den Schulreferaten, den Lehrplan-Kommissionen und in der Landesfachschaftskonferenz der Religionspädagogen an Pädagogischen Hochschulen.

Die wachsende politische und wirtschaftliche Einheit Europas wird auch die Zusammenarbeit der Kirchen im deutsch-französischen Oberrheingebiet verändern.[36] Die Kirchenleitungen pflegen Kontakte. Die Theologischen Fakultäten der Universitäten

Basel, Freiburg, Heidelberg und Straßburg bauen ihre Zusammenarbeit aus und tragen dadurch in einer wichtigen und zentralen Grenzregion Europas zur Stärkung der europäischen Einigung bei. Die mit einer gewissen Zurückhaltung auf deutscher Seite verbundene Anerkennung der französischen Orientierung der elsäßischen Nachbarschaft wird dazu beitragen, die historisch bedingten Traumata abzubauen, das gegenseitige Vertrauen auf der Grundlage der gemeinsamen Kultur und der ökumenischen Gemeinschaft zu vertiefen und die heimatliche Verwurzelung der Kirchen zu stärken. Der Vorschlag, das oberrheinische kirchliche Miteinander zu erleben und durch einen die Landes- und Konfessionsgrenzen übergreifenden Oberrheinischen Ökumenischen Kirchentag bewußt zu machen, wartet noch auf Verwirklichung.[37] Der alle zwei Jahre stattfindende Internationale Ökumenische Bodensee-Kirchentag könnte ein Vorbild sein. Erwähnt werden muß der anläßlich des fünfzigsten Jahrestages des Kriegsendes in Bühl gefeierte ökumenische französisch-deutsche Versöhnungsgottesdienst, den die ACK grenzüberschreitend vorbereitet hatte.

Im Jahre 1997 wurde in zahlreichen Veranstaltungen in Bretten und in der ganzen Landeskirche des 500. Geburtstags des aus Bretten stammenden Wittenberger Freundes und Mitarbeiters Martin Luthers, Philipp Melanchthon, gedacht. Melanchthon war Humanist, Theologe, Pädagoge und Reformator von europäischem Rang, der für den Zusammenhang von Glauben und Bildung eintrat. Er wird auch als ein Wegbereiter für die Ökumene bezeichnet.[38] In Bretten fand ein Festgottesdienst statt, an dem Landesbischof Dr. Engelhardt sowie der Freiburger Erzbischof Dr. Oskar Saier und der Straßburger Altpräsident der Evangelisch-Lutherischen Kirche in Elsaß-Lothringen mitwirkten. Die Freiburger Evangelische Fachhochschule hat Melanchthon mit einem „Melanchthon-Projekt“ gewürdigt.[39]

Pfarrer und Pfarrhaus

Das evangelische Pfarrhaus hat seit Luther und der Reformationszeit während Jahrhunderten eine für die Kirche und die protestantische Bildung und Kultur hervorragende Bedeutung gehabt.[40] Im 19. Jahrhundert haben sich drei Typen von Pfarrern entwickelt, nämlich der kirchlich-positive Amtsträger, der erwecklich-pietistische Pfarrer und der humanistisch gebildete, kritisch-liberale Pfarrherr. Dem Pfarrer stand in der Regel im Pfarrhaus und im Pfarramt eine tüchtige Pfarrfrau zur Seite, die in der Gemeinde mitarbeitete, und das Familienleben war im allgemeinen für die Gemeinde vorbildlich. Der geistige, politische und soziale Wandel der vergangenen Jahrzehnte ist jedoch auch am Pfarrhaus nicht spurlos vorübergegangen. Auch die Rolle und das Prestige des Pfarrers in der Kirche und in der Gesellschaft haben sich verändert.[41] Die Gattin ist oft ebenfalls berufstätig und hat sich von dem klassischen Ideal der Pfarrfrau gelöst oder, wie manche Frau unter dem Einfluß der Frauenbewegung sagen würde, befreit. In nicht wenigen Fällen ist sie selbst ordinierte Pfarrerin und arbeitet in der Schule oder in der benachbarten Gemeinde. Die Pfarrfrauen-Kaffeekränzchen und das klassische Pfarrhaus sterben aus.[42]

Die Evangelische Kirche hält die Frauenordination für biblisch-theologisch gerechtfertigt. Außerdem entspricht sie nicht nur der Tatsache, daß die Zahl der bekennenden Frauen in den Gemeinden in der Regel die der Männer überwiegt, sondern sie eröffnet auch die Chance, daß Frauen das Leben und Denken in der Kirche erweitern und bereichern. Seit Anfang der sechziger Jahre können Pfarrerinnen auch Gemeindepfarrämter übernehmen, sind also nicht nur in Schulen, in der Seelsorge und in der Diakonie tätig. Das bedeutet, daß viele Männer und insbesondere ältere Pfarrer lernen müssen umzudenken. Tatsache ist aber auch, daß es in mancher Pfarrersehe infolge der veränderten Bewußtseinslage, der Doppelbelastungen und des Fehlens der traditionellen sozialen Haltekräfte der Gemeinde „kriselt", und daß sich die Beziehungsprobleme in der Ehe des Pfarrers oder der Pfarrerin kaum mehr von den Schwierigkeiten nichtkirchlicher Partnerschaften unterscheiden.

Ein besonderes Thema ist die Frage der Konfession oder Religion der Ehepartnerin oder des Ehepartners des Pfarrers oder der Pfarrerin. Bisher war nach § 40 des Pfarrerdienstgesetzes selbstverständlich, daß die Partnerinnen der Landeskirche angehören mußten. Die Synode faßte inzwischen das Pfarrerdienstgesetz vom 2. Mai 1962 neu und beschloß, daß der Ehepartner einer der in der ACK mitarbeitenden christlichen Kirchen angehören müsse; im Ausnahmefall sollte aber eine Sonderregelung möglich sein, „wenn die Ausübung des Dienstes nicht erheblich gefährdet ist."

Obwohl seit den sechziger Jahren Gemeindepfarrstellen auf Frauen übertragen werden können, herrschte bis in die siebziger Jahre Pfarrermangel, und für den Pfarrberuf wurde Werbung betrieben. 1963 waren von 566 Gemeindepfarrstellen 515 besetzt. Wegen der Zunahme der Schülerzahlen und der Schulen stieg in den Jahren 1970 bis 1975 die Zahl der Pfarrer und Pfarrerinnen als Religionslehrer im staatlichen Dienst von 45 auf 110 „Volltheologen" und Theologinnen! Inzwischen hat sich die Zahl der Stellenbewerber wieder verringert. Die Gründe liegen wohl in der demographischen Entwicklung, im Rückgang der kirchlichen Jugendarbeit, im Bedeutungsschwund der kirchlichen Sozialisation, im schwierigen Berufsbild und in der Stellensituation und hohen „Einstellungshürde".

Religion ja – Kirche nein? Die Zukunft der Kirche

In der jüngsten Geschichte der Landeskirche sind mehrere Schwerpunkte erkennbar: Nach dem äußeren Wiederaufbau nach Kriegsende ging es in den fünfziger Jahren um die Grundordnung und die konfessionelle Grundlage, in den Sechzigern um den Ausbau der diakonischen, sozialethischen und missionarischen Aufgaben, in den Siebzigern um Ökumene und gesellschafts- und bildungspolitische Fragen und in den Achtzigern um Strukturprobleme und eine zeitgemäße Spiritualität. Obgleich 1992/93 der Haushalt der Landeskirche die Milliardengrenze überschritten hat, ist seit den neunziger Jahren das Stichwort Kirchensteuer ein Dauerbrenner. Die zunehmende Überalterung und der merkliche Rückgang der Bevölkerung, die Tatsache, daß mehr Menschen aus der Kirche aus- als eintreten, die damit verbundene „Verdünnung" der Gläubigendichte und die enormen Auswirkungen der staatlichen Steuerreformen führen zu merklichen Mindereinnahmen, die durch Rücklagen, Grundstücksverkäufe und großzügige Zuwendungen einzelner Sponsoren nicht mehr ausgeglichen werden können. Im Jahre 1999 hatte die Landeskirche 1 330 742 Mitglieder, das sind rund 15000 weniger als im Vorjahr. In derselben Zeit sind 8488 Kirchenaustritte zu verzeichnen, denen 1624 Aufnahmen sowie 13998 Taufen gegenüberstehen.[43] Es muß gespart werden. Die Landessynode hat darum beschlossen, daß in den Jahren 1995 bis 2003 von den inzwischen über 800 bestehenden Gemeinde- und Sonderpfarrämtern in dreißig ungleich großen Dekanaten 100 Pfarrstellen abgebaut werden sollen. Im Raum Karlsruhe sollen beispielsweise 10 Pfarrstellen wegfallen, in Freiburg sollen von 18 Gemeindepfarrstellen vier nicht mehr besetzt werden. Die staatlichen Religionslehrerstellen sind von diesen Kürzungen nicht betroffen. Im Blick auf weitere Maßnahmen wird derzeit eine Prioritätenliste diskutiert.

Die Mobilität der Gesellschaft, die demographischen Veränderungen und die notwendigen Sparmaßnahmen zwingen die Landeskirche zu grundsätzlichen strukturellen Überlegungen. Die Verwaltung muß verschlankt, gesamtkirchliche, überparochiale Aufgaben müssen dezentralisiert und auf die Ebene der drei Prälaturen verlagert werden. Kleine Dekanate müssen zusammengelegt, große verkleinert werden, so daß kleine Regionen entstehen, in denen spezielle Aufgaben und Arbeitsgebiete von Pfarrern, die dafür besonders qualifiziert sind oder werden, nachbarschaftlich wahrgenommen werden. Der zielgruppenorientierten Arbeit kommt neben der klassischen Präsenz der Kirche in der Parochie wachsende Bedeutung zu. Dabei ist zu berücksichtigen, daß die Bereitschaft der Menschen zur passiven Bindung an Institutionen abnimmt, aber daß es viele Menschen gibt, die für projektorientierte und zeitlich begrenzte Formen der aktiven Mitarbeit zu gewinnen sind und persönlich angesprochen werden müssen. Das Prinzip des allgemeinen Priestertums der Gläubigen muß gelebt werden!

Hans-Wolfgang Heidland, der ehemalige Landesbischof, der selbst ein engagierter Prediger war, gab einmal zu bedenken, daß die kirchengeschichtliche Epoche der Predigt zu Ende gehe und die Vorstellung von ihrer Allgenügsamkeit eine Illusion gewesen sei.[44] „Die Predigt allein baut nicht die Gemeinde, sondern nur im Kontext, im Zusammenhang mit dem ganzen Gottesdienst einschließlich Herrenmahl sowie mit dem Wortgeschehen hin und her in den Häusern, ja mit der Kirche, mit der ganzen Welt.“[45] Eine entscheidende Frage wird sein, ob die Kirche unter Bejahung der säkularen Welt eine neue Spiritualität leben und in der Konkurrenzsituation auf dem weltanschaulichen Markt überzeugend vermitteln kann. Karl Rahners Diktum, daß der Fromme der Zukunft ein Mystiker sein wird, einer, der Gott erfahren hat, oder nicht mehr sein werde, wird von Anhängern der Bewegung der christlichen Mystik, die ökumenische Dimensionen hat, gerne zitiert.[46]

Der baden-württembergische Ministerpräsident Erwin Teufel hat in seiner Rede bei der Feier zum 175-jährigen Bestehen der Landeskirche in Karlsruhe erklärt: „Die Landesverfassung (Art. 4) anerkennt ausdrücklich die Bedeutung der Kirchen für die ‚Bewahrung und Festigung der religiösen und sittlichen Grundlagen des menschlichen Lebens’. Damit wird der Öffentlichkeitsauftrag der Kirchen und ihre besondere Funktion für das Gemeinwesen hervorgehoben: Denn es sind die Kirchen, die ganz wesentlich für das sozialethische Fundament sorgen, ohne das auch ein säkularer Staat nicht existieren kann.“[47] Religion gibt es in jeder Gesellschaft. In unserer Zeit ist an die Stelle der offensiven Religionskritik sogar eine gewisse Religionsfreundlichkeit getreten. Aber gleichzeitig nimmt das Interesse an der Kirche ab.

In einem Gespräch bezeichnete es Landesbischof Dr. Ulrich Fischer als eine protestantische Untugend, sich nicht mit der eigenen Kirche identifizieren zu wollen. Man glaube zwar, aber man sage nicht, woran und warum. Um diesem Notstand entgegenzutreten, und um die Aufgabe der Kirche in dieser Zeit zu klären, wurden in der Landeskirche in einem vierjährigen Konsultationsprozeß, an dem sich über 3000 Menschen beteiligt haben, Leitsätze erarbeitet, die in zeitgemäßer Form und Sprache das Wesen des biblischen Glaubens zum Ausdruck bringen sollen. „Was wir glauben“, „wer wir sind“, „was wir wollen“ sind die drei Fragekreise, die in diesen Leitsätzen entfaltet werden. Da heißt es: „Wer mit Gott rechnet, hat Hoffnung und kann besser mit Gelingen und Scheitern umgehen“ und: „Wir geben weiter, wovon wir selbst leben: Die gute

Nachricht von der Liebe Gottes," und: „Wir wollen durch religiöse Erziehung und Bildung das Christliche in unserer Kultur lebendig halten."[48] Wenn das so ist, dann ist unser Thema nicht mehr „Die Zukunft der Kirche", sondern es lautet: „Die Kirche der Zukunft"!

Anmerkungen

1 Ernst-Otto Braasch, Die erste badische Generalsynode (1821). Vorgeschichte – Wahlen – Zusammensetzung, in: Hermann Erbacher (Hg.), 150 Jahre Vereinigte Evangelische Landeskirche in Baden 1821-1971. Dokumente und Aufsätze. Karlsruhe 1971, 668 ff.

2 Helmut Engler, Ein festes Band umschließt die Badener. Festvortrag im Bürgersaal des Karlsruher Rathauses, in: Badische Heimat 74/1994, 317.

3 Am 21. Juni 1945 trafen sich in Herrenalb der badische Landesbischof Kühlewein und der württembergische Landesbischof Wurm. Der damals vermutlich unter dem Einfluß der Persönlichkeit und der unangefochtenen Autorität Theophil Wurms von zwei badischen Oberkirchenräten mit einem Begleiter Wurms erörterte Gedanke eines Zusammenschlusses der badischen mit der württembergischen Landeskirche in der Form von zwei Prälaturen Nord- und Südbaden blieb folgenlos. Erst kürzlich wurde aber im Zusammenhang mit der Erörterung struktureller Folgen des Rückganges der Mitgliederzahlen und der finanziellen Mittel aus Kreisen der Lebendigen Kirche, einer Gruppierung der württembergischen Landessynode, der Vorschlag einer Fusion wieder aufgegriffen. Persönlicher Kommentar eines Karlsruher Oberkirchenrates: „Aber ohne mit uns zu reden!"

4 Vorläufiges kirchliches Gesetz vom 3. Juli 1945, Kirchl. Gesetz- und Verordnungsblatt (KGVBl) 1945, 2, 8.

5 Hermann Rückleben, kirchliche Zentralbehörden in Baden 1771-1958, in: Erbacher, a.a.O. 1971, 624-667.

6 Constantin v. Dietze hatte Kontakte mit der Berliner Leitung der Bekennenden Kirche und mit dem politischen Kreis um Carl-Friedrich Goerdeler. Am 9. Oktober 1942 besuchte Dietrich Bonhoeffer die Freiburger. Bonhoeffer hatte über den mit ihm aus ökumenischen Begegnungen befreundeten anglikanischen Bischof Bell von Chichester die britische Regierung über den deutschen Widerstand informiert. Bonhoeffer bat die „Freiburger", eine „Gemeinschaftsordnung" für Deutschland zu erarbeiten. Die, um die Fehler von Versailles zu vermeiden, nach Kriegsende Grundlage für Verhandlungen mit den Westmächten und für das Gespräch mit den Christen der Ökumene über den christlich verantworteten Neuaufbau Deutschlands sein sollte. Ernst Schulin, Widerstand und Nachkriegsplanung 1939-1945: Der Freiburger Kreis, in: Andreas Mehl, Wolfgang Ch. Schneider (Hg.), Reformatio et Reformationes. Festschrift für Lothar Graf zu Dohna zum 65. Geburtstag. Darmstadt 1989, 443-463; vgl. auch: Hugo Ott, Der „Freiburger Kreis", in: Rudolf Lill, Michael Kißener (Hg.), 20. Juli 1944 in Baden und Württemberg. Konstanz 1994, 125-153; Hans Ulrich Nübel, Freiburger Professoren. Ein dritter Weg für Nachkriegsdeutschland, in: Freiburger Forum. Ein Magazin von Stadt, Universität und Freiburger Hochschulen, Nr. 12/September 1988, 2-3; Anette Völker, Das „Freiburger Konzil". Widerstand und Nachkriegsplanung, in: Freiburger Forum Nr. 12/September 1988, 4-6.

7 Grundordnung der Evangelischen Landeskirche in Baden mit Unionsurkunde, Barmer Erklärung und Wahlordnung. Stand 1. September 1996. Karlsruhe 1996.

8 Bekenntnisschriften der Evangelischen Landeskirche in Baden. Karlsruhe 1971.

9 Gutachten über die vom Kleinen Verfassungsausschuß der Vereinigten Evang.-Prot. Landeskirche Badens vorgelegten Fragen betreffend den Bekenntnisstand der Landeskirche. Erstattet von der Theologischen Fakultät der Universität Heidelberg, überreicht von (gez.) Gerhard von Rad, (h.t.decanus). Heidelberg, 22. VI. 1953. In: Verhandlungen der Landessynode. Ord. Tagung vom Oktober 1953, Beilage.

10 Hermann Erbacher, Gerhard Rau, Baden II, in: TRE V, Berlin, New York 1980, 110.

11 Erik Wolf, Ordnung der Kirche. Lehr- und Handbuch des Kirchenrechts auf ökumenischer Basis. Frankfurt/Main 1961.

12 GO § 109, Abs. 2.

13 Konrad Fischer, Gewaltenteilung in der Kirche? Als Manuskript veröffentlicht, S. 5.

14 VdL April 1996, 24.

15 20 Jahre Kirchenbau in der Evangelischen Landeskirche in Baden, hg. vom Evangelischen Oberkirchenrat in Karlsruhe (Baden). Karlsruhe 1968, 5.

16 Gemeinde-Jugendarbeit wurde verstanden als Gemeinschaft unter dem biblischen Wort Gottes, im Gebet, im Gottesdienst und im Dienst an hilfsbedürftigen Menschen: Hans Herrmann, Die Neuordnung der Evangelischen Jugendarbeit in Baden nach den Erfahrungen des Kirchenkampfes, in: Perspektiven. Evangelische Schülerarbeit in Baden. Karlsruhe 1965, 38-44.

17 Die Akademie konnte 1997 ihr fünfzigstes Jubiläum feiern: Evangelische Akademie Baden (Hg.), Ralf Stieber (Red.), Wer redet, liebt. 50 Jahre Evangelische Akademie Baden. Rückschau und Perspektiven. Karlsruhe 1997.

18 Beschluß der Landessynode vom 27. April 1951.

19 So Domkapitular Dr. Alois Eckert; das Flugblatt befindet sich im Nachlaß Wohleb im Freiburger Staatsarchiv: Paul-Ludwig Weinacht, Politische Kultur Südbadens, in: Alexander Schweickert (Hg.), Südbaden. Stuttgart 1992, 237.

20 Vgl. Wolfgang Hug, Geschichte Badens. Stuttgart 1992, 265 ff..

21 Mehr zur Diakonie: Bernhard Maurer, Die pastoralen und sozial-karitativen Aufgaben der beiden evangelischen Landeskirchen, in: Heinz Sproll, Jörg Thierfelder (Hg.), Die Religionsgemeinschaften in Baden-Württemberg. Stuttgart, Berlin, Köln, Mainz 1984, 274-280.

22 Unterwegs durch die Zeiten, a.a.O. (Anm. 1), 277-279; Günter Richter, Wyhl und die evangelische Kirche, in: Badische Zeitung, 15. März 1995; Gaby Walterspiel, Hubert Hoffmann, Kein AKW in Wyhl – und auch nicht anderswo!, In: Netzwerk Dreyeckland e.V. u.a., Stattbuch Freiburg Dreyeckland. Politische Bewegungen in Freiburg und in Dreyeckland 1968-1985. Freiburg i.Br. 1985, 58-69; In einer von der Evangelischen Landeskirche herausgegebenen Broschüre ist zur Frage „Darf sich die Kirche in alles einmischen?“ zu lesen: „Meinung steht gegen Meinung. Die einen betonen, die Kirche solle sich bei politischen Äußerungen und Aktionen zurückhalten. Die Verkündigung, nicht die politische Auseinandersetzung, müsse im Mittelpunkt stehen. Andere erwidern, die Kirche müsse auch bereit sein, Ärgernis zu geben. Sie habe einen politischen Auftrag, der ihr auch vom Evangelium ausdrücklich zugestanden werde. Hinter solchen Ansichten stehen unterschiedliche Erfahrungen.“ Die Antwort ist: „Kirche darf beides nicht sein: Weder blauäugig, noch blind.“: Beispiel aus Ihrer Evangelischen Kirche. Karlsruhe 1982, 8 f.

23 Albrecht Wolfinger, Chronik der Evangelischen Landeskirche in Baden 1974, in: Ekkhard. Jahrbuch für das Badnerland 1975; vgl. Hermann v. Greifenstein (Hg.), Macht und Gewalt. Mit Beiträgen von Hans W. Heidland u.a., Hannover 1978.

24 Gerhard Szczesny, Die Zukunft des Unglaubens. Zeitgemäße Betrachtungen eines Nichtchristen. München 1958; Gerhard Szczesny (Hg.), Club Voltaire. Jahrbuch für kritische Aufklärung Bd. I, München 1963; Joachim Kahl, Das Elend des Christentums oder Plädoyer für eine Humanität ohne Gott. Reinbek 1968.

25 Karlheinz Deschner (Hg.), Der manipulierte Glaube. Eine Kritik der christlichen Dogmen. München 1971, 5.

26 Hermann Erbacher, Die Evangelische Landeskirche in Baden, in: Badische Heimat 66/1968, 638; Leider ist bisher versäumt worden, von aus der Kirche Ausgetretenen eine entsprechende Kultursteuer zu erheben.

27 In diesem Zusammenhang sei das Buch des Freiburger Psychologieprofessors Franz Buggle erwähnt: Denn sie wissen nicht, was sie glauben. Oder warum man nicht mehr Christ sein kann. Eine Streitschrift. Reinbeck 1992.

28 Helmut Thielicke, Leiden an der Kirche. Ein persönliches Wort. Hamburg 1965; Heinrich Fries, Leiden an der Kirche. Freiburg i.Br., Basel, Wien 1975.

29 Hans Jürgen Schulz (Hg.), Kritik an der Kirche. Stuttgart, Olten, Freiburg i.Br. 1958.

30 Hans Niens, Das Recht der Evangelischen Landeskirche in Baden. Lose Blattsammlung 1957 ff., Nr. 1, 5-6a; Entschließung der Lansdessynode zu den Arnoldshainer Abendmahlsthesen vom 4. Mai 1962, in: GVBl 1962, 90.

31 Reinhold Koch, Das Abendmahlsgespräch in der Theologie des 20. Jahrhunderts. München 1957.

32 Konkordie reformatorischer Kirchen in Europa 1973 (Leuenberger Konkordie). Dreisprachige Ausgabe. Im Auftrag des Exekutivausschusses für die Leuenberger Lehrgespräche herausgegeben von Wilhelm Hüffmeier. Frankfurt/Main 1993.

33 Gottesdienst und Amtshandlungen als Orte der Begegnung. Gemeinsame Erklärung der Erzdiözese Freiburg und der Evangelischen Landeskirche in Baden. Freiburg i.Br., Karlsruhe 1999.

34 In den drei Akademien in Bad Herrenalb, Landau und Liebfrauenberg finden auch gemeinsam veranstaltete Tagungen statt.

35 Ludwig Wien, Die Evangelische Landeskirche in Baden 1988/89, in: Badische Heimat 70/1990, 159-171, hier: 165.

36 Auf die Frage einer Harmonisierung der rechtlichen Stellung der Kirchen in den Verfassungen der EU-Länder muß hier nicht eingegangen werden.

37 Vgl. Bernhard Maurer, Statt eines Nachworts: Ökumene in der Region – Eine Problemskizze, in: B. Maurer (Hg.), Freiburger Kirchenbuch. Freiburg i.Br. 1995, 438-444.

38 Jörg Haustein (Hg.), Philipp Melanchthon. Ein Wegbereiter für die Ökumene. Göttingen 1997.

39 Wilhelm Schwendemann (Hg.), Philipp Melanchthon 1497-1997. Die bunte Seite der Reformation. Das Freiburger Melanchthon-Projekt. Münster 1976.

40 Martin Greiffenhagen, Das evangelische Pfarrhaus. Eine Kultur- und Sozialgeschichte. 2. Aufl., Stuttgart 1991; Ders. (Hg.), „Pfarrerskinder". Stuttgart 1982; Johann-Friedrich Enke, Das evangelische Pfarrhaus in der Neuzeit. Vorträge. Evangelisches Pfarrhausarchiv Lutherhaus Eisenach. Leipzig 1990.

41 Karl Wilhelm Dahm, Beruf: Pfarrer. Empirische Aspekte. München 1971; Gerhard Wurzbacher u.a., Der Pfarrer in der modernen Gesellschaft. Soziologische Studien zur Berufssituation des evangelischen Pfarrers. Hamburg 1960.

42 Vgl. das Arbeitsergebnis der vom Evangelischen Oberkirchenrat eingesetzten „Arbeitsgruppe Pfarramt": Der Beruf der Pfarrerin und des Pfarrers in der Gemeinde. Überlegungen zur Zukunft des Pfarrberufs. Karlsruhe 1998.

43 Zusammenstellung über die Äußerungen des kirchlichen Lebens für das Kalenderjahr 1999. (Tabelle II). Beilage zum Gesetzes- und Verordnungsblatt der evangelischen Landeskirche in Baden.

44 Hans-Wolfgang Heidland, Das Ende der Predigt? Eine selbstkritische Dokumentation. Göttingen 1992, 228.

45 A.a.O., 223.

46 Karl Rahner, Schriften zur Theologie V. Zur Theologie des geistlichen Lebens. 2. Aufl., Einsiedeln, Zürich, Köln 1971, 11-31; 22. Dazu: Wolfgang Böhme, Josef Sudbrack, Der Christ von morgen – ein Mystiker? Grundformen mystischer Existenz. Würzburg, Stuttgart 1989.

47 Erwin Teufel, Zur Feier des 175jährigen Jubiläums der Evangelischen Landeskirche in Baden. In: Badische Heimat 76/1996, 3, 485-487, hier: 486.

48 Was wir glauben, wer wir sind, was wir wollen. Leitsätze. Evangelische Landeskirche in Baden. (I) 34/6; (II) 34/19; (III) 34/28. Karlsruhe 2000, 6; 11; 13.

Die Erzdiözese Freiburg

Christoph Schmider

Vorbemerkung

Der Versuch, heute, nach einem halben Jahrhundert baden-württembergischer Geschichte, aus der Sicht der Erzdiözese Freiburg einen Überblick über diese Zeit zu gewinnen, stößt von vornherein auf gewisse methodische Schwierigkeiten. Dazu gehört die Frage der einzunehmenden Perspektive – geht man vom Zustand vor fünf Jahrzehnten aus, umschreibt die Startbedingungen, Probleme und Lösungsansätze, oder stellt man den heutigen Ist-Zustand dar und versucht dann herauszufinden, wie es dazu gekommen ist? Die Darstellung selbst wäre als breitangelegter Überblick denkbar, der auf Details verzichtet, aber auch als punktuelle, die exemplarisch gewisse Entwicklungen zeigt und versucht, aus der Schilderung des Besonderen Aufschlüsse über das Allgemeine zu gewinnen. Ein grundlegendes Problem aber besteht auf jeden Fall: Das Archivrecht der Erzdiözese Freiburg sieht eine Sperrfrist von 40 Jahren[1] vor und verlangt überdies vom Bearbeiter, über „Dinge Stillschweigen zu bewahren", die „ihrer Natur nach nicht für die Öffentlichkeit bestimmt sind".[2]

Schließlich erfordert ein derart weit gespanntes Thema, wenn es auf so begrenztem Raum abgehandelt werden soll, eine Eingrenzung und Schwerpunktsetzung. Daß dabei die Frage nach dem Staat-Kirche-Verhältnis im Mittelpunkt stehen wird, bedarf angesichts ihrer für die gesamte Kirchengeschichte so wesentlichen Bedeutung keiner näheren Begründung, zumal in der Erzdiözese Freiburg, die aus einem staatskirchlichen Verfassungsverständnis heraus „gemacht" und im ersten Jahrhundert ihrer Geschichte vom badischen Staat fast durchweg als „Landesbistum" angesehen wurde. Gefragt werden also könnte nach heutigen Konflikten zwischen Kirche und Staat, oder auch danach, warum es manche Konflikte, die die Geschichte der Erzdiözese vor 1952 maßgeblich geprägt haben, heute nicht mehr gibt.

Nach diesen Vorbemerkungen sei an den Anfang der Darstellung eine These zum gegenwärtigen Zustand der Staat-Kirche-Beziehungen gestellt, die anschließend zu überprüfen und gegebenenfalls zu korrigieren sein wird.

Das Verhältnis zwischen Staat und Kirche war in den „Badischen Regionen am Rhein" in der Vergangenheit nie so gut wie heute. Die Entstehung und Entwicklung des Landes Baden-Württemberg hat maßgeblich hierzu beigetragen. Die Gründung des Südweststaates stellt für die katholische Kirche im Erzbistum Freiburg eine Verbesserung dar und ist aus heutiger kirchlicher Sicht zu begrüßen.

Wenig Widerspruch dürfte der erste Satz erfahren, denn in der Tat hat sich in Baden-Württemberg in den letzten Jahren und Jahrzehnten ein wohlausgewogenes Verhältnis von Staat und Kirche herausgebildet, mit klarer Rollenverteilung und eindeutiger Kompetenzabgrenzung. Nicht, daß keine Konfliktpunkte oder -felder mehr existierten, daß es in diesem Verhältnis keine offenen Fragen mehr gebe – einige wesentliche, cum grano salis auch für die Erzdiözese Freiburg geltende, hat Axel Freiherr von Campenhausen 1999 bei den „Essener Gesprächen" formuliert.[3] Doch haben die maßgeblichen Kräfte und Instanzen in der 175jährigen Bistumsgeschichte – auch die 1827 de facto errichtete

Erzdiözese Freiburg kann im Jahr 2002 ein Jubiläum feiern – und in der 50jährigen Geschichte des Südweststaates Verfahrensweisen entwickelt, wie mit potentiellen Konflikten umzugehen und eine Eskalation von vornherein zu vermeiden sei.

Auch der dritte Satz kann wohl als zutreffend angesehen werden, allein schon aufgrund der Tatsache, daß sich seit 1952 kein maßgeblicher Vertreter des Erzbistums dezidiert gegen den Fortbestand des Landes Baden-Württemberg ausgesprochen hat.

Fragwürdig ist hingegen die zweite Behauptung, dieses unbestritten gute Staat-Kirche-Verhältnis stehe in ursächlichem Zusammenhang mit der Gründung des Südweststaates. In historischen Entwicklungsprozessen Kausalitäten ausmachen zu wollen ist immer ein heikles Unterfangen, erst recht, wenn sie sich in einem derart komplexen Kräftefeld abspielen. Stehen doch weder das Land Baden-Württemberg noch die Erzdiözese Freiburg isoliert für sich, sondern sind ihrerseits in ein höherdimensionales Beziehungsgeflecht eingebunden – hie Bundesrepublik Deutschland, hie Römisch-Katholische Kirche. Wenn dennoch an der Arbeitshypothese eines Kausalzusammenhangs festgehalten werden soll, dann deswegen, weil die Neuordnung des Jahres 1952 aus Sicht des Erzbistums eine Vereinfachung schon dadurch brachte, daß sich die Anzahl der staatlichen Ansprechpartner verringert hat: Mußte sich die Erzdiözese während der ersten 125 Jahre ihrer Existenz stets mit zwei oder gar drei staatlichen Obrigkeiten auseinandersetzen – Baden und Hohenzollern/Preußen, nach dem Zweiten Weltkrieg dann zeitweilig Württemberg-Baden, (Süd-)Baden und (Süd-)Württemberg-Hohenzollern –, steht ihr heute nur noch ein Land gegenüber. Freilich könnte das gute Verhältnis von Kirche und Staat in Baden-Württemberg, von dem beide gleichermaßen profitieren, seine Ursache auch in dem Umstand haben, daß die katholische Kirche heute, mehr als acht Jahrzehnte nach der Weimarer Reichsverfassung, ihre Rolle als zwar selbständige, aber dennoch nicht unabhängige Größe innerhalb des Staates akzeptiert und sich mit ihr arrangiert hat.

Zur verfassungsrechtlichen Situation in Baden-Württemberg

Unabhängig davon, wie man nun die Beziehung von Staat und Kirche in Baden-Württemberg beurteilt, muß jeder Versuch einer Wertung selbstverständlich die Grundlagen in Betracht ziehen, auf denen sie beruht und in deren Rahmen sie sich entwickelt hat. Näher in den Blick zu nehmen sind dabei vor allem jene Artikel der Landesverfassung, die das Staat-Kirche-Verhältnis prinzipiell festlegen. Denn wenn auch die alltägliche politische Wirklichkeit mitunter von der Verfassungstheorie abweichen mag, muß die Verfassung doch als konstituierend für das gesamte politische und gesellschaftliche Miteinander der Menschen und ihrer Zusammenschlüsse angesehen werden.

Schon in der Präambel, die „integrierender Bestandteil des Verfassungstextes im ganzen" ist und „nicht bloß unverbindliche äußere Zutat, die entbehrlich wäre, sondern Ausdruck des politischen Willens der Verfassungsväter, der zum Normenbestand notwendig dazugehört und diesen in einen bestimmten Horizont, unter ein bestimmtes Vorzeichen stellt", kommt „eine religiöse Grundhaltung zur Geltung, mit der gesagt sein sollte, daß man Gottes Hilfe bedürfe und sich nicht nur auf sich selbst verlassen könne, daß man außerdem zum Gelingen des Werks seinen Segen erhoffe".[4] Offensichtlich ist dabei, daß der von der Präambel angesprochene Gott kein anderer sein kann als „Gott im Verständnis des Christentums (einschließlich dessen Wurzeln im Judentum)".[5] Aus kirchlicher Sicht ist dies gewiß keine schlechte Ausgangsposition, wenngleich der

Text hier gegenüber dem Grundgesetz nichts wesentlich Neues bringt und auch von der badischen Verfassung des Jahres 1947 allenfalls im Wortlaut, nicht jedoch im Tenor abweicht. Sicherlich ist diese Präambel nicht so zu verstehen, als sei Absicht der Verfassung „die Konstituierung eines christlichen Staates, gar eines Konfessions- oder Gottesstaates“ in Baden-Württemberg gewesen, doch ist umgekehrt auch „ein strikter Laizismus in dem Sinne, daß Religion und Kirche für den Staat und seine Verfassung überhaupt keine relevanten Faktoren sein dürften“, ausgeschlossen.[6]

Deutlicher noch wird der Rückbezug auf christliche Werte in Artikel 1, Absatz 1 zum Ausdruck gebracht: „Der Mensch ist berufen, in der ihn umgebenden Gemeinschaft seine Gaben in Freiheit und in der Erfüllung des christlichen Sittengesetzes zu seinem und der anderen Wohl zu entfalten.“ Dieser Bezug auf das christliche Sittengesetz – mit dem ein Grundkonsens, keineswegs aber die Bevorzugung einer Konfession gemeint ist – ist aus der seinerzeit jüngsten deutschen Geschichte heraus zu verstehen und soll „den fundamentalen Unterschied zu der Volks- und Staatsgrundlage des Dritten Reichs darstellen“.[7] Doch ist dieser Satz darüber hinaus, gerade in Verbindung mit der Präambel, eine Art von Bestandsgarantie für die Kirchen, zugleich aber auch ein deutlicher Hinweis darauf, daß ihnen eine bedeutsame Rolle innerhalb des neu entstandenen Landes zugedacht sein sollte. Gegenüber dem vordem für das Erzbistum Freiburg maßgeblichen Verfassungsrecht stellt dieser Satz eine klare Verbesserung dar, hatte doch „die Badische Verfassung auf eine vergleichbare Generalaussage verzichtet“.[8] Freilich kann dieser Satz nicht bedeuten, der Staat müsse „das christliche Sittengesetz in jeder Hinsicht in Rechtsnormen umsetzen“, ebenso wie es evident ist, daß der Staat, will er sich nicht in Widerspruch zu seiner eigenen Verfassung setzen, zumindest die Rahmenbedingungen für die Umsetzung schaffen muß[9] – was von der Kirche gegebenenfalls offensiv vertreten und eingefordert wird: „Ein Staat, der seine Aufgabe als Dienst für Menschen definiert, die ihr Verhalten am christlichen Sittengesetz ausrichten, wird hieraus Folgerungen für sein Verhältnis zu den Kirchen ziehen müssen.“[10]

Ausdrücklich auf die Kirchen – und alle anderen „anerkannten Religions- und Weltanschauungsgemeinschaften“ – geht Artikel 4 der Landesverfassung ein, der ihnen nicht nur die von staatlichen Eingriffen freie Entfaltung „in der Erfüllung ihrer religiösen Aufgaben“ garantiert, sondern darüber hinaus in Absatz 2 sogar noch „ihre Bedeutung für die Bewahrung und Festigung der religiösen und sittlichen Grundlagen des menschlichen Lebens“ ausdrücklich anerkennt. Dieser Artikel hat weitreichende Konsequenzen für die Ausgestaltung des Staat-Kirche-Verhältnisses, wirft jedoch auch eine ganze Reihe von Auslegungsfragen auf. Einige mögliche Folgerungen hat Josef Jurina 1974 in einem Grundsatzreferat für ein Treffen der vier großen Kirchen mit dem Landtag festgehalten – da er dies als Vertreter der beiden katholischen Bistümer getan hat, dürfen seine Thesen wohl als offizielle Meinung der Freiburger und Rottenburger Kirchenleitung angesehen werden.

Artikel 4 Absatz 2 nehme, so Jurina, „selbst eine Wertung der Bedeutung von Kirchen und Religionsgemeinschaften vor“ und folgere daraus „eine besondere Anerkennung“.[11] Der Absatz sei „als Legitimationsbasis für eine Reihe von Sonderregelungen zugunsten der Kirchen und Religionsgemeinschaften zu betrachten“, woraus sich ergebe, „daß diese Sonderregelungen nicht als eng umgrenzte Ausnahmevorschriften, sondern als von der Verfassung selbst legitimierte wesentliche Bestandteile des baden-württembergischen Staatskirchenrechts gelten müssen.“[12] Weiterhin folge aus dieser Verfassungsnorm der Umstand, „daß das Sprechen der Kirchen in der Öffentlichkeit vom Staat nicht nur als bloße Meinungsäußerung der Kirchen betrachtet werden sollte",[13] sondern „einer besonderen Aufmerksamkeit des Staates gewiß sein kann, jedenfalls dort, wo die Kirchen sich zu den religiösen und sittlichen Grundlagen des menschlichen Lebens äußern".[14] Die Anwendungsfälle dieser Verfassungsnorm, zu denen Jurina beispielhaft die Gewährleistung der kirchlichen Wohlfahrtspflege, die Einbeziehung der Kirche unter die verantwortlichen Träger der Erziehung, die Gewährung finanzieller Förderungsmaßnahmen sowie die Beteiligung an staatlichen Gremien zählt, seien nicht „von vornherein als Verletzung des Neutralitätsprinzips zu werten", aus dem sich „kein allgemeines Verbot der Zusammenarbeit von Staat und Kirche" ergebe, ebensowenig wie „dieses Prinzip Maßnahmen des Staates" verbiete, durch „die den Kirchen eine hervorgehobene Stellung unter den Kräften des öffentlichen Lebens zugewiesen" werde.[15]

Zu ähnlichen Schlüssen kommt gut ein Jahrzehnt später der von der neutralen Warte des universitären Staatsrechtlers und Verfassungskommentators aus argumentierende Alexander Hollerbach, wenn er meint, der Staat müsse es sich „gefallen lassen, wenn eine Kirche – wie die katholische – es als religiöse Aufgabe für sich in Anspruch nimmt, immer und überall die moralischen Prinzipien auch über das soziale Leben zu verkündigen und über alle menschlichen Angelegenheiten zu urteilen, soweit die fundamentalen Rechte der menschlichen Person oder das Heil der Seelen dies erfordern".[16] Hollerbach geht jedoch noch weiter, wenn er es für gerechtfertigt hält, in den Kirchen „mehr zu sehen als bloße Repräsentationen eines organisierten Interesses oder als Verbände im Gefüge des gesellschaftlichen Pluralismus", weshalb er meint, es sei „konsequent, wenn auf diesem Fundament und im Hinblick auf dieses religiös-sittliche Mandat den Kirchen, Religions- und Weltanschauungsgemeinschaften besondere Rechte zur Sicherung ihres Status und ihres Wirkens eingeräumt werden und wenn die Verfassung auf ihr besonderes Engagement im Bereich von Erziehung und Unterricht Rücksicht nimmt".[17] Auch die Normen des Artikels 4 sind deswegen aus kirchlicher Sicht besonders bemerkenswert, weil es entsprechende Regelungen in den badischen Verfassungen nicht gegeben und insbesondere diejenige von 1947 sich „einer vergleichbaren Grundsatz-Aussage ganz enthalten" hatte.[18]

Außer diesen für das Staat-Kirche-Verhältnis eher fundamentalen Rechtssetzungen sind in der baden-württembergischen Verfassung auch speziellere enthalten, die näher auf bestimmte, von den Kirchen getragene oder mitgetragene gesellschaftliche Aufgaben eingehen. Sie hier im einzelnen zu behandeln würde sicherlich zu weit führen, doch seien die wesentlichsten zumindest genannt. So etwa die Artikel 6 und 87, welche die Wohlfahrtspflege nicht nur der Kirchen, Religions- und Weltanschauungsgemeinschaften, sondern auch der freien Wohlfahrtsverbände gewährleisten. Während die kirchliche Wohlfahrtspflege schon von den Vorgängerverfassungen unter besonderen Schutz gestellt worden war, veränderte die gleichrangige Verfassungsgewähr der freien Wohlfahrtspflege die Situation auf diesem Gebiet nicht unwesentlich. Einerseits erfährt die kirchliche Liebestätigkeit durch Artikel 6 eine institutionelle Garantie, wird „in ihrem Bestand" geschützt und erhält „Entfaltungsraum", der durch das „Verbot der Monopolisierung der Wohlfahrtspflege beim Staat und/oder den Kommunen" sichergestellt wird,[19] andererseits „bedeutet die Norm keine Privilegierung gegenüber anderen Institutionen, die sich als freie Initiativen der Wohlfahrtspflege verschrieben haben".[20] So hat die Anerkennung der freien Wohlfahrtspflege zwar eine mögliche Konkurrenz für das caritativ-diakonische Wirken der Kirche(n) zur Folge, im Gegenzug stellt jedoch Artikel

6 sogar „einen Schutzanspruch gegen übermäßige Einschränkung oder gar Aushöhlung zugunsten der Wohlfahrtspflege in der Regie der öffentlichen Hand“ dar.[21]

Einen gleichsam materialistischen, jedoch keineswegs unwichtigen und in der Öffentlichkeit leicht mißverstandenen Aspekt der kirchlichen Existenz im Südweststaat regelt Artikel 7, der in seinem ersten Absatz „die dauernden Verpflichtungen des Staates zu wiederkehrenden Leistungen an die Kirchen (...) dem Grunde nach gewährleistet“. Aus historischer Perspektive sind diese Staatsleistungen leicht zu verstehen. Andererseits scheint ihr fortwährender Bestand für viele nur schwer mit dem Neutralitätsanspruch des Staates und dem Selbständigkeitsanspruch der Kirche vereinbar – ein freiheitlich-demokratischer Rechtsstaat jedoch kann bestehende Verpflichtungen nicht a priori zur Disposition stellen.

In den gleichen Zusammenhang gehört Artikel 8, der die Fortgeltung der bestehenden Staatskirchenverträge garantiert. Diese Bestimmung, die in den Beratungen über die Verfassung heftig umstritten war, stellt eine für die Kirchen ganz entscheidende Verfassungsnorm dar, mit der das Land Baden-Württemberg wiederum gegenüber seinen Vorgängerländern juristisches Neuland betreten hatte.[22] Zwar bewirkt diese Verfassungsnorm für sich genommen zunächst noch keine Weiterungen für das Verhältnis zwischen Kirche und Staat, doch liegt „darin eine grundsätzliche Anerkennung der Möglichkeit (...), das Staat-Kirche-Verhältnis im einzelnen vertraglich zu regeln“, ohne „daß einer entsprechenden Praxis (...) die verfassungsrechtliche Legitimation entzogen“ würde.[23] In seinem Bestand gesichert wurde beispielsweise das Badische Konkordat, das im Gegenteil sogar eine Ausweitung seines Geltungsbereichs auf das Bistum Rottenburg-Stuttgart erfahren hat.

Zur staatskirchenpolitischen Wirklichkeit in Baden-Württemberg

Nach dieser Darstellung einiger für das Verhältnis von Kirche und Staat in Baden-Württemberg wesentlicher Verfassungsnormen soll es nun darum gehen, zu ermitteln, wie es um ihre Wirklichkeit und ihre Umsetzung in die politische Praxis und den Verwaltungsalltag der Kirche bestellt ist. So soll im folgenden versucht werden, ausgehend von einem Überblick über Leitung und Verwaltung der Erzdiözese, den Stand der Staat-Kirche-Beziehungen zu schildern – wobei es angesichts der vielfältigen Berührungspunkte freilich bei Exempeln bleiben muß. In einem zweiten Schritt soll dann, gleichfalls notwendigerweise nur exemplarisch, gezeigt werden, wie es zum heutigen Status gekommen ist. Dabei wird selbstverständlich zu berücksichtigen sein, daß das Verhältnis Kirche-Staat im neuen Land Baden-Württemberg nicht vom Nullpunkt aus völlig neu aufgebaut werden konnte, existierte doch bereits seit 1949 die Bundesrepublik, in der mit dem Grundgesetz die Kirchenartikel der Weimarer Reichsverfassung noch (bzw. wieder) galten.

Leitung und Verwaltung des Erzbistums Freiburg

Hinsichtlich der Leitung und Verwaltung der Erzdiözese Freiburg hat die Gründung des Südweststaates keine wesentlichen Veränderungen gebracht, indem Bundes- und Landesverfassung im wesentlichen den Status quo ante endgültig wiederherstellten, der im Nationalsozialismus und de facto auch in der Besatzungszeit vorübergehend außer Kraft gesetzt worden war. Insofern könnte die Bilanz nach 50 Jahren baden-württembergischer Geschichte einfach zu ziehen sein und sehr knapp ausfallen.

Die Kirche also regelt ihre Angelegenheiten selbständig in den Schranken der für alle geltenden Gesetze. Dazu benötigt sie, gerade in einem großen Flächenbistum wie Freiburg, mit seinen über 1000 Pfarreien und Seelsorgestellen und seinen rund 2,2 Millionen Gläubigen, eine eigene, in vielerlei Hinsicht stark ausdifferenzierte Verwaltung. Für deren Aufbau liefert das im Codex Iuris Canonici festgeschriebene universale Kirchenrecht den Rahmen, der durch das partikulare Kirchenrecht, durch staatskirchenrechtliche Vertragsvereinbarungen und nicht zuletzt durch die staatliche Gesetzgebung ausgefüllt wird. Es würde sicherlich zu weit führen, hier einen Überblick über das Partikularrecht der Erzdiözese auch nur zu versuchen – ganz zu schweigen von der einschlägigen Bundes- und Landesgesetzgebung. Auch die Beschränkung auf die vom Staatskirchenrecht näherhin geregelten Gebiete enger Kooperation zwischen Staat und Kirche – genannt seien nur Schulwesen, Bau- und Liegenschaftsverwaltung sowie Kirchenfinanzierung – hätte noch eine viel zu große Fülle von näher zu betrachtenden Gesetzes- und Verordnungstexten zur Folge. Die Beschränkung auf einige wenige grundlegende Bestimmungen ist also unumgänglich.

Schon ein flüchtiger Blick in den „Dallinger/Jurina", die Rechtssammlung der Erzdiözese Freiburg,[24] zeigt, daß einige der einschlägigen Texte erheblich älter sind als das Land Baden-Württemberg. Zu nennen sind vor allem die päpstliche Bulle „Provida solersque" vom 16. August 1821, mittels der die Oberrheinische (eigentlich: Freiburger) Kirchenprovinz mit dem Erzbistum Freiburg und den Suffraganbistümern Fulda, Limburg, Mainz und Rottenburg errichtet wurde.[25] In engem Zusammenhang damit steht die großherzoglich-badische Dotationsurkunde für das Erzbistum vom 23. Dezember 1820, bildet diese doch mit ihren in die Zirkumskriptionsbulle aufgenommenen finanziellen Bestimmungen bis heute eine wesentliche Grundlage für die vom Land Baden-Württemberg zu bezahlenden Staatsleistungen.[26] Zusammen mit der Bulle „Ad dominici gregis custodiam" vom 11. April 1827 boten diese beiden Urkunden die konkordatäre Voraussetzung für die Existenz der Erzdiözese.[27] Neu geregelt, ohne daß dabei freilich die älteren Vereinbarungen völlig außer Kraft gesetzt worden wären, wurde das Staat-Kirche-Verhältnis in Baden durch das „Badische Konkordat" vom 12. Oktober 1932.[28]

Was zu Anfang des 19. Jahrhunderts hinsichtlich der Grenzen, der rechtlichen, materiellen und finanziellen Ausstattung und der personellen Besetzung der Bistumsleitung im Erzbistum Freiburg festgelegt worden ist, hat also im wesentlichen bis heute Bestand. Dem Erzbischof steht, gewissermaßen als „Kabinett" oder „Geistlicher Rat", das Dom- bzw. Metropolitankapitel zur Seite, wenngleich gegenüber dem Jahr 1827 erweitert und geringfügig umstrukturiert. Erste Dignität ist nicht mehr der Domdekan, sondern der Dompropst, auch wurde die Zahl der Domkapitulare inzwischen auf acht erhöht – da die Finanzierung der hinzugekommenen Kanonikate aus Kirchensteuermitteln erfolgt und nicht vom Staat geleistet werden muß, war diese Stellenvermehrung unproblematisch.[29] Die Dignitäten und Kanoniker des Domkapitels sind zugleich als Weihbischof oder Generalvikar, als Abteilungsleiter oder Referent im Erzbischöflichen Ordinariat in die Verwaltung der Erzdiözese eingebunden, haben also neben ihrer geistlichen auch eine administrative Leitungsfunktion.

Eine vergleichbare Doppelrolle nehmen auch die Geistlichen auf den dem Erzbischöflichen Ordinariat nachgeordneten Ebenen der Regionen, Dekanate und Pfarreien ein. Die rund 1060 Pfarreien sind zu 39 Dekanaten, diese wiederum zu derzeit acht Regionen zusammengefaßt. Die Dekanate, hervorgegangen aus den schon seit dem hohen Mittelalter nachweisbaren Landkapiteln, werden jeweils von einem Dekan geleitet, der aus den Reihen der dem Dekanat angehörenden Priester von diesen gewählt und vom Erzbischof ernannt wird.[30] Die administrative Mittlerrolle zwischen Geistlichkeit und Bistumsleitung, die den Dekanen zukommt, ist noch deutlicher ausgeprägt bei den unmittelbar vom Erzbischof ernannten Regionaldekanen, einer in der Geschichte der Erzdiözese Freiburg vergleichsweise jungen, erst seit 1972 existierenden Erscheinung.[31]

Freiburg – Erzbischöfliches Palais am Münsterplatz
(Quelle: LMZ/unbek., 1980)

Parallel zur geistlichen Leitung der Erzdiözese wurde eine „weltliche“ Verwaltung aufgebaut. Notwendig geworden war diese nicht zuletzt durch die zurückerlangte Finanzhoheit und die Notwendigkeit, die im Jahr 1900 eingeführte allgemeine Kirchensteuer und die aus ihrem Aufkommen finanzierten kirchlichen Aufgaben zu verwalten, dann aber durch den in jüngster Zeit immer gravierender gewordenen Priestermangel, der es in zunehmendem Maße erforderlich machte, Aufgaben von den Pfarrern auf andere zu übertragen. Zu den älteren Mittelinstanzen gehören etwa die Erzbischöflichen Bauämter, die Planungs-, Ausführungs- und Bauordnungsaufgaben gleichermaßen wahrzunehmen haben, zu den jüngeren sind die „Verrechnungsstellen“ zu zählen, die den Pfarrgemeinden die zunehmend komplizierter gewordene Aufgabe der Finanzverwaltung abnehmen.[32] Daneben gibt es eine Reihe von weiteren „Mittelinstanzen“ für ganz bestimmte Fachgebiete, von denen nur das Seelsorgeamt[33] mit seinen zahlreichen Referaten und Diensten sowie das Amt für Kirchenmusik mit den Bezirkskantoraten[34] genannt sein sollen. Ebenfalls nur erwähnt werde der riesige Bereich der Caritas, obwohl gerade hier die Beziehungen zwischen Kirche und Staat besonders intensiv – aber auch besonders weitverzweigt und unübersichtlich – sind.

Das Verhältnis von Land und Erzbistum – Theoretische Grundlagen und „Kirchliches Proprium“

Wenngleich heute in der Bundesrepublik Deutschland die wechselseitigen Beziehungen zwischen Kirche und Staat weitgehend klar zu sein scheinen, wenngleich insbesondere Konsens darüber zu bestehen scheint, daß das Verhältnis dieser beiden gesellschaftlich relevanten und gleichwertigen – wenn auch nicht gleichgewichtigen – Instanzen nicht auf dem Weg der Subordination geregelt werden kann, sondern der vertraglichen Einigung und Bindung bedarf, so gibt es doch gewisse Themenbereiche oder Grundsätze, die aus kirchlicher Sicht schlechterdings nicht verhandelbar sind, die als theologisch-religiöses oder auch als rechtliches Proprium unverrückbar festgehalten werden müssen, auch wenn die staatliche Seite möglicherweise andere Ansichten vertritt. Zu reden ist hier nicht von den inneren Angelegenheiten der Kirche insbesondere auf dem Gebiet der religiösen Praxis, zu reden ist vielmehr von jenen Tätigkeitsfeldern, auf denen sie gewissermaßen in die Welt hinaustritt. Zwar hat sie, wie oben dargestellt, einen aus der Landesverfassung ableitbaren Anspruch darauf, mit ihren Äußerungen zu bestimmten Themen Gehör zu finden – ob daraus jeweils auch konkrete politische Folgen erwachsen, steht auf einem anderen Blatt. Doch nicht nur gehört werden will die Kirche in mancherlei Dingen, sie fordert auch einen gewissen Grundbestand an eigenem Recht ein, von dem sie nicht abrücken wird. In diesen Bereichen kann es immer wieder zu Konflikten mit dem Staat kommen, und wo Konflikte möglich sind, werden sie, so zeigt ein Blick in die Geschichte, gewißlich mitunter aufbrechen.

Der Möglichkeiten sind viele, einige davon benennt der Kirchenrechtler Helmuth Pree: „Geht es etwa um die Aufrechterhaltung oder Abschaffung religiöser Feiertage oder um den bedingungslosen Schutz des menschlichen Lebens (besonders in Fragen, welche die Würde menschlichen Lebens unmittelbar tangieren, wie bei der Sterbehilfe, dem Embryonenschutz oder der Abtreibung), generell gesprochen: Geht es um Fragen aus den Bereichen, welche die Kirche zu ihrem unveräußerlichen Sendungsauftrag rechnet, so erhebt diese – von ihrem Selbstverständnis her unverzichtbar – einen qualifizierten Beurteilungsanspruch, den sie überdies öffentlich zur Geltung bringen muß.“[35] Dabei, so Pree in einer ergänzenden Anmerkung, widerspreche es „kirchlichem Selbstverständnis, den Anspruch des Glaubens entweder auf die Sphäre des Privaten zu verweisen oder ihn gleichrangig unter die beliebig vielen Wertsysteme einer pluralistischen Gesellschaftsordnung einzugliedern“, ja, in diesem Rahmen sei die Kirche sogar „in die Pflicht genommen, selbst die Initiative zu ergreifen und sowohl argumentativ wie auch durch die gelebte Praxis christlicher Werte zu überzeugen und dadurch die öffentliche Meinungsbildung mit zu prägen. Vermag die Kirche nicht zu überzeugen, verspielt sie ihren Öffentlichkeitsanspruch, verliert sich dabei selbst und enthält dem Staat und der Gesellschaft genau das vor, worin die Kirche für den Staat unersetzlich ist: die – im Falle unserer Verfassung christlich geprägte – Wertebasis für seinen Bestand.“[36]

Praktische Ausgestaltung – Kontakte zwischen Land und Kirchenleitung

Die verfassungsrechtlich vorgegebene Einschränkung der kirchlichen Selbständigkeit auf die „Schranken des für alle geltenden Gesetzes“, die letztlich in dem Umstand gründet, daß die Kirche nicht in einem rechts- oder staatsfreien Raum existiert, hat zur Folge, daß es zahlreiche Berührungspunkte mit dem Staat gibt. Zusammenarbeiten müssen also Kirche und Staat schon seit beide nebeneinander bestehen. Nachdem die Abgrenzung der jeweiligen Kompetenzen im Lauf der Geschichte lange Zeit umstritten gewesen war und auch zwischen Großherzogtum Baden und Erzbistum Freiburg in mitunter heftigen Konflikten mühsam und mit hohen Reibungsverlusten auf beiden Seiten festgelegt werden mußte, war spätestens mit der Weimarer Reichsverfassung ein Rahmen gegeben, der allgemein akzeptierbar war und darauf wartete, ausgefüllt zu werden. Wichtige und großenteils bis heute Gültigkeit beanspruchende Schritte wurden seit 1919 unternommen, ehe der Einschnitt durch die nationalsozialistische Willkürherrschaft die eben erst begonnene Entwicklung unterbrach.

Nach dem Ende des Zweiten Weltkriegs kam der katholischen Kirche, die die braune Diktatur moralisch wie organisatorisch weitgehend unbeschädigt überstanden hatte, eine wichtige Mittlerrolle zwischen Besatzungsmächten und deutscher Bevölkerung zu. Insbesondere der am 14. Februar 1948 verstorbene Erzbischof Dr. Conrad Gröber war für die Französische Militärregierung in Südbaden und Hohenzollern, aber auch für die Amerikanische in Nordbaden, gesuchter Ansprechpartner und moralische Instanz.[37] Auch sein Nachfolger Dr. Wendelin Rauch, ein bedeutender Moraltheologe, übernahm zunächst eine ähnliche Funktion, wenngleich mit dem Auf- und Ausbau einer funktionierenden deutschen Ziviladministration die Bedeutung der Kirche im politischen Tagesgeschäft allmählich zurückging. Dies verhieß ihr die Möglichkeit, sich fürderhin wieder mehr um ihre Aufgaben in der Seelsorge kümmern zu können. Insofern war es nur folgerichtig, wenn die Erzbischöfe Gröber und Rauch der Reetablierung eines politischen Katholizismus und der Wiedergründung des Zentrums als katholisch-konfessioneller Partei ablehnend gegenüberstanden und keine politische Betätigung der Geistlichen wünschten. Beide favorisierten statt dessen eine zwar auf die christliche Weltanschauung fundierte, aber konfessionsübergreifende, nicht von Klerikern bestimmte Partei – die CDU –, in der alle gläubigen Christen ihre politische Heimat finden können sollten.

1952, im Geburtsjahr des Südweststaats, war, nach mehreren Jahren wirtschaftlichen und politischen Wiederaufbaus in sich allmählich stabilisierenden demokratischen Verhältnissen, die katholische Kirche im Erzbistum Freiburg schon wieder weitgehend auf ihre Aufgaben in der Pastoral konzentriert. Kontakte zu staatlichen Stellen, die über die zur Regelung bestimmter Sachfragen notwendigen hinausgegangen wären, scheint es selten gegeben zu haben, was sich nicht zuletzt in dem Umstand widerspiegelt, daß für die Zeit zwischen etwa 1948 und 1962 in der Registratur des Freiburger Erzbischöflichen Ordinariats keine einschlägigen, einzelsachfragenübergreifenden Akten zum Staat-Kirche-Verhältnis geführt wurden. Zusammenarbeit gab es freilich immer auf jenen Gebieten, auf denen sich die Einfluß- und Interessensphären von Kirche und Staat begegnen oder durchdringen, als da etwa wären das weite Feld der Pädagogik oder die Kirchenfinanzierung. Hier stellte die Gründung des Südweststaates, gegenteiligen Befürchtungen zum Trotz, keinen gravierenden Einschnitt dar.

Freilich machte insbesondere Erzbischof Wendelin Rauch wenig Hehl daraus, daß er die Wiederherstellung der alten Länder favorisierte. Dabei trieb ihn vor allem die Schulfrage um – er war entschiedener Anhänger der Bekenntnisschule, für die er im neuen Land zu Recht keine Zukunft sah –, dann die Sorge um den Fortbestand des Badischen Konkordats und anderer staatskirchenrechtlicher Verträge, schließlich die eher diffuse Angst vor einem Verlust der katholischen Bevölkerungsmehrheit und einer damit einhergehenden Säkularisierung der Gesellschaft.[38] Die Chance, die darin bestand, künftig gemeinsam mit der Nachbardiözese Rottenburg einer einzigen staatlichen Obrigkeit gegenübertreten und so mehr Gewicht in die Waagschale werfen zu können, scheint er nicht gesehen zu haben. Die Beziehungen des Erzbistums zum neuen Land bewegten sich also von Anfang an, abgesehen von den unumgänglich notwendigen sachlichen, überwiegend auf gewissermaßen diplomatischer Ebene – allerdings scheint auch die Landesregierung kaum mehr als ein höfliches Desinteresse entwickelt zu haben.

Zu einer zunächst noch schüchternen, bald aber deutlichen Kursänderung kam es erst gegen Ende der 1960er Jahre – die Vermutung, dahinter habe die durch das Zweite Vatikanische Konzil angestoßene Öffnung der Kirche zur modernen Welt gestanden, liegt nahe. Den Anfang der offiziellen Beziehungen machte ein auf den 18. Juni 1969 angesetztes Gespräch zwischen den beiden baden-württembergischen Ordinariaten und den Landtagsabgeordneten, bei dem Erzbischof Dr. Hermann Schäufele und Bischof Dr. Carl Joseph Leiprecht als Gastgeber fungierten: „In gemeinsamer Sorge um die Zukunft unseres Landes bemühen sich Staat und Kirchen. Um die gegenseitigen Meinungen zu aktuellen Fragen kennenzulernen, beehren wir uns, Sie zu einem ersten Informationsgespräch (...) einzuladen.“[39]

Auf der Tagesordnung standen, neben eher allgemeinem Austausch über „die gegenwärtige Situation der Kirche“, die Regionalplanung in den beiden Bistümern, Fragen der Kirchensteuer und des Verhältnisses von „Kirche und Staat in der pluralistischen Gesellschaft“, vor allem „Schulprobleme“, aufgliedert in die Bereiche „Vorschulische Erziehung, Kindergarten, Ausbildungsstätten“, „Religionsunterricht“, „Pädagogische Hochschulen“, „Freies Schulwesen“ und „Überlegung zur kirchlichen Jugendarbeit“. Darüber hinaus wurde noch über Erwachsenenbildung, Entwicklungshilfe und kirchliche Mission gesprochen.[40]

Ein nächstes Gespräch kam erst am 25. November 1971 zustande. Anders als zweieinhalb Jahre zuvor waren diesmal jedoch außer den katholischen Bistümern auch die beiden evangelischen Landeskirchen beteiligt. Die Katholische Nachrichten-Agentur (KNA) berichtete am 25. November 1971 unter der Überschrift „Erstes Kontaktgespräch Landtag – Kirchenleitungen“ von diesem Treffen, bei dem „neben grundsätzlichen Fragen vor allem bildungs- und sozialpolitische Themen besprochen“ worden seien.[41] Erzbischof Schäufele habe, so die KNA, in seiner Begrüßungsansprache betont, „die Kirchen wollten öffentliches Gewissen für das Gemeinwohl sein und gemeinsam mit den Politikern dafür sorgen, daß der Mensch im Mittelpunkt des gesetzgeberischen und kirchlichen Bemühens stehe, damit er seine Persönlichkeitsrechte voll entfalten könne“.[42] Landtagspräsident Camill Wurz ging in seinen einleitenden Worten ähnlich ins Grundsätzliche, wenn er sagte, „es sei einer der großen Pluspunkte unserer Zeit, daß in Baden-Württemberg das Verhältnis zwischen Staat und Kirche im Wege der Verhandlungen gestaltet werde“, wodurch es, „trotz gegensätzlicher Positionen in einigen Sachfragen“ möglich sei, „bei gutem Willen auf beiden Seiten fruchtbar zusammenzuarbeiten“.[43] Auch der württembergische Landesbischof D. Helmut Claß beschwor zunächst die Gemeinsamkeiten und das Aufeinanderangewiesensein von Kirche und Staat, wenn er laut KNA sagte, „ein Ohneeinander, Nebeneinander oder gar Gegeneinander könne es nicht geben; der Zwang der Verhältnisse lasse nur ein Miteinander zu“.[44] Dann jedoch schrieb er den Parlamentariern noch ins Stammbuch, sie hätten „mit dafür zu sorgen, daß sich der Staat von aller ideologischen Überhöhung freihalte“[45] – aus heutiger Sicht war ein solcher Wunsch gerade Anfang der 1970er Jahre nur zu verständlich, wenn man auch geteilter Ansicht darüber sein kann, ob dies dem Staat tatsächlich gelungen sei.

In den anschließenden Fachgesprächen zwischen den Mitarbeitern der Kirchenleitungen und den Abgeordneten ging es fast ausschließlich um die Bildungspolitik, also um eines jener Arbeitsfelder, auf dem die Berührungspunkte zwischen Kirche und Staat besonders dicht gesät, aber auch die Konflikt- und Mißverständnismöglichkeiten sehr zahlreich sind. Diskutiert wurde über das Fachhochschulgesetz und das Privatschulgesetz, über Fragen der Erwachsenenbildung – ganz aktuell war in diesem Zusammenhang die geplante Errichtung der „Landeszentrale für politische Bildung" – und nicht zuletzt über die Aufgabenverteilung zwischen Kirche und Staat auf dem Gebiet der vorschulischen Erziehung. Letztlich ging es natürlich auch ums Geld, um die Frage etwa der staatlichen Kostenbeteiligung an Fachhochschulen in freier Trägerschaft – also konkret an katholischen und evangelischen Fachhochschulen – oder um die Förderung von Privatschulen durch Staat und/oder Kirche. Wenn die Kirchen private Schulen förderten, dann gehe es ihnen, so wurde den Presseberichten zufolge ausdrücklich betont, „nicht um den Ausbau kirchlich-konfessioneller Machtpositionen", sondern darum, mitzuhelfen, „daß die Freiheit der pluralen Gesellschaft nicht beeinträchtigt werde".[46]

Vergleichbare Treffen der Kirchenleitungen mit den Landtagsabgeordneten fanden in der Folgezeit in mehr oder minder regelmäßigem Turnus statt. Die behandelten, unterschiedlich brisanten Themen befaßten sich meist mit Fragen des Staat-Kirche-Verhältnisses, wobei offenbar beide Seiten Vorteile in ökumenischen Treffen sahen: Die Bistümer und Landeskirchen, die zunehmend erkannten, daß sie in ihrem jeweiligen Verhältnis zum Staat mehr Gemeinsames als Trennendes hatten, Landtag und Landesregierung andererseits, die sich nicht viermal mit den Vertretern von Kirchenleitungen über die immer gleichen Fragen zu unterhalten brauchten. Das Gewicht gegenüber dem Staat hat dadurch, daß nicht jede Kirchenleitung für sich allein stand, sicherlich zugenommen, wenngleich man sich schon damals keinerlei Illusionen hinsichtlich der Rolle der Kirchen in der modernen Welt mehr hingab:

Beim Treffen am 14. Mai 1973 redete Landesbischof Claß in einem Grundsatzreferat über die „Partnerschaft von Land und Kirche in der pluralistischen Gesellschaft" Kirchenvertretern wie Politikern gleichermaßen ins Gewissen,[47] wenn er meinte, die Kirche müsse „sich daran erinnern, daß wir in dieser Welt nur Gäste und Fremdlinge sind" und „als Minderheit in einer völlig säkularisiert gewordenen Diaspora" leben. Freilich dürfen die Kirchen „darauf nicht defensiv reagieren, sondern müssen diese Situation annehmen und zu bewältigen suchen".[48] Zugleich werde die Kirche – gleich, ob evangelisch oder katholisch – „keine Sekte werden, die sich aus der Öffentlichkeit zurückzieht und nicht mehr den Willen hat, an der Gestaltung der Welt mitzuwirken", wobei sie ihre Hoffnung „nicht auf Privilegien" setze, sondern sogar auf sie verzichte, „wenn dadurch die Glaubwürdigkeit ihres Christuszeugnisses verdunkelt würde".[49] „Die Kirche", so Claß weiter, „muß der Ort sein, wo man erfährt und erträgt, daß man bei gleichen geistigen Grundlagen zu verschiedenen parteipolitischen Vorstellungen kommen kann. Den Politikern hat die Kirche zu sagen, daß der Staat weltanschaulich neutral sein muß, was aber nicht heißt, weltanschaulich indifferent. Dazu ist ein dauerndes Gespräch zwischen Kirche und Staat notwendig. Der Staat hat nicht nur die materielle, sondern auch die geistige Daseinsvorsorge der Bürger sicher zu stellen. Eine Gefahr besteht darin, daß der moderne Sozialstaat ständig die Tendenz hat, absoluter Staat zu werden. Der totale Versorgungsstaat aber entmündigt den Menschen und nimmt ihm die Freiheit. Einen

Absolutheitsanspruch auf sozialem Gebiet gibt es weder für den Staat noch für die Kirche, sondern eine Partnerschaft, bei der die Kirche berechtigt und verpflichtet ist, ihren Beitrag zu leisten. Eine absolute Trennung von Kirche und Staat ist in einem demokratischen Rechtsstaat nicht zu begründen."[50]

Der Gesprächsbedarf zwischen Politik und Kirchen scheint gerade in den frühen 1970er Jahren besonders groß gewesen zu sein. Schon wenige Wochen später, am 9. Juli 1973, trafen sich Vertreter der Ordinariate Freiburg und Rottenburg mit dem „Minister für Bundesangelegenheiten" Eduard Adorno und vereinbarten, daß in Zukunft vermehrt Kontakte auf unterschiedlichen Ebenen stattfinden sollten, bei denen „führende Politiker zu einem Gespräch mit den Kirchen, insbesondere mit Geistlichen und führenden Laien, kommen können", wobei nicht nur „aktuelle Tagesfragen besprochen", sondern auch „über die fundamentalen Fragen zu Klärungen" gekommen werden sollte.[51]

In die gleiche Zeit fallen auch die Vorbereitungen für die Schaffung des von den beiden Diözesen gemeinsam betriebenen Katholischen Büros, das am 1. Januar 1974 unter Leitung von Martin Neckermann in Stuttgart eröffnet wurde. Mit dieser Stelle, gewissermaßen einer „diplomatischen Vertretung" der katholischen Kirche beim Landtag, war nun eine ganz wesentliche Kontakt- und Scharnierstelle zwischen Kirche und Staat geschaffen, deren Bedeutung seither ständig gestiegen ist – auf das Katholische Büro, seine Aufgaben und seine Geschichte einzugehen bedürfte freilich einer eigenen Abhandlung.

Ebenfalls weder möglich noch nötig ist es, hier eine Chronologie der nach den geschilderten Anfängen mehr oder minder regelmäßig wiederholten Treffen zwischen Kirchenleitungen und Landtag zu bieten. Zwar könnte eine solche Zusammenstellung reizvoll sein und manches Interessante über das Verhältnis von Staat und Kirche zu Tage fördern, doch wäre spezifisch Badisches kaum zu erwarten: Als ausschließlich badisches Landesbistum hat sich die Erzdiözese Freiburg früher schon nicht verstanden, sondern immer als Teil der einen, universalen und überstaatlichen katholischen Kirche. Daß die Bistumsgrenzen mit den Landesgrenzen weitgehend übereinstimmten, hatte zwar unbestreitbare Vorteile für die Verwaltungspraxis – wie sich gerade im Kontrast zum stets eine Sonderrolle spielenden Hohenzollern immer wieder deutlich gezeigt hatte – war aber nicht von eigentlich wesentlicher Bedeutung. Die Tatsache, daß sich im Land Baden-Württemberg das gesamte Erzbistum innerhalb der Landesgrenzen befindet und folglich nur noch mit einer Regierung und einem Verwaltungsinstanzenzug zu tun hat, ist insofern gleichfalls nicht konstitutiv für das Verhältnis von Kirche und Staat.

Versuch einer Bilanz

Unter diesem Aspekt könnte die Bilanz nach 50 Jahren Baden-Württemberg weitgehend neutral ausfallen: Den verwaltungstechnischen Vereinfachungen, die das Aufgehen Badens in Baden-Württemberg für das Erzbistum gebracht hat, steht ein möglicherweise verringertes Gewicht gegenüber, ist es doch nicht mehr die einzige katholische Instanz, mit der das Land unmittelbar zu tun hat, sondern nur einer von zwei gleich (leicht)gewichtigen Partnern. Irrelevant ist in diesem Zusammenhang, daß die Landeshauptstadt nicht (mehr) innerhalb des Erzbistums liegt, versuchen doch die beiden Bistümer im Land ohnehin dem Staat gegenüber mit einer Stimme zu sprechen.

Grundsätzlich also ist das Verhältnis von Kirche und Staat in Baden-Württemberg gut, wie nicht nur in Sonntagsreden betont wird, sondern sich auch in der täglichen Praxis zeigt. Gleichwohl war es keineswegs immer völlig ungetrübt. Halten sich auf kirchlicher Seite bis heute vereinzelte, historisch bedingte Vorbehalte gegenüber einem Staat, der sich grundsätzlich als über der Kirche stehend betrachtet, so kommt es seitens des Staates immer wieder einmal zu Mißhelligkeiten, wenn die Kirche oder einzelne ihrer Repräsentanten nicht wie gewünscht „funktionieren". Vergleichsweise häufig zu beobachten sind Verstimmungen auf dem Finanzsektor, weitgehend unabhängig von den dahinterstehenden Inhalten. Sensibel sind hierbei vor allem jene Bereiche, in denen öffentliche Leistungen von kirchlichen Trägern angeboten, aber gemischt finanziert werden – als Beispiele wären etwa Kindergärten oder Sozialstationen zu nennen –, umstritten oftmals die freilich eher die Kommunen betreffenden Fragen der Baupflicht zu kirchlichen Gebäuden.

Freilich könnte das Auftreten von Verstimmungen in der Politik auch darin begründet sein, daß infolge der zunehmenden Säkularisierung der Gesellschaft, die selbstverständlich auch vor Politikern unabhängig von ihrer parteipolitischen Ausrichtung nicht Halt macht, das Bewußtsein für die Rolle der Kirche als „Gewissen" oder „mahnende Stimme" immer mehr schwindet, der Kirche immer häufiger die Berechtigung abgesprochen wird, sich in gesellschaftlichen Fragen zu Wort zu melden oder sich gar aktiv in politische Entscheidungsprozesse einzuschalten. Nicht nur Politiker, die der Kirche fern stehen, fühlen sich gelegentlich bemüßigt, sie in ihre vermeintlichen Schranken zu verweisen, wenn sie sich zu allgemeinpolitischen Fragen äußert oder gar Entscheidungen und Maßnahmen der christdemokratisch dominierten Landesregierung kritisiert. Umgekehrt freilich macht die Tatsache, daß in Baden-Württemberg von jeher die CDU stärkste Partei war und ununterbrochen die Regierung oder wesentliche Teile davon gestellt hat, für die Kirchen das Miteinander mit dem Staat – jenseits aller glücklicherweise zumeist kurzfristigen und rasch wieder beigelegten Aufgeregtheiten – vergleichsweise einfach.

Abschließend gilt es nun, die Ausgangsthese noch einmal zu überprüfen und sie vor dem Hintergrund der Verfassung wie der konkreten Ausgestaltung des Staat-Kirche-Verhältnisses kritisch zu beleuchten. Aufs Ganze gesehen gibt es keinen Anlaß, die Gründung des Landes Baden-Württemberg aus kirchlicher Sicht rückblickend als der eigenen Position abträglich zu betrachten. Das Verhältnis zum Land ist, ähnlich wie das zu den meisten Mitgliedern der Landesregierung, gut, besser als jemals zuvor in der Geschichte des Erzbistums Freiburg. Verfassungsrechtlich gesehen lebt die Erzdiözese im Land Baden-Württemberg zwar nicht gerade in der bestmöglichen Welt, aber vermutlich in der besten bisher dagewesenen. Im Hinblick auf die verfassungsmäßigen Voraussetzungen für die Ausgestaltung des Staatskirchenrechts, für das Verhältnis von Kirche und Staat und für die Regelung ihrer eigenen Angelegenheiten stellt das Aufgehen Badens im Südweststaat für die katholische Ortskirche von Freiburg einen Fortschritt und eine Verbesserung dar. Die im Verlauf der Südweststaatdebatte um 1950 laut gewordenen Befürchtungen hinsichtlich des Weitergeltens der staatskirchenrechtlichen Verträge jedenfalls haben sich nicht bewahrheitet. Wenngleich es sich selbstverständlich verbietet, Mutmaßungen darüber anzustellen, wie sich das Staat-Kirche-Verhältnis in einem wiederhergestellten Land Baden entwickelt hätte, kann man doch aufgrund der aus kirchlicher Sicht eher schlechteren Startbedingungen unter der badischen Verfassung von 1947 mit einiger Berechtigung davon ausgehen, es wäre nicht besser geworden, als es heute ist.

Anmerkungen

1 „Anordnung über die Sicherung und Nutzung der Archive der katholischen Kirche“ vom 12. Dezember 1988 (Amtsblatt 1989, S. 6), § 8. Auch abgedruckt in: Rechtssammlung der Erzdiözese Freiburg. Bearbeitet von Hermann Dallinger, Erzbischöflicher Oberrechtsdirektor a.D., Dr. Josef Jurina, Erzbischöflicher Oberrechtsdirektor. Essen 1993ff. (im folgenden kurz: Dallinger/Jurina), Nr. 970.
2 „Grundsätze zur Nutzung gesperrten kirchlichen Schrift- und Dokumentationsgutes aufgrund von Sondergenehmigungen“ vom 23. August 1993 (Amtsblatt 1994, S. 383, Dallinger/Jurina Nr. 972), Abschnitt 4.
3 Axel Freiherr von Campenhausen: Offene Fragen im Verhältnis von Staat und Kirche am Ende des 20. Jahrhunderts. In: Essener Gespräche zum Thema Staat und Kirche 34 (2000), S. 105-145.
4 Alexander Hollerbach, in: Paul Feuchte (Hrsg.): Verfassung des Landes Baden-Württemberg. Kommentar. Stuttgart 1987, S. 48ff., speziell S. 48, 49 (Ziffern 1, 4).
5 Hollerbach (wie Anm. 4), S. 51-52 (Ziffer 11).
6 Hollerbach (wie Anm. 4), S. 52 (Ziffern 12, 13).
7 Hollerbach (wie Anm. 4), S. 61-62 (Ziffern 3, 6).
8 Hollerbach (wie Anm. 4), S. 61 (Ziffer 1).
9 Hollerbach (wie Anm. 4), S. 64 (Ziffer 9).
10 Josef Jurina: Zum Verhältnis von Staat und Kirche in Baden-Württemberg. Thesen zum Referat anläßlich des Gesprächs Landtag – Kirchenleitungen am 4. Oktober 1974, These 5. Erzb. Ordinariat Freiburg, Registratur, Akte 84.02, Vol. 1, 1962-1985.
11 Jurina, Thesen (wie Anm. 10), These 13.
12 Jurina, Thesen (wie Anm. 10), These 14.
13 Jurina, Thesen (wie Anm. 10), These 16.
14 Josef Jurina: Zum Verhältnis von Staat und Kirche in Baden-Württemberg, S. 11. Erzb. Ordinariat Freiburg, Registratur, Akte 84.02, Vol. 1, 1962-1985.
15 Jurina, Thesen (wie Anm. 10), These 18.
16 Hollerbach (wie Anm. 4), S. 95 (Ziffer 26).
17 Hollerbach (wie Anm. 4), S. 95 (Ziffer 28).
18 Hollerbach (wie Anm. 4), S. 90 (Ziffer 14).
19 Hollerbach (wie Anm. 4), S. 106 (Ziffer 4).
20 Hollerbach (wie Anm. 4), S. 108 (Ziffer 7).
21 Hollerbach (wie Anm. 4), S. 108 (Ziffer 8). Ganz ähnlich hatte Josef Jurina im Jahr 1974 argumentiert, als er den Landtagsabgeordneten – bzw. dem durch sie repräsentierten Staat – ins Stammbuch schrieb: „Wenn es nach der Verfassung eine kirchliche Wohlfahrtspflege geben soll, muß der Staat seine eigenen Aktivitäten im sozialem (!) Bereich so einrichten, daß den kirchlichen Einrichtungen eine ausreichende Lebensmöglichkeit bleibt. Dies bedeutet insbesondere, daß der Staat diesen kirchlichen Einrichtungen nicht bewußt Konkurrenz machen darf (...), sondern um eine sinnvolle Abstimmung der Betätigungsbereiche bemüht sein muß, was nicht etwa heißt, daß die Kirchen hierbei auf den Kreis ihrer Kirchenglieder beschränkt werden dürften. Diese Abstimmung der Aktivitäten erfordert z.B., daß die Kirche und auch die freien Wohlfahrtsverbände in den Prozeß staatlicher Planung des Wohlfahrtswesens früh genug eingeschaltet werden müssen und nicht durch einseitig getroffene staatliche Maßnahmen überrascht werden. Aus Art. 6 bad.-württ. Verfassung folgt also eine spezifische Pflicht zur Kooperation, zu ‚kirchenfreundlichem Verhalten‘ des Staates im Wohlfahrtsbereich. In diesem Prozeß der gegenseitigen Abstimmung der Maßnahmen wird auch zu klären sein, wo der Staat im Hinblick auf bestehende kirchliche Einrichtungen auf eigene Aktivitäten verzichtet, was freilich auch umgekehrt gilt.“ (Jurina, wie Anm. 14, S. 18.)
22 Hollerbach (wie Anm. 4), S. 121 (Ziffern 1, 3).
23 Hollerbach (wie Anm. 4), S. 126 (Ziffer 14).
24 Vgl. Anm. 1.
25 In lateinischer und deutscher Sprache veröffentlicht im Badischen Regierungsblatt 1827, S. 212ff. Auszugsweise in Dallinger/Jurina Nr. 100. Fulda und Limburg gehören seit dem Preußenkonkordat nicht mehr zur Oberrheinischen Kirchenprovinz.

26 Eine Ausfertigung und mehrere Abschriften verwahrt das Erzb. Archiv Freiburg. Zum Thema Staatsleistungen siehe neuerdings Gregor Richter: Staatsleistungen an die Katholische Kirche in Baden-Württemberg unter Berücksichtigung der Entwicklung in Baden, Württemberg und Hohenzollern. In: Erwin Gatz (Hrsg.): Geschichte des kirchlichen Lebens in den deutschsprachigen Ländern seit dem Ende des 18. Jahrhunderts – Die Katholische Kirche – Band VI, Die Kirchenfinanzen. Freiburg, Basel, Wien 2000, S. 127-162.

27 In lateinischer und deutscher Sprache veröffentlicht im Badischen Regierungsblatt 1827, S. 233ff. Auszugsweise in Dallinger/Jurina Nr. 101.

28 Badisches Gesetzes- und Verordnungsblatt 1933, S. 20, Dallinger/Jurina Nr. 103.

29 „Dekret über die Erhöhung der Zahl der Kanonikate des Metropolitankapitels Freiburg" vom 1. April 1985 (Amtsblatt S. 125), Dallinger/Jurina Nr. 104. Vgl. dazu auch die „Statuten des Metropolitankapitels Freiburg im Breisgau" vom 11. Oktober 1995 (Amtsblatt S. 275), Dallinger/Jurina Nr. 105.

30 „Statut für die Dekanate im Erzbistum Freiburg" vom 8. Januar 1980 (Amtsblatt S. 277), zuletzt geändert am 20. Juli 1995 (Amtsblatt S. 237), Dallinger/Jurina Nr. 210.

31 „Statut für die Regionen der Erzdiözese Freiburg" vom 15. Juli 1998 (Amtsblatt S. 397), Dallinger/Jurina Nr. 200.

32 „Dienstordnung für die Verrechnungsstellen für Katholische Kirchengemeinden (VStDo)" vom 8. Dezember 1988 (Amtsblatt 1989 S. 13), Dallinger/Jurina Nr. 950.

33 „Statut für das Erzbischöfliche Seelsorgeamt" vom 28. Dezember 1990 (Amtsblatt 1991 S. 10), Dallinger/Jurina Nr. 300, „Geschäftsordnung für das Erzbischöfliche Seelsorgeamt" vom 31. Mai 1995 (Amtsblatt S. 223), Dallinger/Jurina Nr. 301.

34 „Dienst- und Vergütungsordnung für Kirchenmusiker" vom 14. Juli 1992 (Amtsblatt S. 401), zuletzt geändert am 6. Dezember 2000 (Amtsblatt S. 430), Dallinger/Jurina Nr. 750.

35 Helmuth Pree: Zur Frage nach dem Proprium kirchlicher Einrichtungen: Eine kanonistische Perspektive. In: Essener Gespräche zum Thema Staat und Kirche 34 (2000), S. 47-80, speziell S. 49.

36 Pree (wie Anm. 35), S. 50, Anm. 8.

37 Vgl. dazu Bruno Schwalbach: Erzbischof Conrad Gröber und die deutsche Katastrophe. Sein Ringen um eine menschliche Neuordnung. Karlsruhe 1994.

38 Interessante Aufschlüsse zu diesen Fragen könnte eines Tages die Auswertung der im Erzbischöflichen Archiv Freiburg verwahrten, einstweilen noch gesperrten Nachlässe Wendelin Rauchs und Ernst Föhrs liefern.

39 Einladung. Erzb. Ordinariat Freiburg, Registratur, Akte 84.02, Vol. 1, 1962-1985.

40 Tagesordnung. Ebd.

41 KNA-Bericht (Südwestdeutscher Dienst) vom 25. November 1971. Ebd.

42 KNA-Bericht (wie Anm. 41).

43 KNA-Bericht (wie Anm. 41).

44 KNA-Bericht (wie Anm. 41).

45 KNA-Bericht (wie Anm. 41).

46 KNA-Bericht (wie Anm. 41).

47 Protokoll (gez. Weihbischof Gnädinger). Erzb. Ordinariat, Registratur, Akte 84.02, Vol. 1, 1962-1985.

48 Protokoll (wie Anm. 47).

49 Protokoll (wie Anm. 47).

50 Protokoll (wie Anm. 47).

51 Aktenvermerk (Domkapitular Schäuble) vom 13. Juli 1973. Erzb. Ordinariat, Registratur, Akte 84.02, Vol. 1, 1962-1985.

Badische Genossenschaften und Badischer Sportbund

Subsidiarität als innerstaatliches und als gesellschaftliches Prinzip

Robert Albiez

Wenn eine höhere staatliche Ebene Aufgaben an sich zieht, die untere Ebenen aus eigener Kraft erfüllen könnten, dann verstößt dies gegen die Gerechtigkeit. So hat Papst Pius XI 1931 in seiner Enzyklika „Über die gesellschaftliche Ordnung" (Quadragesimo anno) einen sozialethischen Grundsatz formuliert, der Subsidiaritätsprinzip genannt wird. „Jedwede Gesellschaftstätigkeit ist in ihrem Wesen und Begriff nach subsidiär; sie soll die Glieder des Sozialkörpers unterstützen, darf sie aber niemals zerschlagen oder aufsaugen".[1] Paul Iostock erläuterte den Zusammenhang, in dem er steht: „Zwar kann der Einzelne nicht für sich allein leben, sondern er existiert immer nur als Glied von Gemeinschaften verschiedener Art, und deshalb sind soziale Bindung, Einordnung und soziale Gerechtigkeit Wesensbedingungen für das Menschendasein".[2] Das Subsidiaritätsprinzip wurde seither in mehreren nationalen und internationalen Rechtstexten anerkannt, zuletzt im EG-Vertrag von 1992.[3]

Chancen subsidiärer Gestaltung der Landesverwaltung

Wir können die Wirkung dieses Prinzips auch im Vorfeld der Bildung des Südweststaates verfolgen. 1948 bemühte sich der vormalige Zentrumspolitiker, damalige nordbadische Landesbezirkspräsident und württembergisch-badische Minister, Dr. Heinrich Köhler, um eine entsprechende Gestaltung der Verwaltungsstruktur des künftigen Landes. Seine Vorschläge, die als Karlsruher Vertragsentwurf in die Geschichte des Südweststaates eingingen, bilden unter Subsidiaritäts-Gesichtspunkten ein beachtenswertes Modell.[4]

Das gemeinsame Land sollte in zwei Regierungsbezirke entsprechend den alten Ländern eingeteilt werden – später einigte man sich auf vier Bezirke; diese folgten den Grenzen der Besatzungsländer (im bisherigen Land Württemberg-Baden den Grenzen der „Landesbezirke", die ihrerseits die alten Ländergrenzen respektierten). In allen Zweigen der Staatsverwaltung war der Grundsatz weitgehender Dezentralisation anerkannt. Die vollziehende Gewalt war nur in solchen Angelegenheiten unmittelbar von der Landesregierung wahrzunehmen, die über den Bereich eines Landesbezirks hinaus Bedeutung hatten. Keiner der Landesbezirke durfte bevorzugt oder benachteiligt werden. Bildungsfragen, dazu auch Fragen des Verkehrs, waren verbindlich festgelegt.

Indes blieb der Entwurf ohne Mehrheit, was einerseits an Freiburg, andererseits an Stuttgart lag. Während Wohleb allenfalls in einer zweiten Stufe die alten Länder verbinden wollte, in einer ersten jedoch auf ihrer Wiederherstellung bestand, lautete das verfassungspolitisch gewendete Gegenargument Nordwürttembergs: die künftige Staatsverfassung könne nicht in einem Staatsvertrag vorweggenommen werden.[5] Während der Verfassungsberatungen hat aber auch der Südwürttemberger Gebhard Müller, der während des Abstimmungskampfes mehrfach für das Durchsetzen der Grundideen des „Karlsruher Vertrages" eingetreten war, die dort vorgeschlagenen echten Mittelinstan-

Leo Wohleb
(Quelle: NL Wohleb)

zen fallen lassen.[6] Ersatzweise wollte er die Einheit und Zustimmung für das neue Land in dessen Vielfalt finden. Müller sprach „... vom Haus mit den vielen Wohnungen, wenn nur die neue Einheit als Bewußtsein der Zugehörigkeit zu einem Staatswesen von allen anerkannt wird."[7] Sein Nachfolger Kurt Georg Kiesinger griff diesen Gedanken auf. Zwar ging der Verlust aller zentralitätsstiftenden Behörden, die zur Bildung einer leistungsfähigen Landesregierung in Stuttgart notwendig waren, den bisherigen Mittelpunkten in Karlsruhe und Freiburg verloren, doch blieben verschiedene Landeseinrichtungen, wo sie gewesen waren, und zwei neue Universitäten kamen hinzu.

Nach einer weitreichenden Gemeinde- und Kreisreform (1972/73), die finanzstärkere Einheiten bilden konnte, wurde 1983 ein verbindlicher Landesentwicklungsplan verabschiedet. Er bezog sich auf die schon begonnene Entwicklung zur EG mit ihren Verflechtungen, die besonders im Rheintal zur grenzüberschreitenden Zusammenarbeit geführt hatte. Als wichtigste Neuerung wurde die Einrichtung von Regionen beschlossen, unter denen die Landeshauptstadt Stuttgart hingewiesen war „... auf ihre Stellung innerhalb der europäischen Wirtschaftsräume, und dementsprechend sind die Voraussetzungen für eine Zunahme der Dienstleistungen und für die weitere Entwicklung standortgebundener Betriebe zu sichern." Im Prinzip sollten alle dreizehn Regionen selbst über ihre Binnenstruktur und Entwicklung entscheiden können.

Gebhard Müller
(Quelle: G. Müller, Kohlhammer 2000)

Die Geschichte nahm dann jedoch einen etwas anderen Verlauf. Ende der 80er Jahre gingen tausende von Produktionsarbeitsplätzen in der Region Stuttgart (Mittlerer Neckar) verloren. Also mußte ein spezifisches Ziel des Landesentwicklungsplanes – Zunahme der Dienstleistungen – energisch umgesetzt werden, und dies insbesondere für die Landeshauptstadt. Fast die gesamten öffentlich-rechtlichen Banken wie auch die Direktionen des Versicherungsgewerbes wurden in Stuttgart konzentriert. In Karlsruhe oder Mannheim verblieben nur Nebenstellen; selbst wenn auch der Sitz der L-Bank in Karlsruhe blieb, bzw. der EnBW nach Karlsruhe kam, wurden entscheidende, insbesondere gewerbesteuerintensive Konzernteile jeweils in Stuttgart angesiedelt.

Ebenso wurden im Rahmen der Privatisierung von Bundespost und Bundesbahn wichtige bisher für Baden zuständige Unternehmensteile nach Stuttgart verlagert. Bei der Neuordung des öffentlich-rechtlichen Rundfunks wurde ebenso der Raum Stuttgart zu Lasten Badens gestärkt. Wegen der Nähe zu den Ministerien wird die Ansiedlung zentralstiftender Landesinstitutionen nicht mehr außerhalb der Landeshauptstadt möglich sein.[8]

Der neue Landesentwicklungsplan 1998, der jetzt im Entwurf zur Anhörung frei gegeben wurde, „...will die Regionen Stuttgart, Karlsruhe, Mannheim/Heidelberg verknüpfen, um mit seinen 5 Millionen Einwohnern die Herausforderungen der wachsenden EU aktiv annehmen zu können." Zuvor aber will die Landesregierung die Landesmitte als „europäische Metropolregion" ausbauen. Deswegen seien „...in Stuttgart Institutionen und Infrastrukturen mit internationaler Bedeutung auszubauen und anzusiedeln...", auch wenn wegen dieser Aufgabe im Zeitalter weltumspannender Kommunikationsmöglichkeiten die Zufahrt zum bisherigen Kopfbahnhof in der Landeshauptstadt mit einem Aufwand von mehreren Milliarden unter die Erde verlegt werden soll, um Gelände zu gewinnen zur Errichtung solcher Institutionen. Man will die Herausforderung der wachsenden EU annehmen mit den Mitteln der Zentralisation im Lande, um nach außen hin weiterhin die Vorrangstellung seiner Metropole stärken zu können. Im übrigen muß man sich fragen, welche Institutionen überhaupt noch dort angesiedelt werden können, nachdem schon, von wenigen Ausnahmen abgesehen, alle denkbaren Institutionen dort angesiedelt sind.

Die badischen Genossenschaften und der badische Sportbund – strukturiert nach dem Subsidiaritätsprinzip

> „Gehalten im alten badischen und württembergischen Rahmen und teilweise nach dem Zerschneiden in der Besatzungszeit wiedervereinigt, haben sich (teilweise) die Verbände im Bereich von Wirtschaft und Kultur (darunter die beiden Kirchen), ein Zeichen, wie zählebig die alten Länder doch dort waren, wo keine staatlichen Organe oder gar Wähler zu bestimmen hatten." (Meinrad Schaab)[9]

Zwei Beispiele von größerer Bedeutung seien hier angeführt.

1. Die badischen Genossenschaften

Die Ursprünge des Genossenschaftswesens reichen weit ins Mittelalter hinein – Deichgenossenschaften, Handwerkerzünfte, Kaufmannsgilde – diese endeten nach der Befreiung vom Zunftzwang mit der Einführung der Gewerbefreiheit (1810). Das sich dadurch entwickelnde Marktgeschehen brachte zum Teil erheblichen Konkurrenzdruck, unter dem vor allem die kleinen und mittleren Betriebe schwer zu leiden hatten. Als Reaktion hierauf entstand die Genossenschaftsbewegung in der zweiten Hälfte des 19. Jahrhunderts.

Der genossenschaftliche Zusammenschluß sollte von Anfang an helfen, Angebots- und Nachfragemacht sowie Organisationsaufwand der einzelnen Genossen zu bündeln, ohne deren Selbständigkeit zu beseitigen. Die Genossenschaften wollten sowohl die Nachteile wirtschaftlicher Einzelkämpfer als auch die Gefahren von Großunternehmen vermeiden. Dadurch gelang es auch mit der vielfältigen Konzentration in Wirtschaft und Handel wirtschaftlich Schritt zu halten. Insgesamt gibt es in Deutschland derzeit etwa 9000 Genossenschaften mit ungefähr 16 Millionen Mitgliedern. Fast 2/3 aller Handwerker, 3/4 aller Kaufleute und Bäcker, 4/5 aller Landwirte, ebenso 9/10 aller Metzger sind Mitglieder einer Genossenschaft.

„Die badischen Genossenschaften mit ihren 1,7 Millionen Mitgliedern sind auf dem Weg ins nächste Jahrhundert strukturell, personell und finanziell gut gerüstet, um den Herausforderungen der Märkte entsprechen zu können.“[10] Lediglich im Bereich der Landwirtschaft bahnen sich zur Zeit Fusionen mit den entsprechenden württembergischen Verbänden an.

Für die 118 Volks- und Raiffeisenbanken betrug die Bilanzsumme 1999 fast 86 Milliarden, die durchschnittliche Bilanzsumme war auf 710 Millionen DM gestiegen, etwa um die Hälfte über dem Durchschnitt aller 2300 deutschen Genossenschaftsbanken. Die 353 ländlichen Waren- und Dienstleistungsgenossenschaften und die Raiffeisenzentralgenossenschaft erreichten einen Umsatz von 2,7 bzw. 1,14 Milliarden DM. Die Obst- und Gemüseabsatzgenossenschaften, Winzer und Milchzentralen und die gewerblichen Warengenossenschaften erreichten zusammen einen Umsatz von über 2 Milliarden DM.

Es ist nicht verwunderlich, daß bei der stärksten Säule des Genossenschaftswesens – den Genossenschaftsbanken – über eine neue bundesdeutsche Strategie nachgedacht wird. Es sollen bis 2008 nur noch etwa 800 Genossenschaftsbanken durch nachbarschaftliche Zusammenschlüsse mit einer Durchschnittsbilanz von ca. 2 Milliarden DM entstehen, da angesichts der welt- und europaweit laufenden Milliardenzusammenschlüsse ein harter Überlebenskampf entbrannt ist. Ob die so sehr auf ihre Selbständigkeit bedachten Primärbanken mit Hilfe ihrer Verbände die Kraft aufbringen, die vor 150 Jahren installierte Geschäftsidee der genossenschaftlichen Selbsthilfe auch unter den Bedingungen dieses globalen Wettbewerbs umzusetzen, wird die Frage sein. Hierzu brauchen diese Primärbanken die subsidiäre Unterstützung eines innerhalb ihrer Bankengruppe funktionsfähigen Verbundsystems, das auch die bisherigen Zentralbanken, Rechenzentralen und regionalen Genossenschaftsverbände erheblich reduziert. Für uns im badischen Landesteil stellt sich hierbei die besorgte Frage, ob sich nicht wieder die Metropolregion Stuttgart allein diese Zentralen sichert, auch dann, wenn ihre Gebiete den Rhein überschreiten sollten (Rheinland-Pfalz, Saargebiet).

2. *Der nach dem klassischen Subsidiaritätsprinzip strukturierte Sportbund innerhalb des Landessportbundes Baden-Württemberg*

Nach der totalen Niederlage des Dritten Reiches im Frühjahr 1945 kam in den ersten Besatzungsmonaten kein organisierter Sportbetrieb zustande, da die Probleme und die Not in den elementaren Lebensbereichen zu groß und zu allgegenwärtig waren. Teils heimlich, teils mit Duldung der örtlichen Besatzungsbehörden trafen sich Vereinsvertreter meist von Fuß- und Handballvereinen zu ersten Kontaktaufnahmen. Ab Juni 1945 fanden schon erste Freundschaftsspiele statt, größere und von früher bekannte Vereine wurden für Gastspiele bei kleineren, ländlichen Vereinen in Naturalien vergütet (Kalorien- oder Obstspiele).

Ende 1945 fanden sich schon Vertreter der Stadt Karlsruhe mit Vertretern des Landkreises zusammen. Kurze Zeit später geschah dies auch in dem sich bildenden Landesbezirk Nordbaden. Schon früh plante man, den US-Behörden die Bildung eines Landesverbandes vorzuschlagen, als Sitz wurde Karlsruhe bestimmt, weil diese Stadt als südlichste Nordbadens im Falle einer möglichen Vereinigung mit Südbaden am geeignetsten zu sein schien. Da die jetzt schnell wieder entstehenden Vereine ihre Lizenz nur von der Militärregierung erhielten und diese den Badischen Sportbund nur als einheitlichen Dachverband akzeptierte, war gesichert, daß sich eine Zersplitterung in politische oder religiöse Verbände wie vor 1933 nicht bilden konnte. Verbindlich wurde eine demokratische Grundlage für die Struktur eines Einheitsverbandes und seiner Vereine verlangt.

Nachdem sich schon 1945 in der US-Besatzungszone länderübergreifende Arbeitsgemeinschaften gebildet hatten, gelang es im damaligen Württemberg-Baden, das Problem Verein/Fachverbände für einzelne Sportarten zu lösen. Die ab Mitte 1948 ausgelöste Fusionsfrage im deutschen Südwesten wirkte sich auch auf die Sportorganisation aus. Nach ersten Kontakten wurde sie aber sofort entschieden, weil man sich einig werden konnte, daß auch bei Bildung eines gemeinsamen Landes die frühere Gliederung der Länder beibehalten bleibt. Die in der französischen Zone offiziell noch nicht gegründeten Sportverbände sollten ebenso einbezogen werden.

Während die beiden Landesverbände in Württemberg sich schon Ende 1952 vereinigten, ergaben sich auf badischer Seite Schwierigkeiten, die erst jetzt behoben werden können.[11]

Immerhin konnten schon 1952 unter Wahrung ihrer Selbständigkeit eine Arbeitsgemeinschaft der drei Landessportverbände gebildet werden, wobei die beiden badischen immer in guter Zusammenarbeit verbunden blieben. Nachdem schon nach der Bildung des Landes durch Gesetz aus dem Überschuß der staatlich organisierten Lotto- und Totomittel die Sportverbände jeweils nach der Zahl ihrer Mitglieder unterstützt wurden, blieben aber die größten Förderer der Vereine die Städte, Gemeinden und Landkreise, die nicht nur mit Baumaßnahmen unterstützen, sondern auch ihre kommunalen Sportstätten zur Verfügung stellen. Nicht zu vergessen sind auch viele Sponsoren, die besonders in den letzten Jahren in steigendem Maße die Spitzensportler fördern.

Gerade wegen der Förderung des Leistungssportes gelang es nach jahrelangen Überlegungen, beim Leistungssport auf regionale Souveränität und Finanzhoheit zu verzichten. Nun konnte 1973 ein gemeinsamer Landessportverband als gemeinsames Dach und Ansprechpartner gegenüber Landesregierung, Landtag und dem Deutschen Sportbund gebildet werden, ohne Aufgabe der Souveränität und Eigenständigkeit der Landessportverbände. Diese regionale Eigenständigkeit konnte von den beiden badischen Landessportverbänden mit Erfolg verteidigt werden, weil die Arbeit mit den Vereinen aus Gründen der Basisnähe in den regionalen Bünden besser geleistet werden kann als mit einem zentralen und bürokratischen „Wasserkopf". Durch kleinere Einheiten können überdies mehr Personen im Ehrenamt mit großer Wirkung verantwortungsvoll tätig sein. „Die Aufgaben und Kompetenzverteilung sowie die Entscheidungsfindung entsprechen echten demokratischen Grundsätzen, basieren auf breiter Grundlage und schützen vor einem oft nicht berechenbaren Zentralismus. Die Zielvorstellungen für einen einheitlichen Landessportbund Baden-Württemberg sind bereits weitgehend verwirklicht. Eine totale Zentralisierung erfordert wesentlich höhere Ausgaben und bringt keine Vorteile."[12]

Noch 1996 haben die badischen Sportbünde von den Vertretern der Regierung des zuständigen Ministeriums und des Landtages vernommen, daß die Entscheidung in der Strukturfrage allein in die Zuständigkeit der Sportselbstverwaltung fällt, und so soll es auch bleiben.

Subsidiarität – nur für Verbände?

Fragt man, weshalb es möglich ist, bei Genossenschaften und Sportverbänden ihre Einrichtungen vor Ort als primär zu verstehen und auch bestehen zu lassen, und alle ihre übergeordneten Systeme subsidiär anzuwenden, während in weit größeren und komplexeren Verbindungen von bisherigen eigenständigen Ländern das fast unmöglich erscheint, kann man erkennen, daß hier nur ein Unterschied in der Größenordnung besteht.

Viele Politiker, auch wenn sie nach demokratischen Grundsätzen nur auf Zeit Macht ausüben, können offenbar nur schwer Teile ihrer Macht abgeben. Desto wichtiger ist es, daß auf allen Ebenen eines Staates verbindliche Regeln gelten, die dem Subsidiaritätsprinzip Rückhalt verleihen und eine subsidiäre Politikgestaltung anregen. Das sollte auch von der kommunalen Ebene bis hinauf zur Europäischen Union verbindlich sein. Politiker anerkennen bereitwillig die Wichtigkeit des Prinzips auf einer Ebene, die der ihrigen übergeordnet ist, sie können aber oft nur schwer begreifen, daß das Prinzip auch für ihren amtlichen Wirkungskreis gelten muß: So erkannte Willi Stächele, Staatssekretär im Staatsministerium in Stuttgart am Ende des Jahres 2000 ganz zutreffend: „Die politische Ordnung Europas bleibt so lange unvollständig, als sie nicht Garantien regionaler und lokaler Autonomie in sich aufnimmt. In den europäischen Verträgen müssen Vorkehrungen zur Sicherung lokaler und regionaler Gestaltungsspielräume geschaffen werden, von der Wirtschafts-, Forschungs- und Kulturförderung bis hin zur Erhaltung von öffentlichen Einrichtungen der Daseinsfürsorge".[13]

Es gilt, dieses Prinzip auch im Land selbst zugunsten seiner Regionen und Kommunen fruchtbar zu machen.

Anmerkungen

1 Acta Apostolicae Sedis 23 (1931). S. 177 ff. S. 203 n. 79.

2 Paul Jostock. Die sozialen Rundschreiben – Leo XIII. über die Arbeiterfrage, Pius XI über die gesellschaftliche Ordnung mit Erläuterungen, Kapitel 79. S. 133/34, Freiburg 1948.

3 Art. 3 b EGV, abgedruckt in EU/EG, Die Verfassungstexte von Maastricht mit den deutschen Begleittexten, bearbeitet und eingeleitet von Th. Läufer, hg. Presse- und Informationsamt der Bundesregierung. Bonn 1994. S. 302.

4 Paul Feuchte. Verfassungsgeschichte Baden-Württemberg. S. 118 ff. Stuttgart 1983, Bewertung des KA Vertragsentwurfes S. 125. Zur Haltung des damaligen Kanzlers Konrad Adenauer S. 129.

5 Uwe Uffelmann. Identitätsstiftung in Südwestdeutschland, Antworten auf politische Grenzziehungen nach dem II. Weltkrieg. Idstein 1996. S. 107 ff. Abdruck des Karlsruher-Vertrag-Entwurfs S. 116 ff. Ablehnung des KA Vertragsentwurfes S. 114 und S. 125.

6 Ministerpräsident Gebhard Müller

7 Ministerpräsident Gebhard Müller. Regierungserklärung vom 28.10.1953. Uwe Uffelmann. A.a.O. S. 53.

8 Matthias Hahn (Baubürgermeister v. Stuttgart). „Der Run auf die Innenstadt ist eröffnet". Die Welt v. 06.03.1999: „Von 1970-1987 hat die Zahl der Beschäftigten in der Produktion um 70 000 abgenommen. Dem steht ein Plus von 65 000 Arbeitsplätzen bei den Dienstleistungen gegenüber. ...Und sie (diese Umschichtung, Anm. d. Verf.) hat sich bis 1998 weiter fortgesetzt. Im Dienstleistungssektor sind dabei noch einmal 28 000 Arbeitsplätze entstanden."

9 Meinrad Schaab. 40 Jahre Baden-Württemberg – Aufbau und Gestaltung 1952-92 S. 610. Theiss. Stuttgart 1992.

10 Egon Gushurst (Präsident des Badischen Genossenschaftsverbandes Karlsruhe). BNN 29.12.1999.

11 Es ging um die Frage, ob der zukünftige Bund auf die Fachverbände ohne Sportkreise oder auf die Vereine mit Sportkreisen aufzubauen war.

12 50 Jahre Badischer Sportbund 1946-1996. S. 29. Karlsruhe G. Braun 1996.

13 Willi Stächele (Staatssekretär im Staatsministerium BW, MdL). Die Europäische Union vor Nizza. CDU-Intern 12/2000 „Wir in BW" S.6.

Der Badische Landesverband gegen die Suchgefahren e.V. (blv.)

Hans-Otto Walter

Der 1919 gegründete Badische Landesverband gegen die Suchtgefahren e.V. unterhält 27 ambulante und 13 stationäre Einrichtungen der Suchtkrankenhilfe sowie vier Integrationsfachdienste für schwerbehinderte Arbeitnehmerinnen und Arbeitnehmer. Er wird geleitet von Geschäftsführer Christian Heise und hat 420 Mitarbeiter.

Die tragenden Mitglieder des Vereins, d. h. die Mitglieder, die seine finanzielle Basis (Einnahmen und Ausgaben pro Jahr rd. 20 Mio. DM) sichern, sind heute das Land Baden-Württemberg, die Landesversicherungsanstalt Baden und der Landeswohlfahrtsverband Baden. Früher haben das Land Baden, die Landesversicherungsanstalt Baden und die freien Wohlfahrtsverbände den Verband getragen.

In Rechtsnachfolge der früheren staatlichen Fürsorgeverbände hat der Landeswohlfahrtsverband Baden bereits bei seiner Gründung 1964 die Garantenstellung für den blv. übernommen. Über den Landeswohlfahrtsverband Baden besteht eine Klammer zwischen den Kommunen und dem blv. als Träger der Suchtkrankenhilfe. Über die Kreisumlage finanzieren die Gemeinden mittelbar auch die Arbeit des blv.

Diese Verflechtung zwischen dem höheren Kommunalverband LWV und dem blv. hat sich für den Ausbau der ambulanten und stationären Suchtkrankenhilfe sowie der Prävention in den Regierungsbezirken Karlsruhe und Freiburg als Glücksfall erwiesen.

Der blv. hat viele Entwicklungen der Suchtkrankenhilfe maßgeblich mit vorangetrieben. So war er bundesweit einer der ersten Träger, der ambulante Rehabilitation für Alkoholabhängige durchgeführt und mit den Krankenkassen abgerechnet hat.

Die erste Adaptionseinrichtung, die der Wiedereingliederung von Abhängigkeitskranken nach der Entwöhnungsbehandlung dient, wurde vom blv. eingerichtet. Ebenso ist der blv. der erste Träger einer Kurzzeittherapieeinrichtung für Drogenabhängige in Baden-Württemberg.

Der blv. ist in vielen Stadt- und Landkreisen als verläßlicher Partner anerkannt, der das Leistungsangebot der Kommunen mit seiner spezifischen Kompetenz ergänzt. Die Zahl der Klienten ist seit dem Gründungsjahr erheblich angestiegen: von 500 auf derzeit etwa 14 000.

Der Landeswohlfahrtsverband Baden

Hans-Otto Walter

Die Aufgaben des Landeswohlfahrtsverbandes Baden (LWV) wurden bis zu Beginn der 60er Jahre vom Land selbst durch die Landesfürsorgeverbände in den Regierungsbezirken Nordbaden und Südbaden wahrgenommen. Durch Landesgesetz zum 1. Januar 1964 wurde der Landeswohlfahrtsverband Baden gebildet, geradeso wie der Landeswohlfahrtsverband Württemberg-Hohenzollern als Körperschaft des öffentlichen Rechts mit Aufgaben im Bereich der Alten-, Behinderten- und Jugendhilfe, der Kriegsopferfürsorge sowie der Integration von Schwerbehinderten in das Arbeitsleben. Verbandsmitglieder sind die 16 Landkreise und 6 Stadtkreise der Regierungsbezirke Freiburg und Karlsruhe. Nach jeder Kommunalwahl entsenden die Verbandsmitglieder je angefangene 100.000 Einwohner ein Mitglied in die Verbandsversammlung, zurzeit insgesamt 62. Die Verbandsversammlung beschließt unter Leitung ihres Vorsitzenden, derzeit Landrat Dr. Bernhard Wütz, Waldshut, über wichtige Verbandsangelegenheiten, insbesondere über den Haushalt, neue auf Dauer angelegte Freiwilligkeitsleistungen und wählt die leitenden Mitarbeiter. Die Entscheidungen der Verbandsversammlung werden durch den 13-köpfigen Verbandsausschuß vorberaten, der auch über diejenigen Angelegenheiten abschließend entscheidet, die nicht ausdrücklich der Verbandsversammlung vorbehalten sind. Die laufenden Geschäfte führt der jeweils auf acht Jahre gewählte Verbandsdirektor. Er ist oberster Dienstherr der rd. 600 Bediensteten des Verbandes. Die Verbandsverwaltung hat ihren Sitz in Karlsruhe.

Unter dem Dach des Landeswohlfahrtsverbandes sind drei wichtige Fachämter vereinigt: das Landessozialamt, die Hauptfürsorgestelle mit dem Integrationsamt und der Zweigstelle Freiburg sowie das Landesjugendamt.

Das verbandspolitisch bedeutendste Amt ist das Landessozialamt. Es organisiert und finanziert als überörtlicher Träger der Sozialhilfe Angebote der Eingliederungshilfe für geistig, seelisch sowie mehrfachbehinderte Menschen. Für diese Menschen gewährt der LWV den laufenden Unterhalt und die Betreuung. Zur Zeit gibt es im Bereich des LWV Baden rd. 8.700 Behinderte, die vollstationäre Eingliederungshilfe in einer Anstalt, einer Heimsonderschule oder einem Wohnheim erhalten. Weitere rd. 5.300 Behinderte erhalten teilstationäre Hilfen. Das sind insbesondere Hilfen in Werkstätten für Behinderte.

Im Mittelpunkt der Tätigkeit der Hauptfürsorgestellen stehen heute die Aufgaben nach dem Schwerbehindertengesetz, und zwar die Erhebung und Verwendung der Ausgleichsabgabe, die begleitende Hilfe im Arbeits- und Berufsleben und der besondere Kündigungsschutz für Schwerbehinderte. Im Sozialgesetzbuch IX wird die Hauptfürsorgestelle insoweit in Integrationsamt umbenannt. An finanziellen Leistungen an Arbeitgeber und schwerbehinderte Arbeitnehmer werden aufgrund von rd. 1.500 Neuanträgen pro Jahr etwa 25 Mio. DM bewilligt. Im Jahre 1999 wurden 1.500 Kündigungsschutzverfahren durchgeführt. Die Sonderfürsorge für die im Krieg besonders schwer Betroffenen (Blinde, Ohnhänder, Hirnverletzte) obliegt der Hauptfürsorgestelle und ist nach wie vor unverzichtbar, auch wenn die Zahlen 55 Jahre nach Kriegsende rückläufig sind.

Der LWV gewährt für etwa 5.200 Blinde Leistungen nach dem Gesetz über die Landesblindenhilfe. Die in pauschalierten Beträgen gezahlte Blindenhilfe dient dem Ausgleich blindheitsbedingter Mehraufwendungen und Benachteiligungen.

Das Landesjugendamt, dem auch die Aufsicht über Kindertagesstätten und Jugendheime obliegt, sieht den Schwerpunkt seiner Tätigkeit in der Entwicklung neuer Formen und Wege der Jugendhilfe durch kreisübergreifende Initiativen. Von der Jugendhilfe werden laufend aktuelle Antworten auf Fragestellungen erwartet, die sich aus gesellschaftspolitischen Veränderungen ergeben. Das umfangreiche Fortbildungsprogramm des LWV richtet sich in erster Linie an Kindergärtnerinnen, Erzieher in Erziehungsheimen, Sozialarbeiter und Sozialpädagogen bei den Land- und Stadtkreisen, Verwaltungsfachkräfte in den Sozial- und Jugendämtern sowie an Angehörige der verschiedensten Beratungsstellen. Die Veranstaltungen werden schwerpunktmäßig im Bildungszentrum des LWV Schloß Flehingen angeboten. Der LWV ist Träger der Landesjugendheime Schloß Stutensee in Stutensee bei Karlsruhe und Stift Sunnisheim in Sinsheim (Rhein-Neckar-Kreis). Die Landesjugendheime bieten ein differenziertes Angebot an schulischen und praktischen Ausbildungsmöglichkeiten an. Die Zuständigkeiten des Verbandes für die investive Förderung von Einrichtungen der Alten-, Behinderten- und Jugendhilfe, verbunden mit der Vereinbarung der Pflegesätze in diesem Bereich, beeinflussen das Barometer des sozialen Klimas im Verbandsgebiet stark.

Die Einnahmen und Ausgaben des Verbandes betrugen im Jahr 2000 rd. 1 Mrd. DM. Der größte Teil hiervon entfällt mit rd. 738 Mio. DM auf die überörtliche Sozialhilfe. Die Verbandsausgaben werden zu etwa 70 % über die Landeswohlfahrtsumlage von den Mitgliedern finanziert. Rund 18 % seiner Einnahmen erhält der Verband als Zuweisung des Landes über den kommunalen Finanzausgleich. Die Zahl der jährlich neu in die Kostenträgerschaft des LWV aufzunehmenden Behinderten beläuft sich nach wie vor auf rd. 500. Die damit verbundenen Kosten stellen an den Finanzbedarf des LWV und seiner Mitglieder immer dann extrem hohe Anforderungen, wenn das Wachstum der Steuerkraft hinter dem Ausgabenanstieg für die behinderten Menschen zurückbleibt.

In der vergangenen Legislaturperiode hat die Landesregierung eine Diskussion über einen Zusammenschluß der beiden Landeswohlfahrtsverbände in Baden-Württemberg angestoßen. Dabei wurde die Stärkung der Landesidentität des Landes Baden-Württemberg hervorgehoben, das im Jahre 2002 50 Jahre besteht. Die immer noch zweigeteilte Behörden- und Verbandsstruktur müsse überwunden werden.

Die Verbandsversammlung des LWV Baden hat sich sehr eingehend mit dieser Problematik befaßt und am 04.12.1998 eine Fusion einstimmig abgelehnt. Die Landeswohlfahrtsverbände Baden und Württemberg-Hohenzollern wurden durch ein baden-württembergisches Landesgesetz gebildet. Seit der Verwaltungsreform zu Beginn der 70er Jahre sind ehemals württembergische Landkreise (Calw, Freudenstadt, Rottweil und Tuttlingen) Mitglieder des LWV Baden und ehemalige badische Landkreise (Tauberbischofsheim und Überlingen) Mitglieder des LWV Württemberg-Hohenzollern geworden. Der LWV Baden ist daher kein exklusiv „badischer“ Verband. Er praktiziert vielmehr seit langem die Integration früherer badischer und württembergischer Mitgliedskörperschaften. Darüber hinaus gibt es in der Mehrzahl der Bundesländer, in denen die Aufgaben der überörtlichen Sozialhilfe von höheren Kommunalverbänden wahrgenommen werden, mehrere Verbände.

Die Strukturen in der Behindertenhilfe, in der Drogen- und Suchtkrankenarbeit, bei den Erziehungshilfen und in der Schulsozialarbeit haben sich – auch durch unterschiedliche Trägerstrukturen bei den Verbänden der freien Wohlfahrtspflege – in den Verbandsgebieten unterschiedlich entwickelt. Die Unterschiede in den Hilfestrukturen können durch eine zentralistische Führung nicht beseitigt werden. Behutsamer Umgang mit den gewachsenen Strukturen erscheint sinnvoll, zumal der Wettbewerb um die jeweils beste Lösung optimierend wirkt. Bei der Durchführung der Eingliederungshilfe für Behinderte, der wichtigsten Aufgabe der Landeswohlfahrtsverbände, ist ein enger Kontakt zwischen den Verantwortlichen des LWV und den Einrichtungen, die die Hilfe durchführen, unerläßlich. Gerade vor dem Hintergrund einer mehr und mehr betriebswirtschaftlich denkenden Gesellschaft muß Solidarität mit unseren Behinderten praktiziert werden. Dies nicht in Aufsätzen, Erlassen, Reden und Verfügungen, sondern durch Gespräche mit den Verantwortlichen in den Heimen und Werkstätten vor Ort.

Bei einem fusionierten Verband müßte auch das ehrenamtliche Element zwangsläufig eingeschränkt werden, da die Verbandsversammlung aus Gründen der Praktikabilität nicht zu groß sein sollte. Gerade das ehrenamtliche Engagement der Mitglieder der Verbandsgremien ist in der Behindertenarbeit besonders wichtig, garantiert es doch das Verständnis für die Aufgaben des LWV und die Verwurzelung des LWV in der Bevölkerung.

Gewachsene Hilfestrukturen, die Präsenz der Verantwortlichen vor Ort und die Verklammerung der Aufgaben mit der örtlichen Ebene über die ehrenamtlich Tätigen in den Verbandsgremien sprechen also gegen eine Fusion. Einsparungspotentiale und eine Steigerung der Verwaltungseffizienz geben als Gegenpositionen wenig her. Denn Einsparungen bei den Personal- und Sachkosten, die beim Verbandshaushalt rd. 3 % betragen, werden auch bei einem fusionierten Verband marginal bleiben. Gegenüber den ständig steigenden Kosten für die Eingliederungshilfe sind sie jedenfalls zu vernachlässigen. Zentrale Dienste können Vorteile bringen, sind jedoch auch über Koordinationen zu realisieren und nicht in der Lage, die dargestellten Nachteile aufzuwiegen.

Die bisherigen Erfahrungen zeigen, dass den Land- und Stadtkreisen in den Regierungsbezirken Freiburg und Karlsruhe mit dem LWV Baden eine kommunale Institution zur Verfügung steht, die in der Lage ist, soziale Aufgaben, die eine überörtliche Wahrnehmung erfordern, in einem überschaubaren Bereich mit sozialem Engagement und finanziellem Verantwortungsbewußtsein bürgernah wahrzunehmen.

Der Landesverein „Badische Heimat“

Adolf Schmid

Das 1818 neu verfaßte badische Großherzogtum bildete schon bald ein kräftiges Gemeinschaftsbewußtsein aus. Dazu trugen verschiedene Faktoren bei: Schule und Militär, die erste Staatseisenbahn auf deutschem Boden, die „Zeitschrift für die Geschichte des Oberrheins“ und die Förderung badischer Landesgeschichte aus öffentlichen Mitteln.

1909: Gründung des Landesvereins „Badische Heimat“

Neben der Gründung von Geschichtsvereinen wurden im Zweiten Kaiserreich in fast allen Staaten des Reiches Heimatvereine begründet. Während die einen dem Geschichtsstolz der staatlich geeinten Nation Rechnung trugen, reagierten die anderen auf soziale Verwerfungen im Gefolge der „industriellen Revolution“: Verstädterung und Landflucht. Man setzte ihnen mit den Heimatvereinen ein bewußt bürgerliches Heimatbild entgegen. In Freiburg kam es im Jahr 1909 durch Zusammenschluß des „Badischen Vereins für Volkskunde“ und des „Vereins für ländliche Wohlfahrtspflege in Baden“ zur Gründung des Landesvereins „Badische Heimat“; Mitglieder waren Lehrer, Professoren, Pfarrer, Ärzte, Rechtsanwälte – das „Bildungsbürgertum“ wurde aktiv; dazu zählten sich auch Kaufleute, Gastwirte, Handwerker.

In der Satzung wurde festgelegt: „Zweck des Vereins ist: Erhaltung, Pflege und wissenschaftliche Erforschung des heimischen Volkstums, Förderung der ländlichen Wohlfahrt auf materiellem und geistigem Gebiete, Schutz der heimischen Landschaft, ihrer Kultur- und Naturdenkmäler, ihrer Tier- und Pflanzenwelt und dadurch Weckung und Vertiefung der Heimatliebe“. Die Vereinszeitschrift übernahm mit der Zielsetzung auch den Namen „Badische Heimat“.

Einige Namen aus der Gründergeneration sprechen für sich: Der erste Landesvorsitzende Prof. Fridrich Pfaff war ein Pionier der Volkskunde, für den Denkmalschutz waren Joseph Sauer und Max Wingenroth aktiv, Konrad Guenther war bald der bekannteste „Naturschützer“ des Großherzogtums, auch das Ehrenmitglied Heinrich Hansjakob brachte dem Verein Reputation. Und natürlich begrüßte und begünstigte Großherzog Friedrich II. dieses badische Unternehmen.

Weitere Entwicklung

1918 ging in Baden die dynastische Klammer verloren, aber nicht das Staatsgefühl. „Versailles“ hatte Baden wieder zum Grenzland gemacht und die badische Wirtschaft hart getroffen. Die Arbeitslosigkeit im Spätherbst 1923 war dreimal so hoch wie in Württemberg, das Durchschnittseinkommen sank deutlich unter den Reichsdurchschnitt. Und dazu noch französische Besatzung!

Doch der Heimatverein schickte sich in die Notlage. Die Mitglieder der „Badischen Heimat“ fanden viel Zustimmung für ihre besondere Art der Kulturpflege, bald waren in 57 Ortsgruppen 12 000 Mitglieder aktiv (1930), gut betreut aus dem 1926 nach Plänen von C.A. Meckel in Freiburg erbauten „Haus der badischen Heimat“ in der Regie von

Hermann Eris Busse, dem hauptamtlichen Landesgeschäftsführer. Seine Organisation war glänzend und die Resonanz auf seine Arbeit sehr ermutigend: Welcher Bürgermeister, welcher Lehrer wollte bei solch vorbildlichem Einsatz für die gefährdete Heimat zurückstecken? H.E. Busse kämpfte – vor allem auch als Schriftsteller – für das „einfache Leben auf dem Land“, gegen soziale Desintegration.

Aber Heimatliebe wurde zur Heimatideologie. Der Landesvorsitzende, Prof. Eugen Fischer, schrieb inzwischen über das „körperliche und geistige Erbgut der Alemannen“, setzte seine Karriere in Berlin fort. Sein Nachfolger Paul Schwörer, der seine berufliche Laufbahn noch als großherzoglicher Beamter begonnen hatte und 1927 „Landeskommissär“ in Freiburg geworden war, blieb seiner Aufgabe treu bis 1945. Aber 1934 erfolgte eben seine „Ernennung“ nach seiner Wiederwahl durch den NS-Kultusminister. Die „Badische Heimat“ wurde zwar nicht eingegliedert in den „Reichsbund Volkstum und Heimat“, aber der badische Kultusminister Otto Wacker fand keinen Widerspruch, wenn er feststellte: „...der nationalsozialistische Volksbegriff ist nicht so sehr durch die Merkmale gleicher Sprache, gleicher Kultur und gemeinsamer Geschichte als durch die Rasse bestimmt“. 1942 erschien die letzte Publikation der „Badischen Heimat“.

Wiedergründung nach 40 Jahren

1945 wurde der Landesverein verboten und aufgelöst. Bereits 1946 versuchten Männer wie Paul Schwörer, Prof. J. Sauer, Oberbaudirektor J. Schlippe, Heinrich Brenzinger, Konrad Guenther, Karl Siegfried Bader einen Neubeginn. Aber die Wiedergründung ließ die französische Besatzungsmacht erst zu am 23. Oktober 1949. Das halbe Kabinett des (süd-)badischen Staatspräsidenten Leo Wohleb war bei der Gründungssitzung zugegen. Zur allgemeinen Freude war mit dem Bus auch eine große Delegation aus Karlsruhe, aus ganz Nordbaden nach Freiburg gekommen, u.a. der Verleger Dr. Knittel, Dr. Beutenmüller / Bretten, die Oberbürgermeister von Karlsruhe und Mannheim, Töpper und Braun. Als neuer Landesvorsitzender wurde Ministerialrat Prof. Dr. Thoma aus Karlsruhe gewählt, die Zonengrenze hatte das alte Zusammengehörigkeitsgefühl der Badener nicht geschwächt. Wohl aber wurde dieLändervereinigung durch die Frage Südweststaat / alte Länder erheblich irritiert. Die Gegensätze unter den Mitgliedern waren unüberbrückbar. In Leo Wohleb war der „andere politische Kurs“ personifiziert, er formulierte selbst 1947 den ersten Satz der (süd-) badischen Verfassung: „Im Vertrauen auf Gott hat sich das badische Volk als Treuhänder der alten badischen Überlieferung (...) folgende Verfassung gegeben...“

Paul Schwörer, persönlich ein eindrucksvolles Beispiel badischer Identität, sprach sich klar für die Südweststaat-Entwicklung aus – ohne Furcht, „badische Besonderheiten könnten im neuen Bundesland untergehen“.

Bis 1970 war die „Badenfrage“ das zentrale Problem auch für die Regionalgruppen der „Badischen Heimat“. Nach dem 7. Juni 1970, als das „badische Volk“ mit übergroßer Mehrheit die neue Heimat in Baden-Württemberg gefunden hatte, schrieb dann z.B. der „Alt-Badener“ Hermann Person: „Die badische Frage ist entschieden, wir leben heute als aufrechte Badener ohne Komplex im Lande Baden-Württemberg“.

Natürlich gibt es noch heute Badener, die alte Vorurteile gegen die Schwaben als besondere politische Tugend pflegen. Für die „Badische Heimat“ ist eindeutig festzustellen, daß das neue Bundesland überzeugend demokratisch legitimiert ist, sich auch als die verläßliche Stütze des Gesamtstaates Bundesrepublik darstellt; unter europäischem

Aspekt folgte diese Entwicklung im deutschen Südwesten sogar einer fast zwingenden historischen Logik. Und Baden ist ein wesentlicher Bestandteil des geglückten Unternehmens. Wie in wenigen Ländern wird hier europäisch gedacht und gehandelt, die „Grenzlage" prädestiniert zum Brückenland.

„Badische Heimat" heute

Hat dieser Baden-Verein noch eine Berechtigung? – In 15 Regionalgruppen bezeugen heute 3500 Mitglieder (Minister und Bürgermeister, immer noch viele Lehrer aller Bildungswege, Bürger mit besonderem kulturellem Anspruch) ihre besondere Heimatverbundenheit, mit anspruchsvollen monatlichen Programmen, die menschlich-freundschaftliche, interdisziplinäre Kontakte, viel Erfahrungsaustausch und Foren für Vortrag und Aussprache bieten; gut betreut von engagierten ehrenamtlichen Mitarbeitern, Lehrern überwiegend, Wissenschaftlern und Fachleuten aus Museen, Archiven, Universitätsinstitutionen. Es ist zu bedauern, daß sich das Interesse in den Gebieten, die durch die Reformpolitik „schwäbisch" geworden sind, etwas zu verlieren scheint, aber noch stimmt es einfach nicht, wenn z.B. das alte badische Meßkirch als „oberschwäbisch" etikettiert wird. Die Vierteljahreszeitschrift „Badische Heimat" ist anerkannt wegen ihres wissenschaftlichen Niveaus, ihrer Themenvielfalt, ihres Versuchs, „badische Identität" zu vermitteln, dabei auch den heute wieder erstarkten Regionalismus vorbadischer Traditionen zu berücksichtigen – in guter Nachbarschaft zu den vielen aktiven Geschichtsvereinen und in fruchtbarer Kooperation zu den Institutionen, die unseren kulturellen Reichtum in Museen, Instituten, Archiven verwalten.

Sicher wird ein solcher Verein die allgemeinen politischen Entwicklungen immer intensiv miterleben, dabei Phasen aktiver Zeiten und nachlassender Wirkung durchleben. Wir sind aber überzeugt, daß das Verständnis für Tradition, die Verantwortung für das kulturelle Erbe und den Schutz der Natur, vor allem aber auch das Wissen um geschichtliche Entwicklungen und Zusammenhänge immer wichtiger werden. War es vor einem Jahrhundert die industrielle Revolution, die die Menschen beunruhigte, so ist es heute die von Globalisierung und von technischem Aufschwung geprägte Welt, die immer mehr Fragen aufwirft und uns suchen läßt nach Orientierungshilfen, nach sicheren Wurzeln. Wir setzen auf Kontinuität, auf Nähe, aber auch auf Verschiedenheit und kulturelle Vielfalt und Wandel; Wandel ist angesagt in vielen Bereichen der Heimatpflege, um in der europäischen Wirklichkeit anzukommen.

Aber „Baden" wird immer vor allem auch hohen emotionalen Wert besitzen; denn wo man „Baden" sagt (und singt!), werden immer noch positive Assoziationen geweckt.

Die 1985 neu gefaßte Satzung nennt in § 2 als „Zweck" des Landesvereins „Badische Heimat": „Der Verein will das überlieferte heimatliche Kulturgut erhalten, pflegen, wissenschaftlich erforschen und an seiner sinnvollen Neugestaltung mitwirken. Er widmet sich der ideellen Förderung des Umwelt-, Natur-, Landschafts- und Denkmalschutzes, betreibt Volks-, Heimat- und Landeskunde, regt genealogische Forschungen an und trägt zur Erhaltung der heimischen Mundarten bei".

Die badische Handwerkskammer in Baden-Württemberg

Lothar Burchardt

1. Die badischen Kammern vor der Gründung des Südweststaates

Im Juli 1897 verabschiedete der Reichstag die sog. Handwerksnovelle, die es den Bundesstaaten erlaubte, Handwerkskammern zu gründen. Baden vollzog diese Umsetzung als letzter deutscher Staat und errichtete durch Verordnung vom 9. April 1900 vier solche Kammern. Sie entstanden am Sitz der badischen Landeskommissäre, also in Mannheim, Karlsruhe, Freiburg und Konstanz und sollten „den Handwerkern die Möglichkeit bieten, ihre Wünsche und Bestrebungen in einem Mittelpunkte zu vereinigen und zur Geltung zu bringen".[1]

Zunächst bewegten sich die Kammern in dem dadurch abgesteckten Terrain. Ab etwa 1915 jedoch konfrontierte sie der Erste Weltkrieg mit dem bislang ganz unbekannten Aufgabenfeld der Kriegswirtschaft. Sie verursachte einen gewaltigen Regelungsbedarf und zwang die Kammern, völlig neuartige Serviceleistungen für ihre Mitglieder zu entwickeln. Die zwanziger Jahre sahen einerseits einen weiteren Ausbau dieser Serviceleistungen, andererseits aber auch ein Fortdauern der Anomalien auf den verschiedensten Gebieten, gipfelnd in der Weltwirtschaftskrise seit 1929. In der damaligen Lage initiierte der badische Staat allenthalben umfassende Sparmaßnahmen. Unter anderem plante er, aus Ersparnisgründen zwei der vier Handwerkskammern aufzulösen.[2]

Dazu kam es damals nicht. Als jedoch zwei Jahre später das „Dritte Reich" begann, griffen die Nationalsozialisten diesen Gedanken wieder auf und führten ihn weiter, indem sie nicht nur zwei, sondern drei Kammern aufhoben und nur die Karlsruher als „Badische Handwerkskammer" bestehen ließen. Gleichzeitig etablierten sie „Kreishandwerkerschaften", die fortan als mittlere Führungsebene zwischen dieser und den einzelnen Innungen fungierten. Im übrigen wurden diverse Neuerungen eingeführt, die das Handwerk seit langem vergeblich gefordert hatte, vor allem die Handwerkskarte, die Zwangsinnung und der große Befähigungsnachweis.

Die Handwerkerschaft war mit dieser Wendung der Dinge nicht unzufrieden, doch schwand die Zufriedenheit, als der Zweite Weltkrieg in seine kritische Phase eintrat und sich eine Niederlage abzuzeichnen begann. Obendrein wurde nun auch noch die Badische Handwerkskammer aufgelöst bzw. einer neu geschaffenen Gauwirtschaftskammer Oberrhein angegliedert. Diese wies dem Handwerk nur noch eine Nebenrolle zu.

1945 suchten die Besatzungsmächte auf vielen Gebieten an den Stand von vor 1933 anzuknüpfen. Deshalb ließen sie schon einige Monate nach Kriegsende in Baden wieder Handwerkskammern an den alten Standorten zu, stellten deren Errichtung aber in das Ermessen der jeweiligen Länder. Den Anfang machten die Kammern Mannheim und Karlsruhe im amerikanisch besetzten Nordbaden. Auch das Freiburger Wirtschaftsministerium genehmigte grundsätzlich die Wiedergründung der in seinem Amtsbezirk gelegenen Kammern Freiburg und Konstanz, doch zog sich der eigentliche Gründungsvorgang noch einige Monate länger hin. So entstanden diese beiden Kammern erst Anfang 1946 wieder.[3] Ihre Bezirke entsprachen im wesentlichen den vor 1933 existierenden. Allerdings gewann die Freiburger Kammer Terrain hinzu, da die südlichen Teile des

Karlsruher Kammerbezirks nun zur französischen Zone gehörten und damit automatisch in den Sprengel der Freiburger Kammer fielen.[4]

Die Kreishandwerkerschaften schaffte das nunmehrige Land(Süd-) Baden wieder ab, da seine Regierung ähnlich wie die Besatzungsmächte möglichst nahtlos an die Jahre vor 1933 anknüpfen wollte. Dagegen wurden in Nordbaden (wie übrigens in allen anderen Ländern der Westzonen auch) die Kreishandwerkerschaften beibehalten – nun freilich als Selbstverwaltungsorgane, die den Innungen nicht mehr Befehle erteilten, sondern Serviceleistungen für sie erbrachten.[5]

Diese vorstehend skizzierten Unterschiede zwischen Nord- und Südbaden waren keineswegs zufälliger Natur, sondern entsprangen unterschiedlichen Besatzungspolitiken Frankreichs und der USA: Die Franzosen suchten an 1932 anzuknüpfen und hatten gegen eine straffe Organisation entlang erprobter konservativer Linien nichts einzuwenden, sofern die politische Kleinräumigkeit Südwestdeutschlands gewahrt blieb. Umgekehrt erblickten die USA gerade in der Gewerbefreiheit eine wichtige Voraussetzung für eine nachhaltige Demokratisierung; Zwangsmitgliedschaften jeglicher Art hielten sie nicht für zweckdienlich.

Diese Meinungsverschiedenheit sollte für (Süd-)Baden einschneidende Folgen haben: Seit 1949 arbeitete das Land Baden an einer neuen Handwerksordnung, welche die Grundlagen für einen Wiederaufbau des Handwerks im Land schaffen sollte. Die Kammern Freiburg und Konstanz nahmen von Anbeginn an den Vorarbeiten Teil. Ihrem Wunsch und der katholisch-konservativen Grundhaltung der Landesregierung entsprechend, enthielt der Regierungsentwurf die traditionellen Kernziele der Handwerkerschaft, darunter die Zwangsinnung und den großen Befähigungsnachweis. Der Landtag mit seiner ebenfalls konservativen Mehrheit war einverstanden. So schien alles nach Wunsch zu gehen, bis eine überraschende Wende eintrat: Nach dem Besatzungsstatut von 1949 mußte die Alliierte Hohe Kommission allen Bundes- und Landesgesetzen zustimmen, und auf Drängen der Amerikaner versagte sie der badischen Handwerksordnung diese Zustimmung.[6] Da ein Sinneswandel der Amerikaner ausgeschlossen war, mußte die badische Handwerksordnung damit als gescheitert gelten.

Der Übergang in das neue Bundesland Baden-Württemberg

Dies war die Situation, als 1952 das Land Baden-Württemberg entstand. Dessen Gründung überlagerte sich zeitlich mit der Arbeit an einer neuen Bundeshandwerksordnung, die dann 1953 an die Stelle der oft uneinheitlichen Länderregelungen trat. Sie ließ weder Pflichtinnungen noch auch nur Wahlpflicht-Innungen zu. Wohl aber akzeptierte sie den großen Befähigungsnachweis und erlaubte Kreishandwerkerschaften. Im übrigen erlebten die badischen Kammern während der Vorarbeiten zur Bundeshandwerksordnung eine Erscheinung, die fortan zur Regel werden sollte: Ihr kurzer Draht zur Landesregierung existierte nicht mehr. Vor 1952 hatten besonders die Kammern Konstanz und Freiburg enge Kontakte zur Regierung des kleinen badischen Rumpfstaates unterhalten können. In Baden-Württemberg hingegen gab es nicht zwei, sondern acht Handwerkskammern. Obendrein genoß nach 1952 keine der vier badischen Kammern die räumliche Nähe zur Landesregierung, die seit 1945 für Konstanz und besonders für Freiburg selbstverständlich gewesen war.

Dennoch konnten auch die beiden letztgenannten Kammern durchaus mit der neuen Bundeshandwerksordnung leben: Sie hatten mittlerweile eingesehen, daß die Pflichtinnung keineswegs die Ideallösung darstellte und letztlich wohl „die unerfüllte und unerfüllbare Hoffnung des Handwerks" bleiben mußte.[7] Die Kreishandwerkerschaften konnten sie um so eher akzeptieren, als sich gezeigt hatte, daß auch in Südbaden durchaus Bedarf für deren Serviceleistungen bestand. Und die Vorschrift der Handwerksordnung, ein Drittel der Vollversammlungsmandate mit Gesellenvertretern zu besetzen, hatte ähnlich schon in der gescheiterten badischen Ordnung gestanden.

Obendrein zeitigte die Bundeshandwerksordnung noch einen positiven Nebeneffekt: Sie machte allenthalben neue Kammerstatuten erforderlich und zwang insofern die Kammern, ihre Positionen zu überdenken und vorsichtige Schritte in die Moderne zu tun. Die neuen Statuten machten ihrerseits Neuwahlen der Kammergremien nötig, und sie bewirkten eine spürbare Verjüngung an den Kammerspitzen und in den Vollversammlungen. Beides wirkte sich in der Folgezeit günstig aus.

Während also beim Übergang zu der neuen Bundeshandwerksordnung die positiven Aspekte deutlich überwogen, warf der Übergang in das neue Bundesland Baden-Württemberg einige Probleme für die badischen Kammern auf. Eines wurde bereits genannt: Die Landesregierung war räumlich wie im übertragenen Sinne in deutlich weitere Ferne gerückt. Speziell für die südbadischen Kammern bedeutete die Umgliederung außerdem, daß sie gegenüber der Landesregierung künftig nicht nur mit den württembergischen Handwerkskammern würden konkurrieren müssen, sondern vor allem mit der Industrie, die in Württemberg, aber auch in den nordbadischen Landesteilen eine weitaus wichtigere Rolle spielte als in Südbaden.

Zwei weitere Schwierigkeiten seien wenigstens kurz erwähnt: Die nord- und die südbadischen Kammern hatten sich seit 1945 in manchen Punkten auseinander entwickelt und insbesondere zu Fragen wie der Zwangsinnung und den Kreishandwerkerschaften unterschiedliche Meinungen entwickelt. Nicht zuletzt deshalb waren die nordbadischen Kammern 1951/52 für den Südweststaat eingetreten. Dagegen hatten sich ihre südbadischen Schwesterkammern wiederholt für Altbaden ausgesprochen,[8] ja hatten zu den entschiedenen Gegnern des Südweststaates gehört. Hier galt es einigen Schutt zu beseitigen.

Und noch ein zeittypisches Problem eher technischer Natur erschwerte das Zusammenwachsen: Bei der Gründung der oben erwähnten Gauwirtschaftskammer waren die vier badischen Handwerkskammergebäude in deren Besitz übergangen. Nun mußte die Hinterlassenschaft der Gauwirtschaftskammer wieder entflochten werden. Hinsichtlich der Kammergebäude stieß dies auf Schwierigkeiten, denn die Häuser der beiden nordbadischen Kammern waren durch den Bombenkrieg völlig zerstört worden, während andererseits das Konstanzer Gebäude völlig intakt geblieben war. Schließlich wurden die verschiedenen Gebäude bzw. Ruinen gegeneinander aufgerechnet und die südbadischen Kammern mit entsprechenden Ausgleichszahlungen an die Nordbadener belastet.[9]

2. *Kammerarbeit im Wirtschaftswunderland*

In den fünfziger und sechziger Jahren stand die Arbeit aller vier Kammern einerseits im Zeichen der Expansion, andererseits des endgültigen Übergangs von der Verwaltungs- zur Service-Institution. Über beides soll im Folgenden kurz berichtet werden.

Das „lange Jahrzehnt" zwischen 1950 und 1967 war unter anderem gekennzeichnet von einem fast unstillbaren Nachhol- und Reparaturbedarf auf fast allen Gebieten. Er wiederum bewirkte ein entsprechendes Wachstum der Industrie. Das Handwerk konnte mit diesem Wachstum zunächst kaum Schritt halten, doch fanden es bald seinen Platz im allgemeinen Aufschwung. Äußeres Zeichen dessen wurde, daß die durchschnittliche Beschäftigtenzahl pro Handwerksbetrieb von unter vier (1949) über sechs (1968) auf acht (1977) anstieg und daß sich der auf einen Handwerker durchschnittlich entfallende Jahresumsatz während dieser Zeit etwa verfünffachte.[10] Jedoch hatte die Expansion ihren Preis. Für das Handwerk bestand er in einem zunehmenden Arbeitskräfte- und Nachwuchsmangel, ferner darin, daß die Löhne angesichts dieses Mangels oft schneller stiegen als die Umsätze. Beides zusammen erzwang eine zügige Maschinisierung, mochten auch ältere Kammerfunktionäre die Handwerker ermahnen, „nicht zu Sklaven ihrer Maschinen" zu werden.[11] Obendrein mußte sich mit zunehmender Marktöffnung nach außen das Handwerk nun immer häufiger ausländischer Billig-Konkurrenz stellen.

Für die Kammern zog die Expansion eine Aufgabenverschiebung nach sich. Die neuen Produktions- und Absatzverhältnisse erzeugten in den Betrieben einen gesteigerten Beratungs- und Weiterbildungsbedarf. Auch fiel es vor allem dem kleineren Einzelbetrieb immer schwerer, seinen Lehrlingen eine auf der Höhe der Zeit stehende Ausbildung zu vermitteln. Die Kammern reagierten darauf mit einer Vielzahl zusätzlicher Serviceangebote. Sie berieten wie bisher in Buchführungs- und Steuerfragen, veranstalteten nun aber außerdem auch Management-Seminare für Handwerksmeister und Buchführungskurse für deren Frauen, sie errichteten überbetriebliche Ausbildungsstätten für Lehrlinge und widmeten sich verstärkt auch der Fortbildung der Meister und Gesellen. Nicht zuletzt verbesserten sie ihre Außendarstellung, um die Öffentlichkeit für die Belange des Handwerks zu gewinnen. Letzterem Ziel diente es beispielsweise, wenn die Handwerker der Städte Freiburg und Konstanz den jeweiligen Oberbürgermeistern Amtsketten stifteten.[12]

Der besseren Schulung der Handwerksmeister sollte vor allem der Erwerb des ehemaligen Kurhotels St. Leonhard in Überlingen durch die baden-württembergischen Kammern dienen. Dieses Haus, das 1960 feierlich „in Anwesenheit des Herrn Ministerpräsidenten" eingeweiht wurde,[13] sollte zugleich das Zusammengehörigkeitsgefühl zwischen allen acht Kammern stärken und im übrigen ein Bekenntnis zum neuen Bundesland gleichsam durch die Tat darstellen. Fortan diente St. Leonhard allen Kammern als Schulungsstätte. Dem Selbstverständnis besonders des südbadischen Handwerks entsprechend, waren die dort angebotenen Kurse zunächst stark standespolitisch ausgelegt worden. Nach einigen Jahren zeigte sich jedoch, daß die jungen Handwerksmeister sich nicht mehr als Angehörige eines „Standes" empfanden, sondern als moderne Unternehmer, die entsprechende betriebswirtschaftliche und technische Weiterbildung benötigten. Deshalb fanden Angebote in diesen Bereichen regelmäßig großen Zuspruch, während die traditionsbetonten Kurse in St. Leonhard langsam mangels Nachfrage eingingen; schließlich mußte das Haus verkauft werden.

Das Scheitern von St.Leonhard unterstrich eindrücklich, daß die Kammern sich hier verschätzt hatten. Sie mußten in ihrem Angebot moderner werden, wenn sie ihrer Klientel nützlich sein wollten – und sie stellten sich dieser Herausforderung. Seitdem steht die Arbeit aller vier badischen Kammern mehr als in früheren Jahrzehnten im Zeichen der Trias „Ausbilden, Weiterbilden, Beraten".[14]

3. Das Land und die Handwerkskammern.

Das Land Baden-Württemberg entwickelte zu den acht Handwerkskammern im Land nie das enge Verhältnis, das die Beziehungen zwischen den Kammern Konstanz und Freiburg einerseits und dem Rumpfstaat Baden andererseits gekennzeichnet hatte. Das Kabinett Wohleb hatte sich in fast allen Grundsatzfragen mit seinen beiden Handwerkskammern einig gewußt und den Kontakt zu ihnen ebenso sorgsam gepflegt, wie umgekehrt die Kammern auf diesem Weg stets entgegengekommen waren. Im nördlichen Land Württemberg-Baden hatten die Handwerkskammern von Anfang an eine geringere Rolle gespielt, und diese Konstellation änderte sich nach 1952 nicht nennenswert. Speziell zu den beiden südbadischen Kammern war das Stuttgarter Verhältnis außerdem noch dadurch belastet, daß beide – wie oben berichtet – während der Abstimmungszeit für Altbaden eingetreten waren.

Trotzdem bemühten sich Land und Kammern, ein fruchtbares Verhältnis zueinander zu finden. Dies wurde dadurch erleichtert, daß sich die Konstanzer Kammer zu einer Vorreiterin auf dem Gebiet des überbetrieblichen Ausbildungswesens entwickelte und dementsprechend möglichst enge Kontakte zum Stuttgarter Wirtschaftsministerium pflegte. Die Anwesenheit des jeweiligen Wirtschaftsministers bei zahlreichen Einweihungen gerade handwerklicher Ausbildungseinrichtungen machte das auch nach außen deutlich. Nicht übersehen wurde in der Öffentlichkeit außerdem, daß Ministerpräsident Kiesinger seine Universitätspläne für Konstanz erstmals gerade während der Meisterfeier einer Handwerkskammer öffentlich präsentierte.[15]

Schwierigkeiten erwuchsen auf einem ganz anderen Gebiet – dem der Kammer- und Innungsbezirke. Seit den sechziger Jahren mehrten sich in Stuttgart die Stimmen derer, die eine umfassende Gebietsreform forderten, bei der verschiedene Anomalien aus Kriegs- und Nachkriegszeit beseitigt und landesweit einheitliche Verhältnisse geschaffen werden sollten.[16] Die Handwerkskammern waren davon insofern ganz direkt betroffen, als eine Gebietsreform zwangsläufig die Kammerbezirke in Mitleidenschaft ziehen mußte. Wurde obendrein eine Reform nicht nur auf der mittleren Verwaltungsebene, sondern auch auf der Kreisebene durchgeführt, so mußte sie zahlreiche Innungen, Kreishandwerkerschaften, Innungskrankenkassen etc. tangieren.

Spezielle Probleme warf die Schaffung von zwölf Regionalverbänden auf, wie sie bislang nicht bestanden hatten: Ihre Grenzen deckten sich keineswegs immer mit den Kammergrenzen, zumal es ja nur acht Handwerkskammern im Land gab. Deshalb erwog das Land zeitweise, deren Zahl auf sechs zu vermindern und jeder Kammer zwei Regionalbezirke zuzuordnen. Das hätte im badischen Landesteil das Aus für die Konstanzer Kammer als die kleinste der vier badischen Kammern bedeutet, doch konnten die Konstanzer diese Gefahr durch eine ebenso aktive wie geschickte Öffentlichkeitsarbeit schließlich abwehren.[17]

Noch schwieriger gestaltete sich die Neuregelung der Kammerbezirke. Hier drängte das Land bewußt darauf, daß die historischen Bezirksgrenzen, die sich ja mit denen von Baden bzw. Württemberg gedeckt hatten, beseitigt oder mindestens verwischt wurden. Die Kammern Mannheim und Freiburg wurden davon nicht unmittelbar berührt, da sie nicht an das ehemalige Württemberg grenzten. Dagegen wurden die Sprengel von Karlsruhe und Konstanz nachhaltig verändert, was eine Fülle von Problemen aufwarf und nicht ohne Verärgerungen, ja gelegentlich Bitterkeit abging.

Die Gebietsreform zwang viele Innungen, ja ganze Kreishandwerkerschaften, traditionelle Verbindungen zu kappen, bewährte Organisationen zu zerschlagen und stattdessen, neue, häufig ungeliebte, aufzubauen, die sich erst wieder bewähren mußten. Für die Kammern galt es außerdem, die vielfach widerstreitenden Einzelinteressen reformgeschädigter Innungen und Kreishandwerkerschaften so miteinander abzugleichen, daß weder Dauerschäden noch bleibende Ressentiments zurückblieben. Es sollte viele Jahre dauern, bis dieser Vorgang abgeschlossen war.[18] Er schuf eine Struktur, die keineswegs mehr die historischen Landes- und Kreisgrenzen abbildet, sondern besonders in den Kammerbezirken Karlsruhe und Konstanz völlig neue Zusammenhänge hergestellt hat. Diese Reform gilt heute als geglückt, und die alten Grenzen stellen besonders in jüngeren Handwerkerkreisen kein Reizthema mehr dar. Ob sie nötig war (und ob insbesondere die Regionalverbände nötig waren) bzw. ob die Kammern ohne diese Umgestaltung heute besser oder schlechter arbeiten würden, wird sich kaum nachprüfen lassen. Als sicher darf hingegen gelten, daß sie durch diese Reform einen Teil ihrer historischen Identität eingebüßt haben.

Anmerkungen

1 Zur Rechtsgrundlage vgl. das Gesetz- und Verordnungsblatt für das Großherzogtum Baden vom 24.4.1900. Die zitierte Wendung stammt aus des Ansprache des Landeskommissärs v. Bodmann bei der Gründung der Handwerkskammer Konstanz (zit. in: Handwerkskammer Konstanz (Hg.), Tage eines Jahrhunderts. 100 Jahre Handwerkskammer Konstanz 1900-2000. Konstanz 2000, S.13)

2 Gedacht war an die Schließung der Kammern Mannheim und Konstanz.

3 Handwerkskammer Konstanz (wie Anm.1), S.24 u. 66

4 Vgl. die Karte der Kammerbezirke ebd., S.67

5 Gegen die Kreishandwerkerschaften wurde eingewandt, daß sie das Engagement der einzelnen Innungen mindern und obendrein Geld kosten würden. Außerdem hätte die französische Besatzungsmacht ein Wiederaufleben der Kreishandwerkerschaften ungern gesehen.

6 Handwerkskammer Konstanz (wie Anm.1), S.71f.

7 ebd.

8 Vgl. z.B. Lothar Burchardt, Konstanz zwischen Kriegsende und Universitätsgründung. Konstanz 1996 (= Geschichte der Stadt Konstanz, Bd.6), S.246

9 Handwerkskammer Konstanz (wie Anm.1), S.68f.

10 Statistisches Bundesamt (Hg.), Datenreport 1994. Bonn 1994, 2.Aufl. 1995, S.303f.; Handwerkskammer Konstanz (wie Anm.1), S.63

11 So und ähnlich äußerten sich zu wiederholten Malen Präsident und Hauptgeschäftsführer der Handwerkskammer Konstanz in den späten vierziger Jahren. Vgl. Handwerkskammer Konstanz (wie Anm.1), S.63

12 Vgl. dazu Karl Leo Nägele in: Konstanzer Almanach 1964, S.48f.

13 Handwerkskammer Konstanz (wie Anm.1), S.75

14 Handwerkskammer Konstanz (wie Anm.1), S.96

15 Einzelheiten in: Rudolf Leibinger u. Horst Sund (Hg.), Zwischenbilanz. Festschrift für Lothar Späth. Konstanz 1988, S.80

16 Einzelheiten in: Handwerkskammer Konstanz (wie Anm.1), S.199-206

17 Einzelheiten in: Handwerkskammer Konstanz (wie Anm.1), S.202f. In Württemberg sollte die Kammer Reutlingen geschlossen werden.

18 Einzelheiten in: Handwerkskammer Konstanz (wie Anm.1), S.205f.

Rechtswesen

Hans Heidler

Das badische Rechtswesen hat seine Individualität durch die Aufteilung des alten Landes Baden in Nord- und Südbaden nicht verloren, auch nicht durch die Einbindung in das Land Baden-Württemberg. Dieses Rechtswesen hat mit eigenständigen Akzenten soviel zur Entwicklung des modernen Rechtsstaats beigetragen, daß es über die im heutigen Südweststaat festgeschriebenen badischen Besonderheiten hinaus den Boden für ein allgemeines Zutrauen schuf. Daß man die frühere Landeshauptstadt Karlsruhe als geeigneten Sitz für das höchste Gericht der Bundesrepublik Deutschland, das Bundesverfassungsgericht, auswählte und daß auch der Bundesgerichtshof sowie die Bundesanwaltschaft hier beheimatet sind – in der RESIDENZ DES RECHTS.

Übergreifende Bausteine

Zu den Wirkungen von Rechtsvorschriften gehört die Bewahrung des Überlieferten ebenso wie die Ermöglichung der Fortentwicklung. Dabei gibt es Vorschriften von niederem und solche von höchstem Rang bis hin zu der von Gustav Radbruch gestellten Frage nach dem übergesetzlichen Recht und dem gesetzlichen Unrecht. Wie sich eine Gesellschaft innerhalb dieses Rahmens bewegt, läßt sichere Rückschlüsse darauf zu, ob sie ethische Verantwortung und Gestaltungskraft hat und ob sie Wesentliches von Unwesentlichem unterscheiden kann. Unter solchen Prüfsteinen tritt uns die Urteils- und Lebenskraft badischen Rechtsdenkens überzeugend entgegen. Gleichzeitig rückt alles in die nächste Reihe, was etwa die gebietsmäßige Aufgliederung der Justizeinrichtungen betrifft, so sorgfältig auch damit im Interesse der rechtssuchenden Bürger verfahren werden muß.

Übergreifend und zukunftsgerichtet war es, daß bereits in der Eröffnungssitzung des Ersten Badischen Landtags am 22. April 1819 die reinliche Trennung von Verwaltung und Justiz anvisiert wurde und daß das badische Gesetz über die Gerichtsverfassung vom 19. Mai 1864 für seine Zeit vorbildlich war. Richtunggebend und denkwürdig war es, daß der Ministerialrat im badischen Justizministerium, Dr. Adrian Bingner, mit sicherem Griff 1877 nicht mehr als e i n Oberlandesgericht für Baden forderte: „Die Entscheidung, ob für Baden nur e i n Oberlandesgericht zu errichten sei, ist von größter Bedeutung für die gesamte badische Justizorganisation. Gründe der Zweckmäßigkeit sprechen dafür, die Befugnisse des Oberlandesgerichts und der Staatsanwaltschaft nach der Reichsgerichtsverfassung für Baden nicht zu zersplittern, sondern in einem Mittelpunkt zu vereinigen. Da das Oberlandesgericht einer Lage tunlichst in der Mitte des Landes bedarf, eignet sich als Sitz nur Karlsruhe. Das bisherige Oberhofgericht wird in das neue Oberlandesgericht übergehen." Damit setzte sich Bingner, unterstützt von einem Gutachten des badischen Ministerialrats und Professors in Freiburg, Albert Gebhardt, gegen erhebliche Widerstände – auch aus dem Parlament – durch[1].

Am 1. Oktober 1879 wurde das Oberlandesgericht Karlsruhe eröffnet, und erst die Grenzziehung 1945 zwischen der amerikanischen und der französischen Besatzung brachte das organisch gewachsene, vom Oberlandesgericht Karlsruhe repräsentierte badische Rechtsgefüge durcheinander. Nordbaden verlor das selbständige Oberlandesgericht und mußte sich mit einer Nebenstelle des Oberlandesgerichts Stuttgart begnügen. Südbaden erhielt als selbständiges Land vom französischen Militärbefehlshaber General Schwartz die Genehmigung zur Errichtung eines Oberlandesgerichts in Freiburg, das am 12. März 1946 seine Tätigkeit aufnahm. Einziger Präsident dieses bis Mitte 1953 bestehenden Oberlandesgerichts war Dr. Paul Zürcher, kampferprobter Altbadener an der Seite von Staatspräsident Leo Wohleb. Der am 25. April 1952 entstandene Südweststaat brachte am 1. Juli 1953 die Wiedereröffnung des Oberlandesgerichts Karlsruhe für den gesamten badischen Landesteil. Freiburg erhielt als auswärtigen Zweig des Karlsruher Oberlandesgerichts mehrere Zivilsenate, darunter einen Familiensenat, alle von 1953 bis 1977 im ansprechenden Colombi-Schlößchen untergebracht, das nach 1945 Sitz der südbadischen Regierung gewesen war; nach 1977 forderte die mehrfache Erweiterung der Spruchkörper den Umzug in die Habsburger Straße. Diese bürgerfreundliche Variante des badischen Grundkonzepts zum Sitz des Oberlandesgerichts Karlsruhe hat die Verwaltungsreform überstanden.

Oberlandesgerichtsbezirke Karlsruhe und Stuttgart
mit Landgerichtsbezirken
(Quelle: Justizministerium Baden-Württemberg)

Badische Akzente

Professor Walter Jellinek, Ordinarius für öffentliches Recht an der 1946 wiedereröffneten Universität Heidelberg, brachte den Studenten der Kriegsgeneration nachdrücklich und in ansteckender Verbundenheit mit Baden bei, daß dies das „älteste deutsche Land mit moderner Verwaltungsgerichtsbarkeit" sei und daß es im badischen Wassergesetz von 1899 bereits etwas Ähnliches gab wie die abstrakte Normenkontrolle des Artikels 100 Grundgesetz.[2]

Tatsächlich verkörpert die badische Verwaltungsgerichtsbarkeit mindestens im gleichen Maße wie das Oberlandesgericht Karlsruhe beispielhaft badische Rechtstradition. Als Justizminister Dr. Traugott Bender 1977 eine Rede über 100 Jahre Verwaltungsgerichtsbarkeit in Württemberg hielt, geriet sie ihm unversehens zu einem Lob in die badische Richtung. Er sagte: „Indessen ist nicht in Württemberg, sondern in Baden die Geburtsstunde moderner deutscher Verwaltungsgerichtsbarkeit eingeläutet worden..." Die Errichtung des Großherzoglich Badischen Verwaltungsgerichtshofs im Jahre 1863 war ein markantes Ereignis für die geschichtliche Entwicklung der deutschen Verwaltungsgerichtsbarkeit. Als erstes deutsches Oberverwaltungsgericht hat dieser Gerichtshof bedeutsame Pionierarbeit auf dem Gebiet der Verwaltungsrechtsprechung geleistet[3]. Als zweiter deutscher Staat folgte 1875 Preußen; am 1. Oktober 1877 wurde der württembergische Verwaltungsgerichtshof in Stuttgart errichtet.

Nicht auf Anhieb gelang es nach 1945, wieder zu einem Verwaltungsgerichtshof für ganz Baden zu kommen. Am 14. Oktober 1946 wurde der Württembergisch-Badische Verwaltungsgerichtshof in Stuttgart mit einer Außenstelle in Karlsruhe von Ministerpräsident Dr. Reinhold Maier feierlich eröffnet. Als Richter im Nebenamt wirkte seit Anfang 1947 Prof. Dr. Walter Jellinek in der Außenstelle Karlsruhe mit. Der Südweststaat brachte die Entwicklung wieder ins richtige Gleis, als er den Sitz des für Baden-Württemberg zuständigen – einzigen – Verwaltungsgerichtshofs nach Mannheim legte.[4]

Auch der Jellinekschen Hinweis auf das Badische Wassergesetz von 1899 führt an eine Quelle badischer Rechtsstaatlichkeit. Hatte der Deutsche Juristentag 1863 das Recht der Richter bejaht, im gegebenen Falle über das verfassungsmäßige Zustandekommen der Gesetze und Verordnungen zu entscheiden, so griff das Badische Wassergesetz die materielle Vereinbarkeit von bezirks- und ortspolizeilichen Vorschriften mit dem Wassergesetz auf und ermöglichte die Überprüfung, wie sie ein halbes Jahrhundert später in Artikel 100 Abs.1 Satz 2 GG für die Vereinbarkeit eines Landesgesetzes mit einem Bundesgesetz festgeschrieben wurde. Ein solch prinzipieller Vorgriff auf modernes Rechtsdenken darf dem badischen Rechtswesen – ebenso wie die frühzeitige Errichtung eines Verwaltungsgerichtshofs – gutgeschrieben werden.

Vereinheitlichung, aber viel Mitbestimmung der Richter bei den Stellenbesetzungen

Im Juni 1952 wurde die Justizverwaltung des Landes Baden-Württemberg vom Justizministerium in Stuttgart übernommen. Ist damit die geschilderte Profilierung badischen Rechtswesens eingeebnet oder beeinträchtigt worden? Steht nicht von Natur aus ein gewisser Hauptstadtzentralismus der „Provinz" gegenüber? – Trotz vieler Anzeichen, daß ein weit verzweigter Dirigismus (um das Wort Filz zu vermeiden) der parlamentarischen Kontrolle überlegen ist, darf man auf die originäre Kraft setzen, die „Bäume nicht in den Himmel wachsen läßt." Einmal sorgt das Wechselspiel in der Demokratie immer wieder für personelle Veränderungen an der Spitze eines Ministeriums, so daß durchaus Minister amtieren können, die ihre eigenen Akzente setzen. Zum anderen ist ein noch so perfekter „Apparat" nicht imstande, sich auf die Dauer gegen seine eigenen Fehler abzusichern. Und schließlich ist die Wachsamkeit der Badener auch im Justizbereich bisher nicht erlahmt. Soviel zum Grundsätzlichen. Weshalb es trotzdem eine so bewährte Einrichtung wie das badische Amtsnotariat besonders schwer hat sich zu behaupten, wird in einem späteren Abschnitt behandelt.

Zunächst ist wegen des Zugs zur Vereinheitlichung im Rechtswesen auf die Entwicklung im ganzen zu verweisen. Mit dem Inkrafttreten der Reichsjustizgesetze am 1. Oktober 1879 wirkt nun schon weit über ein Jahrhundert lang die höchstrichterliche Rechtsprechung auf die Rechtsvereinheitlichung hin, verstärkt durch die seit einem halben Jahrhundert dazu gekommene Rechtsprechung des Bundesverfassungsgerichts. Manches ist dabei entfallen; so die Gemeindegerichtsbarkeit oder jene Bestimmung im Badischen Polizeistrafgesetzbuch, die das Konkubinat unter Strafe stellte und anordnete: „...sie sind von einander zu trennen..."

Die Gelegenheiten, daß ein Land im Rechtswesen vorpreschen kann, sind selten geworden. Gemeinsames Vorgehen nach Beschlüssen der Konferenz der Justizminister und -senatoren wird angestrebt. „Die Automation des gerichtlichen Mahnverfahrens“ ist z.B. ein so gesteuertes Projekt, mit dessen Ausarbeitung Baden-Württemberg auf Bundesebene beauftragt wurde (1974-1986). Das Ergebnis: Seit 1. Januar 1987 ist in Baden-Württemberg das gerichtliche Mahnverfahren automatisiert. Zentrales Amtsgericht für das gesamte Land ist das Amtsgericht Stuttgart.

Eine besondere Leistung auf dem Gebiet der Rechtsentwicklung, bei der der badische Landesteil kräftig mitwirkte, war die Erprobung einer einstufigen Juristenausbildung. Bei diesem sechs Jahre dauernden Ausbildungsgang laufen Universitätsstudium und Referendarzeit nicht getrennt voneinander ab. Die Universität Konstanz und die Justizbehörden im Bodenseeraum führten das Modellexperiment von 1974 bis 1990 durch und trugen mit den daraus gewonnenen Erfahrungen wesentlich zur Verbesserung der Justizausbildung auf Bundesebene bei.

Ein Vorpreschen mit weit in die Zukunft gerichteter Signalwirkung ist die in Baden-Württemberg erreichte, von hohem Vertrauen getragene Beteiligung der Richter an den Stellenbesetzungen. Das zur Zeit der großen Koalition am 14. März 1972 geänderte Landesrichtergesetz gibt den von den Richtern gewählten Präsidialräten das Recht, von der Regierung vorgeschlagene Bewerber abzulehnen und eigene Vorschläge zu machen; ein vom Landtag für den Konfliktfall zu wählender Richterwahlausschuß aus 15 Mitgliedern hat mit seiner Zweidrittelmehrheit ein geachtetes Entscheidungsgewicht. Nachdem der Justizminister im ersten vorgekommenen Konfliktsfall unterlegen war, hat er jahrelang den Wahlausschuß nicht mehr angerufen. Er hat sich jeweils mit dem Präsidialrat geeinigt, ohne daß daraus ein Konfliktfall wurde. Zutreffend hat der „Verein der Richter und Staatsanwälte von Baden-Württemberg e.V.“ die Mitwirkungsregelung als die im ganzen Bundesgebiet fortschrittlichste seiner Beharrlichkeit und seinem Verhandlungsgeschick zugeschrieben; Badener und Württemberger waren daran in gleicher Weise beteiligt – in besonderem Maße war es der Karlsruher Abgeordnete Dr. Traugott Bender, denn zur Zeit der großen Koalition war die Neufassung des Landesrichtergesetzes nicht mehr verkündet worden; er sorgte nach dem Regierungswechsel als Justizminister dafür, daß es die mit absoluter Mehrheit regierende CDU bei der großzügigen Regelung der Mitbestimmung beließ.

Natürlich bietet diese Beteiligung der Richterschaft an den Stellenbesetzungen keine Gewähr dafür, daß die Bewerber aus dem badischen Landesteil immer angemessen berücksichtigt werden. Es ist aber ein nobile officium des Justizministeriums, durch seine Besetzungsvorschläge – auch durch die Abordnungen an das Oberlandesgericht und die obersten Bundesgerichte zur „Dritten Staatsprüfung“ – darüber ebenso sorgfältig zu wachen wie über die gleichmäßige Bereitstellung badischer und württembergischer Weine bei den (seltenen) Feiern im Ministerium.

Einräumigkeit der Verwaltung und Eigenständigkeit von Gerichtsbezirken

Im ganzen erwuchs sowohl in Baden als auch in Württemberg eine Stabilität des Rechtswesens, die stark genug war, sich auch gegenüber neuen Grenzen von Regierungsbezirken zu behaupten. So gehört der ehemalige Landkreis Tauberbischofsheim seit der Kreisreform zwar zum Regierungsbezirk Stuttgart, verblieb aber beim Landgerichtsbezirk Mosbach und damit beim Oberlandesgericht Karlsruhe; dementsprechend gibt es noch badische Amtsnotare in Tauberbischofsheim, Wertheim und Boxberg. Umgekehrt findet man im Regierungsbezirk Freiburg württembergische Bezirksnotare z.B. im Stadtteil Schwenningen von Villingen-Schwenningen oder in Tuttlingen, Spaichingen und Rottweil. Calw und Freudenstadt im Regierungsbezirk Karlsruhe gehören ebenfalls zum Oberlandesgericht Stuttgart. Ein schönes Durcheinander, kann man sagen, aber die umfassende Einräumigkeit war nicht zu erreichen, sei es, daß die Reformkraft erschöpft war oder daß sich eben die Wurzeln des Rechtswesens in der Bevölkerung nicht so leicht herausreißen lassen, sei es auch, daß man keine zusätzlichen Reformkosten mehr tragen wollte. In diese Richtung weisen auch die Anhaltspunkte, daß der Bund zu einer „Großen Justizreform" ausholen könnte.

Der Landtag verhielt sich entsprechend. Als der Vertreter des Justizministeriums bei der Beratung des Gerichtsorganisationsgesetzes eine Kongruenz von Landgerichtsbezirken und Landkreisen als Fernziel ansprach, stieß er am 16. Januar 1976 im Ständigen Ausschuß auf Abwehr. Ein Abgeordneter der Regierungspartei erklärte, es werde strikt abgelehnt, die Landkreisgrenzen als alleiniges Kriterium für die Abgrenzung der Landgerichtsbezirke heranzuziehen. Ein solcher Formalismus wäre nicht sinnvoll und sehr teuer. Darauf lenkte der Vertreter des Justizministeriums ein und betonte, es handle sich für die Regierung um keine unbedingte Forderung; das Problem sei aber ständig aktuell, weil der Polizei das Auseinanderfallen der Zuständigkeiten von Staatsanwaltschaft und Polizei die Arbeit erschwere. In der Zweiten und Dritten Lesung wurde die Frage von keiner Fraktion mehr aufgeworfen.

Das badische Amtsnotariat (Notare im Landesdienst)

Der badische Amtsnotar – zurückzuführen auf Friedrich Brauer[5] – gehört zu den Unikaten unter den Notaren der Europäischen Gemeinschaft, sonst nur noch vertreten in Portugal, ausgestattet mit der Befähigung zum Richteramt und einem Höchstmaß an wirtschaftlicher sowie persönlicher Unabhängigkeit und seit vielen Generationen als Berater und Betreuer in Sachen Rechtsgestaltung mit besonderem Vertrauen geehrt. Die von ihm verkörperte Notariatsform genießt – ebenfalls seit vielen Generationen – Bestandsschutz, hat alle staatsrechtlichen Änderungen seit der Kaiserzeit überdauert, ist auch durch den Artikel 138 unseres Grundgesetzes

(Vorlage und Aufnahme des Brauer-Portraits: Generallandesarchiv Karlsruhe – Sig. J-Ac-B/153)

Johann Nikolaus Friedrich Brauer, 1754-1813, Organisator der Badischen Staatsverwaltung, schuf nicht nur in enger Anlehnung an den Code Napoléon ein neues, einheitliches Bürgerl. Gesetzbuch für Baden, sondern auch die Badische Notariatsordnung von 1806; nach seinen Ideen vollzog sich in den Jahren bis 1809 der Wechsel zum Amtsnotariat eigenständiger badischer Prägung.

geschützt und befindet sich gleichwohl in einer angespannten Situation. Wieso? Man geht nicht fehl in der Annahme, daß dabei verschiedene Begehrlichkeiten im Spiel sind.

Zunächst die kurzgefaßten notariellen Berufsprofile in Baden-Württemberg: Die soeben beschriebenen Richternotare werden als Notare im Landesdienst auf Lebenszeit ernannt und nach R1 bis R2 mit Zulage besoldet; sie erhalten Gebührenanteile, die sich 1998 auf insgesamt 8,3 Mio. DM beliefen. Sie sind auch Grundbuchbeamte und zuständig für Nachlaß- und Teilungssachen, sowie Testamentsverwahrungen. Typisch für das Amtsnotariat ist die besondere Grundbuchverfassung. Das Grundbuchamt ist nicht wie in den übrigen Bundesländern beim Amtsgericht, sondern als staatliche Behörde in jeder Gemeinde eingerichtet. Die badischen Notare führen die Amtsbezeichnungen Justizrat, Oberjustizrat und Notariatsdirektor. Für 1998 sind im Staatshaushaltsplan 153 Stellen verzeichnet. Die württembergische Form des Amtsnotars, der Bezirksnotar, entstammt dem gehobenen Dienst und erhält eine besondere Ausbildung an der Württembergischen Notarakademie in Stuttgart (früher: Notarschule). Er wird als Notar im Landesdienst ebenfalls auf Lebenszeit ernannt und nach A 13 bis A 14 (als Notarvertreter nach A 12) besoldet; er erhält Gebührenanteile, die sich 1998 auf insgesamt 24 Mio. DM beliefen. Außer für das Grundbuch und die Nachlaßsachen ist er auch für gewisse Vormundschaftssachen, darunter auch Betreuungen, zuständig. Für 1998 wurden 488 Bezirksnotarstellen und 195 Notarvertreterstellen, zusammen 683, ausgewiesen. Dazu kommen als zwei weitere Notarsformen, die es im badischen Landesteil nicht gibt, 27 Nur-Notare und 91 Anwaltsnotare.

Wenn wir mit den Begehrlichkeiten beim Staat anfangen, dann ist es der jährliche Überschuß von etwa 88 Mio. DM aus den Gebühreneinnahmen des badischen Amtsnotariats, den das Land ungeschmälert einstecken will. Daraus ergibt sich das Spannungsfeld Nr. 1: Die Personal- und Sachausstattung durch das Land ist unterdimensioniert. Dazu enthält die Beratende Äußerung des Rechnungshofs Baden-Württemberg vom Dezember 1999 handfeste Anhaltspunkte. Das fängt bei der Notardichte an – im badischen Rechtsgebiet kommen auf einen Notar 28 000 Einwohner, im württembergischen 12 500. Gewisse Unterschiede in den Zuständigkeiten und die nur teilweise Beschäftigung württembergischer Anwaltsnotare mit Notargeschäften können dieses Mißverhältnis nicht erklären. Die aus der unterschiedlichen Notardichte ersichtliche Ausdünnung des badischen Amtsnotariats wird dadurch unterstrichen, daß die Umsatzrendite aus notariellen Geschäften im badischen Notariatsgebiet mit 60% deutlich höher liegt als im württembergischen mit 45%. Eine Folge der zu geringen personellen und sachlichen Ausstattung des badischen Notariats ist der „Beurkundungstourismus“: Protokollierungen werden in größerem Umfang außerhalb des badischen Rechtsgebiets vorgenommen; 1995 waren das in sieben Notariatsbezirken in den Landgerichtsbezirken Heidelberg, Karlsruhe und Mannheim über 20%, im gesamten Landgerichtsbezirk Mannheim fast 44%. Im hessischen Viernheim soll es 15 Anwaltsnotare geben, die den Mannheimer Urkundsbedarf decken. Die Frage, ob in Viernheim Großkunden Gebührennachlässe eingeräumt werden, muß hier offen bleiben.

Für die hohe Effizienz des badischen Notariatswesens spricht auch, daß der vom württembergischen Amtsnotariat erwirtschaftete jährliche Überschuß von etwa 88 Mio. DM (1998) den badischen nicht übertrifft, obwohl das bei 6,1 Mio. Einwohnern (= 59%) gegenüber den im badischen Rechtsgebiet wohnenden 4,3 Mio. Einwohnern (= 41%) zu erwarten wäre, vor allem, wenn die angeführten erheblichen Erschwernisse für das badische Notariat berücksichtigt werden. Die Entlastung der badischen Notare durch Grundbuchrechtspfleger, durch staatliche Grundbuchämter in 11 größeren Städten und durch Grundbuchratschreiber fällt bei dieser Gesamtbetrachtung nicht ins Gewicht.

Bis hin zu der vom Rechnungshof genannten Schlechterstellung bei den Einsparungen im sog. 4000er-Programm 1997 bis 2002 – im badischen Rechtsgebiet werden 8 Stellen mehr, im württembergischen 35 Stellen weniger abgebaut als zur Erfüllung der Durchschnittsquote von 4% erforderlich wären: Man trifft auf eine Reihe von „unfreundlichen Akten“, ganz im Gegensatz zu dem, was in den vorangegangenen Abschnitten zur Bewahrung badischer Rechtstradition gesagt werden konnte.

Spannungsfeld Nr. 2 betrifft den Wunsch der Rechtsanwälte, auch im badischen Rechtsgebiet Anwaltsnotare zuzulassen. Bereits 1965 brachten einige Abgeordnete, im wesentlichen Rechtsanwälte, darunter auch der Karlsruher Abgeordnete und spätere Justizminister Dr. Traugott Bender, im Landtag von Baden-Württemberg einen entsprechenden Gesetzentwurf ein. Das Justizministerium, das Bundesjustizministerium, der Badische Notarverein und der Württembergische Notarverein stellten sich dagegen. Der Landtag lehnte den Entwurf am 14. März 1968 mit überwältigender Mehrheit ab. Ende 1969 ersuchte dieselbe Gruppe von Abgeordneten die Landesregierung um Vorlage eines gleichlautenden Gesetzesentwurfes; das Justizministerium lehnte ab. Dr. Traugott Bender kam auf das Anliegen nicht mehr zurück, auch nicht, als er 1972 Justizminister wurde. Ein späterer Justizminister, Prof. Dr. Ulrich Goll, ließ 1997 erkennen, daß er fünf bis zehn Anwaltsnotare im badischen Rechtsgebiet für tragbar halte. Damit löste er heftige Proteste des Badischen Notarvereins aus. Die Sache blieb liegen, nachdem Prof. Dr. Wolfgang Löwer, Direktor des Instituts für Öffentliches Recht der Rheinischen Friedrich-Wilhelms-Universität, Bonn, in einem ausführlichen Rechtsgutachten vom November 1999 überzeugend dargelegt hatte, daß die Einführung von Anwaltsnotaren neben dem badischen Amtsnotar rechtlich ausgeschlossen ist.

Spannungsfeld Nr. 3 schließlich ergibt sich aus dem Zielwechsel des Badischen Notarvereins selbst, der – seither erfolgreicher Sachwalter des Badischen Amtsnotariats – 1991 mit einer Mehrheit von 84% als neues Ziel die Einführung des freiberuflichen Nurnotariats im badischen Landesteil nach bayerisch-pfälzischem Muster beschloß. 1998 wurde dieser Weg auf einer Mitgliederversammlung einstimmig bestätigt.

Das mag zu einem großen Teil auf die Enttäuschung darüber zurückzuführen sein, daß keine Aussicht besteht, die erforderliche Verbesserung der Personal- und Sachausstattung zu erreichen. Ebenso ist aber zu erkennen, daß das Amtsnotariat gerade wegen seines Behördencharakters mit zu vielen Fesseln behaftet ist, die es in der Konkurrenz mit dem Nurnotariat benachteiligen. Sicher spielt dabei der leidige Streit um die Höhe der Gebührenanteile eine Rolle. Der Notar, in seiner Vertrauensstellung innerhalb der Gesellschaft dem Arzt vergleichbar, ist bei zunehmender Globalisierung sowie unübersichtlicher werdender Gesetzgebung und Rechtsprechung mit Risiken belastet, die immer deutlicher die Verschiedenheit von Notareinkommen und Richterbesoldung aufzeigen. Die schon genannte beratende Äußerung des Rechnungshofs von 1999 bestätigt, daß verbesserte Konkurrenzbedingungen für das badische Amtsnotariat auch die dem Land zufließenden Überschüsse erhöhen.

Systemwidrig, wenn auch überliefert, sind allerdings Gebührenanteile für Nachlaß- und Vormundschaftssachen bei richterlichen Geschäften. Überhaupt ist noch offen, ob es innerhalb der Europäischen Gemeinschaft dabei bleiben wird, daß der Staat Überschüsse aus den Gebühren der Notare wie Steuern nach dem allgemeinen Deckungsprinzip behandeln darf. Sollte das eines Tages nicht mehr gehen, wird das staatliche

Interesse am Amtsnotar voraussichtlich entfallen. So sehr die Entwicklung, Bewährung und das hohe Ansehen des badischen Amtsnotariats zu den besonders einprägsamen Beispielen badischer Rechtstradition gehören, ist gerade die Offenheit dieser Tradition für zukunftsorientierte Lösungen auch eine Verpflichtung, notwendigen Wandel zu schaffen. Das gibt den Änderungsbemühungen des Badischen Notarvereins eine sehr nachdrückliche innere Rechtfertigung.

Nach der Landtagswahl vom 25. März 2001 sorgt die Koalitionsvereinbarung: „Im badischen Rechtsgebiet werden unverzüglich die Voraussetzungen für die Zulassung von 10 bis 15 Nur-Notaren geschaffen", auf diesem Gebiet für neuen Zündstoff. Wie die vorangegangenen Ausführungen zeigen, spricht vieles gegen eine solche Mischlösung.

Finanzgericht. Hochschule für Rechtspflege
Badisches Recht in der Landesgesetzgebung

Das Finanzgericht Baden-Württemberg in Karlsruhe mit Außensenaten in Freiburg und Stuttgart ist ein weiterer Schwerpunkt des Rechtswesens im badischen Landesteil. Landessozialgericht und Landesarbeitsgericht haben ihren Sitz in Stuttgart; das Landesarbeitsgericht ist mit Kammern in Mannheim und Freiburg vertreten.

Als vorbildlich über das Land Baden-Württemberg hinaus wirkende Rechtsschule ist die Hochschule für Rechtspflege in Schwetzingen zu nennen (gegründet 1953 als Rechtspflegerschule). Nicht nur die Rechtspfleger Baden-Württembergs, sondern auch die aus Rheinland-Pfalz und dem Saarland werden im Schwetzinger Schloß in einem europaweit attraktiven Rahmen ausgebildet.

Ein Überblick über das badische Rechtswesen darf mit der positiven Feststellung schließen, daß drei grundlegende Gesetze des Landtags von Baden-Württemberg einen erheblichen Anteil badisches Recht enthalten: Das Baden-Württembergische Ausführungsgesetz zum Bürgerlichen Gesetzbuch (AGBGB) vom 26. November 1974 mit der Regelung der Altenteilsverträge; das Landesgesetz über die Freiwillige Gerichtsbarkeit (LFGG) vom 12. Februar 1975, mit der Notariatsverfassung und den Grundbuchvorschriften das Grundgesetz der Notare Baden-Württembergs – es übernimmt auch die Sonderstellung des badischen Grundbuchratschreibers sowie die Beurkundungsbefugnisse der Ratschreiber insgesamt – und das Gesetz zur Ausführung des Gerichtsverfassungsgesetzes und von Verfahrensgesetzen der ordentlichen Gerichtsbarkeit (AGGVG) vom 16. Dezember 1975, das allein nahezu 50 frühere Kodifizierungen entbehrlich machte[6]. Im Gesetzgebungsverfahren gab es im Landtag bei keinem der drei Gesetze Auseinandersetzungen über die inhaltliche Fortgeltung seitherigen badischen Rechts.

Ausblick

Vieles spricht dafür, daß das in den ersten 50 Jahren Baden-Württembergs wohl bewahrte badische Rechtswesen immer mehr im vereinten Europa aufgehen wird. Längst sind die Weichen für ein Weltrecht gestellt. Die Menschenrechtskonvention schwebt über uns, und die Entwicklung steuert auf ein globales Recht zu. Es wird sich zeigen, daß der Einzelne Schutz gegen die geballte Macht von Wirtschaftsriesen braucht und daß der erste Absatz unseres Grundgesetzes: „Die Würde des Menschen ist unantastbar. Sie zu achten und zu schützen ist Verpflichtung aller staatlichen Gewalt", für die Auflehnung des Individuums gegen die Entwertung immer aktuellere Bedeutung erlangt. Genau an dieser Stelle ist aber auch der Ansatz für die Bewahrung überkommener Einrichtungen und Gebräuche. Dort finden sich die Wurzeln des Rechts und die Beharrlichkeit, daran festzuhalten. Das ist kein Widerspruch zur Weltrechtsentwicklung, sondern der Ausdruck einer dem Menschen eigenen Polarität. Und das wird auch dem badischen Rechtswesen – wie vielen anderen Partikularrechten – noch einen langen Bestand sichern.

Anmerkungen

1 Ortwin Henssler, 100 Jahre Gerichtsverfassung, Oberlandesgerichte Karlsruhe und Stuttgart 1879-1979, Sonderheft DIE JUSTIZ; Sept. 1979, S. 21

2 Walter Jellinek, Verwaltungsrecht, 3. Aufl., 1948, S. 548, 1. Spalte: „Baden als ältestes deutsches Land mit moderner Verwaltungsgerichtsbarkeit“; dazu S. 299 und 92 f.; Anfechtung wasserpolizeilicher Verordnungen: S. 263, Fußnote 3. Im übrigen: Walter Jellinek, Seminar über das Bonner Grundgesetz, WS 1949/50

3 1877-1977, 100 Jahre Verwaltungsgerichtsbarkeit in Württemberg, Herausgeber Justizministerium Baden-Württemberg

4 Den vielschichtigen Entwicklungssträngen geht Martin Montag in seiner Dissertation „Die Entwicklung der Verwaltungsgerichtsbarkeit in Baden und Württemberg von 1945 bis 1960“ mit der Auswertung von rund 17.000 archivierten Prozeßakten nach. Schriften zum öffentlichen Recht, Band 845, Berlin 2001

5 Ortwin Henssler, Notar und Staatsschreiber, in: Tradition und Gegenwart, 175 Jahre Notariat in Baden, hrsg. v. Peter-Joh. Schuler, S. 9 f.

6 Richter/Hammel, Baden-württembergisches Landesgesetz über die freiwillige Gerichtsbarkeit und andere Vorschriften des Landesrechts, Verlag W. Kohlhammer; Holch, Gesetz zur Ausführung des Gerichtsverfassungsgesetzes und von Verfahrensgesetzen der ordentlichen Gerichtsbarkeit, Richard Boorberg Verlag

Badisches Polizeiwesen unter Besatzungsregime (1945-1952)

August Greiner

Um mit dem Fazit zu beginnen: Nicht die Bildung des Landes Baden-Württemberg bedeutete eine gravierende Zäsur für die Polizei in Baden, sondern der Zusammenbruch des NS-Staates mit dem Ende des Zweiten Weltkrieges.

Sinnbildlich für die erwähnte Zäsur mag folgendes gelten: Am 4. April 1945 fuhren Panzer der französischen Streitkräfte vor dem damaligen Polizeipräsidium am Karlsruher Marktplatz vor und richteten ihre Kanonenrohre auf das Gebäude. Es sollte zwar auf Weisung des Polizeipräsidenten – der dann als Erster floh – bis zum letzten Mann" verteidigt werden, was jedoch nicht erfolgte. Die Stadt Karlsruhe wurde praktisch widerstandslos übergeben. Aber: Mit der Aufgabe des Polizeipräsidiums gab es keine Zentralstelle der Polizei im Land Baden mehr. Die Dienststelle nahm bis dahin in Personalunion neben der Aufgabe einer örtlichen Polizeiexekutive die des „Landeskriminalpolizeiamtes" wahr. Am gleichen Tag endete auch die allgemeine Befehlsgewalt über die staatliche und kommunale Polizei bzw. die Gendarmerie in Baden durch das Ministerium des Innern des Reiches und – in dessen Auftrag – durch das badische Innenministerium am Schloßplatz.

Der 4. April 1945 ist jedoch nicht nur für das Polizeiwesen ein geschichtsträchtiges Datum, sondern auch für die Eigenstaatlichkeit Badens. Sie endete quasi mit der Einnahme der Landeshauptstadt Karlsruhe. Einen badischen Staat gab es fortan – gleichfalls wie eine in diesem Sinne „Badische Polizei" – nicht mehr. Über die Bildung des Landes Baden-Württemberg hinaus war die Polizei nunmehr im nördlichen bzw. südlichen Landesteil bis 1972 unterschiedlich organisiert, wobei kleinere Unterschiede bis heute fortbestehen.

Dem Zusammenbruch des NS-Staates folgte die Episode der Besetzung einzelner Teile des nördlichen Landesteiles Badens (wir kommen auf diesen Umstand später noch einmal zurück) durch französische Truppen. Sie setzten in den Kommunen sofort eine deutsche „Hilfspolizei" ein. Als zum 7. Juli 1945 die festgelegten Grenzen der künftigen Besatzungszonen verwirklicht wurden, übernahmen die US-Streitkräfte den nördlichen Landesteil Badens einschließlich der Landkreise Karlsruhe und Pforzheim. Kriterium der Grenzziehung war, daß die Landkreise, durch die die Autobahn Karlsruhe-München verlief, der US-Besatzungszone zugeschlagen wurden. Analoges erfolgte in Württemberg.

Damit verlief die Grenze der amerikanischen zur französischen Zone südlich des erwähnten Verkehrsweges und teilte fortan staatspolitisch die Länder Baden und Württemberg in einen nördlichen bzw. südlichen Landesteil. Die US-Besatzungsmacht vereinigte bereits durch die Proklamation vom 19. September 1945 die Nordteile Badens und Württembergs zu einem einheitlichen Verwaltungs- und Wirtschaftsgebiet. Dies war die Geburtsstunde des Landes und späteren Bundeslandes Württemberg-Baden. Die französischen Besatzer verfuhren in den Südteilen anders. Dort wurden die zwei Staaten und späteren Bundesländer Baden und Württemberg-Hohenzollern gebildet.

Zur Frage, wie die Polizei in den deutschen Besatzungsgebieten organisiert werden sollte, gab es einen Beschluß der Alliierten bei der Konferenz von Jalta im Februar 1945 zur „Reorganisation“ der Polizei. Er gewährleistete jedoch nicht, daß in jeder Besatzungszone Deutschlands gleichermaßen verfahren wurde. Wie ein roter Faden zog sich deshalb in den ersten Nachkriegsjahren in Deutschland eine Entwicklung, welche dadurch gekennzeichnet war, daß die Besatzungsmächte bei der neuen Polizeiorganisation dem Beispiel ihrer Heimatstaaten folgten.

Der gravierenden Zäsur durch den 4. April 1945 für Baden und seiner Polizei folgten jedenfalls unterschiedliche Vorgaben der beiden Besatzungsmächte für die künftige Organisation der Polizei für ihre Zonen.

Vorgaben für die Polizei in Nordbaden

Für die Reorganisation der Polizei in der US-Zone und die Personalrekrutierung ergingen zwei wesentliche Vorgaben: Für die Organisation die einer „Demilitarisierung“ und „Dezentralisierung“ (erstens) und zur Rekrutierung dahingehend, daß das bisherige Polizeipersonal grundsätzlich nicht mehr übernommen werden sollte (zweitens). Sie wurden konkretisiert durch Titel 9 der Vorschriften der US-Militärregierung über das öffentliche Sicherheitswesen vom Mai 1945 in der späteren Fassung vom 22. Mai 1947.

Ärmelbzeichen der kommmmunalen Karlsruher Schutzpolizei von 1945-1972 (Quelle: Archiv Greiner/Stahl)

Für den nördlichen Landesteil Badens wurde die Vorgabe der US-Militärregierung zur „Organisation der Polizei, LB Nordbaden (US-Zone)“ erstmals am 19. November 1945 durch das „OFFICE OF MILITARY GOVERNMENT. NORTH BADEN (US-ZONE)“ konkretisiert. Unter anderem wurde bestimmt:

1. Unter der Oberaufsicht der Militärregierung untersteht die gesamte Polizei der Leitung des Landesdirektors des Innern. Der Landespolizeidirektor ist mit der Führung sämtlicher Geschäfte beauftragt.
2. Der Landespolizeidirektor ist ermächtigt, Angehörige der Landespolizei mit Genehmigung der Militärregierung zu ernennen. Er ist dem Landesdirektor des Innern für ein „genaues Funktionieren“ dieser Polizei verantwortlich. In den Stadtkreisen ist die örtliche Polizei einschließlich der Feuerlöschpolizei dem Oberbürgermeister unterstellt, der für die Erfüllung des Polizeidienstes dem Landesdirektor des Innern verantwortlich und an seine Weisungen gebunden ist. Dasselbe galt für Städte und Gemeinden mit mehr als 5000 Einwohnern, soweit hier nicht eine Vereinbarung bezüglich des Dienstes der Landespolizei getroffen worden ist.
3. Die Landespolizei ist für die Aufrechterhaltung der öffentlichen Sicherheit und Ordnung in ländlichen Bezirken einschließlich der Gemeinden bis zu 5000 Einwohnern und der Städte und Gemeinden, die den Dienst der Landespolizei wünschen, verantwortlich.
4. Die Tätigkeit folgender Polizeien ist neuen Stellen zu übertragen: Schutzpolizei des Reiches, Schutzpolizei der Gemeinden, Kriminalpolizei, Gendarmerie, Verwaltungspolizei, Wasserschutzpolizei, Feuerschutzpolizei, Feuerwehren[1].

Schließlich wurde vorgegeben, daß für die Landespolizei eine neue Uniform einzuführen ist und an ihr „militärische Ränge und Abzeichen“ nicht getragen werden dürfen.

Vorgaben für die Polizei in Südbaden

Durch die Tatsache, daß die Stadtkreise Karlsruhe und Pforzheim einschließlich der Landkreise Bruchsal, Karlsruhe und Pforzheim im April 1945 von französischen Truppen besetzt wurden, richtete ihre Militärregierung noch im Mai eine „innerministerielle

Ein Stadtpolizist vor der Johannnes-Kirche in Freiburg. Im Hintergrund französische Militärpolizei
(Quelle: G. Fröhlich)

Zwei Angehörige der Badischen Gendarmerie
(Quelle: G. Fröhlich)

Verwaltung“ ein. Die Tätigkeit dieser Stelle kann jedoch nur als eine der zahlreichen Episoden der Geschichte Badens bezeichnet werden. Als die Vereinigten Staaten die erwähnten Gebiete im Juli endgültig in ihre Besatzungszone einverleibten, verlegte diese Organisationseinheit unter der Bezeichnung „Direktorium“ nach Freiburg i.Br. und wirkte nunmehr nur noch für Südbaden.

Unbeschadet der Tatsache, daß bereits durch den einvernehmlichen Beschluß der Alliierten auch in Südbaden Einrichtungen wie die Geheime Staatspolizei (Gestapo) aufgelöst waren, läßt sich für die Polizeiorganisation in diesem Bereich der französischen Besatzungszone im Gegensatz zu der in Nordbaden grundsätzlich feststellen:

Die Polizeiorganisation blieb – trotz anfänglicher Änderungsabsichten der Besatzungsmacht und vorübergehender Invollzugsetzung einer entsprechenden Anordnung – bis zur Bildung des Landes Baden-Württemberg unberührt.

Nach den Vorschriften der (südbadischen) Gemeindeordnung vom 23. September 1948 galten weiterhin die Bestimmungen des badischen Polizeigesetzes vom 31. Januar 1923 und die darin angezogenen Bestimmungen der Gemeindeordnung vom 5. Oktober 1921, das heißt, das alte badische Polizeirecht galt im modifizierten Sinne weiter. Dies hatte als Konsequenz, daß es in allen Städten Südbadens mit ehemaliger Staatspolizei (Freiburg i.Br., Baden-Baden, Konstanz, Lörrach, Weil a.Rh., Lahr, Offenburg, Kehl, Rastatt, Villingen und Waldshut) weiterhin eine staatliche „Stadtpolizei" gab. In den ländlichen Bereichen wirkte weiterhin die Gendarmerie.

Die Polizei Nordbadens unter deutscher Verwaltung

Von Seiten der neuen deutschen Verwaltung nahm der Landesdirektor des Innern als Abteilungsleiter „Innere Verwaltung" des Präsidenten der Landesverwaltung Baden mit Erlaß vom 10. Dezember 1945 gegenüber den Landräten erstmals zur „Neuaufstellung der Landespolizei" Stellung. Er führte hierbei unter anderem aus:

„Durch den Zusammenbruch des nationalsozialistischen Staates ist die Polizei in besonders starkem Maße in Mitleidenschaft gezogen worden. Die Entlassung zahlreicher nationalsozialistisch eingestellter Beamten und die Verwendung nichtgeschulter Kräfte im Polizeidienst hat die Schlagkraft der polizeilichen Einrichtungen in Baden außerordentlich geschwächt.

In der Erkenntnis, daß die Polizei für den Aufbau und die Sicherheit eines Staates von ausschlaggebender Bedeutung ist, haben die Herren Landräte und Bürgermeister bereits selbständig nach eigenen Gesichtspunkten eine Polizei aufzubauen begonnen. Da bisher jedoch keine einheitlichen Richtlinien dafür gegeben werden konnten, ist die Polizei in den einzelnen Kreisen und Gemeinden sowohl personell als auch ausrüstungs- und bekleidungsmäßig völlig verschiedenartig organisiert worden.

Im Einvernehmen mit der Militärregierung von Baden darf nunmehr daran gegangen werden, die badische Polizei neu und einheitlich aufzubauen, damit sie den Aufgaben gerecht werden kann, die in einem demokratischen Staate an sie gestellt werden. Ausgehend von dem Gesichtspunkt, daß die Polizeigewalt in erster Linie Ausfluß der Staatshoheit ist, hat die Militärregierung der Vereinheitlichung der Polizei des Landes (Gendarmerie) und der Gemeinden bis 5.000 Einwohner als Landespolizei zugestimmt. Für die Städte und Gemeinden über 5.000 Einwohner soll es den Herrn Bürgermeistern freigestellt werden, eine Gemeindepolizei einzurichten oder sich der Landespolizei anzuschließen."[2]

Das Landeswappen wurde auf der linken Seite der Uniformjacke getragen (Quelle: Archiv Greiner/Stahl)

Der entscheidende Erlaß des Landesdirektors des Innern zur „Organisation der Landespolizei" erging am 1. Februar 1946 und bestimmte einleitend:

„Die Landespolizei tritt an die Stelle der bisherigen Gendarmerie und Gemeindepolizei der Gemeinden bis zu 5.000 Einwohnern." Zur Gliederung der Landespolizei wurde unter anderem ausgeführt:

1. An der Spitze der gesamten Landespolizei steht der Landespolizeidirektor.
2. Mit der Überwachung des Dienstbetriebes im Bereich der Landesverwaltung Baden werden die Landespolizei-Distriktführer beauftragt. Jeder Landespolizei-Distriktführer hat drei Landkreise zu betreuen.
   (Anmerkung: Dies waren für den Distrikt:
   Karlsruhe: die Landkreise Karlsruhe, Pforzheim und Bruchsal;
   Heidelberg: die Landkreise Heidelberg, Mannheim und Sinsheim;
   Buchen: die Landkreise Buchen, Mosbach und Tauberbischofsheim.)
3. In den einzelnen Landkreisen steht als Landespolizei-Kreisführer der bisherige Gendarmerie-Kreisführer an der Spitze der Landespolizei.
4. Die Landespolizei der einzelnen Landkreise ist ... gebietsmäßig in mehrere Landespolizei-Abteilungen untergliedert.
5. Anstelle der bisherigen Gendarmerie-Posten treten die Landespolizei-Posten.
6. Für die kriminalpolizeiliche Aufgabenwahrnehmung sind „starke LP-Kreisposten" (später als „Kriminalabteilungen" bezeichnet) einzurichten.

Spezialdienststellen und eine Dienstvorschrift für Nordbaden

Ebenfalls am 1. Februar 1946 wurde durch die US-Besatzungsmacht angeordnet, daß in den Landkreisen in Nordbaden (Pforzheim, Karlsruhe, Bruchsal und Mannheim) und Nordwürttemberg, die an die französische Zone angrenzen, aus den Kräften der Landespolizei eine besondere „Grenzpolizei" eingerichtet werden muß. Sie wurde am 1. April 1946 durch eine „Bootsgruppe" verstärkt. Die Grenzpolizei hatte die US-Armee bei der Überwachung der Zonengrenze zu unterstützen. Mit der Einführung der Währungsreform 1948 wurde die Einrichtung im Monat August des Jahres wieder aufgelöst.

Für die Wahrnehmung der verkehrspolizeilichen Aufgaben auf den Autobahnen war ein „Mot-Kommissariat" mit dem Sitz in Karlsruhe-Durlach eingerichtet worden.

Am 15. April 1946 wurde für Württemberg-Baden in Stuttgart ein „Landesfahndungsamt" als zentrale Stelle für den kriminalpolizeilichen Erkennungsdienst mit einer Außenstelle in Karlsruhe („Erkennungsdienstamt") eingerichtet, welches wenig später in „Landesamt für Kriminalerkennungsdienst und Polizeistatistik" umbenannt wurde. Somit unterstand erstmals seit 1945 die Polizei im nördlichen Landesteil Baden einer „Zentralstelle" in Stuttgart. Die Karlsruher Außenstelle wurde am 1. April 1947 neben der „Kriminalhauptstelle" eine Organisationseinheit der Abteilung II der Landespolizeidirektion Karlsruhe. Die Kriminalhauptstelle erhielt zum 1. Januar 1948 in den Distrikten „Außenstellen", die zum 1. Oktober 1949 mit den Kriminalabteilungen der Kreiskommissariate vereinigt wurden.

Die mit Genehmigung der US-Militärregierung am 1. April 1947 vom Innenministerium Württemberg-Baden herausgegebene „Dienstvorschrift" für die Landespolizei gewährleistete die gleichartige Dienstverrichtung in den beiden Landesteilen.

Die zentral ausgerichtete Polizei Südbadens

Die französische Militärregierung widerstand dem Drängen der amerikanischen als führende Westmacht, auch in Südbaden die Polizei zu dezentralisieren. Sie genehmigte bereits am 1. Juni 1946 eine zentralisiert ausgerichtete Polizei.

Anders als im nordbadischen Landesteil gab es in Südbaden – da es keine Regierungspräsidien als Mittelinstanzen gab – keine Landespolizeidirektion. Zentrales Führungsorgan war die Polizeiabteilung im Innenministerium. Polizei und Gendarmerie bestanden organisatorisch nebeneinander und „Polizeidistrikten" zugeordnet. Der „Grenzpolizei" in Nordbaden entsprachen die vier „Grenzkommandos" der Gendarmerie. Das früher beim Polizeipräsidium Karlsruhe angegliederte Landeskriminalpolizeiamt (mit dem Zusatz „Baden") bestand weiterhin, wie es insgesamt elf Kriminalpolizei-Abteilungen bzw. -Stellen gab.

Eine nordbadische „Exotenregelung" wurde im südlichen Landesteil mit einiger Verzögerung nicht übernommen. Während die Kreispolizeidienststellen in Karlsruhe und Mannheim ihre Bezeichnung „Polizeipräsidium" beibehielten, wurde diejenige in Freiburg i.Br. zur „Polizeidirektion" herabgestuft. Die Breisgaumetropole hatte noch im Verlauf des Zweiten Weltkrieges ein „Polizeipräsidium" erhalten.

Die Polizei in der neugebildeten Bundesrepublik

Das Bonner Grundgesetz vom 23. Mai 1949 übertrug in Abänderung der Rechtslage im NS-Staat das Polizeiwesen wieder in die Kompetenz der Länder. Es stand daher bereits wieder in den neuen Bundesländern Württemberg-Baden bzw. Baden zur Verfügung des Landesverfassungs- und -gesetzgebers. Die Verfassung des Landes Baden-Württemberg vom 11. November 1953 bestimmte dann auch zur Organisation der Polizei, daß sie im Grundsatz bis zu einer Neuregelung bestehen bleibt. Dies wurde durch überleitende Bestimmungen konkretisiert (z.B. durch einen Erlaß des Innenministeriums vom 2. Februar 1954).

Nach der Bildung der Bundesrepublik Deutschland 1949 kam es 1951 sowohl in Württemberg-Baden wie auch in Baden zur Einrichtung einer „Bereitschaftspolizei", welche die Aufgaben aus Art. 91 GG zu übernehmen hatte. In Nordbaden erfolgte die Stationierung in der ehemaligen „Funkerkaserne" in Karlsruhe-Durlach, wo bereits zuvor eine „Landespolizeischule" eingerichtet wurde. Das Kommando der Bereitschaftspolizei Württemberg-Baden residierte im württembergischen Göppingen. Baden hatte seine eingerichtete Bereitschaftspolizei in Bad Dürrheim stationiert. Seine Landespolizeischule residierte zu dieser Zeit in Waldshut. Ein „Landeskriminalamt" in Stuttgart war für Württemberg-Baden die Zentralstelle zur Koordinierung der kriminalpolizeilichen Aufgabenwahrnehmung, anlalog hierzu das „Landeskriminalpolizeiamt" in Baden.

Bis zum Inkrafttreten des Überleitungsgesetz vom 15. Mai 1952 zur Bildung des neuen Bundeslandes Baden-Württemberg stellte sich die Polizeiorganisation in Nordbaden (mit einer identischen Entwicklung in Nordwürttemberg) völlig anders dar als im ehemaligen Land Baden: Es gab eine Landespolizei, die unter der Führung einer Landespolizeidirektion in Karlsruhe mit nachgeordneten Kreiskommissariaten, Abteilungen und Posten die exekutivpolizeilichen Aufgaben in Gemeinden mit nicht mehr als 5.000 Einwohnern wahrzunehmen hatte und mit einem Mot-Kommissariat auf den Autobahnen. Die Wahrnehmung der kriminalpolizeilichen Aufgaben erfolgte durch die Abteilung II – Kriminalhauptstelle – der Landespolizeidirektion Karlsruhe mit nachgeordneten Außenstellen. In Städten und Gemeinden mit einer höheren Einwohnerzahl bestanden „Stadt-" oder „Gemeindepolizeien", die dem Oberbürgermeister bzw. Bürgermeister nachgeordnet waren. Letzteren war allerdings seit 1947 die Möglichkeit eröffnet worden, sich – allerdings nur bis 22.000 Einwohnern – der Landespolizei anschließen zu können. Zwölf Städte/Gemeinden in Nordbaden besaßen bei der Bildung des neuen Bundeslandes noch eine kommunale Polizeiexekutive.

Anmerkungen

1 Mit Ausnahme der beiden letztgenannten Einrichtungen waren die „Landespolizei“ bzw. die „kommunalen Polizeien“ der Städte und Gemeinden die „neuen Stellen“ im Sinne der erwähnten Vorgabe.

2 Es folgen Ausführungen über die Nachwuchsgewinnung, Ausbildung der Gemeindepolizei, der Kosten usw.

Die Polizeiverwaltung in den badischen Landesteilen (1952-2000)

Gerhard Fröhlich

Drei Landespolizeien – ein Land

Mit der Bildung des neuen Bundeslandes am 25.4.1952 mußte die Vereinheitlichung der unterschiedlichen Entwicklung in den drei alten Ländern in allen Rechtsbereichen vorgenommen werden. In dem amerikanisch besetzten Teil Badens hatten die Besatzungsbehörden für den Polizeibereich einen von der bisherigen Organisation[1] abweichenden Neuaufbau der Sicherheitsbehörden angeordnet.[2]

Die Entwicklung des Polizeiwesens in (Süd)Baden verlief anders. Für die Verwaltungspolizei galt hier hauptsächlich das Polizeigesetz vom 31.1.1923.[3] In Freiburg und Baden-Baden waren die staatlichen Polizeidirektionen, die neben den vollzugspolizeilichen Aufgaben auch die orts- und kreispolizeilichen Verwaltungsaufgaben wahrnahmen, eingerichtet. Die Landratsämter waren kreis- und ortspolizeiliche Verwaltungsbehörden. Die Landräte waren gleichzeitig Dienstvorgesetzte der Schutzpolizei und hatten die Dienstaufsicht über die Gendarmerie.[4]

Der Polizeivollzugsdienst wurde nach einer Zwischenphase der Kommunalisierung[5] mit Wirkung vom 1.6.1946 eine einheitlich organisierte staatliche Polizei, die sich in Kriminal- und Schutzpolizei sowie in den ländlichen Bereichen in die Gendarmerie gliederte.[6]

Im Land Württemberg-Hohenzollern war eine staatliche Landespolizei mit einer Landespolizeidirektion als Führungsdienststelle errichtet worden[7].

Mit der Gründung des neuen Bundeslandes mußten die unterschiedlichen verwaltungspolizeilichen und vollzugspolizeilichen Aufgaben und die Organisation der Polizeibehörden und des Polizeivollzugsdienstes vereinheitlicht werden.

Ein erster Schritt erfolgte durch die Verordnung der vorläufigen Regierung über die Wahrnehmung der Aufgaben auf dem Gebiet der öffentlichen Sicherheit und Ordnung in den Regierungsbezirken vom 13. Juli 1953[8]. In dieser Verordnung wurde bestimmt, daß die Regierungspräsidien für die öffentliche Sicherheit und Ordnung[9] in ihren Bezirken zu sorgen haben. Sie führen die Dienst- und Fachaufsicht über die Landespolizeidirektion und die Fachaufsicht über die Gemeindepolizei aus. Die Verwaltungsbefugnisse der übrigen Behörden auf dem Gebiete der öffentlichen Sicherheit und Ordnung bleiben unberührt. Die Leitung der Landespolizei in den Regierungsbezirken oblag den Landespolizeidirektionen. Diese führten auch die Verwaltungsgeschäfte der Landespolizei. Die Landespolizei umfaßte in den nördlichen Regierungsbezirken und in Südwürttemberg-Hohenzollern die Landespolizei einschließlich der staatlichen Kriminalpolizei und im Regierungsbezirk Südbaden die staatliche Ordnungspolizei einschließlich der Kriminalpolizei und die Gendarmerie. In den Regierungspräsidien wurde eine Unterabteilung in der Abt. I mit der Bezeichnung Öffentliche Sicherheit und Ordnung – heute Referat 14 – gebildet. Diese Unterabteilung hatte die allgemeinen Verwaltungsangelegenheiten der Regierungspräsidien auf dem Gebiet der öffentlichen Sicherheit und Ordnung zu erledigen. Dazu kam die Dienst- und Fachaufsicht über die Landespolizeidirektion und in den nördlichen Regierungsbezirken die Fachaufsicht über die Gemeindepolizei. Weiterhin war die Unterabteilung für die dem Regierungspräsidium obliegenden Verwaltungsgeschäfte – vor allem Personal- und Haushaltsangelegenheiten – zuständig. Der Leiter dieser Unterabteilung war zugleich Leiter der Landespolizeidirektion. Diese Aufgaben-Zuständigkeiten des Polizeipräsidenten (Landespolizeidirektor) hat sich bis heute in seiner Grundstruktur erhalten. In der Verordnung wurde das Innenministerium ermächtigt, die erforderlichen Vorschriften, insbesondere über die Gliederung und Zuständigkeit der den Landespolizeidirektionen nachgeordneten Dienststellen der Landespolizei zu erlassen.

Mit Erlaß vom 2. Februar 1954[10] wurde die Gliederung, Stärke und Verwaltung der Landespolizei und die Zusammenarbeit mit den Verwaltungsbehörden, deren Unterrichtung und fachliches Weisungsrecht sowie die Amtshilfe für andere Stellen geregelt.

Da im Regierungsbezirk Südbaden – im Gegensatz zu den anderen Regierungsbezirken – keine Landespolizeidirektion eingerichtet war, bestimmte der Erlaß, daß sie mit Wirkung vom 1.Feburar 1954 ihre Tätigkeit aufnimmt. Die Gendarmerie wurde mit Wirkung vom 1. März 1954 aufgelöst und in die Landespolizei eingegliedert.

Die Landespolizei[11] hatte in allen Landkreisen ein Kreiskommissariat, daß sich in Abteilungen (später Reviere) und Posten im nachgeordneten Bereich gliederte. In den Stadtkreisen Freiburg und Baden wurden Stadtkommissariate mit Revieren und Posten eingerichtet.

Die Kriminalpolizei wurde in Südbaden und Südwürttemberg-Hohenzollern in Kriminalkommissariate mit Außenstellen gegliedert. Der Dienstbezirk umfaßte mehrere Landkreise. In den beiden nördlichen Regierungsbezirken blieb es bei der bisherigen Gliederung nämlich der Eingliederung der Kriminalpolizei in die Landespolizeikommissariate.

Des weiteren wurde für die überörtliche Verkehrsüberwachung und für die Autobahnen in jedem Regierungsbezirk ein Verkehrskommissariat eingerichtet.

Damit war ab 1. Mai 1954 die Landespolizei im neuen Bundesland einheitlich gegliedert. Neben der Landespolizei gab es in den nördlichen Regierungsbezirken weiterhin eine Anzahl von kommunalen Polizeien, die von der Neugliederung unberührt blieben.[12]

Das Polizeigesetz von 1955 und die Verstaatlichung der kommunalen Polizeien

Dieser vorläufigen Regelung in der Organisation der Polizeibehörden und des Polizeivollzugsdienstes sowie der Rechte dieser polizeilichen Einrichtungen folgte mit dem Polizeigesetz vom 21.11.1955[13] eine einheitliche Regelung für Baden-Württemberg. Der Landesgesetzgeber entschied sich für ein einheitliches Gesetz für die Polizeibehörden und den Polizeivollzugsdienst[14] sowohl für die Befugnisse als auch die Organisation. Ortspolizei, Kreis-, Landes- und Oberste Landespolizeibehörden wurden eingerichtet[15] und die jeweilige Dienst- und Fachaufsicht.[16] Im Unterabschnitt Polizeivollzugsdienst des Polizeigesetzes wurden die Polizeidienststellen, die das Land unterhielt, bestimmt.[17] Das sind die Bereitschaftspolizeidirektion, die Wasserschutzpolizeidirektion und die Landespolizeidirektionen mit ihren nachgeordneten Dienststellen sowie das Landeskriminalamt. Darüber hinaus unterhält das Land eine Landes-Polizeischule[18] und die Fachhochschule Polizei. Die Aufgaben und die Gliederung wird vom Innenministerium durch Verordnung bestimmt.[19] Die Dienstaufsicht[20] über die Landespolizeidirektionen haben das Innenministerium und die Regierungspräsidien. Die Fachaufsicht[21] über die Landespolizeidirektionen steht den Regierungspräsidien und den zuständigen Ministerien zu. Über die den Landespolizeidirektionen nachgeordneten Polizeidienststellen haben die Fachaufsicht die Landespolizeidirektionen, die Kreispolizeibehörden, die Regierungspräsidien und die zuständigen Ministerien. Mit der Dienst- und Fachaufsicht ist die Einheit des polizeilichen Handelns auf allen Ebenen des Polizeivollzugsdienstes und der Polizeibehörden gewährleistet.

Mit der Verstaatlichung der kommunalen Polizeien in Mannheim und Karlsruhe zum 1.1.1972 und der Stuttgarter Polizei zum 1.1.1973 wurde eine Nachkriegsentwicklung, die auf den Vorstellungen der amerikanischen Besatzungsbehörden beruhte, beendet. Seit dieser Zeit gibt es in Baden-Württemberg nur noch den staatlichen Polizeivollzugsdienst. Die Gemeinden können nach § 80 Polizeigesetz als Ortspolizeibehörden für beschränkte polizeiliche Aufgaben (§ 31 DVO PolGes. vom 16. September 1994 GBl. S. 567) jedoch gemeindliche Vollzugsbedienstete bestellen.

Territorialreform und Funktionalreformen

Die Kreisreform und die Neugliederung der Regierungsbezirke zum 1.1.1973 brachte auch für den Polizeivollzugsdienst in der Organisation Veränderungen. Im Bezirk der Landespolizeidirektion Freiburg wurden in Freiburg, Offenburg, Konstanz, Lörrach und Villingen-Schwenningen Polizeidirektionen eingerichtet, in denen Schutz- und Kriminalpolizei unter einer einheitlichen Leitung standen. In Rottweil, Tuttlingen, Waldshut-Tiengen gab es je ein Polizei- und Kriminalkommissariat, und Emmendingen – ein Ausnahmefall – wurde kriminalpolizeilich von der Polizeidirektion Freiburg betreut. Die überörtliche Verkehrsüberwachung und die polizeilichen Aufgaben auf den Bundesautobahnen im Regierungsbezirk wurden vom Verkehrskommissariat wahrgenommen.

Eine weitere Organisationsänderung in den Jahren 1980-83 führte zur Errichtung und damit zur Zusammenführung von Schutz- und Kriminalpolizei in einer Polizeidirektion in den vier noch nicht mit einer Polizeidirektion ausgestatteten Landkreisen. Damit war der organisatorische Aufbau der Polizei in Baden-Württemberg abgeschlossen.

Bei der Gründung des Landes Baden-Württemberg hatte die Schutz- und Kriminalpolizei sowie die Gendarmerie im Regierungsbezirk Südbaden eine Stärke von 1.813 Beamten[22]. Durch den Sicherheitsplan I vom 4. Dezember 1973 wurde die personelle Stärke der Polizei und die technische Ausstattung den Erfordernissen angepaßt. Der Sicherheitsplan II vom 5. Dezember 1978 setzte unter dem Eindruck der stetig steigenden Kriminalität, neuer Dimensionen der Gewalt und des Terrors der RAF die Bemühungen um personelle Verstärkung und die Verbesserung der technischen Ausrüstung fort. Am 1.7.1964 hatte die Polizei im Regierungsbezirk 1.846 Beamte bei der Schutzpolizei und 172 bei der Kriminalpolizei.[23] Wiederum zehn Jahre später waren 2.011 Beamte der Schutzpolizei und 258 Beamte der Kriminalpolizei tätig.[24] 1984 umfaßte die Landespolizei 2.805 Beamte der Schutzpolizei und 484 Beamte der Kriminalpolizei.[25] Dazu kamen 62 Verwaltungsbeamte, 468 Angestellte und 114 Arbeiter zur Unterstützung des Polizeivollzugsdienstes.

Am 40-jährigen Bestehen der Landespolizeidirektion in Freiburg sorgten in ihrem Bezirk 3.029 Beamte/innen und 656 der Kriminalpolizei für die Sicherheit der Bürger.[26] Die Stärke im Jahr 2000 beträgt bei der Schutzpolizei 3.323 Beamte/innen, bei der Kriminalpolizei 705 und 933 Verwaltungsbeamte/innen, Angestellte und Arbeiter.[27] Ob damit der personelle Ausbau der Polizei beendet ist, hängt wesentlich von der Entwicklung des Haushalts in den nächsten Jahren ab. Die in den Sicherheitsplänen angestrebten Stärken der Polizei sind trotz der erheblichen Vermehrung der Stellen noch nicht erreicht.

Die Organisation des Polizeivollzugsdienstes hat in den letzten sechs Jahren eine wesentliche Veränderung im organisatorischen Ablauf durch die Einführung des Haushaltsmanagements und die Reorganisation, die zum 1.4.2000 für den Polizeivollzugsdienst verbindlich geworden ist, erfahren. Die Landespolizeidirektion Freiburg, die Polizeidirektionen Konstanz und Villingen-Schwenningen haben sich seit 1.1.1995 mit Erfolg an diesem Haushaltsmanagement als Pilotprojekt beteiligt, so daß heute jede Polizeidirektion im Rahmen ihres Haushaltsansatzes über ihre Sachausgaben selbst verfügen kann. Der Vorteil liegt darin, daß dadurch eine sparsame und sachgebundene Haushaltsführung gewährleistet wird. Welche Erfolge bei der Reorganisation erzielt werden, bleibt der Zukunft überlassen.

Grenzüberschreitende polizeiliche Zusammenarbeit im Dreiländereck zwischen Deutschland, Frankreich und der Schweiz

Zwischen Deutschland und Frankreich besteht eine 182 km lange Grenze. Auf den Dienstbezirk der Landespolizeidirektion Freiburg entfallen von Basel bis Rheinau 155 km. Der Rest von 32 km fällt in den Zuständigkeitsbereich der Landespolizeidirektion Karlsruhe. Die deutsch-schweizerische Grenze – eine EU-Außengrenze – ist 350 km lang. Auf den Dienstbezirk der Landespolizeidirektion Freiburg entfallen 310 km. Der Rest verteilt sich auf den Bodensee. Dort ist, außer in der Konstanzer Bucht, das jeweilige Ufer die Grenze.

Zwischen Deutschland und Frankreich besteht seit dem 3.2.1977[28] ein völkerrechtlicher Vertrag über die grenzüberschreitende polizeiliche Zusammenarbeit. In diesem Vertrag, der sich auf die Länder Baden-Württemberg, Rheinland-Pfalz, Saarland und den Bund erstreckt, sind die Dienststellen der jeweiligen Länder benannt, die zur Zusammenarbeit verpflichtet sind. Die deutsche Seite ist durch Zusammenfassung der schutz- und kriminalpolizeilichen Aufgaben für den gesamten polizeilichen Bereich zuständig. Die polizeilichen Aufgaben in Frankreich verteilen sich auf die Police nationale (Police Urbaines, Police Judiciaire, P.A.F), die zum Zuständigkeitsbereich des Innenministeriums gehören, und die Gendarmerie, die zum Verteidigungsministerium gehört. Treffen mit Erörterung der beiderseitigen generellen Themen finden jährlich zwischen den beteiligten Bundesländern, dem Bund und den französischen Stellen und auf der örtlichen Ebene zwischen der Landespolizeidirektion und den Polizeidirektionen und Revieren mit den entsprechenden französischen Dienststellen statt. Ab 1977 intensivierte sich die grenzüberschreitende polizeiliche Zusammenarbeit immer mehr.

Am 14.6.1985 wurde in Schengen das erste Übereinkommen[29] zwischen Deutschland, Frankreich, Belgien, den Niederlanden und Luxemburg geschlossen, das den Wegfall der Personenkontrollen an den gemeinsamen Grenzen bis zum 1.1.1990 vorsah. Die Ausgleichsmaßnahmen wurden nach langwierigen Verhandlungen am 19.7.1990 im 2. Schengener Abkommen niedergelegt. Es würde im Rahmen dieser Abhandlung zu weit führen, den Inhalt dieser Übereinkommen zu erörtern[30]. Der weiteren engeren Zusammenarbeit diente die von den Innenministern der drei beteiligten Bundesländer am 12.10.1992 in Metz unterzeichnete Absprache über die grenzüberschreitende Zusammenarbeit. In 28 Punkten wurden über die Schengener Abkommen und den Vertrag vom 3.2.1977 hinaus ins Detail gehende Regelungen der gemeinsamen Zusammenarbeit geschaffen.

Durch ein Gesetz zu dem Abkommen vom 9. Oktober 1997 zwischen der Regierung der Bundesrepublik Deutschland und der Regierung der französischen Republik über die Zusammenarbeit der Polizei- und Zollbehörden in den Grenzgebieten vom 14. September 1998[31] wurde über das Schengener Übereinkommen vom 14. Juni 1985 und das Schengener Durchführungsübereinkommen vom 19. Juni 1990 die Zusammenarbeit der Polizeien weiter intensiviert. Nach Art. 4 des Abkommens werden im Grenzgebiet gemeinsame Zentren für den Informationsaustausch und die Koordinierung der grenzüberschreitenden polizeilichen Tätigkeit eingerichtet. Dieses Zentrum wurde in Offenburg eingerichtet und hat am 22.3.1999 seine Arbeit aufgenommen. Bis zu diesem Zeitpunkt waren in einem Pilotversuch seit dem 2. September 1996 Verbindungsbeamte der Landespolizeidirektion Freiburg und der Gendarmerie Straßburg bei der jeweiligen anderen Dienststelle tätig.[32]

Polizeiliche Zusammenarbeit bei der Tour de France 2000
(Quelle: G. Fröhlich)

Alle diese Verbesserungen der Zusammenarbeit stehen für die gerichtliche Verwertbarkeit unter dem Vorbehalt der Richtlinien für das Strafverfahren. Denn zur Durchführung und Verwertung ist ein Rechtshilfeersuchen von einer Justizbehörde zur jeweiligen anderen erforderlich.[33]

Die deutsch-schweizerische Zusammenarbeit über die Grenzen hinweg ist im Gegensatz zu Frankreich nicht durch Sprachprobleme erschwert. Seit Jahren kommen die Verantwortlichen der an den Bezirk der Landespolizeidirektion angrenzenden Kantone und die Führungskräfte der Landespolizei in regelmäßigen Abständen zu Besprechungen zusammen.

Gemeinsame Observationsübungen, wie auch mit Frankreich, fanden wiederholt statt. Durch die Schengener Abkommen und den Abbau der Grenzkontrollen ist die Schweizer Grenze zu einer EU-Außengrenze geworden. Die Schweiz und auch die Verantwortlichen in der Bundesrepublik und in Baden-Württemberg streben eine Gleichstellung der Schweiz an. Mit einem ausgearbeiteten Abkommen zwischen Deutschland und der Schweiz soll die Schweiz nach der Ratifizierung in der Zusammenarbeit eine ähnliche Stellung wie Frankreich erhalten.[34]

Zentrale Lenkung – regionale Entwicklung

Zusammenfassend kann festgestellt werden, daß der Polizeivollzugsdienst durch die Schaffung des neuen Bundeslandes in seiner Entwicklung positiv beeinflußt wurde. Die Polizei hat sicher eine Sonderstellung innerhalb der Verwaltung des Landes eingenommen. Eine einheitliche Organisation und Ausrüstung war für die ordnungsgemäße Aufgabenerfüllung der Polizei eine notwendige Voraussetzung. Daß dies nur durch zentrale Lenkung durch das Innenministerium möglich war, hat aber die Erfüllung der vor Ort notwendigen Aufgaben nicht beeinträchtigt und bereichsspezifische Entwicklungen nicht behindert.

Anmerkungen

1 Stiefel, Karl, Baden 1648-1952, Karlsruhe 1977, S. 1201 ff.; Wolf, Heinz, Stephan, Ulrich, Polizeigesetz für Baden-Württemberg. Stuttgart, München, Hannover, Berlin, Weimar, Dresden 5 1998; Hüttner, Karl, Die Polizei der deutschen Länder, Nordwürttemberg-Nordbaden, in: Polizeipraxis 1948, S. 132

2 Vgl. hierzu auch den Beitrag von Greiner in diesem Band.

3 GVBl 1923, S. 29

4 Schreiber, Bernhard, Die Polizei und die Gendarmerie im Land Baden 1945-1952, Glottertal 1999, S. 78ff.; Teufel, Manfred, Die Südwestdeutsche Polizei im Obrigkeits- und Volksstaat 1807-1932, Holzkirchen 1999, S. 125 ff.

5 Schreiber, Bernhard, S. 65

6 Schreiber, Bernhard, S. 82ff.

7 Wolf, Heiner, Stephan, Ulrich, S. 4

8 GBl, 1953, S. 111

9 Zu den Begriffen öffentliche Sicherheit und Ordnung: Wolf/Stephan § 1 Anm. 1 u. 2; Württemberg, Thomas, Heckmann, Dirk, Riggert, Reiner, Polizeirecht, Baden-Württemberg, Heidelberg 4 1999, S. 133 - 143

10 GABl. 1954, S. 57ff.

11 Im Jahr 1954 wurden im Regierungsbezirk Südbaden eingerichtet: 2 Stadtkommissariate: FR, Baden-Baden; 18 Kreiskommissariate: Bühl, Donaueschingen, Emmendingen, Freiburg, Kehl, Konstanz, Lahr, Lörrach, Müllheim, Neustadt, Offenburg, Rastatt, Säckingen, Stockach, Überlingen, Villingen, Waldshut und Wolfach; Kriminalkommissariate: Freiburg, Baden-Baden, Konstanz, Lörrach, Offenburg mit Außenstellen in Rastatt, Villingen, Singen, Waldshut, Kehl und Lahr

12 Mannheim, Karlsruhe, Heidelberg, Pforzheim in Nordbaden; Stuttgart, Ulm, Heilbronn in Nordwürttemberg

13 GBl 1955, S. 249 In Kraft getreten am 1.4.1956

14 Zu den Grundgedanken der Neuregelung: Wolf, Heiner, Stephan, Ulrich, S. 5-10

15 jetzt § 62 PolGes.

16 jetzt § 63 PolGes.

17 jetzt § 70 PolGes.

18 jetzt Akademie der Polizei Baden-Württemberg

19 jetzt DVO zum Polizeigesetz vom 16.9.1994, GBl 1994, S. 567

20 jetzt § 72 PolGes. Zum Begriff der Dienstaufsicht: Wolf, Heinz, Stephan, Ulrich, § 72 Randziffer 5; § 63 Randziffer 1-3

21 jetzt § 73 PolGes. Zum Begriff der Fachaufsicht: Wolf, Heinz, Stephan, Ulrich, § 73 Randziffer 2; § 64 Randziffer 3

22 Schreiber, Bernhard, S. 220

23 polinform, Informationen der Landespolizei im Regierungsbezirk Freiburg Nr. 1, 25. Jahrgang vom 25.3.1994, S. 1

24 polinform a.a.O. S. 2

25 polinform a.a.O. S. 2

26 polinform a.a.O. S. 3

27 Auskunft der Landespolizeidirektion Freiburg vom 15.4.2000

28 BGBl II, 1978, S. 1402

29 BGBl II, 1993, S. 1010

30 BGBl II, 1994, S. 631; zum Inhalt: Fröhlich, Gerhard, Die Zusammenarbeit der Polizeien über die deutsch-französische und deutsch-schweizerische Grenze hinweg in: Sicherheitsforum 1991, Informationen des Arbeitskreises Polizei der CDU Baden-Württemberg zur Inneren Sicherheit, S. 5-10; Lisken, Hans, Denninger, Eberhard, Handbuch des Polizeirechts, 2 1996, S. 936-937

31 BGBl II, 1998, S. 2479

32 Zur internationalen Zusammenarbeit in Baden-Württemberg mit Frankreich, der Schweiz, Österreich und Italien Stellungnahme des Innenministeriums vom 5.1.1999 zum Antrag der CDU-Fraktion, Landtagsdrucksache 12/4747.

33 Europäisches Übereinkommen über die Rechtshilfe in Strafsachen vom 20.4.1959 (BGBl II, 1964, S. 1369, Sl 1386; 1976 II, S. 1799; 1995 II, S. 736 mit Zusatzprotokoll vom 17.3.1978, BGBl II 1991, 909

34 Vertrag zwischen der Schweizerischen Eidgenossenschaft und der Bundesrepublik Deutschland über die grenzüberschreitende polizeiliche und justizielle Zusammenarbeit (schweizerisch-deutscher Polizeivertrag) vom 27. April 1999. Das Ratifikationsverfahren läuft zur Zeit in den beiden Staaten. Mit einem Inkrafttreten ist im Laufe des Jahres 2001 zu rechnen.

Finanzverwaltung in Baden

Der Konflikt um die Oberfinanzdirektion

Herbert A. Weinacht

Historische Wurzeln (1826-1945)

Die Oberfinanzdirektion Karlsruhe blickt im Jahr 2001 auf 175 Jahre ihres Bestehens zurück. Mit der Errichtung einer „Steuerdirektion" im Jahr 1826 hatte Großherzog Ludwig (1818 bis 1830) der Finanzverwaltung den noch heute gültigen dreistufigen Verwaltungsaufbau im Großherzogtum Baden verordnet. Die Steuerdirektion verwaltete auf der Mittelstufe zunächst alle Steuern und Abgaben. Die für die Finanzverwaltung typische Aufspaltung in eine Steuer- und eine Zolldirektion entstand in Baden 1835.[1]

Unter Großherzog Ludwig erwarb sich Baden auch den Ruf des gut verwalteten liberalen „Musterländles" im deutschen Südwesten. Die Steuerdirektion hatte ihren Sitz in der „Haupt- und Residenzstadt Karlsruhe". Das Finanzministerium am Zirkel, 1830 bezogen, nahm die Steuerdirektion auf. Erst 1909 kam es zu einer gemeinsamen „großherzoglich badischen Zoll- und Steuerdirektion". Die geschichtliche Entwicklung in Württemberg, wo König Friedrich bereits 1806 einen dreistufigen Verwaltungsaufbau angeordnet hatte, entsprach im wesentlichen der Entwicklung im Großherzogtum.

Der Aufbau einer Reichsfinanzverwaltung ergab sich nach dem Ausgang des ersten Weltkriegs, den Belastungen aus dem Versailler Vertrag und der Finanznot des Reiches fast zwangsläufig. Mathias Erzberger (1875-1921) übernahm am 21. Juni 1919 das Amt des Reichsfinanzministers und strebte von Anfang an die reichseigene Steuerverwaltung an. Es ist sein Verdienst, daß sich die Länder von der Notwendigkeit der Vereinheitlichung der Steuerverwaltung und des Steuerrechts überzeugen ließen.

Die großherzoglich-badische Zoll- und Steuerdirektion, die bis zum Ende der Monarchie verbunden war, ging durch Gesetz über die Reichsfinanzverwaltung zum 1. Oktober 1919 nahtlos auf das „Landesfinanzamt über, wo sie in die Abteilungen für Besitz- und Verkehrssteuern sowie Zölle und Verbrauchsteuern gegliedert wurde. Der republikanischen Behörde wurde neben der Verwaltung der Reichssteuern die Erhebung der wichtigsten Landesabgaben übertragen; ihr Personal wurde in den Reichsdienst überführt. Mit der Wahrnehmung der Geschäfte des Präsidenten wurde der badische Finanzminister Dr. Josef Wirth – in Personalunion mit dem Ministeramt – beauftragt. Als er im März 1920 Nachfolger von Reichsfinanzminister Mathias Erzberger wurde, folgte ihm als Präsident des Landesfinanzamts – wieder in Personalunion mit dem Amt des badischen Finanzministers – Heinrich Köhler. Die Personalunion sicherte dem Landesfinanzminister das Recht, unmittelbar bei der Gestaltung der Reichsfinanzverwaltung innerhalb seines Landes mitzuwirken. Im Jahr 1922 wurde die den süddeutschen Ländern befristet zugestandene Personalunion zwischen beiden Funktionen gelöst. Das Landesfinanzamt wurde nunmehr auch räumlich vom Ministerium getrennt. Es bezog nach Umbau das frühere „Königlich Preußische Kadettenhaus" in der Moltkestraße, das

Die alte Kadettenanstalt in Karlsruhe, Sitz der OFD
(Quelle: LMZ/unbek., 1979)

durch Ernst von Salomons Stück „Die Kadetten" literarischen Ruhm als Kasernengebäude erlangt hat.

Der dreistufige Behördenaufbau der Reichsfinanzverwaltung blieb 1933 – auch nach der Machtübernahme durch die Nationalsozialisten – bestehen. Einzelne Bezeichnungen wurden geändert: So erhielt das Landesfinanzamt Karlsruhe die Bezeichnung „Der Oberfinanzpräsident Baden in Karlsruhe", um nicht mit einer Landesbehörde verwechselt zu werden. Der Bezirk des Oberfinanzpräsidenten Baden umfaßte 1940 nach der Besetzung des nördlichen Teils Frankreichs durch die deutschen Truppen auch die Departements Ober- und Unterelsaß.

Vorgaben der Besatzungszeit (1945-1951)

Nach der Zerschlagung der Reichsfinanzverwaltung im Jahre 1945 verfügte die Militärregierung der Franzosen in Karlsruhe, wo sie vorübergehend ihren Sitz aufgeschlagen hatte, die Bildung eines Badischen Finanz- und Wirtschaftsministeriums. Ministerialrat Dr. Bund, der bereits dem früheren badischen Finanzministerium angehörte, wurde Leiter der neuen Behörde. Er trat auch als „Präsident der Landesverwaltung Baden" auf. Mit dem Wiederaufbau des „Oberfinanzpräsidiums Karlsruhe" betraute er den früheren Leiter der Zollabteilung, Finanzpräsident Beckhaus. Die 44 badischen Finanzämter nahmen nach Kriegsende ihre Tätigkeit auf, ohne daß sie auf Anordnungen aus Karlsruhe gewartet hätten.

So blieb auch weitgehend unbemerkt, daß im Juli 1945 die Amerikaner die ehemalige badische Residenzstadt übernommen und den Vorsteher des Finanzamts Mannheim-Stadt, den Oberregierungsrat Brunner, mit dem Aufbau des „Finanzpräsidiums" beauftragt hatten. Nach Bildung des Landes Württemberg-Baden ging die ausführende Gewalt auf den Landesbezirkspräsidenten in Karlsruhe über, dem Landesbezirksdirektionen, die nach Art von Ministerien gegliedert waren, unterstanden. Dem „Landesbezirksdirektor der Finanzen" oblag auch die Leitung des „Landesfinanzamts Baden in Karlsruhe", deren Kern die Steuer- und Zollabteilung des vormaligen Ministeriums bildete. Nur vorübergehend erteilte das Landesfinanzamt Karlsruhe auch den Finanzbehörden in der französischen Besatzungszone Weisungen.

Im August 1945 begann die französische Militärregierung, badische Finanzreferate im stark kriegszerstörten Freiburg, dem neuen Sitz ihrer Militärregierung, zusammenzuziehen. Im November 1945 ordnete die französische Militärregierung – als Antwort auf die Schaffung des Landesfinanzamts Karlsruhe – die Verlegung des „Badischen Finanz- und Wirtschaftsministeriums" nach Freiburg an und fügte seinem Namen den Zusatz „Französisches Besatzungsgebiet" hinzu. Die Verwaltung der Steuern und Zölle ging im selben Monat auf die Abteilung für Steuern und Zölle in Freiburg über. Damit war in Südbaden zum ersten Mal auf dem Gebiet der Finanzverwaltung eine Oberbehörde entstanden und das Oberland bildete erstmals einen eigenen Oberfinanzbezirk. Die neue Behörde erhielt – nach Ausgliederung eines selbständigen Wirtschafts- und Landwirtschaftsministeriums – ab Januar 1946 die Bezeichnung „Badisches Finanzministerium". Der Verwaltungsaufbau war vorübergehend zweistufig. Die Abteilung Steuern und Zölle erfüllte die Aufgaben einer mittleren und obersten Behörde. Sämtliche Steuern und sonstige Abgaben wurden nach dem Zusammenbruch auf Rechnung des Landes erhoben.

Die Leitung der Oberbehörde übernahm im Dezember 1946 Dr. Waeldin als „Staatssekretär", im Sommer 1947 – zusätzlich zum Amt des Staatspräsidenten des Landes Baden- Leo Wohleb als „Finanzminister" und – nach der Regierungsumbildung vom Januar 1948 – Dr. Eckert, der bis zur Auflösung des Landes amtierte. Die Kontrolle der Militärregierung war nicht nur sehr eng, sie war für Dritte auch unsichtbar. Zu den Hauptaufgaben der Finanzverwaltung in Südbaden gehörte – wie auch andernorts in Deutschland – die Abschöpfung des Geldüberhangs durch drastisch erhöhte Einkommens- und Körperschaftssteuersätze, die bis zur Währungsreform bestanden.

Die Steuerkraft in den vier Bezirken des späteren Südweststaats zeigte bereits eine Rangfolge, die bis heute unverändert geblieben ist:

Steuereinnahmen je Kopf der Bevölkerung in Reichsmark im Jahr 1946

Nordwürttemberg	264,5
Nordbaden	257,9
Südbaden	189,5
Südwürttemberg (und Hohenzollern)	167,3

Mit der Währungsreform am 20. Juni 1948 hatten die Finanzämter auch die Altgeldguthaben zu überprüfen. Die Vorarbeiten für ein Sofortprogramm zum Ausgleich der Kriegs- und Kriegsfolgeschäden sowie für den Lastenausgleich schlossen sich an. Durch das Landesgesetz zur Neuordnung der Steuern vom 24. September 1948 wurden die Steuersätze für die Einkommenssteuer und Körperschaftssteuer gesenkt, der Lohnsteuerjahresausgleich eingeführt und die Lohnsteuer nach dem Jahreslohn nachträglich neu berechnet. Ab November 1948 verwalteten die Finanzämter auch das Notopfer Berlin, das nicht nur als Verkehrssteuer auf Postsendungen, sondern auch als gemischte Steuer vom Einkommen erhoben wurde.

Die Auseinandersetzung um die Zusammenlegung der Oberfinanzdirektionen Freiburg und Karlsruhe

Vier Oberfinanzdirektionen (OFD'en) bestanden im Südwesten, als das Land Baden-Württemberg gebildet wurde. Zum 6. September 1950 hatten sie im „Bundesgesetz über die Finanzverwaltung" eine bundesrechtliche Grundlage erhalten – nach verbreiteter Einschätzung waren zwei von ihnen zuviel. Es gelang zwar, die OFD Tübingen zugunsten von Stuttgart aufzuheben, an der Beseitigung der badischen Doppelbelegung aber bissen sich die Landespolitiker lange Zeit die Zähne aus. Fast 50 Jahre mußten ins Land gehen und wiederholte Anläufe mußten scheitern, bevor es gelang, die OFD'en in

Karlsruhe und in Freiburg zusammenzulegen. Der Kampf um die Zusammenlegung macht deutlich, wo gemeinsame und wo divergierende Interessen der badischen Landesteile bestanden und fortbestehen.

Erster Anlauf zu einer Zusammenlegung (1960): „derzeit nicht"

Die Neugliederung der Landesverwaltung bot der Landesregierung 1960 die erste Gelegenheit, sich mit der Vereinigung der beiden badischen OFD'en und der Sitzfrage zu befassen. Die sog. Walz-Kommission sprach sich für die Auflösung der OFD Freiburg, jedoch das Verbleiben der Zoll- und Verbrauchsteuerabteilung in Freiburg als Außenstelle der OFD Karlsruhe aus. Daraufhin ersuchte der Landtag im März 1960 die Landesregierung, die Bundesregierung aufzufordern, die Zahl der OFD'en in Baden-Württemberg von drei auf zwei herabzusetzen. Dieser Beschluß stieß, wie nicht anders zu erwarten, in Südbaden auf scharfen Protest, da der Nachweis nennenswerter personeller und sachlicher Einsparungen durch die Zusammenlegung der OFD'en nicht erbracht sei. Bundesfinanzminister Franz Etzel sicherte dem südbadischen Bundestagsabgeordneten, Professor Dr. Hans Furler (CDU), im September 1960 zu, die OFD Freiburg würde ihren bisherigen Umfang beibehalten. Landesfinanzminister Dr. Hermann Müller resignierte. Er ließ – in Übereinstimmung mit dem Bundesfinanzminister – alle Beteiligten im Oktober 1960 wissen, auch er denke „derzeit nicht daran, in Richtung auf eine Auflösung der OFD Freiburg tätig zu werden".

Zweiter Anlauf (1970-73): „Zentralitätsverluste"

Die Neugliederung der Amtsbezirke der unteren staatlichen Sonderbehörden, insbesondere der Finanzämter, bot der Landesregierung 1970 Gelegenheit, sich erneut mit den badischen OFD'en zu befassen. Der von der Landesregierung eingesetzte interministerielle Arbeitskreis ‚Verwaltungsreform' beim Staatsministerium kam zu dem Ergebnis, die Zahl der baden-württembergischen OFD'en auf zwei zu verringern. Die Pläne der Landesregierung, die OFD'en Freiburg und Karlsruhe zusammenzulegen, und die damit verbundene Sitzfrage haben in den betroffenen Landesteilen erhebliche Unruhe ausgelöst. Die Argumente zugunsten Karlsruhes und Freiburgs wurden in der Öffentlichkeit ausgiebig erörtert. In einem Brief[2] an die Landesregierung hat sich der Karlsruher Landtagsabgeordnete Dr. Traugott Bender u.a. auf das „historische" Argument der Residenzstadt bezogen, das für Karlsruhe spreche. Die CDU-Fraktion im Karlsruher Stadtrat wies auf den Gesichtspunkt des weiteren Zentralitätsverlusts hin, der für Karlsruhe nicht hinnehmbar sei.

Von südbadischer Seite wurde auf das „politische" Argument des Wählerentscheids vom Juni 1970 hingewiesen: Eine Wiederherstellung des Landes Baden mit Hauptstadt in Karlsruhe sei klar abgelehnt worden. Eine Zentralisierung der Mittelbehörden für den badischen Landesteil in Karlsruhe würde diesem Wählerwillen widersprechen. Im übrigen sei auch Freiburg Landeshauptstadt gewesen. Karlsruhe sei für den Verlust des Landesregierungssitzes u.a. durch Einrichtung des Bundesverfassungsgerichts und des Bundesgerichtshofs entschädigt worden.

Der Zentralitätsverlust sei angesichts der wesentlich geringeren Zahl der in Freiburg ansässigen Bundes- und Landesbehörden für Freiburg schmerzhafter als für Karlsruhe.

Im März 1971 kam die Landesregierung zu der Überzeugung, eine Vereinigung der OFD'en sollte erst durchgeführt werden, wenn die neue Gebietsabgrenzung feststehe. In ihrer Pressemitteilung vom 4. Oktober 1972 (526/72) teilte die Landesregierung den Beschluß des Ministerrats vom 3. Oktober 1972 mit, die OFD'en Freiburg und Karlsruhe blieben erhalten. Durch die Anpassung der OF-Bezirke des Landes an die ab 1. Januar 1973 geänderten Regierungsbezirke würde eine bessere Ausgewogenheit der drei OF-Bezirke erreicht.

Finanzminister Gleichauff stimmte mit dem Bundesminister für Wirtschaft und Finanzen, Prof. Schiller, überein, die Beibehaltung der beiden OFD'en im badischen Landesteil sei unter Abwägung aller Gesichtspunkte gerechtfertigt. Beide OFD'en seien wegen ihrer Lage besonders stark mit Aufgaben des Zollwesens befaßt. Die Frage der Zahl und des Sitzes dürfe nicht mit der Frage der Organisation der staatlichen Mittelinstanzen vermengt werden. Ministerpräsident Dr. Filbinger strich auf der Pressekonferenz besonders heraus, er habe bisher, auch im Landtagswahlkampf, allen Verlockungen und Pressionen, eine Erklärung zugunsten der einen oder anderen Stadt abzugeben, widerstanden. Diese Entscheidung müsse völlig frei von Gefälligkeitsdenken, rein nach sachlichen Gesichtspunkten, gefällt werden.

Mit Schreiben vom 28. Juni 1973 teilte der Bundesminister der Finanzen dem Finanzministerium in Stuttgart mit, er werde die Bundesvermögensabteilungen der badischen OFD'en aus Rationalisierungsgründen zusammenlegen. Als Sitz der vereinigten Abteilung sei Freiburg vorgesehen. Die Entscheidung über den Fortbestand beider badischer OFD'en werde vom Bundesminister der Finanzen weiterhin unterstützt.

Dritter Anlauf (1986): „politische Dimension"

Die Kommission „Neue Führungsstruktur Baden-Württemberg" (Bulling-Kommission) hat Mitte der 80er Jahre im Zusammenhang mit ihren Vorschlägen zu Fragen einer neuen Führungsstruktur in Landesregierung und -verwaltung auch für die OFD'en die Vereinigungsfrage neu gestellt. Die Aufgaben der OFD im Landesteil Württemberg würden von einer Behörde mit 887 Mitarbeitern erledigt, die OFD'en im badischen Landesteil hätten zusammen weniger Mitarbeiter als die OFD Stuttgart, nämlich 421 Mitarbeiter in Karlsruhe und 411 Mitarbeiter in Freiburg. Der Umstand, daß die Kommission die OFD'en von den Aufgaben der Hochbau- und Liegenschaftsverwaltung entlasten wolle, würde eine Zusammenfassung erleichtern. Sie empfahl daher eine Zusammenlegung zu prüfen.

Das Finanzministerium schloß sich dieser Empfehlung nicht an. Es wies in einer Kabinettsvorlage auf die erhebliche politische Dimension der Frage hin, die über den technischen Aspekt hinausgehe. Allein eine Prüfung der Frage würde mit Sicherheit erneut erhebliche Unruhe im badischen Landesteil auslösen. Es erschien fraglich, ob eine Zusammenlegung von Freiburg und Karlsruhe bei der noch zu klärenden Sitzfrage überhaupt Rationalisierungsvorteile brächte. Eine Vereinigung der OFD'en Freiburg und Karlsruhe lehnte der Ministerrat deshalb am 10. März 1986? erneut ab.

Vierter Anlauf (1990): „Keinen Schwabenstreich"

In der Denkschrift 1989 zur Landeshaushaltsrechnung 1987 vertrat der Rechnungshof Baden-Württemberg die Auffassung, eine größtmögliche Personaleinsparung sei nur durch die Zusammenlegung der beiden OFD'en möglich. Dieses Ziel sei deshalb anzustreben. Auch das Finanzministerium habe es schon früher für zulässig angesehen, das bei einer Zusammenlegung der badischen OFD'en mögliche Einsparvolumen am Stellenverhältnis der OFD Stuttgart zu messen. Dies ergäbe auch ein Vergleich mit den OFD'en in Nordrhein-Westfalen und in Bayern.

Das Finanzministerium widersprach im Ergebnis dem Rechnungshof. Es beabsichtige nicht, die Frage einer Zusammenlegung erneut aufzugreifen. In einer Presseerklärung am 25. Juni 1991 gab Finanzminister Mayer-Vorfelder vielmehr folgendes klare Bekenntnis ab: „Die OFD'en Freiburg und Karlsruhe bleiben weiterhin selbständig. Das Badener Land braucht keinen Schwabenstreich". Er kündigte jedoch an, im Zusammenhang mit dem Ausbau der Bürokommunikation werde die Organisation und Personalausstattung der badischen OFD'en überprüft. Sofern sich hieraus Stelleneinsparungen ergäben, würden sie zugunsten der Finanzämter umgeschichtet.

Fünfter Anlauf: Politischer Kompromiß (1995/96)

Das Wort von Finanzminister Gerhard Mayer-Vorfelder war kaum verhallt, als eine von Bundesminister Dr. Theodor Waigel eingesetzte Arbeitsgruppe am 27.06.1995 die Zusammenlegung der Zoll- und Verbrauchsteuerabteilungen der badischen OFD'en in Karlsruhe empfahl, um an jeder OFD präsent zu bleiben. Freiburg war bereits Sitz der badischen Bundesvermögensabteilung. Die noch bei der OFD Stuttgart befindliche Bundesvermögensabteilung sollte allerdings mittelfristig wegen der rückläufigen Aufgabenentwicklung nach Freiburg verlegt werden.

Um eine gemeinsame Lösung für Baden-Württemberg zu erarbeiten, setzten Bund und Land noch im November 1995 eine gemeinsame Arbeitsgruppe ‚Neuorganisation der OFD'en in Baden-Württemberg' ein. Diese kam am 24. April 1996 in Bonn zu dem Schluß, daß nur noch 2 OFD'en in Baden-Württemberg bestehen bleiben sollten, daß die Aufgaben der Mittelinstanz des Bundes bei einer OFD zusammengefaßt werden sollten, daß eine Verringerung der OFD'en nur durch die Integration der badischen OFD'en erfolgen könnte, daß der Sitz der badischen OFD aus strukturellen Gründen, aber auch aus teilweise fachlichen Gründen (Bundesvermögen) Freiburg sein müsse. Der Sitz der Landesvermögens- und Bauabteilung sollte dafür in Karlsruhe sein (Außenstelle). Der Sitz der Bundesabteilungen und der Steuerabteilung sollte in Freiburg sein.

Kaum war diese Empfehlung heraus, engagierten sich die Sprecher des nordbadischen und des südbadischen Landesteils, die Oberbürgermeister von Karlsruhe und Freiburg, Professor Dr. Gerhard Seiler (CDU) und Dr. Rolf Böhme (SPD), die Regierungspräsidenten von Nord- und Südbaden, Dr. Karl Miltner und Dr. Conrad Schroeder, die Oberfinanzpräsidenten von Karlsruhe und Freiburg, Hans-Dieter Grub und Klaus Altehoefer, die Bundestagsabgeordneten Dr. Wolfgang Schäuble (Offenburg) und Dr. Klaus Kinkel (Karlsruhe), die Landtagsabgeordneten von Nord- und Südbaden, die politischen Parteien, die Kammern und Wirtschaftsverbände und trugen ihre Argumente vor. Obgleich das Bundesfinanzministerium der längeren Zollgrenze am Hochrhein wegen Freiburg als Sitz der Oberfinanzdirektion sowie der Bundesabteilungen favorisierte, erklärte Bundesfinanzminister Dr. Theodor Waigel, die Landesregierung solle die Entscheidung selbst treffen.

Bei der Anhörung im Landtag kamen 28 Stellungnahmen aus dem nordbadischen Landesteil zugunsten von Karlsruhe, 8 Stellungnahmen aus dem südbadischen Landesteil zugunsten von Freiburg. Die Unternehmen, die zu einer Stellungnahme aufgefordert worden waren, hatten sich in gleichlautenden Schreiben für Karlsruhe ausgesprochen, südbadische Unternehmen wurden weder zu einer Stellungnahme aufgefordert, noch haben sie von sich aus eine Stellungnahme abgegeben.

Die politische Entscheidung fiel am 2. Oktober 1996 im Staatsministerium in Stuttgart: Ministerpräsident Erwin Teufel schlug bei einer gemeinsamen Besprechung einer nord- und südbadischen Delegation mit Prof. Gerhard Seiler und Dr. Rolf Böhme einen „politischen Kompromiß" vor, der weder Sieger noch Besiegte kennen sollte. Dieser sah als Sitz der OFD und der Besitz- und Verkehrsteuerabteilung Karlsruhe vor. Als Ausgleich hierfür brachte Teufel als Sitz der badischen Forstdirektion erstmals Freiburg ins Spiel. Freiburg erhalte zusätzlich für den Verlust der OFD mehr Arbeitsplätze. Außerdem erhalte Freiburg die beiden Bundesabteilungen und die Landesvermögens- und Bauabteilung als Außenstellen. Teile der elektronischen Datenverarbeitung sollten in Freiburg, die badische Landesoberkasse in Karlsruhe angesiedelt werden.[3] Keine der Delegationen war mit dem Ergebnis voll zufrieden. Widerstand erschien zwecklos. Die Delegationen mußten mit dem Ergebnis zufrieden sein und erklärten sich letztlich einverstanden.

Der Kabinettsbeschluß vom 5. November 1996 bestätigte das Ergebnis. Finanzminister Mayer-Vorfelder lobte in einer Presseerklärung vom 5. November 1996 Mut und Entscheidungsbereitschaft der Landesregierung. Die Auflösung der OFD Freiburg habe Signalwirkung für einen öffentlichen Dienst, der angesichts leerer öffentlicher Kassen gestrafft und effizienter gestaltet werden müsse. Er hob den vernünftigen Ausgleich zwischen den Interessen der betroffenen Regionen hervor. Die Auswirkungen auf die Beschäftigten würden sozialverträglich gestaltet. Diesem Konzept müsse der Bund allerdings noch zustimmen, der auch den rechtlich notwendigen Organisationsakt zu erlassen habe. Mayer-Vorfelder bezog sich darauf, daß der politische Kompromiß von der Zustimmung des Bundes abhing. Nach Auffassung der südbadischen Vertreter an der Besprechung im Staatsministerium sollte er hinfällig sein, würde der Bund die Gefolgschaft verweigern.

Der teilweise hitzige Schlagabtausch war mit historischen, fachlichen, wirtschaftlichen, struktur- und regionalpolitischen Argumenten geführt worden. Es ging darum, die Nachteile durch den Standortverlust auf die Region und die Beschäftigten zu mildern. Daß sich die Waage zugunsten von Karlsruhe neigte, lag daran, daß der nordbadische Landesteil die stärkeren politischen Bataillone hat und die ansässigen Unternehmen und die Öffentlichkeit stärker mobilisiert waren.

In der südbadischen Öffentlichkeit wurde der geringere Einfluß der Freiburger CDU-Landtagsabgeordneten auf den Ministerpräsidenten Teufel beklagt, der – so die Spekulation – möglicherweise daher rühre, daß Teufel bei der geheimen Wahl zum Ministerpräsidenten im ersten Wahlgang im Landtag 1997 durchgefallen war und der südbadische Abgeordnete dahinter vermuten würde.

Die OFD Stuttgart glaubte lange, sich aus dem Streit herauszuhalten zu können. Schließlich war sie Mitbetroffene, da sie ihre Zoll- und Verbrauchsteuerabteilung verlieren sollte. Ihre anfängliche Sympathie zugunsten von Freiburg hielt sie nicht aufrecht.

Umsetzung des Kompromisses (1996-98)

Der Ministerratsbeschluß vom 5. November 1996 sieht die Einholung der Zustimmung des Bundes zu der Zusammenlegung der OFD'en und zu der Standortbestimmung des Sitzes vor. Rechtlich ist Voraussetzung für die Neuordnung der badischen Mittelinstanz ein Organisationsakt des Bundes. Zweifel an der Tragfähigkeit des Beschlusses ergaben sich, als Eckpunkte eines Konzeptentwurfs aus dem Bundesfinanzministerium über die Straffung und Zusammenlegung der Bundesabteilungen aller 21 OFD'en (statt der vom Bund zunächst beabsichtigten Zusammenlegung von OFD'en) bekannt wurden. Danach sollen die 21 Zoll- und Verbrauchsteuer- und die 16 Bundesvermögensabteilungen zu je 8 Abteilungen zusammengefaßt werden. Dieses Konzept mit der signifikanten Bezeichnung „8 : 8 : 8" meint: 8 OFD'en mit Bundesbeteiligung, 8 Zoll- und Verbrauchsteuerabteilungen, 8 Bundesvermögensabteilungen. Es sieht für Baden-Württemberg nur eine OFD mit Bundesbeteiligung, eine ZuV- und eine BV-Abteilung vor. Die Annahme lag nahe, daß dies Stuttgart sein würde. In dieser Frage freilich waren sich die Bezirke Nord- und Südbaden gegen Erwin Teufel einig, der eine Aufteilung der Bundesabteilungen auf die OFD Stuttgart (ZuV-S) und die OFD Karlsruhe, Sitz Freiburg (BV-A) anstrebte.

Durch Verordnung des Bundes vom 4. März 1998[4] mit Wirkung vom 1. August 1998 setzte Bundesfinanzminister Waigel sein Straffungskonzept um, und das bedeutete für Baden-Württemberg: Die Aufgaben der Zoll- und Verbrauchsteuerabteilung[5] werden von der OFD Stuttgart auf die OFD Karlsruhe übertragen. Sitz der ZuV-Abteilung wird Freiburg.

Den Schlußpunkt des politischen Kompromisses bildete die Übertragung der Aufgaben der Forstdirektion für den Regierungsbezirk Karlsruhe auf das Regierungspräsidium Freiburg. So wurde also die OFD Freiburg mit Ablauf des 31. Juli 1998 aufgelöst.[6] Ihre Aufgaben übernimmt ab 1. August 1998 die OFD Karlsruhe. Der OF-Bezirk Karlsruhe umfaßt ab diesem Zeitpunkt die Regierungsbezirke Freiburg und Karlsruhe. In Freiburg wird eine Außenstelle der OFD Karlsruhe mit der Zoll- und Verbrauchsteuerabteilung, der Bundesvermögensabteilung, der Landesvermögens- und Bauabteilung sowie Teilen des DV-Bereichs der Besitz- und Verkehrsteuerabteilung eingerichtet.

Die Vereinigung der OFD'en sieht die sozialverträgliche Umsetzung innerhalb von 5 Jahren bis 31. Juli 2003 und den Erhalt von 500 Arbeitsplätzen vor. Weitere Rationalisierungsüberlegungen auf Bundes- und Landesseite könnten der Bundes- und der Landesvermögens- und Bauabteilung in Freiburg gelten.

Ein neuer Anlauf im Behördenpoker?

Anmerkungen

1 Zum geschichtlichen Teil vgl. W. Zürcher/E. Hellmann, Die Entwicklung des Steuerwesens in Baden von 1806-1919 und im OFD-Bereich Freiburg von 1919-1945, hg. v. OFD Freiburg 1969

2 Badische Neueste Nachrichten vom 7. Oktober 1970

3 Pressemitteilung des Staatsministeriums vom 4. Oktober 1996 Nr. 200/96

4 BGBl. I S. 407

5 § 8 Absatz 4 FVG

6 Der Bundesminister Dr. Theo Waigel hat im Einvernehmen mit dem Finanzministerium Baden-Württemberg mit Organisationsakt vom 3. Juni 1998 auf der Grundlage von § 7 des Finanzverwaltungsgesetzes vom 30. August 1971 (BGBl. I S. 1426) entschieden.

Wald- und Forstwirtschaft in Baden

Helmut Brandl/Hans-Martin Stübler

Das Großherzogtum war eines der waldreichsten Länder des Deutschen Reiches. Die große Vielfalt seiner Wälder ist Ausdruck der geographischen und geologischen Eigenart vom Schwarzwald bis zum Odenwald. Die große Vielfalt der Wälder Badens sind Ausdruck seiner geographischen und geologischen Eigenart. Baden wäre heute das waldreichste Bundesland:

Baden	Hessen	Rheinland-Pfalz	BaWü	Brandenburg	Württg.-Hohenz.	Bayern	Deutschland
42,4 %	41,2 %	40,4 %	38,6 %	37,0 %	35,9%	35,8 %	30,4 %

Waldbesitz in Baden

Baden ist ein Land des Körperschaftswaldes (43,5 %). Demgegenüber spielt der Staatswald mit 18,2 % nur eine geringe Rolle. Fast jede Gemeinde hat hier Wald und die Bürger sind mit recht stolz auf diesen Besitz.

In der Aufbauphase nach dem 2. Weltkrieg waren die Erträge aus diesem Waldbesitz eine große Hilfe beim Bau von Schulen, Kläranlagen, Rathäusern und sonstigen Infrastruktureinrichtungen der Gemeinden, ein Grund für die nachwirkende Wertschätzung des Nadelholzes.

In den vergangenen 150 Jahren nahm der Privatwald um über 80.000 ha zu und erreicht heute einen Flächenanteil von 38,5 %.

Vor allem der mittlere Schwarzwald ist eine klassische Region des Bauernwaldes. Zu den geschlossenen Hofgütern gehören meist große Waldflächen. Diese Waldbauern waren von Anfang an persönlich frei und haben eine tiefe Verbundenheit zu ihrem Wald. Die Größe und die Behäbigkeit ihrer Höfe prägen die Schwarzwaldlandschaft.

Der Großprivatwald, im wesentlichen Fürst zu Fürstenberg, Fürst zu Leiningen, der Markgraf von Baden, Graf Douglas, Graf Bodman bewirtschaften 1953 mit den eigenen Forstämtern etwa 48.00 ha (8 %).

Forstgesetze und Forstorganisation

Das badische Forstgesetz von 1833 löste die Forstordnungen der zersplitterten Herrschaften ab. Es gehörte seinerzeit zu den besten Forstgesetzen Deutschlands und blieb bis 1976 in Kraft. Insbesondere stellte es mit durchgreifenden Verbesserungen die Körperschaftswaldungen der Bewirtschaftung des Staatswaldes gleich. Württemberg zog 1875 mit dem Körperschaftsforstgesetz nach. Das Landeswaldgesetz von 10. Februar 1976 löst diese Gesetze ab, nachdem der Bund das Bundeswaldgesetz am 02. Mai 1975 als Rahmengesetz erlassen hatte.

Bei der Forstorganisation von 1833/34, im Zuge der neuen Forstgesetzgebung, bleibt es bei der Trennung von fiskalischen und hoheitlichen Aufgaben. Erst 1903 wird der gesamte Bereich zur „Forst- und Domänendirektion" zusammengefaßt und 1919 einer Forstabteilung des Finanzministeriums als Mittelstelle übertragen.

Nach 1945 bleibt die Forstabteilung in Karlsruhe für den Bereich Nordbaden mit 33 Forstämtern, unter wechselnder ministerieller Hoheit in Stuttgart, erhalten; sie ist in Haushalts- und Personalfragen jedoch der Landesbezirksdirektion der Finanzen in Karlsruhe unterstellt.

In Südbaden wird auf Weisung der französischen Militärregierung im November 1945 eine selbständige Forstabteilung im Finanzministerium in Freiburg eingerichtet. Diese „Landesforstverwaltung" ist für die Lenkung und Betreuung in 69 Forstämtern zuständig.

Die forstliche Entwicklung war zunächst durch die Reparationsansprüche der französischen Besatzungsmächte und die großen Borkenkäferhiebe im Schwarzwald und Bodensee,[1] im gesamten ehemaligen Land durch die Brennholznothiebe für die frierende Bevölkerung geprägt. Forstoffiziere der Alliierten beschränkten sich auf die Kontrolle der Wiedereinstellung entnazifizierter Forstbeamter und den reibungslosen Ablauf der F (Franzosen)- und E (Export)-Hiebe.[2]

Die Forstverwaltung schwamm sich rasch und mit Unterstützung der notleidenden Gemeinden frei, tatkräftige und fantasievolle Chefs sorgten bald für eine waldbaulich anspruchsvolle Wiederbegründung der Großkahlflächen.

Nach der Bildung des Südweststaates werden an der vorläufigen Regierung mit Verfügung vom 04. November 1952 im Land Baden 4 Forstdirektionen als Sonderbehörden beim Landwirtschaftsministerium eingerichtet. Räumlich sind sie deckungsgleich mit den Regierungspräsidien.

Die baden-württembergische Forstverwaltung hatte bei der Neuordnung des Landes sicherlich eine politische Erblast im widerstrebenden Südbaden zu übernehmen, aber die Streitigkeiten um den forstlichen Weg bleiben eher punktuell in der Vertretung des jeweils als bewährt Mitgebrachten. Grundsätzlich stellt man sich auf einen gemeinsamen Neuanfang ein.

Erleichtert werden die raschen Fortschritte einer Angleichung vor allem durch:

- Die Kollegialität des höheren Dienstes aus der Zeit gemeinsamer Studien an der Universität Freiburg.
- Die Zusammensetzung der „Ministerialforstabteilung" aus Beamten des staatswaldbewußten Nordwürttemberg der forstliberalen Nordbadener, der gemeinde- und bauernwaldgeprägten „Wälder" Südbadens und der durchsetzungswilligen agrarischen Südwürttemberger. Sie waren auf Gedeih und Verderb zusammengespannt und wahrten ihre Chance.
- Das Fehlen eines badischen forstlichen Minderwertigkeitskomplexes, wie er beim wirtschaftlich Schwächeren sonst auftritt.

Die Forstdirektionen bleiben zunächst landsmannschaftlich geschlossen; sie wachen eifersüchtig über ihre Besonderheiten und Erfahrungen. Fähige Präsidenten der ersten Stunde, Crocoll in Nordbaden, Leonhard in Südbaden, Dr. Wulz in Nordwürttemberg und Meier in Südwürttemberg sind ebenbürtige Partner für die Auseinandersetzungen mit dem Ministerium. Die dortige Spitze wird mit dem ehemaligen Leiter der Badischen Forstverwaltung vor 1933 Emil Kurz besetzt, was dem Zusammenwachsen sehr diente. Sie entspricht nach der Gründungsverkündigung, daß sie klein, aber sehr effektiv sein werde. Man unterstützt sie, wird aber zunächst vergleichsweise wenig behelligt.

Zeugen dieser Anfangsjahre berichten, daß der Himmel hoch und Stuttgart noch weit war. Die Forstverwaltung kann sich ihren ureigenen Geschäften mit Hingabe widmen, wenn auch mit abnehmender Zuversicht, daß dies ewig so bleibt, denn die Löhne steigen und die Preise halten bei sich zunehmend öffnendem Weltmarkt nicht mit.

Dies ändert sich in den 60er-Jahren. Der Druck zur Vereinheitlichung wird stärker. Gesetze, Verordnungen, Verwaltungsvorschriften, Statistiken und das EDV-Wesen mußten vereinheitlicht werden. Eine Flut von Stellungnahmen und gemeinsamen Besprechungsterminen in Stuttgart wird den Forstdirektionen abverlangt. Dies wird einerseits als lästig empfunden, andererseits als sinnvoll betrachtet, da nur so die regionalen Belange in neue Verwaltungsvorschriften einfließen konnten.

Die Verwaltung konsolidiert sich in den Grundzügen einheitlich, rasch und reibungslos. Landsmännische Eigenheiten reiben sich immer wieder; aber eher als Öl, denn als Sand im Getriebe der Entwicklung. Die großzügigeren Badener nennen ihre württembergisch pflichtbewußt – genauen Vettern „Tipfeleschisser", diese revanchieren sich mit der Verdächtigung „Schlamper". Es entsteht eine beinahe perfekt liberal-preußische Mischung: fantasievoll – flexibel und zuverlässig – arbeitsam.

Waldbauliche Befruchtung bleibt nicht aus, doch verhindern noch jahrzehntelange zu hohe Rehwildstände einen durchgreifenden Erfolg der Bemühungen um Naturverjüngung und gemischte Wälder. Erst die Lösung dieses jagdpolitischen Problems, in dem auch die Forstleute mit ihren zwei Seelen in der Brust (Förster und Jäger) verstrickt waren, bringt die Wende. Sie ist maßgeblich dem unabhängig und entschlossen handelnden, aus dem Renchtal stammenden, damaligen Landesforstpräsidenten Dr. Scheifele (1975-1985) zu verdanken.

Forstpolitisch hatten schon vor der Vereinigung die beiden südlichen Landesteile für ihre zahlreichen Waldbauernbetriebe die Weichen staatlicher Betreuung und finanzieller Förderung gestellt. Das neue Land zieht in einer fortentwickelten „Privatwaldbekanntmachung" nach und stützt damit gleichzeitig das Einheitsforstamt ab, ein Gütesiegel Baden-Württembergs für seine forstliche Dreieinheit von Staatswald, Gemeindewald und (Klein)Privatwald.

Die Körperschaftsforstdirektion württembergischer Prägung, eine Kollegialbehörde für den Kommunalwald, bestehend aus Bürgermeistern, Regierungspräsidium und Forstleuten, bewährt sich als nahezu lautloses Einigungsinstrument auch in Baden. Gemeinsame Lernprozesse führen zu einer einheitlichen Beurteilung, bei Ausstockungen für Kiesgruben, Straßen, Gewerbe- und Wohngebiete.

Mit dem Neuzuschnitt der Regierungspräsidien 1973 ergeben sich auch erhebliche Flächenverschiebungen bei den Forstdirektionen. So kommt der gesamte ehemalige württembergische Schwarzwald zu Karlsruhe, was man in Tübingen nur schwer verschmerzen konnte.

1996 wird im Zuge von Sparmaßnahmen beschlossen, die Forstdirektionen Karlsruhe und Stuttgart zum 01.10.2000 aufzulösen. Damit geht in Stuttgart und Karlsruhe eine jahrhundertealte Tradition zu Ende.

Anläßlich der Amtseinführung des Freiburger Regierungspräsidenten Dr. von Ungern-Sternberg am 01.12.1998 sagt der Ministerpräsident Erwin Teufel etwas spaßhaft, als er auf das von Regierungspräsidium und Forstdirektion gemeinsam genutzte Hochhaus zu sprechen kommt, daß dies dann der Sitz „der badischen Forstdirektion" würde, wenn der Neubau des Regierungspräsidiums steht.

Forststruktur

Neben einigen privaten Forstverwaltungen betreuen 1953 insgesamt 102 Forstämter, davon 4 kommunale und 98 staatliche, den Staats-, Körperschafts- und Privatwald. Bis 1975 wurde die Zahl der Forstämter auf 90, zum 01.10.1998 auf 77 reduziert. Die Fläche stieg um 40 % von 5.800 ha auf 8.300 ha an, ihr Holzeinschlag verdoppelt sich auf 60.000 cbm/Jahr. Die Reduktion der Forstämter, der Flächenanstieg durch Aufforstung und Sukzession, eine wesentlich erhöhte Nutzung von 5,3 auf 7,5 cbm/Jahr/ha, neue Aufgabenfelder in Landeskultur, Planung, Waldpädagogik und Erholung kennzeichnen den Aufgabenzuwachs dieser Zeitspanne.

Der lange wirtschaftlich bedingte Trend zu mehr Nadelbäumen dreht ab Mitte der 80er Jahre, nachdem Laubbäume wieder einen wirtschaftlichen Wert haben und überhaupt vermarktbar werden. Die Entwicklung zu stabileren, lichteren und artenreicheren Wäldern ist auch im Schwarzwald sichtbar. Maßgeblichen Anteil an dieser Wende haben die Erkenntnisse einer umfassenden Standortserkundung für die waldbauliche Planung.

Die wesentlich erhöhte Holznutzung wird an eine gut strukturierte weiterverarbeitende Industrie und Gewerbebetriebe vermarktet.

Waldflächenentwicklung und Besitzarten

	Waldflächen in ha Baden					Waldanteile in %		
	Staats-Wald	Körperschafts-wald *	Privat-Wald	Baden Gesamt	BaWü gesamt	Baden	Württg.-Hohenz.	BaWü gesamt
1841	92.500	260.100	148.800	501.500		33,3 %		
1898	93.400	273.600	183.100	556.000		36,9 %		
1953	104.300	286.200	205.400	596.000	1.256.400	39,5 %	31,9 %	35,1 %
1999	116.400	292.400	230.200	639.100	1.381.000	42,4 %	35,9 %	38,6 %

Kirchenwald als Körperschaftswald berücksichtigt

Der enorme Anstieg des Waldflächenanteils von 1840-1999 spiegelt die Entspannung der ehemals bevölkerungsbegrenzenden Ernährungssituation wider.

Personal

Der Nachwuchs für den höheren Staatsforstdienst wird zunächst für jedes Land, dann ab 1953 gemeinsam bis 1978 vor dem Studium über einen Einführungs- und Auswahllehrgang ausgewählt.

Ebenso wird die Ausbildung für die Revierförsterlaufbahn bzw. den gehobenen Forstdienst an der Fachhochschule Rottenburg zusammengefaßt. Die Ausbildung für den mittleren Forstdienst erfolgt bis zum Auslaufen dieser Laufbahn an der Forstschule in Karlsruhe.

Die Waldfacharbeiter werden bis 1968 in Karlsruhe und in Gengenbach-Höllhof, seither auf dem Mattenhof bei Gengenbach für die Auszubildenden des gesamten Landes beruflich ausgebildet.

Um die Mitarbeiter – vor allem des höheren Dienstes – rasch zu mischen und landsmannschaftliche Besonderheiten einzuebnen, werden schon die Referendare während eines Teiles ihrer Ausbildung in den anderen Landesteil versetzt. Man nennt diese Aktion Kinderlandverschickung. Nach dem Examen und bei Übernahme in den Staatsdienst ist es selbstverständlich, daß der Oberschwabe nach Karlsruhe und der Lörracher nach Stuttgart versetzt wird.

Zu Beginn der 60er Jahre übernimmt nach einigen Querelen der erste Badener die Leitung eines württembergischen und ein Württemberger die Leitung eines südbadischen Forstamtes. Es geht gut und wird der Beginn einer landesweiten Bewerbungsfreizügigkeit für alle Laufbahnen. Schon Ende der 40er und in den 50er Jahre werden eine Vielzahl von Heimatvertriebenen und aus Ostdeutschland stammenden Forstleuten integriert und ihnen Forstamts- und Revierleitungen mit Erfolg übertragen.

Eigentümer-Förderung und Wegebau

Der Wald bringt seinen Eigentümern wirtschaftlichen und dem Land, durch seine Wohlfahrtsleistungen, landeskulturellen Nutzen. Im Gegenzug ist der Staat bereit, die Entwicklung der Wälder zu fördern.

Mit Beginn der letzten großen, nicht durch Krieg, sondern durch eine kleine Eiszeit ausgelösten Hungerperiode in Europa um 1845 begann der badische Staat den Anbau der Edelkastanie, vor allem der Früchte wegen, und den Eichenschälwald auf Sommerhängen zur Gerbrindengewinnung zu fördern. Ab 1950 werden die Aufforstung, der Wegebau und die Umwandlung von Niederwald in Hochwald als besonders förderungswürdig betrachtet.

Die Veränderung der Technik, vom Pferdewagen zum Lkw, führte zur umfassenden Erschließung der Wälder. Ohne Weg ist das Produkt Holz nicht mehr vermarktbar. Wer sich nicht an der Erschließung beteiligt, ist von der Entwicklung abgehängt. Die technische Entwicklung verbunden mit der Förderung, machte eine rasche Erschließung möglich. Dabei wurden auch schwieriges Gelände und Steillagen erschlossen. Kritik daran beklagte den Verlust von unberührter Natur.

Im öffentlichen Wald sind die Programme inzwischen weitgehend abgeschlossen. Beschleunigte Zusammenlegungsverfahren durch die Flurneuordnung wirken im mittleren Schwarzwald segensreich und helfen mit, die Höfe, die Flur und den Wald nutzbar zu erhalten.

Die Entwicklungen der wirtschaftlichen Lage der Forstbetriebe nach 1952

Im Jahr 1952 wurde die Preisbindung für Holz aufgehoben. Diese war wegen der Sicherung der Versorgung 4 Jahre länger in Kraft geblieben, als die für andere Waren und Dienstleistungen, die bereits mit der Währungsreform 1948 in den freien Markt entlassen wurden.

In der ersten Phase nach der Freigabe der Holzpreise wurde Holz zu einem begehrten und hochbewerteten Wirtschaftsgut. Diese große Nachfrage nach Holz löste einen Preisschub aus, der zu nicht wieder erreichten Überschüssen in den Forstbetrieben führte. In den Spitzenjahren 1955 und 1957 konnte der Staatswald von Baden-Württemberg einen Überschuß von mehr als 200,- DM/ha verbuchen, d.h. rd. 60 Mio. an die Staatskasse abliefern (vgl. Abbildung). Die Erlöse aus Holz wurden wichtige Finanzierungsquellen für die jeweiligen Waldbesitzer.

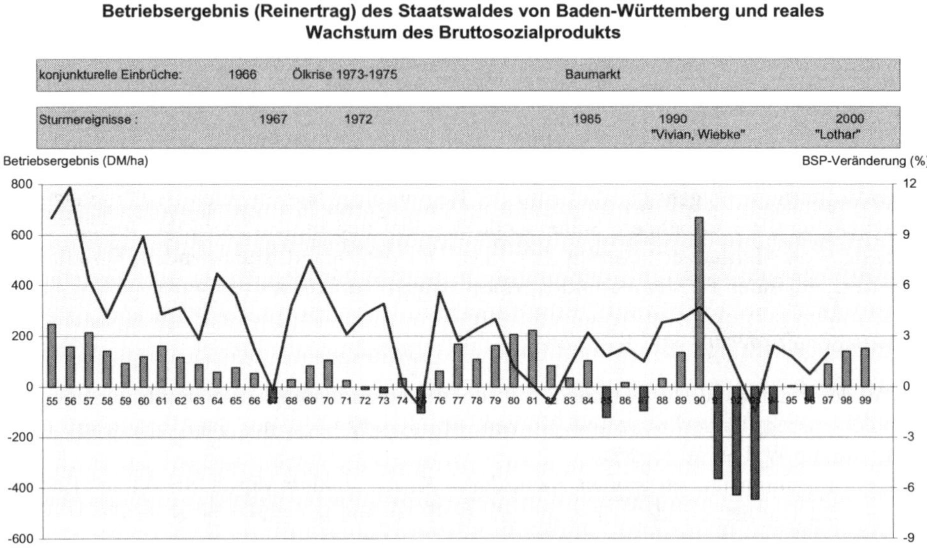

Die Linie zeigt das reale BSP; die Balken zeigen das Betriebsergebnis DM/ha
(Quelle: Forstdirektion Freiburg)

Ab 1963 setzte ein Erosionsprozeß in der Ertragslage der Forstbetriebe ein, ausgelöst durch zurückgehende Holzpreise und ständig steigende Kosten. Die stärksten Einbrüche im Betriebsergebnis waren zu verzeichnen, wenn Sturmereignisse mit konjunkturellen Abschwüngen zusammentrafen – und dies war relativ häufig der Fall. 1967, 1972, 1990 verzögerte der Konjunktureinbruch die einsetzende Erholung am Holzmarkt von 1992 um mindestens ein Jahr. Der Sturm Lothar von 1999 – der zweite „Jahrhundertsturm" innerhalb von 10 Jahren – beendete abrupt die Erholungsphase der Jahre 1994-1999.

Nutzung und Bewirtschaftung des Waldes

Der Wald ist heute ein wichtiger und vielbesuchter Ausgleichs- und Erholungsraum für die in Großstädten und Ballungsgebieten gedrängt wohnende Bevölkerung. Das freie Betretungsrecht sowie die hervorragende Infrastruktur in Form eines dichten Wegenetzes boten dafür die Voraussetzungen. Der öffentliche Waldbesitz nahm diese neue Anforderung an. Das Schlagwort von der „Möblierung des Waldes" für die Erholungssuchenden markiert die Intensität dieser Bemühungen.

Die kostenlose und gleichmäßige Lieferung von sauberem Wasser, der Schutz des Bodens vor Abtrag, der Filterwirkung gegenüber Staub und anderen Stoffen aus der Luft, die Dämpfung von Lärm, alle diese Dienstleistungen des Waldes wurden von der Gesellschaft unter verschiedenen Sammelbezeichnungen wie „Infrastrukturleistungen", „landeskulturelle Leistungen" etc. definiert und damit in das Repertoire der zur Verfügung stehenden Ressourcen aufgenommen. Als „Schutz- und Erholungsfunktionen des Waldes“ fanden sie auch Eingang in die Forstgesetzgebung.

Die Nutzung und die Bewirtschaftung des Waldes war und ist an den Interessen und den Bedürfnissen der Menschen ausgerichtet. Forstwirtschaft wird um der Menschen willen betrieben – und nicht um eines vom Menschen entworfenen Idealbild des Waldes willen. Die Schlaglichter auf die wirtschaftlichen Entwicklungen lassen immer wieder Schwerpunktbildungen erkennen, die aus der Situation der Zeit heraus entstanden sind.

Die Strukturen unserer Gesellschaft in der heutigen Zeit, dem sog. High-Tech-Zeitalter, weisen jedoch auf eine andere Kombination der abzudeckenden Bedürfnisse hin: Gefragt ist eine ausgewogene Bereitstellung einer Vielfalt von Leistungen und Diensten des Waldes – sowohl für den Waldeigentümer wie für die Gesellschaft. Im Idealfall soll dieses Angebot in seiner Struktur ausgewogen sein – also eine optimale Kombination darstellen.

In Bezug auf Umweltschonung und Umweltfreundlichkeit werden die Wirkungen und die Leistungen von Wald und Forstwirtschaft von keiner anderen Form der Güterherstellung übertroffen.

Wo finden wir heute in unserem Lande eine Produktionsstätte, die

- Wasser nicht verschmutzt, sondern reinigt,
- Luft nicht mit neuen Stoffen belastet, sondern filtert,
- die Landschaft nicht verschandelt oder zubetoniert, sondern sie prägt, gestaltet und schmückt,
- von den Menschen nach Feierabend nicht gemieden, sondern im Gegenteil gesucht und besucht wird und
- die notwendige Energie zu 97 % direkt von der Sonne bezieht?

Fazit

Der Start in den Südweststaat war vom gemeinsamen Willen getragen den Zusammenschluß zum Erfolg zu führen.

Persönlichkeiten, gleichartige und gemeinsame Ausbildung und der Wille zum „Besten“, vereinten Denken und Tun zu einer leistungsfähigen baden-württembergischen Forstverwaltung mit regionalen Freiheiten innerhalb weniger Jahre. Das Zusammenführen unterschiedlicher Verfahren und Anweisungen wirkte auf die Gesamtentwicklung befruchtend.

Befürchtungen und Ängste, sich im Konzert nicht durchsetzen zu können, benachteiligt zu werden, waren nicht berechtigt und haben sich nicht bestätigt. Gesellschaftliche Veränderungen, Außenprobleme der Industrialisierung, Personalabbau und Globalisierung fordern die Anpassungs- und Leistungsfähigkeit der Forstverwaltung heraus, nicht zuletzt auch die sich häufenden Naturkatastrophen.

Anmerkungen

1 Die heißen Sommer der Jahre 1945-49 führten zusammen mit den riesigen Holzeinschlägen für Brennholz und F- und E-Zwecke zu einer bisher nicht gekannten Massenvermehrung der Borkenkäfer. In ganz Baden mussten wegen dieses Schädlings von 1942 bis 1949 weitere rd. 2,5 Mio. Festmeter Holz, vor allem Fichte und Tanne, eingeschlagen werden. Ein weiterer großer Aderlaß für den schon über seine Grenzen beanspruchten Wald. Alle Holznutzungen zusammengenommen wurde dem Wald in den Jahren bis 1952 mehr als das doppelte der als normal festgelegten Holzmenge ent-

nommen. Die Folgen einer derartigen Überbeanspruchung waren riesige Kahlflächen, da das Kahlschlagsverfahren als einzige Möglichkeit blieb, die verlangten Holzmengen bereitzustellen. In einer einmaligen Aufbauleistung wurden von 1945 bis 1952 rd. 32.000 ha kahler Flächen wieder bepflanzt, d. h. mit einer neuen Waldgeneration in Bestockung gebracht.

2 In Südbaden allein wurden als F- und E-Hiebe rd. 4,5 Mio. Fm Holz eingeschlagen und geliefert. Die französischen Dienststellen schlossen als vorgeschobene Grundlage Lieferverträge mit den rudimentären deutschen Verwaltungsbehörden ab, die sogar eine Bezahlung für diese Lieferungen vorsahen. Durch die Währungsreform 1948 und enge vertragliche Klauseln wurden die Zahlungen noch in R-Mark bzw. nach 1948 durch Rückrechnung auf R-Markt-Basis abgewickelt. Die Folge war, daß für die gelieferten 4,5 Mio. Fm insgesamt rd. 45 Mio. DM ersetzt wurden, d.h. rd. 10,- DM je Festmeter. Der Marktwert lag damals bei rd. 100,- DM/Fm. Der Gesamtbetrag des Schadens aufgrund der gelieferten F- und E-Hölzer wurde später für Baden auf weitere 80 bis 90 Mio. DM unter Anrechnung der geleisteten Zahlungen beziffert.

Der Staatliche Hochbau im badischen Landesteil

Meinrad Büche

Gesamtübersicht in zeitlicher Abfolge

Zum Zeitpunkt der Gründung des Landes Baden-Württemberg waren noch längst nicht alle Kriegsschäden beseitigt und vordringlichste Aufgabe der Staatlichen Hochbauverwaltung war die Erhaltung der vorhandenen Bausubstanz und der zögernd einsetzende Wiederaufbau öffentlicher Gebäude. Entsprechend der Regelung im ehemaligen Großherzogtum Baden wurde 1952 die Hochbauverwaltung dem Finanzministerium unterstellt. Mitte 1953 wurden bei den drei Oberfinanzdirektionen Landesvermögens- und Bauabteilungen eingerichtet. Gemäß Verwaltungsabkommen zwischen Bund und Ländern war die Staatliche Hochbauverwaltung auch für die Bauaufgaben des Bundes zuständig. Für diese Aufgaben einschließlich der Baumaßnahmen der Stationierungsstreitkräfte und der Bundesanstalt für Arbeit wurden eigene Bauämter gegründet.

Auch wachsende Studentenzahlen und der große Nachholbedarf der deutschen Universitäten leiteten eine Wende ein und führten zu einem großzügigen Ausbau dieser Einrichtungen. Horst Linde in Freiburg erkannte sehr früh den großen Umfang und die Komplexität dieser Aufgabe und veranlaßte schon Ende der vierziger Jahre neben dem Klinikbaubüro die Errichtung eines eigenen Wiederaufbaubüros für die Universität Freiburg. 1957 wurde Horst Linde zum Leiter der Hochbauabteilung im Finanzministerium in Stuttgart berufen und leitete diese souverän bis 1971. Seine Persönlichkeit, aber auch seine badische Liberalität prägten die Hochbauverwaltung. Sie genießt bis heute auch außerhalb unserer Landesgrenzen hohes Ansehen. Daran sind allerdings auch seine Nachfolger, vor allem Prof. Herbert Fecker, aber auch Prof. Dr. Otto Büttner, der ebenfalls von Freiburg kam, sowie Walter Klemmer beteiligt.

Aufgrund seiner Freiburger Erfahrungen richtete Horst Linde auch an anderen Universitätsstandorten eigene Universitätsbauämter ein, so 1957 in Heidelberg und in Karlsruhe. Nachdem 1964 der Landtag die Errichtung zweier neuer Universitäten in Ulm und in Konstanz beschlossen hatte, nahm kurz darauf auch in Konstanz ein eigenes Universitätsbauamt die Arbeit auf. Mit der Gründung der Universität Konstanz waren die beiden badischen Landesteile mit insgesamt fünf Universitäten die hochschulreichste Region in der Bundesrepublik und bis heute hat die Bildungspolitik höchste Priorität in unserem Lande.

Der erste Aufbauschwung wurde durch die wirtschaftliche Rezession der Jahre 1966/1967 unterbrochen. Doch bald darauf setzte wieder eine spürbare wirtschaftliche Erholung ein und die ins Stocken geratene Bautätigkeit konnte nicht schnell genug wieder in Gang gesetzt werden. Der erneute wirtschaftliche Einbruch des Jahres 1974 brachte dann das Ende der Wachstumsperiode und die Erkenntnis vom Wert der historischen Substanz und einer kontinuierlichen Entwicklung.

1974 wurde die Konzeption der Landesregierung für die Regional- und Funktionalreform auch in der Staatlichen Hochbauverwaltung umgesetzt und die Zahl der Hochbauämter wesentlich reduziert. Dabei fielen viele Bauämter mit einer langen Tradition dieser Reform zum Opfer und wurden zu Außenstellen eines größeren Amtes. Sachlich war diese Konzentration im Hinblick auf die kommenden schwierigen Baumaßnahmen gerechtfertigt, doch wurden die negativen psychologischen Auswirkungen auf die Mitarbeiter in den Außenstellen zweifellos unterschätzt.

Es verblieben nach der Reform in Nordbaden drei Staatliche Hochbauämter (Land), drei Staatliche Hochbauämter (Bund) und zwei Universitätsbauämter. Dazu kam für einen begrenzten Zeitraum ein Klinikbaubüro zur Errichtung der II. Medizinischen Fakultät der Universität Heidelberg in Mannheim.

In Südbaden verblieben zwei Staatliche Hochbauämter (Land), ein Staatliches Hochbau- und Universitätsbauamt, ein Universitätsbauamt und Staatliche Hochbauämter (Bund).

Seit den achtziger Jahren verlagerte sich der Schwerpunkt im Hochschulbau auf den Bereich des Klinikbaues. Daß für den Gesamthochschulbereich bis heute mehr als die Hälfte der im Landeshaushalt veranschlagten Baumittel aufgewendet wurden, zeigt seine Bedeutung für unser Land.

Im Bereich des allgemeinen Staatlichen Hochbaues entstanden in diesen Jahren eine große Zahl von unterschiedlichen Bauten. Dabei reichte das Spektrum von der Errichtung von bedeutenden und spektakulären Baumaßnahmen für den kulturellen und sozialen Bereich bis hin zu einer Vielzahl von kleineren Bauten, die weniger im Blickpunkt des öffentlichen Interesses standen, aber zur Erledigung der staatlichen Aufgaben notwendig waren.

Damit wurde der Baubestand des Landes insgesamt immer umfangreicher und in Verbindung mit den steigenden Anforderungen an die technische Ausstattung der Gebäude ergibt sich ein immer größer werdender Aufwand für die Bauunterhaltung in finanzieller und personeller Hinsicht. Aus diesem Grunde führen die laufenden Stellenkürzungen ab Mitte der achtziger Jahre zu immer größeren Personalproblemen bei unseren Bauämtern, trotz einer weitgehenden Auftragsvergabe an freie Architekten und Ingenieure.

Zur Steigerung der Effizienz wurden zum 01.01.1998 die Liegenschafts- und die Hochbauämter (Land) in Nord- und in Südbaden zu insgesamt fünf Staatlichen Vermögens- und Hochbauämtern zusammengefaßt, so daß nunmehr die Vermögens- und Hochbauverwaltung in allen Ebenen integriert ist. Ihre Tätigkeitsschwerpunkte liegen auf den Bereichen Immobilien- und Gebäudemanagement, Neubaumaßnahmen und vor allem Pflege, Erhalt und Sanierung des Gebäudebestandes. Bei dieser Gelegenheit wurden auch die bisherigen Außenstellen zu Bauleitungen herabgestuft.

Von den Universitätsbauämtern blieben nur die Universitätsbauämter Freiburg und Heidelberg mit ihren großen Aufgaben im Klinikbereich erhalten. Da auch die Baumaßnahmen des Bundes, insbesondere der Bundeswehr und der Stationierungsstreitkräfte erheblich zurückgegangen sind, wurde die Zahl der Staatlichen Hochbauämter (Bund) auf drei reduziert.

Am 01.08.1998 erfolgte mit der Auflösung der ehemaligen Oberfinanzdirektion Freiburg der nächste Schritt. Ihre Aufgaben wurden von der Oberfinanzdirektion Karlsruhe übernommen, in Freiburg verblieb eine Außenstelle. Dieser wurde die Zoll- und die Bundesvermögensabteilung des gesamten Landes Baden-Württemberg zugeordnet. Die Verlegung auch der Landesvermögens- und Bauabteilung nach Freiburg führt zu erheblichen Schwierigkeiten und zusätzlichem Aufwand, da sich der Arbeitsschwerpunkt dieser Abteilung in Nordbaden befindet und Karlsruhe auch wesentlich zentraler als Freiburg liegt.

Zweifellos sind aber gerade in diesem Bereich noch weitere Reformbemühungen zu erwarten und man kann zumindest hoffen, daß sich hierdurch die jetzige Situation verbessert und das angestrebte Ziel einer Arbeitsvereinfachung dann tatsächlich erreicht wird.

1. Hochschulgesamtbereich Schwerpunktaufgabe der Staatlichen Hochbauverwaltung

Die bauliche Entwicklung der Hochschulen, insbesondere der wissenschaftlichen Hochschulen unseres Landes, ist bis heute eine geblieben. Die sich schon sehr früh abzeichnende gewaltige Dimension der Bauaufgaben in diesem Bereich stellte sie vor nicht geringe Probleme. Unter den Landesuniversitäten war zu Beginn der fünfziger Jahre die Universität Freiburg in ihrer Gesamtplanung und ihren baulichen Leistungen unter der Leitung von Horst Linde am weitesten fortgeschritten. 1957 wurde Horst Linde nach Stuttgart berufen und leitete dort die Bauabteilung im Finanzministerium bis 1971. Ihm gelang es, fähige junge Architekten für die Bauverwaltung zu gewinnen und eine tüchtige und angesehene Bauverwaltung aufzubauen. Auch die neu errichteten Universitätsbauämter in Heidelberg und Karlsruhe und etwas später dann in Konstanz begannen ihre Arbeit mit Grundlagenuntersuchungen und Gesamtplanungen. Damit gelang es weit vorausschauend, ausreichende Reserveflächen für zukünftige Erweiterungen auszuweisen und planerisch zu sichern.

Fachhochschule Pforzheim – Ingenieurwissenschaften
(Quelle: Staatliche Hochbauverwaltung Baden-Württemberg)

Pädagogische Hochschule Freiburg
(Quelle: Staatliches Vermögens- und Hochbauamt Freiburg)

Ergänzt wurde ihre Arbeit durch die Gründung zentraler Arbeitsgruppen mit dem Auftrag, verbindliche Grundlagen und Standards für den Universitätsbau zu entwickeln. Zu nennen sind die Planungsgruppe für Institutsbau in Karlsruhe sowie die Planungsstelle für medizinische Universitätsbauten und die Informationsgruppe Wirtschaftliches Bauen in Freiburg. Die Ergebnisse dieser Arbeitsgruppen beeinflußten auch die gleichgearteten Bestrebungen anderer Bundesländer nachhaltig.

An allen Standorten rückte bis zur Mitte der siebziger Jahre der standardisierte Institutsbau, vorwiegend für die naturwissenschaftlichen, technischen und medizinisch-theoretischen Fächer in den Vordergrund.

Der Ministerratsbeschluß von 1976 leitete die konkrete Bauplanung für die Universitätskliniken ein. Aus finanziellen, aber auch aus betrieblichen Gründen war dabei das Planungsziel die stufenweise Realisierung untereinander verbundener klinischer Zentren. Die Kopfklinik in Heidelberg, der Neubau-West in Mannheim sowie die Nervenklinik in Freiburg wurden Ende der achtziger Jahre in Betrieb genommen, im Augenblick wird in Heidelberg die innere medizinische Klinik errichtet. In der Reihe der großen Programme ist auch der Ausbau der Fachhochschulen zu nennen. Er wurde bereits in den sechziger Jahren durch bedeutende Neubauten an der früheren Ingenieurschule in Karlsruhe eingeleitet und durch großzügigen Ausbau der Fachhochschulen in Mannheim und Pforzheim sowie in Südbaden der Fachhochschule in Furtwangen/Villingen-Schwenningen weitergeführt. Deren Hochschulgebäude nähern sich in ihren hochspezialisierten Fachrichtungen in den technischen Anforderungen dem Niveau des universitären Institutsbaues.

Anfang der siebziger Jahre wurde ein Sonderprogramm durchgeführt, um die große Raumnot der Pädagogischen Hochschulen zu beheben. Mit konsequenter Anwendung von Typenplanung und Verfertigung konnten in kurzer Zeit die notwendigen Studienplätze geschaffen werden.

Für die Erweiterung der Musikhochschulen im Lande bestand dieser Zeitdruck nicht und so waren hier individuelle Planungen, zum Teil von hoher Qualität möglich.

2. Allgemeiner Hochbau

Neben den großen Anstrengungen auf dem Bildungssektor wurden auch erhebliche Mittel in den Aufbau und Ausbau der Staatstheater und Museen, Bibliotheken und Sammlungen investiert. Kaum eine andere Bauaufgabe hat in den letzten Jahrzehnten soviel Interesse geweckt als die Neubauten für kulturelle Nutzungen. Neben dem Staatstheater in Karlsruhe sind dies vor allem die Erweiterung der Kunsthalle in Karlsruhe, die Neubauten für das Landesmuseum für Technik und Arbeit in Mannheim sowie die Badische

Landesmuseum für Technik und Arbeit
(Quelle: Landesmuseum für Technik und Arbeit in Mannheim, Bild-Nummer: B-2-009290-10)

Landesbibliothek in Karlsruhe. All diese Bauten bestimmen und prägen ihr städtebauliches Umfeld.

Das Badewesen hat in Baden-Württemberg eine lange Tradition und sehr früh schon sind erhebliche Mittel in die Sanierung und den Ausbau unserer Staatsbäder geflossen. Insbesondere in Badenweiler wurde durch umfangreiche bauliche Ergänzungen das Kurmittel- und Badeangebot aktualisiert.

Nachdem auch das Staatsbad Wildbad nach der Regionalreform in die Zuständigkeit der Oberfinanzdirektion Karlsruhe gelangt war, führte diese die begonnenen Baumaßnahmen weiter. Das alte Eberhardsbad erfuhr durch seinen Ausbau zu einem modernen Thermalbad eine Wiederbelebung wertvoller historischer Bausubstanz. Besondere Aufmerksamkeit galt auch den sozialen Bereichen und dem Bereich der Sicherheit. Hier sind zu nennen der umfassende Ausbau der Psychiatrischen Landeskrankenhäuser und deren Umorientierung auf die heute bestehenden therapeutischen Möglichkeiten sowie die Baumaßnahmen für die Heimsonderschulen. Bei dem großzügigen Ausbau dieser Schulen ist das liebevolle Bemühen spürbar, das die Architekten gerade dieser Aufgabe widmeten.

Zum Bereich der Sicherheit gehören die Errichtung von Dienstgebäuden für die Polizei, die Unterbringung der Gerichte und Sanierungen sowie Neubauten bei den völlig überalterten Haftanstalten des Landes.

Daneben wurde eine Vielzahl von Baumaßnahmen für die unterschiedlichsten Nutzungen durchgeführt – ihre Aufzählung ist im Rahmen dieses Berichtes nicht möglich.

3. *Denkmalpflege und Kunst am Bau*

Rastatt – Schloß
(Quelle: LMZ/Weischer, 1993)

Die badische Bauverwaltung hatte eine lange denkmalpflegerische Tradition, die bis zu Weinbrenner und Hübsch zurückreicht. Vor dem Hintergrund dieser Tradition hat sie dann schon sehr früh nach Kriegsende mit dem Wiederaufbau der zerstörten Residenzschlösser in Karlsruhe und Mannheim begonnen. Bei dem Entschluß zum Wiederaufbau war wesentlich die Wiederherstellung der Stadtdominanten im Sinne einer städtebaulichen Denkmalpflege. Der etwas spätere Wiederaufbau von Schloß Bruchsal ging über die Wiederherstellung des äußeren Erscheinungsbildes hinaus und wollte auch die verlorenen Innenausstattungen detailgerecht reproduzieren, wobei eine hohe handwerkliche Qualität und die Verwendung historischer Techniken wichtiges Ziel waren.

Beim Wiederaufbau von Schloß Gottesaue ab 1984 ging man einen anderen Weg und interpretierte die geschichtliche Situation durch eine ambitionierte neue Architektur.

Aber auch unsere Schlösser und Baudenkmale, die im Krieg nicht zerstört waren, wiesen aufgrund jahrzehntelanger Vernachlässigung große Schäden auf und waren in ihrer Substanz bedroht. Deshalb begannen in den siebziger Jahren größere Sanierungsmaßnahmen bei den Schlössern Rastatt, Heidelberg sowie Schwetzingen mit seinen Parkbauten. Da Südbaden nach der Regionalreform nicht mehr für Schloß Meersburg zuständig war, lag hier der Schwerpunkt der denkmalpflegerischen Maßnahmen bei den Kirchen, wie dem Münster von Reichenau-Mittenzell, der Klosterkirche in St. Blasien sowie dem Münster und der Kirche St. Stefan in Konstanz.

Bei all diesen Maßnahmen war Verzicht auf Eingriffe in die Substanz und die Erhaltung der Oberflächen oberstes Prinzip. Dies galt auch für die ehemaligen Klöster Maulbronn, Hirsau und Alpirsbach, nachdem sie 1974 unserer Betreuung anvertraut wurden und natürlich auch für die vielen weniger bedeutenden Baudenkmale unseres Landes. Baden-Württemberg war sich immer seiner Verpflichtung für das kulturelle Erbe bewußt und so wurden auch in Jahren knapper Haushaltsmittel die notwendigen Gelder für die Unterhaltung unserer Baudenkmale zur Verfügung gestellt.

Auch die Maßnahmen im Rahmen von „Kunst am Bau“ tragen zur Förderung des kulturellen Lebens in unserem Lande bei. Im Jahre 1955 hatte die Landesregierung festgelegt, daß bei allen geeigneten Baumaßnahmen ein Anteil von 1-2 % der Bausumme für künstlerische Arbeiten vorzusehen ist.

Von Anfang an war der Staatlichen Hochbauverwaltung daran gelegen, der künstlerischen Qualität Vorrang zu geben und früh schon gewann sie namhafte Künstler zur Mitarbeit. Es wurden viele mutige und in die Zukunft weisende Kunstkonzepte verwirklicht, die bei Fachleuten im In- und Ausland Beachtung fanden. Unterstützt und fachlich beraten wurden dabei die Hochbauämter durch die Kunstkommission an den Oberfinanzdirektionen. Sie setzen sich neben Beamten dieser Behörde aus Künstlern und Kunstfachleuten zusammen. Für die Kunstaufträge wendet das Land erhebliche Mittel auf. So wurden im Zeitraum von 15 Jahren „Kunst am Bau“-Aufträge in Höhe von 40 Millionen DM ausgeführt. Sie liegen damit nahezu in der Größenordnung von 3 Millionen DM, die das Ministerium für Wissenschaft, Forschung und Kunst jährlich für die Erwerbungen zeitgenössischer Kunst aufwendet.

4. Bundesbaumaßnahmen

Planung und Durchführung der Baumaßnahmen des Bundes erfolgte ebenfalls durch die Staatliche Hochbauverwaltung des Landes. Schwerpunkte dieser Tätigkeit waren Bauten für die Bundeswehr, insbesondere in den Jahren ihres Aufbaues, aber auch Bauten für die Stationierungsstreitkräfte. Diese Maßnahmen sind in den achtziger Jahren, vor allem aber nach der Wiedervereinigung erheblich zurückgegangen – in den letzten Jahren haben die Stationierungsstreitkräfte mit Ausnahme des Raumes Heidelberg-Mannheim alle Standorte in unserem Bereich aufgegeben.

Einen gewissen Ausgleich stellen die zivilen Baumaßnahmen in Karlsruhe dar. Schon in den sechziger Jahren wurde das Bundesverfassungsgericht am Schloßplatz errichtet, in den neunziger Jahren folgte der Neubau für den Generalbundesanwalt und im Augenblick laufen die Baumaßnahmen für die Erweiterung des Bundesgerichtshofes. Ergänzt wurde dies durch Baumaßnahmen für drei Bundesforschungsanstalten, darunter der Neubau für die Bundesforschungsanstalt für Ernährung in Karlsruhe.

Neubau für die Bundesanwaltschaft
(Quelle: Staatliche Hochbauverwaltung Baden-Württemberg)

Ein weiterer Schwerpunkt im zivilen Bundesbau waren die im Auftrag der Bundesanstalt für Arbeit errichteten Arbeitsämter.

Ebenfalls im Auftrag der Bundesanstalt für Arbeit wurde in Mannheim Anfang der achtziger Jahre die Hochschule für Arbeitsverwaltung fertiggestellt. Auf dem Nachbargrundstück ließ die Bundeswehr ungefähr zur selben Zeit einen anderen bedeutenden Bau, nämlich die Bundesakademie für Wehrverwaltung und Wehrtechnik errichten.

5. Bauausgaben im staatlichen Hochbau

Bei der Gründung des Landes Baden-Württemberg bestand verschiedentlich die Befürchtung, daß der badische Landesteil gegenüber dem württembergischen benachteiligt würde. Diese Befürchtungen haben sich für den Bereich des staatlichen Hochbaus nicht bestätigt. Wenn auch die Bauausgaben von Jahr zu Jahr unterschiedlich waren und nicht unerheblich durch Sonderprogramme und Großbauvorhaben wie Universitätskliniken und dergleichen beeinflußt wurden, so kann ihre Verteilung auf die beiden Landesteile langfristig als ausgeglichen angesehen werden. Ich verweise hierzu auf folgende Aufstellungen für die Haushaltsjahre 1989-1999.

Verteilung der Bauausgaben des staatlichen Hochbaus auf die Landesteile Baden und Württemberg

Jährliche Bauausgaben: alle Finanzierungsarten einschließlich Gebäudeversicherungserlös und Zukunftsoffensive, jedoch keine Investorenmaßnahmen.

Summe Bauausgaben

	Baden		Württemberg	
1989-1994	3.730 Mio. DM	48,5 %	3.960 Mio. DM	51,5 %
1995	730 Mio. DM	52,3 %	666 Mio. DM	47,7 %
1996	652 Mio. DM	53,3 %	572 Mio. DM	46,7 %
1997	528 Mio. DM	52,8 %	472 Mio. DM	47,2 %
1998	536 Mio. DM	55,5 %	430 Mio. DM	44,5 %
1999	611 Mio. DM	55,0 %	500 Mio. DM	45,0 %

Bauausgaben pro Einwohner

	Baden		Württemberg	
1989-1994	811 DM	53,0 %	720 DM	47,0 %
1995	153 DM	56,5 %	118 DM	43,6 %
1996	137 DM	57,3 %	102 DM	42,7 %
1997	110 DM	57,0 %	83 DM	43 %
1998	112 DM	59,6 %	76 DM	40,4 %
1999	128 DM	59,0 %	89 DM	41,0 %

Es ist zu beachten, daß die Landesvertretung Berlin in den Jahren 1998/1999 bei den Ausgaben des Landesteils Württemberg enthalten ist; Quelle Einwohnerzahlen: Internet-Seite Stat. Landesamt vom 23.08.2000 (Stand: Ende 1998), Baden: 4.780.613, Württemberg: 5.645.427;

Besonders aufschlußreich ist die zweite dieser Tabellen, die für die beiden Landesteile die Bauausgaben pro Einwohner einander gegenüberstellt. Da Baden eine geringere Einwohnerzahl aufweist, verschieben sich hierdurch die Ergebnisse stark zugunsten des badischen Bereichs.

Zu den Bauausgaben des Landes müssen noch die Baumittel hinzugerechnet werden, die die staatliche Hochbauverwaltung im Auftrag des Bundes verausgabt. Diese Bauausgaben betrugen beispielsweise im Jahr 1990 606 Mill. DM. Davon entfielen 56,7 % auf den badischen Landesteil und nur 43,3 % auf den württembergischen. Obwohl die Bauausgaben des Bundes in den letzten Jahren allgemein zurückgegangen sind, erreichten sie im badischen Bereich mit ca. 300 Mill. DM im Jahr 1999 doch ein sehr gutes Ergebnis. Zusammen mit den Landesbaumaßnahmen wurden damit 1999 im badischen Landesteil insgesamt 911 Mill. DM für Hochbaumaßnahmen des Landes und des Bundes verausgabt.

Das Schulwesen in den Oberschulamtsbezirken Karlsruhe und Freiburg[1]

Kurt Aurin

Vielfältiges Erbe – schwieriger, mühsamer Anfang

Seit Bestehen des Südweststaates wurde die Entwicklung des Schulwesens zentral von Stuttgart aus gesteuert. Die Schulpolitik Baden-Württembergs ist wiederum in ihren kulturförderativen Zusammenhängen zu sehen. Andererseits verliefen in den vier Regierungsbezirken des Landes, denen nicht nur in der Anfangszeit manch freie Hand gelassen wurde, infolge der bisherigen regionalen Traditionen und Bedingungen die Entwicklungen bei den Schularten teilweise unterschiedlich. Daher sei im Folgenden auch auf badische Besonderheiten und ansatzweise auf Wechselwirkungen eingegangen, die von Baden auf Württemberg und umgekehrt ausgingen.

Das Erbe, das die drei alten Länder im Schulbereich in den neuen Südweststaat einbrachten, war vielfältig besonders im Bereich beruflicher Schulen. Die reale Schulsituation jedoch war zu Beginn des Südweststaates (April 1952) äußerst schwierig und mancherorts erbärmlich: Krasser Schulraummangel infolge Kriegseinwirkungen, hoher Mangel an Lehrern, Schichtunterricht, sehr hohe Klassenfrequenzen, Jugendnot und Jugendprobleme und Bereinigung der Lehrpläne von nazistischem Gedankengut. Noch drei Monate vor Gründung des Südweststaates wandte sich Badens Staatspräsident Wohleb an den französischen Landeskommissar mit der Bitte, die von französischer Verwaltung und Besatzungstruppen ganz oder teilweise genutzten 33 Schulen von 16 Städten und Gemeinden „baldmöglichst und in möglichst weitgehendem Umfang freizugeben", um die Schulraumnot zu lindern (Schreiben vom 29. Januar 1952). Ferner erwiesen sich, da die Schulgegebenheiten in den drei alten Ländern zum Teil unterschiedlich waren, Angleichungs- und Koordinierungsprozesse als unumgänglich, u.a. strukturell (z.B. Fehlen von Mittelschulen in Baden), inhaltlich (einheitliche Lehrpläne) und schulrechtlich (Schulpflichtzeiten, Versetzungen und Prüfungen). Schließlich ging es um Reformen, vor allem um gesetzliche Vorgaben, Zielvorstellungen und Konzepte sowie Organisationsformen, die eine demokratische Ausrichtung und Gestaltung des Schulwesens ermöglichten, u.a. Mitwirkung der Eltern, Schülermitverwaltung sowie Richtlinien und Unterrichtskonzepte demokratischer/staatsbürgerlicher Erziehung.

Bei der Darstellung der Entwicklung des Schulwesens in den Badischen Regionen nach den Bereichen „Volks-, ... Real- und Sonderschulen", „Gymnasien" und „Berufliche Schulen" kann nur auf die wichtigsten Entwicklungslinien und Ereignisse eingegangen werden.

1. Volks-/Grund- und Haupt-, Real- und Sonderschulen

In den badischen Landesteilen war das allgemeinbildende Schulwesen vor 1952 im wesentlichen zweigliedrig: Volksschulen einerseits – Höhere Schulen andererseits. In nur sehr begrenztem Umfang existierten Hilfsschulen; es bestanden aber an den Volksschulen Hilfsklassen, in Nordbaden vier, in Südbaden zwölf (1954). Andererseits gab es, nicht zuletzt angeregt durch das Mannheimer Volksschulsystem von Sickinger, einer

Art Vorläufer der Gesamtschule, Unterrichtsdifferenzierungen. So wurde 1954 in den oberen Klassen Nordbadens an 14 Schulen Französisch und an 131 Schulen Englisch unterrichtet, in Südbaden an 222 Schulen Französisch, jedoch kein Englisch. Der Einfluß der jeweiligen Besatzungsmacht wird damit deutlich. Verstärkt ist seit 1955 die Entwicklung der Volksschule durch ausgliedernde Differenzierungs- und Konzentrationsprozesse gekennzeichnet. Die Volksschule war Geburtshelfer der Real- und Sonderschulen und hat sich in den 60er und 70er Jahren zur modernen Grund- und Hauptschule gewandelt.

1954/55 bestanden in Nordbaden 116 in Richtung *Mittelschule* sich entwickelnde Aufbau- und Sprachklassen, in Südbaden 18, hingegen nur vereinzelt Mittelschulen. In Nordwürttemberg jedoch existierten 36, in Südwürttemberg-Hohenzollern 11 Mittelschulen. Mit dem Plan zur Ausgestaltung des Mittelschulwesens (September 1955) wurde der Startschuß für dessen Ausbau gegeben. Davon haben besonders Nord- und Südbaden profitiert, und die Württemberger Mittelschulen haben dabei Pate gestanden. Bis 1965/66 sind in Nordbaden 38, in Südbaden 47 Mittelschulen entstanden; im Württembergischen hat sich ihre Zahl annähernd verdreifacht.

Mit Verabschiedung eines neuen Hilfsschulgesetzes (Juni 1955), das als vorbildlich angesehen wurde und Anstöße in anderen Bundesländern gab, setzte der Ausbau von *Hilfsschulen* ein, später *Sonderschulen* genannt. Bis 1965/66 entstanden in Nordbaden 51 (1956 nur 13) und in Südbaden 59 (1956 nur 7) Sonderschulen. Besonders Nordbaden konnte auf eine zum Teil bis ins 19. Jahrhundert reichende Tradition zurückblicken: In Heidelberg bestand die älteste, 1806 gegründete Taubstummen- und Gehörlosenschule, in Ilvesheim die einzige, seit 1826 bestehende Blinden- und Sehbehindertenschule. Ein auch heute noch gültiger großherzoglicher Erlaß von 1868 sichert die Kooperation dieser Schule mit der Augenklinik der Universität Heidelberg. Zu den einmaligen Einrichtungen gehört auch die 1959 in Heidelberg errichtete Pädoaudiologische Beratungsstelle, eine Abteilung der Gehörlosenschule, die von Ratsuchenden aller Landesteile und auch anderer Bundesländer aufgesucht wird. Schließlich ist die in den 60er Jahren in Neckargemünd gegründete Heimsonderschule für Kinder mit Dysmelieschäden zu nennen, die 1974 in ein Rehabilitationszentrum für körperbehinderte Kinder und Jugendliche umgewandelt wurde, alle allgemeinen Bildungsgänge führt und den Namen des Astro-Physikers Stephen Hawking trägt.

1958 kam der einheitliche Lehrplan für die *Volksschule* heraus, der die Lehrpläne der alten Länder ersetzte. Der neue Lehrplan war noch im Sinne der volkstümlichen Bildung verfaßt, zielte andererseits nicht nur auf die Förderung praktischer Begabungen, sondern auch auf die der Schüler mit guten theoretischen Anlagen. Leistungs- und Erziehungsschule wurden nicht als gegensätzlich betrachtet, sondern als sich ergänzend angesehen.[2] Ein neuer Lehrplan für die Mittelschulen trat 1963/64 in Kraft.

Die in der Bundesrepublik 1959 in Gang gekommene Diskussion über die *Hauptschule* führte zu Erprobungen des 9. Schuljahres; dabei waren Schulen in Nordbaden und Nordwürttemberg beteiligt. Ein Vertreter des Oberschulamtes Freiburg kritisierte zurecht, daß durch die Nichtberücksichtigung von Südwürttemberg und Südbaden, die Erfahrungen gerade der in ländlichen Regionen gelegenen Hauptschulen nicht in die Erprobungen eingingen. 1963/64 wurde das 9. Schuljahr und mit ihm die Hauptschulreform eingeführt. Sie hatte zum Ziel, die Hauptschule, die 1964 in Nordbaden von 63,5 und in Südbaden von 71% eines Jahrgangs besucht wurde (Baden-Württbg. insgesamt 65%), den Erfordernissen der modernen Arbeitswelt anzupassen, die Allgemeinbildung entsprechend modern auszurichten und zu verbreitern, u.a. Einführung der 1. Fremdsprache, von Arbeitslehre und Leistungsdifferenzierung.

Unter der 3. Regierung Kiesinger (1964-66) erfolgten dann durch Kultusminister Prof. Dr. Wilhelm Hahn Ausbau und Weiterentwicklung des Schulwesens im Rahmen eines *Gesamtkonzepts der Bildungspolitik und -planung* vom Vor- und Grundschulbereich bis hin zu den Hochschulen und der Weiterbildung. Das wurde durch vorausgehende Untersuchungen der Bildungsforschung (demographische Analysen, Bedarfsermittlung, Erkundung von Begabungsreserven, u.a.) sowie durch Fachberatung der Politik, Bildungsberatung und -information unterstützt. Es war eine Zeit anspornender Aufbruchstimmung und hohen Engagements von Lehrern, Schulverwaltung, -trägern und Bildungsforschern.

Im Unterschied zu Real-, Sonderschulen und Gymnasien fand im Rahmen des Schulentwicklungsplans I ein Prozeß der *Konzentration von Hauptschulen* an zentralen Orten zu Nachbarschaftsschulen statt, um Jahrgangsklassen und Züge zu bilden. Hierdurch sollte ihre pädagogische Leistungsfähigkeit gestärkt und eine anspruchsvolle Qualifizierung ihrer Schüler erreicht werden, vor allem durch bessere Möglichkeiten der Unterrichtsdifferenzierung und gezielteren Einsatz von Fachlehrern. Die Planung ging von einer Verringerung vor allem wenig gegliederter Schulen aus – siehe Übersicht:[3]

Hauptschulen nach Art der Gliederung

	Wenig gegliedert	Einzügig	zweizügig	3 u. mehrzügig	Insgesamt
Nordbaden (Stand 1965/66)	347	197	71	6	621
" Planungsziel 1970/71	2	64	154	38	258
Südbaden (Stand 1965/66)	863	170	64	2	1099
" Planungsziel 1970/71	9	165	175	33	382

Diese Ziele wurden tatsächlich erreicht.[4]

Bei den *Sonderschulen* hingegen vermehrte sich durch ihren Ausbau ihre Anzahl in Nordbaden 1965/66 von 51 Schulen auf 61 1970, in Südbaden von 59 auf 78. Ihr weiterer Ausbau erfolgte im Schwerpunkt für lernbehinderte Kinder und Jugendliche, da diese den weitaus größten Teil sonderschulbedürftiger Schüler ausmachen. Dieser war nicht nur dank einer guten Finanzlage des Landes Baden-Württemberg möglich, sondern ihr kam auch das Engagement vieler Gemeinden und Landkreise entgegen, für Sonderschulen die Trägerschaft zu übernehmen. In diese Zeit fällt auch die Gründung der Schule für Gehörlose und Schwerhörige in Stegen bei Freiburg, jetzt Bildungs- und Beratungszentrum mit Internat, Schulkindergarten, Grund-, Haupt-, Realschule und Gymnasium. Sie wird von Schülern aus anderen Bundesländern und auch aus Luxemburg und der Schweiz besucht.

Dem Ausbau von *Realschulen* und Gymnasien ging eine Untersuchung zur „Ermittlung und Erschließung von Begabungen" im nordbadischen Gebiet „Bauland-Ahornwald", auch „Badisch Sibirien" genannt, voraus. Es gehörte zu einer Region geringer Bildungsbeteiligung, in der nur 13,9% der Schüler der 4. Klasse/Grundschule auf Realschulen und Gymnasien überwechselten. Die Ergebnisse der Untersuchung bestätigten die Annahme, daß in diesem Gebiet für den Besuch von Realschulen und Gymnasien eine Begabungsreserve von 29% des 4. Schuljahrgangs vorhanden ist, wie auch die

Erwartung, daß durch Beratung von Eltern und Lehrern sozial bedingte Zugangsbarrieren zu weiterführenden Schulen abgebaut und deren Besuch durch Errichtung neuer Schulen sowie Verbesserung der Verkehrsverbindungen entscheidend gefördert werden könne.[5]

Die *Realschulen* nahmen von 1965/66 bis 1970/71 in Nordbaden von 38 auf 54, in Südbaden von 47 auf 81 Schulen zu, das am meisten vom Ausbau des Realschulnetzes profitierte. Entsprechend war bis 1979/80 in Nord- und Südbaden eine annähernde bzw. mehr als eine Verdoppelung der Übergänge auf Realschulen zu verzeichnen (siehe Tab. 4). Hierzu trugen auch die Aktivitäten der inzwischen eingerichteten Bildungsberatungsstellen sowie die Bildungswerbung und -information bei.

Vorläufer der *Bildungsberatungsstellen* waren die schulpsychologischen Dienste. Solche bestanden bereits vor 1964 in Mannheim (seit 1921), Karlsruhe, Heidelberg und Pforzheim; im Württembergischen waren sie geringer vertreten. 1966 wurde in Mosbach die erste Bildungsberatungsstelle errichtet, der dann bis 1973 14 weitere folgten. Heute bestehen an 24 Standorten Beratungsstellen, davon 10 im Badischen (Baden-Württemberg z.Zt. 50 Diplom-Psychologen und rund 1300 Beratungslehrer). Die *Bildungswerbung* erhielt in Südbaden durch die Aktion Freiburger Studenten „Student aufs Land" wirksame Anstöße. Durch Vorträge in rund 800 Gemeinden Südbadens wurde für den Besuch von Realschulen und Gymnasien geworben. In anderen Ländern entstanden ähnliche Aktivitäten; in Württemberg fanden sich Studenten der Universitäten Stuttgart und Tübingen und der Pädagogischen Hochschulen zu einer Aktion „Bildungsinformation" zusammen. 1967 wurde die Aktion Freiburger Studenten und ihr Initiator Ignaz Bender mit der Theodor Heuss Medaille ausgezeichnet.

Die Realisierung des Schulentwicklungsplans I hatte seine Auswirkungen auf die Gebiets- und Verwaltungsreform von 1973. Diese übernahm zum größten Teil die von der Schulplanung getroffenen Zuordnungen kleiner Gemeinden zu zentral gelegenen Orten, in denen Nachbarschaftsschulen oder auch Realschulen errichtet worden waren. Hier hatte die Hahnsche Schulplanung Vorarbeit geleistet und neue Auseinandersetzungen unnötig gemacht.

Eine schulpolitisch bedeutsame Auswirkung der Schulplanung bestand in der durch Gründung von Nachbarschaftsschulen entstehenden Gefährdung konfessioneller Grund- und Hauptschulen in Südwürttemberg-Hohenzollern, deren Bestand in der Verfassung des neuen Südweststaates in Art. 15 (1) u. (2) garantiert worden war. Das war mit heftigen Auseinandersetzungen mit der Katholischen Kirche, zwischen CDU und FDP und auch innerhalb der CDU verbunden. Die Lösung des Problems war mit der Bildung der großen Koalition von CDU und SPD 1966 und dem Rückgriff auf die in Baden bestehende Form der *christlichen Gemeinschaftsschule* verbunden: Die für sie geltenden Grundsätze und Bestimmungen vom 9.12.1951 sollten künftig auch für ganz Baden-Württemberg gelten. Neben den christlichen Gemeinschaftsschulen konnten auch konfessionelle Schulen als Privatschulen mit Unterstützung des Staates eingerichtet werden. Im Februar 1967 wurde fast einstimmig eine entsprechende Verfassungsänderung vom Landtag beschlossen. Der Einführung von Nachbarschaftsschulen mit Jahrgangsklassen stand nichts mehr im Wege. Baden hatte in einem schulstrukturell entscheidenden Punkt Pate gestanden.[6] Die Jahre etwa ab 1972/73 waren durch zunehmende Auseinandersetzungen mit problematischen Forderungen und Formen emanzipatorischer Erziehung wie auch mit Vereinseitigungen des Unterrichts durch überzogene Verwissenschaftlichung und negative Nebenwirkungen von Curriculum-Reformwellen gekennzeichnet.

Die Empfehlungen der Kommission „Anwalt des Kindes“ und die bundesweit Aufmerksamkeit weckenden Kongresse „Tendenzwende“ (1974) und „Mut zur Erziehung“ (1978), die von Kultusminister Hahn initiiert worden waren, wirkten den ideologisch bedingten Zeiteinflüssen entgegen und gaben entscheidende Anstöße zum Umdenken.

Die Situation, in der sich die *Hauptschule* trotz ihrer Weiterentwicklung und Modernisierung infolge zunehmenden Rückgangs der Schülerübergänge – von 1964 von ca. 65% auf 48% 1974 – befand, forderte die Schulpolitik erneut heraus. So wurde 1975 ein Aktionsprogramm zur Stärkung der Hauptschule und gezielten Förderung der spezifischen Fähigkeiten ihrer Schüler entwickelt. In den 80er Jahren diente ebenfalls das Programm „Erweitertes Bildungsangebot“ diesem Zweck. 1983 erfolgte die Einführung des Hauptschulabschlusses mit dem Ziel, die Leistungsfähigkeit der Hauptschule und ihr Ansehen zu fördern. Bislang konnten Hauptschüler über die zweijährige Berufsfachschule (= 9+2 Jahre) einen Mittleren Abschluß erhalten. In den 80er Jahren wurden zwei weitere Modelle erarbeitet und auch umgesetzt, die es Schülern der Hauptschule ermöglichten, einen Mittleren Abschluß zu erreichen: Über zusätzliche Leistungsdifferenzierungen und ein weiteres 10. Schuljahr (Modell 9+1); und bei entsprechenden Leistungen im Hauptschulabschluß (Kl. 9) und Berufsschulabschluß (Modell 9+3). Das Modell 9+1 hatte die zu Beginn der 90er Jahre eingeführte „Werkrealschule“ zur Folge; leistungstüchtige, lernmotivierte Schüler wurden nach Vordifferenzierungen in Kl. 8 u. 9 in Kl. 10 zusammengefaßt, nach einem anspruchsvollen Lehrplan unterrichtet und erhielten nach erfolgreicher Prüfung den Mittleren Abschluß. In Nordbaden existierten 2000/2001 an 95 Standorten Werkrealschulen und in Südbaden an 75. Die Erfolgsquoten lagen 1994/95 bei den Prüfungen mit 99% aller Zehntklässler sehr hoch; die Anzahl der Schüler in Klasse 10 ist gemessen an der Zahl aller Schüler der 9. Klasse aller Hauptschulen von 1992/93 bis 1998/99 in Nordbaden etwa um mehr als das Dreifache, in Südbaden fast um mehr als das Vierfache gestiegen.[7]

In neuester Zeit wird die Hauptschule mit Hilfe des Konzepts „Impulse Hauptschule“ in Zielrichtungen wie bisher aber unter Berücksichtigung neuer Anforderungen in Gesellschaft und Arbeitswelt weiterentwickelt, u.a. ist eine Projektarbeit und -prüfung geplant. Sie wird z.Zt. im südbadischen Schulkreis Offenburg erprobt und soll 2001/2002 landesweit eingeführt werden.

Die *Grundschulen* (früher Unterstufe der Volksschule) blieben zunächst größten teils erhalten. Die Bildung von Nachbarschaftsschulen führte bereits indirekt und dann direkt mit der Realisierung des Schulentwicklungsplans III (1972) zur Konzentration von Grundschulen und Bildung leistungsfähiger Einheiten, die die Durchführung von Unterrichtsdifferenzierungen (Stütz- und Förderkurse) und die Verbreiterung des Bildungsangebots erleichterten. Zur inneren Reform gehörten ferner didaktische Neuausrichtungen in Mathematik und im muttersprachlichen Unterricht; das neue Fach Sachkunde trat anstelle des Heimatkundeunterrichts. 1983/84 wurde der Grundschullehrplan erneuert und dann 1993 weiterentwickelt, wobei Schwerpunkte die Förderung der Selbsttätigkeit und offener Formen des Lernens waren. In der Folgezeit ging es um flexible Möglichkeiten des Eintritts in die Grundschule und um eine damit verbundene Neugestaltung ihres Eingangsbereichs sowie um die „Verläßliche Grundschule“ mit festen Unterrichts- und Betreuungszeiten von maximal 5½ Stunden je Schultag.

Im Rahmen der deutsch-französischen Verständigung und kulturellen Kooperation beider Länder ist das seit 1984 in den badischen Regionen durchgeführte Programm „Lerne die Sprache Deines Nachbarn“ von herausgehobener Bedeutung. Es zielt auf das

Erlernen von Französisch in Grundschulen ab 3. Schuljahr ab. Parallel dazu läuft ein entsprechendes Vorhaben im Elsaß. Jahr für Jahr hat die Anzahl der Grundschulen, die sich hier beteiligten, zugenommen, nicht zuletzt auf Grund des hohen Interesses der Bevölkerung. In Nordbaden sind es 104 von 582 Grundschulen (= 18%) und in Südbaden sogar 279 von 595 Grundschulen (= 47%), die an diesem Programm teilnehmen und in den an Frankreich angrenzenden Landkreisen und frankreichnahen Städten wie z.B. Freiburg liegen.

Bei den *Realschulen* wurden im Verlauf der 80er Jahre im Wahlpflichtbereich etwas andere Schwerpunkte gesetzt. Mit Beginn des 7. Schuljahres hatten die Schüler zwischen den Fächern „Natur und Technik, Hauswirtschaft/Textiles Werken, 2. Fremdsprache (Französisch)“ zu wählen. Ferner fand im Rahmen von Gemeinschaftskunde die Berufsorientierung statt. In den Jahren danach erfolgte im Hinblick auf gewandelte Anforderungen eine Umgestaltung des Wahlbereichs „Hauswirtschaft/Textiles Gestalten“ in „Mensch und Umwelt (u.a. Umweltschutz, Kranken- u. Altenpflege)“. In Südbaden bieten rund 9% der Realschulen (9 von z.Zt. 97) Französisch als erste Fremdsprache an, in Nordbaden nur 2 und nur eine im Württembergischen. Von 1979/80 sind in Nord- und Südbaden bis 1999/00 weitere Realschulen entstanden (Vermehrung um 6 bzw. 3,3%, siehe Tab. 3). Gleichfalls stiegen in dieser Zeit vor allem in Südbaden die Übergänge auf Realschulen von 27,7 auf 32,1% an, am höchsten von allen Landesteilen.

Ebenso ist von 1966 bis 1979/80 das *Sonderschulnetz* weiter ausgebaut worden. Damit war in Nordbaden eine Zunahme von 51 auf 90 und in Südbaden von 59 auf 104 Schulen verbunden. Ihr Stand blieb dann bis 1999/2000 annähernd gleich; die Zahl privater Sonderschulen stieg jedoch in den letzten zehn Jahren in Nordbaden von 20 auf 29 und in Südbaden von 25 auf 36 Schulen an. Die Tätigkeit der Sonderschulen hat sich seit den 70er Jahren erheblich ausdifferenziert und zu einem ebenso flexiblen wie vielseitigen System sonderpädagogischer Förderung geführt, so durch Wahrnehmung von Beratungsaufgaben zur Frühförderung behinderter Kinder in Sonderschulzentren (= Zusammenfassung verschiedener Sonderschultypen) im Verbund mit Förder- und Therapiestellen freier und kommunaler Träger, – ferner durch verstärkte Kooperation mit Grundschulen und dann ebenso mit Haupt-, Realschulen und Gymnasien besonders auch mit dem Ziel der sozialen Integration und seit 1991/92 durch Einrichtung von Außenklassen an weiterführenden Schulen, in denen behinderte und nichtbehinderte Schüler gemeinsam unterrichtet werden. So bestehen z.B. in Südbaden 78 Beratungsstellen in Sonderschulzentren zur Frühförderung; ferner werden dort z.Zt. an den allgemeinen Schulen rund 2500 Schüler durch sonderpädagogische Dienste gefördert und betreut. In Nordbaden bestehen 1999/2000 40, in Südbaden 12 Außenklassen für Geistig-Behinderte.

2. *Gymnasien*

In Nordbaden existierten nach 1952 34 öffentliche Gymnasien (davon 3 Progymnasien); Südbaden hatte 48 Gymnasien (davon 17 Pro- und 2 Aufbaugymnasien). Die größere Zahl der Progymnasien in Südbaden erklärt sich durch die höhere Anzahl an Schulen, die im ländlichen Raum in kleineren Städten bestanden. Im Unterschied zu Württemberg, dessen nationalsozialistischer Kultusminister Mergenthaler die humanistischen Gymnasien, wo er nur konnte, unterdrückte, blieben in Baden die humanistischen Gymnasien überall erhalten.

Neben der Neufassung von Lehrplänen und den Vorhaben, die mit der demokratischen Ausrichtung aller Schulen verbunden waren, galten die Bemühungen ab 1952 vor allem den schon erwähnten Angleichungen hinsichtlich Versetzungsordnungen, Benotungen, Prüfungen und Sprachenfolge. Während z.B. in Baden eher weiche Noten erteilt wurden, jedoch härtere Versetzungsregelungen bestanden, war im Württembergischen das Umgekehrte der Fall. Ferner wurde gegen zum Teil heftige Widerstände von Fachverbänden das von der Französischen Besatzungsmacht in Südwürttemberg-Hohenzollern und Südbaden eingeführte *Zentralabitur*, allerdings in einer gegenüber dem französischen Vorbild weitgehend modifizierten Form, übernommen. Hierfür setzte sich der aus Baden kommende Leiter der Gymnasialabteilung im Stuttgarter Kultusministerium, Albert Kieffer, ein. In den folgenden Jahren waren auf die Gymnasien die Saarbrücker Rahmenvereinbarungen der KMK (1960) und der Tutzinger Maturitätskatalog (1958-60) von Einfluß. Es ging um eine Beschränkung der Anzahl der Fächer und Unterrichtsstoffe zugunsten von Konzentration und Vertiefung mit dem Ziel der besseren Förderung einer allgemeinen wissenschaftlichen Grundbildung.

Der Zeitraum von 1964 bis 1979/80 kann, wie das ebenso für andere Schularten gilt, als *Phase des stärksten Ausbaus* und intensiver Weiterentwicklungen angesehen werden. Die Realisierung des Schulentwicklungsplans I führte sowohl zur Neugründung von Gymnasien als auch zum Ausbau von Progymnasien. So war in den badischen Regionen eine Vermehrung der Gymnasien von 104 Schulen (1965/66) auf 132 1970/71 und bis 1980/81 auf 168 Schulen vorgesehen. Ersteres wurde erreicht, Letzteres nur annähernd. Hiervon hat Nordbaden besonders profitiert, dessen Gymnasien sich von 1965/66 bis 1979/80 etwas mehr als verdoppelten (Anstieg von 40 auf 84 Schulen); im weniger stark industrialisierten und urbanisierten Südbaden mit geringerer Bevölkerungsdichte fand nur ein begrenzter Ausbau des Gymnasialschulnetzes statt (Anstieg von 60 auf 69 Schulen). Hier blieb in den letzten zwei Jahrzehnten die Anzahl der Gymnasien annähernd gleich; in Nordbaden nahm sie nur geringfügig zu (siehe Tab. 1). Ursache wie auch Folge dieser Entwicklung waren erhebliche Anstiege der Übergänge von Schülern Ende der Grundschule auf Gymnasien: Von 1965/66 von 25,2% (Nordbaden) bzw. 20,5% (Südbaden) auf 31,1 bzw. 28,4% 1979/80 (siehe Tab. 4).

Parallel zum 1965/66 eingeleiteten regionalen Ausbau der Gymnasien wurden *Modellschulen* geplant und auch erprobt. Dazu gehörten das im Bauland-Ahornwald-Gebiet (Nordbaden) errichtete Ganztagsgymnasium Osterburken, die Gesamtschule Weinheim und in Südbaden das differenzierte Gymnasium Waldkirch, die Gesamtschule Freiburg und das kooperative Bildungszentrum Markdorf. Im Württembergischen wurden ähnliche Schulmodelle erprobt. Die Modellschulen waren als Experimente angelegt worden, in denen Neues, auch in den Bereichen der Architektur- und Raumgestaltung, erprobt werden sollte. Die Warnungen von Gutachtern, z.B. hinsichtlich fensterloser Klassenräume (GTG Osterburken) „...nichts ist schrecklicher, als die kalte Helligkeit eines vollklimatisierten und kunstbelichteten Raumes während eines schönen Sommertages...“[8] haben sich in der Schulpraxis leider bestätigt. Der zum Gigantomanischen neigende Schulbau in Weinheim mit seinen vielen versetzbaren Wänden und problematischen Lösungen für den Aufenthalt des Kollegiums hat sich ebenfalls nicht bewährt. Die Schule wurde später saniert und umgebaut.

Fast zur gleichen Zeit liefen dann bereits Erprobungen der *Neuen Gymnasialen Oberstufe* (NGO), die 1971 von der KMK angekündigt und 1972 beschlossen worden war und zwar in Baden, je ein Gymnasium in Karlsruhe und Freiburg, und in Südwürttemberg an zwei Schulen in Rottweil. Dem damaligen Kultusminister Hahn schien das „Konzept (der NGO) noch zu unausgegoren..." und „die Art, wie einige SPD-Länder die Reform verwirklichten", ...nicht akzeptabel. Die Oberstufe wurde zum „Selbstbedienungsladen mit unbeschränktem Angebot".[9] Er wehrte sich vor allem gegen die Einschränkung der Allgemeinbildung (Abwahl von Deutsch, Gefährdung der Mathematik) sowie gegen eine zu weitgehende Verwissenschaftlichung der Leistungskurse. Entsprechend wurde das Oberstufenkonzept der KMK abgewandelt, nach erneuten Erprobungen und gegenüber anderen Bundesländern relativ spät ab 1977 eingeführt.

Doch die Oberstufenreform beschäftigte die Gymnasien immer wieder. So erfolgte in den 80er Jahren unter Minister Mayer-Vorfelder die erste Reform der Reform, die ebenfalls zum Ziel hatte, der Verringerung der Allgemeinbildung entgegenzuwirken und die allgemeine Studierfähigkeit der Abiturienten des Landes zu stärken, u.a. wurde Mathematik verbindliches Prüfungsfach, Geschichte war zu belegen, sinnvollere Gewichtung von Grund- und Leistungkursen zugunsten ersterer. Die Abiturergebnisse von 1986 bestätigten die Richtigkeit der 1983/84 durchgesetzten Korrektur.[10] Die Reform hatte zur Folge, die bisherigen Formen der Unter- und Mittelstufe neu zu überdenken: Durch neue Stundentafeln sollten die Kernfächer gestärkt und zugleich eine deutliche Profilierung der verschiedenen gymnasialen Züge erreicht werden.

In dieser Zeit wurde auch entsprechend den Empfehlungen des Deutschen Bildungsrates, allerdings später einsetzend als in anderen Ländern, eine *vergleichende Untersuchung* über die Fachleistungserfolge und Erziehungswirkungen von *Gesamtschulen* und *Schulen des gegliederten Systems* durchgeführt. An ihr waren wie im Württembergischen 3 Gesamtschulen und jeweils 3 Haupt-, Realschulen und Gymnasien der badischen Regionen beteiligt. Die Ergebnisse bestätigten die zuvor in anderen Ländern ermittelten Befunde über die besseren fachunterrichtlichen Leistungserfolge der Schüler des gegliederten Systems und wiesen im Bereich der Erziehungswirkungen keine nennenswerte Überlegenheit der Schüler von Gesamtschulen aus.[11] Die Gesamtschulen Mannheim, Heidelberg und Freiburg bestehen heute noch; die Gesamtschule Weinheim hat sich in Schulen des gegliederten Systems umgewandelt.

Anfang der 90er Jahre beschäftigte die Gymnasien ein längere Zeit unerkannt gebliebenes strukturelles Problem. Es stellte sich nämlich heraus, daß vor allem im Unterschied zu den Gymnasien in Nordwürttemberg und Nordbaden in Südbaden die „reinen" mathematisch-naturwissenschaftlichen Gymnasien mit 62,1% am stärksten und die Schulen, die sowohl mathematisch-naturwissenschaftliche als auch neusprachliche Züge führten, mit 27,3% am geringsten vertreten waren. Mit Beginn einer Versuchsphase wurden 1994/95 die rein mathematisch-naturwissenschaftlichen Gymnasien, zu denen viele kleinere Gymnasien im Schwarzwald und anderen ländlichen Regionen gehörten, umgewandelt; sie besitzen jetzt sowohl ein mathematisch-naturwissenschaftliches als auch ein sprachliches Profil. Die Schüler können nunmehr ab Kl. 9 verschiedene fachliche Schwerpunkte (Profilierungen) wählen und auch eine 3. Fremdsprache belegen.

Es gehört zu den Besonderheiten Badens, daß sich dort auf Grund der bereits angesprochenen Tradition die altsprachlichen Gymnasien (priv. und öffentl.) stärker als im Württembergischen gehalten haben. Im Württembergischen sind von 234 Gymnasien nur 8 (3,4%) altsprachlich, hingegen in Nordbaden 7 von insgesamt 104 (6,7%) und in Südbaden 10 von 81 (12,3%). Die Zugehörigkeit zur früheren Französischen Besatzungszone sowie die unmittelbare Nähe zu Frankreich haben dazu beigetragen, daß bei den Gymnasien Südbadens wie schon bei den Realschulen Französisch als 1. Fremdsprache stärker vertreten ist.

Die Bemühungen um Straffung der Bildungsgänge, sorgsameren Umgang mit der Ressource „Zeit“ wie auch bessere Förderung von Hochbegabungen veranlaßten zu Beginn der 90er Jahre zur Erprobung von *gymnasialen Zügen*, die in *8 Jahren zum Abitur* führen und deren Zahl immer mehr anstieg. So bestanden 1999/00 landesweit 65 Gymnasien mit achtjährigen Zügen. Dabei war Südbaden mit 14 Gymnasien von insgesamt 81 ähnlich wie Nordwürttemberg relativ stark vertreten. In neuester Zeit hat sich der Schwerpunkt von der Förderung Hochbegabter auf die leistungsfähiger, lernengagierter, „normaler“ Gymnasiasten verlagert. In der Fernsicht scheint generell die flächendeckende Einführung des achtjährigen Gymnasiums vorgesehen zu sein.

Im Zusammenhang mit der „Förderung besonders befähigter Schüler“ sind noch zwei badische Besonderheiten zu nennen: Das 1990 gegründete „Freiburg Seminar“ und die „Jugendakademie Mannheim/Rhein-Neckar-Dreieck“ (1997) für Oberstufenschüler als zusätzliches und freiwilliges Angebot. Ersteres hat seinen Schwerpunkt in Mathematik und Naturwissenschaften, Letzteres in den Bereichen „Life sciences/High-Tech“. Beide Einrichtungen kooperieren eng mit den Universitäten und Industrieunternehmen ihrer Region. Das Freiburg-Seminar hat neben Beiträgen zur Gründung der Jugendakademie Anstöße zur Errichtung gleichartiger Seminare in Waldshut-Tiengen und Konstanz gegeben. Beide kooperieren mit der Universität Konstanz.

Zu den Besonderheiten Badens gehört die 1988 errichtete *Schulstiftung der Erzdiözese Freiburg*, die als Schulträger 17 Gymnasien (darunter 5 für Mädchen), 5 Real-, 2 berufliche Schulen und eine Grundschule umfaßt; die Mehrzahl der Standorte liegt in Südbaden. Die Stiftung gibt den Schulen rechtliche und finanzielle Sicherheit, erhält ihre Eigenständigkeit und unterstützt sie in ihrer pädagogischen Gestaltung. Sie hat Anregungen für Lösungen in anderen Diözesen gegeben; mit dem Schulwerk der württembergischen Diözese ist sie nur bedingt vergleichbar. Ferner nehmen unter den Gymnasien Badens vor allem zwei eine *Sonderstellung* ein. Das eine ist das *Deutsch-Französische Gymnasium* in Freiburg. Es wurde auf der Basis des Vertrages über die deutsch-französische Zusammenarbeit (1963) neben dem zuvor in Saarbrücken errichteten als zweites gegründet. „ ...die Schüler beider Nationen sollen in der Schulgemeinschaft im Geist der Verständigung und gegenseitigen Achtung erzogen werden“. Die Schule führt wie in Frankreich in 8 Jahren zum Abitur, mit dem sowohl die Berechtigung des deutschen Abiturs als auch des französischen Baccalauréats verbunden ist. Etwas über ein Drittel der Schüler sind Franzosen, sie werden auf allen Klassenstufen zum Teil bis zu 8 Wochenstunden in der jeweiligen Partnersprache unterrichtet. Das andere Gymnasium ist die *Internatsschule Schloß Salem*, die bundes-, ja sogar europaweit bekannt ist. Sie wurde vom letzten Kanzler des Kaiserreichs, Prinz Max von Baden, gefördert und nach Ideen des Pädagogen Kurt Hahn 1920 errichtet, denen gegenüber die Schule sich auch heute noch verpflichtet fühlt.

In allerneuester Zeit wurde eine noch *weiterreichende Reform der NGO* beschlossen. Sie wird 2001/02 beginnend in Klasse 12 eingeführt werden; die Ziele der erneuten Korrektur sind die gleichen wie bei der ersten geblieben, aber die strukturellen Veränderungen sind einschneidender als die von 1983/84: Aufhebung der Differenzierung nach Grund- und Leistungskursen, jedoch Erhaltung des Kurssystems, – jeweils vierstündiges Angebot der Kernfächer, – Abiturprüfung in vier Fächern schriftlich und in einem Fach mündlich bzw. Einbeziehung einer „besonderen Lernleistung" (Seminarkurs) anstelle des 5. Prüfungsfaches.

Sich schon jetzt abzeichnende Weiterentwicklungen ergeben sich für die Gymnasien durch die 2002/03 geplante flächendeckende Einführung einer Fremdsprache in Klasse 1 der Grundschule.

3. Berufliches Schulwesen

Die Tradition der Gewerbeschulen und ihrer Vorläufer reicht in Baden und in Württemberg bis ins 18. Jahrhundert zurück.[12] In der Entwicklung beruflicher Schulen waren jedoch die Badener in mancher Hinsicht ein Stück voraus, z.B. statt Sonntagsgewerbeschulen in Württemberg Teilzeitschulen an Werktagen, Gewerbelehrerausbildung in Karlsruhe seit 1834. Dazu trug auch nach dem 1. Weltkrieg insbesondere die 1925 von der Badischen Regierung erlassene Fachschulverordnung bei. Danach konnten Gewerbeschulen, höhere Gewerbeschulen, Handelsschulen und höhere Handelslehranstalten als „Fachschulen" errichtet werden mit dem Ziel, „dem Angehörigen eines Gewerbes eine über den Rahmen der Gewerbeschule hinausgehende Fachbildung zu vermitteln". Schon damals schwebte den Initiatoren dieser Verordnung die Vision vor Augen, daß die neue Fachschule zu einem allgemeinen Abschluß in Richtung Mittlere Reife und auch zum Abitur hinführen solle. Die dann später Berufsfachschule genannte Einrichtung geht so auf badische Anstöße zurück. Das gilt ebenso für die beruflichen Gymnasien, „die aus der Sicht von Stuttgart fast als badischer Import zu bezeichnen" sind.[13] Auch in der Schulträgerschaft ging Baden voraus: Im Unterschied zum Württembergischen gehörte in Baden schon seit 1939 (Badische Landkreisordnung) das Berufsschulwesen zu den Pflichten der Landkreise; in Württemberg waren vor dem Schulverwaltungs- und Ordnungsgesetz von 1964 die Gemeinden und kommunalen Zweckverbände für die Berufsschulen als Träger zuständig, ausgenommen die landwirtschaftlichen Schulen, die in der Zuständigkeit der Landkreise lagen.

In Baden bestand 1952 ein differenziertes berufliches Schulwesen; neben den Berufsschulen („Duales System") mit ihren hauptsächlichen Typen, gewerbliche, kaufmännische, haus- und landwirtschaftliche Schulen für Jungen und Mädchen, gab es als Vollzeitschulen, Berufsfachschulen wieder mit entsprechenden Formen wie oben, Wirtschaftsoberschulen, unterschiedliche Arten von Fachschulen sowie Höhere Technische Lehranstalten (Technikum/Ingenieurschulen). Auf Grund der Schulraumnot war ab 1950 der Berufsschulbau Schwerpunkt staatlicher Förderung.

1953 existierten in Nordbaden 203 öffentliche Berufs-, 37 Berufsfach-, 49 Fachschulen und 5 Wirtschaftsoberschulen (später -gymnasien); in Südbaden waren es 405 Berufs-, 43 Berufsfach-, 48 Fachschulen sowie 3 Wirtschaftsoberschulen. Die höhere Anzahl an *Berufsschulen* in Südbaden erklärt sich vor allem durch die vielen kleinen Berufsschulen, die in ländlichen und in Gebirgsregionen ihren Standort hatten. Die jeweiligen Schülerzahlen spiegeln die in dieser Zeit bestehenden Schwerpunkte der regionalen Arbeits- und Wirtschaftsstruktur wieder: In Nordbaden standen mit 34.431 Schülern die gewerblichen Berufsschulen an 1. Stelle, es folgten mit 15.499 Schülern die landwirtschaftlichen, die kaufmännischen mit 11.181 und die hauswirtschaftlichen mit 6.126 Schülern. Während in Südbaden die landwirtschaftlichen Schulen mit 32.885 Schülern dominierten und die gewerblichen Schulen 25.383, die kaufmännischen 7.779 und die hauswirtschaftlichen nur 3.587 Schüler hatten. Die im ländlichen Raum bestehenden kleinen Berufsschulen konnten auf die Dauer nicht mehr gehalten werden. Das lag vor allem auch an dem im Agrarbereich nachhaltig einsetzenden Strukturwandel und der immer stärker werdenden Abnahme der in der Landwirtschaft tätigen Bevölkerung. So wurden infolge von Schulaufhebungen und Konzentrationsprozessen die landwirtschaftlichen Berufsschulen bereits vor Beginn der Reformen des Schulentwicklungsplans II (Berufliche Schulen) drastisch reduziert und im Verlaufe der Zeit mit den hauswirtschaftlichen Schulen zusammengefaßt. Von den 146 nordbadischen land- und hauswirtschaftlichen Schulen existierten 1970/71 nur noch 16; in Südbaden verringerte sich deren Anzahl von 309 im Jahre 1953 auf nur 45 1970/71.

1952 bestanden *Wirtschaftsoberschulen* in Freiburg (1927 bereits gegründet) und in Offenburg (beide sechsjährig), ferner dreijährig in Karlsruhe, Pforzheim, Mannheim und Heidelberg. Besonders begabte Abiturienten dieser Schulart erhielten nach Zustimmung der Universität Heidelberg die Erlaubnis zum Studium auch an anderen Fakultäten als der wirtschaftswissenschaftlichen. Leider scheiterte 1950 ein Vorstoß des Abgeordneten Angstmann, diese Regelung auf das gesamte Land Württemberg-Baden auszudehnen, „am Widerstand der Universität Tübingen, die sich über die Lehrpläne der württembergischen Wirtschaftsoberschulen und die dort geübte strenge Auslese auffallend wenig unterrichtet zeigte“.[14] 1967 bekamen die Wirtschaftsoberschulen den Status von Gymnasien und konnten in den siebziger Jahren die fachgebundene und ebenso die allgemeine Hochschulreife verleihen.

Von einschneidender Bedeutung für alle Formen beruflicher Schulen war der 1971 beschlossene, ihrem Ausbau, ihrer Weiterentwicklung wie auch regionalen Konzentration dienende *Schulentwicklungsplan II.* Die beschleunigten Veränderungen in der modernen Wirtschaft- und Arbeitswelt (Strukturwandel, Mechanisierung, Automation, Veränderungen der Werkstoffe), die gestiegenen Bildungserwartungen der Bevölkerung und ebenso der Auswirkungen der Hauptschulreform forderten die beruflichen Schulen dazu heraus, sich auf die neuen Anforderungen einzustellen. Das bedeutete zunehmende Spezialisierung und ein gesteigertes Maß an Grundbildung, das für die Fähigkeit, sich neues Wissen relativ rasch anzueignen, unverzichtbar ist. Daher wurde zum einen eine Reform der Berufsschulen (Teilzeit) angezielt, um eine qualifizierte Ausbildung durch konsequente Bildung von Fachklassen zu gewährleisten unter weitgehender Differenzierung nach Bezirks-, Landesbezirks- und Landesfachklassen; das hatte wiederum die Konzentration der Schulen an zentral gelegenen Standorten zur Folge. Zum anderen wurde der Ausbau beruflicher Vollzeitschulen angestrebt, die eine differenzierte, den Begabungen und Neigungen der Schüler entgegenkommende spezifische berufliche Qualifikation und zugleich den Erwerb einer Übergangsberechtigung zu weiterführenden Bildungsgängen bzw. den Hochschulen ermöglichten (Doppelqualifizierung). Daher wurde vor allem im Hinblick auf das Erreichen der Fachschulreife/des Mittl. Abschlusses der Ausbau der zweijährigen Berufsfach-, der Berufsaufbauschule (= Berufsoberschule/Mittelstufe), hinsichtlich der Hochschulreife der beruflichen Gymnasien, der fachgebundenen Hochschulreife der Berufsoberschule und der Fachhochschulreife der Berufs- und Telekollegs gefördert.

Durch eine Planungsstudie, der die Region „Schwarzwald-Baar-Heuberg“ zugrunde lag, wurde die angezielte Neuordnung vorbereitet. Das erarbeitete Konzept wurde dann in Testplanungen in fünf unterschiedlichen Wirtschaftsräumen erprobt, wozu auch badische Stadt- und Landkreise gehörten. In Ergänzung dazu wurden Schulversuche im Hinblick auf die „innere“ Schulgestaltung durchgeführt, u.a. durch Realisierung von

Blockunterricht, Leistungsdifferenzierung, Kern- und Kurssystem, von Wahlpflicht- und Wahlfächern und modernen Lehr- und Lernverfahren. Übersehen werden darf nicht, daß es im Zeitraum von 1970/71 bis 1980/81 bei den beruflichen Schulen eine Schülerzunahme von rund 40% zu verkraften galt.

Bei der Planungsrealisierung achtete man sehr darauf, regionale Disparitäten zu vermeiden. In Südbaden reduzierten sich die *Berufsschulen*, während in Nordbaden auf Grund der bereits vor 1970 erfolgten Konzentrationsbemühungen ihr Stand relativ gleich blieb. Die Vollzeitschulen stiegen jedoch an: So hat sich in allen Landesteilen besonders die Zahl der zur Fachschulreife/Mittl. Abschluß führenden *zweijährigen Berufsfachschulen* erhöht – Anstieg von 70 Schulen 1965 auf 243 1972 (Baden-Württemberg insgesamt) – und etwa gleichzeitig der *beruflichen Gymnasien* von 28 auf 123, in Nordbaden von 6 auf 32, in Südbaden von 7 auf 29 Schulen. Das geschah vor allem durch Ausbau der gewerblich-technischen, hauswirtschaft-pflegerischen bzw. ernährungs- und agrarwissenschaftlichen Typen. Nicht minder von Bedeutung war der Akademieplan: Neben den zum Hochschulbereich gehörenden Berufsakademien führte er vor allem zum Ausbau von *Berufskollegs*, einer auf Berufsfachschulen aufbauenden Weiterentwicklung, durch die Alternativen zum Erreichen der Fachhochschulreife geschaffen wurden. Es entstanden bis 1999/2000 in Nordbaden 86 und Südbaden 72 Berufskollegs. Insgesamt wurde damit ein entscheidender Beitrag zur *Gleichwertigkeit beruflicher Bildung* geleistet durch *Anschlußmöglichkeiten von Stufe zu Stufe* des beruflichen Sekundarbereichs II. In den 70er Jahren wurden über 800 Lehrpläne neu erarbeitet und als weiterer Teil der inneren Reform ein Stütz- und Erweiterungsprogramm eingeführt: Im Rahmen der 13 Pflichtwochenstunden wurden 3 Stunden für einen Wahlpflichtunterricht vorgesehen, der als Stützunterricht für Schüler mit Lerndefiziten diente – oder alternativ – als erweiternder Unterricht in allgemeinen und beruflichen Fächern.

1985-87 erfolgte eine erneute Revision der Lehrpläne aller beruflichen Bildungsgänge nicht nur hinsichtlich neuer Anforderungen in der Arbeitswelt, sondern auch im Hinblick auf die allgemeinen Bildungs- und Erziehungsziele. Ebenso wurden verschiedene Ausbildungsgänge neu geordnet, bzw. geschaffen, z.B. auf Grund zunehmenden Bedarfs bei der Altenpflege und den IT (Informationstechnik)-Berufen. Dies trifft auch in neuester Zeit zu, z.B. für den Beruf des Mechatronikers (Mechaniker/Elektroniker). Die Landesregierung zielte auf weitere Differenzierungen und Anpassungen des beruflichen Schulwesens ab im Hinblick auf sich erneut abzeichnende Weiterentwicklungen in der Wirtschafts- und Arbeitswelt unter Berücksichtigung der Europäisierungs- und Globalisierungsprozesse. Ein Sachverständigenrat „Berufliche Bildung" schloß seine Arbeit im Mai 1999 mit entsprechenden Empfehlungen ab.

Bilanz

Das Schulwesen der badischen Regionen wie auch der württembergischen wurde in den zurückliegenden 50 Jahren zu einem hoch differenzierten System aufeinander aufbauender und sich ergänzender Bildungsgänge entwickelt. Das wäre ohne eine zentral gesteuerte, regionale Erfordernisse berücksichtigende Schulpolitik und nicht ohne entsprechende finanzielle Unterstützung des Landes und die Finanzkraft seiner industrie- und wirtschaftsstarken Gebiete möglich gewesen. Der Ausbau der Infrastruktur vor allem in den ländlichen Gebieten hat diese Entwicklung entscheidend gefördert. Die badischen

Landesteile wurden gegenüber den württembergischen in der Schulentwicklung weder in ihren ländlichen Regionen noch in den industriellen großstädtischen Ballungsräumen (Karlsruhe/Mannheim/Heidelberg bzw. mittlerer Neckar) benachteiligt.

Baden hat für fast alle Schulbereiche den anderen Landesteilen Anregungen und Anstöße gegeben. Ebenso trifft das Umgekehrte zu. Wenn auch durch den Sitz des Kultusministeriums in Stuttgart bedingt, die Württemberger leichter verfügbar waren, so haben doch immer wieder aus Baden kommende Persönlichkeiten an maßgeblicher Stelle die Schulentwicklung gesteuert oder mitgestaltet, allen voran Wilhelm Hahn, Gerhard Mayer-Vorfelder und Harro Piazolo, Albert Kieffer, Leonhard Müller, Josef Götz, Bert Degenhart, Heinrich Unruh, Josef Mayer (letztere als Leiter des Landesinstituts).

Die Anfangszeit der Schulentwicklung war keineswegs eine Phase der Restauration, wie es manche Wissenschaftler in Unkenntnis tatsächlicher Geschehnisse behaupten, vielmehr ein Zeitabschnitt angestrengten Aufbaus, von Revisionen und Reformen. Die Schulpolitik des Landes hielt an bewährten Erkenntnissen und Schulformen fest, erneuerte und entwickelte aber letztere weiter. Sie war „konservativ und fortschrittlich zugleich“. Natürlich gab es Fehler in Teilbereichen und auch Versäumnisse. So wurde z.B. in den 80er Jahren die Schulplanung der 70er Jahre leider nicht entsprechend fortgeschrieben. In der Gesamtbilanz überwiegt jedoch das Positive: Die Chancen des Zugangs zu den Schulen wurden entscheidend verbessert und ebenso die des Anschlusses und Aufstiegs innerhalb eines gestuften und eng miteinander verbundenen Systems allgemeiner und beruflicher Schulen bei gleichzeitiger Anhebung und Verbreiterung von Bildung sowie Erneuerung ihrer Inhalte. Die hohe Zahl junger Menschen, die heute einen Mittleren Abschluß und die Hochschulreife erhalten, weisen den Erfolg dieser Entwicklung aus (siehe Tab. 5). Auch haben die Schulen dazu beigetragen, die Kinder von Flüchtlingen und Heimatvertriebenen zu integrieren und später dann ebenso die Kinder von Ausländern und Asylanten. Nicht zu unterschätzen ist jedoch der Beitrag, den die Schulen direkt und indirekt zum Zusammenhalt des neuen Südweststaates und zur Herausbildung eines gemeinsamen Landesbewußtseins geleistet haben dürften. Das schließt das Verbundensein mit der Herkunfts- und engeren Heimatregion und die Liebe zu ihnen nicht aus. Beides bedingt sich gegenseitig.

Schließlich wäre die Entwicklung des Schulwesens im Badischen und Württembergischen nicht gelungen, wenn sich nicht engagierte Lehrerinnen und Lehrer, tatkräftige, umsichtige Schulverwaltungsleute und Schulträger und auch manche Wissenschaftler unermüdlich dafür eingesetzt hätten und wenn sie nicht von der Bevölkerung, insbesondere den Eltern, mitgetragen und unterstützt worden wäre. Dabei sind es oft die Menschen derselben Generation gewesen, die im Berufsanfang Aufbau und Reform der Schulen unter schwierigen Verhältnissen voranbrachten, und in ihren mittleren und späteren Berufsabschnitten vielfach in Stellen herausgehobener Verantwortung durch Reformen und Weiterentwicklungen erneut gefordert wurden.[15]

Tab. 1: Anzahl der allgemeinbildenden öffentlichen Schulen und beruflichen Gymnasien in den Jahren 1953-2000

	Sonderschulen					
	1956[a]	1966	1970/71[b]	1979/80	1989/90	1999/2000
Bad.-Wü.	60/25	231	388	439	429	433
Nordbaden	13/4	51	61	90	91	92
Südbaden	7/12	59	78	104	99	102
						(+128 privat)

	Volksschulen		Grund-/Hauptsch.	Grundschulen		Hauptschulen	
	1954	1965/66	1974/75	1984/85	1999/00	1984/85	1999/00
Bad.-Wü.	4.026	3.965	2.790	2.351	2.501	1.228	1.212
Nordbaden	618	620	634	547	578	290	291
Südbaden	1.102	1.098	752	560	584	317	303
							(+36 privat)

	Realschulen						
	1955[c]	1958/59[d]	1965/66	1969/70	1979/80	1989/90	1999/2000
Bad.-Wü.	47/10	45/76	222	334	409	423	427
Nordbaden	- /116	- /39	38	54	93	96	96
Südbaden	- /18	- /21	47	81	84	86	87
							(+18 privat)

	Gymnasien						
	1954	1959	1969/70	1979/80	1989/90	1999/2000	1999/2000
Bad.-Wü.	263	270	306	359	360	370	419
Nordbaden	34	37	53	84	84	87	104
Südbaden	48	55	60	69	68	69	81
							(=mit priv. Schulen)

	Berufliche Gymnasien (öffentliche und private)						
	1953	1959/60	1965/66	1969/70	1979/80	1989/90	1999/2000
Bad.-Wü.	15	19	26/2[e]	78	163	165	168[f]
Nordbaden	5	5	5/1	16	34	37	38
Südbaden	3	6	7/ -	22	32	42	43

a Die erste Zahl gibt die Anzahl der Hilfs-/Sonderschulen, die zweite die der Hilfs-/Sonderklassen wieder.

b Hinzu kommen 101 private Sonderschulen, davon 14 in Nord- und 27 in Südbaden. 1999/2000 sind von insgesamt 128 privaten Sonderschulen 29 in Nord- und 36 in Südbaden.

c Die erste Zahl bezieht sich auf die Anzahl der Mittelschulen, die zweite auf die der Aufbau- bzw. Sprachklassen.

d Die erste Zahl gibt die Anzahl der Mittelschulen, die zweite Zahl die der Mittelschulzüge an.

e Die zweite Zahl bezieht sich auf die neu hinzugekommenen Technischen Oberschulen, die Zahlen davor und auch die für 1953 und 1959/60 nur auf Wirtschaftsoberschulen.

f Davon sieben privat.

Tab. 2: Anzahl der Schüler in allgemeinbildenden und beruflichen Schulen in den Jahren 1953-2000

	Nordbaden			Südbaden			Bad.-Württbg. gesamt		
	Allg.bil-dende Schulen	Beruf-liche Schulen	Schulen gesamt	Allg.bil-dende Schulen	Beruf-liche Schulen	Schulen gesamt	Allg.bil-dende Schulen	Beruf-liche Schulen	Schulen gesamt
1953/54	169.424	79.791	249.215	165.953	81.039	246.992	790.796	346.891	1.137.687
1965/66	226.199	64.561	290.760	241.048	52.334	293.382	1.079.591	276.242	1.355.833
1974/75	360.877	88.711	449.588	305.643	72.436	378.079	1.455.366	336.810	1.792.176
1984/85	260.731	113.818	374.549	219.696	93.691	313.387	1.082.248	447.836	1.530.084
1989/90	246.131	98.420	344.551	206.647	79.573	286.220	1.028.431	395.658	1.424.089
1999/00	307.028	95.103	402.131	265.333	76.557	341.890	1.279.762	378.799	1.658.561

Tab. 3: Anzahl ausgewählter beruflicher Schulen in den Jahren 1953-2000[a]

	Berufsschulen (öffentliche und private)					
	1953	57/58	60/61	70/71	89/90	99/00
Bad.-Württbg. insg.	1437	1358	966	431[b]	328	318[c]
Nordbaden	203	184	141	81	92	89
Südbaden	405	349	275	117	79	69

	Zweijährige Berufsfachschulen				
	1960	69/70	80/81	90/91	99/00
Bad.-Württbg. insg.	42	173	275	253	332[d]
Nordbaden		41			
Südbaden		39			

	Berufskollegs				
	1960	75/76	79/80	89/90	99/00
Bad.-Württbg. insg.	52	109	274[e]	289	329[f]
Nordbaden				97	86
Südbaden				68	72

a Angaben nach Regierungsbezirken waren nicht für alle Jahre und Schulformen verfügbar.
b Davon 21 privat.
c Davon 25 privat.
d Hinzukommen 7 private.
e Davon 40 privat.
f Davon 73 privat.

Tab. 4: Übergänge Ende der Grundschule auf allgemeinbildende Schulen in Prozent der Jahrgänge[a]

	Auf Realschulen					
	61/62	65/66	69/70	79/80	89/90	99/00
Bad.-Württbg. Insg.	11,1	15,4	21,1	30,1	28	30,8
Nordbaden	11,2	13,8	17,5	27	25,7	27,8
Südbaden	6,8	11,9	19,3	27,7	27,4	32,1

	Auf Gymnasien				
	61/62	69/70	79/80	89/90	99/00
Bad.-Württbg. Insg.	19	24,8	30,7	30,8	33,2
Nordbaden	19,7	27,2	31,1	32,7	35,1
Südbaden	17,2	21,8	28,4	29,8	31,2

	Auf Hauptschulen				
	61/62	69/70	79/80	89/90	99/00
Bad.-Württbg. Insg.	~ 67	~ 51	~ 39	37	34,3
Nordbaden	~ 66	~ 52	~ 39	36,4	34,4
Südbaden	~ 73	~ 55	~ 41	39,3	35

a Auf Sonderschulen gingen 1981/82 bis 1999/2000 bei abnehmender Tendenz im Landesdurchschnitt 1,7% bis 3,6% der Grundschüler über.

Tab. 5: Schulabgänger nach Art des Abschlusses in Prozent der gleichaltrigen Bevölkerung 1999 in Baden-Württemberg und nach Regierungsbezirken

Regierungsbezirk	Abgänger mit Beendigung der Vollzeitschulpflicht[a]			Abgänger mit Realschul- oder entsprechendem Abschluß[b]		
	Insgesamt	davon ohne Hauptschulabschluß	davon mit Hauptschulabschluß	Insgesamt	davon aus Allg.bildenden Schulen	davon aus Beruflichen Schulen
S	39,8	8,2	31,6	46,8	38	8,7
Tü	41,4	7,3	34,1	50,8	39,7	11,1
Ka	40,5	7,9	32,6	44	35	9
Fr	43	7,6	35,4	48,3	37,6	10,8
BW insg.	40,9	7,8	33,1	47,1	37,5	9,6

Regierungsbezirk	Abgänger mit Hochschulreife[c]								
	Insgesamt			Allgemeine Hochschulreife[d]			Fachhochschulreife		
	Insgesamt	davon aus Allg.bildenden Schulen	davon aus Beruflichen Schulen	Insgesamt	davon aus Allg.bildenden Schulen	davon aus Beruflichen Schulen	Insgesamt	davon aus Allg.bildenden Schulen	davon aus Beruflichen Schulen
S	35,4	21,8	13,6	29,8	21,5	8,3	5,6	0,3	5,4
Tü	37,5	21,7	15,7	31,2	21,6	9,6	6,3	0,1	6,2
Ka	35,8	21,8	14	30,9	21,6	9,2	5	0,2	4,8
Fr	35,1	20	15,1	30,2	19,9	10,3	4,8	0,1	4,8
BW insg.	35,8	21,4	14,4	30,4	21,2	9,1	5,4	0,2	5,2

a In Prozent des Durchschnittsjahrgangs der 15- bis unter 17jährigen (1.1.99).

b In Prozent des Durchschnittsjahrgangs der 16- bis unter 18jährigen (1.1.99).

c In Prozent des Durchschnittsjahrgangs der 18- bis unter 21jährigen Bevölkerung (1.1.99), einschließlich Abgänger mit Fachhochschulreife.

d Einschließlich Fachgebundene Hochschulreife.

Anmerkungen

1 Vf. dankt für Auskünfte und Hinweise Präs. Dr. Leonhard Müller, den Abteilungsdirektoren/innen badischer Oberschulämter Gerlinde Hellmuth, Wolfgang Hefner, Werner Leupolz, Udo Müller, Dr. Heinrich Niederer, Günther Wolters, Dr. Klaus Wormer, sowie Ltd. Reg.Schuldir. Helmut Bikkel, den Professoren Rolf Sitzmann und Dr. Helmut Frommer, Kanzler Ignaz Bender, Reg. Schuldir. Ursula Espenhain, AI Kerstin Zielosko-Labonte, Min.Rat Dieter Pfau und ebenso Direktoren und Kollegen badischer Schulen.

2 Schneckenburger, E. (1958): Der neue Bildungsplan für die Volksschulen in Baden-Württemberg. In: Kultus und Unterricht, Nichtamtlicher Teil, S. 2-5 (2 ff.)

3 BinS (Bildung in neuer Sicht), Reihe A, Nr. 14 (1968): Hg. Kultusministerium Bad.-Württ., Schulentwicklungsplan I, Grund-, Haupt-, Sonder-, Realschule Gymnasium, Villingen, S. I/147

4 Piazolo, H.S. (1974): Bildungswesen und Wissenschaft. In: Staatl. Archivverwaltung Bad.-Württbg.; Das Land Baden-Württemberg, Stuttgart, S. 426-446

5 Aurin, K. (1966): Ermittlung und Erschließung von Begabungen im ländlichen Raum, BinS, Reihe A, Nr. 2, Villingen

6 Hahn, W. (1981): Ich stehe dazu, Stuttgart, S. 128ff.

7 Sinn, H. (1996): Das Freiwillige 10. Schuljahr an Hauptschulen. In: Baden-Württemberg in Wort und Zahl, H.9, Stuttgart

8 BinS (1970): Reihe A, Nr. 13, Hg. Kultusministerium Baden-Württemberg, Modell einer Ganztagesschule, a.a.O, S.237

9 Hahn,W. (1981): Ich stehe dazu, Stuttgart, S. 149

10 Stroman, J. (1993): Reform der Reform – Änderungen der NGO und Strukturreform 2000. In: Balle/Seifert, Wiesbaden, S. 153

11 Aurin, K. et al. (1968): Gleiche Chancen im Bildungsgang, Bericht der Bildungsberatungsstellen, BinS, Reihe A, Nr. 9, Villingen

12 Bonz, B. (1993): Die Wurzeln der beruflichen Schulen in Baden-Württemberg, Universität Stuttgart-Hohenheim, Institut f. Berufs- und Wirtschaftspädagogik; Grüner, G. (1984): 150 Jahre badische Gewerbeschule, Erbe und Anfang. In: Landesverband berufl. Schulen Baden-Württemberg. (Hg.), Gewerbeschulen 150 Jahre in Baden-Württemberg, Stuttgart

13 Holzwarth, R. et al. (2000): Berufs- und Bildungspolitik in 40 Jahren. In: Ministerium für Kultus, Jugend und Sport. (Hg.), Stuttgart, S. 15

14 Scheffbuch, A. (o.J.): Das Berufs- und Fachschulwesen im Lande Baden-Württemberg, Wiesbaden, S. 19

15 weitere Literatur zu diesem Beitrag: Aurin, K./Schwarz, B./Thiel, R.-D., (1986): Gegliedertes Schulsystem und Gesamtschule. Vergleichsuntersuchung, Bd. II, Freudenstadt-Grüntal; Balle, Th./Seifert, A., (Hg.; 1993): Fordern und Fördern, Bildungspolitik der achtziger Jahre..., Stuttgart; BinS (Bildung in neuer Sicht), Reihe A, Nr. 14 (1968): Hg. Kultusministerium Bad.-Württ., Schulentwicklungsplan I, Grund-, Haupt-, Sonder-, Realschule Gymnasium, Villingen; BinS (1971): Reihe A, Nr. 25, Schulentwicklungsplan II Baden-Württemberg für das berufliche Schulwesen, a.a.O.; Götz, A. (1981): 10 Jahre berufliche Bildung in Baden-Württemberg, Ztschr. Lehren und Lernen, H.5, S. 1-32, Stuttgart; Krotz, A. (1961): Von der Wirtschaftsoberschule zum Wirtschaftsgymnasium, in: Kultusministerium Bad.-Württ. (Hg.), Nichtamtl. Teil, S. 185-193; Philologenverband Baden-Württemberg (Hg.; 1973): Quo Vadis? Zur Reform der gymnasialen Oberstufe, Freiburg; Pitsch, H. (1981): Bildungspolitische Zielsetzungen und Schulwirklichkeit in den Ländern der Bundesrepublik Deutschland – Dargestellt am Beispiel des Allgemeinbildenden Schulwesens im Bundesland Baden-Württemberg in den Jahren 1960-80, Rottweil; Ders. (1989): Thesen zur Geschichte der Schulreformen in Baden-Württemberg. In: Ztschr. Lehren u. Lernen, H. 2, S. 51-81; Rebel, Kh./Schwark, W. (1996): Bildung in Baden-Württemberg/Das Schulsystem. In: Petersen, J./Reinert, G.B. (Hg.), Bildung in Deutschland, Donauwörth, S. 224-273; Rothe, G. (1968): Berufliche Bildung in Stufen, Modellstudie. BinS, Reihe A, Nr. 7, Villingen; Statistisches Landesamt Baden-Württemberg (Hg.; 1955; 1970-2000): Statistik von Baden-Württemberg, Das Bildungswesen, Hefte 1970 bis 2000 und Statistisches Handbuch Baden-Württemberg 1955

Das Generallandesarchiv Karlsruhe und der Aufbau der baden-württembergischen Archivverwaltung

Konrad Krimm

Bis 1945 war das Generallandesarchiv das Archiv für die staatliche Überlieferung des Landes Baden und seiner Vorgänger gewesen. Schon sehr rasch – und sicher nicht zufällig aus der französischen Zone heraus – wurden jetzt Archiv-Modelle diskutiert, die auf eine Auflösung des Generallandesarchivs in Karlsruhe und des Hauptstaatsarchivs in Stuttgart zielten. Im Oktober 1946 versammelten sich in Aulendorf Archivare aus Südwürttemberg-Hohenzollern und Südbaden. Angeregt von einem Entwurf des Konstanzer Archivars Otto Feger, verlangten sie die Rückführung der Archivbestände des Alten Reiches in die Regionen, aus denen sie bei der Gründung des Großherzogtums Baden und des Königreichs Württemberg in der napoleonischen Zeit abgezogen worden waren. Der Generalangriff auf die beiden großen Archive galt dabei vermutlich nicht nur dem Verwaltungszentralismus des 19. Jahrhunderts, sondern auch den beiden untergegangenen Staaten selbst. Die Resolution dieses ersten südwestdeutschen Archivtags[1] beließ es zwar bei der Forderung nach staatlichen Zweigarchiven in Südwürttemberg-Hohenzollern und Südbaden; dahinter stand aber doch der Wille zur grundsätzlichen Dekonstruktion der Archivtektonik vor 1945.

Beide Themen – Beständeausgleich und Struktur der Archivverwaltung – sollten seit den Anfangsjahren des Südweststaats den Archivaren des Generallandesarchivs immer wieder als Herausforderung begegnen. Unter welchen Geburtswehen die Verselbständigung des Staatsarchivs Freiburg und der Beständeaustausch zwischen Nord- und Südbaden vor sich gingen, beschreibt aus Freiburger Sicht Kurt Hochstuhl in diesem Band drastisch genug[2]. Im Folgenden soll daher vor allem die Rede davon sein, wie sich die Positionierung des Generallandesarchivs in der neuen Archivverwaltung insgesamt vollzog.

Die Personen-Konstellationen waren dabei für Karlsruhe wenig günstig. Manfred Krebs hatte das Chaos von Kriegsende und Neubeginn gemeistert und archivintern so Vorbildliches geleistet, daß ihm das Generallandesarchiv für lange Zeit sein „Gesicht" und auch seinen guten Ruf verdankte[3]. Krebs war aber durch seine Zurücksetzung hinter Franz Heidelberger[4] als von außen kommendem kommissarischen Archivleiter verbittert und schließlich archivpolitisch kaum noch interessiert. Heidelberger – hierin dem späteren Archivdirektor Günter Haselier verwandt – besaß seinerseits zwar ausgeprägtes Gespür für Machtfragen, verstand aber als Schulmann wenig vom Archivwesen. So konnte er kein gleichwertiger Partner für den Stuttgarter Allgewaltigen Max Miller sein, als das Archiv 1952 aus dem Ressort der nordbadischen Bezirksdirektion des Kultus und des Unterrichts in die Behördenstruktur des neuen Bundeslandes überführt werden mußte.

Das Archiv hatte als obere Sonderbehörde stets eine zentrale Funktion im badischen Staat innegehabt. Die Gefahr, jetzt als eines der vier Bezirksarchive rangieren zu müssen, schien gebannt, als das junge Freiburger Archiv zur Karlsruher Außenstelle wurde – gegen den Willen seines Leiters Wellmer, aber auch gegen die Vorstellungen von Miller, der als Archivreferent im Staatsministerium jetzt für gekommen sah, was für das

Staatsministerium 1947 an den Aulendorfer Forderungen noch nicht „spruchreif" gewesen war[5]. Für Miller ging es 1952 wohl schon um mehr als nur um ein selbständiges Staatsarchiv für Südbaden. Waren alle vier Regierungsbezirke mit Archiven ausgestattet, lag es nahe, ihnen zur Koordinierung „eine Spitzenbehörde vorzusetzen und ihr die einzelnen Staatsarchive nachzuordnen" – eine „Archivdirektion" wie in Bayern, die ihrerseits wieder „auf breiter Grundlage hätte ausgebaut werden müssen"[6]. Parkinson hätte an der Argumentation seine Freude gehabt. Schade nur, daß „dieser zweifellos saubersten Lösung" (so Miller) Hindernisse im Weg standen: Zumindest das Staatsarchiv Sigmaringen und das Generallandesarchiv in Karlsruhe wären mediatisiert worden und „es war zumal bezüglich des sich besonderer Aufmerksamkeit und großen Interesses erfreuenden Generallandesarchivs Karlsruhe unangenehmer, sich auf die allgemeine politische Lage ungünstig auswirkender Widerstand zu befürchten". So blieb nur übrig, die Konsolidierung des Südweststaats in zentralen Strukturen abzuwarten und die Freiburger Archivare auf später zu vertrösten. Das Generallandesarchiv mit der Freiburger Außenstelle, die Archivdirektion Stuttgart mit dem Hauptstaatsarchiv und seinem Staatsfilialarchiv in Ludwigsburg und das Staatsarchiv Sigmaringen waren dem Staatsministerium vorerst direkt zugeordnet. Durch die Personalunion des Archivreferenten im Ministerium mit dem Leiter des Hauptstaatsarchivs war dabei dessen besonderes Gewicht als Ministerialarchiv des neuen Bundeslandes unbestritten.

Die Archivgliederung des Jahres 1952 läßt sich als Kompromiß und Kunstwerk eigener Art verstehen. Sie respektierte weitgehend die Traditionen der drei alten Länder Baden, Württemberg und Hohenzollern, garantierte aber zugleich die archivische Versorgung der vier Regierungsbezirke und wies dem Hauptstaatsarchiv eine besondere, gesamtstaatliche, identitätsbildende Aufgabe zu. Ob Heidelberger an dieser Konstruktion mitgewirkt hat, ist unsicher. Eine entsprechende Äußerung von ihm als Kommissar für das Generallandesarchiv findet sich nicht. Als Hochschulreferent im Kultusministerium war er allerdings in Stuttgart präsent; so könnte er informell doch beteiligt gewesen sein[7]. Als er sich 1954 bei Max Miller in den Ruhestand verabschiedete, klang das Bewußtsein eines Etappensieges selbst in devotester Formulierung noch durch: Ich hege „die Zuversicht, daß Sie unserem Generallandesarchiv in Karlsruhe auch fernerhin Ihr freundliches Wohlwollen schenken werden und seiner individuellen Eigenart und Bedeutung zum Segen unseres neuen Landes gütig Rechnung tragen"[8].

Mit individuellen Eigenarten von Behörden wissen Beamte, die in Verwaltungsgeometrien denken, freilich wenig anzufangen. In ihren Augen besaß die Archivgliederung von 1952 einen gravierenden Mangel: Sie beruhte auf historischen Kategorien. Die drei Staatsarchive in Stuttgart, Karlsruhe und Sigmaringen waren stark differenziert, alle drei zusammen beanspruchten den Rang von oberen Sonderbehörden, den Staatlichen Archivbehörden. So ließen die ersten Angriffe auf dieses scheinbar verzopfte archivische Sondergut nicht lange auf sich warten. Bereits bei der Vorarbeit zum Landesverwaltungsgesetz von 1955 kam es zu definitorischen Unklarheiten, die Miller wohl gar nicht so ungelegen waren[9]. 1958 konstatierte ein Beamter des Innenministeriums knapp, daß es sich bei den staatlichen Archiven in den Regierungsbezirken um nichts anderes als untere Sonderbehörden handeln könne[10]. Es dauerte eine Weile, bis man im Generallandesarchiv davon hörte – drei Jahre –, dann brach hier aber ein regelrechter Aufruhr los: Trotz der Vorstellungen wegen der teuren Reisekosten bat eine Karlsruher Personalratskommission, angeführt vom jungen Hans Georg Zier, um einen Gesprächstermin im Staatsministerium, ein für die Zeit und besonders für Max Miller wohl ungeheuerlicher

Vorgang. Das Ministerium lehnte ab, sparte auch nicht mit spitzen Worten: Das Generallandesarchiv sei selbst schuld, wenn es die Anerkennung der Landesarchivverwaltung als Landesoberbehörde dadurch gefährde, daß es sich gegen eine straffere Archivgliederung sperre[11]. Letztlich wagte Miller den Schritt zu einer Hierarchisierung aber doch nicht. Wie bei der Gründung des Landes befürchtete er, daß „zumal das Herabdrücken des auf seine Bedeutung und Vergangenheit besonders stolzen Generallandesarchivs Karlsruhe auf eine Behörde der Kreisstufe ... als eine bewußte, ungerechtfertigte Böswilligkeit der Württemberger und Stuttgarter verstanden" würde „und..., nicht zu Unrecht [!?], einen politischen Sturm entfesseln" müßte[12].

War ein solcher Sturm 1974/75, als die Landesarchivdirektion gegründet wurde, nicht mehr zu erwarten? Es kann hier nicht darum gehen, den Wandel der Identitäten im Südweststaat nachzuzeichnen. Die Kreisreform der 1970er Jahre hob die alten Binnengrenzen zwischen dem badischen und dem württembergischen Landesteil endgültig auf. Ebenso endgültig bestätigte 1970 die zweite Baden-Abstimmung das neugeschaffene Bundesland. Aber auch innerhalb der Archivverwaltung hatten sich die Motive des Denkens und Handelns verschoben. Dabei spielte die allgemeine wirtschaftliche Prosperität nicht die kleinste Rolle. Baden-Württemberg wurde zwar nicht zum Land unbegrenzter, aber doch beträchtlicher Möglichkeiten – und daran wollten auch die Archivare teilhaben. In Karlsruhe erlebten sie im eigenen Haus, wie das seit 1945 einquartierte Oberschulamt als Mittelbehörde Karrieren erlaubte, die ihnen unerreichbar waren. So fingen sie an, am goldenen Zügel mitzustricken. Noch Paul Zinsmaier – Nachfolger von Krebs – reichte Ende 1967 beim Staatsministerium den Entwurf einer künftigen baden-württembergischen Archivgliederung ein, der zwar nicht in der Struktur, wohl aber in den Gehaltsstufen der Lösung von 1974/75 verblüffend ähnelte[13]: Unter einem Präsidenten rangierten die Stuttgarter und Karlsruher Archivleiter als Leitende Direktoren, die drei anderen in Ludwigsburg, Sigmaringen und Freiburg als Direktoren. Der Entwurf rechtfertigte die Differenzierung mit Beständen und Kompetenzen. Den beiden großen Archiven, die alte Länder bzw. (in Stuttgart) nun auch das neue Bundesland repräsentierten, standen die Nur-Regierungsbezirks-Archive gegenüber; wenig geschickt unterschied hier der Entwurf zwischen A- und B-Archiven. Zinsmaier hatte die Konstruktion zuvor mit Millers Nachfolger Walter Grube in Stuttgart abgesprochen. Aber obwohl Zinsmaier gerade in Gehaltsfragen durchaus sensibel war, erscheint der ganze Vorgang für ihn als am Tagesbetrieb wenig interessierten Wissenschaftler so untypisch, daß darin vielleicht zum ersten Mal die Handschrift Günther Haseliers zu lesen ist. Als Haselier 1973 als Grubes Nachfolger von Karlsruhe nach Stuttgart ging, hatte er sich auf jeden Fall gründlich vorbereitet und wußte, wieviele nachgeordnete Behörden man brauchte, um Präsident einer Oberbehörde zu werden. Auch war ihm wohl klar, daß er aus einer solchen Oberbehörde mehr machen wollte, als eine Dienstleistungsstelle für die Staatsarchive. Das hatte die Kommission für die Reform der staatlichen Verwaltung Baden-Württembergs bereits 1971 gefordert: Zur Vereinheitlichung des Archivwesens sei eine Archivdirektion als Landesoberbehörde zu schaffen; sie solle „die für alle Staatsarchive anfallenden reinen Verwaltungsaufgaben" erledigen und damit die Archive von Aufgaben entlasten, die sie „mit entsprechenden Beamten ... rationeller" wahrnehmen könne[14]. Aber eine solche „Archivdirektion light" war nicht nach Haseliers Geschmack. Das Gesetz über die Gliederung der Archivverwaltung vom 19. November 1974 berief sich zwar legitimatorisch auf das Gutachten der Kommission, faßte die Aufgaben der neuen Landesarchivdirektion aber sehr viel weiter. Sie wurde für alle „Grundsatzfragen des Archivwesens“ zuständig – und es zeigte sich, daß die Definition von Grundsatzfragen wenig Grenzen kennt. Zugleich war damit aber nun ein Instrument geschaffen – zur Zeit würde man wohl sagen: ein Kompetenzzentrum –, das die Konzentration von Fachkenntnissen, die Erprobung neuer Möglichkeiten, die gemeinsame Artikulation der Staatsarchive in der Öffentlichkeit erstmals fruchtbar machen konnte. Markante „Produkte“ dieses Potentials wurden etwa das Landesarchivgesetz, 1987 das erste in Deutschland, oder das Institut für Erhaltung von Archiv- und Bibliotheksgut in Ludwigsburg, das z.B. die Sicherungsverfilmung für alle Archive erledigt; 1961 bis 1995 hatte das Generallandesarchiv diese Arbeit für den badischen Landesteil geleistet.

Der Auszug des Referenten aus einer obersten Landesbehörde hatte allerdings auch seinen Preis. Nähe zur Information, Nähe zur politischen und vor allem zur finanziellen Entscheidung bestimmen das Gewicht und den Spielraum einer Fachverwaltung entscheidend mit. Haselier verzichtete auf seine Position im Ministerium zugunsten einer neuen, eigenen Oberbehörde. Zwingend war dieser Weg nicht vorgezeichnet – im Land nicht (die Bibliotheken sind bis heute durch Fachreferenten im Wissenschaftsministerium präsent, bei dem inzwischen auch die Archivverwaltung ressortiert) und im Bund schon gar nicht; 1974 besaß nur Bayern in alter Verwaltungstradition eine „Generaldirektion der Staatlichen Archive“, während die anderen Länder die Interessen der Staatsarchive meist durch einzelne Archivreferenten oder kleine Stabsstellen in den Ministerien wahrnehmen ließen. Zum Nachteil ist es ihnen nicht geworden.

Für das Generallandesarchiv begann mit der Gründung der Landesarchivdirektion und der gleichzeitigen Verselbständigung des Staatsarchivs Freiburg ein neues Kapitel. Als Staatsarchiv für den Regierungsbezirk Karlsruhe trat es in die Reihe der vier Sprengelarchive. Seine Geschichte ist seitdem sehr viel mehr die Geschichte aller Staatsarchive des Landes geworden – gemeinsam ist das Verhältnis zwischen Landesarchivdirektion und Staatsarchiven zu bestimmen, gemeinsam werden auch die Probleme der Überlieferungsbildung in einer modernen, sich rasch wandelnden Gesellschaft bewältigt. Das Generallandesarchiv hat zweifellos gerade hierin von dieser neuen Gemeinsamkeit wesentlich profitiert. Der aktive Kontakt zu Behörden und Gerichten, die Bewertung von „jungen“ Akten schon im Vorfeld der Einlieferung war nicht die Stärke der Karlsruher Archivare gewesen. Hans Georg Zier war der erste, der sich als „Neuzeitler“ mit ausgeprägtem wirtschafts- und sozialgeschichtlichem Interesse dafür wirklich interessiert und mit Verve auf diesem eigentlich ureigensten Terrain des Archivars bewegt hatte[15]. Zu einer stetigen, systematischen und auch reflektierten „Feldarbeit“ kam es aber erst, als die Landesarchivdirektion 1980 den regelmäßigen Erfahrungsaustausch zwischen den Referenten der Staatsarchive einführte. In fruchtbaren Diskussionen und mit dem Entwurf gemeinsamer Strategien hat diese Arbeitsgruppe – die hier nur stellvertretend für eine Reihe weiterer genannt sein soll – die Überlieferungsbildung im Generallandesarchiv mitgeprägt. Dabei war es den Karlsruher Vertretern je länger desto mehr wichtig, die Rolle eines Staatsarchivs in der Schriftgutbewertung neu zu definieren: In einer Massengesellschaft, deren Lebensbedingungen sich zunehmend angleichen, muß nicht mehr jedes Staatsarchiv für sich, sondern können alle Staatsarchive eines Landes zusammen den Makrokosmos staatlichen Handelns dokumentieren. Sie können sich also die Arbeit teilen. Nicht für jede Region muß jeder Quellentyp vorgehalten werden. In landesweiten Archivierungsmodellen kommen diese Überlegungen – auch als Spar-Faktor! – immer mehr zum Tragen.

Mit seinen älteren Beständen ist das Generallandesarchiv freilich nicht nur Sprengelarchiv, sondern zugleich Zentralarchiv des ehemaligen Landes Baden und – für das Jahrtausend zwischen 800 und 1800 – das Archiv vieler Territorien am Oberrhein. Diese Bestände sind ja nicht nur „Geschichte", sondern beständig aktuell, Gegenstand des historischen Fragens; wenn Max Miller – vorerst resignierend – den „Stolz" des Generallandesarchivs „auf seine Bedeutung und Vergangenheit" vermerkt hatte, hatte er ebenso geschickt wie unmerklich diesen Stolz in die Nähe nostalgischer Schwärmerei gerückt, die sich eines fernen Tages vielleicht von selbst erledigen würde. Die Frage nach der Bedeutung eines Archivs für die Öffentlichkeit blieb aber bestehen. Wie sie zu messen sei, welche Kriterien dafür überhaupt zulässig seien, wurde Ende der 1970er Jahre zum beliebten Denksport zwischen den baden-württembergischen Archivaren – besonders wenn es um die Verteilung künftigen Personalsegens ging. 1980 versuchte der Perspektivplan für die staatliche Archivverwaltung, entstanden im Optimismus der Wirtschaftskonjunktur, objektive Maßstäbe für die künftige Ressourcenverteilung zu definieren. Die Diskussion darüber wurde vor allem für das Generallandesarchiv und das Hauptstaatsarchiv zur starken Herausforderung. Wenn die Landesarchivdirektion kurz und bündig feststellte: „Grundlage für den Vergleich und die Bewertung der Aufgaben ist die durch Gesetze und Vorschriften geregelte Zuständigkeit, nicht die historisch gewachsene Struktur der Archive"[16], war das einerseits durchaus nachvollziehbar. Andererseits müssen Gesetze natürlich niemals die Zuständigkeit eines Archivs für die vorhandenen, eigenen Bestände regeln, sondern vor allem seine Aufgaben innerhalb der Landesverwaltung. Von den Beständen und ihrem historischen Gewicht war und ist aber die Benutzung abhängig, und hier wußten sich die Karlsruher Archivare stets besonders in die Pflicht genommen[17]. So ließ sich die Frage nach der Qualität eines Archivs nicht einfach „ausklammern", auch wenn „vom Qualitätsbegriff her die Probleme offenbar nicht zu lösen" waren und es daher konsequent schien, nur noch Messbares – also z.B. die berühmten „laufenden Meter" im Magazin – als Kriterium anzuerkennen[18]. Die Zeit und die Rezession sind über solche Dispute hinweggegangen. Inwiefern die Arbeit eines Archivs mit den Maßstäben der Buchhalter beurteilt werden kann und darf, blieb freilich seitdem immer wieder zu beantworten und ist im Zeitalter der Kosten-Leistungs-Rechnung neu aktuell geworden.

Das Generallandesarchiv verstand sich gerade auch seit 1975 stets in mehrfacher Verantwortung: gegenüber dem Land als Teil der Archivverwaltung, gegenüber der Region als Partner der Behörden und Gerichte und last but not least gegenüber der Öffentlichkeit, die sich für die Geschichte des Landes Baden, seiner Vorgänger und Nachfolger interessiert. Der gesamtbadische Bezug bestimmt dabei nach wie vor einen großen Teil der Arbeit an den Beständen wie der Beratung der Benutzer. Der Oberrhein stellte als Geschichtslandschaft nie eine Einheit dar. Gerade die Grenzverschiebungen, die ständige Auseinandersetzung mit Nachbarn und Fremden gehören zu seinen Merkmalen. Das Generallandesarchiv spiegelt mit seinen Beständen diese Offenheit, diesen vielfachen Bezug wieder – heute als Archiv in Baden-Württemberg, in seiner bald 200jährigen Geschichte als Archiv in einer mitteleuropäischen Kernlandschaft.

Anmerkungen

1 Vgl. HStAS EA 1/921 Bü 1341, 13. 1. 1947, dazu Franz Herberhold, Bericht über die Tagung südwestdeutscher Archivare in Aulendorf am 19. und 20.10.1946, in: Der Archivar 1 (1947) Sp. 9-10 und Max Miller, Geschichtlicher Rückblick über die südwestdeutschen Archivtage (1946-1970), in: Der Archivar 24 (1971) Sp. 155. Weitere Quellen und Literatur bei Joachim Fischer, Das Staatsarchiv Freiburg 1947-1997, in: Archiv und Öffentlichkeit, Aspekte einer Beziehung im Wandel, hg. von K. Krimm und Herwig John (= Werkhefte der Staatlichen Archivverwaltung Baden-Württemberg A 9), Stuttgart 1997, S. 112 Anm. 3.

2 vgl. dazu K. K. Krimm, Von der Kunst des Machbaren. Beständeausgleich zwischen den Staatsarchiven in Baden-Württemberg am Beispiel von Karlsruhe und Freiburg, in: Beständebildung. Beständeabgrenzung. Beständebereinigung, hg. von Hermann Bannasch (= Werkhefte der Staatlichen Archivverwaltung Baden-Württemberg A 3), Stuttgart 1993, S. 53-64.

3 Vgl. K. Krimm, Kampfplatz – Nische – Abstellraum? Das Badische Generallandesarchiv im Nationalsozialismus, in: Archiv und Öffentlichkeit. Aspekte einer Beziehung im Wandel, hg. von K. Krimm und Herwig John (= Werkhefte der Staatlichen Archivverwaltung Baden-Württemberg A9), Stuttgart 1997, S. 75-108, hier auch Lit. zu den Karlsruher Archivaren.

4 Vgl. seine Personalakten, HStAS Stuttgart EA 1/150 Bü 15, dazu Hansmartin Schwarzmaier, Franz Heidelberger, in: Baden-württembergische Biographien, Bd. 1, Stuttgart 1994, S. 132-133.

5 Vgl. Millers Stellungnahmen im Herbst 1952, HStAS EA 1/920 Bü 249, Vgl. hierzu den Beitrag von K. Hochstuhl in diesem Band.

6 So Miller rückblickend in einer Studie über den Archivaufbau von 1961, wobei er an das Landesverwaltungsgesetz von 1955 anknüpfte, GLA 450/1371 S. 4.

7 Vgl. die eindeutige Stellungnahme des Kultusministeriums vom 18.10.1952 zur Frage eines künftigen Staatsarchivs Freiburg, HStAS EA 1/920 Bü 249.

8 8.3.1954, HStAS EA 1/150 Bü 15.

9 Vgl. 28.1.1947, HStAS EA 1/921 Bü 1341 Qu. 2.

10 Vgl. Paul Goes, Staatlicher Behördenaufbau in Baden-Württemberg, in: Das württembergische Verwaltungsblatt, 1958, S. 119ff.

11 Vgl. 25.9.1961, GLA 450/1024, dazu 450/1877.

12 wie Anm. 4, GLA 450/1371 S. 10.

13 Vgl. 6. bzw. 19.12.1967, GLA 450/1024.

14 Schlußgutachten zur Frage der Einräumigkeit und Einheit der Verwaltung bei den unteren Sonderbehörden, Sonderbeilage des Staatsanzeiger Nr. 78, 1971, S. 8.

15 Zur Biographie vgl. Hansmartin Schwarzmaier, Hans Georg Zier, in: Der Archivar 50, 1997, Sp. 903-906.

16 5.5.1980, GLA 450/1569.

17 Das Generallandesarchiv ist das am meisten genutzte Archiv in Baden-Württemberg und ist dadurch personell immer wieder stark herausgefordert , vgl. die Statistik der (abgerundeten) Benutzertage in 10-Jahres-Schritten: 1948: 1000, 1958: 2200, 1968: 2750, 1978: 3700, 1988: 5550, 1998: 5100.

18 23.4.1980, GLA 450/1499.

Das Staatsarchiv Freiburg

Kurt Hochstuhl

Mit dem Verlust der Eigenstaatlichkeit des Landes (Süd)Baden stand gleichzeitig das nur wenige Jahre zuvor gegründete Staatsarchiv Freiburg zur Disposition.

1948 war dieses zusammen mit dem Landesarchivamt, zuständig für den Schutz kommunaler und privater Archivalien, als Doppelbehörde im Badischen Landeskulturamt eingerichtet worden. Deren Leitung übernahm Hans Martin Wellmer (1902-1972), der schon vor dem Krieg im Generallandesarchiv in Karlsruhe als Archivar beschäftigt war.[1] Die prekäre finanzielle Situation des Landes Baden und der Mangel an geeigneten Archivräumen verhinderten die förmliche Gründung eines Staatsarchivs.

Zum 1. April 1953 wurde das Badische Landesarchivamt mit Rücksicht auf die Bestimmungen des Badischen Denkmalschutzgesetzes vom 12. Juli 1949 zusammen mit dem Badischen Landeskulturamt dem neugebildeten Regierungspräsidium Südbaden, hinsichtlich seiner Aufgaben als Staatsarchiv dem Generallandesarchiv Karlsruhe unterstellt.[2] Ab 2. Dezember 1954 führte das Landesarchivamt in seiner Eigenschaft als Staatsarchiv die Bezeichnung *Badisches Generallandesarchiv – Außenstelle Freiburg.*

Erst mit dem insgesamt fünften Dienstsitz innerhalb von acht Jahren in Freiburg war es der Außenstelle ab 1955 möglich, eigene Archivbestände als Kern eines zukünftig eigenständigen Archivs zu bilden und sie in knappen Magazinräumen in einem Keller einzulagern. Dies widersprach eindeutig der Strategie des Generallandesarchivs, der Außenstelle möglichst wenig eigene Kompetenzen einzuräumen. In diesem Zusammenhang sind auch die Bemühungen des Karlsruher Archivs zu sehen, die Unterlagen südbadischer Behörden einschließlich der Ministerien und des Landtags des Landes Baden nach Karlsruhe zu überführen.

Als im Jahre 1957 der Leiter der Außenstelle als Referent zur Hälfte im Generallandesarchiv eingesetzt wurde, erfuhren die Bemühungen Wellmers, die südbadischen Behörden wie Vertreter der Universität und die historisch interessierte Öffentlichkeit zumindest für den Fortbestand der Außenstelle als Kern eines zukünftigen Staatsarchivs zu gewinnen, einen kurzzeitigen Rückschlag. Dennoch setzten sich vor allem Regierungspräsidium, Forstdirektion und Landgericht als die drei größten Registraturbildner entschieden für das Fortbestehen der Außenstelle und für das Staatliche Amt für Archivpflege ein. Die Argumente dafür muten gerade heute modern an. Das Archiv als Dienstleistungszentrum sowohl für den Registraturbildner wie auch für die historisch interessierte Öffentlichkeit, eingebettet in die Region, in der die Quellen entstanden sind, war dabei neben der Forderung nach Gleichbehandlung mit den anderen Regierungsbezirken, die ja alle über ein eigenes Staatsarchiv verfügten, das gewichtigste Argument.[3]

Mit der aus der Feder Max Millers stammenden Konzeption für das staatliche Archivwesen in Baden-Württemberg aus den Jahren 1960/61, die für jeden Regierungsbezirk ein Staatsarchiv vorsah, wurden Strukturen geschaffen, auf denen das staatliche Archivwesen in Baden-Württemberg heute noch aufbaut. Obwohl Freiburg noch knapp eineinhalb Jahrzehnte Außenstelle des Generallandesarchivs blieb, war damit zumindest seine Existenz festgeschrieben. Die Verbindung mit dem Generallandesarchiv wurde mit der Reorganisation des staatlichen Archivwesens in Baden-Württemberg zum 1. Januar 1975 gelöst. Seither ist Freiburg selbständiges Staatsarchiv für den Regierungsbezirk Freiburg.

Der 1965 erfolgte, bislang letzte Umzug in die Colombistr. 4, in ein Wohn- und Geschäftshaus, das zu Archivzwecken adaptiert wurde, trug der neuen Wertigkeit des Freiburger Archivs insofern Rechnung, als nunmehr die infrastrukturellen Voraussetzungen geschaffen waren, um die Aufgaben eines Archivs – Aktenaussonderung, Übernahme, Bestandsbildung und Nutzung – in befriedigendem Umfange wahrnehmen zu können. Die Möglichkeiten, die das neue Archivgebäude bot, wurden von seinen Kunden bereitwillig angenommen. Die Zahl der Aktenablieferungen stieg ebenso kontinuierlich an wie die Zahl der Nutzer, die sich seit Jahren aus bescheidenen Anfängen – 1953 = 10 Nutzer, 1958 = ca. 100, 1963 = ca. 200, 1965 = ca. 300 – seit Jahrzehnten auf durchaus hohem Niveau – 2000 = 380 – hält.[4] Zu diesem Aufschwung trug sicherlich auch die Einführung eines systematischen Beständeplans (Tektonik) bei, die nach mehreren Ansätzen in den 90er Jahren des vergangenen Jahrhunderts realisiert werden konnte.[5] Die Fortschreibung der Beständeübersicht ist seit neuestem im Internet unter der Adresse www.lad-bw.de/staf/index.htm publiziert.

An der Schwelle zum neuen Jahrtausend verwahrt das Staatsarchiv Freiburg, das im zurückliegenden Jahrzehnt eine umfangreiche Beständebereinigung mit dem Generallandesarchiv Karlsruhe vornahm, nun rund 14.000 Regalmeter Archivgut. Die nachstehende Übersicht zeigt die heute gültige Kompetenzverteilung zwischen den beiden badischen Staatsarchiven:

Staatsarchiv Freiburg	Generallandesarchiv Karlsruhe
	Territorien des Alten Reichs bis zum Anfall an Baden
Zentralbehörden des Landes (Süd-)Baden 1945-1952	Zentralbehörden des Landes Baden 1806-1945
Mittel- und Lokalbehörden im Regierungsbezirk Freiburg ab 1806	Mittel- und Lokalbehörden im Regierungsbezirk Karlsruhe ab 1806
Gerichte mit Sitz im ehemaligen Regierungsbezirk Südbaden ab 1806 (Amtsgerichte Rastatt, Baden-Baden und Gernsbach erst seit Errichtung des Landgerichts Baden-Baden 1950)	Gerichte mit Sitz im ehemaligen Regierungsbezirk Nordbaden ab 1806 (Amtsgerichte Rastatt, Baden-Baden und Gernsbach bis zur Errichtung des Landgerichts Baden-Baden 1950)

Mit der Übernahme, Sicherung und Erschließung des staatlichen Archivguts, mit Erwerb und Verwahrung privater Unterlagen, darunter der gewichtige schriftliche Nachlaß Leo Wohlebs, bedeutende Adelsarchivüberlieferungen sowie die umfangreiche Fotosammlung Willy Pragher und deren Nutzung im Lesesaal des Hauses, erfüllt das Staatsarchiv Freiburg als Ort der historischen Forschung und als Dienstleister für die abgebenden Stellen wie für die interessierte Öffentlichkeit wichtige gesellschaftliche Funktionen.

Ein Neubau, der Erweiterungsmöglichkeiten für die bereits übervollen Magazine und im öffentlichen Bereich des Archivs (größerer Lesesaal, Ausstellungs- und Seminarräume) bieten soll, ist dringend überfällig. Nur damit kann das Staatsarchiv Freiburg seine ihm vom Gesetzgeber übertragenen Aufgaben auch in Zukunft für seinen Sprengel, den Regierungsbezirk Südbaden, in bewährter Weise erfüllen.

Anmerkungen

1 Zu Hans Martin Wellmer, der dem Badischen Landesarchivamt und dem Staatsarchiv Freiburg in seinen verschiedenen Organisationsformen vom 1. Oktober 1947 bis 31. Oktober 1967 vorstand, vgl. die Nachrufe von Helmut Maurer in: Zeitschrift für die Geschichte des Oberrheins 120 (1972), S. 497-499, und seines Nachfolgers Friedrich Facius in: Der Archivar 26 (1973), Sp. 354-358. Die Nachfolger Wellmers im Amt waren und sind: Friedrich Facius (1.11.1967-31.12.1972); Bernd Ottnad (9.2.1973-31.10.1988), Joachim Fischer (1.11.1988-30.6.2000) und Kurt Hochstuhl (seit 1.7.2000).

2 StAF G 480/1 Nr. 175. Vgl.: Joachim Fischer: Das Staatsarchiv Freiburg 1947-1997. In: Konrad Krimm/Herwig John (Hg.): Archiv und Öffentlichkeit. Aspekte einer Beziehung im Wandel. Zum 65. Geburtstag von Hansmartin Schwarzmaier. Stuttgart 1997. S. 111-129, hier S. 112 f.

3 StAF G 480/1 Nr. 175, Nr. 275, Nr. 907.

4 StAF G 480/1 Nr. 275: Bericht der Außenstelle Freiburg des Generallandesarchivs Karlsruhe über Aufgaben und Tätigkeit 1953-1970, 1970; Jahresbericht des Staatsarchivs Freiburg 2000.

5 Staatsarchiv Freiburg. Gesamtübersicht der Bestände. Bearb. von Joachim Fischer, Stuttgart 1994 (= Werkhefte der Staatlichen Archivverwaltung Baden-Württemberg, Serie F Staatsarchiv Freiburg, Heft 1).

Die Badische Landesbibliothek

Peter Michael Ehrle

Die Anfänge der Badischen Landesbibliothek (BLB) reichen bis ins 15. Jahrhundert zurück. Von Markgraf Christoph I. (1475-1515) weiß man, daß er literarische Interessen hatte, und sein um 1490 hergestelltes Gebetbuch ist das älteste Zeugnis markgräflich-badischen Buchbesitzes in der BLB. Die markgräflichen Büchersammlungen haben sich auch nach der Teilung des Hauses Baden (1535) gut entwickelt, und gegen Ende des 18. Jahrhunderts umfasste die 1771 in Karlsruhe wieder vereinigte Sammlung 30.000 Bände. Die Säkularisation brachte 1803 einen äußerst wertvollen Zugang an Handschriften und Inkunabeln aus 20 badischen Klöstern, u.a. von den Benediktinern der Reichenau, aus St. Blasien und St. Peter im Schwarzwald, von den Prämonstratensern in Allerheiligen sowie aus den Bibliotheken des Hochstifts Speyer in Bruchsal, die mit 5435 Bänden den größten Bestandszuwachs lieferten.[1]

1873 zog die großherzogliche Hof- und Landesbibliothek in das Sammlungsgebäude am Friedrichsplatz ein. Die Verwaltung wurde durch den tatkräftigen Direktor Wilhelm Brambach modernisiert, und bei dessen Dienstende 1904 war die Bibliothek auf 182.000 Bände angewachsen. Nach dem Ende der Monarchie wurde sie 1918 in „Badische Landesbibliothek" umbenannt. In der Nacht vom 2. zum 3. September 1942 brannte die Bibliothek nach einem Luftangriff völlig aus. Sie verlor ca. 360.000 Bände, wobei der Anteil des vor 1900 erschienenen Bestandes mindestens 200.000 Bände umfaßt haben dürfte. Der Vernichtung entgingen die zum Zeitpunkt der Katastrophe bereits ausgelagerten Handschriften und Inkunabeln sowie etwa 3000 alte Drucke.[2]

Der Wiederaufbau der Bibliothek begann bereits vor Kriegsende: Durch Bücherspenden von Privatleuten und staatlichen Institutionen verfügte die BLB Ende des Jahres 1944 wieder über fast 15.000 Titel. 1947 konnte die Sammlung des Germanisten Edwin Carl Roedder (1873-1945) mit 2000 Titeln erworben werden, und die Bibliothek erhielt eine „dauerhafte Notunterkunft" im nordwestlichen Magazinflügel des Generallandesarchivs an der Maximilianstraße. 1949 wurde eine Sammlung über Kaspar Hauser aus dem Nachlass des Nürnberger Forschers Prof. Hans Ley erworben. 1948/49 konnten für Bücher- und Zeitschriftenkäufe immerhin schon 35.000 DM ausgegeben werden, während die Württembergische Landesbibliothek (WLB) in Stuttgart über 83.000 DM verfügte. 1950/51 wuchsen die Erwerbungsmittel der BLB auf 64.000 DM an, während die WLB 120.400 DM ausgab.[3]

Obwohl die WLB damit über fast doppelt so viele Erwerbungsmittel verfügte, kann im Vergleich mit früheren Zeiten nicht von einer Benachteiligung der BLB gesprochen werden. In den alten Ländern Baden und Württemberg waren die beiden Landesbibliotheken noch wesentlich ungleicher dotiert. 1926/27 gab die BLB für Erwerbungen 11.300 RM aus, während die WLB über 63.500 RM verfügte. Dieses sehr ungünstige Verhältnis von 1:5,6 verschob sich in den folgenden Jahren allmählich zugunsten der BLB, bis es 1941/42 mit einer Dotierung von 20.000 RM für die BLB und von 68.000 RM für die WLB einen Wert von 1:3,4 erreichte. Hinsichtlich ihres Bestandes lagen die beiden Landesbibliotheken nicht so weit auseinander. 1941/42 verfügte die BLB über 374.000 Bände, während die WLB 655.000 Bände zählte (Verhältnis von 1:1,75).

Durch die weitgehende Zerstörung des Bestandes der BLB beim Luftangriff vom September 1942 verschoben sich die Relationen jedoch trotz der Kriegsverluste, von denen auch die WLB betroffen war, nachhaltig. 1948/49 verfügte die BLB über 117.000 Bände, während die WLB 594.000 besaß (Verhältnis von 1:5).

Am 14.01.1950 konnte die BLB nach Umbauarbeiten im Magazintrakt des Generallandesarchivs mit einem Bestand von etwa 130.000 Bänden wieder für die Benutzung geöffnet werden. Im selben Jahr wurde die Sammlung des Dichters Alfred Mombert (1872-1942) mit 3730 Titeln erworben, und 1952 erhielt die Bibliothek 7000 Bände aus dem Besitz des Rastatter Gymnasiallehrers Max Bruder.

Kuppel-Lesesaal der Badischen Landesbibliothek Karlsruhe (Quelle: BLB Karlsruhe)

Am 23.06.1955 beschloß der Landtag von Baden-Württemberg, im Nachtragshaushalt Mittel bereitzustellen, „um die Landesbibliothek in Karlsruhe selbständig an alter Stelle am Friedrichsplatz wieder aufzubauen". 1958 wurde der Rohbau für das Magazin an der Ritterstraße errichtet, und 1964 konnte der Neubau der BLB am Nymphengarten in Betrieb genommen werden. Der Bestand und die Zahl der Benutzer wuchsen jedoch schneller, als bei der Planung des Gebäudes berücksichtigt worden war, ein Phänomen, das bei Bibliotheksneubauten fast immer anzutreffen ist. 1978 verfügte die BLB über 764.000 Bände, während die WLB 1.494.000 Bände besaß. Das Bestandsverhältnis hatte sich also innerhalb von 30 Jahren von 1:5 auf 1:2 verschoben. Ein Neubau wurde dringend erforderlich, und 1980 ging der erste Preis des Architektenwettbewerbs an Professor Oswald Mathias Ungers, Köln.

Am 9.12.1983 erfolgte die Grundsteinlegung für den ersten Bauabschnitt des Neubaus der BLB, am 18.8.1987 wurde der erste Bauabschnitt eingeweiht, und am 9.9.1991 konnte der zweite Bauabschnitt für die Benutzer eröffnet werden. Die BLB verfügt mit diesem Neubau über eines der schönsten Bibliotheksgebäude in Deutschland, das allerdings den Nachteil hat, schon neun Jahre nach Bezug die stark angewachsenen Bücher-, Zeitschriften- und Zeitungszugänge nicht mehr komplett aufnehmen zu können. Daher ist ein Teil der weniger genutzten Bestände in Ausweichmagazinen untergebracht.

Bis zum Haushaltsjahr 1995 sind die Erwerbungsmittel der BLB auf 2,7 Millionen DM angestiegen, während die WLB in diesem Jahr 3,5 Millionen für Neuerwerbungen ausgeben konnte (Verhältnis von 1:1,3). Durch die relativ gute Dotierung wuchs der Bestand der BLB bis 1995 auf 1,4 Millionen Bände an, denen 2,5 Millionen Bände der WLB gegenüberstanden (Verhältnis von 1:1,8). 1996 gingen die Ausgaben für Literaturerwerbung schon leicht zurück, und 1997 erfolgte durch sehr hohe globale Minderausgaben in beiden Landesbibliotheken eine drastische Reduzierung der Erwerbungsmittel um ca. 20 %.

Auch 1998 und 1999 hatten die Landesbibliotheken mit hohen Einsparquoten zu kämpfen, während sich die Situation 2000 wieder verbessert hat, obwohl die Höhe der Etatansätze von 1995 nicht mehr erreicht werden konnte. Man kann im Hinblick auf die Erwerbungsmittel und auch in sonstiger Hinsicht nicht davon sprechen, daß die BLB gegenüber der WLB benachteiligt würde. Allenfalls kann man im Vergleich zu den neun baden-württembergischen Universitätsbibliotheken feststellen, daß diese durch den Solidarpakt der Landesregierung mit den Universitäten gegenüber Haushaltskürzungen besser geschützt sind als die Landesbibliotheken, wobei jedoch festzuhalten ist, daß sich das Ministerium für Wissenschaft, Forschung und Kunst darum bemüht, diesen Nachteil durch erhöhte Sonderzuweisungen aus zentralen Mitteln auszugleichen.

Neben den Bestandszuwächsen aus planmäßigen Haushaltmitteln haben beide Landesbibliotheken in den letzten 50 Jahren hervorragende Bestände aus Sondermitteln erwerben können. Zu nennen ist hier vor allem die Erwerbung von Handschriften und Inkunabeln aus der Fürstenbergischen Hofbibliothek in Donaueschingen und deren Verteilung auf die beiden Landesbibliotheken im Jahre 1994. Die BLB erhielt dadurch 268 deutsche Handschriften und 52 Inkunabeln. 1995 konnte der Altbestand der BLB durch den Ankauf von 40.000 Bänden der Schloßbibliothek Baden-Baden bereichert werden, und 1999 erhielt die BLB die berühmte Sammlung von Musikhandschriften und Musikdrucken der Fürstenbergischen Hofbibliothek Donaueschingen.

Die BLB bewahrt Nachlässe von Johann Peter Hebel, Johann Wenzel Kalliwoda, Joseph von Laßberg, Joseph Victor von Scheffel, Reinhold Schneider, Alexander von Bernus, Alfred Mombert und Leopold Ziegler auf, und sie verfügt über bedeutende Spezialsammlungen mit den Schwerpunkten Oberrhein, Baden, Baden-Württemberg, Ethik im Tier-, Natur- und Umweltschutz, Landkarten, Musiknoten, sowie mit Literatur von und über Geiler von Kaysersberg, Johannes Reuchlin, Philipp Melanchthon, Grimmelshausen, Abraham a Sancta Clara, Johann Melchior Molter, Johann Peter Hebel, Kaspar Hauser, Hans Thoma, Reinhold Schneider, Alexander von Bernus, Alfred Mombert und Leopold Ziegler.

Einen beträchtlichen Teil ihres heutigen Bestandes von ca. 1,6 Millionen Bänden verdankt die BLB dem Pflichtexemplarrecht für Baden-Württemberg, das sie gemeinsam mit der WLB wahrnimmt. Sie erhält alle Publikationen badischer Verlage kostenlos; für Publikationen aus Württemberg, die an die BLB abgeliefert werden, können die dortigen Verleger auf Antrag eine Entschädigung von 50 % des Ladenpreises erhalten. Zu den Pflichtexemplar-Lieferanten der BLB gehört auch der Springer-Verlag Heidelberg, der einen kostenfreien Zugriff auf seine Volltextdatenbank „Springer-Link“ gewährt, wodurch in den Räumen der BLB Aufsätze von etwa 400 Zeitschriften in elektronischer Form eingesehen werden können. Seit 1999 nimmt die BLB auch am Angebot „Regionale Datenbank-Information (ReDI)“ der wissenschaftlichen Bibliotheken des Landes Baden-Württemberg teil, das aus Mitteln der Landesregierung gefördert wird: An neu eingerichteten Internet-Arbeitsplätzen können die Benutzer in zahlreichen Datenbanken kostenfrei recherchieren.

Den beiden Landesbibliotheken kommt im Prozess der Informationsvermittlung eine besondere Bedeutung zu. Sie unterstützen in Karlsruhe und Stuttgart die Literaturversorgung für die örtlichen Universitäten, deren Bestände vorwiegend naturwissenschaftlich-technisch ausgerichtet sind. Sie sind stark besuchte Bibliotheken für Studenten der geistes- und sozialwissenschaftlichen Disziplinen, und sie versorgen die Bevölkerung, Behörden und Kliniken mit allgemeinbildender und fachwissenschaftlicher Literatur. Jeder in Baden oder in Württemberg ansässige Bürger kann über eine nahegelegene Kommunalbibliothek oder auch direkt Literatur bei der für ihn zuständigen Landesbibliothek bestellen. Beide Landesbibliotheken erstellen gemeinsam die „Landesbibliographie von Baden-Württemberg“, in der Literatur aus und über Baden-Württemberg verzeichnet wird und deren Titelnachweise auch über das Internet recherchiert werden können.

Das umfangreiche Kulturprogramm der BLB (Ausstellungen, Vorträge, Lesungen, Konzerte), das in der Bevölkerung eine starke Resonanz findet, ist ohne die tatkräftige Unterstützung durch die Badische Bibliotheksgesellschaft nicht denkbar. Diese Gesellschaft gehört mit ihren 550 Mitgliedern zu den größten bibliothekarischen Fördervereinen der Bundesrepublik Deutschland.

Das Internet stellt den Bibliotheken und ihren Benutzern eine Fülle von neuen Informationsmitteln zur Verfügung, und die wissenschaftlichen Bibliotheken des Landes arbeiten selbst intensiv daran mit, Informationen über ihre Bestände oder Volltexte und Multimedia-Angebote via Internet verfügbar zu machen. Die konventionelle Literaturversorgung durch das klassische Medium Buch darf deswegen aber nicht vernachlässigt werden. Beide Medien ergänzen sich hervorragend, und ihre Vermittlung in Bibliotheken sollte durch staatliche Fördermaßnahmen noch stärker intensiviert und verknüpft werden. Die Zukunftsoffensiven des Landes Baden-Württemberg tragen mit ihren hohen Zuweisungen an Sondermitteln in vorbildlicher Weise dazu bei, die Verbreitung von Informationen für die Wissenschaft und für die allgemeine und berufliche Bildung zu fördern.

Anmerkungen

1 Vgl. dazu auch die ausführliche Beschreibung der Bestandsgeschichte im Handbuch der historischen Buchbestände in Deutschland, Bd.8, hrsg. von Wolfgang Kehr, Teil I-S, Hildesheim 1994, S.20-58.

2 Die Geschichte der BLB bis 1992 ist von Ludger Syré in einer Chronik in Daten und Bildern in Buch – Leser – Bibliothek: Festschrift der Badischen Landesbibliothek zum Neubau, hrsg. von Gerhard Römer, Karlsruhe 1992, S. 13-31 dargestellt worden. Vgl. auch die ältere Studie von Paul Weinacht, Aus der Geschichte der Badischen Landesbibliothek, Karlsruhe 1933.

3 Diese und die folgenden Zahlen über Ausgaben für Literaturerwerbungen sind dem Statistikteil des Jahrbuchs der Deutschen Bibliotheken sowie der Deutschen Bibliotheksstatistik entnommen.

Amtliche Landesbeschreibung in den badischen Regionen*

Peter Exner

I. Der Status quo ante der badischen Landesbeschreibung

Im Anfang war Württemberg: Die amtliche Landesbeschreibung Baden-Württembergs hat ihre Wurzeln im östlichen Landesteil. 1820 richtete das Königreich Württemberg ein Statistisch-Topographisches Bureau ein.[1] Dahinter stand die Absicht, das Informationsbedürfnis über geographische und statistische Verhältnisse des neuen, durch die napoleonische Neuordnung hervorgegangenen Königreiches zu stillen und damit einen publizistischen Beitrag zu leisten zur Integration des heterogenen Gemeinwesens. Kurz: es ging – in der damaligen Diktion – um die „Beförderung der Vaterlandskunde".[2]

Das Statistisch-Topographische Bureau gab unter der Leitung von Johann Daniel Georg Memminger (1773-1840) neben statistischen Erhebungen[3] vor allem die Oberamtsbeschreibungen heraus. Seine Aufgabe war es, „eine genaue und vollständige Landes-, Volks- und Ortskunde von Württemberg zu liefern".[4] Die an die Staatsdiener wie Bewohner des Landes gerichteten Oberamtsbeschreibungen hatten das Ziel, einen exakten Überblick über die neuen Strukturen und Gebiete zu verschaffen. Der Verwaltung sollte die detaillierte Landesaufnahme helfen, die Ressourcen effektiver einzusetzen, unterstand das Bureau doch dem Finanzministerium; dem Bewohner sollte fundiertes Wissen geboten werden, damit sich jeder mit dem Land identifizieren konnte.[5] Neben dem kulturellen und pädagogischen Antrieb war mit den Oberamtsbeschreibungen, die in der Tradition der Landesbeschreibungen aus der Aufklärungszeit standen,[6] ein bedeutender Paradigmenwechsel verbunden: Transparenz statt Geheimniskrämerei! Statt das gesammelte Wissen zu verwahren und lediglich intern zu nutzen, sollten die Ergebnisse der landeskundlichen Erfassung veröffentlicht werden – und zwar von Amts wegen.

In zwei Beschreibungsstaffeln wurde das Königreich Württemberg auf der unteren administrativen Ebene behandelt. Die erste umschloß alle 64 Oberämter, die von 1824 bis 1886 in ebenso vielen Bänden dargestellt wurden, die neue Folge der Oberamtsbeschreibungen untersuchte zwischen 1893 und 1930 in 13 Bänden elf Oberämter. Damit gingen quantitative und qualitative Entfaltungen einher. Der Umfang einer Oberamtsbeschreibung wuchs von 158 (Reutlingen, 1824) auf 883 Seiten (Ellwangen, 1886). Insgesamt waren 1886, als die erste Beschreibungswelle abgeschlossen wurde, 22.270 Druckseiten verfaßt worden. Ebenso verlief die Entwicklung der zweiten Beschreibungsstaffel. Dort wuchs das Ausmaß je Band von 261 (Ehingen, 1893) auf 1.174 Seiten (Leonberg, 1930).[7] Dabei handelte es ich um keine bloß quantitative Erweiterung; verändert hatte sich neben der Zahl der Mitarbeiter deren wissenschaftliche Verortung. Seit Viktor Ernst (1871-1933) für die Werke verantwortlich zeichnete,[8] prägten universitäre Standards und Autoren aus den Hochschulen des Landes die Oberamtsbeschreibungen.[9]

In Baden gab es dazu kein Pendant. Obwohl das Großherzogtum wegen seiner historisch bedingten, stark heterogenen Struktur seit 1806/1815 ein ähnlich großes Bedürfnis nach Identitätsstiftung wie das Königreich Württemberg hatte,[10] existierte im liberalen „Musterländle" keine Institution, die landeskundliche Darstellungen auf der Ebene der

Amtsbezirke verfaßte. Der Grund dafür liegt in der unsteten Verwaltungsentwicklung des Großherzogtums. Blieben in Württemberg die Oberämter von 1817 bis 1938 (die Kreise bis 1924) nahezu unverändert, unterlagen die badischen Bezirksämter wie auch die Mittelinstanzen häufigem Wandel. Mit dem dadurch bedingten Wechsel der Bezugsgrößen war einer amtlichen Landesbeschreibung, die sich an den unteren und mittleren Verwaltungseinheiten orientierte, die Grundlage entzogen. Von einzelnen Ausnahmen und Spezialuntersuchungen wie Kriegers Topographischem Wörterbuch abgesehen,[11] kam es in Baden nicht zu einem flächendeckenden, einheitlichen Beschreibungswerk.[12]

Stattdessen kam es zu einzelnen Landesdarstellungen. Teils waren sie privater Herkunft wie die Arbeiten von Kolb,[13] Dittenberger,[14] Heunisch,[15] die allesamt statistisches Material auf Gemeindeebene liefern.[16] Weiter sind die Arbeiten von Krieger[17] und Stiefel[18] zu nennen. Teils waren sie halbamtlicher bis offizieller Natur. Letzteren Werken war gemein, daß sie die Ebene der Ortsbeschreibungen nur spärlich[19] oder gar nicht[20] im Blick hatten und das Land unter geographischen, historischen, ökonomischen und staatlichen Gesichtspunkten allgemein besprachen.

II. Übergang in die baden-württembergische Landesbeschreibung

Die Gründung des Südweststaates brachte es mit sich, daß die „württembergische Errungenschaft der amtlichen Landes- und Kreisbeschreibung" auf den badischen Landesteil übertragen wurde.[21] Dies geschah weniger in einem grundlegenden Neuanfang als vielmehr in Form einer Erweiterung „um neu Hinzugekommenes"[22]. Dabei ähnelten die Rahmenbedingungen denen von 1820. Wieder war ein neues Gemeinwesen gebildet worden, wieder galt es, allen Bürgern das neue Gebilde auf der Grundlage seiner unteren Verwaltungseinheiten, 1952 der Kreise, zu vermitteln.

Zuvor waren in den drei durch die Besatzungszonen entstandenen Ländern Württemberg-Baden, Südwürttemberg-Hohenzollern und Baden im Rahmen der Statistischen Landesämter bereits Referate für Landesbeschreibung installiert worden. Im Freiburger Staatsarchiv war 1949 unter Staatspräsident Leo(nhard) Wohleb ein Referat für Landeskunde eingerichtet worden, um die „Eigenarten Badens und seine Bedürfnisse" angemessen zu wahren. Personelle und konzeptionelle Kontinuität herrschten vor – auch in Baden, wo man der amtlichen Landeskunde dieselben Aufgaben und Adressatenkreise zuwies wie rund 125 Jahre zuvor in Württemberg.[23] Allerdings gelang es nicht, eine Beschreibung badischer Kreise vorzulegen; vielmehr entstanden Arbeiten zum Siedlungsgefüge Südbadens.[24]

Erst mit der Bildung Baden-Württembergs wurde der „entscheidende Schritt zur Institutionalisierung der Landesbeschreibung" im westlichen Landesteil getan.[25] Von 1953 bis 1964 unterstand die Landesbeschreibung mit ihren Nebenstellen in Freiburg, Heidelberg (seit 1955), Stuttgart und Tübingen dem Statistischen Landesamt des Südweststaates.[26] 1964, beim Übergang der Landesbeschreibung an die Staatliche Archivverwaltung, behielten die vier Regierungsbezirke jeweils eine Landesbeschreibungsstelle. 1975 gelangte die Landesbeschreibung als Abteilung III organisatorisch in die neu gegründete Landesarchivdirektion in der Landeshauptstadt, und die bisherigen Nebenstellen der Landesbeschreibung ressortierten nun bei den für den jeweiligen Regierungsbezirk zuständigen staatlichen Sprengelarchiven: in Nordbaden saß sie im Generallandesarchiv Karlsruhe, in Südbaden im Staatsarchiv Freiburg. 1994 wurden die

Beschreibungsstellen organisatorisch aus den Staatsarchiven herausgelöst und als Außenstellen der Stuttgarter Zentrale in der Abteilung Landesforschung und Landesbeschreibung zusammengefaßt; freilich blieben sie zweckmäßigerweise nach wie vor in den Regierungsbezirken präsent. Konzeptionell orientierten sich die Kreisbeschreibungen nach 1952 an den zu Beginn des 20. Jahrhunderts gesetzten Maßstäben: Interdisziplinarität, Kooperation zwischen Spezialisten und wissenschaftlichen Fachbeamten, hoher wissenschaftlicher Standard und Ausführlichkeit blieben Eckwerte für die amtliche Landeskunde.[27]

Das mit „mit Stolz betrachtete württembergische Sondergut"[28] wurde somit ein baden-württembergisches Gemeingut. Nach der Gründung des Landes Baden-Württemberg erschien in zeitlicher Abfolge eine Reihe von Kreisbeschreibungen, die den bisher weißen westlichen Landesteil reichlich kolorierten: vor der Gebietsreform waren dies die Stadt- und Landkreise Freiburg i.Br. (2 Bde. in 4, 1965-1974), die Stadt- und Landkreise Heidelberg und Mannheim (3 Bde., 1966-1970), der Landkreis Konstanz (4 Bde., 1968-1984), danach der Neckar-Odenwald-Kreis (2 Bde., 1992), der Landkreis Lörrach (2 Bde., 1993-1994), der Stadtkreis Baden-Baden (1995) und der erste Band des Landkreises Emmendingen (Bd.1, 1999). 2001 soll der zweite Band der Kreisbeschreibung Emmendingen erscheinen, im folgenden Jahr die beiden Bände der Kreisbeschreibung Rastatt.

Damit sind zehn der 21 Kreise, die die Regierungsbezirke Freiburg und Karlsruhe bilden sowie ehemals badisches Territorium umfassen,[29] vollständig beziehungsweise in weiten Teilen erfaßt. Rechnet man die 2002 erscheinende Kreisbeschreibung Rastatt dazu, sind es elf Kreise. Im Vergleich dazu sieht die Bilanz für Württemberg dergestalt aus: neun der 22 Kreise, die zu den Regierungsbezirken Stuttgart und Tübingen gehören sowie Anteil an vormals württembergischem Gebiet haben, wurden in einer Kreisbeschreibung umfassend respektive teilweise behandelt. Allerdings können in den noch nicht bearbeiteten Kreisen einige Gemeinden – als württembergisches Erbe – einen Abriß ihrer Geschichte und Geographie in den Oberamtsbeschreibungen vorweisen.

Stellt man das Publikationsausmaß gegenüber, wurden seit Gründung des Südweststaates in den östlichen Regierungsbezirken 18 Veröffentlichungen mit einem Seitenumfang von 15.028 Seiten vorgelegt, in den westlichen Regierungsbezirken hingegen 17 Publikationen mit 13.332 Seiten. Zählt zu letzteren die bis 2002 erscheinenden Kreisbeschreibungen Emmendingen, Band 2, sowie die beiden Bände Rastatt hinzu, erhöht sich die Zahl der Darstellungen um drei, die Seitenzahl um rund 1.800. Damit hat der badische Landesteil „mit seinen Beschreibungen erstmalig eine intensive moderne Bearbeitung auf mittlerer und unterer Ebene erfahren und so mit dem württembergischen Teil gleichgezogen."[30]

Badische Besonderheiten wurden bei den Kreis- und Gemeindebeschreibungen nicht nur in der Darstellung berücksichtigt, vielmehr weisen die Archive in Freiburg und Karlsruhe eine spezifisch badische Quellengruppe auf, die Ortsbereisungsakten. Sie liefern eine im Vergleich zu Württemberg wesentlich günstigere Überlieferungslage auf Gemeindeebene. Mit Erlaß des badischen Innenministeriums vom 22. November 1850 wurde der rechtsverbindliche Rahmen für die Ortsinspektionen im Großherzogtum geschaffen. Mithin sind diese Akten der badischen Bezirksämter in ihrer Funktion als Kommunalaufsicht im Gefolge der Revolution 1848/49, unter deren Eindruck sie unstreitig stehen, entstanden. Fragemaster und erfaßter Inhalt deuten auf die Intention hin, die Kommunen und deren Bewohner in Gestalt einer „permanenten Schwachstellenanalyse vor Ort"[31] zu kontrollieren, um einen abermaligen Volksaufstand wie 1849 im Vorfeld zu verhindern. So wird im Fragebogen des visitierenden Amtmannes zweimal nach der politischen Einstellung der Bürger sowie der politischen Grundstimmung in der Gemeinde gefragt. Zeitlich erstrecken sich die Ortsbereisungsakten, die eine vorzügliche authentische Quelle für die Landesbeschreibungen darstellen, bis in die 1930er Jahre, vereinzelt sind sie aber in der Nachkriegszeit (bis Anfang der 1950er Jahre) weitergeführt worden.

III. Umstellungen im Anschluß an die Gebietsreform

Seit der großen Gebietsreform der 1970er Jahre, die bewußt die alten Landesgrenzen überschritt, bildet sich Baden nicht mehr in den Verwaltungsgrenzen ab; so sind die Regierungsbezirke Karlsruhe und Freiburg nicht mehr identisch mit ihren Vorgängern Süd- bzw. Nordbaden. Orientierungshilfe bietet seither die erste Beschreibung des Südweststaates, das „Land Baden-Württemberg".[32] Das achtbändige Werk ist die erste amtliche Gesamtdarstellung der Gemeinden und Kreise des Südweststaates. 1974 bis 1983 erschienen, berücksichtigt es die Veränderungen der Gebietsreform und beschreibt erstmalig die neuen administrativen Einheiten – erneut mit dem Anliegen, Wissen zu vermitteln, Orientierung zu geben sowie Identitätsangebot zu sein. Band I beschreibt u.a. einen allgemeinen Überblick über das Land und seine Vorgängerterritorien, Band II bietet statistische Basisdaten über die Regierungsbezirke, Kreise und Gemeinden vor und nach der Gebietsreform. Explizit mit den Regierungsbezirken Karlsruhe und Freiburg befassen sich die Bände 5 (1976) und 6 (1982).

Gesamtbadische Projekte kamen lediglich in wissenschaftsorganisatorischer Form vor und betrafen eher die Bearbeiter als deren Untersuchungsgegenstand: So fertigten die beiden Beschreibungsstellen im Staatsarchiv Freiburg und im Generallandesarchiv Karlsruhe die Bände III und IV der Kreisbeschreibung Konstanz sowie den Band VI der Landesbeschreibung gemeinsam an.

IV. Fazit

Am Ende steht Baden-Württemberg. Seit 1952 haben die Kreise und Kommunen der westlichen Regierungsbezirke Anteil an der amtlichen Landesbeschreibung. Damit kommen sie in den Vorzug einer flächendeckenden und qualitativ anerkannten Grundlagenforschung, die an Intensität wie in ihrer Tradition im bundesdeutschen Kontext einmalig ist und derer sich die universitäre Forschung ebenso bedient wie die Behörden und Bildungseinrichtungen sowie der an seinen Wurzeln interessierte Bürger. „Zukunft braucht Herkunft" – nur im Wissen um die Gemeinsamkeiten und die Unterschiedlichkeiten der historischen Landschaften stellt sich dem Südweststaat die Möglichkeit, eine Einheit in der Vielfalt zu werden.

Anmerkungen

* Für kritische Anmerkungen danke ich Dr. Kurt Andermann, Stutensee-Blankenloch.

1 Königlich Württembergisches Staats- und Regierungs-Blatt vom Jahr 1820, Stuttgart o.J., S. 635.

2 Kullen, Siegfried, Überblick über die Geschichte der Landeskunde in Baden-Württemberg, in: Alemannisches Jahrbuch 1984/86, Bühl 1988, S. 23-47, S. 30.

3 1822 wurden erstmals die „Württembergischen Jahrbücher für vaterländische Geschichte, Geographie, Statistik und Topographie“ herausgegeben, die 1863 als „Württembergische Jahrbücher für Statistik und Landeskunde“ erschienen. Mit der Gründung des Landes Baden-Württemberg wurde diese Erhebungen als „Jahrbücher für Statistik und Landeskunde von Baden-Württemberg“ fortgesetzt.

4 Königlich Württembergisches Staats- und Regierungs-Blatt vom Jahr 1821, Stuttgart o.J., S. 155f.

5 Staats- und Regierungs-Blatt (1821), S. 155.

6 Goessler, Peter, Die württembergischen Oberamtsbeschreibungen. Ein Beitrag zur Geschichte der Landeskunde, in: Beiträge zur deutschen Landeskunde 3 (1943), S. 136-145, S. 139.

7 Reinhard, Eugen, Oberamtsbeschreibungen und Kreisbeschreibungen. 175 Jahre amtliche Landesforschung im deutschen Südwesten, in: Beiträge zur deutschen Landeskunde 68 (1994), S. 135-160.

8 Seit der Oberamtsbeschreibung Urach, 1909.

9 Zu nennen sind neben Ernst die Historiker Julius Hartmann und Karl Weller, die Geographen Robert Gradmann und Friedrich Huttenlocher, der Archäologe Peter Goessler, der Germanist und Volkskundler Karl Bohnenberger u. a. m.

10 Bader, Josef, Badische Landesgeschichte von den ältesten bis auf unsere Zeiten, Freiburg, 2. Aufl. 1834, S. 585ff.; Engler, Helmut, Badische Identität, in: Badische Heimat 79 (1999), S. 714-720.

11 Im Bodenseeraum existieren Untersuchungen zu einzelnen Bezirksämtern – Topographisches Wörterbuch zum Großherzogtum Baden, hg. v. d. Badischen Historischen Kommission. Bearb. v. Albert Krieger, 2 Bde., Heidelberg 1904-1905.

12 Andermann, Kurt, Historische Kreis- und Landesbeschreibung als landesgeschichtliche Grundlagenforschung, in: Eugen Reinhard (Hg.), Regionalforschung in der Landesverwaltung. Die Landesbeschreibung in Baden-Württemberg: Ansatz, Leistung und Perspektiven, Stuttgart 1995, S. 57-63, S. 59; Jänichen, Hans/Schröder, Karl-Heinz, 150 Jahre amtliche Landesbeschreibung in Baden-Württemberg, in: Zeitschrift für Württembergische Landesgeschichte 33 (1974), S. 1-23, S. 3f.

13 Kolb, J[ohann] B[aptist], Historisch-statistisch-topographisches Lexicon von dem Großherzogthum Baden, 3 Bde., Karlsruhe 1813-1816.

14 Dittenberger, Friedrich, Geographisch-statistisch-topographische Darstellung des Großherzogthums Baden nach den neusten Einrichtungen und Quellen bearbeitet, Karlsruhe 1825.

15 Heunisch, A[dam] I[gnaz] V[alentin], Geographisch-statistisch-topographische Beschreibung des Großherzogthums Baden nach den Bestimmungen der Organisation vom Jahre 1832, Heidelberg 1833; ders., Handbuch für Reisende im Großherzogthum Baden. Mit einem Anhang von Aloys Schreiber, Stuttgart 1837; ders., Das Großherzogthum Baden. Historisch-geographisch-statistisch-topographisch beschrieben. Mit Beigaben von J[osef] Bader, Heidelberg 1857.

16 Die politischen, Kirchen und Schulgemeinden des Großherzogthums Baden mit der Seelen- und Bürgerzahl vom Jahr 1845. Nebst einem statistischen Anhang, Karlsruhe 1847.

17 Krieger, Albert, Badische Geschichte, Leipzig 1921.

18 Stiefel, Karl, Baden 1648-1952, 2 Bde., Karlsruhe 1977.

19 Das Großherzogtum Baden in geographischer, naturwissenschaftlicher, geschichtlicher, wirtschaftlicher und staatlicher Hinsicht dargestellt. Nebst vollständigem Ortsverzeichnis, Karlsruhe 1885.

20 Das Großherzogtum Baden in allgemeiner, wirtschaftlicher und staatlicher Hinsicht dargestellt, hg. v. Edmund Rebmann, Eberhard Gothein und Eugen von Jagmann, Bd. 1, Karlsruhe 1912.

21 Andermann, Kurt, Zu Stand, Aufgaben und Problemen der Landesgeschichte in Baden, in: Werner Buchholz (Hg.), Landesgeschichte in Deutschland. Bestandsaufnahme – Analyse – Perspektiven, Paderborn 1998, S. 257-267, S. 263; Schmauder, Andreas, Der Stand der ortsgeschichtlichen Forschung im deutschen Südwesten, in: Eugen Reinhard (Hg.), Gemeindebeschreibungen und Ortschroniken in ihrer Bedeutung für die Landeskunde, Stuttgart 1999, S. 99-116, S. 114.

22 Klein, Michael, Zur Entwicklung der Geschichtsschreibung in Württemberg, in: Werner Buchholz (Hg.), Landesgeschichte in Deutschland. Bestandsaufnahme – Analyse – Perspektiven, Paderborn 1998, S. 225-255, S. 225.

23 Schreiben des Referats für Landeskunde an die Regierung Badens vom 29.9.1949; zit. nach Sick, Wolf-Dieter, 50 Jahre amtliche Landesbeschreibung in Baden, in: Badische Heimat 80 (2000), S. 94-97, S. 95.

24 Das Siedlungsgefüge Südbadens, hg. v. Statistischen Landesamt Baden, bearb. v. Gerhard Endriß, Freiburg 1949.

25 Sick, 50 Jahre, S. 95.

26 Schaab, Meinrad, Die neue Landesbeschreibung, in: Zeitschrift für Württembergische Landesgeschichte 36 (1977), S. 309-316; Jänichen/Schröder, 150 Jahre, S. 4 und 22; Reinhard, Oberamtsbeschreibungen, S. 144.

27 Schaab, Meinrad, Themen und Methoden der amtlichen Landesbeschreibung in Baden-Württemberg, in: Beiträge zur deutschen Landeskunde 67 (1993), S. 169-187; Reinhard, Oberamtsbeschreibungen, S. 143 und 149ff.

28 Zit. nach Kullen, Überblick, S. 34.

29 Der Kreis Calw findet hier, wiewohl zum Regierungsbezirk Karlsruhe gehörig, keine Berücksichtigung, da er keinen Anteil an einstmals badischem Gebiet hat.

30 Sick, 50 Jahre, S. 97.

31 Sepaintner, Fred Ludwig, Die badischen Ortsbereisungsakten als Quellen für ortsgeschichtliche Forschung über das 19. und 20. Jahrhundert, in: Eugen Reinhard (Hg.), Gemeindebeschreibungen und Ortschroniken in ihrer Bedeutung für die Landeskunde, Stuttgart 1999, S. 215-231, S. 218; Schaab, Themen, S. 173, spricht von ersten Protokollen seit 1840.

32 Das Land Baden-Württemberg, Amtliche Beschreibung nach Kreisen und Gemeinden, hg. v.d. Landesarchivdirektion Baden-Württemberg, 8 Bde., Stuttgart 1974-1983, Bd. 1, 2. Aufl. 1977.

Weitere Literatur

Andermann, Kurt, Die historischen Teile in den Kreisbeschreibungen des Landes Baden-Württemberg. Funktion und Probleme, in: Eugen Reinhard (Hg.), Gemeindebeschreibungen und Ortschroniken in ihrer Bedeutung für die Landeskunde, Stuttgart 1999, S. 55-65

Cloß, Hans-Martin, Die Gemeindebeschreibung als geographische Dokumentation räumlicher Prozesse und Funktionen, in: Eugen Reinhard (Hg.), Gemeindebeschreibungen und Ortschroniken in ihrer Bedeutung für die Landeskunde, Stuttgart 1999, S. 33-53

Cloß, Hans-Martin, Oberamts- und Kreisbeschreibung Heidenheim – Tradition und Fortschritt, in: 150 Jahre amtliche Landesbeschreibung im Heidenheimer Raum, hg. v. Landkreis Heidenheim, Heidenheim 1996, S. 30-52

Gradmann, Robert, Die „Oberamtsbeschreibungen“ als Vorbilder, in: Beiträge zur deutschen Landeskunde 3 (1943), S. 146-151

Klüver, Hartmut, Annotierte Bibliographie zur amtlichen Landesbeschreibung und Landesforschung in Baden-Württemberg, in: Eugen Reinhard (Hg.), Gemeindebeschreibungen und Ortschroniken in ihrer Bedeutung für die Landeskunde, Stuttgart 1999, S. 269-288

Reinhard, Eugen, Oberamtsbeschreibungen und Kreisbeschreibungen. 175 Jahre amtliche Landesforschung im deutschen Südwesten, in: ders. (Hg.), Regionalforschung in der Landesverwaltung. Die Landesbeschreibung in Baden-Württemberg: Ansatz, Leistung und Perspektiven, Stuttgart 1995, S. 89-111

Sepaintner, Fred Ludwig, Gegenwartskunde. Entstehung – Funktion – Zukunft, in: Eugen Reinhard (Hg.), Gemeindebeschreibungen und Ortschroniken in ihrer Bedeutung für die Landeskunde, Stuttgart 1999, S. 67-75

Sepaintner, Fred Ludwig, Tradition und Neuanfang. Über den Ansatz der Gegenwartskunde zur Beschreibung des strukturellen Wandels, in: Eugen Reinhard (Hg.), Regionalforschung in der Landesverwaltung. Die Landesbeschreibung in Baden-Württemberg: Ansatz, Leistung und Perspektiven, Stuttgart 1995, S. 45-56

Vielfalt der Volkskultur in Baden

Heinz Schmitt

In diesem Beitrag soll es um Volkskultur oder Alltagskultur gehen. Gemeint sind damit traditionelle geistige und materielle Überlieferungen, ganz allgemein aber auch die von Laien getragenen kulturellen Aktivitäten. In erster Linie sind es Vereine, die sich bestimmten Aufgaben wie Chorgesang und Volksmusik, Theater, Fastnacht, Trachtenpflege und ähnlichem widmen. Häufig geht es dabei um lokale oder regionale, allerdings keineswegs nur um ländliche Überlieferungen.

Von diesen heimatpflegerischen Bestrebungen deutlich zu unterscheiden ist die wissenschaftlich betriebene historische und volkskundliche Dokumentation und Forschung. Zwischen beiden bestehen nur sehr lose Beziehungen.

Für das Erscheinungsbild des Landes spielt die Volkskultur eine nicht zu übersehende Rolle. In Baden war man sich dessen bereits im 19. Jahrhundert bewußt und nutzte die Möglichkeiten, die sich beispielsweise durch die Darstellung der sogenannten „Landestrachten" boten.[1] Außerdem befaßte sich eine ganze Literaturgattung mit Bräuchen, Trachten und anderen Eigenarten des badischen Volkes und half dadurch mit, dieses überhaupt erst zu konstituieren.

Das alte Land Baden mit seiner übermäßigen Nord-Süd-Erstreckung vom Main zum Bodensee bildete nie eine kulturelle Einheit. Zu sehr unterschieden sich Siedlungsweise, Wirtschaft, Konfession und historische Entwicklungen und daraus resultierend unterschiedliche Mentalitäten. Auch die Mundarten lassen sich nicht auf den Nenner „badisch" bringen. Die immer noch deutlich hörbare Grenze zwischen fränkischen und alemannischen Mundarten liegt im Gebiet von Murg und Oos. Auch eine Reihe anderer Erscheinungen der Volkskultur grenzen sich hier bis heute gegeneinander ab. Interessanterweise überschritt das Schwäbische nur bei Pforzheim, bei Meßkirch und bei Pfullendorf die badischen Grenzen.[2] Im übrigen haben derartige Kulturgrenzen zumeist ältere Ursprünge. Sie bilden häufig die Ausdehnung früherer Territorien ab wie sie vor Errichtung des Großherzogtums Baden bestanden haben, also etwa der Kurpfalz, der Markgrafschaft Baden, Vorderösterreichs, des Fürstentums Fürstenberg, der Bistümer Mainz, Speyer, Straßburg und Konstanz, um nur die wichtigsten zu nennen. Auch die heute noch erkennbare Konfessionsstruktur geht auf die alten Territorien zurück.

Wenn Baden doch zu einem harmonischen Staatsgebilde zusammengefunden hatte, lag das unter anderem an der vorbildlichen Verfassung und der sprichwörtlich mustergültigen Verwaltung. Eine wichtige Rolle bei der Integration der so verschiedenen Landesteile spielte das Schulwesen und sicher auch das Militär. Die nach der Bewältigung der Revolutionsfolgen von 1848/49 geübte badische Liberalität band die Badener aus allen Gebieten an das Fürstenhaus und damit auch an die Landeshauptstadt Karlsruhe, wenngleich diese nie die bestimmende Rolle für das Land spielen konnte wie es Stuttgart in Württemberg tat.

Nicht vergessen sei hier die Funktion von Schriftstellern, die als ausgesprochen badisch galten wie Johann Peter Hebel, Joseph Viktor von Scheffel oder Heinrich Hansjakob, aber auch der „Lahrer Hinkende Bote".

Den heimatpflegerischen Bestrebungen voraus, seit den 1890er Jahren parallel mit ihnen ging die wissenschaftliche Dokumentation und Beschreibung heimischer Überlieferungen. Deren Ergebnisse konnte die Heimatpflege wiederum verwerten. Dies ist heute kaum noch der Fall, da sich volkskundliche Forschung und Heimatpflege zu weit voneinander entfernt haben. Inzwischen ist die heimatpflegerische Betätigung selbst längst zum Gegenstand der Forschung geworden, die vor allem den Wandel in der Volkskultur registriert.

Zunächst sei ein Blick auf die in Baden derzeit bestehenden Einrichtungen geworfen, die der volkskundlichen Dokumentation und Forschung dienen.[3] Interessant ist, daß alle als private Gründungen begonnen haben und später in staatliche Regie übergingen.

Seit 1914 besteht in Freiburg das von dem Germanistikprofessor John Meier begründete Deutsche Volksliedarchiv, das dieser 1953 samt der Jugendstilvilla, in der es immer noch untergebracht ist, dem Land Baden-Württemberg anvertraute. Das Archiv, das von Anfang an als internationale Forschungsstelle gedacht war, hat seither seine Bestände, zu denen eine umfangreiche Spezialbibliothek gehört, mehr als verdoppelt. Unter anderem ist dort auch das 1924 von Johannes Künzig angefangene Badische Volksliedarchiv eingegangen. Immer versuchte man auch ein breiteres Publikum durch die Herausgabe von Liedheften, neuerdings von CDs anzusprechen.

Auf die Initiative von Johannes Künzig gehen zwei andere Institutionen zurück, und zwar die Badische Landesstelle für Volkskunde und das heute nach ihm benannte Johannes-Künzig-Institut für ostdeutsche Volkskunde. Künzig, seit 1942 Professor für Volkskunde in Freiburg, hatte sich schon vor dem Zweiten Weltkrieg der Erforschung deutscher Siedlungen in Südosteuropa gewidmet und kümmerte sich, besonders von 1949 an, intensiv um die von Heimatvertriebenen mitgebrachten Überlieferungen. Aus seinen Sammlungen, die auch sehr viel Ton- und Bildmaterial enthalten, entstand besagtes Institut. 1965 erfolgte dessen Etatisierung im Haushalt des Innenministeriums des Landes Baden-Württemberg. Es hat sich seither, auch durch die Übernahme anderer Sammlungen, ständig vergrößert. Mit ihm steht eine einmalige Forschungs- und Auskunftsstelle zur Volkskunde der Heimatvertriebenen, von denen viele im Land ansässig geworden sind, zur Verfügung.

Sowohl das Johannes-Künzig-Institut wie auch das Deutsche Volksliedarchiv gehören zwar nicht zur Universität Freiburg, werden aber von den jeweiligen Lehrstuhlinhabern für Volkskunde geleitet.

Die Badische Landesstelle für Volkskunde ist 1948 von Johannes Künzig gegründet und mit staatlichen Zuschüssen und dem „Verein der Freunde und Förderer der badischen Volkskunde“ unterhalten worden. Da Württemberg eine solche Stelle als staatliche Einrichtung schon seit 1929 besaß, strebte Künzig ein badisches Pendant dazu an, was ihm 1960 gelang. Die Stelle, zunächst dem Regierungspräsidium Freiburg zugeordnet, wanderte über das Landesdenkmalamt und das Württembergische Landesmuseum schließlich 1983 zum Badischen Landesmuseum. Der Namensbestandteil „badisch“ wurde damals gestrichen. Die Landesstelle für Volkskunde nennt sich heute im Untertitel „Öffentliche Bibliothek und Archiv zur Alltags-, Kultur- und Sozialgeschichte Badens und der Regio“. Gemeinsam mit der Württembergischen Landesstelle für Volkskunde gab sie in den 70er und 80er Jahren die „Forschungen und Berichte zur Volkskunde in Baden-Württemberg“ heraus. Von 1985 an ersetzte man diese Publikation durch die „Beiträge zur Volkskunde in Baden-Württemberg“.

In neuerer Zeit hat sich die Tätigkeit der Landesstelle gewandelt. Ihre ursprünglichen Aufgaben schränken sich immer mehr auf den Regierungsbezirk Freiburg ein, was sich unter anderem an dem seit 1983 betriebenen Zeitungsarchiv zeigt. Das Badische Landesmuseum zieht die Landesstelle unterdessen zu musealen Tätigkeiten heran. So richtete diese das Keramikmuseum in Staufen als Zweigmuseum ein und ist auch an volkskundlichen Aufgaben im Karlsruher Hauptmuseum beteiligt.

Ähnlich wie in den Anfängen der Landesstelle gibt es seit 1997 wieder einen „Förderverein Volkskunde in Baden“.[4]

Ein sehr altes, nach rund acht Jahrzehnten Arbeit noch nicht abgeschlossenes Unternehmen ist das als Arbeitsbereich beim Deutschen Seminar der Universität Freiburg angesiedelte Badische Wörterbuch. Es erfaßt alle badischen Mundarten mit besonders großer Belegdichte in Süd- und Mittelbaden und ist derzeit beim Buchstaben N angelangt.

Die Aufzählung wissenschaftlicher Institutionen wäre unvollständig ohne das zum Kirchengeschichtlichen Seminar der Universität Freiburg gehörende Institut für religiöse Volkskunde und das in der Art einer Akademie seit 1930 auch grenzüberschreitend wirkende Alemannische Institut.

Museen

Viele Museen vermitteln Kenntnisse über die materielle Volkskultur. Insbesondere tun dies Spezialmuseen wie das Schwarzwälder Trachtenmuseum in Haslach oder die Fastnachtsmuseen in Bad Dürrheim, Kenzingen und Schloß Langenstein und natürlich das Badische Landesmuseum in Karlsruhe.

Von den 70er Jahren an ging eine Museumsgründungswelle über das Land, welche vor allem die Zahl der Ortsmuseen gewaltig vermehrte. Von der Tätigkeit der Museumsberatungsstelle des Landes Baden-Württemberg profitierten viele badische Gemeinden ohne hauptamtliche Museumsleitung in zweifacher Hinsicht, da diese nicht nur beriet, sondern auch die staatlichen Zuschüsse verteilte.

Ein Museumstyp, das Freilichtmuseum, sei eigens hervorgehoben. Er widmet sich der Darstellung ländlicher Bau- und Wohnkultur und alten bäuerlichen und handwerklichen Arbeitstechniken. Freilichtmuseen existierten in einigen anderen Ländern schon länger. Als erstes in Baden-Württemberg wurde 1963 auf Betreiben des Bauernhausforschers Hermann Schilli das Schwarzwälder Freilichtmuseum Vogtsbauernhof in Gutach eröffnet. Ansätze zu weiteren derartigen Museen waren vorhanden. Bestrebungen, für ganz Baden-Württemberg ein einziges Landesfreilichtmuseum zu schaffen, konnten sich nicht durchsetzen. So entstanden sieben Freilichtmuseen im Land, davon aber nur zwei in Baden. Neben dem Vogstbauernhof ist dies das 1984 eröffnete Odenwälder Freilandmuseum Gottersdorf bei Walldürn, das ganz Nordbaden abdecken soll.

Heimatvereine

Heimatlicher Geschichts- und Volkskundeforschung und deren populärer Vermittlung dienen eine große Zahl von Geschichts- und Heimatvereinen, von denen der Historische Verein für Mittelbaden, der Breisgau-Geschichtsverein, der Hebel-Bund, der Hegau-

Geschichtsverein und der Heimatverein Kraichgau als Beispiele genannt seien. Fast alle bringen Jahrbücher oder andere Publikationen heraus.

Eine Sonderstellung nimmt der Landesverein Badische Heimat ein, dessen Betätigungsfeld das ganze frühere Land Baden umfaßt und der seine Arbeitsgebiete mit folgenden Schlagwörtern umreißt: Heimatkunde und Heimatpflege, Natur- und Denkmalschutz, Volkskunde und Volkskunst, Familienforschung.[5]

Die Badische Heimat bildet das Pendant zu dem in Württemberg tätigen Schwäbischen Heimatbund, mit dem sie von Fall zu Fall auch zusammenarbeitet. Der 1909 gegründete Verein umfaßte zwanzig Jahre später 57 Ortsgruppen mit insgesamt über 14 000 Mitgliedern. Der höchste Mitgliederstand nach dem Zweiten Weltkrieg war 1954 mit nahezu 7 000 erreicht. Heute sind es noch etwa die Hälfte, mit Schwerpunkten in den Großstädten Karlsruhe, Mannheim, Heidelberg und Freiburg. Im badischen Frankenland und im Bodenseegebiet gibt es nur noch Einzelmitglieder. Die jahrelang rückläufige Mitgliederentwicklung hat sich aber stabilisiert und nimmt neuerdings wieder leicht zu.

In den 20er und 30er Jahren war die Badische Heimat mit ihrer Zentrale im eigenen Haus in Freiburg eine Instanz, die wegen des bei ihr versammelten Sachverstandes zu allen wichtigen Fragen des Natur- und Denkmalschutzes und der Heimatpflege gehört wurde. An diese große Zeit konnte nach dem Zweiten Weltkrieg nicht mehr angeknüpft werden. Das hatte verschiedene Gründe. Einer davon war, daß man die Badische Heimat, oft fälschlicherweise, als Hort altbadischer Bestrebungen ansah und darum ablehnte. Außerdem wurden viele Positionen, für welche der Landesverein früher zuständig gewesen war, von den erwähnten lokal oder regional tätigen Vereinen besetzt. Die Ortsgruppen der Badischen Heimat verloren ihre hervorgehobene Stellung und wurden Heimatvereine unter anderen. Sie gestalten ihre Programme unabhängig vom Hauptverein. Übergeordnete Zielsetzungen gerieten darum über längere Zeit aus dem Blick, werden aber neuerdings wieder mehr wahrgenommen.

Was dem Landesverein nach wie vor großes Renommee und einen bestimmten Mitgliederstamm sichert, ist seine Vierteljahresschrift „Badische Heimat – Mein Heimatland“. Diese erscheint vorzüglich redigiert in einem Gesamtumfang von jährlich 800 bis 950 Seiten. Da sie ein breites Spektrum von Themen aus Geschichte, Literatur, Kunst, Biographischem, Denkmalschutz, Naturschutz, Volkskunde und anderem, oft mit regionalen Schwerpunkten aus allen Teilen Badens bringt, findet sie im ganzen Land viel Beachtung.

Einzelbereiche der Volkskulturpflege

Feste und Bräuche

Im ganzen Land gibt es historische Feste, die zum Teil eine weit zurückreichende Tradition haben. Erinnert sei an die Waldshuter Chilbi, das Fridolinsfest in Säckingen, das Hausherrenfest in Radolfzell und das Peter- und Paulsfest in Bretten, die alle auf kirchliche Anlässe zurückgehen. Ihren Ursprung in alten Märkten haben der Michaelismarkt in Wertheim, der Mathaisemarkt in Schriesheim und der zu einer großen Messe ausgebaute Mannheimer Maimarkt. Alte Brauchfeste sind die Sommertagszüge in den ehemals kurpfälzischen und speyerischen Städten.

In den 20er Jahren wurde eine größere Zahl neuer Stadt- und Gemeindefeste begründet, die sich aber nicht alle bis in unsere Zeit gehalten haben. Nach dem Zweiten Weltkrieg entstanden neue Feste, weil die meisten Städte und Landgemeinden das Bedürfnis hatten, sich auf diese Weise darzustellen. Dadurch ging in vielen Gemeinden die Bedeutung älterer Feste, etwa der Kirchweih, zurück.

Die im bayerischen Stil aufgezogenen deutsch-amerikanischen Volksfeste in einigen nordbadischen Städten sind mit dem Abzug der amerikanischen Truppen fast alle wieder verschwunden.

Nach der Gemeindereform in Baden-Württemberg gab es Bestrebungen eingemeindeter Orte, ihre Eigenart in Form von herkömmlichen oder neugeschaffenen Festen und in der Pflege ortsüblicher Bräuche zu betonen. Besonders auffällig ist aber auch, daß vor allem seit den 1970er Jahren die Stadtteile und Vororte von Großstädten ihre jeweils eigenen Feste geschaffen haben, die zwar nur selten an frühere Gepflogenheiten anknüpfen, sich aber doch häufig auf örtliche Traditionen berufen.

In keinem Ort fehlen heute die Laternenumzüge der Kinder um Martini, die sich erst in den letzten fünfzig Jahren nach rheinischem Vorbild in Baden ausgebreitet haben. In neuerer Zeit erleben die früher nur in einigen Städten üblichen Weihnachtsmärkte eine Konjunktur, die kaum noch einen größeren Ort ausläßt.

Wenn es außer in der Mundart eine Trennungslinie zwischen dem alemannischen Süden und dem fränkisch-pfälzischen Norden gibt, dann ganz sicher in der Art Fasnacht zu feiern. Dabei haben sowohl die nördliche, karnevalistische Variante als auch die alemannischen Maskenbräuche ihre Tradition. Noch im 19. Jahrhundert hielt man sie auch nicht so eindeutig auseinander wie heute. Aber seitdem die alemannischen Narrenzünfte strengen Regeln zur Reinhaltung ihrer Bräuche folgen, gibt es im Verlauf der letzten fünfzig Jahre immer weniger Gemeinsamkeiten mit Ausnahme derjenigen, daß die Zahl der Vereine in beiden Fastnachtsformen ständig zugenommen hat, derzeit aber an einem Sättigungspunkt angelangt ist. Diese Entwicklung hat dazu geführt, daß auch in vorwiegend evangelischen Gemeinden, die das Fest früher nicht begingen, heute Fastnacht gefeiert wird.

Die entsprechenden Verbände grenzen sich geographisch nicht immer eindeutig gegeneinander ab. Im badischen Nordosten gibt es den Narrenring Main-Neckar. Im Nordwesten reicht das Gebiet der Vereinigung Badisch-Pfälzischer Karnevalsvereine bis Baden-Baden.[6] Südlich davon sind die Vereine im Verband Oberrheinischer Narrenzünfte, der Vereinigung Schwäbisch-alemannischer Narrenzünfte und in der Narrenvereinigung Hegau-Bodensee organisiert.[7] Die letztgenannte ist erst 1959 gegründet worden, während die beiden vorhergehenden bereits in der Zwischenkriegszeit entstanden waren. Alljährlich finden in der Vorfastnachtszeit mehrere regionale Narrentreffen statt.

Die ständige Vermehrung der Narrenzünfte erforderte die Schaffung neuer Masken, die leider nicht alle gelungen sind.

Während sich im Alemannischen vieles auf der Straße abspielt, herrscht im Norden die Saalfastnacht vor, obwohl es natürlich auch Umzüge gibt, die größten in Mannheim und Karlsruhe. Besonders auffallend ist hier in neuerer Zeit eine starke Zunahme uniformierter weiblicher Tanzgarden, die es vor dem Zweiten Weltkrieg noch nicht gab. Die Garden fassen ihren Tanz häufig als sportliche Disziplin auf und bestreiten außerhalb der Fastnachtszeit Meisterschaften.

Im Grenzgebiet zur Schweiz zeigen sich manche Einflüsse der berühmten Basler Fasnacht. Von dort aus drangen auch die sogenannten „Guggemusiken“ von den 70er

Jahren an vor und haben sich inzwischen schon bis nördlich von Karlsruhe ausgebreitet. Im Stadtgebiet von Karlsruhe selbst bildeten sich in den letzten Jahren einige Gruppen, die dem alemannischen Fastnachtsstil zuzuordnen sind.

Trachtenpflege

Als 1948 die Arbeitsgemeinschaft „Schwarzwälder Volksleben", bald darauf in Bund „Heimat und Volksleben" umbenannt, ihre Tätigkeit aufnahm, dachte man dabei noch nicht an einen Zusammenschluß von Trachtenvereinen. Diese gab es zwar schon länger in einigen Städten, aber kaum in den eigentlichen Trachtengebieten. Man wollte damals nur „wirkliche Trachtenträger" ansprechen und auf alle, die sich organisiert in Tracht sehen lassen wollten, verzichten.[8] Man wandte sich also über die Bürgermeister an die „Trachtengemeinden". Der damalige (süd-)badische Staatspräsident Leo Wohleb unterstützte dieses Vorgehen, das sich aber später als illusorisch erweisen sollte. Die „echten" Trachtenträger wurden immer älter und immer seltener. So verwandelte sich der Bund „Heimat und Volksleben" im Verlaufe weniger Jahre in eine Organisation von Trachtenvereinen, deren Zahl sich rapide vermehrte. Zählte man 1970 etwa 65 Vereine, so waren es zehn Jahre später schon 147, und 1990 belief sich ihre Zahl auf 221.[9] Viele sind seither allerdings nicht mehr dazugekommen. Die Ursache für dieses Anwachsen lag vor allem darin, daß auch an Orten ohne überlieferte Tracht solche Vereine gegründet wurden, weil man in einer Tracht eine gute Repräsentations- und Werbemöglichkeit für die Gemeinde erkannt hatte. Ein Beispiel dafür, daß auch das Land Baden-Württemberg den Bekanntheitsgrad und den Sympathiewert eines Trachtenstückes nutzt, ist der Einsatz des Gutachter Bollenhutes in der Fremdenverkehrs- und der landwirtschaftlichen Produktwerbung durch die einschlägigen Ministerien. Trachten wurden in den letzten Jahrzehnten völlig neu geschaffen, sehr oft mit Beratung durch den Bund „Heimat und Volksleben".

Trachtenmädchen beglückwünschen Staatspräsident Wohleb (1950) (Quelle: NL Wohleb)

Als Trachtenverband spielt der Bund, der auch Brauch- und Mundartpflege zu seinen Aufgaben zählt, in Baden die überragende Rolle. Er hat aber verständlicherweise seinen Schwerpunkt im südlichen Teil Badens mit seinen traditionellen Trachtengebieten.

Der wesentlich kleinere „Trachtengau Schwarzwald" arbeitet vorwiegend im Württembergischen. Nur etwa ein Viertel seiner 51 Mitgliedsvereine kommen aus Baden.[10]

Bedenkt man, daß es Trachtenpflege auch im Schwarzwaldverein, im Odenwaldklub, bei den Verbänden der Heimatvertriebenen, in den Bayernvereinen und in vielen Heimat- und Verkehrsvereinen gibt, so ist in ganz Baden mit mindestens 12 000 organisierten Trachtenträgern zu rechnen.

Mundart

Auch in den Bemühungen um die Pflege der heimischen Mundarten nimmt der alemannische Landesteil eine Vorrangstellung gegenüber den anderen ein. Hier ist zwischen Bodensee und Offenburg seit 1966 die „Muettersproch-Gsellschaft“ tätig. Aus einem Arbeitskreis von Mundartdichtern hervorgegangen, hatte sie es in den ersten zehn Jahren ihres Bestehens nur auf rund 350 Mitglieder gebracht.[11] Der 1975 erfundene Aufkleber mit dem Text „Bi uns cha me au alemannisch schwätze“ und andere Werbematerialien machten den Verein aber rasch so bekannt, daß er heute 3 700 Mitglieder zählt. Natürlich verhalfen auch viele Dichterlesungen und die Zeitschrift „Alemannisch dunkt üs guet“ dazu. Die „Gsellschaft“, die inzwischen zwanzig regionale Gruppen hat, setzt sich auch mit einigem Erfolg für Mundartsendungen in Rundfunk und Fernsehen und für Mundartglossen in Lokalzeitungen ein und versucht, die Mundart im öffentlichen Leben und im Umgang mit Behörden „salonfähig“ zu machen.

Hintergrund aller Bemühungen ist die Befürchtung, daß die typischen Lautmerkmale im badischen Alemannisch verloren gehen könnten, im Gegensatz etwa zur Schweiz, wo die Mundartpflege keine so große Rolle spielt, weil die Mundart für alle Bevölkerungskreise selbstverständliche Alltagssprache ist.

Durch Mundartwettbewerbe wurden von der „Muettersproch-Gsellschaft“ immer wieder auch junge Talente gefördert. Das ist nun etwas, das es auch im Nordbadischen gibt. Seit 1986 führt der „Arbeitskreis Heimatpflege Regierungsbezirk Karlsruhe“ mit Unterstützung der badischen Sparkassen alljährlich einen solchen Wettbewerb durch. Bewertet werden Lyrik, Prosa, Lied und Mundarttheater. Dabei zeigt sich, daß die Mundartautoren sich durchaus zeitgenössischen Themen zuwenden. Eine Vereinigung zur Pflege der Mundarten gibt es im nördlichen Baden zwar nicht, dafür aber eine größere Anzahl von Mundartautoren, deren Bücher jederzeit ihre Abnehmer finden. Über Jahre hinweg bot Rudolf Lehr, selbst ein bekannter Mundartdichter, manchen von ihnen in seinen Veröffentlichungen und in Gruppenlesungen eine Plattform.

Stätten der Mundartpflege sind auch viele winterliche Vereinstheateraufführungen in allen Landesteilen. Manche Theatergruppen, vor allem in Südbaden, widmen sich ausschließlich dem Mundarttheater, so etwa „S Bühneli“ in Lörrach, die Breitnauer Bauernbühne, die Laienspielgruppen Schluchsee und Glottertal, die Heimatbühne Stühlingen, die Brezelstädter Laienbühne Kandern oder die Theaterwerkstätte „alla gued“ in Offenburg.[12] Für alle Interessenten hält der Bund „Heimat und Volksleben“ in seinem Alemannischen Mundartarchiv über 200 Stücke bereit. Schon in die Nähe eines professionellen Theaterbetriebs ist die Alemannische Bühne Freiburg zu stellen. Sie hat ein nordbadisches Pendant in der „Badisch Bühn“ in Karlsruhe.

Die größte und anspruchsvollste Laienbühne Badens, die Freilichtspiele in Ötigheim, spielt nicht in Mundart.

Im übrigen darf festgestellt werden, daß in ganz Baden die Mundarten oder zumindest eine stark mundartlich gefärbte Umgangssprache immer noch die übliche Sprachform des größten Teiles der Bevölkerung sind.

In Baden spielt der vereinsmäßig organisierte Chorgesang seit mehr als 150 Jahren eine wichtige Rolle. Der 1862 gegründete Badische Sängerbund umfaßte etwa hundert jahrelang fast ausschließlich Männergesangvereine, während die in jeder Gemeinde seit den 1880er Jahren entstandenen Kirchenchöre immer gemischt besetzt waren. Wenn auch die Gesangvereine nicht mehr überall ihre frühere Bedeutung behalten haben, so sind sie in vielen Gemeinden immer noch die wichtigste kulturelle Institution. Allerdings hat das Gesangvereinswesen in den letzten fünfzig Jahren einige Wandlungen durchgemacht. Die Zahl der Vereine blieb in etwa gleich, obzwar da und dort, vor allem in größeren Städten, Vereine fusionierten.[13] Dafür gab es gelegentlich auch einmal eine Neugründung. Die Zahl der aktiven, noch mehr die der passiven Mitglieder ist insgesamt angewachsen, nur die innere Struktur hat sich vielerorts sehr verändert. In der ehemaligen Männerdomäne haben die Frauen gewaltig aufgeholt. 38 486 Männern stehen im Badischen Sängerbund derzeit schon 23 226 Frauen gegenüber. Bereits 1962 setzte der Badische Sängerbund eine Frauenreferentin ein. Die Männerchöre sind häufig überaltert, so daß viele in gemischte Chöre umgewandelt wurden. Dieser Prozeß setzt sich weiter fort. Es gibt aber auch eine große Zahl reiner Frauenchöre, oft im selben Verein neben dem Männerchor. Der Badische Sängerbund umfaßt heute 1435 Vereine, in denen 870 Männer-, 220 Frauen- und 739 gemischte Chöre tätig sind. Erste Kinderchöre gab es schon in den 50er, vermehrt in den 70er Jahren. Heute sind es 173 im Bereich des Badischen Sängerbundes. Die Zahl der Jugendchöre, die ziemlich schwankt, liegt derzeit bei 74. Insgesamt umfaßt der Badische Sängerbund 74 556 aktive und 176 362 passive, alles in allem 250 918 Mitglieder. Alle Zahlen widerlegen zwar die verbreitete Meinung über den Niedergang des Sängerwesens, doch belegen sie gleichzeitig dessen tiefgreifenden Strukturwandel.

Noch etwas hat sich gewandelt. War die Pflege des deutschen Volksliedes von jeher von den Gesangvereinen zu ihrem Hauptziel erklärt worden, so kann davon nicht mehr uneingeschränkt die Rede sein. Bereits in der Nachkriegszeit wurden ausländische Volkslieder, zumeist mit übersetztem Text, ins Repertoire aufgenommen. Neben volkstümlich klingenden Neukompositionen ertönten diese Lieder allmählich auch in den Originalsprachen. Hinzu kamen immer mehr vom Jazz beeinflußte Kompositionen sowie Spirituals und Gospelsongs. Vor allem die Jugendchöre widmen sich hauptsächlich diesen Stilrichtungen.

Vergleichbares läßt sich für das Repertoire der Blasmusikkapellen feststellen. Mit den Zupf- und Handharmonikaorchestern werden sie in die Rubrik „Volksmusik“ eingeordnet. Sie sind die bei weitem zahlreichste und fast überall vorhandene Orchestergattung.[14] Die badischen Vereine für Blasmusik sind nahezu alle im Bund Deutscher Blasmusikverbände organisiert, denn von dessen 1 133 Vereinen befinden sich allein 960 in Baden. Von den annähernd 50 000 aktiven Musikern ist etwa ein Drittel unter 18 Jahren. Das belegt, daß sich die Vereine sehr um die Förderung ihres Nachwuchses kümmern und damit offensichtlich mehr Erfolg haben als die Gesangvereine. Zur musikalischen Fortbildung hat der Bund Deutscher Blasmusikverbände 1998 eine eigene Akademie in Staufen eingerichtet.

Der 1998 in Baden-Baden erstmals, danach in Schwäbisch Gmünd und Müllheim durchgeführte und von der Landesregierung unterstützte „Tag der Laienmusik“ bringt alle Arten von Musik- und Gesangsgruppen mit mehreren tausend Mitwirkenden zu einem vielgestaltigen Programm zusammen.

Staatliche Förderung der Heimatpflege

Zur Unterstützung heimatpflegerischer Tätigkeiten sind bei den Regierungspräsidien eigene, in Vereinsform organisierte Arbeitskreise geschaffen worden, die nicht nur die hierfür vorgesehenen Mittel verwalten, sondern auch Sponsoren gewinnen, eigene Projekte und die Heimattage Baden-Württemberg durchführen. Seit 1986 bilden alle vier Bezirksarbeitskreise den Landesausschuß Heimatpflege.

Die Struktur der Arbeitskreise ist in den Regierungsbezirken unterschiedlich. Der südbadische „Arbeitskreis Alemannische Heimat" ging 1984 aus einem schon länger existierenden Gesprächskreis hervor.[15] Er setzt sich aus zwölf Verbänden zusammen, die ihre zum Teil nach hunderten zählenden Einzelvereine insgesamt vertreten. Die heimatpflegerische Arbeit wie auch die Verteilung von Fördermitteln geschieht über die Verbände. Zum Tag der Heimat wird im Regierungsbezirk Freiburg eine Straßen- und Haussammlung durchgeführt, deren Erlös zu zwei Dritteln in den betreffenden Gemeinden verbleibt, während ein Drittel für zentrale Aufgaben der Heimatpflege verwandt wird.

Diese Sammlungen gibt es in Nordbaden nicht. Der „Arbeitskreis Heimatpflege Regierungsbezirk Karlsruhe" (der ursprüngliche Namensbestandteil „Nordbaden" wurde gestrichen) hat etwa 120 Mitglieder.[16] Ein großer Teil davon sind Städte, Gemeinden und Landkreise, sodann Verbände, Vereine und Gruppen.

Der 1984 entstandene Arbeitskreis wird immer vom jeweiligen Regierungspräsidenten geleitet. Er kümmert sich zum Teil um heimatpflegerische Aufgaben, die in Südbaden von den Einzelverbänden geleistet werden. 1986 schuf er sich die zweimal jährlich erscheinende Zeitschrift „Hierzuland". Im selben Jahr wurde erstmals ein Mundartwettbewerb ausgeschrieben, der sich alljährlich wiederholt. Alle vier Jahre wird vom Arbeitskreis das „Vorbildliche Heimatmuseum" ausgezeichnet.

Die Heimattage Baden-Württemberg finden seit 1978 statt. Es war der Vorschlag des „Arbeitskreises Heimatpflege Regierungsbezirk Karlsruhe", die Durchführung der Heimattage den Arbeitskreisen der einzelnen Regierungsbezirke zu übertragen, so daß jeder alle vier Jahre an die Reihe kommt. Die Programme können dadurch sinnvollerweise sehr viel stärker als früher auf die jeweilige Region abgestimmt sein. Erstmals wurde die neue Konzeption 1986 in Buchen verwirklicht.

Es sei hier angemerkt, daß der durch die Gebietsreform der 70er Jahre geschaffene Zuschnitt der Regierungsbezirke sich nicht mehr an die alten badischen Grenzen hält. Dadurch wurde ein Teil des badischen Frankenlandes dem Regierungsbezirk Stuttgart, westwürttembergische Gebietsteile hingegen dem Regierungsbezirk Karlsruhe zugeteilt. Alte Strukturen wurden durch diese Maßnahme gestört. Die Verbände, Badische Heimat, Badischer Sängerbund und andere, haben ihr Arbeitsgebiet bisher nicht verändert.

Grenzüberschreitende Aktivitäten

Bei der Grenzlage Badens zur Schweiz und zu Frankreich ergeben sich fast von selbst mancherlei Kontakte über die Grenzen hinweg. Im Bodensee- und Hochrheingebiet sind diese relativ lebhaft. Sie beruhen dort zum Teil auf altem Herkommen, während man zum Elsaß Beziehungen erst mühsam wieder anknüpfen mußte. Viele badische Orte haben Partnergemeinden im Elsaß, aber nicht nur dort, so daß grenzüberschreitende Beziehungen auch weit nach Innerfrankreich, ebenso aber auch nach Italien, Spanien, Ungarn und anderen Ländern reichen können. Trachtengruppen und -kapellen sind viel auf Reisen.

Das seit 1967 alle zwei Jahre stattfindende Karlsruher Trachtenfest bezog neben den badischen immer auch Gruppen aus der Schweiz und dem Elsaß ein. Nach der politischen Wende werden die alemannischen Gruppen aber von den sehr attraktiven osteuropäischen etwas in den Hintergrund gedrängt.

Eine ganze Reihe grenzüberschreitender Projekte auf unterschiedlichsten Ebenen wurde in den letzten Jahren von der EG finanziert. Zu ihnen gehört der „PAMINA-Rheinpark".[17] Träger ist ein aus den betreffenden Gemeinden gebildeter deutsch-französischer Verein, dessen Geschäftsführung beim Landratsamt Rastatt liegt. Er umfaßt derzeit sieben, künftig neun Museen oder Informationszentren. Vier davon liegen auf badischer, drei auf elsässischer Seite. Die einzelnen, von örtlichen Fördervereinen betreuten Museen passen sich in eine Gesamtkonzeption ein. Diese weist jedem Museum einen besonderen Schwerpunkt zu. So beschäftigt sich Ottersdorf mit der Natur, Steinmauern mit der Flößerei, Elchesheim mit „Arbeit am Rhein" und Durmersheim mit Wallfahrt und Volksfrömmigkeit. Auf der elsässischen Seite hat Selz die Vor- und Frühgeschichte und Mothern die Sagen und Mythen zum Thema. Angeschlossen ist das Naturschutzzentrum Münchhausen. Alle Planungen und deren Durchführung geschehen im Gesamtrahmen des Projektes, doch haben die einzelnen Museen untereinander kaum Kontakte.

Relativ erfolgreich ist der 1999 eingeführte Oberrheinische Museums-Paß. Er berechtigt gegen Bezahlung einer Jahresgebühr von DM 88 zum Besuch von etwa 140 Museen in Baden, der Schweiz, dem Elsaß und der Pfalz. Dieser Paß wird von Schweizern besonders gut angenommen, von Elsässern hingegen nur wenig.[18]

Schlußbemerkungen

Der vorliegende Beitrag setzt einige Schwerpunkte. Er erhebt keinen Anspruch auf Vollständigkeit.

Volkskultur ist so wenig statisch wie andere kulturelle Bereiche. Auch sie wandelt und entwickelt sich im Zusammenhang mit der Gesamtheit unserer Kultur, von der sie nie isoliert betrachtet werden darf. Natürlich wohnte der Volkskultur immer ein retardierendes Element inne. Manche Zeitströmungen hat sie verspätet aufgenommen oder länger an ihnen festgehalten. Aber es gab immer nur Kontinuität im Wandel. Erst pflegerische Bemühungen wollten auf einem bestimmten Stand der Dinge, den sie für „echt" hielten, beharren. So sollten Trachten, Liedgut und Mundarten möglichst unverändert überliefert werden. In einer lebendigen Kultur läßt sich das aber nicht verordnen. Selbst in Bereichen, in denen die Volkskultur fast musealen Charakter angenommen hat, etwa in der Trachtenpflege durch Vereine, gibt es gemäßigte Veränderungen, geht die Rocklänge mit der Mode und halten moderne Materialien Einzug.

Betrachten wir die Entwicklung der letzten fünfzig Jahre in Baden, so zeigt sich, daß die Betätigung auf volkskulturellem und heimatpflegerischem Gebiet zwar ihren Charakter verändert, aber keineswegs ab-, sondern insgesamt zugenommen hat. Das gilt für ganz Baden, wenngleich man im Schwarzwald von jeher die Hochburg der badischen

Volkskultur mit Trachten, Blasmusik, Mundarttheater und vielen Bräuchen sah. Das hing und hängt natürlich auch mit dem dortigen Fremdenverkehr zusammen. Es ist wohl auch kein Zufall, daß sich die einschlägigen wissenschaftlichen Institutionen in Freiburg konzentriert haben.

Es darf noch einmal wiederholt werden: Die Außenperspektive eines Bundeslandes ist zu einem guten Teil auch davon abhängig, wie sich seine Volkskultur darstellt. Dies erkennend, fördern die Landesregierungen Baden-Württembergs Erforschung und Pflege des heimatlichen Kulturerbes, ohne das wir alle sehr viel ärmer wären.

Anmerkungen

1 Heinz Schmitt: Volkstracht in Baden. Ihre Rolle in Kunst, Staat, Wirtschaft und Gesellschaft seit zwei Jahrhunderten. Karlsruhe 1988, S. 30
2 Übersichtskarte zum Badischen Wörterbuch. Freiburg 1974
3 Peter Assion: Volkskunde in Baden. Versuch einer Standortbestimmung. In Badische Heimat, 64. Jg. (1984), S. 463-490
4 Nach Materialien und Auskünften der Badischen Landesstelle für Volkskunde (Dr. Bernhard Oeschger).
5 Ludwig Vögely: Gedanken über 75 Jahre Landesverein „Badische Heimat". In: Badische Heimat, 64. Jg. (1984), S. 407-415
6 Werner Hill: Fasnacht. Ein Porträt des Narrenspiels in badisch-pfälzischen Landen. Mannheim o. J.
7 Wilhelm Kutter: Schwäbisch-alemannische Fasnacht. Künzelsau 1976
8 Schmitt (wie Anm. 1), S. 88-89
9 Statistik von Ursula Hülse, Bund „Heimat und Volksleben"
10 Trachtenjahrbuch 2000 für Baden-Württemberg. Bietigheim-Bissingen 2000, S. 61-71
11 Nach Materialien und Auskünften der Muettersproch-Gsellschaft (Klaus Poppen)
12 Zusammenstellung von Ursula Hülse, Bund „Heimat und Volksleben"
13 Badischer Sängerbund e. V. von 1962 bis 1992. Karlsruhe 1992
14 Nach Materialien und Auskünften des Bundes Deutscher Blasmusikverbände (Fritz Hörter)
15 Nach Materialien und Auskünften des Arbeitskreises Alemannische Heimat (Karl-Heinz Harter)
16 Nach Materialien und Auskünften des Arbeitskreises Heimatpflege Regierungsbezirk Karlsruhe (Karin Usbeck-Ernst)
17 Nach Auskünften des Landratsamtes Rastatt (Herr Staib)
18 Ludwig Vögely: 150 Museen – 3 Länder – 1 Paß. Der Oberrheinische Museumspaß wurde am 1. Juli 2000 ein Jahr alt. In: Badische Heimat, 80. Jg. (2000), S. 805-807

Rundfunklandschaft Baden

Wolfgang Heidenreich

Beobachtungen zur regionalen Topographie und Entwicklung eines „neuen" Mediums

Im kurzen Entwicklungszeitraum eines Menschenalters hat „der Rundfunk" die alltägliche Lebenswelt umgeformt, Verhaltensweisen des Alltags geprägt und sich als verstärkender Spiegel und als Faktor in die überregionale und regionale Mentalitätsgeschichte eingemischt. Er mag heute im dualen System durch korrumpierten Warencharakter, Trivialisierung und audiovisuelle Verkommenheit zur Dekonstruktion kultureller und historischer Identitäten beitragen – ebenso deutlich sind die beharrlichen Lebenszeichen einer Medienkultur, die sich als verläßliches Element der kulturellen Dichte von Regionen und nicht nur als Bestandteil der Wegwerf- und Warenwelt versteht. Aber: Gab und gibt es eine badische Rundfunklandschaft?

Erste Rundfunk-Strukturen

Anfang der 20er Jahre meldeten sich in Orten wie Freiburg, Karlsruhe, Pforzheim, Heidelberg und Mannheim lebhafte und mitgliederreiche Bastler- und Hörervereinigungen zu Wort, die in Rathäusern, Kammern und Verbänden Verbündete fanden. Aber eine gesamtbadische Gründungsaktivität stand zunächst noch aus; Orte und Teilräume in Baden konkurrenzierten und befehdeten sich mit Pressekampagnen und Lobbyistenfeldzügen in Berlin, pochten auf regionale oder landsmannschaftliche Ansprüche, ohne zu einer Bündelung der partialen Interessen durch das gelbrote Band einer „badischen Identität" zu finden. Vergeblich sucht man in der badischen Landespolitik das rundfunkpolitische Problembewußtsein und ein integrierendes Gestaltungsvermögen, das in schwierigen Inflationszeiten den euphorischen Schwung der Radio-Bürgerbewegung und die Goldgräberstimmung der jungen Radio-Wirtschaft aufzunehmen und zu lenken versucht hätte.

Daß sich die Reichspost bei der Lizenzvergabe in Südwestdeutschland für die württembergische Landeshauptstadt Stuttgart als Sitz der „Süddeutschen Rundfunk AG (Sürag)" als Programmgesellschaft für Baden und Württemberg entschied, verdankt sie vor allem der Initiative des Kaufmanns Theodor Gustav Wanner. Der schwedische Generalkonsul und Gründer des Deutschen Auslandsinstituts hatte in den USA die frühe Rundfunkpraxis kennengelernt und dabei an die Verwendung des neuen Mediums als Brücke zu den Auslandsdeutschen gedacht. In Stuttgart führte er zielstrebig die nötigen Kapitalgeber bei Banken, Industrie- und Handelsunternehmen und auch Vertreter der Landesregierung zusammen. Nach der Sürag-Gründung am 3. März 1924 erhielt Baden in den sich bald konstituierenden Aufsichtsorganen zwar Sitz und Stimme, gewann aber in den bald drängenden Programm- und Empfangsfragen kein konstruktives Profil.

Wegen der meist schlechten Empfangsbedingungen erfolgte nach der ersten Gründungswelle in Deutschland ein Ansturm von über 100 Städten, die sich als Standorte von Sendern und Studioeinheiten bewarben. Eine besondere Dynamik entwickelten in dieser Phase die badischen Städte Freiburg, Karlsruhe, Pforzheim, Heidelberg und

Mannheim, angetrieben durch die fordernde Motorik der „Badischen Gesellschaft für Radiotechnik" in Karlsruhe, der badischen Ortsgruppen des „Württembergischen Radioclubs", vor allem aber des „Oberrheinischen Funkvereins" in Freiburg, der bei seiner Agitation darauf pochte, „eine Volksbewegung von größter Bedeutung" zu repräsentieren. Während die bürgerlichen Radio-Lobbyisten den Rundfunk als „kulturelle Wohltat" nicht nur für die Zentren, sondern gerade auch für die benachteiligten Bewohner kleiner Orte und abgelegener Randgebiete reklamierten, verfolgte der „Arbeiter-Radiobund" z.B. in Mannheim politisch-emanzipatorische Ziele, kritisierte nationalistische Töne, Marschmusik und kirchliche Programmelemente und mahnte einen „republikanischen Geist" in Organisation und Programm der sich als „überparteilich und unpolitisch" deklarierenden Sender an.

Aus den badischen Standortrangeleien gingen Freiburg, Karlsruhe und Mannheim als neue Studio-Orte hervor: Ein Küchengebäude des Erbgroßherzoglichen Palais in Karlsruhe, eine Sattelkammer des Mannheimer Schlosses und eine Militärbackstube in Freiburg wurden zu sendetauglichen „Besprechungsstellen" umgebaut – Symbolorte der regionalen Prestigeerwartung und des Anschlusses an die große, weite Rundfunkwelt. Mit einer für den Stand der Technik phänomenalen Rundschaltung zwischen Stuttgart, Freiburg, Karlsruhe und Mannheim wurde der Sendebetrieb mit der rhetorischen Beschwörung „schwäbisch-badischer Kulturverwandtschaft", mit Beethoven, Wagner, Elektronenhymnus und Mundartspiel euphorisch eröffnet. Freiburg triumphierte mit der Inbetriebnahme des ersten deutschen Zwischensenders, mit dem die bislang lamentablen südbadischen Empfangsverhältnisse verbessert und dringend neue Gebührenzahler akquiriert werden sollten. Entscheidend für das Berliner Postministerium waren überdies außenpolitische Erwägungen gewesen: Man wünschte Sendewirkung im Elsaß und in der Schweiz. Karlsruhe hatte zuvor den Freiburger Senderstandort „in der linksradikalsten Ecke des ganzen Badener Landes" heftig attackiert, beklagte als „einzige Landeshauptstadt ohne Sendeanlage" einen Prestigeverlust, der sich schmerzhaft potenzierte, als im November 1930 auch noch der erste deutsche Großsender in Mühlacker auf württembergischem Terrain errichtet wurde.

Badische Empfindlichkeiten gegenüber den als zentralistisch und bevormundend geziehenen Instanzen in Stuttgart und Berlin hinterlassen in den Annalen der frühen Radiojahre die breite Spur anhaltender Proteste, die vor allem in Nordbaden keine Ruhe gaben und die Drohung mit der Neugründung einer eigenen badischen Sendegesellschaft als Druckmittel einsetzten. In der Tat rangierte Stuttgart 1929 mit der Zahl seiner Programmbeiträge durch Nebenstellen in Deutschland auf dem letzten Platz. Die anhaltenden Proteste gegen diese Benachteiligung zeigen Wirkung: Freiburg kann die Zahl seiner Beiträge (überwiegend Vorträge und Konzerte) von jährlich 120 (1927) auf 295 (1932), Karlsruhe von 68 auf 254 und Mannheim von 33 auf 295 steigern. In dieser Zeit sind die badischen Sendestellen mit immerhin etwa 16% am Gesamtprogrammangebot der „Sürag" beteiligt. Man sollte also das regional geweckte kulturelle Interesse am neuen Medium und die von ihm geweckten landsmannschaftlich-bürgerschaftlichen Identifikationen nicht zu gering veranschlagen.

1933 werden die badischen Sendestellen aus technischen Gründen des neuen Gleichwellennetzes zeitweilig dem „Reichssender Frankfurt", also dem „Südwestfunk" angeschlossen. Auch da kommt es zu keiner nennenswerten institutionellen Mitwirkung der badischen Regionen und ihrer Hörer in der Sendegesellschaft. Die Rundfunkorganisation der Weimarer Republik war ja ein privatwirtschaftlich verbrämter, durch Aktienmehrheiten gesicherter Staatsrundfunk mit straffer Behördensteuerung, von den Gründervätern überparteilich, unpolitisch und fern von jeder demokratischen Partizipation intendiert. Demnach war es auch ein historisches Defizit, daß das Radio in der Zerrissenheit der damaligen politischen Szene kein relevantes publizistisches demokratisches Instrument werden konnte – die Nachrichten z.B. kamen aus staatlich kontrollierter Quelle von außerhalb. So fiel es auch den Nazis reibungslos anheim, um zur Propaganda- und Betäubungsmaschine des totalitären Staats zu werden. In dessen Strukturen fügte sich der zunächst noch geduldete, „unpolitische Heimatfunk" zunächst problemlos ein. Aber bald schaltet der Apparat des Joseph Goebbels die regionalen Programmanteile aus; ab September des Weltkriegsjahres 1939 schallt aus den Volksempfängern ein reichsweites Zentralprogramm. Und auf das verbotene Abhören von „Feindsendern" steht die Todesstrafe.

„Bald prangt den Morgen zu verkünden..." – Der öffentlich-rechtliche Neubeginn

Ironie der Geschichte: Es war nach dem Zusammenbruch des Hitlerreichs ein Akt unfreier Außenlenkung, also ein Diktat der Besatzungsmächte, das nach dem britischen Vorbild der öffentlich-rechtlichen BBC auch in den Einflußzonen der Amerikaner und Franzosen den Rundfunk aus der Hand des totalitären Staates in dezentrale Strukturen, öffentlich-rechtliche Selbstverwaltung und demokratische Kontrolle übergeben wollte. Wäre es nach den Vorstellungen z.B. der nordbadisch-württembergischen Politiker der ersten Stunde gegangen, hätte man in der amerikanischen Besatzungszone Weimarer Schnittmuster nachgebildet: 100%-Anteil der auf das Besatzungsrecht folgenden Regierung an einer Rundfunk-Trägergesellschaft. Und: „Die Programmgestaltung soll die Staatsregierung übernehmen." Dieser restaurativen und autoritativen Option setzen die Rundfunkoffiziere des Lucius D. Clay „reeducative", demokratische Gegenbilder, d.h. einen Rundfunk entgegen, der „nur der Allgemeinheit zu dienen" habe und „weder ein Instrument der Regierung noch irgendeiner politischen Gruppe oder sonstigen Interessengemeinschaft" sein dürfe. Sie formulieren 1946 mit ihren Programmgrundsätzen die Magna Charta der Rundfunkfreiheit, die 1950 wörtlich in die SDR-Satzung eingehen werden: „Auf dem Wege zur Schaffung eines freien, demokratischen und friedliebenden Deutschlands ... wird das deutsche Rundfunkwesen seine Unabhängigkeit aufrechterhalten..."

Die „Section Radiodiffusion" der französischen Militärregierung in Baden-Baden folgt nach einigem Zögern bei der Neugründung des Rundfunks in ihrer inhomogen geschnittenen Besatzungszone (Rheinland-Pfalz, Südbaden und Südwürttemberg-Hohenzollern südlich der Autobahn Karlsruhe-Ulm) konsequent dem „public-radio"-Leitbild der Briten und Amerikaner, nicht etwa dem des französischen Staatsrundfunks. Und ihre Kulturpolitik hebt sich ab von den repressiven Zügen der französischen Reparations- und Demontagepolitik – sie hat aufklärerischen, weltoffenen Schwung, möchte „rééducation" als kulturelle Durchdringung, will Fenster aufstoßen, um „die Hörer an die geistigen Grundspannungen unseres Jahrhunderts heranzuführen." Und auch sie formuliert die neuen öffentlich-rechtlichen Grundlinien: „Die Programme des Südwestfunks müssen von vollendeter Objektivität und demokratischer Auffassung getragen sein und die internationale Zusammenarbeit fördern." Erste Überlegungen, in Rheinland-Pfalz, im südlichen Teil des zerteilten Baden und in Württemberg-Hohenzollern zwei oder drei selbständige Sender zu gründen, treten bald hinter dem Projekt einer zentralen Rundfunkanstalt für die gesamte französische Zone zurück. Entgegen einem ersten Besatzungsvotum für Mainz wird Baden-Baden Sitz des ab 31. März 1946 sendenden Südwestfunks, der allerdings erst 1948 begründet wird durch Verordnungen der Militärregierung, in denen „jede Kontrolle und Einmischung seitens der Regierungen, der öffentlichen Verwaltungen, der konfessionellen Behörden, der politischen Parteien und Interessengruppen verboten“ wird. Während die Amerikaner bei dem Südfunk-Start am 3.6.1945 auf eine ältere Sendezentrale („Sürag“) aufbauen können, entwerfen die Franzosen das Pioniergebilde des Südwestfunks an nichthauptstädtischem, dezentralem Standort und ohne Anknüpfung an frühere Strukturen – ein radikaler Neubeginn auf der gelb-rot-gelben Wiese, der sich durch die Kompetenz, das Qualitätsbewußtsein und die weltoffene Begeisterung der ersten Programmgestalter rasch zu einem kulturellen und publizistischen Zentrum mit internationaler Ausstrahlung entwickelt.

Tonangebend ab 1945: Der 1932 von den Nazis geschasste Breslauer Hörspielpionier und Lyriker Friedrich Bischoff (Intendant von 1949-1965), der mit seinem legendären Musikchef Heinrich Strobel als Erkennungs- und Pausezeichen des als Kulturinstrument begriffenen und der Aufhellung der Lebensumstände verpflichteten SWF Mozarts Klaviermotiv aus der Zauberflöte „Bald prangt den Morgen zur verkünden“ wählte (Strobel: „Ein Stück mit einem tiefen, humanitären und menschlichen Sinn“). Rückblickend spricht Walter Jens vom Glück der ersten Radiojahre in Baden-Baden, denen Theodor Heuss die Leistung zuschreibt, „einen Morgen der wiedergewonnenen Freiheit vorzubereiten“ und dabei dem „Anspruch der Qualität die Chance zu geben, Forderung zu werden“. Nach der Korruption der Ziele und Mittel des Radios durch das Nazireich können nun trotz Militärzensur (bis 1. April 1952) und dürftiger Ressourcen (man hatte 1949 lediglich 400 000 gebührenzahlende Hörer) alle Grundformen einer freien publizistischen und künstlerischen Radiokultur entwickelt werden und als hörbare, verläßliche Standards der Normalisierung und Zivilisierung des Alltags, einer neuen Öffentlichkeitskultur und dem Aufbau demokratischer Verhältnisse dienen. Der Rundfunk als Kulturveranstalter habe damals die Funktion erfüllt, „Kultur als Nährstoff“ zu liefern, erinnert sich der Autor und Regisseur Heinz von Cramer: „Es war die Zeit der großen, kompromisslosen Persönlichkeiten, der Begeisterung, der Abenteuerlust.“ Und der Komponist und Dirigent Hans Zehnder urteilt: „Der SWF war der musikalisch bei weitem fortschrittlichste und höchstqualifizierte Sender der BRD“. Gleichwohl war der Aufbau schwierig; die Improvisationskünste in den angemieteten Hotels, die Installation eines UKW-Sendernetzes im topographisch schwierigen Sendegebiet gerieten 1949 an eine gefährliche Grenze: Es fand sich innerhalb und außerhalb der badischen Regionen trotz des frühen Renommees des jungen Südwestfunks kein deutscher Kreditgeber für nötigste Investitionen. Zum Retter in der Not wurde ein von Paris initiierter „Verein zur Förderung des deutsch-französischen Kulturaustauschs“. Mit einer sofortigen Kredithilfe von 3 Millionen DM war nun sogar ans Bauen zu denken: Als erstes Projekt des nun auf der Baden-Badener „Funkhöhe“ entstehenden Pavillonsystems verwirklichte man bezeichnenderweise ein Aufnahme- und Konzertstudio für das SWF-Sinfonieorchester (1950), danach ein Funkhaus (1954) und ein Haus der Technik (1955).

Zu den konstitutiven Merkmalen der eindrucksvollen SWF-Programm-Geschichte gehört aus landsmannschaftlichen und technischen Gründen von der ersten Sendestunde an auch die Einrichtung einer dezentralen, regionalen Infrastruktur und die zentrale und in Aufschaltungen differenzierende Ausstrahlung regionaler Thematik. So kann das Freiburger Studio mit Regionalredaktionen und den überregional tätigen Kapazitäten eines Unterhaltungsorchesters und eines Jugendfunks nach rudimentären Anfängen im sog. „Friedrichsbau" (einem teilzerstörten Tanzcafe) in das umgebaute Günterstäler Hotel „Kyburg" umziehen. Durch Freiburgs Funktion einer (teil-)badischen Landeshauptstadt mit Regierungssitz und Landtag wächst dem „Landesstudio" Freiburg zeitweilig innerhalb der badischen Regionen eine gewisse Zentralität und in der öffentlichen Meinung der Auftrag zu, „die badische Stimme" zu repräsentieren, wie es ein am 7.11.1951 für das Landesstudio geschriebenes Gedicht von Reinhold Schneider dokumentiert: „Des Landes Stimme sind wir; unser Recht / Ist eingewurzelt tief in diesem Land." Dieser zweifellos etwas überanstrengte Anspruch wird von den badischen Sendestellen des SDR (Heidelberg, ab 1946 und Karlsruhe, ab 1948) nicht erhoben, zumal Stuttgarts Hoffnungen auf eine neue Südweststaats-Zentralität auch vom SDR geteilt werden. Da die Freiburger Redaktionen bis zur Inbetriebnahme des Tübinger „Landesstudios" (24.7.1950) auch die Ereignisse in Südwürttemberg-Hohenzollern berücksichtigen müssen, gerät diese länderübergreifende Pflichtaufgabe mit dem Aufbrechen der leidenschaftlich geführten Südweststaat-Diskussion zur Zerreißprobe. Das probadische Engagement des Freiburger Studios in einer Sendereihe „Erbe und Leistung der Heimat" läßt die französische Zensur einschreiten, was zu Protesten der „Arbeitsgemeinschaft der Badener" und einem über die Antenne ausgetragenen „Senderkrieg" zwischen dem neuen, südweststaatfreundlichen Studio Tübingen und Freiburg führt, das sich auf das Aufgabenprofil der Geschäftsordnung des Südwestfunks für die Studios beruft: „Aufgabe der Studios ist es, die besonderen politischen und kulturpolitischen Interessen ihrer Heimat zu wahren..." Die länderübergreifend besetzten und an einem von den föderalen Neugliederungsfragen unabhängigen Fortbestand des SWF interessierten Gremien in Baden-Baden unterbinden nun weitere „Senderkriege"; man erwartet von den drei Regierungen und Parlamenten in Mainz, Freiburg und Tübingen zur Ablösung des Besatzungsrechts den Abschluß und die Ratifikation eines Staatsvertrags. Denn unabhängig von allen Aufbau- und Programmleistungen dieser ersten in Baden angesiedelten Rundfunkzentrale sieht sich der SWF um 1951 von den Befürwortern des Südweststaats und zweier Länderanstalten zur Disposition gestellt.

In den Regierungsverhandlungen im zeitlichen Umfeld der Volksabstimmung über den Südweststaat (9. Dezember 1951) setzen vor allem Mainz und Tübingen bis zum 1. Oktober 1951 einen maßgeblichen Staatseinfluß (Regierungssitze im Verwaltungsrat; Rechnungsprüfung durch den Mainzer Rechnungshof) durch Instrumente, wie sie gegenüber dem SDR vergeblich gefordert worden waren. Jetzt beginnt der Staat über das Instrument der Kulturhoheit der Länder (gegen alle Gremieneinwendungen), die ungeliebte neue Rundfunkfreiheit „bei allen Fragen, die die Programmgestaltung angehen" (Memorandum aus Mainz, Oktober 1950) zu attackieren und statuarisch einzuschränken – Intendant Bischoffs Kommentar: „Der Staatsvertrag etabliert den Staatsrundfunk in seiner krassesten Form". Ein halbes Jahr nach der Volksabstimmung für den Südweststaat ist die Ratifizierung des Staatsvertrags durch die vor der Auflösung stehenden Parlamente abgeschlossen, tritt der Staatsvertrag am 1. Mai 1952 mit einer Laufzeit bis 31.März 1962 in Kraft. Am 17. Mai spricht der zurücktretende badische Staatspräsident Leo Wohleb seinen Abschied ins Freiburger Südwestfunkmikrophon: „Es lebe das badische Volk! Es lebe unsere badische Heimat!" Dies ist auch das Schlußwort für die Fiktion eines auf die badische Tradition und auf die „Bewahrung der Heimat" im Abstimmungskampf instrumentierbaren „badischen Heimatfunks".

Der SWF, der allenfalls eine Rundfunkanstalt in Baden, nie nur „ein badischer Sender“ gewesen war, ist nun eine prekär geschnittene, durch die Ausdehnung von Bonn bis zum Bodensee landsmannschaftlich inhomogene und nur mit Anstrengung regional richtig zu versorgende Eineinhalb-Länder-Anstalt mit dem Sitz in Baden-Württemberg. Die Versorgungszuständigkeit für die nicht zu eigener Staatlichkeit restaurierten badischen Regionen teilt er sich mit dem SDR, der mit der Ausstattung seiner badischen Sendestellen (z.B. durch den Neubau des sog. “Blauen Hauses“ 1957 in der früheren Landeshauptstadt Karlsruhe) dediziert (alt-)badisch-kurpfälzischen Vernachlässigungsklagen entgegenwirkt. SWF und SDR werden (wie noch näher zu zeigen sein wird) vor allem in den 70er und 80er Jahren durch den Ausbau regionaler Infrastrukturen und innovativer Regionalprogramme in der ARD frühe und die Rundfunklandschaft umstrukturierende Schrittmacher. Dennoch sieht sich der SWF vor allem durch das Einflußbegehren der Landeshauptstädte Stuttgart und Mainz bei jeder Staatsvertrags- und Gebührendiskussion als Sender in Frage gestellt, unter Wohlverhaltens- und Rechtfertigungsdruck gesetzt und mit Forderungen konfrontiert – der Rundfunk gilt auf den schwindenden Politikfeldern der Bundesstaaten als letzte große Einflußdomäne, die man mehr als Instrument in Diensten und zur Stärkung der Länder, und weniger als öffentliches Gut einer unabhängig-demokratischen Medienkultur betrachtet.

In der Chronik der Ereignisse, die den SWF als permanentes Spielmaterial und Objekt politischer Begierde zeigen, erscheint jetzt zunächst (im Kontext mit Adenauers Plänen für ein bundeseigenes Fernsehen) ein Bonner Entwurf für ein Bundesrundfunkgesetz, der 1952 die Auflösung des SWF vorsieht, aber schon vor dem sog. „1. Fernsehurteil“ vom 28. Februar 1961 an landespolitischer Gegenwehr gegen die angemaßte Bundeskulturkompetenz scheitert. 1958 verteilt man am grünen Planspiel-Tisch der Regierungen in Saarbrücken, Mainz und Stuttgart aus Landesinteressen erneut das SWF-Fell, sieht aber um den Preis der Erweiterung des Mainzer Funkhauses mit Fernsehkapazität von einer SWF-Auflösung ab. Da der SWF für den Ausbau seiner Kapazitäten, vor allem für die Errichtung eines Fernsehstudios, Planungssicherheit braucht, erwirkt er im Juli 1959 die Verlängerung des Staatsvertrags bis März 1972. 1964 empfiehlt Hans Bausch als SDR-Intendant und öffentlich-rechtlicher Nachbar des SWF in einem vertraulichen Exposé an die Ministerpräsidenten von Rheinland-Pfalz und Saarland, den SWF 1972 aufzulösen, für das Saarland und für Rheinland-Pfalz eine gemeinsame Zweiländeranstalt zu gründen, dazu den SDR mit Hilfe der baden-württembergischen SWF-Gebiete zum Landessender zu machen. Mainz lehnt gegen den Erlös einer eigenen FS-Abendschau ab. Nachfolgend wird 1966 die Federführung der gemeinsam von SDR und SWF getragenen baden-württembergischen Abendschau dem SDR übertragen. Nach 1965 greift der SWF vorwärtsverteidigend mit dem Denkmodell einer großen Fusionslösung („Drei Länder – Ein-Sender“) mit Sitz in Baden-Baden in die eskalierende Neugliederungsdebatte ein. Stuttgart beharrt jedoch auf der Forderung eines die Hauptstadt-Zentralität stärkenden Landessenders, Saarbrücken sucht die Duo-Lösung mit Rheinland-Pfalz. 1968 beauftragen die Landesregierungen in Stuttgart, Mainz und Saarbrücken die sog. „Michel-Kommission“ mit der gutachterlichen Untersuchung der rundfunkpolitischen Entwicklung im südwestdeutschen Raum. Das Mehrheitsvotum dieses Gremiums plädiert für die vom SDR propagierte Zweierlösung – gegen den Preis einer jährlichen Kündigungsmöglichkeit des SWF-Staatsvertrags und einer vom SWF anstelle der Zerschlagung und Neugründung von Sendern vorgeschlagenen verstärkten Kooperation zwischen SDR, SWF und SR. Bis 1972 wird die (mit knirschendem Abstimmungsaufwand geleistete) Kooperation bereits 23% der SWF-Sendezeit einbeziehen. So bleibt den badischen Regionen ein dynamisches Medienunternehmen von wachsender Ausstrahlung erhalten, das 1961 bei einem Haushalt von rund 50 Millionen DM 1245 festangestellte Mitarbeiter beschäftigt (943 in Baden-Baden, 73 in Mainz, 68 in Freiburg, 44 in Tübingen, 3 in Stuttgart und 2 in Bonn). 1993/94 wird der SWF-Haushalt 1,1 Milliarden DM betragen; die Zahl der Beschäftigten wird 2.440 Festangestellte (1763 in Baden-Baden, 395 in Mainz, 47 in Freiburg, 43 in Tübingen) und 13.500 freie Mitarbeiter umfassen.

Die Ansprüche und Erwartungen der Politik gegenüber dem unter die Dauerspannung der Existenzsicherung gesetzten SWF führen im beschriebenen Zeitraum zwar nicht zu spektakulären öffentlichen Friktionen und Turbulenzen wie z.B. 1972 in München (ein Volksentscheid führt dort zur verfassungsmäßigen Beschränkung der Sitze von Regierung und Parlament in den Kontrollorganen des Bayerischen Rundfunk, kann aber Eingriffe in die Personalhoheit des Intendanten bei der Besetzung von Leitungspositionen nicht verhindern) oder 1978 beim NDR (dort wird der Staatsvertrag „wegen einseitiger Berichterstattung, finanzieller Mißwirtschaft und fehlender regionaler Berichterstattung“ von den Ministerpräsidenten Schleswig-Holsteins und Niedersachsens gekündigt). Sie beeinflussen aber durchaus unternehmerische Entscheidungen und Programmstrukturen des SWF. Um so mehr beeindruckt die Programmgeschichte des SWF durch Qualität, Vielfalt und avancierte Beweglichkeit im Wechselspiel mit gesellschaftlichen, technischen und medienpolitischen Entwicklungen. Bis 1965 entwickelt der SWF zwei kontrastierende Hörfunk-Mischprogramme, setzt darin erstrangige Schwerpunkte in Information, Bildung, Kultur und Unterhaltung. Er prägt die Glanzzeit des Hörspiels und großer radiophoner Formen, wird zum bedeutenden Musikveranstalter (täglich 8 Stunden E-Musik, bis 1960 400 öffentliche Konzerte mit 3000 Werken und 100 Uraufführungen), der sich ab Oktober 1950 bei den „Donaueschinger Musiktagen“ als Förderer der neuen Musik profiliert (eine zweite, überregional bedeutsame Festivaltradition in der nordbadischen Region entwickelt der SDR ab 1957 in Schwetzingen). Mit dem Einfluß des seit November 1954 vom SWF mitgestalteten Fernseh-Gemeinschaftsprogramms der ARD verändert sich das Hörverhalten. Der SWF reagiert im November 1967 durch die Standardisierung und Aktualisierung seines Hörfunks, der mit neuen Live-Formen seine Schnelligkeit und Direktheit revitalisiert. Themenoffene, eingängige und persönlich präsentierte Magazine schaffen Wiedererkennbarkeit und Hörerbindung. Ab 1975 fügt er seinem 1. Familienprogramm und 2. Kulturprogramm eine 3. Service- und Jugendwelle hinzu, die als häufig (z.B. auch vom SDR) kopiertes Modell nationale Schrittmacherdienste leisten wird.

Bei diesen Entwicklungen trägt Baden-Baden (trotz oder wegen seiner Lage „im grünen Salon“ fernab hauptstädtischer Zentren) dem dezidierten Satzungsgebot der Regionalität in seinen Programmen mit unterschiedlicher Begeisterung Rechnung. Denn nur allzu gerne mochten auch in der SWF-Zentrale die Modernisierer, Programmdesigner und Apologeten modischer Weltläufigkeit die aus der Nahwelt von Land und Leuten geschöpfte und gefärbte Thematik als „provinziell“ abwerten und in Programm-Nischen oder auf „Regionaltage“ abschieben. Dem setzen die Landesstudios bis 1977 trotz quantitativer Einbußen an Sendezeit auf verbesserten Sendeplätzen (z.B. in SWF 1 5.30-8.00, oder um die populäre Mittagszeit) den Beweis entgegen, daß Regionalität in modernen Programmformen die Hörerbindung fördert. So leisten Freiburg und Tübingen seit Januar 1966 in gemeinsamen Liveprogrammen für Baden-Württemberg einen nicht zu überschätzenden Beitrag zur landesweiten Wahrnehmung regionaler Ereignisse, damit auch zum Zusammenwachsen der Raumschaften im neuen Bundesland. In der Absicht, den landesweiten Überblick zu vermitteln, entwickelt sich ein reger Themen- und Programmaustausch zwischen den badischen Studios in Freiburg und Karlsruhe. Aus ihm erwächst 1971 die von Basel, Strasbourg, Freiburg und Karlsruhe/Heidelberg getragene älteste grenzüberschreitende Gemeinschaftssendung von vier Sendern in Europa („Drei Länder – ein Thema") – ein nicht von den Zentralen entwickeltes Projekt, ein Vitalitätsmerkmal der seit den 20er Jahren existierenden Regionalstudios an der Rheinachse. Neben dieser mit Bedacht fortgeschriebenen Tradition legt Freiburg ab Mitte der siebziger Jahre Wert darauf, dem Primat der standardisierten aktuellen Berichterstattung auch die Pflege radiophoner Formen und Innovationen beim Hörspiel, Feature und Kulturbericht hinzuzufügen.

Ab Mitte der siebziger Jahre gewinnt die regionale Aufgabe im Rundfunk an gesellschaftlicher Tiefenschärfe. Ein kritischer Regionalismus, der sich als Gegenkraft von Folklorismus und Heimattümelei versteht, entdeckt die Nahwelt als Spannungsfeld konkreter Politik und als „Rüstkammer des Realismus" (Martin Walser). Traditionsbrüche und Entfremdungserlebnisse durch die Gemeindereform; Partizipationsbegehren von Bürgern gegen die fehlende Bürgernähe von Instanzen und Institutionen; ökologischer und basisdemokratischer Widerstand gegen autoritär geplante technische Großprojekte (z.B. Bleiwerk Marckolsheim, Kernkraftwerk Wyhl) verändern das Selbstbewußtsein früherer „Randgebiete" und motivieren den Südwestfunk, „die Region als publizistische Aufgabe" (Will Teichert) intensiver zu bearbeiten. Er reagiert zunächst mit der Erweiterung regionaler Programmfenster. Beispiel: Freiburgs regionaljournalistische Aufgaben wachsen von 1975 bis 1980 (nachdem 1970 der dortige Schul- und Jugendfunk sowie das Kleine SWF-Orchester aufgelöst worden waren) um 25%. Seine Berichterstattung zum Thema Kernkraftwerk Wyhl, die nicht nur die Verlautbarungen der Entscheidungsträger weitergibt, sondern auch das kontroverse Meinungsbild und die Betroffenheiten in der südbadisch-elsässischen Grenzregion abbildet, gerät zur Nagelprobe engagierter Problemnähe und unabhängig hergestellter Öffentlichkeit. Nicht von ungefähr verstärkt sich in den folgenden Jahren die Stuttgarter Forderung, den baden-württembergischen SWF-Landesstudios die landespolitische Programmzuständigkeit zu entziehen und in einer Stuttgarter (SDR-)Hand zu konzentrieren. Auch der SDR leistet in den 70er Jahren in der ARD regionale Schrittmacherdienste durch den frühen Ausbau von Regionalstudios in Ulm (1971), Heilbronn (1973), durch die Gestaltung regionaler Fensterprogramme (z.B. in Karlsruhe), vor allem aber durch die Modellentwicklung eines auf den badisch-kurpfälzischen Raum zugeschnittenen Subregionalradios („Kurpfalzradio", ab Mai 1979). Heidelberg entwickelt in dieser Zeit durch Wissenschaftssendungen ein überregionales Profil.

In den 80er Jahren führt die internationale medienwirtschaftliche und medienpolitische Dynamik zu dramatischen Weichenstellungen im deutschen Südwesten. 1984 streicht Baden-Württemberg die sog. Monopolklausel zur alleinigen Rundfunkversorgung aus dem SWF-Staatsvertrag – die Politik steuert im neoliberalen Wertewandel auf das duale System, also auf den Wettbewerb zwischen dem öffentlich-rechtlichen Rundfunk und kommerziellen Programmanbietern zu. Die positiven Ergebnisse einer Kooperation des SWF mit regionalen Zeitungsverlagen bei dem vom Landesstudio Freiburg betreuten bundesweit ersten Pilotprojekt „Stadtradio Freiburg" (1984-86) werden vom Gesetzgeber beiseite geschoben. Das baden-württembergische „Landesmediengesetz" von 1986 intendiert vielmehr, SDR und SWF aus der Entwicklung des lokalen und subregionalen Rundfunks auszubooten. SDR und SWF bringen jedoch das (vom Ministerpräsidenten nicht strikt gewollte, aber von der CDU-Fraktion durchgesetzte) gesetzliche „Regionalisierungsverbot" als einen grundsätzlichen Eingriff in die Rundfunkfreiheit und als Verletzung ihrer „Entwicklungsgarantie" vor dem Bundesverfassungsgericht zu Fall (Fünftes Rundfunkurteil, 4. Juni 1987). Diese über alten Grundspannungen aufbrechenden Verwerfungen zwischen öffentlich-rechtlichem Rundfunk und Staat dynamisieren nun die seit Gründung des Landes Baden-Württemberg umkämpfte Thematik der Kooperation oder Fusion von SDR und SWF. Beide Sender intensivieren und bereichern zunächst (vor allem in den badischen Regionen) ihre regionale Infrastruktur. Der SWF richtet Studios und Redaktionen ein in Konstanz (1980), Lörrach (1982, bald dazugehörig Waldshut), Offenburg (1986). Ab 1988 startet in Freiburg ein subregionales „Radio Breisgau". Im selben Jahr beginnen die Bauarbeiten für ein neues Landesstudio (mit neuer Hörfunk-/Fernsehtechnik, Konzertsaal, Experimentalstudio der Heinrich-Strobel-Stiftung) in der Freiburger Innenstadt. Die Programmaufgaben Freiburgs sind seit 1975 um 300% auf jährlich 115 000 Sendeminuten gewachsen bei einem Personalzuwachs von 9% (65 angestellte und 100 freie Mitarbeiter). Der SDR errichtet 1988 in Mannheim ein neues Funkhaus und bereitet die 1994 vollzogene Schließung Heidelbergs vor.

Unter dem Einfluß der von kommerziellen Anbietern geübten Fundamentalkritik am öffentlich-rechtlichen „Gebührenprivileg" sehen sich SWF und SDR in dieser Entwicklungsphase des dualen Systems erheblichem ökonomischem Rechtfertigungsdruck ausgesetzt. Die Landespolitik macht Druck: Die Unternehmungsberatungsfirma McKinsey wird ausgeschickt, um die Senderstrukturen nach Wirtschaftlichkeitskriterien zu untersuchen und Synergieeffekte durch Kooperation oder Fusion der beiden Sender zu ermitteln. Das Ergebnis (ein Fusionsvorschlag für eine in vielen Bereichen kahlrasierte Zweiländeranstalt) wird von beiden Sendern abgelehnt, führt aber ab 1991 zur „partiellen Zusammenarbeit auf freiwilliger Basis", also zur verstärkten Kooperation (Kulturwelle 2 und Regionalwelle 4 als Gemeinschaftsprogramme, mit redaktionellen Doppelstrukturen und alltäglichem Abstimmungs-Hickhack). Freiburg (und damit die Förderung und Repräsentanz der badischen Regionalkultur) verliert dadurch 40% seiner Kultur- und E-Musiksendungen. 63% seiner Aufgaben sind nun südbadisch definiert, 37% als Landessendungen (die gemeinsam mit Tübingen gestaltet werden).

„SÜDWESTRUNDFUNK" – Haussender oder Holding?

Die 90er Jahre konfrontieren ARD und ZDF, damit auch SWF und SDR mit Programmerfolgen, Konzentration und Globalisierung kommerzieller Systeme. Aber auch der Bodengewinn privater Anbieter im Sendegebiet (sie erreichen 1992 in Baden-Württemberg 26% der Hörer) verschärfen die Frage nach der eigenen Reformbereitschaft und Zukunftsfähigkeit. Daß der Wettbewerb auch in der Region angenommen wird, zeigt der Entwicklungsschritt in Freiburg: Dort wird 1992 das neue SWF-Funkhaus in Betrieb genommen, ein offenes Kultur- und Medienhaus mit täglich 7 Stunden Sendezeit und jährlich 120 öffentlichen Veranstaltungen. 1995 beziffern SDR und SWF den wirtschaftlichen Effekt der Kooperation auf 160 Millionen Mark, die Gremien beschließen Fortsetzung und Vertiefung der Zusammenarbeit – aber die Sperrigkeiten und Halbheiten einer nicht konsequent arbeitsteiligen Kooperation werden zum Treibsatz der Fusion.

Im Juli 1995 ergreift der SWF-Intendant Peter Voß mit einem Thesenpapier „Südwest 2000" die wegbereitende rundfunkautonome Fusionsinitiative, die sich als Modellstudie und Reformanstoß in der ARD versteht und dem Landessenderkonzept eine Absage erteilt. Im August 1996 legen (erstmals in der über 40-jährigen Debatte zur südwestdeutschen Rundfunkstruktur) die Intendanten von SWF und SDR einen gemeinsamen Reformvorschlag vor. Schon 9 Monate später (31. Mai 1997) unterzeichnen die Ministerpräsidenten einen Staatsvertrag über den „Südwestrundfunk", der ab 1. Januar 1998 die beiden traditionsreichen Sender SDR und SWF mit ihren so verschiedenen Unternehmens- und Programmkulturen einem rasanten Fusionsprozess unterwirft. Der Umbau bestehender und der Aufbau neuer Strukturen, dazu der Sendestart zum 1. September 1998 und weiterhin die ab 1. Januar 1999 übernommene ARD-Geschäftsführung stellen einen in der ARD-Geschichte einmaligen Kraftakt und eine für die Kultur- und Landesgeschichte der vertragsschließenden Länder weitreichende Gründungsleistung des öffentlich-rechtlichen Rundfunks dar. Ob der nunmehr zweitgrößten ARD-Anstalt mit einem Haushaltsvolumen von 2 Milliarden DM neben eindrucksvoller Gründungseffizienz und schierer Größe auch ein markant verbessertes, innovatives und zukunftsfähiges Programmprofil attestiert werden kann, bleibt einer späteren Bewertung vorbehalten.

Drei Grundmuster des Bauplans und der Verfassung des neuen SWR lassen sich jedoch schon heute konstatieren und kritisch bewerten. Sensibilisiert durch die vom notorischen Zugriffsbegehren der Politik durchwirkte Verfassungsgeschichte der Rundfunkfreiheit in unserm Land registriert der Chronist, daß der Rundfunkrat des SWR zum größten deutschen Gremium geworden ist. Drei Mitglieder der Landesregierungen und zwölf Landtagsabgeordnete haben auf 20% der Sitze Platz genommen – keine ARD-Anstalt hat dem institutionalisierten Einfluß der Politik die Tür so weit geöffnet. Noch ungenierter hat sich die Politik in den personal- und finanzpolitisch entscheidenden Verwaltungsrat eingebaut: Mit drei Regierungs- und vier Parlamentsvertretern unter 15 Verwaltungsräten kann von einer Politikunabhängigkeit der Entscheidungsstrukturen wohl kaum mehr gesprochen werden. Als zweites bemerkenswertes Grundmuster fällt auf, daß der Staatsvertrag die rundfunkeigenen Überlegungen zur Funktion von „Landesfunkhäusern" in Stuttgart und Mainz verworfen und stattdessen zwei vom SWR zu unterhaltende „Landessender mit Sitz in Mainz und Stuttgart" dekretiert hat. So triumphiert, ermöglicht durch das Vehikel der Fusion, der seit 50 Jahren virulente Wunsch der Landespolitik, dem Zuschnitt des Landes einen „Landessender" als Dienstleister der Landesidentität anzupassen. Die ziselierten Vorschriften zur Bestallung und Absetzung der Landessender-Direktoren zeigen zudem barsche Eingriffsstrukturen und das Begehren, mit kurzer Leine „Herr im (Funk-)Haus" zu sein. Drittes Grundmuster: In der Definition und Zuweisung von Programmaufgaben greift der Staatsvertrag tief in die eigentliche Domäne der Organe eines unabhängigen Rundfunks ein. Die beiden Landesregierungen haben sich den Hut von Intendant und Programmdirektoren aufgesetzt und, von den erklärten Programmvorstellungen des Intendanten abweichend, programmliche und personelle Details geregelt, die tief in dem durch die Rundfunkfreiheit abgegrenzten Territorium liegen. So wurde z.B. der interessante Plan von Peter Voß, in Mainz und Stuttgart zwei Landeskulturwellen zu gestalten, schlichtweg übergangen. Die genannten Grundmuster zeigen, daß die Landespolitik den offenen Bauplatz der Fusion benutzt hat, um die Neugestaltungspläne mit der Handschrift der Staatskanzleien umzuzeichnen. So läßt sich folgern, daß die Politik in einem mediengeschichtlichen Moment, in dem sie ihre Gestaltungskompetenz auf dem von ihr eingerichteten Medienmarkt verloren hatte, nun wenigstens Hand an den öffentlich-rechtlichen Rundfunk zu legen wagte. Wird dies zu einem Grund-Riß im kaum gegossenen Fundament des SWR führen? Und wird der neue Sender, der seinen Sitz auf Stuttgart (Intendanz, Landessenderdirektion Baden-Württemberg, Verwaltungsdirektion), Baden-Baden (Hörfunkdirektion, Fernsehdirektion, Direktion Produktion und Technik) und Mainz (Landessenderdirektion Rheinland-Pfalz, Iustitiariat) aufteilt und seine 6 Hörfunkprogramme (zwei länderübergreifende Programme, nämlich die Kulturwelle SWR 2 und die Servicewelle SWR 3 aus Baden-Baden; SWR 1 und SWR 4 jeweils als Landeswellen aus Stuttgart und Mainz), dazu seine zwei Fernseh-Landesprogramme aus Stuttgart und Mainz und seinen 17%-Beitrag zum ARD-Fernsehen aus 16 Studios und Regionalbüros speist, genügend Gesamtprofil und inneren Zusammenhalt entwickeln, um nicht als Holding im Schlepptau zweier Landessender in die Zukunft zu dümpeln?

In unserem Zusammenhang, mit dem Blick auf die badischen Regionen, wird sich der SWR nach der Einlösung des erklärten Fusionszieles „das politische, kulturelle, wirtschaftliche und gesellschaftliche Leben in den jeweiligen Bundesländern, Regionen und Ballungsräumen des Sendegebiets in seiner vollen Breite und Vielfalt abzubilden" (Peter Voß 1995) befragen lassen müssen. Hierzu nur wenige Materialien: Von den 4010 Planstellen des SWR waren im Jahre 2000 1670, also 40% im badischen Landesteil angesiedelt (Baden-Baden 1515, Mannheim 55, Freiburg 53, Karlsruhe 47 – zum Vergleich: Mainz, das 1975 220 Angestellte hatte, beschäftigt 1999 502. Dieser Standort ist der Gewinner der Fusion). Das SWR-Sinfonieorchester Baden-Baden und Freiburg hat seit 1996 seinen Sitz im neuen Freiburger Konzerthaus. Baden-Baden bleibt Teil-Sitz des SWR, entwickelt jedoch im Hörfunk durch die beiden länderübergreifenden Programme SWR 2 und SWR 3 eher ein zentralistisches als ein den Regionen zugewandtes Sensorium. In den dortigen Fernsehstudios werden Programmanteile für die ARD, für die beiden Landesprogramme in Mainz und Stuttgart produziert und die Beiträge für 3sat, ARTE, PHOENIX und den Kinderkanal verantwortet. Charakteristisch für den badischen Landesteil ist das dichte Netz von Studios und Regionalbüros in Konstanz, Lörrach, Waldshut-Tiengen, Villingen-Schwenningen, Freiburg, Offenburg, Karlsruhe, Pforzheim, Tauberbischofsheim und Mannheim. Die unterschiedlichen Kapazitäten und Aufgabenprofile vor allem der größeren Traditionsstudios in Freiburg, Karlsruhe und Mannheim wurden nach dem früheren SDR-Muster mit dem Trend der Verlagerung von Verantwortung in die Zentralen nivelliert. Freiburg z.B. verlor Landeszuständigkeiten, aktuelle und kulturelle regionale Sendeplätze und Programm-Etat. Es sendet auf überwiegend subregionalen SWR 4-Sendeplätzen jährlich rd. 135 000 Minuten, liefert jährlich ca. 50 größere Kultursendungen und 300 aktuelle Kulturbeiträge für SWR 2 zu. Verstärkt wurden regionale Fernsehaufgaben; hier erzielen die badischen Studios, vor allem wegen der hohen Minutenleistungen aus Freiburg und Mannheim, eine höhere Zulieferungsleistung als der württembergische Landesteil. Was das regionale Profil aller SWR-Hörfunkprogramme in Baden-Württemberg angeht, ist zu registrieren, daß die Regionalwelle SWR 4 Marktführer im Land ist mit täglich 1,48 Millionen Hörern. SWR 1 (810 000 Hörer) und SWR 2 (ganze 160 000 Hörer) haben regionale Aufschaltungen abgeschafft und Pläne für eine interessante „Rheinschiene" nicht realisiert. SWR 3, (bei dem der Lebensraum der Hörer „SWR 3-Land" heißt und im „Wildall“ liegt) bedient drei „Szenefenster“ als Restkultplätze von SDR 3. Zweifellos steht die durch die Fusion versprochene erhöhte Aufmerksamkeit des SWR-Hörfunks für die Nahwelt seiner schwindenden Hörerschaft noch aus. Immerhin haben die sechs kommerziellen Bereichssender und 16 Lokalstationen inzwischen nahezu die Hälfte aller Hörer zu sich gezogen (SWR insgesamt 3,44 Millionen, Private 3,26 Millionen; Radio Regenbogen mit 1 Million und Antenne 1 mit 840 000 Hörern übertreffen inzwischen SWR 1).

Wo sucht der SWR-Hörfunk sein künftiges Profil? Blickt man in die Statistik des ARD-Jahrbuchs 2000, findet man Bedenkliches: In der Programm-Gattung Klassik liegt der SWR unter den 10 ARD-Anstalten auf dem letzten, bei der Information auf dem vorletzten Platz. Bei der Kultur ist er Nummer 7. Aber bei der Unterhaltung Nr.1. Ist das der Profilgewinn durch die Fusion – Südwest 2000?[1]

Anmerkung

1 Die verwendeten Daten der Mediaanalyse beziehen sich auf den Stand Frühjahr 2001.

Literatur

ARD (Hg.), ARD-Jahrbuch 2000, Frankfurt a.M.
Bausch, Hans (Hg.), Rundfunk in Deutschland, München 1980
Biege, Hans-Peter (Hg.), Massenmedien in Baden-Württemberg, Stuttgart 1990
Fünfgeld, Hermann, 70 Jahre Rundfunk in Baden, Stuttgart 1996 (Südfunk-Hefte 22)
Grube, Sibylle, Rundfunkpolitik in Baden und Württemberg 1924-1933, Berlin 1976
Heidenreich, *Wolfgang,* Senderdämmerung. In: Allmende Nr.54/55, 1997
Heyen, F.-J., u.a. (Hg.), Vier Jahrzehnte Rundfunk im Südwesten, Düsseldorf 1986
Schrag, *Roland,* Rundfunk in Freiburg – einst und heute. In: Badische Heimat, 3/ 1999
SDR (Hg.), Regionalisierung im Hörfunk, Stuttgart 1985 (Südfunk-Hefte 11)
Teichert, Will, Die Region als publizistische Aufgabe, Hamburg 1982
Voß, *Peter,* Südwest 2000, Baden-Baden, Juli 1995
Wittig-Terhardt, Margret/Rüggeberg, Jörg (Hg.), Das Landesmediengesetz Baden-Württemberg vor dem Bundesverfassungsgericht, Baden-Baden 1989

Chancenlos? Die badische Frage im Spiegel der Demoskopie

Tilman Mayer

Einführung

Als badische Frage kann man die das gesamte Land Baden und seine Bevölkerung übervorteilende Entwicklung nach 1948 ansehen, als das Land Baden gegen seinen 1951 – knapp – bekundeten Mehrheitswillen 1952 in einen Südweststaat integriert wurde. Die Virulenz der Frage ist zwischenzeitlich abgesunken zu einem landsmannschaftlichen – wissenschaftlich betrachtet: subethnischen – Identitätsgefühl, wenn man sich regional als badisch im Unterschied zu schwäbisch definiert. Ähnliche Identitäten gibt es zwischen Rheinländern und Westfalen oder zwischen Franken und Bayern, die sich unterscheiden oder unterschieden wissen möchten.

In der Frühphase der Bundesrepublik und im Vorfeld ihrer Entstehung hatte das Selbständigkeitsstreben Badens aber eine gravierend aktuell-politische Dimension. Auf jeden Fall sorgte der Fall für Jahre – oft personifiziert in der Person des (süd-)badischen Staatspräsidenten Leo Wohleb – für Aufmerksamkeit und Unruhe.

An dieser Stelle geht es nicht um die Nachzeichnung der staats- und verfassungsrechtlichen Situation Badens im Rahmen des entstehenden und dann entstandenen Staates Bundesrepublik, nicht um die geschichtliche Entwicklung in der Nachkriegszeit und den ersten beiden Jahrzehnten der Bundesrepublik und auch nicht um die Erläuterung der Entwicklung des badischen Abstimmungskampfes und noch interessanter – der verdeckten Abwehrstrategie derjenigen, die am Südweststaat Interesse fanden oder schon hatten. Und schließlich werden auch alle notwendigen Archivarbeiten beiseite gelassen, d.h. die Nachlaßbestände beteiligter Akteure bleiben für diese Betrachtung außen vor. Vielmehr soll die seinerzeitig heftige Virulenz der Frage nachgezeichnet werden, denn schließlich geht die Gegenwart wie selbstverständlich vom Ist-Tatbestand 50 Jahre nach der erfolgreichen Gründung des südwestdeutschen Staates aus, ohne sich der Alternativlösung bewußt zu sein, die im Fortbestehen des südwestdeutschen badischen Staates bestanden hätte und vor allem von den Südbadenern gewollt war.

Die erwähnte Virulenz soll also demonstriert werden und dazu wird das Medium der historischen Demoskopie verwandt. Tatsache ist, aber der Forschung bislang nicht zugänglich und bewußt, daß der gesamte Vorgang der badischen Bewegung von 1948 bis 1970 sehr transparent durchleuchtet worden war durch die Erkenntnisse der Demoskopie, wie sie das Institut für Demoskopie im badischen Allensbach am Bodensee für Beteiligte und in ihrem Auftrag – Regierungen wie die badische Bewegung selbst – erhoben hatte. Vor allem die letztlich reüssierenden Regierungen wußten gut Bescheid. Im Kern kann man deshalb sagen, daß die öffentliche Meinung, um die beide Seiten gerungen haben, zu keinem Zeitpunkt den maßgeblichen Akteuren – der einen oder der anderen Seite natürlich nur – unbekannt war. Es stellt sich daraus vor allem die Frage, ob nicht die badischen Bataillone von Anfang an chancenlos waren, wenn der Erhalt der Eigenstaatlichkeit als Ziel definiert werden muß.

Die Zeitumstände

Die südwestdeutsche Besatzungszoneneinteilung 1945 und die daraus hervorgehenden Regierungsbildungen hatten transitorische Züge, die dazu einluden, daß über Neukompositionen nachgedacht werden konnte. Das Grundgesetz von 1949 legitimierte diesen Gedanken zusätzlich.

Föderatives Gedankengut, wie es für die Entstehung der Bundesrepublik in Anspruch genommen werden kann, schützte Baden nicht vor seinem Schicksal, in einem größeren Bundesland aufzugehen, im Gegenteil war diese Entwicklungsrichtung im Grundgesetz vorgedacht worden. Der bundesdeutsche Föderalismus wurde durch die badische Entwicklung nicht – zumindest nicht dauerhaft – lädiert. Das sah aus badischer Perspektive damals anders aus. Die Nachkriegssituation verlangte tendenziell nach größeren Regelungen staatlichen Zuschnitts. Der Trend ging in Richtung funktionaler Zusammenschlüsse, wofür die Existenz diverser neu kompilierter Bundesländer bereits in Anspruch genommen werden kann. Auch der europäische Integrationsprozess begann eine Rolle zu spielen, insofern „Grenzen" keine Rolle (mehr) spielen sollten. Die Verteidigung – eine Defensivposition bereits – Badens geriet dabei zur Verteidigung der überwunden geglaubten Kleinstaaterei.

Alle diese Gründe – oder „Gründe" – treten zurück vor dem Argument, das in der damaligen Zeit am stärksten betont wurde, daß womöglich der größere Zusammenhang des Südweststaates wirtschaftlich günstiger sein dürfte als der status quo, und dieses Gebilde wiederum im gesamten westdeutschen Länderverbund respektabler wäre und mehr Gewicht hätte. Was blieb den Badenern noch angesichts dieser Gefühlslage, die sich demoskopisch nachweisen läßt? Sie konnten während der gesamten Debatte auf ihre badische Landsmannschaftlichkeit verweisen, die nach einer eigenen (Glied-)Staatlichkeit verlangte, die es zu erhalten oder wiederherzustellen gelte, zumal sie historisch begründet war, was viele Bundesländer nicht vorweisen konnten. Überzeugte dieses Argumentieren?

Wer versammelte sich hinter dieser rotgelbroten Fahne? War der Stoßtrupp stark genug? Und wer überlebte die Durststrecke bis zur Abstimmung von 1970? Und – auch jetzt beantwortbar – warum dauerte es so lange bis zur finalen Abstimmung?

Ungleiche Startpositionen

Zwischen dem 10. und 15. August 1948 wurde erstmals zur badischen Sache eine Umfrage von dem gerade erst 1947 von Elisabeth Noelle-Neumann (32 J.) gegründeten Institut für Demoskopie durchgeführt, die vermutlich von der Staatskanzlei in Tübingen in Auftrag gegeben war[1]. Zunächst fällt auf, daß nur eine Minderheit in den jeweiligen Befragungsgebieten (Württemberg-Hohenzollern und Baden) weiß, welche Regierungen und Regierungsstandorte (Freiburg, Tübingen, Karlsruhe) bestehen. Das Informationsdefizit war enorm hoch: 34% konnten die Frage nach den Regierungen überhaupt nicht beantworten, nur 24% gaben die treffende Antwort „drei Regierungen." Die Hälfte der Befragten zeigte sich informiert darüber, daß über eine neue Zusammensetzung des Südwestens diskutiert wurde. 45% bejahten die Frage, ob man die Zoneneinteilung verändern solle. Die entscheidende Frage lautete aber folgendermaßen: *„Es soll eine Volksabstimmung über die Grenzen von Württemberg und Baden stattfinden. Für welche dieser Lösungen würden Sie stimmen?"* Das überraschende Ergebnis – nahezu identisch in beiden Untersuchungsgebieten – lautete, daß 54% für einen Zusammenschluß von Württemberg und Baden votierten und nur 23% für ein selbständiges Baden und ein selbständiges Württemberg. Das Institut kommentierte den Vorgang damals unter dem ebenfalls erhobenen Aspekt einer Volksbefragung so:

> „Es gehört zu den überraschenden Ergebnissen der Untersuchung, daß der konservative Vorschlag, die beiden Länder in ihrer alten Form wieder herzustellen, in der öffentlichen Meinung ziemlich unsicher verankert ist, während umgekehrt der neue Gedanke, die Länder Württembergs und Badens zu vereinigen, mit sehr viel größerer Festigkeit befürwortet wird. 22 Prozent der Bevölkerung sind schon jetzt fest entschlossen, sich für eine solche Zusammenlegung einzusetzen; weitere 20 Prozent sind ziemlich fest für diese Lösung entschlossen. Ebenso haben schon jetzt die Anhänger des Zusammenschlusses zu 81 Prozent die feste Absicht, bei einem Volksentscheid ihre Stimme abzugeben, während von den Anhängern der Wiederherstellung der Länder in ihren alten Grenzen nur 53 Prozent zu einer Beteiligung an einem Volksentscheid fest entschlossen sind.“[2]

Damit war eine bereits beim Start unterschiedliche Position vorgegeben, was die Chancen der beiden gegensätzlichen Vorhaben betraf. Hinzu kommt die Erkenntnis, daß die CDU-Anhänger bei der Länderfrage relativ gespalten waren. 45% votierten für die Neuregelung, 36% für die Beibehaltung der Länder Baden und Württemberg. Dagegen waren 81% der SPD-Anhänger und 83% derjenigen der DVP für den Südweststaat, genauso wie 42% der sich als Nichtwähler bekennenden Befragten. Und auch die – wirtschaftlich aktiven – mittleren Jahrgänge der 30 bis 65 Jahre alten Befragten favorisierten eindeutig den neuen Staat. Daß das Thema den Gemütern damals jedenfalls doch (noch) nicht auf den Nägeln brannte, zeigt die Beantwortung der Frage, ob eine Zusammenlegung von Württemberg und Baden *mit der Pfalz* in Frage komme (dafür, dagegen, gleichgültig). Dafür sprach sich wieder eine Mehrheit von 33% aus, dagegen waren nur 13%, gleichgültig waren 29% und unentschieden blieben 19%.[3]

Man kann nochmals zusammenfassen, daß es nach diesen Befunden um die badische Sache, wenn es um sie im Rückblick geht, von Anfang an nicht gut stand.

Abstimmungskampf 1950

Die „Arbeitsgemeinschaft der Badener“ unter der Leitung von OLG-Präsident Dr. Zürcher ließ im Juli 1950, also im Vorfeld der Volksabstimmung vom 24.9.1950 eine Umfrage vom IfD durchführen.[4] In der Presse vom 23.9.1950 (Süddeutsche Zeitung und Frankfurter Rundschau) konnte man lesen, daß die Alt-Badener-Bewegung zuversichtlich in die Abstimmung gehe, da im Süden eine deutliche Mehrheit für Baden und im Norden (Badens) nur eine ganz kleine Mehrheit für den Südweststaat eintrete. Das unentschiedene Drittel, das bekannt sei, habe man beworben und angesprochen. Das IfD hatte aber eine Prognose abgelehnt, weil eine notwendige zweite Befragungswelle Ende August oder Anfang September nicht zustande kam. Im Juli hatte das Institut erklärt, die gesamtbadische Entscheidung stünde auf des Messers Schneide, sei also – entgegen den Presseerklärungen – ungewiß.[5]

Die Befragung zwischen dem 15. und 30. Juli 1950 hatte u.a. ergeben, daß die Kreise Konstanz, Stockach, Überlingen, Villingen und Donaueschingen eindeutig für den Südweststaat optierten. Für Altbaden könnten sich nach dieser Umfrage die Kreise Waldshut, Säckingen, Lörrach, Müllheim und Neustadt entscheiden. Freiburg-Land, Lahr und Emmendingen erbrachten schwache Mehrheiten für Altbaden. Für Freiburg-

Stadt erhob das Meinungsforschungsinstitut noch eine Südweststaats-Mehrheit, die sich aber zugunsten Altbadens dann in der Abstimmung änderte – wohl dank der probadischen Aktivitäten insbesondere in Freiburg. Weiter hieß es in der Analyse des Instituts:

> „Die oberen Bildungs- und Einkommensschichten entscheiden sich in der Mehrheit für den Südweststaat; das gleiche gilt einerseits für den protestantischen Bevölkerungsanteil, andererseits für die Anhänger der SPD und der FDP. Erwartungsgemäß tendieren die Flüchtlinge, ebenso auch die Einwohner Südbadens, die erst nach dem 1.9.1939 zugezogen sind, vorwiegend zum Südweststaat. Dagegen entscheiden sich gebürtige Badener fast 2:1 für die Wiederherstellung von Alt-Baden.
> Die Landbevölkerung befürwortet die Wiederherstellung von Alt-Baden so eindeutig, daß auf sie eine Wahlpropaganda kaum mehr Einfluß ausüben dürfte."

Die Argumente der pro-badischen Seite lassen sich folgendermaßen zusammenfassen:

1. „Die größte Rolle spielt die Abneigung gegen den schwäbischen Volksstamm, die Besorgnis, von Schwaben übervorteilt oder bevormundet zu werden, und nicht zuletzt die Furcht, die Bildung eines Südweststaates könnte praktisch eine württembergische Überfremdung oder gar Annexion Badens bedeuten.
2. Entspricht eine Wiederherstellung von Alt-Baden einer traditionsgebundenen Gesinnung, dem Wunsch, einen althergebrachten und bewährten Zustand wiederherzustellen, und einer Abneigung gegen alle Neuerungen.
3. Ein Viertel der Anhänger Alt-Badens spricht, ohne sich aggressiv gegen die Schwaben zu wenden, von der Liebe zur abgeschlossenen badischen Heimat und von dem Wunsch, die badischen Eigenarten unbeeinträchtigt pflegen zu können. Dementsprechend findet der Appell an eine landsmannschaftliche badische Gesinnung ein starkes Echo. Andere Argumente – etwa Hinweise auf die Erhaltung echter Kleinstaaten oder auf besondere Vorzüge der bisherigen badischen Regierung und Verwaltung, die durch die Bildung des Südweststaates gefährdet wären – spielen nur eine untergeordnete Rolle."

Die Vorstellungen der Südweststaatsbefürworter lassen sich wie folgt resümieren:

> „... Für die Anhänger des Südweststaates sind nämlich hauptsächlich wirtschaftliche Argumente maßgebend." (Nahezu die Hälfte der Südweststaatanhänger führt solche an.)

Schwieriger dürfte es sein, einem anderen Hauptargument der Südweststaat-Anhänger wirkungsvoll zu begegnen: rund ein Drittel der Südweststaat-Anhänger Südbadens wird von der gefühlsmäßigen Neigung zum „Großraum" bestimmt, zu einem Zentralismus, der Einigkeit und klare Verhältnisse verspreche. Diese Südweststaat-Anhänger erklären sich gegen die „Kleinstaaterei", sie wünschen Grenzen zu beseitigen, wo immer sich eine Möglichkeit dazu bietet, für sie ist gefühlsmäßig Zusammenlegung soviel wie Stärkung, während getrennte Länder für sie nur „Zersplitterung" bedeuten.

Ein drittes starkes Argument der Südweststaat-Anhänger wird von rund einem Fünftel vorgebracht; ein Südweststaat, so heißt es hier, „braucht nur eine Regierung und nicht zwei und bedeutet also eine entsprechende Reduzierung der Regierungs- und Verwaltungskosten."

In Nordbaden sei mit Mehrheiten für den SW-Staat zu rechnen. In Heidelberg und Mannheim etwa gebe es ein beträchtliches Übergewicht zugunsten des neuen Staates.[6]

Nach der konsultativen Volksabstimmung vom 24. September 1950, die in Gesamtbaden eine hauchdünne Mehrheit – aber eben eine demokratische Mehrheit – für die alten Länder ergeben hatte, wurde im Juni/Juli 1951 in einer Allensbach-Umfrage doch wieder eine Mehrheit für den Südweststaat von 52,8% erhoben. Die befragten Südweststaats-Anhänger machten in Nord- und Südbaden erneut 1. wirtschaftliche Gründe geltend für ihre Entscheidung, 2. waren sie wiederum gegen die Kleinstaaterei und 3. (rund 20%) erwarteten sie Einsparungen im Bereich der Verwaltung. Ähnlich, nur umgekehrt, die bereits vorgetragenen südbadischen Argumente.

Unabhängig von den jeweiligen Anhängerschaften wurde u.a. in Form von Zustimmung zu drei damals aufschlußreichen Statements das folgende Meinungsspektrum erhoben:[7]

> „Die Schwaben sind zu geschäftstüchtig, zu sehr auf ihren Vorteil bedacht. Sie würden die ganze Regierung an sich reißen."
>
> Nordbaden: 40 %   Südbaden: 40 %
>
> „Wie es früher war mit Baden in seinen alten Grenzen, so soll es wieder werden. Der alte Zustand ist immer der beste."
>
> Nordbaden: 38%   Südbaden: 47%
>
> „Wer seine badische Heimat wirklich liebt, kann nicht für den Zusammenschluß mit Württemberg sein. Es ist immer besser, wenn man unter sich ist und nach seiner eigenen Art leben kann."
>
> Nordbaden: 33%   Südbaden: 40%

Erneut sei darauf hingewiesen, daß die badische Frage nicht dasjenige Polarisierungsgefüge strikter Meinungslager aufwies, wie vielleicht zu vermuten wäre. Selbst der *casus belli* der befürchteten und erwarteten Übervorteilung Badens durch die nicht-(süd-)badischen Stimmen wurde nicht rigoros abgelehnt.

In die Südwest-Mausefalle zu gehen, warnte der Karikaturist der „Badischen Post" die badischen Wähler vor der Volksbefragung vom 24. September 1950.
(Quelle: Badische Post 23.9.1959, Zeichnung: E. Landwehr)

Allerdings zeigte sich eine große Gruppe als unwissend, man könnte sagen: offenbar nicht mobilisiert, und damit die Bevölkerung auch nicht – siehe oben – polarisiert. Eine zweite Frage im Testgebiet – sozusagen experimentell gestellt, zur Kontrolle – ergab ein anderes Ergebnis. Hierbei wurde in Nordbaden dem Bundesgesetzgeber-Hinweis autoritativ doch zugestimmt, während die Südbadener auch hier noch diese Anmutung klar zurückwiesen.[8]

> „Nach dem vom Bundestag in Bonn beschlossenen Wahlgesetz wird der Südweststaat auch dann gebildet, wenn ... Nordbaden oder Südbaden dagegen stimmt. Finden Sie das gut oder nicht gut?"

Finde ich gut so	Nordbaden 39%	Südbaden 27%
Finde ich nicht gut	Nordbaden 37%	Südbaden 46%
Unentschieden	Nordbaden 15%	Südbaden 14%
Egal	Nordbaden 9%	Südbaden 13%

Eine weitere Befragungswelle im November 1951 enthielt in einem großen Spektrum von Fragen über badische Angelegenheiten auch die folgende: *„Wohleb hat erklärt, die Richter seien ungerecht gegenüber dem Land Baden gewesen. Finden Sie das auch?"* In Süd- wie Nordbaden hat man von den Verfassungsrichtern nichts gehört gehabt, zwei von drei wußten nichts davon. Die Frage verneinten in Nordbaden 28% der Befragten, im Süden 23%; einseitig empfanden 10% der Nord- und 12% der Südbadener. Auch die Anhänger der Alt-Badener-Bewegung waren nicht besser informiert, eher im Gegenteil, wohl dagegen die Südweststaats-Anhänger: von ihnen wußte nur jeder zweite nicht Bescheid, der Rest verneinte fast einstimmig die Frage. Nur 4% der Kinobesucher im Norden (5% im Süden) hatten vor der Abstimmung im Kino pro-badische Propaganda gesehen; dagegen haben 17% der nordbadischen und 10% der südbadischen Kinobesucher pro-baden-württembergische Propaganda registriert.

Im November 1951 konstatierte das Allensbacher Institut eine 55,8%ige Mehrheit für den Südweststaat.[9]

„Da die Zeit gegen die altbadische Idee arbeitet..."

Nach dem *G*rößten *A*nzunehmenden *U*nfall in der Geschichte der badischen Staatlichkeit bzw. nach dem glücklichen Ausgang der ersten Neugliederung von zwei Bundesländern, untersuchte das IfD zwischen dem 17. (!!) und 29. Juni 1953 (methodisch damals noch nach dem Quotenverfahren) die neue baden-württembergische Lage und Stimmung.[10]

In Südbaden wollten damals nur noch 41%, in Nordbaden noch 42% für den badischen Staat eintreten. Aufschlußreich dürfte die Beantwortung der wichtigen Frage sein – „wichtig" angesichts der ventilierten gegenseitigen Vorurteile –, wer denn nun den größten Vorteil gehabt habe. Zu sehen ist, daß sich die Vorurteile anscheinend die Waage halten: Jeder zweite in Württemberg und etwa 60% der in Baden Befragten gaben eine Antwort. In Württemberg meinten die Antwortgeber zu 30% bzw. 33% (in Südwürttemberg), die Badener hätten den größten Vorteil. In Baden meinte man, die Schwaben hätten dabei gewonnen (31% bzw. 36% in Südbaden).[11] Von diesen Befunden abgesehen antworteten auf die Frage, ob *„sie im großen und ganzen mit der bisherigen Arbeit der Regierung in Stuttgart zufrieden oder nicht zufrieden"* seien, ein Drittel aller Befragten im neuen Baden-Württemberg – Allensbach hatte auch diese badenfreundliche Namensgebung getestet gehabt! – mit „zufrieden", 15% mit „unzufrieden" und 51% hatten sich noch keine Meinung gebildet oder waren unentschieden – so auch in Südbaden.[12]

„Vor den Landtagswahlen"[13], den ersten baden-württembergischen, zwischen dem 25.11. und 10.12.1955, fand eine weitere Befragung statt. Einige für unser Thema wichtige Befunde seien hier vorgestellt. Im Vergleich der früheren südwestdeutschen zonalen Gebiete kennen die südbadischen Wähler ihre Landtags- und Bundestagsabgeordneten am wenigsten. Ausdruck von Resignation? Dürfte man jetzt nochmals abstimmen, würden in Baden-Württemberg 48% für den neuen Staat votieren, 26% für die ehemaligen Länder; in Südbaden aber gab es umgekehrt eine 45%-Mehrheit für Baden, während 35% Baden-Württemberg respektierten. Einen respektablen föderativen Erfolgsnachweis kann das neu geschaffene Land im Vergleich mit den anderen künstlich-funktional entstandenen Ländern verbuchen. Die Akzeptanz der baden-württembergischen Landesregierung fällt vergleichsweise so gut aus wie die des historisch verwurzelten Bayerns.[14]

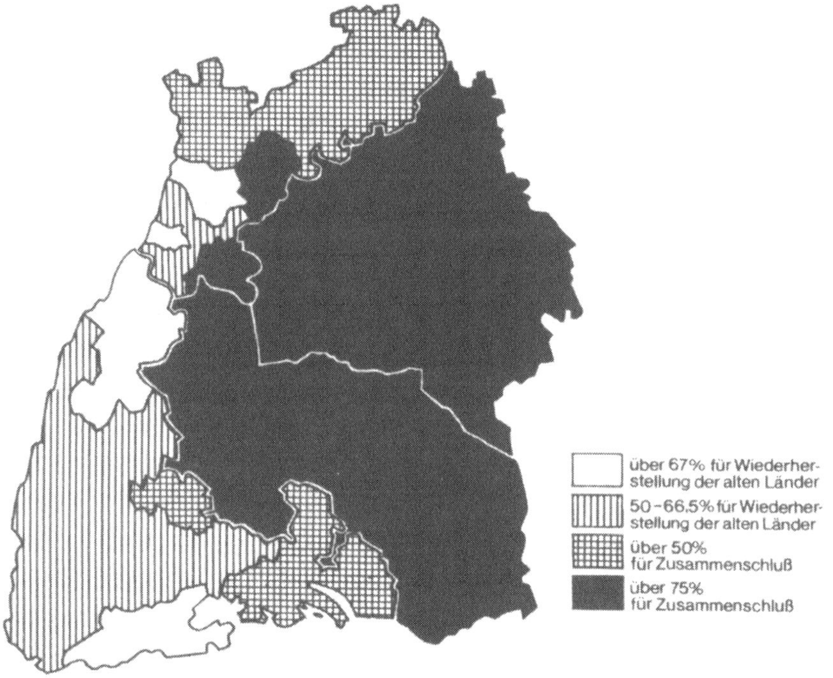

Volksabstimmung am 9. Dezember 1951 über die Bildung des Südweststaates
(Quelle: Badische Geschichte, Konrad Theiss Verlag, Stuttgart 1979)

Ein Befund am Rande, da bereits von *political alienation* bzw. Politikverdrossenheit und von Resignation die Rede war. Zur damaligen Volatilität der Wähler: Im Dezember 1955 sagten 53% der befragten Baden-Württemberger, sie würden immer die gleiche Partei wählen, 23% sagten, sie wechselten ab (Südbaden: 56:19). 24% der Befragten erklärten, sie wählten nicht (bzw. „nicht ermittelt"). Ein weiterer Hinweis: Die damalige Debatte über „Konfessionsschule versus konfessionsübergreifende Schule" polarisierte die Bevölkerung weit weniger als anzunehmen: 74% der Befragten in Baden-Württemberg optierten für *„eine Schule für alle"*, nur 19% für verschiedene Schulen. Selbst die regelmäßigen katholischen Kirchenbesucher waren mit 53% für die konfessionsübergreifende Schule – bei 40% Gegenstimmen (CDU-Anhänger: 63:32).

Zurück zur badischen Frage, die nun, sprachpolitisch vielsagend, als *„altbadische Bewegung"* tituliert wurde. Wir beziehen uns auf eine Befragung im Zeitraum 30.12.1958 bis 23.2.1959[15]. Bevor Einzelheiten mitgeteilt werden, sei der höchst wichtige, die Politik beratende Empfehlungstext des IfD, den man in Stuttgart anscheinend beherzigt hat, zitiert:

> „Wie die Resultate dieser Untersuchung zeigen, hat die altbadische Bewegung Boden verloren. Die folgende Gegenüberstellung der jetzigen Volksstimmung mit dem Abstimmungsergebnis vom Dezember 1951 belegt, daß die Bevölkerung Badens sich – wenn auch langsam – mit der bestehenden Ordnung zu befreunden scheint. Eine Mehrheit für die Bildung eines selbständigen Landes Baden bei einer Volksabstimmung erscheint bereits heute als so gut wie ausgeschlossen; vorausgesetzt allerdings, daß die Wahlbeteiligung normal ist und der Aktivität der Altbadener propagandistisch begegnet werden kann."

Ferner, und jetzt kommt die entscheidende Sentenz:

> „Da die Zeit gegen die altbadische Idee arbeitet, würde sich bei einer Volksabstimmung eine umso klarere Mehrheit für die Erhaltung des Südweststaates ergeben, in je weiterer Ferne der Termin einer solchen Abstimmung liegt."[16]

Natürlich kann man die Empfehlung auch so wenden:

> „Was muß geschehen, damit diejenigen, die sich noch immer die Wiederherstellung des alten Landes Baden wünschen, im größeren Südweststaat eine politische Heimat finden können?"[17]

Immerhin steht, so das Institut, fest, daß je höher bei einer etwaigen Volksabstimmung die Wahlbeteiligung ausfiele, desto sicherer die Altbadener überstimmt würden. Selbst die Anhänger Alt-Badens waren damals nur zu zwei Dritteln für eine neue Abstimmung. Ein selbständiges Baden befürworteten damals – in Südbaden speziell – die über 59-jährigen (mehrheitlich) und bildungsbezogen diejenigen mit dem Schulabschluß Volksschule; für den Südweststaat optierten 64% der südbadischen Befragten mit dem Schulabschluß Abitur. Geht man wiederum der Motivforschung nach, so stößt man im Landesteil Baden auf ähnliche Lager wie vor knapp zehn Jahren: einerseits eine altbadische Anhänglichkeit, andererseits eine wirtschaftspolitische Aufbruchstimmung und Ablehnung von Kleinräumlichkeiten. Hier immerhin ist doch noch eine Polarität der zwei Lager zu finden – nicht zu verwechseln mit den Mehrheiten in der Bevölkerung insgesamt! –, die sich noch immer mit deutlichem Profil gegenüberstehen.[18] Bemerkenswert ist und zum Profil der (Alt-)Badener-Bewegung gehört, daß unter den regelmäßigen katholischen Kirchgängern in Dörfern und Kleinstädten eine deutliche 55%-Mehrheit für ein selbständiges Südbaden eintritt. Korreliert man die Befunde mit der Orientierung, auf die katholische Kirche und ihre Empfehlungen zu hören, zeigt sich damals auf dem Lande ein Zusammenhang aus pro-badischer und katholischer Einstellung.

Den „Heimatbund Badnerland" kannten im Untersuchungszeitraum Anfang 1959 in Nordbaden 33%, in Südbaden 49% der Befragten. Von der Zeitung „Badnerland" hatten nur 20% schon einmal gehört, aber 80% hatten es eben nicht! Die Zeitung zugeschickt bekommen hatten gerade einmal 2%. Zur Beurteilung der Pro-Baden-Bewegung ist auch in Erinnerung zu rufen, daß im September 1956 ein Volksbegehren initiiert worden war, bei dem sich in Baden insgesamt nur 15% in die Listen eingetragen hatten, 8,7% in Nordbaden, 22,1% in Südbaden.

Gravierende Einbrüche

In der Chronologie der Badener-Bewegung ist 10 Jahre nach der Niederlage von 1951 ein enormer Einbruch zu konstatieren. Die Argumentation, daß im Laufe der Zeit der Bewegung die Zustimmung fehlen würde, schien sich zu bewahrheiten. Die neuen Realitäten haben Fakten geschaffen, hinter die zurück zu gehen wenig attraktiv erschien.

In einer weiteren Befragungswelle – die Umfrage wird zwischen dem 25. Januar und dem 7. Februar 1962 erhoben – muß ein dramatischer, erdrutschartiger Verlust in Südbaden festgestellt werden.[19] Hier nimmt die Anhängerschaft Alt-Badens von 62% (amtliches Ergebnis 9.12.1951) auf 38% (1959, IfD) und jetzt 1962 auf nur noch 23% ab (Nordbaden: 43, 20, 16%). „Zustimmung“ findet die Bewegung damals noch zwischen Lahr und Rastatt, im Raum Karlsruhe und in den Landkreisen Villingen, Neustadt, Donaueschingen, Waldshut, Stockach, Überlingen und Konstanz. In Karlsruhe wurde der Regierungssitz erwartet, weshalb hier auch in der städtischen Bevölkerung noch eine gewisse Resonanz vorherrschte. 32% der gesamtbadischen Bevölkerung waren zum Zeitpunkt 1962 noch für eine erneute Abstimmung eingetreten, 49% dagegen.

Experimentell hat das IfD auch hier zwei Varianten von Fragen zur Volksabstimmung getestet. Wird dabei das Land Baden erwähnt, erhöht sich durch diese Erwähnung – aber dennoch nur innerhalb der pro-badischen Minderheit – die Zustimmung für Baden. An der eindeutigen Mehrheit für das zwischenzeitlich nicht mehr ganz neue, aber unstrittige Baden-Württemberg ändert sich in beiden Fällen nichts.[20]

Zwischenzeitlich hatte sich – gegen den hier festzuhaltenden Befund – die Bekanntheit des „Heimatbundes Badnerland“ in Nordbaden deutlich erhöht: offenbar ohne Auswirkung auf eine pro-badische Gestimmtheit. Wie lassen sich die Veränderungen des Zustimmungsgrades erklären? Hier helfen einige Hinweise aus der sozialwissenschaftlichen Analyse weiter – unbenommen sei allerdings festgehalten, daß auch weitere Gründe anführbar wären, bezöge man die zeitgeschichtliche, die wirtschaftliche oder die politisch-kulturelle Entwicklung Baden-Württembergs mit ein. Hier also, als erste Erklärung, der Hinweis auf die Nachwuchsstruktur der Badenerbewegung:

> „Der Kern der Altbaden-Bewegung setzt sich heute soziologisch in vielerlei Hinsicht anders zusammen als vor drei Jahren. In Nordbaden haben insbesondere Frauen dem Heimatbund den Rücken gekehrt. In Südbaden bekennen sich heute, 1962, in allen Bevölkerungskreisen große Gruppen früherer Baden-Anhänger zum Südweststaat. Am auffälligsten ist, daß die Altbadener insbesondere die Unterstützung der jüngeren, aktiveren Bevölkerungsschichten verloren haben. Allgemein haben die einfacheren Schichten der Altbaden-Romantik entsagt und plädieren jetzt in der Mehrheit für die Beibehaltung des Südweststaates. In den Dörfern und Kleinstädten Südbadens hatte der Heimatbund Badenerland noch vor drei Jahren seine stärksten Positionen; sie existieren nicht mehr.“[21]

Auch innerhalb des Anteils praktizierender Katholiken wird die früher große Anhängerschaft zur absoluten Minderheit. Parteipolitisch ist die Baden-Frage ebenfalls nicht (mehr) abbildbar, da überall südwestdeutsche Mehrheiten in den Parteianhängerschaften vorherrschen. Aus Platzgründen seien die ausführlichen und seinerzeit sozialpsychologischen Empfehlungen des Instituts für Demoskopie Allensbach hier nicht zitiert. Dennoch sei erwähnt, daß aufgrund der Stimmung in der Bevölkerung das Institut gegenüber seinem Auftraggeber, der baden-württembergischen Landesregierung, solche Empfehlungen für angebracht hält: zur Sicherung des Erhalts des Landes Baden-Württemberg – und für ein gedeihliches badisch-württembergisches Miteinander[22].

1963[23] wurde der bislang umfangreichste Bericht in der Serie „Die Stimmung in Baden" verfaßt. Er wurde mit den drei urteilsartigen, fast schicksalsschwangeren Sätzen eröffnet: *„Wir sind Zeugen eines merkwürdigen Vorgangs, des Verschwindens einer Bewegung. Die Gruppe der Altbadener ist zu politischer Bedeutungslosigkeit zusammengesunken. Sie kann die Existenz Baden-Württembergs nicht mehr gefährden."* An der minimalen pro-badischen Einstellung von 26/27% in Südbaden und von 16/17% in Nordbaden änderte sich nichts. Die hier vorgelegte, detaillierte und einzigartige Einzelbefragung in 16 Landkreisen (!) kommt zum Ergebnis, daß die lokalen Persönlichkeiten – bis auf diese Ebene nämlich hatte das Institut der Bewegung nachgeforscht und sie damit noch immer ernst genommen – für das Schicksal der Baden-Frage jetzt noch entscheidend seien. Die Bewegung sei eine Honoratiorenpartei geworden. Und: „Es käme in manchen Kreisen darauf an, diesen Personenkreis umzustimmen."[24]

So konnte die Volksabstimmung kommen. Und es kam, wie es kommen mußte.

Baden geht fortan in Baden-Württemberg auf

Im Unterschied zu Preußen, das in Deutschland aufgehen sollte, könnte man davon sprechen, daß die badische Sache in Baden-Württemberg aufgehoben wurde, was nicht nur im Namen des Südweststaats seinen Ausdruck findet. Jedenfalls hatten die Badener keine Probleme, sich im neuen, größeren Staat wiederzufinden. Der neue Staat hatte sich in ihren Augen bewährt. Die Umstände seiner Inaugurierung waren dagegen wenig rühmlich und hatten zur berechtigten Unruhe im deutschen Südwesten beigetragen. Eine bürgerliche Bewegung konnte aber nicht dauernd auf den Barrikaden kämpfen und so hatten neue Realitäten neue Fakten und neue Einstellungen geschaffen.

Es charakterisiert nicht wenige Staaten, auch Bundesstaaten, daß an ihrem Anfang Ereignisse oder Prozesse stehen, deren Vergessen im Lauf der Zeit unerläßlich ist für das Miteinander ihrer Bewohner. Davon kann auch in Baden gesprochen werden, denn von „Allensbach" zwischen November 1969 und März 1970 befragt, erklärten die Badener die sie übervorteilende Abstimmung für rechtens – und viele wußten ohnehin nicht (mehr) darüber Bescheid.[25] Betrachtet man, aus einem sehr umfangreichen Fundus von Fragen schöpfen könnend, welche Argumente nun im Trend zwischen 1959 und 1969/70 obsiegten, zeigt sich ein ganz klares Bild. Eindeutige Mehrheiten finden unter den Badenern Hinweise auf die wirtschaftlich erfolgreiche Entwicklung (1959: 32%, 1969/70: 66%)[26], die überwundene Kleinstaaterei, die neuen Fakten der Existenz eines neuen Staates (1959: 35%, 1969/70: 73%)[27] und einer neuen Verwaltung und selbst die landsmannschaftliche Unterscheidbarkeit von Württembergern und Badenern wird freundlich als vorteilhaft für das Ganze interpretiert (1959: 28%, 1969/70: 54%)[28].

Dagegen halten sich die pro-badischen Einstellungen im Trend erstaunlich gut – aber sie werden bestenfalls nur von jedem fünften Befragten in ganz Baden geteilt. Hier werden die anti-schwäbischen Ressentiments politisch sichtbar – aber sie bleiben eben politisch unerheblich. Die auftraggebende Landesregierung kann ganz in Ruhe die bevorstehende Abstimmung abwarten. „Baden-Württemberg hat sich als Staatsgebilde psychologisch durchgesetzt“ heißt es im zitierten Bericht des IfD, dem letzten zur „Stimmung in Baden“[29].

Die Badener-Bewegung blieb zwar chancenlos, doch läßt sich auch sagen: ihr Verdienst war es, Baden in neuer Gestalt eine Chance gegeben zu haben. Davon profitierten sogar die Schwaben.

Anmerkungen

1 Der Auftraggeber, wie mitgeteilt, ist anscheinend nicht mehr zu ermitteln, dürfte aber Gebhard Müller sein.
2 Bericht über die Ergebnisse einer Umfrage „Württemberg-Baden“. Abgeschlossen am 20. August 1948, IfD-Archiv-Nr.: 0004/001, S. 16.
3 ebd., (Tabellenanhang) S. 8.
4 IfD-Archiv-Nr. 70/II.
5 Die Stimmung in Baden. Bericht über eine Umfrage vor der Volksabstimmung am 24. 9. 1950, Juli 1950, IfD-Archiv-Nr. 70/II, S. IV-V (Auftraggeber: Arbeitsgemeinschaft für die Vereinigung Baden-Württembergs, Freiburg 1950).
6 ebd., S. 2-3, 4, 5.
7 Die Stimmung in Baden. Gesamtergebnisse einer Umfrage vor der Volksabstimmung im Herbst 1951, Juni/Juli 1951, IfD-Archiv-Nr.: 0126/001 (ohne Auftraggeber-Nennung – TM), S. 4.
8 ebd., S. 8.
9 Die Stimmung in Baden. Gesamtergebnis einer Umfrage vor der Volksabstimmung im Dezember 1951, Freiburg, November 1951.
10 Baden-Württemberg. Eine Umfrage über Probleme der Landespolitik und der Bundesrepublik. Bericht. Juni 1953, im Auftrag der Gesellschaft zur Förderung der Wirtschaft Baden-Württembergs, Stuttgart; IfD-Archiv-Nr.: 262.
11 ebd., S. 8.
12 ebd., S. 6.
13 Vor den Landtagswahlen. Bericht über eine Umfrage in Baden-Württemberg, Archiv-Nr.: 464/II; vor den Landtagswahlen. Ergebnisse einer Umfrage in Baden-Württemberg, Archiv-Nr. 464/I, Dezember 1955.
14 ebd., (464/II), Tab. 29.
15 Die Stimmung in Baden. Gutachten über Stärke und Motive der altbadischen Bewegung. Frühjahr 1959. IfD-Archiv-Nr.: 0747/001.
16 ebd., S. 2.
17 ebd., S. 4.
18 ebd., S. 17 Tabelle 10.
19 Die Stimmung in Baden 1962. Trendbeobachtung über Stärke und Motive der altbadischen Bewegung. (Im Auftrag der Landesregierung erhoben), Allensbach 1962, Archiv-Nr. 971/I.
20 ebd., S. Tabelle 5, S. 9.
21 ebd., S. 16.
22 ebd., S. 33-35.
23 Die Stimmung in Baden 1963. Analyse der altbadischen Bewegung in 16 badischen Kreisen, im Auftrag von „Staatsministerium Baden-Württemberg“ (S. II), IfD-Archiv-Nr. 1037.
24 ebd., S. 45.
25 Die Stimmung in Baden 1970. Trendbeobachtungen über Stärke und Motive der altbadischen Bewegung. Erste Untersuchungsstufe, Tabellenabd., Allensbach 1970, IfD-Archiv-Nr. 1656, Tab. 11.
26 ebd. Tabelle 13: „Der Zusammenschluß von B.-W. (1962 und früher ‘Südweststaat’) hat einen allgemeinen wirtschaftlichen Aufschwung gebracht. Denn Baden und Württemberg ergänzen sich gut, und die Wirtschaft kann sich ... besser entfalten.“
27 ebd. Tabelle 13: „So wie es jetzt ist, so soll es nun auch bleiben. Inzwischen hat man sich an den Zusammenschluß gewöhnt. Man soll das Rad nicht wieder zurückdrehen.“
28 ebd. Tabelle 13: „Wesensmäßig passen die Badener und Württemberger recht gut zusammen. Sie ergänzen sich, und jeder hat seine Vorzüge.“
29 ebd., S. 4.

Die Kommunal- und Gebietsreform (1971-1973) – Modernisierung- und Integrationsversuch

Karl Heinz Neser

Nach dem 2. Weltkrieg ließen zunächst die Besatzungsmächte, dann die entstandenen drei Länder Baden, Württemberg-Baden und Württemberg-Hohenzollern und auch das 1952 gegründete Baden-Württemberg den kommunalen Verwaltungsaufbau unangetastet. Lediglich das Gemeinde- und Kreisrecht wurden bis 1955 angeglichen, um eine einheitliche Organisation im ganzen Land zu schaffen. Ein erster Versuch, einzelne Gemeinden in andere Kreise einzugliedern, schlug 1954 fehl; ebenso im darauf folgenden Jahr der Versuch, drei Landkreise aufzulösen und die Kreisgrenzen an der früheren Landesgrenze zwischen Baden und Württemberg zu korrigieren. Und nach der 1959 vorgelegten Stellungnahme der sog. „Walz-Kommission" sah die Landesregierung keine Veranlassung zu einer Kreisreform mehr, da die Sachverständigen die derzeitige Größe der Landkreise für zweckmäßig und ausreichend hielten. Die 1966 gebildete große Koalition von CDU und SPD betrachtete die Verwaltungsreform als einen Schwerpunkt ihrer Politik und befand sich damit in Übereinstimmung mit der in den anderen Bundesländern geführten Reformdiskussion, die von Ende der 60er bis Anfang der 70er Jahre überall zu Gebietsreformen führte.

Die 1969 vorgelegte Reformkonzeption umfaßte alle Verwaltungsbereiche, die Gemeinde- und Landkreisreform, die Reform der Mittelinstanz, jeweils unter Beachtung der Grundsätze der Einheit und Einräumigkeit der Verwaltung. In neuen, nach den Gesichtspunkten der Raumordnung abgegrenzten Verwaltungseinheiten sollte die kommunale Selbstverwaltung größere Möglichkeiten für Initiative und Leistung erhalten. Die bisherigen Verwaltungsstrukturen waren nach Auffassung der Reformer den Anforderungen der Zukunft nicht mehr gewachsen. „Siedlungs- und Wirtschaftsstruktur haben sich ohne Rücksicht auf Verwaltungsgrenzen geändert. Die Verwaltungsgrenzen durchschneiden heute vielfach geschlossene Lebens- und Wirtschaftsräume. Der Gebietszuschnitt vieler Gemeinden und Landkreise ist für ein großräumiges Planen, wie es die Zukunft erfordert, zu klein" (Denkmodell zur Kreisreform). So waren zunächst 25 Großkreise und 5 Stadtkreise („Krause-Plan" – benannt nach dem damaligen Innenminister) vorgeschlagen; dies hätte vielfach Landkreise mit weit über 400 000 Einwohnern und einer Fläche von etwa 2 000 qkm zur Folge gehabt. In einem Koalitionskompromiß einigte man sich schließlich auf 35 Land- und 8 Stadtkreise; beschlossen wurden dann 1971 35 Land- und 9 Stadtkreise.

Kreisreform

Am 1.1.1973 trat die Kreisreform[1] in Kraft. Aus 63 Landkreisen wurden 35 Landkreise gebildet, wovon nur drei (Emmendingen, Göppingen und Heidenheim) unverändert blieben; aus 60 aufgelösten wurden 32 neue Kreise gebildet. Die Neubildung war recht kompliziert, da es in keinem Fall mit der bloßen Zusammenlegung von zwei oder mehr Landkreisen getan war. Da Verflechtungsbereiche berücksichtigt werden sollten, kam es auch zu einem Gebietstausch zwischen Landkreisen. Dieser war mitunter erheblich: so kamen z.B. im neuen Main-Tauber-Kreis badische und württembergische Gebiete aus drei ehem. Landkreisen zusammen; der neue Enzkreis wurde aus Gemeinden aus vier, der neue Landkreis Heilbronn aus sechs, der neue Landkreis Karlsruhe aus sieben, der neue Landkreis Reutlingen gar aus acht ehem. Landkreisen gebildet. Die Integration in den neuen Landkreisen war deshalb nicht einfach. Sie wurde zunächst auf der Ebene der Verwaltung, im Kreistag und bei den Bürgermeistern, Organisationen und Institutionen auf Kreisebene nach und nach vollzogen. Und nach fast 30 Jahren Kreisreform bemühen sich die Landkreise noch immer, durch vielfältige Maßnahmen ein „Kreisbewußtsein" herzustellen, was in einem größeren Kreis mit mehreren historisch gewachsenen Mittelzentren eine schwierige Aufgabe darstellt.

Historische Bindungen zählten kaum

Zwar nennt das „Denkmodell" von 1969 neben der Erhöhung der Leistungsfähigkeit unter den weiteren Faktoren für die Durchführung der Reform auch „geschichtlich gewachsene Bindung", doch geht sie, wenn es hinderlich ist, bewußt über geschichtlich gewachsene Zustände hinweg. Denn nach der im Denkmodell vertretenen Auffassung sind „die Landkreise im Gegensatz zu der überwiegenden Zahl der Gemeinden nicht historisch gewachsen. Gebiet, Struktur und Aufgaben der Landkreise standen immer weitgehend zur Disposition des Gesetzgebers".

Gravierend war auch der Austausch ganzer Landschaften zwischen den Regierungsbezirken und damit die Beseitigung der in der Rheinbundzeit entstandenen Landesgrenzen zwischen Württemberg, Baden und Hohenzollern. Aber „die geschichtlichen Zusammenhänge können kein entscheidendes Kriterium für eine Verwaltungsreform sein". Nach der Diktion des Denkmodells entsprachen diese Grenzen, die noch gleichbedeutend mit den Landkreisgrenzen waren, „nur selten den topographischen Gegebenheiten; sie stehen zudem häufig im Gegensatz zu wirtschaftlichen Zusammenhängen. Eine Änderung der Landkreisgrenzen drängt sich schon von hier aus auf".

Der Widerstand, den es damals vor Ort gab[2], macht aber zumindest deutlich, daß es Bindungen gab, die teils seit dem Mittelalter, fast immer aber wenigstens mehrere Jahrzehnte bestanden hatten, weil in Baden 1936, in Württemberg 1938 die letzte Kreisreform gewesen war, und die einst hohenzollerschen Kreise sogar seit 1925 im wesentlichen ihren Bestand erhalten hatten; diese Bindungen wurden nun zerschnitten. Der Widerstand war aber nicht so groß, daß die Verwaltungsreform im Parlament scheiterte; es stimmten 82 für und 34 Abgeordnete gegen das Gesetz. Und auch eine „Liga für demokratische Verwaltungsreform" konnte das Gesetz nicht verhindern, da für die von ihr angestrebte Auflösung des Landtags nur 8,6% der Stimmberechtigten waren. Dies macht aber auch deutlich, daß die Landkreise nicht so stark im Bewußtsein der Bevölkerung verankert sind[3]; und andererseits waren für eine zusehends mobile Bevölkerung historische Verflechtungen nicht so bedeutsam. Der Streit entzündete sich daher auch mehr um den Kreissitz.

Gemeindereform

Für den Bürger wesentlich einschneidender war die Gemeindereform, in der sich die Zahl der Gemeinden von 3.380 auf 1.110 reduzierte. Die Reform war mit der unterschiedlichen Verwaltungs- und Leistungskraft der Gemeinden begründet worden. „Die kleinere Gemeinde ist allein in der Regel angesichts der stetig zunehmenden Aufgaben nicht in der Lage, die notwendigen personellen, sächlichen und organisatorischen Mittel für eine wirksame Aufgabenerfüllung zur Verfügung zu stellen ... und die Mindestausstattung an öffentlichen Einrichtungen der Grundversorgung zu schaffen“ (Kommission für Fragen der kommunalen Verwaltungsreform). Die Mindestgröße wurde mit 5.000 Einwohnern angenommen. Wegen der unterschiedlichen strukturellen Verhältnisse wurde neben der Einheitsgemeinde auch die Verwaltungsgemeinschaft ermöglicht. In den „Grundsätzen der Landesregierung zur Zielplanung für die Gemeindereform“ vom 30.1.1973 war dann als Mindestgröße 8.000 Einwohner genannt; dies erwies sich aber schnell als illusorisch, weil die schon bestehenden Verwaltungsgemeinschaften eine Bestandsgarantie erhalten hatten. In der Schlußkonzeption wurde dann am 5.7.1973 festgelegt, daß die Gemeinden „in der Regel mindestens 2.000 Einwohner haben“ sollten. So konnten dann 157 Gemeinden mit weniger als 2000 Einwohnern in der Freiwilligkeitsphase ihre Selbständigkeit „retten“[4]. Und selbst eingemeindete Gemeinden haben sich durch eine Ortschaftsverfassung einen kleinen, eigenständigen Bereich bewahrt. Damit unterschied sich die Gemeindereform in Baden-Württemberg erheblich von der in Nordrhein-Westfalen und fand daher – von Einzelfällen abgesehen – auch weitestgehende Zustimmung der Bevölkerung[5]. Baden-Württemberg ist auch nach der Gemeindereform ein Land der kleinen und mittleren Gemeinden geblieben: 54,6% aller Gemeinden – also mehr als jede zweite Gemeinde – haben 5.000 Einwohner[6]. Trotz mancher Spannungen, die es mitunter auch nach 30 Jahren zwischen der Kernstadt und den Ortsteilen oder den Ortsteilen untereinander noch gibt, gilt die Gemeindereform als gelungen; nur eine Minderheit, im „Landesverband zur Korrektur der Kommunalreform in Baden-Württemberg“ vereinigt, betreibt – erfolglos – die „Scheidung“[7].

Auch der Charakter der Ortsteile, die Bedeutung der Vereine und die eigene Ortsgeschichte blieben erhalten und wurden weiterhin gefördert. Und die unechte Teilortswahl, die den Ortsteilen eine Sitzgarantie im Gemeinderat brachte, aber auch mit Nachteilen (ungültige Stimmen durch ein kompliziertes Wahlsystem[8] und Überhangmandate) behaftet war, wird in immer mehr Gemeinden abgeschafft.[9]

Änderung der Regierungsbezirke

Nach der Gründung des neuen Bundeslandes waren die 4 Regierungspräsidien aus den bestehenden Ministerien der ehem. Bundesländer in Freiburg, Stuttgart und Tübingen und der Landesbezirksdirektion in Karlsruhe gebildet worden. Bei der Verabschiedung des Landesverwaltungsgesetzes 1955 beließ man es dabei, wobei das Wort „vorläufig“ in den §§ 7 und 11 deutlich macht, daß der Gesetzgeber diese Entscheidung als überprüfungsbedürftig angesehen hat. Den Vorschlag der Walz-Kommission von 1957, die Zahl der Regierungspräsidien von 4 auf 2 zu verringern, hatte die Landesregierung dann allerdings nicht aufgegriffen. Mit der Verwaltungsreform kam natürlich die Diskussion um die Mittelinstanz wieder auf. Das Denkmodell griff diesen Vorschlag auf, da nur der Regierungsbezirk Nordwürttemberg mit damals 3,4 Millionen Einwohnern in die Nähe der anzustrebenden Größenordnung von ca. 4,5 Millionen kam; die drei anderen Regierungsbezirke hatten weniger als 2 Millionen und lagen deutlich unter der Zielgröße. Nachdem eine Zweiteilung in einen nördlichen und südlichen Regierungsbezirk wegen des Ungleichgewichts der Bevölkerung und Wirtschaftskraft nicht in Frage kam, war nur eine Einteilung in einen östlichen und westlichen Regierungsbezirk mit Stuttgart

Neugliederung der Landkreise und Regierungsbezirke sowie Abgrenzung der Regionen in Baden-Württemberg (1.1.1976)
(Quelle: Badische Geschichte, Konrad Theiss Verlag, Stuttgart 1979)

bzw. Karlsruhe als Sitz des Regierungspräsidiums denkbar, wobei es „die grundlegende Änderung der Kreisgrenzen gerade in den ehem. Grenzräumen zwischen Baden und Württemberg (verbietet), von einer Gliederung des Landes in Regierungsbezirke auf der Grundlage der alten Länder Baden und Württemberg zu sprechen“.

In der weiteren Diskussion wurden schließlich die 4 Regierungspräsidien mit Wirkung vom 1.1.1977 aufgehoben, weil die neuen Landkreise durch die Funktionalreform Aufgaben der Regierungspräsidien übernehmen sollten, so daß diese entbehrlich wurden. Lediglich in der Zeit des Umbruchs auf Kreisebene sei deren „eingespielter Apparat" noch notwendig; und für diese kurze Zeit wurde die Gebietsabgrenzung geändert, wobei einzelne Regionen den Regierungsbezirken zugeordnet wurden. Dabei kam der ehem. badische Landkreis Tauberbischofsheim zum Regierungsbezirk Stuttgart, altwürttembergische Kreise wie Calw und Freudenstadt zum Regierungsbezirk Karlsruhe und Rottweil und Tuttlingen zum Regierungsbezirk Freiburg; der Stadtkreis Baden-Baden und der neue Kreis Rastatt wechselten vom Süd- ins Nordbadische und der ehemalige südbadische Kreis Überlingen gehörte nun zum Regierungsbezirk Tübingen. Ziel war, mehr ausgewogene Regierungsbezirke zu schaffen. Nutznießer war allerdings nur der Regierungsbezirk Karlsruhe, der durch den neuen Gebietszuschnitt seine Einwohnerzahl von 1,9 auf 2,3 Millionen erhöhte; die beiden südlichen Regierungsbezirke kamen auf 1,7 und 1,6 Millionen. Die Regierungsbezirke blieben schließlich bestehen, nachdem die CDU bei der Landtagswahl 1972 die absolute Mehrheit erhalten hatte. Sie wurden nun nach dem Sitz des Regierungspräsidiums benannt; nachdem die alten Landesgrenzen beseitigt waren, schienen auch die alten Bezeichnungen obsolet. Manche wollten darin auch einen Beitrag zur Integration des Landes sehen.

Der Austausch der Gebiete vollzog sich im Badischen problemlos, zumal der Stadtkreis Baden-Baden und der Landkreis Rastatt näher zu Karlsruhe als zu Freiburg liegen. Mit dem Stadt- und Landkreis Karlsruhe bilden sie zusammen die Region Mittlerer Oberrhein, die in der Folgezeit eng und erfolgreich zusammenarbeitete. „Nicht glücklich" waren dagegen die Bürgermeister in den Kreisen Freudenstadt und Horb über die Zuordnung zur Region Nordschwarzwald und zum Regierungsbezirk Karlsruhe[10]; wenn es immer wieder Forderungen nach einer Auflösung dieses Regionalverbandes gibt, zeigt sich, daß sich hier eine regionale Identität noch nicht entwickelt hat. Die Zuordnung zu einem anderen Regierungspräsidium ist allerdings nicht Gegenstand der Diskussion; darauf hat sich das Verwaltungshandeln schnell eingestellt.

Die Verwaltungsreform der 70er Jahre hat die Voraussetzungen für eine moderne Verwaltung geschaffen, durch die sich das Bild der Verwaltung und ihr Aufgabenbereich verändert haben. Wie lange diese Verwaltungsstrukturen Gültigkeit haben, ist offen, denn schon werden Forderungen nach größeren kommunalen Einheiten laut.

Die Aufhebung der unechten Teilortswahl 1996 – 25 Jahre nach der ersten Gemeinderatswahl zur neuen Stadt – ist daher ein bedeutsamer Schritt. Ihr war eine Bürgerbefragung vorausgegangen, wo sich 60% nach Abwägung der Vor- und Nachteile für die Abschaffung der unechten Teilortswahl ausgesprochen hatten; die Zustimmung war dabei in Villingen höher als in Schwenningen und bei den älteren Jahrgängen besonders hoch; dies kann man auch als Indiz dafür sehen, daß der frühere Widerstand gegen die Fusion zurückgegangen ist. Und es gibt auch keine ernstzunehmende Person, die für ein Auseinandergehen eintritt. Die emotionale Integration wird noch weiter Zeit brauchen; und sie war sicher schwieriger, als man in der Anfangseuphorie dachte. Aber Spannungen wären auch bei einer anderen Form der Zusammenarbeit im kommunalpolitisch gewünschten Oberzentrum nicht ausgeblieben.

Anmerkungen

1 Vgl. Karl Heinz Neser. Die Landkreise, in: Landeszentrale für politische Bildung Baden-Württemberg (Hrsg.). Taschenbuch Baden-Württemberg. Gesetze – Daten – Analysen. Stuttgart 1999, S. 61 ff.

2 Die Landkreise Nürtingen und Hochschwarzwald klagten – wenn auch erfolglos – vor dem Staatsgerichtshof.

3 zur Identifikation mit dem Landkreis vgl. Herbert Schneider u.a. Kreispolitik im ländlichen Raum: eine vergleichende Untersuchung über Landkreispolitik. München: Minerva-Publikation, 1985, S. 212 ff.

4 vgl. Dieter Jauch. Verlauf und Ergebnisse der kommunalen Gebietsreform in den alten Bundesländern, in: Herbert Schneider und Rüdiger Voigt (Hrsg.). Gebietsreform in ländlichen Räumen. Vieselbach/Erfurt.1994, S. 36 ff.

5 Eine im Auftrag der Landesregierung im Jahre 1971 veröffentlichte Meinungsumfrage zeigte, daß knapp die Hälfte der Bevölkerung die Verwaltungsreform bejaht, 40% uninformiert oder uninteressiert sind und nur 10% sich als erklärte Gegner bezeichnen. Zitiert bei: Hans Georg Wehling (Hrsg). Kommunalpolitik. Hamburg 1975, S. 38, Fußnote 51.

6 vgl. Theodor Pfitzer und Hans-Georg Wehling (Hrsg.). Kommunalpolitik in Baden-Württemberg Stuttgart, 3. Auflage, 2000, S. 10 ff.

7 Lt. Bericht der Stuttgarter Zeitung vom 27.4.1998 hatte der Landesverband 23 Mitgliedsgemeinden Bei einer Landtagsdebatte im Jahre 1995 war von 14 Fällen die Rede.

8 vgl. Karl Heinz Neser. Das neue Kommunalwahlrecht hat sich nicht bewährt!, in: Zeitschrift „Der Gemeinderat" Heft 10/1980; ders. Probleme im Kommunalwahlrecht, in: Gegenwartskunde Heft 3/1981; ders. Kommunalwahlrecht hat Bewährungsprobe nicht bestanden, in: Stuttgarter Zeitung vom 16.8.1980

9 Vgl. hierzu den Beitrag von Neser/Villingen-Schwenningen in diesen Band.

10 Manfred Bitzer. Bürgerwünsche gegen Parteiinteressen, in: Heimat- und Jahrbuch des Landkreises Freudenstadt 1998/99, S. 19 ff.

Die Entwicklung der Regionalplanung

Gottfried Schmitz

Die heutigen Regionalverbände sind ein Geschöpf der Gebiets- und Verwaltungsreform der sechziger/ siebziger Jahre. Deren Ziel war es, in dem 1952 nach jahrelangen politischen Auseinandersetzungen und schwierigen Verhandlungen zustande gekommenen neuen Bundesland Baden-Württemberg, wie auch in anderen Flächenstaaten der Bundesrepublik die überkommene Verwaltungsorganisation den sich wandelnden sozioökonomischen Strukturen anzupassen und die Leistungsfähigkeit der kommunalen Selbstverwaltung zu fördern. Außerdem sollte die Verwirklichung der Zielsetzungen des ersten Landesentwicklungsplanes (1971) erleichtert werden.[1]

Die Konzeption der Gemeinde- und Kreisreform, d.h. der räumliche Zuschnitt und damit auch die Zahl der Gemeinden und Kreise beruhen nicht zuletzt auf landesplanerischen Gesichtspunkten, vor allem durch die Berücksichtigung der von der Landesplanung ermittelten und festgelegten zentralen Versorgungsfunktionen aller Gemeinden und ihrer unterschiedlichen Verflechtungsbereiche. So konnte man sich bei dem Gebietszuschnitt der Gemeinden an den Verflechtungsbereichen der Klein- und Unterzentren, bei den Kreisen an denen der Mittelbereiche und bei den Regionen an den Einzugsbereichen von bestehenden oder zu entwickelnden Oberzentren orientieren. Die zwölf Regionen im Lande sind in erster Linie als Planungsregionen zu verstehen, auch wenn sie sich heute im Sinne eines sich wandelnden Planungsverständnisses hin zu einer aktiven regionalen Raumentwicklung[2] an der Grenze zwischen konzeptioneller Planung, Regionalmanagement und Verwaltungsvollzug bewegen. Durch die im Landesplanungsgesetz erfolgte Definition mit Hilfe der ihnen zugehörigen Stadt- und Landkreise gehören diese regionalen Planungsräume zu den räumlich eindeutig bestimmbaren Regionen, im Gegensatz zu den allgemein häufig verwendeten Regionsbegriffen, deren Bandbreite inhaltlich und geographisch fast ins Unendliche geht.

Mit der Abgrenzung von Regionen und der Errichtung von Regionalverbänden wurden in Baden-Württemberg im wesentlichen drei Ziele verfolgt: Für die neu konzipierte Landesentwicklungsplanung sollte eine zweite, eine mittlere Planungsebene geschaffen werden, die im Sinne des Gegenstromprinzips eine Mittlerfunktion zwischen der auf das ganze Land bezogenen Landesplanung und der Planung auf örtlicher, kommunaler Ebene zu übernehmen hat; die Trägerschaft für diese regionale Stufe der Landesplanung sollte von neu zu bildenden regionalen Planungsverbänden, den Regionalverbänden übernommen werden, die sich nach den Regeln und Formen kommunaler Zusammenarbeit organisieren sollten; und diese Regionalverbände sollten auch regional bedeutsame weisungsfreie Aufgaben von Kreisen mit deren Zustimmung übernehmen können, was als Ansatz für kreisübergreifende Zusammenarbeit gedacht war.

Mit dieser Konzeption wurde konsequent der Weg weiterverfolgt, der mit der Bildung von insgesamt 20 regionalen Planungsgemeinschaften als freiwilligen, aber von der Landesplanung geförderten kommunalen Zusammenschlüssen zwischen 1956 und 1972 begonnen worden war. Schon früher, im Jahre 1951 war im Rhein-Neckar-Raum eine die Landesgrenzen überschreitende „Kommunale Arbeitsgemeinschaft Rhein-Neckar“ entstanden. Neun dieser regionalen Planungsgemeinschaften erstreckten sich auf das Gebiet der heutigen sechs Regionalverbände im badischen Landesteil. Die Pionierleistung dieser regionalen Planungsgemeinschaften ist nicht hoch genug einzuschätzen; haben sie doch wesentlich dazu beigetragen, daß sich auf der kommunalen Ebene ein starker Wille zu langfristiger überörtlicher Planung entwickelte und das Verständnis für eine kontinuierliche Planungsarbeit wuchs.[3]

Das „Regionalverbandsgesetz" (Zweites Gesetz zur Verwaltungsreform) vom 26. Juli 1971 trat am 1. Januar 1973 in Kraft und führte in der Folge zur Bildung von 12 Regionalverbänden, davon jeweils drei in den beiden badischen Regierungsbezirken: Unterer Neckar mit Sitz in Mannheim, Mittlerer Oberrhein mit Sitz in Karlsruhe, Nordschwarzwald mit Sitz in Pforzheim (Regierungsbezirk Karlsruhe) und Südlicher Oberrhein mit Sitz in Freiburg, Hochrhein-Bodensee mit Sitz in Waldshut, Schwarzwald-Baar-Heuberg mit Sitz in Villingen-Schwenningen (Regierungsbezirk Freiburg). Dieses Gesetz kann mit gutem Recht als Markstein für die Regionalplanung und die Regionalverbände bezeichnet werden.[4] Es wurde 1972 in die Neufassung des Landesplanungsgesetzes übernommen und bei der Novellierung im Jahre 1983 im wesentlichen bestätigt. Dies wird auch von der gegenwärtig diskutierten Ergänzung des Landesplanungsgesetzes aufgrund der Anpassungserfordernisse an das neue Raumordnungsgesetz des Bundes von 1998 erwartet.

Durch die landesgesetzlichen Regelungen über die Abgrenzung der Regionen[5], über die Errichtung, die Aufgabenstellung, die Organisation und die Finanzierung der Regionalverbände wurde eine solide Grundlage für die Erfüllung der Hauptaufgabe regionaler Raumordnung und Landesplanung geschaffen: In den hinreichend großen, den Raumstrukturen und Verflechtungen entsprechenden und auf Zentren bezogenen Planungsräumen konnten die Struktur- und Entwicklungsprobleme von fachlich qualifiziertem Personal analysiert, regionale Planungskonzepte erarbeitet und mit den Vorgaben der Landesplanung in förmlichen Verfahren unter Beteiligung der vielen Akteure und gesellschaftlichen Kräfte, mit den Kommunen, Fachbehörden und sonstigen Institutionen zu längerfristig orientierten Regionalplänen verdichtet werden. Hauptregelungsinhalt dieser Regionalpläne ist die Festlegung von Siedlungsbereichen und Freiräumen, von Dienstleistungs-, Industrie- und Gewerbeschwerpunkten, der regionalen Infrastruktur (Ver- und Entsorgung), von Vorbehalts- und Vorrangbereichen z.B. für den Biotopschutz, die Abfallentsorgung, die Gewinnung von oberflächennahen Rohstoffen oder für den vorbeugenden Hochwasserschutz.

Daß bei diesen regionalen Planungsprozessen auch Interessenkonflikte hochkommen, unterschiedliche Meinungen auszugleichen sind, um tragfähige Lösungen und Kompromisse gerungen werden muß, kann naturgemäß nicht ausbleiben und ist geradezu typisch für die Aufgabe, ein konkretes und zugleich längerfristig tragfähiges Raumentwicklungskonzept zu erstellen und durchzusetzen. Denn die Region ist gewissermaßen das Feld räumlicher Interessenkonflikte.

Als sehr hilfreich erweist sich in diesem Konfliktfeld immer wieder der Charakter der Regionalverbände als kommunal getragene Selbstverwaltungskörperschaften, der durch Elemente gebietskörperschaftlicher Art und durch Organisationselemente kommunaler Zusammenarbeit (Zweckverbände) geprägt ist: Die Verbandsversammlung, das Hauptorgan eines Regionalverbandes, setzt sich je nach Größe der Region aus 40 bis 100 Mitgliedern zusammen, die von den Kreisräten der Landkreise und den Gemeinderäten der Stadtkreise gewählt werden, diesen aber nicht angehören, wohl aber ihren Wohnsitz in der Region haben müssen. Die Stadt- und Landkreise sind nicht Mitglieder des Regionalverbandes, sie sind aber verpflichtet, durch eine Umlage einen Teil der entstehenden Kosten zu tragen. Der aus der Mitte der Verbandsversammlung zu wählende Verbandsvorsitzende leitet die Verbandsverwaltung und führt die laufenden Geschäfte. Diese können dem ebenfalls von der Verbandsversammlung auf jeweils acht Jahre zu wählende Verbandsdirektor als ständigem Vertreter des Verbandsvorsitzenden übertragen werden, was in der Regel auch geschieht. Der Verbandsdirektor leitet die Geschäftsstelle mit einem Team von Raumplanern und Raumplanerinnen verschiedenster Fachrichtungen. Im Planungsausschuß, der um beratende Mitglieder aus den relevanten gesellschaftlichen Gruppen ergänzt werden kann und ggf. in weiteren Fachausschüssen werden die planerischen Entscheidungen und vor allem die Entwürfe der Regionalpläne beraten und ein Ausgleich der Meinungen gesucht.

In Ergänzung ihrer planerischen Hauptaufgabe, nämlich Erarbeitung und Aufstellung des Regionalplanes einschließlich eines Landschaftsrahmenplanes und deren periodischer Fortschreibung, haben die Regionalverbände noch Mitwirkungs- und Beratungsrechte und -pflichten bei der Landesentwicklungsplanung für das ganze Land, bei staatlichen Fachplanungen und in allen Verfahren, bei denen es sich um raumwirksame Planungen und Maßnahmen in bzw. für die Region handelt, so vor allem auch bei der Bauleitplanung der Gemeinden. Hierbei geht es aus der Sicht der Regionalplanung gerade darum, die Vereinbarkeit mit den Grundsätzen und Zielen des Regionalplanes zu prüfen und ggf. herstellen zu helfen. Die Regionalverbände entwickeln aber auch eigene Vorstellungen und Vorschläge zur Umsetzung ihres Regionalplanes und initiieren Projekte zur Förderung der Regionalentwicklung.

Bei solch einem breiten und zugleich differenzierten Aufgabenspektrum mit zahlreichen Planungspartnern, Akteuren und Kontrahenten inner- und außerhalb der Region und in dem Maße, wie die Regionalplanung sich auch auszuwirken begann, d.h. sie für die Planungspartner in der Region als verbindliche Planung mit gesetzlich verankerten Anpassungs- und Berücksichtigungspflichten spürbar wurde, mußten sich auch Widerstände und Gegenkräfte formieren. Zusätzlich zu der ersten Gruppe, der schon erwähnten im Planungsprozeß selbst angelegten immer zu bewältigenden Interessengegensätze, wurden immer wieder die in einem mehrstufigen Raumplanungssystem ebenfalls inhärenten Abgrenzungsprobleme zwischen der Planungskompetenz der Kommunen, der Regionalverbände und der staatlichen Raumordnungskompetenzen hochgespielt. Dazu kam die dritte Gruppe, die der Fundamentalkritiker, die aus Prinzip gegen die Regionalverbände waren und sind und die sich vor allem in Kreisen der kommunalen Landesverbände finden lassen. Von der letzteren Gruppe, die man auch der Institutionenkritik zuordnen könnte, wurden gelegentlich auch in Einzelfällen mehr oder weniger prominente Vertreter in einigen Regionen angesteckt. Die Auseinandersetzungen wurden aber nur vereinzelt in den Regionen, sondern mehr auf der landespolitischen Bühne, zwischen den Kommunalen Landesverbänden, in den Landtagsfraktionen, zwischen den Regierungs- und Oppositionsparteien und von interessierten Kreisen der Wirtschaft und der Gewerkschaften geführt. Die Regionalverbände, deren Hauptanliegen die Eigenprofilierung in ihrer Aufbau- und in ihrer Konsolidierungsphase war, schalteten sich selbst nur sporadisch in die Auseinandersetzungen ein und vertraten ihre Position durch ihre Arbeitsgemeinschaft auf Landesebene.

Schon kurz nach Bildung der Regionalverbände und der in einigen Verdichtungsräumen erfolgten Gründung von „Nachbarschaftsverbänden“[6] kamen in Baden-Württemberg, wie auch in anderen Ländern, die Stadt-Umland-Probleme wieder einmal in die öffentliche Diskussion, angestoßen von einer Denkschrift der Stadt Stuttgart „Gedanken zur Kernstadt-Umland-Frage“ (1975). Eine daraufhin von der Landesregierung eingesetzte „Stadt-Umland-Kommission Stuttgart“ kam am Ende ihrer Arbeit zu einer auch für die übrigen Verbände bemerkenswerten Empfehlung, den Nachbarschaftsverband wieder aufzulösen, wenn er seine Hauptaufgabe, nämlich den gemeinsamen Flächennutzungsplan aufzustellen, gelöst habe und eine hinreichend konkrete Regionalplanung eine ausreichende Koordinierung bewirke.[7] Damit konnte der Aufbau der Regionalverbände, wenn auch nicht ungestört, vorangehen. Aufkommende Kontroversen über Planungskompetenzen und Auswirkungen der Regionalpläne auf die Planadressaten (vor allem Kommunen und staatliche Fachplanungen) führten zur Einsetzung einer weiteren Kommission, der sog. Kommission Land-Kommunen. Deren Arbeitsergebnisse[8] führten zu einer Bestätigung der Regionalverbände. Die Landesplanung und die Regionalplanung als Teil der Landesplanung wurden für unverzichtbar erklärt. Weitere Empfehlungen zum Inhalt und zur Regelungsdichte der Regionalpläne wurden in der schon erwähnten Novellierung des Landesplanungsgesetzes von 1983 umgesetzt.

Die danach einsetzende Konsolidierungsphase mündete in eine Diskussion mit umgekehrter Motivation und Zielsetzung. Nicht mehr Eingrenzung und Abgrenzung der Regionalplanung und der Regionalverbände, sondern ihr Erfolg, ihr Wirkungsgrad, ihre vermeintliche Machtlosigkeit kamen ins Gerede. Wie kann auf regionaler Ebene bei zunehmender Standortkonkurrenz in einem „Europa der Regionen“ effektiver geplant und kooperiert werden? Anlaß und Hintergrund der an dieser Frage sich entzündenden Debatte war die Öffnung der Grenzen in Europa, der Gemeinsame Binnenmarkt und schließlich auch der Versuch einer Neu-Positionierung der Regionen in einem vereinten Deutschland.

In der Regierungserklärung zu Beginn der 11. Wahlperiode im Jahre 1992 machte Ministerpräsident Erwin Teufel die Verbesserung der Zusammenarbeit in den Regionen zu einem wichtigen Reformziel der zweiten „großen Koalition“ in der Geschichte des Landes und zwar in erklärter Ergänzung zur Verwaltungs- und Gebietsreform der 70er Jahre. Erstes wichtiges Ergebnis war die Umwandlung des Regionalverbandes Stuttgart (vormals „Mittlerer Neckar“) in den Verband Region Stuttgart mit seinen präziseren Planungsinstrumenten und seinen über die Raumplanung hinausgehenden Zuständigkeiten im Bereich des regionalen Nahverkehrs, der regionalen Abfallwirtschaft, der Wirtschaftsförderung und des Ausstellungs- und Messewesens. Für entsprechende von den Regionen gewollte „maßgeschneiderte“ Ergänzungen der regionalen Strukturen in den übrigen Regionen des Landes sollten in der darauf folgenden Wahlperiode ab 1997 – aus der Sicht des Landes – die Erfahrungen in der Region Stuttgart abgewartet werden.

Bei vorsichtiger Einschätzung und im Kontext mit der Entwicklung in Regionen außerhalb des Landes Baden-Württemberg wird wohl die Bedeutung der konventionellen Formen regionaler Planung relativ an Gewicht verlieren zu Gunsten projektorientierter Zusammenarbeit der regionalen Akteure zur aktiven Förderung der Regionalentwicklung. Diese Tendenz läßt sich auch an der Entwicklung der Tätigkeit der Regionalverbände und ihrer gegenwärtigen Aktivitäten nachweisen.

Anmerkungen

1 Vgl. Reiff, Hermann, Geschichte der Landesplanung in Baden-Württemberg, in: Zur geschichtlichen Entwicklung der Raumordnung, Landes- und Regionalplanung in der Bundesrepublik Deutschland, Hrsg. Akademie für Raumforschung und Landesplanung, Forschungs- und Sitzungsberichte 182, Hannover 1991, S. 52 ff.

2 Aufgabe der Raumordnung nach dem derzeitig geltenden Raumordnungsgesetz des Bundes ist es, durch zusammenfassende, übergeordnete Raumordnungspläne und durch Abstimmung raumbedeutsamer Planungen und Maßnahmen den Gesamtraum und die Teilräume zu entwickeln, zu ordnen und zu sichern. Leitvorstellung ist hierbei eine nachhaltige Raumentwicklung, die die sozialen und wirtschaftlichen Anforderungen an den Raum mit seinen ökologischen Funktionen in Einklang bringt und zu einer dauerhaften, großräumig ausgewogenen Ordnung führt. (ROG, § 1)

3 So Elmar Münzer, langjähriger Leiter der Abteilung Landesplanung im Innenministerium im Vorwort zu: Sonnenberg, Gerhard, Die regionalen Planungsgemeinschaften in Baden-Württemberg 1956 bis 1972, als Manuskript gedruckt, Stuttgart 1980

4 Vgl. Schmitz, Gottfried, Entwicklung der Regionalplanung in Baden-Württemberg, in: Zur geschichtlichen Entwicklung der Raumordnung, Landes-und Regionalplanung..., a.a.O. S. 82 ff.

5 Nach den Grenzen dieser Regionen wurden übrigens auch weitere für die Regionalentwicklung wichtige Zuständigkeitsbereiche wie die der Industrie- und Handelskammern und der Handwerkskammern sowie staatlicher Landesämter, wie etwa der Straßenbauämter, der Wasserwirtschaftsämter, der Landwirtschaftsämter ausgerichtet.

6 Vgl. Nachbarschaftsverbandsgesetz vom 9. Juli 1974

7 Vgl. Stadt-Umland-Kommission Stuttgart, Bericht zur Stadt-Umland-Frage im Raum Stuttgart, Hrsg. Innenministerium Baden-Württemberg, Stuttgart 1977

8 Vgl. Kommission Land-Kommunen, Bericht über die Möglichkeiten einer Stärkung der kommunalen Selbstverwaltung, Hrsg. Innenministerium Baden-Württemberg, Stuttgart 1981

Badische Repräsentanten im Landtag und in den Landesregierungen (1952-2001)

Hansjörg Eisele

Im Kampf um das Votum der Bevölkerung in der über die Bildung des Südweststaats entscheidenden Volksabstimmung am 09.12.1951 warnten Verfechter der Baden-Lösung – besonders im skeptischen Südbaden – nicht nur vor dem Verlust badischer Heimatwerte, sondern auch vor dem Verlust der badischen Selbstbestimmung angesichts drohender politischer Dominanz württembergischer Interessen. Altbadische Parolen wie „Wir geben den Löffel nicht ab" und Darstellungen des Südweststaat-Hauses mit dem Hintereingang für Badener illustrieren dies.

„Also, die hintere Mansarde! Und hier die Hausordnung!" Im „Schwabenhaus" des Südweststaates, so die Botschaft an die badischen Wähler, hat der Badener nichts zu melden.
(Quelle: Badische Post 19.8.1950; Zeichnung: E. Landwehr)

Hat sich diese Befürchtung bewahrheitet? Die folgende quantitative Analyse der Repräsentation badischer Interessen im Landtag und in den Regierungen Baden-Württembergs in den vergangenen fast 50 Jahren gibt Hinweise darauf, daß dies zumindest zeitweise der Fall war.

Grundsätzlich ist die Vertretung von Partikularinteressen in Parlament und Regierung demokratisch legitimiert. Es besteht deshalb auch „keine Notwendigkeit, den einzelnen Abgeordneten in offenkundigem Widerspruch zur Realität als Repräsentanten der Gesamtheit zu idealisieren und die niemals erfüllbare Erwartung an ihn heranzutragen, er werde in absoluter Distanz zu allen partikularen Interessen einzig und allein dem (von wem definierten?) Gemeinwohl dienen."[1] Der Gedanke der Responsivität von Abgeordneten gegenüber ihrem Wahlkreis sollte aber auch nicht überstrapaziert werden. Im Konflikt *Wahlkreisorientierung versus Gesamtstaatsorientierung* bzw. von *Partikularinteressen versus Gemeinwohl* bestimmt die Kompromißfindungsarbeit zwischen den beiden Extrempositionen die Arbeit des Abgeordneten. „Zum Amtsverständnis gehört, sich für beides verantwortlich zu fühlen – und professionelles Können beweist sich darin, durch glückliches Taktieren, beide Dinge in tragfähigen Kompromissen zusammenzubringen."[2] Aus einer badischen Wahlkreisherkunft darf deshalb nicht auf eine allein an badischen Interessen ausgerichtete Amtsführung des betreffenden Abgeordneten geschlossen werden. Plausibel ist jedoch, daß, wenn überhaupt, dann im Handeln eines von einem badischen Wahlkreis entsandten Abgeordneten badische Partikularinteressen besondere Berücksichtigung finden.

Anhand der Besetzung wesentlicher Führungspositionen im parlamentarischen Regierungssystem Baden-Württembergs, nämlich den Ämtern von Landtagspräsident und Ministerpräsident sowie denen von Fraktionsvorsitzenden und ausgewählter Kabinettsmitgliedern soll die Repräsentation Badens im Rückblick betrachtet werden. Dabei sollen als *badische* Repräsentanten nicht die „geborenen Badener", sondern nur die „politischen Badener", nämlich die einen badischen Wahlkreis repräsentierenden Abgeordneten gelten. So werden in der 12. Wahlperiode der in Rottweil geborene Oberschwabe Erwin Teufel (CDU, Ministerpräsident) wegen seines Wahlkreises Villingen-Schwenningen der badischen Seite zugerechnet, der Mannheimer Gerhard Mayer-Vorfelder (CDU, Finanzminister) wegen seines Stuttgarter Wahlkreises der württembergischen; andererseits werden der Überlinger Prof. Dr. Ulrich Goll (FDP/DVP, Justizminister) und die Kaiserstühlerin Gerdi Staiblin (CDU, Ministerin für den Ländlichen Raum) keiner der beiden Seiten zugerechnet, da beide in der 12. Landtagswahlperiode kein Wahlkreis-Mandat besaßen.[3]

Landtagspräsidenten

Der Landtagspräsident[4] wird vom Landtag in geheimer Wahl gewählt. Es ist Tradition, daß er der stärksten Fraktion angehört. Er führt die Geschäfte des Landtages, leitet das Präsidium, in dem die Weichen für die Arbeit des Landtages gestellt werden und repräsentiert den Landtag nach außen. Als höchster Repräsentant des Parlaments nimmt er protokollarische Funktionen, als Hauptorganisator der Parlamentsarbeit gestaltende Funktionen wahr.

Tabelle 1: Landtagspräsidenten (12 Wahlperioden)

Landtagspräsident	*Name*	*Partei*	*Wahlkreis*	*Bezirk*[5]
April 1952 - Mai 1960	Dr. Neinhaus	CDU	Heidelberg-Stadt	NB
Mai 1960 - Juni 1968	Dr. Gurk	CDU	Bruchsal	NB
Juni 1968 - Juni 1976	Wurz	CDU	Baden-Baden	SB
Juni 1976 - Juni 1980	Ganzenmüller	CDU	Schw.Gmünd	S
Juni 1980 - Sept. 1982	Dr. Gaa	CDU	Schwetzingen	KA
Sept. 1982 - Juni 1992	Schneider	CDU	Backnang	S
Juni 1992 - Juni 1996	Dr. Hopmeier	CDU	Kirchheim	S
Juni 1996 - Juni 2001	Straub	CDU	Waldshut	FR

Von insgesamt 8 Landtagspräsidenten der ersten 12 Legislaturperioden wurden 5 von badischen Wahlkreisen entsandt, nur 3 von württembergischen. Von den insgesamt fast 50 Jahren Parlamentstätigkeit in den 12 zurückliegenden Legislaturperioden war das Amt des Landtagspräsidenten zu 64 % von einem badischen Repräsentanten bekleidet. Bis zur endgültigen Entscheidung über den Verbleib Badens im Südweststaat Baden-Württemberg, die erst in den Jahren 1970 und 1974 fiel, ist sogar eine durchgängig badische Besetzung festzustellen. Dies mag gezielt zur Beruhigung der Altbadener geschehen sein, war gewiß aber auch als Kompensation für andere von Württembergern besetzte Führungspositionen, insbesondere der des Ministerpräsidenten, gedacht.

Ministerpräsidenten

Der Ministerpräsident[6] wird vom Landtag gewählt. Er bestimmt die Richtlinien der Politik, allerdings werden die Kompetenzen der Regierung im Kollegialprinzip wahrgenommen und das Ressortprinzip ist stark ausgeprägt. Die relativ starke Stellung der Regierung gegenüber dem Landtag ergibt sich aus ihrem *Quasi-Gesetzesinitiativ-Monopol*, ihrer Mitwirkung an der Bundespolitik über den Bundesrat und der an Bedeutung zunehmenden Verwaltungstätigkeit.

Tabelle 2: Ministerpräsidenten (12 Wahlperioden)

Ministerpräsident	*Name*	*Partei*	*Wahlkreis*	*Bezirk*
April 1952 - Okt. 1953	Dr. Maier	FDP/DVP	Waiblingen II	NW
Okt. 1953 - Dez. 1958	Dr. Müller	CDU	Tübingen	SW
Dez. 1958 - Dez. 1966	Dr. Kiesinger	CDU	Saulgau	SW
Dez. 1966 - Aug. 1978	Dr. Filbinger	CDU	Freiburg-St. Bzw. I	SB
Aug. 1978 - Jan. 1991	Späth	CDU	Bietigheim-Bissingen	S
Jan. 1991 - Juni 2001	Teufel	CDU	Villingen-Schwenningen	FR

Von den insgesamt 6 Ministerpräsidenten, die bis auf Reinhold Maier alle der CDU angehörten, wurden nur zwei von badischen Wahlkreisen entsandt. Hinsichtlich der Amtsdauer bekleideten diese beiden badischen Politiker das Amt des Ministerpräsiden-

„Gratulationscour beim neuen Ministerpräsidenten". Gebhard Müller: „Und hier die Kastanien, die ich für Sie aus dem Feuer geholt habe" – Hinweis auf vielfache Schützenhilfe in den Jahren vor Bildung des neuen Landes. (Quelle: Stuttgarter Zeitung 30.4.1952; Zeichnung: Fritz Meinhard)

ten zu 45%. Der im Dezember 1966 von Kiesinger zu Filbinger, d.h. von einem württembergischen zu einem badischen Ministerpräsidenten erfolgende Wechsel mag zur Befriedung badischer Befürchtungen vor einer württembergischen Dominanz beigetragen und das Votum 1970 für den Verbleib im Südweststaat befördert haben, zumal die Position des Landtagspräsidenten weiterhin in badischer Hand blieb, d.h. der bisher geltende Proporz, der das Amt des Landtagspräsidenten und das des Ministerpräsidenten badischen bzw. württembergischen Politikern zuwies, zugunsten Badens aufgegeben wurde, als nun beide Ämter durch Badener – und zwar Südbadener – besetzt waren. Es wäre jedoch zu vordergründig, das Votum der Badener im Juni 1970 von 81,93% für den Verbleib im Südweststaat mit dieser badischen Repräsentanz in den beiden höchsten politischen Positionen des Landes erklären zu wollen. Nachdem der badisch-württembergische Proporz einmal durchbrochen war, ist festzustellen, daß er – wie die folgende Tabelle deutlich macht – in Folge nur mit geringer Konsequenz wieder aufgenommen wurde, obwohl beide Ämter von der CDU besetzt wurden, dies also relativ problemlos lösbar gewesen wäre.

Tabelle 3: Ministerpräsidenten und Landtagspräsidenten (12 Wahlperioden)

	MinPräsident				***LT-Präsident***			
Legislaturperiode	Name	Partei	Bezirk	Amtsdauer	Name	Partei	Bezirk	Amtsdauer
1952-1956 (1.WP) Verfass.-gebende LV								
Vorl. Regierung	Dr. Maier	FDP/DVP	NW	25.04.52-07.10.53	Dr. Neinhaus	CDU	NB	
Vorl. Regierung 1.Landtag	Dr. Müller	CDU	SW	07.10.53-19.11.53				
1.ordentl.Regierung	Dr. Müller	CDU	SW	19.11.53-09.05.56	Dr. Neinhaus	CDU	NB	
1956-1960 (2.WP)	Dr. Müller	CDU	SW	09.05.56-17.12.58	Dr. Neinhaus	CDU	NB	
	Dr. Kiesinger	CDU	(SW)	17.12.58-23.06.60				
1960-1964 (3.WP)	Dr. Kiesinger	CDU	SW	23.06.60-11.06.64	Dr. Gurk	CDU	NB	
1964-1968 (4.WP)	Dr. Kiesinger	CDU	SW	11.06.64-16.12.66	Dr. Gurk	CDU	NB	
	Dr. Filbinger	CDU	SB	16.12.66-12.06.68				
1968-1972 (5.WP)	Dr. Filbinger	CDU	SB	12.06.68-08.06.72	Wurz	CDU	SB	
1972-1976 (6.WP)	Dr. Filbinger	CDU	SB	08.06.72-02.06.76	Wurz	CDU	DB	
1976-1980 (7.WP)	Dr. Filbinger	CDU	FR	02.06.76-30.08.78	Ganzenmüller	CDU	S	
	Späth	CDU	S	30.08.78-04.06.80				
1980-1984 (8.WP)	Späth	CDU	S	04.06.80-06.06.84	Dr. Gaa	CDU	KA	bis 20.09.82
					Schneider	CDU	S	ab 14.10.82
1984-1988 (9.WP)	Späth	CDU	S	06.06.84-08.06.88	Schneider	CDU	S	
1988-1992 (10.WP)	Späth	CDU	S	08.06.88-13.01.91	Schneider	CDU	S	
	Teufel	CDU	FR	22.01.91-11.06.92				
1992-1996 (11.WP)	Teufel	CDU	FR	11.06.92-11.06.96	Dr. Hopmeier	CDU	S	
1996-2001 (12.WP)	Teufel	CDU	FR	11.06.96-13.06.01	Straub	CDU	FR	

Fraktionsvorsitzende

In den Fraktionen[7] formiert sich die politische Haltung der Abgeordneten einer Partei zu den im Plenum und in den Ausschüssen anstehenden Entscheidungen und Debatten. Die Fraktionen können Gesetzentwürfe und Anträge einbringen, sie haben das Vorschlags- oder Benennungsrecht bei einer Vielzahl von Personalentscheidungen. Die insgesamt 39 Abgeordneten, die in den ersten 12 Wahlperioden das Amt eines Fraktionsvorsitzenden innehatten, sind nach Zahl und Amtsdauer wie folgt zuzuordnen:[8]

Tabelle 4: Fraktionsvorsitzende[9] (12 Wahlperioden)

Partei	*CDU*	*SPD*	*FDP/DVP*	*GB/BHE*	*NPD*	*GRÜNE*	*REP*
Anzahl	8	9	10	3	2	6	1
Badisch	4	4	4	1	0	1	0
Württemb.	4	5	6	2	2	5	1
Amtsdauer							
Badisch	57,8%	46,1%	45,6%	50%	0%	5,6%	0%
Württemb.	42,2%	53,9%	54,4%	50%	100%	94,4%	100%

Während in CDU, SPD, FDP und GB/BHE über die 12 Wahlperioden hinweg die Repräsentanz badischer und württembergischer Politiker im Amt des Fraktionsvorsitzenden recht ausgewogen war, dominierten bei NPD, GRÜNEN und REP eindeutig Repräsentanten württembergischer Wahlkreise.

Landesregierung

Die badische Repräsentanz in der Landesregierung[10], betrachtet über die gesamte Zeitspanne der ersten 12 Wahlperioden, erscheint mit 77 Regierungsmitgliedern aus badischen gegenüber 96 Regierungsmitgliedern aus württembergischen Wahlkreisen nicht übermäßig von letzteren dominiert, zumal, wenn man den in Baden-Württemberg traditionell hohen Anteil von insgesamt 44 Regierungsmitgliedern ohne Landtagsmandat berücksichtigt.[11] Diese Relation ändert sich nur unwesentlich zuungunsten badischer Repräsentanz, wenn man statt der Zahl der Regierungsmitglieder ihre Amtsdauer über die 12 Wahlperioden zusammengefaßt betrachtet.[12] Das folgende linke Schaubild zeigt diese Relation; es verdeutlicht zugleich, daß eine „Majorisierung von Badenern durch Schwaben" quantitativ und über die 12 Wahlperioden hinweg nicht erkennbar ist.

Graphik 1: Relation der Amtsdauer in der Landesregierung (alle 12 Wahlperioden)
Graphik 2: Relation der Amtsdauer als Finanz-, Innen-, Kultus-, Wissenschaftsminister (alle 12 Wahlperioden)

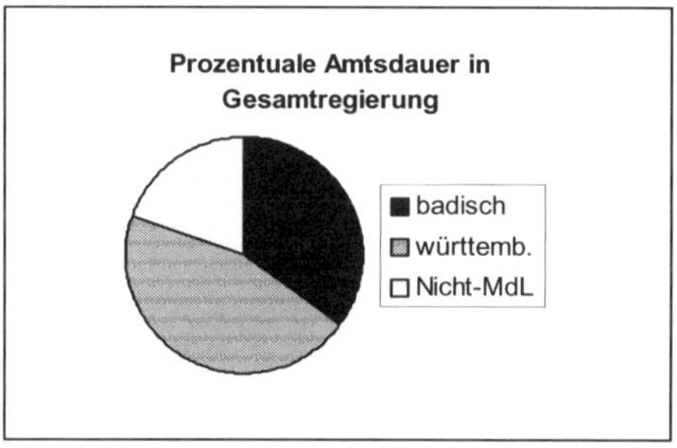

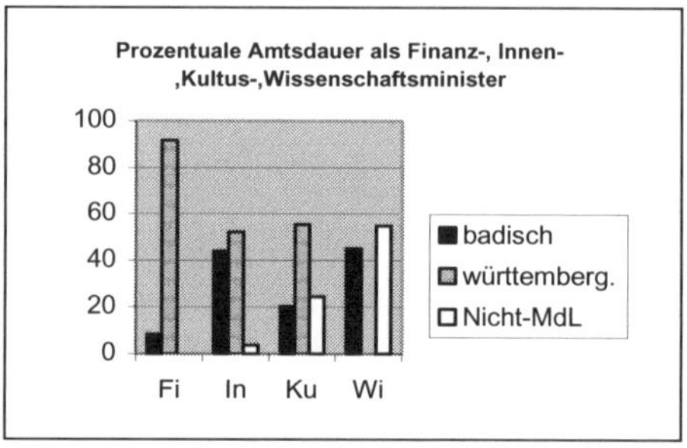

Etwas anders stellt sich die Situation dar, wenn man die badische Repräsentanz in der Landesregierung anhand der vier mit den landespolitisch weitreichendsten Gestaltungsmöglichkeiten versehenen Minister betrachtet: dem Finanz-, dem Innen-, dem Kultus- und dem Wissenschaftsminister. Hierbei ist allerdings zu bedenken, daß das Wissenschaftsministerium erst 1976 gegenüber dem Kultusministerium verselbständigt worden ist. Das Schaubild rechts oben verdeutlicht, daß in den drei alten Landesministerien (Finanz-, Innen- und Kultusministerium) württembergischer Einfluß überwiegt – besonders ausgeprägt im Finanzministerium –, während im jüngeren Wissenschaftsministerium badischer und Nicht-MdL Einfluß sich in etwa die Waage halten (vgl. Graphiken 1 und 2); eine nach Wahlperioden differenzierte Betrachtung bestätigt diesen Eindruck nur abschnittsweise.

Differenziert man nämlich nach Wahlperioden, dann zeigt die prozentuale Amtsdauer in der Landesregierung das folgende Bild:

Graphik 3: Relation der Amtsdauer in der Regierung 1952-2001 (nach Wahlperioden)

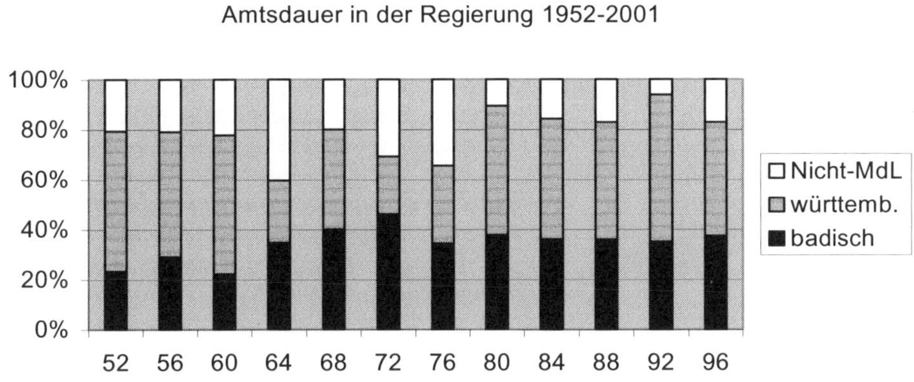

Einer starken Unterrepräsentation (unter 30%) in den ersten drei Wahlperioden folgt ein kontinuierlicher Anstieg badischer Repräsentanz in der 4. und 5. Wahlperiode, der in der 6. Wahlperiode (46%) kulminiert und sich ab der 7. Wahlperiode um die 36% einpendelt, d.h. dem Durchschnittswert für alle zwölf Wahlperioden zusammengenommen. Es erscheint deshalb gerechtfertigt, von 3 sehr unterschiedlichen Phasen badischer Repräsentation in der Regierung zu sprechen. Erhärtet wird dies durch eine phasenweise Betrachtung der Besetzung der oben bereits vorgestellten landespolitisch besonders wichtigen Ministerposten.

Graphik 4: Relation der Amtsdauer in den 4 wichtigen Ministerfunktionen (nach 3 Phasen)

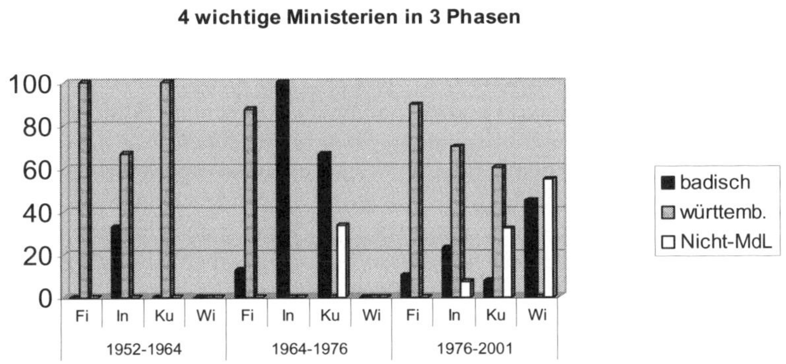

Die fast ungeschmälerte Dominanz württembergischer Minister in der ersten Phase weicht einer deutlichen Dominanz badischer Minister in der zweiten Phase, ehe in der dritten Phase wieder württembergische Minister dominieren. Dies deckt sich in der ersten und zweiten Phase völlig mit den auf die gesamte Regierung bezogenen Relationen, fällt in der dritten Phase jedoch zugunsten der württembergischen Repräsentanten aus.

Welches sind die Gründe für die deutlichen Zäsuren zwischen den drei Phasen? Eine quantitative Analyse kann hier keine abschließenden Antworten geben. Folgende Faktoren mögen jedoch dazu beigetragen haben:

- In der von württembergischer Dominanz geprägten ersten Phase (1952 bis 1964) stand der in parteiübergreifender Anstrengung zu bewältigende Wiederaufbau im Vordergrund politischen Handelns; breite Koalitionsregierungen erschwerten den landsmannschaftlichen Proporz, zudem verweigerte sich manch südbadischer Politiker der Einbindung in die Landesregierung. Die in württembergischen Wahlkreisen beheimateten Ministerpräsidenten Dr. R. Maier, Dr. G. Müller und Dr. K.G. Kiesinger gehörten außerdem zu den entschiedensten Verfechtern der Südweststaatlösung. Die Zusammensetzung der Regierung war ihnen deshalb auch Mittel zur Verankerung des Südweststaates. Die württembergische Dominanz überrascht deshalb nicht.
- In der zweiten von leichtem badischen Übergewicht bestimmten Phase (1964-1976) fielen die letzten beiden Entscheidungen über den Fortbestand Baden-Württembergs. Im Volksentscheid am 7. Juni 1970 sprachen sich – bei einer Wahlbeteiligung von 52,5% – 81,93% der badischen Bevölkerung für einen Verbleib beim Land Baden-Württemberg aus und am 2. April 1974 verwarf der Zweite Senat des Bundesverfassungsgerichts den Einspruch gegen die Gültigkeit dieses Volksentscheids. Es wäre gewiß politikfern gedacht, die außerordentlich starke badische Repräsentanz in der Regierung während dieser zweiten Phase nicht auch unter dem Gesichtspunkt dieses heranstehenden Volksentscheides und demonstrativer Responsivität gegenüber badischen Partikularinteressen zu verstehen. Der seit 1966 regierende erste badische Ministerpräsident Hans Filbinger symbolisierte dies schon in seiner Person. Der badische Vorrang in der zweiten Phase erscheint plausibel.
- In der dritten Phase (1976-2001) liegt die badische Repräsentanz in der Regierung mit rund 36% etwas unter dem Bevölkerungsanteil von etwa 45%. In der 13. Wahlperiode, die 2001 begann, ist jedoch wieder ein Ansteigen des badischen Anteils festzustellen. Neben dem Ministerpräsidenten Erwin Teufel (FR) stammen von den drei gewichtigsten Ministern – Finanzminister Stratthaus (KA), Innenminister Schäuble (KA), Kultusministerin Dr. Schavan (S) – zwei aus badischen Wahlkreisen. Darüber hinaus ist Landtagspräsident Straub (FR) in seinem Amt bestätigt worden. In der dritten Phase scheint also eine gewisse Gelassenheit in der Konkurrenz zwischen badischen und württembergischen Repräsentanten eingekehrt zu sein.

Die von Altbadenern gehegte Sorge vor einer drohenden Dominanz Württembergs erscheint also für die erste der in dieser Untersuchung unterschiedenen Phasen nicht unberechtigt. Sie wird in der zweiten Phase durch die erhebliche Stärkung badischer Repräsentanz jedoch deutlich entkräftet. In den 25 Jahren der letzten Phase scheinen die Proportionen landsmannschaftlicher Repräsentanz ausgewogen zu sein, sieht man von den vier angesprochenen gestalterisch allerdings wichtigsten Landesministerien ab. Die Regierungsbildung in der 13. Wahlperiode mit der Berufung badischer Repräsentanten in zwei dieser Ministerien stellt aber jetzt auch hier Ausgewogenheit her.[13]

Anmerkungen

1 H.-P. Schneider/W. Zeh (Hrsg.): Parlamentsrecht und Parlamentspraxis. deGruyter, Berlin 1989. S.178

2 W.J. Patzelt: Abgeordnete und Repräsentation-Amtsverständnis und Wahlkreisarbeit. Wissenschaftsverlag Rothe, Passau 1993. S.196

3 Das Wahlsystem weist im Laufe der Zeit 3 Varianten auf. Die Wahl zur Verfassunggebenden Landesversammlung (zugleich 1. Landtag) kannte neben den Wahlkreismandaten noch Mandate über Landesergänzungsvorschläge, also über Landeslisten für Baden, Württemberg-Baden und Württemberg-Hohenzollern. Ab dem 2. Landtag war nur noch die Kandidatur in Wahlkreisen möglich, für die vier Regierungsbezirke war jeweils eine Mindestmandatszahl garantiert (für Nordwürttemberg: 46; für Nordbaden: 27, für Südbaden: 25; für Südwürttemberg-Hohenzollern: 22). Die Kreisreform 1973 hatte eine ab dem 7. Landtag geltende Neuordnung der Wahlkreise und der Regierungsbezirke zur Folge. Die daraus resultierenden geringfügigen Grenzverschiebungen von Wahlkreisen und Regierungsbezirken betreffen in vorliegender Analyse lediglich Innenminister Schlee, dessen Wahlkreis den Bezirk wechselte.

4 Siehe hierzu Art. 32 LV und § 9 GO des Landtags von Baden-Württemberg

5 Die Bezirke sind wie folgt bezeichnet (Wechsel in 7.WP): Nordbaden: NB bzw. KA; Südbaden: SB bzw. FR; Nordwürttemberg: NW bzw: S; Südwürttemberg: SW bzw. TÜ.

6 Siehe hierzu Art. 45 ff. LV von Baden-Württemberg

7 Der Fraktionsstatus ist entsprechend der Geschäftsordnung des Landtages abhängig von einer Mindestzahl von Abgeordneten. Diese Mindestzahl betrug: 1. bis 3. Landtag: 5 Abgeordnete; 4. bis 9. Landtag: 8 Abgeordnete; 10. bis 12. Landtag: 6 Abgeordnete. Die KPD besaß deshalb im 1. Landtag mit 4 Abgeordneten keinen Fraktionsstatus (3 der 4 MdL erhielten ihr Mandat über die württemberg-badische Landesliste – sie stammten aus dem Stuttgarter Raum – 1 MdL über die badische Landesliste – er stammte aus Freiburg).

8 Die gleichberechtigten Vorsitzenden der SPD-Fraktion Krause und Dr. Veit, die in der 3. WP Dr. Möller nachfolgten, sind als ein einziger Vorsitzender gezählt. Sie stammten beide aus einem nordbadischen Wahlkreis.

9 Siehe hierzu § 17 f. GO des Landtags von Baden-Württemberg

10 Siehe hierzu in erster Linie Art. 45 ff. LV von Baden-Württemberg

11 Bei Regierungsbildungen wurde nicht nur zur Gewinnung von „Fachleuten", sondern gelegentlich auch zur Herstellung eines sonst nicht zu verwirklichenden landsmannschaftlichen und „bezirklichen" Proporzes auf Nicht-Mandatsträger zurückgegriffen. Die Ministerin für den Ländlichen Raum, Gerdi Staiblin, ist 1996 hierfür ein Beispiel.

12 Die Landesregierung war zu 35,06% durch MdL badischer Wahlkreise besetzt (durch württembergische zu 45,28%, durch Nicht-MdL zu 19,66%).

13 Quellenhinweise, die zu o.a. Analyse verwendeten Daten wurden entnommen: Josef Weik: Der Landtag von Baden-Württemberg und seine Abgeordneten von 1952 bis 1988. Landtag von Baden-Württemberg. 4. erg. Aufl. 1988; Josef Weik: Die Landtagsabgeordneten in Baden-Württemberg 1946 bis 1997. Landtag von Baden-Württemberg. 6. teilw. fortgeschriebene und erg. Aufl. 1997; Landeszentrale für politische Bildung Baden-Württemberg: Taschenbuch Baden-Württemberg-Neuausgabe 1999. Red. Hans-Georg Wehling. Kohlhammer. Stuttgart 1999

Oberrheinrat – Forum badischer Politik?

Ergebnisse einer Umfrage unter Landtagsabgeordneten, Landräten und Oberbürgermeistern der baden-württembergischen Delegationen

Paul-Ludwig Weinacht

Forum der Gewählten am Oberrhein

An der deutsch-schweizerischen und deutsch-französischen Grenze entstanden seit der Mitte der 50er Jahre zahlreiche bi- und trinationale Gesprächskreise[1], unter ihnen die „Deutsch-französisch-schweizerische Regierungskommission für nachbarschaftliche Fragen" (1975)[2] und 20 Jahre später der aus Gewählten der Region bestehende „Oberrheinrat" (ORR). Er soll uns im folgenden beschäftigen.

Der ORR versammelt zwischen Waldshut und Mannheim ein nicht unbeachtliches Potential an badischen Politikerinnen und Politikern in Sachen grenzüberschreitender Zusammenarbeit. Die parteimäßige Zusammensetzung der Delegation bemißt sich einerseits nach den aktuellen Landtagsverhältnissen (im 12. Landtag von Baden-Württemberg waren das acht Vertreter der CDU, vier der SPD, zwei Grüne, je einer der FDP/DVP und der REP), andererseits ergibt sie sich aus der Parteifarbe, die die mitgliedsberechtigten sieben Landräte und drei Oberbürgermeister aufweisen. Die Grünen-Abgeordnete Stephanie Günther, die sich in der Konzeptionsphase vergebens für ein direkt gewähltes Regionalparlament stark gemacht hatte, war von der Konstruktion dieses ORR enttäuscht: so etwas gebe es „inzwischen zuhauf"[3]. Ihm ist das Mandatsgebiet der Oberrheinkonferenz, also die um das Nordelsaß und die Südpfalz erweiterte Regio Basiliensis zugewiesen, und er besteht aus 71 Gewählten, die von Städten, regionalen Körperschaften, Kantonen oder Landtagen delegiert sind. Der Rat sollte die gleichen grenzüberschreitenden Fragen erörtern können wie die Konferenz (Raumordnung, Umwelt, Verkehr, regionale Wirtschaftspolitik). Wie Beschlüsse der Oberrheinkonferenz haben die des Plenums des ORR Empfehlungscharakter; sie richten sich an die Regierungskonferenz oder an zuständige nationale Stellen.

Am 8. Juli 1997 hat der Landtag in Stuttgart die Gründungsvereinbarung über den ORR einmütig beschlossen. In der Aussprache erklärte der Abgeordnete Stächele (CDU), daß seine Fraktion angesichts der erreichten Einigung zwischen drei Staaten zustimmen wolle. Man habe sich immerhin den alten Wunsch erfüllt, „daß auch die Gewählten, die Politiker, sich in diesem Bereich zusammenfinden, um als politisches Sprachrohr die Anliegen der Bevölkerung formulieren zu können." Die Wucherung von Gremien ließen sich vermeiden, indem der bereits bestehende deutsch-elsässische Parlamentarierkreis im ORR aufgehe und verstreut bestehende regionale Gemeinschaften nach Möglichkeit in den Vorstand des Oberrheinrates kooptiert würden. Zu möglichen Verkehrsprojekten am Oberrhein meinte er, „als Badener" stelle er sich vor, daß man damit den Wirtschaftsraum Mittlerer Neckar erfolgreich herausfordern könne. Der SPD-Vertreter Caroli schloß sich der nüchternen Einschätzung des Möglichen an und nannte als Schwächen der Konstruktion fehlende Budget-Regelungen, fehlende Entscheidungskompetenzen und eine unpraktische Aufteilung der regionalen Arbeitsgemeinschaften. Als Sprecherin der Grünen verdeutlichte Frau Günther ihren kritischen Standpunkt unverblümt: „Der jetzt geplante Oberrheinrat ist nur ein Schatten dessen, was das Oberrheinparlament hätte sein können und hätte sein sollen.“ Sie bedauerte den mangelnden Willen der Parlamentarier, sich mit ihren staatlichen Instanzen anzulegen und warnte vor Enttäuschung bei der Bevölkerung.[4]

Der Oberrhein als Verkehrsraum
(Quelle: IHK Freiburg)

Die erste Sitzung des ORR fand am 23. April 1998 statt. Seither hat das „politische Forum der Gewählten in dieser Region“ (Landrat Dr. Hudelmaier) unter drei verschiedenen Präsidenten sechs Plenarsitzungen erlebt. Die eigentliche Arbeit wurde im wesentlichen in den folgenden vier Kommissionen geleistet: Umwelt und Landwirtschaft; Kultur, Jugend, Ausbildung; Wirtschaft und Arbeitsmarkt; Verkehr und Raumordnung. Speziell hat man sich bemüht um die Sprache des Nachbarn (Schulfach schon im Elementar- und Primarbereich), um Möglichkeiten grenzüberschreitender Ausbildung (Lehrlinge, Lehrer), um den Schutz des Grundwassers und Fragen, die mit großflächigen Ansiedlungen (Factory Outlet Center) zusammenhängen.

Hat man sich zusammengerauft? Waren die Erfolge den Aufwand wert? Die Beteiligten zeigen sich vorsichtig optimistisch; aber: „Eine Analyse fällt ... aufgrund der kurzen Zeit sehr schwer.“ (Landrat A. Rübsamen).

Ergebnisse einer Umfrage (Frühjahr 2001)

Vom Institut für Politische Wissenschaft der Würzburger Universität, in dem der Verfasser seinen Lehrstuhl hat, wurde im April und Mai 2001 den 26 Mitgliedern der ba-

den-württembergischen Delegation im ORR ein Fragebogen zugesandt. Elf der 16 Mitglieder aus dem 12. Landtag von Baden-Württemberg haben geantwortet, nämlich sieben der CDU, zwei der SPD und zwei der Grünen.[5] Im Fragebogen waren fünf Themen angesprochen:
- Profil und Gewicht des Oberrheinrates und eventueller Reformbedarf (I),
- die Einigungsfähigkeit im Rat und Umsetzung der Empfehlungen (II),
- die regionale Interessenvertretung („Lobbytätigkeit") (III),
- das Abstimmungsverhalten der Parteien- oder Regionalvertreter im Rat (IV)
- und schließlich ihre regionale Identität (V).

I. Profil und Gewicht des Oberrheinrates (ORR) und eventueller Reformbedarf

(1) Ist das kommunale Element im ORR ausreichend vertreten?

	Ja	Nein
Landtagsabgeordnete	8	1
Kommunalvertreter	5	3

Die Kommunalvertreter halten ihre Seite im Rat für „unterrepräsentiert" und wünschen mindestens „Parität"; die Kommunen seien täglich „hautnah" von den Fragen betroffen, für die der ORR geschaffen worden sei. Die Abgeordneten hingegen sehen die Vertretungsfrage angemessen gelöst, „da Abgeordnete in Baden-Württemberg häufig auch Gemeinde- oder Kreisräte sind" (Ursula Kuri, MdL, CDU).

(2) Halten Sie den ORR für die Politik in Stuttgart für bedeutsam?

	Ja	Nein
Landtagsabgeordnete	7	4
Kommunalvertreter	5	2

Die Begründung für die Antwort Ja hält sich an die positive Seite der Konstruktion des Gremiums: Er spreche für die ganze Oberrheinregion und könne sich „als ganzes an alle Landesregierungen, Ministerien und Institutionen grenzüberschreitend wenden", so auch an die Stuttgarter Landesregierug. Die Antwort „Nein" („nicht" bzw. „nicht ausreichend bedeutsam") stellt die Mängel der Konstruktion des Gremiums in den Vordergrund: „Der ORR soll ein eigenständiges ... Gremium sein, das nicht am Gängelband der Landespolitik hängt, sondern regionale Fragen in eigener Kompetenz und Verantwortung mit den europäischen Nachbarn löst." (Stephanie Günther, MdL, Grüne).

(3) Was müßte geschehen, damit er noch bedeutsamer wird?

Die Abgeordneten halten eine Überarbeitung des Organisationsstatus des ORR für dringlich (6mal), wobei es ebenso um Direktwahl der Mitglieder und eigenes Budget geht wie um einen engeren Zuschnitt des Mandatsgebiets (2mal). Eine Abgeordnete erwartet sich eine Bedeutungssteigerung von stärkerer Medien-Aufmerksamkeit für grenzüberschreitende Themen. Die Kommunalvertreter legen den größeren Wert auf die Verstärkung ihres Vertretungsanteils im ORR (3mal) sowie eine Harmonisierung der

Rechts- und Verwaltungsstrukturen diesseits und jenseits der deutsch-französischen Grenze (3mal).

Für Peter Reinelt (MdL, SPD) waren die Schwächen des ORR „mit der Vereinbarung zur Gründung" bereits abzusehen: „Seine räumliche Zuordnung ist zu weit gefaßt, als daß er zur Lösung konkreter grenzüberschreitender Probleme (z.B. vom Flughafen Basel/Mulhouse ausgehenden Fluglärms) beitragen könnte. Die fehlende Haushaltskompetenz versagt ihm jede Möglichkeit der unmittelbaren Gestaltung (z.B. die Gründung einer gemeinsamen grenzüberschreitenden Hochschule). Will der ORR gegenüber den Regierungen (diese haben ja mit der Oberrheinkommission ihr eigenes Gremium) Bedeutung erlangen, so darf er sich nicht mehr mit der bloßen Verabschiedung von sicher wichtigen Resolutionen ... zufrieden geben." Reinelts Fraktionskollege Günter Fischer sekundiert: „Die Ergebnisse müssen noch mehr in den zuständigen Gremien diskutiert werden."

II. Einigungsfähigkeit im Rat und Umsetzung der Empfehlungen

(1) Mit welcher Seite (Schweiz, Frankreich, Südpfalz) kommen die baden-württembergischen Vertreter am leichtesten auf einen gemeinsamen Nenner, mit welcher am schwersten? (Geben Sie ein Beispiel!)

Da die Berichte aus den Kommissionen im Plenum meist ohne längere Aussprache verabschiedet werden („Die Einigungsfähigkeit im Plenum ist groß.", Ursula Kuri, MdL, CDU), antworten die Befragten aufgrund der Erfahrung mit ihrer Kommission. Aber auch hier halten sie sich mit Kritik zurück: häufig liest man, daß alle sich Mühe gäben und keine Seite den Vorzug oder Kritik insonderheit verdiene. Mitgelieferte Beispiele sind an objektiven Schwierigkeiten orientiert: z.B. am Unterschied zwischen föderal organisierten und zentralistischen Verwaltungen. Landrat Dr. Hudelmaier (Rastatt) motiviert die Probleme im Zusammenhang mit dem Standort eines Factory Outlet Centers (F.O.C.) im Bereich Roppenheim mit den „unterschiedlichen Rechtsinstrumenten" der Raumordnung diesseits und jenseits des Rheins. Teilweise werden Schwierigkeiten auch auf „geographische" oder „parteipolitische" Gründe zurückgeführt. So meint die Grünen-Abgeordnete Günther, es gehe „mit den Franzosen am schwersten", weil sie „einen eigenen Politikstil pflegen und bei einigen Themen deutlich andere Ansichten haben: Atomenergie, Factory-Outlet-Center, etc."

(2a) Gibt es Abstimmungsprobleme zwischen den kommunalen Vertretern aus den Regierungsbezirken Karlsruhe und Freiburg?

Die Antwort auf diese, nur den Kommunalvertretern vorgelegte Frage, läßt keine Probleme erkennen. Es sei üblich, in regionalen Anliegen, die andere besonders berühren, Schützenhilfe zu geben. Ein Landtagsabgeordneter bekräftigte indes die Vorgabe, daß es zwischen den kommunalen Vertretern sehr wohl Abstimmungsprobleme gebe (Günter Fischer, MdL).

(2b) Gibt es zwischen Kommunalvertretern und Landtagsabgeordneten Abstimmungsprobleme?

	Ja	Nein
Landtagsabgeordnete	2	5
Kommunalvertreter	0	7

Peter Straub (CDU), amtierender Präsident des ORR, bietet als Beispiel für die Verständigung zwischen beiden Seiten: „Insbesondere die Verteilung auf die Fachkommissionen und die Vergabe der Stellen der Kommissionsvorsitzenden und deren Stellvertreter erfolgte in vollem Einvernehmen zwischen kommunaler und Landtagsseite." Ein Kommunalvertreter schränkt die Harmonie ein wenig ein, ohne im ganzen zu widersprechen: „Wenn Abstimmungsprobleme vorkommen, so liegt dies eher am abstrakteren Inhalt landespolitischer Forderungen und Zielsetzungen." Ein Landtagsabgeordneter, der Abstimmungsprobleme einräumt, begründet: Es gingen „keine Gespräche voraus".

(3) Welche der anderen Seiten setzt gemeinsam gefaßte Beschlüsse zuhause durchschnittlich am besten um?

Für diese Frage gibt es im ORR wenig Erfahrungen, denn offenbar gehört es nicht zu den Aufgaben der Präsidentschaft, kritische Berichte zur Umsetzung abzugeben und diskutieren zu lassen. Daher antworten nur wenige Befragte und die, die antworten, halten sich mit Kritik zurück („keine Seite", „jede Seite"). Allerdings wird die Schweiz einigemale besonders anerkennend erwähnt. Stephanie Günther (MdL, Grüne) begründet das mit der Zuständigkeit der Kantone, Helmut Rau (MdL, CDU) mit dem Bestreben der Schweizer, sich als künftige Mitglieder in der EU zu empfehlen: „Sie wollen damit zeigen, daß mit ihnen gerechnet werden kann."

III. Lobbytätigkeit

(1) Welche Anliegen waren oder sind Ihnen am wichtigsten? (Bitte geben Sie Beispiele!)

Die Kommunalvertreter nennen ihre wichtigsten Anliegen in folgender Häufigkeit: Verkehrsfragen (4mal), Sprachen- und Schulenfragen (4mal), Raumordnung (3mal), Gewerbe- und Industrie-Ansiedlung (2mal). Die Mitglieder des Landtags nennen an erster Stelle die Sprachenfrage (6mal), womit sie Französisch als erste Fremdsprache in der Grundschule meinen[6], dann den Verkehr (3mal, z.B. den „trinationalen" Flughafen Basel-Mülhausen-Freiburg), dann Messe und Industrie, Raumordnung, Umwelt und Landwirtschaft (je 2mal).

(2) Sehen Sie Chancen, daß die Rheinregion ihr Entwicklungspotential angesichts einer „Europäischen Metropolregion Stuttgart" voll nutzen kann?

	Ja	Nein
Landtagsabgeordnete	8	1
Kommunalvertreter	6	1

Die Zuversicht in die Zukunft am Rhein ist also gleichermaßen groß, vorausgesetzt, es wird an ihr weiter gearbeitet („Entscheidend wird sein, daß wir gemeinsam im Oberrheingebiet die Entwicklung vorantreiben ... noch immer fehlt die Brücke nach Colmar.“ Ursula Kuri, MdL, CDU). Der Ausbau der Verkehrsinfrastruktur (transeuropäische Netze) gilt neben Forschung und Entwicklung sowie der Mittelstandsförderung als ein Schlüssel. Einige Abgeordnete warnen vor einer Konkurrenz Mittlerer Neckar oder Rheintal: alle Regionen im Land sollten gleichmäßige Entwicklungschancen haben. Das Politiker-Wort vom „Entwicklungspotential“ wurde gerne aufgegriffen: „Die Akteure der Rheinregion kennen die Entwicklungspotentiale und stehen in der Durchsetzung im „Schulterschluß“. Dennoch bleibt die Unterstützung durch die Landesregierung ... dringend notwendig“(Kommunalvertreter). Peter Straub (MdL, CDU) unterstreicht dies: „Ich sehe keine Entwicklung zum Nachteil der Rheinregion im Verhältnis zur Region ‚Mittlerer Neckar‘. Landtag und Landesregierung haben erkannt, daß jede Region in Baden-Württemberg die Chance haben muß, ihr eigenes Entwicklungspotential zu nutzen. Der Wille zur grenzüberschreitenden Zusammenarbeit in der Oberrheinkonferenz und im ORR unterstreicht dies.“

(3) Erfahren Sie bei Themen, die im Rheintal von Bedeutung sind, genügend Unterstützung durch die Landesregierung?

	Ja	z.T.	Nein
Landtagsabgeordnete	4	3	1
Kommunalvertreter	2	2	3

Von kommunalen Vertretern, die die Unterstützung der Regierung als „grundsätzlich“ gegeben erachten, hört man zugleich, daß sie „im Einzelfall konkret eingefordert werden“ müsse. „Dies gilt z.B. derzeit insbesondere für die Fortschreibung des Landesentwicklungsplans, der die ‚Europäische Metropolregion Stuttgart‘ erheblich stärker gewichtet als das Oberrheingebiet.“ Die Antwort „zum Teil“ bezieht sich auf die Einschränkung „je nach Interessenlage“. Einer, der die Unterstützung der Landesregierung für „nicht genügend“ ansieht, hält jedoch das Regierungspräsidium für „sehr hilfreich“. Die Parteifarbe der Antwortenden ist für das Ja oder Nein nicht allein ausschlaggebend.

(4) Sind Sie der Meinung, daß auch im Rheintal zentrale Landeseinrichtungen angesiedelt werden müßten? Wenn ja, an welche denken Sie?

	Ja	Nein
Landtagsabgeordnete	7	3
Kommunalvertreter	5	1

Die Äußerung einer Abgeordneten: „Ja, aber ohne Bevorzugung des Rheintals vor anderen Regionen des Landes“ zeigt, daß sie sich gegen die Mißdeutung als Wahlkreis-„Lobbyistin“ verwehren will. Unsere Frage hat das übrigens nicht nahegelegt (vgl. das „auch“). Der Freiburger Oberbürgermeister Dr. Böhme sieht für seine Stadt großen Bedarf: einen Neubau für die Zusammenführung von Archiven, den Ausbau des „Frankreich-Zentrums der Universität“, die Ansiedlung „europäischer Behörden“ in der Innenstadt. Der Karlsruher Gerhard Stolz (MdL, Grüne) gibt die umfangreichste Beispielsammlung: „alles außer Ministerien". Eine Freiburger Abgeordnete fürchtet weitere Verluste von Landeseinrichtungen durch Verwaltungsreform und widerspricht daher einer weiteren Reduzierung von Mittelbehörden.

(5) Wird man als Mitglied im ORR in seiner Fraktion in Stuttgart als Lobbyist für die Rheinregion angesehen?

	Ja	Differenziert	Nein
Landtagsabgeordnete	4	3	2

Ergiebiger als die nackten Zahlen sind die Kommentare der Abgeordneten. Landtagspräsident Peter Straub (CDU) hält es für „denkbar, daß Fraktionsmitglieder, die aus Wahlkreisen entlang der bayerischen Grenze kommen, die Arbeit des Oberrheinrates vielleicht weniger positiv sehen." Deutlicher spricht Dr. Fleischer (CDU) zu eventuellen Vorwürfen wegen badischem Lobbyismus: „Von der Region Stuttgart ja, vom übrigen Schwabenland: nein, von den Vertretern aus Baden in keiner Weise". Während Helmut Rau (CDU) abzuwiegeln scheint: „Man wird gesehen als Mitglied im ‚Ausschuß für Lebensart' – aber das gesteht man uns bereitwillig zu", offenbart der Karlsruher Gerhard Stolz (Grüne) bitter: „Es ist eher so, daß die Abgeordneten aus dem Großraum Stuttgart die Rheintalthemen ignorieren. Das ist meines Erachtens noch viel schlimmer."

(6) Von welcher Seite begegnen Sie dabei Vorbehalten – und welcher Art sind diese?

Ob es überhaupt Vorbehalte gebe oder nicht, scheint strittig:

	Ja	Nein
Landtagsabgeordnete	3	4

Der Karlsruher Abgeordnete Stolz (Grüne) wiederholt dazu den Vorwurf des „Ignorierens", der ihm fast noch „schlimmer" erscheint als Vorurteile. Dr. Fleischer (CDU) nennt einige massive Vorurteile, denen Abgeordnete aus Baden als „Lobbyisten" begegnen könnten: „separatistische badische Ambitionen; im übrigen werde nicht ‚schwäbisch geschafft', sondern ‚badisch gelebt'." Stephanie Günther (Grüne) sekundiert: „Grundsätzlich besteht die Befürchtung, man wolle ‚die Badenfrage wieder aufmachen'." Weshalb Gerhard Stolz prompt vermutet: „Das Wort ‚Badenfrage' ist meines Erachtens nach eine schwäbische Erfindung."

IV. Effektivität der Oberrheinpolitik und fraktionsübergreifende Beschlüsse

(1) Ist es üblich oder eher selten, daß die badische Seite quer zu den Fraktionen mit Einer Stimme im ORR spricht?

	Ja	Nein
Landtagsabgeordnete	3	4
Kommunalvertreter	5	2

Da Abgeordnete mehr im Parteileben stehen als Kommunalvertreter, verwundert es nicht, daß sie Dissens in Regionalangelegenheiten leichter und häufiger wahrnehmen.

Es geht also um fraktionsübergreifende und fraktionsinterne „Regionalkoalitionen". Das Problem wird umgangen, wenn ein Kommunalvertreter antwortet, daß in grenzüberschreitend tätigen Gremien das Reden mit Einer Stimme für Mitglieder einer Delegation normal sei. Subregionale Koalitionen, so ein anderer Kommunalvertreter, seien „bisher nicht notwendig ... zur Durchsetzung von Empfehlungen und Beschlüssen" gewesen. Den Punkt trifft Peter Straub (CDU) mit der optimistischen Feststellung, daß fraktionsübergreifende Zustimmung im ORR üblich, allenfalls bei subregionalen Themen nicht immer üblich sei: „Wenn Abweichungen vorliegen, so macht sich dies nicht an den Fraktionsgrenzen fest, sondern meist an unterschiedlichen regionalen Interessen, die den Oberrheinraum im ganzen nicht in gleicher Weise tangieren." Anders die Grünen-Abgeordnete Günther: Mit Einer Stimme zu sprechen sei nicht „Sinn des ORR, sondern bei den Entscheidungen sollten inhaltliche Aspekte im Vordergrund stehen – und da finde ich mich persönlich zum Beispiel häufiger mit den Schweizerischen Grünen in einem Boot, als mit den badischen CDU-Abgeordneten", und sie schwärmt von „trinationaler grüner Allianz". Nüchterner bekennt sich Ursula Lazarus (MdL, CDU) zu parteipolitisch gebotenen Grenzen des Konsens: „Bei grundsätzlichen Unterschieden, z.B. in der Schulpolitik, setzen sich diese auch im ORR fort, bei gemeinsamer Interessenlage, z.B. Pflege der Sprache des Nachbarn im Unterricht, gibt es fraktionsübergreifende Initiativen."

(2) Wie verhalten sich Ratsmitglieder bei Oberrheinfragen im Landtag? Macht es Sinn, sich fraktionsübergreifend abzusprechen? (Beispiele?)

Es macht Sinn:

	Ja	Nein
Landtagsabgeordnete	3	3

Für Beispiele erfolgreicher Absprachen verwies Landtagspräsident Peter Straub (CDU) auf seinen Tätigkeitsbericht im Landtag: „Dabei zeigt sich, daß die Initianten verschiedenen Fraktionen angehören. Bei der Beratung der Initiativen im Landtag unterstützen sich die Antragsteller gegenseitig, um Initiativen aus dem Oberrheinbereich zum politischen Erfolg zu verhelfen." Frau Günther (MdL, Grüne) räumt ein, es gebe „sicherlich die eine oder andere fraktionsübergreifende Absprache zu Oberrheinfragen. Insgesamt werden die Entscheidungen jedoch fraktionsintern getroffen, so daß man eher hier für regionale Belange werben muß." Gerhard Stolz (MdL, Grüne) meint sarkastisch zu badischen Allianzen in Stuttgart (das konkrete Beispiel, das er anführt, betrifft aber nicht den ORR): „Das habe ich nie erlebt. Im günstigsten Fall habe ich erlebt, daß Abgeordnete aus den Regierungsparteien bei Abstimmungen nicht teilnahmen. Beispiel Fusion der Landesbanken mit Hauptsitz in Stuttgart." Dr. Fleischer (CDU) erinnert sich, daß „Rot/Grün ... leider im Landtag aus der Beschlußlage im ORR aus(schert), zum Beispiel Beschlußfassung zum Regionalen Zweckverband."

Peter Reinelt (MdL, SPD) nennt es „ein großes Mißverständnis" zu glauben, man könne die Durchsetzung der Beschlüsse des ORR „einzelnen Abgeordneten „daheim" überantworten... Vielmehr gehört die Rückkoppelung auf die Tagesordnung des Rates, damit die dann hoffentlich kritischen und selbstbewußten Debatten der Gewählten den entsprechenden Druck ausübten und die Regierungen stärker forderten. Nur so würde auch offenbar werden, ob die Gewählten sich zur gemeinsamen Verantwortung für das Gebiet von der Südpfalz bis zum Schweizer Kanton Jura bekennen und dabei zur mitunter notwendigen Distanz zur eigenen Regierung in der Lage sind."

V. Traditionelle oder neue Landsmannschaftlichkeit und Fraktionsloyalität

(1) Verstehen sich die Vertreter des baden-württembergischen Teils des Rheintals noch als „Badener"?

	Ja	Ja, aber	Nein
Landtagsabgeordnete	1	6	1 („Nein, es sei denn")
Kommunalvertreter	2	2	3

Die Antworten lassen sich nicht in ein einfaches Ja oder Nein unterscheiden, schon weil nicht alle sich als Badener verstehen. Am auffälligsten ist das modifizierte (angereicherte, eingeschränkte, abgeschwächte) Ja. „Natürlich sind wir Badener, aber wir leben in einem wohlgeordneten Land Baden-Württemberg." (Ursula Kuri, MdL, CDU). Indem sie das Ja mit einem nachgeschobenen Aber-Satz einschränkt oder – wenn man will – anreichert, will die Abgeordnete einem offenbar unausrottbaren Verdacht der Illoyalität das Wasser abgraben. Ein anderer Fall liegt vor, wenn ein Geborener Nicht-Badener als Repräsentant badischer Wähler antwortet, vollends dann, wenn er eine repräsentationstheoretische Anmerkung macht. Die in Ihringen wohnhafte Grünen-Abgeordnete Günther etwa setzte ihrer „in-gewisser-Weise"-Modifikation eine recht deutliche „Allerdings"-Einschränkung hinzu: „Da ich für die Fraktion als Abgeordnete Badens in den ORR gewählt wurde, verstehe ich mich in gewisser Weise als Badnerin. Allerdings sollte ich auch im ORR keine Entscheidungen unterstützen, die sich explizit gegen den württembergischen Landesteil richten oder Beschlüsse(n) der Fraktion zuwiderlaufen."

Die Frage nach dem Selbstverständnis als Badener verlangte eine kombinierte Eigen- und Fremdauskunft. Von daher ist das „Ja, aber" auch so zu lesen: Ich selbst bin zwar Badener, aber meine Kollegen schon weniger (bzw. umgekehrt). Sich als Badener verstehen? „Vielleicht, wenn es mal politisch opportun erscheint." (Gerhard Stolz, MdL, Grüne) bzw. „Ja, aber in enger Verbundenheit und Abstimmung mit Stuttgart." (Dr. Fleischer, MdL, CDU). Beide Charakteristiken tragen dem offiziellen Landesbewußtsein Rechnung. Ein Kommunalvertreter meint über das Bekenntnis zum Badenertum: „Vielleicht in einem selbstironischen Sinn im informellen Rahmen." Der Freiburger Oberbürgermeister Dr. Böhme (SPD) vermeidet geschickt das Wort „Badener", wenn er antwortet: „Unsere regionale Identität und Lebensart ist wichtig. Deshalb gibt es auch immer wieder quer über die Parteien einen regionalen Konsens. Ein Beispiel war der Protest gegen den einen Verkauf der Nibelungen-Handschrift aus Donaueschingen." Auch als Baden-Württemberger braucht man seine Beheimatung in einem Teilraum des Landes nicht zu verdrängen, auch nicht, wenn einer aus Baden kommt. Fast normativ beschreibt Peter Straub (MdL, CDU) den Stand der political correctness im Lande: „Fast 50 Jahre nach Gründung des Landes Baden-Württemberg verstehen sich die Abgeordneten aus der Oberrheinregion vor allem als ‚Baden-Württemberger'. Selbstverständlich vergessen sie daneben nicht ihre Verwurzelung in ihrer Raumschaft."

(2) Kann man mit elsässischen Vertretern so wie mit der Mehrzahl der Nordwest-Schweizer „alemannisch schwätze" oder empfiehlt sich das eher nicht?

	Ja	inoffiziell Ja	Nein
Landtagsabgeordnete	1	5	4
Kommunalvertreter	3	1	3

Es fällt auf, daß der kommunalen Seite der Unterschied zwischen offizieller und inoffizieller Sprache nicht so wichtig zu sein scheint wie den Abgeordneten. Peter Straub (MdL, CDU) beschreibt die Sprachregelung im ORR aus intimer Kenntnis der Ratsleitung so: „Die offiziellen Arbeitssprachen im ORR sind deutsch und französisch. In den Plenarsitzungen wird simultan gedolmetscht. In den Sitzungen der Fachkommissionen wird, soweit dies angezeigt ist, konsekutiv gedolmetscht. Beim ‚Smalltalk' am Rand oder nach der Sitzung kann es auch vorkommen, daß die Elsässer, die Schweizer und die Südbadener alemannisch ‚schwätzen'. Meist wird jedoch hochdeutsch mit mundartlicher Färbung, aber auch französisch gesprochen. Es fällt besonders auf, daß die elsässischen Vertreter fast ausnahmslos sehr gut deutsch sprechen." Wenn man die beschriebenen Unterscheidungen verkennte und alemannisch für die maßgebende Verkehrssprache grenzüberschreitender Zusammenarbeit am Oberrhein halten wollte, würde ein solcher Versuch „zu einer ‚Verkrampfung', wenn nicht gar zu Identitätsproblemen für die Vertreter einzelner Teilregionen führen" (Kommunalvertreter).

(3) Wer bekennt sich im Landtag eher zu einer historischen Landsmannschaft: Badener oder Württemberger?

Der Abgeordnete Gerhard Stolz (Grüne) bemerkt dazu: „Das ist Ihre Kernfrage!" Wenige freilich haben das so gesehen. Während Günter Fischer (MdL, SPD) „Badener" antwortet, schreibt Alfred Haas (MdL, CDU) vieldeutig: „Der Frage bin ich nicht nachgegangen." Dr. Fleischer (MdL, CDU), zugleich Präsident des Badischen Sportbundes in Freiburg, macht zu der Bekenntnisfreudigkeit die folgende Rechnung auf: „Beide gleich mit dem Unterschied, daß die Badener dies bei den Württembergern als selbstverständlich akzeptieren, was umgekehrt für die Abgeordneten des Mittleren Neckarraumes gegenüber den Badenern so nicht der Fall ist." Ähnlich Gerhard Stolz (MdL, Grüne): „Der Württemberger ist so sehr Schwabe, daß er dies gar nicht sagen muß. Für den Württemberger ist das ganze Land schwäbisch mit der Zentrale Stuttgart. Dort spielt die Musik und die Mehrheiten im Landtag finden dies so richtig... Der Badener muß deshalb seine Identität immer wieder betonen und vor allen Dingen immer wieder beweisen. Dazu hat er wenig ernsthafte Gelegenheiten. Noch schlimmer, wenn er sich gegen den Stuttgarter Zentralismus stemmt, wird er als Altbadener abgefertigt." Undramatisch scheint das Landsmannschaftliche der Freiburger Abgeordneten Kuri (CDU): „Badner oder Württemberger: Das Geplänkel gehört zum Alltag. Es ist wie das Salz an der Suppe. Ich bin auch überzeugt, daß es wichtig ist, seine Wurzeln zu kennen. Aber unser gemeinsames Bundesland ist Baden-Württemberg."

Eine andere politisch korrekte Form, sich als „Badener" zu bekennen, nämlich als ein Farbtupfer, empfiehlt Helmut Rau (MdL, CDU), der als Schwabe einen badischen Wahlkreis vertritt: „Wir tragen unser Fähnlein in Stuttgart sehr wohl vor uns her, aber eher um die Vielfalt des Landes zu unterstreichen." Der Landtagspräsident geht – wohl amtsbedingt – noch einen Schritt weiter: „Im Landtag (spielt) die historische Landsmannschaft keine besondere Rolle. Die Abgeordneten verstehen sich als „Baden-Württemberger". Dagegen können raumschaftliche Interessensgegensätze durchaus auftreten." Und er fügte hinzu: „Es macht eben einen Unterschied, ob ein Abgeordneter einen städtischen Wahlkreis ... vertritt oder aus einem ländlich geprägten Wahlkreis wie Breisgau oder Waldshut kommt." Die beiden Unionspolitiker Straub (Waldshut) und Dr. Fleischer (Breisgau), vertreten beide „ländlich geprägte Wahlkreise". Da der eine jedoch gleichzeitig für den Landtag von Baden-Württemberg, der andere auch für den Badischen Sportbund (Freiburg) spricht, ist es nicht eben unbegreiflich, daß sie sich über ihr Verständnis von Landsmannschaft verschieden aussprechen.

Bilanz

(1) Der Oberrheinrat ist als Gremium mit geringer Arbeitserfahrung noch kaum zu evaluieren. In der Skepsis mancher Befragter wirkt die Nichtverwirklichung von Vorschlägen aus der Gründungsdebatte nach: etwa eines grenzüberschreitenden Regionalparlaments, das der Bevölkerung des Grenzlandes unmittelbar Gehör geben sollte. Kommunalvertreter sehen sich gegenüber den Abgeordneten unterrepräsentiert.
(2) Trotz ihrer Kritik an strukturellen Schwächen akzeptieren die baden-württembergischen Vertreter den ORR als „Forum der Gewählten in dieser Region", das geeignet sein könnte, die Oberrheinkonferenz der Exekutiven politisch zu ergänzen. Die bisherigen Initiativen werden von einigen Beteiligten teilweise für „wichtig" gehalten, nähren andernteils die Hoffnung, „daß sich in der zukünftigen Arbeit des ORR die Themenfelder noch weiter konkretisieren und die zukünftige Arbeit des ORR für unseren Raum wesentliche Errungenschaften bringt."
(3) Schwierigkeiten bei der praktischen Zusammenarbeit der Verwaltungen und der Gemeinden über die Grenze erklären sich aus den unterschiedlichen Rechts- und Verwaltungsverhältnissen Deutschlands und Frankreichs. Es fehlt insbesondere an gemeinsamen Prioritäten in der Raumordnung.
(4) Die Effizienz des ORR könnte in einigen Punkten durch Reform seiner Satzung verbessert werden. Der Zuschnitt des Mandatsgebiets zwischen Jura/Basel und der Südpfalz sei zu groß. Ein Teil der Abstimmungsprobleme ließen sich durch Vorbesprechungen vermeiden. Meinungsunterschiede beruhen auf regionalen Interessen und auf parteipolitischen Kontroversstandpunkten.
(5) Die Umsetzung der Empfehlungen setzt die gründliche Befassung der heimischen Gremien mit ihnen voraus. In diesen Gremien dominieren Nicht-Anrainer. So ist es wohl nicht überraschend, daß im Landtag in Stuttgart Vorurteile gegen Badener; insbesondere bei Repräsentanten der Region „Mittlerer Neckar", auftreten. Badische Sonderinteressen stießen immer einmal wieder auf „Vorbehalte" bzw. würden „ignoriert".

Eine Region, deren privilegierte Entwicklung im besonderen Interesse des gesamten Landes zu liegen scheint, ist anderen Regionen um Längen voraus. Wird sie doch unter dem Namen des Gesamtlandes bedient und bereits im Vorfeld der Haushaltsberatungen berücksichtigt, während andere Regionen sich in der Ausschußphase durchsetzen müssen, sich dabei wechselseitig den Rang ablaufen und im Einzelfall allerhand „Vorbehalten" ausgesetzt sind. Die Rolle innerparteilicher und parteiübergreifender „regionaler

Fraktionsbildung“ lohnt in jedem Falle die weitere Untersuchung. Sie dürfte die Repräsentationstheorie in Landtagen erweitern, indem sie auf typische Politikfelder reflektiert wie z.B. Zentralitätspolitik, Raumordnung und Landesentwicklung, Regierungs- und Parteibezirke, kommunale Planungsregionen.[7]

Anmerkungen

1 Zu CIMAB (1964), Regio Basiliensis/Conférence Tripartite (1965/1971), Konferenz oberrheinischer Regionalplaner (KOR 1972) und anderen vgl. B. Speiser, Europa am Oberrhein, Der grenzüberschreitende Regionalismus am Beispiel der oberrheinischen Kooperation, Basel/Frankfurt/M 1993. Die grenzüberschreitende Zusammenarbeit entlang des Rheins ist journalistisch behandelt in einem Beitrag von K.-O. Sattler „Am Rhein grüßen Bürgermeister mit „mein Freund Rolf“ und „mon ami Jean-Marie“, in: Das Parlament v. 17./18. August 2000, S. 2; Deutsch-französisch-schweizerische Oberrheinkonferenz (Hrsg.), Lebensraum Oberrhein ... eine gemeinsame Zukunft – Raumordnung für eine nachhaltige Entwicklung ohne Grenzen. 1999.

2 B. Speiser, Europa 1993, S. 30 ff. Vgl. auch den Beitrag Conrad Schroeders in diesem Buch.

3 Pressemitteilung Nr. 329/97 der Grünen im Landtag v. B.-W.

4 Landtag v. B.-W. 12. Wahlperiode, 30. Sitzung S. 2251

5 Von den zehn Kommunalvertretern haben sieben geantwortet, darunter die drei Oberbürgermeister (zwei gehören der SPD, einer der CDU an). Obwohl die SPD-Abgeordneten nicht reagiert haben und diese Partei daher nur auf kommunaler Ebene berücksichtigt ist, kann der Rücklauf noch als befriedigend gelten. Zahlenmäßig lassen sich die Antworten allerdings nicht auf 16 summieren, da die Antworten z.T. pauschal erfolgt sind. Am ausführlichsten antworteten die Kommunalvertreter, die Abgeordneten eher knapp.

6 Tatsächlich wurde im Schuljahr 2001/02 in badischen Landkreisen 70 Grundschulen als „Pilotschulen“ ausgewählt, in denen ab Klasse 1 Französisch nach Lehrplan unterrichtet wird. (Das Programm „Lerne die Sprache des Nachbarn“, das sich auf die Klassen 3 und 4 bezog, ist mit dieser weitergehenden Regelung überholt). Der fremdsprachliche Unterricht soll ab Schuljahr 2003/04 generell verpflichtend sein.

7 An meinem Lehrstuhl wird eine Dissertation über das Problem Regionalfraktionen im baden-württembergischen Landtag vorbereitet. Zu den Fragen, die dem Bearbeiter aufgegeben sind, gehören etwa: An welchen Themen und warum entstehen typischerweise Regionalbündnisse – sei es inner- oder zwischenfraktionell? Wie häufig sind sie? In welchen Formen finden sie statt? Welche Regionen sind dominant, welche werden marginalisiert? Welche Einstellungsmuster, positiven oder negativen Vorurteile spielen für das Dominantwerden von Regionen eine Rolle? Lassen sich Bündnisse innerhalb von Landtagsfraktionen oder zwischen Mitgliedern verschiedener Landtagsfraktionen vermeiden? Wo liegen ihre parlamentarisch-politischen Grenzen? Welche Funktionen oder Dysfunktionen kommen ihnen zu?

FÜNFTER TEIL

Bilanzierungen

Prognosen und Resultate

Paul-Ludwig Weinacht

Der baden-württembergische Faktor ist in der deutschen und in der europäischen Szene unübersehbar. Und doch ist es alles andere als einfach, eine Gesamtbilanz aufzumachen, in der Soll und Haben zu ihrem Recht kommen. Die Schwierigkeit stellt sich nicht erst nach einem halben Jahrhundert ein, sie bestand auch, als es darum ging, zwischen zwei Neugliederungs-Optionen abzuwägen.

Was stand auf dem Spiel, als die Projekte einer „Verschmelzung" mit oder ohne Trennung bereits bestehender Nachkriegsländer diskutiert wurden? Wie ließ, wie läßt sich heute der entstandene Gewinn messen? Und was bedeutet er für die beiden Parteien im Kampf um den Südweststaat? Wenn man materielle und politisch-kulturelle Erfolgskriterien unterscheidet, dann lassen sich den erstgenannten zurechnen:

- Steigerung bzw. kostengünstige Erstellung jeweiliger öffentlicher Produkte (Neubau öffentlicher Gebäude, Aufklärungsquote von Verbrechern, Einsparung von Verwaltungskosten pro Einwohner),
- Steigerung gesellschaftlicher Leistungen, die stark politikabhängig sind (Bildungsexpansion) oder mehr oder weniger politikabhängig (Zuwachs an Wirtschafts- und Finanzkraft, Steuerquote, Bevölkerungswachstum),
- Homogenisierung des neugebildeten Landes (Angleichung der Lebensverhältnisse in allen Teilgebieten, Regionalproporz in Regierung und Verwaltung) bzw. – im Kontrast dazu – Egalisierung der Staatszuschüsse (Angleichung öffentlicher Förderungssummen pro Förderungssektor je Teilgebiet).

Den politisch-kulturellen Erfolgskriterien zuzurechnen sind:

- Akzeptanz des Zusammenschlusses, Stolz auf die Zugehörigkeit zu einem als erfolgreich geltenden Landes,
- Zufriedenheit mit dem bestehenden regionalpolitischen Einfluß (Regionalproporz) und Gefühl fairer Berücksichtigung, Beheimatungsfreude.

Indem wir Leistung und Nutzen des Ganzen für das Teil und der Teile für das Ganze kalkulieren, sehen wir, daß nicht jedes beliebige Stück als „Teil" gelten kann. Im Fall des Südweststaats kamen historische Landesindividualitäten als „Landesteile" zusammen. Auch wenn sie seit der Nichtbeachtung des Karlsruher Vertragsentwurfs durch die Verfassungsgeber und seit der Verwaltungsreform der frühen 70er Jahre nicht mehr in vollem Umfang rechtlich repräsentiert sind, verweisen einige institutionelle öffentliche Felder (Gerichtsbezirke, Notariatswesen) sowie Bereiche des Gesellschaftlichen (Vereinswesen), des Verbandlichen (Dachverbände des Typs Badischer Weinbauverband), des Kirchenwesens (Landeskirche, Erzdiözese) noch immer auf jene älteren Verhältnisse zurück. Darum ist die Fragestellung – wenn schon nicht vollständig, so doch legitim, ob die „badischen Regionen" genügend vom Stuttgarter Kuchen abbekommen und ob das, was insoweit versprochen worden ist, auch gehalten worden ist.

Auch der Blick aufs Ganze ist aufschlußreich. Er erlaubt zu prüfen, wie es mit dem inneren Gewicht der badischen Regionen und ihrem Beitrag zur Landesentwicklung bestellt ist: Hat sich der badische Landesteil neben dem württembergischen und Hohenzollerschen zu behaupten gewußt, brachten die Badener genügend von ihren Stärken ins gemeinsame Land ein, zeigt dieses neben dem württembergischen auch ausreichend viel „badischen Charakter“?

Eine Neugründung muß letztlich politisch bewertet werden. Daher sind die Fragen, die die Ausgangssituation vor 50 Jahren bestimmt haben, nicht nachträglich obsolet geworden:

- Was versprecht Ihr Euch von einem Zusammenschluß, und was ist er Euch wert?
- Was erwartet Ihr von politischer Selbständigkeit (der historischen Länder), was wollt Ihr sie Euch kosten lassen?

Südwestdeutsche Prognosen (1948-1951)

In Tübingen, in Stuttgart und in Freiburg hatte man nach dem Ende des II. Weltkriegs alternative Neugliederungs-Ziele vor Augen, die man mit Pro- und Contra-Argumenten öffentlich vertrat.[1] „Wurden die Prognosen und Behauptungen der Südweststaat-Anhänger oder jene ihrer Gegner bestätigt?“, so fragte Gerd Hepp bereits 1979 in einer landeskundlichen Darstellung.[2]

„Lieber ledig als schlecht verheiratet!“
(Quelle: Badisches Tagblatt 23.9.1950.
Zeichnung: E. Landwehr)

Was war prognostiziert worden? Im August 1948 machten sich Anhänger und Gegner der Reinhold-Maier-Initiative auf dem Hohenneuffen erstmals mit ihren unterschiedlichen Sichtweisen vertraut.[3]

Die (badischen) Fusionsskeptiker sahen kommen:

- politische Majorisierung der badischen Minderheit: Es gebe daher einen Unterschied der Erwartungen an den Zusammenschluß in der badischen und in der württembergischen Bevölkerung (F. Heurich/CDU), der „Anspruch auf Gleichberechtigung aller Teile“ sei Verhandlungsbedingung, und: Es solle zwei Verwaltungsbezirke mit Selbstverwaltungsrecht geben (Fecht/CDU), auch dürften „nicht einzelne Gebiete verschluckt werden“, vielmehr müsse die Vereinigung „selbstverständlich unter Wahrung der landsmannschaftlichen und wirtschaftlichen Belange der einzelnen Gruppen erfolgen“ (H. Köhler/CDU);
- Verwaltungsprobleme: „In Südwürttemberg macht sich die Beamtenschaft Sorgen, wie es ihr ergehe, wenn wir wieder zusammenkommen“ (V. Renner), „zu einem Artikel 44 der Verfassung darf es nicht mehr kommen, es brauche eine ‚Kompetenzbeschreibung‘ in einem Verwaltungsgesetz“ (H. Köhler/CDU);
- Haushaltsengpässe: Bei einem Zusammenschluß seien die drei badischen Universitäten Heidelberg, Freiburg; TH Karlsruhe aus Kostengründen wie in den 20er Jahren gefährdet; entsprechendes gelte für die Theatertradition in Karlsruhe und in Mannheim (Zürcher/CDU).[4]

Da keines der Argumente im strengen Sinn eine Zukunftsvoraussage enthält, konnten sie von der späteren Entwicklung nur gegenstandslos gemacht, nicht eigentlich widerlegt werden.

„Mein Kind, wenn dich die bösen Buben locken, so folge nicht!" Der Vertreter Frankreichs in Bonn, François-Poncet, warnt Leo Wohleb vor Reinhold Maier und Gebhard Müller. (Quelle: Stuttgarter Nachrichten vom 11.1.1950, Zeichnung: EMU)

Die (überwiegend württembergischen) Fusionsoptimisten nannten als ihre Gründe:

- Lebensfähige Größe: Der Zusammenschluß werde zu einem starken Land führen (V. Renner/SPD), in einem großen Staat sei man „lebensfähig" (Maier/SPD)! „Vom deutschen Gesichtspunkt aus" müsse man „ein leistungsfähiges Gebiet schaffen" (Th. Heuss/DVP);
- Gegengewicht gegen Frankreich: In einem starken Land könne man sich „Experimenten der Besatzungsmacht" entziehen (V. Renner); man unterstütze nicht „die Richtung der französischen Politik" (R. Maier/DVP), „lieber Baden verraten als Deutschland verraten" (Kessler/Nordbaden),
- Modellstaat: Es ergebe sich ein „Modell deutscher Genesung" (Th. Heuss/DVP), das sei auch „außenpolitisch wichtig" (Waeldin/Lahr (DVP)), die Chance zu einer „deutschen Flurbereinigung" sei da (Gustav Zimmermann/Karlsruhe).
- Kommunalfreundlichkeit: Ein Südweststaat liege „im Interesse einer gesunden Gestaltung des deutschen Südwestens, im besonderen der kommunalen Verhältnisse" (Klett/Stuttgart). Die Prognose zur Kommunalfreundlichkeit wurde im beginnenden Abstimmungskampf 1949 von der „Vereinigung Südwest" so aufgenommen: Man wolle „keinen Zentralismus in den deutschen Ländern... Die Zuständigkeiten im Südweststaat sollen möglichst in den Gemeinden und sonstigen selbstverwaltenden Körperschaften verankert werden"[5].

Was zunächst von badischer Seite her negativ konnotiert war, der Sparzwang, wurde von südweststaatlicher Seite als Einsparungs-Chance verkauft: Es würden sich zwei von drei Landtagen, Landesregierungen und Ministerialverwaltungen erübrigen. Die drei südwestdeutschen Länder hatten bis 1951 zusammen 200 Abgeordnete, die ihnen monatlich ganze 40.000 Mark an Diäten kosteten. Die verfassunggebende Landesversammlung des Südweststaats, die 120 Abgeordnete zählte, kostete monatlich 59.000 Mark. Nimmt man den Beamtenapparat in die Rechnung mit auf, so verteuerte der sich binnen kaum 6 Jahren um 40%.[6] Was nicht vorhergesehen worden war: Man mußte den öffentlichen Dienst kräftig ausbauen: 1953 gab es 92.812 Personalstellen, Mitte der 70er Jahre waren sie auf das Doppelte angestiegen (1972: 187.652) und Ende der Achtziger auf das fast Zweieinhalbfache (1980: 224.394). Erst danach gingen die Personalstellen etwas zurück.[7]

Das Argument „lebensfähige Größe“ wurde von Alex Möller 1951 finanziell so konkretisiert: „Wir hätten das Ideal des Finanzausgleichs im eigenen Raum.“[8] Eine dauerhafte Schieflage des Geberlandes Baden-Württemberg im bundesweiten Finanzausgleich wurde nicht vorausgesehen.

„Erst prüfe, wer sich ewig bindet.“
(Quelle: BNN vom 23.9.1950, Zeichnung: Karas)

Unterbelichtet blieb auch die Möglichkeit eines breiten ökonomischen und fiskalischen Aufschwungs in der ganzen Bundesrepublik. Offenbar konnte sich damals noch keiner ein Bild von der Dynamik der Wohlstandssteigerung machen, die die Bundesrepublik unter der Leitung Ludwig Erhards als Wirtschaftswunder überrascht hat. In allgemeinen Wendungen sprach man von dem Nutzen, den der Abbau der Grenzen für die Wirtschaft wohl haben werde: „Der Aufbau einer gesunden Volkswirtschaft verlange gebieterisch großräumige, innenpolitische Gebilde. Andernfalls können die vielseitigen organisch gewachsenen Beziehungen, die zwischen den einzelnen Bezirken, Produktionsstufen und Absatzwegen bestehen, nicht wieder fruchtbar gemacht werden.“[9] Man sieht: Es ging eher um Schadensbegrenzung als um Teilhabe an einem als bevorstehend gewußten Wirtschaftswunder.

Im Blick auf den Bund gaben die Fusionsfreunde zwei Prognosen ab:
- die Bildung des Südweststaats werde eine Neugliederung des Bundesgebietes anstoßen;[10]
- ein großer Staat steigere den südwestdeutschen Einfluß: „Nur ein starkes Land hat Stimme und Gewicht im Deutschen Bund“.[11]

Die erste Prognose erwies sich, je länger die Zeit ins Land bzw. in den Bund ging, als desto weniger gegründet. Das Ausbleiben von Nachfolgern wurde dann zum Anlaß des besonderen Stolzes: Das südwestdeutsche Bundesland sei „das einzige geglückte“ Neugliederungsprojekt auf der Grundlage des Grundgesetzes. Die zweite bundespolitische Prognose zielte auf Nordrhein-Westfalen und auf Bayern, man wollte in die Liga der „Großen“ aufsteigen. Der Aufstieg fand statt, doch der südwestdeutsche Einfluß auf den Bund wuchs nicht.[12]

Im Lichte dieser Prognosen wurde die Bevölkerung 1950 und 1951 um ihre Meinung gefragt.[13] Es scheint, daß das badische Votum weniger durch Wohlstandserwartungen als durch die bürgerstolze Überzeugung bestimmt war, daß man die Eigenstaatlichkeit der Heimat nicht ohne zwingende Gründe aufgeben dürfe. Die lebenspraktische Grundlage dieser Haltung, die den Krieg überdauert hatte, versank allmählich in den Wohlstandswellen, die das sog. deutsche Wirtschaftswunder begleiteten; damit einher ging eine Politik im Land, deren Ziel es war, die Angleichung der Lebensverhältnisse in der französischen an die der amerikanischen Besatzungszone zu ermöglichen.

Resultate (1951-1970), weitere Prognosen

In seiner ersten Regierungserklärung verkündigte Ministerpräsident Reinhold Maier als Richtlinie der Landespolitik, daß die „zusammengefaßte Wirtschaftskraft des neuen Bundeslandes durch eine gezielte Sonderförderung den sogenannten unterentwickelten Gebieten zugute kommen" werde. Er meinte den südbadischen Bereich der kriegszerstörten Roten Zone am Oberrhein, den Hotzenwald und – in Nordbaden – den Odenwald. Die Wirtschaftspolitik der 50er Jahre zielte nach dem Urteil von Experten schwerpunktmäßig auf „Sanierungsgebiete"[14]. Unter diese fiel auch die Stadt Kehl, in Bezug auf die die Regierung Wohleb keineswegs säumig gewesen war; doch hatten die Franzosen den Einsatz von Haushaltsmitteln für den Wohnungsbau in Südbaden erst ab 1951 gestattet.[15]

Die konzentrierte Baden-Förderung in den 50er Jahren, die die Hilfs- und Kooperationsbereitschaft des neuen Südweststaats demonstrieren sollte, löste verständlicherweise politische Reaktionen im Schwäbischen aus. Nachdem 1955 die Fördermaßnahmen um das „Hohenlohe-Programm" erweitert worden waren, wurde vom Statistischen Landesamt ein objektivierbarer Kriterienkatalog geliefert, der ergänzend zu den badischen Gebieten auch strukturschwache Gebiete im Württembergischen (Horb-Münsingen-Saulgau-Stadt Schramberg) zu definieren erlaubte und 1962 eine ökologisch bedachte Planungsperspektive für das Bodenseegebiet berücksichtigte. Zwischen 1952 und 1968 flossen von den über 390 Millionen DM an Fördermitteln (ohne Landesausbauort-Programm) knapp 60% in badisches und gut 40% in württembergisches Gebiet. Der Löwenanteil gelangte in Infrastrukturmaßnahmen.[16]

Unterdessen gewöhnten sich die Badener an die Verhältnisse, die so schlecht nicht waren. 1970 sollte endlich über die vom Heimatbund am Leben gehaltene Badenfrage abgestimmt werden. Dies war die Stunde der Erfolgsbilanzen der Landesregierung: „Baden hat sich im Südweststaat kräftig entwickelt!"[17]. Ministerpräsident Filbinger malte einen altbadischen Sieg in düsteren Farben:[18]

- Baden habe zwischen 1952 und 1970 mehr als die Hälfte der Mittel aus Förderprogrammen in die Infrastruktur erhalten, so daß sich das BSP hier rascher habe entwikkeln können als in Württemberg;
- im Fall einer Trennung stünden Baden 176 Millionen DM weniger zur Verfügung;
- trotz der Personalzunahme im öffentlichen Dienst beschäftige Baden-Württemberg nach Nordrhein-Westfalen die wenigsten öffentlichen Bediensteten pro Kopf der Bevölkerung;
- trotz der bevölkerungsmäßigen Minorität würden die badischen Abgeordneten im Landtag nicht überstimmt, zumal sie in der (damaligen) Regierung nicht nur den Ministerpräsidenten (Filbinger), sondern auch die meisten Kabinettsmitglieder stellten, dazu die Funktionen von Landtagspräsident und Vizepräsident.[19]

Der Heimatbund Badenerland führte Einzelheiten an, in denen Landesregierung und Landtag badische Interessen nicht ausreichend berücksichtigt hätten und verbreitete eine Alternativ-Prognose: „Die Zukunft Badens liegt am Rhein und nicht in Stuttgart". Die wirtschafts- und europapolitische Rechtfertigung eines wiederhergestellten Baden, ggf. mit Erweiterung um pfälzische Regionen, lieferte eine Schrift von Josef Altenstetter über das „notwendige Bundesland am oberen Rhein".[20] Der Autor sah die Notwendigkeit dieses Bundeslandes darin, daß die Oberrhein-Potentiale besser im Rahmen eines politischen Entscheidungsrahmens „Baden“ als „Südweststaat“ zu entwickeln seien, also besser von Karlsruhe als von Stuttgart aus. Von den Wohlebschen Appellen an die Heimattreue der Badener wurde 1970 kaum noch etwas aufgegriffen – man gab sich „rational“ und argumentierte volkswirtschaftlich und raumplanerisch. Mochten diese Argumente in der Stunde der Abstimmung auch nur wenige überzeugen, so tauchten sie doch ein Vierteljahrhundert später wieder auf, als die Führung der IHK Karlsruhe in einer Denkschrift ihrem Unmut über Zentralitätsverluste der vormaligen Residenzstadt Ausdruck gab.

Resultate und Zweifel (1970-2000)

Angesichts der Industrielandschaften in Nordbaden und in Nordwürttemberg und des seit dem Vertrag von Versailles entstandenen strukturellen Rückstands in Oberbaden fragte man sich in Freiburg, „ob es im Oberrheingebiet überhaupt möglich ist, den Anteil der Industriebeschäftigten soweit hinaufzudrücken, daß er dem Anteil in den übrigen Landesteilen einigermaßen entspricht.“[21]

Der von einem Basler Institut erstellte „International Benchmark Report 2001“ scheint die Skepsis im Blick auf die Bruttowertschöpfung zu bekräftigen. Jeder Einwohner des Südweststaats trug im Jahr 2000 durchschnittlich 22.410 Dollar zur inländischen Wertschöpfung des Bundeslandes bei (Deutschland insgesamt: 19.288). In ausgewählten Planungsregionen des Landes bedeutet dies pro Einwohner in Dollar:

Region Karlsruhe	31.049
zum Vergleich:	
Region Stuttgart	25.703
Mannheim/Heidelberg	23.569
Schwarzwald-Baar-Heuberg	21.308
Südlicher Oberrhein	19.458
Ostwürttemberg	17.976

Es mag sein, daß Industriedichte und Steuerkraft von Staats wegen nur begrenzt beeinflußbar sind, jedenfalls von Bundeslandes wegen. So hat sich der Rückstand der südlichen Regionen in einigen wirtschaftlichen und steuerlichen Kennziffern gegenüber den nördlichen, der nordwürttembergischen Region zumal, kaum vermindert: Zwischen 1974 und 1998 stieg bei hohem Bevölkerungszuzug (0,5 Millionen) das Gewerbesteueraufkommen im Regierungsbezirk Stuttgart (nach Ertrag und Kapital brutto) von 2,6 auf 7,1 Milliarden DM; im Regierungsbezirk Karlsruhe von 1,6 auf 4,4 Milliarden DM. Im Regierungsbezirk Freiburg stieg es bei einem Zuzug von 0,2 Millionen von 1,0 auf 2,9 Milliarden DM.[22]

Anders ist das Bild, wenn man das allgemeine staatliche Steueraufkommen betrachtet. Hier liegen die Proportionen zwischen den württembergischen und den badischen Regierungsbezirken enger beieinander. Der Angleichungstrend hat freilich – wie die Zahlen von 1973/1974 zeigen[23] – auch mit der Bezirksreform zu tun.

Jahr	*OFD Stuttgart*	*OFD Karlsruhe/Freiburg*
1961	5 231 194	3 865 118
1971	14 262 575	10 235 883
1981	29 984 721	23 488 199
1991	50 184 465	36 874 078
2000	64 251 734	59 234 764

Im innerbadischen Wettbewerb der Standorte hat sich die „Residenzstadt" Karlsruhe die „Fabrikstadt" Mannheim, die in der Steuerkraft in den 70er Jahren noch deutlich vor ihr lag, fast eingeholt; selbst die vormalige „Pensionopolis" Freiburg konnte den Steuer-Rückstand zu Mannheim von ca. 2/3 auf ca. 1/2 verkürzen. Im Verhältnis zu Stuttgart freilich blieb der Steuerkraft-Unterschied so, wie er war, ja er hat sich sogar leicht verschlechtert.[24]

Interessant ist das Bild, das sich für die Entwicklung der Landeszuschüsse ergibt:

Einnahmen aus Zuweisungen und Zuschüssen des Landes für laufende sowie Investitionszwecke in Mio DM:

	1974	*1984*	*1994*	*1998*
Stuttgart	88	145	256	205
Mannheim	62	82	134	84
Karlsruhe	36	62	65	61
Freiburg	24	52	73	68

Bei Landeszuschüssen zu Investitionen hat Stuttgart im Vergleich zu den drei badischen Großstädten überproportional hinzugewonnen: 1974 lag der Stuttgarter Anteil an der Summe der drei badischen Städteanteile noch bei zwei Dritteln (8:12); ein Vierteljahrhundert später war er praktisch egalisiert (20:21). Die Stuttgart-Privilegierung blieb nicht unbemerkt. Eine Denkschrift der Industrie- und Handelskammer Karlsruhe sprach von „gefährlichen zentralistischen Abwegen" und belegte ihr Urteil mit kritischen Einschätzungen zu Bundesbahn und -post, zu den Bundesgerichten, Rundfunk, Theater, Landesbanken: überall drohten Zentralitätsverluste für Karlsruhe oder waren schon vollzogen.[25] Die Privilegierung Stuttgarts beruht zum einen wohl auf der Ausstrahlung des starken Industrieraums Mittlerer Neckar, wozu auch gehört, daß der damalige Daimler-Benz-Chef Reuter auf einer IHK-Veranstaltung im Jahr 1992 eine „Hauptstadtentscheidung" für Stuttgart verlangt hat, zum andern auf dem Bedarf, den man der „Landeshauptstadt" aus Landesmitteln glaubt befriedigen zu sollen. Über den Zentralitätsbedarf der Landeshauptstadt gibt es unter den führenden Politikern seither offenbar einen so hohen Konsens, daß er fast naturwüchsig bedient wird („Landesmitte"). Der Vorsitzende der Landesvereinigung, Prof. Mürb, zitiert Ministerpräsident Erwin Teufel mit dem Satz: „Wenn das Herz kerngesund ist, ist das Land kerngesund." Daß Konkurrenten um Zuweisungen aus dem Haushalt, zumal bei angekündigtem Sparkurs, auf solche Tendenzen politisch reagieren, ist verständlich.

Die Landesvereinigung Baden hat in ihrer Öffentlichkeitsarbeit die Spur der IHK-Karlsruhe-Denkschrift aufgenommen und denunziert an jeweiligen aktuellen Beispielen

„schwäbische Dominanz und Vernachlässigung Badens". So legte sie im Jahr vor der Wahl 2001 eine Liste gefährdeter „badischer" Projekte vor („Mängelliste"), z.B.:

- „schlechter Zustand" (A 5),
- „fehlende" oder „ungenügende Zuschüsse", „fehlende Förderung" (Air-Park Söllingen, Messe Karlsruhe, ZKM Karlsruhe, Nationaltheater Mannheim, Filmfestival Mannheim, etc.),
- „bedroht durch Fusion" (Landesbildstelle Karlsruhe, Landeswohlfahrtsverband, Naturkundemuseum),
- „Benachteiligung" (Badisches Notariatswesen),
- „Badischer Landesteil unterrepräsentiert" (Haus BW in Berlin),
- „Gewerbesteuerverluste" (L-Bank Fusion, LBS Baden).[26]

Einiges aus dieser Liste ist zwischenzeitlich zur Genugtuung Nordbadens erledigt worden. Anderes steht statistisch im Streit: So veranlaßte Minister von Trotha in seinem Ministerium eine Recherche über die Zuschüsse, die in den letzten Jahren an württembergische und an badische Hochschulen gegeben worden waren. Verglichen wurden u.a. Zahlen für Bauaufwand und für die Hochschulhaushalte. Im ersten Fall erschien ein besonders hoher Betrag für Stuttgart, der mit dem Zeitraum erklärt wurde, auf den die Recherche fokussiert war; im zweiten wurde für den württembergischen Landesteil zwar auch ein hoher Betrag ausgewiesen, doch schien er, wenn man ihn auf die Einwohnerzahl dieses Landesteils umbrach, niedriger zu sein als der den badischen Hochschulen zugewiesene Betrag. Das Bild veränderte sich, wenn man nicht durch Bewohner, sondern durch Studierende teilte. Das Finanzministerium gab nämlich pro Student in Baden 16 892 Mark, in Württemberg 22 746 Mark aus. Ein Vexierbild also! Der Kommentar, mit dem die BNN die Zahlenspiele kommentierte, stellt einen großen Teil der Verrechnungs- und Vergleichungsliteratur in Frage; er lautete: „die Zahlen .... illustrieren, wie sinnlos so manche mühsam erstellte Statistik ist."[27] Dessen ungeachtet suchte man in Stuttgart die beklagten „eklatanten Benachteiligungen Badens" weiter zu korrigieren, und dessen ungeachtet wurden immer wieder die Bemessungsgrundlagen des Vergleichs bezweifelt. [28]

Andere Hinweise für eine angebliche Gleich- oder gar Besserstellung Badens lassen sich Briefen führender Politiker der Regierungskoalition entnehmen:

- die Mittel der Zukunftsoffensive III seien überproportional auf die badischen Gebiete verteilt worden[29],
- in den Jahren 1999/2000 seien von den Städtebaufördermitteln 227 Mio DM an den badischen und rund 258 Mio an den württembergischen Landesteil gegangen[30],
- in Karlsruhe würden mit 64 Bediensteten je 1000 Einwohner mehr Landesbedienstete als in Stuttgart (59) beschäftigt; ihre Zahl sei von 1990 bis 1998 um 0,8 Prozent gestiegen und Stuttgart um 3,3 Prozent zurückgegangen.[31]

Seitdem der Wettbewerb der Regionen in Baden-Württemberg um staatliche Förderung mit Blick auf die Landeshauptstadt bzw. den Regionalverband Mittlerer Neckar entbrannt ist, sind fast alle irgend statistisch ausweisbaren ungünstigen Unterschiede politisierbar.

Abschließende, nicht durchwegs sauertöpfische Überlegungen

Die Leute fühlen sich in ihrer badischen Heimat in Baden-Württemberg wohl. Statistisch ausgelegte Erfolgsbilanzen haben in sich selbst keine Überzeugungskraft. Sie konkretisieren Kritik oder Lob, sie bewirken es nicht. Erfolgsbilanzen beeindrucken besonders diejenigen nicht, die – wie die Badener in den 50er Jahren – bereit waren, sich ihre Alternative etwas kosten zu lassen, und wäre es ein Minus an Wohlstandswachstum (natürlich nicht an Wohlstand selbst). Derlei Andersdenkende gibt es heute, wo die badische Frage praktisch erledigt ist, kaum noch. Die heutige Debatte, die gelegentlich als „Neue Badenfrage" vorgestellt wird, spielt auf dem Feld lokal-regionaler Besitzstandswahrung und -mehrung und auf dem Feld von Homogenisierung der Lebensverhältnisse im Land bzw. Egalisierung der staatlichen Zuschüsse nach regionalen Fördersektoren, was nicht selten konträre Forderungen erzeugt.

Das Interesse von Kommunalpolitikern oder Behördenchefs am Erhalt oder an der Erweiterung von Bundes- und Landeseinrichtungen in ihrer Stadt bzw. in ihrem Dienstbereich ist legitim. Es hat allerdings – wenn nicht der Vergleichsgesichtspunkt im Schwäbischen liegt – keinen spezifisch badischen Charakter. Die Karlsruher IHK-Führung machte einen guten Job, als sie mit der Zentralitäts-Denkschrift Alarm schlug und badisch-schwäbische Emotionen in den Dienst ihrer strukturpolitischen Aufgabe stellte. Ihren Job taten auch der Freiburger OB und OFD-Präsident, als sie um den Sitz „ihrer" OFD kämpften. Es dürfte ihnen dabei gleichgültig gewesen sein, ob sie nach Stuttgart oder nach Karlsruhe abgezogen wird – eines war ihnen so wenig lieb wie das andere. Und ähnlich geht es zu, wenn eine „eigene" Einrichtung wie der Landessozialverband Baden gegen die schwäbische Übernahme geschützt wird und das eigentliche Ziel darin besteht, höhere Umlagen zu vermeiden.

Zwischen den Regionen geht es auch um homogene Lebensverhältnisse. Sie sind ein Zweck des Sozialstaats, wie wir ihn im Bund entwickelt haben und um den sich die EU mit Regionalfonds bemüht. Wertschöpfung und Steuerleistung pro Kopf sind Indikatoren. Die beiden nördlichen Regierungsbezirke des Landes sind den südlichen weit voraus, aber das Lebensgefühl in den südlichen Bezirken leidet darunter nicht, wenn die eigene Umwelt weniger industrialisiert und verkehrlich erschlossen ist.

Zuschüsse vom Land zu fordern, ist das Geschäft der Lobby, das seinen Sinn aus dem Wettbewerb der Interessenten bezieht. Die IHK-Karlsruhe, ergänzt um die „Landesvereinigung Baden", profilieren sich auf diesem Feld sehr zum Vorteil ihrer Region. Auch jenseits der „TechnologieRegion" gelegene regionale Interessen werden neuerdings aufgenommen: Messen, Theater, Universitäten, Bibliotheken, Museen, Rennbahn Iffezheim, Flugplätze usw., betriebliche oder institutionelle Fusionen (SWF/SR, LVA, BW Bank usw.), der Landesentwicklungsplan. Der Streit um die besten Entwicklungschancen der Region am Oberrhein führt zu neuen strategischen Ideen:

- Wie die „Landesgartenschau" sind Ereignisse und Einrichtungen „des Landes" nicht auf die Hauptstadt beschränkt. Warum sollte der Baden-Airport kein „Landesflughafen" wie Stuttgart-Echterdingen sein? Warum die Neue Messe Karlsruhe, die Bodenseemesse in Friedrichshafen, die Baden-Messe in Freiburg, um nur diese zu nennen, nicht „Landesmessen" wie die auf den Fildern?
- Fusionen, die wirtschaftlich nicht vermeidbar oder politisch besonders erwünscht sind, können ebenfalls in fast jeder Stadt oder Region zu stehen kommen. Man denke an die Landesmedienzentrale mit Hauptsitz in Karlsruhe. Vor allem aber: Fusionen müssen nicht immer sein. Sie sollten unterbleiben, wo sich dies aus der Sache und dem Willen der Teilnehmer ergibt. Man denke an die Diskussion um die Badischen und Württembergischen Landessozialverbände.

- Zu Recht hat die Landesregierung den Regierungspräsidenten in Freiburg damit beauftragt, das Land in den Gremien der grenzüberschreitenden Zusammenarbeit zu vertreten. Man denke an die Oberrheinkonferenz und – anteilig – an die Bodenseekonferenz. Und ließen sich nicht auch andere Institutionen in Baden zum Ausgleich subregionaler und lokaler Egoismen nutzen und dadurch mit neuer Wertigkeit, auch für das Land im ganzen, versehen? Man könnte entlang der Rheinschiene über die Grenzen der Regierungsbezirke hinweg „Zuständigkeiten" schaffen und staatlich oder kommunal wahrnehmen lassen.

Die badischen Regionen und die in ihnen tätigen Institutionen und Verbände, deren Berichte wir in diesem Band versammelt haben, trugen im Verlauf eines halben Jahrhunderts auf vielfältige Weise zum baden-württembergischen Flor bei. Nicht zuletzt erbte das Land den historischen Kulturboden am Bodensee und am Rhein und darf sich heute in Landesausstellungen mit dem badischen Familienerbe des Liberalismus und der Demokratiebewegung während der 1848er Revolution schmücken. Auch hat es, als wäre es selbst verdient, längst das heiter-ironische Prädikat „Musterländle" auf sich gezogen, das sich das wohlverwaltete Großherzogtum nach der Reichsgründung von den Preußen verdient hat. Und schließlich übte sich Stuttgart in das deutsch-französische Nachkriegs-Verhältnis am Oberrhein ein, das dank Leo Wohlebs Kehler-Hafen-Politik und anderer badischer Initiativen sehr zum besseren geriet. (Wie wenig Breitenwirkung es im Schwäbischen noch hat, hört man an einer Bemerkung über die Badener, daß sie „halbe Franzosen" seien.)

Im öffentlichen Bewußtsein wird das Badische heute durch badische Kommunalpolitiker, Landtags- und Bundestags- und Europaabgeordnete, durch Behördenchefs, den Erzbischof und den Landesbischof, Verbandsführer, Wirtschaftsleute, Wissenschaftler, Journalisten, Sportler – etwa im Fußball oder im Wintersport – repräsentiert. Nicht immer ist das Innehaben einer prominenten Stellung eo ipso ein Gewinn für das Land oder für den Landesteil. Um von den Volksboten zu reden: Es gibt Abgeordnete, die ihren badischen Rock nach der Ankunft am Stuttgarter Hauptbahnhof ausziehen, um bei ihren württembergischen Kollegen nicht anzuecken! Die Kollegen scheinen zu wissen, wie weit der schwäbische Humor reicht. Sportclub-Fans mußten es erst lernen, als sie beim Landesderby in Stuttgart ein badisches Transparent nicht entrollen durften: „Wir können alles – außer Schwäbisch!" Immerhin ist schon mancher Schwabe, der im Badischen eine Behörde führen darf, zum Sekundärbadener mutiert – bekam er doch vom Vater schon früh gezeigt, wo er einmal sein Geld verdienen sollte. Einer von diesen wackeren Schwabenbuben hat eine große badische Fahne im Dienstzimmer entfaltet, wohl um nicht zu vergessen, wessen Kastanien er von Amts wegen aus dem Feuer ziehen müsse. Derlei Neubadener sind diesseits des Schwarzwaldes stets willkommen!

Das Land gewinnt seinen Charakter also von beiden großen Landsmannschaften. Wäre der badische Charakter des Südweststaats ausgeprägter, könnten die Schwaben viel gutes Geld für Sympathiewerbung sparen.

Anmerkungen

1 Die Sensibilitäten für die eine oder andere Prognose waren schon zum Zeitpunkt ihrer Formulierung sehr verschieden. Die einen neigten dem Effektivitäts-Typus zu („Einigkeit macht stark"), die anderen dem Identitäts-Typus („Der Heimat die Treue"). Wo Effektivität den Ausschlag gab, wurde

Heimattreue für hinterwäldlerisch gehalten, wo Heimattreue galt, da fragte man spitz, wessen Nutzen denn allenfalls gemehrt werden würde. Zu den Prognosen, die aus den von Alex Möller zusammengefaßten „Gründen" für den Südweststaat abgeleitet werden können, vgl. P. Feuchte, Verfassungsgeschichte von Baden-Württemberg (1963), S. 138 f.

2 Gerd Hepp in: Josef Becker u.a., Badische Geschichte, Stuttgart 1979, S. 259

3 Hauptstaatsarchiv Stuttgart, Verein Vereintes Baden-Württemberg (1970-1973) Q 3/3, Protokoll der Konferenz vom 2.8.1948 auf dem Hohenneuffen, ebd. EA 1/920. P 32, Niederschrift der Sitzung des Ministerrats in Stuttgart vom 3.7.1948 (zu: Hohenneuffen), ferner: ebd. Sitzung in Stuttgart vom 10.8.1948 (zu: Karlsruher Vertragsentwurf). Die öffentlich formulierten Prognosen stammen überwiegend von den beteiligten Staatskanzleien bzw. von den in deren Auftrag und später selbständig tätigen Arbeitsgemeinschaften der Badener und „Südwest". Sie wurden für die Abstimmung des Jahres 1970 noch einmal revidiert und teilweise modernisiert.

4 Staatsarchiv Freiburg A 2 XXVII 3469, Besprechung v. 31.7.48 in der Staatskanzlei

5 Vereinigung Südwest, Ein Aufruf an die Bevölkerung Südbadens, abgedruckt in: Die Entstehung des Bundeslandes Baden-Württemberg, Eine Dokumentation, bearb. V. P. Sauer, hg. v. Landtag von B.-W., Ulm 1977, S. 90

6 Zahlen des Bundes der Steuerzahler wie folgt: 28,6 Millionen im Haushalt für 1957 für Landtag, Regierung und Ministerien, hinzu kamen die Mittelinstanzen mit weiteren 31,3 Millionen; 1951 hatte die politische Infrastruktur 43,7 Millionen gekostet; vgl. dazu G. Hepp, Der badische Landesteil in Baden-Württemberg, in: Badische Geschichte, Stuttgart 1979, S. 263

7 Finanzkontrolle in BW, Beiträge zu Geschichte, Aufgaben und Arbeit der Rechnungsprüfungsbehörden, hg. v. Rechnungshof Baden-Württemberg, Karlsruhe 1987, S. 132. Um die Proportionen zu wahren, muß hinzugefügt werden, daß der Landeshaushalt bis 1970 um das Vierfache des Haushalts von 1953 angestiegen war, daß er sich auf dieser Basis bis 1975 verdoppelte und 1985 erneut auf Basis von 1975 (S. 138)

8 zitiert bei Feuchte (oben Fn. 57), S. 138

9 Nordbadische Handelskammern für Südweststaat (Bericht in der Stuttgarter Zeitung v. 23.4.1949), abgedr. In: Die Entstehung (Ulm 1977), S. 89

10 Aktionsprogramm für eine wirksame Südweststaat-Propaganda (A. Schwan) in: Die Entstehung (Ulm 1977) S. 94: „Die Bildung des Südweststaats ist eine Pionierleistung für die sinnvolle Neugliederung der Deutschen Bundesrepublik", „Wer Zwergstaaten oder Kleinstaaten fördert, leistet dem Zentralismus Vorschub".

11 Resolution des Rechtsrheinischen Aktionsausschusses der vorläufigen Vereinigung Südwest (R. Freudenberg), abgedr. in: Die Entstehung (Ulm 1977), S. 91

12 Regionalinteressen setzen sich bekanntlich nicht unmittelbar, sondern über Parteistimmen im Bundesrat um. Adenauer war vom Südweststaat wenig überzeugt, da er für seine Außenpolitik mit 10 Stimmen aus drei südwestdeutschen Ländern mehr anfangen konnte als mit nur 6 Stimmen aus Baden-Württemberg. Vgl. dazu vom Verf.: Konrad Adenauer, Leo Wohleb und die badische Frage, in: Gelb-rot-gelbe Regierungsjahre. Badische Politik nach 1945, hg. v. P.-L. Weinacht, Sigmaringendorf 1988, S. 343 ff.

13 Vgl. in diesem Buch den Beitrag von T. Mayer. Schon K. Albiez hat die Vorgänge und Ergebnisse – auch in Vergleich mit damaligen Umfragen des Instituts für Demoskopie – für die „politischen Bewertungen" der 50er Jahre dargestellt in: Der überspielte Volkswille (1992), S. 45, 57

14 W. A. Boelcke, Die gewerbliche Wirtschaft, Förderpolitik und Leistungen in: 40 Jahre Baden-Württemberg, Aufbau und Gestaltung 1952-1992, hg. V. M. Schaab, Stuttgart 1992, S. 355ff. (367)

15 E. Lais, Streiflichter auf das Wirtschaftsgeschehen im Lande Baden (1945-1952), in: Humanist und Politiker, Leo Wohleb, der letzte Staatspräsident des Landes Baden, hg. von H. Maier und P.-L. Weinacht, Heidelberg 1967, S. 83 ff. (S. 96)

16 W. A. Boelcke, Die gewerbliche Wirtschaft in: 40 Jahre BW (1992), S. 370

17 Staatsanzeiger B.-W. vom 25.2.1970

18 „Am Abend vor der Abstimmung wandte sich der Ministerpräsident Dr. Filbinger über das Fernsehen an die Wähler. Er machte Angst, vor allem den Rentnern, das arme Land Baden könne ihre Renten nicht mehr bezahlen; und den Arbeitern und Angestellten in staatlichen Betrieben und Verwaltungen, ihre Löhne und Gehälter seien gefährdet", in: Süddeutsche Zeitung v. 8.6.1970, zit. von K. Glunk, in: Der überspielte Volkswille (1992), S. 294

19 Wahlaufruf zum Volksentscheid, abgedruckt in: Landtag von B.-W., Ein aktueller Leitfaden, Stuttgart 1982, 4. Aufl., S. 90. Nach G. Hepp (oben Fußnote 57) waren im Verhältnis zum Bevölkerungsanteil die Badener an den Funktionsstellen in Landtag und Landesregierung bis 1978 „z.T. erheblich überrepräsentiert“. Vgl. den umfassend recherchierten Beitrag von H. Eisele in diesem Band!

20 Badenerland, 18. Jg. Nr. 2, S. 1; zur raumordnerischen Argumentation der Wiederherstellung Badens vgl. Josef Altenstetter, Das notwendige Bundesland am oberen Rhein, Karlsruhe o.J.

21 Schreiben des Präsidenten der IHK Freiburg an Wirtschaftsminister Leuze vom 16.1.1961, zu dem W.A. Boelcke zustimmend bemerkt: „Geblieben ist das bis heute nicht gelöste Problem, daß Freiburg unter den größeren Städten des Landes die niedrigste Industriedichte aufweist.“, in: W.A. Boelcke, Die gewerbliche Wirtschaft etc., in: 40 Jahre BW (1992), S. 355ff. (372)

22 Statist. Landamt BW Ref. 51

23 1973 weist der alte Bezirk der OFD Stuttgart 18 828 409 DM aus; im Jahr darauf vermindern sich die Steuereinkünfte leicht auf 18 735 302 DM (1974). Das Steueraufkommen in den badischen OFD-Bezirken wächst von 13 364 101 DM in den alten Bezirken (1973) auf 14 992 230 DM (1974).

24 Steueraufkommen der Stadt Stuttgart 1974: 752 Mio DM; der Städte Mannheim, Karlsruhe, Freiburg zusammen: 741 Mio DM; Steueraufkommen der Stadt Stuttgart 1998 1.609 Mio DM, der drei badischen Städte zusammen 1.545 Mio DM. Aus einer Differenz von 9 Millionen wurde eine Differenz von 64 Millionen.

25 Bericht und Kommentar in BNN v. 16./17.1.1993, S. 1f., 6

26 Die „Mängelliste“ wurde samt Antworten jeweiliger Ministerien („Hier das Ergebnis“) im Internet unter der Web-Adresse der Landesvereinigung ausgestellt und ergänzend mit der Information versehen, daß immerhin „75 Prozent der Verkaufserlöse der EnBW aus den Aktien des früheren Badenwerks“ stammten. (www.lv-baden.de/news/statements)

27 Ein Versuch die Badenfrage zu beantworten, in: BNN v. 18.4.2000

28 Bei einer Podiumsdiskussion der Landesvereinigung in Karlsruhe, zu der übrigens die anderen Wahlkampfparteien prominente Sprecher schuldig geblieben waren, hat der Fraktionsvorsitzende der CDU im Landtag, Günther H. Oettinger, den Versammlungsteilnehmern folgende Rechnung aufgemacht: Baden und Württemberg seien in der Sportstättenförderung gleichgestellt, weil nach Karlsruhe 15 Millionen DM, nach Freiburg und Mannheim je 17 Millionen geflossen seien und Stuttgart mit 45 Millionen DM auch nicht mehr erhalten habe. (Unmut der Badener tritt die Stuttgarter frontal, in: BNN v. 9.10.2000)

29 „Von den bis jetzt regional zuordenbaren (Entscheidungen über Mittelvergaben aus der Zukunftsoffensive III in Höhe von) 684 Mio. DM fielen ca. 330 Mio. DM in die Regierungsbezirke Karlsruhe und Freiburg, 354 Mio. DM in die Regierungsbezirke Stuttgart und Tübingen; d.h. bei einem Bevölkerungsanteil von 46% gehen 48% der verteilten Mittel in den badischen Landesteil.“ Stellungnahmen des Generalsekretärs der CDU Baden-Württemberg, Volker Kauder, zu den Wahlprüfsteinen der Landesvereinigung Baden in Europa (März 2001), www.lv-baden.de/wahlp/kauder.htm

30 Pressemitteilung des Wirtschaftsministeriums B.-W. (23/2001) v. 14.2.2001

31 Angaben des Fraktionsvorsitzenden der CDU im Landtag von Baden-Württemberg, Günther H. Oettinger, im Internet unter www.lv-baden.de/wahlp/oettinger.htm

Baden – Grenzland im Abseits oder Entwicklungsregion in der Mitte Europas? Eine Bilanz

Helmut Köser

Vorbemerkung

Noch Mitte der 80er Jahre kamen Wirtschaftsgutachter zu dem Schluß, daß die badischen Regionen aufgrund ihrer Grenzlage und historisch-politisch bedingter Entwicklungsdefizite gegenüber anderen Regionen, insbesondere gegenüber dem Mittleren Neckarraum, eine unterentwickelte Problemzone bleiben werden. Die Strukturkrise traditioneller Wirtschaftszweige, verbunden mit Firmenschließungen und vergleichsweise hoher Arbeitslosigkeit in einigen Teilräumen, legte die Schlußfolgerung nahe, daß sich das Gefälle zwischen dem industriell entwickelten Stuttgarter Zentrum und den badischen Randregionen weiter vergrößern würde. Schon machte das Wort von der „neuen Badenfrage" die Runde. Historiker und Verwaltungswissenschaftler stellten die Frage, ob diese Entwicklung nicht eine zwangsläufige Folge der gescheiterten Politik Leo Wohlebs gewesen sei, dem es nicht gelungen war, das wiederhergestellte Gesamtbaden als gleichberechtigten Partner in den Südweststaat einzubringen.[1]

Eine Bilanz nach 50 Jahren Zugehörigkeit zu Baden-Württemberg kann sich nicht an der Situation von 1952 orientieren, weil die Voraussetzungen und Rahmenbedingungen mit der heutigen Situation nicht vergleichbar sind. Es macht darüber hinaus wenig Sinn, die „Schlachten von gestern zu schlagen", wie es der ehemalige Wissenschaftsminister und Rektor der Universität Freiburg, Helmut Engler, anläßlich der Vorstellung des „Südbaden"-Bandes der Landeszentrale für politische Bildung 1992 etwas süffisant formulierte.[2] Tatsache ist, daß das Land Baden-Württemberg in der Leistungsbilanz der deutschen Bundesländer seit Jahrzehnten eine Spitzenposition einnimmt. Tatsache ist ferner, daß sich die legislatorischen und ökonomischen Rahmenbedingungen schrittweise von der Landesebene auf die europäische Ebene verlagern und daß dieser Prozeß zunehmend an Bedeutung gewinnt. Die Bilanz muß deshalb vorrangig die Grenzlage zu Frankreich und zur Nordwest-Schweiz berücksichtigen, wenn das Verhältnis zwischen dem Zentrum (Stuttgart) und der Peripherie angemessen bewertet werden soll. Die badischen Grenzregionen haben ihre Entwicklungsmöglichkeiten im zusammenwachsenden Europa mittlerweile erkannt und nutzen sie. Meßlatte und Zielprojektion der Entwicklung am Rhein ist nicht mehr der Mittlere Neckarraum, sondern die Oberrheinregion als Verbund der Teilregionen Baden, Elsaß und Nordwest-Schweiz.

Als Voraussetzung zur Erreichung der gemeinsamen Entwicklungsziele gelten:

1. die Öffnung der Märkte unter Einbeziehung der Schweiz, deren Beitritt zum Binnenmarkt als zwingende Voraussetzung angesehen wird,
2. die Anpassung Badens an den industriellen Strukturwandel in der Region,
3. die Lösung des ökonomisch-ökologischen Zielkonflikts durch den immer wieder neu zu suchenden Ausgleich zwischen den ökonomischen Anforderungen einer behutsamen Industrialisierung und den Anforderungen der Landwirtschaft und des Fremdenverkehrs, und

4. die Verbesserung der politisch-verwaltungsmäßigen Rahmenbedingungen durch Überwindung der nationalen Regelungssysteme.

Grenzüberschreitende Zusammenarbeit – eine Chance für die badischen Regionen am Rhein

Die Vorstellung einer mit politischen Kompetenzen ausgestatteten Regio-Instanz eilt allerdings der Wirklichkeit voraus. Vielfältig, kompliziert und unterschiedlich sind die Entscheidungsstrukturen in Politik und Verwaltung diesseits und jenseits des Rheins.

Unterzeichnung des „Karlsruher Übereinkommens“ am 23.1.1996

Die künftige Entwicklung der badischen Regionen wird weitgehend davon abhängen, ob es gelingt, die Regionen als föderative Grundlage eines geeinten Europas zu etablieren. Die grenzüberschreitende Zusammenarbeit zählt deshalb zu den wichtigsten Aufgabenbereichen der badischen Regionen und macht ihre Besonderheit innerhalb des Südweststaates aus. Der Staatsvertrag, der am 23. Januar 1996 von Deutschland, Frankreich, Luxemburg und der Schweiz in Karlsruhe unterzeichnet wurde („Karlsruher Übereinkommen“), schuf eine der wesentlichen Grundlagen für die grenzüberschreitende Zusammenarbeit.[3] Die badischen Gemeinden und Kreise können seitdem erstmals Verträge mit Partnern im Elsaß und in den Schweizer Grenzkantonen schließen und grenzüberschreitende Zweckverbände gründen, ohne den Umweg über Paris, Stuttgart und Berlin nehmen zu müssen. Konkrete Projekte auf der Grundlage des „Karlsruher Abkommens“ gibt es mittlerweile im Bereich der deutsch-französischen Kindergärten, des grenzübergreifenden Hochwasserschutzes, der gemeinsamen Müllentsorgung, im Bereich der grenzüberschreitenden Regionalplanung (Projekt PAMINA) zwischen der Pfalz, dem mittleren Oberrhein und dem Nord-Elsaß, in der Zusammenarbeit zwischen den Universitäten (EUCOR) sowie im Bereich der regionalen Verkehrsplanung (Regio-S-Bahn im Großraum Basel). Die Dienststellen der öffentlichen Verwaltung, der Kammern und der Arbeitsämter arbeiten mittlerweile enger zusammen.

Allerdings kann die Euphorie über das „Karlsruher Abkommen“ nicht darüber hinwegtäuschen, daß in der Kooperationspraxis zahlreiche Hemmnisse überwunden werden müssen. Die grenzüberschreitende Zusammenarbeit ist nach wie vor eine zwischenstaatliche und hat keine supranationalen oder supraregionalen Strukturen aufgebaut. So sind die badischen Regierungspräsidien nach wie vor in die grenzüberschreitende Zusammenarbeit involviert und spielen eine wichtige Rolle insbesondere bei der Genehmigung und Verteilung der europäischen Regionalförderung (Interreg-Programm der Europäischen Union).

Zu Unrecht werden die Regierungsbezirke und Regierungspräsidien immer wieder in Frage gestellt, ihre Abschaffung im Rahmen einer Verwaltungsreform gefordert. Nicht nur aus badischer Sicht muß dieser Forderung entschieden widersprochen werden, sind doch die Regierungspräsidien das letzte Bollwerk gegen den allmächtigen Parteienstaat, der sich auch in Baden-Württemberg etabliert hat. Der Tradition des liberalen Beamtentums verpflichtet sind sie die einzige Instanz, die der allgemeinen Parteipolitisierung die Sach- und Fachkompetenz der Verwaltung entgegenstellt. Sie sind ein unentbehrlicher Anwalt der Bürger und als Mittelinstanz ein Mittler zwischen den Bürgern, den Regionen und dem Land. Wer ihre Kompetenz und Leistung angemessen würdigen will, muß im Rahmen dieser Bilanz auf ihre Entstehung zurückgreifen.[4]

Im Überleitungsgesetz von 1952 wurden die damaligen Landtage und Länderregierungen aufgehoben und die sogenannten Mittelinstanzen, die Regierungspräsidien, eingerichtet. Sie sollten die Nachfolgeinstanzen für die vorher bestehenden Ministerien sein und wurden durch das Landesverwaltungsgesetz von 1955 vorläufig bestätigt. Abgesehen von dem ehemaligen preußischen Regierungsbezirk Sigmaringen gab es im deutschen Südwesten für diese Mittelinstanzen keine historischen Vorbilder. Ihre Stellung war bis zur Gebiets- und Verwaltungsreform umstritten, wobei die „badische Frage“ eine nicht unbedeutende Rolle spielte. Denn die damalige Landesregierung unter Ministerpräsident Reinhold Maier war mit der Zielsetzung angetreten, einerseits einen leistungsfähigen Südweststaat zu errichten, andererseits aber eine sparsame Verwaltung aufzubauen. Letzteres gelang allerdings nicht. Die Rücksichtnahme auf eine landsmannschaftliche Ausgewogenheit insbesondere dem badischen Landesteil gegenüber hatte zur Folge, daß die Verwaltung des Südweststaates um rund 40% teurer wurde als die der ehemaligen Länder im Südwesten. Wie sehr die „badische Frage“ die Reformbestrebungen beeinflußt, zeigte sich auch bei der Gebietsreform. Erst nachdem die Baden-Abstimmung vom 7. Juni 1970 den Weg für eine Neuabgrenzung der Regierungsbezirke freigemacht hatte, konnten einige Ex- und Enklaven beseitigt werden und somit eine klare Abgrenzung der Verwaltungseinheiten durchgesetzt werden.

In dem neu entstandenen Flächenstaat Baden-Württemberg übernehmen die Regierungspräsidien die Vertretung der Regierung in den Landesteilen und sind Bindeglied zwischen der Selbstverwaltung der Kommunen und Kreise und der Staatsverwaltung (Gelenkfunktion). Sie üben die Dienst- und Fachaufsicht über die Kreise und die Kommunen aus. Sie erfüllen zugleich die fachübergreifende Bündelungs- und Ausgleichsfunktion, indem sie die Aufgaben der Fachministerien in der Mittelstufe zusammenfassen. Für die Bürger sind die Regierungspräsidien als Widerspruchsbehörde besonders wichtig, da die Regierungspräsidien die Rechtmäßigkeit und Zweckmäßigkeit der Verwaltungsakte der unteren Verwaltungsbehörden überprüfen.

Im Zusammenhang mit der Gebiets- und Funktionalreform beschloß der Landtag 1971 die Abschaffung der Regierungspräsidien, die Aufgaben sollten an die größeren Landkreise und an die neu zu errichtenden Regionalverbände übertragen werden. Da jedoch immer mehr wichtige Verwaltungsaufgaben administrative Querschnittsaufgaben sind, die nur in ständiger Koordinierung und Integration der beteiligten Ressorts erfüllt werden können, wurde 1975 die Beibehaltung der Regierungspräsidien beschlossen. Diese Entscheidung war in der Sache richtig und sollte nicht in Frage gestellt werden. Nicht zuletzt ist es den Regierungspräsidien Karlsruhe und Freiburg zu verdanken, daß die kulturelle Vielfalt der badischen Regionen nach dem Verlust der Eigenstaatlichkeit revitalisiert werden konnte. Sie werden auch künftig ein Garant dafür sein, daß diese Vielfalt im fortschreitenden Prozeß der Europäisierung nicht untergeht.

Fragmente einer politischen Kultur Badens

Gibt es sie noch, die politische Kultur Badens oder haben 50 Jahre Gemeinsamkeit mit den württembergischen Landesteilen eine Anpassung herbeigeführt? Unbestritten ist, daß die Kreis- und Gemeindereform die Verwaltungskarte grundlegend verändert hat. In einigen Kreisen vermischen sich badische, württembergische und hohenzollernsche Bestandteile. Ohne Rücksicht auf historisch und kulturell gewachsene Zusammenhänge wurden neue und größere Verwaltungseinheiten geschaffen, die bis heute nicht zusammengewachsen sind. Bekanntestes Beispiel ist die Doppelstadt Villingen-Schwenningen. Zusammenfassend kann man allerdings feststellen, daß die schlimmsten Wunden mittlerweile vernarbt und Ausgemeindungswünsche die Ausnahme sind.[5] Unabhängig von ihrer verwaltungsmäßigen Zugehörigkeit pflegen die badischen Gemeinden, die seit der Reform zu württembergischen Kreisen gehören, ihre badische Tradition. Dabei wird im allgemeinen ein pragmatisches Miteinander mit dem württembergischen Umfeld gesucht.

Will man die Frage nach der badischen politischen Kultur empirisch beantworten, bleibt nur der Rückgriff auf Umfrageergebnisse. Sowohl hinsichtlich der Bürgermeister wie auch der Gemeinderäte ist trotz der 50-jährigen gemeinsamen politischen Rahmenbedingungen in der Verfassungswirklichkeit Baden-Württembergs ein „Baden-Profil" nachweisbar. In den badischen Landesteilen ist der Bürgermeister eher der Exponent der stärksten politischen Gruppierung am Ort, während in Württemberg der parteilose Fachmann dominiert.[6] Nicht nur die badischen Bürgermeister, auch die badischen Gemeinderäte weisen eine stärkere Parteibindung auf. Rund dreiviertel aller badischen Gemeinderäte sind Mitglied in einer politischen Partei, aber nur die Hälfte der württembergischen Gemeinderäte. Hierbei ist zu berücksichtigen, daß die Parteipolitisierung mit der Gemeindegröße zunimmt, sie ist ein vorwiegend städtisches Phänomen. Zwar sind die badischen Landesteile immer noch vorwiegend kleingemeindlich strukturiert, die allgemeine Infrastrukturverbesserung und die erhöhte Mobilität der Bevölkerung haben jedoch eine Verstädterung des ländlichen Raumes zur Folge, welche die Parteipolitisierung beschleunigt. Man kann dies – im Vergleich mit den württembergischen Landesteilen – mit einer nachholenden Entwicklung in den badischen Landesteilen erklären.[7]

Zwischen Vernunft und Gefühl – die „badische Identität"

Gibt es nach 50 Jahren Zugehörigkeit zu Baden-Württemberg immer noch oder wieder eine „badische Identität"?[8] Verstanden als politisch-staatliche Identität kann die Frage verneint werden. Nachweisbar ist vielmehr eine Vielfalt regionaler Identitäten, die ganz unterschiedliche Entstehungsgründe haben: die geopolitische Lage, Lebensgewohnheiten, die landschaftliche Prägung, die Urbanität einer Stadt, gelebte Traditionen, Erinnerungsmerkmale sowie historische Ereignisse und schließlich Persönlichkeiten, die das öffentliche Leben prägen oder geprägt haben.[9]

Regionale Identität hat ein rationales und ein emotionales Element. Der rationale Aspekt zielt auf berechnete Vor- und Nachteile, der emotionale Aspekt auf gefühlsmäßige Bindungen. Die rationale Regionalidentität ist eine beliebte Argumentationsstrategie bei der Vertretung und Durchsetzung von Interessen. In Nordbaden findet sie Verwendung bei der Durchsetzung von Großprojekten wie: Ausbau des Messestandorts Karlsruhe, Ausbau des Flughafens Baden-Baden, Verbesserungen bei der Rheintalbahn, Stärkung des ICE-Knotens Mannheim, Förderung der Region als Medizin- und Biotechnologiestandort. In Südbaden wird die rationale Regionalidentität eingesetzt bei der Durchsetzung von Großprojekten wie: vierspuriger Ausbau der Rheintalbahn Offenburg-Basel, Renovierung der Rheintal-Autobahn, Wirtschaftsförderung auf der Baar, Landesinvestitionen im Flughafen Basel/Mulhouse, Bau von Rhein-Brücken sowie Ansiedlung staatlicher Institutionen in Südbaden.

Die emotionale Regionalidentität hat in den badischen Landesteilen keinen politisch-staatlichen Bezug, sondern eher einen gesellschaftlich-kulturellen. So besteht ganz offensichtlich eine große Bereitschaft, sich beispielsweise in der Freizeit mit einem Objekt der Region zu identifizieren. Die vom Verfasser dieses Beitrages initiierte und geleitete wissenschaftliche Untersuchung über „Regionales Bewußtsein der Stadionbesucher des SC Freiburg" belegt eindrucksvoll, in welchem Ausmaß ein regionales Identifikationsobjekt gesucht und gefunden wird. Die Studie kommt zu dem Ergebnis, daß die Identifikation mit „Baden" größer ist als mit der eigenen Heimatgemeinde. Die Zugehörigkeit zu „Baden" wird unterstrichen durch die Bewertung der Regio auf Platz 2, d.h. die SC-Anhänger verstehen sich auch als Bewohner des alemannischen Kulturraumes unter Einbeziehung des Elsaß und der Nordwest-Schweiz.

Anzeigentafel im SC-Stadion mit dem Text des Badener-Lieds

Identität und Identifikation bedeuten zugleich auch Abgrenzung. So ist in der subjektiven Wahrnehmung der Befragten eine zweifache Abgrenzung festzustellen: erstens eine Abgrenzung gegenüber „Mittelbaden", dort verläuft eine unsichtbare Grenze bei Offenburg, die mit dem Einzugsbereich des Karlsruher SC zusammenhängt; zweitens eine Abgrenzung gegen den „schwäbischen" VfB Stuttgart. Man freut sich über Erfolge des badischen Nachbarclubs (58%), nicht jedoch über sportliche Erfolge des VfB Stuttgart (nur 25%). Daß rund 60% der Befragten es als unangenehm empfinden, als „Schwabe" bezeichnet zu werden, offenbart ein eingefleischtes regionales Zugehörigkeitsgefühl zu Baden. Allerdings muß diese emotionale Identifikation kritisch hinterfragt werden. Nur eine Minderheit von etwa 20% singt im Stadion das Badner-Lied wegen der Verbundenheit mit Baden. Sie stellt den harten Kern Traditionalisten, die vorwiegend aus dem südbadischen Raum kommen. Die große Mehrheit kennt nicht einmal den Text des Badner-Liedes und will schlicht und einfach guten Fußball sehen.[10]

Der badische Grenzraum – eine europäische Entwicklungsregion mit Zukunft

Wie in allen Flächenstaaten gibt es auch in Baden-Württemberg ein Gefälle zwischen den wirtschaftlich stärkeren und schwächeren Gebieten. Vergleicht man die Zuwachsraten der Wertschöpfung seit 1970, dann kann man feststellen, daß sich das Gefälle ziem-

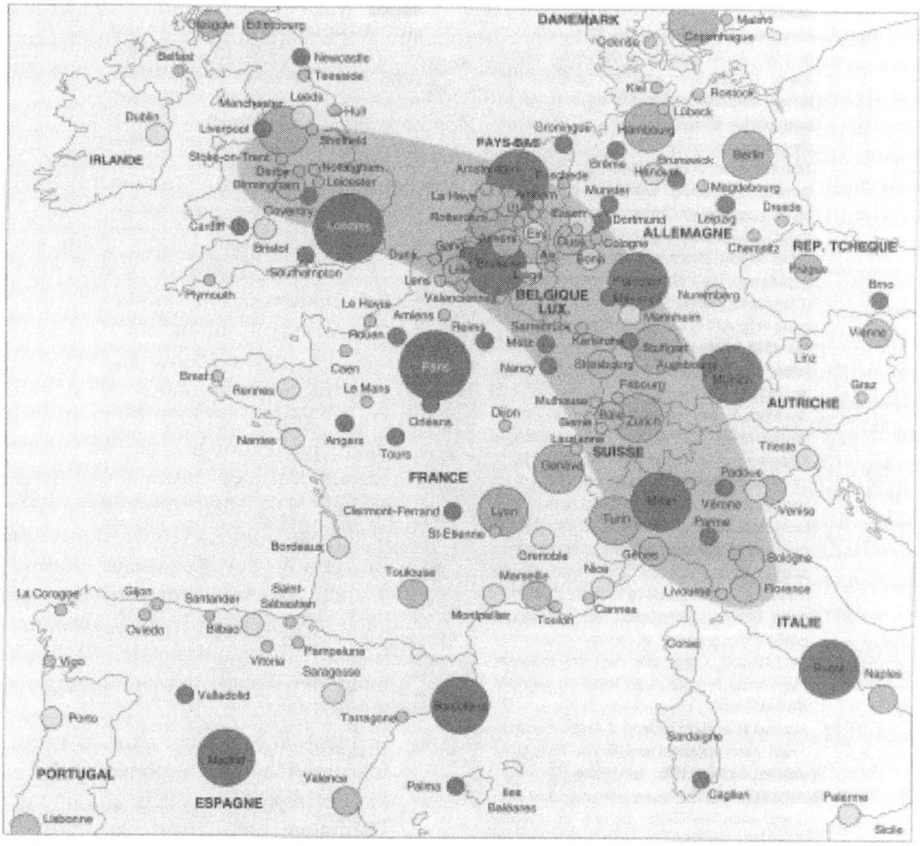

Die europäische Metropol-Achse („Blaue Banane") im Europäischen Raumordnungskonzept
(Quelle: GIP RECLUS pour la DATAR 1989, révision et extension de 1993 –
R. Brunet in Visages de la France, La documentation française, décembre 1993.)

lich gleichmäßig auf badische wie auf württembergische Regionen verteilt. Das gleiche gilt für die leistungsstarken Räume, die nicht nur in Württemberg, sondern auch in Baden vorhanden sind. In den letzten Jahren hat – entgegen aller Vorurteile und Klischees – die Hauptstadtregion Stuttgart ihre Spitzenposition an die badische Region Mittlerer Oberrhein verloren. In allen Landesteilen weist das Land Baden-Württemberg eine ausgeprägte Achsenstruktur auf, verbunden mit einer vorwiegend dezentralen Industriestruktur, die historisch gewachsen ist. Die günstige Regionalstruktur und das weitgehende Fehlen industrieller Monokulturen haben, mit wenigen kleinräumigen Ausnahmen, tiefgreifende wirtschaftliche Krisen verhindert.[11]

Die These vom Grenzland im Abseits ist nachweislich falsch. Die badischen Regionen am Rhein haben vielmehr eindeutige und nachweisbare Standortvorteile, um die sie so manche Grenzregion in Europa beneidet. Großräumlich-europäisch betrachtet liegen die badischen Landesteile in der Mitte einer Entwicklungsachse, die von Amsterdam/Rotterdam bis nach Mailand reicht. Diese als „Blaue Banane" bezeichnete Entwicklungsachse soll im Rahmen der 1999 von der Europäischen Kommission beschlossenen EUREK-Leitlinien eine besondere Förderung in der grenzüberschreitenden Zusammenarbeit erhalten. Die Kommission hat die EUREK-Leitlinien für den Strukturfonds des Zeitraumes 2000 bis 2006 berücksichtigt. Im besonderen Maße sind die badischen Landesteile in Baden-Württemberg gefordert, diese Möglichkeiten auf der Grundlage des Subsidiaritäts-Prinzips zu nutzen.[12]

Die „Badische Zeitung" bilanziert in regelmäßigen Abständen unter Mitwirkung zahlreicher Experten aus Wirtschaft, Wissenschaft und Kultur den Entwicklungsstand der badischen Regionen am Oberrhein.[13] Noch 1986 war die Skepsis groß, das Grenzlandtrauma überdeutlich. 14 Jahre später fällt die Bilanz überwiegend positiv aus. Die Brutto-Wertschöpfung erreicht unerwartete Rekordhöhen. Die Standortvorteile werden in der Konzentration wichtiger Industrieunternehmen sowie in der Nachbarschaft hochrangiger Forschungs- und Technologieeinrichtungen gesehen. Die in der Europäischen Konföderation der Universitäten am Oberrhein (Eucor) zusammengeschlossenen Universitäten werden ergänzt durch Fachhochschulen, Berufsakademien und Forschungseinrichtungen der Fraunhofer- und Max-Planck-Gesellschaft. Hier erlangen hochqualifizierte Arbeitskräfte ihren Abschluß. Dadurch ist die badische Region am Oberrhein ein attraktiver Standort für viele High Tech-Unternehmen geworden. „Die Region am Oberrhein ist aber nicht nur eine Wachstumsregion, sie ist vor allem eine europäische Region in direkter Nachbarschaft zu Frankreich und der Schweiz. Die Regio ist auf dem besten Wege, sich zu einem einheitlichen, grenzüberschreitenden Wirtschaftsraum zu entwickeln und hat somit bereits heute Modellcharakter in einem Europa der zusammenwachsenden Regionen".[14] Durch ihre Lage in der sogenannten „Blauen Banane" Europas gehören die badischen Regionen am Rhein zu den Kernräumen der Europäischen Union. Ihr einstiger Standortnachteil als Randlage der jeweiligen Länder verwandelt sich nach Vollendung des Binnenmarktes zunehmend in einen Standortvorteil.

In diesem Zusammenhang ist es nicht verwunderlich, wenn der Fortschreibungsentwurf zum Landesentwicklungsplan Baden-Württemberg aus Sicht der badischen Landesteile für unausgewogen gehalten wird. Im Entwurf heißt es: „Die Europäische Metropolregion Stuttgart soll in besonderem Maße zur Stärkung der Leistungs- und Konkurrenzfähigkeit des Landes in Europa beitragen. Deshalb sind insbesondere in der Europäischen Metropolregion Stuttgart Institutionen und Infrastrukturen mit internationaler Bedeutung zu erhalten, auszubauen und anzusiedeln". Demgegenüber ist die Städtelandschaft am Oberrhein lediglich „...als Siedlungs- und Wirtschaftsraum und Kulturlandschaft weiterzuentwickeln".[15] Sowohl die badischen Regionalverbände am Oberrhein wie auch die Landesvereinigung Baden in Europa berufen sich bei ihrer Kritik auf den Grundsatz der Landesverfassung und des Landesentwicklungsplans, „in allen Teilen des Landes gleichwertige Lebensverhältnisse ... zu gewährleisten". Die einseitige Bevorzugung des „Metropolisierungsmodells" birgt nach Meinung der Kritiker die Gefahr einer Vernachlässigung der Entwicklungspotentiale am Oberrhein. Schon macht das Schlagwort vom „Stuttgarter Zentralismus“ erneut die Runde in Baden.[16]

Die Reaktion erscheint überzogen. Nach den Raumordnungskriterien des EUREK ist der Großraum Stuttgart die einzige „europäische“ Metropolregion in Baden-Württemberg. Allerdings wird im Leitbild des EUREK eine ausgewogene Raumentwicklung im Sinne eines polyzentrischen Städtesystems festgelegt. Disparitäten zwischen den Kernzonen und den Peripherien sollen durch Vernetzungen und durch die selektive Verteilung der Wirtschaftsfunktionen überwunden werden. So gesehen sind beide Positionen nachvollziehbar.

Am Schluß ein versöhnliches Fazit, gleichsam als Wunsch oder Empfehlung. Nach 50 Jahren Gemeinsamkeit in Baden-Württemberg sollte die Konsensfähigkeit im „Musterländle“ soweit entwickelt sein, daß die Konflikte im Sinne von Aristoteles zum gemeinsamen Wohl aller gelöst werden. Der europäische und globale Wettbewerb wird provinzielle Rivalitäten kaum zulassen. Und ein Monopoly-Spiel könnte die neue Baden-Frage zur Folge haben.

Anmerkungen

1 Vgl. dazu Paul-Ludwig Weihnacht (Hg.): Gelb-rot-gelbe Regierungsjahre. Badische Politik nach 1945, Sigmaringendorf 1989; Hugo Ott: Er liebte die Badener mehr als die Macht. Leo Wohleb – ein Portrait zum 100. Geburtstag, in: Badische Zeitung v. 02.09.1988.

2 Alexander Schweickert (Hg.): Südbaden. Schriften zur politischen Landeskunde Baden-Württembergs. Bd. 19, Stuttgart 1992.

3 Auswärtiges Amt (Hg.): Das Karlsruher Übereinkommen. Wegweiser für grenzüberschreitende Zusammenarbeit, Bonn 1997; Staatsministerium Baden-Württemberg: Denkschrift zum Übereinkommen, Stuttgart 1996.

4 Fritz Endemann: Der Aufbau der Verwaltung in Baden-Württemberg, in: Hermann Bausinger/Theodor Eschenburg (Hg.): Baden-Württemberg. Eine politische Landeskunde, 4. Auflage 1996, S. 67 ff.; Helmut Köser: Politik und Verwaltung, in: Schweickert 1992, S. 106 ff.

5 Hermann Bausinger: Zur politischen Kultur Baden-Württembergs, in: Bausinger/Eschenburg 1996, S. 14 ff.; Hans-Georg Wehling: Ein Bindestrich-Land? Verbundenes und Unverbundenes in der politischen Kultur Baden-Württembergs, in: Hans-Georg Wehling/Dieter Langewiesche (Hg.): Baden-Württemberg. Eine politische Landeskunde Teil II, Stuttgart 1991, S. 13 ff.; ders.: Baden-Württemberg. Nach Gestalt und Traditionen von großer Vielfalt, in: Der Bürger im Staat, H. 1/2 (1999): Die Bundesländer. 50 Jahre Bundesrepublik, S. 5 ff.

6 Hans-Georg Wehling: Der Bürgermeister in Baden-Württemberg (Stuttgart 1984, 2. Auflage 1987); ders.: Der Bürgermeister. Rechtsstellung, Sozialprofil, Funktionen, in: Theodor Pfizer/Hans-Georg Wehling (Hg.): Kommunalpolitik in Baden-Württemberg, 3. Auflage 2000, S. 172 ff.

7 Helmut Köser: Der Gemeinderat in Baden-Württemberg. Sozialprofil, Rekrutierung, Politikverständnis, in: Pfizer/Wehling 2000, S. 153 ff.; vgl. dazu auch H.-G. Wehling: "Parteipolitisierung" von lokaler Politik und Verwaltung? Zur Rolle der Parteien in der Kommunalpolitik, in: H. Heinelt/H. Wollmann (Hg.): Brennpunkt Stadt. Stadtpolitik und lokale Politikforschung in 80er und 90er Jahren, Basel 1991, S. 149 ff.

8 Klaus Koziol: Badener und Württemberger. Zwei ungleiche Brüder, Stuttgart 1987; Otto Borst: Identität und Integration, in: M. Schaab (Hg.): 40 Jahre Baden-Württemberg. Versuch einer historischen Bilanz, Stuttgart 1993, S. 99 ff.; Uwe Uffelmann: 40 Jahre Baden-Württemberg, in: K. Pellens (Hg.): Historische Gedenkjahre im politischen Bewusstsein, Stuttgart 1992, S. 210 ff.; ders.: Identitätsstiftung in Südwestdeutschland. Antworten auf politische Grenzziehungen nach 2. Weltkrieg, Idstein 1996, vgl. dazu Landeszentrale für politische Bildung Baden-Württemberg (Hg.): Regionen in Baden-Württemberg, in: Politik und Unterricht. Zeitschrift für die Praxis der politischen Bildung, H. 1/2001.

9 Christoph Borcherdt (Hg.): Geographische Landeskunde von Baden-Württemberg, Stuttgart 1983.

10 Seminar für Wissenschaftliche Politik der Universität Freiburg/Sport-Club Freiburg e.V. (Hg.): Regionales Bewusstsein der Stadionbesucher des SC Freiburg, Freiburg 1995/1996 (Autoren: Peter Baumann, Astrid und Sylvia Becker, Reinhard Heßlöhl, wissenschaftliche Leitung: Helmut Köser).

11 Hilde Cost/Wilhelm Rall: Baden-Württembergs Wirtschaft, in: Bausinger/Eschenburg 1996, S. 214 ff.; Alfred E. Ott: Wirtschaftsstruktur, wirtschaftsstrukturelle Entwicklung, Strukturpolitik, in: Wehling/Langewiesche (Hg.): Baden-Württemberg. Eine politische Landeskunde Teil II, Stuttgart 1991, S. 138 ff.

12 Bundesamt für Bauwesen und Raumordnung (Hg.): Das Europäische Raumentwicklungskonzept und die Raumordnung in Deutschland, in: Informationen zur Raumentwicklung, H. 3/4 (2000), S. 117 ff.

13 Südbaden – Grenzland im Abseits? Eine Sonderbeilage der Badischen Zeitung v. 25.04.1986; Regio'90 – Start nach Europa, Sonderbeilage der Badischen Zeitung v. 17.11.1989; Die Regio – Der Wirtschaftsraum, Sonderbeilage der Badischen Zeitung v. 18.07.2001.

14 Badische Zeitung v. 18.07.2001, Sonderbeilage S. 1.

15 Anhörungsentwurf zur Fortschreibung des Landesentwicklungsplans (LEP) Baden-Württemberg v. 03.07.2000; Begründung der Plansätze.

16 Regionalverband Mittlerer Oberrhein: Landesentwicklungsplan fördert den Zentralismus, Presseinformation vom 21.12.2000; Landesvereinigung Baden in Europa: Für ein Baden-Württemberg der Regionen. Stellungnahme zum vorliegenden Entwurf der Fortschreibung des Landesentwicklungsplans v. 25.03.2000.

Die Autoren des Bandes

Albiez, Robert (geb. 1922 in Karlsruhe), Gymn.-Prof. a.D.; Abitur 1941, 1941-1945 Kriegsdienst, ab 1946 Studium der Geschichte, Deutsch, Latein in Heidelberg, ab 1951 bis 1984 Schuldienst in B.-W., Mitglied in der Arbeitsgemeinschaft der Badener und im Heimatbund Badener Land (1949-1971), 1959/60 Landesvorsitzender der Badischen Volkspartei, ab Sommer 1960-72 stellvertretender Landesvorsitzender, 1993 Gründungsmitglied der Landesvereinigung Baden in Europa; Mitherausgeber des Buches „Der überspielte Volkswille" (1992).

Aurin, Kurt, Dr. phil. (geb. 1923), Dipl.-Psychologe, o. Prof. em., Seminar für Philosophie und Erziehungswissenschaft der Albert-Ludwig-Univ. Freiburg; Hauptarbeitsgebiete: Empirische Bildungs- und Schulforschung, Schulplanung/-entwicklung, Päd. Beratung, ausgewählte Themen der allg. Pädagogik u. polit. Bildung, 1964-67 OStR u. Leiter der Abt. Jugendkunde/Stuttgart, Tätigkeit in Forschung und Lehre an den Univ. Konstanz (1967-69), Hannover (1969-76) und Freiburg (1976-91).

Böhme, Rolf, Dr. jur. (geb. 1934 in Konstanz/Bodensee), Oberbürgermeister der Stadt Freiburg; Jura-Studium in München und Freiburg, Prom. an der Univ. Freiburg, Assessor in der Finanzverwaltung B.-W., 1968 Rechtsanwalt in Freiburg, 1971-73 SPD-Stadtrat in Freiburg, 1972-82 MdB (SPD). 1978-82 Parl. Staatssekretär (BMF), seit 1982 OB Freiburgs und im Vorstand des Städtetages Baden-Württemberg, seit 1983 Mitglied und seit 1995 im Präsidium des Deutschen Städtetages, 1997-99 Präsident des Regiorates TriRhena am Oberrhein und seither im Vorstand, seit 1999 im Executive Committee der IULA und Delegierter des Deutschen Städtetages im Hauptausschuß des Rates der Gemeinden und Regionen Europas und Mitglied des Rundfunkrates des SWR, 2002 stellv. Mitglied des Ausschusses der Regionen.

Böser, Bernhard, (geb. 1964), Dipl.-Verwaltungswirt (FH), Pressereferent und Persönlicher Referent des Landrats beim Landratsamt Karlsruhe; unter anderem mehrere Jahre tätig beim Amt für Abfallwirtschaft des Landkreises Karlsruhe.

Brandl, Helmut, Dr. rer. nat. (geb. 1937 in Nürnberg), Leiter der Abt. Betriebswirtschaft der Forstl. Versuchs- und Forschungsanstalt B.-W. in Freiburg, apl. Professor an der Univ. Freiburg; 1958-62 Studium der Forstwissenschaft in Freiburg und München, 1963-65 Forstreferendar in der Landesforstverwaltung B.-W., Ausbildung an verschiedenen Forstämtern, 1968 Prom. an der Univ. Freiburg und Lehrbefugnis (Venia legendi); 1977-82 Leiter des Staatl. Forstamtes Neckargemünd, seit 1978 Lehrtätigkeit an der Forstwiss. Fakultät der Univ. Freiburg im Fachgebiet Forstliche Betriebswirtschaft insbesondere über Bäuerliche Waldwirtschaft, seit 1983 Lehrauftrag, seit 1995 Vorsitzender des Ausschusses für Betriebswirtschaft des DFWR.

Brummer, Guntram, Lic. (geb. 1938 in Meersburg), Kulturreferent der Stadt Überlingen und Konservator des Städtischen Museums (seit 1975); Studium der Theologie, der Geschichte, der klassischen Philologie und der Kunstgeschichte sowie – bei A. Bergstraesser – der Soziologie und der Wissenschaft von der Politik, Aufsätze zur Altertumswissenschaft sowie zur Regional- und Kunstgeschichte in Zeitschriften und Sammelwerken.

Büche, Meinrad, Dipl.Ing. (geb. 1930 in Konstanz), Finanzpräsident in Karlsruhe a.D.; Studium der Architektur an der TH Karlsruhe, Hochschulassistent und Tätigkeit in Architekturbüro, ab 1959 als höh. Beamter bei der Staatl. Hochbauverwaltung von B.-W. (Hochschulbauamt Karlsruhe), seit 1973 OFD Karlsruhe, als Finanzpräsident Leiter der Landesvermögens- und Bauabteilung (1984-95), Vorsitzender der Kommission für die Vergabe der Kunst am Bau-Aufträge (1975-1995), Ruhestand seit 1995; unter anderem o. Mitglied der Dt. Akademie für Städtebau und Landesplanung, o. Mitglied des BDA.

Burchardt, Lothar (geb. 1939), Professor für Geschichte an der Univ. Konstanz; Studium der Fächer Geschichte, Latein, Englisch an den Univ. Heidelberg und Tübingen, Staatexamen 1964, Prom. Univ. Heidelberg 1966, Habil. Univ. Konstanz 1973, nach der Promotion in Geschichte Zweitstudium VWL an den Univ. Heidelberg und Mannheim, seit 1969 am Fachbereich Geschichte der Univ. Konstanz, seit 1979 als Professor; Gastprofessuren an verschiedenen amerikanischen und kanadischen Univ.

Cser, Andreas, Dr. phil., (geb. 1943 in Budakeszi/Ungarn), Oberstudienrat für Geschichte und ihre Didaktik an der Pädagogischen Hochschule Heidelberg; Studium der Geschichte, Politikwissenschaft, Soziologie und Germanistik in Heidelberg und Berlin; Promotion bei Werner Conze mit einer Arbeit über die „Lehre der Politik um 1800"; Beiträge zur Geschichte der politischen Theorie, zur Landesgeschichte und zur Stadtgeschichte.

Dürrer, Monika (geb. 1968 in Eschweiler), Online-Redakteurin beim Hauptverband des Deutschen Einzelhandels in Berlin; Studium der Volkswirtschaftslehre in Köln, 1993-97 Stabsstelle für Wirtschaftsförderung, Strukturentwicklung und wirtschaft. Beteiligungen in der Kreisverwaltung Aachen, Lehrtätigkeit am Studieninstitut für kommunale Verwaltung Aachen; 1997-2000 Referentin bei der IHK Südl. Oberrhein in Freiburg, Stabsstelle für Wirtschafts- und Regionalpolitik sowie Öffentlichkeitsarbeit.

Ehrle, Peter Michael, Dr. phil. (geb. 1945 in Chodau, CSR), Leitender Bibliotheksdirektor der Bad. Landesbibliothek (seit 1994); Studium der Geschichte und Germanistik an der Univ. Tübingen, Ausbildung für den höheren Bibliotheksdienst, Promotion 1979, Fachreferent und Abteilungsleiter an der UB Tübingen, 1992-94 Stellv. Direktor der Württemberg. Landesbibliothek, Stuttgart, seither Ltd. Bibliotheksdirektor in Karlsruhe; Ehrenämter: Stellv. Vorsitzender der Literar. Gesellschaft/Scheffelbund, Karlsruhe, Stellv. Vorsitzender der AG der Regionalbibliotheken Vorstandsmitgl. des Deutschen Bibliotheksverbandes/Landesverband B.-W.

Eisele, Hansjörg, M.A. (geb. 1944 in Baden-Baden); als Berufsoffizier der Bundeswehr Verwendungen in Truppendienst und Generalstabsdienst, u.a. in BMVg und NATO-Stab; nach der Zurruhesetzung 1995-2000 Studium der Politischen Wissenschaft, Sinologie und Philosophie an der Universität Würzburg.

Exner, Peter, Dr. phil. (geb. 1963) Referent für Geschichte des 19. bis 21. Jahrhunderts bei der Abteilung Landesforschung und Landesbeschreibung in der Außenstelle Karlsruhe der Landesarchivdirektion B.-W. (seit 1998); Studium der Geschichte und katholischen Theologie in Freiburg, Bordeaux und Münster, Ausbildung zum wissenschaftl. Archivar, Forschungsschwerpunkte: Sozialgeschichte der ländlichen Gesellschaft, Migrationsgeschichte, Konsumgeschichte, Geschichte des Rechtsextremismus, Verfilmung und Digitalisierung von Archivgut.

Fröhlich, Gerhard (geb. 1930), Polizeipräsident a.D.; 1970-76 Leiter des kommunalen, ab 1972 des staatlichen Polizeipräsidiums Karlsruhe, von 1976-95 Leiter der Landespolizeidirektion Freiburg; Veröffentlichung von polizeilichen und verwaltungsrechtlichen Themen in verschiedenen Fachzeitschriften.

Füsslin, Klaus (geb. 1938), Diplom-Bauingenieur; leitender Regionalplaner beim Regionalverband Südlicher Oberrhein in Freiburg im Breisgau, Bearbeitungsschwerpunkte bilden die Weiterentwicklung der technischen Infrastruktur sowie planerische Fragestellungen zur Entwicklung der Region insgesamt, ihre Einbindung in den europäischen Zusammenhang, diverse Veröffentlichungen.

Götschel, Udo, M.A., (geb. 1971 in Würzburg), Referent für Regionalpolitik, regionale Wirtschaftspolitik und die TechnologieRegion Karlsruhe in der IHK Karlsruhe; Studium der Politikwissenschaft, Soziologie und Rechtswissenschaft (öffentl. Recht) an den Univ. Freiburg, Heidelberg und Würzburg, hier auch M.A.

Greiner, August (geb. 1935 im badischen Markgräflerland), Leitender Polizeidirektor a.D.; über 40 Jahre im Polizeidienst des Landes B.-W., nach Studium an der Polizei-Führungsakademie in Münster/Westfalen, ab 1975 stellv. Schutzpolizeichef in Mannheim und Stuttgart und Leiter einer Außenstelle der Landes-Polizeischule und Dozent an der Fachhochschule der Polizei, zuletzt Leiter der Schutzpolizei im Polizeipräsidium Karlsruhe. Autor zahlreicher Fachabhandlungen und polizeigeschichtlicher Themen, Mitautor einer zweibändigen Dokumentation über die Geschichte des Polizeipräsidiums Karlsruhe.

Hämmerle, Gerlinde (geb. 1940 in Wolfach), Regierungspräsidentin in Karlsruhe (seit 1994); Studium für das Lehramt an beruflichen Schulen (Hauswirtschaft), Studiendirektorin, 1971-87 Mitglied im Gemeinderat der Stadt Karlsruhe, 1987 MdB (SPD), 1990 Parl. Geschäftsführerin der SPD-Bundestagsfraktion, 1994 Ernennung zur Regierungspräsidentin, Präsidentin der Oberrheinkonferenz (2000).

Häußermann, Martin Carl, Dr. phil, (geb. 1961); Archivrat am Staatsarchiv Ludwigsburg; 1995-98 am Staatsarchiv Freiburg, wo er die Überlieferung des dortigen Regierungspräsidiums archivisch erschloß. Veröffentlichungen zur württemberg. Kirchengeschichte der Frühen Neuzeit und zu archivfachlichen Themen.

Heidenreich, Wolfgang (geb. 1933 in Freiburg), lebt als Publizist und Kulturarbeiter in Sölden im Breisgau; Germanistikstudium, arbeitete seit 1962 als Redakteur und Reporter beim Südwestfunk, leitete von 1982-1995 das Landesstudio Freiburg des Südwestfunks.

Heidler, Hans, Dr. jur. (geb. 1927), Ministerialdirektor a.D.; Studium der Rechts- und Staatswissenschaft an der Univ. Heidelberg, Promotion 1953, seit 1954 Richter an den Amtsgerichten Adelsheim, Boxberg und Buchen, am Landgericht Mosbach und Oberlandesgericht Karlsruhe, 1972-78 MdL von B.-W., Untersuchungsausschußvorsitzender, Vorsitzender des Unterausschusses Recht, 1978-89 MD und Amtschef im Justizministerium in Stuttgart, ständiger allgemeiner Vertreter des Ministers.

Hepp, Gerd F., Dr. phil. (geb. 1941), Professor für Politikwissenschaft und politische Bildung an der Pädagogischen Hochschule Heidelberg; Studium der Politikwissenschaft, Geschichte und Romanistik in Freiburg, Paris und München; 1984 Ruf an die PH Heidelberg, dort 1995-2000 Dekan der Fakultät für Gesellschafts- und Geisteswissenschaften und seit 2000 Mitglied des Hochschulrats; Veröffentlichungen insbesondere zu den Themenbereichen Bürgergesellschaft, Wertewandel, Bildungspolitik, politische Bildung und zu landespolitischen Themen.

Hochstuhl, Kurt, Dr. phil. (geb. 1954 in Baden-Baden), Archivdirektor, Leiter des Staatsarchivs Freiburg; Studium der Geschichte, der Soziologie und der Philosophie an den Universitäten Karlsruhe und Toulouse, seit 1984 im Archivdienst des Landes B.-W.; Veröffentlichungen u.a. zu Themen der badischen und baden-württembergischen Landesgeschichte des 19. und 20. Jahrhunderts, zur Demokratiebewegung im 19. Jahrhundert.

Koch, Manfred, Dr. phil (geb. 1942), seit 1987 Historiker im Stadtarchiv Karlsruhe; vor 1987 u.a. wissenschaftlicher Mitarbeiter an Forschungsprojekten in der Universität Mannheim; Publikationen zur Geschichte des Parlamentarismus und der politischen Parteien im Kaiserreich, zum Widerstand gegen den Nationalsozialismus, zur Geschichte der SBZ/DDR sowie zur Regional- und Stadtgeschichte.

Köser, Helmut, Dr. phil. (geb. 1940), apl. Professor am Seminar für Wiss. Politik der Univ. Freiburg; 1961-67 Studium der Politikwissenschaft, Soziologie, Geschichte und Germanistik in Saarbrücken und Freiburg, 1967 Staatsexamen, 1970 Promotion, 1977 Habilitation; 1970-73 Wiss. Assistent, 1973-90 Akad. Rat, 1990 Ausscheiden aus dem Beamtendienst. Tätigkeitsfelder: Kommunal- und Regionalpolitik, Verwaltungsreform, Europäische Integration, Osteuropa; zahlreiche Veröffentlichungen, auch als Herausgeber.

Krimm, Konrad, Dr. phil. (geb. 1946 in Stuttgart); Studium der Geschichte und Germanistik in Heidelberg, Wien und Zürich, Staatsexamen 1971, Promotion 1974 bei Ahasver von Brandt, Ausbildung zum höheren Archivdienst, Archivar im Generallandesarchiv Karlsruhe, im Hauptstaatsarchiv Stuttgart und in der Landesarchivdirektion B.-W., seit 1995 Leiter der Abteilung II im Generallandesarchiv, Vertreter des Archivleiters. 1987 Lehrauftrag an der Univ. Karlsruhe, 1992 Mitglied der Kommission für geschichtliche Landeskunde B.-W., 1997 Honorarprofessor, 2001 Vorsitzender der Arbeitsgemeinschaft für geschichtliche Landeskunde am Oberrhein.

Kühn, Hans, Dr. jur. (geb. 1922), Präsident der Gemeindeprüfungsanstalt Baden-Württemberg a.D.; seit 1952 im höheren Verwaltungsdienst des Landes B.-W. u.a. im Innenministerium, 1958 Abteilungsleiter im Staatsministerium und von 1963 bis 72 Regierungsvizepräsident beim RP Nordbaden.

Leutzbach, Wilhelm, Dr.-Ing Dr.-Ing. E.h. (geb. 1922), em. Professor für Verkehrswesen an der Univ. (TH) Karlsruhe; von 1962-91 Direktor/Leiter des gleichnamigen Instituts; zahlreiche Veröffentlichungen zunächst zur Theorie des Verkehrsflusses, später vor allem zu Problemen des Gesamtverkehrssystems; von 1972 -96 Mitglied des Wiss. Beirats beim Bundesministerium für Verkehr.

Maurer, Bernhard, Dr. theol. (geb. 1929), Prof. em. Pädagog. Hochschule Freiburg; Studium in Tübingen, Basel, Heidelberg und Lund, Pfarrer, 1962 Promotion, 1968-95 Professor für evangelische Theologie und Religionspädagogik an der PH Freiburg; 1975 – 2000 Mitglied der Theologischen Kommission der AG Christlicher Kirchen in B.-W. als Vertreter der Evang. Landeskirche in Baden; Mitbegründer und von 1988-94 Vorstandsmitglied der ökumenischen Gesellschaft der Freunde der Christlichen Mystik, Veröffentlichungen zu Themen der Ökumenischen Theologie, Religionspädagogik, Diakonie, Spiritualität.

Mayer, Tilman, Dr. phil. (geb. 1953), Professor für Politikwissenschaft an der Univ. Bonn; Studium der Politikwissenschaft, Philosophie, Germanistik an der Univ. Freiburg, 1979 M.A., 1979-89 Wiss. Assistent an der Univ. Würzburg, dort auch Promotion 1983, 1989-93 in Königswinter Leiter eines zeitgeschichtlichen Forschungsprojekts über Jakob Kaiser, 1993 Lehrauftrag für Politische Wissenschaft an der PH Erfurt/Mühlhausen. 1993-95 Leiter des Bonner Büros des Instituts für Demoskopie Allensbach, 1996-97 Habilitationsstipendiat, Habilitation 1997 (Univ. Würzburg), 1998 Privatdozent für Politische Wissenschaft an der Univ. Würzburg, 1999 Gastprofessur für Soziologie an der PH Freiburg, 1999-01 Lehrstuhlvertretung am Geschwister-Scholl-Institut für Politische Wissenschaft der LMU München.

Morlock, Gero, Dr.-Ing. (geb. 1953), Regierungsbaumeister; zehn Jahre lang freiberuflicher Journalist bei den „Badischen Neuesten Nachrichten", seit 1978 Mitarbeiter der Straßenbauverwaltung B.-W., Tätigkeiten im Innenministerium in Stuttgart, bei den Regierungspräsidien in Karlsruhe und Freiburg sowie bei den Straßenbauämtern in Bad Säckingen und Freiburg; Absolvent der Führungsakademie des Landes, zahlreiche Publikationen, Begründer der „Freiburger Regionalgespräche" für Führungskräfte aus Wirtschaft und Verwaltung.

Moser, Herbert, Dipl.Ing. (geb. 1929 in Ortenberg), Abteilungsdirektor a.D; nach Abitur 1948 Praktikum auf dem Bau, Studium des Bauingenieurwesens an der TH Karlsruhe (1949-54), Baureferendar, zweite Staatsprüfung (1957); im höh. Techn. Dienst beim Wasserwirtschaftsamt Waldshut (1957-77), Referatsleiter „Flußbau" usw. im RP Freiburg , Leiter der Abteilung Wasserwirtschaft (1988-94), Mitarbeit bei den nationalen und internationalen AG wg. des Ausbaus des Rheins zwischen Basel und Karlsruhe. Fachpublikationen über Hochwasserverhältnisse am Oberrhein und Donau-Aach-Versinkung.

Neser, Karl Heinz, (geb. 1945) Realschulkonrektor; Gemeinde-, Kreis- und Regionalrat im Neckar-Odenwald-Kreis, Heimatkundler, Hrsg. des Heimatkalenders „Unser Land", wissenschaftliche Veröffentlichungen zur Revolution von 1848/49, zur Baden-Abstimmung, den Gebietsreformen, zu Kommunalwahlrecht, Landkreispolitik u.a.

Scheurer, Hans, Dr. jur. (geb. 1937), Regierungsvizepräsident des Regierungspräsidium Karlsruhe (seit 1990); zuvor Referent und Referatsleiter im Innenministerium B.-W. mit den Arbeitsschwerpunkten Wasserwirtschaft, Landesplanung, Wohnungsbau, Städtebauliche Erneuerung.

Schmid, Adolf (geb. 1934 in Bad Rippoldsau/Schwarzwald), Oberstudiendirektor i.R.; Studium der Fächer Geschichte, Latein und Französisch, Lehrer am Fürstenberg-Gymn. Donaueschingen und am Kepler-Gymn. Freiburg, ab 1974 Schulleiter am Marie-Curie-Gymn. Kirchzarten; Vorsitz im Philologenverband B.-W. (1970-1976), Mitglied im Landesschulbeirat, Lehrauftrag an Univ. und Studienseminar Freiburg, aktiv in der „Kommission für geschichtliche Landeskunde in Baden-Württemberg"; 1981 Chevalier dans l´ordre des palmes académiques, seit 1998 Präsident des Landesvereins „Badische Heimat e.V."; Veröffentlichungen zu Regional- und Landesgeschichte.

Schmider, Christoph, Dr. phil. (geb. 1960) Leiter der Stabsstelle Archiv/Bibliothek/Registratur des Erzbischöflichen Ordinariats Freiburg und Lehrbeauftragter an der Archivschule Marburg sowie beim „Volkersberger Kurs"; Veröffentlichungen u.a. zur südwestdeutschen Musikgeschichte, zu archivfachlichen Fragen, zur Kirchengeschichte Südwestdeutschlands und zur badischen Lokal-, Regional- und Personengeschichte.

Schmitt, Heinz, Dr. phil. (geb.1933), bis 1998 Leitender Direktor des Amtes Stadtbibliothek-Archiv-Sammlungen der Stadt Karlsruhe; Autor und Herausgeber von Publikationen zur Stadt-, Kultur- und Sozialgeschichte und zur Volkskunde Südwestdeutschlands, Veranstalter einschlägiger Ausstellungen, Autor zahlreicher Rundfunksendungen.

Schmitz, Gottfried, Dr. rer. pol. (geb. 1931 in Mainz) Verbandsdirektor des Raumordnungsverbandes Rhein-Neckar und des Regionalverbandes Unterer Neckar (1974-96); 1957-74 in der Regionalplanung beim Siedlungsverband Ruhrkohlenbezirk (jetzt Kommunalverband Ruhrgebiet) in Essen, zuletzt als Erster Beigeordneter; Gründungsmitglied und stv. Vorsitzender des Rhein-Neckar-Dreieck e.V. 1989-97; Ordentl. Mitglied der Akademie für Raumforschung und Landesplanung, deren Vizepräsident 1991-92/ 1995-96 und Präsident 1993-94, Autor zahlreicher Veröffentlichungen über Fragen der Raumordnung, der Regionalplanung und der Regionalpolitik.

Schneider, Herbert, Dr. phil. (geb. 1929), em. Professor für Politikwissenschaft an der Pädagogischen Hochschule Heidelberg; Veröffentlichungen zur Kommunalpolitik (u.a. „Stadtentwicklung als politischer Prozeß"), zum Föderalismus (u.a. „Länderministerpräsidenten in der deutschen Politik") und zur politischen Didaktik (u.a. Bürger und politische Bildung); Mitherausgeber der Forschungsreihe „Städte und Regionen in Europa".

Schroeder, Conrad, Dr. jur. (geb. 1933), Regierungspräsident in Freiburg 1991-98; MdL (CDU) von B.-W. (1976-80), MdB (CDU, 1980-1991), Präsident der Oberrheinkonferenz (1998), Stadtrat in Freiburg, Präsident des Euro-Instituts für grenzüberschreitende Zusammenarbeit und europäische Verwaltung in Kehl, Mitglied des Universitätsbeirats der Univ. Freiburg und des Hochschulrats der PH Freiburg.

Striebel-Hechenblaikner, Ursula (geb. 1943 in Rastatt), Baudirektorin; verheiratet, zwei Kinder, 1965-71 Studium der Architektur, an den Univ. Karlsruhe und Hannover, Diplom in Hannover, Referendariat in B.-W., 1974 2. Staatsprüfung zum Regierungsbaumeister, 1974-77 Baurechtsreferentin beim RP Karlsruhe, 1977-86 stellvertr. Stadtplanungsamtsleiterin bei der Stadt Rastatt, von 1986-90 Mutterschaftsurlaub; seit 1990 Referentin beim Referat Raumordnung des RP Karlsruhe; seit 1996 Aufgaben der grenzüberschreitenden Zusammenarbeit in den Gremien der Oberrheinkonferenz und des INTERREG-Programmgebietes PAMINA, seit 1998 Grundsatzreferentin für Raumordnung.

Stübler, Hans-Martin (geb. 1938 in Stuttgart); aufgewachsen in Oberschwaben, 1960-64 Studium der Forstwissenschaft in Freiburg, 1964-1967 Forstreferendar in der Landesforstverwaltung B.-W., 1967-72 Referent für Waldarbeit und Betriebswirtschaft an der Forstdirektion Karlsruhe und kommissarischer Leiter der dortigen Schule für Waldarbeit, 1972-76 Leiter der Organisationsgruppe beim Landwirtschaftsministerium in Stuttgart, 1976-79 Leiter des Staatl. Forstamtes Neuenbürg im Nordschwarzwald, 1979-91 Leiter der Abteilung Forstpolitik an der Forstdirektion Karlsruhe, 1992-95 Leiter der Forstdirektion Ostsachsen in Bautzen, seit 1996 Leiter der Forstdirektion Freiburg.

Stuhldreher, Amalia, Dr. phil. (geb. 1969 in Bahia Blanca/Argentinien); Studium der Internationalen Beziehungen in Buenos Aires, 1993-94 Stabsstelle für Internationale Normen bei TELECOM Argentina, Lehrtätigkeit am Lehrstuhl für Weltgeschichte an der Universidad del Salvador, 1993-94 Redakteurin der Zeitschrift der argentinisch-japanischen Handelskammer. 1999 Promotion (Univ. Mainz, Politikwissenschaft), im Jahr darauf Mitarbeit bei der IHK Südl. Oberrhein in Freiburg.

Theobald, Udo (geb. 1942), Vizepräsident des sächsischen Rechnungshofes; Jurastudium an der Univ. Heidelberg, Referendariat 1969/70 Landratsamt Ulm, RP Karlsruhe 1970-91, davon 1976-89 als Leiter des Kulturreferates, 1989-91 als stellvertr. Abteilungsleiter Landwirtschaft, Siedlung, Dorfentwicklung, 1991 und danach Mitglied des Sächsischen Rechnungshofs; lange Zeit Vorstandsmitglied des Badischen Kunstvereins, Sprecher des Arbeitskreises Heimatpflege, Vorsitzender der Ortsgruppe Karlsruhe des Landesvereins Badische Heimat, Gründungsvorstandsmitgl. der Gesellschaft für alte Musik B.-W., Mitbegründer und Herausgeber der Zeitschrift „Hierzuland".

von Ungern-Sternberg, Sven, Dr. jur. (geb. 1942 in Berlin), Regierungspräsident in Freiburg; Studium der Rechtswissenschaft und Volkswirtschaft in Freiburg und Edinburgh (Schottland), von 1973-78 Sozial- und Verkehrsdezernent beim Landratsamt Emmendingen, hauptamtl. Bürgermeister (Baudezernent) der Stadt Freiburg, ab 1983 Erster Bürgermeister, seit 1998 Regierungspräsident; Mitgl. der Verbandsversammlung des Regionalverbandes Südl. Oberrhein und 1983-98 deren Vorsitzender und Mitgl. in der Oberrheinkonferenz und im INTERREG-Begleitausschuß Oberrhein Mitte-Süd.

Vockel, Wolfgang (geb. 1955), Bürgermeister, Dipl.-Verwaltungswirt (FH), Komm.-Dipl.; 1976-86 Beamter bei der niedersächsischen Stadt Cuxhaven, 1986-95 Samtgemeindedirektor und Stadtdirektor bei der Samtgemeinde Hadeln und Stadt Otterndorf (Landkreis Cuxhaven), seit 1995 Bürgermeister der Kreisstadt Tauberbischofsheim.

de Wall, Bernd (geb. 1970), Persönlicher Referent des Hauptgeschäftsführers/Öffentlichkeitsarbeit der IHK Südlicher Oberrhein; Studium Politik und Geschichte in Osnabrück und Angers (Frankreich), journalistische Tätigkeit für den Norddeutschen Rundfunk in Osnabrück und Hannover, Koordinator für Städtepartnerschaften in Angers.

Walter, Hans-Otto, (geb. 1936 in Sagan/Schlesien); nach Abitur, Banklehre und juristischer Ausbildung 1967 Eintritt in die Innenverwaltung des Landes B.-W. (zuletzt Innenministerium); Verbandsdirektor des Landeswohlfahrtsverbandes Baden 1976-2001; seit 1984 ehrenamtlicher 1. Vorsitzender des Badischen Landesverbandes gegen die Suchtgefahren e.V.

Weinacht, Herbert A., MCL (University of Chicago Law School), (geb. 1936 in Freiburg) Regierungsrat a.D.; Studium der Rechte an den Univ. Freiburg, Lausanne (Schweiz), Chicago (USA), Erste und Zweite Juristische Staatsprüfung (1960, 1965), Referatsleiter bei der OFD Freiburg, zuletzt Karlsruhe; Dozent zur Vorbereitung auf das Steuerberaterexamen, Gutachter für die Finanzministerien von Uganda, Tansania und China bei der Anwendung der Mehrwertsteuer und Regierungsberater in Mazedonien.

Weinacht, Paul-Ludwig, Dr. phil. (geb. 1938 in Freiburg), Universitätsprofessor, Mitvorstand des Instituts für Polit. Wissenschaft der Univ. Würzburg; 1957-62 Studium der Germanistik, Polit. Wissenschaft, Romanistik, Erstes und Zweites Staatsexamen für das höh. Lehramt (1962, 1964), Promotion 1967 bei Hans Maier (Univ. München), Wiss. Assistent an der Univ. München (1968-70), Professor an der Pädagogischen Hochschule Freiburg (1971-79), seit 1979 an der Univ. Würzburg; Gastprofessor an den Univ. Rennes I (Frankreich), Valparaiso (UCV, Chile) und Erfurt.

Personenregister

Ortsregister

Paul-Ludwig Weinacht (Hrsg.)

Wohin treibt die Europäische Union?

Grundlagen und Dysfunktionen der Einigungspolitik

Der Eröffnungsbeitrag dieses Sammelbandes zur Steuerungsproblematik Europas gilt Robert Schuman, in dessen »Plan« sich beispielhaft persönlicher Politikanteil, institutionelle Verfassung und Zielsetzung vereinen (Prof. Dr. Weinacht/Uni Würzburg). Eine geistige Identität Europas war in der Phase des Kalten Krieges in der Abendland-Formel gefunden, sie hat bis heute keine Nachfolge gefunden (Prof. Dr. J.B. Müller/Stuttgart). Die Ost-Erweiterung hat die Anpassung der EU-Institutionen und eine Einigung auf geographische Außengrenze dringlich gemacht (Prof. Dr. Hrbek/Uni Tübingen). Die notwendige Vertiefung der Entscheidungsprozesse erfordert die Aufarbeitung der Überbleibsel der Amsterdam-Konferenz; hier wird gefragt, was davon in »Nizza« abgearbeitet wurde (Prof. Müller-Brandeck-Bocquet/Uni Würzburg). Für die schwierigen Außenbeziehungen zwischen Europa und den USA wird die Lage nach dem Wechsel der US-Präsidentschaft analysiert (Dr. Meier-Walser/Hanns-Seidel-Stiftung München). Die subsidiaritätspolitische Forderungen an die EU werden aus der Sicht des Freistaates Bayern verdeutlicht (Staatsminister Bocklet). Ein abschließender Beitrag analysiert das EU-Thema aus der Perspektive politischer Bildungsarbeit an Schulen (Ak. Rat Dr. Goll/Uni Würzburg).

2001, 113 S., brosch., 20,– €, 35,20 sFr, ISBN 3-7890-7249-4
(Würzburger Universitätsschriften zu Geschichte und Politik, Bd. 2)

Paul-Ludwig Weinacht (Hrsg.)

Montesquieu
250 Jahre „Geist der Gesetze“

Beiträge aus Politischer Wissenschaft, Jurisprudenz und Romanistik

Montesquieus Hauptwerk »Vom Geist der Gesetze« wurde als Weisheitsbuch für Verfassungsväter und politisch-historisches Reallexikon seit jeher mit Bewunderung aufgenommen. Die erste Publikation des Werkes vor 250 Jahren nahmen Wissenschaftler in den USA, Frankreich und Deutschland zum Anlaß, sich wieder verstärkt mit Montesquieu zu beschäftigen.
Dieser Band dokumentiert eine deutsche Tagung, die im Juni 1998 von der Universität Würzburg mit internationaler Besetzung durchgeführt wurde.
Die Beiträge aus der Politischen Wissenschaft, Jurisprudenz und Romanistik beschäftigen sich mit philosophischen, staatsrechtlichen und rechtshistorischen Fragen ebenso wie mit der Wirkungsgeschichte des Werkes in seinen verschiedenen Übersetzungen. Der Band bietet so einen umfassenden Einblick in aktuelle und traditionelle Sichtweisen und belegt unter anderem, warum Montesquieus Lehre von der Gewaltentrennung auch nach 250 Jahren aktuell geblieben ist.
Der Herausgeber ist Professor für Politische Wissenschaft an der Universität Würzburg.

1999, 191 S., brosch., 34,– €, 59,– sFr, ISBN 3-7890-6091-7

NOMOS Verlagsgesellschaft
76520 Baden-Baden